会计经典学术名著

当代会计研究

综述与评论

S.P.科 塔 里 (S.P.Kothari)

T.Z.利　　斯 (T.Z.Lys)

D.J.斯 金 纳 (D.J.Skinner)　　主编

R.L.瓦　　茨 (R.L.Watts)

J.L.齐默尔曼 (J.L.Zimmerman)

辛　宇　徐莉萍　张　然　李远鹏　宋衍蘅　等译

罗　婷　牛建军　支晓强　徐浩萍　罗　炜

Contemporary Accounting
Research
Synthesis and Critique

中国人民大学出版社

·北京·

总　序

最近十多年来中国的会计学术研究迅速发展，取得了明显的进步。主要体现在：与国际先进学术研究的联系开始从吸收引进阶段转入合作和对话阶段；日益增多的留学欧美学者回国从事教育和研究工作；国际著名会计学术团体主动到中国寻找合作伙伴、开展专题研究和举办学术会议；国际著名学术研究期刊中越来越多地出现中国学者的研究成果；大学会计专业博士生的培养计划日益走上规范化轨道，等等。

可以说，目前实证研究已经成为会计、公司财务领域的主流研究范式。以往曾经流行的以思辨性、商榷性、意识流式议论为特点的传统经济、管理研究范式，在学术研究中已经基本上被青年一代学者舍弃。

虽然中国的会计学术研究已经取得了长足的进步，但是毋庸讳言，当前还存在着"短板"，即某些制约会计学术研究水平持续提高的内生性缺陷。短板之一是经济机制和资本市场的制度性、非市场性制约；短板之二是学术研究中的理论根基缺乏；短板之三是科学性研究设计和方法不足。如果说前者属于外部宏观因素，非学者们所能左右，那么后两者显然属于会计学术界自身因素，存在改进空间。所以，我们需要继续引进、借鉴先进的基础理论和研究思想，学习先进的研究方法。

一个普遍存在的事实是，我们在学术研究中借用欧美实证研究方法时，很少深入分析其是否适合中国的政治体制和经济制度环境，对许多主题进行的研究并没有提出或构造自己的"理论"和严谨的思维逻辑。缺乏坚实理论根基的研究即使基于大量数据，往往还是显得表象化。在短期内，由于实证研究这幢大楼的理论地基不够坚实，研究过程和结果还不太能令人信服，对于会计实务和资本市场管制所产生的积极作用和政策影响力也就不太明显。这种状况只能随着实证研究环境的改善和研究质量的提高而逐步改变。

在此背景下，从 2007 年开始，中国人民大学出版社开始构思和策划"会计经典学术名著"。在开展会计学专业研究生教育的高校中进行广泛的调查，在意见征询的基础上，多次邀请国内外经济学、金融学、会计学等领域的学者讨论，听取不同角度、不同层面的看法和建议，并就"会计经典学术名著"达成了以下一些基本共识。

● 读者定位：高校教师，硕士、博士研究生。
● 遴选标准：注重学术性。学术性会计学名著的共同点在于：关注的是基础性、重要性、长期性的会计专题，讲究研究设计和方法论（或基于数理逻辑的演绎推理，或基于坚实数据的实证检验）；研究结果的学术贡献具有历史累积性。

● 引进模式：分为翻译和导读两个系列。翻译系列，力求较高的翻译质量，准确传达原著的思想精髓；导读系列，对于特定的著作或论文，邀请合适的学者撰写有针对性的导读或评论，帮助读者更好地阅读和理解原著。

根据上述共识选书，是本系列学术委员会的出发点。"会计经典学术名著"首批选入了以下五本/卷：

（1）《当代会计研究》：由美国著名会计学术期刊 *Journal of Accounting and Economics* 组织完成的会计学术研究综述、评论文集。该期刊邀请并组织了 9 组学者，针对会计研究主要专题领域撰写评论文章，同时邀请学者就评论文章写评论。作者们的观点和看法存在很大差异，表明了仍然存在的研究空间和有待继续研究的问题。

（2）《管理会计研究》：包含两卷。第一卷关于管理会计研究的脉络和轨迹梳理；第二卷重点将特定产业部门的特定管理会计实践的文献予以汇集。旨在为研究者提供一种综合和多角度的资源。

（3）《实证会计理论》：经典会计研究著作。本书虽成书于 20 世纪 80 年代后期，但在学术界经久不衰，所倡导的实证研究方法也风行学界，是最经常被引用的经典会计著作之一。

（4）《财务呈报：会计变革》：被誉为近几十年来最权威的会计学术著作之一，论证严密、观点新颖，大量运用实证研究成果，是会计学术研究的重要著作。

（5）《美国会计史》：侧重对会计文化意义的阐述，以美国经济与会计发展特点为主线，依照时间顺序提出关键事件作为分水岭，为研究和了解美国的会计如何随着其经济腾飞而发展提供了重要的历史证据。

伴随我国会计学专业研究生教育的快速发展，会计教育教学内容改革的不断创新，硕士研究生的比例持续上升，越来越多的学校开始招收博士研究生。在此背景下，进一步注重内涵发展，不断提高会计学研究生教育质量将是至关重要的。引进西方经典教材和学术专著，有助于改善研究生教育中缺乏教材和学术资料的窘况，对推动会计学术研究的进一步发展起到促进作用。应该说明的是，引进西方会计、审计和财务管理方面兼具思想性和方法性的经典学术著作，是一项长期的工程。中国人民大学出版社和本丛书学术委员会真切希望得到会计学术界同仁的大力支持，欢迎广大老师参与"会计经典学术名著"的建设，并提出批评和建议。

王立彦（北京大学）　　　吕长江（复旦大学）

刘志远（南开大学）　　　陈　晓（清华大学）

前　言

　　为了迎接新世纪的到来，*Journal of Accounting and Economics* 邀请了 9 个专家小组共同撰写会计学主要研究领域的总结、评论性文章。每个专家小组分为评论方和讨论方，同时要求小组中的讨论方写意见总结。所有评论、意见和总结全部在 2000 年 4 月在纽约州罗切斯特举行的学术研讨会上提交。在 *Journal of Accounting and Economics* 的第 31～32 卷上刊载这些作品之前，作者们有 10 个月的时间对初稿进行修改。

　　评论方和讨论方提出的批评、意见和总结，都是基于大量学术论文提出的。评论方和讨论方都是该领域内顶尖的学者，贡献颇多，他们分析问题的广度和深度，都是常人难以望其项背的。

　　本书不仅向读者介绍了最前沿的会计及各分支领域的权威理论观点，而且深入分析了当前存在争议的问题。通常论文作者和参与讨论的人会提出许多截然不同的观点。这种意见的分歧向学术界发出了鼓励性信号，那就是：在会计学研究领域，目前还存在着许多在顶尖的学者们看来很值得讨论和研究的问题。我们希望本书可以促进会计学研究的进一步发展。

Ross L. Watts
Jerold L. Zimmerman

目 录

第一部分

价值相关性文献对财务会计准则制定的相关性研究 *

Robert W. Holthausen，Ross L. Watts

辛 宇 徐莉萍 译

摘要

　　本文批判性地评价了出于准则制定动机而进行的价值相关性（value rele-vance）研究所得出的推论对会计准则制定的意义。我们的评价集中在支撑这些推论的会计、准则制定和估值方面的理论。我们认为，除非这些理论是描述性的，否则价值相关性文献所报告的会计数字和普通股价值之间的联系对准则制定就只具有有限的含义和作用；它们可能仅仅是联系而已。而我们的研究发现这些理论并不是描述性的，所以依据这些推论来制定会计准则是很困难的。

　　JEL 分类号：M41；M44；G12

　　关键词：会计理论；准则制定；价值相关性；估值

§1 引言

　　过去十多年来，大量的会计研究文章考察了股票价格或其变化与特定的会计数据之间的经验联系。这些研究的目的在于评估（或提供一个进行评估的依据）这些会计数据的有用性或潜在有用性，以为准则制定提供参考。我们将这些至少有部分动机是出于准则制定目的的研究称作"价值相关性"研究。本文的目的就是批判性地评价这些价值相关性研究所得出的推论对准则制定的作用，并为未来的研究提供建议。

---

　　* This paper was prepared for the *Journal of Accounting and Economics* Conference held April 28-29, 2000. We wish to thank Dennis Beresford, Philip Berger, Kirsten Ely, Rick Lambert, Fred Lindahl, Cathy Schrand, Greg Waymire, the discussants (Mary Barth, Bill Beaver and Wayne Landsman), the editors (S. P. Kothari, Tom Lys and Jerry Zimmerman) and workshop participants at Cornell University, George Washington University, MIT, University of Georgia and the *Journal of Accounting and Economics* Conference for their helpful comments.

　　Robert W. Holthausen, 宾夕法尼亚大学沃顿商学院；Ross L. Watts, 罗切斯特大学 William E. Simon 工商管理学院。

我们的评价集中在那些支撑价值相关性文献的会计、准则制定和估值理论上。只有这些理论是描述性的（即能够解释和预测会计行为、准则制定以及企业估值），相关研究所得出的推论才对准则制定有用。没有描述性的理论来解释经验联系，价值相关性文献所发现的联系对准则制定来说就只具有有限的含义和作用：它们仅仅是联系而已。例如，假设价值相关性研究得出的推论是基于这样一个理论，即准则制定者认为与股票价值高度关联是会计收益的一个重要属性。而如果证据显示准则制定者并不认为与股票估值的关联性是一个重要属性，所得出的推论就是无用的。[1] 作者仅通过简单的论断即认为准则制定者应当考虑某个值得重视的因素，这并不是科学的研究。作者必须具体化准则制定的目标，以及如何应用有关的判断标准来帮助准则制定者实现这一目标。如果这一特定目标以及有关判断标准不能够解释或者预测准则制定者的行为，作者就有责任解释或回答如下问题：(1) 为什么准则制定者没有追求这一目标的实现？(2) 为什么对该目标的追求是相关的及可行的？

在我们的评论中，讨论了价值相关性研究中产生的一些计量经济学问题。这一工作的进行是在评论基本理论时完成的，而不是单独地来强调这些问题。原因在于，有关计量经济学问题的解决必须依赖基本理论。[2] 关于价值相关性文献中的计量经济学问题可参考其他几篇文章的相关讨论（e.g., Lambert, 1996; Lys, 1996; Skinner, 1996, 1999）。

大量的文章讨论了会计数据与股票市场价值之间的经验关系，但是并没有得出有关准则制定的推论（see Kothari, 2001）。例如，会计领域的资本市场文献提供了有关会计数据的信息含量（information content）和盈余反应系数（earnings response coefficients）的影响因素方面的经验证据。我们对估值理论及其与会计数据的假设联系（参见本文第 5 部分）所进行的评价直接与这些文献相关。

另一类会计文献讨论了不同利益主体（例如，管理层）对特定会计处理方法存在偏好的原因（see Fields et al., 2001）。我们对价值相关性文献的评价结果表明，这类文献对准则制定来说是重要的。原因在于，这类文献可以鉴别出影响会计准则制定的因素（例如，契约）。但是，这些因素通常并不包含在价值相关性研究之中。[3] 如果我们要建立一个关于会计和准则制定的描述性理论，那么对上述因素的考虑就是必需的（参见本文第 3 部分和第 4 部分）。但是，目前价值相关性研究所基于的会计和准则制定理论除了与权益价值相联系以外，通常并未考虑上述因素。

§1.1 研究类型

为便于分析，我们将价值相关性研究归为三类，其他文章（e.g., Lambert, 1996）使用过类似的分类。不过有些文章则同时被归入不止一种研究类型。

(1) 相对联系研究（relative association studies）比较了股票价值（或价值变化）与各线下指标（bottom-line measures）之间的联系。例如，一项研究可能会考察：与现存的公认会计原则（GAAP）所计算出的盈余相比，根据建议的准则所得出的盈余数据是否会与股票的市场价值或长窗口下的回报率有更强的联系（e.g., Dhaliwal et al., 1999）。其他的例子包括比较根据外国公认会计原则计算的盈余和根据美国公认会计原则计算的盈余与价值的联系（e.g., Harris et al., 1994）。这些研究通常是使用各种线下会计数据与股票价值进行回归，并考察这些回归中 R^2 的差异。回归的 R^2 越大，该会计数据就会被描述为越具有价值相关性。表1提供了根据研究类型进行分类的价值相关性文献的部分文章清单。在表1列示的62篇文章中，有15篇（24%）进行了相对联系研究。

表1　　　　　按照研究方法和准则制定动机分类的价值相关性文章

序号	作者	杂志a	年份	研究方法					准则制定动机	
				相对联系研究	增量联系研究	计量性研究	边际信息含量研究	跨期性研究	明确的	间接的
1	Aboody	JAE	1996		1				1	
2	Aboody and Lev	JAR	1998		1				1	
3	Ahmed and Takeda	JAE	1995		1				1	
4	Alford, Jones, Leftwich and Zmijewski	JAR	1993	1					1	
5	Amir	AR	1993		1				1	
6	Amir	AR	1996		1				1	
7	Amir, Harris and Venuti	JAR	1993		1		1		1	
8	Amir, Kirschenheiler and Willard	CAR	1997		1	1			1	
9	Amir and Lev	JAE	1996		1		1			1
10	Anthony and Petroni	JAAF	1997		1				1	
11	Ayers	AR	1998		1				1	
12	Ballas	WP	1997		1			1	1	
13	Balsam and Lipka	AH	1998	1	1				1	
14	Bandyopadhyay, Hanna and Richardson	JAR	1994		1		1		1	
15	Barth	AR	1991		1	1			1	
16	Barth	AR	1994		1				1	
17	Barth, Beaver and Landsman	JAE	1992		1				1	
18	Barth, Beaver and Landsman	AR	1996		1				1	
19	Barth, Beaver and Stinson	AR	1991		1				1	
20	Barth, Clement, Foster and Kasznik	RAS	1998		1	1				1
21	Barth and Clinch	CAR	1996		1				1	
22	Barth and Clinch	JAR	1998		1				1	
23	Barth and McNichols	JAR	1994		1				1	
24	Bartov	CAR	1997		1				1	
25	Beaver, Christie and Griffin	JAE	1980				1		1	
26	Beaver and Dukes	AR	1972	1					1	
27	Biddle, Bowen and Wallace	JAE	1997	1	1				1	
28	Black	JFSA	1998		1					1
29	Bodnar and Weintrop	JAE	1997	1	1					1
30	Chan and Seow	JAE	1996	1					1	
31	Chaney and Jeter	JAAF	1994		1				1	
32	Cheng, Liu and Schaefer	AH	1997		1				1	
33	Choi, Collins and Johnson	AR	1997		1	1			1	
34	D'Souza, Jacob and Soderstrom	JAE	2000		1					1
35	Davis-Friday and Rivera	AH	2000		1				1	
36	Dhaliwal, Subramanyam and Trezevant	JAE	1999	1	1				1	
37	Eccher, Ramesh and Thiagarajan	JAE	1996		1				1	
38	Ely and Waymire	WP	1999		1				1	
39	Fields, Rangan and Thiagarajan	RAS	1998	1	1				1	
40	Francis and Schipper	JAR	1999					1	1	
41	Gheyara and Boatsman	JAE	1980				1		1	
42	Givoly and Hayn	AR	1992				1		1	
43	Gopalakrishnan	RQFA	1994				1		1	
44	Gopalakrishnan and Sugrue	JBFA	1993		1				1	

续前表

序号	作者	杂志[a]	年份	相对联系研究	增量联系研究	计量性研究	边际信息含量研究	跨期性研究	明确的	间接的
				\<研究方法\>					\<准则制定动机\>	
45	Graham, Lefanowicz and Petroni	WP	1998		1				1	
46	Harris, Lang and Moller	JAR	1994	1	1				1	
47	Harris and Muller	JAE	1999	1	1			1	1	
48	Harris and Ohlson	AR	1987	1	1				1	
49	Henning and Stock	WP	1997		1				1	
50	Hirschey, Richardson and Scholz	WP	1998		1				1	
51	Joos and Lang	JAR	1994	1				1	1	
52	Lev and Sougiannis	JAE	1996		1				1	
53	Nelson	AR	1996		1	1		1	1	
54	Petroni and Wahlen	JRI	1995		1	1			1	
55	Pope and Rees	JIFMA	1993	1	1				1	
56	Rees and Elgers	JAR	1997		1				1	
57	Rees and Stott	WP	1999		1			1	1	
58	Shevlin	AR	1991		1	1			1	
59	Venkatachalam	JAE	1996		1	1				1
60	Vincent	JFSA	1997		1	1				1
61	Vincent	JAE	1999		1	1	1		1	
62	Whisenant	WP	1998	1	1					1
	合计			15	53	13	7	7	54	8

a. 杂志名称缩写：

ABR＝Accounting and Business Research
AER＝American Economic Review
AFE＝Applied Financial Economics
AF＝Accounting and Finance
AH＝Accounting Horizons
AQAFA＝Advances in Quantitative Analysis of Finance and Accounting
AR＝Accounting Review
BAF＝Bank Accounting and Finance
CAR＝Contemporary Accounting Research
FAJ＝Financial Analyst Journal
FASB＝Financial Accounting Standards Board
IJA＝International Journal of Accounting
JAAF＝Journal of Accounting, Auditing and Finance
JAE＝Journal of Accounting and Economics

JAL＝Journal of Accounting Literature
JAR＝Journal of Accounting Research
JBF＝Journal of Banking and Finance
JBFA＝Journal of Business Finance and Accounting
JEB＝Journal of Economics and Business
JREPM＝Journal of Real Estate Portfolio Management
JFSA＝Journal of Financial Statement Analysis
JIFMA＝Journal of International Financial Management and Accounting
JRI＝Journal of Risk and Insurance
MA＝Management Accounting
RAS＝Review of Accounting Studies
RQFA＝Review of Quantitative Finance and Accounting
WP＝Working Paper (只包括未发表文章)

　　（2）增量联系研究（incremental association studies）考察在控制其他特定变量的前提下，有关会计数据是否能够为解释公司价值或长窗口回报提供帮助。如果所估计的会计数据的回归系数显著不为0，那么该会计数据通常被认为是价值相关的。例如，通过用各种资产负债表的表内项目和表外项目与权益的市场价值进行回归，Venkatachalam（1996）考察了用于风险管理的衍生金融工具公允价值的增量联系问题。

　　有一些增量联系研究针对会计数据和市场估值模型输入信息之间的关系提出假设，并预测系数大小和/或评估不同会计数据在计量估值输入变量时的误差有何不同。例如，Venkatachalam（1996）也考察了衍生金融工具公允价值的系数是否显著地不为1。估计值与预测值之间的差异通常被理解成是会计数据存在计量误差的证据。因此，我们将这些研究称作计量性研究（measurement studies）。在表 1 中，62 篇文章中的 53 篇（85%）进行了增量联系研究；在进行增量联系研究的 53 篇文章中，有 13 篇（25%）进行了计量性研究。

（3）边际信息含量研究（marginal information content studies）考察一项特定的会计数据是否能够增加投资者可获得的信息集。这些研究通常采用事件研究方法（短窗口的回报率研究）以确定一项会计数据的公布（在控制其他信息公布的条件下）是否与公司的价值变化之间存在联系。价格反应通常被认为是价值相关性的证据。例如，用基于外国会计准则的盈余和基于美国会计准则的盈余之间的差异及其差异变化与 5 天非正常回报进行回归，Amir et al.（1993）检验了 20-F 表（该表同时报告了外国公司基于外国会计准则和美国会计准则的盈余数据）的边际信息含量。在 62 篇文章中，只有 7 篇（11%）文章进行了信息含量研究。

由于 94% 的价值相关性文章都是联系性研究（相对的和/或增量的），只有 11% 的文章进行信息含量研究，而且边际信息含量研究一般不专门针对准则制定（参见本文第 3 部分），因此我们的讨论主要集中在联系性研究方面。

§1.2　准则制定的动机

我们根据文章中的表述来评估作者是否认为其实证结果对准则制定具有政策含义。我们找到 54 篇文章明确表达了其实证结果具有这样的政策含义，这些文章列示在表 1 中。表 1 中也包括了少量（8 篇）间接表示（但是没有明确表达）具有准则制定政策含义的文章。当然，后者的判定必然具有一定的主观性。需要指出的是，准则制定并不必然是表 1 所列文章的唯一动机，因为许多文章对会计估值文献也贡献良多。

我们以 4 篇文章为例来演示这类文献是如何表述其对会计准则制定的作用的。前三个例子有明确的准则制定动机（Ayers，1998；Barth，1994；Dhaliwal et al.，1999），而第四个（Amir and Lev，1996）则是一个间接的准则制定动机的例子。Ayers（1998，p. 196）指出，他进行增量联系研究是出于如下动机：

> ……SFAS No. 109 是否提供了增量意义上的具有价值相关性的公司层面的信息具有重要意义。这至少是出于两个原因：首先，财务会计准则委员会（FASB）有义务考虑其准则制定的成本和收益……其次，会计政策的决策目标是为了产生具有相关性和可靠性的信息（FASB，1980，SFAC No. 2）。

Barth（1994，p. 1）进行增量联系研究的动机也很明确：

> 通过检验股票价格如何对历史成本和公允价值作出反应，我们可以提供关于资产计量基础的相关性和可靠性方面的经验证据。因为这是 FASB 在对会计备选方法进行选择时的两个主要判断标准……有关的经验证据可以为 FASB 在审议证券投资采用公允价值会计时提供帮助，以便决定在何种程度上证券投资的计量可采用公允价值。

Dhaliwal et al.（1999，pp. 44-47）为他们的相对联系研究提供了明确的准则制定动机：

> SFAS 130 是会计实务界关于报告收益的"综合收益观"（all-inclusive，或 com-

prehensive income）和"当期经营绩效观"（current operating performance）长期争论发展的顶点。从 20 世纪 30 年代到目前，这一争论一直活跃在会计准则制定的前沿……此分析可以使我们得出关于综合收益的当前和潜在项目在适切性方面的有关结论。这些结论有助于 FASB 致力于开展更广泛的研究项目（SFAS 130，paragraph 54），从而处理类似哪些项目应该被包含在"其他综合性收益"之中这样的问题。

表 1 中凡划分为具有准则制定明确动机的文章，都有对准则制定动机的直接表述。但是，对准则制定动机的表述偶尔也会比较间接。例如，Amir and Lev（1996，p.28）是这样表述他们的研究结论的：

> 本研究的经验证据表明，当前无线通信公司（一个庞大的、世界范围的、技术领先的行业）的财务报告有其不足之处。具体地说，移动通信业务特许权和拓展客户方面的价值增加型投资在财务报告中全部被确认为费用，这会导致对收益和资产估值的扭曲。

在上述引文中，当前财务报告被描述为"不足的"，并且产生了"扭曲的"估值，这意味着财务报告还有待改进，而这些改进要通过新的会计准则来完成。具体地，Amir and Lev（p.5）建议，财务报告中的客户获取费用（customer-acquisition costs）应该资本化，或者"要清楚划分日常的费用开支和能够带来潜在的、导致未来现金流量增加的成本开支……"。

§1.3 基本理论

在许多情况下，价值相关性文献的基本理论并不很明确，因此我们就不得不从文章的实证设计来着手探寻一二。价值相关性研究主要通过两种理论来得出有关推论，即直接估值理论（direct valuation theory）和权益估值输入理论（inputs-to-equity-valuation theory）。在直接估值理论中，会计收益倾向于被认为可以用于衡量权益的市场价值水平（通过持续性收益）或其变化，或者与它们高度相关。在这一理论下，权益的账面价值被认为可以用于衡量其市场价值，或者与其高度相关。此时，准则制定者认为备选会计盈余或权益账面价值与股票价格之间的相对联系至关重要。[4]

在权益估值输入理论中，会计的职能在于向投资者提供用于评估公司权益价值的估值模型所需的输入信息。在这一理论下，我们并不太清楚准则制定者是否会对上述相对联系研究的结果感兴趣。准则制定者更有可能对那些建议投资者在其估值模型中使用一项会计数据或一项潜在会计数据的研究感兴趣。这就要求存在一个估值模型（估值理论）和会计数据与估值模型的输入变量之间的假设联系。建立在权益估值输入理论上的价值相关性研究通常是增量联系研究。

对很多从事价值相关性研究的作者来说，不论其所选择的准则制定理论和会计理论如何，他们都有效地假设会计的主导性职能（从准则制定者角度来看）是权益估值。这里的主导性职能是指提供与价值或价值的估计变量有关的信息（直接估值理论），或者提供与权益估值相关的信息（权益估值输入理论，see Barth, 2000；Lambert, 1996）。很多研究也会讨论其他的会计职能，但并不会在研究设计中明确地指出。例如，Dhaliwal et al.（1999）明确地提到会计收益在订约中的应用，但是他们并没有试图将该职能从收益的估值职能中区别出来。我们认为，现有文献对会计估值职能的过分重视以及对其他职能的排斥阻碍了可用于准则制定的描述性理论的发展。[5]

有关准则制定的推论依赖于基本理论在解释和预测会计、准则制定及股票价值方面的能力（它们的描述能力），而我们对这些基本理论的解释和预测能力的考察表明这些理论并不是描述性的。这就产生了如下问题：价值相关性文献所得出的推论是否合适？相关文献为准则制定提供信息的能力如何？我们也探讨了进一步洞察准则制定和会计职能的一些其他研究途径。

§1.4 文章结构和结论

本文的第 2 部分根据价值相关性文献对其实证检验的解释讨论了有关会计和准则制定的基本理论。我们发现了两类基本理论：直接估值理论和估值输入理论。我们也发现有关准则制定的估值输入方法的广泛应用可以导致与应用直接估值方法相同的结果。两种理论下，收益都可以用以计量权益的市场价值，或者与权益的市场价值或其变化高度相关；权益的账面价值都可以用以计量权益的市场价值，或者与权益的市场价值高度相关。

第 3 部分考察这些基本理论是否与 FASB 关于准则制定的解释相一致。我们的结论是，SFAC No.1 与会计和准则制定的直接估值理论相抵触。更进一步，FASB 的表述意味着权益估值输入职能只是财务报告的多重职能之一。这说明价值相关性文献中所使用的会计和准则制定理论并不是描述性的。这些理论中的三个假设被认为是与 FASB 的报告不符的。我们还发现价值相关性检验忽视了一些 FASB 认为在评估信息是否有用方面发挥重要作用的因素，却包括了一些与 FASB 报告相抵触的因素。

在第 4 部分，我们考察价值相关性文献中所使用的准则制定理论和会计理论是否能够解释观察到的会计实务，其目的在于评估现有文献中准则制定和会计基本理论的描述能力。我们归纳出一些当前会计实务中应用的重要特征（例如，稳健性），但发现价值相关性文献的有关理论并没有解释这些特征。因此我们对文献中所应用的有关准则制定和会计基本理论提出质疑，例如会计数字的权益估值职能的主导性是否合理？我们还讨论了更一般意义上的会计文献中对财务报告的应用研究，而这些应用有望解释所观察到的会计实务。这样做的重要性在于可以表明，仅仅价值相关性文献自身并不能为准则制定提供很多信息。

第 5 部分评价了价值相关性实证研究中所使用的估值模型，以及会计数据和估值模型的输入变量之间的联系。我们发现文献中所使用的三个基本模型（资产负债表模型、收益模型和 Ohlson 模型）都只有在非常严格的条件下才适用，并且都没有充分解决经济租金（economic rents）或清算期权（abandonment options）问题（尽管这一问题可以得到补救）。一个更为困难的问题是，会计在这些估值模型中事实上并不是不可或缺的。在所有的模型中，信息都是无成本的，不存在信息不对称问题，因此也就不需要会计提供任何职能。这使我们难以解释会计的有用性，也使得估值模型在评估备选会计方法的合意性上有所不妥。

最后，第 6 部分是我们的结论和对未来研究的建议。我们的主要结论是，价值相关性文献所依靠的基本的准则制定和会计理论并不是描述性的。即使这些基本理论是描述性的，由于所使用的估值模型存在不足，有关文献仍然不能实现它们所宣称的目标。许多文献对这些问题的某些方面有所提及。但是，这些作者没有指出的是，相对于 FASB 的报告和会计实务中所表现出来的财务报告的多重应用，价值相关性文献对财务报告估值作用的假设在范围上显得过于狭窄。财务报告在其他方面的应用同样重要。会计在估值上的应用并不能取代其在其他方面的应用。综上所述，价值相关性文献并不能为准则制定提供很多信息。

我们的讨论提出了各种可供研究的问题，从而为准则制定提供信息。其中之一是会计研究者应当考察会计准则和会计实务的影响因素及其重要性，而不是仅仅考察权益估值。对这些影响因素的更仔细的考察将使我们的研究对准则制定者更为有用。同时，理解这些影响因素对会计估值文献来说也很重要。

§2 基本理论及其含义

价值相关性文章在对基本的会计和准则制定理论的解释程度上差别很大，从很少或没有解释到相对来说很全面的解释。在 2.1 节，我们给出了关于理论解释极端情况的有关例子，而多数文章的理论解释是处于这些基准之间的。我们还用这些基准文章来阐明文献中对直接估值理论和估值输入理论以及估值模型的应用。在 2.2 节，我们认为，估值输入理论在准则制定中的广泛应用将产生与直接估值理论在准则制定中的应用相同的结果。特别地，会计将提供关于权益的市场价值或其线性变换的有关估计。

§2.1 有关解释和基本理论

很少或没有解释和直接估值理论：很多价值相关性研究很少解释其方法论建立的逻辑和假设。有一些研究直接引用类似 Barth（1991，1994，其中一篇将在下文讨论）文章中较为全面的解释。有些研究（多数是相对联系研究）则既没有引用任何较为完整的解释，也没有对其所提出的假设提供他们自己的逻辑支持，例如，Dhaliwal et al.（1999），Alford et al.（1993），Harris et al.（1994），以及 Harris and Muller（1999）。

通过比较净收益和综合收益与股票回报率之间的联系，Dhaliwal et al.（1999）对净收益或综合收益哪个才是更好的公司绩效计量指标进行了评价。该文章的动机（前面已经引述）和含义（pp. 60-61）都假设会计准则的制定者会对与股票的市值变化最高度相关的收益指标更关注。事实上，文章中并没有给出或引用任何能够表明准则制定者确实如此的证据。在注释 5 中，Dhaliwal et al.（1999，p.46）建议准则制定者关注收益的相对联系检验结果，因为会计收益在估值和订约中都被用作绩效计量指标。这可能是唯一一篇包括了对订约的解释的价值相关性文献。

Dhaliwal et al. 并没有解释为什么在契约中使用收益就意味着最好的会计收益计量指标应该是与股票价值变化最相关的。契约理论认为绩效计量指标应该与管理层的努力程度和行为相关，但这并不意味着绩效计量指标应该与股票价格高度相关（e. g.，see Holmstrom，1979；Lambert and Larcker，1987）。Dhaliwal et al. 也没有解释为什么在估值中使用会计收益就意味着收益计量指标应该与价值的变化高度相关。

相关性最高的会计收益数字并不必然就是权益价值或其变化的最精确计量指标。为解释这一点，我们先假设净收益可用于计量永久性收益（可视为一个永续年金，其价值等于权益价值），然后针对每一个备选的净收益计量指标进行股票价格/收益回归。此时，最精确的收益计量指标应该使得回归中所估计的常数项为0，而且所估计的斜率系数为贴现率的倒数（see Lambert，1996，pp.19-26）。但是与股票价格最相关的收益计量指标在回归中所估计的常数项可能显著地不为0，而且所估计的斜率系数可能与贴现率的倒数存在显著差异。我们可以使用回归估计中最相关的收益数据来估计权益价值。[6]不过我们需要一个会计和准则制定理论来权衡对精确性和相关性的取舍。如果FASB认为投资者能够根据净收益来估计权益价值，联系性研究就更为有用。而如果FASB更为关心的是会计收益应该准确地计量永久性收益，那么精确性的检验就更为合适。如果没有一个会计和准则制定理论，人们就无法确定在实证检验中究竟哪个标准更为合适。

追求相关性最大化的目标将导致收益与价值（及其线性变换）或价值的变化高度相关。Dhaliwal et al. 认为，他们仅仅是检验净收益和综合收益哪一个是更好的绩效计量指标。但是，如上所述，"更好的绩效计量指标"可能是指对永久性收益的更精确计量，也可能是指与价值更高的相关性，或者是其他（例如，出于订约目的来衡量管理者行为对公司价值的影响效果）。Dhaliwal et al. 主要是从与权益价值变化的相关性角度来评价各个备选的计量指标。应用我们在序言中对理论的定义，由于Dhaliwal et al. 在评价中并没有阐述一个会计和准则制定理论，我们不得不得出结论，认为Dhaliwal et al. 有一个关于会计和准则制定的直接估值理论。需要注意的是，Dhaliwal et al. 所依靠的是累积的价值变化，这意味着他们可以不必专门建立一个估值模型。

相对全面的解释和估值输入理论：增量联系研究一般会提出更为完整的（相对于Dhaliwal et al.）关于基本逻辑和假设的解释。其中，许多研究都将会计指标所增加的价值相关性与相关性和可靠性概念联系起来（例如Ayers早些时候所建议的），而这两个概念被FASB看做会计信息的重要特征。[7]

Barth（1994）的增量联系研究提供了最为全面的关于价值相关性研究的逻辑和假设基础的解释。Barth所提出的基本的准则制定理论依据的是准则制定者对会计备选方法的选择标准。特别地，根据SFAC No.2，她认为FASB在选择会计备选方法时有两个首要的标准，即备选计量指标的比较相关性和可靠性。她研究的目标是比较公允市场价值和历史成本在计量银行所持有的证券投资的价值及其变化时的相关性和可靠性。Barth（2000，p.16）指出，"相关性是指某财务报告项目对财务报告使用者制定决策的影响能力"，而"可靠性是指对某财务报告项目的计量实现了其预期的计量目的"。这里的相关性定义是与SFAC No.2第47段的内容一致的，而可靠性定义基本上与SFAC No.2第59段一致（除了没有提到可验证性）。第59段指出，"一个计量指标的可靠性是指其能够忠实地计量它所要计量的目标，并且可验证，以向使用者提供保证"。事实上，可验证性非常重要，但却被增量联系研究忽视。

Barth（1994）所提出的方法，包括第5部分（pp.20-23）的计量误差模型，是对Barth（1991）的方法的一个变换。Barth的方法论在不同程度上为其他的价值相关性研究所采用。Barth认为，在对不同会计计量指标的相关性和可靠性进行评价时，需要一个可计量的基准，即证券投资的"真实"价值及在这些证券上的真实收益和损失。为实现这一目标，Barth使用股票价格来计量证券投资的资产价值："此方法将会计计量指标看做有误差的变量，而隐含在股票价格上的数据则是'真实'变量"（Barth，1994，p. 20）。假设反映在股票价格上的数据是"真实"的要比市场有效性假设更进一步：在这里，市场所形成的估计不仅仅是无偏的，它们还是无误的。将会计数据与隐含在股票价格中的变量进行比较，就意味着会计提供了权益估值输入变量的计量指标。

需要指出的是，通常来说，价值相关性研究并不必然地需要假设股票价格反映了"真实"变量，但是这些研究至少需要假设资本市场是有效的。否则，股票价格所代表的变量既不是相关变量的良好估计，也不是准则制定可以参考的良好基准。试想，如果股票市场是无效的，而且隐含在股票价格中的对证券投资市场价值的估计也是不足的，那为什么FASB还会用这些隐含价值作为分析基准呢？[8]

将隐含在股票价格中的"真实"的资产价值与这些价值的会计计量结果进行比较，需要一个相应的股票市场估值模型。Barth提出了三个估值模型：一个针对权益的市场价值，评价资产价值计量的相关性和可靠性；两个针对价值的变化（或股票回报率），评价资产价值的变化。在估值模型中，证券投资的"真实"价值或价值的"真实"变化是隐含在权益市场价值或其变化中的资产市值或市值变化。

Barth使用了各种回归方法，以确定隐含在价格或价格变化中的证券投资的"真实价值"或"价值的真实变化"，同时评价了备选会计计量指标的相关性和可靠性。为阐释Barth的逻辑思路，我们在这里讨论她的一个估值模型，即用证券投资的公允价值和证券投资之前的权益账面价值对权益市场价值进行回归，然后用证券投资的历史成本代替公允价值作同样的回归。

公允价值的相关性和可靠性可以从以公允价值计价的变量的回归估计系数的显著性程度来进行判定。根据所假设的估值模型，Barth（p. 7）认为，证券投资公允价值的估计系数应该是1。正如Barth所认识到的那样，这一推断要求：（1）估值模型应该是正确的；（2）所有的会计变量没有计量错误或偏差；（3）估值模型不存在遗漏变量问题。如果公允价值所计量的资产市值错误或偏差足够多，所估计出的系数就会偏离1，并且会不显著。

Barth认为，证券投资市场价值的显著增量联系意味着证券投资的公允价值可以被用作权益估值模型输入变量的估计，这同时也意味着它与一些商业决策是**相关的**。研究发现，计量误差并不足以导致实证结果的不显著，这说明该计量指标至少在一定程度上是**可靠的**。[9]

Barth（1994）阐释了要从其检验中得出关于准则制定的推论所必需的理论和假设。要得出关于"证券投资的公允价值是否应该被包含在资产负债表中"的任何推论必须满足以下条件。首先，FASB确实关注在何种程度上对证券投资公允价值的估计计量了它们在资产负债表中的"真实"价值（例如，偏差和计量误差的程度）。这里所隐含的是一个准则制定及会计职能理论，尤其是权益估值输入理论。其次，市场估值模型应该是描述性的（例如，在水平模型中，假设权益的市场价值等于可分离的净资产值）。这意味着估值模型是适当的，而且可观察的权益价格是公司权益的"真实价值"的估计噪声不大。第三，净资产（而不是证券投资）的账面价值的计量是无偏的，且不存在计量误差（或者是以某种方式在检验中控制住这些问题）。第四，它要求没有被遗漏的相关变量。

在Dhaliwal et al.（1999）和Barth（1994）这两个极端之间，价值相关性文献对基于所估计的相关性和因此而产生有关准则制定的推论所提供的理论解释处于一个比较宽泛的范围之中。不论这些解释的完整性如何，所有的价值相关性文章都假设财务报告（财务报表和披露）的首要目的是权益估值。这些文章都假设财务报告的目的在于提供：（1）权益价值或与权益价值有关的计量；或者（2）与权益估值相关的信息。这些假设的得出看起来像是把对会计实务的描述当作会计理论的一部分，又像是把对会计准则制定者所追求的目标的描述当作准则制定理论的一部分。Barth（2000，p.10）指出："投资者是最重要的财务报表使用者，因此很多与执业会计人员（特别是准则制定者）有关的财务报告问题的学术研究都采用投资者视角……而投资者首要关心的信息是那些能够帮助他们评价公司价值以作出知情（informed）投资选择的信息。"

§2.2 准则制定中广泛应用价值相关性的意义

价值相关性研究通过考察会计数据是否与股票价格相关来决定某会计数据是否对公司估值有用。如前所述，相对联系研究考察备选会计收益数据的相对有用性，增量联系研究考察各个单独的财务报表组成部分或披露的有用性。如同在对 Dhaliwal et al. 的解释进行讨论时所指出的那样，相对联系检验意味着收益数据能够被转换为对权益价值或价值变化的估计（直接估值理论），增量联系检验意味着会计计量的有用性表现为为权益估值提供输入变量。如果这些检验被广泛应用的话，这两种解释之间的差别实际上并不存在。为看清这一点，我们将会计问题的覆盖范围仅界定为价值相关性文献，然后看如果 FASB 逐字地遵照研究中所得出的推论而不考虑其他因素（如订约）来制定准则的话会发生什么事情。

价值相关性文献研究问题的广度：价值相关性文献已经涉及从证券投资到商誉在内相当广泛的会计问题，相关研究针对准则制定而提出的有效推论的可能性也各不相同。对银行持有的证券投资公允价值的相关性和可靠性的推论（i.e.，Barth，1994）可能会比关于无形资产和商誉的推论更为可靠。在关于证券投资的推论中，估值模型在一定程度上是描述性的（寻租机会可能会相对较低），而且可交易的证券投资以接近其市场价值的形式进入权益价值估值模型。更进一步，由于这些证券有可变现的市场，公允价值可以成为其市场价值的可验证的估计，这使得会计数据和估值模型之间有一个较强的联系基础。

价值相关性文献的主题不仅仅局限于银行所持有的证券投资的公允价值，这可以从表1所列示文章的主题分布中得到证明。在表1中，有9篇文章研究了证券投资，55篇文章研究了其他会计主题（考虑到一些文章研究了多个会计主题，合计的数字超过62篇）。其他主题的研究数量说明如下：

（1）关于无形资产（包括软件开发、品牌、发展费用（development expenses）、商誉、专利、研发等）的研究有8篇。

（2）关于其他资产估值（当期成本、房地产、石油和天然气储备、并购等）的研究有5篇。

（3）关于负债（养老金、除养老金以外的退休后利益（post-retirement benefits other than pensions）、环境负债、递延税款、股票期权等）的研究有17篇。

（4）关于不同绩效衡量指标（收益组成部分、不同的 EPS 衡量指标、经济增加值、备选的现金流衡量指标、综合收益，以及各种不动产投资信托衡量指标（real estate investment trust measures））的研究有8篇。

(5) 关于国外收益和汇兑损益的研究有2篇。

(6) 关于不同国家会计方法的增量和相对联系研究有15篇。

研究有效性的含义：以上很多研究的估值模型并不是描述性的（例如，许多无形资产隐含着寻租机会，而估值模型则假设没有寻租机会）。在这些研究中，估值模型输入变量和会计数据之间的联系并不清楚（例如，用于贴现计算无形资产价值的现金流量通常是整个公司的现金流量，而不是可辨认资产的相关现金流量）。这些估值模型以及估值模型输入变量/会计数据联系中存在的问题导致人们对相关研究的有效性存在疑虑。但是，我们暂且不考虑这些问题，而是先看一下FASB采纳这些研究的推论的经济后果。我们还会发现，直接估值研究和权益估值输入研究之间的差别实际上只是表面现象。

来自联系研究的准则制定意义：几乎所有关于资产和负债的研究都是增量联系研究（使用权益估值输入理论）。许多这样的研究都使用Barth（1994）中所描述的资产负债表估值模型（即权益的市场价值等于资产的市场价值减去负债的市场价值）。我们假设所有的价值相关性研究都以权益估值输入理论为基础来进行增量联系研究，并使用资产负债表模型。更进一步，我们假设FASB是根据研究所得出的推论来发布准则。此时，基于联系标准而发布准则的结果如何将受制于这些研究是使用了计量观方法还是联系观方法。

在计量观方法（measurement approach）中，判断标准是备选的会计指标如何准确地计量了资产或负债的市场价值。例如，推荐的房地产、厂房和设备（PPE）的会计处理方法是使房地产、厂房和设备的账面价值与市场价值最接近的方法。如果理论和所研究的联系是描述性的，那么FASB所采纳的准则将使每项会计资产和负债的计量指标都靠近其市场价值。给定估值模型（权益的市场价值是净资产的市场价值），如果每项资产和负债都接近其市场价值，而且所有的资产和负债都已经被包含在资产负债表之中，那么权益的账面价值将接近其市场价值。准则制定中估值输入理论的广泛应用将会产生一系列直接权益估值会计准则（也就是说，权益的账面价值计量其市场价值）。

在联系观方法（association approach）中，判断标准是备选会计方法在记录资产或负债时所产生的净资产与市场价值之间的相关性增加程度。例如，推荐的房地产、厂房和设备的会计方法应该是使净资产与权益市场价值之间的相关性增加最多的方法。在其他资产和负债的会计方法保持不变的条件下，每一项资产或负债都可以从增量联系的角度加以研究。然而这会导致针对一项给定的资产或负债的会计方法所产生的增量联系受制于各种资产或负债被评价的顺序。但是，不论资产和负债增量联系的研究顺序如何、准则被通过的先后如何，这种方法被广泛应用的最终结果是权益的账面价值（净资产价值）与其市场价值高度相关。这同样表明权益估值输入理论将产生与直接估值理论（即权益的账面价值是其市场价值的转换形式）相似的结果。

在使用给定的收益估值模型来对收益的组成部分进行计量性研究或增量性研究时，以上逻辑同样成立。根据所选定的估值模型，收益将成为权益市场价值或其变化的估计，或者成为一个可以转换为权益市场价值或其变化的估计的变量。

多数从事价值相关性研究的学者都没有主张权益的账面价值或收益应该是权益市场价值的估计，或者是一个能够转换为权益市场价值估计的计量指标。[10]许多人指出，他们只是为准则制定者提供信息，以便将其与其他相关因素进行权衡（see Barth，2000，pp. 8-9）、评价备选会计估计的相关性和可靠性，或者检验不同利益主体对备选会计估计应具备的属性的诉求。但是，文献中并没有讨论其他相关因素的性质以及它们与价值相关性的权衡，而且价值相关性文献的基本前提即会计的首要或主导职能是对权益证券进行估值。会计在某种程度上还有其他职能，而价值相关性文献对这些职能考虑的缺乏实际上是假设一项会计计量指标在其他职能中的有用性都被反映在其与权益市场估值的联系之中。

从本质上说，价值相关性研究意味着会计的职能是提供权益市场价值或权益市场价值线性变换的估计（直接权益估值）。既然权益价值的估计或权益价值线性变换的估计来自股票价格，该职能对研究者所研究的上市公司来说事实上毫无意义，原因在于投资者可以直接从股票市场报价中获得关于权益市场价值的信息。

§3 FASB 报告和价值相关性理论

在本部分，我们探讨直接估值理论和权益估值输入理论是否与 FASB 报告中所提出的财务报告目标相一致。直接估值理论明显与 FASB 报告相抵触，原因在于，FASB 报告明确否认会计旨在提供对权益估值的估计。FASB 报告也清楚地指出，为权益估值模型提供输入变量只是财务报告多重职能中的一种。

价值相关性研究者经常以 FASB 关于会计和准则制定本质的报告为依据，作为其研究动机。如果 FASB 报告内在体系是一致的，那么为什么价值相关性所采用的研究方法（直接估值和单独强调权益估值输入职能）与 FASB 报告不一致？为回答这一问题，并深入剖析 FASB 对准则制定和会计的立场，我们将价值相关性研究所使用的假设与 FASB 报告进行了比较。我们找出了三项与 FASB 报告不一致但在价值相关性研究中使用的假设。

第一个假设与财务报告的应用和使用者有关。价值相关性文献假设权益投资者是财务报告的主要使用者，权益估值是财务报告的主要应用。而 FASB 的报告表明，在确定会计准则时，它们对非权益投资使用者以及财务报告的其他用途也会高度重视。更进一步地，FASB 报告不但否认财务报告有估计权益价值的职能，而且指出，提供权益估值输入变量并不是财务报告的唯一或主导性职能。第二个价值相关性文献中使用但未包括在 FASB 报告中的假设是股票价格充分反映了权益投资者在评估权益证券时所使用的信息。价值相关性文献第三个假设是基于股票价格的相关性和可靠性检验确实检验了 FASB 报告中所定义的相关性和可靠性。而实际上，这些检验并不都检验了相关性和可靠性。

为支持上述结论，我们假设 FASB 报告预示了他们的准则制定行动，或者在行动中有所暗示。不过，该假设有时可能与事实不符，因此在第 4 部分我们也考察了财务报告特征是否与价值相关性文献的准则制定和会计理论基础一致。换句话说，我们考察这些理论是否是对会计实务的准确描述。

§3.1 FASB 报告和权益直接估值

FASB 明确否认了财务会计的目标是直接对权益进行估值："（由财务报告提供的）信息可以帮助那些需要估计企业价值的使用者，但是财务报告的初衷并不是直接用于计量企业价值"（SFAC No.1，paragraph 41）。

为什么一些价值相关性研究使用被 FASB 明确否认的理论（直接估值）？为回答该问

题，并确定在何种程度上权益估值输入理论与 FASB 报告相一致，我们考察了前面已经提到的三个假设：财务报告的使用者及其应用；股票价格反映投资者对权益进行估值时所使用的信息的能力；对可靠性的定义。通过这些考察，我们找出了影响会计及其准则的因素，而这些因素在价值相关性研究基于的直接估值和权益估值输入理论中被错误地表述或者被遗漏。这些被错误表述或遗漏的因素可以帮助我们解释为什么价值相关性文献对准则制定的影响是有限的。它们的存在也表明，对一些问题的研究可能会给准则制定者提供一些思路，同时也可以使我们对会计理论的理解得到提升。

§3.2　FASB 报告和价值相关性基本假设

§3.2.1　使用者和应用

根据 SFAC No.1 以及 FASB 对其使命的描述，价值相关性文献假设财务报告的目标是为制定商业和经济决策提供有用的信息。如前所述，价值相关性文献假设投资者是会计数据的使用者，而会计数据的主要应用就是出于投资决策目的对公司进行估值（see Lambert, 1996, p.6; Barth, 2000, p.10）。由于文献中的所有经验研究都涉及权益价值，因此，在实务上，"投资者"就是指权益投资者。

价值相关性文献对财务报告使用者及其应用的假设与 FASB 报告中的使用者及其应用并不一致。在 FASB 关于使用者的定义中，包括了首要兴趣不是权益估值的使用者，有些甚至对任何证券估值都不感兴趣。FASB 把外部投资者和债权人看做财务报告所提供信息的使用者（SFAC No.1, paragraphs 30 and 35）。这里的"投资者"和"债权人"是广义的，包括权益和债务证券的实际及潜在持有者，以及供应商、消费者、雇员，贷款机构和个人贷款人等。

FASB（1984）关于财务报告应用的报告并没有表明权益估值具有任何的优先性。FASB 将财务报告描述为一般目的的报告，其目的是向通常具有相似（但并不完全一样）信息需求的不同决策提供信息（see SFAC No.5, paragraphs 15 and 16）。其中有些决策与估值有关。但是，FASB 的报告表明许多应用与权益估值并不相关。例如，SFAC No.1 第49 段指出，应对贷款人在评估公司是否陷入财务困境，以及评估其流动性和偿债能力方面的需要加以关注。能够衡量偿债能力和流动性的会计比率被用于监控债务契约（see Holthausen, 1981; Leftwich, 1981; Holthausen and Leftwich, 1983; Sweeney, 1994）。当这些比率达到特定值时，就需要对借款人的偿债能力进行调查。FASB 也明确认识到财务报告在管理层托管责任及公司治理中的应用（SFAC No.1, paragraphs 50-53）。

FASB 对财务报告使用者及其应用的广泛定义以及对财务报告属于一般目的的报告的强调，都强有力地表明财务报告和财务报表的首要目的是针对权益投资者及权益估值的看法是非描述性的这一假设。这也表明，那些不同应用所使用的信息与权益投资者所使用的信息不同。

对价值相关性文献的意义：鉴于 FASB 关于财务报告使用者及其应用的定义相当广泛，与权益价值相关并不是准则制定的必要条件。例如，债权人和贷款人对公司的债务估值及违约概率比对公司的股份估值更感兴趣。这说明如果价值相关性研究使用贷款价值进行研究，可能会得出与权益价值研究不同的结果。给定一项数据，其对权益投资者和贷款人的相关性不会完全相同。

例如，如果一家公司违约，那么关于贷款、债券或应收账款价值等信息的变量可能并不能解释在清算概率较低的情况下样本公司的横截面权益价值变化。而且，公司成功时未来成长期权的价值更有可能与权益投资者（而不是贷款人、债券投资者或债权人）相关。如果公司获得了成功，各个债权人将获付债务的面值，其对公司成长期权上的收益没有任何追索权。这一点很重要，因为它意味着从与权益价值的关系中无法得出放之四海而皆准的相关性和可靠性。对一个使用者或使用者集团相关的未必对另一个也相关。这导致依据价值相关性研究来得出有关准则制定的推论是有问题的，其原因在于价值相关性研究事实上只使用权益价值。在使用权益价格进行评估时，人们认为一项数据比其他数据更有用；但是在使用其他证券和索取权的价值评估时，该数据可能并不比其他数据更有用。

据我们所知，目前还没有价值相关性研究使用债务价值作为因变量，这可能是由于债务价值数据不容易取得。如果有人试图使用债务或者借款的价值来进行研究，其研究设计应该能够识别违约信息的相关性，这一点非常重要，它有利于用债券或借款进行估值。此时可能有必要选择违约概率较高的公司。

§3.2.2 股票价格和投资者对信息的使用

如同 Lambert（1996，pp. 6-7）所指出的那样，价值相关性文献使用股票价格来评估投资者对财务报告信息的使用，原因在于股票价格"反映了各个投资者对公司估值以及估值所依据信息的汇总性结果"。对这一汇总性衡量指标的使用缩小了 FASB 报告中所表述的权益投资者的信息需求范围。FASB 报告认为，FASB 应该对各个单独的投资者保持关注，而不是仅仅将投资者看做一个由股票市场来代表的总体。这样做的原因在于，FASB 关心投资者之间获取信息的多寡不同以及信息获取成本的不同。FASB（SFAC No. 1，paragraph 28）指出，财务报告的目标"首先是满足外部使用者的信息需求，而这些外部使用者不可以从企业中直接获取其所需的信息，因此他们必须使用管理层为他们提供的信息"。美国证券交易委员会（SEC）对在投资者中创造公平赛场的关注强化了 FASB 对各个单独投资者的关注（而不是将投资者看做一个总体）。SEC 最近在其 FD 规章（Regulation FD）（从 2000 年 10 月 23 日起生效）中重复强调了这一点，该规章要求公司在向受优待的证券分析师和基金经理提供信息的同时，也要将这些信息提供给社会公众（see "Shining light on the markets"，*Economist*（internet version），October 26，2000）。

既然股票市场价格所包含的信息比任何单个投资者所能获得的信息都要多，那么就没有任何投资者能够拥有包含在价格中的所有信息。类似地，作为一个结果，各个投资者的估值模型以及由此而来的对这些模型输入变量的需求在横截面上看可能会差异很大，且并未反映在市场价格之中。此外，当信息被体现在股票价格中时很少有人会意识到，因此当信息对市场总体来说并不及时时，它对许多投资者来说却是及时的。FASB 认为及时性是信息相关性的一个重要属性（SFAC No. 2，paragraph 56），并将及时性定义为"在信息失去影响决策的能力之前使**决策制定者**能够获得信息"。因此，FASB 可能会认为定期财务报告的信息披露是及时的，尽管披露的时间迟于该信息反映在股票价格中的时间，尤其是当股票价格已经包含一项信息，而此时对该信息的可靠计量还不能获得的时候（由于在可验证性上存在困难——参见下文）。

对价值相关性文献的意义：在相对联系研究和增量联系研究中对股票市场数据的过度

依赖产生了一个问题，即价值相关性研究是否能够恰当地捕捉到各个投资者的需求。每个人对信息的需求会比反映在股票价格中的更多元化，而价值相关性研究并没有体现出这种多元化。更进一步，每个人接受信息的时间与该信息反映在股票价格中的时间可能是不同的。这说明对报告会计数据来说，边际信息含量并不是一项要求。

§3.2.3 可靠性和可验证性

如同我们在第2部分所指出的那样，一个显著的增量联系（反映在有关会计数据的显著性系数上）被解释为会计数据符合FASB的两个首要标准（相关性和可靠性）的证据。可靠性被解释为计量误差。Barth（2000，p.16）这样写道：

> 价值相关性意味着会计数值与一些价值衡量指标（如股票价格）相关。如果该数值能够显著地增加估计方程解释权益价值的能力，它必然是具有相关性的，而且在计量上至少有一定的可靠性。如果是不相关的，则它与权益价值之间应该没有联系。如果该数值伴随"太多的"计量误差，研究者也不会从中发现显著关系。

但是，FASB可靠性定义中有一个属性并没有在所估计关系的显著性中反映出来，那就是可验证性。因此，显著的增量联系并不必然地意味着所考察的会计数据是可靠的。

可验证性是指：

> 不同的人对某一信息的计量可以得出一致结果，以保证信息反映其所要表达的目的或者所选择的计量方法的使用是无误或无偏的（SFAC No.2）。

SFAC No.2还指出：

> 可验证性的程度影响会计信息的有用性，原因在于可验证性很大程度上表明了会计计量指标反映其所要表达目的的保证程度。在最小化计量者偏差（measurer bias）方面，可验证性比计量偏差更为成功，因此在不同程度上，可验证性能够保证特定的计量指标忠实地反映其经济内涵或者实现其所要表达的目的……（paragraph 81）；而且

> 计量者偏差这个概念不像计量偏差那样复杂。其最简单的形式源于有意识的错误表述。但是，即使是最忠实的计量者在应用相同的计量方法时，也可能得出不同的结果，尤其是当预测未来事件（例如资产变现）的结果时。如果重复计量产生相同的结果，则计量者偏差可以被发现和消除……（paragraph 82）。

可验证性所关心的是防止错误表述。在财务报表中发生错误表述的原因在于，负责编制财务报告的管理层拥有比审计师和投资者更多的信息，但是他们有动机去错误地表述财务报告。管理层错误表述财务报告的动机可能来自他们是依据注册会计师审计过的、应用FASB准则编制的财务报告中所反映的会计绩效指标来接受评价和获取报酬的。此外，管理层还经常依据公司的股票价格来接受评价和获取报酬，而股票价格可能会受到错误陈述的暂时影响。需要注意的是，管理层的动机并不必然地总是产生高估绩效的偏差，在某些情况下，他们有动机产生低估绩效的偏差（例如，红利计划下可能会产生这样的动机，see Healy，1985）。由于债务契约和监管当局也会使用经审计后公开的财务报表，因此管理层此时也有动机使会计数据产生偏差（see Watts and Zimmerman，1986）。还需要注意的是，为了误导审计师和股票市场对其操纵行为的理解，管理层可能会将噪音连同偏差一

起引入财务报告。

如果市场是有效的，由于计量方法和计量者所产生的错误和偏差都可以在会计数据的价值相关性中反映出来。例如，一项增量联系研究的系数大小和符号可能会受到影响。既然系数可能会反映偏差，那么偏差就能够影响系数的大小。计量误差能够影响系数的大小和符号，其效果受制于自变量的真实数值与计量误差之间的相关性结构（correlation structure）（see Barth，1991；Lambert，1996）。如果管理层有动机误导和引入计量误差，可验证性的缺乏就会影响会计数据的可靠性和价值相关性。

对价值相关性文献的意义：如果一项会计数据不具有可验证性，那么它在被 GAAP 采纳之前在研究中所具有的价值相关性在其被 GAAP 采纳之后可能会不复存在。同理，一项在研究中不具有价值相关性的会计数据在被 GAAP 采纳之后可能会变得又具有价值相关性了。在制定会计准则时，准则制定者必须对此有所认识。因此，使用准则产生之前的数据发现的价值相关或价值不相关并不是产生一项会计准则的充分条件。

当价值相关性研究者在评估未包含在当前 GAAP 中的会计数据或方法（因此也不会在当前用于薪酬契约、债务契约等的实际财务报告中加以反映）时，识别潜在的可验证性困难是一个很重要的问题。研究中所使用的会计数据要么是需要估计的（例如，Barth and McNichols（1994）对环境负债的估计），要么是从报表附注或其他来源的披露中获得的（e.g.，Barth，1994），要么直接从公司获得。由于管理层在报告中引入偏差及计量误差的动机并不是很强，在强制性确认之前，这些估计或披露的偏差和噪音相对来说可能会较少。此时，系数及其显著性水平可能不会受到可验证性缺乏的影响。但是，一旦这些数据被包含在财务报表之中，管理层错误表述的动机就增加了，此时，如果这些数据是不能被证明的，它们对决策制定来说就可能是无用的，并且与股票价格无关。即使忽略本部分所提出的其他问题，在价值相关性研究中未能考虑数据潜在的可验证性问题也会导致对结果的错误理解。

可验证性对会计数据相对于股票市场的及时性也有影响。财务报表的可验证性与更及时可信的公司自愿性披露息息相关。由于是作为整体来向市场传递信息，强制披露会导致及时性有所降低。管理层认识到披露事件的效果将在不久的将来反映在经审计的财务报表或必需的披露报告上，其发布误导性自愿披露的动机得到限制，从而使自愿披露更加可信。这里再一次证明边际信息含量可能并不是准则制定的必要条件。如果要求审计的数据由于其没有边际信息含量就不必报告，那么之前对它的自愿披露就不再可信，并且会丧失其边际信息含量。经审计的财务报告的一个重要功能就是为该报告发布之前所作的披露提供可信度。这样看来，与财务报告相关的股票价格变化从长期角度来看可能是模糊的。

§3.3 结论

在前一部分，我们观察到，将价值相关性研究结果用于会计准则制定的结果是财务报表直接对权益进行估值。在这一部分，我们引用了 FASB 的报告，这些报告明确否认财务报表是用来对权益进行估值的，并清楚表明为权益估值提供输入变量只是财务报告多重职能中的一种。FASB 的报告表明，构成价值相关性文献基础的会计和准则制定理论并不是描述性的。这些报告还表明，文献中用一个综合性的计量指标（股票价格）来反映权益投资者的信息需求，以及其对可验证性考虑的缺乏，都会导致文献描述能力的不足。FASB 的报告意味着在确定会计准则时，需要考虑各种各样的使用者、用途及财务会计属性。

作为社会科学家，我们不应该只是接受 FASB 所说的内容，我们还应该考察 FASB 都做了什么。下一部分将考察构成价值相关性文献基础的会计和准则制定理论是否与反映在会计实务中的 FASB 行为相一致。特别地，我们考察了通常所观察到的会计信息属性在多大程度上与会计的直接估值功能和权益估值输入功能相一致。当然，如同我们将要在下一部分中讨论的那样，会计实务不仅仅受制于 FASB 的行为情况，也受制于 GAAP 的实施情况，而 GAAP 的实施情况则受制于起草者、审计师和 SEC 的影响。

§4　价值相关性和 GAAP

本部分的结论是，如同在实务中所观察到的那样，直接权益估值并不是 GAAP 的首要决定因素。更进一步，在会计信息毫无疑问地属于权益估值输入信息的同时，该应用并没有削弱会计的其他职能。损益表和资产负债表有着多重职能，而非只是为估值提供信息。这些非估值方面的职能对于财务报表的形式和内容影响也很大。因此，所观察到的会计实务特征与 FASB 报告（参见第 3 部分）中所表述的观点是一致的，即存在权益估值以外的其他会计职能。我们讨论了四个因素对财务报告内容的影响，即：契约（包括托管）、税收、监管和诉讼。这可以使我们至少在部分程度上评估会计的权益估值职能与这四个其他因素之间的相对重要性。如果能够发展出一个解释所有影响会计准则重要因素的理论，以及在何种条件下这些因素的效力更高或更低，将对现有会计文献作出很大贡献。

为评估直接估值理论或估值输入理论是否是描述性的，并深入剖析其他影响会计和准则制定的因素，我们识别出一些财务报表的典型特征，而这些典型特征与直接估值理论并不一致，或者直接估值理论并不能解释这些典型特征。这些特征包括资产负债表的内容及其演进过程、损益表的稳健性，以及损益表和资产负债表间钩稽关系的实质。所识别的特征有一些是与估值输入模型理论一致的。例如，由于资产负债表信息有助于对清算期权进行估值，资产负债表的内容是与权益估值输入理论一致的，同时也与直接估值理论相悖。所识别的其他特征既不能被直接估值理论解释，也不能被估值输入理论解释。一个例子是根据美国 GAAP 编制的损益表的稳健性问题。不仅损益表表现出了显著的稳健性（e.g.，Basu，1997；Ball et al.，2000a），而且在很多准则制定制度（standard-setting regimes）下（特别是在 FASB 下），稳健性程度还有所增加（see Basu，1997；Givoly and Hayn，2000，以及本文后面所报告的证据）。由于可靠性本身并没有不对称性的属性，因此，财务报告的稳健性特征并不只源于可靠性（参见 4.2 节和注释 [15]）。

我们以考察典型的财务报告特征、它们是否与财务报告的估值职能相一致以及四个影响财务报告的其他因素作为本部分的开始。作为本部分的结论，我们认为非估值因素在财务报告和会计实务中发挥了核心职能。

§4.1 资产负债表的本质及其演进过程

资产负债表的本质及其演进过程与资产负债表的公司权益估值职能（直接估值）并不一致。资产负债表的本质及其演进过程表明，资产负债表具有包括为估值（特别是清算期权）提供输入变量和订约在内的多重职能。最后，证据显示，诉讼和监管影响了资产负债表的形式和内容。

§4.1.1 资产负债表的本质

如同《证券法》（Securities Acts）实施之前那样，当前的资产负债表仍然是由许多单独的、可分离的资产和负债项目组成的。FASB 将市场价值重新引入会计中只是针对单个资产项目进行的，并不是针对公司整体。[11]资产负债表并没有对权益进行直接估值。有些资产项目是以市场价值计价的，对这些项目而言，资产负债表似乎是对净资产市场价值的估计。但是，并不是所有的资产和负债项目都以市值计价，而且净资产的市场价值只是估值的一个组成部分而已。通常，如果存在租金，对权益估值就需要评估公司未来现金流量的价值（参见下一部分），而不是可分离资产市场价值的简单相加。可分离资产的市场价值并没有反映出公司资产结合在一起之后的公司租金价值。资产负债表的一般本质与关于其职能的几个假设更一致，而与直接权益估值不相符。例如，资产负债表的本质可以说成提供权益和贷款估值（特别是清算期权的价值）的输入变量。然而，如同我们将在第 5 部分看到的那样，许多经验研究都假设资产负债表的目的在于计量权益的价值。

资产的账面价值是对其可分离资产市场价值的估计这一观点与关于会计职能的另一非排斥性假设——即经审计财务报表的订约职能——相符。例如，债务契约使用资产和负债的账面价值来作为对公司资源和债务求偿的估计，以启动限制管理层降低公司和债务价值行为的有关条款（see Smith and Warner，1979；Leftwich，1983）。在债务契约中，未来现金流量价值超出可分离资产净值的、不能被分离出售的无形资产（即商誉）被排除在资产范围之外（see Leftwich，1983）。

实务中对商誉的处理为我们提供了关于资产负债表是否计量公司价值以及关于会计的订约效应等问题的更深入理解。商誉所代表的是公司市场价值与已确认净资产之间的差额。在没有专利、可转让许可证等的情况下，商誉只能通过整家公司的出售来实现（如果商誉只与公司的某个部门相关，就通过出售该部门来实现）。此时，商誉不是一个可分离的经济（相对于会计）资产。所谓的经济资产是指公司本身。可用于转让租金的专利、许可证不是商誉；专利、许可证等属于可分离的经济资产（亦见第 5 部分）。目前，只有应用购买法进行会计处理时才确认商誉，而且确认的商誉将在以后各期摊销。商誉不需定期评估以使权益等于公司价值，这表明准则制定者并不是以一种无约束的方式来追求直接权益估值。[12]

会计实务中没能持续确认商誉这一做法与会计的债务契约职能相呼应。债务合约使用报告的财务报表，但是通常会排除商誉和无形资产。债务合约从资产负债表中排除商誉（和可分离无形资产所代表的租金）的原因在于，当公司清算时，商誉和其他无形资产所代表的租金将被假设为零（继续经营该公司的净现值为负）。因而，在资产负债表中记录所购买的商誉与会计的债务契约职能不相符。这种不相符的现象是由于其他影响会计实务的因素造成的，尤其是来自美国各州法规的监管和股利约束。股利约束的潜在影响可以从SEC 对财务报告进行正式监管之前的时期中观察到。长期以来，在英国，商誉常常被减记至一个名义价值（nominal amount）（see Ely and Waymire，1999a，p.15），减记部分直接计入权益。这种做法与会计的债务契约职能一致。但是，有一些公司并没有这样做，这可能是由于这种减记影响公司监管和股利支付能力。

1900年左右，在美国，通过对现有公司的合并产生的许多巨型公司的股份面值，都大大高于合并后公司有形资产账面价值的合计值。那时所形成的商誉通常都会被包含在总的固定资产之中，而不是作注销处理。这样做的目的可能是降低会计回报率，以避免政府和监管者对托拉斯和垄断回报收费（see Jarrell，1979，其中提供了20世纪早期公共事业单位有类似行为和动机的证据）。在政府和监管部门的注意减少之后，人们预期这些公司将会对商誉作注销处理。但是，对一些公司来说，注销将减少能够用于股利分派的留存收益（see Ely and Waymire，1999a，p.13）。不过，20世纪20年代后期，似乎许多这类公司都对这些无形资产进行注销处理，同时仍然能维持其支付股利的能力。

经理薪酬合约也会使用资产负债表数据，而且其使用符合资产负债表所反映的是对可分离资产净值——而不是权益价值——的估计这一观点。有一些经理薪酬合约使用资产或权益的账面价值来评估公司是否赚取了超过公司资产或净资产正常回报水平的回报（see Smith and Watts，1982；Healy，1985；Holthausen et al.，1995）。如果资产的账面价值是对可分离资产市场价值的估计，或者权益的账面价值是对可分离资产减去负债后的市场价值的估计，并能够反映留在公司的机会成本的话，那么这种应用是恰当的。对资产负债表的这一看法与订约观一致，同时也与财务报表提供估值输入变量这一观点一致，但与资产负债表提供对公司的直接估值这一观点相悖。资产负债表是对可分离资产价值的估计这一观点可以从FASB对资产负债表和利润及综合收益表具有互补性的描述中得到支持：

> 利润及综合收益表通常主要反映一个实体在一段时期内的盈利能力，但是，如果该信息与财务状况报表一起使用，或者与该实体其他期间或与其他实体进行比较（例如，计算资产或权益回报率），那么对它的解释就最有意义（SFAC No.5，paragraph 24a）。

§4.1.2 资产负债表的演进过程

资产负债表在美国的演进过程不仅仅与资产负债表为估值和订约提供输入变量这一职能息息相关，监管和诉讼考量在形成资产负债表的形式和内容过程中都发挥了重要作用。在SEC和正式的准则制定产生之前，贷款估值的需要和债务契约的需求对资产负债表的形成过程发挥着主导作用。根据SFAC No.2第93段的表述，在SEC产生之前，资产负债表是主要的财务报表，银行和其他贷款人是主要的报表使用者。

在SEC产生之前，资产价值可以调增（也可以调减）到市场价值或"现行价值"（current values），这与贷款估值需要和契约观是一致的。许多调升的重新估值是针对房地产、厂房和设备或者投资（可用作抵押的资产）的。Fabricant（1936）发现，在一个由208家大型公司所组成的样本中，有70家公司调增了其房地产、厂房和设备的价值，有43家公司调增了1925—1934年间的投资价值。样本中，只有7家公司调增了无形资产价值，主要原因是会计人员建议产权类无形资产只有在少数例外情况下才能调增（see Yang，1927，p.166；Ely and Waymire，1999a，p.14）以及债务契约倾向于排除无形资产。

重新估值经常会伴随着新的融资行为（see Finney，1935，Chapter 40）。一般来说，当重新估值的边际收益超过边际成本时，重新估值就有可能发生。出于债务融资目的，如果一项不动产已经被独立鉴定人重新估值，则将其报告在（SEC 产生之前的）财务报表中的边际成本似乎相对较低。在进行新的融资行为时，将各项资产以市场价值入账。这时，资产负债表是出于借款和贷款估值目的的对净资产价值的一项估计。既然重估后的账面价值将作为债务合约存续期间用以控制管理层行为和监督借款人的基础，那么这样的做法也与财务报表的债务契约应用观相一致。

20 世纪 30 年代后期，SEC 开始对调增行为进行限制和监管，导致对固定资产进行重新估值并调增的会计实务到 1940 年已经"不复存在"（Walker，1992）。SEC 使用注册程序来取消这些调增行为。监管者取消对固定资产的重新估值似乎与 20 世纪 30 年代早期的公用事业公司的财务困境有关。有几位 SEC 的创始委员之前都参加了联邦贸易委员会（Federal Trade Commission）对公用事业公司财务困境的调查。他们和联邦贸易委员会都认为，20 世纪 30 年代的财务困境是由资产价值的调增引起的。随后的经验研究表明，该判断并不正确。[13]但是，由于这些委员之前的公开主张，很难要求他们允许资产价值调增继续存在下去。一旦一项政策被执行了多年，将很难改变。

从 40 年代到 70 年代，SEC 有效地禁止了资产在财务报表中的调增估值（甚至包括对当前价值的披露）。SEC 在 70 年代早期放宽了它的禁令，但很少有公司自愿调增其资产价值。如同在 20 年代，70 年代的投资者在制定其权益和债务投资决策时无疑仍然需要可分离资产市场价值方面的信息。因此，在 70 年代固定资产不能以市场价值入账的做法与估值输入需求和订约需求并不一致。这中间发生了什么变化？没有将固定资产以市场价值入账的一种解释是针对上市公司的共同诉讼增长很多。这种增长发生在《联邦民事诉讼程序法》（Federal Rules of Civil Procedure）第 23 条于 1966 年修订之后，该修订的后果是增加了虚增资产和利润的法律责任（see Kothari et al.，1988；Basu，1997）。

总的来说，资产负债表的演进过程表明，资产负债表的本质是提供可分离资产净值的估计，并作为对权益和债务估值（通过对清算期权的估值来实现）的一项输入变量，这和订约观相一致。有些证据表明，其他因素，特别是对监管和诉讼因素的考量，在决定资产负债表的本质过程中也发挥着重要作用。很少有证据表明直接权益估值会是当前资产负债表本质的一个主要决定因素，原因在于当前的资产负债表并没有试图在持续经营假设基础上对公司进行估值。

§4.1.3 对无形资产资本化的意义

价值相关性文献对无形资产资本化问题的关注很多。在表 1 中，有 8 篇文章研究了这一主题。本部分探究当前的资产负债表本质对无形资产资本化的意义。

我们以类似消费者忠诚度这样的无形"资产"为例。我们给资产加了引号，原因在于，消费者忠诚度可以是一项可分离销售资产，也可以不是。如果消费者忠诚度不是可分离或可销售的，那么它实质上就像商誉一样，将其包括在资产负债表中意味着向直接权益估值观倾斜。当前资产负债表的本质表明，订约和估值输入需求将阻止此类资产的资本化。但是，即使消费者忠诚度是一项可分离和可销售的资产，并且价值相关性研究发现对这些资产市场价值的计量是相关的和可靠的，从债务契约需求的角度来看，都不必将该资产确认到资产负债表。原因在于，出于债务契约目的的净资产的计价基础是可变现价值。与一家公司在持续经营时相比，消费者忠诚度的价值在公司清算时会减少很多。

在当前影响财务报告本质的力量既定的条件下，上述举例解释了应用价值相关性方法论到更广泛的资产范围内可能存在的问题。任何应用都必须考虑资产的本质以及在不同情况下对其价值的估值。为说明此问题，我们将债务契约观应用到 Barth（1994）对银行证券投资公允价值的考察中。从这一角度来看，公允价值提供了对证券投资价值的估计。即使银行不是持续经营的，人们仍可能会主张在资产负债表中确认证券投资的公允价值。与消费者忠诚度或商誉在公司不能持续经营时其资产将不复存在不同，证券投资的价值更有可能代表着一个合理的变现价值，原因在于其价值波动与银行的其他未来现金流量没有关系。从债务契约角度来看，Barth（1994）对银行证券投资公允价值的增量联系研究可以为准则制定者提供有用的信息。这是因为 Barth 提供了关于这些公允价值与权益价值相联系的、具有相关性和可靠性的证据，而且我们有理由确信这些公允价值很可能是合理的变现价值。[14] 但是，由于价值相关性研究的范围扩展到了包括无形资产在内的其他领域，因此，价值相关性的研究结果对准则制定者的有用性就减少了。这种效用的下降部分归因于某些资产的不可分离性，部分归因于所计量的价值高估了资产的变现价值。

§4.2 损益表的稳健性

全世界所有公司都具有的一个会计特征就是收益数据的稳健性（see Ball et al.，2000a）。这种会计稳健性预先计提损失，但并不预先计提盈利，因此股票价格对好消息（盈利）的反应要早于收益数据，而股票价格和收益数据在反映坏消息上更具有同步性。股票价格领先收益数据的程度要比其领先损失的程度大。延迟确认盈利并预计损失的做法会导致对净资产的低估。稳健性的产生可能是由于订约、诉讼和/或税收等原因，因此这也强调了财务报告的多重目的。长期以来，稳健性在世界范围内和美国的应用不能用直接估值理论或估值输入理论来解释。

在美国损益表中观察到的稳健性程度与 FASB 所表述的观点并不一致。在 SFAC No.2 第 93 段中，FASB 指出，稳健性"曾经被表述为一种警告，即'不要预计盈利，但要预计所有损失'"，同时，"财务报告中的稳健性应该不是故意地、一味地少计净资产和盈利"。SFAC No.2 把稳健性的发展归因于"（在 SEC 产生之前）财务报告的主要使用者是银行和其他贷款人"。（1980 年）该报告进一步指出，"尽管过去 40 年来一直试图努力改变稳健性的过度应用，但该观念已经根深蒂固"。

§4.2.1 由订约目的产生的稳健性

Watts（1993，pp.3-7）就出于管理和债务订约目的产生的稳健性提出了假设。稳健性强化了债务契约中有关保证资源能够留在公司以实现对贷款人的责任的条款。稳健性下推迟确认收益，加上对股利发放的限制，可以降低公司资源被比借款人优先求偿权顺序低的主体过度使用的可能性。它所实现的功能与清算人在将资金临时分配给公司的债权人之前要确认所有的潜在损失相同。稳健性也可以用于延迟基于收益的报酬契约的实现，直至管理层的行为效果充分地反映在收益之中。

Hayn（1995）和 Basu（1997）发现，美国公司的年收益和年股票回报之间的关系会随当年"消息"的好坏而不同。Hayn 发现，在股票回报对收益的回归当中，盈利公司的斜率系数和 R^2 要比亏损公司高。Basu 进行了一个"反方向"回归（reverse regression），即用年收益对年回报进行回归，并发现，当年非预期回报为负的公司，其斜率系数和 R^2

要比当年非预期回报为正的公司高。Basu 认为这两类结果在本质上反映的是一个相同的现象，即"坏消息"能够比"好消息"更充分地反映在当前的收益和回报之中。在坏消息出现时，会立即确认亏损并冲销相关资产账户。好消息会影响当前年度的股票回报，但是相关的盈利并没有被充分地在财务报告中确认，而是被分配到当期和未来年度的收益之中。在一个即定年份中，盈利公司的收益对回报率的反映程度要比亏损公司小。结果，如果用回报对收益进行回归，盈利公司的斜率系数就会比亏损公司的高一些；但如果用收益对回报进行回归，该系数就会低一些。

Hayn 和 Basu 所发现的效应与会计稳健性一致，即"不预计盈利，但预计所有损失"。Basu 假设该效应是由于稳健性造成的，而 Hayn 假设其产生的原因是清算期权。股东倾向于放弃公司而不是容忍可预计的损失，因此所观察到的损失可能只是暂时性的。Basu 用应计项目对收益在何种程度上与回报同步以及收益—回报关系的时间序列变化来区分这两种假设。他的结论是，经验证据与稳健性假设更为一致。

在 Basu 的研究中，坏消息在收益和回报上的同步性如何是一个实质性的问题。在1963—1990 年间，收益对负回报的敏感程度比对正回报的多 4.5 倍。Ball et al.（2000a）针对美国和非美国公司 1985—1995 年间的数据进行了类似的回归，他们发现，美国公司收益对负回报的敏感程度比对正回报的多 10 倍。在这一期间，英国公司收益对负回报的敏感程度比对正回报的多 5 倍。这些结果表明，尽管 SFAC No.2 对稳健性提出了批评，美国会计仍然具有较高的稳健性程度，是所观察到的英国会计的两倍。

Ball et al.（2000a）在其所研究的 25 个国家中的 19 个中发现了稳健性的证据。更进一步，他们假设对稳健性的需求在大陆法系国家（如德国）要比在普通法系国家（如美国）更小，原因在于，大陆法系国家中由于治理结构而产生的信息不对称问题更少。他们的经验证据与其预测一致，因此验证了订约假设。与此相反，直接估值或估值输入理论无法解释当前广泛存在的稳健性现象以及世界范围内对稳健性的不同需求。好消息和坏消息在收益/股价关系上所表现出来的明显不对称现象表明，存在着估值以外的包括订约在内的很重要的影响会计和准则制定的力量。[15]

§4.2.2 诉讼与稳健性

如同我们在上面所看到的那样，稳健性是与订约目的相一致的。稳健性也与诉讼动机相一致。高估收益或者资产导致诉讼的可能性要远远高于低估收益或者资产（see Kellogg，1984，p.186，footnote 3），这使管理层有动机来保守地报告收益和资产。Basu 考察了在由 Kothari et al.（1988）提出的低审计责任或高审计责任期间收益对正回报和负回报的敏感性。他发现，在低责任时期，收益对正回报和负回报的敏感性没有差别，但是在高责任时期，收益对正回报和负回报的敏感性在预期方向上存在显著差异。在共同起诉（class actions suits）法规变化之前，1963—1966 年间是一个低责任时期。这些结果表明，诉讼氛围的改变会影响美国会计实务的稳健性程度。[16]

§4.2.3 稳健性与公司所得税

公司所得税的存在也能导致保守的会计实务。Guenther et al.（1997，pp.230-234）讨论了法庭判决和国内收入署（IRS）的行为对出于税务目的的应计项目和出于财务报告目的的应计项目之间关系的影响。他们的结论是（p.232）："总的来说，有证据表明存在着潜在的压力，使税务会计方法与出于财务报告目的而使用的方法相一致。"Guenther et al. 还报告了经验证据：《1986 年税收改革法案》（Tax Reform Act of 1986）迫使一些公司从出于税务目的的现金法会计转换到应计法会计，这增加了其出于财务报告目的的递延收益（从而变得更加稳健）。Shackelford and Shevlin（2001）回顾了其他研究，这些研究的结果表明，税收使公司所报告的会计收益和应税收益有趋同的迹象。这种趋同鼓励了稳健主义在会计实务中的应用。

不论是否是订约、诉讼、监管压力（不允许固定资产重新估值）、所得税和/或其他因素导致了美国会计实务中的稳健性现象，稳健性是不能被直接估值理论或估值输入理论来解释的。进一步，虽然程度有所不同，在世界范围内的会计实务中都广泛应用了稳健性。

§4.2.4　美国各时期财务报告的稳健性证据

在此部分，我们提出关于美国财务报告中各时期的稳健性证据。我们发现，美国财务报告中的稳健性：（1）在正式的准则制定之前就已经存在；（2）在所有的收益和股价之间的关系实质上是由坏消息推动的这一时点之后有所增加。第一个结果表明存在准则制定以外的因素影响稳健性的发展。具体地，订约（可能还有所得税）会影响稳健性。直到 20 世纪 60 年代末，诉讼还不是稳健性的一个主要影响因素。第二个结果中所指出的稳健性增加发生在诉讼增加时以及 FASB 开始作为权威的准则制定机构期间。对于好消息而言，收益和股价之间缺少联系的事实强有力地表明，财务报告并不是被设计成用来计量价值或价值变化的，而回归模型（例如那些在价值相关性研究中所使用的）中假设它们计量了或者是应该计量那些属性，这是不恰当的。换句话说，第二个结果是反对直接估值理论的强有力证据，甚至动摇了估值输入理论。

尽管 FASB 反对将稳健性表述为对收益和损失的不同确认标准（SFAC No.2），但是有证据表明，美国上市公司的收益稳健性在 FASB 成立以后明显增加（see Basu，1997；Givoly and Hayn，2000）。Basu（1997）发现，在 1967 年之前不存在支持稳健性的经验证据（see Basu，1997，Table 6），而在 FASB 于 1973 年成立之后稳健性增加了（see Basu，1997，Fig.3）。这并不意味着是 FASB 导致了稳健性的增加，因为也有可能是报表编制者和审计师在准则执行的过程中（而不是准则本身）有意地选择了稳健性。

Basu 未能发现在 1970 年之前存在稳健性的显著证据，这是令人困惑的，因为许多人都主张稳健性在那之前就应该已经存在。而且 Basu 的发现也与认为稳健性是产生于订约原因的观点不符。该观点认为稳健性在 SEC 成立之前就已经存在。我们认为该结果的产生可能是由于 Basu 的研究中 1970 年之前那段时期的观察值数量比较有限造成的。为考察这一可能性，我们请 Kirsten Ely 使用 Ely and Waymire（1999b）中 1927—1993 年的美国公司数据针对每年都估计了一个回归，该回归与 Basu 文章中表 6 的估计类似。所选择的样本是从《CRSP 月度价格文件》（CRSP Monthly Price File）中每年随机产生符合两个标准的 100 家公司。这两个标准是：（1）公司从上一年度的 2 月到下一年度的 6 月有 29 个月份的股票价格数据可以获得；（2）公司的四位 SIC 代码在 1000 到 3999 之间。收益数据是从 Compustat 数据库或者《穆迪工业手册》（Moody's Industrial Manual）中获得的，在样本的 6 700 家公司/年度观察值中，有 30 个数据无法获得。这 30 个公司/年度观察值中的大部分是在 1951 年之前（Compustat 数据库出现之前）的。所有的年份都至少可以获得 97 个观察值。

所估计的回归方程的具体形式如下：

$$X_t / P_{t-1} = \alpha_0 + \alpha_1 DR_t + \beta_0 R_t + \beta_1 DR_1 R_t$$

式中，X_t 是公司在 t 年的每股收益或每股经营收益；P_{t-1} 是 t 年年初的股票价格；DR_t 是虚拟变量，如果 $R_t < 0$，DR_t 等于 1，否则为 0；R_t 是公司在 t 年的股票回报率。稳健性检验所要考察的是最后一项的斜率系数是否显著为正。

我们计算了不同子样本期间的估计系数均值和 t- 统计量均值。这些子样本期间有不同的准则制定、监管和诉讼环境。它们分别是 1927—1941 年、1942—1946 年、1947—1950 年、1951—1953 年、1954—1966 年、1967—1975 年、1976—1982 年以及 1983—1993 年。最后三个子样本期间是 Basu 文章所使用的，它们分别代表准则制定环境处于高诉讼风险、低诉讼风险和高诉讼风险时期。1942—1946 年间和 1951—1953 年间属于总体价格控制（general price control）时期，而价格控制似乎会影响收益/股票回报之间的关系。1927—1941 年间包括了 SEC 于 1940 年取消资产重估增值会计处理之前的时期（此处包括 1941 年，但包含 1941 年并不影响结果）。我们认为 1927—1941 年间是一段没有准则制定或诉讼的时期。1941 年以后的所有时期都存在准则制定。在 1967 年之前的时期基本上不存在诉讼问题。诉讼在 1967—1975 年间明显增加，在 1976—1982 年间有所减少，然后在 1983—1993 年间又明显增加。我们也估计了 1963—1966 年间的系数均值，以便与 Basu 的研究结果进行比较。

表 2 报告了全部样本期间和每个子样本期间收益和经营收益的平均系数。该表也报告了类似于 Basu（1997）和 Ball et al.（2000a）的回归结果。Basu 使用 1963—1990 年间的 43 321 个公司年度观察值的样本。他估计了一个混合回归（pooled regression），并针对子样本时期设定虚拟变量。我们将 Basu 回归中的估计系数进行加总，以便与 Ely 的回归中的估计系数比较。Basu 回归模型中的收益和回报是经过市场收益和回报调整的。Ball et al.（2000a）就 1985—1995 年间的两个子样本进行了混合回归，他们使用未考虑特别项目调整前的收益（earnings before extraordinary items），而不是通常意义上的收益。Ball, Kothari and Robin 的 1985—1990 年回归样本有超过 11 978 个公司/年度观察值，而 1991—1995 年回归样本有超过 9 247 个公司/年度观察值。

表 2　　　　　　　　　1927—1993 年间不同时期的报告环境下美国收益数据的稳健性比较

在不同的报告环境下，用收益对同期回报进行年度横截面回归所获得的系数均值（Ely and Waymire 的数据）；在不同的报告环境下，用收益对同期回报和报告环境虚拟变量进行混合横截面回归所获得的系数（Basu, 1997）；用收益对同期回报进行混合横截面回归所获得的系数（Ball et al., 2000a）[a]。

$$X_t / P_{t-1} = \alpha_0 + \alpha_1 DR_t + \beta_0 R_t + \beta_1 DR_t R_t$$

		收益回归 系数均值			经营收益回归 系数均值		
		亏损虚拟变量 α_1	回报率 β_0	亏损虚拟变量×回报率 β_1 稳健性	亏损虚拟变量 α_1	回报率 β_0	亏损虚拟变量×回报率 β_1 稳健性
Ely and Waymire 的数据 各年度回归的均值							
子样本期间	报告环境						
1927—1941	准则制定之前，低法律诉讼	0.00 (0.48)	0.11** (5.57)	0.09* (2.24)	−0.09 (−0.93)	0.15** (5.37)	−0.09 (−1.29)

续前表

		收益回归			经营收益回归		
		系数均值			系数均值		
		亏损虚拟变量 α_1	回报率 β_0	亏损虚拟变量×回报率 β_1 稳健性	亏损虚拟变量 α_1	回报率 β_0	亏损虚拟变量×回报率 β_1 稳健性
Ely and Waymire 的数据 各年度回归的均值							
子样本期间	报告环境						
1942—1946	价格控制，准则制定，低法律诉讼	0.07 (1.28)	0.60** (8.16)	−0.32 (−0.98)	0.07 (0.04)	2.29** (5.69)	−1.53 (−1.05)
1947—1950	准则制定，低法律诉讼	0.03 (1.39)	0.33** (6.54)	0.01 (0.10)	0.05 (1.30)	0.71** (6.36)	−0.16 (−0.55)
1951—1953	价格控制，准则制定，低法律诉讼	0.03 (2.24)	0.22** (5.38)	0.07 (1.66)	0.09 (1.89)	0.49** (5.64)	0.05 (−0.55)
1954—1966	准则制定，低法律诉讼	0.00 (0.51)	0.08** (6.78)	0.06* (2.61)	0.01 (1.34)	0.18** (6.52)	0.08* (2.30)
1967—1975	准则制定，高法律诉讼	0.03* (2.13)	0.11** (5.58)	0.05** (3.62)	−0.02 (1.43)	0.08** (3.39)	0.08* (2.42)
1976—1982	准则制定，诉讼	0.03* (2.13)	0.14** (6.49)	0.16** (3.40)	0.06 (0.68)	0.26 (0.06)	0.02 (1.59)
1983—1993	准则制定，高法律诉讼	0.02 (0.89)	0.00 (0.63)	0.43** (7.47)	0.03* (2.30)	0.08** (3.19)	0.32** (5.32)
1963—1966	准则制定，低法律诉讼	0.00 (0.73)	0.06** (4.67)	0.04 (1.34)	0.03 (1.38)	0.19* (3.62)	0.09 (1.78)
全部样本							
1927—1993		0.02** (3.44)	0.14** (14.99)	0.10** (7.77)	0.00 (2.85)	0.36** (13.87)	−0.06 (3.45)
Basu (1997)							
带报告环境虚拟变量的混合横截面回归							
1963—1966	准则制定，低法律诉讼	0.00 (0.01)	0.03** (4.74)	0.01 (0.93)			
1967—1975	准则制定，高法律诉讼	0.02	0.07	0.19			
1976—1982	准则制定，诉讼	−0.01	0.03	0.19			
1983—1990	准则制定，高法律诉讼	0.03	0.03	0.40			
特别项目调整前的收益							
Ball，Kothari and Robin (1999)							
混合横截面回归							
1985—1990	准则制定，高法律诉讼	?	0.03** (6.14)	0.29** (26.79)			
1991—1995	准则制定，高法律诉讼	?	0.03** (6.54)	0.33** (22.14)			

a. 括号内报告的是 t-统计量。对于 Ely and Waymire 的数据，系数的 t-统计量是样本期间内各年 t-统计量的平均值。Basu 的最后三个样本期间没有 t-统计量，原因在于这些系数是合计报告的。

* 在 5% 的统计水平上显著，单尾检验。

** 在 1% 的统计水平上显著，单尾检验。

Ely and Waymire 的数据：所选择的样本是 1927—1993 年间每年随机产生的、符合两个条件的 100 家公司。这两个标准是：(1) 公司从上一年度的 2 月到下一年度的 6 月有 29 个月份的股票价格数据可以从《CRSP 月度价格文件》中获得；(2) 公司的四位 SIC 代码在 1000 到 3999 之间。收益数据是从 Compustat 数据库或《穆迪工业手册》中取得的。在样本的 6 700 个公司/年度观察值中，有 30 个收益数据无法获得，但是这些观察值并没有被替换掉。因此，年度观察值数量在 97～100 之间，而且大部分缺失值发生在 1951 年之前。

Basu 的研究样本包含了 1963—1990 年间的 43 321 个公司年度观察值。Basu 估计了一个包含不同子样本期间附加效应虚拟变量的混合回归。我们把有关各年的系数合计起来，以产生一个可以与用 Ely and Waymire 的数据进行的回归具有可比性的系数。

Ball, Kothari and Robin 的研究样本包含 1985—1990 年间的 11 978 个公司年度观察值，以及 1991—1995 年间的 9 247 个公司年度观察值。他们估计的是混合回归。

X_t 是公司在第 t 年的每股盈余；P_{t-1} 是第 t 年年初的股票价格；Basu 的数据中盈余是用市场盈余调整过的。Ball, Kothari and Robin 的研究中盈余是特别项目调整前的。

DR_t 是虚拟变量，如果 $R_t<0$，DR_t 等于 1；否则为 0。

R_t 是公司在第 t 年的股票回报率。Ely and Waymire 衡量的回报率是 16 个月的，即在财政年度基础上再加上 4 个月。Basu 衡量的回报率是 12 个月的，从财政年度的第 4 个月开始算起，并用市场回报进行调整；Ball, Kothari and Robin 衡量的回报率是财政年度的。稳健性检验所要考察的是最后一项的斜率系数是否显著为正。

从表 2 中我们看到，在准则制定和法律诉讼之前的时期（1927—1941 年）以及 1953 年后的所有时期（1963—1966 年间除外），坏消息虚拟变量与回报率交叉项的回归系数均值都是显著为正的。准则制定之前的时期（1927—1941 年）所表现出来的显著性是与我们的预期相一致的，即稳健性存在于正式的准则制定和法律诉讼风险出现之前。经营收益的回归系数在该时期并不显著，这表明稳健性的产生主要源于非经营性项目。我们在 1963—1966 年间的系数不显著，这与 Basu 的研究结果一致，但是我们认为该时期并不能够代表法律诉讼及准则制定之前的时期。在第二次世界大战的价格控制时期，不显著的稳健性系数及明显较大的回报率系数均值，都表明那些控制实质性地改变了报告盈利。

与 Basu 的研究结果类似，我们在表 2 中的结果表明，自从 FASB 产生之后，稳健性程度有实质性的增长：对于使用收益进行的回归来说，虚拟变量与回报率交叉项的系数从 1976 年以前的小于 0.10，增加到 1976—1982 年间的 0.16，然后再增加到 1983—1993 年间的 0.43。类似的增加也可以从使用经营收益进行的回归中观察到，特别是在 1983—1993 年间。与 Basu 的研究结果不同，表 2 表明，这种增长在收益回归中是从 1976—1982 年间开始的，而不是 1967—1975 年间。这种差异的产生可能由于回归设计的不同，也可能由于样本的不同。尽管我们并没有试图在二者之间建立因果关系，但稳健性程度在 FASB 监管期间有所增加这一研究结果仍然成立。

在收益回归中还需注意的是，在 FASB 主导期间，收益的价值相关性（回报率的系数均值）在好消息公司—年度观察值中有所下降，并在最后一段时期（1983—1993 年间）变成零，不再显著。但是，在经营收益回归中，最后一段时期的好消息价值相关性仍然显著。Basu 研究中最后一段时期也报告了一个接近于零的系数（但是该系数仍然显著）。同时，Ball et al.（2000a）报告了一个显著性系数，该系数在 1985—1995 年间接近于零。这些结果表明，直接估值并不是同时期会计模型的作用力量。[17]

§4.3　资产负债表和损益表的钩稽关系以及不洁盈余（dirty surplus）的实质

在正式的准则制定之前，损益表和资产负债表之间很早就已经建立起了钩稽关系。资产负债表和损益表的钩稽关系体现在期末权益账面价值的确定上，至少在一定意义上来说，它等于收益加上期初权益账面价值的合计数。如果一家公司执行"清洁盈余"政策，那么影响权益账面价值变化的其他项目就只有与权益持有者有关的交易（例如投资和股利）。如果没有来自股东的现金流入或者没有现金流出到股东手中，则权益账面价值的变化就等于收益。如果用权益的账面价值来计量权益的市场价值，则收益计量的就是权益市场价值的变化。

一般来说，盎格鲁-美洲会计盈余并不是清洁盈余。收益及与股东有关的交易以外的一些项目也会影响到权益账面价值变化的计算。例如，FASB已经允许一些特定的利得和损失跳过损益表直接计入权益（例如，近年来出现的有价证券的未实现利得和损失、汇率折算差异的调整以及超出未确认的前期服务成本的额外养老金负债）。将这些项目从损益中排除，并且包含在留存收益变化的计算过程中，会导致该计算"不洁"，这种会计政策叫作"不洁盈余"政策。

无论是价值相关性文献的方法（直接估值方法或估值输入方法），还是会计实务中不洁盈余的广泛应用，都不可以解释所观察到的损益表和资产负债表之间的钩稽关系，即这个盎格鲁-美洲财务会计长期以来所具有的重要特征。同时，我们也没有关于损益表和资产负债表的本质及其职能划分或者是二者之间相互关系的指引。结果，至今仍没有一个权威的指引对财务报表之间的钩稽关系和不洁盈余的实质等问题加以规范。

损益表和资产负债表间的钩稽关系以及不洁盈余的实质表明存在除权益估值以外的其他影响会计准则制定的力量（特别是订约）。例如，可以假设会计盈余提供了一个可用于报酬契约和监督目的的绩效计量指标，而资产负债表则提供了一个关于净资产可变现价值的估计以用于借款目的。报表的职能差异使不洁盈余成为资产负债表和损益表钩稽关系的一部分，并可以解释钩稽关系的实质。报表之间的钩稽关系内生于复式簿记，而且在会计过程中起到统驭作用。

准则制定者反复试图在绩效衡量和受托责任的框架下要求采用清洁盈余的做法（例如，1966年的APB Opinion No.9，1984年的SFAC No.5，1997年的FASB Statement No.130）（FASB，1997）是与损益表的订约职能相一致的。在SFAC No.5第35段，FASB指出，清洁盈余政策的目标是为了"避免从损益表中随意遗漏损失（或收益），因此可以避免报告偏离公正、过高（或过低）的绩效或受托责任的情况发生"。但是，忽略一些收益和损失（特别是那些经理可能无法很好控制的项目）可能会得出一个更好的绩效衡量指标。当前会计实务中的大部分不洁盈余项目都符合这个特点（例如，有价证券的未实现收益和损失、汇兑折算差异和超出未确认的前期服务成本的额外养老金负债等）。在SEC成立之前的美国以及当前的其他盎格鲁-美洲会计国家的不洁盈余项目都是如此，因此都被排除在盈余之外。例如，在SEC成立之前的美国，因资产增值而产生的未实现收益进入公积金，而不是利润（Dillon，1979），或者用于补偿无形资产或留存收益中的累积损失（Saito，1983，pp.14-19）。目前，在澳大利亚和英国，资产重估增值仍然计入所有者权益储备，而不计入损益表（Brown et al.，1992，p.37）。

当我们从经理薪酬或绩效指标监管的角度来看时，可能需要排除诸如有价证券的未实现收益和固定资产增值之类的项目，有时还可能需要包括那些体现在资产价值中的收益。从债务契约角度来看，如同我们之前所指出的那样，证券的市场价值可以代表其可变现价值。对于一些不与公司自身因素有关的固定资产价值（如土地），我们也可以得出类似的结论。从薪酬及监管的角度来看，可变现价值可以被看做持续经营的机会成本，并因此成为计算非正常回报的基础。

在多数情况下，不洁盈余的程度是不可忽视的。Lo and Lys（1999）估计了1962—1997年间的不洁盈余程度，即综合收益（清洁盈余）和GAAP净收益之间差异的绝对值占综合收益的比例。他们发现，偏差的中位数是 0.40%，而均值则是 15.71%，并且 14.4% 的公司年度样本中存在超过占综合收益 10% 以上的不洁盈余。这些发现可以从契约观的角度来解释，即不洁盈余是一个有效的会计选择。这表明任何试图强迫使用清洁盈余的做法都会受到订约主体的抵制。

FASB Statement No.130 的应用是订约主体抵制清洁盈余的结果。该报告要求披露综合收益，该收益如果报告在损益表的最后一行，就是清洁盈余。但是，该报告并没有明确指出综合收益应当在财务报告的何处出现。初步的证据显示，综合收益一般在权益变动表中予以披露（see Hirst and Hopkins, 1998, p.49）。因此，在实务上盈余仍然是不清洁的。

总的来说，不洁盈余的实质可以用财务报告存在多重职能来解释，尤其是从资产负债表和损益表的不同职能来看，更是如此。在财务报告的职能既定的情况下，不洁盈余是联结两张财务报告所必需的。资产负债表的债务契约职能表明，财务报告应当反映资产（如房地产和有价证券）的市场价值。但是，那些资产的价值变化可能会被认为超出了经理层的控制范围，因此应当被排除在用于薪酬和监管目的的绩效衡量指标（利润）之外。

§4.4 会计实务中非估值因素的中心地位

非估值因素（如订约、监管等）不仅影响着会计准则和财务报告实务，而且有证据显示，它们在会计实务中具有中心地位。SEC 所传承的财务报告和会计体系沿革充分体现了非估值职能的重要性。对权益估值职能的强调产生于《证券法》颁布之后，是移植到首要功能为订约和受托责任这一根本体系之上的。在 1933 年和 1934 年《证券法》之前，会计和财务报告实务已经发展得相对较好。基本的会计原则已经被实质性地确定下来。人们开始关注可验证性和审计问题，而且审计职业界已经在执行一些会计原则。[18]

订约是《证券法》颁布之前影响会计和财务报告的主导性因素。那时关于会计和财务报告受托责任功能（see Zeff, 1999, p.17）的一般认识也符合订约职能的观点。如前所述，FASB 认为在 SEC 产生之前资产负债表是首要的财务报表，并且认为它是服务于贷款人的一份文件。除公司自身的利益主体（例如，股东和经理层）之外，还有广泛的外部机构（银行，私人债务的持有者，等等）出于订约目的而依赖审计后的财务会计报告。

我们很难相信国会、SEC 和各种准则制定机构会认为通过法令将一项执行重要经济职能（订约和受托责任）的制度（财务报告）整体地转换成另外一种不同职能（权益估值）的做法是乐观的甚至可能的。在订约中使用审计后的财务报告的利益主体有其既定的利益，他们将反对这种改变（假设他们有充足的资源来做这件事），因为这种改变会使订约的成本变得更高。这些利益主体可能会影响准则制定者，从而使其考虑到人们对订约的关注和对受托责任的需要，并保持财务报告的有关能力以满足这些关注和需要。

直到 1975 年，在其收回的问卷调查中，FASB 才发现，只有 37% 的回答者同意"财务报告的基本目标是为制定经济决策提供有用的信息……那些反对者认为，财务报告的基本职能是报告经理层对公司资产的受托责任，而阅读者信息需求的重要性是第二位的"（Armstrong, 1977, p.77）。关于财务报告职能的认识可能从 1975 年就开始改变了，而当前人们似乎认为会计数据既反映订约目标，又反映广泛的投资者信息目标。本部分已经讨论了一些反映订约目标的例子（例如稳健性和不洁盈余）。

除了订约，所得税也可能在有正式的准则制定之前影响财务报告。在当时，财务报告已经开始关注应计项目（包括折旧）（see Saliers, 1939, Kohler, 1925）。在正式的准则制定开始之后，存在若干机制，使得订约、税收、监管和诉讼等因素影响财务报告。首先，准则制定者在选择要解决的会计问题时会考虑这些影响因素。Leftwich（1995）认为，FASB 在设定其待议事项时会选择那些可以限制当前的可选范围以及可以安抚 SEC 的领域。这种做法使得对所选领域的限制不会产生明显的订约、税收、监管或诉讼成本，而且准则不会限制那些非估值因素的影响作用。其次，准则制定者可以在其颁布的准则中保留弹性，以允许经理层在其报告中考虑非估值因素。例如，在 FASB Statement No. 130 中，允许对清洁盈余或不洁盈余进行弹性报告。第三，如果准则制定者确实要通过诸如限制员工股票期权会计等会增加显著的订约和其他成本的准则，那些受到影响的利益主体可以通过游说国会或 SEC 来阻止这样的准则被通过。有证据表明，这种游说对准则制定者的决策存在影响。Beresford（1996）讨论了 FASB 如何为了生存而迁就来自股票期权项目的游说压力，其成本就是董事会认为更好的准则并不能通过。进一步，Zeff（1999）详细地阐述了 FASB 所一直依赖的概念框架是如何多次被来自报告者、使用者、审计师和国会的游说压力打破的。

前述机制导致 GAAP 具有弹性。因此，实务界能够影响 GAAP 的实施方式，而且，非估值因素在其中起着主导性作用。例如，法律诉讼导致审计师和经理倾向于更多地递延收益和减少净资产，而这会导致会计实务变得更加稳健。Basu（1997）的证据表明，美国的会计实务在审计师的责任增加之后变得更加稳健。Ball et al.（2000b）的实证结果进一步强调了会计准则实施的重要性。这篇文章考察了中国香港、马来西亚、新加坡和泰国几乎相同的会计准则的及时性和稳健性。通过考察这四个国家和地区的上市公司收益和回报率之间的联系，他们发现，其收益的及时性和稳健性存在很大差别。他们的结论是，产生这些差异的原因在于这四个国家和地区中经理层和报告者披露重要信息的动机不同，而该动机是关于经济的市场化导向程度、法律诉讼、税收和政治成本等的一个函数。会计准则本身并不能决定会计报告的属性，而影响新准则通过的力量同样也影响着这些准则的实施。

由于会计肩负多重职能，因此准则制定者在考虑新的会计准则时会面临权衡问题，认识到这一点非常重要。当所提出的准则增加了财务报告某一方面的会计职能，但削弱了另一方面的职能时，准则制定者在进行决策时就会被迫平衡这些对财务报告的多重需要。权益估值似乎不是唯一的或具主导性的财务报告职能这一事实并不能被看做无效率均衡的证据。反之，在财务报告具有多重用途且为不同的使用者提供服务的前提下，这正是所预期的结果。

可以想象的是，我们可能正处于这样一个阶段，即准则制定者正在将会计从起初的订约需求转向直接估值或估值输入的视角。如果这是事实的话，准则应该越来越多地反映这些估值视角。但是，稳健性的经验证据表明，事实并非如此；有证据显示，对估值的强调其实较少。如果说我们正向直接估值或估值输入视角转变的话，那么这种转变似乎是感觉不到的。而且，最近的证据表明（Chang, 1999；Brown et al., 1999），财务报告的价值相关性近年来已经有所下降。

§4.5 关于价值相关性和 GAAP 的结论

直接权益估值不是 GAAP 本质的决定因素。实际上，没有明显的迹象表明它可以被称为一个影响因素，也没有明显的迹象表明权益估值输入是一个主导性的力量。似乎是其他因素影响着 GAAP 的本质，这些因素包括订约、法律诉讼、政治和税收考虑等。这并不意味着会计职能在提供估值输入变量上是无关紧要的。这其实意味着该职能只是估值等式的一部分。

作为研究者，如果我们只是向准则制定者提供关于价值相关性的经验证据，那我们其实是给他们帮了倒忙。如果我们的倾向是准则制定者应该试图使资产负债表能够计量公司价值，而这种倾向并不是财务报告使用者的需求均衡时，其实是在鼓励准则制定者玩忽职守。此外，如果估值输入是会计的唯一职能，而且不考虑其他会计准则制定者所考虑的职能，我们的研究对准则制定过程的影响将会很小。

如果价值相关性研究能够解释在没有其他力量干扰的情况下估值输入职能在什么情况下运转良好，以及在什么情况下它会受到其他因素的影响，价值相关性研究将会更有用处。这种类型的研究需要有一个对其他因素和力量的清楚理解（这些其他因素和力量影响着会计准则），并且需要具有在不同情况下对其强度进行预测的能力。目前，价值相关性文献试图提供对准则制定有用的经验证据，但是它们却没有一个关于会计和准则制定的描述性理论。理解其他力量在会计形成过程中的本质和强度将会改进我们对会计的理解，并且应该会帮助准则制定者平衡财务报告的多重目标。

在下一部分，我们忽略价值相关性的理论基础和 FASB 在准则制定过程中的言行不一现象。我们假设权益估值输入理论是正确的，并且考察价值相关性文献中所使用的估值模型。

§5 估值模型及其与会计数据的联系

反映在增量联系研究中的权益估值输入理论方法要求有一个估值模型，用以表述影响价值的公司特征以及这些特征与价值之间的关系。同时需要说明会计数据和公司特征之间的联系。在研究中，估值模型应该可以恰当地评估所要考察公司的特征，这一点非常重要。不恰当的估值模型或者不明确的会计/公司特征联系可能导致的一个潜在后果，是使增量联系研究中所估计的会计数据回归系数的符号和大小产生不正确的预测。另一个潜在后果是进一步加剧了相关变量的遗漏问题。在本部分，我们考察价值相关性文献中所使用的估值模型的恰当性及其与会计数据之间的联系是否合理。估值模型的恰当性以及会计/公司特征联系的合理性对一些资本市场研究（例如估值文献）能够得出正确的推论至关重要，因此本部分的许多讨论同样适用于那些研究领域。

估值模型经常是不适用的，而且这些模型与会计之间的联系也不明确。在许多关于资产负债表组成部分的增量联系研究中，所使用的估值模型是权益的市场价值等于资产的市场价值减去负债的市场价值（e.g.，Barth，1991）。我们将这种模型称作资产负债表模型。在表 1 中，有 21 项研究使用了资产负债表模型，其中有 20 项属于增量联系研究。该模型只能在所有的相关市场都存在（即每项资产、负债和股票都有一个市场），并且所有的市场都是竞争性的（因此没有预期的超过竞争性回报（above-competitive returns）的租金）情况下才能够成立。此外，该模型还隐含地假设公司控制权市场是有效的，这意味着当清算是最优的选择时，管理层会将公司清算。会计数据和估值特征之间的联系是，资产和负债的会计账面价值传递了有关这些资产和负债市场价值的信息。

在收益联系研究中，假设收益与未来的现金流量之间存在信息上的联系，或者收益被直接用来估值（收益模型）。以此来建立的模型就是用股票的市场回报（或权益价值）来对（1）收益的组成部分和/或收益组成部分的变化，或（2）收益和/或收益的变化进行回归（e. g.，Dhaliwal et al.，1999）。在一些情况下会估计反方向回归，即用收益对市场回报进行回归（e. g.，Beaver et al.，1980）。在表 1 中，有 22 项研究使用了收益模型，其中，8 项进行的是相对联系研究，18 项进行的是增量联系研究（有 4 项研究同时进行了这两种联系研究）。

第三种模型的表述来自 Ohlson（1995）及 Feltham and Ohlson（1995）。该模型意味着，在股利估值模型和清洁盈余会计成立的条件下，股票价格可以被看做收益和权益账面价值的线性函数（Ohlson 模型）。在这种情况下，超常收益（收益减去账面资本成本）可以被看做一项归属于投资者的价值；此时，与收益在信息上的联系并不是必需的。Amir et al.（1993）使用这一方法进行了相对联系研究。在表 1 中，有 29 项研究使用了 Ohlson 模型作为其实证检验形成的动机，但是只有 15 项同时将收益和账面价值作为自变量。其他的研究只是用回报率来对收益和收益的变化进行回归。

§5.1 资产负债表模型

§5.1.1 估值模型

在水平形式（level form）上，增量联系研究中所使用的资产负债表模型可以表示成如下形式：

$$MVE = MVA + MVL + MVC \qquad (1)$$

式中，MVE 是权益的市场价值；MVA 是可分离资产的市场价值（增量联系正在评估的部分除外）；MVL 是可分离负债的市场价值（增量联系正在评估的部分除外，负债被假设为负的价值）；MVC 是增量联系正在评估的资产负债表组成部分的市场价值。

如前所述，如果公司获得的回报是基于其净资产的竞争性回报，那么这一模型是成立的。在这种情况下，使用合适的资本成本来对未来的现金流量进行贴现，其结果就是净资产价值。

如果公司有一些竞争优势（例如，专有技术），进而可以使其获得一个正的非正常回报（租金），那么式（1）将只有在该优势可以从公司中分开出售的情况下才成立（例如，该专有技术已经申请了专利）。此时，专利的市场价值包含了竞争优势，并且体现在净资产的市场价值之中。如果竞争优势是不可分离且不能出售的，那么权益的价值就会超过净资产的价值。此时，权益价值是营运价值（从持续经营中所获得的价值加上未来成长期权的价值）和清算价值（净资产价值）的加权平均（see Berger et al.，1996；Burgstahler and Dichev，1997；Wysocki，1999）。不考虑代理成本，当公司的营运价值低于净资产的市场价值并且其在未来超过净资产价值的概率又足够低时，公司会考虑进行变现/清算

（放弃营运）。由于租金是不可分离的，而且是不能出售的，净资产的相关性将依赖于清算的可能性。如果清算的可能性实际上为零，除非净资产价值能在一定程度上影响未来的经营现金流量（例如，在资产更换的时候），否则净资产价值将与公司价值无关。如果营运价值超过净资产，但是存在清算的可能性，那么权益价值将是净资产的凸增函数（increasing convex function）。同时，权益价值也是营运价值的凸增函数（see Wysocki，1999，p. 17）。

许多使用资产负债表模型的增量联系研究都考虑到公司拥有竞争优势的可能性。例如，针对银行的价值相关性研究认识到，银行可能会获得来自核心存款（core deposits）的租金（e. g.，Eccher et al.，1996）。考虑到存在租金时，式（1）并不成立，一些价值相关性研究者通过包含一项商誉来对其进行转换，这里的商誉被定义为权益的市场价值和净资产价值之间的差额。

$$MVE \equiv MVA + MVL + MVC + GW \qquad (2)$$

式中，GW 表示商誉。

商誉的引入使式（2）成为恒等式并且一直成立。根据定义，有

$$GW \equiv MVE - MVA - MVL - MVC$$

在以上情况下，回归的自变量中通常包含商誉的替代变量，但是商誉并不是一项单独的经济资产，它仅仅是 MVE 和净资产价值之间的差额。事实上，商誉是权益价值的两种估计之间的差额，即权益的无条件价值（unconditional value of equity）和权益在变现/清算条件下的价值。如果公司预期会赚得租金，并且该租金是不能分离出售的，那么这两种价值是不同的。

§5.1.2　与会计数据的联系

如果资产负债表模型成立（即任何租金都是可以单独出售的），那么会计数据和估值模型输入变量之间的联系就变得比较明显了。输入变量是资产和负债的市场价值。一项资产或负债的会计数据被内在地假设提供关于资产或负债市场价值的信息。如果资产负债表模型并不成立（即存在不能分离、不能出售的租金），那么与会计数据的联系就会变得更加困难。如果说会计数据提供了关于资产和负债市场价值方面的信息，就不会以类似于式（1）这样简单的线性形式进入估值模型中。在公式中插入商誉（如式（2）所示）也无济于事。

§5.1.3　对增量联系研究的意义

所评估组成部分的系数：非计量性研究评估 MVC 的价值相关性是通过检验式（1）或式（2）中所估计的系数是否显著地不等于零来实现的。对于一项资产来说，该检验可能是其系数是否显著为正；对于一项负债来说，该检验可能是其系数是否显著为负。就提供关于 MVC 信息的会计数据而言，一个非零系数意味着，"在模型中其他变量既定的条件下，该变量有助于解释股票价格"（Lambert，1996，p.16）。该系数不能被预测为 1（针对一项资产来说）和 -1（针对一项负债来说），原因在于会计数据并没有被认为是 MVC 的一个计量指标。租金的出现会影响一项资产或负债的系数符号。例如，假设有一家公司，其清算的概率实际上为零，那么除非一项资产的价值与被忽略的租金相关，否则其系数可能是零，而不是一个正数。如果资产价值与未来的现金流量相关，那么其预期符号可

当代会计研究：综述与评论

能为负，也可能为正。假设资产价格是由来自另一行业的需求决定的，则资产价值的增加可能代表着未来的现金流出更高（为购买该资产），并且它与未来现金流量之间是负相关关系。

计量性研究假设会计数据是 MVC 的一个计量指标，因此通常会预测资产的系数应该是 1，而负债的系数应该是 -1。此时，系数与 1 或 -1 之间的偏离程度就被用于评估会计数据计量资产或负债的市场价值的误差程度（see Barth，1991；Barth et al.，1996；Eccher et al.，1996）。这一方法需要依靠很强的假设，包括会计数据计量基本属性的偏差、计量误差和基本属性之间的相关性，以及计量误差和回归中其他变量之间的相关性等（see Lambert，1996）。即使这些很强的假设都满足了，在出现租金的情况下，该研究设计也是徒劳的。此时，式（1）并不成立，权益价值是净资产的一个非线性函数，因此人们并不能够预测这些系数是 1 或 -1。更进一步，不同公司的清算可能性并不相同，这会导致所估计的系数将因公司的不同而不同。

相关的遗漏变量：即使不存在租金，式（1）也要求包含所有资产和负债的市场价值。而事实上有些资产和负债的价值常常未被包含在回归模型中（see Lys，1996，p.161）。正如若干研究中所认识到的那样，如果遗漏的价值与包含的价值是相关的，那么所估计的包含价值的系数就有可能与其预测值（1 和 -1）相比存在偏差。租金的存在使产生相关变量问题的可能性更大了。例如，如果银行在其拥有信息优势的领域进行贷款投资，那么租金就有可能与这些贷款的市场价值相关（see Eccher et al.，1996，p.85 中的讨论）。即使代表租金的变量被包含进来，如果这些替代性变量没有考虑到所有的租金，并且如果所包含的资产或负债变量是与租金相关的，所估计出来的资产和负债系数将是有偏的。

被遗漏的变量和租金问题的一个例子是那些评估建议被包含在资产负债表中或者是首次披露的资产项目的价值相关性研究。例如，Eccher et al.（1996）估计了那些当时未计入资产负债表的项目和未披露市场价值项目（OBS 项目）的市场价值所具有的价值相关性。这些项目包括与信用有关的、其公允价值无法获得的金融工具（例如，信用证）。Eccher et al.（1996）不得不使用这些信用工具的名义价值。如同他们所认识到的那样，这些名义价值可能同时与金融工具的公允价值和未来的现金流量（因为这些名义价值与未来的收入有关）相关。因此，Eccher et al.（1996）在其增量相关性研究中不能预测与信用有关的金融工具价值的系数符号，同时，如果该系数是显著的，它也并不能告诉我们这是否是由金融工具的价值和/或预期的租金导致的。

§5.2 收益模型

§5.2.1 估值模型

相对联系研究经常用股票回报对不同的收益计量指标进行回归。使回归的 R^2 最高的计量指标被认为是最优的绩效衡量指标，或者说其价值相关性程度最高。这些研究或者是比较一个国家内部的各种收益计量指标（e.g.，Dhaliwal et al.，1999，比较了综合收益和净收益），或者是比较不同国家的净收益计量指标（e.g.，Barth and Clinch，1996）。增量联系研究经常用权益的市场价值对收益的各个组成部分进行回归。例如，Barth et al.（1992）用权益的市场价值对收益的组成部分进行回归，以评估养老金成本的增量价值相关性。这些研究隐含的假设是收益是与股票的市场价值或价值变化相关的，但是在很多情况下，这些研究的估值模型并没有明确这一点。

一般来说，计量性研究会给出一个明确的估值模型。在那些用权益市场价值对收益进行回归的研究中，收益的系数预计是 $1/r$，其中 r 是对未来收益的贴现率（e.g.，Barth et al.，1995）。类似地，当用股票回报率对收益的组成部分或其变化进行回归时，分解前的收益或收益变化（除以期初股票价格）的预计系数同样是 $1/r$，或者接近于 $1/r$（e.g.，Barth，1994）。在这些研究中，收益被看做公司的"永久性"收益或"长期的"盈利能力，而价格则被看做资本化的收益（see Barth et al.，1995，p. 586）。

会计收益不是现金流量，它也没有包括所有当期发生的现金流量。例如，在固定资产上的投资并没有被包含在其发生当年的收益之中，而是以折旧的形式在资产的寿命周期内反映出来。这种现金流量的跨期分配并没有考虑到货币的时间价值。因此，以公司的权益资本成本来对收益进行贴现无法得出权益的市场价值。可见，使资本化的收益等于权益市场价值的贴现率 r 并不是公司的权益资本成本，r 是不能识别的。这意味着我们在计量性研究中不能预测收益的系数。

由于判断标准是 R^2，非计量性的相对联系研究假设收益计量的是永久性收益（或者是永久性收益的转换形式）。收益计量永久性收益的误差越低，从价值对收益回归中所获得的 R^2 就越高。

假设未来收益的时间序列服从随机游走，当期收益就等于永久收益。但是，这一假设并不符合来自美国的经验证据。我们知道，对于极端收益来说，也许是由于清算期权（e.g.，Hayn，1995）或稳健性（e.g.，Basu，1997）的原因，收益的变化是暂时的。还需注意的是，极端收益的暂时性意味着回报率和收益之间的关系是非线性的，并且有充分的经验证据支持这样的判断（e.g.，Freeman and Tse，1992）。但是，文献中所使用的回归并没有体现这种非线性关系。

§5.2.2　与会计数据的联系

在当前的 GAAP 下，没有等价于永久收益的项目。更为重要的是，GAAP 并不是被设计来计量永久收益的。只在少数情况下，GAAP 才会区分一次性的收益和损失项目及相对长期的收益项目。例如，我们并没有评估过一项销售增长在多大程度上是暂时性的还是永久性的。但是，在相对联系研究和增量联系研究中所使用的报告收益数据被假设为代表着永久性收益，或者从最低限度来说，经验研究方法是与该假设一致的。

在价值相关性文献的收益研究中，并没有考虑稳健性问题。在坏消息年份，收益将更具暂时性，因为在当期损失会比收入确认得更加充分。在好消息年份，收益将更具永久性。需要指出的是，机械地包含关于坏消息年份的虚拟变量并不能真正解决这一问题。如前所述，稳健性会因时间和公司的不同而不同。而且，以虚拟变量的形式来机械地在回归中包含稳健性其实并没有对稳健性的存在作任何解释。

§5.2.3　联系研究的意义

缺乏对利润及其组成部分的指导：由于没有会计理论的支持，收益模型没有向研究者（或准则制定者）提供关于什么数据应该被包含在收益之中的指导。缺乏理论的指导，研究者所考察的收益数据或其组成部分是根据现存的或提议的准则来计算的，而不是可能使联系最大的收益数据或其组成部分。而实际上提议准则的依据通常并不是价值相关性

（see Leftwich，1995 对 FASB 准则制定议程的考察）。

当收益模型被用于确定收益的组成部分时（增量联系研究），其增量联系依赖于回归中的其他数据。由于没有关于各组成部分的考察顺序应该如何的指导意见，因此，具体的考察顺序依赖于研究者选择将什么样的组成部分包含进来，以及 FASB 考虑和采用不同会计数据或组成部分的顺序如何。

收益和收益组成部分的系数：如前所述，由于收益包含着非当期性的现金流量（跨期问题），收益系数并不是 1 除以权益资本成本。进一步，跨期问题会因公司的现金流量周期及投资周期的长短而不同（see Dechow，1994）。周期越长，现金流量的发生时间和将其确认到收益中的时间之间的间隔就越长；间隔越长，收益的贴现因子和现金流量的贴现因子之间的差异就越大。

此外，对成长性和清算期权考虑的缺乏，以及收益和权益价值之间所隐含的非线性关系都表明，在相对联系的计量性研究中，对收益系数的预测是不正确的（也就是说，该系数不是所预测的贴现率的函数）。尽管已经考虑到收益组成部分的时间序列属性（as in Barth et al.，1992），组成部分研究仍然面临类似的问题，原因在于组成部分同样存在期权问题。

被遗漏的相关变量：有一些收益组成部分（例如折旧）在横截面上可能与净资产呈正相关关系。因此，它们可以作为那些被遗漏的清算（和成长）期权的替代变量。

§5.3 Ohlson 模型

§5.3.1 估值模型

Ohlson 模型产生于剩余收益估值模型，该模型的基本形式可以表示如下：

$$MVE_0 = BV_0 + \sum_{t=1}^{\infty} \{[E_0(X_t) - rE_0(BV_{t-1})](1+r)^{-t}\}$$

式中，MVE_0 是权益在时期 0 的市场价值；BV_t 是在时期 t 的权益账面价值；r 是投资者的机会资本成本；X 是报告收益；E_t 是时期 t 的期望算子。

该模型来自清洁盈余会计（权益的账面价值变化＝收益－股利＋/－资本交易）条件下的股利估值模型。只要清洁盈余条件成立，该模型对任何的会计方法集都成立。未来收益的变化或从一种会计方法向另一种会计方法的转变会被账面价值的变化抵消。随之而来的结果是，和收益模型一样，除了与价值的联系或预测未来收益的能力之外，剩余收益估值模型本身并没有提供会计理论，也无法切实可行地预测备选会计方法的优劣（see Coopers & Lybrand Academic Advisory Committee，1997）。

剩余收益估值模型提供了一种关于市场价值与未来超常收益（超过"必要回报率乘以期初账面价值"的收益）和当前权益账面价值之间关系的解释。但是，这些超常收益会随所使用的会计方法的变化而改变，而且可能并不等于经济上的超常回报（超过"资本成本乘以期初净资产或租金的市场价值"的回报）（see Feltham and Ohlson，1996；Biddle et al.，2000）。进一步，账面价值不等于净资产的市场价值。

在许多文章的剩余收益估值模型中，未来超常收益的价值通常都会被当前收益替代。Ohlson（1995）提出了一种剩余收益模型，通过对收益行为及其与股票价格中信息的关系（收益的动态信息）作出假设，该模型将市场价值表示为当前收益、股利和账面价值的线性函数。[19]对 Ohlson 模型的任何检验都是一个对剩余收益估值模型和所假设的动态信息的联合检验。因此，如同收益模型那样，在基于不同会计方法的收益和价值之间，或者是不同国家的收益和价值之间联系的变化，可能是由于不同会计方法或不同国家之间动态信息假设的符合程度有所不同。

动态信息的加入并没有提高 Ohlson 模型选择最优会计方法的能力。如同剩余收益估值模型所反映的那样，存在大量潜在的会计方法符合该模型。除了清洁盈余的要求之外，只需在模型中明确合适的动态信息，就可以得到一个更一般的模型（其中，未来收益可以用当前变量表示）。

尽管 Ohlson 模型需要在回归中包含权益净值或净资产的账面价值，但它没有考虑期权的存在。账面价值不是出于评估清算期权的目的来计量净资产的市场价值。如同剩余收益估值模型所反映的那样，Ohlson 模型中的账面价值可以是任何东西（只要未来超常收益的变化可以被抵消）。期权将会介入市场价值和未来收益及账面价值之间，以及市场价值和当前收益、股利及账面价值之间的线性关系（see, for example, Biddle et al.，2000）。人们可能试图通过引入虚拟变量来控制非线性关系，但是，这一机械的过程并不能区分由于稳健性而导致的非线性和由于成长性和清算期权而导致的非线性（see Biddle et al.，2000，以及下文有关内容）。

Ohlson 模型不仅没有包含清算期权，而且它与动态信息假设初始期之后的投资的期望租金（期望净现值为正的项目）也不一致（see Lo and Lys，1999，pp. 13-14；Biddle et al.，pp. 9-10）。不过，Ohlson 模型的动态信息假设可能作出修改，以允许正的净现值项目和成长期权（see Biddle et al.，2000）。需要指出的是，如同剩余收益估值模型所反映的那样，Ohlson 模型中的超常收益受制于所选择的会计方法，而且不能代表经济意义上的超常回报或租金（see Feltham and Ohlson，1996）。同样，即便是考虑成长期权的模型（e. g.，Biddle et al.，2000），也存在这一问题。

§5.3.2 与会计数据的联系

如前所述，与收益模型类似，Ohlson 模型对不同会计程序的选择来说并没有实证上的含义。[20]其对准则制定者的唯一含义来自价值相关性文献的判断标准，而不是来自模型：选择使得账面价值和收益数据结合起来与权益市场价值相关性最高的会计程序。Coopers & Lybrand Academic Advisory Committee（1997）断言，该模型意味着会计方法应该基于账面价值与内在价值和未来收益预测的相关性进行选择，但是这一含义并不能从模型本身得出。

有一些版本的 Ohlson 模型考虑了会计的稳健性问题（e. g.，Feltham and Ohlson，1996；Biddle et al.，2000，Appendix A）。但是，这里的稳健性并没有理论基础。对模型来说，稳健性是外生的，源于假设折旧的提取速度比经济折旧快。并没有解释为什么会这样或者针对不同公司其折旧速度会有怎样的变化，因此，这里的稳健性对会计实务或会计准则没有任何意义。在不考虑成长期权（正的 NPV 项目）的简化的 Ohlson 模型中，机械性的折旧假设似乎会由于对未来收益的高估和对当前账面价值的低估而形成成长性，但是，如果从经济意义角度上看，并不存在成长性。

§5.3.3 对联系研究的意义

Ohlson 模型对联系研究的意义在很大程度上与收益模型相同。基于 Ohlson 模型的研究有一个不同之处，即这些研究中包含一个账面价值项目，从而可以在横截面上代表净资产价值，并潜在地降低了（由于对净资产的省略而产生的）相关变量遗漏问题。

§5.4　小结

价值相关性和资本市场文献中所使用的估值模型对会计来说没有任何作用。产生资产负债表模型的完美和完全市场假设以及构成收益模型和 Ohlson 模型的股利贴现模型的竞争性资本市场假设都认为信息是没有成本的。估值模型没有提供会计理论。

认为会计数据提供估值信息的假设构成了价值相关性文献的基础，但是其本身对会计理论的贡献微乎其微。例如，它不能解释收益的组成部分。在会计数据和估值之间的唯一联系是会计数据以某种方法提供了估值中有关变量的信息。使用资产负债表模型的增量联系研究经常会明确会计数据和估值之间的联系，这是通过假设没有租金以及假设各项会计资产和负债数据计量了它们隐含在权益市场价值中的市场价值来实现的。但是，无租金假设在许多行业是不成立的，而且会加剧相关变量遗漏的问题。

收益模型没有很好地在会计收益和永久性收益之间建立联系。根本问题在于没有一个很好的理论来对收益与价值之间的关系作出基础性的预测。Ohlson 模型将当前收益和账面价值作为解释变量，并假设没有成长期权。即使考虑了成长期权，由于该模型只是使用清洁盈余假设对股利贴现模型进行了简单变换，它并不能区分不同备择会计体系之间的差别。只要收益和账面价值可以被转换以符合清洁盈余条件，那么关于会计体系的假设就是与模型相一致的。

在任何上述模型中，要令人满意地解决成长期权问题都是很困难的。这些期权使会计变量和价值之间的关系变成非线性的。但是，非线性的程度大小是一个经验性的问题，并且非线性也可以由会计稳健性产生。在没有会计理论的情况下，经验研究很难区分这两种非线性效应。此时，估值模型对会计来说没有作用。

鉴于以上问题，即使提供权益估值输入信息是财务会计的唯一职能，当前所指的价值相关性也不能提供太多对会计实务的预测，因此它也不能向准则制定者提供太多的指导性意见。

§6　结论及对未来研究的建议

§6.1　对价值相关性文献的评价

本文的首要目标是评估价值相关性文献对准则制定的参考意义。已有的价值相关性文献数量非常庞大，但是它们对准则制定的贡献却似乎很有限。我们考证了各种我们认为导致价值相关性文献对准则制定影响很小的原因。最主要的原因是这些文献没有寻求建立一个关于会计和准则制定的描述性理论。没有描述性的理论，我们很难保证从文献中得出的推论是有效的。这些文献只是使用权益估值检验而已。多数文献的动机都假设会计提供了投资者估值所用的输入信息，但是经验检验得出的要么是与权益价值的联系，要么在很多情况下就是权益价值本身。这与 FASB 明确否认会计提供对价值的直接估计（第 3 部分）以及美国会计实务的本质和历史（第 4 部分）相抵触。尽管有研究试图间接地厘清那些

FASB认为会计数据应有的重要特征（例如相关性和可靠性），但是这有赖于那些特征在何种程度上反映在权益的市场价值之中。反映在股票市场联系中的特征与FASB对会计特征的定义（例如，对另一使用者集团的可靠性或相关性）之间的潜在差别并没有被考察过。进一步，考察这些特征的间接性质，以及在多数情况下对估值模型的不恰当依赖（第5部分），都使得出的准则制定推论在多数情况下是令人存疑的。鉴于上述问题的存在，考察银行持有的证券投资公允价值的相关性和可靠性恐怕是价值相关性研究最有利的情境。

即使价值相关性文献的检验有效地告知我们会计具有提供权益投资者估值输入信息的职能，这些检验仍然忽略了会计的其他职能以及其他决定会计准则和实务的力量。在一定程度上，会计准则和实务是由与估值职能并不完全相关的其他职能和力量形成的，因此价值相关性文献并没有找到会计的关键特征。在本文中，我们认为，这些其他力量是实质性地存在的，并且当我们检验会计数据的某一特征时，很明显，在这些其他力量中至少有一部分表现得很强，而且有可能随着时间的推移而变得更强。关于稳健性的经验证据是与该假设一致的。会计文献不愿意更直接地考察这些其他因素对财务报告的形式和内容的影响，这导致对会计职能以及准则制定者必须同时满足相互冲突的影响力量的认识不足。价值相关性文献把注意力集中在估值上，并且没能发展出一个关于会计和准则制定的描述性理论，这局限了其研究意义。事实上，它只能向准则制定提供很小的参考作用。

在Barth et al.（2001a）的2.2节中，他们总结了关于以公允价值作为会计计量基础的价值相关性研究。他们的结论是，各种以公允价值估计的养老金资产和负债，以及债务证券、权益证券、银行贷款、衍生金融工具、非金融类无形资产（研发费、资本化的软件、广告、商标、专利和商誉等）和有形的长期资产的公允价值都是价值相关的。不过，有一些估计并不是价值相关的。这些结论归纳起来就是：现有文献表明以上所列项目与权益价值相关，并且有一些项目会比其他项目与权益价值的相关度更高。但是，如果没有关于会计和准则制定的描述性理论来解释这些发现，我们很难从这些发现中得出关于准则制定的推论。

§6.2 对未来研究的建议

与目前和曾经与FASB有关的人士的谈话表明，他们对如何理解价值相关性文献的经验证据以及如何将其在评议中加以应用感到困惑。[21]这些人士和学术界都本能地感觉到，对权益估值和会计数据之间联系程度的了解一定可以挖掘出一些有用的东西，但是他们发现很难准确界定那些联系对准则制定的含义。本文所提出的要点部分解释了为什么FASB有关人士很难从价值相关性文献中获得指导。

如果会计研究人员肯花费更多的资源来考察影响会计的各种力量，那么会计研究将会为准则制定者提供帮助。而且，我们相信这样的研究将会产生更为成熟的会计理论。我们所担心的是，许多研究人员已经开始假设（在没有证据支持的情况下）财务报告所关注的主要就是权益估值，这会导致对会计其他重要职能视而不见。鉴于本文所提出的这些问题，我们建议大家从事其他类型的有意义的研究。我们相信，所建议的这些研究将会产生一个更具描述性的会计理论，从而为学术界和准则制定者理解影响会计的各种力量提供帮助。

在会计研究中，会计稳健性现象开始吸引越来越多的关注（e.g.，Basu，1997；Ball et al.，2000a）。在不同时期、不同国家，稳健性现象在会计中随处可见，而日益增加的稳健性研究似乎对我们更好地理解会计提供了有效帮助。当前对会计的权益估值职能的主导性假设表明，考察稳健性是否能够被该职能解释这一问题将为我们提供有用的信息。例如，清算期权能够解释稳健性吗（see Hayn，1995）？国与国之间稳健性的差异提醒我们研究产生这种横截面变化的原因。我们已经提出了自己的主张，即订约（包括托管责任）、法律诉讼、监管、税收和其他制度安排会影响不同国家的稳健性程度。国与国之间这些因素的差异是否可以解释稳健性的国际差异？这些因素的变化是否可以解释第 4 部分观察到的美国会计中稳健性的明显时间序列变化？准则和实务的互动也可以通过稳健性来考察。稳健性的产生更多地是由于会计实务如何操作而不是所颁布的会计准则吗？不同因素的存在表明稳健性可能在财务报告的某些领域表现得比其他领域更为流行。例如，第 4 部分对订约和税收的讨论表明，稳健性可能在财务报告的确认上而不是披露上发挥更为重要的作用。这提醒我们可以进行财务报告确认和披露的相对稳健性程度研究。

第 3 部分和第 4 部分提出了其他潜在的研究主题，这些主题涉及会计的非权益估值职能和其他影响会计及准则制定的力量。我们来考虑一下非权益投资者（例如，贷款人）。什么类型的会计信息对那些投资者比对权益投资者更加相关？典型的债务契约检验部分地考察了一些有关问题（e.g.，Leftwich，1983）。第 3 部分和第 4 部分也讨论了财务报告可以被用于估计清算价值和持续经营价值，而非权益投资者对前者特别感兴趣。已经开始有文献用会计信息来估计清算期权（e.g.，Berger et al.，1996）。资产负债表的形式和内容是在很大程度上由债权人而不是权益投资者的需求来推动的吗？如果是这样的话，当前所应用的资产负债表估值模型对权益估值来说是否恰当呢？如果资产负债表主要是被债务投资者使用的，那么使用权益价格和资产负债表估值模型所进行的价值相关性研究在很多情形下可能只具有很小的描述能力。

可验证性也是一个潜在的富有成效的研究主题。可验证性是如何限制潜在准则的机会集的？检验 FASB 就可验证性的考虑可以提供关于此问题的深入了解。

就准则制定过程本身的影响还可以作进一步的研究。例如，Leftwich（1995）对 FASB 准则制定议程的研究还能够扩展吗？在 SEC 取消资产增记会计处理之后，存在任何资产负债表有用性下降的直接证据吗？人们能够预测到关于雇员股票期权和套期保值及衍生金融工具项目的提议所进行的游说吗（see Foster，1998）？在什么样的情况下，SEC 和国会会干预准则制定过程？这些干预是可以预测的吗？FASB 就有关议题的投票是如何受到游说影响的？

§6.3 对会计估值文献的意义

我们集中讨论了价值相关性文献对准则制定的意义，而许多价值相关性研究还有为准则制定者提供信息之外的目标。特别地，它们寻求对会计数据在权益估值中的有用性作出评估。例如，Barth（1994）提出的一个问题是，在将其他信息包含在模型中的条件下，证券投资公允价值的披露是否有助于确定银行权益证券的市场价值。这是一个纯粹的估值问题。尽管我们没有评价价值相关性文献对估值的总体贡献的情况，我们在本文中所提出的很多问题对进行这样的评价以及对一般的估值文献来说都是很重要的。对估值文献贡献的大小依赖于所使用的估值模型是否合适、会计计量指标与模型之间的联系如何（参见第5部分），以及检验中所使用的条件变量（如果有的话）情况。如果条件变量在范围上受限，那么研究结果的意义也是有限的。

在第5部分，我们讨论了在当前会计研究中所使用的估值模型的缺点。特别地，许多所估计的模型都假设不存在经济租金、成长期权和清算期权。此外，许多所估计的模型都是线性的，但是有充分的理论和经验证据都支持这样一个判断，即模型中所使用的变量和价值之间的关系是非线性的。对非线性本质的考察依赖于基础理论。因此，未来研究的另一领域就是改进文献中所使用的估值模型，这可以通过具体考虑租金、成长期权和清算期权以及由此而产生的非线性关系来实现。同样地，在这一领域已经有一些研究出现（e. g.，Biddle et al.，2000），但是，尽管本评论所重点考察的模型存在缺陷，但这些研究仍然令人吃惊地依赖于这些模型。

如前所述，阻止价值相关性文献为准则制定争论贡献更多的重要障碍是其缺乏一个有潜力解释会计和准则制定的理论。如同我们看到的那样，会计直接权益估值理论在提供解释方面只具有很小的能力或潜力。假设会计的若干职能之一是提供权益和其他证券估值模型的输入信息，这会产生更多富有成效的研究结果。我们还需要更多，而不是仅仅假设会计数据提供了估值输入信息。会计数据和估值模型之间的联系必须具体化，以提供可供检验的会计含义。相应地，这需要假设信息（像订约一样）是有成本的，并且需要以一定方式预测出不同备择会计制度的信息成本和收益。

发展和提炼一个关于会计和准则制定的描述性理论不仅仅对准则制定也对会计估值文献具有重要意义。[22]以会计收益和股票价格之间的关系为例。会计理论可能预测到存在更高风险和更高成长性的公司的会计收益在计量未来的现金流量时存在更大的错误和偏差（see Skinner，1993，对这种类型或关系的一个订约观解释）。一个可能的原因是，会计在订约中的使用导致可验证性成为必需，以保证会计计量的可靠性。而对可验证性的权衡就是会计收益不再能全面地捕捉公司未来现金流量的成长。对风险更高、成长性更高的公司来说，当前收益捕捉未来现金流量的程度可能会更小一些。[23]为解释方便，在回报率对收益或收益变化的横截面回归中，如果我们假设计量误差是相互独立分布的，而且它们与现金流量之间也是独立分布的，那么高风险、高成长性公司收益变量的系数将包含较大的低估偏差。由于未对会计理论中所隐含的这一横截面关系进行调整，研究人员考察会计收益的估值时，将会就风险及成长性和其他影响盈余反应系数的因素（例如，必要回报率或市场回报率）之间的关系得出不正确的结论。

关于会计理论如何影响价值及收益/价值关系估计的另外一个例子来自公司与各种索取权持有者之间的契约安排。Core and Schrand（1999）提供了关于收益和股票价格之间非线性关系的理论和经验证据，他们认为，非线性源于债务契约向债权人提供了清算公司的权利。因此，收益和股票价格之间的非线性关系是由基础合约引起的。同样，如同我们在第5部分中所讨论的那样，财务报告的稳健性本质也会影响收益/价格关系的估计。稳健性可能是由于订约因素（或者是法律诉讼、税收、监管等因素）导致的，并进而产生收益/股票价格之间的非线性关系。这些例子表明，我们需要进行一些其他研究，以检验会计的非估值职能（例如订约）是如何影响价值与会计计量指标之间的关系的。

上述举例说明了能够解释会计和准则制定的理论对任何希望为准则制定者提供协助的

研究以及收益估值研究的重要性。这些举例也表明这样的理论是如何有助于协调这两种文献的。[24]同时，我们重申，人们不能仅仅使用估值文献就得出关于准则制定的推论。既然一个描述性的会计和准则制定理论是如此重要，我们鼓励学术界投入更多的资源来考察我们在本部分中建议的各类问题。为了使会计文献在多个前沿领域保持领先，并且增加研究的相关性，我们必须考虑影响会计形式和内容的所有力量。

注释

[1] 我们的文章包含了对 Barth et al.（2001a）初稿的回应，该初稿对本文 2001 年 1 月的初稿进行了评论。我们并未考虑 Barth et al.（2001a）文章的初稿与发表版本之间的差异。

[2] Barth et al.（2001a，p. 90）指出，"计量经济学技术可以用于缓解价值相关性研究中常见的计量经济学问题，这些问题的存在使研究所得出的有关推论的有效性受到限制"。但是，当我们选择合适的技术来缓解计量经济学问题时，仍然需要一个基础性的理论。

[3] 有一篇价值相关性文章（Aboody and Lev，1998）同时考察了价值相关性和管理层偏好。但是，这篇文章并没有把管理层偏好作为准则制定的判断标准。

[4] 计量观（measurement objective）和联系观（association objective）的出发点是不同的。当我们比较两个备选的会计收益指标时，一个指标可能与市场价值更相关，而另一个则可能是更好的市场价值计量指标（参见本文第 2 部分和注释 [6]）。如果直接估值理论意味着相关性是重要的，则从相对联系研究中获得的相关统计量是 R^2；而如果计量是重要的，相关的统计量则是会计收益或权益账面价值针对权益预测值的回归系数。

[5] Barth et al.（2001a，pp. 78 and 89）指出，权益投资是 FASB 和其他准则制定者关注的首要问题，而财务报告的其他应用并不会降低价值相关性研究的重要性。我们发现的证据表明，在决定财务报告的本质方面，其他应用也是很重要的，而且其特征并不能被价值相关性研究的有关理论所预测。这说明现实中存在由其他应用所主导而与权益的价值相关性研究无关的情境。

[6] 例如，假设使用收益序列 1 进行回归时的 R^2 是 40%，常数项是 -55 001（在统计意义上显著不为 0），斜率系数为 25.25（在统计意义上显著不为 10，这里的 10 是在假设收益是永久性的情况下的回归系数的理论预测值，等于 1 除以贴现率 10%）。就收益序列 2 来说，我们假设该序列的 R^2 是 36%，常数项是 0，斜率系数为 10（与永久性收益的系数的理论预测值完全相同，等于 1 除以贴现率 10%）。更进一步，我们假设两个回归 R^2 上的差异（4%）在 5% 的统计水平上显著。此时，FASB 应该如何在解释效力和精确性方面进行权衡？显然，收益序列 1 有更强的解释效力，并且会在相对联系检验研究中被认为是"胜利者"。如果想用收益序列 1 估计权益价值，人们需要用合适的因子来对收益序列进行标准化处理，并调整常数项。然而，尽管收益序列 2 的解释效力稍低一些，它却更接近永久性收益，权益价值的估计只需用收益乘以 10 即可。

[7] Barth et al.（2001a，p. 78）将价值相关性文献界定为试图"将 FASB（会计和准则制定）理论的核心进行可操作化处理，以评价会计数据的相关性和可靠性"。有一些

研究（e.g. Barth，1994）确实试图将他们的检验设计成用来评价 FASB 的相关性和可靠性概念，但是大多数研究并没有这样做。类似 Dhaliwal et al. 的一些研究并没有解释他们的检验与 FASB 概念之间的联系。类似 Ayers 的其他研究指出，他们的检验评价了相关性和可靠性，但是他们的检验和 FASB 概念之间的联系并不明显。需要指出的是，对少数精心地将他们的检验与相关性和可靠性联结起来的研究来说，其是否成功仍然要依靠基本理论的描述能力。这包括对相关性和可靠性概念、所应用的模型，以及会计数据和估值模型输入信息之间的假设联系等方面的描述能力。

[8] 需要指出的是，我们认为，如果要使反映在股票价格中的变量可以被用作准则制定基准，市场就必须是基本上有效的。同样需要注意的是，与 Barth et al.（2001b，p.24）的论断不同，我们并没有主张反映在股票价格中的资产和负债价值必须是无法观测到的资产和负债"真实"经济价值的无偏计量指标。"真实"变量的主张是由 Barth（1994，p.20）提出来的。Barth，Beaver and Landsman 主张（在我们的观点看来，这是不正确的），要产生对准则制定有用的推论，并不要求市场是有效的，但是要求权益市场价值可以反映出投资者的共识。如果投资者的共识是不理性的，为什么 FASB 要依赖这些共识来制定会计准则？

[9] 这些结论假设没有被忽略的相关变量，而且除非投资性证券之外的资产和负债没有会计计量误差。Barth 认识到，如果一些估值变量在回归方程中被忽略，以公允价值计价的变量的系数显著性可能是由于公允价值计价的变量与被忽略变量之间的相关性造成的，而不是反映公允价值计价的相关性和可靠性。在检验中，通过采用特别的计量误差结构，Barth 的检验允许以历史成本和公允价值计价的变量存在计量误差。此外，她还发现，资产的公允价值与权益市价高度相关，但是证券收益和损失的公允价值与回报率之间并不相关，因此，她试图区分计量误差和被忽略的相关变量这两种解释。最终，Barth 倾向于采纳计量误差解释。

[10] 此处与导致 Barth et al.（2001b，p.18）文章的论述相比，在实质上没有变化。Barth et al.（2001b，p.18）断言，我们"还没有充分认识到价值相关性研究并没有试图估计公司价值"。也就是说，许多价值相关性研究并没有试图去估计公司价值，但在确定会计准则时对公司—价值联系的无休止滥用将导致人们认为会计可以用来估计公司价值。

[11] 在 SEC 成立之前，偶尔也会以市场价值对单个资产项目重新计价，这种情况经常发生在新的融资行为之前（see Finney，1935，Chapter 40）。如今，在其他盎格鲁-美洲会计模式国家中仍然允许对单个资产项目的重新估值。

[12] FASB 在 2001 年对 9/7/1999 征求意见稿（Exposure Draft）的 2/14/2001 修订版中，对企业合并和无形资产的会计处理将发生变化。届时，并购的商誉将不再被摊销，而是在其价值受损时定期减记。

[13] 股票市场崩溃后，许多会计人员在其文章中都明示或暗示（但没有正式的证据）20 世纪 20 年代的资产价值调增在 30 年代又调减回来了。但是，Fabricant 的证据表明，调减与无形资产资本化有关，而与之前对固定资产或投资的重新估值无关（see Walker，1992，pp.5-6）。没有证据显示调增高估了上市公司可分离有形资产的价值。

[14] 但是，在这种情况下，其他可能影响资产负债表所使用的会计方法的因素也需要加以考虑。例如，储蓄和贷款监管者允许储蓄者和贷款人继续将资产按照高于市场价值

的水平进行估值，以推迟存在偿债困难的储蓄者和贷款者的关闭，并鼓励其进行合并（see Barth et al., 1990）。

[15] 在对本文的讨论中，Barth et al.（2001a）认为价值相关性检验可以引入稳健性问题，所以并不认为价值相关性文献没有解释会计稳健性。该评论并未领会到本部分的要点。当然，研究者可以考察盈利或者损失，或者不同类型资产或负债的不同系数，以在其价值相关性检验中考虑稳健性问题。但是，会计纯粹的权益估值职能并不能预测或解释稳健性的存在。因此，我们认为，稳健性的普遍经验证据可以被看做存在其他对会计有重大（而非较小）影响力量的标志，并且表明使用价值相关性研究的结论来推断会计准则是很困难的。会计数据和权益价值之间的经验关系能够被用于识别稳健性（参见本部分后面的内容）的事实，并不表明价值相关性文献可以解释和预测稳健性。关于稳健性经验关系如何变化的预测来自订约假设和诉讼假设，而不是与价值相关性研究有关的基础理论。Barth et al.（2001a, p.94）提出的稳健性可能与可靠性概念相关的建议是部分正确的，但是这并不能解决问题；它并没有构建出一个关于稳健性的描述性理论。价值相关性文献把可靠性看做（由 GAAP）给定的。进一步，由于可靠性并不意味着对亏损和盈利有不对称报告的问题，因此可靠性本身并不能解释稳健性，而契约理论可以同时解释和预测对可靠性概念的应用以及稳健性现象的存在。

[16] 但是，替代性的解释和相反的经验证据是存在的。Ball（1989）认为，契约的改变会导致诉讼氛围的变化。进一步，Ball et al.（2000a）指出，近年来收益敏感性对好消息和坏消息的不对称程度在法国和德国也有所增加，而诉讼在法国和德国并不是一个特别的问题。

[17] 有一个我们并没有讨论但也值得考察的问题，即资产负债表中的稳健性属性。我们知道资产更有可能被减记而不是增记（例如成本与市价孰低原则，在 FASB No.121 报告下的资产减值，等等）（FASB, 1995）。进一步，当我们计算 1927—1993 年间每一个十年期的平均市值/账面值比率时，我们发现，该比率在大多数十年中都超过 1。这表明资产负债表也包含许多稳健性要素，而这与依靠资产负债表模型的价值相关性研究并不一致。

[18] 例如，Dillon（1979）以 110 家 NYSE 公司为样本的研究发现，大约 1/4 的公司在 1925—1934 年间进行了资产重估增值，但没有一家公司使用重新估值来增加利润，而是直接把利得计入公积金。将重新估值收益完全从利润中排除的做法表明会计原则的存在，这可能是由审计职业界执行的。如同我们在 4.3 节中所主张的那样，该原则符合会计和财务报告的订约职能。

[19] Barth et al.（2001b, p.20）指出，我们主张 Ohlson 模型要依赖一个永久性收益的概念。事实上，我们并没有这样的主张，而且在本文的任何早期版本中都不能发现这一主张。

[20] Barth et al.（2001a, pp.91 and 92）认识到，Ohlson 模型本身没有提供有关会计方法选择的政策意义，但是他们认为意义的缺乏并没有妨碍使用该模型（或者是其他没有直接会计选择含义的估值模型）来评估会计数据的价值相关性。我们认同该模型可以被用于评估权益价值和会计数据之间的联系，但那不是我们所要得出的要点。我们的要点是该模型本身并没有会计方法上的含义，而且没有为会计准则制定提供直接的推论。Barth,

Beaver and Landsman 还借用资本资产定价模型（CAPM）的例子来解释其要点。具体来说，他们指出，CAPM 本身没有将金融中介机构考虑进去，但是这并不妨碍那些中介机构把 CAPM 的风险—回报预测和证据看做相关的。对此我们再次表示同意，但是需要指出的是，那些中介机构会在投资决策中使用这些预测和证据，但是却不会在选择其所参与的市场和构建其组织结构时使用这些预测和证据。原因在于，对后者的决策依赖的是中介机构的成本和收益，而不是 CAPM。同样的道理，Ohlson 模型可以用于估值，但是却不能用于会计选择，因为它不包含对该项选择的成本和收益分析。

[21] 显然，FASB 追踪着学术研究，并努力促进董事会和学术界之间的互动（Beresford and Johnson，1995），令它们为难的是如何将学术研究的结果在评议中加以应用（Leisenring and Johnson，1994）。

[22] 基于信息成本的会计理论和估值模型之间的一致性要求估值模型必须包含信息成本。在适当的市场效率条件下，将信息成本包括在估值模型中的重要性可能会比在会计模型中的低。

[23] 这里需要注意的是，我们把结构放在计量误差之中，这一做法类似 Barth（1991，1994）。其差别在于，就为什么会产生测量误差，我们试图提供一个可供检验的理论。该理论表明，会计准则不会为降低误差而被修改。

[24] 参见 Watts（1992），该文讨论了一个描述性的会计理论对资本市场研究（包括估值）的意义。

参考文献

Aboody, D., Lev, B., 1998. The value relevance of intangibles: The case of software capitalization. Journal of Accounting Research 36, 161-191.

Alford, A., Jones, J., Leftwich, R., Zmijewski, M., 1993. The relative informativeness of accounting disclosures in different countries. Journal of Accounting Research Supplement 31, 183-229.

Amir, E., Lev, B., 1996. Value relevance of nonfinancial information: The wireless communications industry. Journal of Accounting and Economics 22, 3-30.

Amir, E., Harris, T. S., Venuti, E. K., 1993. A comparison of value relevance of US versus non-US-GAAP accounting measures using Form 20-F reconciliations. Journal of Accounting Research Supplement 31, 230-264.

Armstrong, M. S., 1977. The politics of establishing accounting standards. Journal of Accountancy 143, 76-79.

Ayers, B. C., 1998. Deferred tax accounting under SFAS No. 109: An empirical investigation of its incremental value relevance relative to APB No. 11. Accounting Review 73, 195-212.

Ball, R., 1989. The firm as a specialist contracting intermediary: Application to accounting and auditing. Unpublished Working Paper, University of Rochester.

Ball, R., Kothari, S. P., Robin, A., 2000a. The effect of international institutional factors on properties of accounting earnings. Journal of Accounting and Economics 29, 1-151.

Ball, R., Robin, A., Wu, J., 2000b. Incentives versus standards: Properties of accounting income in four east asian countries, and implications for acceptance of IAS. Unpublished Working Paper, University of Rochester.

Barth, M. E., 1991. Relative measurement errors among alternative pension asset and liability measures. The Accounting Review 66, 433-463.

Barth, M. E., 1994. Fair value accounting: Evidence from investment securities and the market valuation of banks. Accounting Review 69, 1-25.

Barth, M. E., 2000. Valuation-based accounting research: Implications for financial reporting and opportunities for future research. Accounting and Finance 40, 7-31.

Barth, M. E., Clinch, G., 1996. International accounting differences and their relation to share prices: Evidence from U. K., Australian, and Canadian firms. Contemporary Accounting Research 13, 135-170.

Barth, M. E., McNichols, M. F., 1994. Studies on accounting, financial disclosures and the law. Journal of Accounting Research 32, 177-209.

Barth, J. R., Bartholomew, P. F., Bradley, M. G., 1990. Determinants of thrift institution resolution costs. Journal of Finance 45, 731-754.

Barth, M. E., Beaver, W. H., Landsman, W., 1992. The market valuation implications of net periodic pension cost components. Journal of Accounting and Economics 15, 27-62.

Barth, M. E., Landsman, W. R., Wahlen, J. M., 1995. Fair value accounting: Effects on banks earnings volatility, regulatory capital, and value of contractual cash flows. Journal of Banking and Finance 19, 577-605.

Barth, M. E., Beaver, W. H., Landsman, W., 1996. Value relevance of banks fair value disclosures under SFAS No. 107. The Accounting Review 71, 513-537.

Barth, M. E., Beaver, W. H., Landsman, W., 2001a. The relevance of value relevance research. Journal of Accounting and Economics 31, 77-104.

Basu, S., 1997. The conservatism principle and the asymmetric timeliness of earnings. Journal of Accounting and Economics 24, 3-37.

Barth, M. E., Beaver, W. H., Landman, W., 2001b. The relevance of value relevance research for financial accounting standard setting: Another view. Unpublished Working Paper, Stanford University, January.

Beaver, W. H., Lambert, R., Morse, D., 1980. The information content of security prices. Journal of Accounting and Economics 2, 3-28.

Beresford, D. R., 1996. What did we learn from the stock compensation project? Accounting Horizons 10, 125-130.

Beresford, D. R., Johnson, L. T., 1995. Interactions between the FASB and the academic community. Accounting Horizons 9, 108-117.

Berger, P. G., Ofek, E., Swary, I., 1996. Investor valuation of the abandonment option. Journal of Financial Economics 42, 257-287.

Biddle, G. C., Chen, P., Zhang, G., 2000. When capital follows profitability: Non-linear residual income dynamics. Unpublished working paper, Hong Kong University of Science and Technology.

Brown, P., Izan, H. Y., Loh, A. L., 1992. Fixed asset revaluations and managerial incentives. Abacus 28, 36-57.

Brown, S., Lo, K., Lys, T., 1999. Use of R^2 in accounting research: Measuring changes in value relevance over the last four decades. Journal of Accounting and Economics 28, 83-115.

Burgstahler, D., Dichev, I., 1997. Earnings management to avoid earnings decreases and losses. Journal of Accounting and Economics 24, 99-126.

Chang, J., 1999. The decline in value relevance of earnings and book values. Working Paper, Harvard

University.

Coopers and Lybrand Academic Advisory Committee, 1997. Evaluating financial reporting standards. Discussion paper.

Core, J. E. , Schrand, C. M. , 1999. The effect of accounting-based debt covenants on equity valuation. Journal of Accounting and Economics 27, 1-34.

Dechow, P. M. , 1994. Accounting earnings and cash flows as measures of firm performance: The role of accounting accruals. Journal of Accounting and Economics 18, 3-42.

Dhaliwal, D. , Subramanyam, K. R. , Trezevant, R. , 1999. Is comprehensive income superior to net income as a measure of firm performance? Journal of Accounting and Economics 26, 43-67.

Dillon, G. J. , 1979. Corporate asset revaluations, 1925-1934. The Accounting Historians Journal 6, 1-15.

Eccher, E. A. , Ramesh, K. , Thiagarajan, S. R. , 1996. Fair value disclosures by bank holding companies. Journal of Accounting and Economics 22, 79-117.

Ely, K. , Waymire, G. , 1999a. Intangible assets and equity valuation in the pre-SEC era. Unpublished Working Paper, University of Iowa.

Ely, K. , Waymire, G. , 1999b. Accounting standard-setting organizations and earnings-relevance: Longitudinal evidence from NYSE common stocks, 1927-1993. Journal of Accounting Research 37, 293-317.

Fabricant, S. , 1936. Revaluations of fixed assets, 1925-1934. National Bureau of Economic Research, December.

Feltham, J. , Ohlson, J. A. , 1995. Valuation and clean surplus accounting for operating and financial activities. Contemporary Accounting Research (Spring) 11, 689-731.

Feltham, J. , Ohlson, J. A. , 1996. Uncertainty resolution and the theory of depreciation measurement. Journal of Accounting Research 34, 209-234.

Fields, T. , Lys, T. , Vincent, L. , 2001. Empirical research on accounting choice. Journal of Accounting and Economics 31, 255-307.

Financial Accounting Standards Board (FASB), 1980. Statement of financial accounting concepts no. 2, qualitative characteristics of accounting information. FASB, Norwalk, CT.

Financial Accounting Standards Board (FASB), 1984. Statement of financial accounting concepts no. 5, recognition and measurement in financial statements of business enterprises. FASB, Norwalk, CT.

Financial Accounting Standards Board (FASB), 1995. Statement of financial accounting standards no. 121, accounting for the impairment of long-lived assets and for long-lived assets to be disposed of. FASB, Norwalk, CT.

Financial Accounting Standards Board (FASB), 1997. Statement of financial accounting standards no. 130, reporting comprehensive income. FASB, Norwalk, CT.

Financial Accounting Standards Board (FASB), 2001. Limited revision of exposure draft issued September 7, 1999, business combinations and intangible assets—accounting for goodwill. FASB, Norwalk, CT.

Finney, H. A. , 1935. Principles of Accounting, Vol. II. Prentice-Hall, New York.

Foster, N. , 1998. FASBs Impact on the Cost of Capital. FASB Financial Accounting Series No. 182-B. FASB, Norwalk, CT.

Freeman, R. , Tse, S. Y. , 1992. A non-linear model of security price responses to unexpected earnings. Journal of Accounting Research 30, 185-209.

Givoly, D. , Hayn, C. , 2000. The changing time-series properties of earnings, cash flows and accruals: Has financial reporting become more conservative? Journal of Accounting and Economics 29, 287-320.

Guenther, D. A., Maydew, E. L., Nutter, S. E., 1997. Financial reporting, tax costs, and book-tax conformity. Journal of Accounting and Economics 23, 225-248.

Harris, M. S., Muller, K. A., 1999. The market valuation of IAS versus US-GAAP accounting measures using Form 20-F reconciliations. Journal of Accounting and Economics 26, 285-312.

Harris, T. S., Lang, M., Moller, H. P., 1994. The value relevance of German accounting measures: An empirical analysis. Journal of Accounting Research 32, 187-209.

Hayn, C., 1995. The information content of losses. Journal of Accounting and Economics 20, 125-153.

Healy, P., 1985. The effect of bonus schemes on accounting decisions. Journal of Accounting and Economics 7, 85-107.

Hirst, D. E., Hopkins, P. E., 1998. Comprehensive income reporting and analysts valuation judgments. Journal of Accounting Research Supplement 36, 47-83.

Holmstrom, B., 1979. Moral hazard and observability. Bell Journal of Economics 10, 74-91.

Holthausen, R. W., 1981. Evidence on the effect of bond covenants and management compensation contracts on the choice of accounting techniques: The case of the depreciation switch-back. Journal of Accounting and Economics 3, 73-79.

Holthausen, R. W., Leftwich, R. W., 1983. The economic consequences of accounting choice: Implications of costly contracting and monitoring. Journal of Accounting and Economics 5, 77-117.

Holthausen, R. W., Larcker, D. F., Sloan, R. G., 1995. Annual bonus schemes and the manipulation of earnings. Journal of Accounting and Economics 19, 29-74.

Jarrell, G. A., 1979. Pro-producer regulation and accounting for assets: The case of electric utilities. Journal of Accounting and Economics 1, 93-116.

Kellogg, R., 1984. Accounting activities, security prices, and class action lawsuits. Journal of Accounting and Economics 6, 185-204.

Kohler, E., 1925. Accounting Principles Underlying Federal Income Taxes. A. W. Shaw and Co., Chicago and New York.

Kothari, S. P., 2001. Capital markets research in accounting. Journal of Accounting and Economics 31, 105-231.

Kothari, S. P., Lys, T. Z., Smith, C. W., Watts, R. L., 1988. Auditor liability and information disclosure. Journal of Accounting, Auditing and Finance (Fall) 3, 307-339.

Lambert, R. A., 1996. Financial reporting research and standard setting. Unpublished Working Paper, Stanford University.

Lambert, R. A., Larcker, D. F., 1987. An analysis of the use of accounting and market measures of performance in executive compensation contracts. Journal of Accounting Research 25, 85-125.

Leftwich, R. W., 1981. Evidence of the impact of mandatory changes in accounting principles on corporate loan agreements. Journal of Accounting and Economics 3, 3-36.

Leftwich, R. W., 1983. Accounting information in private markets: Evidence from private lending agreements. The Accounting Review 63, 23-42.

Leftwich, R. W., 1995. The agenda of the financial accounting standards board. Unpublished Working Paper, University of Chicago.

Leisenring, J. J., Johnson, L. T., 1994. Accounting research: On the relevance of research to practice. Accounting Horizons 8, 74-79.

Lo, K., Lys, T. Z., 1999. The Ohlson model: Contribution to valuation theory, limitations and empirical applications. Unpublished Working Paper, Northwestern University.

Lys，T. Z. ，1996. Abandoning the transactions-based accounting model: Weighing the evidence. Journal of Accounting and Economics 22, 155-175.

Ohlson，J. A. ，1995. Earnings, book values, and dividends in security valuation. Contemporary Accounting Research 11, 161-182.

Saito，S. ，1983. Asset revaluations and cost basis: Capital revaluation in corporate financial reports. The Accounting Historians Journal 10, 1-23.

Saliers，E. A. ，1939. Depreciation: Principles and Applications, 3rd Edition. . Ronald Press, New York.

Shackelford，D. A. ，Shevlin，T. ，2001. Empirical tax research in accounting. Journal of Accounting and Economics 31, 321-387.

Skinner，D. J. ，1993. The Investment opportunity set and accounting procedure choice. Journal of Accounting and Economics 16, 407-445.

Skinner，D. J. ，1996. Are disclosures about bank derivatives and employee stock options valuerelevant? Journal of Accounting and Economics 22, 393-405.

Skinner，D. J. ，1999. How well does net income measure firm performance? A discussion of two studies. Journal of Accounting and Economics 26, 105-111.

Smith，C. W. ，Warner，J. ，1979. On financial contracting: An analysis of bond covenants. Journal of Financial Economics 7, 117-161.

Smith，C. W. ，Watts，R. L. ，1982. Incentive and tax effects of executive compensation plans. Australian Journal of Management 7, 139-157.

Sweeney，A. P. ，1994. Debt-covenant violations and managers accounting responses. Journal of Accounting and Economics 17, 281-308.

Venkatachalam，M. ，1996. Value relevance of banks derivatives disclosures. Journal of Accounting and Economics 22, 327-355.

Walker，R. G. ，1992. The SECs ban on upward asset revalautions and the disclosure of current values. Abacus 28, 3-35.

Watts，R. L. ，1992. Accounting choice theory and market-based research in accounting. British Accounting Review 24, 235-267.

Watts，R. L. ，1993. A proposal for research on conservatism. Unpublished Working Paper, University of Rochester. (Presented for discussion at the AAA meetings, San Francisco, CA.)

Watts，R. L. ，Zimmerman，J. L. ，1986. Positive accounting theory. Prentice-Hall, Englewood Cliffs, NJ.

Wysocki，P. D. ，1999. Real options and the informativeness of segment disclosures. Unpublished Working Paper, University of Michigan.

Yang，J. ，1927. Goodwill and Other Intangibles. Ronald Press, New York. Zeff, S. A. ，1999. The evolution of the conceptual framework for business enterprises in the United States. The Accounting Historians Journal 26, 89-131.

References to papers listed in Table 1

Aboody，D. ，1996. Market valuation of employee stock options. Journal of Accounting and Economics 22, 357-391.

Aboody，D. ，Lev，B. ，1998. The value relevance of intangibles: The case of software capitalization. Journal of Accounting Research 36, 161-191.

Ahmed，A. S. ，Takeda，C. ，1995. Stock market valuation of gains and losses on commercial banks'investment securities: An empirical analysis. Journal of Accounting and Economics 20, 207-225.

Alford, A., Jones, J., Leftwich, R., Zmijewski, M., 1993. The relative informativeness of accounting disclosures in different countries. Journal of Accounting Research Supplement 31, 183-229.

Amir, E., 1993. The market valuation of accounting information: The case of postretirement benefits other than pensions. Accounting Review 68, 703-724.

Amir, E., 1996. The effect of accounting aggregation on the value relevance of financial disclosures: The case of SFAS No. 106. Accounting Review 71, 573-590.

Amir, E., Harris, T. S., Venuti, E. K., 1993. A comparison of value relevance of US versus non-US-GAAP accounting measures using Form 20-F reconciliations. Journal of Accounting Research Supplement 31, 230-264.

Amir, E., Kirschenheiler, M., Willard, K., 1997. The valuation of deferred taxes. Contemporary Accounting Research 14, 597-622.

Amir, E., Lev, B., 1996. Value relevance of nonfinancial information: The wireless communications industry. Journal of Accounting and Economics 22, 3-30.

Anthony, J. H., Petroni, K. R., 1997. Accounting estimation disclosures and firm valuation in the property-casualty insurance industry. Journal of Accounting, Auditing and Finance 12, 257-281.

Ayers, B. C., 1998. Deferred tax accounting under SFAS No. 109: An empirical investigation of its incremental value relevance relative to APB No. 11. Accounting Review 73, 195-212.

Ballas, A., 1997. Valuation implications of the components of earnings: Cross-sectional evidence from Greece. Unpublished Working Paper, Athens, Greece.

Balsam, S., Lipka, R., 1998. Share prices and alternative measures of earnings per share. Accounting Horizons 12, 234-249.

Bandyopadhay, S. P., Hanna, J. D., Richardson, G., 1994. Capital market effects of US-Canada GAAP differences. Journal of Accounting Research 32, 262-277.

Barth, M. E., 1991. Relative measurement errors among alternative pension asset and liability measures. The Accounting Review 66, 433-463.

Barth, M. E., 1994. Fair value accounting: Evidence from investment securities and the market valuation of banks. Accounting Review 69, 1-25.

Barth, M. E., Beaver, W. H., Landsman, W., 1992. The market valuation implications of net periodic pension cost components. Journal of Accounting and Economics 15, 27-62.

Barth, M. E., Beaver, W. H., Landsman, W., 1996. Value relevance of banks' fair value disclosures under SFAS No. 107. The Accounting Review 71, 513-537.

Barth, M. E., Beaver, W. H., Stinson, C. H., 1991. Supplemental data and the structure of thrift share prices. Accounting Review 66, 56-66.

Barth, M. E., Clement, M., Foster, G., Kasznik, R., 1998. Brand values and capital market valuation. Review of Accounting Studies 3, 41-68.

Barth, M. E., Clinch, G., 1996. International accounting differences and their relation to share prices: Evidence from U. K., Australian, and Canadian firms. Contemporary Accounting Research 13, 135-170.

Barth, M. E., Clinch, G., 1998. Revalued financial tangible, and intangible assets: Associations with share prices and non market-based value estimates. Journal of Accounting Research 36, 199-233.

Barth, M. E., McNichols, M. F., 1994, Estimation and market valuation of environmental liabilities relating to superfund sites. Journal of Accounting Research Supplement 32, 177-209.

Bartov, E., 1997. Foreign currency exposure of multinational firms: Accounting measures and market valuation. Contemporary Accounting Research 14, 623-652.

Beaver, W. H., Christie, A. A., Griffin, P. A., 1980. The information content of SEC accounting series release No. 190. Journal of Accounting and Economics 2, 127-.

Beaver, W. H., Dukes, R. E., 1972. Interperiod tax allocation earnings expectations, and the behavior of security prices. Accounting Review 47, 320-418.

Biddle, G. C., Bowen, R. M., Wallace, J. S., 1997. Does EVA beat earnings? Evidence on associations with stock returns and firm values. Journal of Accounting and Economics 24, 301-336.

Black, E. L., 1998. Life-cycle impacts on the incremental value relevance of earnings and cash flow measures. Journal of Financial Statement Analysis 4, 40-56.

Bodnar, G. M., Weintrop, J., 1997. The valuation of the foreign income of US multinational firms: A growth opportunities perspective. Journal of Accounting and Economics 24, 69-97.

Chan, K. C., Seow, G. S., 1996. The association between stock returns and foreign GAAP earnings vs. earnings adjusted to US GAAP. Journal of Accounting and Economics 21, 139-158.

Chaney, P. K., Jeter, D. C., 1994. The effect of deferred taxes on security prices. Journal of Accounting, Auditing and Finance 9, 91-116.

Cheng, C. S. A., Liu, C., Schaefer, T. F., 1997. The value relevance of SFAS No. 95 cash flows from operations as assessed by security market effects. Accounting Horizons 11, 1-15.

Choi, B., Collins, D. W., Johnson, W. B., 1997. Valuation implications of reliability differences: The case of nonpension postretirement obligations. Accounting Review 72, 351-383.

D'Souza, J., Jacob, J., Soderstrom, N. S., 2000. Nuclear decommissioning costs: The impact of recoverability risk on valuation. Journal of Accounting and Economics 29, 207-230.

Davis-Friday, P. Y., Rivera, J. M., 2000. Inflation accounting and 20-F disclosures: Evidence from Mexico. Accounting Horizons 14, 114-135.

Dhaliwal, D., Subramanyam, K. R., Trezevant, R., 1999. Is comprehensive income superior to net income as a measure of firm performance? Journal of Accounting and Economics 26, 43-67.

Eccher, E. A., Ramesh, K., Thiagarajan, S. R., 1996. Fair value disclosures by bank holding companies. Journal of Accounting and Economics 22, 79-117.

Ely, K., Waymire, G., 1999. Intangible assets and equity valuation in the pre-SEC era. Unpublished Working Paper, University of Iowa.

Fields, T. D., Rangan, S., Thiagarajan, S. R., 1998. An empirical evaluation of the usefulness of non-GAAP performance measures in the REIT industry. Review of Accounting Studies 3, 103-130.

Francis, J., Schipper, K., 1999. Have financial statements lost their relevance? Journal of Accounting Research 37, 319-352.

Gheyara, K., Boatsman, J., 1980. Market reaction to the 1976 replacement cost disclosures. Journal of Accounting and Economics 2, 107-125.

Givoly, D., Hayn, C., 1992. The valuation of the deferred tax liability: Evidence from the stock market. Accounting Review 67, 394-410.

Gopalakrishnan, V., 1994. The effect of recognition vs. disclosure on investor valuation: The case of pension accounting. Review of Quantitative Finance and Accounting 4, 383-396.

Gopalakrishnan, V., Sugrue, T. F., 1993. An empirical investigation of stock market valuation of corporate projected pension liabilities. Journal of Business Finance and Accounting 20, 711-724.

Graham, R. C., Lefanowicz, G. C., Petroni, K. R., 1998. Value relevance of fair value disclosures for investments in securities accounted for under the equity method. Unpublished Working Paper, Michigan

State University.

Harris, T. S. , Lang, M. , Moller, H. P. , 1994. The value relevance of German accounting measures: An empirical analysis. Journal of Accounting Research 32, 187-209.

Harris, M. S. , Muller, K. A. , 1999. The market valuation of IAS versus US-GAAP accounting measures using Form 20-F reconciliations. Journal of Accounting and Economics 26, 285-312.

Harris, T. S. , Ohlson, J. A. , 1987. Accounting disclosures and the market's valuation of oil and gas properties. Accounting Review 62, 651-670.

Henning, S. L. , Stock, T. , 1997. The value relevance of goodwill write-offs. Unpublished Working Paper, Southern Methodist University.

Hirschey, M. , Richardson, V. J. , Scholz, S. W. , 1998. Value relevance of nonfinancial information: The case of patent data. Unpublished Working Paper, University of Kansas.

Joos, P. , Lang, M. , 1994. The effects of accounting diversity: Evidence from the European Union. Journal of Accounting Research Supplement 32, 141-175.

Lev, B. , Sougiannis, T. , 1996. The capitalization, amortization, and value relevance of R&D. Journal of Accounting and Economics 21, 107-138.

Nelson, K. K. , 1996. Fair value accounting for commercial banks: An empirical analysis of SFAS No. 107. Accounting Review 71, 161-182.

Petroni, K. R. , Wahlen, J. M. , 1995. Fair values of equity and debt securities and share prices of property-liability insurers. Journal of Risk and Insurance 62, 719-737.

Pope, P. F. , Rees, W. , 1993. International differences in GAAP and the pricing of earnings. Journal of International Financial Management and Accounting 4, 190-219.

Rees, L. , Elgers, P. , 1997. The market's valuation of nonreported accounting measures: Retrospective reconciliations of non-U. S. and U. S. GAAP. Journal of Accounting Research 35, 115-127.

Rees, L. , Stott, D. , 1999. The value relevance of stock-based employee compensation disclosures. Unpublished Working Paper, Texas A & M University.

Shevlin, T. , 1991. The valuation of R&D firms with R&D limited partnerships. Accounting Review 66, 1-21.

Venkatachalam, M. , 1996. Value relevance of banks' derivatives disclosures. Journal of Accounting and Economics 22, 327-355.

Vincent, L. , 1997. Equity valuation implications of purchase versus pooling accounting. Journal of Financial Statement Analysis 2, 5-20.

Vincent, L. , 1999. The information content of funds from operations (FFO) for real estate investment trusts (REITs) . Journal of Accounting and Economics 26, 69-104.

Whisenant, J. S. , 1998. Does fundamental analysis produce more value-relevant summary measures? Unpublished Working Paper, Georgetown University.

价值相关性文献对财务会计准则制定的相关性研究：另一种观点 *

Mary E. Barth，William H. Beaver，Wayne R. Landsman

辛　宇　徐莉萍　译

摘要

　　本文认为，价值相关性研究评估会计数据反映权益投资者所使用信息的效果，为准则制定者感兴趣的问题提供深入的见解。财务报告的首要目的是为权益投资者提供信息。财务报告信息的其他用途，例如订约，并没有削弱价值相关性研究的重要性。现有的估值模型可以用来研究价值相关性问题。价值相关性研究可以解决导致推论（inferences）受限的计量经济学方面的问题，而且可以适应并被用于研究会计稳健性的含义。

　　JEL 分类号：M41；M44；G12

　　关键词：准则制定；价值相关性；估值

§1　引言

　　本文认为，价值相关性研究关乎财务会计准则的制定，此观点与 Holthausen and Watts（2001，以下简称 HW）所提出的观点相抵触。HW 的一个关键结论是，价值相关性研究很少或者没有为准则制定提供参考价值。作为在价值相关性研究和准则制定方面的活跃参与者，我们的目的是厘清价值相关性文献与财务会计准则制定的相关性。由于我们是 HW 一文的讨论人，因此我们只就该文中提出的问题进行讨论。特别地，HW 的范围

　　* We thank Dan Collins，Brian Rountree，participants at the 2000 *Journal of Accounting & Economics* conference，and the editors，S. P. Kothari，Tom Lys，and Jerry Zimmerman，for helpful comments and suggestions. We appreciate funding from the Financial Reserch Initiative，Graduate School of Business，Stanford University，and Center for Finance and Accounting Research at UNC-Chapel Hill，Stanford GSB Faculty Trust，and the Bank of America Research Fellowship.

　　Mary E. Barth，斯坦福大学商学研究院；William H. Beaver，斯坦福大学商学研究院；Wayne R. Landsman，北卡罗来纳大学 Kenan-Flagler 商学院。

限于讨论价值相关性文献对财务会计准则制定的相关性；它没有全面地回顾价值相关性文献。相应地，我们的讨论也会有类似的局限。我们的一个关键结论是价值相关性文献为准则制定提供了富有成效的参考价值。

本文也厘清了 HW 一文对价值相关性研究的几个误解。具体来说，我们提出了六个要点，而这六个要点都是与 HW 的有关阐述相抵触的。首先，价值相关性研究提供了对准则制定者和其他非学术部门感兴趣问题的深入见解。尽管没有现存的关于会计或准则制定的学术理论，但是财务会计准则委员会（FASB）在其概念陈述（Concepts Statements）中明确地表达了它的会计和准则制定理论。通过使用广为接受的估值模型，价值相关性研究试图使 FASB 理论的关键维度可操作化，以评价会计数据的相关性和可靠性。第二，FASB 和其他准则制定者所关注的焦点是权益投资。尽管财务报告有除权益投资以外的各种应用（例如经理薪酬和债务契约），但是，财务报告在订约中的可能应用并不会削弱主要关注权益投资的价值相关性研究的重要性。

第三，尽管现有估值模型是建立在简化假设的基础之上，对这些估值模型的实证检验还是可以被用于价值相关性研究。第四，价值相关性研究能够适应稳健性问题，并可以用于研究稳健性对会计数据和权益价值之间关系的影响。事实上，正是价值相关性研究使得权益投资者认定有些会计实务是稳健的。第五，价值相关性研究被设计成用于评价特定的会计数据是否能够反映投资者在评估公司权益价值时所用到的信息。由于"有用性"在会计研究中并不是一个很好定义的概念，因此，价值相关性研究通常并不会评估会计数据的有用性，也不会被设计成用于评估会计数据的有用性。第六，计量经济学技术可以被用于并且正在被用于缓解价值相关性研究中所产生的常见计量问题的影响，否则，这些问题的存在会限制从此类研究中所得出推论的有效性。

本文按如下内容展开。第 2 部分讨论价值相关性研究所检验的假设，并总结了关于公允价值会计的价值相关性研究的主要结论。除了更广泛的主体，包括学术研究者、财务报告的编制者和使用者以及其他的政策制定者感兴趣的问题之外，第 3 部分解释了价值相关性研究是如何解决会计准则制定者感兴趣的问题的。第 4 部分讨论了与价值相关性研究有关的关键研究设计问题，包括在检验价值水平和价值变化的方法中进行选择、估计方程中变量的选择，以及对计量误差的解释。第 5 部分进行了总结，并给出最后的评论。[1]

§2 价值相关性假设及其发现

§2.1 检验相关性和可靠性

在现存的文献中，如果一项会计数据与权益市场价值之间存在一种可预测的联系，那么它就被定义为是价值相关的。[2]尽管检验这种联系的文献可以追溯到 30 多年以前（Miller and Modigliani, 1966），但是我们注意到，使用"价值相关性"这一术语来描述这种联系的第一项研究是 Amir et al. (1993)。[3]

学术研究人员是价值相关性研究的主要生产者及预期的消费者。[4]他们进行价值相关性检验的首要目的是扩展我们对会计数据在反映权益价值的相关性和可靠性方面的认识。如果权益价值和会计数据是相关的，那么权益价值就能够反映会计数据。[5]如同 FASB 在其概念框架（Conceptual Framework）中所说明的那样，相关性和可靠性是 FASB 在对备择会计方法进行选择时所采用的两个首要的判断标准。FASB 的概念框架是在财务会计概念报告（SFAC）第 No.1~No.7 中提出来的，这些报告阐明了 FASB 的目标和判断标准，以指导其准则制定决策。SFAC No.5（FASB，1984）指出，如果一项会计数据能够使财务报告使用者的决策有所不同，那么它就是相关的；如果一项会计数据代表了它所想要表明的含义，那么它就是可靠的。[6]由于概念框架提出了 FASB 在评估会计数据时的客观标准，因此在研究中只需要使这些标准具有可操作性就可以了，而不需要再确定这些标准。

学术文献中定义的价值相关性并不是 FASB 所提出的一项判断标准。事实上，价值相关性检验代表的是一种使 FASB 提出的相关性和可靠性标准具有可操作性的方法。[7]价值相关性是这些判断标准在经验数据上的可操作化，原因在于，只有在会计数据反映了与投资者对公司进行估值有关的信息，并且该数据能够被足够可靠地计量，进而反映在股票价格中时，该项会计数据才是价值相关的，即与股票价格之间存在着预期的显著关系。[8]只有在会计数据对财务报告的使用者具有相关性的条件下，它才能够使使用者的决策发生变化。需要注意的是，在 SFAC No.5 下，具有相关性的信息并不必然就是一个对财务报告使用者来说全新的信息。也就是说，会计师的一项重要职能就是总结或集合可能从其他来源获得的信息。还需要注意的是，价值相关性概念和决策相关性概念是不同的。特别地，如果会计信息可以被更多的及时信息取代，则会计信息可以是价值相关的，但它并不是决策相关的。

价值相关性检验通常是对相关性和可靠性的联合检验。尽管发现价值相关性意味着会计数据是相关的和可靠的，但是至少在一定程度上说，我们很难将价值相关性缺乏的原因归结为此属性或彼属性。相关性和可靠性都不具有两分性的特征，而且 SFAC No.5 并没有详细说明"多少"相关性或可靠性才足以符合 FASB 的判断标准。此外，我们很难分别检验一项会计数据的相关性和可靠性。

按照设计，FASB 的概念框架是在很宽泛的条件下表述的，而不是特殊情境下的。尽管这样，基于概念框架及特定的财务会计准则还是可以产生具体的关于相关性和可靠性的原假设及备择假设以进行检验。价值相关性研究使用各种估值模型来构建其检验，并且通常会使用权益市场价值作为估值判断标准来评价特定的会计数据在何种程度上反映了投资者所需的信息。这些检验关注会计数据在所估计方程中的系数。例如，一些研究检验所考察的会计数据的系数是否显著地不为零，并且符合预期的符号（e.g.，Barth，1994a，b；Barth et al.，1996；Eccher et al.，1996；Nelson，1996）。[9]拒绝不显著或非预期符号的原假设被认为是会计数据存在相关性，并且总的来说并非不可靠的经验证据。其他研究检验所考察的会计数据估计系数是否与财务报告中确认的其他数据的系数有所不同（e.g.，Barth et al.，1998b；Aboody et al.，1999）。拒绝系数相同的原假设被认为是所考察的会计数据与已确认数据的相关性和可靠性不同的经验证据。

另一组研究检验一项会计数据的系数是否与其基于估值模型得出的理论系数之间存在着明显不同（e.g.，Landsman，1986；Barth et al.，1992）。拒绝原假设被认为是所考察的会计数据未能准确地反映其想要计量的基本概念之经济特征。其他研究检验来自相关性和可靠性模型中与系数大小有关的具体预测（e.g.，Barth，1991；Choi et al.，1997）。这些检验的目的在于衡量会计数据的可靠性。

许多这类研究都包含备择假设，以关注经理层自由裁量权对系数估计的影响（e. g.，Barth et al.，1991，1996；Muller，1999）。例如，有些研究预测自由裁量权会使可靠性降低，并因此降低估计的系数。另外一些研究则预测信号效应会使所预期的系数增加，或者出现符号反转（e. g.，Beaver et al.，1989；Beaver and McNichols，1998；Beaver and Venkatachalam，2000）。需要注意到，价值相关性研究把一些资本市场均衡模型看做给定的，因此通常不会检验与资本市场如何运作有关的假设，这一点非常重要。由于所有的研究都假设存在一个均衡定价模型，因此从价值相关性研究中得出的推论依赖于对定价关系描述的有效性程度如何（参见 4.1 节）。[10]

§2.2　研究发现：我们已经了解到的有多少

本部分总结了我们从与作为会计计量基础的公允价值有关的价值相关性研究中得出的结论。我们总结这部分内容的原因在于公允价值会计是大量价值相关性研究关注的焦点，也是 FASB 长期以来高度关注的。[11]尽管我们的总结可能不够彻底，但它还是可以帮助我们认识价值相关性研究已经得出的一些结论。

有一类价值相关性研究关注与养老金和其他退休后福利（OPEB）有关的公允价值。一个与养老金和 OPEB 有关的基本问题是投资者是否可以察觉到养老金资产和负债以及 OPEB 负债是公司的资产和负债。这些检验发现，它们确实被投资者认为是公司的资产和负债。但是，这些研究也发现，上述资产和负债的定价是不同于其他已确认的资产和负债的，其定价倍数要小一些（Landsman，1986；Amir，1993）。这些发现是与养老金及 OPEB 资产和负债要比其他资产和负债更不易可靠计量相一致的。

由这类研究产生的一个相关问题是，在养老金资产和负债的备择计量指标中，哪一个最近似地反映了相应的资产和负债。Barth（1991）比较了这些备择计量指标的相关性和可靠性，她发现养老金资产的公允价值计量了内在于股票价格中的养老金资产，并且比根据 APBO No. 8（APB，1966）和 SFAS No. 87（FASB，1985a）所计算的养老金资产账面价值更可靠。关于养老金负债，Barth（1991）发现，累积的和预计的福利责任（benefit obligation）计量了内在于股票价格中的养老金负债，并且比根据 SFAS No. 87 计算的既得的福利责任（vested benefit obligation）和养老金负债的账面价值更可靠。关于 OPEB 负债，Choi et al.（1997）发现，累积的退休后福利责任的价值相关性是比较勉强的，并且在计量内在于股票价格中的 OPEB 负债方面，其可靠性要低于根据 SFAS No. 87 披露的养老金责任所计量的养老金负债。

关于养老金和 OPEB 费用，其他研究讨论了有关养老金和 OPEB 成本及其组成部分的风险差异和持续性（e. g.，Barth et al.，1992；Amir，1996）。研究发现，各组成部分之间存在可预期的定价差异，这表明分解的成本比合计的成本更能向投资者提供有用的信息。与预期一致，养老金现金流量的风险要比其他现金流量更小，并且与其他的收益组成部分相比，养老金和 OPEB 的成本有更大的绝对定价乘数。关于养老金成本的组成部分，与预期一致的是，Barth et al.（1992）发现，与永久性成本项目，即服务成本、利息成本和养老金资产已实现收益相比，暂时性的养老金成本项目，即养老金资产的递延收益的定价乘数更小。暂时性资产或负债的摊销与永久性收益没有关系，其定价乘数为零。[12] Amir（1996）检验了 OPEB 成本组成部分，发现组成部分之间也存在定价乘数差异。特别地，作为养老金成本，暂时性负债摊销的定价乘数为零。

还有一类价值相关性研究考察与负债和权益证券公允价值有关的问题，特别是那些由银行和保险公司持有的证券（e. g. , Barth, 1994a, b; Ahmed and Takeda, 1995; Bernard et al. , 1995; Petroni and Wahlen, 1995; Barth et al. , 1996; Eccher et al. , 1996; Nelson, 1996; Barth and Clinch, 1998）。这些研究所要解决的根本问题是，对这些证券的公允价值估计是否可靠？这些研究一致发现，投资者认为这些证券的公允价值估计比历史成本数据更具有价值相关性。一些研究还发现，证券公允价值估计的可靠性会如预测般因不同证券类型的预期公允价值估计偏差的程度不同而有所不同。特别地，他们发现，与交易更活跃的证券相比，交易量小的证券有更大的公允价值估计偏差，这一证据表明，对交易量小的证券来说，其公允价值的可靠性较低。最后，一些研究考察了资产的公允价值估计和公允价值证券的利得及损失是否同样可靠。特别地，Barth（1994a, b）发现，相对于公允价值本身的估计偏差，基于公允价值变化的证券利得及损失的公允价值估计偏差更大。事实上，证券利得及损失中的估计偏差可以大到足以消除其价值相关性。

也有一些价值相关性研究考察与银行贷款公允价值估计有关的问题。贷款公允价值的可靠性是令人怀疑的，原因在于，报告这些公允价值的银行经理断定这些估计缺乏可靠性，达不到 FASB 的可靠性判断标准。与银行家的断言相反，Barth et al.（1996）发现，投资者认为银行贷款的公允价值在反映基本价值方面要比历史成本数据更具有相关性和可靠性。不过，Eccher et al.（1996）和 Nelson（1996）并没有发现这一点。由于银行经理在估计贷款的公允价值时有动机行使其自由裁量权，因此一些研究考察这一自由裁量权的行使是否会降低估计的可靠性。Barth et al.（1996）发现自由裁量权会降低可靠性程度，即对规定资本（regulatory capital）低的银行来说，其贷款公允价值的定价乘数预计会更低一些。但是，管理层在估计贷款公允价值时的自由裁量权并没有完全消除贷款公允价值的价值相关性。反之，Beaver and Venkatachalam（2000）发现，贷款公允价值中的自由裁量部分的定价乘数会高于非自由决定部分的定价乘数，这与自由裁量行为的信号动机观点相一致（Beaver et al. , 1989）。

有一类价值相关性研究考察与衍生金融工具公允价值估计有关的问题。对于所有的金融工具来说，这些研究考察的一个根本问题是，衍生金融工具的公允价值估计是否可靠？但是，衍生金融工具公允价值的可靠性是特别令人怀疑的，原因在于，这些工具的估计技术和市场都还处于不断发展之中。这些研究发现，投资者认为衍生金融工具的公允价值在反映基础经济数据方面要比其名义金额更加准确（e. g. , Venkatachalam, 1996）。但是，Wong（2000）指出，衍生金融工具公允价值中固有的估计误差使得名义金额可以传递增量信息。

关于公允价值会计的价值相关性文献也考察与非金融类无形资产有关的问题。有一些研究检验购买或内部发展的无形资产的历史成本是否能够反映无形资产的价值。这里的备择假设（即这些数据并不能反映资产价值）看起来好像是合理的，原因在于，无形资产成本并不需要与其价值维持任何关系，除非是针对购买日买入的无形资产。但是，这些研究通常发现，无形资产的成本，例如资本化的软件和商誉，对投资者来说是具有相关性的，并且比较可靠地反映了内在于股票价格中的无形资产价值（e. g. , Jennings et al. , 1993; Aboody and Lev, 1998; Chambers et al. , 1999）。其他研究发现，研发费用和广告开支被投资者看做资本支出，与技术资产和商标有关，同时，银行的核心存款被投资者看做公司的资产（e.g.，Abdel-khalik，1975；Hirschey and Weygandt，1985；Bublitz and Ettredge，1989；Landsman and Shapiro，1995；Barth et al.，1996；Eccher et al.，1996；Lev and Sougiannis，1996；Healy et al.，1997）。

由于在美国公认会计原则（GAAP）下无形资产的公允价值并不要求披露，因此考察无形资产公允价值特征的研究都集中在允许资产重估的国家，例如英国和澳大利亚；或者集中在从其他公开来源中获得的公允价值估计上，例如由品牌估值专家公布的有关估计（e.g.，Barth et al.，1998b；Barth and Clinch，1998；Higson，1998；Kallapur and Kwan，1998；Muller，1999）。关注金融工具的文献通常会考察公允价值估计是否可靠。一般来说，这些研究假设当前的资产价值对投资者来说是相关的。无形资产公允价值估计的可靠性是特别值得关注的，因为多数情况下这些资产的交易市场并不存在。因此，对无形资产公允价值的估计并不能像金融工具那样可以参照市场价格来确定。反之，无形资产公允价值的估计经常是由经理层或由经理层选择的评估专家来确定，这会有意或无意地增加产生估计误差的可能性。

这些研究发现，可获得的对无形资产价值的估计可靠地反映了投资者对资产价值的评价，这体现为上述估计与股票价格之间存在显著的正相关关系。这一发现在对各种无形资产和品牌进行重估时都成立。这些研究也发现，在重估数据是由公司的董事会而不是由外部的评估专家来确定，以及当公司有动机使用自由裁量权（例如，高债务权益比率的公司）进行重估无形资产或品牌的价值估计时，这种自由裁量权并没有完全消除无形资产的价值相关性。

还有一些研究考察有形长期资产的公允价值估计是否可靠。和无形资产一样，有形长期资产估计的可靠性也是令人怀疑的。通常情况下，这些资产的交易市场并不存在，因此，这些估计是由管理层来决定的，容易产生估计误差。有一类研究在考察这一问题时关注在 SFAS No. 33 下有形资产的现行成本及不变币值估计。尽管有一些研究发现了在特定情境下价值相关性的证据，但是，总体来说，这些研究并未发现价值相关性的有力证据，这表明资产价值估计并不总是可靠的（e.g.，Beaver and Landsman，1983；Beaver and Ryan，1985；Bublitz et al.，1985；Murdoch，1986；Bernard and Ruland，1987；Haw and Lustgarten，1988；Hopwood and Schaefer，1989；Lobo and Song，1989）。对于这种可靠性的缺乏，一种可能的解释是经理层在确定公允价值估计时行使了自由裁量权；另一种解释是无偏估计误差的存在。

有一类研究通过关注在英国或澳大利 GAAP 下的资产重估来考察有形长期资产的公允价值估计是否可靠（e.g.，Brown et al.，1992；Whittred and Chan，1992；Cotter，1997；Barth and Clinch，1998；Lin and Peasnell，1998；Aboody et al.，1999）。这些研究通常发现，重估的资产数据是具有相关性的，并且具有一定程度的可靠性。尽管自由裁量权或无偏估计误差似乎降低了按照 SFAS No. 33 披露的估计价值的相关性，但是它并没有完全消除有形资产重估的价值相关性。

§3　价值相关性研究与非学术主体

在本部分，我们首先讨论为什么价值相关性研究对非学术主体，尤其是准则制定者，具有潜在的重要性。为此，我们接下来就 HW 一文中对价值相关性研究与准则制定之间的"相关性"问题所存在的一些误解作出澄清。[13]

§3.1　为什么价值相关性研究对准则制定者来说是重要的

价值相关性研究对广泛的、方方面面的主体来说都是重要的，这些主体不仅包括学术研究人员，还包括像 FASB 和国际会计准则理事会（IASB）这样的准则制定者，像证券交易委员会（SEC）和联邦储备委员会（Federal Reserve Board）这样的其他政策制定者和监管者，以及公司经理和财务报告的使用者（包括金融和信息中介机构）。价值相关性的研究问题经常是由这些非学术主体所提出的广泛问题中的某一方面来推动的。

例如，当 FASB 发布 SFAS No. 107 时，FASB 关心的一个问题是，相对于已经存在的财务报告项目，SFAS No. 107 所要求的披露对财务报告的使用者来说有用吗？公允价值估计，特别是那些与贷款有关的公允价值估计，是否会由于噪音太多而无法披露？学术研究基本上会回避这类规范性问题，原因在于，这类规范性问题需要一个比一般学术研究中的分析更为综合的分析。价值相关性研究另辟蹊径，通过提出类似于"SFAS No. 107 中的公允价值估计是否对银行的股票价格提供了超出账面价值的、显著的解释能力"这样的问题来提供与这些问题的答案有关的深入见解，相关的经验证据可以更新准则制定者对公允价值估计的相关性和可靠性的看法。当然，至于什么要素构成一个重要的、可行的研究问题，存在不同的意见，而且不同的问题会导致不同的研究设计选择。

对一个特定非学术主体感兴趣的问题所进行的研究常常也会引起其他非学术主体的兴趣。例如，Barth et al.（1996）检验了按照 SFAS No. 107 披露的金融工具公允价值估计的价值相关性。尽管 Barth et al.（1996）并没有明确指出任何一个非学术主体，但是人们可以体会到该研究所针对的首要非学术主体就是 FASB。但是，该研究的发现明显也会引起财务报告编制者（例如银行经理、银行分析师）以及金融机构的监管者的兴趣，原因在于，Barth et al.（1996）检验了对贷款公允价值不能被精确估计这一问题的具体争论。另外一个例子是，在检验证券投资的价值相关性时，Barth（1994a，b）特别提到，FASB 是该研究所针对的首要非学术主体。但是，这些研究中的发现明显也会引起财务报告编制者（例如银行经理、银行分析师）以及金融机构的监管者的兴趣。[14]

非学术主体（包括 FASB）发现，各种研究主题和方法都可以为其提供有用的信息。[15]例如，在 FASB 研究增刊（Research Supplements）引用的论文中，只有一半的研究属于价值相关性研究，显然，另外一半不属于价值相关性研究（Botosan，1997；Hirst and Hopkins，1998；Barth et al.，1998c；Sengupta，1998）。另一个例子是，考察破产预测和债券评级的研究对银行经理和银行监管者来说都具有潜在的重要性（e. g.，Beaver，1966；Altman，1968；Pinches and Mingo，1973；Kaplan and Urwitz，1979；Iskandar-Datta and Emery，1994；Barth et al.，1998a）。

尽管价值相关性文献的发现经常对非学术主体所关心的问题提供一定的参考价值，但是，价值相关性研究通常并不给出规范性的研究结论，或是特定的政策建议。事实上，若干研究明确指出，得出可供政策制定者参考的推论是危险的。例如，Barth（1991）指出，"本研究关注的是投资者所使用的不同计量指标的相关性和可靠性问题。但是，相关性和可靠性的定义相当复杂且具有主观性，它们不能被研究设计充分捕捉"。另一个例子是，Barth et al.（1998b）指出，"由于品牌价值对投资者来说可能是相关的，研究发现品牌价值估计反映在股票价格和回报率之中驳斥了对品牌价值估计不够可靠的质疑。但是，其可靠性是否足以保证财务报告的确认就只能留给会计准则的制定者来决定了"。要从学术研究中获取政策含义通常是不可能的，因为这些研究基本上并未包含所有的 FASB 在颁布准则时必须考虑的因素，例如，复杂的社会福利判断等。

§3.2　在 HW 一文中与准则制定相关性有关的误解

HW 一文对价值相关性研究的批评，主要体现在这些研究对准则制定者的决策制定来说，既不必要，也不充分。尽管如此，这并没有使其失去对准则制定者的相关性。从来没有一项价值相关性研究声称其对准则制定是必要的或者充分的。而且，总的来说，价值相关性文献不必被看做也并没有试图成为准则制定的必要或充分条件。价值相关性不能成为准则制定者的必要条件，原因在于权益投资者并不是财务报告的唯一使用者。价值相关性也不能成为准则制定者的充分条件，原因在于准则制定者必须对社会福利作出权衡，而这种权衡是不能被价值相关性捕捉到的。尽管在逻辑表达和正式的数学证明中使用"必要"和"充分"条件这样的术语可能是合适的，但是，在被设计成影响条件概率的经验证据中，其概率等于 0 或 1 的情况极少（如果曾经有过的话），此时再使用这两个术语就不太合适。价值相关性研究是被设计成向会计准则的制定者提供经验证据，而这些证据可以更新其之前对会计数据如何在股票价格中得以反映的看法。因此，从这个角度来看，价值相关性研究对于准则制定者理解会计准则来说是能够提供有用信息的。

价值相关性文献不应被看做也不要试图成为任何主体（学术的或者非学术的）的唯一信息来源。但是，这并不是价值相关性研究的缺点。价值相关性文献在顶尖会计学术杂志上发表的广度和普遍性（如同 HW 一文参考文献所列示的那样），以及实务性杂志和 FASB 研究增刊中对若干研究的摘编，都有力地证明了其对学术研究的贡献及其与会计实务的相关性。

HW 一文在批评价值相关性研究时，还指出这些研究过分集中在对权益投资者的关注上，而权益投资者并不是财务报告的唯一使用者。当然，财务报告存在除权益投资以外的其他用途，例如经理薪酬和债务契约。[16]因此，与经理薪酬和债务契约直接有关的研究也可以为准则制定提供信息（Watts and Zimmerman，1986）。[17]与 HW 一文的主张相反，价值相关性研究并没有假设一项会计计量指标在财务报告非权益投资方面的应用职能必须被其与权益市场价值之间的关系捕捉到。更为重要的是，财务报告在订约上的潜在应用决不会导致价值相关性研究的重要性消失。作为会计原则委员会（Accounting Principles Board）会计准则制定职能的继任者，FASB 成立于 1972 年，并且获得了 SEC 的授权。SEC 的权力来自《1933 年证券法》（Securities Act of 1933），而《1933 年证券法》的颁布实际上是 1929 年股票市场崩溃的结果，该法律颁布的目的在于保护投资者，使其免受误导性和不完全财务报告信息的危害，进而使其作出明智的投资决策。尽管 SEC 关注的包括权益投资者和债权投资者，但是，SEC 主要关注并因此导致 FASB 主要关注的，还是权益投资者。进一步，国际会计准则理事会（IASB）当前关注的焦点是其准则是否能被 SEC 接受，从而使美国以外的实体能够在美国的证券交易所注册及发行证券。

HW 对价值相关性研究的进一步批评是认为其没有试图预测 FASB 在会计准则制定时会采取的行为。如前所述，与准则制定有关的价值相关性研究的目标是提供可以被 FASB 在审议议题时参考的经验证据，而不是规定或预测 FASB 的行为或决策。尽管 FASB 的概念框架提供了可供检验的、与 FASB 决策制定标准有关的假设，但是显而易见，来自社会福利和其他现实世界中的考虑非常复杂，而这些都是 FASB 所必须处理的，进而导致概念框架不能够成为研究者和其他人士预测 FASB 准则制定决策的理论。就我们的认识所及，还没有一个会计学术理论曾经得出一个由各方力量均衡而产生的会计信息的需求并提供一个会计信息对股票价格作用的细致描述。相应的结果是，并不存在关于准则制定的学术理论，描述到底应该如何最优化地确定准则。[18]尽管如此，价值相关性研究的发现仍是 FASB 的决策制定过程的输入信息。例如，净养老金负债（net pension obligations）属于公司负债这样的发现就对如下的观点提供了支持，即养老金资产和负债应该在公司的财务报告中被确认为资产和负债。

最后，价值相关性研究并没有试图估计公司价值，认识到这一点非常重要。估计公司价值是基本面分析研究（fundamental analysis research）的目标（e.g., Penman, 1992; Frankel and Lee, 1998），HW 一文将这样的研究称作"直接权益估值"研究。价值相关性研究为会计准则制定者提供了深入见解，这样的研究在 HW 一文中被称作"权益估值输入"研究。就特定会计数据所进行的价值相关性研究的焦点反映了 FASB 对单独的资产和负债或者收益组成部分的关注，而不是针对作为一个整体的公司价值。尽管两种类型的研究都使用股票价格作为估值标准，但是，它们的目标不同，导致其检验的假设也有所不同，而且它们会使用不同的估计方程。在基本面分析研究中，估计方程包含了所有能够解释当前或未来预期公司价值的变量，包括那些还没有反映在财务报告中的信息。例如，基本面分析研究并不关心与公司估值有关的信息是反映在财务报告之中，还是从其他来源获得。但是，FASB 首要关心的，是那些包含在财务报告中的信息，而不是所有能够获得的信息。在价值相关性研究中，估计方程会选择性地包含变量，以了解特定会计数据的估值特征。例如，这些研究通常只对财务报告中的会计数据提出有关推论，这与 FASB 的主要兴趣是一致的。由于这些诸多差异的存在，我们相信 HW 一文中的结论（"估值输入模型在准则制定中的广泛应用将会产生与直接估值理论在准则制定中应用相同的结果"）是没有根基的。下面的 4.2 节将借助检验金融工具公允价值的研究阐明这一要点。

§4 研究设计问题

在本部分，我们讨论估值模型的选择问题，以及由 HW 提出的与模型实施有关的研究设计问题。我们在这里考察的实施问题包括价格水平（price levels）或回报率回归估计、条件变量的选择以及计量误差的影响。

§4.1 估值模型的选择

价值相关性研究在研究设计方面的主要考虑是检验中使用的估值模型选择问题。本节将考察 HW 一文中提出的有关要点，包括完美和完全市场的影响、永久性收益和市场有效性的概念、经济租金的效果、非线性、资产的可分离性和可出售性、稳健性以及识别一个最优会计体系的需要。

目前，价值相关性研究经常采用的一个模型是以 Ohlson（1995）及随后所作的一些改进（e.g.，Feltham and Ohlson，1995，1996；Ohlson，1999，2000）为基础的。Ohlson 模型表明，公司价值是权益账面价值和预期未来超常收益现值的一个线性函数。该模型假设存在完善的资本市场，但是允许在某些时期内存在不完善的产品市场。加之线性动态信息假设，公司价值可以被重新表述为权益账面价值、净收益、股利和其他信息的一个线性函数。Ohlson（1995）指出，资产负债表估值模型和收益估值模型分别代表由超常收益持续性假设不同而产生的两种极端情形。Ohlson 模型并未依赖永久性收益或者是资产和负债价值这样的概念；该模型是以会计收益和权益账面价值的形式表达出来的。因此，使用 Ohlson 模型所得出的经验解释并不需要详细说明会计数据与经济概念（例如永久性收益）之间的联系。

与所有的模型一样，Ohlson 模型也是在一些简化的假设基础上得出的，因而允许我们对复杂的现实世界进行一些简单表达。与此一致，Ohlson 模型是一个局部均衡模型，它将会计体系看做既定的。如同 HW 所指出的那样，Ohlson 模型并未产生一个最优的会计体系。如果要这样做的话，我们需要有一个多主体及监管环境下的一般均衡模型。[19] 然而，尽管没有一个估值模型能够明确地得出一个最优的会计体系甚至是一种对会计信息的需求，但是，这并不能妨碍此类模型在评估会计数据的价值相关性以及向准则制定者提供深入见解等方面的重要应用。类似地，尽管资本资产定价模型并没有包括金融中介机构的有关职能，但是这并没有妨碍金融中介机构将风险—回报预测和来自该模型的经验证据看做相关的。[20]

HW 批评价值相关性研究所使用的估值模型并没有包括可能存在的经济租金。但是，Ohlson 模型及其扩展模型（e.g.，Feltham and Ohlson，1996）的一个关键特征就是经济租金（即在一段有限时期内超出资本成本的回报）可以被超常收益的持续性参数及其他信息所反映。在 Ohlson 的分析框架中，一方面超常收益的持续性反映了经济租金，另一方面租金还可以被反映在将未来现金流量现值中属于租金的部分，即归属于已确认资产的现金流量的增量，作为权益账面价值的一个组成部分。事实上，许多无形资产，例如消费者名录、品牌名称、核心存款和研发等，都可以归属于经济租金。

HW 还批评价值相关性研究所使用的估值模型是线性的，而不是非线性的。然而，尽管 Ohlson 模型将公司价值表示为权益账面价值和超常收益的线性函数，但是，超常收益的持续性是以非线性的形式进入模型的。也就是说，对于既定水平下的权益账面价值和超常收益，持续性的边际差异与权益价值的不变边际差异之间没有联系。在研究中允许估值系数在横截面上或者在权益账面价值和超常收益的各个组成部分之间发生变化，就是为控制非线性问题所做的具体努力，并可以被看做内在地考虑了 Ohlson 模型中超常收益的非线性问题。许多经验研究都采用这种方法论（e.g.，Barth et al.，1992，1996，1998a；

Burgstahler and Dichev，1997；Aboody et al.，1999；Barth et al.，2000)。

Ohlson 模型在估值方程中产生了一种特殊的非线性形式。但是，由于假设完美及完全资本市场的存在以及对现金流贴现模型的使用，所产生的贴现现金流估值关系是线性的。在不完美及不完全市场条件下，并不存在一个被广泛接受的权益估值模型。因此，价值相关性研究使用完美及完全市场条件下的估值模型，例如 Ohlson 模型，作为实证检验的基础，但是，价值相关性研究经常会进行一些修正，以使其估计的方程能够在所考察的特定情境下明确地包含潜在的非线性效应。例如，Barth et al.（1992）允许非养老金收益组成部分的系数随行业、风险和纳税人状况的不同发生变化，从而确定与养老金成本系数有关的推论在这些非线性形式下是否可靠。Barth et al.（1998a）允许收益和权益账面价值的系数随财务状况和行业的不同发生变化。允许系数随这些因素的不同而发生横截面的变化，实际上是以一种特殊的方式放松了线性假设，同时又在每一部分都保持了线性的形式。

HW 还对价值相关性研究假设公司资产可以累积性地分离和出售表示关注。在市场不完全的情况下，公司资产可能是不可分离及不能出售的。特别是当没有活跃的交易市场时，资产缺乏可分离性。例如，许多金融工具都存在活跃的交易市场，这使得金融工具可以从其他资产中分离出去，因此，也就可以从公司中分离出去。但是，对许多无形资产来说，活跃的交易市场并不存在，因此，无形资产就不能从其他资产或公司中分离出去，也不能被单独出售。对一项特定资产来说，缺乏累积性的可分离能力和可出售能力并不意味着它不再是公司的资产，因此也就不会对价值相关性研究造成任何特别问题。需要指出的是，可分离能力和可出售能力并不是 FASB 资产定义的判断标准。在 SFAC No.6（FASB，1985b）中，一项资产被定义为"由一个特定的主体获得或控制的可能的未来经济利益，它是过去交易或事项的一个结果……也就是说，资产可以被无成本地获得，它们可以是无形的，并且尽管它们是不可交易的，它们仍然可以被企业在生产或销售其他商品或服务时使用"。同时，在一定程度上，即使所研究的资产不能够从公司的其他资产中分离出去，所研究资产（可能并不能从公司的其他资产中或者是从公司本身中分离出去）的回归系数仍然反映了其对公司价值的增量效应，也就是说，不存在"双重计算"的问题。

HW 指出，稳健性削弱了价值相关性研究的意义。但是，价值相关性研究中所使用的估值模型能够适应并且可被用于评估会计稳健性的效应。[21]例如，Ohlson（1995）模型在超常收益项目中同时反映了未确认资产和公允价值超出账面价值的资产。随后的 Ohlson 模型的改进模型明确地刻画了稳健性效应（Feltham and Ohlson，1995，1996）。因此，现存的估值模型提供了一个检验稳健性会计实证含义的基础。经验性的价值相关性研究直接包含稳健性，并且评估其对会计数据与公司价值之间关系的影响，这样的研究包括 Stober（1996），Barth et al.（1999）及 Beaver and Ryan（2000）。更一般地，许多经验研究还试图寻求解释权益市场价值超出权益账面价值的原因。这些研究，包括那些在第 3 部分已经讨论过的考察公允价值估计和无形资产的价值相关性的研究，可以被看做对会计稳健性的检验。公允价值估计和无形资产当前并未在财务报告中确认的一个原因就是 FASB 担心这类数据的可靠性。[22]因此，稳健性可以是应用 FASB 可靠性标准时的一项副产品，而会计不必具有明确的稳健性目标。

价值相关性研究所需要的假设仅仅是股票价格反映了投资者的共识（consensus beliefs）。从 Ball and Brown（1968）开始，大量的文献都表明投资者的共识是非常重要的，股票价格非常精确地包含了可公开获得信息的估值含义。假设股票价格反映了投资者的共识，我们得出的推论就与所研究的会计数据能够在多大程度上反映投资者内在的评估的数据（该数据反映在权益价格之中）有关。价值相关性研究并未要求假设市场是有效的。[23] 也就是说，这种研究不需要假设权益市场价值是对无法观察到的权益"真实价值"的"真实"或者无偏计量，也不需要假设权益市场价值反映了对公司资产和负债或者产生收益能力的无法观察到的"真实"经济价值的无偏计量。[24] 如果进一步假设市场是有效的，那么得出的推论就与所研究的会计数据反映真实基本价值的程度如何有关。[25]

§4.2 模型实施

§4.2.1 价格水平或回报率

价值相关性研究检验会计数据和权益市场价值之间的联系，这表明所考察的是会计数据是否能够解释股票价格中的横截面变化。多数情况下，形成价值相关性文献检验基础的估值模型都是在公司价值水平的条件下发展出来的（e.g.，Miller and Modigliani，1966；Ohlson，1995）。[26] 检验股票价格的变化，或者回报率，是一种评估价值相关性的替代方法，而估值方程的准确描述则受制于所采用的估值模型（see，e.g.，Ohlson，1995）。选择采用何种方法同时受制于研究问题所要求的假设以及对计量经济学方法论的有关考虑（Landsman and Magliolo，1988）。

检验价格水平的价值相关性研究和检验价格变化（或收益率）的价值相关性研究之间的关键区别在于，前者感兴趣的是确定公司的价值反映了哪些信息，而后者感兴趣的是确定在一段特定时期内的价值变化反映了哪些信息。因此，如果研究问题涉及确定会计数据是否及时，那么检验价值变化是比较合适的研究设计选择。但是，非学术的会计主体感兴趣的是各种各样的问题，而这些问题中的大多数可能与及时性关系不大。例如，FASB 界定及时性是"相关性的一个附属特征"（SFAC No.2，FASB，1980）。因此，将研究的问题限于和及时性有关极大地限制了可供考察的价值相关性研究问题集。[27]

由于价格水平和价格变化方法所要解决的是相关但不相同的问题，因此如果未能认识到这些差异，将会得出不正确的推断。例如，Easton et al.（1993）及 Barth and Clinch（1998）考察了在澳大利亚 GAAP 下的资产重估的价值相关性。两项研究都发现，重估准备水平和股票价格之间存在显著关系，但是重估准备变化和回报率之间只存在比较弱的关系。澳大利亚 GAAP 赋予管理层在重估资产的时机选择上很大的自由裁量权。相应地，Easton et al.（1993）恰当地得出结论，即资产重估是价值相关的，但并不是及时的。如果该资产重估研究只估计回报率模型，他们就有可能错误地得出资产重估与公司估值之间是无关的这样的结论。

若干研究探讨了有关基于价格水平研究设计的计量经济学方法论方面的问题，因此我们这里就不再讨论（e.g.，see Miller and Modigliani，1966；White，1980；Bernard，1987；Christie，1987；Landsman and Magliolo，1988；Kothari and Zimmerman，1995；Barth and Kallapur，1996；Easton，1998；Brown et al.，1999；Lo and Lys，2000；Easton and Sommers，2000；Gu，2000；Guo and Ziebart，2000；Barth and Clinch，2001）。这些问题包括由于遗漏相关变量而导致的系数偏差、计量误差，以及由异方差导

致的估值系数横截面差异、无效性和潜在的对系数标准差的不正确计算等方面。这些文献不仅仅是认识到了上述问题，幸运的是，它们还给出了大量可能的补救方法，而且这些方法也常常在价值相关性研究中得到应用。

§4.2.2　条件变量的选择

在价值相关性的研究设计中，一个非常关键的问题是确定哪些变量应当被包含在估计方程之中。所应包含变量的选择受制于具体的研究问题，并且经常需要参照构成估计方程基础的估值模型。为了描述变量选择过程，我们以 Barth et al.（1996；BBL）为例，该文检验根据 SFAS No. 107 披露的银行金融工具公允价值估计的价值相关性。特别地，BBL检验了 SFAS No. 107 所涉及的资产和负债的公允价值估计与账面价值之间的差异是否能够解释权益市场价值与账面价值之间的差异。BBL 得出的推论仅限于以账面价值（即财务报告中的数据）为条件变量的公允价值估计，原因在于，FASB 的主要兴趣是财务报告，而不是所有能够获得的公开信息。也就是说，FASB 所关心的是财务报告中是否包含了关于所有资产和负债的相关及可靠信息，而不管此类信息是否可以从其他途径获得。

BBL 识别出两种其他类型的条件变量，即被特别排除在 SFAS No. 107 条款之外的资产和负债，以及公允价值估计的潜在竞争性指标变量（这些指标反映了公允价值的关键决定因素）。在估计方程中忽略那些被排除在 SFAS No. 107 之外的资产和负债会导致与公允价值估计有关的推论存在问题。这些被忽略的变量可能会与公允价值估计相关，而且金融工具的公允价值并未包含这些被忽略变量所包含的信息。[28]

竞争性变量反映了违约风险和利率风险，这是两种与金融工具公允价值变化有关的主要因素。从估计方程中排除竞争性变量可以帮助我们确定公允价值估计是否具有价值相关性。当竞争性变量被包含在估计方程之中时，它们是否会降低或者消除公允价值估计的价值相关性？对这一问题的考察有助于我们深入了解公允价值估计反映违约风险和利率风险的情况。特别地，如果公允价值估计在竞争性变量出现之后丧失了解释能力，那么，公允价值所反映的主要就是违约风险和利率风险，如同它们应该反映的那样。如果公允价值估计仍然保持了其解释能力，那么它们所反映的公允价值维度就超出了竞争性变量中反映的违约风险和利率风险范围。

§4.2.3　计量误差的影响

许多价值相关性研究利用计量误差来将可靠性变得具有可操作性，并且寻求确定特定会计数据的计量误差程度（e.g.，Barth，1991；Easton et al.，1993；Barth，1994a，b；Petroni and Wahlen，1995；Barth et al.，1996；Venkatachalam，1996；Choi et al.，1997；Aboody and Lev，1998；Aboody et al.，1999）。此时，计量误差是研究的主题，因此，我们必须具体说明作为计量对象的基本概念。[29]

现存文献使用了两个基本概念。第一个概念是经济资产、负债和收益（e.g.，Miller and Modigliani，1966；Bowen，1981；Landsman，1986）。使用这一概念要求提供关于市场经济特征方面的特殊假设，例如，市场是完美的和完全的，这通常被包含在市场有效性中。此时，所谓的计量误差就是这些经济数据与有关的会计数据（如资产和负债的账面价值及会计净收益）之间存在的差异。会计研究采用这一概念的目的是考察这些会计数据反映相应的经济数据的情况如何。第二个概念是内在地反映在投资者对公司进行的估值中的资产、负债和收益数据（e.g.，Barth，1991，1994a，b；Barth et al.，1996；Choi et al.，1997）。使用这一概念只要求会计数据能够概括那些投资者在评估股票价格时所使用的信息即可。

§5 结论

本文提出了关于价值相关性研究对财务会计准则制定的相关性问题的另一种观点，该观点与 HW 的明显不同。HW 一文的一个关键结论是价值相关性研究没有或者很少为准则制定提供深入见解。作为在此研究领域和准则制定中的活跃参与者，我们厘清了价值相关性文献对财务会计准则制定的相关性问题。一个关键的结论是价值相关性文献为准则制定提供了富有成效的深入见解。我们首先讨论了价值相关性研究中所检验的假设，并总结了与公允价值会计有关的价值相关性研究的主要发现。然后，我们解释了价值相关性研究如何处理研究中会计准则制定者、学术研究者和其他非学术主体感兴趣的问题。最后，我们讨论了与价值相关性研究有关的关键的研究设计问题。

我们也厘清了在 HW 一文中存在的对价值相关性研究的几个明显的误解之处。特别地，与 HW 一文相反，我们认为：（1）价值相关性研究向准则制定者和其他非学术主体提供了其感兴趣问题的深入见解。（2）FASB 和其他准则制定者所关心的首要焦点是权益投资，而财务报告可能存在的订约及其他用途决不会使价值相关性研究的重要性消失。（3）现存估值模型在实证检验中的应用可以用来考察价值相关性问题，尽管这些模型的假设是经过简化的。（4）价值相关性研究可以适应稳健性，并可以被用于研究稳健性对会计数据和权益价值之间关系的影响。（5）价值相关性研究被设计成评估特定的会计数据是否能够反映投资者在对公司进行权益估值时所使用的信息，而不是被设计成估计公司价值的。（6）价值相关性研究通过使用更好的计量经济学技术来缓解其研究中由于各种方法论问题所导致的负面效果。

我们尤其要强调的是，从事价值相关性研究以向学术界和非学术界感兴趣的问题提供深入见解并不是一件容易的事。这需要花费大量的时间和精力来了解财务报告的各相关主体感兴趣的问题，理解所研究会计数据的详细制度背景，并发展出合适的研究设计，以解决与所感兴趣问题相应的研究问题。由于金融市场在不断发展，并且变得越来越复杂，会计准则正试图跟上这些变化，此时，会计研究想要对与准则制定有关的问题作出实质性贡献，实在是一个很大的挑战。

注释

[1] 当参考现有的研究时，我们多次引用自己做过的研究。这样做的原因在于，我们觉得可以更容易地理解和解释自己而不是他人的研究动机。我们的讨论回答了 HW 各个版本中提出的问题。因此，在我们的讨论和 HW 的最终版本之间存在一些不一致的现象，这是不可避免的。

[2] 在全文中，我们所使用的权益市场价值和股票价格这两个词汇是可以相互替换

的。由于除以发行在外的股份数量是一个研究设计问题，因此，我们在这里并没有作特别的说明。

[3] Beaver (1998，p. 116)，Ohlson (1999) 和 Barth (2000) 提出了与上述定义非常接近的正式定义。在这些定义中，关键的共通之处在于，如果一项会计数据与权益市场价值之间存在显著的联系，它就被确信为是价值相关的。这些定义并没有提到准则制定动机，因此，与 HW 的定义不同，价值相关性文献的研究动机并不仅仅限于准则制定者感兴趣的那些问题。由于本文是对 HW 一文的讨论，因此，我们关注的仍然是价值相关性文献对准则制定的相关性问题，这一定义上的差别不在本文的讨论范围之内。

[4] 由于价值相关性研究预期的主要受众是学术界人士，因此，非学术界的主体可能需要帮助才能理解这些研究对其感兴趣问题的含义所在。促进这一转换过程的需要体现在 FASB 和国际会计准则理事会 (IASB) 都选派有专门的学术席位上。这一需求还产生出许多 FASB 与学术界之间的互动 (Beresford and Johnson，1995)，并促使学者总结他们的研究并发表在实务界的杂志上。

[5] Ball and Brown (1968) 认识到，检验权益的股票价格行为是一个研究投资者投资行为的有效方式。更进一步，使用权益价格可以消除不同特质投资者行为的效果，这些不同特质的投资者行为可能会使对特定准则效果的分析变得混淆不清。尽管检验单独投资者的投资行为可以向准则制定者提供深入的见解，但是，在 FASB 的概念陈述中，FASB 并没有直接提到单独的投资者，这与 HW 一文中的看法相抵触。事实上，在概念陈述中，投资者和债权人是分别以集体的形式作为财务报告的使用者而出现的。

[6] SFAC No. 5 指出，相关性和可靠性存在若干维度。相关性的维度包括反馈价值、预测性价值和及时性。可靠性的维度包括表述的真实性、可验证性和中立性。

[7] 关于其他方法的举例，请参见 Barth et al. (1998c) 和 Aboody et al. (1999)，以及其他有关研究论文。

[8] 这一表述容易受到实证检验效力的影响，并且要以估计方程设计恰当为前提条件。

[9] 参见 Lys (1996)，Skinner (1996) 和 Lambert (1996) 对价值相关性研究的讨论，以及他们对估值系数经济含义的解释。

[10] 尽管许多价值相关性研究都检验与系数有关的预测，仍然有一些研究关注会计数据在解释股票价格波动上的能力，即 R^2。在一些研究中，例如那些对竞争性计量指标的价值相关性进行比较的研究 (e.g.，Beaver et al.，1982；Beaver and Landsman，1983)，很自然地会对 R^2 进行比较。但是，在特定的研究中，R^2 是否是一个重要的问题，要根据所处理的研究问题来确定。第 2.2 节的讨论集中在那些针对估值系数进行的假设检验上。

[11] 公允价值会计是 FASB 长期以来的主要议题。财务会计准则第 33 号 (FASB，1979) 要求补充披露有形非金融资产的现行成本 (current cost) 和不变币值估计 (constant dollar estimates)，这可以被看做采纳公允价值会计的最初努力。最近一段时期以来，FASB 致力于公允价值会计在金融工具中的应用 (SFAS No. 105，107，114，115，118，119，125，133 and 138，and Preliminary Views；FASB，1990a，1991，1993a，1993b，1994a，1994b，1996，1998，1999，2000)。会计学术界和实务界当前感兴趣的话题还包

括会计准则的全球协调、现金制与应计制以及确认与披露（see Barth，2000），还有企业合并会计，包括商誉、合并报表、资产减损和负债，特别是那些与长期资产有关的项目。

[12] 这个发现有助于 FASB 制定有关 OPEB 披露的准则。尽管事实上 FASB 通常并不在其准则中引用学术研究成果，但是，在 SFAS No. 106（FASB，1990b）第 341 段，FASB 指出，"根据 No. 87 报告的要求所作的一些养老金披露研究已经表明，更详细的披露是有价值的"。此外，应 FASB 的要求，Barth et al.（1992）的作者之一向 FASB 及其职员报告了该文的发现，当时，FASB 正在考虑 SFAS No. 106。与 SFAS No. 87 不同，SFAS No. 106 要求对这一数据单独披露。

[13] 第 4 部分将澄清 HW 一文中与价值相关性研究设计有关的误解之处。

[14] 作为体现银行家及其投资者对 Barth（1994a）和 Barth et al.（1996）论文感兴趣的证据，对这两篇论文的一个总结发表在由机构投资者有限公司（Institutional Investor，Inc.）出版的《银行会计和财务》（*Bank Accounting & Finance*）上（Barth，1994b；Barth et al.，1997）。FASB 对价值相关性研究感兴趣的证据部分反映在头两份 FASB 研究增刊上，这两份增刊总结了已经发表的学术性的会计研究论文，这些论文"讨论了 FASB 的有关议题，并且包含对我们（即 FASB）的决策制定过程有用的相关结论"。在这些研究增刊引用的论文中，有一半属于价值相关性研究（Vincent，1997；Aboody and Lev，1998；Pfeiffer，1998；Harris and Muller，1999）。银行监管者感兴趣的证据反映在由英格兰银行（Bank of England）出版的论文（Jackson and Lodge，2000）上。

[15] 参见 Leisenring and Johnson（1994）及 Beresford and Johnson（1995）就 FASB 是如何发现"学术研究可以为评估会计准则发布后的效果以及新准则采纳的潜在效果提供信息"所进行的描述。这两篇论文都强调学术研究在 FASB 议程中的作用。

[16] 但是，通用目的财务报告并不是明确地为经理薪酬和债务契约这些目的而设计的。SFAC No. 1（FASB，1978）所陈述的企业财务报告目标与通用目的的对外财务报告有关。因此，财务报告并未试图直接被用于经理薪酬合约。尽管财务报告的外部使用者包括债权人，但是债权人实际上经常关心的是清算价值。然而必须指出的是，构成通用目的财务报告基础的一个基本假设是公司的持续经营。因此，尽管债权人能够从财务报告中获得一些关于公司清算价值的信息，但是，这些信息是间接的（Barth et al.，1998a，b）。

[17] 显然，考察这些问题的研究对准则制定来说同样既不是必要的，也不是充分的。但是，与价值相关性研究一样，这不应该是批评此类研究的一个依据。

[18] 如果（当）这样的一个统一的理论被发展起来，并且与 FASB 的概念框架相抵触，毫无疑问，随后的学术研究就会在研究问题和研究设计方面包含该理论所体现的含义。

[19] Ohlson 模型假设了清洁盈余。尽管将不洁盈余看做来自会计准则制定的一个均衡模型这样的处理可能会令人感兴趣，但是这并不是价值相关性研究所要解决的问题。然而，经验研究表明，对不洁盈余（有些公司的不洁盈余可能很大）进行调整而产生的对估计或推论的影响效果基本上是可以忽略的（Hand and Landsman，2000）。

[20] 参见 Bernard（1995），Lundholm（1995），Dechow et al.（1999），Morel（1999），Myers（1999），Lo and Lys（2000）以及 Ohlson（2000）就与 Ohlson 模型在经验研究中的实施有关的问题所作的更为全面的讨论。

[21] 与稳健性有关的价值相关性研究通常并不寻求解释或者预测稳健性的存在。如果研究目标是解释或者预测稳健性的存在，研究者很有可能会选择其他的研究设计。

[22] 有趣的是，HW 引用了 Basu（1997）这篇论文，而该论文是价值相关性研究中表明会计具有稳健性的一个文献。Basu（1997）是一篇价值相关性研究，原因在于它检验了收益（一项会计数据）和权益市场价值之间的关系。由于及时性是其所要考察的研究问题（参见 4.2.1 节）的一个关键维度，Basu（1997）采用了一个回报率分析框架。这似乎与 HW 一文并不一致：一方面，HW 断言价值相关性研究中充满了概念和方法论方面的问题，无法为准则制定提供有用的信息；另一方面，HW 又引用价值相关性研究，并且报告其价值相关性证据来支持会计具有稳健性这样的推断，而稳健性明显是准则制定者非常感兴趣的一项会计数据特征。

[23] 有一些在价值相关性研究中检验的假设确实要求假定市场是有效的。特别地，在检验会计数据的估值系数是否与来自基于经济意义上的估值模型中的理论标准有所不同时，市场有效假设是必需的。参见 4.2.3 节。

[24] 例如，Barth（1994a）在谈到"真实"变量时，是指那些内在于股票价格中的数据，作为评估所研究会计数据中的计量误差的一种方法。内在于股票价格中的数据并未被假设成经济资产或负债的无偏及无误计量；它们所代表的是评估计量误差时将要采用的标准。通常来说，在计量误差模型中，标准数据会被贴上"真实"的标签，而假设相对于标准数据而言，所研究的数据存在计量误差。参见 4.2.3 节对价值相关性研究中计量误差的进一步讨论。

[25] 尽管对结果的解释可能会由于对市场是否有效的假设不同而有所不同，但是，需要指出的是，我们没有办法证明权益价格或者会计数据是否等于"真实"价值，原因在于，真实价值是不可观测的。

[26] 少数研究将它们的检验建立在资本资产定价模型所确定的价格水平基础上，而资本资产定价模型是在股票回报率的条件下发展出来的（Litzenberger and Rao，1971；Bowen，1981）。

[27] 尽管并非所有的会计信息都是及时的，但是，当对公司进行估值时，它可以总结投资者所使用的信息。例如，对折旧费用的披露可能并不及时，但是，它是收益的一个组成部分，因此也是投资者在对公司进行估值时所使用的信息体系的一部分。更进一步，如同 Lambert（1996）在其对价值相关性文献进行回顾时所指出的那样："看起来很清楚……FASB 似乎对这样一件事情并不感兴趣，即在一个更为及时的基础上限制财务报告活动，以只包括那些尚未被其他信息来源充分传递的项目……用更极端的风格来表述就是，它们会从年度报告中消除那些已经可以从其他来源中获得的项目吗？恐怕不会。"

[28] BBL 也检验了其他可能导致推论有问题的被忽略变量对产生相关推论的敏感性，并且估计了一个一阶差分作为替代性的方法，以控制潜在的被忽略相关变量（see Landsman and Magliolo，1988）。

[29] 反之，计量误差就是一个计量经济学方法论问题，该问题可能会使得出的推论有问题，但是可以通过使用更好的计量经济学技术得到缓解，例如使用工具变量（Miller and Modigliani，1966）。

参考文献

Abdel-Khalik，A. R. ，1975. Advertising effectiveness and accounting policy. The Accounting Review 50，657-670.

Aboody，D. ，Lev，B. ，1998. The value-relevance of intangibles: the case of software capitalization. Journal of Accounting Research 36，161-191.

Aboody，D. ，Barth，M. E. ，Kasznik，R. ，1999. Revaluations of fixed assets and future firm performance. Journal of Accounting and Economics 26，149-178.

Accounting Principles Board，1966. Opinion No. 8. Accounting for the cost of pension plans. APB，Stamford，Connecticut.

Ahmed，A. S. ，Takeda，C. ，1995. Stock market valuation of gains and losses on commercial banks investment securities: an empirical analysis. Journal of Accounting and Economics 20，207-225.

Altman，E. I. ，1968. Financial ratios，discriminant analysis and the prediction of corporate bankruptcy. Journal of Finance 23，589-609.

Amir，E. ，1993. The market valuation of accounting information: the case of postretirement benefits other than pensions. The Accounting Review 68，703-724.

Amir，E. ，1996. The effect of accounting aggregation on the value-relevance of financial disclosures: the case of SFAS No. 106. The Accounting Review 71，573-590.

Amir，E. ，Harris，T. S. ，Venuti，E. K. ，1993. A comparison of the value-relevance of U. S. versus Non-U. S. GAAP accounting measures using form 20-F reconciliations. Journal of Accounting Research 31，230-264.

Ball，R. ，Brown，P. ，1968. An empirical evaluation of accounting income numbers. Journal of Accounting Research 6，159-178.

Barth，M. E. ，1991. Relative measurement errors among alternative pension asset and liability measures. The Accounting Review 66，433-463.

Barth，M. E. ，1994a. Fair value accounting: evidence from investment securities and the market valuation of banks. The Accounting Review 69，1-25.

Barth，M. E. ，1994b. Fair-value accounting for banks investment securities: what do bank share prices tell us? Bank Accounting and Finance 7，13-23.

Barth，M. E. ，2000. Valuation-based research implications for financial reporting and opportunities for future research. Accounting and Finance 40，7-31.

Barth，M. E. ，Clinch，G. ，1998. Revalued financial，tangible，and intangible assets: associations with share prices and non-market-based value estimates. Journal of Accounting Research 36，199-233.

Barth，M. E. ，Clinch，G. ，2001. Scale effects in capital markets-based accounting research. Working paper，Stanford University.

Barth，M. E. ，Kallapur，S. ，1996. The effects of cross-sectional scale differences on regression results in empirical accounting research. Contemporary Accounting Research 13，527-567.

Barth，M. E. ，Beaver，W. H. ，Stinson，C. H. ，1991. Supplemental data and the structure of thrift share prices. The Accounting Review 66，56-66.

Barth，M. E. ，Beaver，W. H. ，Landsman，W. R. ，1992. The market valuation implications of net periodic pension cost components. Journal of Accounting and Economics 15，27-62.

Barth，M. E. ，Beaver，W. H. ，Landsman，W. R. ，1996. Value-relevance of banks fair value disclosures under SFAS 107. The Accounting Review 71, 513-537.

Barth, M. E., Beaver, W. H., Landsman, W. R., 1997. Are banks' SFAS No. 107 fair-value disclosures relevant to investors? Bank Accounting and Finance 10, 9-15.

Barth, M. E., Beaver, W. H., Landsman, W. R., 1998a. Relative valuation roles of equity book value and net income as a function of financial health. Journal of Accounting and Economics 25, 1-34.

Barth, M. E., Clement, M. B., Foster, G., Kasznik, R., 1998b. Brand values and capital market valuation. Review of Accounting Studies 3, 41-68.

Barth, M. E., Landsman, W. R., Rendleman Jr., R. J., 1998c. Option pricing-based bond Value estimates and a fundamental components approach to account for corporate debt. The Accounting Review 73, 73-102.

Barth, M. E., Beaver, W. H., Hand, J. R. M., Landsman, W. R., 1999. Accruals, cash flows, and equity values. Review of Accounting Studies 4, 205-229.

Barth, M. E., Beaver, W. H., Hand, J. R. M., Landsman, W. R., 2000. Accruals components, earnings forecasting, and equity values. Working paper, Stanford University.

Basu, S., 1997. The conservatism principle and the asymmetric timeliness of earnings. Journal of Accounting and Economics 24, 3-37.

Beaver, W. H., 1966. Financial ratios as predictors of failure. Journal of Accounting Research 4, 71-111.

Beaver, W. H., 1998. Financial Reporting: An Accounting Revolution. Prentice-Hall, Engelwood Cliffs, NJ.

Beaver, W. H., Landsman, W. R., 1983. Incremental information content of Statement No. 33 disclosures. FASB, Stamford, Connecticut.

Beaver, W. H., McNichols, M. F., 1998. The characteristics and valuation of loss reserves of property casualty insurers. Review of Accounting Studies 3, 73-95.

Beaver, W. H., Ryan, S. G., 1985. How well do Statement No. 33 earnings explain stock returns? Financial Analysts Journal 41, 66-71.

Beaver, W. H., Ryan, S. G., 2000. Biases and lags in book value and their effects on the ability of the book-to-market ratio to predict book return on equity. Journal of Accounting Research 38, 127-148.

Beaver, W. H., Venkatachalam, M., 2000. Differential pricing of the discretionary and nondiscretionary components of loan fair values. Working paper, Stanford University.

Beaver, W. H., Griffin, P. A., Landsman, W. R., 1982. The incremental information content of replacement cost earnings. Journal of Accounting and Economics 4, 15-39.

Beaver, W. H., Eger, C., Ryan, S., Wolfson, M., 1989. Financial reporting, supplemental disclosure, and bank share prices. Journal of Accounting Research 27, 157-178.

Beresford, D. R., Johnson, L. T., 1995. Interactions between the FASB and the academic community. Accounting Horizons 9, 108-117.

Bernard, V. L., 1987. Cross-sectional dependence and problems in inference in market-based accounting research. Journal of Accounting Research 25, 1-48.

Bernard, V. L., 1995. The Feltham-Ohlson framework: implications for empiricists. Contemporary Accounting Research 11, 733-747.

Bernard, V. L., Ruland, R., 1987. The incremental information content of historical cost and current cost income numbers: time series analyses for 1962-1980. The Accounting Review 62, 707-722.

Bernard, V. L., Merton, R. C., Palepu, K. G., 1995. Mark-to-market accounting for U. S. banks and thrifts: lessons from the Danish experience. Journal of Accounting Research 33, 1-32.

Botosan, C. A., 1997. Disclosure level and the cost of equity capital. The Accounting Review 72, 323-349.

Bowen, R. M., 1981. Valuation of earnings components in the electric utility industry. The Accounting Review 56, 1-22.

Brown, P. D., Izan, H. Y., Loh, A. L., 1992. Fixed asset revaluations and managerial incentives. Abacus 28, 36-57.

Brown, S., Lo, K., Lys, T., 1999. Use of R-squared in accounting research: measuring changing in value relevance over the last four decades. Journal of Accounting and Economics 28, 83-115.

Bublitz, B., Ettredge, M., 1989. The information in discretionary outlays: advertis ing, research and development. The Accounting Review 64, 108-124.

Bublitz, B., Frecka, T. J., McKeown, J. C., 1985. Market association tests and FASB Statement No. 33 disclosures: a reexamination/discussion. Journal of Accounting Research 23 (Supp), 1-27.

Burgstahler, D. C., Dichev, I. D., 1997. Earnings, adaptation and equity value. The Accounting Review 72, 187-215.

Chambers, D., Jennings, R., Thompson III, R. B., 1999. Evidence on the usefulness of capitalizing and amortizing research and development costs. Review of Accounting Studies 4, 169-195.

Choi, B., Collins, D. W., Johnson, W. B., 1997. Valuation implications of reliability differences: the case of non-pension postretirement obligations. The Accounting Review 72, 351-383.

Christie, A., 1987. On cross-sectional analysis in accounting research. Journal of Accounting and Economics 9, 231-258.

Cotter, J., 1997. Asset revaluations and debt contracting. Working paper, University of Southern Queensland.

Dechow, P. M., Hutton, A. P., Sloan, R. G., 1999. An empirical assessment of the residual income valuation model. Journal of Accounting and Economics 26, 1-34.

Easton, P. D., 1998. Discussion of revalued financial, tangible, and intangible assets: association with share prices non-market-based value estimates. Journal of Accounting Research, 235-247.

Easton, P. D., Sommers, G. A., 2000. Scale and scale effects in market-based accounting research. Working paper, The Ohio State University.

Easton, P. D., Eddey, P. H., Harris, T. S., 1993. An investigation of revaluations of tangible longlived assets. Journal of Accounting Research 31, 1-38.

Eccher, A., Ramesh, K., Thiagarajan, S. R., 1996. Fair value disclosures bank holding companies. Journal of Accounting and Economics 22, 79-117.

Feltham, G. A., Ohlson, J. A., 1995. Valuation and clean surplus accounting for operating and financial activities. Contemporary Accounting Research 11, 689-732.

Feltham, G. A., Ohlson, J. A., 1996. Uncertainty resolution and the theory of depreciation measurement. Journal of Accounting Research 34, 209-234.

Financial Accounting Standards Board, 1978. Statement of Financial Accounting Concepts No. 1, Objectives of financial reporting by business enterprises. FASB, Stamford, Connecticut.

Financial Accounting Standards Board, 1979. Statement of Financial Accounting Standards No. 33. Financial accounting and changing price. FASB, Stamford, Connecticut.

Financial Accounting Standards Board, 1980. Statement of Financial Accounting Concepts No. 2, Qualitative characteristics of accounting information. FASB, Stamford, Connecticut.

Financial Accounting Standards Board, 1984. Statement of Financial Accounting Concepts No. 5, Recognition and measurement in financial statements of business enterprises. FASB, Stamford, Connecticut.

Financial Accounting Standards Board, 1985a. Statement of Financial Accounting Standards No. 87. Employers' accounting for pensions. FASB, Norwalk, Connecticut.

Financial Accounting Standards Board, 1985b. Statement of Financial Accounting Concepts No. 6, Elements of financial statements. FASB, Norwalk, Connecticut.

Financial Accounting Standards Board, 1990a. Statement of Financial Accounting Standards No. 105. Disclosure of information about financial instruments with off-balance-sheet risk and financial instruments with concentrations of credit risk. FASB, Norwalk, Connecticut.

Financial Accounting Standards Board, 1990b. Statement of Financial Accounting Standards No. 106. Employers' accounting for postretirement benefits other than pensions. FASB, Norwalk, Connecticut.

Financial Accounting Standards Board, 1991. Statement of Financial Accounting Standards No. 107, Disclosures about fair value of financial instruments. FASB, Norwalk, Connecticut.

Financial Accounting Standards Board, 1993a. Statement of Financial Accounting Standards No. 114. Accounting by creditors for impairment of a loan. FASB, Norwalk, Connecticut.

Financial Accounting Standards Board, 1993b. Statement of Financial Accounting Standards No. 115. Accounting for certain investments in debt and equity securities. FASB, Norwalk, Connecticut.

Financial Accounting Standards Board, 1994a. Statement of Financial Accounting Standards No. 118. Accounting by creditors for impairment of a loan—income recognition and disclosures. FASB, Norwalk, Connecticut.

Financial Accounting Standards Board, 1994b. Statement of Financial Accounting Standards No. 119. Disclosure about derivative financial instruments and fair value of financial instruments. FASB, Norwalk, Connecticut.

Financial Accounting Standards Board, 1996. Statement of Financial Accounting Standards No. 125. Accounting for transfers and servicing of financial assets and extinguishments of liabilities. FASB, Norwalk, Connecticut.

Financial Accounting Standards Board, 1998. Statement of Financial Accounting Standards No. 133. Accounting for derivative instruments and hedging activities. FASB, Norwalk, Connecticut.

Financial Accounting Standards Board, 1999. Preliminary views on major issues related to reporting financial instruments and certain related assets and liabilities at fair value. FASB, Norwalk, Connecticut.

Financial Accounting Standards Board, 2000. Statement of Financial Accounting Standards No. 138. Accounting for certain derivative instruments and certain hedging activities (an amendment of FASB Statement No. 133). FASB, Norwalk, Connecticut.

Frankel, R. M., Lee, C. M. C., 1998. Accounting valuation, market expectation, and the crosssectional stock returns. Journal of Accounting and Economics 25, 283-319.

Gu, Z., 2000. Scale factor and R^2. Working paper, Carnegie-Mellon University.

Guo, H., Ziebart, D. A., 2000. A general analysis of the impact of scale differences when interpreting R^2 as an indicator of value-relevance. Working paper, University of Illinois.

Haw, I. M., Lustgarten, S., 1988. Evidence on income measurement properties of ASR No. 190 and SFAS No. 33 data. Journal of Accounting Research 26, 331-352.

Hand, J. R. M., Landsman, W. R., 2000. The pricing of dividends and equity valuation. Working paper. University of North Carolina.

Harris, M. S., Muller, K., 1999. The market valuation of IAS versus U. S. GAAP accounting measures using form 20-F reconciliations. Journal of Accounting and Economics 26, 285-312.

Healy, P. M., Myers, S., Howe, C., 1997. R&D accounting and the relevance—objectivity tradeoff: A simulation using data from the pharmaceutical industry. Working paper, Harvard Business School.

Higson, C., 1998. Goodwill. British Accounting Review, 141-158.

Hirschey, M., Weygandt, J. J., 1985. Amortization policy for advertising and research and development expenditures. Journal of Accounting Research 23, 326-335.

Hirst, D. E., Hopkins, P. E., 1998. Comprehensive income reporting and analysts valuation judgments. Journal of Accounting Research 36, 47-75.

Holthausen, R. W., Watts, R. L., 2001. The relevance of the value relevance literature for financial accounting standard setting. Journal of Accounting and Economics 31, this issue.

Hopwood, W., Schaefer, T., 1989. Firm-specific responsiveness to input price changes and the incremental information content in current cost income. The Accounting Review 64, 312-338.

Iskandar-Datta, M., Emery, D., 1994. An empirical investigation of the role of indenture provisions in determining bond ratings. Journal of Banking and Finance 18, 93-111.

Jackson, P., Lodge, D., 2000. Fair value accounting, capital standards, expected loss provisioning, and financial stability. Financial Stability Review 8, 105-125.

Jennings, R., Robinson, J., Thompson III, R. B., Duvall, L., 1993. The relation between accounting goodwill numbers and equity values. Working Paper, University of Texas at Austin.

Kallapur, S., Kwan, S., 1998. The value relevance of brand assets. Working paper, Purdue University.

Kaplan, R., Urwitz, G., 1979. Statistical models of bond ratings: A methodological inquiry. Journal of Business 52, 231-262.

Kothari, S. P., Zimmerman, J., 1995. Price and return models. Journal of Accounting and Economics 20, 155-192.

Lambert, R., 1996. Financial reporting research and standard setting. Working paper, Stanford University.

Landsman, W., 1986. An empirical investigation of pension fund property rights. The Accounting Review 61, 662-691.

Landsman, W., Magliolo, J., 1988. Cross-sectional capital market research and model specification. The Accounting Review 63, 586-604.

Landsman, W. R., Shapiro, A. L., 1995. Tobins Q and the relation between accounting ROI and economic return. Journal of Accounting, Auditing and Finance 10, 103-121.

Leisenring, J. J., Johnson, L. T., 1994. Accounting research: on the relevance of research to practice. Accounting Horizons 8, 74-79.

Lev, B., Sougiannis, T., 1996. The capitalization, amortization, and value-relevance of R&D. Journal of Accounting and Economics 21, 107-138.

Lin, Y. C., Peasnell, K. V., 1998. Fixed asset revaluation and equity depletion in the UK. Working paper, Lancaster University.

Litzenberger, R., Rao, C., 1971. Estimates of the marginal rate of time preference and average risk aversion of investors in electric utility shares: 1960-1966. Bell Journal of Economics and Management Science (Spring), 265-277.

Lo, K., Lys, T., 2000. The Ohlson model: contribution to valuation theory, limitations, and empirical applications. Journal of Accounting, Auditing, and Finance 15, 337-367.

Lobo, G. J., Song, I. M., 1989. The incremental information in SFAS No. 33 income disclosures over historical cost income and its cash and accrual components. The Accounting Review 64, 329-343.

Lundholm, R. J., 1995. A tutorial on the Ohlson and Feltham/Ohlson models: answers to some frequently asked questions. Contemporary Accounting Research 11, 749-761.

Lys, T., 1996. Abandoning the transactions-based accounting model: weighing the evidence. Journal of Accounting and Economics 22, 155-175.

Miller, M. H., Modigliani, F., 1966. Some estimates of the cost of capital to the electric utility industry 1954-57. The American Economic Review 56, 333-391.

Morel, M., 1999. Multi-lagged specification of the Ohlson model. Journal of Accounting, Auditing, & Finance 14, 147-161.

Muller III, K. A., 1999. An examination of the voluntary recognition of acquired brand names in the United Kingdom. Journal of Accounting and Economics 26, 179-191.

Murdoch, B., 1986. The information content of FAS 33 returns on equity. The Accounting Review 61, 273-287.

Myers, J., 1999. Implementing residual income valuation with linear information dynamics. The Accounting Review 74, 1-28.

Nelson, K., 1996. Fair value accounting for commercial banks: an empirical analysis of SFAS No. 107. The Accounting Review 71, 161-182.

Ohlson, J., 1995. Earnings, book values and dividends in security valuation. Contemporary Accounting Research 11, 661-687.

Ohlson, J., 1999. On transitory earnings. Review of Accounting Studies 4, 145-162.

Ohlson, J., 2000. Residual income valuation: The problems. Working paper, New York University.

Penman, S., 1992. Return to fundamentals. Journal of Accounting, Auditing and Finance 7, 465-483.

Petroni, K., Wahlen, J., 1995. Fair values of equity and debt securities and share prices of property casualty insurance companies. Journal of Risk and Insurance 62, 719-737.

Pinches, G., Mingo, K., 1973. A multivariate analysis of industrial bond ratings. Journal of Finance 28, 1-18.

Pfeiffer, R. J., 1998. Market value and accounting implications of off-balance sheet items. Journal of Accounting and Public Policy 17, 185-207.

Sengupta, P., 1998. Corporate disclosure quality and the cost of debt. The Accounting Review 73, 459-474.

Skinner, D. J., 1996. Are disclosures about bank derivatives and employee stock options valuerelevant. Journal of Accounting and Economics 22, 393-405.

Stober, T., 1996. Do prices behave as if prices are conservative? Cross-sectional tests of the Feltham-Ohlson (1995) valuation model. Working paper, University of Notre Dame.

Venkatachalam, M., 1996. Value-relevance of banks derivatives disclosures. Journal of Accounting and Economics 22, 327-355.

Vincent, L., 1997. The equity valuation implications of purchase versus pooling accounting. The Journal of Financial Statement Analysis 2, 5-19.

Watts, R. L., Zimmerman, J. L., 1986. Positive Accounting Theory. Prentice-Hall, Engelwood Cliffs, New Jersey.

White, H., 1980. A heteroskedasticity-consistent covariance matirx estimator and a direct test for heteroskedasticity. Econometrica 48，817-838.

Whittred，G.，Chan，Y. K.，1992. Asset revaluations and the mitigation of under investment. Abacus 28，3-35.

Wong，M. H. F.，2000. The association between SFAS 119 derivatives disclosures and the foreign exchange risk exposure of manufacturing firms. Journal of Accounting Research 38，387-417.

会计领域的资本市场研究 *

S. P. Kothari

张　然　祝继高　译

摘要

　　在本文中，我回顾了关于资本市场和财务报表相互关系的实证研究。基本面分析、定价、对市场有效性的检验以及探讨会计数字在契约和政治过程中的作用是对会计领域的资本市场研究需求的最重要来源。现在研究者感兴趣的资本市场研究的课题，包括与会计信息相关的市场有效性检验、基本面分析和财务报告的价值相关性研究。这些课题的相关研究结果对资本市场投资决策、会计准则制定和公司财务披露决策都是有帮助的。

　　JEL 分类号： F00；F30；G15；M41

　　关键词： 资本市场；财务报告；基本面分析；定价；市场有效性

§1　引言

§1.1　本回顾文章的目标

　　本文的任务是将关于资本市场和财务报表之间关系的研究作一回顾。自 Ball and Brown（1968）首次发表有关论文以来，上述话题已经扩展为一个广泛的研究领域，在过去的 30 年间，超过 1 000 篇此类学术论文发表在一流的会计学或金融学杂志上。本文将运用经济学中最经典的框架对相关文献进行考察：在讨论资本市场和财务报表之间关系的研究时，先阐述对此类研究的需求和供给。这也是作者讨论其他资本市场领域内研究的常用

---

　　* I thank Jeff Abarbanell, Anwer Ahmed, Sudipta Basu, Patty Dechow, Dan Gode, Wayne Guay, Charles Lee, Bob Lipe, Mike Mikhail, Jowell Sabino, Jake Thomas, Clarles Wasley, and Tzachi Zach for helpful comments and discussions. I am especially indebted to Doug Skinner and Jerry Zimmerman, editors, for detailed comments on several drafts of the paper. I acknowledge financial support from the New Economy Value Research Lab at the MIT Sloan School of Management.

　　S. P. Kothari，麻省理工学院斯隆管理学院。

框架。

这篇文献综述的一个重要目标是形成一份在教学上有价值的资料。因此，本文将至少在 Lev and Ohlson（1982）和 Bernard（1989）这两篇资本市场中的会计研究综述的基础上加以拓展。由于他们已经对 20 世纪七八十年代的此类研究进行了深入总结，本文考察的文献范畴为 20 世纪 80 年代晚期和 90 年代。除了对过去 10～15 年的研究进行具体的总结归纳，本文也讨论重要研究观点的形成以及同一时期对这些观点的拓展。本文还会批判性地评价研究发现和过去所使用的研究设计，主要是为了给观察到的现象提出多种假设和解释。因此，文章中会罗列许多尚未解决的问题和未来研究的方向。希望本文能够为博士生和他们导师研究事业的成功提供帮助。

本文主要对实证资本市场研究作出回顾。然而，对实证分析的解释没有理论指导是无法进行的，因此本文会涉及与实证分析相关的理论和多种假设，它们中的一部分已在 Verrecchia（2001）中进行了回顾。

虽然本文尝试做到尽善尽美，但本文作者的偏好以及对诸多资本市场研究领域不同的精通程度仍会影响综述的内容。另外，至少有三个属于该研究领域的主题已经在其他文献中被广泛地考察过：Holthausen and Watts（2001）对准则制定时的价值相关性研究作出了评估；Healy and Palepu（2001）对公司信息披露实证研究作出了评价；Shackelford and Shevlin（2001）对与税收相关的资本市场研究作出了考察。因此，我对上述三个主题的资本市场研究将不再进行深入讨论。

§1.2 小结

会计领域的资本市场研究涵盖了许多主题，例如盈余反应系数、分析师预测的性质、基本面分析和估值研究以及市场有效性检验。不过本文并不直接总结各个论题，而是讨论目前人们感兴趣的资本市场研究，并就学者们如何作出具有深远影响力的研究这个问题提出几点想法。

研究人员当前主要关注的资本市场研究主题有：与会计信息有关的市场有效性检验（如会计方法和应计项目）、基本面分析和基于会计的估值以及财务报告的价值相关性（see Holthausen and Watts，2001）。金融经济学和会计文献中有越来越多的证据支持明显的市场非有效性，这激发了会计研究人员在基本面分析、估值以及市场有效性检验方面的兴趣。它们开创了一个全新的研究领域，用于考察会计事件出现后的长期股价表现。这种研究显著区别于 20 世纪七八十年代兴起的短窗口事件研究和准则制定的经济后果研究。如果以下两件事情被广泛认可，那么未来大量的与会计信息有关的市场有效性检验工作将会陆续开展：（1）有缺陷的研究设计选择可以产生市场失效的错误表象；（2）市场非有效的拥护者必须提出稳健性的假设和检验以将他们的行为金融学理论和不依赖非理性行为假设的有效市场假设区别开来。

作者期待围绕市场有效性、基本面分析和估值的资本市场研究能够得到持续发展。思考如何为这类研究作好准备具有重大意义，历史的视角为我们指引了方向。会计领域的资本市场研究始于 20 世纪 60 年代后期，即有效市场假设和事件研究方法（见第 3 部分）在芝加哥大学得到发展之后不久的一段时间。许多早期的会计领域的资本市场研究者也是来自芝加哥大学，并往往在金融学和经济学方面得到良好的训练。作者相信，未来成功的资本市场研究者也将具有坚实的基于经济学和行为学的市场非有效理论基础（这一理论已经开始在金融学和经济学中蓬勃发展）。这让会计学者不仅在会计领域，而且在金融学和经济学领域也能作出重大贡献。

§1.3　本文结构

第 2 部分讨论了会计领域的资本市场研究的需求来源。出于为教学服务的动机，作者在第 3 部分回顾了早期的资本市场研究。它包括 Ball and Brown（1968）和 Beaver（1968）之前时代的会计学研究情况概览，以及那些在 20 世纪 60 年代中期促进了会计资本市场研究的金融学和经济学领域的发展。作者在第 4 部分讨论了过去 20 年间大部分的资本市场研究。第 4 部分分为 4 个小节：4.1 节考察了方法性研究；4.2 节关注不同业绩度量指标评价的研究；会计领域的基本面分析研究是 4.3 节的主题；会计领域的市场有效性检验在 4.4 节中被批判性地评价。准则制定的资本市场研究也是一个资本市场研究主题，然而对于该领域的研究，作者希望读者参考 Holthausen and Watts（2001）的文献综述。第 5 部分将对文章作出归纳总结。

§2　对会计领域的资本市场研究的需求

在主流会计学术杂志上公开发表的研究中，有很大一部分考察的是财务报表信息和资本市场之间的关系，我们称之为会计领域的资本市场研究。如此数量巨大的研究象征着对资本市场研究的巨大需求。[1] 至少有四种会计领域的资本市场研究需求来源可以解释该类研究为何如此流行：（1）基本面分析和定价；（2）市场有效性检验；（3）会计在契约和政治过程中的作用；（4）披露法规。后文中会讨论资本市场研究的四种需求来源，并列出随后文献综述中要被总结的几种研究类型。虽然作者相信这四种来源占据了会计领域的资本市场研究需求的大部分，但这些来源并不互斥，也没有囊括其他可能的需求来源。

§2.1　基本面分析和定价

股东、潜在投资者以及债权人明显地对公司的价值很感兴趣。在一个有效市场中，公司价值被定义为用适当的风险调整后回报率对期望未来净现金流进行折现的价值。财务报表中的公司当前业绩是一项重要但不唯一的被市场用来估计公司未来净现金流的要素，因此它也会进入公司的市场定价过程。这一点与财务会计准则委员会（FASB）的概念框架中"财务报表应当能帮助投资者和债权人估计未来现金流的数额、时间和不确定性"这一条一致（FASB，1978）。因此我们可以预计，存在暂时的现有财务业绩与未来现金流的联系，也存在财务业绩与证券价格或价格变动之间的同步关系。资本市场研究的一个重要目标就是为这些联系提供证据支持。

基本面分析主要关注的是为确认错误定价证券而进行的估值。这一点至少从 Graham and Dodd 在 1934 年发行他们的《证券分析》（*Security Analysis*）一书时就开始流行起来。[2] 目前大约有 5 万亿美元资金投资于美国的共同基金，其中大部分是主动管理的，而且大多数共同基金经理也将基本面分析作为管理指导原则。基本面分析使得运用现有和过去的财务报表信息成为必需，将它们与行业和宏观数据结合起来分析才能得到一个公司的内在价值。市价与内在价值间的差距象征着投资该证券所能期望的超额报酬。基本面分析方面的资本市场研究之所以在近几年变得相当流行，部分因为金融经济学文献提出了大量与有效市场假设相悖的证据。"价格收敛到价值是一个比以往证据所显示的更为漫长的过程"（Frankel and Lee, 1998, p. 315）这一观点已经在主流学界被广泛采纳，也激发了与基本面分析相关的研究。基本面分析方面的资本市场研究考察基本面分析能否成功地确认被错误定价的证券。因此，基本面分析研究不能与检验市场有效性方面的资本市场研究脱离开来。

本文回顾的估值和基本面分析方面的研究包括估值模型，比如在以下文献中所提及的部分：Fama and Miller（1972, Chapter 2），Beaver et al.（1980），Christie（1987），Kormendi and Lipe（1987），Kothari and Zimmerman（1995），Ohlson（1995），Feltham and Ohlson（1995）。然后，本文将考察当前对估值模型的实证运用，例如 Dechow et al.（1990）和 Frankel and Lee（1998）。最后，讨论了运用基本面分析预测盈余和未来股票回报的研究（如检验市场有效性）。这样的例子包括 Ou and Penman（1989a, b），Stober（1992），Lev and Thiagarajan（1993），Abarbanell and Bushee（1997, 1998）和 Piotroski（2000）。

§2.2 市场有效性检验

Fama（1970, 1991）将有效的市场定义为"证券价格完全反映了所有可获得的信息"的市场。投资者、公司高管、准则制定者和其他市场参与者都对证券市场是否在信息上有效感兴趣。上述兴趣来源于这样一个事实：证券价格决定了财富在公司和个人之间的分配。而证券价格又被财务信息影响，这也就解释了为何学术界和实务界的会计师以及准则制定者会对市场有效性研究感兴趣。

市场有效性对于会计职业具有重要意义。例如，通过基本面分析获得的超额回报在一个有效的市场上会减小；一项会计方法的变更如果不产生直接的现金流影响、信号影响或激励后果，它在一个有效的市场上就不会对证券价格产生影响；在一个有效的市场上，从对证券价格的影响这一角度来看，争论一种信息应在报表附注中披露还是在财务报表中确认就显得没有什么价值。自然地，如果市场是非有效的，那么以上例子的相反情况就会出现。因此，人们有对市场有效性相关实证研究的需求。

在金融学、经济学和会计学中有大量的文献检验市场有效性，本文主要关注会计学中的文献。会计文献得到市场是否有效的推论主要依靠两种检验：长窗口和短窗口的事件研究以及回报率可预测性截面检验（或称与异象有关的文献）。事件研究已经构成了一类研究文献，包括与盈余公告后漂移现象有关的文献（e. g., Ball and Brown, 1968; Foster et al., 1984; Bernard and Thomas, 1989, 1990; Ball and Bartov, 1996; Kraft, 1999）；与会计方法及方法变更有关的市场有效性研究和功能锁定研究（e. g., Ball, 1972; Kaplan and Roll, 1972; Dharan and Lev, 1993; Hand, 1990; Ball and Kothari, 1991）；应计项目管理、分析师预测乐观性和首次公开发行或增发后长期回报率研究（e. g., Teoh et al., 1998a, b; Dechow et al., 1999; Kothari et al., 1999b）。

回报率可预测性截面检验，或称与异象有关的文献，考察每间隔一段时间就用一种交易法则构造的投资组合在横截面上的回报率是否与期望回报率模型吻合（例如资本资产定价模型（CAPM））。被使用的交易法则有的利用单变量指标，例如盈利率；有的用各种会计比例通过基本面分析构造得到多变量指标。使用单变量指标的研究例子主要检验市场对盈余和现金流指标的错误定价（e.g.，Basu，1977，1983；Lakonishok et al.，1994）、对会计应计项目的错误定价（e.g.，Sloan，1996；Xie，1997；Collins and Hribar，2000a，b）和对分析师预测的错误定价（e.g.，LaPorta，1996；Dechow and Sloan，1997）。使用多变量指标赚取长期超额回报的例子包括基于财务比率的基本面分析（e.g.，Ou and Penman，1989a，b；Greig，1992；Holthausen and Larcker，1992；Abarbanell and Bushee，1997，1998）和基本面价值策略（e.g.，Frankel and Lee，1998）。

§2.3 会计在契约和政治过程中的作用

实证会计理论（see Watts and Zimmerman，1986）认为，在报酬契约、债务契约和政治过程中使用会计数字会影响一个公司的会计方法选择。会计学文献的一大部分都在检验实证会计理论的正确性，这些检验使得对资本市场数据的使用成为必然。例如，为了检验会计的经济后果，需要考察股票价格对新会计准则的反应，并研究横截面股价反应是否与那些代表契约或政治成本的财务变量相关。为了能更有力地证实实证会计理论，减少相关被遗漏变量的影响，研究人员试图控制与该理论无关的财务信息对证券价格的影响。[3]这一点带来了对一类资本市场研究的需求，它们可以帮助研究人员设计更多强有力的基于股票价格的对实证会计理论的检验。

本文将回顾大量可以帮助验证实证会计理论的方法性资本市场研究。这些方法性研究包括与盈余反应系数相关的文献（e.g.，Kormendi and Lipe，1987；Easton and Zmijewski，1989；Collins and Kothari，1989）；盈余时间序列、管理层盈余预测和分析师盈余预测特性研究（e.g.，Ball and Watts，1972；Foster，1977；Brown and Rozeff，1978；Patell，1976；Penman，1980；Waymire，1984）；对得出统计推论时所遇问题的研究（e.g.，Collins and Dent，1984；Bernard，1987）；可操纵应计项目模型研究（e.g.，Healy，1985；Jones，1991；Dechow et al.，1995；Guay et al.，1996）。

§2.4 披露法规

在美国，FASB 经证券交易委员会（SEC）授权，负责发布指导上市公司财务信息披露的准则。资本市场研究可以帮助确定 FASB 所颁布的每条准则和准则整体是否为它所声明的目标服务。例如，按照新准则编制的财务报表数字是否向资本市场传递了新信息？按照新准则编制的财务报表数字是否与同一时间的股票回报率和价格有更高的相关性？一条新披露准则的发布具有什么样的经济后果？准则制定的性质和程度同样也受到准则制定者对证券市场传递信息有效性的感知的影响。因此，准则制定者对检验市场有效性的资本市场研究也有兴趣。

在全球范围内，准则制定者大概都在从资本市场研究中寻找证据。资本、产品和劳动力市场的迅速全球化创造了近几年对统一的国际会计准则的强势需求。也许从业者和准则制定者面对的最重要的事项是：世界上是应该有一套统一会计准则还是应该有多样化的准则。如果准则要被统一，美国的公认会计原则（GAAP）是否应该成为标准？还是这个统一的标准要由全世界来设立？抑或标准要根据各国法律、政治和经济环境的不同而变化？其他国家的资本市场在有效性方面是否像美国一样（这会影响国际会计准则的性质）？对于这些相关问题的兴趣促成了对使用国际会计和资本市场数据的资本市场研究的需求。

Holthausen and Watts（2001）已经回顾并分析了围绕披露法规的资本市场研究，因此本文对这部分不再赘述。

§3　早期的资本市场研究

众所周知，Ball and Brown（1968）和 Beaver（1968）是实证资本市场研究的先驱。本部分将描述 20 世纪 60 年代末基于实证经济学的实证资本市场研究之前的会计理论和思想状况。同一时代经济学和金融学的发展构成了早期会计领域的资本市场研究在理论上和方法上的推动力。作者认为这种对历史的回顾探究了塑造早期资本市场研究的力量，具有积极的教学意义，特别是对研究新手而言。经验丰富的研究人员可以直接跳过本部分，这并不影响阅读的连贯性。

更重要的是，另一个进行历史研究回顾的原因是当下的会计领域的资本市场研究呈现出与 1968 年以前的会计理论类似的状况。有效市场假设、实证经济学以及其他相关领域的发展，促使会计领域的资本市场研究在 20 世纪 60 年代诞生。与此形成对比的是，非有效资本市场理论模型、研究方法以及明显的市场非有效证据成为现今会计领域的资本市场研究的催化剂。

§3.1　20 世纪 60 年代早期会计理论的状况

直到 20 世纪 60 年代中期，会计理论大部分都是规范性的。会计理论家基于一系列会计目标假设来推进他们对会计政策的建议。Hendriksen（1965，p.2）定义"最合适的理论"为一种"支持那些能够最好地满足会计目标的过程和技术发展"的理论。[4]他补充道："因此，发展会计理论的第一步就是对会计目标的明确。"因此，理论的发展依靠研究人员所假设的会计目标，而对于理论的评价也是基于逻辑演绎推导。基本上没有人强调考察理论预测的实证有效性。

既然会计理论在逻辑上保持一致性，那么选择一种会计政策的基础就被局限在选择几种会计目标上。然而，由于所有个体在会计目标上始终无法达成一致，人们也无法统一意见形成一套最优会计政策。这一点引起了人们对财务报表中报告的会计盈余有效性的怀疑。Hendriksen（1965，p.97）观察到"现实中已经出现了损益表将在不远的将来灭亡的征兆，除非有某种巨大的变化使得它所包含的信息被改进"。出于各种原因，许多人怀疑历史成本法的会计数字是否能传递有用的与公司财务状况有关的信息，或是对公司财务状况的精确评估结果。

§3.2　有助于会计领域的资本市场研究的其他研究领域的发展

虽然会计理论家和从业者对于历史成本法的会计数字能否准确地反映一个公司的财务状况持不同的观点，与之有关的科学证据却并不存在。确定会计数字是否包含或传递与一家公司财务表现相关的信息并提供实证证据，则成为 Ball and Brown（1968）和 Beaver（1968）研究的主要动机。至少有三种同时期金融学和经济学的发展成为 Ball and Brown（1968）和 Beaver（1968）开创性研究的主要铺路者：（1）实证经济学理论；（2）有效市场假设和资本资产定价模型；（3）Fama et al.（1969）的事件研究。

§3.2.1 实证经济学

Friedman（1953）也许是那些致力于让实证科学，而不是规范科学，成为经济学、金融学和会计学主流研究方法的人中成就最为卓著的一个。在 Keynes（1891）定义实证科学为"一个关注是什么的知识体系"后，Friedman（1953，p. 7）将实证科学描述为"对一种根据以前没有观察到的现象产生的有根据的和有意义的推论而引致的理论或假说的发展"。大部分 Ball and Brown（1968）和 Beaver（1968）之后的会计学研究都是实证的，而会计理论所扮演的角色则不再是规范性的。Watts and Zimmerman（1986，p. 2）声称："会计理论的目标是解释并预测会计行为。"这是与广泛流行的规范会计理论的重大分歧。

§3.2.2 有效市场假设和资本资产定价模型

在前人理论和实证工作的基础上，Fama（1965）介绍了有效资本市场假设，并在后来为它的概念明确表述和实证检验作出了主要的贡献。Fama（1965，p. 4）注意到，"在一个有效的市场中，平均来看，理性并追求利润最大化的参与者之间的竞争会导致新信息对于证券内在价值的所有影响立刻在证券实际价格上得到反映"。

修正的有效市场假设开启了会计领域的实证资本市场研究的大门。Ball and Brown（1968，p. 160）认为资本市场有效性"为选择证券价格表现作为对财务报表信息有用性的检验的对象提供了理由"，Beaver（1968）也这么认为。不同于以往会计学理论和最优会计政策的规范性研究，实证资本市场研究开始使用证券价格的变动作为可以推测会计报表中的信息是否对市场参与者有用的客观结果。

Sharpe（1964）和 Lintner（1965）发展了资本资产定价模型（CAPM）。CAPM 预测证券的期望回报率随着它的现金流协方差风险的增大而增大，所谓现金流协方差风险就是证券的期望回报与市场组合期望回报的协方差。因此，证券回报在横截面上的差异可以部分归因于证券协方差风险的不同。那些对公司特有的会计信息以及其与公司层面信息带来的股票回报的联系关注的研究者，对这种与风险相关的回报差异并不感兴趣。因此，CAPM 和有效市场假设主要在估计回报中公司特有部分方面给人们带来很大帮助。只使用公司层面信息带来的股票回报加强了对会计报表中信息含量检验的力度（Brown and Warner，1980，1985）。

§3.2.3 Fama et al.（1969）的事件研究

Fama et al.（1969）首次在金融经济学中进行了事件研究。事件研究联合检验了市场有效性和用于估计超额回报的期望回报模型。Fama et al. 的研究设计创新使研究者可以将样本公司事件发生的不同时间统一作为起点，然后考察它们的证券价格在某个经济事件，例如股票分割（Fama et al.，1969）或盈余公告（Ball and Brown，1968；Beaver，1968），发生前、发生时和发生后的表现。

§3.2.4 实证会计理论发展

正如外围研究的发展造就了 Ball and Brown（1968）的研究一样，外围环境也为

Watts and Zimmerman 的实证会计理论作出了贡献，使它能够对 20 世纪 70 年代的会计文献产生革命性的影响（see Watts and Zimmerman，1978，1979，1983，1986）。Watts and Zimmerman 利用同一时代在金融学和经济学上的发展来解释一些令会计学者和从业人员困惑的问题。推动 Watts and Zimmerman 工作的是 Jensen and Meckling（1976）和 Ross（1977）改变公司财务文献发展方向的开创性研究。Jensen and Meckling（1976）清楚地表达了在一个信息有效的资本市场上出现委托—代理问题的内在含义，这包括公司股东（委托方）和高管（代理方）之间的问题，也包括公司股东和债权人之间的问题。委托—代理问题之所以会出现，部分由于股东不能很好地观测到公司高管的行为以及高昂契约成本的存在。这一与公司契约观的联系让 Watts and Zimmerman 得以发展能够解释诸如以下问题的假说：为什么公司对它们经济活动的记账方法存在差异？为什么即使资本市场在信息传递上有效，会计标准也依然很重要？

Watts and Zimmerman 的政治成本假设是经济学文献中通过政治过程（区别于市场过程）进行管制研究的进一步发展（see Olson，1971；Stigler，1971；Posner，1974；Mc-Craw，1975；Peltzman，1976；Watts and Zimmerman，1986，Chapter 10）。这样，带领 Watts and Zimmerman 实证会计理论发展的还有同时期金融学和经济学的理论发展在会计学上的推论。Watts and Zimmerman 对于这些理论进行了适当修改，以解释会计学中的现象。

§3.3 关联和事件研究

Ball and Brown（1968）和 Beaver（1968）是会计领域资本市场研究的先驱。他们都进行过事件研究，Ball and Brown 还实施了关联研究。这两种研究在现在的文献中都经常被用到。

在事件研究中，人们通过考察事件发生时间前后证券价格水平、价格波动性或一小段时间内交易量的变化来推测一类事件，例如盈余公告，是否向市场参与者传递了新的信息（see Collins and Kothari，1989，p. 144；Watts and Zimmerman，1986，Chapter 3）。如果价格水平或波动性在事件日前后发生了变动，结论就是会计事件传递了关于未来现金流数额、发生时间以及不确定性的新信息，而它们又修正了市场之前的预期。得到这一结论的可信度取决于事件发生日是否在时间轴上足够分散，也取决于那些能起混淆作用的事件是否总是伴随研究人员感兴趣的事件一同发生（例如股利分配总是和公司盈余一同被宣告）。如前所述，事件研究所依据的假设是资本市场在信息传递上是有效的，从而新到来的信息能够很快在证券价格上得到反映。正因为事件研究通过会计事件检验信息是否到达市场，它们也被称作会计领域的资本市场研究中对信息含量的检验。除了 Ball and Brown（1968）和 Beaver（1968）之外，其他事件研究的例子包括 Foster（1977），Wilson（1986），Ball and Kothari（1991），Amir and Lev（1996）和 Vincent（1999）。

关联研究检验某种会计业绩计量（例如盈余或经营现金流）与股票回报间的正相关关系，而对于这二者的计量都在同样的长时间段中进行（例如一年）。既然市场的参与者有渠道可以获得许多更及时的与公司产生现金流能力相关的信息，关联研究无须假设会计报表是市场参与者的唯一信息来源。因此，关联研究不会推断出任何会计信息和证券价格变动之间的因果关系，而是为了检验会计计量是否并以多快的速度表达出一段时间内证券回报所反映的信息集合的变化。除 Ball and Brown（1968）之外，其他与此相关的研究包括 Beaver et al.（1980），Rayburn（1986），Collins and Kothari（1989），Livnat and Zarowin（1990），Easton and Harris（1991），Easton et al.（1992），Dechow（1994）和 Dhaliwal et al.（1999）。

§3.4 关联和事件研究的早期证据

§3.4.1 事件研究的早期证据

Ball and Brown（1968）和 Beaver（1968）发现了引人注目的证据，表明会计盈余公告的确有信息含量。Ball and Brown 将盈余公告后一个月内超额股票回报的符号与当年盈余相对上年盈余变化的符号联系在一起，并发现它们之间存在显著的正相关性。

Ball and Brown 检验的前提假设是盈余期望模型能够较好地度量未预期盈余。这样一来，至少有一部分"好消息"公司的盈余增长对市场来说是个惊喜，会带来证券价格的提高。因此，盈余公告期间超额回报与未预期盈余关系的强度既是盈余信息含量，也是所使用的盈余期望模型质量的函数。Ball and Brown 使用两种盈余期望模型：简单随机游走模型和盈余的市场模型。

Beaver（1968）考察股票在盈余公告前后的回报波动性和交易量，从而避开了确定盈余期望模型的问题。他假设盈余公告期间比非盈余公告期间有增加的信息流，并用回报波动性来推测信息流的大小。实证检验支持 Beaver 的假设。

Beaver 还通过比较盈余公告期间和非盈余公告期间交易量的大小来检验信息流的大小。他认为市场参与者对于即将到来的盈余公告有着不同的预期，而盈余公告降低了一些不确定性，这些预期的差异程度也随之下降，但在这一过程中，那些根据公告前预测建仓的市场参与者们加大交易量调整仓位的行为引起了公告期间交易量的增加。[5]

§3.4.2 关联研究的早期证据

Ball and Brown 的证据清楚地说明了这样一个事实：会计盈余可以在同一时间表达部分证券回报所反映的信息。证据也表明，其他与年度会计盈余竞争的信息来源（包括季度盈余）抢先披露了高达85％的年度会计盈余中的信息。在这个意义下，年度会计数字并不是特别及时的资本市场信息来源。

由于在资本市场的其他信息来源中，有一种是季度盈余，若使用年度盈余来推测盈余的信息及时性，则会低估那些盈余的信息及时性比较高的情况的存在（see Foster, 1977）。即使这样，盈余也不可能是一种特别及时的信息来源。因为会计盈余计量法则强调的是以交易为基础的收入确认，与股票市场所关注的当下和期望的未来净收入相比，盈余缺乏信息及时性是不足为奇的（e.g., Beaver et al., 1980; Collins et al., 1994）。换句话说，股票价格在反映新信息上是领先于会计盈余的。

除了研究会计盈余和证券回报的关系以及信息含量外，Ball and Brown 也通过考察市场对于属于好消息或坏消息的盈余公告的反应是否迅速又无偏，来检验市场有效性。他们发现市场对于坏消息的调整居然花费了几个月，这可以作为盈余公告后漂移的初步证据。这一点表明了市场先是反应不足，而后才逐渐根据盈余所包含的信息作出调整。然而 Ball and Brown 只是为盈余公告后漂移提供了初步证据，之后，与漂移异象相关的文献对此进行了深入研究，包括 Jones and Litzenberger（1970），Litzenberger et al.（1971），Foster et al.（1984）和 Bernard and Thomas（1989，1990）。[6]这类研究在第 4 部分关于市场有效性检验的内容里有进一步的回顾。

Ball and Brown 还比较了盈余和现金流的信息含量，以检验是否应计过程让盈余比现金流包含更多信息。他们的证据表明，盈余变化带来的年度超额回报调整幅度比现金流变化带来的年度超额回报调整幅度大，这与应计过程使得盈余包含更多信息一致。继 Ball and Brown 之后，一系列研究考察了盈余和现金流的相对提供信息性。[7]这类研究将在第 4 部分作进一步的回顾。

§3.5 早期证据之外

Ball and Brown（1968）和 Beaver（1968）开创了资本市场研究的先河，这将在接下来两部分中得到系统性的回顾。那些继续 Ball and Brown 和 Beaver 研究的人在不同背景下重复他们的结果，例如在不同的国家中进行检验，使用中期盈余并与年度盈余进行比较，使用了更短的盈余公告期间，在检验中同时使用符号和数量而不是像 Ball and Brown 那样仅仅使用符号等。本文将在第 4 和第 5 部分回顾这些后续资本市场研究。

§3.5.1 市场有效性和对会计准则的评价

早期关于盈余和证券回报之间关系的研究，以及关于金融学和经济学中资本市场有效性的研究成果，使得会计研究者从中得出这些研究对准则制定的意义。[8]例如，Beaver（1972）在《美国会计联合会会计研究方法报告》（*Report of the American Accounting Association Committee on Resarch Methodology in Accounting*）中指出，会计数据和证券回报的联系能够用来对可供选择的会计方法进行排序，以决定哪一种会计方法能够成为通用的会计准则。这份报告还指出："考虑到竞争性信息来源和成本，与证券价格联系更为紧密的会计方法应该作为财务报告中所使用的会计方法"[9]（p. 428）。

虽然最初人们认为资本市场研究可以引导会计准则制定走向最为社会所需的方向，然而这种对资本市场研究作用的高度期望很快就成为过眼云烟。Gonedes and Dopuch（1974）很快就指出使用与证券回报率关系的强弱作为选择理想会计准则的标准的缺陷（如使用会计信息的非购买者的搭便车问题）。但是这种争论还在继续。

许多人支持财务会计准则的变化，因为他们感到目前的 GAAP 盈余与证券价格的相关性很低（e. g.，Lev，1989）。他们提出替代的会计方法，认为这些方法可以提高（还存在争议）会计盈余与股票价格间的相关性（e. g.，Lev and Zarowin，1999）。其他一些人则认为会计数字和证券回报的相关性只是财务报表设立目的的一个函数，除此之外，人们还有对客观的、可确定的信息的需求，因为它们对制定契约和业绩评估有用（Watts and Zimmerman，1986）。这样的一种需求将会计过程转到表达那些总结真实发生的交易的历史信息，而不是表达与期望交易有关的信息，收入确认原则的应用就符合这种需求。比较而言，股价的变化主要体现了对未来盈利预期的改变。这样，同期的回报—盈余关系就会很小（Kothari，1992）。在讨论到准则制定和关于证券回报与财务信息之间联系的研究时，Lee（1999，p.13）总结道："除非会计准则制定者决定汇报的盈余必须包括预计的未来交易盈余（即废除收入确认原则），否则人们很难看出政策制定中隐含了多少和同期回报相关的关系。"[10]

尽管关于以证券回报相关性作为评估财务会计准则的标准是否适当的争论还在继续，但是这条标准却时常被使用，不过措辞稍微谨慎了些。例如，Dechow（1994）使用证券回报的相关性比较盈余和现金流并以此衡量公司定期绩效指标的优劣，Ayer（1998）检验了在 SFAS No. 109 下的递延所得税会计是否比先前的所得税会计准则提供了额外的价值相关性。正如 FASB（1978，paragraph 47）所陈述的那样，财务报告的一个目标是："财务报告应提供信息，以帮助现有和潜在投资者以及债权人和其他信息使用者估计未来现金流的数额、时间和不确定性。"这成为研究人员使用股票回报相关性作为评价几种会计方法和业绩度量的标准的主要动机。

§3.5.2　市场有效性假设的地位

使用股票回报相关性作为评价会计方法的标准的潜在假设是：资本市场是有效的。然而最近几年，市场有效性遭到了实证检验结果的攻击。越来越多的证据表明资本市场存在异象，从而说明资本市场也许是非有效的。第 4 部分会在会计资本市场文献的范畴内考察一些这方面的证据。本节的目的是在假设市场非有效的前提下评论这种假设对于会计领域资本市场研究的影响。

采用市场有效作为潜在假设之所以具有吸引力，是因为以此为零假设能帮助人们更容易地说明会计信息和证券价格的联系。例如当市场有效时，在会计方法变更后的期间内，人们不该预期有系统性为正或为负的超额回报，如果存在非零超额回报的系统性结果，就可以拒绝市场有效的假设。

如果人们将市场非有效作为潜在假设，那么在此零假设下，人们就很难对证券价格和财务信息之间的关系进行先验说明。在市场非有效的情况下，二者的关系可能就不像先前那么简单，研究人员就要构造更为复杂的关系模式，这对研究者而言是个挑战（Fama，1998）。在非有效金融市场行为理论的基础上构造备择假设并进行区分有效和非有效市场假设的检验非常重要。[11]这也是在过去的 30 年间指导许多资本市场研究的实证经济学理论的本质。具备具体会计制度知识的会计师以及金融分析师对会计信息的使用，都有利于发展市场有效性及市场非有效具体形式的理论，并为其设计强有力的检验。

§3.6　小结

早期事件研究和相关性研究在许多方面都是开创性的。首先，它们驳斥了历史成本盈余计量过程会产生无意义的会计数据这一观点。其次，这些研究为会计文献引入了实证经验的方法和事件研究设计。早期的资本市场研究详尽地阐述了在会计研究中融入经济学和金融学文献的最新发展的益处，还阐述了会计研究对经济学和金融学文献的贡献。最后，这些研究消除了认为会计是垄断的资本市场信息来源的观点。早期研究清楚地表明，会计信息不是能够特别及时地影响证券价格的信息来源，还有许多其他竞争性信息来源先于盈余信息到达市场。这些都对会计准则制定有深远意义。

§4　20 世纪八九十年代的资本市场研究

早期的资本市场研究证明了会计报告具有信息含量，尽管并不及时，财务报表数字仍能反映那些影响证券价格的信息。接下来的几十年中，有关资本市场的研究经历了飞速的发展。本文把该类研究归为以下五个主要领域：（1）资本市场方法研究；（2）不同会计业绩指标的评估；（3）定价和基本面分析研究；（4）资本市场效率检验；（5）基于不同财务会计标准进行披露的价值相关性以及新会计准则的经济后果。（由于 Holthausen and Watts（2001）和 Healy and Palepu（2001）对第（5）类内容进行过详细的考察，故在此不再论述。）

前四个领域的研究有一定程度的交叉，但它们有着截然不同的研究动机。接下来分四个部分对以上四个领域的研究分别进行考察。

§4.1 资本市场方法论研究

资本市场领域的研究力求解决范围广阔的一系列问题。以前研究的问题包括如下一些内容：

● 现行成本盈余比历史成本盈余具有附加的信息含量吗？

● 公司治理结构的差异是否影响资本市场信息不对称程度并进而影响证券回报与盈余信息之间关系的时效和强度？

● 管理层持股是否因所有权和控制权的分离而影响会计数字的信息含量？

● 审计师素质会不会影响公司盈余与证券回报之间的关系？

● 将暂时性收入计为经常性收入以及将暂时性损失计入异常项目是否会影响证券价格？

● 如何检验会计方法变更的资本市场效应？

● 对其他退休后福利（OPEB）的披露是否具有价值相关性？

● 经济附加值（EVA）绩效与股票回报及价格的相关性是否比历史成本会计盈余与股票回报及价格的相关性更高？

● 如果证券交易委员会不再考虑非美国公司在美国上市融资的需要而停止对美国公认会计准则与国外或者国际会计准则进行协调，会带来怎样的后果？

● 如果 GAAP 更改为允许管理层将研发支出资本化，财务报表是否会由于当期的经济收益（即市价变动）更具信息含量？

为了回答以上这些问题，研究者必须控制财务报表信息与证券回报之间的"正常"关系，以区分出我们所感兴趣的因素造成的影响。它们之间的正常关系显然会因研究背景的差异而有所不同，而不是所考察的问题造成的影响。例如，在检验管理层持股对会计数字信息含量产生的影响时，由于管理层持股比例很可能与成长机会相关，而成长机会又会影响盈余的信息含量，所以就必须控制成长机会对盈余信息含量的影响。成长性带来的这种影响与所有权控制对盈余信息含量的潜在代理影响不相关。

本文对研究方法的评述分以下四个小节展开：

（1）盈余反应系数研究（4.1.1）。

（2）盈余以及盈余增长率的时间序列特征、盈余管理以及分析师预测（4.1.2）。

（3）资本市场研究统计推断方法问题（4.1.3）。

（4）可操控性应计项目以及非可操控性应计项目模型（4.1.4）。由于在下文的资本市场中，可操控性应计项目与非可操控性应计项目模型经常用来检验市场效率，所以对该问题将推至 4.4 节检验市场效率时另作详述。

§4.1.1 盈余反应系数研究

4.1.1.1 盈余反应系数研究动机

对于盈余反应系数的研究受其在定价以及基本面分析中的潜在应用价值的推动。下文将可以看到，定价模型成为对盈余反应系数问题研究的基础。另外一个推动该领域研究的重要的方法论动因是为了设计更有力的方法，以检验会计领域的契约假设和政治成本假设、自愿披露或信号传递假设。

4.1.1.2 盈余反应系数

Kormendi and Lipe（1987）是有关盈余反应系数研究的早期文章（also see Miller and Rock，1985）。他们的研究是基于会计相关性研究文献[12]以及将成本与收入的时间序列特征联系起来的有关永久性收入假说的宏观经济学文献。[13]Kormendi and Lipe 计算了股票回报与盈余之间的相关程度——盈余反应系数，并检验了横截面上不同公司的估计盈余反应系数是否与公司盈余的时间序列特征呈正相关关系。因而，盈余反应系数是盈余时间序列特征和折现率在权益市价变动中的映射。比如，如果盈余的时间序列特征表现为盈余变动是永久性的，假设盈余变动与净现金流变动是一一对应的关系，那么盈余反应系数就是将盈余变动视为永续年金并用权益风险调整收益率进行折现后的现值。年度盈余中 1 美元永久性变化的现值就是 $(1 + 1/r)$，其中 r 是年度权益风险调整折现率。

为了预测盈余反应系数的大小，在研究时需要一个估价模型（比如股利折现模型），需要知道基于当前盈余信息对未来预期盈余预测的修正以及折现率。在考察基于当期盈余对预测盈余进行的修正时，盈余的时间序列特征将发挥一定的作用，但是却没有一个关于时间序列特征的强有力的理论。在盈余反应系数领域，最有前景的研究领域就是将盈余的时间序列特征与经济因素如竞争、科技、创新、公司治理效率以及薪酬激励政策等（见下文）联系起来研究。我相信，对定价模型的进一步修正以及对折现率的更精确估计唯一增加的成效很可能就是可以促进我们对回报—盈余关系或者盈余反应系数的理解。

4.1.1.3 盈余反应系数的经济影响因素

Kormendi and Lipe（1987），Easton and Zmijewski（1989）以及 Collins and Kothari（1989）的早期研究发现了盈余反应系数的四个经济影响因素。这些研究均以财务和经济学文献中标准的净现金流量折现估价模型作为研究的基础。为了将盈余与证券回报联系起来，假设市场对预期盈余的修正与净现金流量是一一对应的关系。盈余增长 1 美元的市场变动为 1 美元加上以后各期盈余增长 1 美元的折现值。影响这种价格变动或者盈余反应系数的四种因素是：持续性、风险、成长性以及利率。本文将逐一简要讨论。

Kormendi and Lipe（1987）和 Easton and Zmijewski（1989）的研究表明，未预期盈余（earnings innovation）对市场参与者的影响越大，即盈余的时间序列特征越具其持续性，股价变动或盈余反应系数就越大。Collins and Kothari（1989，Table 1）将盈余反应系数与一系列通常假定的盈余 ARIMA 时间序列特征联系起来，包括随机游走、移动平均以及自回归特征。

Easton and Zmijewski（1989）解释了为什么风险与盈余反应系数是负相关的。此处的风险指的是权益现金流波动的系统（或者不可分散的，或协方差）因素。单一或多 β 形式的资本资产定价模型意味着权益折现率随着权益现金流量系统风险的增加而增大。[14]因而风险越高，折现率也就越高，高折现率降低了未来预期盈余修正的折现值，即盈余反应系数。

Collins and Kothari（1989）预计公司的成长机会对盈余反应系数具有正的边际效应。这里的成长性指的是现有的项目或者投资新项目的机会，这些项目预期会带来超过风险调整回报率 r 的回报率，相当于项目现金流的系统风险（see Fama and Miller，1972，Chapter 2）。一个公司能在现有或未来投资上赚取高于正常水平的回报率与资本市场有效性并不冲突。这只是意味着公司在产品市场上有垄断能力并能在有限时期内赚取（类似）租金。不同的是，进出产品市场往往并不立即消除公司赚取超额回报率的能力。[15]当期盈余对公司未来成长机会的信息含量越高，价格变动也就越大。Collins and Kothari（1989，pp. 149-150）认为，之所以价格反应程度高于基于盈余的时间序列持续性预计的反应程度，部分原因在于历史数据所估计的持续性没有将当期的成长机会准确反映在内。

最后，Collins and Kothari（1989）预测出盈余反应系数与无风险利率之间的短期负相关关系。此处的逻辑非常直接。在任意时点的折现率 r 等于当时的无风险利率之和加上风险溢价。若无风险利率升高，在其他条件不变的前提下，预期未来盈余变动的折现值将降低，从而得出利率水平与盈余反应系数之间的短期负相关关系。[16]

4.1.1.4 盈余反映系数的早期证据评述

Kormendi and Lipe（1987），Easton and Zmijewski（1989）和 Collins and Kothari（1989）的研究表明，横截面和短期的因素对盈余反应系数在统计上具有显著影响。众多研究均得出相同的结论。这一结论使得资本市场文献在考察某一变量如所有权控制对盈余反应系数的影响时，需要对持续性、风险以及成长机会加以控制。

尽管关于盈余反应系数的研究文献取得了一定的成果并产生了重要影响，对于该项研究也存在一些批评，主要集中在以下三个方面。第一，关于持续性及其与盈余反应系数关系的研究可能源于它们本来在统计上就存在一种自然的相关关系。在下文讨论盈余的时间序列特征时会再次涉及该问题。对公司盈余时间序列特征经济影响因素的关注将会丰富对于盈余反应系数问题的研究。该领域还有待进一步研究。Ahmed（1994）基于 Lev（1974，1983），Thomadakis（1976），Lindenberg and Ross（1981）和 Mandelker and Rhee（1984）等研究文献考察了公司资产赚取经济租金的潜力与公司所处行业的竞争度以及公司的成本结构之间的关系。Ahmed（1994，p. 379）提出并报告了一致的证据，证明了"如果会计盈余反映了关于公司现有资产产生未来经济租金的信息，盈余反应系数将与竞争程度呈反方向变化，并与固定—变动成本比率直接相关"[17]。

Anthony and Ramesh（1992）利用对公司的生命周期与商业战略[18]之间关系的研究来解释盈余反应系数的横截面差异。他们认为，随着公司所处生命周期阶段的不同，财务报告对公司产生现金流能力信息的反映程度也会不同，因此盈余反应系数会与公司所处的生命周期阶段具有相关关系。[19]

最近，Ohlson（1995）引进了剩余收益的均值反转过程，这种均值反转符合竞争就是要消除公司赚取超额回报的能力这样一种理念。通过对剩余收益而不是总收入或收入变化构造自回归过程模型，Ohlson（1995）更好地捕捉了产品市场竞争的直观经济影响。Dechow et al.（1999）提供的证据支持将剩余收益构造为自回归过程的经济模型。但是，与运用比较简单的盈余资本化以及股利折现模型的研究相比，他们能做到的"只是小幅度地提高了模型的解释力"（Dechow et al.，1999，p. 3）。

将盈余反应系数与持续性联系起来的研究文献存在的第二个缺陷是只能提供样本内的证据。例如，Kormendi and Lipe（1987）以及 Collins and Kothari（1989）在估计时间序列参数和对持续性参数与盈余反应系数之间关系进行横截面检验时，采用的是同一样本区间。[20]尽管观点与假设在直觉上均成立，但由于缺乏预测性检验，就削弱了结论的可信度。[21]Dechow et al.（1999）证实了行业层面的自回归特征对未来盈余的持续性具有预测力，但是他们的目的并不是明确地研究持续性与盈余反应系数之间的关系。

Watts（1992，p.238）提出对研究盈余反应系数影响因素文献的第三种批评："没有控制会计盈余作为当前和未来现金流的代理变量时存在的能力差异以及会计处理方法的差异，从而增加了遗漏相关变量的可能性。"Salamon and Kopel（1991）也提出了相似的观点。遗漏相关变量的可能性之所以提高，可部分归因于以下两种可能：（1）盈余反应系数的经济影响因素如风险与会计方法的选择有关系；（2）会计方法的选择与盈余对未来现金流的预测能力相关。总体而言，研究盈余反应系数经济影响因素的文献尚未发掘基于契约理论或会计选择理论文献的影响盈余反应系数的经济变量。[22]该问题有待进一步探索。[23]

4.1.1.5　关于为什么盈余反应系数"太小"的几种不同假说

实证研究得出的盈余反应系数在 1～3 之间（see Kormendi and Lipe，1987；Easton and Zmijewski，1989）。假定年度盈余的时间序列服从随机游走分布（see Ball and Watts（1972），下文还会进一步讨论），折现率为 10%，则预期盈余反应系数约为 11（= 1 + 1/r）。若用价格盈余乘数作为盈余反应系数的合理估计，由于检验期间的不同，其预期值将在 8～20 之间。与其预测值相比，盈余反应系数偏小，这一问题促使该领域的研究者提出以下本文将要考察的几种假定和解释。然而有趣的是，考察盈余反应系数预测值与其估计值二者大小对比的研究出现在开始研究盈余反应系数的研究文献 Kormendi and Lipe（1987）之前。

Beaver et al.（1980）引入三种相关的观点，力求解释盈余反应系数估计值与预计值之间的差异：价格引导盈余（见下文）、会计盈余的真实盈余加噪音模型和反向回归（reverse-regression）的计量研究设计。另外一个研究该问题的知名文献是 Easton and Harris（1991），假定权益的账面价值是权益市价的噪音代理变量，并且假定盈余是干净的，他们认为盈余测量的是权益的市价变化。从而，他们认为在解释盈余时应在盈余变化价格比（earnings-change-deflated-by-price）的基础上增加盈余价格比（earnings-deflated-by-price），用来解释盈余。如果采用 Easton and Harris（1991）的资产负债表透视法，则盈余的预计系数将等于 1，即意味着全部盈余均为暂时性的。由于盈余具有较高的持续性，尽管 Easton and Harris（1991）的证据清楚地表明盈余价格比相对盈余变化变量更能显著地解释股票回报，但是他们的解释并不令人满意。Kothari（1992）和 Ohlson and Shroff（1992）提供了另外一个在回报—盈余回归中使用盈余价格比来解释股票回报的基于盈余预期的动机（earnings-expectations-based motivation）。近年来，回报—盈余回归估计往往选用盈余价格比来解释股票收益。然而，估计的盈余反应系数远远低于其近似价格—盈余乘数的预期值。

至少有四种假说被用来解释为什么观测到的盈余反应系数比较小：（a）价格引导盈余；（b）资本市场无效率；（c）盈余噪音以及 GAAP 不完善；（d）暂时性盈余。[24]下文将讨论以上几种解释，并提供简要的证据。

（a）价格引导盈余：Beaver et al.（1980）这一重要的文献认为，价格所反映的信息要比同时期会计盈余提供的信息多。[25]在一个有效率的市场中，价格变化能很快将市场对预期未来净现金流量修正的折现值包含在内。相反，由于收入费用配比原则是盈余确认程序的基本原则，所以会计盈余在反映价格变化中所包含的信息时就存在滞后性。这种滞后性被称为"价格引导盈余"。

价格引导盈余意味着尽管年度盈余的时间序列特征经常被描述为服从随机游走，因而就无法用以往盈余的时间序列来预测后续的盈余变化，但是价格中所反映的信息却包含了未来盈余变化的信息。也就是说，从市场的角度来看，后续的年度盈余变化不是不可预测的。价格引导盈余的计量后果就是当回报与同期盈余变化相关时，只有一部分的盈余变化是未被市场预期的。在一个有效的市场中，能够被预期到的部分盈余变化是无法用来解释同期回报的。这部分与同期回报无关的盈余变化导致了标准的变量误差问题（see Maddala，1988，Chapter 11；or Greene，1997，Chapter 9），从而使盈余反应系数偏低，且降低了回报—盈余回归的解释力。所以，在存在价格引导盈余的情形下，只是简单地考察盈余变化与回报之间的相关性，或者没有使用一个恰当的代理变量表示未预期盈余，被假定为导致盈余反应系数"太小"的一个原因。

（b）资本市场的低效率：如果在市场对未来盈余的期望进行修正时没有正确理解当期的未预期盈余的含义，那么由于盈余变动所导致的价格变化就会太小。有大量证据表明股票市场对盈余信息反应不足，对盈余信息影响的充分认知是一个随时间逐步进行的过程（见第3部分有关盈余公告后漂移的文献，在本部分的"市场效率检验"中会进一步对此讨论）。盈余反应系数比预期值小是与资本市场的低效率相一致的。然而，如果没有一个逻辑上一致的资本市场无效理论可以用来预测对盈余信息的反应不足，这种解释的信服力就会减弱。因为在没有理论能预计出某个特定情形会发生的情况下，过度反应在无效市场中同样容易发生。

（c）盈余噪音与GAAP不完善：在Beaver et al.（1980）之后，"盈余噪音"的观点在会计学者中逐渐流行。[26]虽然Beaver等从直觉上很好地解释了为什么价格引导盈余，他们的模型（Beaver et al.，1980，Section 2）将会计盈余定义为加总的"真实盈余"加上与价值不相关的噪音或者与所有期间的股价（即价值）或回报无关的混淆成分（garbling component）。[27]该假定使得Beaver等推出价格引导盈余现象的模型。[28]然而，这种认为盈余是"真实盈余加噪音"的观点意味着会计人员所发布的信息并不是反映公司价值的"真实盈余"。该观点违背直觉，并且至少在两个层面上与已有的证据不符。第一，有证据表明，会计应计项目是有信息含量的（see Rayburn（1986）and Dechow（1994），以及其他许多研究）。第二，不管应计项目是否有信息含量，不含应计项目的盈余也似乎不可能就是"真实盈余"。注重以交易为基础的盈余计量方法就会产生能够捕捉经济收益即权益市场资本化变动的"真实盈余"也并不符合经济直觉。事实上，Beaver et al. 的研究主题是价格引导盈余，意味着股价变动比会计盈余的信息含量更高。

GAAP不完善的观点认为，财务报告的主要目标就是"预测未来投资者现金流和股票回报"（Lev，1989，p.157）。支持GAAP不完善的观点的学者就运用回报—盈余之间的相关性作为GAAP实现其目标程度的一个测度。所持的假设是资本市场在信息方面是有效率的，FASB 的财务会计概念公告体现了财务报告的主要目标。[29] 在一系列的论文中，Baruch Lev 及其众多的合作者很可能一直是"GAAP 不完善"的唯一的最大倡导者。GAAP 不完善被认为会产生"低质量"的、只与股票回报弱相关的盈余。Lev（1989，p. 155）认为，"尽管回报/盈余之间的关联被错误解释或者投资者非理性（噪音交易）的存在可能导致盈余与股票回报之间的弱相关性，但是问题出在报告盈余的低质量（信息含量）上的可能性是非常大的"。

Lev 在 Amir and Lev（1996），Aboody and Lev（1998），Lev and Sougiannis（1996），Lev and Zarowin（1999）以及其他论文中，在探讨会计研究及其发展时，持有类似的观点。另外，有大量研究积极对"GAAP 不完善"观点进行实证检验，但并没有给出解决方法。例如，Abraham and Sidhu（1998），Healy et al.（1999）和 Kothari et al.（1999a）针对研发费用资本化还是费用化的研究，Bryant（1999）对石油天然气开采成本是采用全部成本法还是成果法的会计方法的研究。

盈余噪音和 GAAP 不完善的观点对回报—盈余之间的相关性产生的影响相似。二者都削弱了同期回报—盈余相关性，并低估了盈余反应系数（see, for example, Beaver et al., 1980；Lev, 1989, the appendix; or Kothari, 1992）。然而，我相信这两种观点是有区别的。噪音被定义为不与任何时期，即当前的、过去的以及将来的股票回报信息相关的变量，而 GAAP 不完善只是价格引导盈余观点的另一种形式，只不过 GAAP 不完善的观点不太流行罢了。不完善的 GAAP 观点主张财务报告反映包含在同期市价中的信息的过程比较慢。另外，它假定同期盈余与回报的相关性越大，GAAP 产生的盈余数字的质量就越高。遗憾的是，他们并未从逻辑上证明为什么要最大化盈余与回报之间的相关性。我之前提过这个问题，Holthausen and Watts（2001）对该问题进行了详细考察。

（d）暂时性盈余：尽管年度盈余经常被假定为服从随机游走过程，研究文献很早就发现盈余中暂时性盈余成分的存在（see, for example, Brooks and Buckmaster, 1976；Ou and Penman, 1989a, b）。暂时性盈余存在的原因有许多。第一，某些商业活动例如销售资产只产生一次性的收益或损失。[30]

第二，经理人员与外部人之间的信息不对称以及潜在诉讼的影响，导致了对稳健性会计数字的需求和供给。借鉴 Basu（1997, p. 4），我将稳健性定义为会计数字在反映经济收益和损失时速度的不一致性，或者是盈余反映"坏信息比好消息更快"（also see Ball et al., 2000）。信息不对称与诉讼威胁均促使管理层披露坏消息比披露好消息时更加及时。即，会计确认标准对损失的要求开始变得不再像对收益那样严格，从而使得预期损失的确认比收益更加频繁和及时。对预期损失的确认类似于市价效应（损失），在获知时就予以确认，所以诸如市价变动的损失就属于暂时性的。Hayn（1995）指出损失是暂时性的另外一种原因，她认为公司可以通过放弃行权来终止产生亏损（或产生低于市场的回报）的经营行为，从而弥补公司资产的账面价值，所以只有预期业绩会改善的那些公司会继续经营，这就意味着观察到的损失是暂时性的。亏损公司通过放弃或调整来弥补账面价值的能力提高了当一个公司经营业绩较差时股价与账面价值的相关性（also see Berger et al., 1996；Burgstahler and Dichev, 1997；Barth et al., 1998；Wysocki, 1999）。[31] 在下文，尤其是在 Holthausen and Watts（2001）中，还会对账面价值在定价中的作用以及账面价值与股价之间的联系进行详述。

最后，基于代理理论的管理层动机也可能会产生暂时性收益和亏损。例如，Healy（1985）假设并发现了在高契约成本条件下，出于薪酬考虑，管理人员会通过操控性应计项目调低较高水平的非操控性盈余，或者通过"洗大澡"报告过度亏损。[32] 在新的 CEO 上任时也会出现这种利用操控性应计项目进行"洗大澡"的行为（see Pourciau，1993；Murphy and Zimmerman，1993）。应计项目的操控性成分很可能是暂时性的，而且事实上由于应计项目的（最终）转回，是会发生均值反转的。

4.1.1.5.1　暂时性盈余的经济计量后果

暂时性盈余成分具有直接的经济计量后果。基于 Kothari and Zimmerman（1995，Section 5.1）的分析的一个简单模型能够对其造成的影响进行很好的说明。借鉴该模型，下文会对此问题进行详细分析。假设

$$X_t = x_t + u_t$$

式中，X_t 为包含随机游走成分的报告盈余；$x_t = x_{t-1} + e_t$，$e_t \sim N(0, s_e^2)$；u_t 为暂时性成分，$u_t \sim N(0, s_u^2)$。同时假定市场除了盈余的时间序列特征外没有其他的信息，e_t 与 u_t 不相关。暂时性成分的盈余反应系数等于1。然而，市场对随机游走部分即永久性盈余的敏感性为 $\beta = (1 + 1/r)$，或者价格—盈余乘数的均值。用期初股价 P_{t-1} 作为调整因子，回报—盈余回归方程为：

$$R_t = \gamma_0 + \gamma_1 X_t / P_{t-1} + error_t$$

由于 X_t 是两个独立变量的和，而这两个独立变量又有两个不同的与因变量相关的斜率系数，所以该回归将产生介于 $1 \sim \beta$ 之间的斜率系数。将这两个部分拆开并进行单独回归，则这两个部分的回归系数将接近它们的预期值（see, for example, Collins et al.，1997），模型的解释力也将增强。γ_1 系数的大小取决于随机游走的波动性以及盈余的暂时性成分的相对大小。如果定义 k 等于 $s_e^2 / (s_e^2 + s_u^2)$，则 γ_1 将等于 $k(\beta - 1) + 1$。如果没有暂时性盈余，则 $k = 1$，且斜率为 β。或者，考虑另一种极端情况，如果没有永久性盈余，则 $k = 0$，且斜率就为全部暂时性盈余的斜率1。

如果放松随机游走部分与暂时性盈余部分完全不相关的假定，关于 γ_1 大小的预测自然也会发生改变。有关管理层动机的经济学假设往往认为这两个部分并非完全不相关，使得对该问题的分析更加复杂。

4.1.1.5.2　暂时性盈余影响盈余反应系数的证据

很多研究文献运用财务报告中的非经常发生项目作为暂时性盈余的代理变量，发现暂时性盈余的盈余反应系数比较小（see, for example, Collins et al.，1997；Hayn，1995；Elliott and Hanna，1996；Ramakrishnan and Thomas，1998；Abarbanell and Lehavy，2000a）。另外，有文献研究回报与盈余之间的非线性关系，并试图从盈余反应系数中推知暂时性盈余的大小。Beaver et al.（1979）的实证结果得出回报—盈余之间的 S 形曲线关系，他们发现，发生极端盈余变化投资组合的超额回报并不与未发生极端盈余变化投资组合的超额回报一样大，从而得出回报—盈余之间的 S 形曲线关系。一种解释是由于市场认为这种极端盈余变化并非永久性的，所以价格调整会比较小。因此，盈余变化的绝对大小与其持续性之间负相关。这种相关性源于一种强烈的经济直觉，极端的盈余变动要么是由于一次性的意外收入或损失造成，要么是由于产品市场竞争使得极度高获利性不能持久所致。在盈余的极端低水平下，公司有可能会放弃行权。

Freeman and Tse（1992）用反正切转化构造了这种非线性关系的模型。Cheng et al.（1992）建议使用秩回归来处理这种非线性关系。其他有关回报—盈余之间非线性关系之间的研究包括 Abdel-khalik（1990），Das and Lev（1994），Hayn（1995），Subramanyam（1996a），Basu（1997），以及 Beneish and Harvey（1998）。尽管这些非线性研究能够更好地拟合回报—盈余之间的回归关系，但这些模型的经济学基础却并不明确。因而，在进行特殊的统计处理时，需要多加注意。

4.1.1.6 不同假设之间的区别

研究者用不同的研究设计来区分以上四个竞争性假设，这些假设解释了回报—盈余之间的弱相关性以及盈余反应系数与基于年度盈余随机游走时间序列特征的预期值相比显得太小的原因。价格引导盈余以及暂时性盈余的存在是用来解释同期回报—盈余弱相关性以及盈余反应系数较小的主要原因。对此类研究的总结将会进一步证明这一点。

之所以需要对以上研究进行总结，还有另外一个原因。在很多应用中，研究者从众多已有的可用方法中选择研究设计。为了有助于未来的研究设计选择，我运用常用注释对这些研究设计的特点及优缺点进行总结。下文的模型扩充了 Fama（1990）对于扩展回报和盈余（工业产值）测度窗口对回报—盈余相关性以及盈余反应系数影响的分析。

Fama（1990）或者财务领域的类似研究与会计领域回报—盈余文献之间的重要区别就在于其所持假设及研究动机不同。财务文献所持的假设是假定如工业产值等解释变量是真实的、经济的基本变量，从而使研究者的测度具有一定的精确性。他们研究的动机是要检验股票回报的时间序列或横截面差异是否合理（有效），即是否可由经济基本面解释。另外的假设是市场中的定价并非市场参与者的理性经济行为所致。Ball and Brown（1968）或者 Easton et al.（1992）等会计研究文献的目标则是基于资本市场是信息有效的假设，考察会计盈余的计量程序是否包含影响证券价格的因素。所以，市场有效是其研究假设，研究要检验的是会计是否包含了导致市场变化的潜在经济事实（see Patell（1979），该文从数学的角度很好地对该问题进行了考察）。

4.1.1.6.1 假定与变量定义

我在这里给出一个关于盈余增长率与股票回报之间关系的简单模型，该模型考虑了价格引导盈余的现象。之所以使用盈余增长率，是基于简化分析的考虑。然而，此处的分析同样适用于在回归中使用盈余或盈余变化价格比作为盈余变量的回报—盈余分析。使用不同的变量会得到不同的计量结果，但是定性的结论仍然是一致的。

第 t 期的盈余增长 X_t 为：

$$X_t = x_t + y_{t-1} \tag{1}$$

式中，x_t 表示未被市场预期到的盈余增长；y_{t-1} 表示在第 t 期期初市场已经预期到的盈余增长部分。需要特别指出的是，y_{t-1} 为第 t 期盈余中反映的过去盈余信息，例如价格引导盈余。进一步假定 x_t，y_{t-1} 是不相关且独立同分布的，满足 $\sigma^2(x) = \sigma^2(y) = \sigma^2$。这些假定意味着盈余服从随机游走，并且盈余增长的每个部分都会使盈余达到一个新的永久水平。由于盈余可能会是负值，在实证研究中使用盈余增长率会给研究带来一定程度的困难。为了简化分析，在此不对这一情况加以考虑。

股票价格只对有关盈余增长的信息作出反应，即假定不同时点及不同公司的折现率为常数。给定有关盈余增长率的假定，t 期的回报 R_t 为：

$$R_t = x_t + y_t \tag{2}$$

当期股票回报反映了当期盈余的信息以及会在下期盈余中实现的有关盈余增长的信息。在该模型中，假定市场只含有提前一期的盈余增长率的信息。由于前人研究发现，价格可以提前反映 $2 \sim 3$ 年的盈余增长信息（e. g.，Kothari and Sloan，1992），故此处的假定还比较保守。

由于所有的盈余信息均以增长率的形式表示，而且假定盈余增长均为永久性的，那么年度股票回报只是市场中新的盈余增长率的简单加总。即股票回报与新的盈余增长率之间是一一对应的关系，价格对未预期盈余增长的反应即盈余反应系数等于1。如果不用盈余增长率，而使用未预期盈余与期初股价之比，那么盈余反应系数就等于 $(1 + 1/r)$。

4.1.1.6.2　同期回报—盈余之间的一期关系

以下是常用的年度回报—盈余之间的估计关系：

$$R_t = a + bX_t + e_t \tag{3}$$

式中，b 为盈余反应系数。b 的回归估计为：

$$\begin{aligned}
b &= \mathrm{Cov}(R_t, X_t)/\mathrm{Var}(X_t) \\
&= \mathrm{Cov}(x_t + y_t, x_t + y_{t-1})/\mathrm{Var}(x_t + y_{t-1}) \\
&= \mathrm{Cov}(x_t, x_t)/[\mathrm{Var}(x_t) + \mathrm{Var}(y_{t-1})] \\
&= \sigma^2/(\sigma^2 + \sigma^2) \\
&= 0.5
\end{aligned} \tag{4}$$

确定回归模型的解释力，调整 R^2，考虑将因变量进行方差分解（$= 2\sigma^2$）：

$$\begin{aligned}
\mathrm{Var}(R_t) &= b^2 \mathrm{Var}(X_t) + \mathrm{Var}(e_t) \\
2\sigma^2 &= 0.5^2 [\mathrm{Var}(x_t) + \mathrm{Var}(y_{t-1})] + \mathrm{Var}(e_t) \\
&= 0.5^2 [\sigma^2 + \sigma^2] + \mathrm{Var}(e_t) \\
&= 0.5\sigma^2 + 1.5\sigma^2
\end{aligned} \tag{5}$$

由式（5），为简化，使用 R^2 表示调整 R^2：

$$R^2 = (2\sigma^2 - 1.5\sigma^2)/2\sigma^2 = 25\% \tag{6}$$

式（4）和式（6）提供了市场能提前一期预测到盈余增长率中所包含的一半信息时（即 $\mathrm{Var}(x_t) = \mathrm{Var}(y_{t-1})$）同期回报—盈余回归的结果。此时盈余反应系数为 50%，回归方程的解释力为 25%。此时估计出的盈余反应系数是有偏的，因为盈余增长率的已预期部分 y_{t-1} 是与解释当期回报变动无关的过去信息，它反映了自变量的计量误差。盈余反应系数的有偏性降低了模型的解释力，如果市场能提前 1 期以上预期到盈余增长信息，这种变量误差问题将会更加严重。

除了变量误差问题，还应注意 R_t 的变动由反映在当期和下期盈余中的盈余增长率 x_t 和 y_t 所致，而回归方程中不包含 y_t。未将 y_t 纳入回归方程意味着存在遗漏变量的问题。由于 y_t（被假定为）与所包含的自变量 $X_t (= x_t + y_{t-1})$ 是不相关的，所以由于遗漏了相关变量，盈余增长率的系数是无偏的。

包含未来盈余的回报—盈余模型：已有会计和财务领域的研究文献运用多种方法来解决回报—盈余或类似回归中的变量误差和遗漏变量的问题。Jacobson and Aaker（1993）和 Warfield and Wild（1992）的回报—盈余模型，以及 Fama（1990）和 Schwert（1990）的回报模型，在对工业产值的回归中加入了未来年度的盈余或产值增长。在简单模型的情形下，他们的研究使用了以下估计模型（见图1）：

$$R_t = a + bX_t + cX_{t+1} + e_t \tag{7}$$

式中，由于 X_t 和 X_{t+1} 是不相关的（因为假定盈余增长率中的 x 和 y 两个部分独立同分布），b 与之前在回报对同期盈余增长的单变量回归中的结果是相同的，即 $b = 0.5$，则 c 的预期值为：

$$c = \mathrm{Cov}(x_t + y_t, x_{t+1} + y_t) / \mathrm{Var}(x_{t+1} + y_t) = 0.5 \tag{8}$$

为了考察模型的解释力，将方差分解为：

$$\mathrm{Var}(R_t) = b^2 \mathrm{Var}(X_t) + c^2 \mathrm{Var}(X_{t+1}) + \mathrm{Var}(e_t)$$
$$2\sigma^2 = 0.5^2 [2\sigma^2] + 0.5^2 [2\sigma^2] + \mathrm{Var}(e_t) = \sigma^2 + \sigma^2(e_t) \tag{9}$$
$$R^2 = \sigma^2 / 2\sigma^2 = 50\% \tag{10}$$

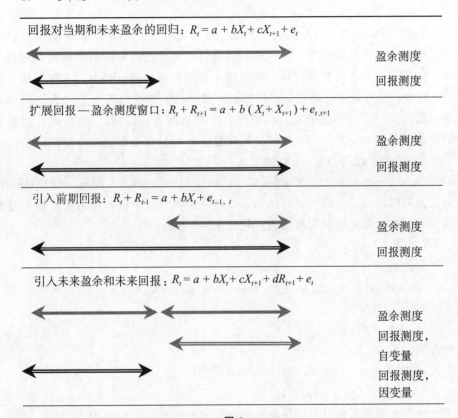

图 1

将未来盈余增长率纳入模型后，解释力由同期回归模型中的 25% 增加到 50%。当期和未来盈余增长的系数均为价值相关的，但由于二者均包含与解释 R_t 无关的部分盈余增长率，因此均为有偏的，使得模型的解释力也受到影响。由于式（7）不存在遗漏变量的问题，所以 R^2 高于同期模型。

4.1.1.6.3　扩展回报—盈余测度窗口

Easton et al. (1992)，Warfield and Wild (1992)，Fama (1990) 以及 Schwert (1990) 报告了允许回报和盈余的测度窗口变化的同期回报—盈余模型的估计结果。扩展测度窗口可以缓解由于价格引导盈余所引起的变量误差和遗漏变量问题。另外，如果噪音是均值反转的，噪音方差与价值相关盈余的方差之间的比率也会由于测度窗口的扩展而下降。[33] 忽略噪音不计，扩展回报—盈余测度窗口对同期回归带来以下影响（见图1）：

$$R_t + R_{t+1} = a + b(X_t + X_{t+1}) + e_{t,t+1} \qquad (11)$$

斜率系数为：

$$b = \frac{\mathrm{Cov}\big[(x_t + y_t + x_{t+1} + y_{t+1}),(x_t + y_{t-1} + x_{t+1} + y_t)\big]}{\mathrm{Var}\big[(x_t + y_{t-1} + x_{t+1} + y_t)\big]}$$
$$= 3\sigma^2/4\sigma^2$$
$$= 0.75 \qquad (12)$$

解释力为：

$$\mathrm{Var}(R_t + R_{t+1}) = b^2\,\mathrm{Var}(X_t + X_{t+1}) + \mathrm{Var}(e_{t,t+1})$$
$$4\sigma^2 = 0.75^2 \times 4\sigma^2 + \mathrm{Var}(e_{t,t+1}) \qquad (13)$$

由式（13），得到模型（11）的 R^2 为 56.25%。以上分析证明了扩展测度窗口能够产生有偏程度较低的盈余反应系数，并且模型的解释力也比进行单一时期的同期回报—盈余回归时高。如果进一步扩展测度窗口，还可进一步增强模型的解释力，并降低估计系数的有偏性。[34] 然而，这种扩展总要有个度的限制。式（12）中的回报 y_{t+1} 包含了一些关于盈余增长的前瞻性信息，但是盈余变量中则没有（即遗漏变量问题）。类似地，测度窗口起点部分的盈余增长包含了式（12）中过去的信息 y_{t-1}，这将会带来自变量的计量误差。

4.1.1.6.4　引入前期回报

Kothari and Sloan（1992），Warfield and Wild（1992）和 Jacobson and Aaker（1993）将当期与过去的回报对当期盈余进行回归，以解决回报—盈余回归中由于价格引导盈余带来的变量误差问题。简化的回归模型为（见图1）：

$$(R_t + R_{t-1}) = a + bX_t + e_{t-1,t} \qquad (14)$$

斜率系数为：

$$b = \mathrm{Cov}\big[(x_t + y_t + x_{t-1} + y_{t-1}),(x_t + y_{t-1})\big]/\mathrm{Var}\big[(x_t + y_{t-1})\big]$$
$$= 2\sigma^2/2\sigma^2$$
$$= 1 \qquad (15)$$

解释力为：

$$\mathrm{Var}(R_t + R_{t-1}) = b^2\,\mathrm{Var}(X_t) + \mathrm{Var}(e_{t-1,t})$$
$$4\sigma^2 = 1^2 \times 2\sigma^2 + \mathrm{Var}(e_{t-1,t}) \qquad (16)$$

由式（16）可知，尽管斜率系数是无偏的，回归方程（14）的 R^2 却只有 50%。这里的回报—盈余之间的关系并不理想，是由于模型中遗漏了反映在当期回报中的用于解释未来盈余增长信息的（解释）变量。另外，因变量含有 $t-1$ 期盈余 x_{t-1} 的一些新信息，在解释变量 X_t 中却没有包含。

模型（14）中的前期回报有助于区分噪音与价格引导盈余假说。当存在噪音时，斜率系数将不等于1，然而通过引进更高阶滞后期的回报，斜率系数将能够体现价格引导盈余现象，从而变大并接近于1。然而，如果盈余中存在暂时性成分，模型的斜率系数将不等于1。Kothari and Sloan（1992）的证据表明，引进前期回报后，盈余反应系数显著升高，该结论与信息环境具有价格引导盈余的重要特征相一致。与噪音及暂时性盈余成分一致，他们估计的斜率系数小于价格—盈余乘数。

4.1.1.6.5　引进未来盈余和未来回报

如前文所述，用回报对当期和未来盈余增长进行回归时，变量误差问题的出现部分地归因于未来盈余增长包含不能解释当期回报的未来信息。借鉴 Kothari and Shanken（1992）的做法，Collins et al.（1994）通过引进未来回报作为自变量来缓解变量误差问题。运用未来回报的好处在于它与未来盈余增长中的新信息是相关的。从计量的角度来看，未来回报去除了未来盈余增长变量中的新信息误差。[35]特定的回归模型为（见图1）：

$$R_t = a + bX_t + cX_{t+1} + dR_{t+1} + e_t \qquad (17)$$

引进 R_{t+1} 可以缓解使用未来盈余增长时的变量误差问题，可以从下面等价的两阶段方法中得到最好的解答（see Kothari and Shanken（1992）的附录）。在第一阶段的回归中，如果将 X_{t+1} 对 R_{t+1} 回归，则该回归的残差将成为 $t+1$ 期盈余增长中与 R_{t+1} 中的新信息不相关的部分。该残差即为盈余增长的预期部分（一个噪音估计），或本小节所用简单模型中 X_{t+1} 的 y_t 部分。第二阶段的回归是以 X_t 和第一步回归中所得到的残差，即 y_t 的估计值，为自变量，对因变量 R_t 进行回归。

如果未来盈余增长中的新信息和当期增长中的预期部分均选用了准确的代理变量，则 Kothari and Shanken（1992）与 Collins et al.（1994）的方法就是成功的。也就是说，估计盈余反应系数将会是无偏的，模型的解释力将达到100%。注意式（17）中的模型也必须进行扩展，引进当期增长 X_t 预期部分的代理变量。当然，模型的成功与否，取决于代理变量的准确程度。Collins et al. 的证据主要支持了价格引导盈余观点，但并没有提供支持盈余噪音假设的证据。

4.1.1.6.6　使用分析师预测取代未来回报

近年来，Liu and Thomas（1999a, b），Dechow et al.（1999）以及其他研究开始通过使用分析师预测数据，将有关未来盈余增长的修正预期放入回报—盈余回归中。[36]这与式（17）的模型通过运用实际未来盈余增长减去未来盈余新信息的影响，从而在计量上得到盈余增长预期值的思想类似。Liu and Thomas（1999a, b）类型的研究以 Edwards and Bell（1961），Peasnell（1982），Ohlson（1995）和 Feltham and Ohlson（1995）的剩余收益定价模型为起点，该模型将价格定义为权益账面价值与未来预期剩余收益折现值二者之和（即超过未来年度预期权益资本成本的盈余）。[37]剩余收益定价模型是股利折现模型的变形（see Feltham and Ohlson，1995；Dechow et al.，1999；or Lee，1999），但是它直接以当期和未来会计数字、账面价值及盈余的形式来表达价值，潜在地方便了对分析师预测的使用。

研究者往往使用分析师对盈余的预测和权益的账面价值来计算未来剩余收益预期值。[38]机读格式的分析师数据大大促进了资本市场研究中对分析师预测的使用（见下文）。近期使用分析师预测数据的研究发现，回报与同期盈余以及剩余收益框架的分析师预测修正之间存在非常强的相关关系。但是，这种强相关关系是源于分析师预测数据的使用，还是源于剩余收益模型，或者二者兼而有之，还需要研究进一步确认。下一步自然的做法就是将包含分析师预测的简单模型与不包含分析师预测的简单模型进行比较。Dechow et al.（1999）在这方面开了个好头。[39]

4.1.1.6.7　获得偏差较小的盈余反应系数估计值的水平回归

Kothari and Zimmerman（1995）认为，水平回归（即价格对盈余回归）的优点是可以避免变量误差问题。其中的逻辑很简单。当期价格包含了当期盈余中的所有信息加上由于价格引导盈余导致的当前盈余中没有的前瞻性信息。因此，如果将价格对盈余进行回归，右侧的变量就不再存在变量误差问题。回归中不包括那些与自变量盈余不相关的前瞻性信息，其计量后果是：估计的盈余反应系数是无偏的，但是由于遗漏了前瞻性信息，模型的解释力下降。

使用水平回归的缺点是存在其他潜在的计量问题，如遗漏相关变量（如成长性）以及异方差等问题。Brown et al.（1999）和 Holthausen and Watts（2001）对以上及其他相关问题进行了全面探讨。

4.1.1.7　小结

在过去的几十年中，有关盈余反应系数的研究取得了长足的进展。然而，尽管存在进步，我相信研究者当前最值得做的还是去检验系数是否在统计上显著或者显著大于其他变量的系数（例如，对盈余的系数与对经营现金流量的系数）。研究同样表明，控制持续性、成长性和风险因素对盈余反应系数的影响是非常重要的。检验估计系数是否与其预测值相等的研究还比较少，只有少数几个研究试图检验暂时性盈余的估计系数是否等于 1（e. g.，Barth et al.，1992）。对系数预测值大小检验研究的匮乏，部分归因于预测值取决于不可观测的未来所有期间的预测盈余增长率和未来期间盈余的折现率。程度回归产生的估计盈余反应系数更接近于经济合理值，但严重的计量问题的存在使得该方法的魅力大减（see Holthausen and Watts，2001）。

§4.1.2　时间序列、管理层和分析师对盈余的预测

本节讨论了对时间序列、管理层和分析师对盈余的预测（4.1.2.1 节）的特征进行研究的动机。接下来在 4.1.2.2 节描述了盈余预测的时间序列特征，在 4.1.2.3 节介绍了管理层预测，最后的 4.1.2.4 节是关于分析师预测的研究。

4.1.2.1　盈余预测研究的动机

研究盈余的时间序列特征及管理层和分析师预测的特征至少有五个原因（Watts and Zimmerman（1986，Chapter 6），Schipper（1991）和 Brown（1993）对其中一些原因有所讨论）。第一，几乎所有的估值模型都直接或间接地用到盈余预测。现金流折现估值模型（Fama and Miller，1972，Chapter 2）经常使用调整的盈余预测来代替未来现金流。分析方法类似的剩余收益估价模型（e. g.，Edwards and Bell，1961；Ohlson，1995；Feltham and Ohlson，1995）对扣除"正常的"盈余的预测盈余进行折现。

第二，将财务报表信息和证券收益联系起来的资本市场研究经常用一个期望盈利模型来分离预期收益中的未预期盈余因素。在有效资本市场中，预期盈余和盈余宣告期间或研究期间的未来回报无关。任何减小对未预期盈余代理变量估计的预期盈余都作为噪音或者计量误差，并且减弱估计的回报—盈余之间的相关性。这样，回报—盈余之间的相关性很大程度上依赖于研究者所使用的非预期盈余代理变量的准确性，进而产生了对盈余的时间序列特征或分析师预测的需求。

第三，有效市场假说越来越多地受到质疑，包括实证上和理论上（如行为金融模型支持的无效市场，see Daniel et al.，1998；Barberis et al.，1998；Hong and Stein，1999）。基于会计的资本市场研究产生了与资本市场有效性明显不一致的证据（详细讨论见下文）。这类研究的一个普遍特性是证明股票回报率是可以预测的，并且其可预测性与盈余的时间序列特征或分析师预测特征有关，从而产生了对盈余的时间序列特征或分析师预测的

需求。

第四，实证会计理论研究假设有效的或机会性的盈余管理并且/或者试图解释管理者的会计程序选择。这类研究经常需要用盈余的时间序列模型来计算"正常的"盈余。例如，检验盈余平滑假设需要检验平滑前和平滑后的盈余的时间序列特征。

最后，分析师和管理层的预测是资本市场的一个信息来源。这样，这些预测就会影响信息环境，并且影响股票价格的水平和波动性。很多文献（see Healy and Palepu，2001）检验信息环境的本质、盈余预测的需要和供给、管理层和分析师的动机及其对预测特征的影响、盈余预测的特征对股票回报的波动性及资本成本的影响等。本研究关注管理层和分析师预测的特征。

4.1.2.2 盈利的时间序列特征

Brown（1993）回顾了盈余的时间序列特征的大部分文献。本文对盈余的时间序列特征涉及较少，因为作者相信这方面文献正逐渐减少。主要原因是很容易得到更好的替代品：分析师预测可以以很低的成本得到，这些预测采用可机读的表格形式，而且包括了大部分公开交易公司的盈利预测（见下文）。

4.1.2.2.1 年度盈余的特征

随机游走：很多证据表明，随机游走或带漂移的随机游走是年度盈余特征的合理描述。早期的证据出现在 Lintle（1962），Little and Rayner（1966），Lintner and Glauber（1967）以及 Ball and Watts（1972）的研究中。Ball and Watts（1972）第一次对该问题进行了系统性研究，他们的结果表明年度盈余随机游走的时间序列特征是成立的。接下来的研究通过检验随机游走模型相对于 Box-Jenkins 模型的预测能力进一步证实了他们的结论（see Watts，1970；Watts and Leftwich，1977；Albrecht et al.，1977）。Ball and Watts（1972，Table 3）及其他的研究指出了盈余的负一阶自相关性。[40]

年度盈余的随机游走特征让人疑惑。与股票价格的随机游走特征是对有效资本市场假说的预测不同的是，经济理论并不能预测盈余的随机游走特征。[41]会计盈余并不像股票价格那样是期望现金流的资本化。因此，假设年度盈余服从随机游走没有经济理论基础（see, for example, Fama and Miller，1972，Chapter 2；Watts and Zimmerman，1986，Chapter 6）。

均值反转：从 Brooks and Buckmaster（1976）开始，一些研究为年度盈余的均值反转提供了证据（最近的研究，see Ramakrishnan and Thomas，1992；Lipe and Kormendi，1994；Fama and French，2000）。但是，将样本内估计的时间序列系数作为均值反转证据并不是那么简单。虽然有均值反转的证据，但其预测能力并不一定比参照样本估计的随机游走模型好很多（see Watts，1970；Watts and Leftwich，1977；Brown，1993）。

均值反转的经济原因：预期盈余的均值反转有几个经济和统计上的原因。第一，产品市场的竞争性意味着超过正常水平的盈利不能持续很久（Beaver and Morse，1978；Lev，1983；Ohlson，1995；Fama and French，2000）。第二，会计稳健性（see Basu，1997）和诉讼风险（see Kothari et al.，1998；Ball et al.，2000）促使管理层更容易确认坏消息。因此，公司经常确认预计亏损。[42]对亏损的确认使得亏损持续性比盈利更差，从而在盈余中引入了负的一阶自相关。第三，如果预期不能恢复盈利，那么发生亏损的公司有选择清算的权利（Hayn，1995；Berger et al.，1996；Burgstahler and Dichev，1997；Collins et al. , 1999)。这意味着生存下来的公司差的绩效预期会反转。因此，清算权利和生存偏差都意味着盈余的时间序列会出现反转。最后，暂时性特殊项目和亏损的影响范围越来越大（see，for example，Hayn，1995；Elliott and Hanna，1996；Collins et al.，1997），这意味着盈余变化是可以预测的。暂时性项目的增加，部分原因可能是 SEC 和 FASB 制定的一些准则规定对某些资产和负债以市值计价。

横截面估计：Fama and French（2000）在盈余预测中引入横截面估计，以揭示盈余的时间序列特征。他们认为时间序列估计没有解释力，因为大部分公司的年度盈余的时间序列观测数只有几个。另外，使用长时间序列产生了生存误差。因为上面讨论的原因，生存误差意味着在正的变化后有正的盈余变化的观测比期望的多。这抵消了原本盈余变化的负的时间序列相关性。生存误差与低的解释力（大的标准差）对时间序列估计的影响支持年度盈余的随机游走结论。

在横截面估计中，年度盈余（水平或变化，调整的或没调整的）对其上一期的观测值进行回归。对每一年的观测都进行一次估计，再以横截面回归年度参数估计的时间序列为基础得出推论。这就是著名的 Fama and MacBeth（1973）过程。

横截面估计的一个缺点是公司特有的时间序列特征在这个过程中被忽视了。但是，这可以通过横截面回归的条件估计来减轻。条件估计试图捕捉盈余的时间序列过程（例如，自相关系数）参数的横截面差异。条件估计是以经济分析为基础的，而不是以前统计意义上最适合的盈余的时间序列模型（最适合的 Box-Jenkins 模型）。条件估计将盈余的自相关系数的横截面差异作为其经济决定因素的函数。也就是说，假设系数根据一系列条件变量，如过去的绩效、红利、杠杆率、行业竞争程度等的值的不同而不同。[43] 因为横截面估计的观测数量非常大，所以在估计中加入很多经济决定因素变得可能。总的来说，横截面估计增强了解释能力，克服了生存误差问题，允许研究者结合盈余的时间序列特征的经济决定因素进行研究。

条件横截面估计：在进行条件盈余预测（或对盈余的时间序列过程的参数的条件估计）时，以前的研究使用至少三种不同的方法来拓展除过去的盈余时间序列以外的信息集合。

首先，条件预测是使用盈余的自相关系数的一个或多个决定因素得到的。例如，Brooks and Buckmaster（1976）着重关注盈余变化的极端值，Basu（1997）检验了负的盈余变化，Lev（1983）确认了行业进入壁垒、公司规模、产品类型和公司的资本密集度等经济决定因素；Freeman et al.（1982）和 Freeman and Tse（1989，1992）也作了类似研究。近期进行条件预测估计的研究包括 Fama and French（2000）以及 Dechow et al.（1999）。

第二，在价格比过去的盈余时间序列具有更丰富的信息含量的假定下，以价格为基础的预测被用来改善盈余的时间序列预测（Beaver et al.，1980）。检验以价格为基础的盈余预测的研究包括 Beaver and Morse（1978），Freeman et al.（1982），Collins et al.（1987），Beaver et al.（1987）以及 Freeman（1987）。尽管价格反映了比过去盈余的时间序列更丰富的信息，但是研究者发现，很难使用公司层面的价格信息作出经济学意义上的显著改善。因此，这类研究对盈余预测的影响很小。价格在改善盈余预测或市场期望上的优势主要体现在长周期情况下（e.g.，Easton et al.，1992；Kothari and Sloan，1992；Collins et al.，1994），这恰恰因为价格可以预测未来几个时期的盈余信息。

最后，Ou and Penman（1989a，b），Lev and Thiagarajan（1993）以及 Abarbanell and Bushee（1997，1998）使用针对损益表和资产负债表的财务报表分析来预测未来盈余和股票回报。这类研究最根本的动机是用基本面分析找出被错误定价的股票。较好的盈余预测只是这类研究的中间产品。

4.1.2.2.2　季度盈余的特征

对季度盈余的时间序列特征注意力的增加至少有四个原因。第一，很多行业的季度盈余具有季节性，因为它们主要的业务活动（如服装和玩具销售）具有季节性特征。第二，季度盈余更及时，所以用季度盈余预测作为市场的期望比陈旧的年度盈余预测似乎更加准确。

第三，GAAP 要求把季度报告期间作为年度报告期间整体的一部分（see APB，1973，Opinion No.28；FASB，1974，SFAS No.3；FASB，1977，FASB Interpretation No.18）。因此，公司被要求估计年度经营费用，并把这些成本分配到每个季度。这样，第四季度要抵消前三个季度在费用分配上故意的（即机会性的）或无意的估计误差。这造成了第四季度和前三个季度具有不同的特征（see Bathke and Lorek，1984；Collins et al.，1984；Mendenhall and Nichols，1988；Salamon and Stober，1994）。更重要的是，使用季度盈余可能是对实证会计理论和有效资本市场假说进行的更有效的检验（see，for example，Salamon and Stober，1994；Hayn and Watts，1997；Rangan and Sloan，1998）。这种效力来源于前三季度的经营费用的估计误差被第四季度抵消的事实，这就使得探讨误差反转的特征的检验变得可行。使用季度盈余的一个缺点就是这些信息是没有经过审计的。

最后，季度盈余的观测数是年度盈余观测数的四倍。从集合过程中信息损失的角度来看，季度盈余时间序列有可能产生比基于年度盈余的预测更精确的年度盈余预测（Hopwood et al.，1982 为此提供了证据）。也就是说，为达到同等程度精确的预测，对季度盈余数据可得性的要求比年度盈余数据低。这使得研究者可以减少生存误差和使用更大的样本公司。

虽然季度盈余预测在盈余宣告时似乎是对市场期望盈余更及时和更准确的代理变量，但是这种优势可能被以下潜在的缺点减弱。市场对任何信息事件的反应表现为对所有预期未来经营现金流的修正。市场可能对未来几个季度的信息作出反应，但这与未来一个季度（一个相对较短的时间段）的信息可能不是高度相关的。因此，除了更精确外，季度盈余差距同股票价格对此差距的短窗口反应之间的联系不比其与长窗口（一年或更长）之间的联系强。最近由 Kinney et al.（1999）提供的证据显示，即使使用了 First Call Corporation 计算的合成的盈余预测，股票回报和盈余差异的符号为同向的概率也不超过 40%～60%。[44]没有很强的联系不应该被机械地解释为其表明期望盈余代理变量有噪音。较小的相关关系可能意味着价格对与当期盈余信息无关的未来收入的信息作出反应。也就是说，价格对盈余的前瞻特性成为一个重要的需要考虑的因素（see Kinney et al.，1999；Lev，1989；Easton et al.，1992；Kothari and Sloan，1992；Collins et al.，1994）。另外，近年来盈余中暂时性项目的影响范围越来越大，并进一步减弱了当期盈余差异与盈余公布期间价格变化——即对未来几个期间期望盈余的修正——之间的关系。

季度盈余的自回归综合移动平均特征：对季度盈余具有很好描述力的 Box-Jenkins 自

回归综合移动平均（autoregressive integrated moving average，ARIMA）模型（Foster，1977；Griffin，1977；Watts，1975；Brown and Rozeff，1979）已经得到了充分的发展。对模型进行比较的研究发现，Brown and Rozeff（1979）模型至少在进行短期预测时优于其他模型（see Brown et al.，1987a）。但是，这种优势并不反映在与季度盈余公布前后的短期回报有更强的联系上（see Brown et al.，1987b）。较简单的模型如 Foster（1977）在这些方面至少表现得与更复杂的模型一样好。Foster（1977）模型的主要优点在于它可以不用 Box-Jenkins ARIMA 软件进行估计。

目前，对季度盈余时间序列模型的使用主要集中在盈余宣告后漂移的市场有效性上（见下文）。在其他资本市场研究中，研究者几乎无一例外地使用分析师或管理层对盈余的预测。如下文所示，这些预测不但容易得到，而且更准确，与股票回报的相关程度也更高。

4.1.2.2.3　盈余组成部分的特征

研究者对盈余组成部分的特征感兴趣，至少出于三个原因。第一，检验在与股票价格的关系中盈余的组成部分是否提供了比盈余更多的信息。[45]这类研究主要评价要求企业公布盈余的组成部分并进行基本面分析的准则。盈余的组成部分是否能增加相关性或具有增量信息的结论，取决于盈余的组成部分中非预期部分的代理变量的准确性，这就产生了对盈余的组成部分的时间序列特征的需求。

第二，应计项目和现金流是盈余的组成部分中最经常被检验的两个部分。经营性应计项目反映出会计人员试图把经营现金流转为盈利，以使其更能反映公司的绩效，并且使盈余在绩效评价、基本面分析或评价中更有用。但是，自利的管理层可能使用机会主义的会计判断或操纵应计项目，这就削弱了盈余对公司绩效的衡量力。建立在实证会计理论基础上的对应计项目管理假设的检验主要检查会计应计的特征。这类检验使得研究者有研究应计项目和现金流及盈余的其他组成部分（如现实应计和非现实应计、经营现金流和投资现金流等）的时间序列特征的动机。

最后，对盈余组成部分的预测相加可能得出更准确的预测，这使得人们对盈余组成部分的时间序列特征的兴趣增加。这里的逻辑类似于综合季度盈余预测可以改善年度盈余预测的准确性的逻辑。不同之处在于被综合的盈余组成部分是同时期的（即横截面的），而被综合的季度预测是跨时期的。两种情况都假设集合过程中信息会丢失。

4.1.2.2.4　盈余组成部分研究现在的情况和未来的方向

实证会计研究和基本面分析的需求使得盈余组成部分特征的研究很活跃。早期的应计项目特征的研究采用幼稚模型（e.g.，DeAngelo，1986；Healy，1985），但是从那时开始，我们的研究在不断进步（e.g.，Jones，1991；Kang and Sivaramakrishnan，1995；Dechow et al.，1995）。我相信，用经济交易的本质和对这些交易的会计记录来反映盈余组成部分的特征，比简单地将时间序列模型用于盈余的组成部分的分析更有效（see Guay et al.，1996；Healy，1996）。Dechow et al.（1998a）试图把应计项目、经营现金流和销售收入的时间序列特征作为模型的起点。应计项目或盈余的组成部分的经济模型不一定最好地反映了历史数据，但其对管理层行为的解释比单纯的时间序列统计模型更具解释力和预测力。

4.1.2.3　管理层预测

管理层预测有很多形式，包括盈利预警、业绩预报以及管理层盈余预测。盈利预警和业绩预报在盈余公布之前，主要传达坏消息。管理层盈余预测一般紧跟盈余公告，但并不一定向市场传达坏消息。因为管理层预测是自愿的，所以预测是有经济动机的。Healy and Palepu（2001）和 Verrecchia（2001）的回顾文章中对管理层预测的经济动机作了详细讨论。下面是经济动机的几个例子：（1）诉讼威胁影响管理层自愿性预测和预测坏消息的决定（e.g.，Skinner，1994；Francis et al.，1994；Kasznik and Lev，1995）。（2）管理层关注信息披露的私有成本的效果，这些私有成本取决于管理层预测的本质（e.g.，Bamber and Cheon，1998）。（3）管理层预测的时机与公司股票内部交易的时机（Noe，1999）。在这篇回顾文章里，我只总结关于管理层预测的特征的主要研究。这篇总结文章描述了文献中的主要发现和假设。

早期对管理层预测进行的研究有 Patell（1976），Jaggi（1978），Nichols and Tsay（1979），Penman（1980），Ajinkya and Gift（1984）和 Waymire（1984）。他们都认为管理层预测具有信息含量。具体来讲，管理层预测发布与回报变动性增加显著相关（e.g.，Patell，1976），并且管理层预测的非预期部分和预测日前后的股票回报显著正相关（e.g.，Ajinkya and Gift，1984；Waymire，1984）。

对管理层自愿预测的一个假设是，通过管理层预测，使投资者的期望与管理层拥有的优势信息一致（Ajinkya and Gift，1984）。这个期望调整假设意味着管理层预测优于预测发布时市场对盈余的期望。但是，早期由 Imhoff（1978）和 Imhoff and Paré（1982）提供的证据显示，管理层预测并没有系统地比分析师预测更准确。Waymire（1984）则提供了支持管理层预测优于代表市场主要期望的分析师预测的证据。近期研究检验了不同类型、准确程度和可信度的管理层预测与价格变化的关系（e.g.，Pownall et al.，1993；Baginski et al.，1993；Pownall and Waymire，1989；Bamber and Cheon，1998）。总的来说，这些证据表明管理层预测具有信息含量，并且其信息含量与管理层预测质量的决定因素的数量呈正相关关系。

4.1.2.4 分析师预测

研究分析师预测的理论和实证文献很多。本文集中于分析师预测的特征和这些特征的决定因素。本文不回顾关于为什么分析师进行盈余预测、追踪一个公司的分析师数量的决定因素以及分析师追踪股票回报率的特征的结果的研究。Verrecchia（2001）和 Healy and Palepu（2001）对其中一些问题作了讨论。我承认尽管有些问题在我对资本市场研究的回顾中没有涉及，但是，这些问题也对分析师预测有影响。

买方分析师和卖方分析师都发布盈余预测。会计研究中大部分研究集中在对卖方分析师预测的研究上，因为这些预测公开可得。来自金融服务行业的经纪商和投资银行公司的分析师发布的预测为卖方预测。买方分析师大部分受雇于共同基金和养老基金，其发布的预测主要服务于整体投资决策。本文回顾了研究卖方分析师预测的文献。

分析师预测的研究可以大致分为两类。第一类检验一致的分析师预测的特征。一致的预测指分析师对单个公司（季度、年度或长期）预测的平均值或中位数。这类研究中的一个例子为"分析师预测是否过度乐观？"第二类研究集中于单个分析师预测的横截面或跨时期的特征。进行这类问题研究的文章有"什么是单个分析师预测的决定因素？"以及"分析师技巧是否影响其预测的准确性？"等。两类研究的范围有重叠之处，所以有些讨论对两类研究都适用。

4.1.2.4.1 分析师预测与时间序列预测的比较

早期研究检验分析师预测的准确性及它们与股票回报率之间的联系，并将这些特征与时间序列的盈余预测进行比较。Brown and Rozeff（1978）首先证明分析师对季度盈余的预测优于时间序列预测。接下来的研究提供了不一致的证据（see Collins and Hopwood（1980）and Fried and Givoly（1982），他们提供的证据支持了 Brown and Rozeff（1978）的结论，Imhoff and Paré（1982）则提供了相反的证据），并提出分析师预测比时间序列预测准确是否因为其时间优势（可以得到更多最新信息）的问题。通过比较分析师与时间序列对季度盈余预测的质量，Brown et al.（1987a，b）检验了两者预测的准确性以及与股票回报率之间的联系。他们发现，在控制了时间优势后，分析师预测更准确，与股票回报率之间的联系也比时间序列预测强得多。但是，O'Brien（1988）提供了不一致的证据，他发现自回归模型预测比 I/B/E/S 预测与股票回报率的相关性更强。尽管存在不一致的证据，但是近年来普遍认为相对于时间序列预测而言，分析师预测是市场期望更好的代理变量。现在研究的兴趣主要集中于分析师预测是否有误差、误差的决定因素以及市场在进行股票定价时是否认识到分析师预测的明显误差。

4.1.2.4.2 分析师预测的乐观性

很多研究报告了分析师预测过于乐观的证据，[46]虽然乐观主义近年来逐渐减弱（see Brown，1997，1998；Matsumoto，1998；Richardson et al.，1999）。与分析师的乐观主义逐渐减弱一致的假设至少有三个：（1）分析师从过去的误差中学习（Mikhail et al.（1997），Jacob et al.（1999）and Clement（1999），为分析师的经历对学习的影响提供了混合证据）；（2）分析师有改变的动机；并且（3）用于检验分析师预测特征的数据质量得到改善（例如，生存误差和样本选择误差减小）。

4.1.2.4.3 分析师预测的估计误差

预测的乐观主义是从预测的每股收益系统性地高于实际的每股收益中推断出来的。来源于 Value Line，I/B/E/S 及 Zacks 数据库的分析师预测都被证明是具有乐观性偏差的（Lim，1998）。对分析师预测乐观性偏差进行估计的研究之间都有部分的不同，因为研究设计、变量定义和检验的时间段不同。例如，最近的三个研究报告了 I/B/E/S 数据库分析师预测的特征：Lim（1998），Brown（1998）及 Richardson et al.（1999）。每个研究都使用了超过 10 万个公司的季度观测，分析从 1983 或 1984 年到 1996 或 1997 年同一个时间段的 I/B/E/S 预测。

Lim（1998，pp.9-10）使用"所有经纪公司未经修正的对季度盈余的估计的中位数"作为分析师一致预测，但是分析师预测平均值的使用也很平常（see，for example，Chaney et al.，1999）。[47]Richardson et al.（1999）使用单个分析师的预测并将每个月的预测误差平均化，而 Brown（1998）则报告了只使用最近的分析师预测的结果。Lim（1998）将每股预测盈余与 Compustat 中的实际盈余之间的差异作为预测误差，因为 Philbrick and Ricks（1991）的证据表明，I/B/E/S 报告的实际盈余存在"调整问题"。与此相对，Brown（1998）及 Richardson et al.（1999）使用 I/B/E/S 的实际盈余是为了"与预测盈余之间具有可比性"。

以前的研究对极端值的处理也有所不同。Lim（1998）剔除了绝对预测误差大于等于 10 美元/股的观测，而 Brown（1998）将预测误差大于 25 美分/股的观测都进行了缩尾调整。Degeorge et al.（1999）删除了绝对预测误差大于 25 美分/股的观测。Richardson et al.（1999）删除了价格调整的预测误差超过绝对值 10％的观测。Brown（1998），Degeorge et al.（1999）及 Kasznik and McNichols（2001）在分析预测误差时没有进行调整，而 Lim（1998）及 Richardson et al.（1999）将预测误差用价格进行了调整。没有进行调整的分析潜在的假设是，未经调整的预测误差与每股盈余水平无关（即预测误差没有异方差）。与之相反，使用价格进行调整的研究潜在假设实际盈余与预测盈余之间的偏离决定于每股盈余或每股股价，所以用股价调整可以减小异方差。

4.1.2.4.4　分析师预测偏差的相应证据

尽管研究设计存在差异，但是大部分研究证据表明，分析师过度乐观。这个结论应因不同的研究所采用的预测样本之间相互联系而被弱化。Lim（1998）发现，平均乐观误差为价格的 0.94％。对小规模的公司而言，这类误差为价格的 2.5％，而大市值公司的误差比例则为价格的 0.53％。他还报告说，这类误差在每个年度、不同市值规模的公司中都存在，而且在分析师新追踪的和以前就追踪的公司中也都同样存在。

虽然 Lim（1998）报告的预测误差从统计意义和经济意义上来说都较大，但是 Brown（1998）报告的最近的分析师预测的平均误差只有 1 美分/股。他对 1984—1997 年的年度分析发现，分析师预测的误差区间为 1993 年的 2.6 美分/股的乐观主义到 1997 年 0.39 美分/股的悲观主义。Richardson et al.（1999）也发现，随着预测区间从一年缩短到一个月，误差下降很快，从价格的 0.91％下降到 0.09％（see O'Brien，1988）。同 Brown（1998）一样，Richardson 也发现近年来误差从乐观变为悲观。Abarbanell and Lehavy（2000a）对这个结论有不同的看法。他们认为预测数据的发布者如 First Call，Zacks 及 I/B/E/S 已经将报告盈余的定义改为持续经营的盈余，并且要求分析师也对持续经营的盈余进行预测。Abarbanell and Lehavy（2000a）的结论认为，这种改变"在最近显著的正向预测减少、零预测误差和小的负的预测误差增多中扮演了主要角色"。

在大多数研究中，预测误差的中值都很小（e.g.，Lim（1998）发现的预测误差的中值为 0.01％），这预示着极端观测值在很大程度上影响了结果，也就是说盈余的有偏分布导致了最后的结果。同盈余的有偏分布一致，Gu and Wu（2000）和 Abarbanell and Lehavy（2000b）发现，观测误差主要是由一小部分的预测误差造成的。

4.1.2.4.5　研究设计可能存在的问题

除了比较明显的证据外，仍然有几种原因使我对分析师预测误差的证据有一定怀疑。第一，对预测盈余和同预测盈余进行对比的实际盈余的定义是不同的（see I/B/E/S 数据库定义），尤其是当实际盈余使用 Compustat 数据库的值时（see Sabino，1999）。分析师一般预测盈余时不包括特殊项目和其他一次性损益。I/B/E/S 明显对实际报告盈余的数字进行了特殊项目和/或一次性损益调整，以使公司报告的盈余数字同分析师的预测相一致（细节内容，see Sabino，1999；Abarbanell and Lehavy，2000a）。这个程序看起来比较主观，并且其是否造成了观测误差（或噪音）也是值得研究的。

第二，数据的覆盖随时间得到很大改善，误差程度也稳定下降（Brown，1997，1998；Richardson et al.，1999 为此提供了证据）。误差下降是否与数据库对公司覆盖的改善有关？第三，数据库中是否存在生存误差？生存误差的存在不是简单地因为公司破产，大部分是因为兼并和收购。最后，原来旧的预测与新的最近的预测混合的影响是怎样的？

有证据表明，最新的预测比原来旧的预测的误差小。但是，并不是所有分析师都会修正他们的预测，所以任何时点上预测的中值都是最新的和原来的预测混合样本的中值。未经修正的预测的误差所起的作用是什么？如果公司的表现较差，分析师修正预测的倾向是否会消失？这就使得使用未经修正的预测带来正向预测误差（see Affleck-Graves et al.，1990；McNichols and O'Brien，1997）。Richardson et al.（1999）将预测误差作为预测区间的函数似乎朝正确的方向迈进了一步。

4.1.2.4.6 长窗口预测偏差

除了季度盈余预测，近期很多研究都在考察长窗口分析师预测的特征。长窗口预测一般是对未来2～5年的增长的预测。对长窗口盈利增长预测的分析表明它们一般来说都是较乐观的（e.g.，LaPorta，1996；Dechow and Sloan，1997；Rajan and Servaes，1997）。一些新的研究通过分析师的长窗口预测检验市场有效性（见下文）。我把一些分析师长窗口预测的特征推至检验市场有效性的章节讨论。

4.1.2.4.7 预测偏差的经济决定因素

分析师预测存在乐观主义的证据引起很多研究提出和检验解释乐观性偏差的假设。这些假设可以归为两大类。第一类解释是建立在分析师预测的乐观主义的经济动机基础上的。第二类提出用行为认知偏差来解释分析师预测偏差。

动机基础解释：首先，一个促使"卖方"分析师发布乐观性盈利报告的很重要的经济动机是分析师的报酬来源于他们为投资银行公司融资部提供的服务。[48]公司融资部的主要利润来源于为公司发行股票和并购活动提供的服务。卖方分析师的乐观性预测有助于公司融资部开展业务。阻止分析师发布过度乐观报告的因素是他们的一部分年度收入和他们的名声以及人力资本是预测准确性的递增函数和预测偏差的递减函数。[49]这里的一个假设是：预测分析师为一家从事投资银行业务的公司工作，而这家投资银行公司与它的客户公司有业务关系，则该分析师称为关联分析师。关联分析师会比非关联分析师发布更乐观的预测。其中，Lin and McNichols（1998a），Michaely and Womack（1999），Dugar and Nathan（1995）和 Dechow et al.（1999）提供了同这个假设一致的证据。

下面是另外一个对观测到的关联分析师预测偏差的解释。关联分析师的决断并不是外生的。假设有 N 个分析师，并且假定他们都发布无偏的预测。进一步假设他们在 t 时间独立发布对公司 i 的预测 N 份。因为 i 公司要发行新股，所以其管理层对与其中一个分析师所在的投资银行公司建立关系感兴趣。i 公司可能保留发布最高预测的分析师所在的投资银行公司。也就是说，公司对投资银行分析师的选择是其对公司前景乐观程度的函数。[50]如果这 N 个预测是独立发布的，并且假设所有的预测在平均意义上是无偏的，则公司的管理层选择的分析师预测的截面分布的顺序统计（或者将预测从高到低的分布）事后看来会是乐观的。我认为挑战在于区分上述解释和基于激励的机会主义预测解释。

其次，Lim（1998）和 Das et al.（1999）提出，分析师发布乐观性预测可能是为了从管理层获得更多信息，尤其是当管理层和投资人之间信息高度不对称的时候。分析师为更好地发展同公司管理层的关系而进行的投资改善了信息从管理层向外的流动性，同时帮助其所在公司获得更多的投资和代理业务，可能还有更多客户的经纪委托。Lim（1998）和 Das et al.（1998）认为，虽然预测偏差是糟糕的，但是管理层可能通过给分析师透露信息来改善乐观主义。这些信息可以帮助分析师改善预测的准确性。当事前不确定性很高的时候，分析师的收益是最大的。所以，分析师在预测偏差和从管理层得到的信息之间进行权衡，从管理层得到的信息有利于减小预测误差的方差。这将引致内部平衡，而不是对于巨大的乐观性偏差的片面解释。[51]这个假设也产生了一个截面预测，就是预测偏差会因一些代表事前不确定性和信息不对称的变量（如公司规模、成长机会）而变大。Lim（1998）和 Das et al.（1999）提供的证据支持了这个假设。

第三，Gu and Wu（2000）假设观测到的预测偏差来源于存在盈余分布偏差时的分析师动机。他们认为乐观偏差是合理的和可预期的，因为分析师试图将平均预测误差的绝对值最小化。有偏分布的中值使得平均预测误差的绝对值最小。因此，如果实现的盈余呈负偏态并且分析师试图最小化平均预测误差的绝对值而不是平均方差，预测就会有正向偏差。Gu and Wu（2000）的证据支持了上述假设。但是，Gu and Wu（2000）提供了一个有意思的解释，就是只要分析师预测盈余的中值，正向和负向的误差就都可以被解释。因此，如果有偏的盈余分布显示存在极端未预期盈余，则在好的经济阶段分析师事后会被证明是偏悲观的，而在坏的经济阶段事后被证明是偏乐观的。Wu and Gu（2000）不能区分上述解释和他们对分析师有动机预测中值的假设。

最后，Abarbanell and Lehavy（2000b）提出管理层"洗大澡"的动机很大程度上造成了观察到的分析师预测的正向偏差。也就是说，与以往的解释不同，Abarbanell and Lehavy（2000b）认为预测误差与分析师的动机或认知偏误（见下文）没有任何关系。相反，他们认为盈余管理不成比例地影响了估计误差，而以往的研究试图从分析师动机和/或认知偏误来对估计误差进行解释。

认知偏误解释：对分析师乐观主义的认知偏误解释主要用来对长窗口回报中异常股票回报即意味着市场无效进行解释。市场对过去好的和坏的价格表现（即有利可图的套利投资策略）明显的过度反应的证据将分析师预测的认知偏差作为一种解释。利用 Tversky and Kahneman（1984）及其他人的行为理论，DeBondt and Thaler（1985，1987，1990），Capstaff et al.（1997）和 DeBondt（1992）提出分析师预测乐观主义的认知偏误解释。具体来说，他们假设分析师对（盈余）信息有系统性的过度反应，造成分析师预测的乐观性偏差。但是，要使分析师预测存在乐观性偏差，应该存在某种不对称的过度反应，使得分析师对好消息的过度反应不被其对坏消息的过度反应所抵消。Elton et al.（1984）认为，分析师过度估计绩效好的公司，Easterwood and Nutt（1999）则得出分析师对好的盈余消息过度反应而对坏的盈余消息反应不足的证据。现有文献还不能完全弄清楚分析师不对称过度反应的原因。不对称也使对盈余宣告后的漂移变得难以解释，因为对利好的盈余消息的反应没有反转。

研究还检验了是否存在由认知偏误引起的分析师预测过度反应和乐观主义（see Klein，1990；Abarbanell，1991），以及股票明显的过度反应[52]是否是市场相信分析师认知偏误导致的过度反应和有偏预测的结果（e. g.，LaPorta，1996；Dechow and Sloan，1997）。Klein（1990）的证据与分析师预测的过度反应不一致，Abarbanell（1991）推断出对盈余信息的反应不足，这与盈余宣告后的漂移一致。最近的研究中，Abarbanell and Lehavy（2000b）没有找到与认知偏误导致分析师预测存在正向偏差相一致的证据。我将股票回报的证据放在第 4 部分，在第 4 部分中主要讨论与分析师的长窗口预测有关的市场有效性研究。

其他解释：除了上面提到的导致分析师乐观预测的基于动机和认知偏误有关的解释，已有文献还提供了至少三种其他解释。它们是（see Brown，1998）：羊群行为（Trueman，1994）；盈余的较低可预测性（Huberts and Fuller，1995）；分析师喜欢保留不利预测（Affleck-Graves et al.，1990；McNichols and O'Brien，1997）。

4.1.2.4.8　个人分析师预测的特征

这个领域的研究几乎都有对个人分析师预测特征的描述。其他研究是在分析师发布盈利预测的经济动机下分析个人分析师的预测特征，例如，分析师发布准确的或者有偏的预测的成本和收益。后者更有意思，但是也更困难。

对个人分析师的预测特征的研究可以分为三个方向。第一个方向研究同时期分析师预测准确程度的差异和分析师预测准确程度的决定因素。第二个方向检验分析师在作预测时是否有效利用了预测时可以得到的所有信息。第三个方向比较了不同群体内的分析师（如关联和非关联分析师）预测特征的系统性差别，不同群体内的分析师的经济动机可能是不同的。

4.1.2.4.9　不同的预测准确性及其决定因素

早期的文献没有发现分析师预测的准确程度存在差异（see Brown and Rozeff，1980；O'Brien，1990；Butler and Lang，1991）。在预测准确性研究中难以控制预测更新的混淆作用而导致难以发现预测准确性显著不同。通过使用更广泛的数据和对预测区间的更好的控制，Sinha et al.（1997）总结得出，分析师的预测准确性是不同的。他们发现，甚至在测试组（也就是事前分析）中，高级预测员基于过去的绩效也会比其他分析师预测的准确程度高（also see Stickel（1992），其比较了《机构投资者》（*Institutional Investor*）杂志评选的全美研究团队（All American Research Team）相对其他分析师的预测优势）。Sinha et al. 也发现糟糕的分析师并不一定总是作出糟糕的预测。他们的证据与经济达尔文主义中最优预测员生存下来而糟糕的分析师很可能被市场淘汰是一致的。

近来的研究检验了决定分析师预测准确性的因素，包括 Mikhail et al.（1997），Jacob et al.（1999）和 Clement（1999）。这些研究表明，经验（或学习）、分析师供职的经纪机构的规模和分析师任务的复杂程度（分析师跟踪的企业和行业的数量）影响预测的准确程度。例如，只有 1984 年以后的数据是可以得到的，所以即使一些分析师在 1984 年就很有经验，但是他们跟新手没什么区别。另外，受较长经历的影响得出的推论可能被生存误差的问题混淆。

4.1.2.4.10　分析师预测的有效性

一系列研究表明，分析师的预测是低效的，因为他们没有充分利用预测时所能得到的所有过去的信息。Lys and Sohn（1990），Klein（1990）和 Abarbanell（1991）的证据发现，分析师对包含在价格里的过去信息反应不足。Zacks 投资研究（see Lys and Sohn，1990）、Value Line 预测（see Mendenhall，1991）和 I/B/E/S 一致预测（see Ali et al.，1992）的调查都为单个分析师修正预测的序列相关性提供了证据。这项研究检验了分析师对过去信息和/或盈利信息的反应不足是否可以作为对盈余公告后的价格漂移异象（see Abarbanell and Bernard，1992）的一个可能的解释。

分析师利用可得到的信息进行预测和修正他们的预测的无效性引起了对分析师提供准确预测的动机问题的研究。换句话说，是否利用所有信息的成本超过潜在的收益？这需要对财务分析师的成本和薪酬结构有更好的了解。

4.1.2.4.11　不同类型分析师预测准确性的差别

近来研究检验了经济激励能否有效激励不同类型的分析师（例如，当一家经纪商与企业存在投行业务关系时，对与经纪商有关的和无关的分析师盈余预测的比较）。前面已经讨论过这项研究，检验了不同类型的分析师的预测准确性和证券价格反应，以试图确定资本市场是否会随有偏的分析师预测变动。我会在下面对与市场有效性有关的问题再作讨论。

§4.1.3　资本市场研究中的方法问题

在资本市场研究中作出统计推论时需要注意的要点较多。虽然本质上属于计量经济学，但是因为会计学的资本市场研究具有独特性，一些关于研究方法的讨论也在会计学研究文献中出现。这里所说的独特性通常来自会计数据的特点或研究设计的选择（如程度回归）。大量的文献对与资本市场研究密切相关的计量问题给予了探讨。这些问题对我们如何根据研究中的统计分析得出研究结论具有重要的意义。然而，为了保持此篇综述的回顾重点，我只是以清单的方式将那些讨论研究方法的文章的主要话题——罗列，并向读者提及有关具体技术的相关文献。这些主要的研究话题包括：

（1）由于数据或回归残差相关而引起的检验统计偏差（see Schipper and Thompson，1983；Collins and Dent，1984；Sefcik and Thompson，1986；Bernard，1987；Christie，1987；Kothari and Wasley，1989；Brav，2000；Mitchell and Stafford，2000）。

（2）价格和回报的回归模型（see Lev and Ohlson，1982；Christic，1987；Landsman and Magliolo，1988；Kothari and Zimmerman，1995；Barth and Kallapur，1996；Barth and Clinch，1999；Easton，1998；Brown et al.，1999；Holthausen and Watts，2001）。

（3）比较不同模型中的信息含量，如比较会计盈余和现金流与股票回报之间的联系（see Davidson and MacKinnon，1981；Cramer，1987；Vuong，1989；Dechow，1994；Biddle et al.，1995；Biddle and Seow，1996；Dechow et al.，1998b；Ball et al.，2000）。

§4.1.4　可操纵和不可操纵应计项目的预测模型

4.1.4.1　研究动机

本文选择可操纵和不可操纵应计项目的预测模型的相关研究进行回顾，因为它们对于研究者在资本市场和其他会计学研究中作出正确的研究结论起着重要的作用。在此综述中，可操纵的应计项目和盈余操纵同义。Schipper（1989）将盈余操纵定义为"意图为管理者或股东获得某些私人利益而对外部报告进行有目的的干涉"。可操纵应计项目预测模型将总的应计项目分为可操纵和不可操纵两部分，其中可操纵的应计项目即盈余操纵的代表。不可操纵的应计项目和营运现金流一起构成企业报告盈余中不可操纵的部分。至少有三种研究用到了可操纵应计项目预测模型。

第一，可操纵应计项目模型被用来检验关于管理层操纵会计数字的动机的以契约论或政治成本为基础的假设（例如，对应计项目的机会主义的利用）。或者，这一类研究假设企业选择会计政策或在盈余中包含可操纵应计项目，是为了将管理层对于公司前景的私有信息传达出来，或为了更加精确地反映公司的阶段性业绩表现。例如，对应计项目有效的谨慎利用（see Holthausen and Leftwich，1983；Watts and Zimmerman，1990；Holthausen，

1990；Healy and Palepu，1993）。这些研究的主体部分通常不属于资本市场研究领域。

第二，在市场有效性的假设前提下，很多研究通过讨论盈余的组成部分与股票回报的相关关系来检验有效契约和机会主义理论假设。此类研究的目的通常在于检验新颁布的会计确认或计量准则的信息含量及其与股票回报的关系。典型的研究内容包括银行对于投资和贷款的公允价值的披露是否包含着与企业价值相关的信息（see，e. g.，Barth，1994；Barth et al.，1996；Nelson，1996）；研究自愿披露会计信息的特征以检验有效契约论和机会主义假设（e. g.，Beaver and Engel，1996；Wahlen，1994）。Beaver and Venkat-achalam（1999）的研究就是一个同时检验信息含量和机会主义假设的典型，其同时承认了非战略性噪声和机会主义应计项目操纵的存在。

第三，最近一个研究热点是检验市场无效与以资本市场为动机的应计项目操纵的联合假设，如在发行股票之前的一段时期内企业有通过操纵应计项目来提高业绩（see De-chow et al.，1996；Jiambalvo，1996）的动机。金融经济学和会计学的演进促进了这类研究的发展，它们支持了资本市场的信息非有效性假设。此类研究通常检验当期的操纵后（可操纵的）应计项目和后来的调整后股票超额回报之间是否存在正向的相关关系。这方面典型的例子有 Sloan（1996），Teoh et al.（1998a-c），Rangan（1998）和 Ali et al.（1999）。

4.1.4.2 不可操纵应计项目的预测模型

已有研究文献中主要有 5 个著名的可操纵应计项目的时间序列模型。[53]它们分别是 DeAngelo（1986）模型、Healy（1985）模型、Dechow and Sloan（1991）用到的行业模型、Jones（1991）模型和 Dechow et al.（1995）作出的修正后的 Jones 模型。其中只有 Jones 模型和修正后的 Jones 模型在以后研究中被较普遍地运用，因为它们比其他模型在设计和可靠性方面做得更加出色（see Dechow et al.，1995）。Thomas and Zhang（1999）对 Dechow et al. 的观点提出质疑，他们认为，"只有 Kang-Sivaramakrishnan 模型才是最适当的模型，但它却是被应用得最少的"。Kang and Sivaramakrishnan（1995）提出的模型运用辅助变量方法来估计可操纵应计项目。

不仅如此，在最近的研究中，横截面估计的 Jones 模型（see DeFond and Jiambalvo，1994；Subramanyam，1996b）已经取代了最初的时间序列估计模型。DeFond and Jiam-balvo（1994），Subramanyam（1996b）等研究都更支持这种横截面的估计方法。他们的研究结果指出，对 Jones 模型以及修正的 Jones 模型，横截面数据估计的结果至少不劣于时间序列估计。横截面的估计方法对于数据可用性的要求不像时间序列那么严格，这减轻了研究中潜在的样本生存误差。相对于时间序列模型只能针对单独的一家公司，横截面估计中相对大的样本量也使得其精确度更高。横截面估计方法的劣势在于回归中截面数据之间的差异在系数估计的过程中被忽略。然而，条件性的横截面估计是对这个问题的一个较好修订（见本文 4.1.2 节对于年度盈余预测的时间序列特性的讨论，以及 Fama and French，2000；Dechow et al.，1999）。

4.1.4.3 对非操纵应计项目的预测模型的评价

Dechow et al.（1995）对于其他不可操纵应计项目的预测模型的效度和规范性进行了评价，这篇文章影响深远：他们认为"在 Jones（1991）模型基础上所作的修正模型对于检定盈余操纵行为最具效力"（Dechow et al., 1995, p.193），这成为修正的 Jones 模型在之后被广泛运用的基础。Dechow et al.（1995）同时指出，"当应用到随机模型中时，所有的应计模型都具有较好的统计特性"；"在对有异常财务表现的公司应用应计模型时，所有的模型结果都在特定显著水平上拒绝了不存在盈余操纵的假设"。最后，Dechow et al.（1995）发现，"所有的模型对盈余管理的检测能力都是较弱的"。

因为盈余操纵的研究几乎一成不变地以具有异常财务表现的公司为样本，所以 Dechow et al.（1995）就此提出不可操纵应计项目模型具有严重的偏差。这种偏差来源于正常应计项目（如不可操纵的应计项目或期望应计项目等）往往是与公司的历史（以及现在）的业绩高度相关的。这种相关有两种原因。第一，正如本文在 4.1 节对于盈余的时间特性的讨论中所说，公司的当期业绩在之前业绩基础上的变化并不是随机的。第二，经营性应计项目和经营性现金流都有强烈的中值回转特性（see Dechow（1994）给出的现象描述和 Dechow et al.（1998b）给出的具体模型解释），意味着这两个变量之间不是连续性的不相关。然而，以往文献中运用的 5 个不可操纵应计项目的预测模型都没有对应计项目之间的自相关特性给予明确的控制，因此，期望的应计项目是有偏差并受到不可操纵应计项目影响的。Guay et al.（1996）和 Hansen（1999）分别用以市场为基础的检验和对未来盈余的走势分析指出，在计算期望应计项目时，不可操纵应计项目所占比重较大。Thomas and Zhang（1999）认为，这个比重甚至过大了。他们推断这些普遍运用的模型"几乎没有能力被用来估计应计项目"。

接下来我们将注意力放到不可操纵应计项目模型应用的效度上。一种检验的效度指的是原假设被正确拒绝的概率。在评价不可操纵应计项目模型时，有两个相关问题需要引起关注：首先，如果某种检验设计出了问题（即错误拒绝原假设的概率超过了检验要求的显著性水平，如 5%），对于该检验的效度的评价就没有意义；第二，假设估计的可操纵应计项目因为过去的业绩表现或其他原因而需要调整偏差，那么我将认为不可操纵应计项目模型使检验得到了高而非低的效度。这个结论和 Dechow et al.（1995）的结论相反。他们通过单个证券来研究利用应计模型进行的研究的效度，即其样本数实际是 1。因为几乎所有的研究选用的样本数都超过 50～100，在样本独立的假设下，其平均可操纵应计项目的标准差要小于 Dechow et al.（1995）的研究中的数据。[54] 因此，大多数研究设计的效度都大于 Dechow et al.（1995）研究的结论。那么，关于可操纵应计项目为 0 的原假设通常都在实证研究中被拒绝也就不足为奇了。

4.1.4.4 未来研究方向

不可操纵应计项目模型的误差和偏误指出，其对盈余管理的度量也许并不精确。应计项目应该被定义为一个公司直接经济收益的函数，这样可操纵应计项目才可能被正确地分离出来（see Kaplan, 1985；McNichols and Wilson, 1988；Guay et al., 1996；Healy, 1996；Dechow et al., 1998a）。企业经济收益的波动会影响企业正常的应计项目，同时也为经理人或出于机会主义或为传递信息而操纵应计项目提供了动机。这种情况使研究者从不可操纵应计项目中分离出可操纵部分变得更加复杂。

Collins and Hribar（2000b）指出了界定可操纵应计项目和总的应计项目过程中的另一个问题。他们认为，学者们使用资产负债表法来估计公司的总的应计项目，而不是直接从公司的现金流量表中获取相关信息，这在有兼并收购或非持续经营的样本中是有显著偏误的。[55]关于公司现金流量和应计项目的精确信息只有在 1987 年 SFAS No. 95 公报正式生效之后才能获得，而直到今天，还有很多研究仍在使用资产负债表法。对应计项目估计方法的不准确增加了估计可操纵应计项目中的误差，使其产生潜在的偏误。Collins and Hribar（2000b）的分析指出，如果被检验的样本公司与控制组的样本公司相比在兼并收购方面更加活跃或是带有更多的非持续性经营项目，那么研究推论可能不正确。他们复制的关于股票增发公司的应计项目操纵的研究显示，Teoh et al.（1998a）及其他人的相关文章中发现的显著的应计项目盈余操纵实际上大部分是由可操纵应计项目的估计误差带来的。

另外一个使不可操纵性应计项目预测模型变得复杂的因素是，可操纵应计项目的动机是来自管理上的机会主义还是有效的契约制定。Subramanyam（1996b）报告了估计的可操纵应计项目和企业回报、未来盈余以及现金流业绩表现之间关系的检验结果。他指出，可操纵应计项目的信息含量水平一般，并不具有机会主义的特征。[56]相反，那些应计项目呈极值的公司组合往往具有通过操纵应计项目来（成功）操纵公司资本市场表现的特征（see Sloan，1996；Xie，1997；Collins and Hribar，2000a，b）。因为机会主义和有效契约动机都与经理人的激励以及公司业绩相联系，研究者应该将不可操纵应计项目预测模型的发展和公司的业绩相联系。

在发展更好的不可操纵应计项目的经济模型的同时，利用该模型进行的相关检验也需要得到改进。对改进检验方法的需求至少来自以下三个方面。首先，虽然如 Dechow et al.（1995）所进行的方法论研究只关注可操纵应计项目一年的业绩表现，但是利用可操纵应计项目的研究往往检验的是公司多年的业绩表现。其次，在横截面样本独立假设下的检验统计量的计算可能存在误差，特别是当研究者关注的是多年的时间区间下的业绩表现的时候。Brav（2000）指出，忽略样本横截面正相关而在长时间范围内对股票回报业绩表现进行的检验是存在显著偏差的（see also Collins and Dent，1984；Bernard，1987）。

第三，长时间范围的业绩可能向右倾斜（或者可能展现其他的非正态分布），从而导致多年业绩的检验可能存在偏误。同时，长时间内不是所有的样本公司都始终存在，因此检验可能出现样本的生存误差。虽然用 T 检验来检验大样本的非正态分布是足够的，但是样本偏斜（或其他形式的非正态）和横截面上的相关都可能导致检验结果出现误差。运用 Bootstrap 方法估计标准误差是解决样本非正态分布和生存误差的一种方式。

第四，一个研究中能在整个多年的检验时期中始终存在的公司其百分比远小于 100%。例如，Teoh et al.（1998c）研究了 1 514 个 IPO 之后六年的 IPO 样本。他们的检验利用配对样本并以销售回报率为基础，结果只有 288 家公司在 IPO 后的第六年依然存在，也就是说，只有原始样本的 19%（see Teoh et al. 1998c，Table 2，panel C）。类似这样的样本规模的大幅下降并不是只在 Teoh et al.（1998c）的研究中出现。然而，令人惊奇的是，在以往文献中，并没有系统性证据表明这样大规模的样本损失是否会带来结果的偏差。此外，在一个匹配样本的研究设计中，这样的样本损失是来自被检验样本公司的生存误差，还是配对公司？这个问题又是否重要呢？

最后，Barber and Lyon（1996）的研究指出，以业绩来配对的控制组公司在随机或非随机的样本中可以得出对超额经营业绩的无偏衡量。关注可操纵性应计项目的研究也多使用业绩匹配样本。然而，以往文献并没有对利用业绩匹配样本研究可操纵应计项目的规范性和效度进行系统性研究。

4.1.4.5 对资本市场研究的启示

与这篇资本市场研究文献综述直接相关的问题是资本市场研究是否受到不可操纵应计项目预测模型问题的影响。我相信结果是肯定的。举例来说，想想 Aharony et al. (1993)，Friedlan (1994)，Teoh et al. (1998b，c) 等研究中的假设，以及其他认为在 IPO 之前管理层会通过正向的可操纵应计项目来提高公司财务业绩的研究结果即可。

第一，管理层的 IPO 决策是内生性的。它一般发生在公司有较好的业绩基础和未来期望收益，同时又需要为投资项目融资来满足公司预测的产品和服务发展的时期。然而，高速增长是中值回转的。其中一个原因是，高速增长中的一部分是由于 GAAP 的不可操纵（或中性）应用下的短期盈余形成的。因此，在检验结果中出现的业绩中值回转是可以预期的，且不一定都来自可操纵应计项目。

第二，现在被广泛使用的修正的 Jones 模型把应收款的所有增加部分都归类为可操纵应计项目（see Teoh et al.，1998c；Dechow et al.，1995）。[57] 因此，赊销带来的合理的销售收入增长被当作可操纵的应计或者作假（see Beneish，1998）。这意味着，由于异常的销售收入增长是均值反转的，修正的 Jones 模型在估计 IPO 之后的可操纵应计时会增大误差。

以上的例子指出了在估计可操纵应计项目时可能出现的偏差（see also Beneish，1998）。确定性结论的得出还需要更加仔细的进一步检验。除证明可操纵应计项目的存在性之外，学者们也尝试将估计的可操纵应计项目与当期及后来的股票回报相联系，来检测市场有效性。我将在 4.4 节讨论，在检验市场有效性的背景下，运用错误设定的不可操纵应计项目预测模型发现市场存在"功能锁定"（市场只是关注报告盈余）的潜在后果。如上所述，利用应计项目来操纵盈余的资本市场动机已经反映了部分资本市场也许是信息非有效的证据。

§4.2 除盈余外其他的会计业绩度量方式

从 Ball and Brown (1968) 开始，很多研究运用与股票回报的相关性来比较不同会计业绩度量方式，如历史成本法计量的盈余、当前成本计量的盈余、剩余收益、营运现金流等。这些研究的一个主要动机是认识到其中一个业绩度量方式的不足。比如，美国注册会计师协会财务报告特别委员会（AICPA Special Committee on Financial Reporting，1994），即著名的詹金斯委员会（Jenkins Committee）的 Lev (1989)，以及薪酬设计咨询公司如斯滕斯特（Stewart，1991），都指出历史成本财务报告模型下的盈余对于公司业绩的衡量是"低质量的"。

在检验盈余信息对投资者估值或是管理者业绩评价是否有效的研究中，学者直接或间接地用到了"盈余质量"这个概念。资本市场研究通常假设一种会计业绩度量方式，或者是为管理层业绩评价服务，或者是为估值信息服务。一种管理层业绩评价度量方式衡量的是某一段时间内由管理者的努力或行动带来的价值增加，而为估值提供信息的业绩度量方式衡量的则是公司的经济收入或股东财富的变化量。前者具有契约动机，而后者具有信息含量或估值动机。虽然我期望契约动机下的业绩度量与估值动机下的业绩度量是正相关的，但我并不认为两者是一致的（参见下面的讨论）。因此我相信，比较不同业绩度量方式的研究设计会受其假设的决策目的的影响。

§4.2.1　对以前研究的回顾

早期的相关性研究（e.g.，Ball and Brown，1968）坚决指出盈余反映了股票价格中的部分信息。这些研究我在第 3 部分已经给予回顾。然而，这些早期的研究并没有对不同的业绩度量方式进行统计上的比较检验，因为它们最初的关注点只是想确定盈余信息和股票价格信息之间是否存在交叠。

20 世纪 80 年代，一些研究在统计上比较了股票价格和会计盈余、应计项目和现金流之间的关系。这些研究包括 Rayburn（1986），Bernard and Stober（1989），Bowen et al.（1986，1987）以及 Livnat and Zarowin（1990）等的长窗口相关关系研究，还包括 Wilson（1986，1987）的短窗口检验。除了提供正式的检验，他们的动机还包括修正之前研究中使用相对粗略的度量方式以计算现金流。同时他们运用更加成熟的期望模型来将盈余（应计项目）和现金流的非期望性部分更加精确地分离出来，因为在有效市场上的回报只对这些预期之外的部分进行反映。大多数研究得出的结论都是相对于现金流，应计项目具有额外的信息含量。

在这个有关会计盈余和现金流的相对信息含量的庞大研究领域中，Dechow（1994）的创新性在于，其改进了对于使得会计盈余比现金流具有更多的关于公司经济业绩的信息含量的条件的横截面预测（see also Dechow et al.，1998a）。Dechow（1994）认为，之前研究中对于业绩衡量非期望组成部分的强调是误置的。她将业绩度量首先看做为契约动机服务。因此，她对于那些企图得到业绩中预期部分最精确的代理变量，或者将业绩中的非预期部分和股票回报相联系的研究设计并不感兴趣。她认为管理者的薪酬契约几乎总是只指定一个总的业绩变量（如会计盈余），同时该种企业极少涉及这种变量的创新（如非预期性盈余）。因此，Dechow（1994）强有力地指出那些对于业绩度量方式进行评估的检验应该以界定最佳的度量方式为目标，而不需注意每种衡量方式是否提供了额外的信息。[58]

§4.2.2　现阶段的研究兴趣

现阶段的研究检验 FASB 要求披露的新的业绩度量（例如，Dhaliwal et al.（1999）研究与最初的每股收益相比的综合收益），或者研究薪酬设计咨询公司（如斯滕斯特等）提出的不同的业绩衡量标准（e.g.，Biddle et al. 1997 的研究比较经济附加值与会计盈余），或者是不同行业运用的行业业绩标准（e.g.，Vicent（1999）和 Fields et al.（1998）检验房地产投资信托公司运用的不同业绩度量标准）。这些研究的结论指出，业绩评价发展到无具体规则的环境中（如房地产投资信托行业的业绩评价）之后，其信息含量比在具体规则下的业绩度量有所增加（如综合收益）。

§4.2.3　未解决的问题和未来的研究方向

4.2.3.1　将业绩变量和股票收益的关系作为标准

评价不同业绩度量方式的研究多以其与股票回报的相关性作为决定最优度量方式的标准。追溯到 Gonedes and Dopuch（1974），一个长期存在的问题是与股票回报相关的检验是否正确。Holthausen and Watts（2001）也对这一问题进行了深度分析。评价不同的业绩度量方式的研究必须认识到，某种特殊的业绩衡量方式的目的将会影响检验的结果。考虑到那些与推动债务契约实现相连的业绩度量和财务报表的情况，公司债权人将会着重关注那些在公司的市场资本化程度的变化中得到体现，并旨在衡量公司增长策略价值变化的业绩衡量指标。

另一个例子是，如果某种业绩度量方式的目的在于报告过去一段时间内产出的净价值，那么它不一定必须要和股票回报高度相关（see，for example，Lee，1999；Barclay et al.，1999）。原因在于，一个时期的回报反映的只是这一段时间内产出价值中超出预期的部分以及对未来产出预期的修正部分。只要我们接受与股票回报的高度相关在比较不同的业绩衡量方式中既非充分也非必要条件，那么一种衡量方式的额外信息含量就是评价业绩度量方式时的一种值得质疑的标准。

4.2.3.2 业绩度量的水平或未预测部分

如上所述，Dechow（1994）指出，大多数管理层薪酬契约都只用到一种会计业绩度量方式，而这种度量方式不是业绩变量的非预期部分。她因此反对使用业绩度量的非预期部分，建议将业绩度量的水平和股票价格水平相联系。为达到计量经济学上的便利（如减少自相关的遗漏变量，降低异方差和系列相关），研究者运用当期期初的价格作为因变量和自变量的标准化因子（see Christie，1987）。然而，Ohlson（1991），Ohlson and Shroff（1992）以及 Kothari（1992）指出，因为股票价格包含对未来业绩表现的预期，它不仅仅在计量上作为一种标准化因子存在，同时也将回报和业绩度量中的非预期性部分相联系。因此，如果研究的目的是关注总的业绩衡量而非仅仅其非预期性的部分，那么它是否一定需要和股票回报或价格相连呢？与股价的相关确实将整体的业绩度量和股价联系起来，因为当前的股价同时包含了盈余惊喜和预期盈余两部分（Kothari and Zimmerman，1995）。[59]而将业绩度量方式与股价相联不好的一面在于，它会带来由异方差和自相关遗漏变量引起的严重的计量经济学问题（see Gonedes and Dopuch，1974；Schwert，1981；Christie，1987；Holthausen，1994；Kothari and Zimmerman，1995；Barth and Kallapur，1996；Skinner，1996；Shevlin，1996；Easton，1998；Holthausen and Watts，2001）。

4.2.3.3 与未来现金流的关系

财务会计准则提出的一个重要目标是，财务信息必须在使用者评估公司未来现金流的数量、时间和不确定性时发挥作用（see FASB，1978）。对这个标准的一个操作性理解是比较业绩度量的基础和未来现金流的相关性。一些当前的研究检验了盈余与未来现金流的相关关系（see Finger，1994；Dechow et al.，1998a；Barth et al.，1999）。如果一个学者将业绩与未来现金流的相关性作为评价不同业绩度量方式的标准，那么这种业绩度量方式和股价的相关性可以作为一种补充检验。用股价的好处在于它包含了在有效市场上对于未来现金流的预期，这意味着未来预期现金流向量被综合成为一个单一的数字，即股价。当然，这需要在用股价水平进行回归带来的计量经济学问题（see Holthausen and Watts，2001）和在现金流不变情况下股价贴现因子的影响之间进行权衡。

§4.3 估值和基本面分析研究

本节首先讨论基本面分析研究的动机（4.3.1小节）。4.3.2小节阐述了基本面研究作为资本市场会计研究的一个分支的角色。4.3.3小节介绍了在会计研究中经常用到的股利折现、盈余资本化和剩余收益估值模型。该小节还回顾了在这些估值模型基础上进行的实证研究。4.3.4小节对基本面分析研究作了回顾，这些研究考察了财务报表比率，以此来预测盈余和识别被错误定价的股票。

§4.3.1 基本面研究的动机

基本面分析研究的主要动机和实践中的应用就是识别被错误定价的证券以进行投资。不过，即使在一个有效市场中，基本面分析也是非常重要的。它可以帮助我们了解价值的决定因素，这有助于对非公开交易的证券进行投资和定价。无论动机如何，基本面分析都试图确定公司的内在价值。这种分析总是使用公开交易公司的样本数据，估计其内在价值和市场价值之间的相关性。市场价值与内在价值的相关性可以使用内在价值直接进行估计，也可以通过对市场价值与内在价值决定因素的回归分析进行间接估计。本节将讨论后者。在对内在价值作出估值后，会实施一定的交易策略。根据策略产生的风险调整后收益的大小，来评价内在价值估值的成败，这就是基本面分析的最后一步。这也是对市场效率的一种检验，我会在4.4节中讨论针对这一话题的研究。

§4.3.2 基本面研究是会计研究吗？

为了更好地回答基本面研究是否应当被视作会计研究的一部分，[60]我们首先比较一下财务报表中的信息集和市场价值中包含的信息集。由于市场价值是预期未来现金流的折现值，因此，对未来收入、费用、盈余和现金流的预测就成为估值的要点。Lee（1999，p.3）总结道："估值的核心任务是预测。是预测将生活转换成了估值模型。"但是，在绝大多数经济生活中有趣的情境下（如IPO，高成长公司，以有效的提升/发挥合力为目的的并购），根据现行GAAP编制的财务报表却无法对公司预期的未来销售额作出适当的概括统计，因此，也无法预测未来的盈余信息，而这些信息则内含在当前的市场价值中。所以，除非当前的会计制度进行彻底的变革，否则财务报表本身绝不会有很大的作用或成为市场价值的精确指示器。

构成GAAP基础的可靠性原则经常被人提及，并将其作为财务报表不包括可以影响市场价值的前瞻性信息的理由。例如，Sloan（1998，p.135）推测说，"似乎是可靠性标准导致了可以帮助预测价值的大量指标和GAAP中囊括的很小量指标的差异"。可靠性原则无疑是重要的，但我认为收入确认原则同等重要，甚至是更重要的。收入确认原则将财务报表简化到回答如下问题："最近你已经为我做了什么？"因此，即使未来收入可以被可靠地预测（至少对很多公司来说，大部分是可以的），但这些收入都不能被确认。由于市场价值和价值的变化与有关未来收入的信息息息相关，因此现行的GAAP财务报表不大可能成为价值的非常及时的指示器。

即使财务报表中缺乏及时的信息，我还是要强调以下几点。第一，缺乏及时性并不能说明GAAP在收入确认原则（或可靠性原则）上就一定会作出更改；我只是在描述现行的GAAP而已。对财务报表中的历史信息，进而对收入确认原则的需求，也是有其经济意义的，但这超出了本文的讨论范畴。第二，财务报告传递的一些信息并没有被公众所知，这可以从对会计信息含量的事件研究中得到证明。这类研究和盈余反应系数的文献试图研究会计是否捕捉到了影响证券价格的信息以及会计报告在反映这些信息方面有多及时。前面我们讨论过这类文献关心的一个问题是GAAP和/或管理层的自主决策是否使得会计数字失去了价值相关性。

考虑到财务报表的历史信息本质，有意义的基本面分析研究需要会计学者拓展资本市场研究的定义，将使用预测的盈余信息的基本面分析研究包括进来。Lee（1999）对这一观点提供了强烈的支持。他认为（p.17）对会计学者而言，"以使用者为导向的研究，如估值，毫无疑问是朝正确方向迈出的一步"。我也同意这一观点，但是，这类研究应当超越报告对交易策略的描述统计和成功的结果，它应当提出理论，并对由理论衍化生成的假设作出实证检验。

作基本面分析和估值研究的学生应当对各种不同的估值模型和基本面分析技术都有所了解，这既是为了满足在有效市场中进行估值的需要，也是为了通过内在价值分析识别被错误定价的证券。下面，我对估值模型和评价这些模型的实证研究作了总结。这一部分是与 Ou and Penman（1989a，b），Lev and Thiagarajan（1993）以及 Abarbanell and Bushee（1997，1998）的基本面研究一脉相承的。使用内在价值计算或基本面分析能否获得超额收益将在下一节"市场有效性检验"中讨论。

§4.3.3 估值模型

对基本面分析和估值来说，会计文献依赖于股利折现模型或它的变种，如盈余（资本化）模型或剩余收益模型。特定的资产负债表模型在文献中也很常见（see Barth and Landsman，1995；Barth，1991，1994；Barth et al.，1992）。从本质上讲，它的基础假设是公司仅仅是可分离资产的集合，可分离资产的报告数值被假定为是其市场价值的噪音估计。资产负债表模型主要用于检测评价财务报告准则的价值相关性方面，而这不是本文的重点（see Holthausen and Watts，2001）。此外，在使用时，资产负债表模型通常要增加盈余等项目作为额外指标，这就使得它在实证上同变形的股利折现模型十分类似。因此，我只讨论股利折现模型和它的以会计变量为基础的变种模型。

4.3.3.1 股利折现与盈余资本化模型

通常认为这一模型是 Williams（1938）提出的。股利折现模型认为股票价格等于预期的未来股利按风险调整后的预期收益率进行折现后的现值。公式如下：

$$P_t = \sum_{k=1}^{\infty} E_t [D_{t+k}] / \prod_{j=1}^{k} (1 + r_{t+j}) \tag{18}$$

式中，P_t 是在时间 t 的股票价格；$\sum$ 是求和运算符号；$E_t [D_{t+k}]$ 是市场预期的在 $t+k$ 时期的股利；$\prod$ 是连乘运算符号；r_{t+j} 是风险调整后的折现率，反映了在 $t+j$ 时期股利的系统风险。

从式（18）可以看出，价格是随对未来股利的预期和未来期间折现率而变化的。Gordon（1962）对未来股利的变化趋势和折现率都作了简化的假设，并给出了简单的估值公式，称为 Gordon 增长模型。如果折现率 r 在各期都相同，股利预期以 g（$g < r$）的速度稳定增长，那么

$$P_t = E_t (D_{t+1}) / (r - g) \tag{19}$$

由于未来股利可以用未来盈余和未来投资的预测值表示，因此股利折现模型可以被改写。Fama and Miller（1972，Chapter 2）就是很好的参考，他们是从股利折现模型到盈余资本化模型的一个基本转换。[61]Fama and Miller 阐述了如下几点，有助于理解股票价格的驱动因素。第一，价值依赖于当前和预期未来投资的预期盈利能力，这就意味着股利政策

并不影响公司价值，只有公司的投资政策会影响价值（Miller and Modigliani，1961）。Fama and Miller（1972）将股利的信号效应解释为股利变化传递了公司投资政策方面的信息，因此减轻了信息不对称的程度。[62]

第二，式（19）中的增长率 g 依赖于盈利再投资于公司的程度和投资的回报率。但是，再投资本身并不会增加今天的市场价值，除非未来投资的回报率超过折现率或资本成本 r。这就是说，如果未来所有期间预期的投资回报率等于 r，那么股票价格就是 X_{t+1}/r，其中 X_{t+1} 是下一期间的预期盈利。不论公司是通过再投资还是发行新的股票扩大规模，这一估值公式都是成立的。Fama and Miller（1972，p.90）将这一公式称为"对公司当前持有的资产产生的盈余流进行资本化的价值"。只有当公司有机会投资于可以获得高于一般回报率（即回报超过 r）的项目时，股票价格才会高于 X_{t+1}/r。

第三，对预期盈余的资本化通常会导致不正确的估值，因为未来盈余已经反映了成长性，或者缘于再投资（如将盈余转为再投资），或者缘于由新发行股票进行融资的投资。因此，从股利折现模型转换到盈余资本化模型需要进行一定的调整，剔除对未来盈余进行再投资带来的影响，而纳入由于挣得高于一般的回报率（如盈余增长机会的影响）而对未来盈余的影响。

盈余资本化模型在会计界很常见，很多盈余反应系数的文献都依赖于此（see Beaver，1998；Beaver et al.，1980）。在盈余资本化模型在盈余反应系数的应用中，或者根据盈余的时间序列特性预测盈余（e.g.，Beaver et al.，1980；Kormendi and Lipe，1987；Collins and Kothari，1989），或者根据分析师的预测来预测盈余（e.g.，Dechow et al.，1999）。这些文献考虑再投资效应，是通过假设未来投资不会挣得超额的回报率，也就是相当于假设股利支付率为100%而达成的（e.g.，Kothari and Zimmerman，1995）。在盈余反应系数的文献中，增长机会的边际效应是通过使用一些代理变量，如市账比，或通过分析师的高盈余增长预测来加以考虑的。其中的假设是这种增长机会会对盈余反应系数有正向的边际影响（e.g.，Collins and Kothari，1989），因为增长股票的价格比无增长股票的估值 X_{t+1}/r 要高。

4.3.3.2 剩余收益估值模型

Ohlson（1995）和 Feltham and Ohlson（1995）的剩余收益估值模型在文献中变得越来越常见。[63]从股利折现模型出发，剩余收益估值模型将价值表述为当前账面价值和预期的超额盈余的折现值之和，其中预期的超额盈余的折现值等于预期的盈余减去资本支出，资本支出则等于预测的账面值乘以折现率。Ohlson（1995）及其他人（e.g.，Bernard，1995；Biddle et al.，1997）指出，有关剩余收益估值的概念已经讨论了很长一段时间。[64]但是，Ohlson（1995）和 Feltham and Ohlson（1995）对这一份荣誉却是应得的，他们成功地复兴了剩余收益估值的概念，将这一概念发扬光大，并影响了实证文献。

Ohlson（1995）模型将时间序列结构加入了影响价值的超额盈余过程。模型中的线性动态信息：（1）指出了在当前期间的超额盈余中的自回归、时间序列衰退趋势；（2）将"除超额盈余外的其他信息"建模，使其进入价格中（Ohlson，1995，p.668）。超额盈余中，自回归过程的经济含义是竞争迟早会减少超额回报（如正的超额盈余），或所获回报比正常回报率低的公司最终会退出。Ohlson 模型中的另一个信息是价格比以交易为基础的、历史成本的盈余反映了更为丰富的信息集（see Beaver et al.，1980）。

Feltham and Ohlson（1995）模型保留了 Ohlson（1995）模型中，除自回归时间序列过程之外的大部分结构。Feltham-Ohlson 的剩余收益估值模型将公司价值表示为当前的和预期未来的会计数字，同股利折现模型用预测股利或净现金流十分类似。预测的超额盈余可以跟随任何过程，并且它们反映了其他信息的可获得性。这一特征可以让我们在 Feltham-Ohlson 模型的实证应用中使用分析师的预测，因此，在一些时候，相比股利折现模型，这是一个很有吸引力的估值模型。例如，在比较股利折现模型和剩余收益估值模型的应用时，Lee et al.（1999）总结道："实用性方面的考虑，例如分析师预测的可获得性，使得这个模型比股利折现模型更易于操作"（see also Bernard，1995，pp. 742-743）。简便性是因为使用的是干净的剩余，人们可以直接使用超额盈余预测来对公司进行估值，而不必从财务报表中倒算净现金流。超额盈余预测是分析师对盈余和资本支出的预测数之间的差，即 $E_t\left[X_{t+k} - rBV_{t+k-1}\right]$。使用超额盈余预测时，时间 t 的股票价格 P_t 表示为：[65]

$$P_t = BV_t + \sum_{k=1}^{\infty} E_t\left[X_{t+k} - rBV_{t+k-1}\right]/\left(1+r\right)^k \tag{20}$$

式中，BV_t 是 t 时间权益的账面价值；$E_t\left[\cdot\right]$ 是求期望的符号，是根据 t 时间可获得的信息求期望；X_t 是 t 时期的盈余；r 是适用于权益盈余（或现金流）的风险调整后的折现率。

式（20）将价格表示为预测的账面价值和超额盈余，这些预测与对股利的预测相比含有同样的信息，而对股利的预测是隐含在分析师对盈余预测中的。换言之，剩余收益估值模型是股利折现模型的变形（see Frankel and Lee，1998；Dechow et al.，1999；Lee et al.，1999）。

除便于使用之外，Bernard（1995）和其他人还认为，剩余收益估值模型另一个吸引人的特性就是其对会计模型的选择并不影响模型的使用。如果公司使用激进的会计处理方法，那么它当前的账面价值和盈余就会较高，但是预测的盈余会较低，而资本支出（或正常盈余）会较高。因此，较低的预测未来超额盈余会抵消当前盈余中激进会计处理的影响。但是在一个会计期间，管理层对盈余的会计处理方法的选择被预测盈余所抵消，这一优良的特性会带来三个不利结果。第一，它使得 Feltham-Ohlson 模型不具有任何会计内涵，正如股利折现模型对于财务报告目的并无特别的帮助。在剩余收益模型中，失去会计内涵是因为模型对公司会计方法选择和会计准则特性的指导或预测没有影响，更不用说经常使用的术语稳健性和无偏会计。Lo and Lys（2001），Sunder（2000），Verrecchia（1998）和 Holthausen and Watts（2001）对这一点讨论得较为仔细。

第二，从分析师的实务角度看，即使降低的未来超额回报可以抵消激进会计方法的影响，但分析师也一定会通过将当前盈余分解为激进会计处理引致的部分和剩余的常规部分来预测未来超额盈余。

第三，对超额盈余的解释并不清晰。一些研究者将预期超额盈余解释为对经济租金的估计（Claus and Thomas，1999a，b；Gebhardt et al.，1999）。但是，对会计政策的选择会影响对超额盈余的预期，因此这些估计本身并不是对经济租金的度量。例如，公司选择采用权益合并法处理合并，与同样的公司采用购买法相比，会有更高的预期超额盈余。作为对比，美国在线公司采用购买法处理与时代华纳的合并后，美国在线公司在未来 25 年预期将报告每年 20 亿美元的摊销额。

4.3.3.3　估值模型的实证应用与评价

所有的估值模型都会作出不切实际的假设。这一特征对大部分理论模型来说都是如此，例如 Ohlson（1995）模型将一个特殊的结构放入了超额收益过程和其他信息中。根据假设的现实合理性对一个或多个模型进行批评都是徒劳的。[66]假设资本市场是有效的，估值模型的目标之一就是解释观察到的股价。或者说，在一个有效的资本市场中，关于内在价值或基本价值的优秀的模型应当能够产生可预测的正的或负的超额回报。因此，从实证科学的角度讲，我们应当检验这些模型中哪一个可以最好地解释股价，以及哪一个对未来的回报具有最强的预测能力。在本节，我使用前一个标准来评价模型，下一节将重点考察模型识别被错误定价的证券的能力。

很多最近的研究都比较了估值模型对证券价格截面或暂时性差异的解释能力（see Dechow et al.，1999；Francis et al.，1997，1998；Hand and Landsman，1998；Penman，1998；Penman and Sougiannis，1997，1998；Myers，1999）。[67]这些研究得出了两条主要结论。第一，即使剩余收益估值模型与股利折现模型等同，实际操作股利折现模型得出的价值估计结果同盈余资本化模型得出的结果相比，在解释市场价值的截面差异方面要差得多（e.g.，Francis et al.，1997；Penman and Sougiannis，1998）。第二，对股利折现模型的传统应用，即将分析师对盈余的预测资本化，同剩余收益估值模型相比在效果上旗鼓相当（e.g.，Dechow et al.，1999；Lee et al.，1999；Liu et al.，2000）。下面将详细讨论和解释这两个结论。

上述第一个结论，即股利折现模型的糟糕表现，似乎源自当前研究中对模型的不一致应用（深入的讨论，see Lundholm and O'Keefe（2000））。Penman and Sougiannis（1998）和 Francis et al.（1997）对模型的应用是对股利进行了五年期的预测再加上期末价值。对股利五年期的预测只可以解释当前市场价值的一小部分。这并不令人惊讶，因为股利收益率只有百分之几。估计期末价值时，假设第五年后股利平稳增长。通常会假设股利的平稳增长率 g 为 0 或 4%。Penman and Sougiannis（1998）和 Francis et al.（1997）的文章在报告结果时，都使用了永续增长率为 0 和 4% 两种假设。

这就产生了对股利折现模型的不一致应用，因为如果 $g=0$，那么第六期的预测股利就是第六期的盈余。FD_{t+6} 应当等于对第六年的预测盈余，因为如果使用了无增长假设，那么同较早的增长期间相比，对投资的需求就减弱了。这就是说，公司不再需要将盈余转为再投资以支持公司的增长。在平稳状态下，投资大体等于折旧就足够维持 0 增长。因此，可用于分配给权益持有者的现金就大体等于盈余，即股利支付率会等于 100%。因此，假设永续增长率为 0 通常会导致股利从第五年到第六年出现永久性的巨额增长，在第六年和以后股利均等于盈余。为了避免这一情况，Penman and Sougiannis（1998）和 Francis et al.（1997）都使用 $FD_{t+5}(1+g)$，其中 FD_{t+5} 是第五年的预测股利。自然地，他们发现股利资本化模型表现很差。[68]但是，如果零增长假设被一致地运用于股利折现和剩余收益估值模型，那么两类模型估计得出的基础价值将是一样的。[69]同样的逻辑也适用于其他增长率的假设。

Francis et al.（1997，Tables 3 and 4）报告了使用股利=盈余假设计算的期末价值的结果，但是他们的方法有些混乱，因为他们使用了 Value Line 公司对市盈率乘数的未来五年的预测。有趣的是，不管因为股利=盈余的隐含假设还是 Value Line 对预测未来市盈率乘数的高超技巧，Francis et al. 的文章中对期末价值使用股利＝盈余的内含假设时估计出的价值，比所有其他模型都更准确。第一种解释似乎更有可能，因为否则的话，根据 Value Line 预测作出的交易策略将会产生巨额的超额回报。

关于估值模型的实证文献的第二个结论是，带有特定假设或限制性假设的简单的盈余资本化模型同严格的剩余收益估值模型相比，在解释价格的截面差异方面，确实旗鼓相当。作为剩余收益估值模型的基础的经济直觉确实十分诱人。根据模型，实证应用通常假设超常的投资回报率会下降，并且对于计量通过再投资实现的增长的财富效应是十分谨慎的。不过，Dechow et al.（1999）发现了一个简单的模型，即将分析师对下一期盈余预测以永续年金的形式进行资本化（如预测的盈余是随机游走的，股利支付率为 100%，两者都是特定的假设），同剩余收益估值模型相比，前者更好。[70][71]如何解释这一现象呢？

要理解为什么更复杂的估值模型其解释能力却提高得不多，首先考虑一下自变量预测的盈余的方差。预测的盈余有两个组成部分：正常盈余（＝资本支出）和预期的超额盈余。由于正常盈余的现值就是账面价值，而账面价值已经作为自变量包括在模型内，因此，在使用预测的盈余来解释价格时，预测盈余中的正常盈余部分就是自变量中的误差项。但是，对于年度盈余数据来说，预测盈余的大部分方差源自预期的超额盈余。如果对所有样本公司使用一致的折现率，那么还会进一步降低在剩余收益估值模型应用中正常盈余所能解释的方差的比例（Beaver，1999）。[72]因此，尽管正常盈余污染了预测盈余，并导致估值时对一致性的错误估计，但是，由此引发的变量错误问题并不十分严重。与符号方差（即预测盈余减去正常盈余的方差）相比，度量误差的方差较小。此外，估计用于计算正常盈余的资本成本的误差会导致为正常盈余而调整预测盈余的收益降低。

综上所述，控制正常盈余的作用不大，不过作为一个经济概念，它也有坚实的理论基础。前面的讨论并不旨在打击对折现率或风险调整的使用。它只是指明在某些情况下，使用风险调整所带来的回报是有限的。

至少有 3 篇实证文献（Myers，1999；Hand and Landsman，1998，1999）试图检测 Ohlson（1995）线性信息动态估值模型。这 3 篇文献和 Dechow et al.（1999）关于线性信息动态模型的发现都不一致。我并不认为我们可以从拒绝 Ohlson 的线性信息动态模型中学到多少东西。所有的对样本公司未来现金流或盈余的万能药似的模型都很可能被拒绝。虽然在剩余收益中自回归过程是有经济意义的，但并没有经济理论认为所有公司在其生命周期内的所有阶段，剩余收益都服从自回归过程。更为有用的实证研究应该关注自回归过程的决定因素，或由于公司、行业、宏观经济或国际形势而导致的对该过程的偏离。Fama and French（2000）和 Dechow et al.（1999）作了条件化估计的尝试，他们将自回归系数参数化（参见 4.1.2 节的讨论），这是一个非常好的开始。

4.3.3.4　剩余收益估值模型和对折现率的估计

最近很多研究都使用股利折现模型以及 Feltham-Ohlson 剩余收益估值模型来估计折现率。这一类研究包括 Botosan（1997），Claus and Thomas（1999a，b）和 Gebhardt et al.（1999）。这类研究的动机有两种。

首先，在学术界和实业界，关于市场风险溢价的大小有很多争论（see Mehra and Prescott，1985；Blanchard，1993；Siegel and Thaler，1997；Cochrane，1997），关于风险溢价是否以及在多大程度上会随着经济的整体风险而变化也有很多不同意见（Fama and

Schwert，1977；Keim and Stambaugh，1986；Fama and French，1988；Campbell and Shiller，1988a；Kothari and Shanken，1997；Pontiff and Schall，1998）。市场风险溢价是股票的市场组合的预期回报与无风险收益率的差。历史上，平均的风险溢价大约为每年8%（Ibbotson Associates，1999）。

第二，每个公司的权益资本成本都是市场风险溢价和其自身相对风险（例如，在CAPM模型中权益的贝塔总数）二者共同的函数。虽然金融与经济学对这一问题作了很多研究，但对风险因素的定价依然没有完全弄清。此外，对证券对定价因素的敏感性的估计更是令人感到非常困惑。因此，对权益成本的最好估计（相对风险乘以风险溢价再加上无风险利率）也依然是非常不精确的（see Fama and French，1997；Elton，1999）。

利用 Feltham-Ohlson 模型来预测权益折现率的研究试图通过金融中的传统研究方式来改善权益成本的估计。利用 Feltham-Ohlson 模型预测权益成本的实证方法很直白。这种方法通过挖掘分析师预测和股票现行价格中的信息，而不是通过股票价格的历史时间序列，来预测折现率。Gebhardt et al.（1999）提到，在实业界利用分析师预测来推断折现率已经有很长一段时间了（e.g.，Damodaran，1994；Ibbotson，1996；Gordon and Gordon，1997；Madden，1998；Pratt，1998），但是同样的方法在学术界应用得却不多。

在一个有效市场中，价格是账面价值与预测剩余收益流的折现值之和的折现值。分析师对盈余和股利支付率的预测可以用于预测剩余收益流。所以，权益成本可以定义为使价格等于基础价值的折现率，基础价值即账面价值与剩余收益流折现值之和。我们可以使用类似的方法，根据对未来股利的预测来计算折现率。

由于在剩余收益估值模型中使用的信息与股利折现模型需要的信息是一样的，因此，从股利折现模型中倒推得出的折现率也应该与从剩余收益估值模型中得出的一样。但是，使用以盈余为基础的估值模型倒推得出市场风险溢价或权益折现率的研究却发现，以盈余为基础的估值模型与股利折现模型相比，前者可以更好地估计折现率。例如，Claus and Thomas（1999a，b，p.5）说道："尽管超额盈余模型和股利现值模型是十分类似的，但前者使用了其他的信息，这些信息可以降低假设的增长率在模型中的重要性，并且通过关注租金的增长（超额盈余）而非股利的增长，可以大大缩小可能的增长率的范围。"

Claus and Thomas（1999a，b）和 Gebhardt et al.（1999）得出的令人震惊的结论是他们对风险溢价的估计只有2%～3%，而文献中对历史风险溢价的估计则有8%。除了得到很小的风险溢价，他们的研究还发现，预期权益回报率的截面变化只能解释很小一部分公司相对风险的差异。不过，Gebhardt et al.（1999）发现，他们估计的权益成本同许多传统的风险度量指标相关。这增强了我们估计折现率的信心。

对于估计市场风险溢价和权益成本的尝试提出了一个重要的问题。估计得出的折现率分散度较低是因为理论上预测的数值与实际的数据相比变化度较小。[73]因此，使用预测数据来估计折现率与使用事后的数据相比，我们同样预期前者得出的数据波动性较小。虽然使用预测数据估计折现率很具吸引力，但同样也有缺陷，因此，本文认为宣称风险溢价低到只有2%～3%是不准确的，至少有以下两个原因。

第一，在超额盈余估值模型中用到的预测的增长率，特别是期终的永续增长率，很可能过低。预测的增长率越低，从数学上讲，折现率就会越低，因为必须使价格等于基础价值的等式成立。

第二，估计折现率所使用的以盈余为基础的基础估值方法假设市场是有效的。但是使用同样的方法，我们也可以得出结论认为回报是可以预测的，并且市场在当前是高估的（e.g.，Lee et al. (1999)，以及其他许多学术界和实务界的人士）。也就是说，假设预测是理性的，并且使用对折现率的精确估计，Lee et al. 和其他人会得出结论认为权益被错误定价了。但具有讽刺意味的是，另一流派的研究使用剩余收益估值模型得出结论认为，分析师的预测是有偏的，市场很幼稚地被锁定在分析师的预测上，因此回报是可以预测的（e.g.，Dechow et al.，1999，2000）。

总而言之，对估值模型中的三个变量——价格、预测和折现率——必须假设其中两个是正确的，才能解出第三个。使用不同的两个变量的组合，研究就可以得出关于第三个变量的各种结论。由于研究中三种设定情形的假设是不相容的，因此结论也是很弱的。对股票相对基础估值错误定价的研究，对分析师预测性质的研究，以及对市场很幼稚地依赖分析师预测的研究，都为一种设定情形提供了证据，即模型失败或市场的价格与根据估值模型得出的价格是不一致的。也就是说，证据同关于模型和市场有效的联合假设是不一致的。这些是对市场有效的检验，我将在下一节中进行回顾。很多研究都提供了关于估计的折现率和随后的收益率之间关系的进一步证据（see Gebhardt et al.，1999）。

§4.3.4 使用财务比率的基础分析

这一类研究有两大目的。第一，它使用财务比率中的信息来预测未来的盈余，这比使用其他方法更加准确（如时间序列预测和/或分析师的预测）。第二，它可以识别被错误定价的证券。其中基本的假设是，以财务比率为基础的模型相对其他模型而言，可以更好地预测未来盈余，而且这种高人一筹的预测能力并没有反映在当前的股价中（即市场是无效的）。

4.3.4.1 盈余预测

在会计文献中，对盈余预测的兴趣由来已久（参见 4.1.2 节）。下面，我将重点讨论使用财务比率对未来盈余和会计回报率的预测。很长时间以来，实务界和学术界的人士都将一些比率，比如市盈率和市账比，解释为盈余增长的先导性指标（see, for example, Preinreich, 1938；Molodovsky, 1953；Beaver and Morse, 1978；Cragg and Malkiel, 1982；Peasnell, 1982；Penman, 1996, 1998；Ryan, 1995；Beaver and Ryan, 2000；Fama and French, 2000）。市盈率和市账比对于未来盈余具有预测能力的经济逻辑是显而易见的。价格是公司从今以后的未来盈余以及未来预期投资的资本化现值，而当前盈余只是对从当前和过去投资中实现收入的盈利能力的度量。因此，价格包含关于公司未来盈利能力的信息，所以，它使得市盈率和市账比有对于未来盈余增长的预测能力。除了来自价格包含的关于未来盈余的前向信息的预测能力之外，以比率为基础的盈余预测文献还考察了暂时性盈余和会计方法在盈余预测中的作用。

Ou and Penman (1989a, b) 揭开了根据多变量财务比率进行盈余预测的严格的学术研究的序幕。其主要的思路是考察加入个别比率所包含的关于未来盈余增长的信息后，能否得到关于未来盈余的更为正确的预测。Ou and Penman 使用统计程序，将大量的财务比率缩减到少数几个，这几个财务比率在预测未来盈余方面最为有效。在样本中，他们发现，在预测的准确性和与股票回报的同时性方面，使用上述少数比率的预测模型比使用年度盈余数据的时间序列模型表现要好。

随后，出现了很多对 Ou and Penman 的盈余预测研究的拓展研究。例如，Lev and Thiagarajan（1993）以及 Abarbanell and Bushee（1997，1998）的创新在于，与 Ou and Penman（1989a，b）不同，他们使用"先验性的概念论述来考察他们的各种"比率（Abarbanell and Bushee，1998，p. 22）。他们发现，相比销售增长率，使用应收账款增长率进行盈余预测更显著，而且毛利率与当期的股票回报是增量相关的，并在预测未来盈余方面也十分有用。

其他的以比率为基础的盈余预测方法通常致力于发现股价中包含的未来盈余的信息。例如，Penman（1996，1998）提出了一种方法，将市盈率和市账比的信息结合起来，比单独使用一个比率来预测未来盈余或权益回报率的效果都要好。但是，暂时性盈余的出现污染了作为增长信号的市盈率。市盈率的这一弱点可以部分地用市账比来弥补，市账比代表了权益账面价值的增长和未来的权益回报率，而且相对而言，它不受当前暂时性盈余的影响。Penman（1998）为结合使用市盈率和市账比的信息进行盈余预测的优势提供了实证证据。Penman（1998）使用历史数据，估计了在预测一年后及三年后的盈余时，市盈率和市账比的最佳权重。结果发现，使用两个比率信息的最佳权重，可以在一定程度上使预测获益。

另一个以比率为基础的盈余预测研究是 Beaver and Ryan（2000）。他们将市账比中的"偏差"和"滞后"部分分离出来，预测未来的账面权益价值回报率。当公司使用稳健性会计处理方法，导致权益的账面价值持续低于股价时，就产生了市账比中的偏差部分。Beaver and Ryan 将滞后定义为股价反映了特定的经济利得或损失后，账面价值追上股价所需要的时间。Beaver and Ryan（2000）预测市账比的偏差与未来的权益回报率呈负向关系，即高的账面/市场价值比率意味着盈余增长会较低，这是符合经济直觉的。预测权益回报率时偏差部分在多长时间会起作用取决于滞后部分，或者取决于账面价值为了反映经济利得或损失而进行调整的速度。如果滞后是短期的，那么预测的时长也是短期的。Beaver and Ryan 文章的证据基本同其预测一致。

最后一个以比率为基础的盈余预测研究的例子是 Penman and Zhang（2000）。他们研究了增长的变化和稳健性会计处理的交互作用，稳健性会计处理的例子包括研发支出和营销成本的费用化。在预测未来盈余方面，交互作用是很有用的，因为增长的极端变化是均值反转的，特别是对于那些在研发支出、营销支出或后进先出存货准备较多的公司来说，影响更是十分明显。他们预测并发现，在研发支出、营销支出或后进先出存货准备上出现极端变化的公司，在其净资产回报率上会有反弹。Penman and Zhang 将这一现象称为盈余质量的预测能力。

4.3.4.2 小结

以比率为基础的盈余预测文献关注财务比率对未来盈余的预测能力。实证证据通常都认为比率有能力预测盈余的增长。但是，这些模型很少能超越分析师对盈余的预测，特别是在长期预测方面。以比率为基础的预测模型最主要的优点在于使用简单易行的模型来预测超额投资回报。

4.3.4.3 回报预测

很多以比率为基础的盈余预测研究还考察了发掘盈余增长信息的交易策略是否可以挣得超额回报。例如，Ou and Penman（1989a，b），Lev and Thiagarajan（1993），Abarbanell and Bushee（1998），Piotroski（2000）和 Penman and Zhang（2000）都发现，盈余预测中的信息在获取超额股票回报方面非常有用（参见下一节），这表明在财务报表的信息息方面，市场是无效的。

§4.4 市场有效性检验：概览

在这一部分，我将讨论会计学中市场有效性检验的实证研究文献。这一概览将仅仅讨论实证研究的相关话题。我没有分析类似于市场有效性的定义、总股票收益中均值回归的检验等市场有效性问题。对理解会计学中的市场有效性研究而言，这些问题是重要且基本的，但却在我的概览范围之外。幸运的是，有一些非常精彩的市场有效性研究综述。我推荐有相关兴趣的研究者阅读 Ball（1978，1992，1994），Fama（1970，1991，1998），LeRoy（1989），MacKinlay（1997）和 Campbell et al.（1997）这些文章。

财务会计文献中市场有效性的检验可以分为两类：事件研究和盈利预测的横截面检验（see Fama，1991）。事件研究检验在窗口期内的证券价格业绩，这个窗口期可能是几分钟或几天的短窗口，也可能是 1～5 年的长窗口。4.4.1 节讨论了利用短窗口或长窗口事件研究法研究市场有效性得出推论的显著特征，以及研究设计和数据问题。4.4.2 节分析了事件研究的实证研究文献。4.4.2.1 节回顾总结了事件研究中的盈余公告后的股价漂移，4.4.2.2 节总结了关于会计方法、方法变更和功能锁定的市场有效性问题研究，4.4.2.3 节总结了盈余管理和分析师乐观性的长窗口收益分析的研究。

盈利预测性（或不规则性研究）的横截面检验研究不同部门遵守某一交易原则，定时形成的投资组合的盈利是否与某一模型，例如 CAPM 模型，预测的盈利相一致。这些是对市场有效性和研究者利用的期望回报率均衡模型的联合假设的检验。4.4.3 节回顾总结了收益预测性的横截面检验的研究文献。4.4.3.1 节总结了市场对盈利回报和会计盈余的（错误）定价的检验结果，4.4.3.2 节讨论了利用基本面分析的长期盈利检验的发现。

§4.4.1 从事件研究中得出推论的相关问题

事件研究检验市场有效性，检验市场对一个事件的反应的影响、速度和无偏性。在一个有效资本市场中，我们可预期股票价格对一个事件作出迅速反应，并且之后的股票价格变动同这一事件的反应或之前的盈利无关。现代研究中的事件研究法起源于 Fama et al.（1969）和 Ball and Brown（1968），他们研究了在股票分割和公布盈利附近时间的股票回报的业绩。[74] 从此，在法律、金融经济学和会计学研究中数百次地利用了事件研究法。事件研究法分为两种：短窗口事件研究和长窗口事件研究。短窗口事件研究的推论问题很简单，但是长窗口研究的推论很复杂。下面将讨论每种方法的显著问题。

4.4.1.1 短窗口事件研究

短窗口事件研究提供相对清洁的市场有效性检验，尤其当样本公司经历的事件时间并不集中时（例如，盈余公告日或合并公告日）。由短窗口事件研究得出的结论一般同市场有效性一致。利用由少于一天、每日和每周收益得到的证据，到长时间范围的事件，例如公布盈利、会计方法变更、合并和发放股利得到的证据表明，市场迅速对得到的信息作出反应。在某些情况下，反应表现得不完全，并且有一些差异，同市场有效性假设不符。

在一个短窗口检验中，研究者很少遇到错估短窗口期间内的预期收益的问题（e. g.，Brown and Warner，1985）。每日预期市场收益大约为 0.05%，因此大多数情况下由风险错估导致的对股票收益的错估（e. g.，Scholes and Williams，1977；Dimson，1979）可能都小于每日 0.01%～0.02%。[75]这个数字比起一般事件研究中常用的不小于 0.5% 的平均超额收益来说很小。[76]

在评价事件期间内平均市场反应的显著性时，还要考虑到事件可能引起收益方差增大（e. g.，Beaver（1968）表明在公布收益时收益方差增大）。由于检验不能说明增大的收益方差，因此很好地拒绝了零平均超额收益的零假设（e. g.，Christie，1991；Collins and Dent，1984）。利用事件期内超额收益的横截面标准差，极大地减轻了由事件引起的收益方差增加导致的潜在问题。

4.4.1.2　长窗口事件研究

长窗口事件研究检验对一个公司样本而言，一个事件发生后 1～5 年的收益是否系统性地非零。这些研究假设市场对新信息过度反应或者反应不足，由于持续的明显的非理性行为和市场摩擦，它可能需要较长的时间纠正错估。过度反应和反应不足的来源是在信息传递过程中人的主观判断或行为偏好。行为偏好存在系统性的组成部分，因此总体来说股价仍受偏好的影响，但是偏好对股票价格的影响将表现在股票价格同基本面分析得到的价格之间的系统性偏差上。一些近来的研究将人们行为偏好纳入股价分析模型，来解释明显的长期市场无效性（e. g.，Barberis et al.，1998；Daniel et al.，1998；Hong and Stein，1999；Debondt and Thaler，1995；Shleifer and Vishny，1997）。

财务和会计学最近的一些研究表明，在例如首日公开募股、季度性发股和分析师的长期预测等充分公布的事件之后，在未来几年内存在巨大、明显的超额收益。这些研究的结果对市场有效性假说形成了巨大的挑战。然而，在我们得出结论说市场是总体有效的之前，认识到长窗口事件研究至少受三个问题的影响是很重要的，这三个问题是风险错估、数据问题和市场有效性作为零假设的理论的缺乏。对市场有效性长窗口检验得出推论的概念性和实证问题的一个深度讨论，可以参见 Barber and Lyon（1997），Kothari and Warner（1997），Fama（1998），Lyon et al.（1999）和 Loughran and Ritter（2000）。

4.4.1.2.1　风险测量和风险系数

因为事件发生后收益的测量期很长，风险的错估会导致经济上和统计上的数量显著的表面超额收益。风险错估可能由风险系数的灵敏度估计错误或在期望收益模型中忽略相关风险系数所致。在估计股票风险时的随机错误并不是一个严重的问题，因为基本上所有的研究都是在投资组合水平上研究股票的业绩。[77]然而，如果错估与一个投资组合内的股票都相关，风险错估就是一个问题。由于经济事件的内生性，例如，经历某一经济事件的公司子集相对于所有公司来说并不是随机的，这一情景则看似正确。典型地，一个事件发生前的异常业绩和风险变化是同过去业绩相联系的（e. g.，French et al.，1987；Chan，1988；Ball and Kothari，1989；Ball et al.，1993，1995）。

关于在估计超常收益时由遗漏的风险系数导致的潜在偏差，财务研究尚未完全确定股票定价中的风险系数或风险系数的估值。因此，由于潜在的风险错估和风险系数遗漏，长窗口事件研究中股票期望收益的错估是一个严重的问题。换言之，在长窗口事件研究中，区分市场非有效性和期望收益模型的无效是非常困难的。

4.4.1.2.2　数据问题

各种数据问题为长窗口事件研究带来不利影响，并使市场有效性的确切推论的得到很困难。

(1) 在很多长窗口研究中，生存性和数据可得性偏差可能很严重，尤其当检验同时用到股票价格和会计数字时，并且这种情况在会计的很多长窗口市场有效性检验中很常见（see Lo and MacKinlay，1990；Kothari et al.，1995，1999b）。因为很多研究分析的是存活下来的样本公司的财务和收益数据，数据中潜在的存活性偏差会产生一些推论问题。在长窗口事件研究中观察到 50% 或更多的初始样本公司在最后不能存活并不是罕见的情况。

(2) 长窗口事件研究中产生数据推论问题。样本公司的长期收益倾向于彼此相关，即使事件发生的时间并不很集中（Bernard，1987；Brav，2000）。长期收益数据严重右偏，对假设呈正态分布的数据的统计检验造成问题（see Barber and Lyon，1997；Kothari and Warner，1997；Brav，2000）。由于收益数据的统计特性，很多研究对长时期内购买和持有收益或月累计收益是否是恰当的收益衡量方法提出了质疑（see Roll，1983；Blume and Stambaugh，1983；Conrad and Kaul，1993；Fama，1998；Mitchell and Stafford，2000）。Loughran and Ritter（2000）讨论了由事件的时间内生性所引发的其他推论问题。例如，我们目睹了由存在很好的投资机会和/或发行者相信市场被高估的时期引发的 IPO 风潮。因此，很可能错估的事件公司污染了基准投资组合（例如，市场、大小和市账比投资组合），由市场有效性检验得出的推论是有缺陷的。

(3) 财务变量（收益和/或盈利）的偏斜同数据可得性的非随机性和生存误差会造成明显的超常收益以及事先信息变量（例如分析师的增长预测）和事后长期价格业绩间的虚假联系（see Kothari et al.，1999b）。就像上面提到的，在长窗口研究中，由于事后的财务数据不可得或样本公司在长窗口期内破产，遇到少于 50% 的初始样本的数据的情况并不少见。如果相对于初始事件样本总体来说，样本规模的减小并不是随机的，那么研究者通过检验样本得到的推论很可能是错误的。Kothari et al.（1999b）提供证据证明，CRSP，Compustat 和 I/B/E/S 数据库中得到的样本都存在财务数据的偏度和非随机的存活率。

长窗口市场有效性研究通常报告子样本存在更高的超额收益。这些子样本经常包含小额市场资本总额的股票、低价且相对高价差的股票、不常交易的股票（例如，非流通股）和市场中不常被分析师和其他信息媒体关注的股票（Bhushan，1994）。市场中高摩擦和较少信息的股票间市场非有效性的显著表现，可被解释为价格在市场中好像仅仅按照有偏的分析预测来决定。尽管这很可能是事实，但至少还有另一种解释。上面所讨论的数据问题可能在十分明显的非有效性的样本中更普遍。对数据问题的认真关注将帮助我们得到对现象更好的解释，而不是像现在这样被解释为市场的非有效性。

4.4.1.3　市场有效性理论和对原假设的详述

除了上面所讨论的潜在风险测量和数据问题，由市场有效性得出确定的推论还存在其他挑战。虽然很多文献得出市场无效的结论，但是如果研究者发展一种可以预测特殊收益行为的理论并据此设计以市场非有效性为零假设的检验，那么研究将会有新的发展。研究者还应设计一种不能拒绝这一零假设的有效的检验。这种研究的一个极好的例子是 Bernard and Thomas（1990），他们详细说明了在一个简单盈利期望模型和一个复杂的盈利期望模型下的股价行为。然而，仍需要一种关于幼稚投资者行为的成熟理论用于其他背景或某一种理论的实证检验，这种背景和理论在前面讨论的背景下对于解释观测到的股票回报行为非常有帮助。

现在无论观察到的超额收益是正还是负（即反应不足或反应过度），市场有效性的零假设都被拒绝。市场非有效理论应该详细说明市场反应不足和反应过度被预测的情况。例如，为什么市场对正的年盈利反应过度（as in Sloan，1996），而对从公布盈利后的季度盈利信息漂移反应不足？什么决定了长窗口研究中超额收益的时间？例如，为什么 Frankel and Lee's（1998，Table 8 and Fig. 2）为发现错误估价而设计的基本面分析策略，在前 18 个月得到相对较小的超额收益，但在后 18 个月得到巨大的收益？Sloan（1996，Table 6）发现，超过一半的三年期规避风险性投资组合收益（即最低减去最高投资组合的收益十分位数），其收益在第一年内赚得，并且三年期收益中稍小于 1/6 的收益是在第三年赚得的。

一些人认为市场的非有效性可以很快被纠正，而另一些人则认为这需要一段较长的时间。例如，W. Thomas（1999，p. 19）分析了市场对盈余的国外来源部分的持续性判断能力。他提到："……我的分析基于这样的假设，价值错估与超额收益更有可能短期相关，而尚未确定的风险因素与超额收益更有可能在短期和长期同时相关。"如果交易成本、机构持有和其他相关特征是股票价格及时反映新信息的阻碍，那么长窗口分析应该检验在获取超额盈利的期间长短和信息环境的代理之间是否存在正相关性。如果大量股票在几年内赚取超额收益，我认为这是对市场非有效性假设的一个损害。

对市场非有效性理论产生需求的另一个重要原因是为了理解什么因素造成了市场的非有效性（即为什么价格可能系统性地同经济基本面分析存在差异）。几个实证研究证明，利用剩余收益模型估计的真实价值预测了未来收益（see Lee（1999），以及下面讨论的总结）。然而，在我们为什么应该期望利用估计的真实价值来预测未来收益方面，剩余收益模型或股利折现模型基本上没有提供任何指导。这种预测需要一种理论，能够解释为什么和什么地方股票价格将同真实价值之间出现系统性的差异，从而使这一理论能够被实证检验。[78]这一理论将利用投资者的行为偏向或交易摩擦来预测股票价格与其真实价值之间的差异。如果会计研究者投入一些精力研究非有效性理论的发展和检验，他们在基本面分析和市场有效性检验方面的努力将会更有成效。

4.4.1.4 小结

长窗口业绩研究和市场有效性检验充满了方法论问题。数据库问题、研究者陷入数据可得性的潜在风险、数据统计上的非正态性和研究设计问题，这些共同减弱了我们对市场在迅速且无偏地传递新信息时总体上是非有效的结论的可信度。我预见将会有大量研究尝试克服在长窗口检验中会遇到的这一问题，因此可以得出关于市场有效性的更确定的结论。会计资本市场研究者应该发掘他们在制度背景方面的细节和财务数据方面的知识，设计出更有创造性的市场有效性长窗口检验。然而，设计更好的检验的挑战仍然强调了在金融学和计量经济学交叉研究方面进行复杂的教育的需要。

§4.4.2 事件研究的研究结论

短窗口检验：与金融经济学中得出的结论一样，会计资本市场研究中短窗口事件研究得出的大部分结论和市场有效性一致。然而，也有一些结论表明市场是非有效的。这将在盈余公告后股价漂移和功能锁定部分讨论。

结论表明，市场对新事件的反应是迅速且无偏的。市场对盈余公告的反应可以参见两个例证性研究：Lee（1992）和 Landsman and Maydew（1999）。Lee（1992）使用的是一天之内的收益和交易量数据。他观察到统计上显著的同盈利突变方向一致的价格反应，这一反应发生在盈余公告后 30 分钟内，并且其后没有任何统计上可辨别的价格效应。Lee（1992）还发现投资者的交易量反应时间也很短：大额交易不到 2 小时，小额交易需要几小时。Landsman and Maydew（1999）分析了 30 年间市场对盈利公告的反应。他们也发现公告盈利日股票回报波动性和交易量显著增加，但是之后又迅速变回正常水平。

以上发现加强了 Beaver（1968）和 May（1971）利用在年度和季度公告盈利日附近每周股价和交易量数据得出的结论，以及 Patell and Wolfson（1984）对公告盈利日附近一天之内回报的分析。其他研究也进行了各种改进，证明市场可以预测性地辨别不同类型的消息公告和这些公告的信息含量。例如，一些研究发现，在盈利公告的信息含量（即价格和交易量反应）和交易成本及提前公布的（或临时的）信息之间存在相反的关系（see Grant，1980；Atiase，1985，1987；Bamber，1987；Shores，1990；Lee，1992；Landsman and Maydew，1999）。其他人研究了审计质量、季度性、与第四季度相反的前三个季度的盈利错误、短期收入等因素对盈利公告对股票价格反应的影响（e. g.，Teoh and Wong，1993；Salamon and Stober，1994；Freeman and Tse，1992），并得出与市场反应横截面变化中的理性一致的结论。

长窗口检验：近年来，有大量关于市场有效性的长窗口检验研究。总的来说，这些研究发现，在许多事件发生后存在经济意义上显著的超额收益。就像之前提到的那样，这些结论存在方法论问题。我回顾性地评论了盈利公告、盈余管理、分析师的乐观预测和会计方法变更之后的长窗口超额收益业绩的结论。

4.4.2.1 盈余公告后股价漂移

盈余公告后股价漂移指盈余公告后超常收益的可预测性。漂移的方向同盈余变化的方向一致，表明市场对盈余公告内的信息反应不足。Ball and Brown（1968）率先观察到漂移。在之后的很多研究中，这一现象被更精确地记录。[79] 漂移最长持续一年，并且对极好和极坏的盈余信息投资组合，漂移的大小在统计上和经济上都显著。漂移的一个不成比例的部分集中在未来季度盈余公告前后三天内，而不是表现出超常收益行为的逐渐漂移。由于这一特性，并且由于基本上所有的漂移都在一年内显现，我把漂移看做短窗口现象，而不是一个长窗口业绩异常。学术界对漂移异常进行了一系列检验，但是仍然没有对漂移的好的、理性的和经济学上的解释。

对市场有效性假说破坏最大的漂移特性是由 Rendleman et al.（1987），Freeman and Tse（1989）和 Bernard and Thomas（1989，1990）详细记录的。总的来说，尽管实际的盈余过程更加复杂，但这些研究显示，盈余公告后的超常收益与市场一致，就像季度盈余遵循一种季节性的随机变化过程一样。特别地，这样描述实际过程可能更准确，即用季节移动平均来反映季节性负自相关的季节性差异的一阶自回归过程（Brown and Rozeff，1979）。漂移的大部分发生在盈余公告日之后，并且漂移与两个极端的投资组合的预测方向一致。这些特性使得按照有效市场解释漂移更加困难。

大量研究试图不断深化我们对漂移的理解。Ball and Bartov（1996）发现，市场在识别季度盈余的时间序列性时并不是完全幼稚的。然而，他们的结论却表明市场低估了实际过程的参数。因此，盈余公告日之后的股票业绩具有可预测性。Burgstahler et al.（1999）

通过检验市场对盈余中特殊科目的反应扩展了 Ball and Bartov（1996）的结论。他们的结论也表明，市场仅仅部分反映了特殊科目的短期特性。Soffer and Lys（1999）反驳了 Ball and Bartov（1996）的结论。利用一个两阶段法来推断投资者的盈余期望，Soffer and Lys（1999，p. 323）"并不能拒绝投资者对未来的盈余期望不受之前盈余的任何影响的零假设"。Abarbanell and Bernard（1992）得出结论，认为市场并不能准确地传递盈余的时间序列特性，部分是因为分析师预测错误的独立性（also see Lys and Sohn，1990；Klein，1990；Abarbanell，1991；Mendenhall，1991；Ali et al.，1999）。

尝试理解市场的盈余期望是否幼稚的研究利用股票价格来推断期望。尽管这一方法具有很多很好的性质，但 J. Thomas（1999）也警告错误推断的危险，并且 Brown（1999）提出了另一种检验分析师预测的时间序列特性是否表现了幼稚特性的方法。如果没有表现出幼稚特性，那么为观察到的股票回报行为寻找其他解释将赢得信任。

Bhushan（1994）指出漂移的大小和交易摩擦的程度正相关，这减弱了研究漂移的商业尝试在经济上的吸引力。Bartov et al.（2000）检验了漂移的大小是否随投资者复杂性的增加而减少，这一复杂性从一个股票的机构投资者所占的比例可以看出（see Hand，1990；Utama and Cready，1997；Walther，1997；El-Gazzar，1998）。Brown and Han（2000）研究了盈余表现出一阶自回归特性的子样本的收益的可预测性，这一模型比 Brown and Rozeff（1979）的模型简单得多。他们得出结论，只有那些具有较少提前披露信息的公司（即具有相对幼稚的投资者的小公司），市场才不能辨认自回归盈余特性。但即使在这些情况下，他们也发现漂移是非对称的，因为观察到的漂移大多为正而不是负的盈余惊喜。[80]

用交易成本和投资者复杂性来解释漂移的尝试，并不是完全令人满意的。因为不小的一部分漂移表现在前三个季度的盈余公告日，许多市场参与者有很多机会发现错误定价，至少在股票具有好的盈余消息的情况下如此。由于其他一些原因，这些市场参与者中很多人可能交易相似的股票，因此对漂移进行套利的边际交易成本预期比较小。风险错误也不大可能解释漂移，因为基本上每个季节都可观察到漂移，并且漂移多集中在盈余公告前后的几天内。

另一部分会计和财务文献研究盈余公告后的漂移是否是新的异象或者会被其他异象所抵消（see Fama and French（1996），Bernard et al.（1997），Chan et al.（1996），Raedy（1998），Kraft（1999），以及 4.4.3 节的讨论）。被研究的异常包括规模、账面—市价比、市盈率、要素、行业、交易量、长期反向投资策略、过去的销售增长、基本面分析影响和它们的综合影响。[81]Kraft（1999）得出结论，认为其他异象或 Fama-French 三因素模型（see Fama and French，1993）没有包含漂移，尽管 Fama and French（1996）的结论表示他们的三因素模型解释了市盈率的影响。

4.4.2.1.1　小结

盈余公告后漂移异常对有效市场假说提出了严重挑战。Bernard and Thomas（1989，1990）的一系列检验和很多其他试图解释它的尝试都无法解释它。它似乎增加了已有一长串的同市场有效性和资产—定价均衡模型联合假说不一致的异象。距离它第一次被观察到的 30 年后，异象仍然存在。这使我相信，存在一个对它的理性解释，但是与理性相一致的结论依然令人难以捉摸。

4.4.2.2 会计方法、方法变更和功能锁定

4.4.2.2.1 研究设计问题

资本市场研究很早就通过对不同公司采用不同的会计方法和会计方法变更的差异研究来检验股票市场是否有效。因为大多数会计方法选择本身并不产生现金流效应，检验关于会计方法的市场有效性是一个简单的工作。然而，它被证明是一个更复杂的话题。公司会计方法的选择和改变方法的决定并不是外生的。公司会计方法选择的横截面差异潜在反映了根本的经济差异（例如，投资—融资决策的不同、增长机会、债务和补偿合同等；see Watts and Zimmerman，1986，1990）。经济差异影响了期望收益率和价格—盈余指数的变化。因此，企业经济基本面的差异会影响对会计效果定价的判断。

会计方法变化在检验市场有效性时也具有利弊两面。管理层通常根据不寻常的经济现象决定改变会计方法，并且会计方法变化可能同公司的投资和融资决策变化相联系。例如，Ball（1972），Sunder（1975）和 Brown（1980）发现，在采用导致会计盈余下降的存货计价方法 LIFO 之前，企业的平均盈余和股票收益要高于正常水平。因为经济状况的变化和投资、融资决策的变化一般同期望收益率相联系，会计方法变更后对长期风险调整后业绩的准确评估变得很复杂。会计方法变更的事件研究法的另一个实际问题是，很多公司并不公开公告会计方法的变更，因此市场知道方法变更的日期很难确定。[82]

另一个问题是，突然公告的会计方法变更本身经常传递信息，使得市场参与者重新评估公司价值。[83]例如，市场经常以大幅价格波动来接受公司资本和利润确认政策变化的公告（例如，1992 年 3 月 18 日，Chambers Development 公司股价下跌 63%，因为其公告将研发成本费用化而不是资本化；see Revsine et al.，1999，pp. 19-23）。一些学者和金融新闻舆论将这一反应解释为市场对公布的会计数字的锁定，因为会计方法变更本身并不影响公司当期的现金流量。这一解释不完全正确，因为会计方法变更可能很容易影响市场对未来现金流的预期。因此，为了解释和市场有效性一致的市场对会计方法变更的反应，我们必须将与会计方法变更同时发生的现金流量期望的变化，以及其他由合同、税务和/或监管政策对现金流产生的影响纳入模型。

4.4.2.2.2 研究结果：会计方法差异

大量研究检验市场是否机械地锁定所报告的盈余。由此得出的结论是，总的来说，市场理性地区分由使用不同会计方法带来的非现金盈余的影响。然而，一个尚未解决且有争议的问题是，是否存在一定程度的非有效性。我相信这一结论已经充分表明，管理层的行为同市场行为一样功能锁定在报告的盈余数字上，但是股票价格本身的行为至多只是一定程度地同功能锁定相一致。

Beaver and Dukes（1973）很可能是最早研究股票市场是否理性地认识在固定的股票价格下公布的盈余的会计方法的非现金效应的人。他们比较了利用加速折旧法和直线折旧法两种方法计算出的公司的市盈率。同市场有效性一致，他们发现加速折旧法公司的市盈率比直线折旧法公司的市盈率高。另外，一旦直线折旧法公司的盈余按照加速折旧法重新计算，两者的差异就或多或少地消失了。另外一些分析也表明，加速折旧法和直线折旧法的公司样本在系统风险或盈余增长方面，并没有表现出统计上或经济上的显著不同（see Beaver and Dukes，1973，Table 2）。

其他很多研究检验了与会计方法差异相关的市场有效性。Lee（1988）和 Dhaliwal et

al.（2000）检验了 LIFO 和非 LIFO 公司间市盈率的差异。Dukes（1976）将市场价值研究和研发成本作为资产，虽然它们在报告中被费用化了（see also Lev and Sougiannis，1996；Aboody and Lev，1998）。结论也表明，市场在养老金负债出现在财务报表中之前就已经开始对它们作出反应（Dhaliwal，1986），并且一个公司的风险反映出与经营性租赁相等的债务（证据的总结，see Lipe（2000，Section 2.3.2））。

尽管大量的证据同市场有效性一致，但也同时存在一些不同的结果。Vincent（1997）和 Jennings et al.（1996）检验了在并购中使用购买法和权益联营会计法的公司的股票价格。他们发现，使用购买法的公司处于劣势。作者比较了使用权益联营法和购买法的公司的市盈率。为了进行比较，他们用购买法重新计算了权益联营法公司的盈余数字。他们发现，权益联营法公司的市盈率比购买法公司的市盈率高。

Vincent（1997）和 Jennings et al.（1996）的结论与投资银行家们传统的观点一致，华尔街的分析师对好的盈余会有奖赏，因此他们更喜欢权益联营法的盈余。不论这一传统的观点在股票价格行为方面是否可靠，从并购中权益联营法的使用来看，它确实对并购的定价有影响。Nathan（1988），Robinson and Shane（1990）和 Ayers et al.（1999）都报告说，因为使用权益联营法，出价人为交易付出额外的费用。Lys and Vincent（1995）从他们在 AT&T 对 NCR 的并购案例研究中得出结论，认为 AT&T 为并购中权益联营法的使用花费了 5 000 万～5 亿美元。

为了完善对权益联营法和购买法的定价和额外费用大小的分析，研究者还检验了使用权益联营法和购买法在并购后的长期收益。Hong et al.（1978）和 Davis（1990）是对并购者合并后超常收益的早期研究者。他们检验了并购者使用购买法的超常收益是否为负，是否与市场对并购后商誉摊销的负向反应一致。没有研究发现市场对报告的盈余锁定的证据。

Rau and Vermaelen（1998）和 Andrade（1999）重新检验了权益联营法和购买法使用者合并后的业绩，他们使用目前研发水平下的技术来估计长期超额收益，并使用了近几十年来更大的并购样本量。他们得出了一些相反的结论。Rau and Vermaelen（1998）将报告中合并会计盈余影响最大的并购者的1/3，与按照并购影响大小排在中间和最低的各1/3的并购者合并后的回报进行了比较。这三个样本在合并后一、二、三年的回报在统计上并非显著异于零或彼此之间存在差异。Andrade（1999）还检验了合并后的业绩，但是使用了控制大量影响因素的回归分析。他发现，18 个月超常收益的正的和统计上显著的影响，可归于合并会计对盈余的影响。然而，这一影响"比从业者认为的幅度小"（Andrade，1999，Abstract）。他因此得出结论，认为"管理者花时间、精力和资源在组织交易上，从而改善交易对报告的 EPS 的影响是无意义的"（Andrade，1999，p. 35）。

Andrade（1999）还分析了并购公告期的回报，来检验在并购会计盈余的影响下市场反应是否在增加。他观察到一个统计上显著但是经济上很小的并购会计盈余的正面影响。这一点和功能锁定是稍有一致的。Hand（1990）开创了一种对功能锁定假设的"扩展的"观点。该观点声称，随着投资者复杂性的增加，市场功能锁定的可能性在减小。Hand（1990）和 Andrade（1999）在不同类型的会计事件研究中得出与扩展的功能锁定一致的结论。[84]这一结论类似于前面讨论过的盈余公告日后漂移的幅度和投资者复杂性之间的负相关关系。

总结：会计方法的差异（例如，并购中的购买法和权益联营法）会产生报告的财务报表数字的巨大差异，而公司的现金流并无任何差异。我们没有观察到使用不同会计方法的公司价格的系统、巨大的差异。这排除了市场对报告的财务报表数字的大规模锁定。然而，一些结论表明，长期来看，会计方法的差异产生风险调整后股票回报的可度量的差异。这些超常收益是否暗示了一定程度的市场有效性，或者它们是否在精确度量长期价格业绩时存在一定的问题，还没得到解决。

4.4.2.2.3　会计方法变更

会计方法变更不同于会计方法差异，因为会计方法变更是在某个时点，采取专门行动变更方法的结果，因此可以进行以会计方法变更为中心的事件研究。相反，只要公司继续使用它们各自的会计方法，公司间会计方法差异就可能无限持续下去。此时并不存在会计事件，因此对使用不同会计方法的公司样本不能进行事件研究。

一些早期的资本市场研究将会计方法变更的分析作为检验市场有效性的一种手段（see，for example，Ball，1972；Kaplan and Roll，1972；Archibald，1972；Sunder，1973，1975）。总的来说，这些研究检验了会计方法变更时以及周围期间的股票回报。这类研究得出的结论认为，公告会计方法变更的影响一般很小，并且对市场有效性假说来说，进行会计方法变更的公司的长期业绩是不确定的。缺乏最后的结论是由于一些方法变更的现金流效应（例如，LIFO 存货法的变更）以及会计方法变更的内生性和自发性。因此，在决定与方法变更相关的期望收益时，存在信息影响和潜在变化。另外，用事件研究来估计长期业绩已经有了很大进展（see Barber and Lyon，1997；Kothari and Warner，1997；Barber et al.，1999）。

很多研究检验会计方法变更对股票价格的影响。研究公司转变为 LIFO 存货法或由 LIFO 存货法转变为其他方法尤其流行（see，e. g.，Ricks（1982），Biddle and Lindahl（1982），Hand（1993，1995））。这些研究的证据仍然不一致。然而，Dharan and Lev（1993）是例外，他们的研究使用最近可得的长期业绩测量技术，仔细地重新检查了在会计变更前后的长期股票价格业绩，这非常少见。这样的研究在一定程度上是及时的，因为长期市场非有效性假说已经在学术界和实业界占据主流。

4.4.2.3　盈余管理和分析师乐观性的长窗口收益分析

4.4.2.3.1　研究逻辑

有一些研究检验了与盈余管理和分析师盈余增长预测的乐观性有关的长期股票市场有效性。争论的症结在于，来自公司所有者和/或管理者和金融分析师对公司的前景预期的信息反映了他们的乐观性，而且市场很幼稚，因为它相信这些乐观的预测。

公司的所有者和管理者以及金融分析师具有进行乐观预测的动机。[85]如果发行价格较高，则发行新股的所有者和管理者可以获利。所有者和管理者被假设尝试通过影响市场对未来盈余的期望，来抬高首次发行价格或季度性配股的价格。为了这个目的，他们通过非经常性会计盈余向上操纵报告的盈余。

金融分析师进行乐观预测的动机来自这样一个事实：他们为之工作的投资银行通过与客户的投资银行业务和经纪业务来获利。乐观的估计潜在地从客户处创造更多的业务。另外，乐观的估计可能促使客户管理层同金融分析师分享秘密信息。

盈余管理和乐观预测的成本是在盈余管理和乐观预测被查出后，因准确性问题造成的信用和声誉损失。另外，如果未来的盈余情况表明存在乐观预测，使得股票价格最终下跌，此时会存在因欺诈而面临诉讼和民事、刑事惩罚的潜在风险。所有者、管理者和金融分析师必须在潜在收益和成本间进行权衡。很显然，盈余管理和分析师乐观性的好处部分地依靠股票价格上涨的成功。市场并不能认出盈余和分析师预测的乐观性偏差，这要求一个在研究中仍在发展和检验的市场非有效性理论。由市场对乐观性信息的简单依赖导致的股票系统性错误定价至少存在三种原因。它们是交易摩擦和交易成本的存在、市场参与者通过套利消除错误定价的能力的限制，以及在市场参与者之间具有相关性的行为偏向（例如，羊群效应）。检验市场有效性的资本市场研究主要检验是否能得出盈余操纵和预测乐观性的结论、股票是否系统性地定价错误。会计研究亟待出现市场非有效性理论，这一理论已经开始在金融学和经济学期刊中出现。

4.4.2.3.2 研究证据

有一些研究提出挑战性的证据，表明首次公开募股和股票增发之前期间的可操纵应计项目是正的。[86]这些研究中的证据也表明，从可预测的未来的长期股票价格回报为负可以推测，市场不能分辨盈余操纵。事前估计的盈余操纵和股票事后的价格表现之间负的、统计上显著的横截面相关关系破坏了市场有效性。

一个充分的研究检验初始或稀释权益发行时分析师的预测是否是乐观的。Hansen and Sarin（1996），Ali（1996）和 Lin and McNichols（1998a）没有发现权益发行时短期分析师预测的乐观性。Lin and McNichols（1998a）和 Dechow et al.（2000）假设，分析师的长期预测可能是乐观的，因为市场较少强调长期预测的准确性，并且长期预测比短期预测与估值更相关。Lin and McNichols（1998a）和 Dechow et al.（2000）对长期预测乐观性的证据是矛盾的：Lin and McNichols（1998a，Table 2，p.113）报告的乐观性偏差可以忽略不计（主要分析师预测的 21.29% 的增长率相对无关分析师预测的 20.73% 的增长率），然而 Dechow et al.（2000，Table 2，p.16）的证据表明存在巨大的偏差（相关分析师 23.3% 的预测相对于无关分析师 16.5% 的预测）。Dechow et al. 声称，股票在稀释权益发行后的长期消极业绩，是因为市场对分析师乐观的长期盈余增长预测的简单锁定。他们表示，分析师的长期增长预测的偏差随着增长预测而增加，并且权益发行后的业绩与权益发行时的增长率负相关。与 Dechow et al. 不同，Lin and McNichols（1998a）并没有发现未来收益的不同。

研究还检验了相对于无关分析师的预测，与提供客户服务的投资银行有关的分析师在进行盈余预测和股票建议时是否更乐观。Rajan and Servaes（1997），Lin and McNichols（1998a）和 Dechow et al.（2000）都报告，比起无关分析师，相关分析师发布更乐观的增长预测。类似地，Michaely and Womack（1999）和 Lin and McNichols（1998a，b）发现，相关分析师的股票建议比无关分析师的建议更乐观。

4.4.2.3.3 对研究的评价

这个领域的大部分结果都挑战了市场有效性。然而，有几个研究设计问题在以后的研究中值得关注。这些问题大部分会在本文的其他地方讨论到。首先，正如在可操纵应计项目模型的内容部分（4.1.4 节）所讨论的，采用非随机样本，如 IPO 公司和发行稀释权益的公司，估计可操纵应计项目中存在的问题。长窗口使检验更加复杂。另外，Collins and Hribar（2000b）得到的结果指出，之前稀释权益发行公司使用资产负债表法进行盈余操纵的发现，可能并没有损害市场有效性假说，这不仅因为在估计可操纵应计项目中存在的问题，而且有以下逻辑原因。考虑 Teoh et al.（1998a）的论据，其表明估计的稀释权益发行公司的可操纵应计项目与之后的收益负相关。Collins and Hribar（2000b）表明，估计的可操纵应计项目是有偏的（即盈余操纵的结果是欺骗性的），而且偏差与稀释权益发行公司的并购活动具有相关性。这表明，之后的超常收益同管理的可操纵应计项目无关，而与公司的并购活动相关。因此，要么市场被可操纵应计项目锁定，要么市场在传递并购活动的估值意义时具有系统性误差。通常的情况是，在稀释权益发行后存在一些其他现象影响回报行为。

第二，事先的增长预测或其他变量和之后的业绩变量之间的联系可能由于生存误差和数据不足而被虚假地加强了（see Kothari et al.（1999b）和这一部分之前的讨论）。

第三，长期业绩测量存在问题。识别长期问题的技术应被用来估计超常业绩（例如，Carhart（1997）四因素模型，或 Fama and French（1993）三因素模型，或 Daniel et al.（1997）特性基础法）。一些人认为，金融研究中的三因素和四因素模型是由实证推动的，其缺乏一个效用基础的理论基础。更重要的是，这些模型可能过分纠正了股票收益中的系统性组成部分，因为收益的一些系数，例如账面—市价比，可能显示了系统性的错误定价，即市场无效性（see, e.g., Dechow et al., 2000）。即使实证得到的系数仅仅捕获了系统性的错误定价（而不是代表了对风险的补偿），在估计超常收益时控制这些系数仍然很重要。原因很明显，研究者一般检验一个处理变量或一个事件是否产生异常业绩。如果另一个变量，例如公司大小相对于账面—市价比，也产生相似的业绩，那么，观察到的业绩归因于处理变量或事件就不那么可疑了。简单地投资于具有潜在相似性的股票可能产生异常业绩，不论它们是否经历了研究者所研究的事件。

最后，有关联的和无关联的分析师的分类并不是外生的。就像在分析师预测的特点部分所讨论的那样，公司很可能从所有的分析师中选择预测（真实的）最乐观（即给出最高的预测）的投资银行家。因此，我们认为有关联的比无关联的分析师具有更大的预测误差。[87]因此，有关联的分析师的预测比无关联的分析师的预测偏差更大，这个证据并不具有显著的帮助意义。研究必须尝试证明分析师进行偏高预测是因为受到投资银行业务的引诱（即证明它们之间的因果关系）。

§4.4.3 收益预测性的横截面检验

收益预测的横截面检验在两个方面不同于事件研究。首先，我们会在分析中讲到，公司并不需要经历像发行稀释权益那样的特殊事件。第二，回报预测性检验一般分析从每年中普通的某一天开始的，具有特殊特点的股票组合的收益（例如，报告最大的应计总额占总资产比率或极端的分析师预测的股票的1/5），而事件研究中的事件日在日历上一般并不集中。

关于市场有效性的横截面收益预测性检验总是检验长期收益，因此它们会面临之前讨论过的那些问题。有四个问题值得重述。首先，在长期检验中，期望收益的错误测量可能很严重。第二，研究者主要关注表现出极端特点（例如，极端的应计利润）的股票，这些极端特点与以往的异常业绩有关，因此，期望收益决定因素的变化可能与这组投资形成的过程相关。第三，生存性偏差和数据问题可能很严重，尤其是当研究者分析具有极端业绩表现的股票时。最后，因为存在时间上很好的集中性，未控制交互相关的检验可能高估了结果的显著性。

会计领域经常进行两种收益预测的横截面检验：在市场错误定价的一元指示变量（例如，盈利收益、应计利润或分析师的预测）基础上业绩的预测性检验，以及估计多元指示变量（例如，相对于公司市价的基本价值的业绩检验）（e.g.，Ou and Penman，1989a，b；Abarbanell and Bushee，1997，1998；Frankel and Lee，1998；Piotroski，2000）。这两种检验都以有力的证据对市场有效性提出挑战。错误定价的一元和多元指示变量在一个投资组合形成后一到三年的期间内可产生大量的异常业绩。未来研究的重点应该关注我前面讨论过的一些问题，即在评价关于收益预测性检验当前研究结果时发现的问题。以下总结了两种收益预测性检验的结果。

4.4.3.1　利用错误定价的一元指示变量研究收益预测性

早期使用错误定价的一元指示变量的收益预测性检验使用了盈余收益（e.g.，Basu，1977，1983）。这一证据在学术界引起了很大关注，并且盈余收益和其他异象的证据最终导致了类似 Fama-French 三因素（即市场、大小和账面—市价比）模型或将动量（momentum）也作为一个变量的 Carhart（1997）四因素模型的多贝塔 CAPM 模型。

很多最近的收益预测性检验研究盈利收益外的其他指数是否能产生长期异常业绩。这类研究的例子有：Lakonishok et al.（1994）在现金流收益和销售增长基础上的检验；LaPorta（1996）和 Dechow and Sloan（1997）由分析师的乐观性产生的市场过度反应的检验；Sloan（1996），Collins and Hribar（2000a，b）和 Xie（1999）的市场对极大应计利润投资组合的过度反应的检验。

这类研究最常见的主题是市场对公司价值的一元指示变量的过度反应及其长时间自我调整。过度反应表现了市场参与者对报告数字的简单锁定，以及他们推断过去业绩的倾向。然而，由于极端值有向均值反转的趋势（e.g.，Brooks and Buckmaster，1976），市场对价值的一元指示变量极端值的初始反应超出了基本面分析，并且因此为赚取超额收益提供了机会。[88]

尽管很多收益预测性的一元指示变量表明了市场的过度反应，但同时使用现金流和盈余收益作为市场定价错误的指示变量则表明市场的反应不足。一个挑战是理解为什么市场对盈余反应不足，而对其两个组成部分——现金流和应计利润的反应则相反。之前的证据表明，市场对现金流反应不足，对应计利润反应过度。近来的研究已经开始从理论和实证的角度解决这些问题。例如，Bradshaw et al.（1999）检验了分析师是否了解应计利润极端值向均值反转的性质。他们发现，分析师并不将应计利润极端值向均值靠拢的性质纳入盈余预测。Bradshaw et al.（1999，p.2）因此得出结论，"投资者并不能完全预计异常高的应计利润的负面含义"。尽管 Bradshaw et al. 的解释对理解使用应计利润的收益预测性很有帮助，检验相似的逻辑是否能解释现金流和盈余收益的异象将引起更多的关注。现金流和盈利收益的极端值也是向均值靠拢的。考虑到这两个变量，分析师的预测将会如何？而这又将如何解释市场对盈余的反应不足？

尽管很多证据表明市场反应过度和反应不足，其他一些研究与这一市场行为并不一致。例如，Abarbanell and Bernard（2000）没有发现股票市场对当期收益的严格锁定，即市场过度反应。Ali et al.（1999）采取了一种不同的方法来理解市场参与者的幼稚性是否对使用应计利润的收益的横截面预测有贡献。就像几个研究者在盈余公告日后的漂移研究中假设的那样，Ali et al. （1999）检验对高交易成本、低分析师使用性和低机构型投资者比例的股票，基于应计的套利策略是否能获得更大的超额回报。这些研究假设这些特点代表低所有者复杂性，因此这些股票的给定水平的应计利润极端性应该比高投资者复杂性的股票产生更高的超常收益。Ali et al. （1999）并没有发现投资者复杂性和超常收益之间的显著相关性。Zhang（2000）在市场对分析师预测乐观性的锁定和预测修正的自动相关性的研究中得出相同的结论。这些发现使收益—应计盈利比率方法和由投资者的功能锁定导致的分析师的乐观预测之后明显的收益逆转更不可能。这些证据使这一结论更有可能，即明显的超常收益代表了对忽略的风险系数、研究设计中统计的和生存性偏差、长期业绩评估中的偏差或者异象的期间性的补偿。当然，我们还需要进一步的研究。

4.4.3.2　利用错误定价的多元指示变量研究收益预测性

Ou and Penman （1989a，b）使用一种被称为 Pr 的复合的盈余变化可能性测量方法。他们通过对一系列财务比率进行数据降维获得 Pr。Pr 表示正的或负的盈余变化的可能性。Ou and Penman （1989a，b）发现，基于 Pr 的价值投资策略能够获得正的异常回报。

Ou and Penman （1989a，b）的研究引起了很多文献的注意。他们更新了会计领域的基本面分析研究，尽管他们的结论看起来很薄弱。Holthausen and Larcker （1992）发现，Pr 法在 Ou and Penman （1989a，b）研究期后的一段时期内并不适用。Stober（1992）和 Greig（1992）将 Pr 法的收益解释为对风险的补偿。Stober（1992）指出，Pr 法的超额业绩可持续六年；Greig（1992）发现，规模能抵消 Pr 的影响。

Lev and Thiagarajan （1993），Abarbanell and Bushee （1997，1998）和 Piotroski （2000）扩展了 Ou and Penman 的分析，他们使用了传统的为赚取超额收益的财务比率基本面分析法。他们发现，基本面分析在投资组合形成日后 12 个月内赚取了两位数的超常收益。当盈余分析预测实现时未来超常收益表现为在盈余日附近集中这一事件支持了在比率上市场对信息调整缓慢的结论。

Frankel and Lee （1998），Dechow et al. （1999）和 Lee et al. （1999）拓展了多元指数基本面分析，来估计股票的基本价值和投资于由基本价值得到的错误定价的股票。他们使用剩余收益模型和分析师的预测来估计基本价值，并证明可以赚取超常收益。[89]

§5　结论

我在这篇文章中回顾了资本市场和财务报表信息之间关系的研究。我使用了以经济学为基础的会计领域资本市场研究的需求和供给框架来组织这篇文章。资本市场研究需求的主要来源是基本面分析和估值、市场有效性检验、会计在合同和政治过程中的作用以及披露法规。在总结过去的研究时，我点评了现有的研究，并讨论了未解决的问题和未来的研究方向。另外，我给出了一种会计研究中重要思想的起源的历史观点，它已在资本市场研究领域深深影响了未来的会计思想。对环境、力量和现在研究中带来重大突破的进展的探索很可能引导未来会计研究者的职业发展决定。

Ball and Brown （1968）将资本市场研究引入会计。他们研究的关键特征，即 Milton Friedman 倡导的实证经济学、Fama 的有效市场假设和 Fama et al. （1969）的事件研究，是芝加哥大学现在进行的经济和金融研究的基础。20 世纪 70 年代，历史在 Watts and Zimmerman 的实证会计理论研究中重演。尽管以上仅仅是两个例子，但是会计领域很多其他发展也被同一时期的研究和相关领域的观点所影响。这里一个重要的结论是，严格的训练和正在进行的与会计以外关联领域保持同步的尝试增大了成功的、有影响的研究的可能性。

第 4 部分纵览了实证资本市场研究。主题包括资本市场方法研究（例如，盈余反应系数、时间序列和分析师预测、可操纵应计项目的预测模型）；检验其他业绩度量方式的研究；定价和基本面分析研究；检验市场有效性的会计研究。当前的研究热点看来是不可操纵应计项目的研究、分析师动机对预测特征的影响、定价和基本面分析以及市场有效性检验。对基本面分析兴趣的复苏源于大量结论表明资本市场可能是信息非有效的，价格可能需要数年才能充分反映得到的信息。大量研究通过完善基本面分析交易法证明，几年内存在经济上显著的超额收益。结果表明，市场非有效性已经改变了盈余管理研究问题的性质。特别地，盈余管理研究的动机也已经从有效市场中的合同和政治过程问题，扩展到包括为影响价格的盈余管理，因为投资者和市场可能被锁定在（可能过度反应或反应不足）报告的财务报表数字上。

基本面分析的证据表明了市场非有效性和超额收益促使大量研究检验市场有效性。这些研究吸引了学者、投资者、金融市场监管者和准则制定者。现在流行研究长期股票价格的业绩。然而，这类研究方法很复杂，这来源于财务变量的有偏分布、数据的生存性偏差以及估计股票期望收益率方面的困难。如果注意以下问题，则很可能进行市场有效性检验。首先，研究者必须认识到，有选择缺陷的研究设计可能造成市场非有效的错误表象。第二，宣称市场非有效必须提出强有力的假设和实证检验，来区分行为金融理论与并非建立在投资者非理性上的有效市场假说。上述在设计更好的检验方法和驳倒市场非有效性理论方面的挑战，强调会计研究者需要接受更好的经济、金融和计量经济学交叉研究训练。

§6 未引用的参考文献

Brown, 1991; Penman, 1992.

注释

[1] 本文作者并没有考察资本市场研究成本下降这一因素，事实上它可以作为过去30年资本市场研究爆炸性增长的一个解释因素。事实上，随着计算能力、统计软件以及可机读数据库（例如，从证券价格研究中心 CSRP 获得的证券价格数据、从标准普尔 Compustat 获得的财务报表数据，以及从机构经纪人预估系统 I/B/E/S 获得的分析师预测数据）获取成本的降低，资本市场研究成本也在不断下降。

[2] 该书当前版本名为 *Graham and Dodd's Security Analysis*，由 Cottle et al. 于1988 年整理出版。

[3] Watts（1992）对于财务报表数据和股票价格方面的检验作了一个对称的陈述。他主张，为了作出对于财务报表数字和股票价格关系的有效检验，需要研究者在检验中加入基于实证会计理论的变量来控制他们对于所检验的关系的影响。

[4] 我使用 Hendrikson 书中对会计理论的讨论作为对当时会计理论状况的合理描述。这一描述与 Ball and Brown（1968）和 Watts and Zimmerman（1986，Chapter 1）一致。

[5] 目前的投资者信念调整模型表明，新的事件（例如盈余公告）同样也可能带来扩大信念差异的结果（see Harris and Raviv, 1993; Kandel and Pearson, 1995; Bamber et al., 1999）。

[6] 参见 Ball（1978）对此类文献进行的早期综述。

[7] 有关例子，包括：Rayburn（1986），Bowen et al.（1987），Wilson（1986, 1987），Bernard and Stober（1989），Livnat and Zarowin（1990），and Dechow（1994）。

[8] Holthausen and Watts（2001）详细讨论了这一论题。

[9] 另见 Beaver and Dukes（1972）和 Gonedes（1972）。

[10] Barclay et al.（1999）也以管理者业绩衡量为动机提出了相同的观点。

[11] 参见 Barberis et al.（1998），Daniel et al.（1998）和 Hong and Stein（1999）的行为模型，它们产生非有效市场下可预测的证券回报形式。

[12] 例如，参见 Ball and Brown（1968），Foster（1977），Beaver et al.（1979, 1980, 1987）和 Watts and Zimmerman（1986，Chapter 2）。

[13] 例如，参见 Hall（1978），Flavin（1981）和 Kormendi and LaHaye（1986）。Modigliani and Brumberg（1954），Friedman（1957）和 Ando and Modigliani（1963）对永久性收入假说进行了研究。

[14] Sharpe（1964）和 Lintner（1965）所指的 CAPM 是单一形式的 CAPM，而包括除市场因素外的规模、账面—市价比的 Fama and French（1993）三因素模型，或者是在 Fama-French 三因素模型之上加上动量因素的 Carhart（1997）四因素模型，是多形式的 CAPM 的范例。选用三因素或四因素 CAPM 是财务学文献的艺术之一（see Fama and French, 1997）。

[15] 相反，在有效资本市场中，价格能很快地调整，以反映对公司产生盈余能力预期的变动，故在任意时点投资者投资任意股票，均只能获得相同的正常投资回报。

[16] 该观点忽略了利率的变动，很可能只是预期通货膨胀的变化，以及公司将通货膨胀的变化以提高价格的形式传递给消费者的情形。在这种情况下，盈余反应系数就不与利率变动相关。利率与盈余反应系数之间的负相关关系隐含的假设为利率变动与实际利率变动正相关，或者由于未预期的通货膨胀对经济活动的消极影响使得通货膨胀对股价产生消极影响（see Fama and Schwert, 1977; Fama, 1981）。4.1.1.4 节还会对该问题进行更深入的论述。

[17] Biddle and Seow（1991）为盈余反应系数在不同行业间的差异提供了证据，Baginski et al.（1999）为经济特征对盈余持续性测度的影响提供了证据。

[18] 参见 Porter（1980），Spence（1977, 1979, 1981），Wernerfelt（1985），Richardson and Gordon（1980），和 Rappaport（1981）。

[19] 另外还有一类研究文献，该类文献基于对盈余时间序列特征参数值的不确定性

(see Rao，1989；Lang，1991)，预测盈余反应系数行为是公司生命周期的函数。

[20] Ali and Zarowin（1992）指出那些忽略暂时性盈余部分（见下文）对盈余反应系数影响的检验会夸大持续性的重要性。然而，即使在控制了这种夸大以后，他们的结果仍然认为持续性是盈余反应系数的重要影响因素。

[21] Lys et al.（1998）的一个缺陷就是他们运用样本内的时间序列特征，使得他们不能明确区分以下两种假设：时间序列特征对盈余反应系数的影响和 Easton et al.（1992）认为的盈余的短期加总是回报与盈余之间的强相关关系的关键。我在下文回顾在特定的模型假定条件下为什么估计的盈余反应系数远小于预测值的研究中，还会涉及这个问题。

[22] 类似 Baber et al.（1996，1998）的研究是例外，他们考察了盈余反应系数、投资机会和管理层薪酬之间的交互影响。

[23] 另外还有关于利率与盈余反应系数之间短期关系的批评。利率是影响盈余反应系数的因素吗？名义利率中包含大部分的通货膨胀成分。财务和宏观经济学文献发现，通货膨胀的变动与真实经济活动变动以及股票回报负相关（see Fama and Schwert，1977；Fama，1981）。此外，真实的经济活动和商业前景与股票证券的预期回报率负相关（see Fama and French，1988，1989；Balvers et al.，1990；Chen，1991）。这就意味着与文献中所提到的预期回报率随时间变化一样，利率可能与风险溢价正相关。利率可能通过随时间变化的风险溢价（即市场的预期回报减去无风险利率）对盈余反应系数（或者对价格—盈余乘数的影响）产生影响。其与盈余反应系数的负相关关系未必就是利率自身所致。

[24] 另外一个原因在于盈余反应系数是用单个公司的时间序列数据估计出的还是用横截面上的多类证券估计出的。Teets and Wasley（1996）研究发现，特定公司的时间序列数据估计出的盈余反应系数大于运用横截面回归的估计值。他们指出，平均而言，特定公司的估计值较大的原因在于未预期盈余的方差与特定公司的盈余反应系数之间在横截面上存在很强的负相关关系。

[25] Beaver et al.（1980）之后，有大量关于价格引导盈余的含义的研究。包括 Collins et al.（1987，1994），Beaver et al.（1987，1997），Freeman（1987），Collins and Kothari（1989），Kothari（1992），Kothari and Sloan（1992），Easton et al.（1992），Warfield and Wild（1992），Jacobson and Aaker（1993），Basu（1997），Ball et al.（2000）和 Liu and Thomas（2000）。

[26] 另见 Choi and Salamon（1990），Collins and Salatka（1993），Ramesh and Thiagarajan（1993）以及 Ramakrishnan and Thomas（1998）。

[27] 但是，文献中对于与价值不相关的噪音并没有一致的定义（e.g.，Ramakrishnan and Thomas，1998）。

[28] 还有不同方法，参见 Fama（1990），Lipe（1990），Ohlson and Shroff（1992），Kothari（1992），Kothari and Sloan（1992）及 Kothari and Zimmerman（1995）。下文还将对这种方法进行介绍。

[29] 例如，Lev（1989）从 FASB（1978，para. 43）中引用以下内容："财务报告的首要目标就是通过盈余计量方式及其构成来提供反映企业业绩的信息。投资者、债权人及其他关注净现金流前景的利益相关者都会对这些信息非常关注。他们对企业未来现金流以

及产生正的现金流能力的关注导致对他们对盈余信息的关注……"

[30] 这里假定产生一次性收益或损失的商业事件是外生的。如果管理层的动机影响这些事件的发生，那么它们就是内生的（e.g.，Bartov，1991）。这些事件的外生性是更加现实的，下文还会进行讨论。

[31] 放弃期权属于实物期权。Robichek and Van Horne（1967）较早地在资本预算中考察了放弃期权的影响。实物期权在定价中的作用是财务经济学中一个重要的新兴领域。Pindyck（1988），Dixit and Pindyck（1994），Abel et al.（1996）和 Trigeorgis（1996）较好地对实物期权与定价二者进行了考察。实物期权的思想现在已经应用在会计学中（see Wysocki，1999），但我相信以后还有更大的潜力有待挖掘。

[32] 继 Healy（1985）之后，有大量研究文献对薪酬动机的盈余管理进行研究。此类盈余管理以及其他源于实证会计理论（see Watts and Zimmerman，1978，1986）的与债务成本和政治成本假设有关的盈余管理，只有与资本市场研究有关时才包括在本文的评述范围内。

[33] 对于均值反转的噪音，n 期噪音之和的方差小于 n 倍的单期噪音的方差。相反，独立同分布条件下，价值相关的增长意味着 n 期盈余增长率之和的方差等于 n 倍的单期盈余增长率的方差。从而在扩展测度窗口时，会导致噪音方差与盈余增长方差比率的下降。

[34] 遗憾的是，如果将窗口扩展太长也会存在缺陷。第一，当扩展窗口时，横截面上相当一部分因变量的差异是由于横截面上的预期回报率不同所致。因此，将回报—盈余回归的解释变差准确归因于盈余（或现金流）信息就变得越来越困难（Easton et al.（1992）对此进行了讨论，Fama and French（1988），Fama（1990）和 Sloan（1993）对回报变动的来源进行了探讨）。第二，当对测度窗口进行扩展时，研究者施加更加严格的数据获得条件，使得样本具有生存偏差。第三，噪音与价格引导盈余两种解释变得越来越难以区分。

[35] Brown et al.（1987b），Collins et al.（1987）和 Lys and Sivaramakrishnan（1988）等会计文献采用了未来回报作为预期盈余的代理变量。Collins et al.（1994）运用 $t-1$ 期产生的盈余而不是过去的回报来控制 t 期的预期盈余增长。

[36] Abdel-khalik（1990）将类似方法运用于建立考虑非线性关系的回报—盈余模型。

[37] Biddle et al.（1997）将剩余收益定价的定义追溯至 Hamilton（1777）和 Marshall（1890）等历史研究的观点。

[38] 分析师预测的使用通常违背剩余收益模型中蕴含的净盈余假定，因为分析师预测常常排除影响权益账面价值的因素。然而，在使用分析师预测时，应该着眼于它们在解释和预测实证现象方面的有用性，而不是看它们是否与净盈余假定一致。

[39] 尽管使用分析师预测有很多优点，但由于分析师预测中明显的乐观性，以及这种乐观性随盈余偏度不同而具有横截面上的差异（see Gu and Wu，2000），使得使用该方法也存在一些问题。下一节还会对此问题进行详细论述。

[40] 样本估计的一阶自相关系数偏小，因为小样本误差，其误差值为 $-1/(T-1)$，其中 T 为时间序列观测的数量（see Kendall，1954；Jacob and Lys，1995）。年度盈余变化的误差调整的一阶自相关系数接近零（see Dechow et al.，1998a，Table 5）。

[41] 有效资本市场条件下的股票价格的随机游走特征需要另外一个假设，即不变的期望回报率，这里不再叙述（see Fama，1976，Chapter 5；Fama and French，1988；Kothari and Ahanken，1997）。因此，随机游走特征只是近似的预测。

[42] 代理理论基础的解释（如薪酬合同和CEO变更的特征）也可能促使管理者在盈余上"洗大澡"。

[43] 用一系列（已知）变量来估计条件参数的计量模型在金融学和经济学中得到很好的发展。例如，Shanken（1990），Chan and Chen（1988）及Ferson and Schadt（1996）都提出了时间可变的最好的条件估计。

[44] Kinney et al.（1999）使用年度而不是季度盈余预测误差。但是，因为当公布年度盈余的时候已经知道前三个季度的盈余，所以检验年度盈余预测误差和窄窗口回报之间的联系等价于检验季度盈余差异与股票回报之间的关系。

[45] 例如，Lipe（1986），Rayburn（1986），Wilson（1986，1987），Livnat and Zarowin（1990），Ohlson and Penman（1992），Dechow（1994）和Basu（1997）。

[46] 例子包括Barefield and Comiskey（1975），Crichfield et al.（1978），Fried and Givoly（1982），Brown et al.（1985），O'Brien（1988），Stickel（1990），Abarbanell（1991），Ali et al.（1992），Brown（1997，1998），Lim（1998），Richardson et al.（1999）以及Easterwood and Nutt（1999）。

[47] 注意到，即使实际盈余的分布是有偏的，一个特定企业的分析师预测的分布也不一定是有偏的，所以使用分析师预测的均值或中值可能没有太大的差异。O'Brein（1988）提供的证据表明，分析师预测的中值要略小于均值。

[48] 参见Adair（1995），Ali（1996），Dechow et al.（1999），Dugar and Nathan（1995），Hansen and Sarin（1996），Hunton and McEwen（1997），Lin and McNichols（1998a，b），Michaely and Womack（1999）以及Rajan and Servaes（1997）。

[49] 与此假设一致，Mikhail et al.（1999）证明分析师离职与预测准确程度显著相关。

[50] 虽然这激励所有的分析师更乐观，但是要记得无偏预测的假定。即使假定分析师的预测在平均意义上是偏于乐观的，我的论点仍然没有改变。如果情况确实是这样，那么关联分析师应该比其他分析师的乐观偏差更大。

[51] Laster et al.（1999）作了类似的讨论，他们用分析师在预测的公开可得性与准确性之间的权衡作为分析师预测乐观性偏误的动机。

[52] DeBondt and Thaler（1985，1987），Chan（1988），Ball and Kothari（1989），Chopra et al.（1992），Ball et al.（1995）和Fama and French（1995）检验了投资者和股票市场是否对长窗口信息过度反应。

[53] 严格来说，它们是不可操纵应计项目的预测模型，每个模型中的残差（或常数项和残差的和）是对可操纵应计项目的预测。

[54] 即使标准差是从横截面的相关性中估计出来的，它也明显地比Dechow et al.（1995）研究中的一个公司一个样本得出的数要小。

[55] 另见Drtina and Largay（1985），Huefner et al.（1989），以及Bahnson et al.（1996）。

[56] 然而，Subramanyam（1996b）也发现可操纵应计项目的系数比不可操纵应计项目的系数要小，这说明可操纵应计项目可能带有部分机会主义特征或者其不如非可操纵应记项目具有持续性。

[57] Teoh et al.（1998c，p.192）将其对于可操纵应计项目的估计描述如下："……我们首先用流动性应计项目（而非总应计项目）与销售收入的变化量作横截面回归来估计预期的流动性应计项目。预期的流动性应计项目等于在回归方程中估计系数减去来自销售收入变化的应收款的变化。流动性应计项目的残差即异常的流动性应计收益。"

[58] Dechow（1994）采用了 Vuong（1989）的检验方法，这是一种对两种模型调整后的解释力度之间差异的检验，两种模型各有不同的解释变量，但是有相同的被解释变量。在 Dechow（1994）之后，Vuong（1989）检验成了行业标准。然而，Biddle et al.（1995）和 Davidson and MacKinnon（1981）发展出了 Vuong 检验之外的另一种检验方法——非嵌套 J 检验。Biddle and Seow（1996）声称，在有异方差和自相关的数据中，Biddle et al.（1995）采用的检验方法的规范性和效度至少等于甚至优于 Vuong 检验和 J 检验（see Dechow et al.，1998b）。另一个可用的方法是 Cramer（1987）提出的在两个模型拥有和不拥有共同的解释变量的情况下用 R^2 的标准误分别比较其 R^2。这种方法在进行国家间或行业间的比较时尤其有效（see Ball et al.，2000）。

[59] 其他关于采用股价标准化回归的好处的文章，参见 Lev and Ohlson（1982）和 Landsman and Magliolo（1988）。

[60] 类似的问题在别的研究中也会被提出（如会计中的市场效率研究）。但是，根据我一般性的观察，这一问题在基本面分析中是最被频繁问及的。

[61] 更为复杂的处理是允许改变折现率，参见 Campbell and Shiller（1988a，b），Fama（1977，1996）和 Rubinstein（1976）。

[62] 关于股利信号效应的文章，参见 Ross（1977），Bhattacharya（1979），Asquith and Mullins（1983），Easterbrook（1984），Miller and Rock（1985），Jensen（1986）和 Healy and Palepu（1988）。

[63] 文献中也出现了一些对 Ohlson 和 Feltham-Ohlson 的批评。包括 Bernard（1995），Lundholm（1995），Lee（1999），Lo and Lys（2001），Sunder（2000）和 Verrecchia（1998）。

[64] 关于剩余估值概念的已有文献，包括 Hamilton（1777），Marshall（1890），Preinreich（1938），Edwards and Bell（1961），Peasnell（1982）和 Stewart（1991）。

[65] 价格的公式对于复杂的现实问题来说是不够精确的。现实中我们经常碰到资本结构中包括优先股、权证和高管股票期权等情况。在后文的讨论中，我未考虑这种不精确性。

[66] Lo and Lys（2001）根据 Roll（1977）对 CAPM 的批评，认为 Feltham and Ohlson（1995）和 Ohlson（1995）的模型都是无法检测的。对各种模型的检测都是对模型（或模型的假设）的联合检测，而且模型是对股票市场定价的描述。

[67] 在一项很有影响力的研究中，Kaplan and Ruback（1995）评价了估值的折现现金流和乘数方法。由于其没有考察以盈余为基础的估值模型，我没有讨论他们的研究。

[68] 其他的错误也有可能出现，因为盈余最终会支付给普通股和优先股持有人，但

是使用超额收益估值模型时并没有充分考虑优先股持有人。

[69] 对这一点更多的讨论，参见 Lundholm and O'Keefe（2000）和 Courteau et al.（2000）。

[70] 使用分析师预测相对使用历史盈余信息提高了估计得出的基础价值的解释力，说明除了过去的盈余信息之外，可以影响未来盈余预期的信息是十分重要的。

[71] Kim and Ritter（1999）发现，使用预测的未来一年的每股收益可以最好地对 IPO 公司进行估值，Liu et al.（2000）等在比较预测盈余乘数模型和更复杂的估值模型时，也给出了类似的证据。

[72] 但是，对每个公司使用不同的折现率不太可能有很大的区别。对每个公司使用不同的折现率并非没有成本：折现率是非常难以估计的，而且使用现有的技术估计出的折现率其标准差非常大（see Fama and French，1997）。

[73] 参见 Shiller（1981），在检测股票市场的理性程度时提出了这一观点。Shiller 的工作引发了大量的金融学与经济学文献考察股票市场是否有过度的波动性。

[74] 第一个发表的事件研究是 Dolley（1933）。例如 Fama et al.（1969）的研究只是检验了事件期的股票分割效应。

[75] 一个隐含的假设是事件不会造成样本公司的贝塔风险按照大小的顺序增加。参见 Ball and Kothari（1991）关于盈余公告日前后 21 天股票日贝塔风险的变化，以及 Brennan and Copeland（1988）提供的股票分割公告时风险变化的证据。

[76] 不能拒绝没有影响的原假设，但实际上备择假设成立（例如，第Ⅱ类错误），此时短窗口事件研究的实际危险是事件日的不确定性（see Brown and Warner，1985）。

[77] 如果研究人员将估计的超额回报与企业特定的变量比如财务数据和交易成本的代理变量相联系，则风险估计中的随机风险以及超额风险估计将是一个严重的问题。随机误差会减弱相关性，进而减弱检验的功效。

[78] 有两种理论可以对此进行解释，一种是 Jensen and Meckling（1976）的代理理论，该理论试图解释 Modigliani and Miller（1958）和 Miller and Modigliani（1961）关于在无摩擦市场中公司财务无效果的预测产生的偏移；另一种解释是 Watts and Zimmerman（1978）的契约和政治成本假说，这个理论用来解释在充满信息的有效资本市场中，企业在面临多种会计方法选择时对某种方法的偏好。

[79] 参见 Jones and Litzenberger（1970），Brown and Kennelly（1972），Joy et al.（1977），Watts（1978），Foster et al.（1984），Rendleman et al.（1987），Bernard and Thomas（1989，1990），Freeman and Tse（1989），Mendenhall（1991），Wiggins（1991），Bartov（1992），Bhushan（1994），Ball and Bartov（1996）和 Bartov et al.（2000），以及其他的研究。

[80] 因为 Brown and Han（2000）只关注很小的一部分公司（20%），他们的测试可能是低效率的。

[81] 以下的研究提供了关于异象的证据：Banz（1981）关于规模效应；Basu（1977，1983）关于盈余比价格效应；Rosenberg et al.（1985）和 Fama and French（1992）的账面比市价效应；Lakonishok et al.（1994）的销售增长效应（或者价值比明星效应）和现金流比价格效应；DeBondt and Thaler（1985，1987）的长期反转效应；Jegadeesh and

Titman（1993）和 Rouwenhorst（1998）的短期动量效应；Moskowitz and Grinblatt（1999）用于解释动量效应的行业因子效应；Lee and Swaminathan（2000）的动量和交易量效应，以及 Lev and Thiagarajan（1993）和 Abarbanell and Bushee（1997，1998）的基本面分析效应。

［82］随着公司对外披露会计事件（例如方法变更）压力的不断增加，以及通过计算机途径搜索信息成本的降低，目前很容易精确地确定会计方法变更的事件公告日。

［83］参考关于信号和自愿信息披露的文献。

［84］参见 Ball and Kothari（1991）提出质疑扩展的功能锁定假说的理论和证据。

［85］经理的动机与所有者的动机一致。在 IPO 的背景中，这个假设是描述性的，因为经理同时也是主要的股东或者拥有大量股权，例如股票期权的形式。

［86］参见 Teoh et al.（1998a-c），Teoh and Wong（1999）和 Rangan（1998）。

［87］如果我的假设不是对附属于投资银行的关联分析的选择过程的描述，则批评并不适用。

［88］下面这些文献讨论了不同种类的过度反应和对过去业绩假说的推断。Lakonish et al.（1994）在过去销售增长以及当前现金流和盈余收益的背景下展开讨论；Sloan（1996）讨论了会计应计项目；LaPorta（1996）和 Dechow and Sloan（1996）讨论了分析师预测。

［89］Lee et al.（1999）的结果在某种程度上也是脆弱的。因为他们并没有发现超额回报，除非他们使用短期无风险利率中的信息来计算基本价值。基本面分析从来没有强调过短期利率信息的重要性，更别提对其的需要。我认为他们的证据并不是很强。

参考文献

Abarbanell, J., 1991. Do analysts'earnings forecasts incorporate information in prior stock price changes? Journal of Accounting and Economics 14, 147-65.

Abarbanell, J., Bernard, V., 1992. Tests of analysts'overreaction/underreaction to earnings information as an explanation for anomalous stock price behavior. Journal of Finance 47, 1181-1207.

Abarbanell, J., Bernard, V., 2000. Is the US stock market myopic? Journal of Accounting Research 38, 221-242.

Abarbanell, J., Bushee, B., 1997. Fundamental analysis, future earnings, and stock prices. Journal of Accounting Research 35, 1-24.

Abarbanell, J., Bushee, B., 1998. Abnormal returns to a fundamental analysis strategy. The Accounting Review 73, 19-45.

Abarbanell, J., Lehavy, R., 2000a. Differences in commercial database reported earnings: implications for inferences in research o analyst forecast rationality, earnings management, and earnings response coefficients. Working paper, University of North Carolina.

Abarbanell, J., Lehavy, R., 2000b. Biased forecasts or biased earnings? The role of earnings management in explaining apparent optimism and inefficiency in analysts'earnings forecasts. Working paper, University of North Carolina.

Abdel-khalik, R., 1990. Specification problems with information content of earnings: revisions and rationality of expectations and self-selection bias. Contemporary Accounting Research 7, 142-172.

Abel, A., Dixit, A., Eberly, J., Pindyck, R., 1996. Options, the value of capital and investment. Quarterly Journal of Economics 111, 753-777.

Aboody, D. , Lev, B. , 1998. The value-relevance of intangibles: the case of software capitalization. Journal of Accounting Research Supplement 36, 161-191.

Abraham, T. , Sidhu, B. , 1998. The role of R&D capitalisations in firm valuation and performance measurement. Australian Journal of Management 23, 169-183.

Accounting Principles Board (APB), 1973. Interim Financial Reporting, APB Opinion No. 28. APB, New York, NY.

Adair, T. , 1995. The decision process of security analysts: potential causes of optimistic biases in EPS forecasts. Workin g paper, Indiana University, Bloomington, IN.

Affleck-Graves, J. , Davis, R. , Mendenhall, R. , 1990. Forecasts of earnings per share: possible sources of analyst superiority and bias. Contemporary Accounting Research 6, 501-517.

Aharony, J. , Lin, C. , Loeb, M. , 1993. Initial public offerings, accounting choice, and earnings management. Contemporary Accounting Research 10, 61-81.

Ahmed, A. , 1994. Accounting earnings and future economic rents: an empirical analysis. Journal of Accounting and Economics 17, 377-400.

Ajinkya, B. , Gift, M. , 1984. Corporate managers'earnings forecasts and symmetrical adjustments of market expectations. Journal of Accounting Research 22, 425-444.

Albrecht, W. , Lookabill, L. , McKeown, J. , 1977. The time series properties of annual earnings. Journal of Accounting Research 15, 226-244.

Ali, A. , 1996. Bias in analysts'earnings forecasts as an explanation for the long-run underperformance of stocks following equity offerings. Unpublished working paper, University of Arizona.

Ali, A. , Zarowin, P. , 1992. The role of earnings levels in annual earnings-returns studies. Journal of Accounting Research 30, 286-296.

Ali, A. , Klein, A. , Rosenfeld, J. , 1992. Analysts'use of information about permanent and transitory earnings components in forecasting annual EPS. Accounting Review 67, 183-198.

Ali, A. , Hwang, L. , Trombley, M. , 1999. Accruals and future returns: tests of the naïve investor hypothesis. Working paper, University of Arizona.

American Institute of Certified Public Accountants, Special committee on financial reporting, 1994. Improving business reporting—a customer focus. Comprehensive report of the special committee on financial reporting, American Institute of Certified Public Accountants.

Amir, E. , Lev, B. , 1996. Value-relevance of nonfinancial information: the wireless communications industry. Journal of Accounting and Economics 22, 3-30.

Ando, A. , Modigliani, F. , 1963. The 'ife cycle' hypothesis of saving: aggregate implications and tests. American Economic Review 53, 55-84.

Andrade, G. , 1999. Do appearances matter? The impact of EPS accretion and dilution on stock prices. Working paper, Harvard Business School.

Anthony, J. , Ramesh, K. , 1992. Association between accounting performance measures and stock prices: a test of the life cycle hypothesis. Journal of Accounting and Economics 15, 203-227.

Archibald, T. , 1972. Stock market reaction to the depreciation switch-back. The Accounting Review 47, 22-30.

Asquith, P. , Mullins, D. , 1983. The impact of initiating dividends on shareholders'wealth. Journal of Business 56, 77-96.

Atiase, R. , 1985. Predisclosure information, firm capitalization, and security price behavior around earnings announcements. Journal of Accounting Research 23, 21-36.

Atiase, R., 1987. Market implications of predisclosure information: size and exchange effects. Journal of Accounting Research 25, 168-175.

Ayers, B., 1998. Deferred tax accounting under SFAS No. 109: an empirical investigation of its incremental value-relevance relative to APB No. 11. The Accounting Review 73, 195-212.

Ayers, B., Lefanowicz, C., Robinson, J., 1999. Do firms purchase the pooling method. Working paper, University of Georgia.

Baber, W., Janakiraman, S., Kang, S., 1996. Investment opportunities and the structure of executive compensation. Journal of Accounting and Economics 21, 297-318.

Baber, W., Kang, S., Kumar, K., 1998. Accounting earnings and executive compensation: the role of earnings persistence. Journal of Accounting and Economics 25, 169-193.

Baginski, S., Conrad, E., Hassell, J., 1993. The effects of management forecast precision on equity pricing and on the assessment of earnings uncertainty. The Accounting Review 68, 913-927.

Baginski, S., Lorek, K., Willinger, G., Branson, B., 1999. The relationship between economic characteristics and alternative annual earnings persistence measures. The Accounting Review 74, 105-120.

Bahnson, P., Miller, P., Budge, B., 1996. Nonarticulation in cash flow statements and implications for education, research, and practice. Accounting Horizons 10, 1-15.

Ball, R., 1972. Changes in accounting techniques and stock prices. Journal of Accounting Research Supplement 10, 1-38.

Ball, R., 1978. Anomalies in relationships between securities'yields and yield-surrogates. Journal of Financial Economics 6, 103-126.

Ball, R., 1992. The earnings-rice anomaly. Journal of Accounting and Economics 15, 319-345.

Ball, R., 1994. The development, accomplishments, and limitations of the theory of stock market efficiency. Managerial Finance 20, 3-48.

Ball, R., Bartov, E., 1996. How naïve is the stock market's use of earnings information? Journal of Accounting and Economics 21, 319-337.

Ball, R., Brown, P., 1968. An empirical evaluation of accounting income numbers. Journal of Accounting Research 6, 159-177.

Ball, R., Kothari, S., 1989. Nonstationary expected returns: implications for tests of market efficiency and serial correlation in returns. Journal of Financial Economics 25, 51-74.

Ball, R., Kothari, S., 1991. Security returns around earnings announcements. The Accounting Review 66, 718-738.

Ball, R., Kothari, S., Watts, R., 1993. Economic determinants of the relation between earnings changes and stock returns. The Accounting Review 68, 622-638.

Ball, R., Kothari, S., Shanken, J., 1995. Problems in measuring portfolio performance: an application to contrarian investment strategies. Journal of Financial Economics 38, 79-107.

Ball, R., Kothari, S., Robin, A., 2000. The effect of institutional factors on properties of accounting earnings, working paper. Journal of Accounting and Economics 29, 1-51.

Ball, R., Watts, R., 1972. Some time series properties of accounting income. Journal of Finance 27, 663-682.

Balvers, R., Cosimano, T., Mcdonald, B., 1990. Predicting stock returns in an efficient market. Journal of Finance 45, 1109-1128.

Bamber, L., 1987. Unexpected earnings, firm size, and trading volume around quarterly earnings announcements. The Accounting Review 62, 510-532.

Bamber, L., Cheon, Y., 1998. Discretionary management earnings forecast disclosures: antecedants and outcomes associated with forecast venue and forecast specificity. Journal of Accounting Research 36, 167-190.

Bamber, L., Barron, O., Stober, T., 1999. Differential interpretations and trading volume. Journal of Financial and Quantitative Analysis 34, 369-386.

Banz, R., 1981. The relationship between return and market value of common stocks. Journal of Financial Economics 9, 3-18.

Barber, B., Lyon, J., 1996. Detecting abnormal operating performance: the empirical power and specification of test statistics. Journal of Financial Economics 41, 359-399.

Barber, B., Lyon, J., 1997. Detecting long-run abnormal stock returns: the empirical power and specification of test statistics. Journal of Financial Economics 43, 341-372.

Barberis, N., Shleifer, A., Vishny, R., 1998. A model of investor sentiment. Journal of Financial Economics 49, 307-343.

Barclay, M., Gode, D., Kothari, S., 1999. Measuring delivered performance. Working paper, Massachusetts Institute of Technology.

Barefield, R., Comiskey, E., 1975. The accuracy of analysts' forecasts of earnings per share. Journal of business Research 3, 241-252.

Barth, M., 1991. Relative measurement errors among alternative pension asset and liability measures. The Accounting Review 66, 433-463.

Barth, M., 1994. Fair value accounting: evidence from investment securities and the market valuation of banks. The Accounting Review 69, 1-25.

Barth, M., Clinch, G., 1999. Scale effects in capital markets-based accounting research. Working paper, Stanford University.

Barth, M., Kallapur, S., 1996. The effects of cross-sectional scale differences on regression results in empirical accounting research. Contemporary Accounting Research 13, 527-567.

Barth, M., Landsman, W., 1995. Fundamental issues related to using fair value accounting for financial reporting. Accounting Horizons 9, 97-107.

Barth, M., Beaver, W., Landsman, W., 1992. The market valuation implications of net periodic pension cost components. Journal of Accounting and Economics 15, 27-62.

Barth, M., Beaver, W., Landsman, W., 1996. Value-relevance of banks' fair value disclosures under SFAS No. 107. The Accounting Review 71, 513-537.

Barth, M., Beaver, W., Landsman, W., 1998. Relative valuation roles of equity book value and net income as a function of financial health. Journal of Accounting and Economics 25, 1-34.

Barth, M., Cram, D., Nelson, K., 1999. Accruals and the prediction of future cash flows. Working paper, Stanford University.

Bartov, E., 1992. Patterns in unexpected earnings as an explanation for post-announcement drift. The Accounting Review 67, 610-622.

Bartov, E., Radhakrishnan, S., Krinsky, I., 2000. Investor sophistication and patterns in stock returns after earnings announcements. The Accounting Review 75, 43-63.

Basu, S., 1977. The investment performance of common stocks in relation to their price-earnings ratios: a test of the efficient markets hypothesis. Journal of Finance 32, 663-682.

Basu, S., 1983. The relationship between earnings yield, market value, and returns for NYSE common stocks: further evidence. Journal of Financial Economics 12, 129-156.

Basu, S., 1997. The conservatism principle and the asymmetric timeliness of earnings. Journal of Accounting and Economics 24, 3-37.

Bathke Jr., A., Lorek, K., 1984. The relationship between time-series models and the security market's expectation of quarterly earnings. Accounting Review 59, 163-176.

Beaver, W., 1968. The information content of annual earnings announcements. Journal of Accounting Research Supplement 6, 67-92.

Beaver, W., 1972. The behavior of security prices and its implications for accounting research (methods), in the "Report of the Committee on Research Methodology in Accounting". The Accounting Review (Suppl.) 47, 407-437.

Beaver, W., 1998. Financial Reporting: An Accounting Revolution. Prentice-Hall, Englewood Cliffs, NJ.

Beaver, W., 1999. Comments on "An empirical assessment of the residual income valuation model". Journal of Accounting and Economics 26, 35-42.

Beaver, W., Dukes, R., 1972. Interperiod tax allocation, earnings expectations, and the behavior of security prices. The Accounting Review 47, 320-332.

Beaver, W., Dukes, R., 1973. Interperiod tax allocation and delta depreciation methods: some empirical results. The Accounting Review 48, 549-559.

Beaver, W., Engel, E., 1996. Discretionary behavior with respect to allowance for loan losses and the behavior of security prices. Journal of Accounting and Economics 22, 177-206.

Beaver, W., Morse, D., 1978. What determines price-earnings ratios? Financial Analysts Journal 34, 65-76.

Beaver, W., Ryan, S., 2000. Biases and lags in book value and their effects on the ability of the book-to-market ratio to predict book rate of return on equity. Journal of Accounting Research 38, 127-148.

Beaver, W., Venkatachalam, M., 1999. Differential pricing of discretionary, nondiscretionary and noise components of loan fair values. Working paper, Stanford University.

Beaver, W., Clarke, R., Wright, F., 1979. The association between unsystematic security returns and the magnitude of earnings forecast errors. Journal of Accounting Research 17, 316-340.

Beaver, W., Lambert, R., Morse, D., 1980. The information content of security prices. Journal of Accounting and Economics 2, 3-28.

Beaver, W., Lambert, R., Ryan, S., 1987. The information content of security prices: a second look. Journal of Accounting and Economics 9, 139-157.

Beaver, W., McAnally, M., Stinson, C., 1997. The information content of earnings and prices: a simultaneous equations approach. Journal of Accounting and Economics 23, 53-81.

Beneish, M., 1998. Discussion of "Are accruals during initial public offerings opportunistic?". Review of Accounting Studies 3, 209-221.

Beneish, M., Harvey, C., 1998. Measurement error and nonlinearity in the earnings-returns relation. Review of Quantitative Finance and Accounting 3, 219-247.

Berger, P., Ofek, E., Swary, I., 1996. Investor valuation of the abandonment option. Journal of Financial Economics 42, 257-287.

Bernard, V., 1987. Cross-sectional dependence and problems in inference in market-based accounting research. Journal of Accounting Research 25, 1-48.

Bernard, V., 1989. Capital markets research in accounting during the 1980's: a critical review. In:

Frecka，T. J.（Ed.），The State of Accounting Research as we enter the 1990s. University of Illinois at Ur-bana-Champaign，Urbana，IL.

Bernard，V.，1995. The Feltham-Ohlson framework：implications for empiricists. Contemporary Accounting Research 11，733-747.

Bernard，V.，Stober，T.，1989. The nature and amount of information in cash flows and accruals. The Accounting Review 64，624-652.

Bernard，V.，Thomas，J.，1989. Post-earnings-announcement drift：delayed price response or risk premium? Journal of Accounting Research 27，1-48.

Bernard，V.，Thomas，J.，1990. Evidence that stock prices do not fully reflect the implications of current earnings for future earnings. Journal of Accounting and Economics 13，305-340.

Bernard，V.，Thomas，J.，Whalen，J.，1997. Accounting-based stock price anomalies：separating market efficiencies from research design flaws. Contemporary Accounting Research 14，89-136.

Bhattacharya，S.，1979. Imperfect information，dividend policy and 'the bird in the hand' fallacy. Bell Journal of Economics 10，259-270.

Bhushan，R.，1994. An informational efficiency perspective on the post-earnings-announcement drift. Journal of Accounting and Economics 18，45-65.

Biddle，G.，Lindahl，F.，1982. Stock price reactions to LIFO adoptions：the association between excess returns and LIFO tax savings. Journal of Accounting Research 20，551-588.

Biddle，G.，Seow，G.，1991. The estimation and determinants of association between returns and earnings：evidence from cross-industry comparisons. Journal of Accounting，Auditing，and Finance 6，183-232.

Biddle，G.，Seow，G.，1996. Testing relative information using nested likelihood models. Unpublished paper，University of Washington，Seattle，WA.

Biddle，G.，Seow，G.，Siegel，A.，1995. Relative versus incremental information content. Contemporary Accounting Research 12，1-23.

Biddle，G.，Bowen，R.，Wallace，J.，1997. Does EVA beat earnings? Evidence on associations with returns and firm values. Journal of Accounting and Economics 24，301-336.

Blanchard，O.，1993. Movements in the equity premium. Brookings Papers on Economic Activity 2，75-138.

Blume，M.，Stambaugh，R.，1983. Biases in computed returns：an application to the size effect. Journal of Financial Economics 12，387-404.

Botosan，C.，1997. Disclosure level and the cost of equity capital. The Accounting Review 72，323-350.

Bowen，R.，Burgstahler，D.，Daley，L.，1986. Evidence on the relationships between earnings and various measures of cash flow. The Accounting Review 61，713-725.

Bowen，R.，Burgstahler，D.，Daley，L.，1987. The incremental information content of accrual versus cash flows. The Accounting Review 62，723-747.

Bradshaw，M.，Richardson，S.，Sloan，R.，1999. Earnings quality and financial reporting credibility：an empirical investigation. Working paper，University of Michigan.

Brav，A.，2000. Inferences in long-horizon event studies：a Bayesian approach with application to initial public offerings. Journal of Finance 55，1979-2016.

Brennan，M.，Copeland，T.，1988. Beta changes around stock splits：a note. Journal of Finance 43，1009-1013.

Brooks, L., Buckmaster, D., 1976. Further evidence on the time series properties of accounting income. Journal of Finance 31, 1359-1373.

Brown, L., 1991. Forecast selection when all forecasts are not equally recent. International Journal of Forecasting 7, 349-356.

Brown, L., 1993. Earnings forecasting research: its implications for capital markets research. International Journal of Forecasting 9, 295-320.

Brown, L., 1997. Analyst forecasting errors: additional evidence. Financial Analysts Journal 53, 81-88.

Brown, L., 1998. Managerial behavior and the bias in analyst's earnings forecasts. Working paper, Georgia State University.

Brown, L., 1999. Discussion of "Post-earnings announcement drift and the dissemination of predictable information". Contemporary Accounting Research 16, 341-345.

Brown, L., Han, J., 2000. Do stock prices fully reflect the implications of current earnings for future earnings for AR1 firms? Journal of Accounting Research 38, 149-164.

Brown, L., Rozeff, M., 1978. The superiority of analyst forecasts as measures of expectations: evidence from earnings. Journal of Finance 33, 1-16.

Brown, L., Rozeff, M., 1979. Univariate time series models of quarterly accounting earnings per share: a proposed model. Journal of Accounting Research 17, 179-189.

Brown, L., Rozeff, M., 1980. Analysts can forecast accurately. Journal of Portfolio Management 6, 31-34.

Brown, L., Griffin, P., Hagerman, R., Zmijewski, M., 1987a. Security analyst superiority relative to univariate time-series models in forecasting quarterly earnings. Journal of Accounting and Economics 9, 61-87.

Brown, L., Griffin, P., Hagerman, R., Zmijewski, M., 1987b. An evaluation of alternative proxies for the market's expectation of earnings. Journal of Accounting and Economics 9, 159-193.

Brown, P., Foster, G., Noreen, E., 1985. Security Analyst Multi-Year Earnings Forecasts and the Capital Market. American Accounting Association, Sarasota, FL.

Brown, P., Kennelly, 1972. The information content of quarterly earnings: An extension and some further evidence. Journal of Business 45, 403-415.

Brown, R., 1980. Short-range market reaction to changes to LIFO accounting using earnings announcement dates. Journal of Accounting Research 18, 38-63.

Brown, S., Warner, J., 1980. Measuring security price performance. Journal of Financial Economics 8, 205-258.

Brown, S., Warner, J., 1985. Using daily stock returns: the case of event studies. Journal of Financial Economics 14, 3-31.

Brown, S., Lo, K., Lys, T., 1999. Use of R^2 in accounting research: measuring changes in value relevance over the last four decades. Journal of Accounting and Economics 28, 83-115.

Bryant, L., 1999. Value-relevance of capitalizing successful exploration activities: implications for R&D accounting. Working paper, Ohio State University.

Burgstahler, D., Dichev, I., 1997. Earnings, adaptation, and equity value. The Accounting Review 72, 187-215.

Burgstahler, D., Jiambalvo, J., Shevlin, T., 1999. Time-series properties and pricing of special items component of earnings. Working paper, University of Washington.

Butler, K., Lang, L., 1991. The forecast accuracy of individual analysts: evidence of systematic optimism and pessimism. Journal of Accounting Research 29, 150-156.

Campbell, J., Shiller, R., 1988a. The dividend-price ratio and expectations of future dividends and discount factors. Review of Financial Studies 1, 195-227.

Campbell, J., Shiller, R., 1988b. Stock prices, earnings, and expected dividends. Journal of Finance 43, 661-676.

Campbell, J., Lo, A., MacKinlay, A., 1997. The Econometrics of Financial Markets. Princeton University Press, Princeton, NJ.

Capstaff, J., Paudyal, K., Rees, W., 1997. A comparative analysis of earnings forecasts in Europe. Working paper, University of Glasgow, Glasgow, Scotland.

Carhart, M., 1997. On persistence in mutual fund performance. Journal of Finance 52, 57-82.

Chan, K., 1988. On the contrarian investment strategy. Journal of Business 61, 147-163.

Chan, K., Chen, N., 1988. An unconditional asset-pricing test and the role of firm size as an instrumental variable for risk. Journal of Finance 43, 309-325.

Chan, K., Jegadeesh, N., Lakonishok, J., 1996. Momentum strategies. Journal of Finance 51, 1681-1713.

Chaney, P., Hogan, C., Jeter, D., 1999. The effect of reporting restructuring charges on analysts'forecast revisions and errors. Journal of Accounting and Economics 27, 261-284.

Chen, N., 1991. Financial investment opportunities and the macroeconomy. Journal of Finance 46, 529-554.

Cheng, C., Hopwood, W., McKeown, J., 1992. Non-linearity and specification problems in unexpected earnings response regression models. The Accounting Review 67, 579-598.

Choi, S., Salamon, G., 1990. Accounting information and capital asset prices. Working paper, Vanderbilt University, Nashville, TN.

Chopra, N., Lakonishok, J., Ritter, J., 1992. Measuring abnormal performance: does the market overreact? Journal of Financial Economics 32, 235-268.

Christie, A., 1987. On cross-sectional analysis in accounting research. Journal of Accounting and Economics 9, 231-258.

Christie, A., 1991. On information arrival and hypothesis testing in event studies. Working paper, University of Rochester.

Claus, J., Thomas, J., 1999b. Measuring the equity risk premium using earnings forecasts: an international analysis. Working paper, Columbia University.

Claus, J., Thomas, J., 1999a. The equity risk premium is much lower than you think it is: empirical estimates from a new approach. Working paper, Columbia University.

Clement, M., 1999. Analyst forecast accuracy: do ability, resources, and portfolio complexity matter? Journal of Accounting and Economics 27, 285-303.

Cochrane, J., 1997. Where is the market going? Uncertain facts and novel theories. Economic Perspectives 21, 3-37.

Collins, D., Dent, W., 1984. A comparison of alternative testing methodologies used in capital market research. Journal of Accounting Research 22, 48-95.

Collins, W., Hopwood, W., 1980. A multivariate analysis of annual earnings generated from quarterly forecasts of financial analysts and univariate time-series models. Journal of Accounting Research 18, 390-406.

Collins, D., Hribar, P., 2000a. Earnings-based and accrual-based market anomalies: one effect or two? Journal of Accounting and Economics 29, 101-123.

Collins, D., Hribar, P., 2000b. Errors in estimating accruals: implications for empirical research. Working paper, University of Iowa.

Collins, D., Kothari, S., 1989. An analysis of inter-temporal and cross-sectional determinants of earnings response coefficients. Journal of Accounting and Economics 11, 143-181.

Collins, D., Salatka, W., 1993. Noisy accounting earnings signals and earnings response coefficients: the case of foreign currency accounting. Contemporary Accounting Research 10, 119-159.

Collins, W., Hopwood, W., McKeown, J., 1984. The predictability of interim earnings over alternative quarters. Journal of Accounting Research 22, 467-479.

Collins, D., Kothari, S., Rayburn, J., 1987. Firm size and the information content of prices with respect to earnings. Journal of Accounting and Economics 9, 111-138.

Collins, D., Kothari, S., Shanken, J., Sloan, R., 1994. Lack of timeliness versus noise as explanations for low contemporaneous return-earnings association. Journal of Accounting and Economics 18, 289-324.

Collins, D., Maydew, E., Weiss, I., 1997. Changes in the value-relevance of earnings and book values over the past forty years. Journal of Accounting and Economics 24, 39-67.

Collins, D., Pincus, M., Xie, H., 1999. Equity valuation and negative earnings: the role of book value of equity. The Accounting Review 74, 29-61.

Conrad, J., Kaul, G., 1993. Long-term market overreaction or biases in computed returns. Journal of Finance 48, 39-63.

Cottle, S., Murray, R., Block, F., 1988. Graham and Dodds Security Analysis, 5th Edition. McGraw-Hill Book Company, New York, NY.

Courteau, L., Kao, J., Richardson, G., 2000. The equivalence of dividend, cash flows, and residual earnings approaches to equity valuation employing terminal value expressions. Working paper, University of Alberta.

Cragg, J., Malkiel, B., 1982. Expectations and the Structure of Share Prices. University of Chicago Press, Chicago.

Cramer, J., 1987. Mean and variance of R^2 in small and moderate samples. Journal of Econometrics 35, 253-266.

Crichfield, T., Dyckman, T., Lakonsihok, J., 1978. An evaluation of security analysts' forecasts. The Accounting Review 53, 651-668.

Damodaran, A., 1994. Damodaran on Valuation. Wiley, New York, NY.

Daniel, K., Grinblatt, M., Titman, S., Wermers, R., 1997. Measuring mutual fund performance with characteristic-based benchmarks. Journal of Finance 52, 1035-058.

Daniel, K., Hirshleifer, D., Subramanyam, A., 1998. Investor psychology and security market under-and overreactions. Journal of Finance 53, 1839-885.

Das, S., Lev, B., 1994. Nonlinearity in the return-arnings relation: tests of alternative specifications and explanations. Contemporary Accounting Research 11, 353-79.

Das, S., Levine, C., Sivaramakrishnan, K., 1998. Earnings predictability and bias in analysts' earnings forecasts. The Accounting Review 73, 277-94.

Davidson, R., MacKinnon, J., 1981. Estimation and Inference in Econometrics. Oxford University Press, New York.

Davis, M., 1990. Differential market reaction to pooling and purchase methods. The Accounting Review 65, 696-709.

DeAngelo, L., 1986. Accounting numbers as market value substitutes: a study of managerial buyouts of public stockholders. The Accounting Review 61, 400-20.

DeBondt, W., 1992. Earnings forecasts and share price reversals. Research Foundation of the Institute of Chartered Financial Analysts, AIMR, Charlottesville, VA.

DeBondt, W., Thaler, R., 1985. Does the stock market overreact? Journal of Finance 40, 793-805.

DeBondt, W., Thaler, R., 1987. Further evidence of investor overreaction and stock market seasonality. Journal of Finance 42, 557-81.

DeBondt, W., Thaler, R., 1990. Do security analysts overreact? American economic Review 80, 52-57.

DeBondt, W., Thaler, R., 1995. Financial decision-making in markets and firms: a behavioral perspective. In: Jarrow, R. A., Maksimovic, V., Ziemba, W. T. (Eds.), Finance, Handbooks in Operations Research and Management Science, Vol. 9. North-Holland, Amsterdam, pp. 385-10.

Dechow, P., 1994. Accounting earnings and cash flows as measures of firm performance: the role of accounting accruals. Journal of Accounting and Economics 18, 3-42.

Dechow, P., Sloan, R., 1991. Executive incentives and the horizon problem: an empirical investigation. Journal of Accounting and Economics 14, 51-89.

Dechow, P., Sloan, R., 1997. Returns to contrarian investment strategies: tests of naïve expectation hypotheses. Journal of Financial Economics 43, 3-27.

Dechow, P., Sloan, R., Sweeney, A., 1995. Detecting earnings management. The Accounting Review 70, 3-42.

Dechow, P., Sloan, R., Sweeney, A., 1996. Causes and consequences of earnings manipulation: an analysis of firms subject to enforcement actions by the SEC. Contemporary Accounting Research 13, 1-36.

Dechow, P., Kothari, S., Watts, R., 1998a. The relation between earnings and cash flows. Journal of Accounting and Economics 25, 133-168.

Dechow, P., Lys, T., Sabino, J., 1998b. Addressing recognition issues in accounting: an evaluation of alternative research approaches. Working paper, Massachusetts Institute of Technology.

Dechow, P., Hutton, A., Sloan, R., 1999. An empirical assessment of the residual income valuation model. Journal of Accounting and Economics 26, 1-34.

Dechow, P., Hutton, A., Sloan, R., 2000. The relation between analysts'long-term earnings forecasts and stock price performance following equity offerings. Contemporary Accounting Research 17, 1-32.

DeFond, M., Jiambalvo, J., 1994. Devt covenant violation and manipulation of accruals: accounting choice in troubled companies. Journal of Accounting and Economics 17, 145-76.

Degeorge, F., Patel, J., Zeckhauser, R., 1999. Earnings management to exceed thresholds. Journal of Business 72 (1), 1-33.

Dhaliwal, D., 1986. Measurement of financial leverage in the presence of unfounded pension liabilities. The Accounting Review 61, 651-661.

Dhaliwal, D., Subramanyam, K., Trezevant, R., 1999. Is comprehensive income superior to net income as a measure of performance? Journal of Accounting and Economics 26, 43-67.

Dhaliwal, D., Guenther, D., Trombley, M., 2000. Inventory accounting method and earnings-price ratios. Contemporary Accounting Research, forthcoming.

Dharan, B., Lev, B., 1993. The valuation consequences of accounting changes: a multi-year examination. Journal of Accounting, Auditing, and Finance 8, 475-494.

Dimson, E., 1979. Risk mismeasurement when share are subject to infrequent trading. Journal of Financial Economics 7, 197-226.

Dixit, A., Pindyck, R., 1994. Investment under Uncertainty. Princeton University Press, Princeton, NJ.

Dolley, J., 1933. Characteristics and procedure of common stock split-ups. Harvard Business Review 11, 316-326.

Drtina, R., Largay, J., 1985. Pitfalls in calculating cash flows from operations. The Accounting Review 60, 314-326.

Dugar, A., Nathan, S., 1995. The effect of investment banking relationships on financial analysts' earnings forecasts and investment recommendations. Contemporary Accounting Research 12, 131-160.

Dukes, R., An investigation of the effects of expensing research and development costs on security prices. In: Schiff, M., Sorter, C. (Eds.), Proceedings of the Conference on Topical Research in Accounting, New York University.

Easterbrook, F., 1984. Two agency-cost explanations of dividends. American Economic Review 74, 650-659.

Easterwood, J., Nutt, S., 1999. Inefficiency in analysts' earnings forecasts: systematic misreaction or systematic optimism. Journal of Finance 54, 1777-1797.

Easton, P., 1998. Discussion of "Revalued financial, tangible, and intangible assets: association with share prices and non-market-based value estimates". Journal of Accounting Research Supplement 36, 235-247.

Easton, P., Harris, T., 1991. Earnings as an explanatory variable for returns. Journal of Accounting Research 29, 19-36.

Easton, P., Zmijewski, M., 1989. Cross-sectional variation in the stock market response to accounting earnings announcements. Journal of Accounting and Economics 11, 117-141.

Easton, P., Harris, T., Ohlson, J., 1992. Aggregate accounting earnings can explain most of security returns: the case of long event windows. Journal of Accounting and Economics 15, 119-142.

Edwards, E., Bell, P., 1961. The Theory and Measurement of Business Income. University of California Press, Berkeley, CA.

El-Gazzar, S., 1998. Prediclosure information and institutional ownership: a cross-sectional examination of market revaluations during earnings announcement periods. The Accounting Review 73, 119-129.

Elliott, J., Hanna, D., 1996. Repeated accounting write-offs and the information content of earnings. Journal of Accounting Research Supplement 34, 135-155.

Elton, E., 1999. Expected return, realized return, and asset pricing tests. Journal of Finance 54, 1199-1220.

Elton, E., Gruber, M., Gultekin, M., 1984. Professional expectations: accuracy and diagnosis of errors. Journal of Financial and Quantitative Analysis 19, 351-363.

Fama, E., 1965. The behavior of stock market prices. Journal of Business 38, 34-105.

Fama, E., 1970. Efficient capital markets: a review of theory and empirical work. Journal of Finance 25, 383-417.

Fama, E., 1976. Foundations of Finance. Basic Books, New York, NY.

Fama, E., 1977. Risk-adjusted discount rates and capital budgeting under uncertainty. Journal of Financial Economics 5, 3-24.

Fama, E., 1981. Stock returns, real activity, inflation, and money. American Economic Review 71, 545-565.

Fama, E., 1990. Stock returns, expected returns, and real activity. Journal of Finance 45, 1089-1108.

Fama, E., 1991. Efficient capital markets: II. Journal of Finance 46, 1575-1617.

Fama, E., 1996. Discounting under uncertainty. Journal of Business 69, 415-428.

Fama, E., 1998. Market efficiency, long-term returns, and behavioral finance. Journal of Financial Economics 49, 283-306.

Fama, E., French, K., 1988. Permanent and temporary components of stock prices. Journal of Political Economy 96, 246-273.

Fama, E., French, K., 1989. Business conditions and expected returns on stocks and bonds. Journal of Financial Economics 25, 23-49.

Fama, E., French, K., 1993. Common risk factors in the returns on stocks and bonds. Journal of Financial Economics 33, 3-56.

Fama, E., French, K., 1995. Size and book-to-market factors in earnings and returns. Journal of Finance 50, 131-155.

Fama, E., French, K., 1996. Multifactor explanations of asset pricing anomalies. Journal of Finance 51, 55-84.

Fama, E., French, K., 1997. Industry costs of equity. Journal of Financial Economics 43, 153-193.

Fama, E., French, K., 2000. Forecasting profitability and earnings. Journal of Business 73, 161-175.

Fama, E., MacBeth, J., 1973. Risk, return, and equilibrium: empirical tests. Journal of Political Economy 81, 607-636.

Fama, E., Miller, M., 1972. The Theory of Finance. Dryden Press, Hinsdale, IL.

Fama, E., Schwert, G., 1977. Asset returns and inflation. Journal of Financial Economics 2, 115-146.

Fama, E., Fisher, L., Jensen, M., Roll, R., 1969. The adjustment of stock prices to new information. International Economic Review 10, 1-21.

Feltham, G., Ohlson, J., 1995. Valuation and clean surplus accounting for operating and financial activities. Contemporary Accounting Research 11, 689-731.

Ferson, W., Schadt, R., 1996. Measuring fund strategy and performance in changing economic conditions. Journal of Finance 51, 425-461.

Fields, T., Rangan, S., Thiagarajan, R., 1998. An empirical evaluation of the usefulness of non-GAAP accounting measures in the real estate investment trust industry. Review of Accounting Studies 3, 103-130.

Financial Accounting Standards Boards, 1974. Reporting accounting changes in interim financial statements. Statement of Financial Accounting Standards No. 3, FASB, Stamford, CT.

Financial Accounting Standards Boards, 1977. FASB interpretation No. 18: accounting for income taxes in interim periods. FASB, Stamford, CT.

Financial Accounting Standards Board, 1978. Statement of financial accounting concepts No. 1: objectives of financial reporting by business enterprises. FASB, Stamford, CT.

Finger, C., 1994. The ability of earnings to predict future earnings and cash flow. Journal of Accounting Research 32, 210-223.

Flavin, M. , 1981. The adjustment of consumption to changing expectations about future income. Journal of Political Economy 89, 974-1009.

Foster, G. , 1977. Quarterly accounting data: time-series properties and predictive-ability results. Accounting Review 52, 1-21.

Foster, G. , Olsen, C. , Shevlin, T. , 1984. Earnings releases, anomalies and the behavior of security returns. The Accounting Review 59, 574-603.

Francis, J. , Philbrick, D. , Schipper, K. , 1994. Shareholder litigation and corporate disclosures. Journal of Accounting Research 32, 137-164.

Francis, J. , Olsson, P. , Oswald, D. , 1997. Comparing the accuracy and explainability of dividends, cash flows, and abnormal earnings equity valuation models. Working paper, University of Chicago.

Francis, J. , Olsson, P. , Oswald, D. , 1998. Using mechanical earnings and residual income forecasts in equity valuation. Working paper, University of Chicago.

Frankel, R. , Lee, C. , 1998. Accounting valuation, market expectation, and cross-sectional stock returns. Journal of Accounting and Economics 25, 283-319.

Freeman, R. , 1987. The association between accounting earnings and security returns for large and small firms. Journal of Accounting and Economics 9, 195-228.

Freeman, R. , Tse, S. , 1989. The multiperiod information content of accounting earnings: confirmations and contradictions of previous earnings reports. Journal of Accounting Research 27, 49-84.

Freeman, R. , Tse, S. , 1992. A nonlinear model of security price responses to unexpected earnings. Journal of Accounting Research 30, 185-209.

Freeman, R. , Ohlson, J. , Penman, S. , 1982. Book rate-of-return and prediction of earnings changes: an empirical investigation. Journal of Accounting Research 20, 639-653.

French, K. , Schwert, G. , Stambaugh, R. , 1987. Expected stock returns and stock market volatility. Journal of Financial Economics 19, 3-30.

Fried, D. , Givoly, D. , 1982. Financial analysts' forecasts of earnings: a better surrogate for market expectations. Journal of Accounting and Economics 4, 85-107.

Friedlan, J. , 1994. Accounting choices by issuers of initial public offerings. Contemporary Accounting Research 11, 1-31.

Friedman, M. , 1953. The Methodology of Positive Economics, Essays in Positive Economics. University of Chicago Press, Chicago, reprinted by Phoenix Books, Chicago, 1966.

Friedman, M. , 1957. A Theory of the Consumption Function. Princeton University Press, Princeton, NJ.

Gebhardt, W. , Lee, C. , Swaminathan, B. , 1999. Toward an implied cost of capital. Working paper, Cornell University.

Gonedes, N. , 1972. Efficient markets and external accounting. The Accounting Review 47, 11-21.

Gonedes, N. , Dopuch, N. , 1974. Capital market equilibrium, information production, and selecting accounting techniques: theoretical framework and review of empirical work. Journal of Accounting Research Supplement 12, 48-130.

Gordon, J. , Gordon, M. , 1997. The finite horizon expected return model. Financial Analysts Journal 52-61.

Gordon, M. , 1962. The Investment, Financing, and Valuation of the Corporation. Richard D. Irwin, Inc. , Homewood, IL.

Grant, E., 1980. Market implications of differential amounts of interim information. Journal of Accounting Research 18, 255-268.

Greene, W., 1997. Econometric Analysis, 3rd edition. Prentice-Hall, Upper Saddle River, New Jersey, NJ.

Greig, A., 1992. Fundamental analysis and subsequent stock returns. Journal of Accounting and Economics 15, 413-422.

Griffin, P., 1977. The time-series behavior of quarterly earnings: preliminary evidence. Journal of Accounting Research 15, 71-83.

Gu, Z., Wu, J., 2000. Earnings skewness and analyst forecast bias. Working paper, University of Rochester.

Guay, W., Kothari, S., Watts, R., 1996. A market-based evaluation of discretionary accrual models. Journal of Accounting Research Supplement 34, 83-115.

Hall, R., 1978. Stochastic implications of the life cycle—permanent income hypothesis: theory and evidence. Journal of Political Economy 86, 971-986.

Hamilton, R., 1777. An Introduction to Merchandize. Edinburgh.

Hand, J., 1990. A test of the extended functional fixation hypothesis. The Accounting Review 65, 740-763.

Hand, J., 1993. Resolving LIFO uncertainty: a theoretical and empirical examination of 1974-1975 LIFO adoptions and non-adoptions. Journal of Accounting Research 31, 21-49.

Hand, J., 1995. 1974 LIFO excess stock return and analyst forecast error anomalies revisited. Journal of Accounting Research 33, 175-191.

Hand, J., Landsman, W., 1998. Testing the Ohlson model: v or not v, that is the question. Working paper, University of North Carolina.

Hand, J., Landsman, W., 1999. The pricing of dividents in equity valuation. Working paper, University of North Carolina.

Hansen, G., 1999. Do discretionary accrual proxies measure earnings management? Working paper, Pennsylvania State University.

Hansen, R., Sarin, A., 1996. Is honesty the best policy? An examination of security analyst forecast behavior around seasoned equity offerings. Unpublished working paper, Santa Clara University.

Harris, M., Raviv, A., 1993. Differences of opinion make a horse race. Review of Financial Studies 6, 473-506.

Hayn, C., 1995. The information content of losses. Journal of Accounting and Economics 20, 125-153.

Hayn, C., Watts, R., 1997. The difference in fourth quarter earnings. Working paper, University of Rochester.

Healy, P., 1985. The effect of bonus schemes on accounting decisions. Journal of Accounting and Economics 7, 85-107.

Healy, P., 1996. Discussion of "A market-based evaluation of discretionary accrual models". Journal of Accounting Research Supplement 34, 107-115.

Healy, P., Palepu, K., 1988. Earnings information conveyed by dividend initiations and omissions. Journal of Financial Economics 21, 149-175.

Healy, P., Palepu, K., 1993. The effect of firms' financial disclosure strategies on stock prices. Accounting Horizons 7, 1-11.

Healy, P. , Palepu, K. , 2001. A review of the voluntary disclosure literature. Journal of Accounting and Economics 31, 405-440.

Healy, P. , Myers, S. , Howe, C. , 1999. R&D accounting and the tradeoff between relevance and objectivity. Working paper, Massachusetts Institute of Technology.

Hendriksen, E. , 1965. Accounting Theory. Richard D. Irwin, Inc. , Homewood, IL.

Holthausen, R. , 1990. Accounting method choice: opprtunistic behavior, efficient contracting, and information perspectives. Journal of Accounting and Economics 12, 207-218.

Holthausen, R. , 1994. Discussion of estimation and market valuation of environmental liabilities relating to superfund sites. Journal of Accounting Research 32, 211-219.

Holthausen, R. , Larcker, D. , 1992. The prediction of stock returns using financial statement information. Journal of Accounting and Economics 15, 373-411.

Holthausen, R. , Leftwich, R. , 1983. The economic consequences of accounting choice: implications of costly contracting and monitoring. Journal of Accounting and Economics 5, 77-117.

Holthausen, R. , Watts, R. , 2001. The relevance of value relevance. Journal of Accounting and Economics 31, 3-75.

Hong, H. , Stein, J. , 1999. A unified theory of underreaction, momentum trading, and overreaction in asset markets. Journal of Finance 54, 2143-2184.

Hong, H. , Kaplan, R. , Mandelker, G. , 1978. Pooling vs. purchase: The effects of accounting for mergers on stock prices. The Accounting Review 53, 31-47.

Hopwood, W. , McKeown, J. , Newbold, P. , 1982. The additional information content of quarterly earnings reports: intertemporal disaggregation. Journal of Accounting Research 20, 343-349.

Huberts, L. , Fuller, R. , 1995. Predictability bias in the U. S. equity market. Financial Analysts Journal 51, 12-28.

Huefner, R. , Ketz, J. , Largay, J. , 1989. Foreign currency translation and the cash flow statement. Accounting Horizons 3, 66-75.

Hunton, J. , McEwen, R. , 1997. An assessment of the relation between analysts' earnings forecasts accuracy, motivational incentive and cognitive information search strategy. The Accounting Review 72, 497-515.

Ibbotson, Associates, Inc. , 1996. Cost-of-Capital Quarterly: 1996 Yearbook, Chicago, IL.

Ibbotson Associates, Inc. , 1999. Stocks, Bills, and Inflation, Yearbook, Chicago, IL.

Imhoff, E. , 1978. The representatives of management earnings forecasts. The Accounting Review 53, 836-850.

Imhoff Jr. , E. , Par! e, P. , 1982. Analysis and comparison of earnings forecast agents. Journal of Accounting Research 20, 429-439.

Jacob, J. , Lys, T. , 1995. Determinants and implications of serial correlation in analysts' earnings forecast errors. Working paper, Northwestern University.

Jacob, J. , Lys, T. , Neale, M. , 1999. Expertise in forecasting performance of security analysts. Journal of Accounting and Economics 28, 51-82.

Jacobson, R. , Aaker, D. , 1993. Myopic management behavior with efficient, but imperfect, financial markets: a comparison of information asymmetries in the U. S. and Japan. Journal of Accounting and Economics 16, 383-405.

Jaggi, B. , 1978. A note on the information content of corporate annual earnings forecasts. The Accounting Review 53, 961-967.

Jegadeesh, N. , Titman, S. , 1993. Returns to buying winners and selling losers: implications for stock market efficiency. Journal of Finance 48, 65-91.

Jennings, R. , Robinson, J. , Thompson II, R. , Duvall, L. , 1996. The relation between accounting goodwill numbers and equity values. Journal of Business Finance and Accounting 23, 513-534.

Jensen, M. , 1986. The agency costs of free cash flows, corporate finance and takeovers. American Economic Review 76, 323-329.

Jensen, M. , Meckling, W. , 1976. Theory of the firm: managerial behavior, agency costs and ownership structure. Journal of Financial Economics 3, 305-360.

Jiambalvo, J. , 1996. Discussion of "Causes and consequences of earnings manipulation: an analysis of firms subject to enforcement actions by the SEC" . Contemporary Accounting Research 13, 37-47.

Jones, C. , Litzenberger, R. , 1970. Quarterly earnings reports and intermediate stock price trends. Journal of Finance 25, 143-148.

Jones, J. , 1991. Earnings management during import relief investigations. Journal of Accounting Research 29, 193-228.

Joy, O. , Litzenberger, R. , McEnally, R. , 1977. The adjustment of stock prices to announcements of unanticipated changes in quarterly earnings. Journal of Accounting Research 15, 207-225.

Kandel, E. , Pearson, N. , 1995. Differential interpretation of public signals and trade in speculative markets. Journal of Political Economy 103, 831-872.

Kang, S. , Sivaramakrishnan, K. , 1995. Issues in testing earnings management and an instrumental variable approach. Journal of Accounting Research 33, 353-367.

Kaplan, R. , 1985. Comments on: evidence on "The effect of bonus schemes on accounting procedure and accrual decisions" . Journal of Accounting and Economics 7, 109-113.

Kaplan, R. , Roll, R. , 1972. Investor evaluation of accounting information: some empirical evidence. Journal of Business 45, 225-257.

Kaplan, S. , Ruback, R. , 1995. The valuation of cash flow forecasts: an empirical analysis. Journal of Finance 50, 1059-1093.

Kasznik, R. , Lev, B. , 1995. To warn or not to warn: management disclosures in the face of an earnings surprise. The Accounting Review 70, 113-134.

Kasznik, R. , McNichols, M. , 2001. Does meeting expectations matter? Evidence from analyst forecast revisions and share prices. Working paper, Stanford University.

Keim, D. , Stambaugh, R. , 1986. Predicting returns in stock and bond markets. Journal of Financial Economics 17, 357-390.

Kendall, M. , 1954. Note on bias in the estimation of autocorrelation. Biometrika 41, 403-404.

Keynes, J. N. , 1891. The Scope and Method of Political Economy. Macmillan & Co. , London.

Kim, M. , Ritter, J. , 1999. Valuing IPOs. Journal of Financial Economics 53, 409-437.

Kinney, W. , Burgstahler, D. , Martin, R. , 1999. The materiality of earnings surprise. Working paper, University of Texas at Austin.

Klein, A. , 1990. A direct test of the cognitive bias theory of share price reversals. Journal of Accounting and Economics 13, 155-166.

Kormendi, R. , LaHaye, L. , 1986. Cross-regime tests of the permanent income hypothesis. Working paper, University of Michigan.

Kormendi, R. , Lipe, R. , 1987. Earnings innovations, earnings persistence and stock returns. Journal of Business 60, 323-345.

Kothari, S., 1992. Price-earnings regressions in the presence of prices leading earnings: earnings level versus change specifications and alternative deflators. Journal of Accounting and Economics 15, 173-302.

Kothari, S., Shanken, J., 1992. Stock return variation and expected dividends. Journal of Financial Economics 31, 177-210.

Kothari, S., Shanken, J., 1997. Book-to-market, dividend yield, and expected market returns: a time-series analysis. Journal of Financial Economics 44, 169-203.

Kothari, S., Sloan, R., 1992. Information in prices about future earnings: implications for earnings response coefficients. Journal of Accounting and Economics 15, 143-171.

Kothari, S., Warner, J., 1997. Measuring long-horizon security price performance. Journal of Financial Economics 43, 301-339.

Kothari, S., Wasley, C., 1989. Measuring security price performance in size-clustered samples. The Accounting Review 64, 228-249.

Kothari, S., Zimmerman, J., 1995. Price and return models. Journal of Accounting and Economics 20, 155-192.

Kothari, S., Lys, T., Smith, C., Watts, R., 1988. Auditor liability and information disclosure. Journal of Accounting, Auditing, and Finance 3, 307-339.

Kothari, S., Shanken, J., Sloan, R., 1995. Another look at the cross-section of expected returns. Journal of Finance 50, 185-224.

Kothari, S., Laguerre, T., Leone, A., 1999a. Capitalization versus expensing: evidence on the uncertainty of future earnings from capital expenditures versus R&D outlays. Working paper, Massachusetts Institute of Technology.

Kothari, S., Sabino, J., Zach, T., 1999b. Implications of data restrictions on performance measurement and tests of rational pricing. Working paper, Massachusetts Institute of Technology.

Kraft, A., 1999. Accounting-based and market-based trading rules. Working paper, University of Rochester.

Lakonishok, J., Shleifer, A., Vishny, R., 1994. Contrarian investment, extrapolation, and risk. Journal of Finance 49, 1541-1578.

Landsman, W., Magliolo, J., 1988. Cross-sectional capital market research and model specification. The Accounting Review 64, 586-604.

Landsman, W., Maydew, E., 1999. Beaver (1968) revisited: Has the information content of annual earnings announcements declined in the past three decades? Working paper, University of North Carolina.

Lang, M., 1991. Time-varying stock price response to earnings induced by uncertainty about the time-series process of earnings. Journal of Accounting research 29, 229-257.

LaPorta, R., 1996. Expectations and the cross-section of stock returns. Journal of Finance 51, 1715-1742.

Laster, D., Bennett, P., Geoum, I., 1999. Rational bias in macroeconomic forecasts. Quarterly Journal of Economics 114, 293-318.

Lee, C., 1988. Inventory accounting and earnings/price ratios: a puzzle. Contemporary Accounting Research 26, 371-388.

Lee, C., 1992. Earnings news and small trades: an intraday analysis. Journal of Accounting and Economics 15, 265-302.

Lee, C., 1999. Accounting-based valuation: a commentary. Accounting Horizons 13, 413-425.

Lee, C., Swaminathan, B., 2000. Price momentum and trading volume. Journal of Finance 55,

2017-2069.

Lee，C.，Myers，J.，Swaminathan，B.，1999. What is the intrinsic value of the Dow? Journal of Finance 54，1693-1741.

LeRoy，S.，1989. Efficient capital markets and martingales. Journal of Economic Literature 27，1583-1621.

Lev，B.，1974. On the association between operating leverage and risk. Journal of Financial and Quantitative Analysis 9，627-641.

Lev，B.，1983. Some economic determinants of the time series properties of earnings. Journal of Accounting and Economics 5，31-48.

Lev，B.，1989. On the usefulness of earnings and earnings research: lessons and directions from two decades of empirical research. Journal of Accounting Research 27，153-201.

Lev，B.，Ohlson，J.，1982. Market based empirical research in accounting: a review, interpretations, and extensions. Journal of Accounting Research 20（Suppl.），249-322.

Lev，B.，Sougiannis，T.，1996. The capitalization, amortization, and value-relevance of R&D. Journal of Accounting and Economics 21，107-138.

Lev，B.，Thiagarajan，R.，1993. Fundamental information analysis. Journal of Accounting Research 31，190-215.

Lev，B.，Zarowin，P.，1999. The boundaries of financial reporting and how to extend them. Journal of Accounting Research 37，353-385.

Lim，T.，1998. Are analysts' forecasts optimistically biased? Working paper，Dartmouth University.

Lin，H.，McNichols，M.，1998a. Underwriting relationships and analysts' earnings forecasts and investment recommendations. Journal of Accounting and Economics 25，101-127.

Lin，H.，McNichols，M.，1998b. Analyst coverage of initial public offering firms. Unpublished working paper，Stanford University.

Lindenberg，E.，Ross，S.，1981. Tobin's q and industrial organization. Journal of Business 54，1-32.

Lintner，J.，1965. The valuation of risky assets and the selection of risky investments in stock portfolios and capital budgets. Review of Economics and Statistics 47，13-37.

Lintner，J.，Glauber，R.，1967. Higgledy piggledy growth in America? Seminar on the Analysis of Security Prices，Graduate School of Business，University of Chicago.

Lipe，R.，1986. The information contained in the components of earnings. Journal of Accounting Research 24，37-64.

Lipe，R.，1990. The relation between stock returns and accounting earnings given alternative information. Accounting Review 65，49-71.

Lipe，R.，2000. Review of research on lease accounting. Working paper，University of Oklahoma.

Lipe，R.，Kormendi，R.，1994. Mean reversion in annual earnings and its implications for security valuation. Review of Quantitative Finance and Accounting 4，27-46.

Little，I.，1962. Higgledy Piggledy Growth. Institute of Statistics，Oxford，p. 24.

Little，I.，Rayner，A.，1966. Higgledy Piggledy Growth Again. A. M. Kelly，New York，NY.

Litzenberger，R.，Joy，M.，Jones，C.，1971. Ordinal predictions and the selection of common stocks. Journal of Financial and Quantitative Analysis 6，1059-1068.

Liu，J.，Thomas，J.，2000. Stock returns and accounting earnings. Journal of Accounting Research 38，71-101.

Liu, J., Nissim, D., Thomas, J., 2000. Equity valuation using multiples. Working paper, Columbia University.

Livnat, J., Zarowin, P., 1990. The incremental information content of cash-flow components. Journal of Accounting and Economics 13, 25-46.

Lo, K., Lys, T., 2001. The Ohlson model: contributions to valuation theory, limitations, and empirical applications. Journal of Accounting, Auditing, and Finance, forthcoming.

Lo, A., MacKinlay, A., 1990. Data-snooping biases in tests of financial asset pricing models. Review of Financial Studies 3, 431-467.

Loughran, T., Ritter, J., 2000. Uniformly least powerful tests of market efficiency. Journal of Financial Economics 55, 361-389.

Lundholm, R., 1995. A tutorial on the Ohlson and Feltham/Ohlson models: answers to some frequently asked questions. Contemporary Accounting Research 11, 749-761.

Lundholm, R., O'Keefe, T., 2000. Reconciling value estimates from the discounted cash flow value model and the residual income model. Working paper, University of Michigan Business School.

Lyon, J., Barber, B., Tsai, C., 1999. Improved methods for tests of long-run abnormal stock returns. Journal of Finance 54, 165-201.

Lys, T., Sivaramakrishnan, 1988. Earnings expectations and capital restructuring -the case of equity-for-debt swaps. Journal of Accounting Research 26, 273-299.

Lys, T., Ramesh, K., Thiagarajan, R., 1998. The role of earnings levels vs. earnings changes in explaining stock returns: implications from the time series properties of earnings. Working paper, Northwestern University.

Lys, T., Sohn, S., 1990. The association between revisions of financial analysts' earnings forecasts and security price changes. Journal of Accounting and Economics 13, 341-363.

Lys, T., Vincent, L., 1995. An analysis of value destruction at AT&T's acquisition of NCR. Journal of Financial Economics 39, 353-378.

MacKinlay, A., 1997. Event studies in economics and finance. Journal of Economic Literature 35, 13-39.

Maddala, G., 1988. Introduction to Econometrics. Macmillan Publishing Company, New York, NY.

Madden, B., 1998. CFROI Valuation: A Total System Approach to Valuing the Firm. Holt Value Associates, Chicago, IL.

Mandelker, G., Rhee, S., 1984. The impact of operating and financial leverage on systematic risk of common stocks. Journal of Financial and Quantitative Analysis 19, 45-47.

Marshall, A., 1890. Principles of Economics. The Macmillan Press Ltd., London, NY.

Matsumoto, D., 1998. Management's incentives to influence analysts' forecasts. Working paper, Harvard Business School.

May, R., 1971. The influence of quarterly earnings announcements on investor decisions as reflected in common stock price changes. Journal of Accounting Research Supplement 9, 119-163.

McGraw, T., 1975. Regulation in America: a review article. Business History Review 49, 159-183.

McNichols, L., Wilson, P., 1988. Evidence of earnings management from the provision of bad debts. Journal of Accounting Research Supplement 26, 1-31.

McNichols, M., O'Brien, P., 1997. Self-selection and analysts coverage. Journal of Accounting Research 35, 167-199.

Mehra, R., Prescott, E., 1985. The equity premium: a puzzle. Journal of Monetary Economics 15,

145-161.

Mendenhall, R., 1991. Evidence on the possible under-weighting of earnings-related information. Journal of Accounting Research 29, 170-179.

Mendenhall, R., Nichols, W., 1988. Bad news and differential market reactions to announcements of earlier-quarter vs. fourth-quarter earnings. Journal of Accounting Research 26, 63-90.

Michaely, R., Womack, K., 1999. Conflict of interest and the credibility of underwriter analyst recommendations. Review of Financial Studies 12, 653-686.

Mikhail, M., Walther, B., Willis, R., 1997. Do security analysts improve their performance with experience? Journal of Accounting Research 35, 131-166.

Mikhail, M., Walther, B., Willis, R., 1999. Does forecast accuracy matter to security analysts? The Accounting Review 74, 185-200.

Miller, M., Modigliani, F., 1961. Dividend policy, growth, and the valuation of shares. Journal of Business 34, 411-432.

Miller, M., Rock, K., 1985. Dividend policy under asymmetric information. Journal of Finance 40, 1031-1051.

Mitchell, M., Stafford, E., 2000. Managerial decisions and long-term stock price performance. Journal of Business 73, 287-329.

Modigliani, F., Brumberg, R., 1954. Utility analysis and the consumption function. In: Kurihara, K. (Ed.), Post-Kenesian Economics. Rutgers University Press, New Brunswick, NJ.

Modigliani, F., Miller, M., 1958. The cost of capital, corporation finance, and the theory of investment. American Economic Review 48, 261-297.

Molodovsky, N., 1953. A theory of price-earnings ratios. Financial Analysts Journal 9, 65-80.

Moskowitz, T., Grinblatt, M., 1999. Do industries explain momentum? Journal of Finance 54, 1249-1290.

Murphy, K., Zimmerman, J., 1993. Financial performance surrounding CEO turnover. Journal of Accounting and Economics 16, 273-315.

Myers, J., 1999. Implementing residual income valuation with linear information dynamics. The Accounting Review 74, 1-28.

Nathan, K., 1988. Do firms pay to pool? Some empirical evidence. Journal of Accounting and Public Policy 7, 185-200.

Nelson, K., 1996. Fair value accounting for commercial banks: an empirical analysis of SFAS No. 107. The Accounting Review 71, 161-182.

Nichols, D., Tsay, J., 1979. Security price reaction to long-range executive earnings forecasts. Journal of Accounting Research 17, 140-155.

Noe, C., 1999. Voluntary disclosures and insider transactions. Journal of Accounting and Economics 27, 305-326.

O'Brien, P., 1988. Analysts' forecasts as earnings expectations. Journal of Accounting and Economics 10, 53-83.

O'Brien, P., 1990. Forecast accuracy of individual analysts in nine industries. Journal of Accounting Research 28, 286-304.

Ohlson, J., 1991. The theory of value and earnings and an introduction to the Ball-Brown analysis. Contemporary Accounting Research 7, 1-19.

Ohlson, J., 1995. Earnings, book values, and dividends in equity valuation. Contemporary Accounting Research 11, 661-687.

Ohlson, J., Penman, S., 1992. Disaggregated accounting data as explanatory variables for returns. Journal of Accounting, Auditing and Finance 7, 553-573.

Ohlson, J., Shroff, P., 1992. Changes versus levels in earnings as explanatory variables for returns: some theoretical considerations. Journal of Accounting Research 30, 210-226.

Olson, M., 1971. The Logic of Collective Action. Harvard University Press, Cambridge, MA.

Ou, J., Penman, S., 1989a. Financial statement analysis and the prediction of stock returns. Journal of Accounting and Economics 11, 295-329.

Ou, J., Penman, S., 1989b. Accounting measurement, price-earnings ratios, and the information content of security prices. Journal of Accounting Research 27, 111-152.

Patell, J., 1976. Corporate forecasts of earnings per share and stock price behavior: empirical tests. Journal of Accounting Research 14, 246-276.

Patell, J., 1979. The API and the design of experiments. Journal of Accounting Research 17, 528-549.

Patell, J., Wolfson, M., 1984. The intraday speed of adjustment of stock prices to earnings and dividend announcements. Journal of Financial Economics 13, 223-252.

Peasnell, K., 1982. Some formal connections between economic values and yields, and accounting numbers. Journal of Business Finance and Accounting 9, 361-381.

Peltzman, S., 1976. Toward a more general theory of regulation. Journal of Law and Economics 19, 211-240.

Penman, S., 1980. An empirical investigation of the voluntary disclosure of corporate earnings forecasts. Journal of Accounting Research 18, 132-160.

Penman, S., 1992. Return to fundamentals. Journal of Accounting, Auditing, and Finance.

Penman, S., 1996. The articulation of of price-earnings rations and market-to-book ratios and the evaluation of growth. Journal of Accounting Research 34, 235-259.

Penman, S., 1998. Combining earnings and book values in equity valuation. Contemporary Accounting Research 15, 291-324.

Penman, S., Sougiannis, T., 1997. The dividend displacement property and the substitution of anticipated earnings for dividends in equity valuation. The Accounting Review 72, 1-21.

Penman, S., Sougiannis, T., 1998. A comparison of dividend, cash flow, and earnings approaches to equity valuation. Contemporary Accounting Research 15, 343-383.

Penman, S., Zhang, X., 2000. Accounting conservatism, the quality of earnings, and stock returns. Working paper, Columbia University.

Philbrick, D., Ricks, W., 1991. Using Value Line and IBES analyst forecasts in accounting research. Journal of Accounting Research 29, 397-417.

Pindyck, R., 1988. Irreversible investment, capacity choice, and the value of the firm. American Economic Review 78, 969-985.

Piotroski, J., 2000. Value investing: the use of historical financial statement information to separate winners from losers. Journal of Accounting Research, forthcoming.

Pontiff, J., Schall, L., 1998. Book-to-market ratios as predictors of market returns. Journal of Financial Economics 49, 141-160.

Porter, M., 1980. Competitive Strategy: Techniques for Analyzing Industries and Competitors. Free Press, New York, NY.

Posner, R., 1974. Theories of economic regulation. Bell Journal of Economics and Management Science 5, 335-358.

Pourciau, S., 1993. Earnings management and non-routine executive changes. Journal of Accounting and Economics 16, 317-336.

Pownall, G., Waymire, G., 1989. Voluntary disclosure credibility and securities prices: evidence from management earnings forecasts, 1969-1973. . Journal of Accounting Research 27, 227-245.

Pownall, G., Wasley, C., Waymire, G., 1993. The stock price effects of alternative types of management earnings forecasts. The Accounting Review 68, 896-912.

Pratt, S., 1998. Cost of Capital. Wiley, New York, NY.

Preinreich, G., 1938. Annual survey of income theory: the theory of depreciation. Economterica 6, 219-241.

Raedy, J., 1998. A reconciliation of stock market anomalies. Working paper, University of North Carolina.

Rajan, R., Servaes, H., 1997. Analyst following of initial public offerings. Journal of Finance 52, 507-529.

Ramakrishnan, R., Thomas, R., 1992. What matters from the past: market value, book value, or earnings? Earnings valuation and sufficient statistics for prior information. Journal of Accounting, Auditing, and Finance 7, 423-464.

Ramakrishnan, R., Thomas, R., 1998. Valuation of permanent, transitory, and price-irrelevant components of reported earnings. Journal of Accounting, Auditing, and Finance 13.

Ramesh, K., Thiagarajan, R., 1993. Estimating the permanent component of accounting earnings using the unobservable components model: implications for price-earnings research. Journal of Accounting, Auditing, and Finance 8, 399-425.

Rangan, S., 1998. Earnings management and the performance of seasoned equity offerings. Journal of Financial Economics 50, 101-122.

Rangan, S., Sloan, R., 1998. Implications of the integral approach to quarterly reporting for the post-earnings announcement drift. The Accounting Review 73, 353-371.

Rao, G., 1989. The relation between stock returns and earnings: a study of newly-public firms. Ph. D. Thesis, University of Rochester.

Rappaport, A., 1981. Selecting strategies that create shareholder wealth. Harvard Business Review 59, 139-149.

Rau, P., Vermaelen, T., 1998. Glamour, value, and the post-acquisition performance of acquiring firms. Journal of Financial Economics 49, 223-253.

Rayburn, J., 1986. The association of operating cash flow and accruals with security returns. Journal of Accounting Research Supplement 24, 112-133.

Rendleman, R., Jones, C., Latané, H., 1987. Further insight into the standardized unexpected earnings anomaly: size and serial correlation effects. Financial Review 22, 131-144.

Revsine, L., Collins, D., Johnson, B., 1999. Financial Reporting & Analysis. Prentice-Hall, Upper Saddle River, NJ.

Richardson, P., Gordon, J., 1980. Measuring total manufacturing performance. Sloan Management Review 22, 47-58.

Richardson, S., Teoh, S., Wysocki, P., 1999. Tracking analysts' forecasts over the annual earnings horizon: are analysts' forecasts optimistic or pessimistic? Working paper, University of Michigan.

Ricks, W., 1982. The market response to LIFO adoptions. Journal of Accounting Research 20, 367-387.

Robichek, A., Van Horne, J., 1967. Abandonment value in capital budgeting. Journal of Finance 22, 577-590.

Robinson, J., Shane, P., 1990. Acquisition accounting method and bid premium for target firms. The Accounting Review 65, 25-48.

Roll, R., 1977. A critique of the asset pricing theorys tests: Part I: on past and potential testability of the theory. Journal of Financial Economics 4, 129-176.

Roll, R., 1983. On computing mean returns and the small firm premium. Journal of Financial Economics 12, 371-386.

Rosenberg, B., Reid, K., Lanstein, R., 1985. Persuasive evidence of market inefficiency. Journal of Portfolio Management 11, 9-17.

Ross, S., 1977. The determination of financial structure: the incentive signaling approach. Bell Journal of Economics 8, 23-40.

Rubinstein, M., 1976. The valuation of uncertain income streams and the principle of options. Bell Journal of Economics 7, 407-425.

Ryan, S., 1995. A model of accrual measurement with implications for the evolution of the book-to-market ratio. Journal of Accounting Research 29, 95-112.

Sabino, J., 1999. An empirical examination of the difference between GAAP and IBES earnings. Working paper, MIT Sloan School of Management.

Salamon, G., Kopel, 1991. Accounting method related misspecification in cross-sectional capital markets research design. Working paper, Indiana University.

Salamon, G., Stober, T., 1994. Cross-quarter differences in stock price responses to earnings announcements: fourth-quarter and seasonality influences. Contemporary Accounting Research 11, 297-330.

Schipper, K., 1989. Commentary on earnings management. Accounting Horizons 3, 91-102.

Schipper, K., 1991. Commentary on analysts' forecasts. Accounting Horizons 5, 105-121.

Schipper, K., Thompson, R., 1983. The impact of merger-related relationships on the shareholders of acquiring firms. Journal of Accounting Research 21, 184-221.

Scholes, M., Williams, J., 1977. Estimating betas from nonsynchronous data. Journal of Financial Economics 5, 309-327.

Schwert, G., 1981. Using financial data to measure effects of regulation. Journal of Law and Economics 24, 121-158.

Schwert, G., 1990. Stock returns and real activity: a century of evidence. Journal of Finance 45, 1237-1257.

Sefcik, S., Thompson, T., 1986. An approach to statistical inference in cross-sectional regression with security abnormal return as dependent variable. Journal of Accounting Research 24, 316-364.

Shackelford, D., Shevlin, T., 2001. Empirical tax research in accounting. Journal of Accounting and Economics 31, 255-307.

Shanken, J., 1990. Intertemporal asset pricing: an empirical investigation. Journal of Econometrics 45, 99-120.

Sharpe, W., 1964. Capital asset prices: a theory of market equilibrium under conditions of risk. Journal of Finance 19, 425-442.

Shevlin, T., 1996. The value relevance of nonfinancial information: a discussion. Journal of Accounting and Economics 22，31-42.

Shiller, R., 1981. Do stock prices move too much to be justified by subsequent changes in dividends? American Economic Review 71，421-436.

Shleifer, A., Vishny, R., 1997. The limits of arbitrage. Journal of Finance 52，35-55.

Shores, D., 1990. The association between interim information and security returns around earnings announcements. Journal of Accounting Research 28，164-181.

Siegel, J., Thaler, R., 1997. The equity risk premium puzzle. Journal of Economic Perspectives 11，191-200.

Sinha, P., Brown, L., Das, S., 1997. A re-examination of financial analysts' differential earnings forecast accuracy. Contempo rary Accounting Research 14，1-42.

Skinner, D., 1994. Why firms voluntarily disclose bad news. Journal of Accounting Research 32，38-60.

Skinner, D., 1996. Are disclosures about bank derivatives and employee stock options "valuerelevant"? Journal of Accounting and Economics 22，393-405.

Sloan, R., 1993. Accounting earnings and top executive compensation. Journal of Accounting and Economics 16，55-100.

Sloan, R., 1996. Do stock prices fully reflect information in accruals and cash flows about future earnings. The Accounting Review 71，289-316.

Sloan, R., 1998. Discussion of "Evaluating non-GAAP performance measures in the REIT industry". Review of Accounting Studies 3，131-135.

Soffer, L., Lys, T., 1999. Post-earnings announcement drift and the dissemination of predictable information. Contempora ry Accounting Research 16，305-331.

Spence, A., 1977. Entry, capacity, investment, and oligopolistic pricing. Bell Journal of Economics 8，534-544.

Spence, A., 1979. Investment strategy and growth in a new market. Bell Journal of Economics 10，1-19.

Spence, A., 1981. The learning curve and competition. Bell Journal of Economics 12，49-70.

Stewart, G., 1991. The Quest for Value. Harper-Collins, New York, NY.

Stickel, S., 1990. Predicting individual analyst earnings forecasts. Journal of Accounting Research 28，409-417.

Stickel, S., 1992. Reputation and performance among security analysts. Journal of Finance 47，1811-1836.

Stigler, G., 1971. The theory of economic regulation. The Bell Journal of Economics and Management Science 2，3-21.

Stober, T., 1992. Summary financial statement measures and analysts' forecasts of earnings. Journal of Accounting and Economics 15，347-372.

Subramanyam, K., 1996b. The pricing of discretionary accruals. Journal of Accounting and Economics 22，249-281.

Subramanyam, K., 1996a. Uncertain precision and price reaction to information. The Accounting Review 71，207-220.

Sunder, S., 1973. Relationship between accounting changes and stock prices: problems of measurement and some empirical evidence. Journal of Accounting Research Supplement 11，1-45.

Sunder, S., 1975. Stock price and risk related to announcing changes in inventory valuation. The Accounting Review 50, 305-315.

Sunder, S., 2000. Discussion of "analysis of the impact of accounting accruals on earnings uncertainty and response coefficients". J ournal of Accounting, Auditing, and Finance 15, 221-224.

Teets, W., Wasley, C., 1996. Estimating earnings response coefficients: pooled versus firm-specific models. Journal of Accounting and Economics 21, 279-296.

Teoh, S., Wong, T., 1993. Perceived auditor quality and the earnings response coefficient. The Accounting Review 68, 346-367.

Teoh, S., Wong, T., 1999. Analysts' credulity about reported earnings and overoptimism in new equity issues. Working paper.

Teoh, S., Welch, I., Wong, T., 1998a. Earnings management and the long-run underperformance of seasoned equity offerings. Journal of Financial Economics 50, 63-100.

Teoh, S., Welch, I., Wong, T., 1998b. Earnings management and the long-run underperformance of initial public offerings. Journal of Finance 53, 1935-1974.

Teoh, S., Wong, T., Rao, G., 1998c. Are accruals during initial public offerings opportunistic? Review of Accounting Studies 3, 175-208.

Thomadakis, S., 1976. A model of market power, valuation and the firm's returns. Bell Journal of Economics 7, 150-162.

Thomas, J., 1999. Discussion of "Post-earnings announcement drift and the dissemination of predictable information". Contempo rary Accounting Research 16, 333-340.

Thomas, J., Zhang, X., 1999. Identifying unexpected accruals: a comparison of current approaches. Working paper, Columbia University.

Thomas, W., 1999. A test of the markets (mis) pricing of domestic and foreign earnings. Working paper, University of Utah.

Trigeorgis, L., 1996. Real Options: managerial flexibility and strategy in resource allocation. The MIT Press, Cambridge, MA.

Trueman, B., 1994. Analyst forecasts and herding behavior. The Review of Financial Studies 7, 97-124.

Tversky, A., Kahneman, D., 1984. Judgement under uncertainty: heuristic and biases. Science 185, 1124-1131.

Utama, S., Cready, W., 1997. Institutional ownership, differential predisclosure precision and trading volume at announcement dates. Journal of Accounting and Economics 24, 129-150.

Verrecchia, R., 1998. Discussion of accrual accounting and equity valuation. Journal of Accounting Research Supplement 36, 113-115.

Verrecchia, R., 2001. Essays on disclosure. Journal of Accounting and Economics 32, in press.

Vincent, L., 1997. Equity valuation implications of purchase versus pooling accounting. The Journal of Financial Statement Analysis 2, 5-19.

Vincent, L., 1999. The information content of funds from operations (FFO) for real estate investment trusts (REITs). Journal of Accounting and Economics 26, 69-104.

Voung, Q., 1989. Likelihood ratio tests for model selection and non-nested hypotheses. Econometrica 57, 307-333.

Wahlen, J., 1994. The nature of information in commercial bank loan loss disclosures. The Accounting Review 69, 455-478.

Walther, B., 1997. Investor sophistication and market earnings expectations. Journal of Accounting

Research 35，157-192.

Warfield，T.，Wild，J.，1992. Accounting recognition and the relevance of earnings as an explanatory variable for returns. Account ing Review 67，821-842.

Watts，R.，1970. The time series of accounting earnings: Appendix A to "The information content of dividends". Ph. D. Dissertation，University of Chicago.

Watts，R.，1975. The time-series behavior of quarterly earnings，Working paper，University of Newcastle.

Watts，R.，1978. Systematic abnormal returns after quarterly earnings announcements. Journal of Financial Economics 6，127-150.

Watts，R.，1992. Accounting choice theory and market-based research in accounting. British Accounting Review 24，235-267.

Watts，R.，Leftwich，R.，1977. The time-series of annual accounting earnings. Journal of Accounting Research 15，253-271.

Watts，R.，Zimmerman，J.，1978. Towards a positive theory of the determination of accounting standards. The Accounting Review 53，112-134.

Watts，R.，Zimmerman，J.，1979. The demand for and supply of accounting theories: the market for excuses. The Accounting Review 54，273-305.

Watts，R.，Zimmerman，J.，1983. Agency problems，auditing and the theory of the firm: some evidence. Journal of Law and Economics 26，613-634.

Watts，R.，Zimmerman，J.，1986. Positive Accounting Theory. Prentice-Hall，Englewood Cliffs，NJ.

Watts，R.，Zimmerman，J.，1990. Positive accounting theory: a ten-year perspective. The Accounting Review 65，131-156.

Waymire，G.，1984. Additional evidence on the information content of management earnings forecasts. Journal of Accounting Research 22，703-718.

Wernerfelt，B.，1985. The dynamics of prices and market shares over the product life cycle. Management Science 31，928-939.

Wiggins，R.，1991. The earnings-price and standardized unexpected earnings effects -one anomaly or two. Journal of Financial Research 14，263-275.

Williams，J.，1938. The Theory of Investment Value. Harvard University Press，Cambridge，MA.

Wilson，P.，1986. The relative information content of accruals and cash flows: combined evidence at the earnings announcement and annual report release date. Journal of Accounting Research Supplement 24，165-200.

Wilson，P.，1987. The incremental information content of the accrual and funds components of earnings after controlling for earnings. The Accounting Review 62，293-322.

Wysocki，P.，1999. Real options and the informativeness of segment disclosures. Working paper，University of Michigan.

Xie，H.，1997. Are discretionary accruals mispriced? A reexamination. Working paper，University of Iowa.

Xie，H.，1999. Are discretionary accruals mispriced? A reexamination. Working paper，University of Arizona.

Zhang，H.，2000. How rational is the stock market towards properties of analyst consensus forecasts? Working paper，University of Illinois at Chicago.

市场有效性及相关会计研究：对"会计领域的资本市场研究"的一个评论[*]

Charles M. C. Lee

张 然 祝继高 译

摘要

过去 20 年，会计中的许多资本市场研究都假设价格对于信息的调整过程是即时的和/或不证自明的。这种假设对于我们选择研究课题、设计实证研究以及解释研究结果都会产生重大影响。在本篇评论中，我认为价格发现是一个复杂的过程，值得我们更多地关注。强调了与有效市场的幼稚观点相关的重要问题，并倡导一个包含噪音投资者的更一般的模型。最后，讨论了最近的与市场有效性相悖的相关研究证据对未来研究的启示。

JEL 分类号：M4；G0；B2；D8

关键词：市场有效；行为金融；定价；基本面分析；套利；合理性

§1 引言

S. P. Kothari 在其优秀的资本市场研究回顾论文中，回顾了跨越 30 多年的一系列文章。这篇流畅的纪年体文章毫无疑问会在众多有影响力的回顾文章中找到它自己的位置。像所有有用的回顾文章一样，他的文章为年青的研究者们熟悉该领域的主要文献提供了充足的框架。同时，这篇文章为成熟的研究者在与资本市场相关的会计研究这一宽广的领域提供了有效的参考。我很乐意将它推荐给任何对和资本市场相关的会计研究感兴趣的人。

---

* This article is based on comments I made, or wish I made, at the *Journal of Accounting & Economics* Conference held in Rochester, New York, May 2000. I am particularly grateful to Sanjeev Bhojraj, Tom Dyckman, Paul Hribar, Bhaskaran Swaminathan, Doug Skinner, Dan Thornton, and Jerry Zimmerman for helpful discussions and comments.

Charles M. C. Lee，康奈尔大学 Johnson 管理学院。

在这篇评论中，我将聚焦于我认为 Kothari（2001）所概括的文章中的重要问题。具体来说，我对市场有效性和会计研究在价格发现过程中的作用总结了一些我的想法。每个资本市场研究者都必须直接或者间接地接触到这个问题。市场到底在多大程度上有效，影响着会计研究在投资决策中的需求、会计条例和准则制定的决策、业绩评价和公司披露决策。我们对于市场有效性的认识也会影响到我们的研究设计。或许更重要的是，对于这些回顾文章的设定读者来讲，一个人对于市场有效性的观点会对其研究设计起着深远影响。实际上，我相信，一个研究者决定进行资本市场领域的研究大致上是他对市场信息有限相信程度的一个函数。

在这一点上，S. P. 和我很明显在某些观点上存在差异。在读 S. P. 的回顾文章时，我们能够感觉到 S. P. 对于发现市场非有效的证据有些恼火。而我却觉得这些证据很有意思。S. P. 诚恳地探讨了潜在的样本问题和计量经济学方面的顾虑。他也提出了关于行为学理论形成机理的一些合理的顾虑。我也同意他的这些顾虑，并且鼓励读者仔细地思考这些问题。同时，我也希望读者首先将这些问题视为机会。实际上，这些没有解决的问题恰恰是我认为资本市场研究是目前非常激动人心的一个研究领域的原因。

正如 S. P. 看到的那样，和市场有效性相悖的证据正逐渐增加。这些资本市场研究领域的证据在研究焦点和研究设计方面也发生着变化。对于市场有效的定义发生了变化，未来的研究者在制定他们的研究计划时需要考虑这些变化。S. P. 在回顾文章中提出了一些好建议。我的目的是修改他的这些建议，并对市场有效性问题提出一个稍有不同的观点。具体来讲，我认为行为金融学文献需要被更有活力地呈现给大家。

本文认为对于市场有效性的简单认识，也就是认为价格等于基本价值，是对未来市场相关研究的一个不完整的概念性起点。[1]我认为，这是对市场有效性问题的一个过度简化，并且这种认识错误地忽略了市场价格是一个丰富的动态的价格发现的过程。价格并不能立即向基本价值调整。价格趋向于基本价值更多地表现为一个过程，这个过程是由噪音投资者和信息套利者共同作用完成的。这个过程需要时间和精力，并且只能通过花费一定的社会成本来实现。

这样的话就存在一些机会。基于市场存在噪音价格和有成本的套利过程，会计研究就可以通过改善套利机制中的成本—效益关系来为该系列的文献作出贡献。[2]我相信，我们的一些研究会有助于产生更先进的发现套利机会的技术。其他研究，例如基本面分析、定价和风险测量方面的研究，有助于发现更真实的交易证券的基本价值。这方面的很多研究都有实用价值。它是决策驱动、多学科交叉的，并且是以未来为导向的。它假设会计信息使用者，而不是提供者，是以会计信息为导向的。它的终极目标是通过会计信息更具成本—效益的使用来改善市场的配置效率，以解决金融经济学中的一些基本问题。

在下一部分，我重新回顾了有效市场假说（EMH）的理论基础，并讨论了该范式的一些局限性。在第 3 部分，我讨论了一些简单的行为模型，并探讨了噪音投资者的存在和持续。最后，我讨论了这些发展对于会计学未来研究的一些特殊含义。

§2　对市场有效性的重新回顾

§2.1　什么是市场有效性？

价格代表了未来期望股利的现实价值（$P_t = V_t$，$\forall t$）的观点植根于很多现代金融和会计研究中。这种观点经常用下面的公式来表示：

$$P_t = V_t \equiv \sum_{i=1}^{\infty} \frac{E_t(D_{t+i})}{(1+r)^t} \tag{1}$$

式中，V_t 是在时间 t 的股票基本价值；$E_t(D_{t+i})$ 为基于时间 t 的所有可获得信息对 $t+i$ 期间的预期未来股利；r 是对于未来预期股利流的适当风险调整折现率。式（1）认为 P_t，也就是时间 t 的股票价格，等于未来股利的期望价值 V_t。

最初的 EMH 文献在一系列已知信息的基础上对上述结论的得出显得很谨慎（e.g., Fama，1965，1991）。不同方式的 EMH（强式、半强式和弱式）根据价格在不同的信息系列里对信息的反应速度和准确性被分别加以定义。早期 EMH 在会计研究中的应用也承认价格根据新信息调整的速度和准确性是一个持续的过程，而不是即时发生的（e.g., Dyckman and Morse，1986，p.2）。

然而，随着资本市场研究在会计学方面的逐渐发展，这种关系已经变成了一种基本假设，而没有充分考虑原先的一些界定。例如，在信息含量文献中（包括短窗口事件研究和长窗口关系研究），价格通常作为未来股利预期价值的被实际使用的替代变量，而股票收益也被认为反映了预期未来股利现时价值的变化。在大量的价值相关性文献中（see Holthausen and Watts，2000），价格被认为是公司价值的标准尺度。在这些研究中，对 EMH 的使用很少考虑价格调整过程中的速度和准确性。

对于价格等于预期未来股利现值的假设在定价研究中被更明显地加以使用，一般作为文章的第一个假设（e.g., Feltham and Ohlson，1999；Zhang 2000；Dechow et al.，1999）。实际上，Ou and Penman（1992）将这种假设作为他们分析研究的一个"不可辩驳"的起点。简言之，尽管我们承认瞬间价格调整在概念上是不可能的，但过去 20 多年中会计方面的资本市场文献已经假设这种调整过程是可以忽略的。这种基本假设已经对我们选择研究问题、设计实证检验方式和分析研究结果产生了深远的影响。

§2.2　为什么我们相信市场是有效的？

为什么我们相信市场是有效的？对这个问题的回答最终落在对套利机制的核心信念上。[3] 我们相信市场有效，是因为我们相信套利的力量一直存在并发挥作用。如果特定的价值相关的信息没有被包含到价格中，就会有强有力的经济动力来发现它，并据此进行交易。这些套利行为的结果就是价格会一直调整直到其完整地反映已知信息。经济中的单个个体可能表现得并不理性，但是我们预期套利的力量会使得价格与价值一致。相信套利机制的有效性是现代金融经济学的基石。

我认为，从套利机制到有效市场理论是信念上的巨大跳跃。同样我们可以相信海是平的，因为我们已经观察到地球引力对一杯水的作用。没有人会质疑地球引力的作用，或者水总是寻找自身的水平面这样一个事实。但是，从这个观测来推测海洋就像宁静夏天里的蓄水池却需要一段时间。如果海是平的，那么我们怎么解释可预测的模式，比如潮汐和水流？我们怎么说明海浪和冲浪运动员的存在？而且，如果我们经营培训冲浪运动员的业务，一开始就假设海浪在理论上不存在是否合理？

更精确和详细的陈述是：海洋始终在努力趋于平静。在实际生活中，市场价格被持续的信息流撞击，或者被伪装成信息的谣言和影射冲击。单个投资者对这些信息或虚假信息作出反应[4]，但是他们都无法评估他们自身的这种行为对价格已经造成的影响。价格在投资者对不完美信息的理解中变动。最终，经过考验和损失，信息的集合机制是完全的，价格调整到能够充分反映特定信息的影响上。但是在这时，有许多新的信息出现并产生新的波动。因此，海洋永远处于不停息的波动状态。市场本身就是一个不断调整的过程。

在这个类比中，市场有效是一段旅程，而不是一个终点。因此，有效市场的本质并非市场是有效或无效的，因为严格来说，结论总是否定的。价格发现是一个持续的过程，证券的当前价格是度量证券价值的最佳指标，尽管该指标包含噪音。在此背景下，研究的焦点是获得一个度量基本价值的独立指标，并理解市场价格发现的动态过程。我们更需要关注价格是怎样、何时以及为什么能包含（不包含）信息，而不是假设市场有效。

§2.3 均衡中存在错误定价吗？

上述类比的有效性取决于错误定价的长期存在。错误定价能在均衡中长期存在吗？答案是肯定的。事实上，这就如同没有错误定价就没有套利一样不证自明。套利者是错误定价产生的套利机会创造的。因此，两者或者同时存在于均衡中，或者同时不存在。如果没有一定程度的错误定价就没有套利。如果存在某种神秘的力量使得价格迅速调整到其价值，那就不存在套利者。因此，如果我们假设套利是一种均衡现象，我们就必须相信一定程度的错误定价也是一种均衡现象。

或许我们依据 Hayek（1945）来构建本讨论的框架更为有效。Hayek 强调市场在整合不同交易者的信息中发挥着关键作用。目前的讨论关注信息的获取和套利的动机。我们认为，必须存在足够的动机，以确保 Hayek（1945）描述的价格发现机制能够有效运行。事实上，Hayek 所描述的市场中价格机制的有效性，取决于错误定价是否达到一定程度，以保证套利能够进行。

我完全同意 Hayek 的核心观点：市场在整合分散投资者的信息时比中央计划更为有效。但是，我们能够认同市场比政府更了解情况，而不用宣称市场价格总是正确的。事实上，因为持续的套利取决于存在不断的套利机会，一个自由、竞争的市场必须在某种程度上是无效的。这是我们为获得市场机制的收益所付出的代价。[5]

许多研究提出革命性的观点：噪音交易者（幼稚交易者）不能在完全竞争的市场中生存。[6]我认为，积极的专业套利者的长期存在是支持噪音交易者长期存在的最好证据。生态学家到非洲旅行遇到很大的狮群。从数量如此众多的肉食动物，他们推断出存在大量的瞪羚、斑马以及其他可作为狮子猎物的动物。同样，大量套利者的存在为市场非完全竞争的观点提供了强有力的证据。如果狮子生存所需的生物不存在，狮子也就不存在了。

有些人认为积极的资产管理经理是仅有的聪明的市场参与者，其他不具备信息的人不会使市场更为有效（e.g.，Rubinstein, 2000）。但是，如果持这种观点的话，我们很难理解几十亿美元的资金年复一年地被花费于这些无用的研究。指数基金并不是一个全新的想法，但是为什么投资资金流向这些基金需要花费如此长的时间？同样的革命性力量被用来解释噪音交易者的消亡，以及积极的基金经理的消亡。这两个问题一直困扰着我。或者金融市场每年都需要持续花费几十亿美元来纠正错误定价，或者投资人的劳动力市场是完全无效的。

事实上，积极的经理业绩在扣除管理费以后并没有达到基准点，这被认为是支持有效市场的证据。但是，这些证据对于市场有效的争论没有什么意义。积极经理的平均表现更多的是反映劳动力市场的有效性，而非金融市场的有效性。如果扣除管理费后，积极经理的业绩一直低于（高于）基准点，资本将不断地流入消极（积极）的投资工具中。在均衡状态下，投资者支付的管理费应该等于通过套利活动所消除的错误定价的部分。我们因此预期积极经理的业绩在扣除管理费后应该近似于基准点。

§2.4 套利的局限

上述分析告诉我们一个重要的结论：专业的套利有很高的成本。尽管我们花费在积极管理（研究）部分的费用也是很多的，但并不是所有的花费都是无任何收益的。如果大部分的积极基金经理能够获得较好的回报（例如，收益在扣除管理费后能够达到它们的基准），他们能够长期存在则说明套利成本是巨大的。而且，作为一个社会，不管你认为目前的信息效率水平如何，我们都为该效率水平付出了高昂的成本。我们或许会争论该价格包含信息的速度和时间，但是不能忘记我们为了达到上述目标所付出的成本。

这其中就包含着机会。专业的套利需要细致地监督信息的发展，并且持续评价这些信息对市场动态定价的影响。会计研究人员的贡献在于能够为市场套利提供低成本的手段。例如，我们的研究可能有利于更好地捕捉套利机会，因此使得价格能够更好地吸收信息，或者以更准确的方式吸收信息。我们的工作也可能有助于人们以更低的成本进行套利。无论哪种情况，我们都提高了套利机制的成本—效益。

我想说的是，要提高金融市场的信息有效性，并不需要使扣除管理费前的收益超过市场收益。降低套利成本也能提高金融市场的信息有效性。例如，目前有许多会计研究成果影响了专业套利者的套利行为。这些研究中，有些是关于未来回报的可预测性，有些是关于降低资本成本或者提高价格评估的准确性。或许这些研究使得市场价格以更快的速度和更精确的方式作出调整。即使这些研究并不能使市场定价更为有效，它们也能降低套利者的信息搜索成本。从这个意义上说，会计的相关研究提高了金融市场的配置效率。

间接地说，我们的教育也有助于改善套利机制。通过教学，我们向市场提供了更多的有学识的投资者。随着市场参与者知识水平的提高，价格也会变得更为有效。传统的观点认为，价格是由神秘的"边际投资者"决定的。我们并不知道谁是边际投资者，但是我们假设他相当不简单。但是，噪音交易者的证据（将在下面部分讨论）却表明，那些知识水平较低的投资者也能对他们占主导的领域部分的市场回报产生影响。如果认为价格是投资者意见的价值加权，那么所有投资者知识水平的提高将会使市场变得更为有效。

§2.5 传统的模型错在哪？

尽管 EMH 并不完全正确，但是一个普遍的假设是我们研究的起点，就像牛顿的万有引力，它太精致，以至无法在日常生活中使用。不幸的是，把我们了解的价格和回报的行为包括在传统的框架中已变得越来越困难。在这个部分中，我将讨论如果假设价格始终等于价值会遇到怎样的问题。

马上遇到的问题就是交易量。如果我们假设价格能够反映所有关于未来股利的信息，那么基于理性预期的相关文献就会说单个股票不存在交易量（e. g., Grossman and Stiglitz, 1980）。Black（1986，p. 531）是这样描述的：

> 一个人拥有企业信息和观点，他想进行交易。但是他意识到，只有另外一个拥有信息和观点的人愿意交易，才能完成交易。考虑另一方所拥有的信息，这样的交易还能进行吗？某些人知道交易双方的信息，从这个角度而言，其中一方必定存在错误。如果作出一个错误决定的人拒绝交易，那么就没有基于信息的交易。换句话说，我并不相信能够创造一个基于信息交易但没有噪音交易的模型。

通常，纽约证券交易所每天都有超过 10 亿美元的股份进行交易。纳斯达克平均每天的交易量超过 20 亿美元。这种针对单个证券非常大的交易兴趣，对股价能充分反映未来股利信息这样的传统模型是一个巨大的挑战。

如果交易量难以解释，波动性就更难解释了。在经典的框架中，没有信息含量的事件是不会影响股价的。但是从实证研究成果看，我们发现关于基本面的信息只能部分解释股票回报的波动性（e. g., see Roll, 1986；Cutler et al., 1989。其他的业界证据包括 1987 年 10 月股价大跌和网络股的每日波动性）。Cutler et al.（1989）发现，关于过去、现在和未来时期的宏观经济信息变量对股票回报年度波动的解释程度不足 50%。[7] 其他的研究也得出了同样的结论：股价的波动与基本面信息关系很小。这些证据使得我们需要采用更为广阔的视角来看待资产定价，以及接受其他力量能够影响股价和股票回报的可能性。

第三，关于股票回报可预测性的证据越来越难与有效市场的理论框架进行协调。[8] 对于风险规避的投资者而言，所有关于潜在交易策略的检验都是资产定价模型的联合检验。如果资产定价模型是错误的，我们发现的股票超额回报就可能是对未知风险的补偿。尽管如此，随着大量定价异象被发现，基于风险补偿的解释已经变得越来越不合理。

我发现强有力的证据表明，公司财务状况（以各种会计基本指标度量）越好，未来的股票回报就越高（e. g., Dichev, 1998；Piotroski, 2000；Lakonishok et al., 1994）。如果企业是高风险企业，很奇怪这些企业的经营业绩很差但却长时间拥有较高的股票回报。有证据发现，大部分的股票超额回报是在会计盈余发布期间实现的，但是这在风险补偿的环境中很难解释。[9] 资产定价模型没有预测这些短窗口的价格运动。最后，所谓的动量研究发现了在公司信息（包括盈余公告、股利宣告与股票分割）披露之后股价的漂移，而这些发现并不能被风险补偿之类的研究解释。[10] 这些事件能够预测未来的未预期盈余和分析师对盈余修正的方向，这个事实表明，上述现象与市场对盈余的错误认识有关，却并非与风险有关（e. g., see La Porta, 1996；Chan et al., 1996）。

关注这类文献的发展可能是很值得的。最初，大量的文献发现了显著的价格异象（e. g., DeBont and Thaler, 1985, 1987）。近来的研究则关注如何解释这些异象以及如何测试不同的行为模型（e. g., Lee and Swaminathan, 2000；Bloomfield et al., 2000）。我相信，未来此类研究不仅会发现新的异象，而且会解释这些异象。我们的确处于发展的阶段，但是我们已知的知识足以证明许多基于风险补偿的知识是不够的。

最后，对有效市场范式最根本的挑战之一就是资本成本之谜。从历史上来看，人们一直利用平均的已实现回报作为预期回报的代理变量来检验资产定价模型。这种方法基于大样本中市场价格是无偏的假设。即使这种弱有效市场假说，也在近期受到挑战。正如 Elton（1999）在其当选美国金融学会主席发表演说时所指出的："在长达十余年的时期中，股票市场的平均可实现回报低于无风险利率（1973—1984 年）。在长达 50 余年的时期中，长期债券的回报低于无风险利率（1927—1981 年）。"

换句话说，历史上已实现的回报并不是预期回报的合适代理变量，即使使用长达 20 年的平均回报也是如此。改变风险溢价以及有条件的资产定价理论或许能够解释时间序列的部分变化，但是不能解释风险资产回报持续低于无风险利率的原因。的确，对已实现回报这样一个噪音变量越来越多的不满，使人们开始使用基于价值评估的技术估计期望回报（e. g.，Claus and Thomas，2000；Gebhardt et al.，2000；Fama and French，2000）。再次说明，我们发现"价格等于价值"的假说在实际应用中并不能得到验证。[11]

简言之，式（1）所表达的关于市场有效的幼稚观点存在一定的问题，这些问题太普遍了，以致很容易被忽视。这些问题包括：过度交易、股票回报过度波动、回报可预测性的证据以及资本成本之谜。在下一部分，将讨论另一种理论框架，这种框架放松了价格必须等于价值的前提假设。

§3 理性行为模型

在其关于有效市场的辩护中，Rubinstein（2000）讨论了对经济学家而言所谓的"首要纲要"：

> 用理性模型解释资产定价。除非所有的尝试都失败了，否则不要使用投资行为非理性模型。

他抱怨道："不断出现的行为学方面的文献丢失了这个纲要所有的约束——不管发现何种异象，不管是否虚幻，行为主义研究者都用系统的投资者行为非理性进行解释。"[12] 这是我们经常听到的针对行为学阵营的批评。但这是一个不公平的抱怨，因为行为模型并不需要违背这一首要纲要。行为金融研究中最近提出的许多模型都是基于理性套利的经济原理。我因此将它们称为理性行为模型。[13]

本部分的目标是排除那种认为必须通过极其艰难的过程才能让大家接受行为金融学的顾虑。为了说明需要，我会讨论 Shiller（1984）中的简单模型。在许多方面，这个模型过于简单并有过多限制，而且它已被文献中的许多更为复杂的模型所替代。但是，它为我们理解价值投资者、噪音交易者和套利成本的交互关系提供了一个有用的框架。

§3.1 谁是噪音交易者？

理性行为模型的一个典型特征就是它们考虑了噪音交易者。Fischer Black 在美国金融学会的一次有重大影响的演讲中给出了噪音交易者的定义（Black，1986，p. 531）：

噪音交易者就像交易信息那样交易噪音。交易噪音的人愿意交易，尽管从客观的角度而言，不交易可能会更好。或许他们认为交易的噪音就是信息，或许他们就是喜欢交易。

简言之，噪音交易者是那些其交易基于的信息最终被证明是与价值不相关的交易者。在这种定义下，噪音交易者对我而言是直觉性的交易者，并且是无害的。由于信息持续不断，所有的交易者都立即确定他们自身信号的质量是不可能的。在这个世界上，拥有信息的投资者事前作出理性的交易，但在事后的某个交易日依然可能出现亏损。尽管这些投资者正确的时候要多于错误的时候，他们依然经常进行噪音交易。因此，噪音交易者的存在也是与首要纲要一致的。事实上，噪音交易是价格发现过程的必要部分。

正如 Black（1986）观察到的，噪音交易者是传统模型中的"缺失因素"。噪音交易者帮助我们理解日常观察到的过度交易。噪音交易是大部分已实现回报波动的主要驱动力。噪音交易能解释为什么套利持续存在。最后，与高昂的套利成本一致，噪音交易能够解释为什么价格会偏离价值那么远、那么久。

§3.2 简单的例子

Shiller（1984）的模型有两种类型的交易者：聪明的交易者和噪音交易者（Shiller 指出的普通投资者）。聪明的投资者根据财富限制，基于基本价值交易。这些投资者能迅速对基本价值作出无偏的反应。噪音交易者包括那些并不对价值信息进行最优反应的投资者。[14]一般而言，这两类交易者的需求可表达如下：

§3.2.1 噪音交易者（一般投资者）

这类投资者的需求随时间变化，但不是最佳预测的期望回报。他们的需求被表示为：Y_t＝一般投资者对股票价值的总需求。

§3.2.2 信息交易者（聪明投资者）

聪明投资者对股票的需求表示为占发行在外总股数的比例（Q_t）：$Q_t = (E_t(R_t) - \rho)/\phi$，其中 ρ 是聪明投资者没有需求的那部分股票的预期真实回报，ϕ 是吸引聪明的投资者持有所有股票的风险溢价。

在均衡中，当股票需求等于总供给时，市场均衡（即当 $Q_t + Y_t/P_t = 1$ 时）。求解理性期望模型能够产生下面的市场均衡价格：

$$P_t = \sum_{k=0}^{\infty} \frac{E_t(D_{t+k}) + \phi E_t(Y_{t+k})}{(1+\rho+\phi)^{k+1}} \tag{2}$$

用这种形式表达，市场价格等于预期未来时间 t 的股利支付（$E_t(D_{t+k})$），加上噪音交易者预期未来需求（$E_t(Y_{t+k})$）的 ϕ 倍。换句话说，P_t 由企业的基本价值（未来股利）和一个更为复杂的因子（噪音交易者未来需求）共同决定。两个因子的重要性程度由 ϕ 决定，ϕ 可以被合理解释为套利成本。

当 ϕ 接近零时，价格是预期股利的函数，有效市场模型（式（1））是式（2）的特殊形式。因此，在套利成本比较低的市场，价格能较好地被 EMH 预测。但是随着 ϕ 的增加，噪音交易的重要性也在增加。特殊情况下，当 ϕ 趋于无穷大时，市场价格完全由噪音交易者的需求决定，价值评估在定价中发挥的作用较小。

什么影响 ϕ 呢？聪明投资者的特征，比如，他们的风险偏好和财务约束很重要。在更一般的情况下，套利成本包括：（1）**交易成本**：建立和关闭仓位的相关成本，包括佣金、价格波动和买卖价差。（2）**持有成本**：维持仓位的相关成本。这些成本会受套利仓位的持续时间以及卖空股票增量成本的影响。（3）**信息成本**：信息获取、分析和监督成本。[15]

这三类成本都较小的市场，价格更接近价值。例如，权益期权市场、指数期货和封闭式基金都具有相对较低的交易成本和信息成本。在这些市场上，价值评估相对直接，交易成本很小，交易资产有很近似的替代物。正如预期的那样，这些资产的价格与它们的价值紧密相连。[16]

在其他市场上，套利成本（ϕ）会相当大，因此噪音交易者占主导地位。例如，许多新兴经济体的资本市场一般被认为价值投资者较少，市场深化度低，因此有较高的套利成本。在新兴经济体的国内资本市场，企业规模较小，较少地被分析师追踪，股票交易不活跃，而且成长型股票很难定价（包括网络股），这些都表明套利成本较高。噪音交易者模型预测这些市场的证券价格波动性更大，价格与价值的相关性更小。

这个模型的主要思想是：市场价格是在成本约束下，噪音交易者和理性套利者相互作用的结果。一旦我们引入噪音交易者和套利成本，价格就不仅仅是未来预期股利的简单函数。除非套利成本为零，否则 P_t 并不等于 V_t。错误定价的程度是噪音交易者需求和套利成本的函数。更一般地，当存在套利成本时，我能够预期错误定价是一个均衡现象。

另一个关键点就是回报的不可预测性（EMH 的"没有免费的午餐"版本）并不能保证价格等于价值（EMH 的"价格永远是正确的"版本）。不幸的是，当 EMH 被应用时，其被表现为后一种形式。回报很大程度上不可预测这样的事实被广泛地解释为支持价格等于预期股利的现值这样一个事实。但是模型说明，使用这种一般性的方法来测试市场有效性存在概念性问题。在模型 2 中，回报是不可预测的，但是股价依然会偏离基本价值。[17]

最后，模型 2 说明了价值分析与证券分析的区别。价值分析关注测量市场价值而不考虑市场条件。但是，在进行证券选择时，聪明的投资者不仅要进行价值分析，更要考虑噪音交易者的行为。聪明投资者除了考虑"基本价值"，也要考虑"市场趋势"。更进一步，Y_t 的时间序列行为很重要。如果噪音交易者的需求是随机的，那么 P_t 依然是 V_t 的最佳预测。如果 Y_t 是均值反转的，那么价值分析仍然可能盈利。我会在下一部分详细讨论这一点。

§4 基于市场研究的启示

我认为，从价格中分离基本价值是走向丰富的研究日程非常重要的概念性一步。但是，价格并不总是等于价值，那么市场价格在我们的研究中发挥着怎样的作用？如果价格是基础价值的噪音变量，我们应如何评价其他的备选指标？哪个特定的研究领域在当前最具前景？下面将讨论这个话题。

§4.1 对未来研究的建议

什么类型的研究对未来最具影响力？我将尽力描述杰出的研究具有的特征，而不是列举长长的名单。宽泛地说，我相信这个领域杰出的研究具有以下特点：（1）决策导向；（2）交叉学科；（3）关注未来。

决策导向。许多年轻的学者通过阅读学术期刊上近期的论题来寻找研究论题。考虑到顶级期刊的文章从投稿到发表存在较长的时滞，这些期刊并不是新的研究项目最好的起点。另一个可选的补充性方法是从确定使用会计数据进行重要的经济决策着手。为了获得想法，实务类期刊是一个很好的选择。这样做是为了在与学术文献过于接近之前，从更广阔的经济背景角度，获得对相关话题的观点。

决策导向研究并不是产品开发和咨询。我并不是说我们的研究应该直接为实践者服务。相反，我希望我们的研究要基于详细的观测，如决策者如何决策、信息信号如何被使用（或错误使用）。即使是我们的学科中定位于理论基础的基础性研究，也会从重要的经济决策是如何制定的这样的详细知识体系中获益。太多的学术研究就像写给其他研究者的一连串的信。为了使我们的研究有影响，我们的研究必须对更为广泛的终极读者有价值。

在目前的背景下，我们需要更好地理解投资者是如何作投资决策，以及这些决策是如何受会计信息影响的。[18] 从传统的观点来看，这个领域中最有意思的话题被认为是公司融资或投资，尽管会计信息在这些决策背景中发挥着重要的作用。在我看来，与金融领域的研究人员相比，会计研究人员应该研究我们更熟悉、更适合我们的话题，比如股票回购、管理层收购（LBO）、股票上市（IPO）、辛迪加贷款、兼并与收购。如果我们愿意研究这些问题，我相信在未来的几十年内，会计研究人员能够研究出一些金融经济学方面最有影响力的成果。

交叉学科。很少有非常重要的资本配置决定仅仅依靠会计信息的使用作出。资本市场领域中最重要的会计研究本质上是交叉学科，对于这个观点没有任何人会表示惊讶。正如Kothari 所说，金融学和经济学方面的扎实训练是进行这类研究所必需的。除此之外，会计研究人员熟悉行为金融方面的文献也很重要。Thaler（1999）预测行为金融作为金融学一个分支的现象将会结束，因为他相信，在未来，整个金融都将是行为金融。当然这样的发展趋势是不会错的。

我相信会计人员在理解噪音交易者的需求方面发挥着作用。20 世纪早期的经济学家，比如 Keynes（1936），认识到噪音交易者在市场动态中的重要作用。为了影响价格，这些交易者的行为必须是系统的，而不是特殊的。换句话说，他们的错误必须是相关的。因此，Shiller 和其他研究人员通过模型设定的噪音现象并不是个体非理性，就如同大众心理学那样。一个普通的偏好或信念，我们或许可称之为投资情绪，会同时影响大批的投资者。

是什么引起了这些普通的情绪（例如，什么影响 Y_t）？Shiller 认为，投资者基于虚假信息的交易会引起情绪，例如，价格和交易量的类型、流行的模型或者华尔街的预测。更一般的是，Y_t 能够获取除了最佳使用股利相关信息以外的任何价格效应。从这个意义上说，噪音交易者的需求可能是由于次优使用存在的信息，或者对于合理的信息信号过度反应或反应不足，或者对其他外生的流动性冲击。[19]

噪音交易者需求最重要的特征是它使得价格偏离了股票的基础价值。因此，当我们精炼我们的价值评估工具时，同时产生了度量噪音交易者需求的更好的尺度。作为信息经济学家，会计人员能够帮助确定影响噪音交易者需求的信号（虚假信号）。事实上，以往调查财务报告中信息使用不足的会计研究可以被视为确定噪音交易者偏好的努力。一旦我们发现噪音交易者不是单独产生的（例如，我们都是噪音交易者），与当前会计研究的协调就不再困难。

关注未来。会计中的许多研究在本质上具有历史性。资本市场领域的很多研究具有回顾性。Kothari（2001）中讨论的大部分基于市场的研究都基于这样一个研究框架——股票回报（或者股价）是因变量，同时期的会计数据是自变量。根据这个被广泛接受的研究范式，那些能够更好地解释同时期回报（或者股价）的会计数字在某种意义上被认为更优秀。

但是，正如 Bernard（1995，p.743）所指出的，这种范式是有限的，因为它"从一开始就排除了研究者能够发现一些市场所不知道的事件的可能性"。随着我们对于市场有效观点的变化，我相信我们会更多地强调预测未来经济事件结果的研究。这种研究将主要关注改善其结果尚属未知的资源配置决策的目标。

§4.2 研究设计问题

如果股价本身是企业真实价值的噪音指标，那应该如何处理我们的研究设计？怎么使用模型来度量价值和价格的关系？这是我们离开有效市场理论的研究范式所必须面对的重要问题。未来的研究人员需要更为全面地处理这个问题，但是近来有两篇实证研究可能能够说明这种可能性。两个都是我所认为的"混合"研究，它们既没有完全抛弃市场价格中的信息，又基于价格和价值关系的弱假定。

首先，Lee et al.（1999）（LMS）将价格和价值的关系定义为一个统一的系统，换句话说，观察到的价格和会计人员对价值的估计都是对企业基本价值的噪音估计。在这种背景下，他们检验了基于会计数字的价值估计是如何被评估的。他们发现，在这种框架中，在完全的一般条件下，具有信息优势的价值估计不仅与当前的股票回报相关，而且能够获得关于未来回报的更好预测。

在 LMS 的模型中，假设套利的力量会使价格和价值在长期内趋于一致。但是，依据前一部分讨论的噪音交易者模型，市场价格在任何时候都会偏离真实（但不可观测）的基础价值。在这个背景下，基础分析的作用在于生成一个独立的价值估计来评估观察到的价格。基础分析的结果表明，评估会计人员的经验价值估计的两个基准在测度基本价值方面是很成功的。

其次，Gebhardt et al.（2000）（GLS）使用折现剩余收益模型来计算市场的隐含资本成本。他们进一步检验那些企业与估计的资本成本系统性相关的特征。他们发现，企业的隐含资本成本与其行业、市净率、预测的长期增长率以及分析师关于未来盈余预测的分散程度相关。总之，这些变量能够解释未来（未来两年）隐含资本成本横截面变化的 60%。这种长期关系的稳定性表明它们可以被用来估计未来的资本成本。

与 Kothari（2001）的研究相反，GLS 的研究设计并不是基于传统意义上的市场有效假设（例如，$P_t = V_t$，$\forall t$）。出于股票选择的假设，如果 GLS 基于当前的股票价格来估计隐含的资本成本，就会造成重复。事实上，GLS 推荐的资本成本估计方法并不依靠企业当前的市场价格。相反，GLS 依靠市场隐含资本成本和不同企业特征的长期关系来估计每个企业"预期"或者"保证"的资本成本。接着，这种保证的资本成本被与从当前股价中得出的"实际隐含"资本成本比较。交易策略则基于保证的和实际的资本成本的"差距"。[20]

不同于其他文献的是，这两个文献都隐含地假设弱有效市场。具体来说，这些研究假设，由于套利力量的长期作用，价格和价值是相互关联的。价格包含了关于未来支付的有价值的信息，这些信息不应被忽视。但是，在任何一个时点，由于外生力量（如果用行为金融的专业术语表示，即为噪音交易者的需求），价格可能偏离价值。

这些研究中的作者通过研究会计基本价值和市场价格的长期关系来测量短期的价格偏离程度。我将该方法称为"混合"方法，因为它同时使用了会计的基本价值和过去的股价来预测未来的股价。回到前面有关海洋的比喻，这些研究使用海洋的平均水平面（例如，特定基本面的长期市场价值）来测量海浪当前的高度（同一基本面的当前市场价值）。

§5　总结

主流的会计学和经济学思想受到经典的信息经济学的影响——在完全理性假设下关于规范行为的研究。尽管这一强有力的范式被证明具有启发性和指导性，但是它同时受到一个不幸的倾向的威胁，即认为决策者具有无限的处理能力。我认为这个倾向是不幸的，因为它阻碍了其他具有潜在前景的研究的发展。

在资本市场研究的领域中，这方面的文献都坚信市场有效，以致在很长的时间里妨碍了其他替代性的领域中可能富有成就的研究。作为经济学家，我们想当然地认为套利机制是有效的，一般假定没有资本，而且成本或者风险很小。由于长期受均衡分析的影响，主流的经济学并没有为信息整合的动态过程提供指引。市场价格被认为是正确的，就如同法律规定的那样，而且使市场价格正确的机制也被忽略。

我相信，资本市场领域的会计学术研究不应该抛弃价格对信息的吸收这样一个过程。作为信息经济学家，会计人员在处理包含在价格运动中的信息信号时具有较强的优势。为了开发这个优势，我们应该对市场有效和价格发现的动态本质有一个清晰的了解。我们同时需要抓住股票价格在我们研究设计中的作用。我的评论主要是倾向于这个方面的研究。

我已经说过，我们应该从价格等于价值的观点中解放出来。那就是，我们应该开始考虑基本价值和当前市场价格是两种截然不同的指标。Penman（1992）号召我们"回归基本面"也是基于同样的本质。但是，现在可能是需要我们走得更远的时刻了。我提倡采取更为主动的方法，而不是依然保持对市场价格的作用不可知的态度。我们应该研究价格是如何、何时以及为什么变得有效（为什么在某些时候它是非有效的），而不是简单假设市场是有效的。我们应该寻找方法来改进当前的市场价格，而不是忽视当前的市场价格。

注释

　　[1]　在本文中，基本价值被定义为根据现在已知的信息，未来现金流的期望价值。本文 2.1 节对有效市场假说（EMH）给出了更详细的定义。

　　[2]　我对套利的定义是旨在发现市场不完善的信息交易。就像先前讨论的那样，这个

定义比一些金融课本里对套利的定义更宽泛。

[3] 一些金融课本将套利定义为"对同一个或者基本相同的股票在两个不同市场上同时进行买和卖而获取差价利益的行为"（e.g., Sharpe and Alexander, 1990）。这个定义对我们的目的来说太狭猛，因为该定义意味着套利不需要资本，也不承担风险。实际上，基本上所有的套利都需要资本，而且是有风险的（Shleifer and Vishny (1997) 对此有很好的讨论）。这样，在本文中，我将套利定义为旨在从现在的不完善价格中获取利润的信息交易行为。在这种定义下，套利是有成本的，并且一般包含一些风险。

[4] 虚假信息只存在表象，但无实际内容。正如 Black (1986) 所描述的，基于虚假的交易是噪音交易的来源之一。

[5] 进一步了解成本高昂的信息在有效市场中的作用，参见 Shleifer (2000)，Grossman and Stiglitz (1980)。

[6] Friedman (1953) 首先提出了这个观点，Delong et al. (1990a) 则发现了噪音交易者在均衡中长期存在的证据。

[7] 类似地，在会计研究中，Easton et al. (1992) 使用 10 年窗口进行研究。他们发现，股票回报和会计业绩指标回归的调整 R^2 仅为 62%。如果使用更短的研究窗口，R^2 会更低。

[8] 以往的回顾文章对很多这类研究的证据进行了讨论（e.g., Fama, 1991; Shleifer, 2000; Kothari, 2001）。

[9] Bernard and Thomas (1990) 的论文可能是最早而且也是最著名的使用这种技术来区分风险和错误定价的解释的研究。随后，这种方法被广泛引用，包括 Piotroski (2000)，Sloan (1996) 以及 Lee and Swaminathan (2000)。

[10] Ikenberry and Ramnath (2000) 对这些事件后的价格漂移现象的研究进行了很好的概括。

[11] Kothari (2001) 针对 Gebhardt et al. (2000) 中的有效市场假说提出了一个问题。我将在本文的第 3 部分讨论这个问题。

[12] Rubinstein (2000, p.4).

[13] 最近有很多关于这方面的理论研究：Barberis et al. (1998)，Hong and Stein (1999)，Daniel et al. (1998)，Barberis and Huang (2000)，以及 Barberis et al. (2001)。早期这方面的研究包括 Shiller (1984) 和 DeLong et al. (1990a, b)。

[14] Shiller 想象投资者对信息过度反应或者容易狂热。但是，投资者需求的来源是外生的。事实上，噪音交易者更宽泛，包括那些因为流动性或者基于消费的原因而进行的交易。

[15] Shleifer and Vishny (1997) 建立了套利局限的模型。

[16] 尽管如此，封闭式基金折价的证据表明 Y_t 存在，而且具有均值反转的特点（e.g., see Lee et al., 1991）。

[17] 举个例子，如果套利成本较大（$\phi \neq 0$），而且噪音交易者的需求（Y_t）服从随机分布，分子中的第二项可以很大，但是股票回报不可预测。

[18] 在这种精神下，实证研究人员可能会发现，熟悉财务会计中的实验研究非常有帮助。

[19] 在噪音的理性期望文献中，外生的流动性冲击所引起的噪音在引导交易和限制价格反映所有信息的程度中发挥着重要的作用。这种类型的模型的例子，参见 Grossman and Stiglitz（1980）或者 Diamond and Verrecchia（1981）。

[20] 这种方法与固定收益套利者类似。固定收益套利者通常比较在某个时点债券的保证收益与债券实际收益，从而获取盈利机会。

参考文献

Barberis，N.，Shleifer，A.，Vishny，R.，1998. A model of investor sentiment. Journal of Financial Economics 49，307-343.

Barberis，N.，Huang，M.，Santos，T.，2001. Prospect theory and asset prices. Quarterly Journal of Economics，forthcoming.

Bernard，V. L.，1995. The Feltham-Ohlson framework：implications for empiricists. Contemporary Accounting Research 11，733-747.

Bernard，V. L.，Thomas，J. K.，1990. Evidence that stock prices do not fully reflect the implications of current earnings for future earnings. Journal of Accounting and Economics 13，305-341.

Black，F.，1986. Presidential address：noise. Journal of Finance 41，529-543.

Bloomfield，R.，Libby，R.，Nelson，M. W.，2000. Do investors over-rely on old elements of the earnings time series? Working Paper, Cornell University.

Chan，L. K.，Jegadeesh，N.，Lakonishok，J.，1996. Momentum strategies. Journal of Finance 51，1681-1713.

Claus，J.，Thomas，J.，2000. Equity premia as low as three percent? Empirical evidence from analysts' earnings forecasts for domestic and international stock markets. Working paper，Columbia University，August.

Cutler，D.，Poterba，J.，Summers，L.，1989. What moves stock prices? Journal of Portfolio Management 4-12.

Daniel，K.，Hirshleifer，D.，Subrahmanyam，A.，1998. A theory of overconfidence, self-attribution, and security market under-and overreactions. Journal of Finance 53，1839-1886.

DeBondt，W.，Thaler，R.，1985. Does the stock market overreact? Journal of Finance 40，793-805.

DeBondt，W.，Thaler，R.，1987. Further evidence of investor overreaction and stock market seasonality. Journal of Finance 42，557-581.

Dechow，P.，Hutton，A.，Sloan，R.，1999. An empirical assessment of the residual income valuation model. Journal of Accounting and Economics 26，1-34.

DeLong，J. B.，Shleifer，A.，Summers，L. H.，Waldmann，R. J.，1990a. Noise trader risk in financial markets. Journal of Political Economy 98，703-738.

DeLong，J. B.，Shleifer，A.，Summers，L. H.，Waldmann，R. J.，1990b. Positive feedback investment strategies and destabilizing rational speculation. Journal of Finance 45，379-395.

Diamond，D. W.，Verrecchia，R. E.，1981. Information aggregation in a noisy rational expectations economy. Journal of Financial Economics 9，221-236.

Dichev，I.，1998. Is the risk of bankruptcy a systematic risk? Journal of Finance 53，1131-1148.

Dyckman，T.，Morse，D.，1986. Efficient Capital Markets：a Critical Analysis. Prentice-Hall，Englewood Cliffs，NJ.

Easton, P., Harris, T., Ohlson, J., 1992. Aggregate accounting earnings can explain most of security returns. Journal of Accounting and Economics 15, 119-142.

Elton, E. J., 1999. Expected return, realized return, and asset pricing tests. Journal of Finance 54, 1199-1220.

Fama, E., 1965. The behavior of stock market prices. Journal of Business 38, 34-105.

Fama, E., 1991. Efficient capital markets: II. Journal of Finance 46, 1575-1617.

Fama E., French, K., 2000. The equity premium. Working paper, University of Chicago and M. I. T.

Feltham, G. A., Ohlson, J. A., 1999. Residual earnings valuation with risk and stochastic interest rates. Accounting Review 74, 165-183.

Friedman, M., 1953. The case for flexible exchange rates. In: Essays in Positive Economics. University of Chicago Press, Chicago.

Gebhardt, W. R., Lee, C. M. C., Swaminathan, B., 2000. Toward an implied cost of capital. Journal of Accounting Research, forthcoming.

Grossman, S., Stiglitz, J. E., 1980. On the impossibility of informationally efficient markets. American Economic Review 70, 393-408.

Hayek, F. A., 1945. The use of knowledge in society. American Economic Review 35, 519-530.

Hong, H., Stein, J. C., 1999. A unified theory of underreaction, momentum trading and overreaction in asset markets. Journal of Finance 54, 2143-2184.

Ikenberry, D. L., Ramnath, S., 2000. Underreaction to self-selected news events: the case of stock splits. Review of Financial Studies, forthcoming.

Keynes, J. M., 1936. The General Theory of Employment, Interest, and Money. First Harvest/HBJ edition 1964. Harcourt Brace Jovanovich, New York.

Kothari, S. P., 2001. Capital market research in accounting. Journal of Accounting and Economics 31, 105-231.

Lakonishok, J., Shleifer, A., Vishny, R. W., 1994. Contrarian investment, extrapolation, and risk. Journal of Finance 49, 1541-1578.

La Porta, R., 1996. Expectations and the cross-section of stock returns. Journal of Finance 51, 1715-1742.

Lee, C. M. C., Swaminathan, B., 2000. Price momentum and trading volume. Journal of Finance 55, 2017-2070.

Lee, C. M. C., Shleifer, A., Thaler, R., 1991. Investor sentiment and the closed-end fund puzzle. Journal of Finance 56, 75-109.

Lee, C. M. C., Myers, J., Swaminathan, B., 1999. What is the intrinsic value of the Dow? Journal of Finance 54, 1693-1741.

Libby, R., Bloomfield, R., Nelson, M., 2000. Experimental research in financial accounting. Working paper, Cornell University.

Ou, J., Penman, S., 1992. Financial statement analysis and the evaluation of market-to-book ratios. Working paper, Santa Clara University and the University of California at Berkeley.

Penman, S., 1992. Return to fundamentals. Journal of Accounting, Auditing, and Finance 7, 465-484.

Piotroski, J., 2000. Value investing: the use of historical financial statement information to separate winners from losers. Journal of Accounting Research, forthcoming.

Roll，R.，1986. R². Journal of Finance 41，541-566.

Rubinstein，M.，2000. Rational markets：yes or no? The affirmative case. Working paper，University of California at Berkeley，June 3.

Sharpe，W.，Alexander，G.，1990. Investments，4th Edition. Prentice Hall，Englewood，Cliffs，NJ.

Shiller，R. J.，1984. Stock prices and social dynamics. The Brookings Papers on Economic Activity 2，457-510.

Shleifer，A.，2000. Inefficient Markets：an Introduction to Behavioral Finance. Clarendon Lectures in Economics. Oxford University Press，Oxford.

Shleifer，A.，Vishny，R. W.，1997. The limits of arbitrage. Journal of Finance 52，35-55.

Sloan，R. G.，1996. Do stock prices fully reflect information in accruals and cash flows about future earnings? The Accounting Review 71，289-315.

Thaler，R.，1999. The end of behavioral finance. Financial Analysts Journal 55，12-17.

Zhang，X.，2000. Conservative accounting and equity valuation. Journal of Accounting and Economics 29，125-149.

会计选择研究[*]

Thomas D. Fields，Thomas Z. Lys，Linda Vincent

李远鹏　译

摘要

　　本文回顾了 20 世纪 90 年代以来有关会计选择决定因素和经济后果的文献。我们按照影响管理层会计选择的三个市场不完备因素组织这些文献，即代理成本、信息不对称以及影响非契约方的外部性。我们认为，90 年代以来的研究对于我们理解企业的会计选择进展非常缓慢。造成这一现象的原因主要有两个：一是研究设计上的制约；二是这些研究大多是对已有知识的重复而非扩展。在本文的最后，我们讨论了未来研究的机会，通过强调会计重要性的原因来展示会计选择的经济含义。

　　JEL 分类号：M41 accounting

　　关键词：资本市场；会计选择；自愿披露；会计判断与估计；盈余操纵

§1　引言

　　会计选择的研究事关会计是否重要这一根本问题。在一个完全且完美的市场中，并不需要财务披露，因此也就没有对会计和会计规范的需求。[1]然而，在现实的世界里，市场是不完全也不完美的，对会计和会计规范的需求表明了会计披露以及基于会计数据的契约是解决这些市场不完备性的有效方式。

　　为了分析会计的角色，我们需要对会计选择作一界定。为了更好地展开本文的回

---

　　* We are grateful for comments received from Ronald Dye, participants of the 2000 Journal of Accounting and Economics conference, the editors Ross Watts and Douglas Skinner, and the discussant Jennifer Francis. Financial support from the Accounting Research Center at the Kellogg Graduate School of Management, Northwestern University is gratefully acknowledged.

　　Thomas D. Fields，哈佛大学商学院；Thomas Z. Lys，西北大学 Kellogg 管理学院；Linda Vincent，西北大学 Kellogg 管理学院。

顾，我们采用了如下较为宽泛的定义：

> 会计选择是那些为了影响会计系统结果（形式上的或实质上的）而采取的一些手段，这一影响不仅包括基于公认会计原则（GAAP）编制的报表，还包括税务报告和监管者要求的其他材料。

这一较为宽泛的定义既包括了对存货计价的后进先出法和先进先出法的选择，也包括了为满足经营租赁会计准则的要求而对租赁条款进行修订的行为，还包括了对披露程度的选择以及对采用新会计准则时机的选择。这一定义也包括那些通过真实的交易来影响会计数据的做法，具体包括：通过提高产量从而降低单位产品分摊的固定成本，达到降低销售成本的目的；减少研发支出从而提高会计利润。会计选择的这一定义中最为关键的因素是管理者的动机：究竟是基于经济原则上的考虑还是仅仅为了影响会计数据？例如，一个企业减少研发支出，是为了提高会计盈余，还是因为研发支出的回报率很低？

实际上，早在20世纪60年代，那些有关会计选择的决定因素和含义的论文就大大推动了会计研究的进程。[2]如果采用上面这个会计选择的定义，我们就可以将90年代以来发表在一流会计学刊上大约10％的论文归为会计选择这一领域。[3]尽管在研究方法、数据来源以及计算能力上有所进步，但我们对这些问题的理解依然十分有限。例如，对于会计选择的目的依然没有一致性的认识。举例来说，那些与股东利益一致的经理可能通过会计选择向市场传递其私有信息，而其他经理则可能会机会主义地使用这些选择权，比如为了自身的薪酬目的。

本文提供了一种分析有关会计选择研究的框架和方法。我们回顾并总结了90年代以来有关会计选择的主要论文，并由此得出有关这一领域研究含义的结论。[4]我们还分析了七八十年代有关会计选择的研究对于知识积累的重要性。我们总结了会计选择研究的重要性和含义，并期望我们的结论可以作为分析和评价相互冲突观点的一个标准。最后提出了有关会计选择未来进一步研究的一些建议。

我们对会计选择文献进行分类的依据是那些使会计变得重要的市场缺陷。具体而言，包括代理成本、信息不对称以及影响非契约方的外部性。[5]这三种类别的含义分别如下：代理成本是和契约相关的因素，例如薪酬契约、债务契约；信息不对称是指管理层（信息优势方）和投资人（信息劣势方）之间的关系；其他外部性是指第三契约方或非契约关系。

这种分类是基于我们认为会计之所以重要的三个原因。第一，在现代公司制企业中，会计可以作为缓解代理成本的一种方式（Jensen and Meckling，1976；Smith and Warner，1979；Watts and Zimmerman，1986）；第二，管理层可以利用会计向市场传递私有信息，并且会计选择在这一交流中是至关重要的；第三，会计规范影响了财务披露的数量和质量，而这在存在外部性的时候有福利以及政策含义。[6]

我们认为这种分类法有助于理解现有的会计文献。之所以如此分类，是因为每一类别中所研究的问题和结论都比较类似，而每个类别之间却有较大差异，这就允许研究者独立地研究每个类别。尽管每种类别之间的区分并不十分严格，但可以帮助研究者在缺乏一个全面理论的时候简化一些复杂的关系。

通过回顾过去的研究，我们认为，从知识进步的角度看，90年代的会计选择研究在七八十年代的基础上进展缓慢。因此，我们基本同意Holthausen and Leftwich（1983）以及 Watts and Zimmerman（1990）的主要观点。

我们认为，90 年代以来进展缓慢的一个原因在于，研究者通常关注于特定会计选择的继续深化，或者假定某一会计选择下的一些更为细小的问题，而很少有研究试图从综合的视角（多个目标）来研究会计选择，这可能是由于这一尝试过于复杂。另外一个原因在于会计研究很难准确地区分什么是内生的、什么是外生的（例如，CEO 离职被认为是外生的，研发基金被作为和 CEO 任期相关的一个量度）。最后，由于缺乏一个理论，研究者通常将他们的研究对象局限在一些很少被使用的会计选择上，而忽略了一些正常的和日常的会计选择。显然，目前非常需要一个全面的理论，来研究在不完美的现实世界里会计的作用。然而对于目前而言，这样一个全面的理论是难以获得的，甚至可以说是不可能得到的。

我们相信，未来的研究可以扩展我们对于会计选择的理解。第一，需要更多的证据来检验那些自利的经理是否通过财务披露影响了其他契约方，即会计选择的经济含义是什么。第二，我们认为需要了解导致会计选择的这三种市场非完美性的成本和收益是什么。我们相信这些成本和收益对于不同的选择、不同的时间和不同的企业都是不一样的。第三，我们建议研究者开发出更好的理论模型和计量技术，以便更好地指导经验研究并将经验研究的结果统一起来。

本文是按如下方式组织的：第 2 部分讨论了存在会计选择的原因；第 3 部分提出了基于会计选择动机的分类标准；第 4 部分基于上述分类提供了已有研究的结论和含义；第 5 部分指出阻碍会计选择研究取得进步的主要障碍；最后一部分是有关未来研究的一些建议。

§2　会计选择的原因

公认会计原则（GAAP）通常要求企业在编制会计报表时进行一些判断。例如，要估计应收账款的坏账、固定资产的折旧以及市场化证券的持有期。

反过来，当存在信息不对称时，就可以通过这些判断传递信息。当决策者（例如，管理层）是无私、客观的时候，这是显而易见的，虽然此时依然有一致性和可比性的要求。会计选择可能有益的另一个原因在于某种会计选择可能比其他选择更符合有效契约观（Watts and Zimmerman，1986；Holthausen and Leftwich，1983；Holthausen，1990）。

然而，不受限制的会计选择可能会增加财务报表使用者的成本，这是因为财务信息的报告者可能会传递一些对自己有利的信息。例如，管理者会在其股票期权到期前向市场传递一些能提高股价的信息；但是另一方面，当公司的股价被低估的时候（相对于管理层的私有信息而言），管理层也会传递同样的信息。然而在实践中，的确很难区分这两种情形，但正因为如此，才使研究会计选择变得如此有趣。

由于相互冲突的动机，契约的参与者往往会限制管理层的选择权（Watts and Zimmerman，1986）。另外，会计监管者最近认为，已有的 GAAP 给予公司过多的会计选择权。美国证券交易委员会（SEC）主席指出，应加强 SEC 对公司巨额冲销以及类似盈余管理行为的审查（Levitt，1998）。因此，监管者必须了解允许选择的好处与坏处，以及最优选择权的决定因素。研究这些非常有趣，例如，为什么 GAAP 在一些事项中给出几种选择（例如，LIFO 和 FIFO；购买法和权益联合法），而在有的事项中却让企业去作判断（例如，收入的确认）。另外，会计判断的理论必须考虑准则制定者的动机和政治因素（Watts and Zimmerman，1979）。

尽管并非所有的会计选择都涉及盈余管理，但盈余管理这一术语的含义却超越了会计选择，为达到某一目标而进行的会计选择，其含义和盈余管理是一致的。

我们采用了 Watts and Zimmerman（1990）有关盈余管理的定义，将其定义为管理层基于他们的判断影响会计数据的行为，而这一行为可能受到制约，也可能没有受到制约，并且其出发点既可能是最大化企业价值，也可能是机会主义的。[7] 理性的管理层在缺乏预期收益的情况下，并不会进行盈余管理，说明他们认为信息市场并非完美的。为了保证盈余管理的成功，必须有一定的因素使得一部分信息使用者不能或者不愿去解读和分析盈余管理的影响，例如，管理层为了薪酬目的的盈余管理行为意味着薪酬委员会至少在一定程度上不能或者不愿去解读盈余管理对公司利润的影响，而这也可能是他们出于成本上的考虑。与此类似的是和政治成本相关的盈余管理，这表明信息使用者（例如，贸易组织或政府代理人）不能完全理解盈余管理的影响。

与此相反，你可以想象一个规则导向的会计系统，在这个系统里不允许任何的判断。例如，对于应收账款一律要求计提 10％的坏账，或者对机器设备一律要求采用 5 年直线法计提折旧，对所有的市场化证券一律当作可供销售的证券处理。实际上，美国的税务会计具备一些类似的特征。虽然美国国内税法的条款严格且冗长，但有关这些条款解释的争论却从未停止过。这种严格的会计系统有一个显而易见的缺陷，即不可能穷尽所有的情形，新的情况总是不停地出现（例如，一些复杂的金融工具、证券化等），这就要求新的会计准则不停地出台。换句话说，存在会计选择的原因在于消除会计选择是不可能或者不现实的。会计选择上的灵活性也会降低管理层通过真实的交易来影响会计数据的行为，而后者的成本可能更高。因此，即使可能并不传递信息，会计选择权也可能是解决代理成本的最优方法。最后，如前所述，一些会计方法可能会传递信息，而如果不允许判断和选择，会计的这一功能就会丧失。

为了评估会计判断权或选择权的含义，我们需要检查相应的成本和收益。然而，正如下面的第 4 部分所述，这些成本和收益是很难度量的。实际上即使不管数量大小，研究者也很难辨别出所有的成本和收益。即使那些市场化的强烈反对者，例如 Easterbrook and Fischel（1991）也意识到，"对于披露的时间和格式施加一个统一的标准会便于对这些信息的比较使用，并有助于建立一套高效的披露语言"（pp. 303-304），尽管他们认为这仅是定性的分析，这是因为"没有人知道最优的标准化程度究竟是多少"（p. 304）。

§3　会计选择的分类

我们对会计选择文献的分类是基于企业理论以及 Modigliani and Miller（1958）（MM）发展出的理论。在完全且完美的市场中，根本不需要会计，更谈不上会计选择。如果会计存在并至少在一定程度上和某些经济决策者相关，这就意味着 MM 有关完美市场的一些条件得不到满足。我们基于 MM 的条件的分类法对会计选择的文献进行分类，即我们将会计选择的动机分为三类：契约动机、资产定价动机和其他相关者影响的动机。这一分类标准和 Watts and Zimmerman（1986）以及 Holthausen and Leftwich（1983）是一致的。[8]

第一种类别是由于代理成本和不完全市场所导致的市场不完备性（否则可以通过状态依存的契约来解决代理成本）。这时，会计选择就可以影响契约安排的一方或多方。通常，这一类别被冠以有效契约观（Watts and Zimmerman，1986；Holthausen and Leftwich，1983）。这种契约安排包括高管薪酬契约、债务契约等，这些契约的功能在于通过调整各方的动机，更好地降低代理成本。然而，依赖于这些契约的结构，事后可能会采取一些会计选择来提高薪酬或者避免违背某些债务契约。在大部分情况下，可以通过会计选择达到一个或几个目标。例如，存货计价的 FIFO、经营租赁而非融资租赁、合并的权益联合法通常会提高利润以及基于会计利润的薪酬。另一方面，LIFO 会降低税金的现值，这是由于税法规定，如果税务报告采用 LIFO，则财务报告也必须采用 LIFO。与此相似的是应税合并中购买价格的分摊问题，税务和财务报告上的处理也必须一致。换句话说，会计选择的目标之间存在着潜在的冲突。

会计选择的第二种类别是由于信息不对称产生的，旨在影响资产价格的行为。这一类别主要关注由于资本市场不能充分地理解信息所导致的问题（例如，由于内部交易法导致的交易限制、卖空机制限制、风险规避、交易的契约限制等）。对于处于信息优势的内部人而言，会计选择就是向信息劣势方传递有关未来现金流的时间、风险和不确定性的有效方式。然而，那些自利的管理层也可以利用会计选择来提高股价、薪酬和声誉。例如，Levitt（1998）认为管理层会通过会计选择达到分析师的盈余预测，从而避免潜在的股价下跌。

第三种类别是对企业已有或潜在所有者之外的其他相关者的影响。例如，国内收入署（IRS）、政府的监管者（例如，公用事业委员会、联邦贸易委员会、司法部）、供应商、竞争者以及工会。即管理层希望通过影响会计数据来影响第三方的决策。

通过对会计选择的这种分类，我们回顾了最近的一些文献，并基于每种类别得出了相关推论。[9]正如引言部分所述，这种分类方法方便了对某一类别文献的单独研究，特别是在缺乏一个完整理论的情况下，简化了我们对复杂关系的分析。

这篇回顾包括了 20 世纪 90 年代以来每种类别的主要文献，但并非所有文献。这里我们仅仅关注三大学刊：*Journal of Accounting and Economics*，*Journal of Accounting Research* 以及 *The Accounting Review*。三大学刊已经提供了一个足够大的样本，帮助我们得出有关会计选择的一般性结论。尽管我们回顾了这些期刊中所有关于会计选择的论文，但我们的目的是得到会计选择主要类别的样本，因此没有必要包括每一类别下的所有论文。

由于篇幅所限，本文仅关注美国的研究而非国际上其他有关会计准则的研究。最近一些有关国际比较的研究表明，不同会计的发展历史、法律结构以及制度影响了会计规则（Ball et al.，2000），而这些论文不在本文的范围之内。我们还排除了管理层对盈余公告以及其他会计数据公告的选择。

尽管本文主要关注会计选择的经验研究，但我们认为，行为、实验以及解析研究等对于理解会计选择的作用也有很大的贡献，因此，本文也包括了这些研究方式。然而，本文是基于经济理性原则之上的，即我们基于市场非完美性，例如交易费用、外部性等，来提供会计选择的重要性的理论依据。由于我们假设决策者是理性的，因此没有回顾建立在非理性基础上的行为研究。

§4 90 年代的会计选择研究

我们采用第 3 部分提出的会计选择的三种动机来构建本文的分析。在简要地回顾已有文献后，我们开始讨论基于契约动机的会计选择（包括薪酬契约和债务契约）；下一节为基于资产定价动机的会计选择；最后一节讨论对除了潜在投资者之外的其他契约方（例如，监管者）的影响的会计选择。

§4.1 已有的文献回顾

本文之所以只回顾了 20 世纪 90 年代到目前为止的文献，是由于已有论文对之前的文献进行了系统的回顾。尽管这些论文并非仅仅针对会计选择，但它们却对会计选择作出了详细的讨论。为了学术上的继承性，我们首先简要介绍这些相关观点，并指出这些回顾并未包括所有的文献。

60 年代末和 70 年代初的大部分会计研究都是假设有效资本市场，从而检验股票回报和会计信息之间的相关性。这一期间主要的研究问题之一就是投资者是否能看穿不同的会计实务，或者那些被称为"粉饰"的会计方法（Lev and Ohlson，1982）。在有效市场假设下，大多数的研究者都假设只要不影响企业的现金流，改变会计方法并不会导致投资者对股票定价的改变（例如，石油和天然气公司的成功法和完全成本法）。尽管早期有关会计方法改变的研究结论和有效市场一致，然而 70 年代末到 80 年代初的研究开始动摇这一假说。经验研究的结果开始和一些其他假说相一致，而这些既没有很强的说服力，也没有被完全拒绝（Lev and Ohlson，1982；Dopuch，1989）。Dopuch（1989）和 Bernard（1989）质疑 80 年代的研究方法在评价投资者能否看穿修饰性的会计方法上是否恰当。

70 年代末，有两点创新提供了研究会计选择的不同方法：一是与管理层会计选择动机相关的研究；二是会计选择对契约安排影响的研究（e. g.，Watts and Zimmerman，1979）。因此在 70 年代末和 80 年代初，检验 Watts and Zimmerman（1978，1979）实证会计理论的文献大量涌现。然而，这些研究的结论依然不能完全令人信服。Bernard（1989）认为 80 年代发表于顶级会计期刊上有关会计变更经济后果的 26 篇论文几乎没有提供任何有关股价反应的证据。这些研究大多关注由于债务契约、激励薪酬以及政治成本引起的股价反应。Bernard 认为强制性的会计规则变化对股价的变化影响很小甚至没有，而对任意的会计选择也是如此。

Holthausen and Leftwich（1983）（HL）在回顾了 14 篇有关强制性和自愿性会计方法变更的文献后认为，在所有解释企业会计变更的变量中，只有规模和负债率是显著的。HL 认为这些经验研究的不足在于因变量和自变量的设定以及检验的功效较低。HL 预期会计变更的经济后果可能非常小，以至于已有的研究方法很难发现它，这一点和 Bernard（1989）是一致的。

Watts and Zimmerman（1990）回顾了 80 年代的实证会计研究，并指出实证会计研究的缺陷在于不能解释"事前会计选择范围的形成和事后在此范围内的会计方法选择"（p. 137）。同样，他们批评大多数研究者在研究中往往仅关注一项会计方法选择，而管理层却更关注若干种会计方法对最终会计数据的影响（see Zmijewski and Hagerman，1981，这篇文章是早期在研究设计中考虑多种会计选择的一个尝试）。他们详细说明了当时研究中主要的经验问题，正如我们下面将要讨论的，并强调了在检验理论时将经济效率假说和管理层的机会主义假说一起予以考虑的重要性。

这些回顾性文献已经非常精彩，不仅因为综述了已有的文献，而且提出了一些批评和对未来研究的建议。然而，作为对后来文献的预览，我们认为 90 年代以来的研究在解决会计选择的研究问题上进展很小。

§4.2 契约动机

许多缓解内部人（所有者—管理层）和外部人（债权人—股东以及现有股东—潜在股东）之间代理冲突的契约安排至少在一定程度上依赖于会计数据。例如，管理层的薪酬契约（Healy，1985）和债务契约（e. g.，Smith and Warner，1979）通常都是基于财务报表中的会计数据。实证会计理论（Watts and Zimmerman，1978，1986）为很多研究提供了支持，这些研究都是检验契约是否为管理层通过选择会计方法达到特定目标提供了激励，研究的结论也是肯定的：管理层的确通过会计选择提高他们的薪酬并降低违背债务契约的概率。在本节，我们分三项给出一些管理层动机与其会计选择相一致的证据。在第 5 部分，我们将说明由这些证据得出的结论可能由于某些原因被夸大了。

§4.2.1 内部的代理冲突——管理层薪酬

背景。在有关会计选择的经验研究中，管理层薪酬契约（通常是红利计划）对会计选择的影响是探讨最多的一个领域。管理层的薪酬通常由基本薪酬和激励薪酬两部分构成。短期的红利契约通常会使用会计数据，例如净利润、ROA 和 ROE，而长期激励契约则通常与股价相关联。管理层薪酬的这种结构就导致了会计选择研究是一个非常有趣的问题。一个相关的问题就是为什么红利计划允许管理层选择会计方法。Dye and Verrecchia（1995）认为一个更灵活的报告系统可以使管理层传递出更多有关企业真实业绩的信息。Evans and Sridhar（1996）给出了一个更为实际的原因：在他们的模型中，委托人要消除代理人所有会计灵活性的成本过高，因此，一些灵活性以及由此带来的虚高的薪酬是一种成本较低的折中。最后，如果代理人能够通过会计方法和真实的交易来影响他们的薪酬，那么对于委托人而言，通过会计选择对其福利的损失更小一些。

薪酬契约中存在会计选择的另外一个理由就是有效契约。有效契约表明，尽管会计选择权使得管理层可以提高薪酬，但另一方面也使得管理层的利益和股东的利益更加一致（Watts and Zimmerman，1986）。例如，更高的会计盈余虽然导致了更高的薪酬，但也使得公司更不容易违背债务契约，从而提高了公司价值。然而，如果交易各方都有理性预期，管理层也很难通过会计方法选择提高薪酬，这是因为代理人在制定契约的时候就已经将管理层可能的操纵放到了薪酬计划中。例如，委托人可以减少代理人薪酬计划中的底薪，这样一方面可以抵消财务灵活性导致的报酬虚高，另一方面又不降低代理人的激励。但是，从经验研究上看，关于这种调整是否有效的证据很少。[10] 这些假说虽然都有坚实的经济理论支持，但从经验研究的角度却很难被检验，这是因为很难度量一些关键的变量。

有关管理层机会主义的证据。总的来说，研究者认为他们提供的证据表明，管理层的确利用薪酬契约给予他们在财务上的灵活性进行盈余管理，并提高自己的薪酬。从 Healy（1985）的论文开始，大部分研究表明，管理层通过影响当期的可操纵应计来使当期以及下期的薪酬最大化。当管理层本期的红利处于底薪和封顶薪水之间的时候，他们会通过会计选择来提高盈余；当他们的红利处于高于封顶或远低于底薪的时候，管理层会将本期的利润转移到未来，以使未来多期的薪酬最大化。尽管存在研究方法上的缺陷，Healy 的这种底薪和封顶的研究模型成为以后研究的一个范式。这种研究的缺陷主要包括：一是将总应计作为可操纵应计；二是样本选择偏差。Guidry et al.（1999）使用同一家公司内不同分部的数据找到了支持 Healy 红利计划假说的证据。他们的研究的一个优势在于，内部经理的行为较少受外部代理冲突以及股票激励的影响。

另一方面，Gaver et al.（1995）却找到了与 Healy 不一致的证据，他们发现当不可操纵盈余（盈余减去可操纵应计）在底薪之下的时候，管理层通过可操纵应计提高盈余；反之亦然。他们由此认为盈余平滑假说更好地解释了这些证据。

Holthausen et al.（1995）仅仅在封顶薪酬上找到了支持 Healy 的证据。他们没有发现管理层在其薪水低于底薪时操纵会计盈余，并给出对此的一些解释。Holthausen et al. 认为 Healy 的研究方法可能是导致其结论的主要原因。主要包括：（1）Healy 主要研究的红利计划（底薪、封顶和它们之间）是他们计算得出的，而 Holthausen et al. 却使用了真实的数据；（2）Healy 使用总的应计作为可操纵应计，而 Holthausen et al. 却使用了 Jones（1991）模型来估计可操纵应计；（3）Healy 的样本期选择的是 1930—1980 年，而 Holthausen 认为红利计划在 70 年代和 80 年代有较大的变化。正是由于上述原因，Holthausen et al. 认为 Healy 研究设计的这些特征可以解释他们之间结果的差异。

Gaver and Gaver（1998）的研究则更关注 CEO 的现金薪酬。他们发现薪酬函数是非对称的：只要盈余是正的，那么现金薪酬就和线上的盈余正相关；但当线上项目是亏损的时候，现金薪酬就不受会计的影响了。对于非经常性项目，他们也找到了类似的证据，并由此修正了 Healy 最初的证据。他们认为，管理层对于何时确认收益和损失有着很强的动机。然而在下面的第 5 部分中，我们将指出这些研究中使用的应计计量模型功效都不高。因此，上面这些所谓的可操纵应计可能都是正常的。然而，激励契约的目的就是为了缓解委托人和代理人之间利益的冲突，那么对于大部分的研究而言就会产生一个推断问题，即研究者通常假定管理层会机会主义地使用会计选择权来最大化他们的薪酬而非委托人的利益。然而如果激励契约是为了缓解股东和管理人员之间的利益冲突，则管理人员的行为也是为了最大化股东的利益。

Ittner et al.（1997）通过研究建立在非财务指标上的 CEO 薪酬契约，扩展了 Healy 的研究。他们发现，当财务指标的噪音越大的时候，薪酬契约就越依赖于非财务指标，而造成财务指标噪音过多的原因可能是管制、公司创新或公司战略。Chen and Lee（1995）发现，对石油和天然气资产作减值处理与转向成功法之间的选择与减值前的会计利润水平相关，并且这两类公司的管理层红利与会计利润相关。那些在减值前为亏损的公司一般会计提减值，这和 Healy（1985）有关 CEO 底薪的假说相符。但是这两位作者并没有检验其他的竞争性假说，例如，管理层的行为也许仅仅是众所周知的"洗大澡"行为。即当公司在某一时期的利润低于预期或者为负的时候，公司的经理就会尽可能多地降低该期的利润，以使未来的经营绩效更容易被提升（Elliott and Shaw，1988；Strong and Meyer，1987）。而且有证据表明，投资者对此有正面的反应（Elliott and Shaw，1988；Francis et al.，1996）。由于没有控制这些竞争性假说，就引出了更多有关经济后果的研究。

最后，为了检验有关红利计划的有效契约假说，Clinch and Magliolo（1993）（CM）以银行持股的公司为样本，检验不对现金流产生影响的会计方法是否会对管理层薪酬产生影响。CM将利润分为三部分（营业利润、没有现金影响的可操纵的非营业利润和有现金影响的可操纵的非营业利润）。他们发现，没有证据表明对现金流没有影响的可操纵非营业利润会对薪酬产生影响。他们还发现，对于与薪酬之间的正相关程度，营业利润和有现金影响的可操纵部分没有差异，这意味着持续性的盈余和暂时性的盈余都是一样的。然而CM的研究中也存在一些问题。第一，由于样本小以及不精确的变量定义导致了检验的功效较低；第二，作者假设了管理层影响利润的行为是出于盈余管理的，但实际上还有可能是其他原因造成的；第三，CM不能排除管理层的行为是最优的经济决策（比如，卖掉信用卡或者总部的大楼可能是最大化企业的价值而非为了管理层的薪酬）；第四，他们也不能排除管理层的行为可能是出于税收或监管方面的考虑。

有多项研究表明，在CEO变更当年，管理层有明显的动机降低会计盈余并提高未来的盈余（Strong and Meyer，1987；Elliott and Shaw，1988；Pourciau，1993；Francis et al.，1996），这么做是为了提高CEO的声誉。与此类似，Dechow and Sloan（1991）发现CEO在其任期的最后一年有动机减少研发支出，这是由于薪酬契约导致的短视行为（尽管高管股权会降低这种行为）。他们由此得出结论认为，基于会计的薪酬计划会导致经理采取一些提高薪酬的行为，而这又会降低股东的福利。

内生性问题。Murphy and Zimmerman（1993）认为，Dechow and Sloan（1991）的研究存在内生性问题。他们发现，CEO变更和研发费用、广告费用、资本支出相关，并非由于CEO的操纵，而是由于发生CEO变更的公司经营都较差。因此，CEO离职和研发费、广告费以及资本支出的减少并非独立事件。Murphy and Zimmerman认为，对于将离职和将任职的CEO而言，他们一些灵活性的权力受到了很多制约，特别是当公司业绩差而离职时。这就意味着业绩差一方面导致了CEO离职，另一方面也导致了研发投入的降低。

Lewellen et al.（1996）发现，当企业披露自身的股价表现以及与此相比较的基准（例如，行业指数、综合指数等。——译者注）时，公司的管理层会选择那些能使公司表现看上去更好的基准。但是作者并没有给出这样的行为对股价、管理层薪酬以及CEO声誉影响的证据。作者最大的问题在于没有控制竞争性假说。可以这么说，作者讲了一个很好的故事，同时也构造了一个检验，但是却没有控制任何竞争性假说。

Dechow et al.（1996）研究了那些游说反对股票薪酬征求意见稿的公司，并推断他们游说的动机。他们发现，没有证据表明公司规模、违背债务契约以及是否准备融资（因为担心这样会导致融资成本的提高）与反对这一征求意见稿相关。由此他们得出结论，认为是否反对股票薪酬与薪酬契约相关。但是他们并没有检验其他事件、公司特征、管理层其他激励因素的影响。

尽管薪酬激励计划的目的是使管理层与所有者之间的目标更加一致，但是如果红利计划设计得不好，反而会导致经理作出损害公司价值的行为。Klassen（1997）发现在资产剥离的公司中，管理层出于薪酬上的考虑，会提高财务报告的利润，但这同时也提高了应税所得。实际上，看上去可能是为了获得高盈余而付出了较高的税金，也可能是由于不同的资产剥离会计处理方法造成的。正是由于这些内生性，可能导致了不正确的推断。

上面列举的证据表明，红利计划不仅为管理层的行为提供了动机，也对股东的财富造成了负面的影响。但是，得出这些推论要非常小心，主要由于如下原因。第一，契约本身是内生的，因此管理层这些明显的自利行为应该可以预期，并在薪酬契约中予以考虑。第二，还存在其他的因素和环节对管理层这些机会主义行为进行检查和制约。例如，薪酬委员会可以对红利进行调整。第三，检验可操纵应计的模型还不是非常有效，无法精确地区分盈余管理和真实的绩效（将在第 5 部分讨论）。第四，上述论文都将研究的事件作为外生的。例如，Dechow and Sloan（1991）是在给定的 CEO 变更的环境下（外生的），来研究研发支出。Klassen（1997）也是将其他资产剥离方法的收益当作给定的，然而此时的因果关系可能正好相反，这一点 Murphy and Zimmerman（1993）已经指出。第五，一般仅仅研究了现金红利，而其他部分（例如，股票薪酬）则被忽略了。第六，研究中往往假设管理层要最大化当期的薪金，但实际上管理层的动机是多元的，因此，薪酬契约的很多其他方面被排除在分析之外。最后，现有的研究一般不检验竞争性假说，正如上面所分析的，管理层的一些所谓最大化自己薪金的行为有时也可以由最大化企业价值来解释。正是由于这些原因，我们对这些研究得出的结论保持怀疑。

管理层的机会主义假说和最大化企业价值假说。Christie and Zimmerman（1994）为了检验管理层的机会主义假说和最大化企业价值假说，采用了一种与众不同的方法。他们以兼并中的被并企业作为研究样本，认为这些企业的管理人员由于效率较低而导致了企业被兼并的命运。作者发现，与同行业公司相比，被并企业在兼并的 11 年前就已经开始采用提高利润的会计方法。然而，作者也发现，管理层在会计选择上的机会主义行为比最大化企业价值的行为要少一些，并由此认为对于被并企业而言，最大化企业价值是影响会计选择最重要的因素。由于他们选择的样本是最有可能发生机会主义行为的样本，对于这类公司都是如此；他们进一步认为，如果是随机选样的话，最大化价值假说会更占上风。这一推论至少对他们研究的几种会计选择是成立的：折旧、投资税优惠以及存货计价。然而依然有竞争性假说可以解释上述发现。首先，同行业的其他公司也有机会主义的动机，而用这类公司作为控制公司则会产生偏差；其次，也是更为重要的原因，他们的结论可能源于样本选择偏差：那些股价被低估的公司会向投资者传递股价被低估的信息，而那些没有成功做到这一点的公司就成为被兼并企业。因此，那些看上去像是机会主义的选择方法可能实际上正相反。

总结。已有文献的研究表明，公司的管理层利用会计上的灵活性来实现自身薪酬最大化。然而，这些研究并没有清楚地表明公司经理的这些行为是否导致了更高的薪水，或者是否对公司其他目标产生了影响。例如，这些文献都没有提供相关证据表明管理层的会计灵活性是否导致了股东的损失，或者是缓解股东和管理人员之间代理冲突的有效工具。因此，目前需要更多有关会计选择对薪酬和其他目标之间权衡的研究。

§4.2.2 外部代理冲突：债务契约

债务契约是另外一个被广泛研究的使用会计信息的契约。与前面的薪酬契约一样，一个有关债务契约的有趣问题就是为什么债务条款会依赖于会计数据以及为什么这些契约会允许公司在会计方法上存在选择权。总的来说，这种"浮动的 GAAP"（floating GAAP）之所以存在，是因为监督成本更低（例如，法律成本），以及设计出"固定的 GAAP" （frozen GAAP）的成本过高。[11]浮动 GAAP 的另一个好处是，它对公司行为的限制更少，特别是投资决策（see，for example，Smith and Warner，1979；Holthausen and Leftwich，1983；Watts and Zimmerman，1986）。但是对于后面这个推论，我们没有发现直接的检验研究。

研究者通常采用两种方法来研究债务契约对会计方法选择的影响。第一，研究者假设管理层选择或变更会计方法以避免违反债务契约，这是已被广泛接受的"债务契约假设"。这类研究又可以分为两类：第一类解释公司在接近债务契约时的会计选择；第二类通过研究强制性会计变更宣告前后的股价反应或者公司在此前的游说行为，来检验强制性会计变更对哪些企业有负面影响。后一类研究在 20 世纪 80 年代被放弃了。

80 年代，大多数检验债务契约假设的研究都使用一些非常粗糙的代理变量，比如使用负债率代表违反债务契约的可能性。Lys（1984）认为，由于负债率是内生的，因此除非能够控制标的资产的风险，否则它很难代表违约风险。然而另一方面，Duke and Hunt（1990）却发现负债权益比是一个较好的代理变量：它与债务契约中约定的留存收益、有形资产净值、营运资本等相关，但与其他债务契约条款无关。90 年代的研究者开始研究那些真正违反债务契约的公司，以选择出更好的代理变量。

Healy and Palepu（1990）研究了经理人员是否通过会计选择来避免债务契约中对股利的限制。他们以可供分红的基金数量代表违背债务契约限制的可能性。他们发现，与控制样本相比，研究样本并没有表现出更强的会计变更；相反，他们发现这类公司往往会减少甚至停止发放股利。这就产生了一个问题，即是否只有当成本更低的时候，公司才会采用会计变更。

Sweeney（1994）发现，接近违反债务契约的公司（通常是对营运资本的限制）通常采用提高公司利润的会计变更。她以最终违背了债务契约的公司和相应的控制公司为样本，并发现与控制公司相比，违约公司在之前采用提高公司利润的方法的比重更高，而且这些公司还采用了提高公司现金流的方法（例如，与 LIFO 相关的方法以及与退休金相关的方法）。然而尽管如此，也仅有 40％的公司在违约前变更会计方法，而且截面证据在统计上并不显著。Sweeney 有关税负（现金流出）对会计选择影响的证据也模棱两可。3 家公司通过会计方法提高了税金，而 4 家公司出于税负的考虑没有将存货计价方法转变为 FIFO。Sweeney 研究的主要贡献在于采用了真实的变量而非代理变量。然而她的研究结论比较含混，而且从她的论文中也很难得出精确的推断。最后，正如她自己所说，论文的结果还受到了样本选择偏差的影响。

DeAngelo et al.（1994）研究了真实违背债务契约对会计选择的影响。他们选择了 76 家由于财务危机而降低股利的公司作为样本，其中 29 家公司这么做的原因在于债务契约上的限制，他们认为这类公司与其他公司相比有更强的动机通过会计选择提高利润。但是从实证角度，他们没有找到上述两类公司在会计选择上差异的证据。由此他们得出结论，认为会计选择反映的是公司的财务危机，而非为了避免债务契约。和 Sweeney（1994）一样，他们也存在着样本选择偏差，而且检验的结果同样是模棱两可的。作者也注意到，在出现债务危机时，公司往往会和债权人对债务条款进行谈判，所以就很难找到会计操纵和债务契约之间存在关系的证据。

DeFond and Jiambalvo（1994）通过研究违背债务契约的公司，发现和债务契约假设一致的证据，即这些公司在接近债务条款时，的确会通过会计方法提高公司的利润。他们发现，公司是通过操纵会计应计而非变更会计方法来实现这一点的，并推测之所以如此，是因为会计方法变更的成本更高。他们发现，在违背债务契约的当年以及前一年，公司总的可操纵应计以及可操纵的流动性应计都异常高，这就和债务契约假设相一致。尽管他们的结论对可操纵应计的不同度量方法都是稳健的，但还是存在度量误差的问题。而且他们的研究也同样存在样本选择偏差问题：那些成功操纵应计避免违背债务契约的公司没有包括在作者的样本中，这样会导致严重的研究设计问题。

除了研究违背契约的公司外，Haw et al.（1991）研究了有真实经济影响的会计选择：公司何时支付积储过度的养老金的固定缴款计划，以提高公司的当期收益。作者发现公司在决定支付的时间上有两点考虑：第一是抵消其他因素导致的利润下滑（他们相信这和薪酬计划相关）；第二，缓解债务契约的限制。他们估计了研究样本和控制样本接近违反债务契约的程度，并发现研究样本更为接近。然而他们并没有估计这种支付对债务契约的影响，或者是否有影响（例如，有关流动资本条款并没有受影响）。除此之外，他们的结果也被过度诠释了，结果和企业努力管理债务契约相一致，但这并不是作者所声称的支付原因。和上述研究相反，Chase and Coffman（1994）的证据表明，大学和其他学校的投资会计并没有受到负债的影响。

Chung et al.（1993）研究了债务契约对 GAAP 和非 GAAP 方法的使用。他们以小型石油天然气公司为样本，发现债权人往往依赖于（非 GAAP）储备确认会计而非账面历史成本价值。Malmquist（1990）也以石油天然气公司为样本，但采用了不同的视角，研究公司采用成功法还是完全成本法是基于有效契约的考虑还是由于机会主义的原因。他们结果的有效性尽管受到薪酬契约内生性以及负债权益比作为债务契约的代理变量这两个因素的影响，不过 Malmquist 认为他的结果支持了有效契约假说而否定了机会主义假说。当然，契约的有效性的量度或者企业价值的最大化实际上是不可行的。有效契约观成了默认的竞争性假说。即作者没有找到机会主义的证据，就认为是有效契约导致了这一结果。

最后，Francis（1990）分析了违背债务契约的成本和遵守债务契约的成本之间的权衡，并发现经理一般采用使成本最小化的方法。其他有关债务契约对会计选择影响的研究没有考虑到这种权衡。换句话说，大多数的经验研究假设较高的负债率和特定会计方法之间的关联性是由于债务契约导致的。Francis 认为这种推断过于简化，并且可能是不正确的。

综上所述，目前有关债务契约是否影响了公司的会计选择的研究还无法得出结论。上述有关支持债务契约假设的证据也可以由其他竞争性假说解释。然而，20 世纪 90 年代的研究也取得了一定的进步，主要表现在如下两点：（1）对于代理变量而言，从过去的资产负债率转变为现在研究违背的债务条款；（2）从过去单一的债务契约假设到目前的有效契约假设等多个假设。因此，尽管目前我们无法得出债务契约对会计选择影响的结论，但是已有的证据已充分表明会计选择与违反债务契约之间有很强的关联性。

§4.3 资产定价动机

另外一类有关会计选择的文献主要研究会计数据和股票价格或股票回报之间的关系，旨在检验会计选择是否影响到了权益定价或资本成本。管理层影响股价的会计方法有多种形式：管理层可能最大化某期的会计盈余、平滑多期的盈余、避免亏损或盈余下滑。尽管会计盈余对股价影响的机理并不非常直接，但是这类研究还是以 Ball and Brown（1968）的研究为基础展开。这类研究中还有很大一部分是通过检验没有现金流量影响的会计方法变更是否会引起股价的变化，从而检验资本市场的效率。实证的结果却和有效资本市场的理论预期不一致，其主要原因如下：（1）投资者的非理性，例如，投资者往往对盈余的变化进行机械反应；（2）管理层的信号作用，即管理层通过会计选择传递私有信息，从而影响理性投资者的选择；（3）契约的动机，管理层为了避免违反债务契约，而最大化公司价值。正是由于这些竞争性假说使拒绝有效市场理论非常困难。即使对于像 LIFO/FIFO 这样有现金流影响的会计方法变更，如果市场对此变化有所反应，也不能认为市场有效率，因为这也可能是由于其他原因造成的，例如，可能是为了避免违背债务契约。正因为如此，导致从已有的证据中得出有力的推断很难。

另外一些研究关注特定情形下盈余管理对股价的影响，在这种情况下，动机往往是非常明确的，而非仅仅类似盈余平滑、盈余最大化或者避免亏损等一些非常含混的动机。Perry and Williams（1994）研究了管理层在其 MBO 宣告前的会计选择，发现了与 DeAngelo（1986）不一致的证据。他们发现管理层为了降低股价，会在 MBO 前通过操纵可操纵应计降低会计盈余。作者将他们和 DeAngelo 的不同归结为不同的样本构成。但是这两个研究都没有检验盈余管理对进行 MBO 时支付价格的影响，也没有考虑到管理层的其他动机，例如通过提高盈余从而提高债务融资数量。而且这两篇论文也没有考虑到是财务处境而非 MBO 导致了利润操纵。

Erickson and Wang（1999）研究了通过发行股票进行兼并的公司。他们假设出价方会通过可操纵应计提高会计盈余，这么做的目的在于提高自己公司的股价从而降低为兼并而发行股票的数量。他们找到了和预期一致的证据：他们发现，那些换股合并的出价方会通过异常应计提高盈余，而通过其他方式合并的出价方并没有类似的行为。然而他们的研究设计不能检验这种盈余管理行为是否成功，因此其结论也同样没有很强的说服力。

Erickson and Wang 还是使用公平意见作为盈余管理的理论基础，但是构成公平意见中公正价格的范围压制了股价和盈余之间的相关性。即投行提供了公正价格的范围，这一范围可以围绕中点加减 25%～50%。范围的大小包含了股价中的任何波动，否则可以当作盈余管理。和 Perry and Williams（1994）以及其他研究会计选择经济后果的论文相似，在他们所研究的情形中，管理层是否存在机会主义也是模棱两可的，然而他们并没有检验其他竞争性假说。那些经历 MBO 或者权益融资兼并的公司本身就是一个自我选择过程，而目前对这些公司的特征所知甚少。因此对这些论文结论的解释应格外小心。

和 SEC 主席 Arthur Levitt（1998）的观点一致，Kasznik（1999）发现那些给出盈余预测的管理层会通过操纵盈余达到他们的预测。他发现那些高估盈余的公司有正的可操纵应计，管理层正是通过会计选择来避免由于未达到预测盈余而导致的股价下跌。然而，他的发现也可以由薪酬计划假说或者债务契约假说解释。

§4.3.1　披露政策

较之前的会计选择文献而言，Botosan（1997）的研究是比较有新意的，她研究了披露水平对资本成本的影响。她构造了一个反映披露水平的指数，并发现对于那些较少有分析师跟踪的公司，披露水平和资本成本负相关（控制了贝塔和公司规模）。Botosan 将她的研究结果解释为公司披露和其他渠道的信息之间的一种权衡。Botosan 也注意到，由于仅仅选择了一个行业和一个时期的公司，她的结论很难一般化。更大的问题还在于资本成本和披露水平的估计误差。

在另一个研究披露的论文中，Sengupta（1998）找到了和 Botosan 一致的证据。他采用投资管理与研究协会（AIMR）的披露指数，研究披露对债务成本的影响。尽管他们的研究都具有创新性，但是都没有考虑到披露成本，因为如果较高的披露水平导致了较低的资本成本，那么所有的公司都将采用高的披露水平。对此疑问最直接的回答是公司的行为也受到第三方的影响（比如，披露对竞争对手以及监管者的影响），因此，目前还需要一些研究分析这些动机。

在 1978 年的 SFAS 14 以前，由于公司经常抱怨向资本市场报告公司价值的好处已经无法弥补由于竞争对手得到这些信息所导致的劣势，分部报告的披露程度就成了监管者非常关注的议题。Hayes and Lundholm（1996）的模型表明，由于资本市场和竞争对手都能得到分部信息，所以当所有的分部比较类似的时候，这种披露能最大化公司的价值，这是因为此时竞争对手得到的信息较少。Harris（1998）对这一假说进行了检验，并得到了和理论一致的证据，即在竞争性较弱的行业，行业分部信息提供得较少。她认为这是由于详细的分部报告会引起竞争对手的注意，从而危害到其在竞争不强的行业中的利润。Bal-akrishnan et al.（1990）发现，对于那些有大量国外业务的公司而言，区域分部报告提高了年报中盈余和销售收入的预测能力。在一个相关的研究中，Boatsman et al.（1993）认为，尽管区域分部报告在股票定价中被使用，但是它和股价之间的关系高度依赖于其他因素，这就导致很难找到有说服力的证据表明对股价的影响。

由于分析师经常批评分部报告的质量和数量以及 SFAS 14 没有被严格执行（AICPA，1994；AIMR，1993），1997 年 FASB 出台了一个新的分部报告准则 SFAS 131，要求分部报告和企业的内部报告相一致。我们知道，到目前为止，还没有论文研究新准则对管理者的灵活性或分部报告的披露质量的影响。

在少数几篇研究环境负债披露的论文中，Barth and McNichols（1994）发现，披露环境负债可以提高企业资产和负债对权益价值的解释力。进一步，作者认为之所以如此，是因为投资者或许认为环境负债的数额比公司报告得要高。但是这一结果也可以有其他的竞争性假说解释，而且研究设计存在着模型设定问题，[12] 因此很难得出有说服力的推论。尽管如此，由于环境负债的规模和重要性，导致需要更多研究来加强这些早期研究的结论。

Frost and Kinney（1996）比较了国外公司和美国公司之间披露的差异。他们发现，尽管国外的公司披露较少（更少的期间报告），但是盈余和股价之间的相关程度却没有差异。他们由此认为，国外公司之所以披露少是因为披露的收益难以弥补披露成本。他们的研究整体上是描述性的，并且有很多竞争性假说没有被控制，包括自我选择偏差以及财务信息的其他来源等。此外，也没有研究披露和资本成本之间的关系。

总的来说，披露水平是否影响到了资本成本的证据非常含混。已有的证据不能表明资本成本的降低是披露提高的结果。因此，需要更多研究来帮助我们理解提高披露的收益和成本。

§4.3.2　盈余管理

另外一类研究是检验管理层是否相信财务报告的使用者会误将报告利润当做真实的经济利润。Gaver et al.（1995）发现，当操纵前的利润低于经理的底薪（红利计划）时，经理会通过会计应计提高利润，这和 Healy（1985）的红利计划假说相反，作者对此的解释是盈余平滑假说。DeFond and Park（1997）发现，当本期的盈余很低而未来的盈余较高时，公司的经理为了保住自己的职位，会采用可操纵应计提前确认盈余（反之亦然）。作者也承认他们的结果有赖于预期盈余和可操纵应计的估计精度，而且他们的结果也受到样本选择偏误的影响。

Burgstahler and Dichev（1997）发现，公司经理通过盈余管理来避免盈余的下滑和亏损。他们采用了交易费用理论而非有效契约理论或机会主义理论来解释他们的发现。即他们认为较之盈余低的公司，盈余高的公司和股东之间的交易成本更低（Bowen et al.（1995）详细地讨论了这一点），并且投资者在处理报告盈余的信息时并非完全理性，而是按照前景理论行动。

上述研究都提供了公司通过会计选择进行盈余管理的证据，但是没有研究表明股价是否对这些选择有反应。换句话说，这些研究都没有表明这些会计选择是否有经济含义。另一方面，Barth et al.（1999）发现在控制了风险和成长之后，相对盈余降低的公司，那些盈余一直在提高的公司其股价—盈余比值更高。这一证据就表明了盈余管理的来源。但是Barth et al. 并没有直接检验盈余管理，也没有检验盈余的这一特征是否为盈余管理的结果。Davis（1990）在重复和扩展了 Hong et al.（1978）有关联合法和购买法的研究后，发现那些采用购买法的公司，在兼并宣告前到兼并完成这一期间内可以获得正的超常回报，而采用联合法的公司仅能获得正常的回报。这一结果和 Hong et al. 是一致的。

§4.3.3 市场有效性

20 世纪 70 年代有关市场效率的检验发现了很多支持有效市场假说的证据。在八九十年代，研究者通常假设有效市场，而对于那些和有效市场理论冲突的证据，则采用其他的解释（例如 Watts and Zimmerman 的有效契约理论，1986）。到了 90 年代，越来越多的证据不支持有效市场假说，并认为投资者也并非完全理性，并从行为金融学研究中寻求支持（e. g.，Lakonishok et al.，1994）。

最近建立在有效市场假说基础上的研究包括 Beaver and Engel（1996）。他们发现，投资者能够将贷款损失坏账（银行业）分解为不可操纵的部分（定价为负）和可操纵的部分（定价为正）。他们认为公司的会计行为影响了资本市场。在这个研究中，贷款损失中的可操纵部分和特定时期贷款损失的估计与判断相关。作者估计了贷款损失的不可操纵部分和可操纵部分，并发现这两部分的定价是有差异的。他们也承认该研究对盈余管理的动机贡献不大，而且他们的研究有赖于贷款损失的估计以及定价模型的设定。

Subramanyam（1996）发现，平均而言，市场对可操纵应计也有定价，这是因为管理层通过盈余平滑提高了盈余的持续性和预测能力，或传递了私有信息。但是他也提到，他在估计可操纵应计的时候可能存在偏差，或者市场非有效等其他竞争性假说也会造成同样的现象。

Hand et al.（1990）通过研究实质性赎回提供了支持有效市场的证据。他们发现，平均而言，股价（债券）的反应是负的（正的），这和实质性赎回的预期相一致。然而，债券价格对赎回所造成的风险降低有正面反应，但却比预期要弱。股价有负面反应，是因为赎回有关于未来现金流的信息含量。因为企业通过赎回粉饰盈余，或者是为了避免违背债务契约，或者是为了使用多余的现金，这些原因都导致了投资者对股价的负向修正。

Hand et al. 认为他们的结果也和其他竞争性假说一致。

总的来说，尽管上述论文仅仅是会计和相关学科市场效率研究中的一部分，但是这些论文和其他论文一样，既不能表明市场有效，也不能表明市场无效。之所以如此，是因为大多数研究需要更好地描述回报的产生过程以及所研究的事件。因此，从目前这些研究很难得出会计选择对资产定价含义的推断。

§4.4 受第三方影响的动机

最后一种影响会计选择的动机是第三方的影响。有时候，第三方使用会计信息或者和会计相关的信息。此时，由于公司的披露政策会对第三方产生影响，就导致了公司有动机进行会计选择。最常见的假说是，公司通过会计方法降低税负，或者避免潜在的监管，这也是我们通常所讲的政治成本。本小节我们按顺序讨论对这两类动机的研究。

§4.4.1 税金

有关税金的会计选择文献检验公司是否通过会计选择来最小化税金的现值。一般而言，有关公司最小化税金的证据并不让人吃惊，而不满足这一假说的证据可能意味着有其他的考虑。

这类论文反映了所有会计选择研究要面临的问题。即我们从最直接的选择开始，例如在物价上升时，LIFO 可以降低税金的现值，从而那些最大化公司价值的经理可能就会选择它。然而当出现相互冲突的目标时，经理可能并不选择 LIFO。有很多文献讨论了当涉及税金时公司经理的会计选择。

一类有关税金的会计选择研究是从税率变化展开的。例如，Dhaliwal and Wang（1992）发现，受到税率变化影响的那些公司会改变各个期间永久性和暂时性差异，以最小化替代性最低税（alternative minimum tax，AMT）的影响。Boynton et al.（1992）检验公司是否通过操纵应计来降低 AMT 的影响。他们发现对 AMT 的反应受公司规模的影响，只有小公司才操纵应计。但是他们的研究比起 Dhaliwal and Wang 的研究而言更不具说服力，因为他们使用了估计的可操纵应计（而不是影响账面税收差异的可操纵应计）以及过小的样本量。

Guenther（1994）研究了由于《1986 年税收改革法案》造成的税率降低对公司操纵流动性任意（应税的）财务报告应计的影响。这些公司无论财务报告还是税务报告都采用了应计制。他发现公司通过流动性应计，把利润从税率高的期间转移到税率低的期间。

另外一类有关税金对会计选择影响的研究是检验税率变化对跨国公司（MNCs）会计选择的影响。美国《1986 年税收改革法案》导致跨国公司将利润转移到美国，因为这类公司在转移利润的时候非常便利（Harris，1993；Klassen et al.，1993）。特别是那些面临的税率比美国高的 MNCs，更有动力去提高利润（Collins et al.，1998）。然而，也有可能是这些公司本身的盈利能力就强。而 Klassen et al. 的研究不能够解释为什么 MNCs 在《1986 年税收改革法案》后反而将利润从美国转移出去。因此，Klassen 的解释依赖于1986 年以后利润转移的其他成本在上升。

Jacob（1996）扩展了 Harris（1993）的分析，研究了跨国公司通过操纵内部转移价格的方式实现利润转移的行为，并发现这种方式是转移利润的有效方法。

上述研究讨论的都是基于税率的改变，并考虑到更为广泛的会计选择。但是这些研究仅仅考虑了税收的动机，而对其他的动机并没有进行分析。这就导致了这些研究都缺乏一些潜在的解释，使得我们很难理解那些并没有最小化当前税负的行为。特别是对那些会计处理和税法处理可以不一致的公司而言，如果它们不最小化税负，就会更加令人迷惑。

第二类有关税对会计选择影响的研究是以会计选择作为出发点。这类研究大多关注LIFO 和 FIFO 之间的选择，这是因为税法要求采用 LIFO 报税的公司，其财务会计也要采用 LIFO。90 年代以前的研究比较模棱两可，且没有一致的结论。考虑到 LIFO 可以节约税金，但是研究并没有发现股价对采用 LIFO 的公告有一致的正向反应（假设税金减少以及相关现金流），而股价对首次盈余公告也没有一致的负向或为零的反应。Tse（1990）的研究是 70 年代以来有关 FIFO/LIFO 研究结果不一致的代表。Tse 分析了股价对 LIFO 存货清算（LIFO liquidation，这里的假设是存货清算是管理层计划好的）的反应，并发现没有一致的结果。但是当他控制了企业的估计税率后发现，那些税率较低的公司，其股价对存货清算的反应是正的。

Hand（1993）的研究也没有解决管理层动机和股价反应不一致的问题。Kang（1993）构造了一个理性预期模型，解释了 Hand 的结果。在他的模型中，企业是否采用 LIFO 成了内生变量，只有当企业转换的收益超过成本的时候，企业才会转换，而如果投资者具有理性预期，那么就不会对已经预期到的转换有所反应。

Jennings et al.（1996）的研究给了更多有关 LIFO/FIFO 不一致的结果。他们研究了LIFO 是否能够提高损益表对资产负债表的解释力，并发现和非 LIFO 的报表相比，LIFO下的损益表及资产负债表及权益的相关程度更高。

Hand（1995）重新检验了三个有关 LIFO 的异象：（1）1974 年自愿采用 LIFO 的公司在盈余公告日，其异常股价回报为负；（2）那些提前公告采用 LIFO 的公司，其股价回报为负；（3）S&P 分析师对 LIFO 盈余系统性地高估，而系统性地低估采用 LIFO 导致的盈余降低。Hand 的研究拒绝了第一个异象，但无法拒绝第二个，并发现投资者能够调整S&P 分析的预测，并正确定价。由于他无法解释第二个异象，他认为超常回报同时受到了老练的投资者和不老练的投资者对采用 LIFO 公司行为的影响。他还认为无法区分这两类投资者导致了早期的研究无法得出令人信服的证据。

Cloyd et al.（1996）采用完全不同的方法研究了税对公司会计选择的影响。不是研究税收成本和非税收收益的权衡，而是检验了当公司选择某一个比较激进（节约纳税）的税务处理方法时，公司是否也会在财务报告中采用这样的会计方法，即使此时税法规定可以采用不同的方法。公司之所以这么做，是为了提高 IRS 批准它们税务处理方法的概率，特别是当税法的规定比较含混的时候。他们发现，当公司节约的税收超过相应的成本的时候，公司就会选择和税法一致的会计处理。作者由此得出结论认为，他们找到了影响公司会计选择的另外一个变量，即公司的税务会计。

另外一篇研究税务会计和财务会计一致性的论文是由 Guenther et al.（1997）完成的。他们选择了受《1986 年税收改革法案》影响的公司作为样本。这些公司按照新税法的要求，其计税标准从现金流量制转换为会计应计制。通过选择相应的控制样本后他们发现，这些被迫转换的公司有大量的递延收益。

正如上面讨论过的，这类研究的最大不足在于它们仅仅单独地讨论税务动机对会计选择的影响，而不是考察税收动机和其他动机的权衡。然而，对于那些和最小化税负假说不一致的证据，作者也提供了一些可能的解释，主要包括：由于延缓收入确认和加速费用确认而对其他契约方税务成本的影响（Scholes et al.，1992）；向出现经营亏损的年份转移利润对债务契约的影响；提高现金流量和平滑盈余（Maydew et al.，1999）；采用盈余度量企业业绩的影响；对权益股价的影响（Klassen et al.，1993）。

例如，在 LIFO 和 FIFO 的文献中，Dhaliwal et al.（1994）使用多变量模型研究了 LIFO 存货清算决策，并发现，税负最小化、盈余管理、债务契约都对存货清算动机产生影响。[13]多动机的方法也被运用到了企业剥离形式的选择上（销售或者以资产易股。后者的含义是公司以一部分资产转让给一个新设立的公司，从而换取后者的股份，然后再将新公司的股票分配给本公司的股东。——译者注）。有证据表明，持股较低的管理层会较多地确认利得和较少地确认损失，这意味着公司经理在纳税和财务报告目标之间进行权衡（Klassen，1997）。[14]

总的来说，和纳税相关的会计选择研究表明，公司会选择会计方法来降低实际税负（从而提高公司现金流量）。这一结果并不令人吃惊，这是因为税负是公司首要考虑的因素，节税的好处是任何经理都不愿意错过的。然而和股票市场相关的研究，其结果则比较含混，造成这样局面的原因可能在于：横截面研究较低的功效以及企业的多重目标。更重要的是，有关税负的研究到最近才开始重视会计选择的多重动机，这可能是由于单一考虑税负时所遇到的无法解释的悖论。

§4.4.2　监管

大多数研究监管对会计选择影响的论文都基于行业监管。其中一类研究关注的是会计对特定管制的反应（例如，银行业的资本充足率等的限制）。另一类文献则研究了一些间接影响，例如暴利的政治成本等。[15]总的来说，这类研究表明公司的经理利用会计选择提高了股东的财富。

有一类研究关注的是银行业的资本充足率要求带来的监管成本。有证据表明，公司的经理会通过多种方法避免此类成本，主要包括调整贷款损失准备、贷款冲销以及证券利得和损失（Moyer，1990）；操纵会计应计（Kim and Kross，1998）；采用自愿监管会计准则（Blacconiere et al.，1991）。然而，Moyer（1990）并没有找到相关证据支持政治敏感假说（也就是银行希望以一个低利润抵消巨额收入的影响）。这类研究的一个普遍问题在于，必须先估计出正常的资本比率以及对监管资本水平的偏离，而这种估计会导致估计误差。而且作者对他们结果的解释也意味着监管当局在制定或改变资本要求的监管政策时，并不考虑这些动机的影响。

在保险行业，Petroni（1992）发现保险公司在受到监管者的关注时，会系统性地低估损失备抵（她还发现，差的业绩总的来说会导致对资产价值的高估）。与此类似，Adiel（1996）发现，保险公司会进入高额的金融再保险交易，以降低监管成本。总的来说，监管方面的文献表明，经理会选择避免违背监管的会计方法。这些研究也表明，在政治程序之中存在着信息成本，即政客们并不对会计操纵作出调整。扩展此类研究的一个重要方法是，明确地给出违背监管的成本以及监管的执行方法。当前的研究都假设违背监管的成本无限大，而且监管是被统一执行的。然而，有证据表明银行业的监管并非统一执行的，监管层似乎对规模较大的银行更加仁慈。[16]这样一个扩展可以检验更为丰富的假说，例如，分析受到监管影响的经理如何权衡监管与其他动机（比如，薪酬、税负和资本结构等）。

对于价格管制行业而言，文献发现管理层会采用提高股东现金流量的会计方法，即使这样会降低公司的盈余并提高负债率。例如，Eldenburg and Soderstrom（1996）发现在管制的环境下，医院会高估预算的"契约调整"从而可以向付款者转移成本。他们又进一步发现，当放松管制后，数量和成本的偏差下降而"契约调整"的高估上升。D'Souza（1998）研究了受管制电力企业采用 SFAS 106 的情形，发现如果经理对未来的电费率越不确定，就越有动机采用会计方法使当前收益最大化。

对于非管制行业而言，也有研究表明，有时候公司也有盈余管理的动机。然而由于这些论文仅仅研究了一个动机，一个潜在的假说就是信息使用者不想或者不愿解读会计选择的影响。例如 Jones（1991）发现，在美国国际贸易委员会（ITC）进口调查期间，公司会通过可操纵应计调低利润。ITC 仅仅关注公司的税前利润，这就为那些声称受到竞争者不当伤害的公司提供了操纵利润的动机。与此类似，Key（1997）研究了国会调查期间的有线电视行业，她的证据表明，管理层会降低政治调查和潜在行业管制的影响。

Han and Wang（1998）研究了 1990 年海湾危机时期石油公司的应计，因为这场危机使原油价格暴涨。他们发现石油天然气公司在此期间使用会计应计调低利润，或者延期报告好消息。他们将此归因于降低政治成本。Hall and Stammerjohan（1997）发现，和控制样本相比，那些可能会受到潜在损害赔偿金威胁的石油公司更会通过非流动性应计降低利润。

Blacconiere and Patten（1994）研究了 1984 年印度博帕尔 Union Carbide 公司化学泄漏事件期间，披露对化工公司资产价值的影响。他们的结果表明，那些环境披露多的公司比环境披露少的公司的股票价格下跌得更少，这意味着投资者会将公司的披露作为未来较低监管成本的信号。

大多数有关会计选择的研究都假设管理层进行会计选择是为了影响企业或者自己的收益。然而，由于他们的行为是建立在概率评估上，因此结果并不总和预期一致。例如，Feroz et al.（1991）研究了 SEC 执行行动对公司价值的影响，他们的证据表明会计选择会对企业以及经理有负面影响。对违背的披露（例如，高估应收账款或提前确认收益）平均而言导致了两天 13％的股价跌幅。

和有关税的研究一样，对于监管的研究结论的解释也受到了多目标和多种会计方法的影响。有两篇论文，Beatty et al.（1995）以及 Collins et al.（1995），研究了银行使用多种方法实现多重目标。尽管我们承认这两篇论文有关研究方法的创新之处，但是也要指出，他们的研究设计缺乏一个统一的理论。例如，Collins et al. 使用盈余的时间序列均值作为检验盈余管理的标准。Beatty et al. 使用截面均值和规模调整的均值（与同规模银行进行比较）。这种粗糙的估计会影响他们的结论。

Beatty et al.（1995）研究了银行的盈余管理行为，他们采用联立方程组，同时考虑了税负、资本管制、会计盈余等三种动机下的五种会计选择。为了使计量模型更易于处理，作者假设会计盈余和资本（负债和权益）是外生的，因此可以专注于那些可在短期内进行操纵的项目。这种可操纵和不可操纵的划分导致了度量误差。他们有关公司管理资本比率、盈余和税负的结论是含混的。即一些会计项目（例如，贷款坏账额、贷款损失准备）受多种动机的影响，而其他的没有。Beatty et al. 得出结论，认为银行的会计应计、投资和融资决策相互影响，因而无法有效地进行单独研究。

Collins et al.（1995）检验了相似动机之间的关系以及银行通过多种方法提高资本的

决策。他们发现，银行对资本、盈余以及税负等各动机的不同反应是由银行的规模、成长性以及盈利能力决定的。作者认为他们的模型仅仅是部分设定的，且仅能提供目标和假设解释变量之间的相关关系。

有关管制的研究中一个有趣的现象是，所有的研究都和预期一致。而且，这类文献往往假设包括监管者在内的第三方或者不希望（也许缺乏动机），或者不能够（可能由于成本的制约）而不愿去解读会计操纵。也许第三方在解读操纵方面的能力比研究者要差。但是这些操纵如此容易地就被研究者发现了，这就产生了一个问题：监管真的有效吗？

§5　阻碍进步的障碍

我们认为，在最近十年中，研究者在帮助我们理解会计选择上仅仅取得了很小的进步。这是由很多原因造成的，在本部分，我们将讨论研究设计上的困难以及一些已经采取的创新工作，以帮助我们进一步理解会计选择。

§5.1　多种方法选择

在第 4 部分中所讨论的研究都检验在特定目标驱使下，使用特定的方法进行会计选择。然而实际上公司可以采用多种会计方法达到目标。因此，只研究一种方法可能会混淆所采用多种会计选择的影响。解决这一问题的一种方法是考察所有会计选择对会计应计的影响。例如，在 4.3 节中，DeAngelo（1986）和 Perry and Williams（1994）采用可操纵应计研究了管理层收购前的盈余管理行为。Erickson and Wang（1999）研究了公司在换股合并中是否通过可操纵应计进行盈余管理。上述研究都研究了可操纵应计，所以就包含了多种（至少一部分）会计选择的影响，这就在一定程度上克服了多种会计选择方法的问题。[17]

当使用可操纵应计来解决多种会计选择方法的问题时，一个非常重要的问题就是现有的研究方法能否在企业存在盈余管理的时候将盈余管理检验出来。Dechow et al.（1995）比较了多种盈余管理的应计计量模型。他们认为，虽然这些模型的功效较低，但总的来说，都能发现盈余管理。Guay et al.（1996）将五种应计计量模型和随机构造的模型进行比较后发现，这些模型不能很准确地将可操纵应计分离出来，而且不比随机构造的模型更精确。然而，Healy（1996）从三方面质疑这一结果。第一，Guay et al. 根据盈余管理是机会主义还是基于企业的表现将公司进行分组，这种区分方法非常困难，会随时间发生改变，而且不是互斥的。第二，作者将盈余的冲击区分为持久性的和暂时性的，而这也是非常困难的。第三，Guay et al. 假设了有效资本市场，即投资者可以看穿盈余管理。唯一有说服力的结论是，依赖于这些盈余管理计量模型解决多种会计选择问题可能会产生严重的推断问题。

Kang and Sivaramakrishnan（1995）试图通过工具变量来估计应计中的可操纵部分和不可操纵部分，发现他们的模型和 Jones（1991）的模型相比，更具优势。然而他们的模型并没有被广泛检验，也没有被其他的研究采用，这可能是由于联立模型设计中的问题造成的。

度量盈余管理是一个非常重要的命题，因为大多有关会计选择的研究都假设相关人员不能（或者不愿）解读会计方法选择、会计程序和会计估计对会计数据的影响。这种假设并非空穴来风，Hirst and Hopkins（1998）发现，证券分析师对于那些在损益表上披露盈余管理的公司和那些在权益变动表上披露盈余管理的公司定价不同。考虑到研究人员使用统计技术估计盈余管理的困难，就不难相信第三方对自己解读盈余管理的能力以及所能采取的行动缺乏信心。[18]

因此，目前至少有三种方法解决多种会计选择问题。第一是继续使用应计计量模型；第二是开发出具有更强功效的盈余管理度量模型（例如 Kang and Sivaramakrishnan（1995）的工具变量法）；第三是回归到更基础的方法，即像会计师那样利用我们的会计专长来直接度量会计方法。这种方法是 Hagerman and Zmijewski（1979）以及 Zmigewski and Hagerman（1981）研究的扩展，他们考察了四种会计选择（LIFO 和 FIFO，直线法和加速折旧法，退休金的摊销期，投资所得税贷项的直接冲销法和递延法）。

如果把 20 世纪 90 年代的研究和之前的研究相比较，我们认为在前两种方法上取得的进展很小，特别是计量模型。因此我们建议，会计应当关注第三种方法，对此我们也更具竞争优势。

§5.2 多种动机

对于会计选择的研究而言，除了反映在会计应计中的多种选择问题外，还存在着潜在的、相互冲突的多动机问题。第 4 部分的讨论主要集中在会计选择的单一动机上，例如，薪酬契约研究主要关注管理层是否利用会计的灵活性使其薪酬最大化。这些研究也假设管理层的这些行为是损害股东利益的。但是如果真的如此，那么薪酬契约为何还给予管理层灵活性？一个可能的解释是管理层不仅仅考虑自身的薪酬，也会从股东的角度作出考虑。例如，那些最大化管理层薪酬的契约也降低了违背债务契约的概率，从而提高了股东的财富。然而，已有的研究并没有包括类似的动机。因为仅仅考察了一个动机，所以这些研究就忽略了一个更为有趣的问题，即各个相互冲突的目标之间的权衡。而且，我们也不清楚分析单一动机的结论是否可靠：由于各个动机之间的相关性，一个动机可能和其他的动机之间存在某种关联。例如，那些看起来是管理层机会主义的使用会计选择最大化自己薪酬的行为（为了管理层自身的利益而损害了股东的利益），也可能仅仅是对债务契约的反应（提高了股东的福利而损害了债权人的利益）。[19]最后，由于缺乏理论预期，20 世纪 90 年代的研究大多也是七八十年代研究过的那些动机，因此我们认为研究新的动机有助于更深入地理解会计选择。[20]

从另一个角度看，多动机问题就是计量经济学中提到的"遗漏变量问题"。例如，如果一家公司的薪酬契约是基于会计信息的，那么该公司的政治成本也比较高。因此，我们观测到会计选择和薪酬契约相关，也可能仅仅是由于政治成本造成的。[21]对此一般的解决方法是加入控制变量。然而，这种方法如果应用到会计选择方面会存在三个问题。第一，研究会计选择时，学者经常使用一些粗糙的、不准确的代理变量来度量这些遗漏变量。例如，在薪酬契约中，通常使用负债率和规模等作为债务契约和政治成本的代理变量。

第二，当使用有度量误差的这些代理变量研究多个影响会计选择的动机时，会存在推断问题，特别是当这些因素相互作用的时候。这种情况下，那些度量误差最小的代理变量可能最为显著，尽管它们可能实际上并不重要。例如，我们假设薪酬契约和政治成本是相互关联的，而会计选择仅仅受到了政治成本的影响。此时，规模这一代理变量度量政治成本的噪音较大，而度量薪酬契约的代理变量却很精确，那么此时如果使用会计选择对规模和薪酬契约作回归，则度量更准确（但经济上并不重要）的薪酬契约变量就会很显著，而经济上很重要（但度量噪音较大）的政治成本变量就会不显著。目前对于解决这一问题，即使有进步，也是非常小的。

最后，非线性关系的存在会加重多动机问题。特别是在讨论遗漏变量问题的时候，通常会假设这些变量（已有的变量和遗漏的变量）存在线性关系，并且将遗漏变量从感兴趣的变量中分离出来。[22]这些假设可以简化分析，但是没有证据表明这些假设是合理的。

即使那些考虑到多动机的论文也是单独地对待这些动机。实践中，管理层通常要面临很多冲突，这通常表明并没有一致的行动。在这种情况下，企业必须在多个目标之间进行权衡。

§5.2.1 进步的证据

在研究多动机的论文中，有几篇取得了一定的进步。例如在 SAB 51 下，企业可以将股票分拆上市收益（equity carve-out gains，即一家母公司出售子公司的部分权益，以实现子公司股票的首次公开发行或供股发行。——译者注）记录为非经营性利得（损失），也可以直接增加（减少）所有者权益。Hand and Skantz（1998）使用逻辑回归分析了企业如何进行这些选择。他们假设选择是若干动机的线性函数。特别地，他们分析了有效契约（使用规模代表政治成本，使用负债率代表债务契约）、盈余管理（使用非预期的经营性利润作为代表）、信息传递（使用非预期的未来营业利润作为代表）。他们发现，这四种动机（政治成本、债务契约、盈余管理、信息传递）均可以解释企业对 SAB 51 的选择。正如作者所指出的，他们仅仅研究了一种会计选择，并且他们的推论也很难一般化为"营业利润中影响较小的选择"。而且，他们使用的线性关系（他们也使用了一些交互项，例如，规模和分拆上市收益），表明他们假设各个动机之间是相互独立的。

Francis et al.（1996）研究了可操纵的资产减值，发现对于那些价值比较不确定的资产而言，薪酬契约动机和盈余平滑动机都可以解释这些资产减值的时机和数额。而且，市场对那些真正的资产减值负面反应很强烈，而对管理层操纵的资产减值反应却不强烈。

Robinson and Shane（1990）认为，即使不考虑数量大小，确认有关购买法和权益联合法会计选择的成本和收益也是很困难的。他们发现，采用权益联合法的公司支付的价格要比使用购买法的公司高，这是因为权益联合法下的利益更多。但他们并不能全面考虑所有的成本和收益（例如，权益联合法下对资产销售的限制在经验研究中从未提及）。并且还有其他竞争性假说的存在，例如是更高的价格导致了权益联合法，而非相反。

Balsam et al.（1995）研究了资产报酬率的变化（代表了盈余管理）以及债务契约的约束强度能否解释企业采用新 FASB 规范的时间。他们发现企业采用降低收益规范的时间不受上述变量的影响，但是提高收益的行为却受这两个变量的影响。这意味着平均而言，企业在 ROA 变化最小的时候采用降低收益的规范，而在债务契约最紧张的时候采用提高收益的规范。作者是单独地检验这两个假说，这意味着假设它们之间是独立的。由于这两个解释变量是相互关联的，这就很难区分这两个结论真是独立的还是同一个关系的两个不同表现。

Bartov（1993）使用增量影响的方法来解决这一问题。他分析公司通过资产销售影响会计盈余的行为是否受到了两个动机（盈余平滑和债务权益比）的影响。盈余平滑和几个冲突相关：契约（薪酬契约和债务契约）、资产定价和政治成本。他发现这些动机都有影响，而且不能分离。特别是在控制了其中一个后，另外一个依然显著。

尽管 Bartov 使用了统计方法来研究某一动机的增量影响，Guenther et al.（1997）分析经济动机的影响也达到了同一目的。他们检验了那些为了纳税原因从现金制转为应计制的企业。除了税负外，这些企业在转换前后的其他动机都一样。这样就可以分析税负对会计选择的增量影响。他们发现转换后，财务会计和税务会计的递延收益都增加了。因此，尽管其他的契约要求企业报告较高的收益（薪酬契约、债务契约、资产定价），但是税负的动机（报告较低的税法利润）导致它们降低了均衡下的收益水平，这也和 Sweeney（1994）一致。

§5.2.2 多种方法和多种动机

为了缓解多动机和多种方法问题的影响，Hunt et al.（1996）使用联立方程研究了经理为了多种目的（盈余平滑、最小化债务成本以及最小化税收）而提高会计收益的行为（LIFO 存货管理、折旧政策和其他流动性应计）。他们认为这样的研究可以得出和以往不同的结论，例如，他们发现样本公司使用 LIFO 存货平滑利润、最小化债务成本，但却没有最小化税收。最后一种结果和传统的模型都不大一样，例如 Dhaliwal et al.（1994）的结果，而后者仅仅研究了一种动机和一种方法。Hunt et al. 将他们的结果解释为公司以税收为代价（本来可以通过 LIFO 存货管理降低纳税），提高了盈余平滑性和降低了债务成本。然而这种研究方法并没有得到学者的认可，这可能是由于这种研究需要对不同会计选择的成本和效果作出一些外在的假设（会计选择研究通常只作出一些内在的假设）。[23]

最后，Christie（1990）提供了另外一个研究多动机的视角。他综合了研究会计政策选择的 17 篇论文的结论，试图提高检验的功效。他发现，包括薪酬契约、债务契约在内的六个变量在解释会计选择时是显著的。然而，Leftwich（1990）指出，由于 Christie 检验研究及其理论是不明确的，所以贡献有限。例如，Leftwich 指出，对于会计选择和规模是否相关少有疑虑。然而并没有所谓的一个"规模假说"，规模是否重要并非一个有趣的问题，为什么重要才是有趣的。

我们认为多动机研究如果想要取得进步，最为重要的是扩展多动机（e.g.，Bartov，1993），而不是像大多数研究那样忽略它们。然而在研究这些动机的关系时，仅仅使用线性的代理变量是不够的。类似于 Hunt et al.（1996）的方法要进行改良和扩展，而且必须开发其他的经验方法。解析模型也可以有所作为，它们可以提供特定会计政策和互相冲突的动机之间作用的基准模型。例如，能否提供经理在特定情形下的行为模型。在这种情形下，经理一方面最大化自己未来的薪酬，另一方面却提高违反债务契约的概率。

§5.3 方法论

有关会计选择的研究和其他问题一样，都受到计量方法上的困扰（例如，联立性、度量误差以及遗漏变量），这就导致了更低的功效和非真实的检验，选择的内生性（不仅包括会计方法，而且包括资本结构、组织结构和契约等）更恶化了这一问题。例如，大多数研究会计选择是否受企业债务契约影响的论文都将债务契约当作外生变量，而非企业的选择。颇为不同的一篇是 Skinner（1993），他研究了企业的投资机会、薪酬契约、债务契约和企业特征（负债率、规模、绩效、会计选择）之间的关系，并发现，企业的投资机会影响了薪酬契约和债务契约，从而也影响了会计选择。另外他还发现，控制了企业特征后，投资机会依然对会计选择有影响。Skinner认为之前的红利假说、债务契约假说以及政治成本假说都没有考虑投资机会。尽管有必要将Skinner研究中一些主要的代理变量进行合并，但他的研究还是丰富了那些影响会计选择的变量之间的相互作用关系的研究。

Begley and Feltham（1999）控制了动机变量和债务契约的内生性。他们发现，债务契约的形式依赖于动机变量的类型（例如，现金薪酬和持有的股票）。这一结果意味着会计选择的差异（或者变化）是由企业在截面上（或者时间序列上）的经济因素的差异决定的。当然，这些差异很难辨别。这些问题在10年前检验实证会计理论时就已提出来了，但是却几乎没有取得任何进展（Watts and Zimmerman，1990）。

另外一个影响会计选择的障碍是样本的自我选择问题。研究者不能随机选择样本，也不能在可以控制的环境下研究企业。尽管一些研究调整会计方法以保持企业间的一致性，但是却不能克服会计方法选择的潜在信息影响。

正如在4.2节中所讨论的，研究者经常使用一些粗糙的变量来度量影响会计选择的因素。例如，债务契约通常使用负债率进行度量。然而负债率也是内生性的，很难作为债务契约限制的代理变量（Lys，1984）。实际上，有证据表明，负债率可以作为其他因素的代理变量（Press and Weintrop，1990）。因此，对于学者而言，使用真实的契约而非代理变量可能更具优势（e.g.，Williams，1989），而且更加详细地研究违约的过程也会有所帮助。

很多有关会计选择的论文所研究的问题是不严密的或者说是不适当的。这些研究不是研究导致会计选择的动因，而是研究会计选择是否和一个或多个动机相关。那些和一个动机一致的发现也不能排除其他的动机。换句话说，现有的研究在区分管理层的机会主义、股东财富最大化以及信息动机等方面并不成功。Rees et al.（1996）为这一批评提供了一个反例，他研究了有关公司资产减值的负向非正常应计，有两个假说可以进行解释：管理层的机会主义和传递有关企业真实业绩的信息。他们的证据表明，公司并没有机会主义地使用非正常应计，而是利用这些非正常应计向投资者传递信息。

§5.4 有关会计选择的成本和收益研究的狭窄范围

20世纪七八十年代有关"粉饰会计"的市场效率研究几乎没有取得什么进展。现有的研究对于会计选择的成本和收益也进展缓慢。学术界通常认为，在有效市场上，信息只要披露就可以了，因为理性投资者可以无偏地处理这些信息（e.g.，Dechow and Skinner，2000）。然而，实证证据却不支持这一点。例如，Hopkins（1996）发现，建议买入的分析师为那些将衍生金融工具列示为负债的公司定价过高，而对那些其他相同只是将衍生工具列示为权益的公司定价偏低。

评价不同情形下会计选择对不同委托人的正向和负向影响有赖于其他因素。Amir and Ziv（1997）发现，管理层使用SFAS 106的选择权向市场传递私有信息。作者发现，市场对较早采用的公司的反应好于披露的公司，而对这两种公司的反应又好于在强制日期执行的公司。这就支持了通过会计选择向市场传递信息的假说。

SFAS 86给了公司对于发展支出费用化和资本化的选择权，而且投资者也很容易看穿不同的会计选择。尽管有选择权，但一些行业组织却游说取消这个准则。Aboody and Lev（1998）发现，资本化的处理导致更好的市场反应和未来的会计盈余。这是一个非常有趣的话题，即那些坚持要减少会计灵活性的行业贸易组织的动机何在？

另一方面，有关定价的研究表明会计是重要的：通过向市场传递信息，公司可以降低资本成本。然而，这类研究缺乏对披露成本的研究，即如果披露导致更低的成本，为何不是所有的公司都提高披露？显然，其中必然有成本。只有在很严格的假设下，忽略成本仅仅分析收益才是可行的（例如，成本和收益是独立的）。

总的来说，有关会计选择的实证检验的结果并不明确。也就是说，已有的研究并没有很强的说服力，而且没有表明提高披露的收益超过成本。因此，还需要更多的研究。

§5.5 理论指导的缺乏

在大多数研究中，会计选择的环境和产生影响的机理并没有得到很好的说明。特别是在资产定价领域，经常假定定价错误。与此类似，有关契约的研究（薪酬契约、债务契约等）通常假设契约是外生的。解决这些问题的一种方法是解析模型，因为这些模型通常表明了更精确的研究设计。

不幸的是，经验研究对于会计选择的成本和收益没有提供有说服力的证据，与此相关的解析模型也没有什么大的进步。[24]这一领域的解析模型大多关注于披露政策。例如，Penno and Watts（1991）的模型表明，管理层希望能传递使得投资者最大化公司价值的信息，而审计师希望最小化投资者的预测误差。因为管理层和审计师在制定披露政策时，不仅考虑披露项目的规模，还要考虑这些项目所蕴含的内部信息。Penno and Watts 认为，披露并没有一个明确的阈值。

Baiman and Verrecchia（1996）提供了一个提高披露的成本和收益的模型。他们发现，更多的披露导致股价中反映经理行为的信息更少，这导致了基于股价的业绩度量更缺乏效率，使得代理成本增加，产出下降。更多的披露也导致了管理层内部交易效率的下降。然而资本成本也随之下降，因此这是一个权衡。

Wagenhofer（1990）的模型表明，企业在制定披露政策时要考虑两个相互冲突的目标：一是最大化企业的价值；二是降低竞争对手的进入和政治成本。Wagenhofer 揭示出，均衡有可能是全部披露，也可能是部分披露。换句话说，披露的结果依赖于披露的信息、潜在的政治成本以及竞争对手进入的可能性。

Bartov and Bodnar（1996）研究了信息不对称对会计选择的影响。他们假设经理是最大化股东财富的，因此会选择信息含量最高的会计方法，以便降低市场参与者的信息不对称。然而，进行会计选择也要考虑信息的准备和所有权成本，因此经理会选择使利润最大化的会计方法。他们还进行了经验研究，结果和预期一致。

Dye and Verrecchia（1995）的模型表明，是否给予代理人会计方法上的选择权依赖于代理冲突的类型，即管理层所面临的两种代理问题。第一个问题，或内在问题，是发生在股东和经理之间的代理冲突。当只有内部代理问题时，允许经理有选择权才是最优的，因为这可以产生更多的信息，从而降低了直接控制经理的成本。然而，这些选择权给了现有股东一些激励，让经理损害未来的股东。因此，尽管这些选择权缓解了股东和经理之间的代理冲突，却加重了现有股东和未来股东之间的代理冲突。Dye and Verrecchia 认为，研究会计选择仅仅研究一种冲突可能会导致不正确的推断，而且这些影响往往是相互作用的。

Dye and Verrecchia 是我们在 5.2 节中谈到的多冲突（多动机）问题的一个特例。即如果会计选择的目的是最大化企业价值，而企业价值又受到了多种因素的影响，那么仅仅分析一种会计选择和一种冲突可能会得出不正确的结论。

§6　结论和对未来研究的建议

我们并不愿意给大家留下这么一个印象：学者们对于会计选择的作用和重要性没有提供任何知识。但我们想说的是，相关的进步非常缓慢。部分原因在于没有去尝试扩展这一研究领域，例如，检验某一会计准则的含义对于知识的积累贡献很小。更为棘手的问题是对所研究的问题提供一个精准的研究设计是很困难的，例如，多种选择和多种目标的联立性、计量上的复杂性。与其在一个有微小不同的环境中重复已有的研究，我们更希望学者能克服这些困难，去研究更为根本的问题。我们对未来研究有三个具体的建议。

第一，由于现有的研究未能提供有关不同会计选择含义的证据，因此我们建议有更多的研究来探讨其实质。对于会计是否重要这一问题，现有的文献提供了充分的证据，但是这些证据都是在特定情况下而不是直接成立的。例如，有证据表明管理层会采用使自己薪酬最大化的会计选择，但是这些研究并没有表明这些会计选择是否导致了经理现金收益的增加。即使有这样的证据，下一步也是要研究是否总的薪酬会提高，以及这样的行为是否已经被参与者预期到。即如果会计选择有潜在的福利含义，那么契约方就会对其进行定价。对这一问题，最近的研究是 Healy et al.（1987）对管理层薪酬的研究，但是还需要更多的研究。[25] 另一个方向是研究公司发生和保持会计选择权的成本。第一个有关这一方向的研究是 Beatty et al.（2000）作出的，但还需要更多的研究。

类似地，对于不同会计选择所导致的定价差异也没有一致的结论。我们还不清楚之所以如此是因为会计对价值没有影响的缘故，还是已有的经验研究无法发现这一影响。尽管很多研究都和股价相关，但是会计信息仅仅解释了股价波动中很小的一部分，所以以此研究会计选择的影响就成了一个问题。尽管已有大量的学术研究，包含会计信息的证券定价过程还是未知的。

第二，由于会计在多方面都被使用，因此我们认为单独地分析一种会计方法或一种会计目的是不合适的。我们需要一个全面的会计理论，但目前这一理论还不存在，而且由于这一理论是非常复杂的，所以短时间内也不会出现。解析模型会给研究者提供经验研究所需的模型、恰当的变量以及竞争性假说。但目前的解析模型还过于简化，以致无法给经验研究提供一些指导。我们不想让大家低估这一尝试的复杂性，而且我们对未来能否取得理论上的进步持谨慎的乐观。

由于缺乏这样一个全面的理论，如果学者在第 3 部分提到的类型中进行深入的研究，也能取得一定的进步。因此与其狭隘地研究会计选择对债务契约的含义，研究者不如扩展和分析（内部的）契约。例如，现有的债务契约如何影响薪酬契约的特征？通过研究这些关系，我们能够得出有关董事会的何种预期？一般来说，我们认为在某一类型内进行研究是正确的，这是由于类型内部的共性比起类型之间的共性更显著。

第三，要提供有关会计选择方面更有力的证据，学者应该开发出更有效的统计技术和研究设计。已有研究开始检验现有统计方法的准确性。现有的尝试应当扩展到对更多模型的检验中。

我们并不是说只有考虑上述所讲的方方面面的论文才意味着成功。我们认识到很多问题过于复杂，研究设计非常困难。但是我们认为研究者在过去变得越来越保守，以至于仅仅因为其他学者使用这一方法而不愿意对其进行调整。这一领域需要采用更新的研究方法，而且这些新的方法应更多地被接受。最新的一些研究，例如 Hunt et al.（1996），Beatty et al.（1995）以及 Kang and Sivaramakrishnan（1995）提供了很好的突破现有研究方法界限的例子，他们在会计选择领域采用了联立方程和工具变量。如果我们想进步，就要使用新的（或者在会计中未被使用的）研究方法。这意味着会计研究者必须采用研究设计中最新的进展和新的应用。

此外，我们认为会计研究者必须更好地利用他们的专业优势。小样本研究和实地研究适合这一方法。尽管小样本研究的一般性可能令人怀疑，但我们认为小样本研究应该是已有大样本研究的补充，并能为已有的经验研究提供洞见。

大样本研究依然会是主流，这是由于小样本研究的结果可能会受一些偶然因素的影响，而非日常使用会计的情形。这一问题也会由于发表偏差的存在而更加恶化，因为期刊都不愿接受没有结果的论文。而且已经发表的论文可能也没有检验事先的假说，即作者会采用不同的研究设计和变量定义，直到结果显著为止（Christie，1990）。这一偏差的含义还不明确，关于会计选择，可能远没有公开发表的论文那么多统计显著的结果，或许已经发表的论文其结论都是噪音造成的。

更为根本地，我们认为目前需要从已有的研究计划中回归，去发展这一领域的基础。从某种意义上说，会计选择研究是过度自我发展的一个牺牲品，因为这一研究已经超越了理论发展、统计技术以及研究设计所能支持的最大限度。因此，我们希望在该领域继续发展之前，应该做一些更为基础的工作。

会计的学术研究最终必须回答那些最根本的问题，即会计选择为什么重要以及在何种情况下重要。由于会计选择所处的环境非常复杂，因此获得这些问题的答案是非常困难的。每种选择可能都会受到很多效应和动机的影响。对于这些问题，我们的确已经取得了进步，然而这些进步大多发生在七八十年代。我们希望本文的回顾能够推动对这些基本问题的研究。

注释

[1] 这一点在其他文献中也有提到，参见 Watts and Zimmerman（1979，1986），Holthausen and Leftwich（1983）。

[2] 1960 年会计原则委员会（APB）的建立推动了这一研究，其中的原因在于会计原则委员会的目标是会计规则和披露的一致和统一，这一点和目前的财务会计准则委员会（FASB）以及国际会计准则理事会（IASB）颇为类似。

[3] 基于我们手工的分类，各个期刊的比例为：*Journal of Accounting and Econom-*

ics 有 13%；*Journal of Accounting Research* 有 14%；*The Accounting Review* 有 5%。

［4］Bernard（1989）和 Dopuch（1989）回顾了 20 世纪 80 年代的论文；Holthausen and Leftwich（1983）以及 Lev Ohlson（1982）回顾了 80 年代以前的论文。

［5］我们使用"信息不对称"这一术语代表不完全市场的信息不对称现象。

［6］纵观有关企业合并购买法和权益联合法数十年的争论可以看出一些端倪：从技术角度看，使用购买法和权益联合法并非基于会计上的选择，而是基于企业合并的特征，然而现实中企业经常改变合并的特征，从而达到可以选择特定会计方法的目的，更有甚者当权益联合法不被允许使用时，企业甚至终止合并。另外一个例子是最近有关经理股票期权会计处理方法的争议，一些人反对将股票期权作费用化处理。

［7］其他有关盈余管理的定义包括 Schipper（1999）以及 Healy and Wahlen（1999）。Schipper 将盈余管理定义为"损害决策有用性的行为或者和准则目标不一致的行为"，这一定义是从管理层的意图出发的。另一方面，Healy and Wahlen 将盈余管理定义为"管理层通过运用财务报告上的判断以及构造真实的交易来改变财务报表，其意图在于误导一些相关人士对企业真实业绩的理解，或者改变那些基于会计数据的契约结果"。

［8］这一分类和 Watts and Zimmerman（1986）以及 Holthausen and Leftwich（1983）分类最明显的不同（可能仅仅是语义上的）在于他们对高成本契约更宽泛的解释。特别地，他们将几乎所有的市场不完美，例如代理成本和道德风险，都作为高成本企业的表现形式。

［9］我们这里需要强调的一个批评是，大部分已有研究都仅仅关注于特定的方法或目标，而非多种方法和目标的权衡。不过，在第 4 部分，我们采用的是基于目标的分类方法。

［10］Matsunaga（1995）发现给予管理层期权的价值和企业低于其目标利润的程度负相关，和企业使用调高利润的会计方法的程度正相关。与此类似，Warfield et al.（1995）发现管理层持股比例和盈余的操纵程度负相关，和盈余的信息含量正相关。

［11］浮动的 GAAP 是指使用当前的会计方法来计算债务契约中的财务数据；固定的GAAP 是指使用债务契约已经规定好的方法来计算相应的财务数据，而不允许其后的会计变更。

［12］模型的设定问题具体包括解释变量的度量误差以及遗漏变量问题。

［13］然而，用他们自己的话讲，该研究也只是局部均衡，这是因为公司提高利润的方法有很多，而不仅仅是存货清算。

［14］这些研究的一个重要问题是交易的比较，因为不同剥离方式的收益本身就是剥离方式的函数。

［15］例如，石油企业在 70 年代面临的"暴利法"。

［16］这类影响也被称为"大而不倒"效应。例如，可参见 1984 年 9 月货币监理署在国会的陈词（O'Hara and Shaw，1990）以及 Bishop（1996）。

［17］毫无疑问，正如下文将要讨论的，这些研究也有其他问题。例如，这三篇研究都没有考虑会计选择对税负和债务契约的影响。

［18］而且我们怀疑这些结果受到了自我选择偏差的影响。如果位置（财务报告的位置）是重要的，那么为什么不是所有的公司都利用这种选择权？

[19] 与这一观点相似，Christie and Zimmerman（1994）认为"许多被解释为机会主义的证据也可以被解释为有效契约"。

[20] 例如，Bowen et al.（1995）研究了公司和消费者、供应商、雇员以及短期信贷方之间持续的内在要求对会计选择的影响。他们发现，这些关系可以解释横截面上存货计价和折旧方法的差异（更多的要求意味着长期提高利润的会计选择）。尽管他们有关内在要求的度量可能存在问题，但该论文扩展了有关会计选择动机的研究。

[21] 当然这也产生了另外一个问题，即设计薪酬契约的时候是否也会考虑将政治成本最小化。

[22] 如果遗漏变量以线性形式进入模型，给定已有变量和遗漏变量关系的方向，就可以估计偏差对已有变量的影响。这是因为假定了已有变量和遗漏变量之间的关系。

[23] 可参见 4.4.2 中 Beatty et al.（1995）以及 Collins et al.（1995）的评论。

[24] 公平地说，除本文所回顾的期间和期刊外，或许有一些解析模型的确取得了进步。但我们还要强调的是，这样的研究即使存在，对经验研究的启发性也是微乎其微的。

[25] Healy et al.（1987）分析了现金薪酬和红利契约，但是忽略了股票和基于股票的薪酬。

参考文献

Aboody, D., Lev, B., 1998. The value relevance of intangibles: the case of software capitalization. Journal of Accounting Research 36 (Suppl.), 161-191.

Adiel, R., 1996. Reinsurance and the management of regulatory ratios and taxes in the propertycasualty insurance industry. Journal of Accounting and Economics 22, 207-240.

AICPA, 1994. Improving Business Reporting—A Customer Focus.

Amir, E., Ziv, A., 1997. Recognition, disclosure, or delay: timing the adoption of SFAS No. 106. Journal of Accounting Research 35, 61-81.

Association for Investment Management and Research (AIMR), 1993. Financial Reporting in the 1990's and Beyond.

Baiman, S., Verrecchia, R., 1996. The relation among capital markets, financial disclosure, production efficiency and insider trading. Journal of Accounting Research 34, 1-22.

Balakrishnan, R., Harris, T.S., Sen, P.K., 1990. The predictive ability of geographic segment disclosures. Journal of Accounting Research 28, 305-325.

Ball, R., Brown, P., 1968. An empirical evaluation of accounting income numbers. Journal of Accounting Research 6, 159-178.

Ball, R., Kothari, S.P., Robin, A., 2000. The effect of international institutional factors on properties of accounting earnings. Journal of Accounting and Economics 29, 1-52.

Balsam, S., Haw, I.-M., Lilien, S.B., 1995. Mandated accounting changes and managerial discretion. Journal of Accounting and Economics 20, 3-29.

Barth, M.E., McNichols, M.F., 1994. Estimation and market valuation of environmental liabilities relating to superfund sites. Journal of Accounting Research (Suppl.) 32, 177-209.

Barth, M.E., Elliott, J.A., Finn, M.W., 1999. Market rewards associated with patterns of increasing earnings. Journal of Accounting Research 37, 387-413.

Bartov, E., 1993. The timing of asset sales and earnings manipulation. The Accounting Review 68, 840-855.

Bartov, E., Bodnar, G. M., 1996. Alternative accounting methods, information asymmetry and liquidity: theory and evidence. The Accounting Review 71, 397-418.

Beatty, A., Chamberlain, S. L., Magliolo, J., 1995. Managing financial reports of commercial banks: the influence of taxes, regulatory capital, and earnings. Journal of Accounting Research 33, 231-261.

Beatty, A., Ramesh, K., Weber, J., 2000. The importance of excluding accounting changes from the calculation of debt covenant compliance. The Pennsylvania State University Working Paper.

Beaver, W. H., Engel, E. E., 1996. Discretionary behavior with respect to allowances for loan losses and the behavior of security prices. Journal of Accounting and Economics 22, 177-206.

Begley, J., Feltham, G., 1999. An empirical examination of the relation between debt contracts and management incentives. Journal of Accounting and Economics 27, 229-259.

Bernard, V. L., 1989. Capital Markets Research in Accounting during the 1980s: A Critical Review, from the State of Accounting Research as We Enter the 1990s. Board of Trustees of the University of Illinois, Champaign.

Bishop, M. L., 1996. Managing bank regulation through accruals, Working Paper. New York University, New York.

Blacconiere, W. G., Patten, D. M., 1994. Environmental disclosures, regulatory costs, and changes in firm value. Journal of Accounting and Economics 18, 357-377.

Blacconiere, W. G., Bowen, R. M., Sefcik, S. E., Stinson, C. H., 1991. Determinants of the use of regulatory accounting principles by savings and loans. Journal of Accounting and Economics 14, 167-201.

Boatsman, J. R., Behn, B. K., Patz, D. H., 1993. A test of the use of geographical segment disclosures. Journal of Accounting Research 31 (Suppl.), 46-74.

Botosan, C. A., 1997. Disclosure level and the cost of equity capital. The Accounting Review 72, 323-349.

Bowen, R. M., DuCharme, L., Shores, D., 1995. Stakeholders implicit claims and accounting method choice. Journal of Accounting and Economics 20, 255-295.

Boynton, C. E., Dobbins, P. S., Plesko, G. A., 1992. Earnings management and the corporate alternative minimum tax. Journal of Accounting Research 30 (Suppl.), 131-153.

Burgstahler, D., Dichev, I., 1997. Earnings management to avoid earnings decreases and losses. Journal of Accounting and Economics 24, 99-126.

Chase, B. W., Coffman, E. N., 1994. Choice of accounting method by not-for-profit institutions: accounting for investment by colleges and universities. Journal of Accounting and Economics 18, 233-251.

Chen, K. C. W., Lee, C.-W. J., 1995. Executive bonus plans and accounting trade-offs: the case of the oil and gas industry, 1985-86. The Accounting Review 70, 91-111.

Christie, A. A., 1990. Aggregation of test statistics, statistics vs. economics. Journal of Accounting and Economics 12, 15-36.

Christie, A. A., Zimmerman, J. L., 1994. Efficient and opportunistic choices of accounting procedures: corporate control contests. The Accounting Review 69, 539-566.

Chung, K.-H., Ghicas, D., Pastena, V., 1993. Lenders use of accounting information in the oil and gas industry. The Accounting Review 68, 885-895.

Clinch, G., Magliolo, J., 1993. CEO compensation and components of earnings in bank holding companies. Journal of Accounting and Economics 16, 241-272.

Cloyd, C. B., Pratt, J., Stock, T., 1996. The use of financial accounting choice to support aggressive tax position: public and private firms. Journal of Accounting Research 34, 23-43.

Collins, J. H., Shackleford, D. A., Wahlen, J. M., 1995. Bank differences in the coordination of regulatory capital, earnings and taxes. Journal of Accounting Research 33, 263-291.

Collins, J. H., Kemsley, D., Lang, M., 1998. Cross-jurisdictional income shifting and earnings valuation. Journal of Accounting Research 36, 209-229.

Davis, M., 1990. Differential market reaction to pooling and purchase methods. The Accounting Review 65, 696-709.

DeAngelo, L., 1986. Accounting numbers as market valuation substitutes: a study of management buyouts of public stockholders. The Accounting Review 61, 400-420.

DeAngelo, H., DeAngelo, L., Skinner, D. J., 1994. Accounting choice in troubled companies. Journal of Accounting and Economics 17, 113-143.

Dechow, P., Skinner, D., 2000. Earnings management: reconciling the views of accounting academics, practitioners, and regulators. Accounting Horizons 14, 235-250.

Dechow, P. M., Sloan, R. G., 1991. Executive incentives and the horizon problem: an empirical investigation. Journal of Accounting and Economics 14, 51-89.

Dechow, P., Sloan, R., Sweeney, A., 1995. Detecting earnings management. The Accounting Review 70, 193-225.

Dechow, P., Hutton, A., Sloan, R., 1996. Economic consequences of accounting for stock-based compensation. Journal of Accounting Research 34 (Suppl.), 1-20.

DeFond, M. L., Jiambalvo, J., 1994. Debt covenant violation and manipulation of accruals. Journal of Accounting and Economics 17, 145-176.

DeFond, M. L., Park, C. W., 1997. Smoothing income in anticipation of future earnings. Journal of Accounting and Economics 23, 115-139.

Dhaliwal, D., Wang, S.-w., 1992. The effect of book income adjustment in the 1986 alternative minimum tax on corporate financial reporting. Journal of Accounting and Economics 15, 7-26.

Dhaliwal, D. S., Frankel, M., Trezevant, R., 1994. The taxable and book income motivations for a lifo layer liquidation. Journal of Accounting Research 32, 278-289.

Dopuch, N., 1989. In: The Auto-and Cross-sectional Correlations of Accounting Research, from The State of Accounting Research as We Enter the 1990s. Board of Trustees of the University of Illinois, Champaign, pp. 40-65.

D'Souza, J. M., 1998. Rate-regulated enterprises and mandated accounting changes: the case of electric utilities and post-retirement benefits other than pensions (SFAS No. 106). The Accounting Review 73, 387-410.

Duke, J. C., Hunt III, H. G., 1990. An empirical examination of debt covenant restrictions and accounting-related debt proxies. Journal of Accounting and Economics 12, 45-64.

Dye, R. A., Verrecchia, R. E., 1995. Discretion vs. uniformity: choices among GAAP. The Accounting Review 70.

Easterbrook, F. H., Fischel, D. R., 1991. The Economic Structure of Corporate Law. Harvard University Press, Cambridge.

Eldenburg, L., Soderstrom, N., 1996. Accounting system management by hospitals operating in a changing regulatory environment. The Accounting Review 71, 23-42.

Elliott, J., Shaw, W., 1988. Write-offs as accounting procedures to manage perceptions. Journal of Accounting Research 26 (Suppl.), 91-119.

Erickson, M., Wang, S.-w., 1999. Earnings management by acquiring firms in stock for stock mergers. Journal of Accounting and Economics 27, 149-176.

Evans, J., Sridhar, S., 1996. Multiple control systems, accrual accounting, and earnings management. Journal of Accounting Research 34, 45-65.

Feroz, E., Park, K., Pastena, V., 1991. The financial and market effects of the SECs accounting and auditing enforcement releases. Journal of Accounting Research 29 (Suppl.), 107-142.

Francis, J., 1990. Corporate compliance with debt covenants. Journal of Accounting Research 28, 326-347.

Francis, J., Hanna, D., Vincent, L., 1996. Causes and effects of discretionary asset write-offs. Journal of Accounting Research 34 (Suppl.), 117-134.

Frost, C., Kinney, W., 1996. Disclosure choices of foreign registrants. Journal of Accounting Research 34, 67-84.

Gaver, J., Gaver, K., 1998. The relation between nonrecurring accounting transactions and CEO cash compensation. The Accounting Review 73, 235-253.

Gaver, J., Gaver, K., Austin, J., 1995. Additional evidence on bonus plans and income management. Journal of Accounting and Economics 19, 3-28.

Guay, W., Kothari, S. P., Watts, R., 1996. A market-based evaluation of discretionary accrual models. Journal of Accounting Research 34 (Suppl.), 83-105.

Guenther, D. A., 1994. Earnings management in response to corporate tax rate changes: evidence from the 1986 tax reform act. The Accounting Review 69, 230-243.

Guenther, D. A., Maydew, E. L., Nutter, S. E., 1997. Financial reporting, tax costs and book-tax conformity. Journal of Accounting and Economics 23, 225-248.

Guidry, F., Leone, A. J., Rock, S., 1999. Earnings-based bonus plans and earnings management by business-unit managers. Journal of Accounting and Economics 26, 113-142.

Hagerman, R. L., Zmijewski, M., 1979. Some economic determinants of accounting policy choice. Journal of Accounting and Economics 1, 141-161.

Hall, S. C., Stammerjohan, W. W., 1997. Damage awards and earnings management in the oil industry. The Accounting Review 72, 47-65.

Han, J. C. Y., Wang, S.-w., 1998. Political costs and earnings management of oil companies during the 1990 persian gulf crisis. The Accounting Review 73, 103-117.

Hand, J. R. M., 1993. Resolving LIFO uncertainty: a theoretical and empirical reexamination of 1974-75 LIFO adoptions and nonadoptions. Journal of Accounting Research 31, 21-49.

Hand, J. R. M., 1995. 1974 LIFO excess stock return and analyst forecast error anomalies revisited. Journal of Accounting Research 33, 175-191.

Hand, J. R., Skantz, T. R., 1998. The economic determinants of accounting choices: the unique case of equity carve-outs under SAB 51. Journal of Accounting and Economics 24, 175-203.

Hand, J. R. M., Hughes, P. J., Sefcik, S. E., 1990. In substance defeasances. Journal of Accounting and Economics 13, 47-89.

Harris, D. G., 1993. The impact of U. S. tax law revision on multinational corporations capital location and income-shifting decisions. Journal of Accounting Research 31 (Suppl.), 111-140.

Harris, M., 1998. The association between competition and managers' business segment reporting decisions. Journal of Accounting Research 36, 111-128.

Haw, I.-M., Jung, K., Lilien, S. B., 1991. Overfunded defined benefit pension plan settlements without asset reversion. Journal of Accounting and Economics 14, 295-320.

Hayes, R., Lundholm, R., 1996. Segment reporting to the capital market in the presence of a competitor. Journal of Accounting Research 34, 261-279.

Healy, P., 1985. The impact of bonus schemes on the selection of accounting principles. Journal of Accounting and Economics 7, 85-107.

Healy, P., 1996. A discussion of a market-based evaluation of discretionary accrual models. Journal of Accounting Research 34 (Suppl.), 83-105.

Healy, P., Palepu, K., 1990. Effectiveness of accounting-based dividend covenants. Journal of Accounting and Economics 12, 97-123.

Healy, P. M., Wahlen, J. M., 1999. A review of the earnings management literature and its implications for standard setting, paper prepared for discussion at the 1998 AAA/FASB Financial Reporting Issues Conference, Accounting Horizons 13, 365-384.

Healy, P., Kang, S.-H., Palepu, K. G., 1987. The effect of accounting procedure changes on CEOs cash salary and bonus compensation. Journal of Accounting and Economics 9, 7-34.

Hirst, D. E., Hopkins, P. E., 1998. Income reporting and valuation judgments. Journal of Accounting Research 36 (Suppl.), 47-75.

Holthausen, R., 1990. Accounting method choice: opportunistic behavior, efficient contracting and information perspectives. Journal of Accounting and Economics 12, 207-218.

Holthausen, R., 1994. Discussion of estimation and market valuation of environmental liabilities relating to superfund sites. Journal of Accounting Research 32 (Suppl.), 211-219.

Holthausen, R., Leftwich, R., 1983. The economic consequences of accounting choice: implications of costly contracting and monitoring. Journal of Accounting and Economics 5, 77-117.

Holthausen, R., Larcker, D., Sloan, R., 1995. Annual bonus schemes and the manipulation of earnings. Journal of Accounting and Economics 19, 29-74.

Hong, H., Kaplan, R., Mandelker, G., 1978. Pooling vs. purchase: the effects of accounting for mergers on stock prices. The Accounting Review 53, 31-47.

Hopkins, P., 1996. The effect of financial statement classification of hybrid financial instruments on financial analysts stock price judgments. Journal of Accounting Research 34 (Suppl.), 33-50.

Hunt, A., Moyer, S., Shevlin, T., 1996. Managing interacting accounting measures to meet multiple objectives: a study of LIFO firms. Journal of Accounting and Economics 21, 339-374.

Ittner, C. D., Larcker, D. E., Rajan, M. V., 1997. The choice of performance measures in annual bonus contracts. The Accounting Review 72, 231-255.

Jacob, J., 1996. Taxes and transfer pricing: income shifting and the volume of intrafirm transfers. Journal of Accounting Research 34, 301-312.

Jennings, R., Simko, P., Thompson, R., 1996. Does LIFO inventory accounting improve the income statement at the expense of the balance sheet? Journal of Accounting Research 34, 85-109.

Jensen, M. C., Meckling, W. H., 1976. Theory of the firm: managerial behavior, agency costs, and ownership structure. Journal of Financial Economics 3, 305-360.

Jones, J. J., 1991. Earnings management during import relief investigations. Journal of Accounting Research 29, 193-228.

Kang, S.-H., 1993. A conceptual framework for stock price effects of LIFO tax benefits. Journal of Accounting Research 31, 50-61.

Kang, S.-H., Sivaramakrishnan, K., 1995. Issues in testing earnings management and an instrumental variable approach. Journal of Accounting Research 33, 353-367.

Kasznik, R., 1999. On the association between voluntary disclosure and earnings management. Journal of Accounting Research 37, 57-81.

Key, K. G., 1997. Political cost incentives for earnings management in the cable television industry. Journal of Accounting and Economics 23, 309-337.

Kim, M.-S., Kross, W., 1998. The impact of the 1989 change in bank capital standards on loan loss provisions and loan write-offs. Journal of Accounting and Economics 25, 69-99.

Klassen, K. J., 1997. The impact of inside ownership concentration on the trade-off between financial and tax reporting. The Accounting Review 72, 455-474.

Klassen, K., Lang, M., Wolfson, M., 1993. Geographic income shifting by multination corporations in response to tax rate changes. Journal of Accounting Research 31 (Suppl.), 141-173.

Lakonishok, J., Shleifer, A., Vishny, R., 1994. Contrarian investment, extrapolation and risk. Journal of Finance 49, 1541-1578.

Leftwich, R., 1990. Aggregation of test statistics: statistics vs. economics. Journal of Accounting and Economics 12, 37-44.

Lev, B., Ohlson, J. A., 1982. Market-based empirical research in accounting: a review, interpretation, and extension. Journal of Accounting Research 20 (Suppl.), 249-322.

Levitt, A., 1998. The Numbers Game. Speech at New York University, September 28.

Lewellen, W. G., Park, T., Ro, B. T., 1996. Self-serving behavior in managers discretionary information disclosure decisions. Journal of Accounting and Economics 21, 227-251.

Lys, T., 1984. Mandated accounting changes and debt covenants: the case of oil and gas accounting. Journal of Accounting and Economics 9, 39-66.

Malmquist, D. H., 1990. Efficient contracting and the choice of accounting method in the oil and gas industry. Journal of Accounting and Economics 12, 173-205.

Matsunaga, S. R., 1995. The effects of financial reporting costs on the use of employee stock options. The Accounting Review 70, 1-26.

Maydew, E., 1997. Tax-induced earnings management by firms with net operating losses. Journal of Accounting Research 35, 83-97.

Maydew, E., Schipper, K., Vincent, L., 1999. The impact of taxes on the choice of divestiture method. Journal of Accounting and Economics 28, 117-150.

Modigliani, F., Miller, M., 1958. The cost of capital, corporation finance and the theory of investment. American Economic Review 48, 261-297.

Moyer, S. E., 1990. Capital adequacy ratio regulations and accounting choices in commercial banks. Journal of Accounting and Economics 13, 123-154.

Murphy, K. J., Zimmerman, J. L., 1993. Financial performance surrounding CEO turnover. Journal of Accounting and Economics 16, 273-315.

O'Hara, M., Shaw, W., 1990. Deposit insurance and wealth effects: the value of being too big to fail. The Journal of Finance 45 (5), 1587-1600.

Penno, M. C., Watts, J. S., 1991. An independent auditor's ex post criteria for the disclosure of information. Journal of Accounting Research 29 (Suppl.), 194-212.

Perry, S. E., Williams, T. H., 1994. Earnings management preceding management buyout offers. Journal of Accounting and Economics 18, 157-179.

Petroni, K. R., 1992. Optimistic reporting in the property casualty insurance industry. Journal of Accounting and Economics 15, 485-508.

Pourciau, S., 1993. Earnings management and non-routing executive changes. Journal of Accounting and Economics 16, 317-336.

Press, E. G., Weintrop, J. B., 1990. Accounting-based constraints in public and private debt agreements, their association with leverage and impact on accounting choice. Journal of Accounting and Economics 12, 65-95.

Rees, L., Gill, S., Gore, R., 1996. An investigation of asset write-downs and concurrent abnormal accruals. Journal of Accounting Research 34 (Suppl.), 157-169.

Robinson, J. R., Shane, P. B., 1990. Acquisition accounting method and bid premia for target firms. The Accounting Review 65, 25-48.

Schipper, K., 1999. Implications of requirement to discuss quality (not just acceptability) of reporting on accounting research and the decision making of standard setter, regulators, management, audit committees, and auditors. Address at the 1999 AAA/FASB Financial Reporting Issues Conference.

Scholes, M. S., Wilson, G. P., Wolfson, M. A., 1992. Firms' responses to anticipated reduction in tax rates: the tax reform act of 1986. Journal of Accounting Research 30 (Suppl.), 161-185.

Sengupta, P., 1998. Corporate disclosure quality and the cost of debt. The Accounting Review 73, 459-474.

Skinner, D. J., 1993. The investment opportunity set and accounting procedure choice: preliminary evidence. Journal of Accounting and Economics 16, 407-445.

Smith, C., 1993. A perspective on accounting-based debt covenant violations. The Accounting Review 68, 289-303.

Smith, C. W., Warner, J. B., 1979. On financial contracting: an analysis of bond covenants. Journal of Financial Economic 7, 117-162.

Strong, J., Meyer, J., 1987. Asset write-downs: managerial incentives and security returns. Journal of Finance 42, 643-661.

Subramanyam, K. R., 1996. The pricing of discretionary accruals. Journal of Accounting and Economics 22, 249-281.

Sweeney, A. P., 1994. Debt-covenant violations and managers accounting responses. Journal of Accounting and Economics 17, 281-308.

Tse, S., 1990. LIFO liquidations. Journal of Accounting Research 28, 229-238.

Wagenhofer, A., 1990. Voluntary disclosure with a strategic opponent. Journal of Accounting and Economics 12, 341-363.

Warfield, T. D., Wild, J. J., Wild, K. L., 1995. Managerial ownership, accounting choices, and informativeness of earnings. Journal of Accounting and Economics 20, 61-91.

Watts, R. L., Zimmerman, J. L., 1978. Towards a positive theory of the determination of accounting standards. Account ing Review 53, 112-134.

Watts, R. L., Zimmerman, J. L., 1979. The demand for and supply of accounting theories, the market for excuses. The Accounting Review 54, 273-305.

Watts, R. L., Zimmerman, J. L., 1986. Positive Accounting Theory. Prentice-Hall, Englewood Cliffs, NJ.

Watts, R. L., Zimmerman, J. L., 1990. Positive accounting theory: a ten year perspective. The Accounting Review 65, 131-156.

Williams, T. H., 1989. In: Discussant's remarks on Nichola's Dopuchs paper: The Auto-and Cross-Sectional Correlations of Accounting Research, from The State of Accounting Research as We Enter the 1990s. Board of Trustees of the University of Illinois, Champaign, pp. 66-71.

Zmijewski, M., Hagerman, R., 1981. An income strategy approach to the positive theory of accounting standard setting/choice. Journal of Accounting and Economics 3, 129-149.

对"会计选择研究"的评论 *

Jennifer Francis

李远鹏 译

摘要

　　本文从四个方面对 Fields，Lys and Vincent 有关会计选择的评论性文章进行了分析。这四个方面分别是：有关作者这种扩展性的会计选择定义以及对文献基于管理者动机进行分类的方法的含义；在会计选定定义中包含执行的含义；作者有关加强会计选择后果研究的建议，包括研究差会计选择的成本和好会计选择的收益；作者有关加强会计选择研究设计的建议。

　　JEL 分类号：M41

　　关键词：会计选择；会计判断与估计；会计应计；自愿披露

§1　引言

　　Fields et al. (2000) (FLV) 对于 1990 年发表于 *Journal of Accounting and Economics*，*Journal of Accounting Research* 以及 *The Accounting Review* 三大会计学刊上有关会计选择（Lev and Ohlson，1982；Holthausen and Leftwich，1983；Bernard，1989；Dopuch，1989；Watts and Zimmerman，1990）的经验研究论文和解析研究论文作了回顾。本文的评论基于参加研讨会的诸位人士对初始版本的评论以及我自己对修订版本的一些理解。研讨会的评论主要集中于如下几点：会计选择的定义问题；FLV 对会计选择的分类，以及这一分类对于理解会计选择文献和管理层的会计选择的含义；作者的结论和建议。我的评论包含了这三个方面以及 FLV 对未来研究的一些建议。

---

　　* Jennifer Francis，杜克大学。

§2 会计选择的定义

有关会计选择的定义之所以非常重要，是因为这关系到研究的主题与现象的范围。如果缺乏一致的定义，就会阻碍研究的进展（例如，盈余质量和盈余管理）；反过来，如果定义比较含混或者范围过大，就会导致对我们已经了解的知识的争议。FLV 有意将会计选择的定义扩大，包括"那些旨在影响（形式上的或者实质上的）会计系统结果的所有决定"。

FLV 有关会计选择的定义从如下几个维度上说是过大的。一是**决策制定者的性质**。按照 FLV 的定义，决策制定者包括管理层、审计师、审计委员会成员，如果关注于执行指南（例如，FASB 的应急问题任务组的行动），甚至还包括了准则制定组织。而大多数会计选择的研究仅仅包括那些管理层的会计选择行为。这意味着研究者采用了和本评论一致的定义。然而，在他们的研究中，管理层要权衡所有利益相关者的动机（例如股东和监管者），因为他们有兴趣也有能力影响会计信息。

将会计选择的定义扩大到包含除管理层以外的决策者，意味着很多的研究机会。例如，当我们面临一些有争议或者有歧义的会计准则指南的时候，就可以检验审计师的决策过程以及审计委员会监督管理层选择以及执行会计方法的过程。因此，FLV 有关会计选择的定义意味着我们可以做一些有关审计以及公司治理的研究。

第二个扩展 FLV 有关会计选择定义的维度是**选择的性质**，这一维度包括：在等价的会计准则之间进行选择（我称之为"硬"的会计选择，例如对存货定价的 LIFO 和 FIFO；长期资产的直线折旧法和加速折旧法）；对 GAAP 的估计和判断（例如，对长期资产的使用期和残值的估计）；披露的决策（对会计政策的描述）；时间决策（当允许公司选择会计准则的执行时点的时候，公司可能会使用这个选择权）；游说行为（例如，游说 FASB，从而阻止其发布有关雇员期权费用化的会计准则）；列示的选择（采用一张报表或两张报表或者所有者权益的一部分来列示 SFAS 130 的综合收益）；综合列示（例如，收益的哪一部分被单独列示）；分类决定（对于衍生证券作为权益或者负债的决定）；通过构造交易来实现特定的会计数据（例如，各种类型的表外负债）；真实的生产和投资决策（例如，降低研发费和广告费）。

这种有关会计选择的定义包含了影响会计数据的多种行为。从现金流量维度看，会计选择包含了所有真实决策（即有直接现金流影响的决策）的影响，和那些没有真实影响的会计决策（例如，管理层通过直接费用化的在研项目和可按三年摊销的发展项目之间分摊兼并溢价）相比，这类决策的会计后果可能是次要的。基于现金流量影响区分会计选择的维度之所以非常重要，是因为正如 FLV 所指出的，真实决策的动机可能和会计结果不相关，而会计决策的动机必须和会计结果相关。

FLV 有关会计选择定义的另一个维度是对净利润的影响。有些选择对净利润的影响是直接的，而且是长时间的，例如有关延长资产使用寿命的决策；有些决策仅仅影响净利润的分类和在年度之间的分布，例如利润项目的合并和分类。这意味着有些会计选择会影响多期会计利润（例如，提高贷款损失的准备），有些会计选择影响多期会计利润的构成（例如，将销售成本分类为销售费用），[1] 而有些会计选择可能会同时影响前述二者（例如，一些与合并相关的费用可能错误地包括了未来的经营费用）。或许随着各种选择方法的后果不同，选择的动机也不一样。

FLV 有关会计选择的定义对动机只字不提。在他们论文第 3 部分有关会计选择分类的证据中，导致会计选择的原因是多样的：可能是为了管理层自身的利益，也可能是为了最大化股东的财富而损害了其他利益相关者，或者是为了提供信息。并不清楚这些动机和会计选择方法是否相匹配，从这种意义上讲，为了获得想要的结果，仅仅若干种方法被使用或者说被成功地使用（我在第 5 部分会更详细地讨论这一问题）。FLV 认为一次仅研究一种动机过于狭隘，尽管我同意他们的说法，但是他们对会计选择和动机的扩大化却是我不能接受的。

§3 FLV 有关会计选择定义的后果

FLV 采用了一个扩大化的会计选择定义，这导致了如下几个后果。第一，会计选择和其他领域的划分（例如，自愿披露、薪酬契约、公司治理等）变得比较困难。第二，也是比较正面的结果，FLV 提供了一个更为宽广的会计研究领域。通过采用这一广义的会计选择定义，FLV 总结并批判了会计领域的相当一部分文献。第三，可能也是对未来研究最为重要的，他们有关会计选择的定义除包含了会计选择本身外还有对会计方法的执行，我认为有关执行的论题为我们理解会计选择的动机和后果提供了更多的机会。

将对会计方法的执行作为会计选择的关键因素和那些评价财务报告后果的组织的行为是一致的。例如，负责美国财务报告系统的证券交易委员会（SEC），现在对会计方法的执行比选择更为重视。特别地，SEC 的委员会成员和其他成员的讲话表明他们对执行更为关注（e. g., Levitt, 1998）。最近的 SEC 专职会计公告（Staff Accounting Bulletins, SABs）就非常关注若干会计选择复杂的执行情况，例如，对重要性的判断（SAB No. 99）、改组的时间和数量（SAB No. 100）以及收入确认（SAB No. 101）。

Feroz et al. （1991）研究了 1982—1989 年 SEC 发布的会计与审计执行书（Accounting and Auditing Enforcement Releases，AAERs）；发现 70% 的 AAERs 是执行的结果：提前确认收入和推迟确认存货减值。与此类似，Palmrose and Scholz（2000）研究了 1995—1999 年的报表重述，发现 44% 涉及纯粹技术上的执行，例如，重组费用、在研 R&D 调整等。

另外一种评价财务报告结果的方法是对有缺陷财务报告的集体诉讼。Francis et al.（1994）研究了 1988—1991 年的 103 起集体诉讼，发现其中绝大部分与收入确认、存货和其他资产估价以及贷款损失准备的估计相关，仅有两起涉及没有执行 GAAP 的情况。[2]

上述研究结果对 FLV 至少有两点含义。第一，这些研究表明并非股东或其他人在 GAAP 内没有按照股东财富最大化进行会计选择（例如，FIFO 和 LIFO），而是管理层在执行会计政策的时候出了问题。因此对于学者而言，这意味着应当更多地研究会计政策的执行而非会计政策的选择。我在第 4 部分还要再讨论这一点。

这些研究的第二个含义是 FLV 所倡导的会计选择的后果研究。有关 AAERs 以及集体诉讼的研究表明了未良好执行会计政策所带来的后果，并表明将这些不好的会计政策的负面影响（例如，股东、债权人以及纳税人的损失；资本成本的提高或者进入资本市场的障碍）量化是对这一领域研究的扩展。同理，管理层和其他相关人士可能对较好地执行会计政策所带来的利益更感兴趣，因此需要直接和客观地度量这些收益。然而，确认这些收益比确认损失更为困难（see Botosan，1997）。

§4 执行决策和会计选择决策

§4.1 对研究者应关注于执行决策建议的回应

对执行决策的关注可以采用合并法和非合并法。有关合并法的最佳例证是有关可操纵应计和非可操纵应计的研究。而非合并法则关注于那些要求管理层判断以及对企业盈利能力有重大影响的项目（例如，银行业的贷款损失准备（Wahlen（1994）以及其他学者的研究）和保险业的损失准备的修订（Petroni，1992）。

在 FLV 考虑多种会计选择或者至少多种选择综合影响的框架下，合并法是有优势的。这一方法的不足，正如 FLV 所提到的，包括两点：一是这些模型都很难准确地估计可操纵应计；二是应计本身很难准确地描述管理层的选择。

在 FLV 的框架下，非合并法也有其潜在的优势，主要就是研究者通过分析决策者所面临动机上的权衡，可以给出更为准确的预测。这一方法和 FLV 建议的更为一致：会计研究者利用他们的专业优势来优化会计选择的研究设计。一个有关非合并法的示例是 Miller and Skinner（1998）对于递延所得税资产的研究。他们通过研究管理层对递延所得税备抵的估计，区分这些估计是基于 SFAS 109 的意图（FLV 所言的信息不对称动机），还是降低负债相关的限制（FLV 的代理成本动机），抑或是盈余平滑（FLV 的信息不对称动机）。

在 FLV 的框架下非合并法也有其劣势，就是仅仅提供了一个动机和一种会计选择方法的证据。我认为 FLV 对此类研究的评价过于悲观。我认为非合并法可以将一个个单独的研究结论或者一套监管的证据组合起来，从而可以提供总的结果。但是会计研究者们并不注重将他们的结果仔细而彻底地关联起来，也不注重将他们的研究结果一般化以及保持对已有文献的继承性。这些都给论文阅读者一个杂乱无章的印象。

§4.2 对学者应关注于多种会计选择建议的回应

FLV 还建议应当按照 Hagerman and Zmigewski（1979）以及 Hagerman（1981）的思路，研究多种会计方法。最近采用这一思路的是 Bowen et al.（2000）对 1984 年、1990 年和 1996 年有关存货和折旧方法选择的研究。他们考虑了 20 年来有关研究涉及的 19 个解释变量，并计算了这些变量的解释能力。他们发现，作为整体，解释能力为 23%～27%，同行业会增加 5%～10%。Bowen et. al. 的结论比 FLV 要乐观得多："我们有关会计方法选择决定因素的研究表明，过去 20 年来进步很大。"导致 Bowen et. al. 过于乐观的原因在于他们关注于已有研究的整体，而非单个研究之间那些或大或小的不一致性。

相对其他准则，美国的 GAAP 给予公司的选择权较少，这意味着 FLV 有关更多关注会计选择的建议在国际比较研究中会更有效。比如，一些国际会计准则（IAS）提供了基准的方法和允许的选择。与报表评估者对有关 IAS 允许更多选择权的研究更有兴趣的观点一致，1999 年 8 月 15 日，SEC 首席会计师 Lynn Turner 在致美国会计学会（AAA）的一封信中[3]就要求更多的相关研究，包括公司使用 IAS 提供的选择权的特征以及选择使用的频率。

§5　会计选择文献的分类

FLV 在其修订稿中，将会计选择文献基于会计选择的动机进行分类：代理成本、信息不对称以及第三方契约。作者之所以这么分类，是因为他们认为每种类别下的问题和解决方法都是类似的。我同意 FLV 的分类法，因为该方法可以将众多不同的文献组织起来。作者的分类方法也让人们期望他们综合评价每种方法下的研究结论，以便对证据的贡献作出判断。然而令我感到吃惊的是，作者并没有为针对每种动机的研究提供更多有益的解释，而是仅仅强调由于缺乏其他动机导致了研究的不足。而且，虽然 FLV 针对单个动机的研究以及多动机的研究作了总结，但他们并没有指出这两类研究的主要差别（比如，研究问题的性质、研究设计以及数据可得性）。由于缺乏对多动机研究或者动机权衡研究的理解，我们无法得知如何应对 FLV 所倡导的多动机研究。

FLV 的修订稿仅仅保留了基于动机的分类方法。而在早前的会议论文版本中，他们还建议采用两种分类方法，即对会计选择的研究既基于动机分类又基于会计方法分类。FLV 有关会计选择的定义以及他们认为目前缺乏对会计选择组合的研究表明，他们认为在各会计方法间进行的会计选择是有趣且重要的。例如，采用特定种类的会计选择是最好的还是唯一的能够达到特定目标的方法？

在会议的讨论中，与会者提出，如果没有特定的环境，作者是否可以将管理层对会计方法的偏好进行排序。与会者提出的排序是将会计方法从最有效率到最没有效率进行排序。因为考虑到如果股东、监管者以及第三方可以轻易地看穿会计选择，那么最简单且直接的方法可能并非有效。即虽然从 LIFO 到 FIFO 的转换非常简单，但这种"硬"的会计选择变化可能导致其很容易被看穿。

与会者认为在缺乏特定环境的情形下，这种排序是不可能的，而且即使有特定的环境，信息充分和理性的投资者可能也不会同意这种排序。尽管存在争议，与会者还是认为研究人员应当使用行业知识和制度背景知识来优化研究设计（例如，可以关注特定种类的会计选择），而这可以提高我们对会计选择的决定因素和后果的理解。[4]这种例子包括 Jones（1991）有关反倾销调查期间公司向下的利润操纵；Beatty et al.（1995）和 Collins（1995）的银行盈余管理；Bartov（1993）对资产销售的分析。利用制度背景知识优化研究设计的研究包括 McNichols and Wilson（1988）对借款坏账估计的分析、Francis et al.（1996）发现资产减值有赖于 GAAP 允许范围内的度量以及确认的灵活性。

§6　FLV 的结论

FLV 认为对于会计选择的后果和动机的理解有所进步，但是这种进步在过去 10 年里非常缓慢。他们认为有三个主要的原因，一是现有的研究没有提供会计选择含义的直接证据，作者认为应当更多地关注选择的成本和收益。二是研究者通常仅研究一个动机和一种选择，这是不恰当的。三是研究者未能有效地改进研究设计和方法。

由于作者仔细分析了所有文献，所以很难反驳这些批评。然而，我没有将 FLV 对会计选择研究的批评作为一个负面的信号。我认为，FLV 的这些批评不应作为不足和缺陷，而应作为未来研究机会的指示器。特别是对于多动机的讨论，作者还讨论了取得突破的方法。

现在重新考虑作者的建议，我们还是很难反驳作者有关可以从更好的理论模型受益的观点。第二个评论，即研究者应当更多和更深入地利用他们的专业优势来进行研究设计，这不仅和会计选择文献相关，还要求研究者平衡研究特定会计的收益（意味着一次仅研究一种决策）和众多度量方法的收益（意味着研究众多决策的后果）。或许最为有用的建议是尝试计算会计选择的成本和收益。如果研究有关会计选择事前的期望收益，那么了解这些选择是否有好的影响将是很有趣的。

注释

[1] 有学者认为，对于那些其销售毛利要经过详细审查的企业的经理而言，他们有动机将费用从销售成本转移到类似于销售费用的账户中去，因为这些项目不计算在销售毛利之中（MacDonald，2000）。

[2] St. Pierre and Anderson (1984) 以及 Lys and Watts (1994) 发现，高估资产和收入最易导致针对审计师的诉讼，这和他们的结果是一致的。不过他们的研究最大的不足在于，他们没有区分违反 GAAP 的诉讼和在 GAAP 内滥用选择权的诉讼。

[3] 这封信可以在 SEC 的网站上查到：www. sec. gov/news/extra/aaacall. htm。

[4] 有关盈余管理的研究也得到类似的结论，参见 Guay et al. (1996) 以及 Dechow et al. (1995)。

参考文献

Bartov, E., 1993. The timing of asset sales and earnings manipulation. The Accounting Review 68, 840-855.

Beatty, A., Camberlain, S., Magliolo, J., 1995. Managing financial reports of commercial banks: the influence of taxes, regulatory capital, and earnings. Journal of Accounting Research 33, 231-261.

Bernard, V., 1989. Capital Markets Research in Accounting During the 1980s: A Critical Review from The State of Accounting Research as We Enter the 1990s. Board of trustees of the University of Illinois, Champaign.

Botosan, C., 1997. Disclosure level and the cost of equity capital. The Accounting Review 72, 323-349.

Bowen, R., DuCharme, L., Shores, D., 2000. Economic and Industry Determinants of Accounting Choice. Working paper, University of Washington.

Collins, J., Shackleford, D., Wahlen, J., 1995. Bank differences in the coordination of regulatory capital, earnings and taxes. Journal of Accounting Research 33, 263-291.

Dechow, P., Sloan, R., Sweeney, A., 1995. Detecting earnings management. The Accounting Review 70, 193-225.

Dopuch, N., 1989. The Auto-and Cross-Sectional Correlations of Accounting Research from The State of Accounting Research As We Enter the 1990s. Board of Trustees of the University of Illinois, pp. 40-65, Champaign.

Feroz, E., Park, K., Pastena, V., 1991. The financial and market effects of the SEC's accounting and auditing enforcement actions. Journal of Accounting Research (Suppl.), 107-142.

Fields, T., Lys, T., Vincent, L., 2000. Empirical research on accounting choice. Journal of Accounting and Economics 31, 255-307.

Francis, J., Hanna, D., Vincent, L., 1996. Causes and effects of discretionary asset write-offs. Journal of Accounting Research (Suppl.), 117-134.

Francis, J., Philbrick, D., Schipper, K., 1994. Determinants and Outcomes of Class Action Securities Litigation. Duke University and Portland State University Working paper.

Guay, W., Kothari, S. P., Watts, R., 1996. A market-based evaluation of discretionary accrual models. Journal of Accounting Research (Suppl.), 83-105.

Holthausen, R., Leftwich, R., 1983. The economic consequences of accounting choice: implications of costly contracting and monitoring. Journal of Accounting and Economics 5, 77-117.

Jones, J., 1991. Earnings management during import relief investigations. Journal of Accounting Research 29, 193-228.

Lev, B., Ohlson, J., 1982. Market-based empirical accounting research in accounting: a review, interpretation, and extension. Journal of Accounting Research (Suppl.), 294-322.

Levitt, A., 1998. The Numbers Game. Speech delivered at NYU Center for Law and Business New York, NY, September 28.

Lys, T., Watts, R., 1994. Lawsuits against auditors. Journal of Accounting Research (Suppl.), 65-93.

MacDonald, Elizabeth, 2000. Fess-Up Time. Forbes (September 18) 80, 84.

McNichols, M., Wilson, P., 1988. Evidence of earnings management from the provision for bad debts. Journal of Accounting Research (Suppl.), 1-40.

Miller, G., Skinner, D., 1998. Determinants of the valuation allowance for deferred tax assets under SFAS No. 109. The Accounting Review 73 (2), 213-233.

Palmrose, Z.-V., Scholtz, S., 2000. Restated financial statements and auditor litigation. Working paper, University of Southern California and University of Kansas.

Petroni, K., 1992. Optimistic reporting in the property-casualty insurance industry. Journal of Accounting and Economics 4, 485-508.

St. Pierre, K., Anderson, J., 1984. An analysis of the factors associated with lawsuits against auditors. The Accounting Review 2, 242-262.

Wahlen, J., 1994. The nature of information in commercial bank loan loss provisions. The Accounting Review 3, 455-478.

Watts, R., Zimmerman, J., 1990. Positive accounting theory: a ten year perspective. The Accounting Review 65, 131-156.

会计领域中的经验税务研究*

Douglas A. Shackelford，Terry Shevlin

宋衍蘅　译

摘要

　　本文追述了过去 15 年来会计领域中以微观经济学为基础的、档案式的经验税务研究的发展状况。本文重点讨论了三个研究领域：（1）税与非税因素的协调；（2）税收对资产价格的影响；（3）不同税收管辖权（国际和州际）下的税收问题。本文还讨论了这些领域的研究方法问题，并在最后讨论了未来研究的可能发展方向。

　　JEL 分类号：M41；H25；K34；G32；F23

　　关键词：税收；经验税务研究；非税成本；财务报告成本；税收资本化

§1　引言

　　一直以来，税务研究都在试图解决学术界和政府所关心的三个问题：税收重要吗？如果不重要，为什么？如果重要，重要性有多大？目前会计领域中的税务研究应用了 Scholes and Wolfson（SW，1992）[1] 所建立的分析框架来解决这些问题。本文追溯了这个研究框架的起源，及其对过去 15 年来会计领域中以微观经济学为基础的、档案式的经验税务研究的影响。本文试图向博士生和其他感兴趣的研究者介绍这一领域的历史发展情况，并帮助他们明确现有文献中尚未解决的重要问题。

　　尽管税务研究在经济和财务领域的研究历史很长，而且许多会计界人士也擅长进行纳税筹划和提供合规服务，但是，会计学术界却迟迟没有把它作为一个重要的研究领域。在

---

　　* We appreciate the helpful comments by Jennifer Blouin, Julie Collins, Merle Erickson, Bill Gentry, John Graham, David Guenther, John Hand, Michelle Hanlon, Deen Kemsley, Ed Maydew, Mary Margaret Myers, Jana Smith Raedy, Doug Skinner, Ross Watts, Robert Yetman, Jerry Zimmerman and the Research assistance by Courtney Edwards.

　　Douglas A. Shackelford，北卡罗来纳大学 Kenan-Flagler 商学院；Terry Shevlin，华盛顿大学商学院。

20 世纪 80 年代中期以前，除了有关存货成本的实证研究（e. g. , Ball，1972；Dopuch and Ronen，1973；Sunder，1973，1975）以外，我们可以将其他会计学者所作的税务研究分为两类：(a)法律研究：评价税收对外部交易的影响，一般发表在法学期刊上；(b)政策研究：评价税收对收入分配和经济效率的影响，一般发表在公共经济学期刊上。一般意义上的会计期刊很少发表税务研究论文。很多开创性的公司财务研究考虑到了税收问题（e. g. , Modigliani and Miller 1963），而且他们也对财务会计研究产生了一定的影响，但是并没有影响到会计领域中的税务研究。

到 80 年代中期，财务界对税务研究渐渐失去了兴趣。Myers（1984，p. 588）在他的主席致词中表达了财务界对经验税务研究的失望："我不知道有哪个研究清楚地证实了企业税务状况对其债务政策产生了可以预见的重要影响。我想这个研究的出现还需要一段时间。"财务学教授 Scholes 和会计学教授 Wolfson 回应了这个问题，他们采用微观经济学视角来分析税收可能重要的情况。

Scholes-Wolfson 的研究范式并没有提出新的理论或方法。它既没有关注具体的法律细节，也没有提出政策建议。相反，它试图采用实证分析方法来解释税收在经济组织中的作用，广泛地吸收了公司财务和公共经济学的研究方法，整合了两个完全不同的知识体系：微观经济学和税法。这个研究范式是现代会计领域中经验税务研究的核心，在公共经济学中发挥着重要的作用，对公司财务也有深远影响。

Scholes-Wolfson 的理论框架围绕着三个中心主题展开，即所有交易参与者、所有税收支出和所有成本。这三个主题并没有什么新意，也没有什么与直觉不符的地方：

● "有效税务筹划要求筹划者考虑拟进行的交易对交易各方的税收含义。

● 有效税务筹划要求筹划者在进行投资和融资决策时，不仅考虑显性税收（直接支付给税务当局的税收），还要考虑隐性税收（享受税收优惠的投资以取得较低税前收益率的形式间接支付给税务当局的税收）。

● 有效税务筹划要求筹划者认识到，税收仅仅是企业众多经营成本中的一种，在筹划过程中必须考虑所有成本：要实施某些被提议的税务筹划方案，可能会带来极大的商业重组成本"（SW，p. 2）。

考虑"所有交易参与者"的一个例子是薪酬重组，这时需要全面考虑雇主和雇员的税收状况。考虑"所有税收支出"的例子是市政债券，它是免税的，但是利率较低。考虑"所有成本"的例子是财务会计目标和税务目标之间的权衡。

这三个主题（即所有交易参与者、所有税收支出和所有成本）给试图实现组织目标（如利润最大化或股东财富最大化）的税务经理们提供了一个分析框架。它们表明，税收支出最小化不一定是有效税务筹划的目标。相反，有效税务筹划必须采用契约视角，通过设计有效的组织结构来实现。这里有一个隐含假设，即如果能够确认并控制所有契约交易方、所有税收支出（隐性的或显性的）和所有非税成本，那么我们所观察到的涉税行为就应该是理性的，并且可以预测。

因此，对这个领域研究质量的评价，通常以研究设计是否明确并控制了所有交易参与者、所有税收支出和所有成本为基础。这个研究范式在会计界得到了广泛的认可，因此，如果预测行为与实际行为之间存在差异，大家就认为这可能是因为没有控制某个重要的交易参与者、税收支出或非税成本。反之，就可能是模型识别错误或计量错误。没有任何研究怀疑 SW 研究范式的正确性。

尽管这三个主题给出了非常好的分析框架，但是却无法建立有效的模型来对其进行严格检验。因为这个研究框架的假设可以自我解释，就像效用最大化或企业价值最大化一样。由于非税成本（如财务报告的考虑）很难量化，因此，所有研究结果都会与理论相符。举个例子，假设会计选择（如应计项）是由税收和财务报告因素共同决定的，两者都无法可靠观测。如果实证结果表明税收目标是影响企业会计选择的重要因素，那么就可以说财务报告目标不足以影响税收目标。如果实证结果表明税收并不是重要影响因素，那么就可以说财务报告目标的重要性超过了税收目标。

尽管这个框架本身存在缺陷，但是它却引发了近期会计领域中的税务研究高潮。[2]现在，税务研究可以匹敌管理会计研究和审计研究，成为继财务会计研究之后的第二大研究领域。在这个研究领域活跃着的研究者了解税法，受过良好的实证研究训练。会计博士生非常适合接受新的税务研究视角，他们处于学术研究前沿，能够将专业税务知识与微观经济学和财务结合起来。对很多会计学者而言，税法细节是一个非常重要的进入壁垒，特别是在一些技术性较强的领域，如国际税收和并购。

大多数研究都是在描述事实。很显然，在 Scholes-Wolfson 研究框架出现的早期，确实需要大量的事实描述类研究。比如，Scholes and Wolfson（1987）指出，"目前最匮乏的论文就是事实描述论文"。现在，这个研究领域的发展所需的论文正在慢慢从事实描述文献转向解释、了解和预测文献。

主导税务领域研究发展的不是对不同理论的研究假说检验，而是数据的可得性和准试验机会（如税法变化）。如 Scholes-Wolfson 研究框架的产生发展与《1986 年税收改革法案》（Tax Reform Act of 1986，TRA 86）紧密相连，该法案革新了美国的税法体系。很多税务研究利用这个研究框架来检验 TRA 86 的经济后果（e. g.，Collins and Shackelford（1992），Matsunaga et al.（1992）和 Scholes et al.（1992）等）。

起初，经验税务研究只是建立在 SW 的分析框架上。随后，税务研究在 SW 的基础上生根发芽，不断发展，但是却没有出现主要分支。近年来，主要形成了三个重要的研究领域：税和非税因素的权衡、税收与资产价格和多税收管辖权下的税务问题。本文评价了这三个发展最快的研究领域，希望能够有助于我们理解推动会计领域中经验税务研究发展的主要因素。例如，现在的国际税务研究工作稿的质量要高于 20 世纪 90 年代发表的论文。这个进步离不开理论、数据和研究设计的发展。类似进步还出现在有关税收与财务报告目标协调问题的评价研究以及尝试量化税收对资产价格影响的隐性税收（也称税收资本化）研究方面。

本文在撰写过程中遇到的挑战是，如何将会计领域中的税务研究与其他领域中的税务研究以及其他会计研究区别开来。税务本身具有跨学科的特点，这意味着税务会计学者通常要采用合作研究的方式开展以微观经济学为基础的经验研究，合作对象可能是非会计领域的税务学者（例如，Scholes 与 Wolfson 的合作），也可能是非税务领域的会计学者，特别是财务会计学者。这类文章很可能发表在经济类期刊（e. g.，*Journal of Public Economics*，*National Tax Journal*）和顶尖财务期刊上。因此，即使我们作出最大的努力，也不太可能精确地对会计领域中的税务研究进行定义。

为了解决这个问题，我们尽可能地将注意力集中在会计学者对税务研究作出最大贡献的领域。例如，会计学者所做的税务研究几乎都集中在所得税领域。这种集中性既体现了所得计量在会计领域中的核心地位，又体现了一直以来税务会计师对所得税咨询的偏重。但是，随着税务会计学者在越来越广泛的税务学术领域取得成绩，这个界限变得越来越模糊。在税务分析领域，会计问题通常没有受到重视。税务会计学者通过将主流会计研究问题（例如，收益的作用）带入税务分析领域，使得税务问题开始转向长期的会计问题。总之，近年来税务会计学者取得的研究成果既影响了会计研究，使之具有税务视角；又影响了税务研究，使之具有会计视角。

最后，推动会计领域中以微观经济学为基础的税务研究发展的因素，除了一般的学术研究需求以外，还包括课堂教学的需要。教学与研究相结合的一个印证就是这个领域的开创性研究成果（SW）实际上是一本 MBA 教材。在 SW 的序言中，Scholes 和 Wolfson 将这一研究范式的产生原因归结于他们对现有税务教学资料的失望。随后，在安永基金会的帮助下，20 世纪 80 年代晚期到 90 年代早期，他们将这门课讲授给数以百计的会计（尤其是税务方面的）教师。在很多商学院，不同类型的税务课程是最受欢迎的 MBA 选修课之一。税务领域中教学与研究之间的这种强有力的协同作用产生了一个需求，即希望研究结果能够很容易地转化为教学资料（例如，案例研究）。

接下来，我们将着重讨论会计中的三个主要税务研究领域。第 2 部分讨论税和非税因素的协调，第 3 部分讨论资产价格和税收之间的关系，第 4 部分回顾多重税收管辖权（国际和州际）下的税务问题。

与所有经验研究一样，会计领域中的经验税务研究也同样存在着研究设计的局限性问题（如模型识别、数据的局限性和计量误差等）。本文在第 2~4 部分并没有对所有文章进行详细点评，而是在第 5 部分探讨了六个与会计领域中的税务研究相关的、一般性的研究方法问题。最后是本文的研究结论。

§2 税与非税因素的权衡

会计领域中的大多数税务研究都是在考察税与其他因素在经济决策中的协调问题。这些研究关注的焦点是最小化税收支出必然会影响其他组织目标。这些研究提出了三个问题：税收重要吗？如果不重要，为什么？如果重要，重要性有多大？但是，现有研究主要集中在第二个问题上，即为什么税收最小化不是最优的经营战略。在 SW 研究范式下的三个主题中（即所有交易参与者、所有税收支出和所有成本），现有研究最关注的是"所有成本"，即理解税务问题的前提是要理解非税因素。也有研究讨论了"所有交易参与者"，如多边契约视角，但是现有研究几乎都忽略了"所有税收支出"问题。

本文将所有有关权衡问题的研究分为两类，一类讨论财务报告目标与税务目标之间的相互关系，另一类检验代理成本对税收最小化目标的影响。这些研究涵盖的范围很广，包括存货、员工薪酬和税收规避。虽然总结起来比较困难，但是一般而言，其主题主要包括：

● 税收支出并不是纳税人一定要规避的成本。
● 税收管理比较复杂，涉及企业经营的方方面面。

- 财务报告因素对税收的影响要比代理成本易于理解。
- 非税成本的量化问题已经慢慢取得了一些研究成果。

§2.1　财务报告因素

本节重点讨论读者关心的一个非税因素——财务报告动机。简单来说，财务报告成本是指由于报告了较低的利润或股东权益而带来的各种真实或可预见的成本。这些成本在有关盈余管理的研究中有很多讨论。由于税收最小化战略往往会降低会计利润，因此，这个问题在有效税务筹划中非常重要。很多重要的财务契约都是以会计数据为基础的，使得管理层不愿降低报告利润。这些契约包括与债权人、借款人、客户、供应商、管理人员和其他利益相关者签订的各种契约。因此，在一些会计、融资、市场营销、生产及其他经营决策中，企业必须权衡降低应纳税所得的税务动机与提高会计利润的财务报告动机。

尽管税务会计与财务会计在收入确认和其他重要问题上的处理方法不太一致，但是，税务筹划通常还是会降低报告利润。因此，不难看出，税务筹划会影响财务会计方法的选择，而财务报告目标也会影响税务筹划。事实上，税务会计学者在税务的交叉领域已经取得了一些成绩，证明了财务报告目标对税务决策的影响程度。同样，税务学者也为会计研究作出了一定的贡献，证明了税务目标也会影响会计选择。

接下来，我们将回顾几个有关财务报告目标与税务目标权衡问题的研究，这些研究就在尝试回答"对于财务会计目标和税务目标之间的关系，我们了解什么"这一问题。总之，现有文献表明，财务会计管理和税务管理之间并不是相互独立的。在企业决策中，没有哪个目标能够一直起主导作用。从这些研究中可以得到一个重要启示：财务会计因素可能是在税务研究中被忽略的重要相关变量，而税务因素则可能是在会计研究中被忽略的重要相关变量。

最后，如第5部分所述，经验税务研究的研究方法存在很多问题。为了评论方便，我们在本部分也对其进行了简单讨论。

经验税务研究者在考察企业行为时，一般需要估计企业的边际税率。除非特别指出，我们随后讨论的研究都采用虚拟变量来替代企业的税务状况，即如果该企业有可以递延到以后年度在税前弥补的净经营损失（NOL），为1；否则，为0。本文在第5部分讨论了这个变量在衡量企业边际税率时的偏差。因此，我们必须谨慎对待以NOL虚拟变量为基础得到的研究结果。我们还讨论了另外一种可能方法，即以重复模拟的企业未来应纳税所得为基础（Shevlin，1990；Graham，1996a，b）。

这类研究中的第二个问题是自我选择问题，即将选择视为外生变量来考察选择结果。还有的研究建立了选择模型，但是研究者也必须假设，如果企业作出了相反选择，公司的资产负债表、损益表和应纳税所得会是多少。这就是通常所说的"模拟"（as-if）计算。这种计算方法通常会带来不可避免的误差，使研究结果有利于备择假说。我们随后讨论的大多数研究都认识到了这个问题，并且进行了敏感性测试来明确其影响程度。我们在讨论中强调了这些研究。

§2.1.1　存货的会计处理方法

有关税务和财务报告动机权衡问题的研究可以追溯到20世纪70年代SW框架出现以前，这些研究评价了后进先出法（LIFO）的一致性要求。这些文献主要来自两个研究问题：第一，如果公司宣布采用后进先出法，其股票价格会发生怎样的变化？这种变化反映了市场的有效预期，还是简单地反映了报告利润的变化？选择 LIFO 会降低公司的报告利润和公司所得税的现值（Ball，1972；Sunder，1973，1975；Ricks，1986）。在这种情况下，从功能锁定的角度来看，LIFO 带来的收益下降会降低公司的股票价格。相反，从市场有效的角度来看，投资者会忽略较低的会计收益而关注 LIFO 带来的税收收益，使得股价对于 LIFO 的宣布出现正面反应。

总的说来，七八十年代有关 LIFO 宣告的经验研究结果令人费解。研究者很少发现宣告采用或即将采用 LIFO 会带来正的平均超额回报率。Lanen and Thompson（1988）建立了自愿性会计政策变更（如采用 LIFO）对股价影响的模型。他们的研究结果表明，如果投资者预见到了自愿性的会计政策变更，则宣告日公司股价反应与公司专有特征（会计政策变更对预期现金流量的影响）之间的关系就很难预测。随后，Kang（1993）认为，采用 LIFO 应该会带来负的市场反应，因为公司的决策是理性的，采用 FIFO 的公司会在预期未来投入品价格上涨时改用 LIFO。换句话说，改用 LIFO 提供了一个信号，表明公司的投入品价格会长期上涨，而会计政策变更则是公司应对这个坏消息的最优决策。Hand（1993）对 Kang 的理论进行了检验，他的研究样本是所有考虑改用 LIFO 的公司，但是最终有的公司采用了，有的公司则没有，采纳与否具有一定的不确定性。Hand 的研究控制了 Lanen and Thompson 提出的 LIFO 选择的先验概率问题，其主要研究结果与 Kang 的模型预测大体一致。具体来说，最终改用 LIFO（继续使用 FIFO）的公司在其会计政策确认日的平均超额回报为负（正）。因此，Kang and Hand 似乎合理地解释了早期的经验研究结果，即为什么宣告改用 LIFO 会带来负的市场反应。

有关 LIFO 研究的第二个问题是管理者选择存货会计处理方法的动机：是为了降低公司当前和未来预期应交税款的现值而采用 LIFO，还是为了避免短期内报告收益的减少而放弃 LIFO。许多研究发现，税收是存货成本计量方法选择的主要因素（e.g.，Dopuch and Pincus，1988；Cushing and LeClere，1992）。Jenkins and Pincus（1998）总结了以往的文献，认为企业在 LIFO 方法的选择上，节约税款的动机大于盈余管理。

还有几篇论文探讨了税和非税因素对 LIFO 公司存货管理的影响。公司可以通过清算后进先出存货层的方法来增加会计利润，但是由于这样做的同时增加了企业的应纳税所得，因此会带来纳税成本。公司也可以通过年底高价采购额外存货的方式降低会计利润和税金支出。[3]Dhaliwal，Frankel and Trezevant（DFT，1994）发现，税收和财务报告目标都会影响对 LIFO 存货层的清算。对于税负较低的企业（以是否存在结转到以后年度的 NOL 来衡量）而言，存货层清算得更大、更普遍，而且在公司利润下降、财务杠杆较高时，更容易发生。Frankel and Trezevant（1994）同样以是否存在结转到以后年度的 NOL 来衡量企业的税收状况，他们发现，税收状况会影响 LIFO 公司的年底采购行为，而财务报告目标则不会。

Hunt，Moyer and Shevlin（HMS，1996）并没有发现税收会影响 LIFO 公司的存货决策。他们考虑了 LIFO 公司可以采用的其他税收和利润管理工具，将存货管理与流动性和非流动性应计项同时放在一个成本最小化的模型中（以 Beatty et al. 1995b 的模型为基础）。虽然 HMS 的财务报告结果与 DFT 一致，但是其税务结果却与 DFT 不同。敏感性测试结果表明，这种差异的产生原因是，HMS 采用了联立方程组的方法进行估计，更加

当代会计研究：综述与评论

准确地计量了公司的税务状况。

HMS 采用联立方程组的方法，可以同时加入三个拟研究的选择变量。但是，这个方法要求研究者主观决定在每一个模型中加入哪些外生变量。方程组的估计需要每一个回归模型至少有一个不同的外生变量。这些选择有时候比较武断，使得联立方程组对于在每个回归模型中包括哪些变量、不包括哪些变量比较敏感。

HMS 采用模拟的方法来估计每个企业的边际税率。我们认为，尽管模拟法有它自己的问题，但还是提供了一个计量企业边际税率的更好方法。因此，如果采用 NOL 虚拟变量的方法与模拟法的研究结果不同，我们更愿意相信模拟的结果。

企业 LIFO 决策的最后一个选择是放弃 LIFO 方法。Johnson and Dhaliwal（1988）研究了企业在作出放弃 LIFO 决策时，对税收与财务报表影响的考量。他们发现，由于放弃 LIFO 会增加税金支出、降低财务报告成本，因此，这类公司的负债率较高，通常接近契约中规定的最低营运资本约束，而且有结转下来的巨额 NOL。还有研究专门检验披露出来的超额税金支出（平均为 780 万美元）与财务报表变量之间的关系。由于这里的税收成本是实际企业的估计数值，因此，可以更加巧妙地检验税收和其他因素之间的权衡问题。Sweeney（1994）仔细研究了 22 家公司，发现即使存在财务报告收益，如果改用 FIFO 会带来"巨额"的税收成本，企业也不会作出这种选择。[4]

总而言之，我们的结论是，税收是公司在作出采用 LIFO 方法、清算 LIFO 存货层和放弃 LIFO 方法决策时的重要因素。但是，我们认为，HMS Hunt et al.（1996）的研究结果还表明，如果公司准备通过 LIFO 方法来操纵利润，则税收的重要性就远远低于财务报告目标。

§2.1.2 员工薪酬

员工薪酬是另一项同时受税收和财务报告动机影响的经营成本。一些研究探讨了税收对企业期权授予方式的影响，即授予激励性股票期权（ISOs）还是非激励性股票期权（NQOs）。总的来看，ISOs 和 NQOs 的相对使用频率随时间发生了变化，而且其变化方向与税法规定的税收优惠方向的变化一致。如 Hite and Long（1982）指出，在《1969 年税收法案》（Tax Act of 1969）降低了最高个人所得税税率后，NQOs 比 ISOs 具有更多的税收优势，因此，企业将期权授予方式从 ISOs 调整为 NQOs。与之类似，《1986 年税收改革法案》不仅将最高个人所得税税率降到最高企业所得税税率之下，而且还使资本利得税税率等于普通收入税税率，因此，大大降低了 ISOs 的税收吸引力。[5] Balsam et al.（1997）发现，1986 年以后，相对于 ISOs，使用 NQOs 的企业增加了。但是，一些研究以公司对 ISOs 和 NQOs 的选择为因变量，检验其与公司所得税和个人所得税税率之间的关系，却没有取得与预期一致的研究结果。如 Madeo and Omer（1994）所指出的，在《1969 年税收法案》以后，将 ISOs 调整为 NQOs 的企业通常是税率较低的企业。但是如果单独从税收角度来看，调整的企业应该是税率较高的企业。Austin et al.（1998）指出，在 1981—1984 年间，企业对期权授予方式的选择，似乎并没有受其边际税率（以模拟法估计）的影响，而是受到了最小化高管税收负担的影响。因此，现有的有关税收是否影响企业期权授予方式（即 ISOs 和 NQOs）的研究结果比较杂乱。如果一定要对研究现状作出总结，我们认为，现有证据表明税收并不是影响企业选择 ISOs 或 NQOs 的重要决定因素。

Matsunaga, Shevlin and Shores（MSS, 1992）利用 SW 框架中所说的"所有交易参

与者"方法，检验了雇主在税收收益和财务报告成本之间的权衡问题，即一方面员工薪酬在税前抵减可以带来税收收益，另一方面降低利润可能带来财务报告成本。具体来说，他们调查了企业对 TRA 86 税率降低的反应，该法案降低了 ISOs 相对于 NQOs 的税收优势。

员工持有 ISOs 以后，可能会行使这些权利，并在行使以后的 12 个月内卖出股票，使其丧失 ISOs 资格（即不合格处置（disqualifying disposition）），从而将 ISOs 自动转换成 NQOs。不合格处置给雇员带来了普通应税收入，同时给雇主和雇员带来了交易成本，其给雇主带来的交易成本减少了账面利润。[6]这种负面影响一定要和其税前扣除带来的税收收益相平衡。

MSS 分析了拥有期权的员工的无差异点权衡问题，并且计算了雇主的净税收收益（采用模拟方法估计每家公司的边际税率）。MSS 发现，不合格处置公司的财务报告约束较少，这与税收和财务报告目标协调的假说一致。他们估计，如果公司没有不合格处置的 ISOs，平均大概可以避免会计利润 2.3％的下降，其成本减少了净税收收益，平均为 60 万美元。由于数据的局限性，MSS 在估计不合格处置的税收收益和财务报告后果时，必须作出一些假设（文中已经讨论），这就使其研究结果不可避免地有利于备择假说。对于没有不合格处置的公司来说，需要进行模拟计算。这就带来了很多税和非税研究（如盈余管理研究中采用管理前的盈余）所共有的问题，影响了其研究结果。由于模拟计算必须要作出一些假设，所以，必须小心解释其引申含义。

在员工薪酬支付方式中，另一个值得进行会计—税收分析的是养老金。在计算应纳税所得额时，养老金缴款额可以在税前扣除，但是在计算会计利润时，可以扣除的是养老金费用。Francis and Reiter（1987）检验了养老金是否会因税收动机而超额缴款，或者因财务报告动机而缴款不足。他们发现，养老金会随着边际税率的增加而增加，随着财务报告成本（以财务杠杆来衡量）的增加而减少。Thomas（1988）检验了类似问题，他通过样本来控制财务报告动机的影响，并且加入了盈利能力和财务杠杆变量。他的研究结果和 Francis and Reiter（1987）大体一致。

Thomas（1989）和 Clinch and Shibano（1996）考察了税收是否会鼓励终止固定收益养老金计划的超额缴款。Thomas 的研究结论是，终止似乎更受现金需求而不是税收状况（以结转到以后年度的 NOL 来衡量）的影响。Clinch and Shibano 采用了一种更为复杂的方法来估计预期税收收益，他们的研究结果表明，税收在养老金终止决策和时机选择上发挥着重要作用。[7]这两个研究都认为财务报告是企业养老金计划终止的次级动因。Mittelstaedt（1989）在研究养老金资产转回（减少养老金缴款额或者终止养老金计划）时，也忽略了财务报告问题。由于忽略了与财务报告相关的变量，因此，必须小心解读其研究结果。不管怎样，在应用了更加复杂的研究技术以后，研究证据表明，税收是影响企业养老金政策和终止决策的重要决定因素。

最后，递延薪酬似乎是研究权衡问题和代理成本的很好切入点。但是，到目前为止，还没有实证研究应用 SW 框架来考察税和非税因素对递延薪酬的影响。我们希望能够看到这方面的研究。

§2.1.3 跨期利润转移

1986 年通过的 TRA 86 提出要逐年（到 1988 年为止）降低税率（如对于按照日历年度纳税的公司来说，1986 年的法定最高税率为 46％，1987 年降为 40％，1988 年降为

34%）。由于这些降低税率的承诺是公开的，因此为税务经理们提供了纳税筹划的空间。这就是一个很好的研究机会，可以考察企业是否愿意通过推迟确认收入来节约税款。Scholes et al.（1992）的研究结果表明，大公司更容易转移收入。虽然他们认识到财务报告动机可能会制约企业的收入转移行为，但是在研究设计中并没有控制其影响。

Guenther（1994a）延伸了 Scholes et al.（1992）的研究，在模型中增加了有关财务报告成本的替代变量。他的研究结果证实了大公司更愿意推迟确认收入，而且还发现，财务杠杆（替代财务报告成本）较高的公司不愿降低报告利润。因此，转移收入以节约税款似乎与提高利润以控制债务违约成本同样重要。Lopez et al.（1998）进一步延伸了 Guenther（1994a）的研究成果，他指出，转移收入的公司大多是以前年度采用激进税务政策的公司（利用 Wilkie and Limberg（1993）的税收补贴方法来衡量）。

TRA 86 税率的降低也带来另一个税务筹划动机，即最大化 NOL 的向前转回金额，将其转回到税率降低以前的年度（如 1986 年）。Maydew（1997）以财务杠杆来衡量财务报告成本，检验了 NOL 引起的利润转移问题。他发现，由于财务杠杆提高了财务报告成本，因此，使得具有 NOL 亏损转回动机的公司少转回了 26 亿美元的营业利润。与 272 亿美元的利润转回总额相比，这说明财务报告成本的制约作用很大。

虽然 TRA 86 有关税率下降的条款给企业带来了收入向后转移的动机，即将利润从 1986 年转移到以后年度，但是其有关替代性最低税（alternative minimum tax，AMT）的规定也给企业带来了账面利润与前转动机，即将账面利润转回到 1986 年或者以前年度。在 1987—1989 年间，对于需要缴纳替代性最低税的公司来说，账面利润是其应纳税所得的一个组成部分。账面利润与应纳税所得的这种直接联系提供了一个非常好的研究机会，可以计算账面利润和应纳税所得之间的转换率。

一些研究估计了 AMT 对报告利润的影响。Gramlich（1991）发现，AMT 给企业带来了降低利润的压力。他还发现，企业出于避税目的，将 1987 年的账面利润转移到了 1986 年。Boynton et al.（1992）用实际纳税申报表来识别 AMT 公司，证实了利润转移问题。但是，他们的研究并没有控制财务报告动机。Dhaliwal and Wang（1992），Manzon（1992）和 Wang（1994）的研究结论都与 Gramlich（1991）一致，发现企业把利润从 1987 年转移到了 1986 年。

有关 AMT 账面利润调整问题的研究遇到了一些经验研究者经常会碰到的普遍问题。这些研究比较了研究样本和控制样本，这除了可能会有自我选择问题以外（我们将在 5.2 节中讨论这个问题），还要求研究者确认哪些公司可能受到 AMT 的影响、哪些公司可能不会。有些研究采用了事前确认的方法，有些研究则采用了事后确认（即通过公司报告是否实际支付了 AMT 来确认）的方法。这两种方法都存在一定的问题，Choi et al.（1998）讨论了这些问题。另外，由于公司的同期法定税率发生了变化，使得控制样本还可能存在其他利润转移动机。最后，如 Manzon（1992）所指出的，研究样本的有效 AMT 税率存在截面差异，导致其转回动机也存在差异。因此，Choi et al.（1998）认为，目前鲜有证据表明 AMT 引起了利润转移行为，我们也认同这一观点。最后，据我们所知，还没有研究采用联合检验，证明 1986 年以后具有税率降低动机的企业实现了转移的利润，同时具有 AMT 动机的企业在 1986 年实现了转移的利润。

§2.1.4 资本结构、资产剥离和资产出售

Engel，Erickson and Maydew（EEM，1999）以税收和财务报告权衡的视角分析了一种特别证券——信托优先股（trust preferred stock，TRUPS）。虽然 TRUPS 的股利可以在税前扣除，但 GAAP 还是认为它属于一种权益。因此，公司通过发行 TRUPS，并用取得的资金来偿还债务，就可以改善资产负债表的资本结构。[8] EEM 考察了 44 家通过发行 TRUPS 来偿还债务的公司，发现它们的资产负债率降低了 12.8%。EEM 估计了公司降低资产负债率所支付的最低和最高成本。最低成本是 TRUPS 的实际平均发行费用，大概是 1 000 万美元。最高成本是估计的，他们考察了 15 家发行 TRUPS 的公司，这些公司用发行 TRUPS 的资金来偿还债务，而不是赎回发行在外的一般优先股。也就是说，这些公司没有赎回一般优先股，平均放弃了 4 300 万美元的税收收益。所以，公司愿意为改善资产负债表（如降低 12.8% 的资产负债率）而支付的成本在 1 000 万美元～4 300 万美元之间。

我们认为 EEM 量化非税成本的方法非常有用，并鼓励其他研究者尝试这种方法。非税成本很难衡量，EEM 提出了一个估计模型，即估计公司为改善资产负债表而愿意付出的最低和最高成本。他们证明，税收可以用来衡量有效组织设计中难以量化的部分构成要素。然而，EEM 在研究设计中，并没有解释发行方式的选择问题或者发行收入的使用问题。他们假设这些问题是外生的，因此，其结果可能会有自我选择偏差（遗漏具有相关关系的变量），这些问题将在第 5 部分详细讨论。不管怎样，我们还是希望能够有更多研究采纳他们的量化方法。

Maydew，Schipper and Vincent（MSV，1999）考察了不具有税收优惠的资产剥离问题（即可以通过免税分立来规避的应税资产销售），调查了企业在账面利润和应纳税所得之间的权衡。他们认为，财务报告动机和现金约束使公司放弃了免税资产分立，而选择了应税资产销售方式。与 MSS（1992）类似，在设计资产剥离的选择模型时，为了进行模拟计算，MSV 必须作出假设，即如果企业选择了其他可能方式，会有什么结果。MSV 在文章（pp. 130 - 132）中很好地讨论了这个问题，而且认识到这个问题可能会影响文章有关"影响选择的因素"的推论。Alford and Berger（1998）作了一个相关研究，他们发现，如果资产出售带来的税金支出很大，资产分立的可能性就会增加。但是，企业在作出资产剥离决策时，对财务报告的考虑要大于税收。

最后，Bartov（1993）发现，盈余动机（利润平滑和债务契约）和税收动机都会影响资产出售的时机选择。Klassen（1997）进一步发现，管理层持股的公司更可能发生出售损失。他认为，管理层持股会降低财务报告成本，增加税收动机的重要性。

§2.1.5 管制行业

近年来，银行和保险业成为考察税收和财务报告权衡问题的活跃领域。这是因为，管制行业要求强制披露的信息比较多，生产函数也比较简单，更适合进行有关账面利润和应纳税所得比较方面的研究。Scholes，Wilson and Wolfson（SWW，1990）在分析银行的投资组合管理问题时，设计了一个研究模型。他们在回归模型中将税收因素与盈余因素和另一个非税因素——监管资本——进行比较。在 SWW 的研究设计中，银行可以通过出售贬值证券来减少应纳税所得。[9] 问题是，这种实现了的损失不但减少了税金支出，同时减少

了净利润和监管资本。相反，出售一个增值了的证券减少了账面和监管压力，但是增加了税金支出。

Collins, Shackelford and Wahlen（CSW，1995b）和 Beatty, Chamberlain and Magliolo（BCM，1995b）扩展了 SWW 的模型。他们认为，投资组合管理只是企业管理税收、盈余和监管资本的一种方法。CSM 指出，一个完整的识别模型应该能够抓住不同银行间的差异、税收的不稳定性、盈余和监管压力、银行选择的内生性以及选择以后的自相关性（即现在行使选择权就会影响其未来有用性）。但是，我们几乎不可能在一个简单的模型中控制所有这些维度。所以，研究者必须在这些维度之间进行选择。

CSW 放松了 SWW 中有关银行同质性的假设。他们考虑了不同银行间的差异，在回归中控制了各个银行的不同目标，而不是采用简单的截面均值。他们考察了 7 个选择变量：证券利得和损失、贷款损失准备、贷款费用、资本票据发行额、普通股发行额、优先股发行额和股利。

BCM 放松了 SWW 中有关银行决策独立性的假设。他们提出并解决了一个成本最小化模型，得到一个联立方程组，然后对这个方程组进行了估计。因此，与 HMS（1996）一样，受到了有关联立方程组问题的相同质疑。BCM 考察了贷款损失准备、贷款转销、养老金结算业务、新证券发行以及金融与实物资产的出售利得和损失。

SWW，CSW 和 BCM 用不同的研究方法构成了一个研究三角。这三个研究都发现财务报告动机和管制因素对银行决策有影响。但是，只有 SWW 发现税收是一个重要的影响因素。[10]

CSW 和 BCM 都没有发现税收的重要影响，这至少推动了一项研究。Collins, Geisler and Shackelford（CGS，1997a）认为，由于所有美国银行的所得税税率都是一样的，因此不足以发现税收的影响。由于人寿保险行业的税率差异较大，所以他们以人寿保险行业为样本重复了银行业的这个研究。与银行业一样，在应纳税所得额一定的情况下，所有股份制人寿保险公司的边际所得税税率都是一样的；但是，由于共同人寿保险公司还需要缴纳特殊的权益税，因此，在应纳税所得额一定的情况下，共同人寿保险公司的边际税率是不同的。在这个特殊的制度背景下，CGS 的研究结果表明，税收（还包括财务报告成本和管制因素）影响了投资组合的管理。

Beatty and Harris（1999）和 Mikhail（1999）分别以银行和人寿保险公司为例，扩展了这一领域的研究成果。他们考察了税收、盈余和管制因素对公众公司和私人公司的影响是否存在差异。他们的研究结果表明，税收对于私人企业决策的影响超过了上市公司。由于上市公司和私人企业的所得税税制相同，因此，这些研究结果表明，对于私人企业来说，财务报告的重要性相对较低，执行最优税务战略的成本也较低。

Mikhail（1999）认为，造成上市公司和私人企业之间存在差异的原因至少有两个：(1) 上市公司设计了用来降低代理成本的薪酬机制；(2) 公众公司担心股票市场对税务筹划导致的利润下降出现负面反应。为了区别这两种不同的解释，Mikhail 考察了共同人寿保险公司。共同人寿保险公司的所有权比较分散，代理成本与上市公司相似。但是，与上市公司不同，共同人寿保险公司不需要面对来自股票市场的压力。Mikhail 发现，共同人寿保险公司并没有进行税收筹划。Mikhail 认为，由于共同人寿保险公司的行为与上市公司相似，因此，这个结果表明，造成上市公司和私人企业税务筹划行为差异的不是来自股票市场的压力，而是薪酬激励机制。

Mikhail 的研究结论是否正确，取决于其所依赖的研究假设，即共同人寿保险公司与上市公司具有相同的代理问题。另外，Mikhail 采用了联立方程组的方法来检验保险公司在管理盈余和税收时所具有的多种选择方式，但是并没有建立模型来说明组织的初始选择，从而存在自我选择问题。不管怎样，这篇论文第一次很好地尝试了进一步考察上市公司和私人企业在税收政策方面的差异。我们希望有更多的研究来继续这种尝试，以区别观测到的有关上市公司和私人企业之间差异的不同解释。

最后，在对盈余没有影响的情况下，还有研究利用 SWW 的分析方法来比较税收目标和监管资本。Adiel（1996）报告指出，对于意外财产保险公司来说，监管资本对其再保险决策的影响要大于税收因素。Petroni and Shackelford（1995）发现，税收和管制因素都对意外财产保险公司的组织结构有影响，这是其拓展跨州业务的渠道。

总而言之，除了 SWW（1990）有关银行业的早期研究以外，对管制行业内公众公司的研究结果表明，监管资本和财务报告的影响均超过了税收（尽管对企业税收状况截面差异的估计一般仅局限于是否存在向后结转的 NOL）。此外，研究结果还表明，私人企业的税收政策似乎更加激进（原因可能是它们无须面对资本市场的压力，也可能因为它们面对的代理问题比较小）。

§2.1.6 其他情况

Keating and Zimmerman（2000）检验了企业对计提折旧资产的会计处理方法。在这个研究背景下，由于账面折旧是以会计师对资产的预计使用年限的判断为基础的，而在1981年以后，计算应纳税所得额的折旧则是根据税法规定确定的，因此，不存在账面利润与应纳税所得额之间的权衡问题。他们的研究结果表明，计提折旧资产的账面折旧年限随税法规定的法定折旧年限的变化而变化。换句话说，虽然财务报告折旧不影响税法折旧，但是税收却影响了企业的账面折旧金额。

这个结果补充了 Keating and Zimmerman（1999）的研究结果。Keating and Zimmerman（1999）考察的期间是在法律明确规定法定折旧年限以前，其研究结果表明，在向国内收入署（IRS）的审计师证明可税前抵减的折旧额时，财务会计折旧的影响因素非常重要。换句话说，财务会计曾经影响了税法折旧，但是现在不再影响了。

Cloyd et al.（1996）也检验了税务报告对财务报告方法选择的影响。他们假设并且提供证据表明，管理者是否会对税务和财务会计报告采用一致的处理方法（即使财务会计的选择会降低账面利润），与预期的税款节约额正相关。他们还发现，公众公司的一致性选择比私人企业少，这与前面回顾的文献结果一致，即由于公众公司面对着资本市场的压力和代理成本，因此非税成本较高，税收政策比较稳健。

Guenther et al.（1997）提供了税收政策影响财务报告的另外一个例子。TRA 86 要求公司必须采用权责发生制。在 TRA 86 出台以前，公司在计算应纳税所得时既可以采用收付实现制（除了存货以外），也可以采用权责发生制。Guenther et al.（1997）考察了66家采用收付实现制的公司，他们发现，在税法变更以前，采用收付实现制的公司在税务筹划和财务报告之间的权衡很少。但是，在税法变更以后，原来采用收付实现制的公司却推迟了利润确认时间。也就是说，账面利润与应纳税所得的一致性要求，使得公司改变了其权责发生制的会计处理方法。通过推迟确认利润，它们减少了应纳税所得、节约了税款支出（虽然需要付出降低报告利润的成本）。

最后，Mills（1998）考察了账面利润的金额大小是否会影响 IRS 审计。她使用的是 1982—1992 年间通过合作考察项目（Coordinated Examination Program）取得的保密的纳税申报数据。她发现，IRS 的纳税调整额会随账面利润超过应纳税所得额数量的增加而增加，并且发现上市公司的纳税筹划不太激进，她认为这可能是因为上市公司的财务报告成本较高造成的。我们认为，她给我们带来的最重要的研究启示是，即使账面利润不受影响，公司也不能无成本地减少应纳税所得。

综合以上研究结果可知，税法影响了公司的财务报告方法选择，而且公司也关心账面利润与应纳税所得之间的差异，因此会为了节约税款支出，而在必要时协调账面利润和应纳税所得。这似乎与前面的研究结论不太一致，即如果节税会降低报告利润（或带来其他财务报告后果），则公司会放弃税收收益。但是，这些结果并不矛盾，本节所讨论的研究一般都没有直接检验公司财务报告成本的截面差异。

§2.2 代理成本

评价税和非税因素的研究不仅仅局限于前文讨论的财务报告和管制因素。SW（1992，Chapter 7）认为，代理成本是另外一个非税成本，导致税收最小化不等于有效税务筹划。本节回顾了有关分析逆向选择和道德风险对税务筹划影响的文献。

税收与代理成本的研究发展情况远远赶不上账面利润与应纳税所得协调问题的研究。由于激励问题非常普遍，因此，代理成本很可能会影响税务决策。但是，大多数现有文献还仅仅局限于找出激励机制可能会影响税务决策的问题。我们认为，这一领域的研究匮乏可能是因为我们很难量化激励成本。我们希望未来这个领域在理论和实证方面都能得到发展。

§2.2.1 员工薪酬

Johnson，Nabar and Porter（JNP，1999）研究了企业对 1993 年税法变更的反应，新税法不再允许公司在税前扣除超过 100 万美元的与业绩无关的薪酬支出。受到影响的公司仍然能够将其五个薪金最高的员工薪酬支出在税前全额扣除，方法有两个，一个是让薪酬支出符合以业绩为基础的标准，另一个是将其递延到可以在税前抵扣的年度。他们分析了 297 家美国公众公司，这些公司在 1992 年都有超过 100 万美元的不符合税前扣除标准的薪酬支出。研究结果表明，54％的公司保留了税前抵扣资格，其中大多数公司（78％）是通过证明其薪酬计划符合以业绩为基础的标准来实现的。JNP 发现，保留资格增加了税收收益（即等于超额薪酬支出乘以公司的边际利率），也增加了公司利益相关者对其薪酬计划的关注程度，并且降低了契约成本。Balsam and Ryan（1996）同样考察了这个法律，他们证明了代理成本对公司保留税前抵扣资格决策的影响。我们赞同这些学者尝试寻找代理成本替代变量的努力，但是我们也需要指出，这些替代变量有待进一步探讨，我们还可能对以这些变量为基础得到的研究结论作出其他解释。

Harris and Livingstone（1999）从另外一个角度考察了这个法律。他们假设 100 万美元的上限规定降低了公司支付的低于这个上限的隐性契约成本。他们发现，低于这个薪酬上限的公司的实际现金薪酬增长幅度超过了他们的预期，离上限越远，薪酬增加幅度就越大。当然，这个研究结论的可靠性取决于所采纳的薪酬预测模型。

§2.2.2　税收规避

存在代理成本的另外一个情况就是避税。虽然避税包括各种不同的税务筹划问题，但是一直以来，避税都是特指投资支出的税前扣除比率超过了其经济消耗比率（SW，1992，p.393）。企业可以通过调整所有权结构来节约税金支出。但是，这种调整可能会让组织缺乏效率，从而带来激励问题。

例如，在 TRA 86 以前，有限合伙企业（limited partnerships，LPs）可以通过将税前扣除额转移给税率较高的有限合伙人来避税。虽然这些合伙企业可以带来税收收益，但是其交易成本也很高（如销售佣金和投行手续费一般占投资额的 10%），同时还有很多激励问题。如 Wolfson（1985）详细地解释了几个代理成本，包括资源在关联方之间的分配、勘探（如一般合伙人可能会利用有限合伙企业的投资来获取私人信息）、收入分配和计量问题、过度开发和开发不足。

囿于篇幅限制，我们不可能仔细讨论每一个激励问题。这里以其中的开发不足问题为例加以说明。Wolfson 分析了 20 世纪 70 年代石油天然气行业的避税问题，指出追求税金支出最小化的安排可能会带来开发不足的问题。从税收的角度来看，如果有限合伙人提供最初的开采资金，由于其可以立即在税前扣除，就可以最大化有限合伙企业的价值。如果钻井成功，一般合伙人会完成采掘过程，但是其成本不能立即在税前扣除。如果钻井失败，就会放弃这口井。如果只有一般合伙人自己了解钻井情况，就会产生开发不足的问题。因为一般合伙人负责所有的剩余完工费用，但是只能取得部分收入。因此，如果他认为自己不能获利，就会放弃这口井，而不会考虑整个合伙企业是否获利。例如，如果一般合伙人知道钻井后能够得到 2 美元的油，但是需要再投入 1 美元来完成钻井工作，那么只有在他能够取得一半以上的收入时，才会继续投入，完成这口井的开发。

开发不足问题的产生原因，是因为税法体系鼓励有限合伙人在一般合伙人之前进行投资。Wolfson 提供的经验证据表明，减轻开发不足的途径包括：开采不太可能处于边际状态的井（即处于勘探阶段的井，或者没有油，或者预计石油储量很少），或者一般合伙人的信誉比较好。Wolfson 的经验证据表明，避税组织者和投资公众都在市场价格中反映了这些激励问题。

与此类似，Shevlin（1987）考察了企业的研发费用（R&D）决策，即自己完成还是通过有限合伙企业完成。R&D 有限合伙企业可以让边际税率较低的企业（如开办阶段）将税收收益转移（或出售）给边际税率较高的个人（有限合伙人）。有限合伙投资者可以利用研发费用的税前抵扣政策在有限合伙企业进行抵扣而获得更高的税收收益，然后通过出售资产实现资本增值，来缴纳税率较低的长期资本利得税。此外，自行研发的资金来源是传统的负债和权益，而 R&D 有限合伙企业则存在表外融资的机会。因此，与大部分有关税收和财务报告因素权衡问题的研究不同，在 Shevlin 的研究背景下，税收目标和财务报告目标是一致的。Shevlin 以实证代理文献为基础来衡量财务报告成本，他的研究结论是，税收和表外融资都刺激了 R&D 有限合伙企业的诞生。这篇研究的局限性是，Shevlin 在进行检验时，必须计算模拟数字，使得他的研究结果更有利于表外融资动机的结论。Shevlin 也指出，企业和有限合伙人之间存在信息成本，即类似于 Wolfson（1985）的成本；然而，由于数据的局限性，他并没有在检验中考虑这些成本。Beatty et al.（1995a）扩展了 Shevlin 的研究，联合检验了税收、财务报告因素和信息成本。他们的研究结果表明，如果企业存在较高的信息和交易成本，就会同时牺牲税收和财务报告收益。

现有的避税研究检验了 TRA 86 严格限制的组合避税安排。近年来，涌现了一些新的公司税避税形式。这些形式比以前复杂，包括过渡性实体（flow through entity）、金融工具、非美国企业和对税法的积极解读（Gergen and Schmitz，1997；Bankman，1998）。公司税的避税方式及其对近期公司税占利润比重下降的影响程度，是广大学者和政策制定者关心的问题。会计学者是解决这些问题的理想人选。但是，据我们所知，数据的局限性是对公司税避税问题进行实证研究的一个障碍。我们鼓励会计学者创造性地思考如何解决数据问题，并在这一领域进行深入研究。

Guenther（1992）虽然没有检验避税问题，但是提供了有关合伙企业成本的进一步证据。Guenther 比较了 C 公司和业主有限合伙企业（master limited partnership，MLP）的税和非税成本。由于公司存在双重纳税问题（一次是在企业层面征税，一次是在股东层面对股利或资本利得征税），合伙企业属于过渡性实体，只在合伙人层面交税。

从非税角度来看，股东和有限合伙人（不参与实质经营）拥有有限责任，一般合伙人则负无限责任。在 1981 年以前和 1986 年以后，所有公众公司都需要缴纳公司税。在 1981—1986 年间，MLP 有限合伙人可以免缴企业所得税、承担有限责任，还可以在资本市场上融资。

1981 年法定税率的变动使得税收对 MLP 比对公司有利，因此，很多人预测会涌现大量的 MLP。Guenther 发现，有很多非税成本可能制约公司转为 MLP。除了包括较高的记账成本以外，合伙企业还需要给管理层更多的保险补偿，还可能使企业的投资和经营决策无法达到最优。这些增加了的成本会降低合伙企业的报酬率。Guenther 发现 MLP 的会计利润（特别是息税前利润）比公司低。

Shelley et al.（1998）讨论了将企业改组为公开上市合伙企业（publicly traded partnership，PTP）的税和非税成本及收益，并且考察了资本市场对改组宣告的市场反应和有关税与非税因素的替代变量之间的关系。采用 PTP 组织形式的收益包括管理水平提高（与资产剥离和权益分割的假设类似）、降低了有关企业成长机会的信息不对称问题和避免双重纳税。与这些收益对应的成本是 Wolfson（1985）和 Guenther（1992）中提到的问题。Shelley et al.（1998）发现，宣告期间的回报率与这些因素的替代变量显著相关，而且方向与预期相同。最后，Omer et al.（2000）考察了 TRA 86 出台以后，资源行业从 C 公司向 S 公司变更的问题。与上述研究类似，他们同时讨论了税和非税成本与收益。

这样，我们就结束了对影响税务筹划因素研究的回顾。这一领域的研究结果比较一致，都发现公司并不最小化税金支出，而是在决策中综合考虑了包括税收因素在内的多个因素。有关财务报告成本和税收之间关系的研究已经取得了很好的研究结果，但是，有关税收和代理成本之间关系的研究还需要进一步加强。我们对这两个领域税收相对重要性的了解都不够。特别地，我们希望有更多的研究进一步估计和量化税收和其他因素的互换。

§3　税收和资产价格

定价机制是会计、财务和经济领域中的基本问题。税收是一个可能影响价格的决定因素。目前，对这种可能性的研究是会计领域税务研究的第二大主要领域。

此类研究的主要问题与权衡研究相同（税收重要吗？如果不重要，为什么？如果重要，重要性有多大？）。但是，与权衡研究主要关注影响企业没有最小化税收支出的因素不同，定价研究主要关注第一和第三个问题。我们还可以这样表述这两个问题：有多少税收体现在资产价格中？此外，与权衡研究忽略"所有税收支出"不同，此类研究考虑到了税收在价格调整中的重要性。在这类研究中，多边契约方法（"所有交易参与者"）也很重要，但是，非税因素（"所有成本"）的重要性就下降了。

在上一部分，会计学者是研究（特别是税收与财务报告协调问题的研究）的主要力量，但是，在有关税收对资产价格影响的研究领域，一直以来，财务和经济学者都更加活跃。因此，很难区分会计领域中的税务研究者和其他研究者的贡献。虽然我们的回顾重点仍然是会计学者所作的研究或者是发表在会计期刊上的研究（如导言所述），但是我们知道，这篇文献回顾中遗漏了很多财务和经济学同事所作的巨大贡献。

我们将首先回顾税收对并购安排和并购价格的影响。然后，回顾财务领域在税收对最优资本结构影响方面的早期尝试，随后介绍会计研究在这一领域的最新发展。本节的结论部分讨论了早期由 SW 推动的隐性税收研究，以及现在对股东税收是否影响股票价格的研究。这些研究的共同主题是：资产价格中包括了多少税金支出？

§3.1 兼并与收购

兼并与收购是财务领域广泛研究的课题。本节回顾了会计学者所作的几个税务研究，这些研究检验了并购安排和并购价格中是否考虑了公司和投资者的税收。不过，我们首先简单地回顾这个复杂领域的相关税法。

收购有可能免税（目标企业股东无须纳税），也可能需要纳税（目标企业股东取得的利得需要交税，损失可以抵税）。无论属于哪种情况，收购者都可以购买目标企业的资产或股票。在免税收购中（资产或股票），目标企业资产的计税基础、税收属性（NOL 或结转的税款抵扣额）、盈余和利润（E&P）以及股利来源都不受影响。

应税资产收购需要按照市场公允价值调整资产的计税基础，因此可能产生商誉。[11]如果目标公司在出售资产以后清算，就不再有 E&P。在应税股票收购中，收购公司按照目标公司的资产计税基础结转资产价值，因此，从税的角度来看，不存在商誉。但是，企业也可以选择按照应税资产收购来进行税务处理。如果目标公司是独立公司，企业可以按照 IRC Section 338 的选择性条款进行税务处理；如果目标公司是子公司，则可以按照 IRC Section 338(h)(10) 的选择性条款进行税务处理。与 IRC Section 338(h)(10) 的选择性条款不同，IRC Section 338 款使目标公司不再有 E&P。

许多并购论文讨论了并购税法是否会对交易有影响及其影响程度。这些研究讨论的问题包括税基递升和可以抵扣的商誉带来的税收收益是否抵消了折旧回抵重新计税的成本以及目标公司股东的资本利得税成本。[12]虽然不同的目标公司可能带来收购的不同税务问题（独立 C 公司、C 公司的子公司、S 公司或者合伙企业），但是，现有大多数研究都仅仅考察了收购独立 C 公司的情形。

Hayn（1989）研究了 TRA 86 以前的收购行为，他发现，目标公司和收购公司在宣告期内的超额收益率与目标公司的税收属性相关。具体而言，在免税收购中，结转的净经营损失和可用的税款抵扣额带来的潜在税收收益与收购公司和目标公司的收益率显著正相关。在应税收购中，目标公司股东的资本利得税和税基递升带来的潜在税收收益也同时影响了收购公司和目标公司的收益率。

Erickson（1998）应用"所有交易参与者"方法，检验了1985—1988年间的收购结构，分析了收购公司、目标公司以及目标公司股东的税和非税因素的影响。他发现，如果收购公司的边际税率较高，而且有能力举债，就更可能会采用负债融资的应税交易方式。他没有发现目标公司股东的潜在资本利得税负债或者目标公司的税和非税特征会影响收购结构。在进一步的分析中，他发现目标公司股东的潜在资本利得税金额很小，而且税基递升带来的当期公司税支出往往高于其带来的税收收益现值。

Henning et al.（2000）进一步举例说明了"所有交易参与者"问题，他们发现，收购公司支付了更高的收购价格，承担了目标公司或其股东的税金支出。这篇文章遭到了一些质疑，包括：Erickson（2000）怀疑其样本分类的可靠性，他详细说明了区分股票收购和资产收购的困难，并使用公开披露信息来估计税基递升；Henning et al.（2000）指出，如果卖方的边际税率较高，就很可能收取一些隐性收入（可以递延某些利得税）。

有3篇论文调查了1993年的税法。根据这个法律，商誉的摊销额可以在税前扣除。Henning and Shaw（2000）发现，与出售方分享收购方的税收收益理论一致，对于可以产生商誉的收购来说，允许商誉摊销额在税前扣除增加了收购价格，也增加了收购价格中分属于商誉的比例。

Weaver（2000）考察了税法变更以后，产生商誉的应税收购业务（如税基递升业务）是否增加了。她发现税法变更以后，企业调整应税交易结构以获得税基递升和商誉抵扣的可能性增加了。她补充说，收购企业的边际税率越高，递升的可能性越大。

与此相反，Ayers et al.（2000b）发现，税法变更以后，税基递升的交易比例并没有发生变化，仍然占应税交易的17%。但是，对于可以在税前抵扣商誉摊销额的收购来说，税法变更以后，其收购溢价显著增加了。他们估计，目标公司可以从收购价格的增加中分享商誉税前扣除带来的税收收益的75%。

Erickson and Wang（2000）检验了1994—1998年间在应税交易中被剥离出来的200家子公司，以考察Section 338(h)(10)的作用。与预期相同，他们发现，如果资产出售不比股票出售多交多少额外税金，就更可能选择按这一条款进行税务处理。与收购方补偿卖方增加的额外税款假设相同，如果收购方选择了这一条款，收购价格就会增加。他们也报告说，进行资产剥离的母公司的超额收益率与选择适用这一条款所带来的税收收益正相关。

尽管税收不太可能是公司并购和资产剥离的主要原因，但是这些研究表明，收购公司和目标公司的税收状况（尽管现有证据不太一致）以及目标公司的税收属性确实影响了交易方式和交易价格。这些研究结果符合并购价格中包括复杂税收因素的理论，但在估值模型（如收入、利润和/或账面乘数）中往往忽略了这个问题。

此外，虽然我们还不太确定商誉的税前抵扣制度是否刺激了更多的产生商誉的并购交易，但是法律的变更似乎确实提高了交易价格。这些研究采用了"所有交易参与者"和"所有税收支出"的框架，发现税务处理方法影响了资产（交易）价格和交易结构（采用资产收购方式还是股票收购方式）。然而，我们还是不太清楚非税因素（如目标公司的负债、资产所有权转移等的交易成本）与税收因素之间的相互作用程度。

最后，与一般观点不同，企业在进行并购安排时，不太权衡税务和会计问题。税务和会计对收购业务采用了不同的处理方法。特别地，税法不太排斥权益联合法，这可以让企业为了会计目的而不摊销商誉。大多数独立 C 公司收购都涉及股票购买（可以结转原有税基），而且容易符合采用权益联合法的条件。资产收购和子公司股票收购的会计处理方法均独立于税务处理方法，都采用购买法。这个领域中的税务和财务会计问题都比较复杂，而且容易产生误解。我们希望能够有研究将这两个领域结合起来。

§3.2 资本结构

§3.2.1 早期的财务研究

在财务领域的税务研究中，发展最好的领域就是资本结构选择问题。资本结构在会计领域的税务研究中并不是同样重要的，但也出现了一些研究。本节回顾了财务领域中一些具有影响力的资本结构研究的发展情况和会计领域中的近期研究。

Modigliani and Miller（MM，1958，1963）是商业研究领域中最具影响力的两篇文章，他们都讨论了资本结构问题。MM（1958）指出，如果不存在税收（同时资本市场是完美和完整的），公司价值就与其资本结构（及股利政策）无关。MM（1963）补充说，如果利息可以在税前扣除，而股利不可以，那么最优资本结构就是极端解——全部采用负债融资。

由于 MM（1963）描述得不是很清楚，财务研究者开始思考有哪些非税成本阻碍了极端解的出现。有些人认为，负债风险较高，可能会产生破产成本。还有些人认为，随着负债的增加，债权人和股东的代理成本也会增加（权衡理论包括了税收和代理成本）。Myers and Majluf（1984）和 Scott（1977）以及其他相关研究发现，公司拥有的资产类型不同，其财务杠杆就会存在差异。假定其他情况相同，有形资产的比重越高，其财产所有权就会给公司的债务提供越多保障（债务保全理论），公司就能够借到越多的资金。Myers（1977）的研究结论与此相同，但是他认为公司的成长机会给债权人带来了更多的代理成本。

Miller（1977）将个人所得税加入财务杠杆的讨论（"所有交易参与者"方法）。与 MM 相同，Miller 假设市场没有摩擦或者制约因素。这可能是最具影响力的研究，他预期边际税率较低的投资者（例如，免税投资者）会持有没有税收优惠的债券，从而取得需要在本期交税的应税利息。边际税率较高的投资者会持有不分红的股票，在股票出售以前无须纳税，从而取得具有税收优惠的权益收益。Miller 的结论是 SW 框架中"所有交易参与者"理论的基石，同时也是会计领域中将股票价格和税务联系起来的税务研究的基础。

Miller（1977）说明，边际税率较低的投资者会持有分红比例较高的股票，成为股利顾客；反之亦然。很多财务研究检验了股利顾客是否存在（e.g., Miller and Scholes, 1978）。Dhaliwal et al.（1999）在会计领域也作了此类研究。他们的研究结果与 Miller（1977）一致，发现如果公司的机构投资者持股（粗略衡量免税情形）比例增加，就会发放更多的股利。

DeAngelo and Masulis（1980）放宽了 Miller 的研究假设，不再假定所有公司都以最高的税率支付所得税。他们认为利息费用只属于一种避税方式，因此，如果公司有其他避税工具（如折旧），财务杠杆就会较低（替代假说）。在会计领域中检验这一理论的是

Dhaliwal，Trezevant and Wang（DTW，1992）。他们检验了 MacKie-Mason（1990）的结论：如果公司即将丧失税盾（税收枯竭假说），替代效应就会增加。控制债务保全因素（这一理论预期财务杠杆与固定资产之间存在正相关关系）以后，DTW 发现非债务税盾和债务税盾之间存在着负相关关系，这与税收枯竭理论一致。Trezevant（1992）检验了 1981 年导致税盾发生变化的税法，同样支持了替代理论和税收枯竭理论。将这些研究结果结合起来，说明税收和资本结构之间的关系有点令人难以捉摸。

§3.2.2　近期研究

最近几篇研究证明了税收对资本结构的影响。Scholes et al.（1990）发现，有结转到以后年度的净经营亏损的银行更容易进行权益融资而不是发行票据。Collins and Shackelford（1992）将企业在负债和优先股之间的选择与境外所得税抵扣限额联系起来。Graham（1996a）及其他研究发现，企业的边际税率和新债发行正相关。

Engel et al.（1999）通过 TRUPS 研究，发现财务杠杆的税收收益很大（大约是估计上限的 80%）。他们比较了除税收以外其他情况下几乎完全相同的证券，因此，可以排除其他各项因素（包括风险、信号和代理成本）的潜在影响，研究设计非常有说服力。他们的缺点是研究结果不具有一般性，很难推广到其他证券。

Myers（2000）提供了有关税收重要性的进一步证据。她将养老金计划看做公司的一个资本结构选择，发现公司养老金资产中投资于债券的比例越大，公司的税收收益也越大。她的研究结果证实了 Black（1980）和 Tepper（1981）的预测，即公司会整合其固定收益计划，以通过套利的方式来降低总体税负（如发行债券、投资股票，在养老金投资于免税债券的同时于税前扣除利息支出），这可能解决了一个困扰财务界很久的问题。

§3.3　隐性税收

§3.3.1　早期研究

财务领域内的开创性研究成果以及 SW 除了推动会计界对资本结构的研究以外，还是近期会计界有关隐性税收和税收资本化研究的基础。本节从早期研究开始，回顾了这些研究，并介绍了这一领域的后续研究成果，即考察股票价格是否反映了预期股利和资本利得税。

Miller（1977）的引申含义是，只要资产的风险相同，而且没有市场摩擦和政府限制，则所有资产的税后收益率一定相同。为了保持这种平衡，如果某项投资具有税收优惠，其投资收益率就会较低，这就是 SW（1992，Chapter 5）定义的隐性税收。有关隐性税收的经典实例就是税前收益率较低的市政债券。由于市政债券的利息免税，因此，具有纳税义务的投资者愿意为其支付的价格要高于风险水平相同的其他投资方式（如公司债）。投资者的税率越高，就越会认可市政债券的免税利息价值，进而持有市政债券，成为税收顾客。

Shackelford（1991）是会计领域中最早进行的隐性税收研究，他检验了杠杆型员工持股计划（employee stock ownership plan，ESOP）的利息率。《1984 年税收改革法案》（Tax Reform Act of 1984）允许对 ESOP 贷款利息收入减半征收所得税。由于利息收入减半征收的税收收益并不确定，所以大多数 ESOP 贷款都增加了税收补偿条款。具体而言，ESOP 贷款协议中有两个利率，其中一个假设可以减税，另一个假设贷款利息收入必须全额纳税。

ESOP 在同一贷款中规定了两个不同利率。在这两种情况下，贷款者相同、借款者相同、借款期限相同，唯一不同的就是税务处理方法，这就为检验"价格是否包括了税收"提供了理想的研究环境。根据隐性税收理论，虽然贷款利率不同，借款人的税后收益率应该相同。Shackelford 发现税后利率确实相似，但是却并不相等。由于利率较低，借款者分享了大概 75% 的税收收益。这个研究结论与 Ayers et. al.（2000b）和 Henning and Shaw（2000）相似。他们发现，目标公司股东提高了收购价格，分享了收购方可以在税前扣除商誉的部分税收收益。

具有不同税收属性的投资能够吸引不同的税收顾客。与这个理论一致，Shackelford 发现 ESOP 贷款市场的主流参与者是高税率的贷款者。他认为，ESOP 贷款利率反映了贷款者的税务状况，其税收优惠的最大受益者是提供资本的贷款人。

其他早期隐性税收研究包括 Stickney et al.（1983），Berger（1993）和 Guenther（1994b）。Stickney et al.（1983）估计，通用电气金融公司在 1981 年为取得 1 美元与安全港租赁相关的税收收益，大概付出了 70 美分。Berger 发现，赋予研究开发费的税收收益影响了其资产价格。Guenther 发现，国库券利率对个人所得税的税率变化不敏感。

最近，Erickson and Wang（1999）发现，杜邦公司 1995 年以低于市价的价格回购 Seagram 股票，保留了其 40% 的税收收益。但是，Engel et al.（1999）在他们的 TRUPS 研究中发现，税收对资产价格的影响很小。

§3.3.2 边际投资者

Shackelford（1991）研究结果的引申含义是，ESOP 边际资本提供者的边际税率接近法定税率。因此，ESOP 利率水平应该反映了边际投资者相对较高的利率。换句话说，我们可以将研究问题表述为："谁是边际投资者？"

如果 Shackelford 没有发现 ESOP 的利率差异，那么他就不会放弃隐性税收理论。相反，研究证据应该说明：（a）ESOP 边际资本提供者是边际税率为零的免税机构，或（b）市场摩擦和政府限制阻碍了价格调整。但是，在 Shackelford（1991）的研究背景下，似乎没有什么市场摩擦或限制，因此，他的研究实际上是在估计边际投资者的边际税率。从这个意义上讲，我们可以将 ESOP 的利率差异看做提供了有关边际贷款者税率较高的证据。

Erickson and Maydew（EM，1998）讨论了边际投资者的作用。他们的研究表明，是否存在隐性税收及其金额大小在很大程度上是一个实证问题。他们以 SW 框架为基础，强调虽然理论上预测了资产价格会随税收状况进行调整，但是其预测价值是有限的。这是因为政府对资产和投资者的征税方式差异很大、市场是不完美的，而且政府限制了税收套利行为（SW，1992，Chapter 6）。这里有两个征税方式不同的资产（应税公司债券和免税市政债券）、两个纳税情况不同的投资者（应税个人和免税机构），不太可能估计导致两个资产价值相等的隐性税收。如果边际投资者是个人，则免税市政债券收益率的下降幅度应该是个人所得税税率；如果边际投资者是免税投资者，则公司债券的税前收益率应该等于免税市政债券的税前收益率。

EM 还研究了 1995 年准备降低股利抵减额（减少抵减公司所得税的金额，进而增加公司投资者的股息红利税）的影响。他们发现，这个提议降低了优先股的股价，但是却没有影响到普通股股价。他们认为，优先股的边际投资者是一些享有股利抵减优惠的公司，而普通股的边际投资者是不受股利抵减影响的公司。换句话说，优先股股东支付的与股利抵减相关的隐性税收比普通股多。

§3.4 证券价格和投资者税收

§3.4.1 研究动机

目前最活跃的一个税务研究领域是考察投资者税收（红利税和资本利得税）是否影响了股票价格，或者说，边际投资者是否支付了税收。会计领域对它的研究贡献包括 Dhaliwal and Trezevant（1993），Landsman and Shackelford（1995），Erickson（1998），Erickson and Maydew（1998），Guenther and Willenborg（1999），Harris and Kemsley（1999），Ayers et al.（2000a），Blouin et al.（2000a-c），Collins et al.（2000），Collins and Kemsley（2000），Gentry et al.（2000），Guenther（2000），Harris et al.（2001），Lang and Shackelford（2000），Seida and Wempe（2000），Lang et al.（2001），等等。

这些研究的隐含零假设是边际投资者不支付税金。[13] 这个零假设可能是真的。Miller and Scholes（1978）等发现，投资者的税收并不影响股票价格。与假设市政债券的价格包含对投资者的税收减免不同，会计、财务和经济领域理论和实证研究都包含一个隐含假设，即证券价格是由养老金、非营利组织和其他不需要支付税金的股东决定的。会计领域的重要研究（e.g.，Ohlson，1995）都假定边际投资者是免税机构。与此类似，大多数 MBA 课程（如财务报表分析）也在估值时忽略了投资者层面的税收，现有估值教材（e.g.，Palepu et al.，1996）也含有一个隐含假设，即边际投资者是免税机构。

税收资本化研究挑战了这个被广泛接受的假设：投资者税收与价值无关。如果边际投资者支付税金（如个人、以个人账户持有的共同基金、公司、信托机构等），那么，许多理论和实证模型就都忽略了决定股价的这个重要因素。此外，由于美国牛市持续时间很长，因此，忽略投资者层面的税收，特别是资本利得税，就会显著增加计量误差。

推翻投资者税收无关论具有非常重要的意义，这意味着：

- 股票价格包含了投资者的预期税后收益率。
- 股票价格会随红利和资本利得的预期税务处理方式的变化而变动。
- 股票价格会随其投资者的税收状况的变化而变动。
- 投资者的税收属性（如是否为免税投资者，其所持股票是升值了还是贬值了），会影响信息对股价的影响方式。

在接下来的内容中，我们将回顾几个有关股价与投资者税收之间关系的最新和正在进行的研究。这些研究试图评价股东税收的重要性。读者应该以怀疑的态度来阅读这些文章。在这些文章中，很多还没有发表，大都没有经过仔细评审和复制。但是我们相信，这些研究有可能对会计、财务和经济研究产生重要影响。

§3.4.2 股息税资本化

早期经济和财务领域的税务研究主要关注股息税是否影响了股票价格。这些研究提供的证据不太一致，而且还存在争议。他们的研究题目也不相同，包括托宾 q 研究、股利的新观点和旧观点研究以及除息日研究。

股息税资本化研究至少形成了三大派系（进一步的讨论，see Harris and Kemsley（1999））。传统观点假设股利的非税收益（如降低了代理成本）抵消了税收成本。如前所述，税负无关论（e.g., Miller and Scholes, 1978）假设边际投资者是免税的。

股利的新观点不太直观。它认为，股票价格完全反映了与股利相关的未来税金支出。它的引申含义是，公司增长所需的资金首先来自内部。因此，公司不会在派发股利的同时发行新股票。另外，资本成本与股息税率中的"永久"部分无关。假设税率不变、企业最终会将所有盈余和利润分给股东，[14]那么，成熟企业的股票价格中就已经包括了不可避免的股息税，因此，它随时可以以不含额外税金的成本发放股利。

最近，有一系列研究（Harris and Kemsley, 1999；Harris et al., 2001；Collins and Kemsley, 2000）采用 Ohlson（1995）的剩余收益估值模型考察股息资本化的问题。他们假设边际权益投资者是个人。这三篇文章都发现，估值模型中的留存收益（替代未来股利）回归系数小于其他账面价值的回归系数，因此，推测股票价格中已经贴现了股息税。

Collins and Kemsley（CK, 2000）对模型进行了扩展，加入了二级市场交易的资本利得税。他们考察了 1975—1997 年间的 68 283 家公司，将股票价格与股东权益、利润、股利以及股利与资本利得税的交叉项进行回归。他们的研究结果表明，按照最高法定联邦个人所得税税率计算的股息税已经完全反映在股票价格中。这说明，投资者确实认为企业最终会将所有盈余分配给股东。他们还估计，股票价格反映了大概 60％的按最高个人长期资本利得税税率计算出来的资本利得税。有关股息税和资本利得税的研究结果表明，边际权益投资者是个人。

CK 认为，股票价格除了资本化股息税以外，还资本化了资本利得税，两者之间不是互相替代的关系。这个结论似乎与直觉不符：支付股利给股东带来了额外的税收收益，而不是一般假设的税收惩罚。由于支付股利降低了公司价值，使得投资者在出售股票时不必缴纳"多余的"资本利得税，因此，会给股东带来税收收益。

CK 的研究结果至少在三个方面存在争议。首先，大多数公司不发放红利，即使发放股利的公司，股息率也很低。[15]因此，如果 CK 的研究结论成立，投资者就必须对从来没有发放过股利的公司进行定价。如微软从来没有派发过股利，但是，投资者在对其进行定价时，必须假设公司最终会将所有盈余以应税股利的形式发给需要按照最高个人所得税率纳税的投资者。由于过去几十年来，股息税率也在发生变化，因此，如果股利要在未来很久才能支付，市场似乎就不需要对现行股息税率的变化敏感了。

第二，CK 的研究结果与股息税顾客理论相矛盾。根据 Dhaliwal et al.（1999），如果一个公司从来不支付股利（例如微软），但是现在开始发放，那么股东就会将股票卖给取得股利成本较低的投资者，如免税机构。新股东需要支付的股息税会低于最高个人所得税。出售股票的股东需要支付股票升值带来的资本利得税。换句话说，根据股息税顾客理论，微软的股票价格可能考虑到了按最高税率计算的资本利得税，但是不应该同时包括股息税。我们希望有能够解决股息税资本化和股息税顾客效应的研究。

第三，最高法定资本利得税税率的变化很小。1975—1997 年间，最高的股息税税率在 31％～70％间波动，但是，除了 1975—1978 年的资本利得税是 35％，1982—1986 年是 20％以外，资本利得税一直都是 28％。因此，资本利得税的研究结果主要来自研究的前 4 年和 1981 年税率降低以后的 5 年，而且主要受这两个区间内其他控制变量变动的影响。

此外，在法定税率变动的年度（即1978年、1981年、1986年和1997年），投资者大概在新税率实施以前就在股价中调整了资本利得税。最后，由于股票价格受预期资本利得税税率而不是现行法定税率的影响，因此在税率不变的年度，由于市场对资本利得税的变化有多种猜测，所以很难确定相关税率。

有鉴于此，我们认为这些结果是不可信的，需要采用更多不同的方法来检验其引申含义。无论如何，我们认为，现有会计领域中有关股息税资本化的研究重新激起了人们对这一领域的研究兴趣，至少让广大学者开始重新关注这个为时已久的股利谜团。如果这些研究结果在经过进一步检验以后仍然存在，那么可以毫不夸张地说，这些研究将是革命性的。

§3.4.3 均衡价格的资本利得税资本化研究

与股息税资本化相比，资本利得税资本化是一个尚未开发的研究领域。资本利得税与股息税至少在三个关键领域存在差异：首先，决定资本利得税是否发生的是公司股东，而不是公司。事实上，只要一直持有公司股票，就可以完全规避资本利得税。第二，与部分公司按季支付股利不同，股票价格的每一次变动都会给应税股东带来资本利得或损失。第三，一直以来，如果资产持有时间较长，资本利得税就会低于股息税。例如，按照现行税法，如果个人投资时间超过一年，则资本利得税的最高税率就是20％。短期持有的投资所得（和股利）需要缴纳一般税率，其上限是39.6％。

这一领域的实证研究一般会利用税收政策和经济状况的变化来检验股票价格和资本利得税之间的关系，这样可以增加检验能力。简单来说，这些研究一般都发现股票价格中反映了股东预期在出售股票时会缴纳的资本利得税。这个结果与前面所说的"股东税收与股价无关"的结论相矛盾（e.g., Miller and Scholes, 1978, 1982）。

我们将现有的对资本利得税资本化问题的研究分为两个部分。本小节回顾了均衡定价研究，即检验股票价格是否反映了具有税收优惠的长期资本利得税税率（现在是20％）。下一小节讨论了价格压力研究，检验资本利得税的变化是否会影响股票交易量和股票价格。

均衡定价的研究问题与前文回顾的股息税资本化研究类似，其基本想法是：如果个人准备组建一个公司，他会在对企业进行定价时考虑所有税收，包括个人需要支付的税金。如果是个人独资股东，他就不会给自己发放不具有税收优势的股利，因此不会考虑股息税的影响。相反，他会预期到清算或者企业出售时需要缴纳的资本利得税。如果公众公司股东采用类似方法对其股票投资回报进行估值，即考虑到投资者层次的资本利得税，那么股票价格就应该反映资本化的资本利得税，而不是股息税。

对于支付股利的公司来说，需要改变一下计算方法。但是如前文所述，现在的股利支付率非常低，因此，投资者在预测其投资回报时，似乎只考虑了投资层面的资本利得税，而不是股息税。由于大多数公司都不支付股利，只有很少的公司支付大额红利，因此，如果边际权益投资者需要支付税款，毫无疑问，资本利得税的资本化远远超过了股息税的资本化。"均衡定价"研究包括Erickson（1998），Guenther and Willenborg（1999）和Lang and Shackelford（2000）等。CK联合检验了股息税和长期资本利得税的资本化问题。

尽管有这些直观想法，有关长期资本利得税资本化问题的研究还是发展缓慢，这至少有两个方面的原因。第一，如前所述，有关股利研究取得的证据还不明确。由于股利比股票出售更容易预测，因此，资本利得税的资本化研究会更难。

第二，研究者一直认为（可能并不正确）长期资本利得税影响股价的必要条件不成立。这些条件包括：应纳税的边际投资者愿意持有股票超过一年（现在的长期定义），然后再出售（Shackelford，2000）。如果他的投资周期更短，则所有利得和损失都会按短期税率纳税，因此就不会资本化长期税率。如果股票价格会随着长期资本利得税税率的变化而变化，则所有条件必须同时满足，因此，一直以来，税务学者都认为长期资本利得税对均衡价格的影响很小。现有研究挑战了这一假设，设计了一些条件成立时的检验方法。

Lang and Shackelford（LS，2000）初步建立了一个模型来研究资本利得税是如何影响均衡定价的。他们发现，二级市场交易和股票回购行为加速了应税收益或损失的确认，否则这些收益或损失要等到企业清算时才能得到确认。他们预期，如果必要条件成立，那么资本利得税在股价中的资本化数额就会更大。前提是促使资本利得税实现的两个情形发生，即二级市场上的股票交易和股票回购。因此，市场行为是否与这些预期一致就是一个实证问题。

LS采用了一个传统的事件研究方法。他们考察了1997年5月美国国会和白宫同意降低长期资本利得税时的周市场反应，发现不支付股利公司的原始回报比其他公司高6.8%。[16]他们认为，这个现象说明投资者会根据新资本利得税对不同公司股东收益影响的可能性来区别调整股票价格。

Guenther and Willenborg（1999）发现，在政府规定对小额IPO特别减除50%的资本利得税以后，IPO价格有所提高。由于IPO是计算长期资本利得持有时间的起点，因此，它是资本利得税资本化研究中的常见内容，可以用来同时检验均衡定价和价格压力问题（e.g.，Reese，1998；Blouin et al.，2000a）。

Lang et al.（2001）发现了一些公司股东承担资本利得税资本化成本的证据。他们研究了2000年德国停止对企业交叉持股（其他德国公司持有的德国股票）征收资本利得税的市场反应。他们发现，停止交叉持股税以后，被投资公司的股价开始上涨。但是这种上涨仅仅局限于大型德国银行和保险机构非战略性（低于20%）持有的制造业公司股票。此外，投资银行和保险公司的股价上升幅度要高于被投资公司。

这些研究提供了有关资本利得税资本化的初步证据。从最差的角度上说，这些研究与以前的研究（股价不包含资本利得税的可能影响）相冲突，值得进一步关注。从最好的角度上说，他们提供了有关所有必要条件同时满足（至少在特定情况下）的证据，说明边际投资者是个人，会在股票定价中对预期的长期资本利得税进行贴现，具有一定的开创意义。

§3.4.4 资本利得税带来的价格压力

有关资本利得税资本化带来的价格压力的研究以均衡价格研究结果为基础，借鉴了财务学中的非税价格压力研究框架（e.g.，Harris and Gurel（1986），Shleifer（1986）和Lynch and Mendenhall（1997）等）。这些研究通常考察比较短的时间窗口，检验资本利得税是否会影响股票交易量，而且如果有影响，这种影响是否足以影响股票价格。

例如，前文介绍的Guenther（2000）检验了与LS相同的税法变化。他考察了1997年长期资本利得税税率下降的影响，没有发现除息日企业的股价发生变动（除息日前股价下降，第二天回升）。他认为，这是因为个人投资者（已经持有股票超过一年）不愿在较低的长期资本利得税税率生效前卖出股票。卖者的惜售行为暂时提高了股价，也说明 LS 研究中的市场反应可能是暂时的。但是，由于 Guenther 的研究仅仅局限于一小部分除息日公司，因此，限制了其研究结论的一般意义。

Landsman and Shackelford（1995）考察了股东被迫提前缴纳长期资本利得税，而要求获得补偿的情况。他们检验了保密的个人股东记录，来考察 RJR Nabisco 公司进行杠杆回购的情况。由于这些股东原本打算长期持有公司股票以递延或完全规避资本利得税，因此，杠杆收购使得股东必须出售所持股份，于是股价就会上升，以补偿其长期资本利得税损失。对于资本利得税税率较低的股东来说，其股票售价一般低于资本利得税税率较高的股东。

价格压力研究中比较活跃的研究领域是买者是否会补偿卖者提前出售而支付的不具有税收优势的短期资本利得税（或者反过来说，卖者是否会出售亏损证券来实现短期资本损失，从而放弃了补偿）。Shackelford and Verrecchia（1999）建立了可能的价格压力模型。他们的研究结果表明，如果个人在购买股票时就认为自己需要缴纳长期资本利得税，那么如果他要在满足长期条件前出售股票，就会提高售价以获得补偿。换句话说，卖者的冲击会暂时提高股价。与此相反，亏损股票的持有者更愿意按照短期资本损失来进行税务处理，而不是长期损失。因此，这部分投资者的存在，会使市场充满即将满足长期条件的股票，从而增加了股票交易量，推动了股价下滑。

这一领域的实证研究分析了长短期投资交界日附近的交易量变化，并检验了这种变化是否足以改变价格。换句话说，检验市场的流动性是否足以抗拒卖者惜售盈利股票或者出售亏损股票带来的冲击。

有很多经验研究结果都支持"在长短期投资交界日附近，资本利得税会带来价格压力"的理论。例如，Reese（1998）分析了多年的数据，发现在持有公司首次上市股票的股东达到长期资本利得税税务处理条件时，如果公司的股价升值了，此时其股票交易量就会上升，股价则会下降。这与理论预期一致，即一旦股东开始适用较低的长期资本利得税税率，就会抛售股票。

Blouin et al.（2000a）同样分析了首次上市股票持有者最初满足长期资本收益确认条件时的价格压力问题。他们考察了 1998 年议会宣布缩短长期资本利得持有期时，股票交易量和股价的反应。他们发现，对于股票升值的公司来说，股票交易量会上升。此外，与长短期资本利得税税率差异会带来价格压力的理论预期一致，在宣布日，交易量增加很多，推动股价下滑，但是股价在第二天就反弹了。

与此类似，Poterba and Weisbrenner（2001）重新考察了一月效应。他们分析了 1970—1978 年的数据，发现如果公司股价在资本利得持有期（当时是 6 个月）下降，就会在年底以后反弹。这与理论预期一致，即股东为了能够按照短期资本利得损失进行税务处理，会在年底抛售亏损股票，使得股价暂时下跌。

Blouin，Raedy and Shackelford（BRS，2000b，c）试图在更一般的情况下（即税收不是首要因素），找到这些价格压力的证据。他们认为，前面大部分资本利得税的研究设计都有利于发现"税收是重要的"证据，具有一定的偏差。例如，研究税收政策的改变、税收具有重要影响的交易（如并购）、个人持股较多的情形（如 IPO）或者税务筹划时期（如年末）。他们试图解释有关价格压力的结论是特例（如只发生在特殊的税收环境下），还是具有一般性的定价作用。

这类研究的另一个特点是，他们都明确地假设了个人投资者所采取的交易策略。特别地，他们的实证检验假设投资者采用 Constantinides（1984）所说的交易方式，即在长短期投资确认临界日前出售亏损股票，在临界日之后立即出售盈利股票，按照短期税率实现未来资本损失。

BRS（2000c）检验了标准普尔宣布将在其 500 指数中加入新企业时，公司股票收益率的变化。他们将股票价格的上升与资本利得税联系起来，认为指数基金会补偿持有升值股票的个人投资者，鼓励他们在长期资本利得确认临界点前出售股票。这种补偿会在指数公告日附近给公司股价带来暂时性的价格压力。

BRS（2000b）检验了一个更不可能出现资本利得税效应的情形，即股价对季度盈余公告的反应（可能是会计中最普遍的研究背景）。他们发现，如果个人投资者在长期投资确认临界点前出售盈利（亏损）股票，可能会增加税负（节税），则其交易量就会暂时放大。此外，与股东获得（放弃）未预期资本收益（损失）补偿的理论一致，他们发现，成交放大的数量很多，足以推动公司股票价格出现短期上涨（下降）。换句话说，股票市场似乎在盈余公告日附近流动性不足，难以承受税收带来的交易量变化，进而带动了股价变化。这个结论令人惊讶，需要进一步检验其稳健性。

总的来说，以前研究主要关注股价在股东税收非常重要的情况下的反应；BRS 与此不同，他们考察了资本利得税在更一般情形下的作用，避免出现研究设计导致研究结果有利于"税收是重要的"偏差。在这种一般情形下，对个人资本利得税会影响证券交易的发现令人吃惊，这也说明资本利得税的影响广泛，其重要性程度超过了我们以前的想象。

很多税收资本化研究（包括 Landsman and Shackelford（1995））的共同缺陷是，无法直接检验股东税收状况对股价的影响。要解决这个问题需要更好的数据。例如，如果 BRS（2000c）能够用到公司加入标准普尔 500 指数公告日前后买入和卖出股票股东（及其税务状况）的更加详细的数据，就会更好地进行一些扩展研究。如果拥有这些数据，那么我们就不用再通过资本市场检验（正如他们所做的那样）来推测共同基金是否补偿了应税投资者的资本利得税，而是可以直接检验这样的问题：公司加入标准普尔 500 指数以后，投资者是否将股票卖给了共同基金？应税投资者持有盈利股票是否短于一年？可惜的是，这些理想数据是保密的，很难得到。但是，我们希望能够有创新性研究运用到这些更加丰富的数据。

§3.4.5 小结

总之，股票定价中是否考虑了税收因素，是会计领域税务研究中的一个活跃问题。这些研究可以追溯到财务中有关资本结构的开创性研究。除了资本结构以外，会计学者也探讨了债券和并购问题。一般来说，这类文献将制度知识与计量经济学分析方法结合起来，有助于我们进一步理解税收在公司财务中的重要作用。

最近，有大量文献讨论股价是否反映了投资者层面的税收问题，包括股息税和资本利得税。由于会计学者更加了解税法细节，因此，他们开始利用这一优势挑战"投资者税收无关论"。这些文章的研究背景差异很大，但是，大多数都发现了有关股息和/或资本利得税影响股价的实证证据。虽然很多研究没有发表，而且还存在一些重要问题，但是，我们可以从这些不断增加的经验证据中推测，至少在某些情况下，股价是由应纳税的投资者确定的，而且投资者税收无关论（虽然简化了分析工作）并不如我们想象的那样可信。

简单来说，有关股息税和资本利得税资本化问题的研究具有相似的贡献和研究启示，其研究结论都令人惊讶，而且有可能颠覆一些长期以来被普遍接受的观点（如股东税收无关论）。但是，还需要进一步检验这些研究结果的稳健性及其对股价的影响。

§4 跨区税务研究

不同税收管辖权下的税收制度比较复杂，成为很多税务学者的研究障碍。近年来，跨国和跨州税务研究是会计领域中最活跃的税务研究之一。但是，这一领域的研究动机与权衡理论和资本化理论不同。

税务学者不断地应用 SW 研究范式进行跨区税务研究，至少有以下四个方面的原因：[17]首先，从实证研究角度看，在跨区税务研究背景下，存在各种不同的税率和税基，提高了研究者的研究能力。在单一税制下，由于税率和税基不变，因此，很难研究一些基本问题（如税收是否重要？如果不重要，为什么？如果重要，重要性有多大？）。但是在多重税制下，税率和税基会发生变化，这些问题就容易处理了。

其次，从理论上讲，不同税制下的税负差异对经济活动的影响是一个与成本会计紧密相关的非常有趣的学术问题。市场不关心政治界限，但是，税收却随它们的变化而变化。例如，电信将不同管辖区内的消费者联系起来。哪个政府对哪部分电信服务拥有管辖权？如果一个纽约人打电话给一个得克萨斯州的人，这个电话要借助卫星和其他遍布全国的电信设施，那么利润是从哪里来的？也就是说，哪个州对这个电话中的应税收入拥有税收管辖权？在跨州业务中，收入和费用是如何分配的？会计学者在成本和利润分摊方面拥有比较优势。目前这个领域比较重要的问题之一就是与互联网相关的税收问题（Goolsbee，2000）。

再次，从政策角度看，随着近年来经济活动的扩张，政策制定者和税务实务工作者都要求进一步理解一直晦涩难懂的跨国和跨州环境下的税务问题。最后，最近建立的跨国数据库提供了基于公开信息的计算机可读数据（e.g.，Global Vantage），这在很大程度上降低了跨区税务研究的成本。

§4.1 跨国研究

Collins and Shackelford（CS，1992）最早进行了跨国研究。他们探讨了跨国税务研究中的另一个重要因素，即 1986 年美国降低公司所得税税率和国外税收抵免限额以后，其跨国公司税务筹划从国内转向全球的变化。CS 应用了"所有利益相关者"和"所有税收支出"的概念，发现要取得成本最低的资本，必须同时考虑美国跨国公司、其债权人和股东的税收问题。

TRA 86 强调，企业必须将国内利息费用分摊给境外利润。由于境外利润是计算境外税收抵免额的基础，因此，分摊利息费用就降低了境外税收抵免额。进一步说，如果美国公司在国内举债融资，则其国外税收抵免额就缩水了。此外，由于利息是以境外经营比例为基础进行分摊的，因此，企业境外经营的比重越大，国外税收抵免额降低的幅度也就越大。因此，在 TRA 86 以后，对于境外经营比例较大的盈利跨国公司而言，与负债融资相比，其权益融资成本降低了。

为了便于分析，CS 假定债务和权益资本提供者的税后收益无差异，股利收入具有一定的税收优势。他们计算了债务融资和权益融资无差异点的境外业务比重。结果发现，如果境外业务所占比重为 22%，则债务融资和权益融资无差异。如果境外业务比重更多，则权益融资就是成本较低的融资方式。

与这个预期一致，CS 发现大型跨国公司（如可口可乐和埃克森）采用可调整的优先股来取代商业票据的融资方式。CS 认为，这两种融资方式都属于短期资金来源，其最大的不同就是税务处理方式。但是，他们在检验中并没有考虑其他差异（如代理成本）。如果不采用跨国视角，很难理解边际税率较高的公司会更愿意采用权益融资方式。但是，从跨国税收角度来看，这个问题就很容易理解。

Newberry（1998）扩展了 Collins and Shackelford 的研究结果，她研究了新增融资方式的选择问题（5.4 节探讨了研究新增融资方式的好处）。她发现，境外税收抵免限额促使企业降低国内债务，转而发行普通股和优先股（发行优先股的绝大多数都是大企业，这与 CS 一致，他们主要评价大企业）。

为了应对这个问题，美国跨国公司除了可能以权益融资方式替代负债以外，还可能增加在外国子公司的负债。Smith（1997）和 Newberry and Dhaliwal（2000）就发现了这个现象。Newberry and Dhaliwal 考察了国际债券的发行，他们发现，如果美国公司有结转到以后年度的净经营亏损，而且达到了境外税收抵免限额，就更可能由境外子公司发行债券，而不是美国母公司。他们还发现，债券更可能由坐落在税率较高国家的境外子公司发行，而不是税率一般的国家。

Newberry and Dhaliwal 举例说明了在会计领域中最大的跨国税务研究：收入转移研究。会计领域中最早的两篇收入转移研究是 Harris（1993）和 Klassen et al.（1993）。这两篇文章分析了可以公开取得的美国跨国公司截面数据。他们试图了解：在 TRA 86 公布以后，美国公司报告的利润和税款是否具有某种趋势，而且这种趋势是否与转移应税收入的动机一致。他们的研究结果有点混乱。Shackelford（1993）对这些文章进行了评论，他肯定了这些研究的创新性，但是也指出，要确定跨国企业是否进行了收入转移以使其全球税收负担最小化，还需要更有说服力的检验。

近期收入转移研究的发展至少体现了研究技术的三大进步：首先，至少部分实证研究走出了早期的描述性分析范式，采纳了理论分析框架，应用了更加有效的检验方法。例如，Harris（1993）和 Jacob（1996）认识到了不同跨国公司的收入转移能力存在差异。Olhoft（1999）正式引入规模经济理论进行推测，指出随着跨国企业规模的增加，其跨国避税行为也会增多。第二，一些研究接触到了保密的纳税申报表和其他私有信息来进行更加有力的检验。例如，Collins et al.（1995a，1997b）和 Collins and Shackelford（1997）考察了跨国公司的内部交易。他们取得了美国公司的实际纳税申报表，否则他们无法获得这些数据。第三，采纳了其他检验方法。例如，Collins et al.（1998）采用资本市场的研究方法，检验了报告利润是否反映了收入转移问题。

这些技术进步提高了跨国税务研究的质量。例如，Mills and Newberry（2000）将从 IRS 取得的外国控股的大型美国公司的保密税务数据和公开取得的外国公司财务信息结合起来，进行了详细的收入转移和举债地点的截面研究。他们发现，外国公司支付给美国的税款受很多因素的影响，包括美国与他国的税率差异、跨国公司对无形资产的依赖程度和财务业绩、其美国业务的财务杠杆和财务业绩。虽然有上述数据优势，但是 Mills and Newberry（2000）还是没有区别于以前的研究，他们做的主要是描述性工作。我们期待能够有研究走出描述性分析，并应用技术进步的结果。

除了收入转移以外，还有一些文章讨论了税收在企业经营地点选择中的作用。Kemsley（1998）发现，境外税收抵免动机和美国与国外税率的差异影响了企业对经营地点的选择。Wilson（1993）采用了实地研究方法，Single（1999）采用案例研究中对税务高管的问卷分析了税收对企业经营地点选择的影响。这两种方法补充了研究者可以采用的档案数据，而且得到了档案数据分析中无法得到的研究启示。Wilson 发现，选择国家的税收成本与非税成本负相关，非税成本包括劳动力质量、基础设施和政治环境的稳定性。也就是说，选择某个国家的税收优惠可以抵销一些其他成本。Single 的研究结果表明，税收豁免期（企业经营的前几年没有外国税收）具有正面激励作用，但是在所有 29 个影响因素中排名较低。

最后，Collins and Shackelford（1997）发现企业会协调其内部交易，以降低全球税收负担。他们发现，美国跨国公司境外分支机构间的转移支付与跨境转移的税收负担之间呈负相关关系，这种转移支付包括股利、特许权使用费，有时候还包括利息，但是不包括管理费用。尽管无法取得相应数据进行直接检验，他们明确指出，代理成本会减弱更深层次的全球税收最小化行为。这些成本包括在组织内部重新分配利润带来的绩效评价问题以及对企业与母国和客国政府之间非税关系的伤害。

§4.2 跨州研究

虽然税收体制差异是跨国税务研究很具吸引力的一个地方，但是不同国家间其他方面的差异（如货币制度、法律体系、金融市场和经济发展）可能会使我们忽略一些相关变量，产生计量误差，进而影响研究结论的可靠性。为了既能研究税收制度的不同，又能控制其他不同因素，近年来，研究者开始转而探讨跨州税务问题，这也是税务筹划的新增领域。

跨州税务研究除了能够减少计量误差以外，还有其他吸引力。如各州有一些特别的税收条款，有助于我们研究税收是否影响了企业行为。例如，计算不同国家的税基需要以不同的会计体系为基础，但是计算不同州和省的税基就不一样了，只需将企业总收入（从所有州取得的）按照事先确定的公式在不同的州之间进行分配。这个公式在不同的州之间存在差异，但主要是以销售收入、财产和工资比例为基础的。

近几年，有一些文章考察了各州特有的税收制度。Klassen and Shackelford（1998）的研究结果与许多国际税收转移的研究结果相似，他们发现美国各州和加拿大各省的税收收入与其公司所得税税率负相关。他们还将配送地点与各州运出货物的税收（也称"掷回"原则）联系起来。Goolsbee and Maydew（2000）估计，如果将销售收入的分配权重加倍，就会提高 1.1% 的本州制造业就业率，尽管这可能会给其他州带来负的外部效应。Lightner（1999）发现，与有利的分配公式或掷回原则相比，较低的公司税率更能刺激就业率的增长。Gupta and Mills（1999）发现，投资于避免州税的项目能够给企业带来较高的回报率。

还有一系列文章探讨有关州税特别沉重的财产保险公司的特有问题。这些研究发现，州保险税会影响保险公司跨州业务的扩张（Petroni and Shackelford，1995）及其给监管部门的申报表（Petroni and Shackelford，1999）。Ke et al.（2000）进一步指出，如果该州的保险公司税负较重，则其所购买的保险也较少，这说明保费中已将州税进行了资本化。

总之，跨区税务研究还将继续成为会计领域的重要税务问题。即使没有其他原因，税率和税基的不同也有利于检验税收效应。但是，要在顶尖杂志上发表，只是证明"税收是重要的"还不够。跨国（和发展很快的跨州）研究的不断增加大大提高了为这一领域作出额外贡献的门槛。这在会计领域的税务研究中属于一个成熟的分支，成长潜力可能不大，但是发表论文的质量会很高。

§5 研究方法问题

本文下面将讨论六个研究方法问题：边际税率的估计、自我选择偏差、权衡模型的识别、研究变动数还是水平数、税负研究中的隐性税收以及保密数据的使用。虽然这些问题并不是税务研究所特有的，但是每个问题在现有文献中都很突出。迄今为止，税务研究还没有关注到很多研究方法的发展。或许本部分提出的问题能够引发对会计领域中开展经验税务研究的研究工具的评价与讨论。

§5.1 边际税率的估计

绝大多数税务研究都需要估计边际税率或其替代变量。除了税务研究，其他研究也需要估计边际税率，以控制税收的可能影响。会计领域的税务研究对非税研究的一个主要贡献就是开发了各种不同的边际税率估计方法。

SW 将边际税率定义为：每增加 1 美元当期应税收入所增加（或减少）的当期或未来应付给税务当局的现金流量的现值。这个定义同时考虑了美国公司税法的不对称性和跨期性质。应税收入在当期纳税，应税损失可以向前结转（现在是两年）和向后结转（现在是20 年），以抵扣其他年度的应税收入。因此，公司管理者在作决策时所采用的税率会反映其过去税收状况和未来的预期税收状况。

假设一个公司纳税人过去形成的税前扣除额超过了应税收入，结果产生了 20 美元向后结转的净经营损失，可以用来抵减未来应税收入。另外假设公司的投资和融资计划固定，而且从现在开始的 1 年后，预期每年可以产生 8 美元的应税收入。公司现在和预期的法定所得税税率均为 40%。

如果没有净经营损失，那么 1 美元额外应税收入会产生 40 美分的当期纳税义务，因此，边际税率是 40%。在公司存在 20 美元净经营损失的情况下，1 美元额外收入不会产生当期纳税义务。但是，公司的边际税率并不等于零。相反，每年 8 美元的应税收入意味着公司将在 3 年后开始纳税。因此，当期 1 美元的额外应税收入需要在 3 年后支付 40 美分的税金。按照每年 8% 的贴现率对税后现金流量进行贴现，就得到增加了的税金的现值为 31.75 美分（$40/1.08^3$），边际税率为 31.75%。计算公式为：

$$mtr = \frac{(\$1 \times str_s)}{(1+r)^s}$$

式中，mtr 表示边际税率；str_s 表示 s 期的预期法定税率，在 s 期内企业最终将为本期额外取得的 1 美元应税收入支付税金；r 表示企业的税后贴现率。

如果预计 1 年后企业的法定税率将降到 25%，则有净经营损失的企业的当期边际税率将变为 19.84%（即 $0.25/1.08^3$），但是，没有净经营损失的企业的边际税率仍然是 40%。与此类似，如果预计 1 年后的法定税率提高到 55%，那么对于有净经营损失的企业来说，当期边际税率就是 43.66%（即 $0.55/1.08^3$）。换句话说，如果税率上升，有净经营损失的企业的当期边际税率可能会高于没有净经营损失的企业。

现有文献中边际税率的替代变量包括：是否存在结转下来的 NOL 的分类变量、（预计）应税收入符号的分类变量、有效或平均税率和最高法定税率。每种衡量方法都有一定的局限性。Shevlin（1990）总结了采用 NOL 和应税收入符号虚拟变量的局限性。[18] 由于有效税率是一种平均税率，用它来评价税收在增量决策中的作用就有问题。最高法定税率忽略了企业边际税率的截面差异。[19]

如果样本企业有向后结转的 NOL，那么在估计边际税率时，如果能够考虑到 NOL 可能减少的未来税金支出，边际税率的估计就会更加准确。要估计用完 NOL 所需的年度，需要预测未来应税收入。Manzon（1994）采用了一个简单的估值模型来预测未来应税收入：

$$V = E/r$$

式中，V 表示企业普通股的市场价值；E 表示预期未来收益或应税所得；r 表示税后贴现率。移项，有

$$E = Vr$$

现在，我们就可以计算用完 NOL 所需的时间 s：

$$s = NOL/E$$

假定企业有 6 美元向后结转的 NOL，股票市值为 15.625 美元，贴现率 r 为 8%。由这些数据可以得出：预期未来年应税收入为 1.25 美元，s 等于 5 年。如果在可预见的未来，法定税率将保持在 35%，每年年末支付税金，那么边际税率就是 25.7%。

Shevlin（1987，1990）和 Graham（1996b）以企业历史应税收入为基础，采用了更加复杂的模拟模型来预测未来应税收入。Shevlin 考虑了 NOL 的前转和后转规则，Graham 则延伸了这个方法，考虑了税收抵免和可能的最低公司税。

由于模拟方法比较复杂，我们不可能在这里进行仔细回顾，感兴趣的读者可以阅读原文。采用这个方法需要做一些假设，而且估计结果会随假设的变化而变化。不论如何，模拟税率越来越普遍（e.g.，Keating and Zimmerman，2000；Myers，2000）。Graham（1996b）对边际税率替代变量的评价具有一定的说服力，在 Graham 的网站上可以轻松地找到很多公众公司的模拟边际税率，网址是：http://www.duke.edu/~jgraham/（点击"tax rates"）。

这些替代变量真的能够替代管理者进行决策的边际税率吗？与操控性应计利润相同，由于"真实的"边际税率无法观测，我们很难回答这个问题。Plesko（1999）通过保密的纳税申报表数据，尝试着对边际税率替代变量进行了评价。问题是，Plesko 的数据只有 1 期，无法估计由于利得和损失税务处理的不对称性带来的跨期效应。他根据纳税申报表计算了每一个企业的应税所得，然后以这一应税所得对应的法定税率作为企业的"真实"边

际税率。如果企业的应税所得为负，他就认为边际税率为零，并没有考虑损失是否会向后结转或向前结转。Plesko 认为，两个二元变量能够反映边际税率的大部分变化。但是，由于 Plesko 的计算只有 1 期，因此，要用这个结论来引导边际税率的估计还不太成熟。[20]

如果 Plesko 能够取得时间序列数据，在分析中考虑 NOL 的向后结转和向前结转问题，其研究结论就会加强。但是，如果未来应税收入是企业根据其税收状况所采取的现在和以前行动的函数，则这种数据增加的价值就有限了（Shevlin，1990，note 8）。如果未来实际应税收入所受的现行边际税率的内生影响不太重要，就可以用未来实际应税收入计算边际税率的现值。

无论如何，相关的边际税率应该是管理者进行决策时采用的税率，我们应该努力了解，企业是如何将其税务状况纳入决策的（可能通过实地研究方法）。了解管理者是采用了以应税收入符号为基础的简单的二元变量，还是采用了更加复杂的模拟变量，具有重要意义。

§5.2 自我选择偏差

税务研究中普遍采用的估计模型是：

$$y_i = \beta' X_i + \delta I_i + \varepsilon_i \tag{1}$$

式中，I 是分类变量，表示所属组别。例如，Beatty and Harris（1999）和 Mikhail（1999）在检验税务、盈余和规则管理时，比较了上市公司和私人企业两组样本；Henning and Shaw（2000）考察了 1993 年税法对收购价格的影响，即由于允许商誉在税前摊销，是否影响了收购价格在不同资产间的分配。他们做了很多测试，有一个测试比较了两组目标公司，其中一组公司的税基递升了，另一组则没有。Ayers et al.（2000b）考察了同一情形，他们比较了两组公司的收购溢价，其中一组很可能满足商誉税前摊销的条件，另一组则不太可能。

上述研究采用了普通最小二乘法来估计与式（1）结构类似的回归模型。因此，都存在自我选择问题，使得 δ 的估计可能有偏。有兴趣的读者可以参考 Maddala（1991）and Greene（1990）。直观地看，普通最小二乘对 δ 的估计有偏必须存在两个条件：（1）分组不随机，即企业自己选择了组别；（2）分组决定因素与变量 X 相关。如果这两个条件同时满足，则可以采用一种方法来解决遗漏相关变量的问题：在回归模型中加入反 Mills 比率。[21] 如果加入反 Mills 比率以后结论不变，就可以排除自我选择偏差的问题。如 Guenther et al.（1997）在研究中考虑到了可能存在的自我选择问题，他们同时采用了普通最小二乘法和两阶段回归法，结果相似，因此，在其研究设计中自我选择问题就不重要。

引入 Mills 比率可以有效地将估计模型转为两阶段回归。第一阶段估计决定分组的变量，第二阶段引入反 Mills 比率，估计组别和解释变量之间的关系。如果研究组别选择，则是为选择建立模型，因此不存在自我选择问题（如丧失 ISO 资格、企业组织形式、国内与国外经营、存货 LIFO 计价方法的选择、并购或剥离安排）。但是，如果研究选择结果对其他决策的影响，这时就出现了问题。即组别是解释变量，而不是被解释变量，或者只考察一组。例如，Hunt et al.（1996）就出现了后一个问题。他们考察了使用 LIFO 企业的盈余管理行为，将其看做税收和财务报告因素的函数，但是没有考虑自我选择问题：企业选择 LIFO 方法，很可能是因为 LIFO 方法提供了降低税收和盈余管理的机会。[22]

Himmelberg et al.（1999）提出了另外一个解决自我选择问题的方法，Ke（2000）在其税务会计研究中就应用了这个方法。在第一阶段回归中建立分组选择模型假设变量是可以观测的（有一些不在第二阶段的回归中）。[23] 如果变量无法观测或者无法取得（例如，组别选择和第二阶段的被解释变量是由公司特有因素共同决定的，而这些因素是不可观测的），那么固定影响模型就可以控制（或者减弱）自我选择偏差。

最后，即使看上去是一些外生因素的变化影响了企业的组别（如税收政策的变化），自我选择问题可能依然存在。例如，如上所述，很多研究试图检验公司是否会利用 TRA 86 法案中的账面—税务调整（BIA）规则来调整账面应计利润，以将税金减少至可选择的最低税（e.g.，Gramlich，1991；Boynton et al.，1992；Dhaliwal and Wang，1992；Manzon，1992）。假设研究样本有两组，一组是考察样本，是很可能受到该条款影响的公司；另一组是控制样本，属于不太可能受到该条款影响的公司。然后，将衡量应计利润操纵的变量与分组变量进行回归。这种做法是否会带来自我选择问题呢？

表面上看，这些公司似乎不是自我选择的。但是，BIA 针对的是向股东报告较高账面利润，同时向税务机关报告较低应纳税所得的企业。由于影响这种报告选择的因素与影响盈余管理的其他因素（被解释变量）存在相关关系，因而 AMT 研究也存在自我选择问题。这个例子的引申含义是，研究者应该仔细观察分组过程。

总之，自我选择问题的严重性问题还没有解决。研究者至少应该做一些稳健型测试，比较单阶段回归的普通最小二乘结果和加入 Mills 比率进行两阶段回归的结果。

§5.3 权衡模型的识别问题

本文在税与非税因素权衡部分回顾的大部分文献都采用了下面这个研究模型（e.g.，Scholes et al.，1990；Matsunaga et al.，1992）：

$$Y = \beta_0 + \beta_1 X_1 + \beta_2 X_2 + \varepsilon \qquad (2)$$

式中，Y 表示拟研究的选择变量，为方便讨论，我们假设它是分类变量 0—1，如果企业选择了某一行为就是 1；X_1 表示企业的税收收益/成本，同样为 0—1 变量，如果企业属于低（高）税企业就为 0（1）；X_2 表示企业的非税收益/成本，同样是 0—1 变量，如果企业的非税成本较低（高）就为 0（1）。

假设企业对财务报告的考虑是非税成本。如果 β_1（β_2）显著，就表示税收（财务报告）影响了企业的决策行为。但是，如果这两个变量同时显著，现有研究就将其解释为企业在决策时权衡了税收和财务报告因素。

我们认为，这个解释有点牵强。在诸如式（2）的回归模型中，如果 X_1 的系数显著为正，正确的解释就是在控制了模型的其他变量影响以后，企业的税收状况对选择结果有正面影响。其他系数也可以作类似解释。换句话说，回归系数捕捉了企业税收状况对其决策的额外影响。如果研究者希望进一步解释为"企业权衡了税与其他非税成本和收益"，那么就有必要估计另外一个不同的模型。权衡应该是指税收对企业决策的影响取决于非税成本，或者反过来说，非税成本对企业决策的影响取决于企业的边际税率。要证明这个影响，我们认为，应该在模型中加上税和非税因素的交叉项。如：

$$Y = \beta_0 + \beta_1 X_1 + \beta_2 X_2 + \beta_3 (X_1 \times X_2) + \varepsilon \qquad (3)$$

如果交叉项的系数显著，就说明企业在决策中考虑了其他变量的影响，因此权衡了税和非税成本。

为了进一步讨论这个问题，我们列出了下面的 2×2 矩阵。假设选择某一行为会降低应税收入、节约税金支出，但是同时会降低会计盈余。[24]

		X_1	
		0（低税率）	1（高税率）
X_2	0（低财务报告成本）	a	b
	1（高财务报告成本）	c	d

下面依次讨论每一个单元格。在 a 格中，企业的税率较低，同时财务报告成本也较低，因此，没有为税务目的进行交易的动机（也没有为财务报告目的进行交易的真实动机），预计 $Y=0$。在 b 格中，企业的税率较高，但是财务报告成本较低，因此，企业可能会采取降低收入的行为，即 $Y=1$。在 c 格中，企业税率较低，但是财务报告成本较高，因此，采取行动的动机也比较小，即 $Y=0$。最后，在 d 格中，企业的税率较高，同时财务报告成本也较高，这时，企业就必须在税收成本和财务报告成本之间进行权衡，其采取行动的概率在 0~1 之间。

以上分析说明，税收的重要程度取决于企业面对的财务报告成本。在这个简单的例子中，所有高税负的企业都有动机降低收入、节约税金。但是，只有 d 格中的企业才会权衡税收和财务报告成本。与 b 格的企业相比，虽然它们的税率也较高，但是由于财务报告成本的存在，它们的减税行为可能要少得多。

最后，有些研究设计加入了税收与所有权结构的交叉项，实际上就是在估计前面所说的交叉模型（e.g., Klassen (1997)）。例如，表示所有权结构的分类变量可能是指由于企业受管理层控制或非公开持股的影响，使其财务报告成本较低。其他文章，例如 Beatty and Harris (1999) 和 Mikhail (1999) 在回归模型中加入了所有权与每一个税和非税成本的交叉项，以检验所有权结构（上市或私有）是否会改变税和非税因素的作用。总而言之，税和非税因素权衡问题的研究应当根据研究问题采用适当的模型，而且研究推论也应该以估计的模型为基础。

§5.4 变动量与总量

Mackie-Mason (1990) 和 Graham (1996a) 考察了企业边际税率与新债发行之间的关系，他们的研究表明采用"变动量"（而非"总量"）进行研究更加有力。考察新债的发行而不是所有尚未偿还的债务可以解决采用"总量"研究方法存在的两个问题。首先，企业的资本结构（和其他账户）是其过去决策的结果，这些决策是建立在过去预期基础上的，但可能由于某些非预期因素（如产品市场、竞争、经济环境或税收政策的变化）而没有实现。因此，即使这些决策的动机是税收因素，但是其未来结果也可能看上去与税收动机不符。由于重新调整资本结构（如债务和权益的互换）需要很高的成本，因此截面"总量"研究可能会错误地认为税收对资本结构决策没有影响。换句话说，重新订立契约的成本使得企业无法在税务状况突然发生变化时迅速作出调整。因此，在对债务水平进行截面测试时，可能无法发现实际存在的税收影响。

采用"变动量"可以避免的第二个问题是，采用"总量"可能会出现的将事后选择与选择影响的事后边际税率进行比较时对回归系数的低估问题。例如，根据有关理论，高税率企业会通过负债经营来降低税负。但是，增加负债会增加企业利息的税前扣除额，进而降低其边际税率。因此，在均衡情况下，所有企业的边际税率就会相似。如果确实如此，那么即使高税率的企业增加了负债来规避税收，我们也无法检验事后负债水平与事后边际税率之间的相关关系。除采用变化量的方法以外，解决这个问题的另外一个方法是采用"要不是"（but-for，也称事前或模拟估计）方法来估计边际税率（或其他变量）。如 Graham et al.（1998）就采用了这个方法，他们发现债务水平与融资后税率呈负相关关系，但是却与融资前税率（"要不是"边际税率）呈正相关关系（与理论预期一致）。[25]

§5.5 税收负担和隐性税收

理论和实证证据都表明隐性税收普遍存在。除前面讨论的以外，隐性税收的来源还包括：加速折旧、税收抵减、某些投资的费用化（例如，广告和研发费）以及对某些行业的特殊会计处理，如石油天然气、林业和房地产行业。

如果隐性税收确实普遍，在计算经济的整体税收负担时就应该包括隐性税收。但是，据我们所知，研究公司税收负担（e.g.，Zimmerman，1983；Porcano，1986；Wilkie and Limberg，1990，1993；Wang，1991；Kern and Morris，1992；Shevlin and Porter，1992；Collins and Shackelford，1995，2000；Gupta and Newberry，1997）和个人税收负担（e.g.，Seetharaman and Iyer，1995；Dunbar，1996；Iyer and Seetharaman，2000）的文章都忽略了隐性税收。在这些重要的税收研究中，有效税率（平均税率）通常等于应付税款（现有税收费用或所有税收费用）除以企业利润。[26]

税收负担研究一般都会承认在研究中忽略了隐性税收，因为它很难衡量。但是如果隐性税收很重要（或者说，价格是由应纳税投资者决定的），那么在分析中忽略隐性税收就可能导致错误的推论，进而提出不恰当的政策建议。如果技术进步能够帮助我们估计隐性税收，那将会是税收负担研究的重要进步。

下面举例说明现有研究中存在的问题。假设 A 将 10 美元投资于应税项目，年税前收益率为 10%。B 将 7 美元投资于免税项目（如市政债券），年税前收益率为 7%。如果所有应税所得的法定税率都是 30%，这两个企业的税收收入就都是 7 美元。但是采用现行的税收负担计算方法，A 的有效税率为 30%，B 为 0。反之，如果在分析中引入隐性税收，这两家公司的平均税率就都是 30%，A 的 30%全部是显性的，B 的 30%全部是隐性的。

问题是，隐性税收的衡量不太可能像前例那样简单。Callihan and White（1999）试图利用公开的财务报表数据来估计隐性税收。简单来说，他们的计算公式是：

$$(PTI - CTE)/(1 - str) - PTI$$

式中，PTI 表示企业税前收入；CTE 表示现有税收费用；str 表示最高法定税率。前一部分表示企业如果将全部资金投资于应税资产所能够获得的税前收益，第二部分是实际投资的税前收益。我们可以定义 $CTE = (PTI - X)str$，其中 X 是由于暂时性差异、永久性差异和税收抵减带来的应税所得和会计利润之间的差额。将 CTE 代入前面的公式，隐性税收就等于 $X\,str/(1 - str)$。所以，隐性税收可以表达为将税收优惠乘以最高法定税率折合成的税前价值，或者由于税收优惠带来的税款节约额的税前价值。如果除以所有者权益，这个数值相当于 Wilkie and Limberg（1993）所计算的税收补贴。我们可以将这个公式改写为 $(str-etr)/(1-etr)$，其中 etr 是企业的有效税率（所有税收费用/税前账面利润）。这说明这个方法只是衡量了企业有效税率的变动，并没有直接估计企业的隐性税收。Callihan and White 的研究可能是开始在企业层面有效估计隐性税收的良好开端，但是很显然，这还需要更多的后续工作。与此类似，Mazur et al.（1986）可能可以帮助研究者估计个人的税收负担。

§5.6 保密数据

一些跨国税务研究（e.g.，Collins et al. 1997b；Collins and Shackelford，1997；Mills and Newberry，2000）和非跨国领域的税务研究（e.g.，Boynton et al.，1992；Plesko，1999；Landsman et al.，2001）的显著特征是采用了不能公开取得的数据，如保密的纳税申报表。能够取得保密的纳税申报表通常是因为雇佣关系（Plesko，1999）、咨询服务（e.g.，Mills and Newberry，2000）或与 IRS 的特殊税务安排（e.g.，Collins et al.，1995a）。保密的公司数据通常需要通过与公司管理层的私人关系（e.g.，Landsman and Shackelford，1995）或财务咨询（e.g.，Myers，2000），或者直接通过邮件（e.g.，Shackelford，1991；Phillips，1999；Yetman，2000）取得。

科学的方法应该能够复制，那学术界能否相信依靠保密数据取得的研究成果呢?[27] 我们的观点是（注意，本文的一个合作者就大量使用了保密数据），这种文章不仅应该发表，更应该得到鼓励。至少有以下四个原因：

首先，使用保密数据的文章依然可以被复制。财政部的研究者可以以相对较低的成本获取保密的纳税申报表数据来复制这些研究。其他学者也可以根据先行者的经验取得保密数据（但是，如果单纯为了复制而做这项工作，可能会浪费宝贵的资源）。在会计研究中，也有很多文章的数据（实地研究、试验经济学、判断和决策研究）需要研究者花费大量时间和成本进行收集，在很大程度上，以保密数据为基础的研究与此类似。

第二，使用保密数据考察的很多研究问题也可以用公开数据进行研究，虽然可能不太完美。使用保密数据通常是为了降低某个关键变量的计量误差。例如，很多研究利用公开财务报表数据来考察账面盈余调整对替代性最低税负的影响。Boynton et al.（1992）采用纳税申报表数据进一步重复了这些研究。

第三，有些时候，保密数据能够让研究者解决一些利用公开数据无法解决的问题。例如，Collins and Shackelford（1997）考察了美国公司海外子公司之间的现金转移问题。如果利用公开数据（如财务报表），研究将无法进行。第四，就像 Fama（1980）提出的事后约束机制在建立经理人劳动力市场中的作用那样，学术声誉可以降低滥用保密数据的可能性。

尽管有这些理由使用保密数据，本文合作者的经验是，保密数据可能是"黄金游戏"。取得保密数据可能很慢，如要得到 IRS 的许可可能要花费数月甚至数年。保密数据可能不是由计算机读取的。样本量可能很小，而且样本可能不是随机分布的。即使能够得到保密数据，数据（即便是纳税申报表或者私人企业信息）也可能是不完整的，不能转为有趣的研究问题。所以，在花费成本取得保密数据以前，我们认为研究者应该首先确认保密数据的有用性，即能够显著提高研究质量。

§6 结语

本文记录了经验会计领域内税务研究的发展历程，反映了研究者为应用一个全新框架所做的不懈努力。我们为这个领域在过去几年的快速发展所鼓舞，并希望未来能有更多的研究帮助我们进一步理解税收在企业决策中的作用。

随着这个领域的日渐成熟，我们认为，未来可能有五个发展方向。第一，未来更好的研究不应该仅仅证明"税收是重要的"，而是应该更加准确地估计税收的重要性程度和税收最小化的障碍。

第二，需要更多的理论，将研究推向 SW 和其他影响已久的财务文献以外。虽然在转移定价方面已经有了一些理论研究（e. g.，Halperin and Srinidhi（1987，1996），Harris and Sansing（1998）和 Sansing（1999，2000）等），但是现有会计领域的税务研究理论一般没有解决税务会计研究者主要感兴趣的问题，如合法性问题。如果缺乏更好的理论框架，本文所回顾的文献只能停留在对事实的记录上。如果能够进行理论创新或者从相关领域引入理论研究成果，并通过研究假说对这些相互竞争的理论进行检验，就能够推动本领域走向成熟。

Guenther and Sansing（2000）说明了理论模型的重要性，即如何帮助我们加深认识，推动假说和经验研究的发展。他们研究了递延税款的会计处理对企业价值的影响。与一般理解不同，他们用模型证明了预期递延税款的转回时间不会影响企业价值。这个结果意义深远，一方面影响了有关市场如何对递延所得税资产和负债进行计价的经验研究，另一方面也影响了要求企业报告估计的递延所得税资产和负债现值（即转回时间的函数）的政策制定者。理论框架也推动了税收资本化研究（e. g.，Shackelford and Verrecchia，1999；Collins and Kemsley，2000；Lang and Shackelford，2000）。与此类似，Olhoft（1999）正式在国际避税研究中引入了规模经济理论。需要有研究将税收和其他组织选择结合起来，如垂直整合、外包和组织分权。

第三，本文提出的方法论问题说明我们还需要更加严格的计量经济学方法。现在，本领域已经从其他领域（特别是财务会计领域）引入了研究方法。研究者还需要思考财务会计中尚不需要的计量经济学方法能否对我们有所帮助。

第四，我们期待会计领域中的税务研究能够更好地结合其他领域的研究成果，特别是财务和公共经济学。由于 SW 推动了税务会计研究范式的变革，因此，我们有点忽略了税务研究在财务和经济领域的悠久历史。例如，经济和财务领域都有大量的研究考察股价和投资者层面税收之间的关系。会计研究者应该注意不要作重复研究。

第五，基本上是最后一个发展方向，随着对各学科共同兴趣的进一步认识，会计领域中的税务研究应该逐步影响财务和经济学中的税务研究。最近，会计学者对资本利得税资本化问题的研究成果就同时影响了会计和相关领域的研究，可能开创了未来交叉影响的先河。我们鼓励会计学者与财务和经济领域的税务研究者开展合作研究（e. g.，Shackelford and Slemrod（1998），Goolsbee and Maydew（2000），以及 Harris et al.（2001）等）。

我们以对未来研究方向的几点思考结束全文。由于知识创新无法预见，所以，我们并不打算作出完美预测。这些只是我们认为需要回答的一些问题。第一，财务会计与税务之间已经建立起很强的联系。本文回顾的很多研究都是由税务学者和财务会计学者共同完成的。一些会计学者（包括本文的合作者之一）在这两个领域都有所建树。奇怪的是，在管理会计和税务领域之间却没有建立起类似的桥梁。部分原因可能是目前大部分税务研究的经验问题与经验财务会计研究相关。但是，由于税务属于组织内部职能的一部分，因此相对于财务会计而言，其研究问题应该与管理会计所关心的问题更加接近。几个与管理会计密切相关的题目包括：共同控制下企业间的收入转移（如跨国税务研究中所观测到的）、员工薪酬、激励成本的影响等。例如，税收中的转移价格来源于成本分摊。Phillips（1999）考察了管理层薪酬机制与积极税务筹划之间的关系，这就是一个考察管理会计与税务之间可能联系的例子。关注管理会计可能产生的一个后果是，增加会计学者对所得税以外的其他税种的研究兴趣，如销售税、使用税、互联网税收、财产税和薪酬税。我们希望有更多的研究将管理会计与税务结合起来。

第二，财务会计和税务研究可能都没有很好地研究所得税的会计处理问题。近年来，有几篇论文开始分析所得税的会计处理（e. g. , Givoly and Hayn, 1992；Gupta, 1995；Amir et al. , 1997；Ayers, 1998；Miller and Skinner, 1998；Sansing, 1998；Collins et al. , 2000）。但是，就我们所知，现在还没有文章直接探讨所得税的会计处理方法对税务筹划的影响程度。有观察性证据表明，公众公司会操纵其账面有效税率。税务和财务会计研究者可以联合起来研究企业协调降低税负与操纵账面有效税率的方法。[28]

最后，我们现在还不太清楚不同企业在避税意愿上是否存在截面差异。现有研究表明，财务报告成本和代理问题可能会限制企业的避税行为。但是，有观察性证据推测，不同企业（就像个人）的税务政策在激进程度方面存在差异。我们认为有趣的研究问题包括：影响税收政策激进程度的因素是什么？成长性企业、分权企业或者由不具备财务背景的 CEO 领导的企业是不是更加保守？为什么有些企业的激励政策采用税前指标，而有些企业采用税后指标？

一个备受关注的影响因素是管理层或其他内部人对公司的控制程度。Scholes et al.（1992）发现，股东人数有限的公司的财务报告成本较低。Klassen（1997）等推测，管理层持股比例越高，报告较高收益的市场压力就越低，因此财务报告成本也越低，就越容易引发激进的税收政策。但是，现有证据不太一致。Matsunaga et al.（1992）没有发现管理层持股对期权激励计划是否符合税前扣除条件的影响。Gramlich（1991）和 Guenther（1994a）也都没有发现，管理层控制的企业会更愿意在 TRA 86 公布前后转移利润。另一方面，Klassen（1997）发现，管理层控制很重要。他们发现，如果管理层控制的公司税率较高，就更愿意节约税款。我们讨论过的有关银行和保险业内私人公司和公众公司的比较研究延伸了这个结论。我们认为，这类分析很有趣，可以帮助我们更好地理解影响企业税收政策激进程度的组织因素。我们希望未来的研究能够进一步揭示影响企业税务筹划的因素。

注释

[1] Scholes et al. （2001）是 SW 更新以后的第二版。

〔2〕为了确保这个框架的影响力和时效性，我们回顾了 *Journal of Accounting and Economics*，*Journal of Accounting Research* 和 *The Accounting Review* 中题目包含"税收"或者其他类似词语的所有论文。20 世纪七八十年代，冠有这一词语的档案式经验研究占所有发表论文总数的 2%，到 90 年代，这个比例增加到 7%。除了讨论所得税会计处理问题的文章以外，最近的文章都毫无例外地引用了 Scholes and Wolfson 的文章或其分析框架。

〔3〕Bowen and Pfieffer（1989）讨论了 LIFO 公司年底面临的决策问题，并以 Farmer Brothers 为例进行了说明。Farmer Brothers 是一家为饭店烘烤和包装咖啡的公司。1976—1977 年，巴西咖啡生产区严重受冻，导致其原材料价格大幅上涨。

〔4〕另外一类研究检验了 LIFO 准备的价值相关性问题。由于 LIFO 准备是存货现行成本与历史成本之间的差额（FIFO 成本减去 LIFO 成本），因此可以看做一项资产。最初的研究认为公司价值与 LIFO 准备之间呈正相关关系。Guenther and Trombley（1994）和 Jennings et al.（1996）发现，LIFO 准备与公司的市场价值负相关。这些学者利用价格弹性来解释这种负相关关系：如果 LIFO 准备向投资者提供了有关公司未来投入品价格上涨的信息，那么如果投资者预期公司未来产出品的平均价格不可能同幅度上涨，就会出现这种负相关关系。Dhaliwal et al.（2000）提出了另外一种解释。他们把 LIFO 准备加回 FIFO 存货价值，对 LIFO 准备进行了税收调整，指出经过调整后的 LIFO 准备属于未来 LIFO 清算产生的递延所得税负债。因此，他们预测并发现了（包括控制和没有控制企业转移投入品价格上升的能力两种情形）经过调整后的 LIFO 准备与企业市场价值之间的负相关关系。

〔5〕TRA 86 把最高公司所得税法定税率从 46% 降到 34%，将最高个人所得税法定税率从 50% 降到 28%，同时将最高个人长期资本利得税税率从 20% 提高到 28%。

〔6〕企业的交易成本来自两个方面，一方面是补偿员工不合格处置 ISO 的交易成本，另一方面是补偿员工不合格处置带来的额外税金支出。

〔7〕在检验影响金额较大的决策时，采用 Clinch and Shibano 的研究方法可能会使边际税率的估计无效，研究者应该认真考虑其可行性。

〔8〕损益表基本不受影响，因为 TRUPS 的股利与利息一样，也属于一项经营费用。

〔9〕SWW 以后，GAAP 进行了修订。现在，财务会计准则第 115 号（FAS 115）要求采用公允价值对这类证券进行计价。如果它们被归为交易性金融资产（可供出售金融资产），那么未实现利得或损失就计在收入（权益）中。比较有趣的研究问题是这种会计方法的变更是否会让银行更愿意实现损失以节约税金支出。

〔10〕SWW 和 BCM 采用了一个简单的替代变量来表示银行是否处于税负较低的状态，即是否存在结转到以后年度的 NOL（和/或结转到以后年度的税收抵减额）。CSW 以 SWW 的研究结果为基础，以银行持有的市政债券数量替代其最小化税负的偏好。

〔11〕资产负债表（按照 GAAP 编制）中报告的商誉通常是不可抵扣的。在财务会计中，无论收购方购买的是目标公司的股票还是资产，只要采用购买法进行核算，就会形成可摊销的商誉。可在税前抵扣的商誉是受到限制的。只有在收购方购买资产、购买独立公司股票，并且选择递升资产税基（IRC Section 338），或者购买子公司，同时收购方和标的公司都选择了递升资产税基（IRC 338(h)(10)）的情况下才能使用。

〔12〕一个常见的误解就是税基递升交易总会带来净税收收益。事实上，对折旧回抵

重新计税和对股东立即征收资本利得税都会带来成本，而且这些成本常常会超过未来折旧增加、转回带来的税收收益现值。这就消除了进行递升交易的税收动机。

[13] 这一领域很少有研究明确解释了税收无关论假说。我们认为，这种对隐含零假说的依赖可能会产生对这些研究目的的一些误解。

[14] 实际上，股利不是不可避免的，即企业没有必要将股息税的来源 E&P 全部以股利的形式分配给股东。除发放股利以外，E&P 还会因股票回购、应税资产收购以后的清算以及股票收购后对 338 条款的选择而减少（Lang and Shackelford，2000）。有关"收购在多大程度上以非股利的方式消除 E&P"的证据是矛盾的。Schipper and Smith（1991）分析了 1982—1986 年间，通过管理层收购进行私有化的 83 家公司。他们报告说，11 家公司采用了股票赎回的方式，另有 28 个收购者声称它们会递升被收购公司的税基。与此相反，Erickson 几乎没有发现收购会消除公众公司 E&P 的证据。Erickson 分析了 1985—1988 年间，收购方和被收购方同是公众公司的 340 个收购行为，发现只有 7 个收购者披露了递升目标公司资产税基的意图。另一方面，Bagwell and Shoven（1989）报告说，1987 年的赎回总额是 530 亿元，比 1977 年提高了 824%。他们发现，1985—1987 年的回购总额是股利总额的 60%。Auerbach and Hassett（2000）认为赎回越来越不重要了。他们报告说，到 90 年代中期，回购股票的公司只有 5%～10%。Henning et al.（2000）考察了公司清算以后的应税资产收购现象，发现 1990—1994 年间，有 49 个收购公司整体资产的情况。可能是随后清算了目标公司，也就消除了 E&P。他们还报告说，同期 154 个股票收购选择了 338 条款。

[15] Fama and French（1999）报告指出，1998 年只有 20.7% 的美国公司派发现金股利。Lang and Shackelford（2000）报告指出，1997 年国内最大的 2 000 家公司的平均股利收益率是 2.8%。

[16] 有关价格波动的持续性问题存在一些争议。LS 没有发现价格变化暂时性的证据。但是，Guenther（2000）将部分价格波动归因于暂时性的价格压力，我们将在后面讨论这个问题。

[17] 经济学家（特别是能够接触到保密的美国纳税申报表的经济学家）在跨国税务研究领域也很活跃（Hines（1997）作了回顾）。但是，会计学者主导了跨国收入转移领域的研究。

[18] 有两个研究检验了 Compustat 报告的 NOL 数据的准确性。Kinney and Swanson（1993）将 Compustat 数据与企业披露的财务报告附注进行了对比。他们报告说，如果采用根据 Compustat #52 生成的分类变量来表示企业是否存在结转到以后年度的 NOL，则 10% 的公司会在存在 NOL 时，被记作"没有"（即分类变量等于零。——译者注），2% 的公司会在附注中没有记录 NOL 时，被归类为"有"（即分类变量等于1——译者注）。Mills et al.（2000）采用保密的纳税申报表数据搜集 NOL。他们发现，当纳税申报表中没有报告 NOL 时，有 9% 的公司在 Compustat 报告中有 NOL（在其附注中经常报告为外国的 NOL）。他们还发现，在其样本中报告有 NOL 的公司中，有 3% 在 Compustat 报告中没有 NOL（通常为小额 NOL）。Mills et al.（2000）提出了一些分类方法，以减少采用 Compustat NOL 数据带来的计量误差。

[19] Graham（1996a，b）给出了有关证据，表明估计的边际税率存在截面差异。他的结论与一些财务会计论文一致，即发现报告损失的企业数量和频率都增加了。此外，如

果公司预计在未来两年有应税损失（在现行税法下），则即使其当期也是按照最高法定税率缴税的，边际税率也会存在差异。因为这个预计损失可以向前结转，可以抵销本年支付的税款。在这种情况下，边际税率等于当期法定税率减亏损期间税率的现值。如果企业当期盈利，而且预计未来两年也不会发生亏损，则可以合理地预期，法定税率就是其边际税率。

[20] Shevlin（1999）对 Plesko 的论文进行了进一步的（批评性）讨论。

[21] 如果组别变量与其他解释变量相关，则这一方法是否可行就是一个问题。

[22] 注意争论的问题是 LIFO 选择可能与 Hunt et al.（1996）中的某些其他解释变量相关，因此，需要在第一阶段的选择模型中引入 Mills 比率对方程的自我选择问题进行检验。争论的问题不是 LIFO 选择与 Hunt et al.（1996）中的被解释变量相关。如果是这样的话，LIFO 选择应该是内生的（取决于其他被解释变量），因此，LIFO 选择应该是联立方程组的一部分，而不是我们这里讨论的自我选择问题。

[23] 这个评论也说明，使用反 Mills 比率的正确性（或者说控制的有效性）取决于第一阶段组别选择模型的好坏。如果第一阶段的模型没有做好，那么在第二阶段引入反 Mills 比率以后，结果很可能不变，研究者可能错误地认为在其研究设计中，自我选择问题并不重要。这个评论适用于所有工具变量方法。

[24] 这个推理过程依然存在，如果企业的选择：（1）提高了报告利润，但同时提高了高税负企业的税收成本，或（2）更一般地，可能增加或降低应纳税所得及会计收入，例如销售证券以实现利得或损失、处置资产和采用 LIFO 进行存货管理。

[25] 如本文第 2 部分所述，在计算"要不是"或者模拟变量时，当心可能会产生的有利于备择假说的偏差。有关这一问题的讨论，参见 Shevlin（1987）以及 Maydew et al.（1999）。

[26] 有关有效税率文献和方法的回顾，参见 Omer et al.（1991）和 Callihan（1994）。Plesko（1999）试图利用实际的纳税申报表数据来评价有效税率研究。他认为利用财务报表计量有效税率是存在偏差的。我们同意，如果以纳税申报表上的税收负担作为衡量标准，根据财务报表数据计算的有效税率就存在计量误差。但是，就研究问题而言，应该利用财务报表来计算有效税率。此时，以纳税申报表为基础计算的有效税率就存在偏差。有关这个问题的进一步讨论，参见 Shevlin（1999）。

[27] 虽然顶尖会计杂志通常不会发表重复研究，但是我们认为还是存在着重复研究。首先，博士生的作业通常会重复前人的研究。如果研究无法复制，就会引起学生和老师的注意，并发表出新的文章。第二，很多文章都是在复制前人研究的基础上进行延伸的。第三，非顶尖杂志通常会刊登一些对顶级杂志的复制研究。

[28] 回想一下，有效税务筹划并不等于税收支出最小化，而后者常常是研究财务报表有效税率的隐含目标。有效税务筹划的目的是税后收益最大化，而税收支出最小化的目的是降低税金。进一步说，研究有效税率（定义为所有税收费用除以税前账面利润）只能找到企业在税务筹划中采用永久性差异和税收抵减额的程度。采用加速扣除法或者递延确认收入等收入转移行为虽然会节约税金从而增加税后收益率，但是由于它们属于暂时性差异，因此不会影响有效税率。但是，如果研究者想要衡量企业进行税收支出最小化行为的激进程度，可以用当期税收费用（替代税金支出）除以税前账面利润。

参考文献

Adiel, R. , 1996. Reinsurance and the management of regulatory ratios and taxes in the propertycasualty insurance industry. Journal of Accounting and Economics 22 (1-3), 207-240.

Alford, A. , Berger, P. , 1998. The role of taxes, financial reporting, and other market imperfections in structuring divisive reorganizations. Working paper, Wharton School, University of Pennsylvania, Philadelphia, PA.

Amir, E. , Kirschenheiter, M. , Willard, K. , 1997. The valuation of deferred taxes. Contemporary Accounting Research 14 (4), 597-622.

Auerbach, A. , Hassett, K. , 2000. On the marginal source of investment funds. National Bureau of Economic Research working paper 7821.

Austin, J. , Gaver, J. , Gaver, K. , 1998. The choice of incentive stock options vs. nonqualified options: a marginal tax rate perspective. Journal of the American Taxation Association 20, 1-21.

Ayers, B. , 1998. Deferred tax accounting under SFAS No. 109: an empirical investigation of its incremental value-relevance relative to APB No. 11. The Accounting Review 73 (2), 195-212.

Ayers, B. , Cloyd, B. , Robinson, J. , 2000a. Capitalization of shareholder taxes in stock prices: evidence from the Revenue Reconciliation Act of 1993. Working paper, University of Georgia, Athens, GA.

Ayers, B. , Lefanowicz, C. , Robinson, J. , 2000b. The effects of goodwill tax deductions on the market for corporate acquisitions. Journal of the American Taxation Association 22 (Suppl.), 34-50.

Ball, R. , 1972. Changes in accounting techniques and stock prices. Journal of Accounting Research 10, Supplement 1-38.

Bagwell, L. , Shoven, J. , 1989. Cash distribution to shareholders. Journal of Economic Perspectives 3, 129-140.

Balsam, S. , Ryan, D. , 1996. Response to tax law changes involving the deductibility of executive compensation: a model explaining corporate behavior. Journal of the American Taxation Association 18 (Suppl.), 1-12.

Balsam, S. , Halperin, R. , Mozes, H. , 1997. Tax costs and nontax benefits: the case of incentive stock options. Journal of the American Taxation Association 19, 19-37.

Bankman, J. , 1998. The new market in corporate tax shelters. Working paper, Stanford University, Stanford, CA.

Bartov, E. , 1993. The timing of asset sales and earnings manipulation. Accounting Review 68 (4), 840-855.

Beatty, A. , Harris, D. , 1999. The effects of taxes, agency costs and information asymmetry on earnings management: a comparison of public and private firms. Review of Accounting Studies 4, 299-326.

Beatty, A. , Berger, P. , Magliolo, J. , 1995a. Motives for forming research & development financing organizations. Journal of Accounting and Economics 19 (2&3), 411-442.

Beatty, A. , Chamberlain, S. , Magliolo, J. , 1995b. Managing financial reports of commercial banks: the influence of taxes. Journal of Accounting Research 33 (2), 231-261.

Berger, P. , 1993. Explicit and implicit tax effects of the R&D tax credit. Journal of Accounting Research 31 (2), 131-171.

Black, F. , 1980. The tax consequences of long-run pension policy. Financial Analysts Journal 36, 1-28.

Blouin, J. , Raedy, J. , Shackelford, D. , 2000a. Capital gains holding periods and equity trading: evidence from the 1998 tax act. NBER working paper 7827.

Blouin, J. , Raedy, J. , Shackelford, D. , 2000b. Capital gains taxes and price and volume responses to quarterly earnings announcements. Working paper, University of North Carolina, Chapel Hill, NC.

Blouin, J. , Raedy, J. , Shackelford, D. , 2000c. The impact of capital gains taxes on stock price reactions to S&P 500 inclusion. NBER working paper W8011.

Bowen, R. , Pfieffer, G. , 1989. The year-end LIFO purchase decision: the case of Farmer Brothers Company. The Accounting Review 64, 152-171.

Boynton, C. , Dobbins, P. , Plesko, G. , 1992. Earnings management and the corporate alternative minimum tax. Journal of Accounting Research 30 (Suppl.), 131-153.

Callihan, D. , 1994. Corporate effective tax rates: a synthesis of the literature. Journal of Accounting Literature 13, 1-43.

Callihan, D. , White, R. , 1999. An application of the Scholes and Wolfson model to examine the relation between implicit and explicit taxes and firm market structure. Journal of the American Taxation Association 21 (1), 1-19.

Choi, W. , Gramlich, J. , Thomas, J. , 1998. Potential errors in detection of earnings management: reexamining the studies of the AMT of 1986. Working paper, Columbia University, New York, NY.

Clinch, G. , Shibano, T. , 1996. Differential tax benefits and the pension reversion decision. Journal of Accounting and Economics 21 (1), 69-106.

Cloyd, B. , Pratt, J. , Stock, T. , 1996. The use of financial accounting choice to support aggressive tax positions: public and private firms. Journal of Accounting Research 34 (1), 23-43.

Collins, J. , Kemsley, D. , 2000. Capital gains and dividend capitalization in firm valuation: evidence of triple taxation. Accounting Review 75, 405-427.

Collins, J. , Shackelford, D. , 1992. Foreign tax credit limitations and preferred stock issuances. Journal of Accounting Research 30 (Suppl.), 103-124.

Collins, J. , Shackelford, D. , 1995. Corporate domicile and average effective tax rates: the cases of Canada, Japan, the United Kingdom, and the United States. International Tax and Public Finance 2 (1), 55-83.

Collins, J. , Shackelford, D. , 1997. Global organizations and taxes: an analysis of the dividend, interest, royalty, and management fee payments between U. S. multinationals' foreign affiliates. Journal of Accounting and Economics 24 (2), 151-173.

Collins, J. , Shackelford, D. , 2000. Did the tax cost of corporate domicile change in the 1990s? A multinational analysis. Working paper, University of North Carolina, Chapel Hill, NC.

Collins, J. , Kemsley, D. , Shackelford, D. , 1995a. Tax reform and foreign acquisitions: a microanalysis. National Tax Journal 48 (1), 1-21.

Collins, J. , Shackelford, D. , Wahlen, J. , 1995b. Bank differences in the coordination of regulatory capital, earnings and taxes. Journal of Accounting Research 33 (2), 263-291.

Collins, J. , Geisler, G. , Shackelford, D. , 1997a. The effect of taxes, regulation, earnings, and organizational form on life insurers' investment portfolio realizations. Journal of Accounting and Economics 24 (3), 337-361.

Collins, J. , Kemsley, D. , Shackelford, D. , 1997b. Transfer pricing and the persistent zero taxable income of foreign-controlled U. S. corporations. Journal of the American Taxation Association 19 (Suppl.), 68-83.

Collins, J., Kemsley, D., Lang, M., 1998. Cross-jurisdictional income shifting and earnings valuation. Journal of Accounting Research 36 (2), 209-229.

Collins, J., Hand, J., Shackelford, D., 2000. Valuing deferral: the effect of permanently reinvested foreign earnings on stock prices. In: Hines, J. (Ed.), International Taxation and Multinational Activity. University of Chicago Press, Chicago.

Cushing, B., LeClere, M., 1992. Evidence on the determinants of inventory accounting policy choice. Accounting Review 67 (2), 355-366.

DeAngelo, H., Masulis, R., 1980. Optimal capital structure under corporate and personal taxation. Journal of Financial Economics 7, 3-29.

Dhaliwal, D., Trezevant, R., 1993. Capital gains and turn-of-the-year stock price pressures. Advances in Quantitative Analysis of Finance and Accounting 2, 139-154.

Dhaliwal, D., Wang, S., 1992. The effect of book income adjustment in the 1986 alternative minimum tax on corporate financial reporting. Journal of Accounting and Economics 15 (1), 7-26.

Dhaliwal, D., Trezevant, R., Wang, S., 1992. Taxes, investment related tax shields and capital structure. Journal of the American Taxation Association 14 (1), 1-21.

Dhaliwal, D., Frankel, M., Trezevant, R., 1994. The taxable and book income motivations for a LIFO layer liquidation. Journal of Accounting Research 32 (2), 278-289.

Dhaliwal, D., Erickson, M., Trezevant, R., 1999. A test of the theory of tax clienteles for dividend policies. National Tax Journal 52 (2), 179-194.

Dhaliwal, D., Trezevant, R., Wilkins, M., 2000. Tests of a deferred tax explanation of the negative association between the LIFO reserve and firm value. Contemporary Accounting Research 17, 41-59.

Dopuch, N., Pincus, M., 1988. Evidence on the choice of inventory accounting methods: LIFO versus FIFO. Journal of Accounting Research 26 (1), 28-59.

Dopuch, N., Ronen, J., 1973. The effects of alternative inventory accounting methods: LIFO versus FIFO. Journal of Accounting Research 11, 191-211.

Dunbar, A., 1996. The impact of personal credits on the progressivity of the individual income tax. Journal of the American Taxation Association 18 (1), 1-30.

Engel, E., Erickson, M., Maydew, E., 1999. Debt-equity hybrid securities. Journal of Accounting Research 37 (2), 249-274.

Erickson, M., 1998. The effect of taxes on the structure of corporate acquisitions. Journal of Accounting Research 36 (2), 279-298.

Erickson, M., 2000. Discussion of "The effect of taxes on acquisition price and transaction structure." Journal of the American Taxation Association 22 (Suppl.), 18-33.

Erickson, M., Maydew, E., 1998. Implicit taxes in high dividend yield stocks. Accounting Review 73 (4), 435-458.

Erickson, M., Wang, S., 1999. Exploiting and sharing tax benefits: Seagram and DuPont. Journal of the American Taxation Association 21, 35-54.

Erickson, M., Wang, S., 2000. The effect of transaction structure on price: evidence from subsidiary sales. Journal of Accounting and Economics 30, 59-97.

Fama, E., 1980. Agency problems and the theory of the firm. Journal of Public Economy 88 (2), 288-307.

Fama, E., French, K., 1999. Disappearing dividends: changing firm characteristics or lower propensity to pay. Working paper, University of Chicago, Chicago, IL.

Francis, J. , Reiter, S. , 1987. Determinants of corporate pension funding strategy. Journal of Accounting and Research 9 (1), 35-59.

Frankel, M. , Trezevant, R. , 1994. The year-end LIFO inventory purchasing decision: an empirical test. Accounting Review 69 (2), 382-398.

Gentry, W. , Kemsley, D. , Mayer, C. , 2000. Are dividend taxes capitalized into share prices? Evidence from real estate investment trusts. Working paper, Columbia University, New York, NY.

Gergen, M. , Schmitz, P. , 1997. The influence of tax law on securities innovation in the United States, 1981-1997. Tax Law Review 52 (2), 119-197.

Givoly, D. , Hayn, C. , 1992. The valuation of the deferred tax liability: evidence from the stock market. Accounting Review 67, 394-410.

Goolsbee, A. , 2000. In a world without borders: the impact of taxes on Internet commerce. Quarterly Journal of Economics 115 (2), 561-576.

Goolsbee, A. , Maydew, E. , 2000. Coveting thy neighbor's manufacturing: the dilemma of state income apportionment. Journal of Public Economics 75, 125-143.

Graham, J. , 1996a. Debt and the marginal tax rate. Journal of Financial Economics 41, 41-74.

Graham, J. , 1996b. Proxies for the marginal tax rate. Journal of Financial Economics 42, 187-221.

Graham, J. , Lemmon, M. , Schallheim, J. , 1998. Debt, leases, taxes, and the endogeneity of corporate tax status. Journal of Finance 53 (1), 131-162.

Gramlich, J. , 1991. The effect of the alternative minimum tax book income adjustment on accrual decisions. Journal of the American Taxation Association 13 (1), 36-56.

Greene, W. , 1990. Econometric Analysis. MacMillan Publishing Company, New York, NY. Guenther, D. , 1992. Taxes and organizational form: a comparison of corporations and master limited partnerships. Accounting Review 67 (1), 17-45.

Guenther, D. , 1994a. Earnings management in response to corporate tax rate changes: evidence from the 1986 Tax Reform Act. Accounting Review 69 (1), 230-243.

Guenther, D. , 1994b. The relation between tax rates and pretax returns: direct evidence from the 1981 and 1986 tax rate reductions. Journal of Accounting and Economics 18 (3), 379-393.

Guenther, D. , 2000. Investor reaction to anticipated 1997 capital gains tax rate reduction. Working paper, University of Colorado, Boulder, CO.

Guenther, D. , Sansing, R. , 2000. Valuation of the firm in the presence of temporary book-tax differences: the role of deferred tax assets and liabilities. Accounting Review 75 (1), 1-12.

Guenther, . D. , Trombley, M. , 1994. The "LIFO Reserve" and the value of the firm: theory and evidence. Contemporary Accounting Research 10, 433-452.

Guenther, D. , Willenborg, M. , 1999. Capital gains tax rates and the cost of capital for small business: evidence from the IPO market. Journal of Financial Economics 53, 385-408.

Guenther, D. , Maydew, E. , Nutter, S. , 1997. Financial reporting, tax costs, and book-tax conformity. Journal of Accounting and Economics 23 (3), 225-248.

Gupta, S. , 1995. Determinants of the choice between partial and comprehensive income tax allocation: the case of the domestic international sales corporation. Accounting Review 70 (3), 489-511.

Gupta, S. , Mills, L. , 1999. Multistate tax planning: benefits of multiple jurisdictions and tax planning assistance. Working paper, University of Arizona, Tempe, AZ.

Gupta, S. , Newberry, K. , 1997. Determinants of the variability in corporate effective tax rates: evidence from longitudinal data. Journal of Accounting and Public Policy 16 (1), 1-34.

Halperin, R. , Srinidhi, B. , 1987. The effects of the U. S. income tax regulations' transfer pricing rules on allocative efficiency. Accounting Review 62, 686-706.

Halperin, R. , Srinidhi, B. , 1996. U. S. income tax transfer pricing rules for intangibles as approximations of arm's length pricing. Accounting Review 71, 61-80.

Hand, J. , 1993. Resolving LIFO uncertainty: a theoretical and empirical reexamination of 1974-75 LIFO adoptions and nonadoptions. Journal of Accounting Research 31 (1), 21-49.

Harris, D. , 1993. The impact of U. S. Tax law revisions on multi-national corporations' capital location and income-shifting decisions. Journal of Accounting Research 31 (Suppl.), 111-140.

Harris, D. , Livingstone, J. , 1999. Federal tax legislation as an implicit contracting cost benchmark: the definition of excessive executive compensation. Working paper, Syracuse University, Syracuse, NY.

Harris, D. , Sansing, R. , 1998. Distortions caused by the use of arm's length transfer prices. Journal of the American Taxation Association 20 (Suppl.), 40-50.

Harris, L. , Gurel, E. , 1986. Price and volume effects associated with changes in the S&P 500 list: new evidence for the existence of price pressures. Journal of Finance 41, 815-829.

Harris, T. , Kemsley, D. , 1999. Dividend taxation in firm valuation: new evidence. Journal of Accounting Research 37 (2), 275-291.

Harris, T. , Hubbard, R. , Kemsley, D. , 2001. The share price effects of dividend taxes and tax imputation credits. Journal of Public Economics 79, 569-596.

Hayn, C. , 1989. Tax attributes as determinants of shareholder gains in corporate acquisitions. Journal of Financial Economics 23, 121-153.

Henning, S. , Shaw, W. , 2000. The effect of the tax deductibility of goodwill on purchase price allocations. Journal of the American Taxation Association 22 (1), 18-37.

Henning, S. , Shaw, W. , Stock, T. , 2000. The effect of taxes on acquisition prices and transaction structure. Journal of the American Taxation Association 22 (Suppl.), 1-17.

Himmelberg, C. , Hubbard, G. , Palia, D. , 1999. Understanding the determinants of managerial ownership and the link between ownership and performance. Journal of Financial Economics 53, 353-384.

Hines, J. , 1997. Tax policy and the activities of multinational corporations. In: Auerbach, A. (Ed.), Fiscal Policy: Lessons from Economic Research. MIT Press, Cambridge, MA, pp. 401-445.

Hite, G. , Long, M. , 1982. Taxes and executive stock options. Journal of Accounting and Economics 4, 3-14.

Hunt, A. , Moyer, S. , Shevlin, T. , 1996. Managing interacting accounting measures to meet multiple objectives: a study of LIFO firms. Journal of Accounting and Economics 21 (3), 339-374.

Iyer, G. , Seetharaman, A. , 2000. An evaluation of alternative procedures for measuring horizontal equity. Journal of the American Taxation Association 22 (1), 89-110.

Jacob, J. , 1996. Taxes and transfer pricing: income shifting and the volume of intrafirm transfers. Journal of Accounting Research 34 (2), 301-312.

Jenkins, N. , Pincus, M. , 1998. LIFO versus FIFO: updating what we have learned. Working paper, University of Iowa, Iowa City, IA.

Jennings, R. , Simko, P. , Thompson, R. , 1996. Does LIFO inventory accounting improve the income statement at the expense of the balance sheet? Journal of Accounting Research 34, 573-608.

Johnson, M. , Nabar, S. , Porter, S. , 1999. Determinants of corporate response to Section 162 (m) . Working paper, University of Michigan, Ann Arbor, MI.

Johnson, W. , Dhaliwal, D. , 1988. LIFO abandonment. Journal of Accounting Research 26

(2), 236-272.

Kang, S., 1993. A conceptual framework for the stock price effects of LIFO tax benefits. Journal of Accounting Research 31 (1), 50-61.

Ke, B., 2000. Using deductible compensation to shift income between corporate and shareholder tax bases: evidence from privately-held property-liability insurance companies. Working paper, Pennsylvania State University, University Park, PA.

Ke, B., Petroni, K., Shackelford, D., 2000. The impact of state taxes on self-insurance. Journal of Accounting and Economics 30 (1), 99-122.

Keating, S., Zimmerman, J., 1999. Depreciation policy changes: tax, earnings management, and investment opportunity incentives. Journal of Accounting and Economics 28, 359-389.

Keating, S., Zimmerman, J., 2000. Asset lives for financial reporting purposes: capital budgeting, tax and discretionary factors. Working paper, University of Rochester, Rochester, NY.

Kemsley, D., 1998. The effect of taxes on production location. Journal of Accounting Research 36 (2), 921-941.

Kern, B., Morris, M., 1992. Taxes and firm size: the effect of tax legislation during the 1980s. Journal of the American Taxation Association 14 (1), 80-96.

Kinney, M., Swanson, E., 1993. The accuracy and adequacy of tax data in Compustat. Journal of the American Taxation Association 15 (2), 121-135.

Klassen, K., 1997. The impact of inside ownership concentration on the tradeoff between financial and tax reporting. Accounting Review 72 (3), 455-474.

Klassen, K., Shackelford, D., 1998. State and provincial corporate tax planning: income shifting and sales apportionment factor management. Journal of Accounting and Economics 25 (3), 385-406.

Klassen, K., Lang, M., Wolfson, M., 1993. Geographic income shifting by multinational corporations in response to tax rate changes. Journal of Accounting Research 31 (Suppl.), 141-173.

Landsman, W., Shackelford, D., 1995. The lock-in effect of capital gains taxes: evidence from the RJR Nabisco leveraged buyout. National Tax Journal 48, 245-259.

Landsman, W., Shackelford, D., Yetman, R., 2001. The determinants of capital gains tax compliance: evidence from the RJR Nabisco leveraged buyout. Journal of Public Economics, forthcoming.

Lanen, W., Thompson, R., 1988. Stock price reactions as surrogates for the net cash flow effects of corporate policy decisions. Journal of Accounting and Economics 10, 311-334.

Lang, M., Shackelford, D., 2000. Capitalization of capital gains taxes: evidence from stock price reactions to the 1997 rate reductions. Journal of Public Economics 76, 69-85.

Lang, M., Maydew, E., Shackelford, D., 2001. Bringing down the other Berlin wall: Germany's repeal of the corporate capital gains tax. Working paper, University of North Carolina, Chapel Hill, NC.

Lightner, T., 1999. The effect of the formulatory apportionment system on state-level economic development and multijurisdictional tax planning. Journal of the American Taxation Association 21 (Suppl.), 42-57.

Lopez, T., Regier, P., Lee, T., 1998. Identifying tax-induced earnings management around TRA 86 as a function of prior tax-aggressive behavior. Journal of the American Taxation Association 20 (2), 37-56.

Lynch, A., Mendenhall, R., 1997. New evidence on stock price effects associated with changes in the S&P 500 index. Journal of Business 70, 351-383.

Mackie-Mason, J., 1990. Do taxes affect corporate financing decisions. Journal of Finance 45, 1471-1493.

Maddala, G. S., 1991. A perspective on the use of limited-dependent variables models in accounting research. Accounting Review 66 (4), 788-807.

Madeo, S., Omer, T., 1994. The effect of taxes on switching stock option plans: evidence from the Tax Reform Act of 1969. Journal of the American Taxation Association 16, 24-42.

Manzon, G., 1992. Earnings management of firms subject to the alternative minimum tax. Journal of the American Taxation Association 14 (2), 88-111.

Manzon, G., 1994. The role of taxes in early debt retirement. Journal of the American Taxation Association 16 (1), 87-100.

Matsunaga, S., Shevlin, T., Shores, D., 1992. Disqualifying dispositions of incentive stock options: tax benefits versus financial reporting costs. Journal of Accounting Research 30 (Suppl.), 37-76.

Maydew, E., 1997. Tax-induced earnings management by firms with net operating losses. Journal of Accounting Research 35 (1), 83-96.

Maydew, E., Schipper, K., Vincent, L., 1999. The impact of taxes on the choice of divestiture method. Journal of Accounting and Economics 28, 117-150.

Mazur, M., Scholes, M., Wolfson, M., 1986. Implicit taxes and effective tax burdens. Working paper, Stanford University, Stanford, CA.

Mikhail, M., 1999. Coordination of earnings, regulatory capital and taxes in private and public companies. Working paper, MIT, Cambridge, MA.

Miller, G., Skinner, D., 1998. Determinants of the valuation allowance for deferred tax assets under SFAS No. 109. Accounting Review 73 (2), 213-233.

Miller, M., 1977. Debt and taxes. Journal of Finance 32, 261-276.

Miller, M., Scholes, M., 1978. Dividends and taxes. Journal of Financial Economics 6, 333-364.

Mills, L., 1998. Book-tax differences and Internal Revenue Service adjustments. Journal of Accounting Research 36 (2), 343-356.

Mills, L., Newberry, K., 2000. Cross-jurisdictional income shifting by foreign-controlled U.S. corporations. Working paper, University of Arizona, Tucson, AZ.

Mills, L., Newberry, K., Novack, G., 2000. Reducing classification errors in Compustat net operating loss data: insights from U.S. tax return data. Working paper, University of Arizona, Tucson, AZ.

Mittelstaedt, F., 1989. An empirical analysis of factors underlying the decision to remove excess assets from overfunded pension plans. Journal of Accounting and Economics 11 (4), 369-418.

Modigliani, F., Miller, M., 1958. The cost of capital, corporation finance, and the theory of investment. American Economic Review 53, 261-297.

Modigliani, F., Miller, M., 1963. Corporate income taxes and the cost of capital: a correction. American Economic Review 53, 433-443.

Myers, M., 2000. The impact of taxes on corporate defined benefit plan asset allocation. Working paper, University of Chicago, Chicago, IL.

Myers, S., 1977. Determinants of corporate borrowing. Journal of Financial Economics 3, 147-175.

Myers, S., 1984. The capital structure puzzle. Journal of Finance 39 (3), 575-592.

Myers, S., Majluf, N., 1984. Corporate financing and investment decisions when firms have information that investors do not have. Journal of Financial Economics 13, 187-221.

Newberry, K., 1998. Foreign tax credit limitations and capital structure decisions. Journal of Accounting Research 36 (1), 157-166.

Newberry, K., Dhaliwal, D., 2000. Cross-jurisdictional income shifting by U.S. multinationals: evidence from international bond offerings. Working paper, University of Arizona, Tucson, AZ.

Ohlson, J. , 1995. Earnings, book values and dividends in security valuation. Contemporary Accounting Research 11, 661-687.

Olhoft, S. , 1999. The tax avoidance activities of U. S. multinational corporations. Working paper, University of Iowa, Iowa City, IA.

Omer, T. , Molloy, K. , Ziebart, D. , 1991. Using financial statement information in the measurement of effective corporate tax rates. Journal of the American Taxation Association 13 (1), 57-72.

Omer, T. , Plesko, G. , Shelley, M. , 2000. The influence of tax costs on organizational choice in the natural resource industry. Journal of the American Taxation Association 22, 38-55.

Palepu, K. , Bernard, V. , Healy, P. , 1996. Business analysis and valuation. Southwestern Publishing, Cincinnati, OH.

Petroni, K. , Shackelford, D. , 1995. Taxation, regulation, and the organizational structure of property-casualty insurers. Journal of Accounting and Economics 20 (3), 229-253.

Petroni, K. , Shackelford, D. , 1999. Managing annual accounting reports to avoid state taxes: an analysis of property-casualty insurers. Accounting Review 74 (3), 371-393.

Phillips, J. , 1999. Corporate tax planning effectiveness: the role of incentives. Working paper, University of Connecticut, Storrs, CT.

Plesko, G. , 1999. An evaluation of alternative measures of corporate tax rates. Working paper, MIT, Boston, MA.

Porcano, T. , 1986. Corporate tax rates: progressive, proportional, or regressive. Journal of the American Taxation Association 8 (1), 17-31.

Poterba, J. , Weisbrenner S. , 2001. Capital gains tax rules, tax loss trading, and turn-of-the-year returns. Journal of Finance 56, 353-368.

Reese, W. , 1998. Capital gains taxation and stock market activity: evidence from IPOs. Journal of Finance 53, 1799-1820.

Ricks, W. , 1986. Firm size effects and the association between excess returns and LIFO tax savings. Journal of Accounting Research 24 (1), 206-216.

Sansing, R. , 1998. Valuing the deferred tax liability. Journal of Accounting Research 36 (2), 1998.

Sansing, R. , 1999. Relationship-specific investments and the transfer pricing paradox. Review of Accounting Studies 4, 119-134.

Sansing, R. , 2000. Joint ventures between non-profit and for-profit organizations. Journal of the American Taxation Association 22 (Suppl.), 76-88.

Scholes, M. , Wolfson, M. , 1987. Taxes and organization theory. Working paper, Stanford University, Stanford, CA.

Scholes, M. , Wolfson, M. , 1992. Taxes and Business Strategy: a Planning Approach. Prentice-Hall, Inc. , Engelwood Cliffs, NJ.

Scholes, M. , Wilson, P. , Wolfson, M. , 1990. Tax planning, regulatory capital planning, and financial reporting strategy for commercial banks. Review of Financial Studies 3, 625-650.

Scholes, M. , Wilson, P. , Wolfson, M. , 1992. Firms' responses to anticipated reductions in tax rates: the Tax Reform Act of 1986. Journal of Accounting Research 30 (Suppl.), 161-191.

Scholes, M. , Wolfson, M. , Erickson, M. , Maydew, E. , Shevlin, T. , 2001. Taxes and Business Strategy: a Planning Approach, 2nd Edition. Prentice-Hall, Inc. , Upper Saddle River, NJ.

Schipper, K. , Smith, A. , 1991. Effects of management buyouts on corporate interest and depreciation tax deductions. Journal of Law and Economics 34, 295-341.

Scott, J., 1977. Bankruptcy, secured debt, and optimal capital structure. Journal of Finance 32, 1-19.

Seetharaman, A., Iyer, G., 1995. A comparison of alternative measures of tax progressivity: the case of the child and dependent care credit. Journal of the American Taxation Association 17 (1), 42-70.

Seida, J., Wempe, W., 2000. Do capital gain tax rate increases affect individual investors' trading decisions? Journal of Accounting and Economics 30, 33-57.

Shackelford, D., 1991. The market for tax benefits: evidence from leveraged ESOPs. Journal of Accounting and Economics 14 (2), 117-145.

Shackelford, D., 1993. Discussion of 'The impact of US tax law revision on multinational corporations' capital location and income shifting decisions' and 'Geographic income shifting by multinational corporations in response to tax rate changes.'. Journal of Accounting Research 31 (Suppl.), 174-182.

Shackelford, D., 2000. Stock market reaction to capital gains tax changes: empirical evidence from the 1997 and 1998 tax acts. In: Poterba, J. (Ed.), Tax Policy and the Economy, Vol. 14. National Bureau of Economic Research, MIT Press, Cambridge, MA, pp. 67-92.

Shackelford, D., Slemrod, J., 1998. The revenue consequences of using formula apportionment to calculate U. S. and foreign-source income: a firm-level analysis. International Tax and Public Finance 5 (1), 41-59.

Shackelford, D., Verrecchia, R., 1999. Intertemporal tax discontinuities. NBER working paper 7451, Cambridge, MA.

Shelley, M., Omer, T., Atwood, T., 1998. Capital restructuring and accounting compliance costs: the case of publicly traded partnerships. Journal of Accounting Research 36 (2), 365-378.

Shevlin, T., 1987. Taxes and off-balance-sheet financing: research and development limited partnerships. Accounting Review 52 (3), 480-509.

Shevlin, T., 1990. Estimating corporate marginal tax rates with asymmetric tax treatment of gains and losses. Journal of the American Taxation Association 11 (1), 51-67.

Shevlin, T., 1999. A critique of Plesko's "An evaluation of alternative measures of corporate tax rates." Working paper, University of Washington, Seattle, WA.

Shevlin, T., Porter, S., 1992. The corporate tax comeback in 1987: some further evidence. Journal of the American Taxation Association 14 (1), 58-79.

Shleifer, A., 1986. Do demand curves for stocks slope down? Journal of Finance 61, 579-590.

Single, L., 1999. Tax holidays and firms' subsidiary location decisions. Journal of the American Taxation Association 21 (2), 21-34.

Smith, J., 1997. The effect of the Tax Reform Act of 1986 on the capital structure of foreign subsidiaries. Journal of the American Taxation Association 19 (2), 1-18.

Stickney, C., Weil, R., Wolfson, M., 1983. Income taxes and tax-transfer leases: General Electric's accounting for a Molotov cocktail. Accounting Review 58, 439-459.

Sunder, S., 1973. Relationship between accounting changes and stock prices: problems of measurement and some empirical evidence. Journal of Accounting Research 11 (Suppl.), 1-45.

Sunder, S., 1975. Stock price and risk related to accounting changes in inventory valuation. Accounting Review 305-316.

Sweeney, A., 1994. Debt-covenant violations and managers' accounting responses. Journal of Accounting and Economics 17 (3), 281-308.

Tepper, I. , 1981. Taxation and corporate pension policy. Journal of Finance 36, 1-14.

Thomas, J. , 1988. Corporate taxes and defined benefit pension plans. Journal of Accounting and Economics 10 (3), 199-237.

Thomas, J. , 1989. Why do firms terminate their overfunded pension plans? Journal of Accounting and Economics 11 (4), 361-398.

Trezevant, R. , 1992. Debt financing and tax status: tests of the substitution effect and the tax exhaustion hypothesis using firms' responses to the Economic Recovery Tax Act of 1981. Journal of Finance 47, 1557-1568.

Wang, S. , 1991. The relation between firm size and effective tax rates: a test of firm's political success. Accounting Review 66 (1), 158-169.

Wang, S. , 1994. The relationship between financial reporting practices and the 1986 alternative minimum tax. Accounting Review 69 (3), 495-506.

Weaver, C. , 2000. Divestiture structure and tax attributes: evidence from the Omnibus Budget Reconciliation Act of 1993. Journal of the American Taxation Association 22 (Suppl.), 54-71.

Wilkie, P. , Limberg, S. , 1990. The relationship between firm size and effective tax rate: a reconciliation of Zimmerman (1983) and Porcano (1986) . Journal of the American Taxation Association 11 (1), 76-91.

Wilkie, P. , Limberg, S. , 1993. Measuring explicit tax (dis) advantage for corporate taxpayers: an alternative to average effective tax rates. Journal of the American Taxation Association 15 (1), 46-71.

Wilson, P. , 1993. The role of taxes in location and sourcing decisions. In: Giovannini, A. , Hubbard, G. , Slemrod, J. (Eds.), Studies in International Taxation. University of Chicago Press, Chicago, pp. 195-231.

Wolfson, M. , 1985. Empirical evidence of incentive problems and their mitigation in oil and gas tax shelter programs. In: Pratt, J. , Zeckhauser, R. (Eds.), Principals and Agents: the Structure of Business. HBS Press, Boston, pp. 101-125.

Yetman, R. , 2000. Tax planning by not-for-profit organizations. Working paper, University of Iowa, Iowa City, IA.

Zimmerman, J. , 1983. Taxes and firm size. Journal of Accounting and Economics 5, 119-149.

会计领域中的经验税务研究：一个讨论 *

Edward L. Maydew

宋衍蘅　译

摘要

本篇评论补充和扩展了 Shackelford and Shevlin（J. Acc. Econom. 31/32 (2001)）的研究，对会计领域中经验税务研究的现状和未来进行了思考。本篇评论：（1）探讨了 Shackelford and Shevlin（J. Acc. Econom. 31/32 (2001)）的研究范围；（2）讨论了现有税务研究的主要贡献及其局限性；（3）指出了未来研究方向。

JEL 分类号：H25；K34；M40

关键词：税收；公司税

§1　引言

本评论与 Shackelford and Shevlin（2001）是一个整体，目的是对原文进行评论和讨论。首先必须强调，本文同意这篇回顾文献的绝大多数观点和分析方法。但是为了避免重复，本评论将重点讨论笔者对某些领域的不同看法。

本评论的目标读者有三类：第一类，也是最重要的，博士生和有志于税务研究的新学者。第二类，税务研究的消费者，其税务研究兴趣属于从属地位。第三类，有经验的税务学者，帮助他们思考这个领域已经作了什么研究以及未来的研究方向如何。

本评论的安排如下：第 2 部分从讨论 Shackelford and Shevlin（2001）的研究范围开始，讨论那些将大部分发表在财务和经济领域学术杂志上的税务研究排除在外的问题。第

---

* I thank Merle Erickson，Austan Goolsbee，Doug Shackelford，Terry Shevlin，as well as Doug Skinner and Ross Watts（the editors），and workshop participants at the 2000 Journal of Accounting and Economics conference for their helpful comments.

Edward L. Maydew，北卡罗来纳大学 Kenan-Flagler 商学院。

3 部分思考我们能从税务研究中学到什么，并采用比喻的方法思考税务研究问题。第 4 部分提出了对未来研究方向的几个建议，并探讨了 Shackelford and Shevlin (2001) 中所涉及的研究方法问题。第 5 部分是研究结论。

§2　Shackelford and Shevlin (2001) 的研究范围

Shackelford and Shevlin 将自己的回顾范围限定在会计学者所作的研究，特别是在 Scholes-Wolfson 研究以后由会计学者所进行的档案式经验税务研究中。[1] 回顾文献为了便于控制，必须限定回顾范围。按照 Shackelford and Shevlin 所设定的回顾范围，他们的研究范围是完整的，而且易于理解。但是，Shackelford and Shevlin (2001) 的主题是税务研究具有跨学科性质，强调税务研究者除了会计学者以外，还包括财务和经济学者。虽然 Shackelford and Shevlin (2001) 确实提到了一些重要的经济和财务文献，但是文章将大部分非会计学者所作的研究排除在外，这就与他们所支持的税务研究的跨学科性质不符，也与作者的经济学、财务学根基不符。

笔者担心研究范围过窄可能带来一些意想不到的后果。一个风险是无法给读者提供某个研究领域内的完整研究框架。[2] 如 *Journal of Financial Economics* 和 *Journal of Finance* 在最近三年发表的文章中，有 12 篇（原文为 13 篇，前后对应，应为 12 篇。——译者注）文章在题目中包含"税"字，但是 Shackelford and Shevlin (2001) 仅仅引用了其中 3 篇。[3] 如果这些研究与会计学者所作的研究题目不同，那么将其排除在外也没有什么问题。但是，事实上，这些没有引用的在财务杂志上发表的文章，每一篇都与作者讨论的题目直接相关。如作者没有引用 Fama and French (1998) 和 Graham (2000) 的文章，这两篇文章就和 Shackelford and Shevlin (2001) 3.2 节中讨论的资本结构研究直接相关；[4] 文章中没有引用的 Bali and Hite (1998) 和 Frank and Jagannathan (1998) 则与 3.3 节和 3.4 节中研究的税务和资产定价问题直接相关。同样，作者也排除了绝大多数经济学家所作的研究。但是，由于会计学者通常并不关心经济学杂志上发表的税务问题，如税收最优化，因此，将经济领域的学术杂志排除在外的影响可能要小于将财务领域的学术杂志排除在外的影响。

仅仅关注会计学者所作的税务研究带来的另外一个问题就是言行不一。虽然 Shackelford and Shevlin 强调税务研究是一个跨学科的研究，但是，读者会认为这有点言过其实。为了检验税务研究的跨学科性质，我在 SSRN 中用关键词"税"来检索所有论文，结果检索到了 1 680 篇文章，分 20 页显示。仔细考察这 20 页中每页的第一篇文章（这种方法是随机的，应该没有偏差），发现其中只有 6 篇的作者是会计学者，这就验证了 Shackelford and Shevlin 的假说。

还有另一个证据可以检验税务研究的跨学科程度，即比较在会计、经济和财务顶尖杂志上发表的税务研究的比例。在最近三年内，刊登在 *The Accounting Review*，*Journal of Accounting and Economics* 和 *Journal of Accounting Research* 上的文章中，共有 19 篇文章题目中含有"税"字，平均每本杂志每年 2.1 篇。[5] 联系上文曾经提到的 *Journal of Finance* 和 *Journal of Financial Economics*，三年一共发表了 12 篇税务文章，平均每本杂志每年 2.0 篇；*American Economic Review* 同期发表了 11 篇税务文章，平均每本杂志每年 3.67 篇。这些证据同样证明了 Shackelford and Shevlin 所说的税务研究具有高度跨学科性质的特点。

总之，Shackelford and Shevlin（2001）对会计学者所作的档案式经验税务研究进行了系统的回顾。但是读者应该注意，它并没有系统地回顾公司税研究，更不要说一般意义上的税务研究了。如果读者需要了解某一领域的税务研究，则除了要阅读 Shackelford and Shevlin（2001）中所提到的文献以外，还需要搜索经济和财务学术期刊，以及在会计学术期刊中发表的理论文献和行为经济学文献。

§3　税务研究现状

Shackelford and Shevlin（2001）非常好地总结和回顾了过去十年来会计学者所作的研究和研究成果。但是，笔者担心读者，尤其是博士生，可能会只见树木，不见森林。所以，本部分提出并回答了两个有关税务研究文献的基本问题：第一，我们可以从税务研究中学到什么？第二，会计学者如何才能更好地在税务研究领域作出贡献？

§3.1　我们可以从税务研究中学到什么？

尽管税务研究在会计领域顺势而生，但是仍然受到质疑。一些学者认为税务研究并不是会计研究的组成部分，这可能有其跨学科性质的原因，但更可能是因为它与绝大多数财务会计和管理会计研究不同，并不以信息经济学作为理论基础。[6]大多数会计研究的目的都是要了解在信息不确定的情况下，会计信息在管理者和投资者决策中的作用。但是，不确定性和信息不对称在税务研究中只是作为非税因素（如财务报告成本）存在，并不是关键税务问题。

我认为，即使没有理论基础，税务学者同样可以很好地应对这些质疑。税务学者需要在思想市场上参与竞争，其他学者的观点会影响税务研究的需求。下面，我就借用一个同事（不是从事税务研究的）讲给我的笑话来解释如何看待大多数税务研究，以更好地理解其作用和贡献。一天吃午饭的时候，同事问我："为什么小鸡要穿过马路？"我说不知道，他笑着告诉我："因为马路另一边的税负比较低。"我只能吃吃傻笑，无力反击。

很显然，税务研究的问题非常明确——现金流量影响企业的行为，税收影响现金流量，因此，税收激励就影响企业的行为。在"小鸡过马路"的情景下，税务研究无非是考察"如果过马路是小鸡（企业）的最大利益所在，它是否足够理性，是否会走到税负较低的一边"。[7]

多年来，我发现用"小鸡过马路"的笑话来思考会计领域中的税务研究方向非常有用。假设不是一只小鸡而是有很多只小鸡，它们代表了企业，有的穿过了马路，有的却没有。这时，真正的问题并不是小鸡为什么要穿过马路，而是为什么不是所有的小鸡都穿过了马路。按照我们正常的思维习惯，小鸡/企业是理性的经济决策者，因此，一些小鸡选择不穿过马路的原因可能就是穿越马路的成本太高。如果真的是小鸡，我们大概可以想象这是什么成本。对于企业而言，成本可能包括对财务报告的影响、代理成本、资本约束、直接交易成本、增加了的税务监督和税务筹划成本。就像 Shackelford and Shevlin（2001）所指出的那样，现在很多税务研究都是在试图解释企业在税收因素和非税因素之间的权衡问题，及其在企业经济决策中的重要性程度。问题是：我们可以从这些文献中学到什么？

税收权衡方面的研究有三个主要贡献：第一，帮助我们理解构成经济社会的主要力量。特别地，告诉我们在哪些决策下，税收是第一位重要的因素；在哪些决策下，税收是第 n 位重要的因素。我也承认，在某些决策下，税收的作用很小，甚至并不存在。

第二，帮助我们将非税成本量化，在企业发生非税成本以前，计算其必须节约的税金支出。例如，研究企业为了获得额外的会计收益所需支付的税收成本。[8] 在税收权衡文献出现之前，就很难量化企业为达到某一特定会计收益而愿意支付的成本。

最后，可以将税收权衡文献看做公共经济学文献的一个组成部分，考察税收对经济行为的扭曲程度。基本理念是，税收对经济决策的影响越大，经济效率就越低。有关不同税收制度对经济行为影响程度的实证研究，就是理解税收制度是否会带来净损失成本（deadweight cost）及其金额大小的核心。[9]

很显然，除了税与非税因素的权衡文献以外，人们不会批评其他税务文献过于简单。如果考虑到税收顾客和税收套利，从理论上分析税收对于均衡资产价格和回报率的影响十分复杂。由于很难控制不同企业之间的风险差异，因此，很难找到税收对资产定价影响的经验证据。有关税收在资产定价中作用的研究是目前税务研究中最活跃的领域之一，而且我认为，这还会持续一段时间。下一节我就要讨论这个问题。

§3.2 会计学者如何才能更好地在税务研究领域作出贡献？

本节的主要目的是帮助新的会计领域的税务研究者确定研究方向。如前所述，税务研究具有跨学科的性质，是由会计学者、财务学者和经济学者共同进行的。会计学者一般集中在自己具有比较优势的税务领域进行研究。会计学者的比较优势是在讲授税收战略和财务会计的过程中积累下来的，是对制度背景的理解，特别是复杂的税法和财务会计知识。

因此，会计学者所作的研究大多集中在公司税方面，而经济学家所作的研究大多集中在个人税方面，原因是公司税法比个人税法复杂得多。此外，由于会计学者的经济学功底不如经济学家，因此，两者在财务经济学领域的差距通常要比在其他经济学领域（如劳动经济学、宏观经济学）的差距小。这也是因为会计学者的研究专长起源于财务经济学，如公司和金融市场研究。[10]

在公司税务研究领域，会计学者贡献最多的地方是需要更多制度知识的领域，包括并购[11]、国际税收[12]和涉及复杂战略、实体和证券（e.g., ESOPS, MIPS)[13]的研究。有关管制企业的税务研究也是一个存在制度优势的研究领域。[14]会计学者在财务会计方面具有绝对比较优势，因此有关财务会计目标与税收目标权衡问题的研究基本上都是由会计学者完成的。[15]这种情况也同样发生在有关税法——会计一致性研究和所得税会计研究方面。[16]我的意思并不是让会计学者忽略经济理论，而是说税务研究者无法掌握过多的财务学和微观经济学知识——他们的比较优势是制度知识。特别地，公司税研究更需要会计学者所拥有的将制度知识、经济理论和研究设计方法结合起来的能力。

§4 未来的研究方向：我们去向何方？

本部分指出了未来税务研究的几个可能方向，包括税收在资产定价中的作用和几个公司财务问题。我还讨论了从经济文献中学到的研究机会，最后讨论了一些研究方法问题。这些研究方向是我的个人观点，它们之间并不互相排斥，也没有涵盖所有可能的方向。

§4.1　有关税收与资产定价的未来研究方向：税收资本化和隐性税收

在所有税务研究领域中，可能有关税收在资产定价方面的作用的研究是最具跨学科特点的，广泛地出现在经济、财务和会计研究文献中。但是，这些领域所采用的术语差异影响了其研究结果的整合，如税收资本化和隐性税收就是对相同问题采用的不同术语。在会计领域，"隐性税收"在 Scholes and Wolfson 以后被广泛应用，指税收优惠资产的税前收益率低于没有税收优惠的资产。[17]"税收资本化"是经济学家普遍采用的术语，目前也在逐渐被会计学者所接受，[18]指资产的未来税负降低了其现行价格。

假设应税债券和免税债券的税前利息相同。如果投资者愿意为应税债券支付的价格低于免税债券，说明税收已经资本化在应税债券的价格中了。如果应税债券的价格下降，则其税前收益率就上升了。在这个例子中，也可以说免税债券负担了隐性税收，因为其税前收益率低于应税债券。所以，我们可以说税收资本化和隐性税收是一个硬币的两面。税收资本化是从非税收优惠资产的价格角度来说明问题，而隐性税收则是从税收优惠资产的税前回报率的角度来说明问题，这两个说法的含义是一样的。

我还想说，税收资本化以及隐性税收的重要性和普遍性远远超出了我们的想象。考虑这样一个经典问题：财务杠杆是否会带来税收收益。Modigliani and Miller (1963) 考察了存在公司税情况下的财务杠杆，在这种情况下，利息支出可以在税前扣除，而股利支出不可以。Modigliani and Miller (1963) 没有考虑投资者支付的个人所得税，因此，发现财务杠杆可以带来大量税收收益。但是，假设不存在投资者的个人所得税，就无法区分投资者税负对债券和股票税前收益率的影响。因此，如果投资者税负不影响债券和股票的税前收益率，财务杠杆就会带来大量的税收收益。

Miller (1977) 考虑了个人所得税问题，而且假设利息所得税高于股票收益所得税。在 Miller 的假设下，由于投资者的利息收入税负较高，因此，就提高了其对债券的税前收益率要求，进而公司无法从财务杠杆中获得税收收益。债券融资在个人所得税层面上的税收劣势抵消了其在公司所得税层面上由于利息的税前抵扣所带来的税收优势。因此，有关财务杠杆是否会带来税收收益的经典问题，就变成了对投资者征收的个人所得税是否会影响债券和股票的均衡价格和税前收益率的问题。这个问题只是税收资本化和隐性税收产生影响的一个例子而已。

现有的有关税收资本化和隐性税收的研究大多仅仅说明了可能产生税收资本化的资产和情形。如果这类研究能够与经济理论中的税收后果问题联系起来，就会更加有用。如果没有扎实的理论基础，税收资本化研究就无法解决关键问题。如税收资本化产生的条件是什么？影响税收资本化程度的因素是什么？公共经济学文献表明，特定税种的经济后果取决于税收对均衡价格和均衡数量的影响，影响程度取决于供给和需求弹性。从广义上讲，税收资本化表现为税收的经济后果。[19]

§4.2　有关税收与公司财务的未来研究方向

税收可能会对属于公司财务范围的企业决策产生影响。例如，Brealey and Myers

（2000）用了几章的篇幅来讲负债策略、股利政策、退休金、期权、租赁、套期保值、并购以及金融中介机构（如银行、保险公司、共同基金），这些活动都受到税收的影响。会计学者可以利用自己的制度知识来为这一领域的研究作出贡献，如寻找可以用来检验理论的特殊经济事件或背景。[20]

会计学者已经在税收对国内公司并购的影响方面进行了大量研究，但是对税收对跨国并购的影响还所知甚少，值得进一步关注。[21]有发展前途的新兴研究考察了税收在退休基金、共同基金甚至非营利组织决策中的作用。[22]还有必要进一步研究为什么某些企业的税收筹划更加积极，跨国经营是否会影响公司的税收筹划能力，以及是否存在普遍的避税方法。[23]

在资本结构和股利政策领域的研究机会，是明确税收是否会对债券和股票定价产生重要影响。特别地，很多研究认为股息税会对资产定价产生重要影响（Harris and Kemsley，1999；Harris et al.，2001；Collins and Kemsley，2000），但是这些研究结果却饱受质疑。Shackelford and Shevlin（2001）详细说明了对这些文献的一些怀疑，并且指出这些研究结果是"矛盾的"或者"难以置信的"。

有一些质疑（当然不是全部）可能是因为 Harris and Kemsley（1999）的第一篇文章没有很好地将研究结论界定清楚。如 Harris and Kemsley（1999）将自己的研究结果总结为"提供了有力的证据，表明股息税对投资者给权益和盈余的相对定价权重具有重大的可预期影响"（p. 289）。与之相反，Collins and Kemsley（2000）却很小心地指出"我们的证据并不是明确的"，"还需要进一步的证据来支持"（pp. 425 - 426）。在有关股利资本化问题的最近两个研究中，Dhaliwal et al.（2001）和 Hanlon et al.（2001）质疑了 Harris and Kemsley（1999）研究结论的稳健性，并且对这篇和其他相关研究中所采用的股息税资本化模型提出了很多疑问。我在这里将讨论有关股息税资本化模型的两个关键问题。

首先，这些研究的假设不太可靠。他们假设企业最终会将所有利润以应税股利的形式分给股东，但是，这并不符合实际情况。例如，公司可以通过股票回购或者清算股利的形式来规避股息税，因为这两种形式都是征收税率较低的资本利得税。某些并购安排也可以达到利润分配的效果，而无须支付股息税。问题是，如果股息税真如前述研究中所说的会降低企业价值，那么企业为什么不更多地回购股票来减少这种负面影响呢？

其次，在存在税收顾客和非应税投资者税收套利的情况下，股息税对资产定价的影响是如何实现的？即使所有利润最终会以应税股利的形式分给股东，但是，如果在分配股利的时候，股票持有者是非应税投资者，就可以同样规避股息税。这就是税收顾客的作用。进一步讲，非应税投资者可以成功地进行"获取股利"的税收套利行为，在公司分配股利前后做多分配股利公司的股票，卖空不分配股利公司的股票。我并不是说套利可以完全抵消股息税的所有影响，就像 Shleifer and Vishny（1997）所述，套利在实践中是有风险的。但是正如 Shackelford and Shevlin（2001）所怀疑的，上述问题的存在说明还需要进一步研究股息税对公司价值的影响程度。

§4.3 从经济学中学习

随着会计领域的税务研究日渐成熟，自然会在分析过程中引入完善的经济理论。由于会计领域的税务研究一般以微观经济学为基础，因此存在提高经济分析深度的改进空间。

在未来的研究中，我希望有魄力的学者能够更多地借鉴经济学理论和分析方法。

例如，经济学家在思考税收对公司决策的影响时，他们通常思索由税收规则带来的经济扭曲。特别地，如果税收影响价格，就会产生替代效应，带来"净损失成本"（可以简单地定义为经济效率损失成本高于所取得的税收收入，又称为"额外税收负担"）。但在会计领域的税务研究中却很少出现这样的概念。[24] Shackelford and Shevlin（2001）认为这可能是由于 Scholes-Wolfson 模式已经先入为主了，使得会计学者忽略了税务研究在财务和经济领域的研究历史。如果这是事实，那就违背了 Scholes-Wolfson 的初衷，因为他们的本意是将经济学和财务学理论引入会计领域的税务研究中。

§4.4　研究方法问题

Shackelford and Shevlin（2001）提出了很多研究方法问题，我想作一些评论。首先我同意，根据 Plesko（1999）给出的证据，其对以财务会计为基础的边际税率的批评是不成熟的。[25] Shevlin（1999）指出了 Plesko（1999）中有关边际税率分析的一些问题。我还要加上一点，Plesko（1999）对有效税率的定义同样存在问题。Plesko（1999）将有效税率定义为支付的税金除以应税收入。问题是以应税收入作为计算有效税率的分母不太正常。从定义上讲，这个比率接近法定税率，很显然，它忽略了税收抵减问题。我同意 Plesko（1999）所说的，需要更多地关注利用财务报表数据来计算边际税率和有效税率的准确性问题。

其次，Shackelford and Shevlin（2001）提出了税务研究中的自我选择问题，这并没有得到税务研究文献的重视。只要研究者不能随机选择样本，就会存在自我选择问题。这属于 Cook and Campbell（1979）所说的准实验，而随机选择样本是社会科学研究的标准范式。有进取心的研究者可能会发现，有必要重新检验一下以前的税务研究文献，看看采用得到认可的计量经济学研究方法来控制自我选择问题以后，研究结果是否会出现差异。[26] 当然，我必须承认，自我选择问题并不是税务研究领域所特有的，也没有证据表明税务研究中的自我选择问题会比会计和财务领域的其他研究严重。

最后，我不太认同，在研究税与非税因素的权衡问题时，一定要在回归模型中加入税与非税成本替代变量的交叉项（Shackelford and Shevlin，2001）。想象一下存货计量的 LIFO 和 FIFO 方法的选择问题。由于众所周知的一致性要求，企业必须在降低现时税负还是向股东报告更多的会计盈余之间进行选择。这是一个必然的权衡（如 LIFO 的一致性原则），与回归模型无关。以税收和财务报告成本作为替代变量来对存货计量方法选择进行回归，仅仅说明了影响管理者决策的显著因素。这些因素是否也是一种权衡结果，取决于一个因素的取得是否一定要以牺牲另一因素为代价。尽管交叉项有助于研究一个变量的水平是否会影响另一个变量的重要程度，但我并不认为交叉项的影响是解释权衡问题的必要条件。希望这个问题能够在以后的研究中得到解决。

§5　结论

Shackelford and Shevlin（2001）很好地回顾了会计领域中的档案式经验税务研究。我的评论目的是提供几个不同视角，以对他们的工作进行补充。我反复强调的几个关键问题是：第一，由于以微观经济学为基础的税务研究具有跨学科的性质，因此，除了会计领域以外，还需要综合考察财务和经济领域的研究文献。第二，大多数会计领域的税务研究结合了微观经济学和财务知识，而会计学者的比较优势是有关税收和会计的制度知识。第三，虽然现有税务研究植根于微观经济学理论，但是未来研究仍然需要比现有研究更加深入地借鉴财务和经济文献。最后，虽然未来难以预测，我还是指出了几个研究方向，如税收套利在资产定价中的作用和一些研究方法问题。

注释

[1] 参见 Scholes et al.（1990，2001）。

[2] 排除理论和行为研究也有同样的问题。

[3] 我考察了 1998—2000 年的文章，3 篇引用的是 Graham et al.（1998），Reese（1998）和 Guenther and Willenborg（1999）；10 篇未获引用的是 Bali and Hite（1998），Barclay et al.（1998），Elton and Green（1998），Fama and French（1998），Frank and Jagannathan（1998），Naranjo et al.（1998），Crowder and Wohar（1999），Graham and Smith（1999），Allen et al.（2000）和 Graham（2000）。

[4] 事实上，在本文写作时，Fama and French（1998）是 SSRN 中下载次数最多的"税务"文章，同时也是 SSRN 所有文章中下载次数排第 4 位的文章。

[5] 这些数据来源于 Shackelford and Shevlin（2001）的参考文献目录，包括了 2000 年即将发表的文章。

[6] 无论对"会计"进行怎样的定义，其他人还是期望会计教授能够对税务问题发表独到的见解。税务职业人士是会计项目的主要顾客，同时也是大多数会计项目的主要产品。

[7] 我后来发现这个笑话还可以一般化，用来嘲笑很多非税研究。

[8] 例如，参见 Matsunaga et al.（1992）和 Engel et al.（1999）。

[9] 一些税收可能会提高经济效率，如鼓励带来正外部性的公共品的生产（如基础科学研究），或限制带来负外部性的公害物品的生产（如污染）。有关税收和外部性的大多数研究一般是由经济学家所作的，会计学者并没有涉足这个理念。

[10] 有时税务会计学者也会在顶尖财务期刊上发表文章。我希望，随着会计领域中税务研究的发展，这个现象会越来越多，如 Trezevant（1992）和 Guenther and Willenborg（1999）。

[11] Erickson（1998），Ayers et al.（2000）and Erickson and Wang（2000）。

[12] Collins and Shackelford（1992），Harris（1993），Klassen et al.（1993），Collins and Shackelford（1997），Collins et al.（1998），and Newberry（1998）。

[13] Shackelford（1991），Engel et al.（1999）and Myers（2000）。

[14] Collins et al.（1995b），Petroni and Shackelford（1995），Mikhail（1999），and Ke et al.（2000）。

[15] Scholes et al.（1992），Guenther（1994a，b），Dhaliwal et al.（1994），and

Maydew (1997).

[16] Guenther et al. (1997)，Ayers (1998)，Mills (1998)，Miller and Skinner (1998)，and Sansing (1998).

[17] Scholes and Wolfson (1992)，Guenther (1994a，b)，Erickson and Maydew (1998)，and Scholes et al. (2001).

[18] Collins and Kemsley (2000) and Lang and Shackelford (2000).

[19] Shackelford (1991) 就是一个采纳税收转移和税收归宿概念的例子。

[20] 例如，Lang et al. (2001) 以德国取消交叉持股的资本利得税为例，为财务界有关"多元化折价"的争论等提供了相关证据。

[21] Collins et al. (1995a).

[22] See Kraft and Weiss (2000)，Myers (2000) and Yetman (2000).

[23] Phillips (1999) and Olhoft (1999).

[24] Anand and Sansing (2000) and Goolsbee and Maydew (2000).

[25] Shevlin (1990，1999) and Graham (1996).

[26] 参见 Heckman (1976，1979) 和 Maddala (1991)。有关考虑了自我选择问题的税务研究，参见 Graham et al. (1998)，Guenther et al. (1997) 和 Maydew et al. (1999)。

参考文献

Allen, F., Bernardo, A., Welch, I., 2000. A theory of dividends based on tax clienteles. Journal of Finance 55 (6), 2499-2536.

Anand, B., Sansing, R., 2000. The weighting game: formula apportionment as an instrument of public policy. National Tax Journal 53, 183-200.

Ayers, B., 1998. Deferred tax accounting under SFAS No 109: an empirical investigation of its incremental value-relevance relative to APB No. 11. The Accounting Review 73 (2), 195-212.

Ayers, B., Lefanowicz, C., Robinson, J., 2000. The effects of goodwill tax deductions on the market for corporate acquisitions. Journal of the American Taxation Association 22 (Suppl.), 34-50.

Bali, R., Hite, G., 1998. Ex dividend day stock price behavior: discreteness or tax-induced clienteles? Journal of Financial Economics 47 (2), 127-159.

Barclay, M., Pearson, N., Weisbach, M., 1998. Open-ended mutual funds and capital-gains taxes. Journal of Financial Economics 49 (1), 3-43.

Brealey, R., Myers, S., 2000. Principles of Corporate Finance, 6th edition. McGraw-Hill, New York, NY.

Collins, J., Kemsley, D., 2000. Capital gains and dividend capitalization in firm valuation: evidence of triple taxation. Accounting Review 75 (4), 405-428.

Collins, J., Shackelford, D., 1992. Foreign tax credit limitations and preferred stock issuances. Journal of Accounting Research 30 (Suppl.), 103-124.

Collins, J., Shackelford, D., 1997. Global organizations and taxes: an analysis of the dividend, interest, royalty, and management fee payments between U.S. multinationals foreign affiliates. Journal of Accounting and Economics 24 (2), 151-173.

Collins, J., Kemsley, D., Shackelford, D., 1995a. Tax reform and foreign acquisitions: a microanalysis. National Tax Journal 48 (1), 1-21.

Collins, J., Shackelford, D., Wahlen, J., 1995b. Bank differences in the coordination of regulatory capital earnings and taxes. Journal of Accounting Research 33 (2), 263-291.

Collins, J., Kemsley, D., Lang, M., 1998. Cross-jurisdictional income shifting and earnings valuation. Journal of Accounting Research 36 (2), 209-229.

Cook, T., Campbell, D., 1979. Quasi-experimentation: Design and Analysis for Field Settings. Houghton Mifflin Company, Boston, MA.

Crowder, W., Wohar, M., 1999. Are tax effects important in the long-run fisher relationship? Evidence from IPOs. Journal of Finance 54 (1), 307-317.

Dhaliwal, D., Frankel, M., Trezevant, R., 1994. The taxable and book income motivations for a LIFO layer liquidation. Journal of Accounting Research 32 (2), 278-289.

Dhaliwal, D., Erickson, M., Myers, M., Banyi, M., 2001. Are shareholder dividend taxes on corporate retained earnings impounded in equity prices? Additional evidence and analysis. University of Arizona and University of Chicago working paper.

Elton, E., Green, C., 1998. Tax and liquidity effects in pricing government bonds. Journal of Finance 53 (5), 1533-1562.

Engel, E., Erickson, M., Maydew, E., 1999. Debt-equity hybrid securities. Journal of Accounting Research 37 (2), 249-274.

Erickson, M., 1998. The effect of taxes on the structure of corporate acquisitions. Journal of Accounting Research 36 (2), 279-298.

Erickson, M., Maydew, E., 1998. Implicit taxes in high dividend yield stocks. Accounting Review 73 (4), 435-458.

Erickson, M., Wang, S., 2000. The effect of transaction structure on price: evidence from subsidiary sales. Journal of Accounting and Economics 30 (1), 59-97.

Fama, E., French, K., 1998. Taxes, financing decisions, and firm value. Journal of Finance 53 (3), 819-843.

Frank, M., Jagannathan, R., 1998. Why do stock prices drop by less than the value of the dividend? Evidence from a country without taxes. Journal of Financial Economics 47 (2), 161-188.

Goolsbee, A., Maydew, E., 2000. Coveting thy neighbors manufacturing: the dilemma of state income apportionment. Journal of Public Economics 75, 125-143.

Graham, J., 1996. Proxies for the marginal tax rate. Journal of Financial Economics 42 (2), 187-221.

Graham, J., 2000. How big are the tax benefits of debt? Journal of Finance 55 (5), 1901-1941.

Graham, J., Smith, C., 1999. Tax incentives to hedge. Journal of Finance 54 (6), 2241-2262.

Graham, J., Lemmon, M., Schallheim, J., 1998. Debt, leases, taxes and the endogeneity of corporate tax status. Journal of Finance 53 (1), 131-162.

Guenther, D., 1994a. Earnings management in response to corporate tax rate changes: evidence from the 1986 tax reform act. Accounting Review 69 (1), 230-243.

Guenther, D., 1994b. The relation between tax rates and pretax returns: direct evidence from the 1981 and 1986 tax rate reductions. Journal of Accounting and Economics 18 (3), 379-393.

Guenther, D., Willenborg, M., 1999. Capital gains tax rates and the cost of capital for small business: evidence from the IPO market. Journal of Financial Economics 53, 385-408.

Guenther, D., Maydew, E., Nutter, S., 1997. Financial reporting, tax costs, and book-tax conformity. Journal of Accounting and Economics 23 (3), 225-248.

Hanlon, M., Myers, J., Shevlin, T., 2001. Dividend taxes and firm valuation: a re-examination. University of Washington working paper.

Harris, D., 1993. The impact of U. S. tax law revisions on multi-national corporations' capital location and income-shifting decisions. Journal of Accounting Research 31 (Suppl.), 111-140.

Harris, T., Kemsley, D., 1999. Dividend taxation in firm valuation: new evidence. Journal of Accounting Research 37 (2), 275-291.

Harris, T., Hubbard, G., Kemsley, D., 2001. The share price effects of dividend taxes and tax imputation credits. Journal of Public Economics 79 (3), 569-596.

Heckman, J., 1976. The common structure of statistical models of truncation, sample selection, and limited dependent variables and a simple estimator for such models. Annals of Economic and Social Measurement 5, 475-492.

Heckman, J., 1979. The sample-selection bias as a specification error. Econometrica 47, 153-162.

Ke, B., Petroni, K., Shackelford, D., 2000. The impact of state taxes on self-insurance. Journal of Accounting and Economics 30 (1), 99-122.

Klassen, K., Lang, M., Wolfson, M., 1993. Geographic income shifting by multinational corporations in response to tax rate changes. Journal of Accounting Research 31 (Suppl.), 141-173.

Kraft, A., Weiss, I., 2000. Tax planning by mutual funds: evidence from changes in the capital gains tax rate. University of Rochester and Columbia University working paper.

Lang, M., Shackelford, D., 2000. Capitalization of capital gains taxes: evidence from stock price reactions to the 1997 rate reductions. Journal of Public Economics 76, 69-85.

Lang, M., Maydew, E., Shackelford, D., 2001. Bringing down the other Berlin Wall: Germany's repeal of the corporate capital gains tax. University of North Carolina working paper.

Maddala, G., 1991. A perspective on the use of limited-dependent variables and qualitative variables models in accounting research. The Accounting Review 66, 788-807.

Matsunaga, S., Shevlin, T., Shores, D., 1992. Disqualifying dispositions of incentive stock options: tax benefits versus financial reporting costs. Journal of Accounting Research 30 (Suppl.), 37-76.

Maydew, E., 1997. Tax-induced earnings management by firms with net operating losses. Journal of Accounting Research 35 (1), 83-96.

Maydew, E., Schipper, K., Vincent, L., 1999. The impact of taxes on the choice of divestiture method. Journal of Accounting and Economics 28, 117-150.

Mikhail, M., 1999. Coordination of earnings, regulatory capital and taxes in private and public companies. Working paper, MIT, Cambridge, MA.

Miller, M., 1977. Debt and taxes. Journal of Finance 32, 261-276.

Miller, G., Skinner, D., 1998. Determinants of the valuation allowance for deferred tax assets under SFAS No. 109. Accounting Review 73 (2), 213-233.

Mills, L., 1998. Book-tax differences and internal revenue service adjustments. Journal of Accounting Research 36 (2), 343-356.

Modigliani, F., Miller, M., 1963. Corporate income taxes and the cost of capital: a correction. American Economic Review 53, 433-443.

Myers, M., 2000. The impact of taxes on corporate defined benefit plan asset allocation. University of Chicago working paper.

Naranjo, A., Nimalendran, M., Ryngaert, M., 1998. Stock returns, dividend yields, and taxes. Journal of Finance 53 (6), 2029-2057.

Newberry, K. , 1998. Foreign tax credit limitations and capital structure decisions. Journal of Accounting Research 36 (1), 157-166.

Olhoft, S. , 1999. The tax avoidance activities of U. S. multinational corporations. Working paper, University of Iowa, Iowa City, IA.

Petroni, K. , Shackelford, D. , 1995. Taxation, regulation, and the organizational structure of property-casualty insurers. Journal of Accounting and Economics 20 (3), 229-253.

Phillips, J. , 1999. Corporate tax planning effectiveness: the role of incentives. Working paper, University of Connecticut, Storrs, CT.

Plesko, G. , 1999. An Evaluation of Alternative Measures of Corporate Tax Rates. Working paper, MIT, Boston, MA.

Reese, W. , 1998. Capital gains taxation and stock market activity: evidence from IPOs. Journal of Finance 53 (5), 1799-1819.

Sansing, R. , 1998. Valuing the deferred tax liability. Journal of Accounting Research 36 (2), 1998.

Scholes, M. , Wolfson, M. , 1992. Taxes and Business Strategy. Prentice-Hall, Engelwood Cliffs, NJ.

Scholes, M. , Wilson, P. , Wolfson, M. , 1990. Tax planning, regulatory capital planning, and financial reporting strategy for commercial banks. Review of Financial Studies 3, 625-650.

Scholes, M. , Wilson, P. , Wolfson, M. , 1992. Firms responses to anticipated reductions in tax rates: the tax reform act of 1986. Journal of Accounting Research 30 (Suppl.), 161-191.

Scholes, M. , Wolfson, M. , Erickson, M. , Maydew, E. , Shevlin, T. , 2001. Taxes and Business Strategy, 2nd edition. Prentice-Hall, Englewood Cliffs, NJ.

Shackelford, D. , 1991. The market for tax benefits: evidence from leveraged ESOPs. Journal of Accounting and Economics 14 (2), 117-145.

Shackelford, D. , Shevlin, T. , 2001. Empirical tax research in accounting. Journal of Accounting and Economics 31, 321-387.

Shevlin, T. , 1990. Estimating corporate marginal tax rates with asymmetric tax treatment of gains and losses. Journal of the American Taxation Association 11 (1), 51-67.

Shevlin, T. , 1999. A critique of Pleskos "An evaluation of alternative measures of corporate tax rates." Working paper, University of Washington, Seattle, WA.

Shleifer, A. , Vishny, R. , 1997. The limits of arbitrage. Journal of Finance 52 (1), 35-56.

Trezevant, R. , 1992. Debt financing and tax status: tests of the substitution effect and the tax exhaustion hypothesis using firms' responses to the economic recovery tax act of 1981. Journal of Finance 47, 1557-1568.

Yetman, R. , 2000. Tax planning by not-for-profit organizations. Working paper, University of Iowa, Iowa City, IA.

信息不对称、公司信息披露和资本市场：
有关信息披露的实证研究文献述评 *

Paul M. Healy, Krishna G. Palepu

罗 婷 译

摘要

　　财务报告和信息披露是公司管理层向外部投资者传递公司经营业绩和公司治理状况的重要方式。我们为分析资本市场的大环境下公司管理层的财务报告和信息披露决策的研究提供了一个框架，并指出了一些关键的研究问题。接着回顾了当前有关信息披露监管、信息中介和公司信息披露影响因素以及经济后果的研究文献。我们发现当前的研究已经产生了大量有意义的见解。最后归纳总结了许多仍未得到解决的基本问题，并引出新研究问题的经济环境变革。

JEL 分类号：D82；G30；G33；G41；M41

关键词：财务报告决策；自愿信息披露

§1　引言

　　公司的信息披露对一个有效的资本市场的正常运转是至关重要的。[1]公司通过受到监管的财务报告披露信息（包括财务报表及其附注、管理层讨论和分析以及其他一些合规的形式）。此外，一些公司进行自愿的沟通，如发布管理层预测、参与分析师的展示以及电话会议、举办新闻发布会、建立自己的网站和发布其他公司报告。另外，信息媒介，如金融分析师、行业专家和财经媒体，可以披露公司的信息。

　　本文主要回顾有关公司管理层的财务报告和自愿信息披露的研究文献，归纳总结其中

---

　　* This paper has benefited from comments from S. P. Kothari and Ross Watts（the editors），as well as participants at the 2000 *JAE* Conference. We are also grateful to Tatiana Sandino for research assistance, and the Division of Research at the Harvard Business School for financial support.

　　Paul M. Healy，哈佛大学商学院；Krishna G. Palepu，哈佛大学商学院。

的关键研究发现，并指出未来可能的研究方向和领域。第2部分探讨现代资本市场经济体中信息披露的需求来源以及哪些机构为公司的信息披露增加了可信性。我们认为，对公司的财务报告和信息披露的需求来源于信息不对称，以及公司管理层和外部投资者之间的代理冲突。而管理层信息披露的可信性，则由监管者、准则制定者、审计师和其他资本市场中介机构保证。我们使用一个信息披露框架体系来确定那些重要的研究问题，并回顾已得到的实证研究证据。

第3部分回顾了有关财务报告和信息披露监管的研究发现。这个领域的大部分研究指出公司的盈余、账面价值和其他监管者要求披露的财务报表信息都是与公司价值相关的。尽管如此，对于财务报告和信息披露的监管需求及其有效性这两个基本问题仍有待回答。

第4部分讨论和回顾关于审计师和信息媒介有效程度研究的相关文献。有研究发现，金融分析师能够通过他们的盈余预测和股票投资建议产生有价值的新信息。尽管如此，他们的分析报告存在系统性的偏差，这有可能源于他们面临的相互冲突的各种动机。尽管根据理论，审计师能够增强财务报告的可信性，但是实证研究的结果基本上都出人意料地不支持这些理论。

第5部分回顾了有关公司管理层财务报告和信息披露决策的经济决定因素的研究文献。通过缩小研究视角，研究发现会计决策受管理层薪酬计划和公司借款合同以及公司政治成本的影响。从资本市场角度出发的研究发现，自愿披露信息的决策与资本市场上的交易、公司的控制权之争、基于股票的薪酬计划、股东诉讼和产权成本相关。也有证据表明，投资者视公司自愿披露的信息如管理层预测为可靠的信息。在第6部分，我们讨论公司管理层财务报告和信息披露决策在资本市场上可能产生的影响。研究表明，自愿的信息披露和股价表现、买卖价差、资本成本、分析师跟踪以及机构投资者持股比例是相关的。但是，第5部分和第6部分的很多研究都有非常显著的内生性和计量误差的问题，因此很难解释他们的研究发现。

我们相信公司财务报告和信息披露仍将是一个值得开展实证研究的广袤领域。在本文中，我们指出很多有待回答和解决的问题。此外，如我们在第7部分所讨论的，经济环境中发生了一些显著的变革——迅猛的技术革新、网络组织的出现、审计师和金融分析师行业的变化以及资本市场的全球化。这些变革有可能改变当前财务报告和信息披露的性质，从而产生大量新的研究问题和机会。

§2　信息披露在资本市场中的作用

在这个部分，我们主要探讨信息披露在现代资本市场中的作用。信息和动机问题妨碍了经济资源在资本市场的有效分配。信息披露和为增强公司管理层与投资者之间信息披露的可信性而产生的机构在解决这些问题的过程中发挥了重要作用。我们可以从这个部分讨论的信息披露分析框架中得出有关未来研究的一些启示。

对任何经济体来说，如何将居民储蓄最有效地分配给各种投资项目都是一项挑战。通常来说，许多新企业家和现有企业都想吸收居民储蓄，以便为它们的商业计划提供资金支持。当投资者和企业家都想和彼此做生意时，至少有两个原因使得如何将居民储蓄和商业投资项目匹配成为一个复杂的问题。第一，企业家通常都比投资者更了解相应商业投资项目的真正价值并有动机夸大价值。因此，投资者在进行商业风险投资时，就会面临信息问题。第二，一旦投资者投资企业家的商业项目，企业家就有了滥用他们提供的资金的动机，因而产生代理问题。

§2.1 信息问题

信息或"柠檬"问题源于企业家和投资者之间的信息差异和相互冲突的动机，它有可能导致资本市场分配资源的机能丧失（see Akerlof，1970）。我们以某种特定情况为例，在这种情况下有一半的商业投资项目是好的，另一半则是差的。投资者和企业家都是理性的，并且基于自己所拥有的信息对投资进行估值。如果投资者不能区分这两类商业投资项目，投资项目差的那些企业家必然会极力声明他们的投资项目和那些好的投资项目一样有价值。意识到这种可能性之后，投资者将会以平均价值作为好项目和差项目的估值。因此，如果"柠檬"问题不能得到彻底的解决，相对于企业家能够获得信息来说，资本市场将会理性地低估某些好的投资项目并高估某些差的项目。

现在已经有一些非常著名的解决"柠檬"问题的方法。企业家和投资者之间签订的最理想合同能够刺激企业家完全披露他们的私有信息，从而减少错误估值的问题（see Kreps，1990，Chapter 17 and 18）。另外一种解决信息不对称问题的可能方法是通过监管要求管理层完全披露他们的私有信息。因此，"柠檬"问题的存在产生了对信息媒介的需求，如金融分析师和评级机构，他们通过分析和加工私有信息以披露公司管理层独有的信息。

图1揭示了信息披露、信息媒介和金融机构在资本市场运转过程中扮演的角色。图1的左边表示资本从投资者手中流向企业。资本通过两种方式流向商业项目，第一种是资本直接由存款人流向企业，包括私募资本和天使融资等形式。第二种也是更典型的方式，投资者的资金通过金融机构，如银行、风险投资基金和保险公司，流向企业。该图的右边表示信息由企业流向投资者和中介结构。企业可以通过财务报告和新闻发布会等形式直接向投资者传递信息，也可以和金融机构进行沟通，或通过金融分析师等信息媒介传递信息。

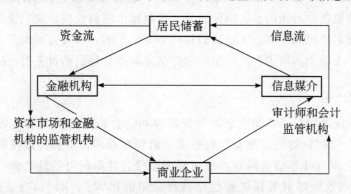

图1　资本市场中的资金流和信息流

很多经济和制度性的因素决定了合同签订、监督管理和信息媒介是否能够完全消除信息不对称，或者仍遗留一些信息问题。这些因素包括文字表述、监督和执行最佳合同的能力、可能会使得完全信息披露对于投资者来说过于昂贵的产权成本、监管的局限性，以及信息媒介自身存在的潜在动机问题。因此，有关公司信息披露的研究集中关注于这些因素的截面变化以及它们的经济后果。[2]

§2.2　代理问题

代理问题产生于投资者投资于企业之后基本上都不积极地参与企业的经营管理——把经营管理的职责委托给企业家。结果，一旦投资者把资金投入企业，自利的企业家就有动机去侵占投资者利益。比如，如果投资者购买了公司的股份，企业家就会利用这些资金支付他们自己额外的津贴和超额的薪水，或者作出有害于外部投资者利益的投资或经营决策（see Jensen and Meckling，1976）。

另一方面，如果投资者购买了公司的债权，企业家可以通过发行具有更优先偿还权的债务、将从投资者那里获得的现金以股利的形式支付出去或者投资于高风险的项目来侵占投资者利益（see Smith and Warner，1979）。新发行的具有优先偿还权的债务和股利支付降低了公司在遭遇财务压力时保有足够资本用以完全偿付现有的或者偿还权次之的债务的可能性，因而对企业家有利。高风险的投资项目增加了使企业家超额获利的可能性，同时提高了使债权人承担超额损失的可能性。

针对代理问题也有几种解决办法。企业家和投资者之间签订的最佳合同，如薪酬合同和借款合同，能够使企业家和公司外部股权与债权投资者之间的利益协调一致。这些合同要求企业家频繁披露相关信息，以使投资者能够监控企业家是否遵守合同约定，以及评估企业家是否从外部投资者的利益出发经营和管理公司的各项资源。第二种减少代理问题的机制是董事会，他们的职责是代表外部投资者监督和约束管理层。另外，信息媒介，如金融分析师和评级机构，通过分析私有信息来揭露管理层滥用公司资源的行为。公司控制权市场，包括敌意收购的威胁和代理人之间的竞争，也能够减轻公司内部人和外部股东之间的代理问题。

签订合同、信息披露、公司治理、信息媒介和公司控制权之争是否能够减轻代理问题是一个实证研究课题。很多经济和制度性的因素，包括文字表述和执行最佳合同的能力、公司董事会和信息媒介潜在的动机问题、公司控制权市场的性质，共同决定了代理问题是否能够得到有效的减轻和缓和。正如我们将在下文讨论的，有关公司财务报告和信息披露的实证研究集中关注于如何用合约变量的截面变化解释管理层的财务报告决策。

§2.3　研究启发

信息和代理问题的分析框架为公司财务报告和信息披露的研究者提出大量重要的研究问题，包括：（1）针对信息披露和财务报告监管在减轻信息和代理问题方面发挥什么样的作用；（2）审计师和信息媒介对增加管理层信息披露的可信性和新信息提供的有效程度；（3）影响管理层财务报告和信息披露决策的因素；（4）信息披露的经济后果。表1归纳总结了这些问题。本文后续部分将讨论有关这些问题的研究发现及其局限性，同时也指出了后续研究的机会和方向。我们主要关注于实证研究，分析性的研究已经在这个领域其他的一些论文中有所覆盖（see Verrecchia，2001；Dye，2001；Lambert，2001）。

表1   由信息披露分析框架启发的研究问题

论题	研究问题
信息披露的监管	为什么需要对资本市场中的信息披露进行监管？哪些类别的信息披露应该被监管？哪些不应该被监管？
	会计准则在促进公司管理层和外部投资者之间的信息沟通中发挥多大的作用？什么因素决定作用的大小？
	哪些信息应该被直接记入财务报表？哪些应该在财务报表附注中披露？
审计/信息媒介和信息披露	审计师在提高财务报表的可信度方面作用有多大？哪些因素会影响审计师所发挥的作用？
	金融分析师作为信息媒介发挥多大的作用？哪些因素会影响他们所发挥的作用？
	公司的信息披露会如何影响分析师对该公司的跟踪度？
管理层的信息披露决策	哪些因素对管理层的信息披露决策有影响？
	信息披露、公司治理和管理层的动机之间有什么样的关系？董事会和审计委员会在信息披露过程中扮演的角色是什么？
信息披露对资本市场的影响	投资者如何对公司的信息披露作出反应？公司的信息披露能够增强其发布的财务报表的可信度吗？
	投资者会同等看待直接记入财务报表的会计信息和通过报表附注披露的会计信息吗？
	在所有经济体中，哪些因素会影响投资者对资本市场中信息披露质量的理解？
	信息披露如何影响经济中的资源分配？

§3 有关公司信息披露和财务报告的监管规定

§3.1 针对信息披露的监管规定

从世界范围来看，所有国家都制定大量针对公司财务报告和信息披露的监管规定。例如在美国，公司要进入资本市场，必须遵照美国证监会（SEC）制定的信息披露准则。对公司信息披露的监管建立在什么经济学基本原理基础之上成为一个长期的研究问题。一个同样重要的问题是，对公司信息披露的监管在多大程度上有效地解决了资本市场的信息和代理问题。

由于市场不完善或者外部性的存在，企业有动机去寻求自愿信息披露的成本和收益之间的最佳平衡，从而为经济体的投资者提供有效信息。因此，研究学者努力去探索那些导致信息披露监管在全世界范围内普遍存在的市场不完善之处。Leftwich（1980），Watts and Zimmerman（1986）和 Beaver（1998）指出，我们可以把会计信息当做一种公共商品来看待，因为已有的投资者隐性地为会计信息支付了代价，但是他们却不能对那些使用了会计信息的潜在投资者收取费用。因此，未来的投资者可以搭已经为会计信息支付过费用的现有投资者的便车，从而导致经济运转过程中会计信息的供给不足。

第二种针对信息披露监管的解释，同样由 Leftwich（1980），Watts and Zimmerman（1986）和 Beaver（1998）提出，认为对信息披露的监管源于监管者对特定群体的关心，而不是市场失灵。比如，监管者可能关注于那些不谙金融的投资者的福利。通过要求提供最小量的信息披露，监管者能够降低那些信息充分和信息不充分的投资者之间的信息差异。这种对信息披露监管的解释说明，信息披露监管的目的在于财富再分配，而不是为了提高经济运行的效率。毕竟，没有经验的投资者可以通过增加对金融学的学习或者使用经验丰富的中介机构提供的服务来缩小这种信息差距。

上文所讨论的有关信息披露监管的研究留下了许多有待解决的问题。比如，信息披露中潜在的市场失灵是否显著？信息披露监管是否显著改善了市场环境？监管是否造成某些潜在的负面影响？例如，Posner（1974）指出监管者更有可能被他们监管的人打败（see Watts and Zimmerman，1986）。这对监管来说是不是一个重要的问题呢？信息披露监管对资本市场的发展有多大的作用？即使资本市场上有经验丰富的中介结构的存在，信息披露监管对于资本市场的运转也是必不可少的吗？最后，如果监管能够有效地提高经济运转的效率，监管应该针对哪些类型的信息披露，而哪些信息披露应该由公司管理层决定？

对信息披露来说，是否存在市场失灵及其是否能够通过监管来纠正都是实证研究的问题。尽管如此，针对信息披露监管的研究事实上还是一片空白。给定监管在信息披露中发挥了核心作用和有关市场经济局限性的研究支持对信息披露的监管，这种研究现状的确出乎我们的意料。

§3.2 有关财务报告决策的监管

会计准则约束了公司管理层在准备财务报表时会计政策的选择。这种监管能够通过管理层和投资者之间进行沟通时可以广泛被接受的语言，潜在地降低财务报表使用者的信息处理成本。

针对财务报告决策的监管引发了如下几个研究问题。第一，准则制定者的目标是什么？他们怎么决定研究某些财务报告的问题而不是其他一些问题？第二，准则制定机构的最佳组织形式和准则制定的流程应该是什么样的？这些问题在最近有关 IASC 的组织机构的讨论中变得非常有意义。第三，会计准则为投资者或其他利益相关者增加价值吗？

会计研究大部分关注于第三个问题。这些研究呈现出两种形式。在"资本市场"研究中，学者们检验会计信息和证券价格之间的关系。Kothari（2001）已经全面地概括和归纳了这类研究。他们得出的最重要结论是受到监管的财务报告为投资者提供了新的有价值相关性的信息。同时，这些研究也指出，会计数字的信息含量随着公司和国家的特征呈系统性的变化（see Collins and Kothari，1989；Easton and Zmijewski，1989；Alford et al.，1993；Ball et al.，2000a）。最近发表的几篇研究文章指出，在过去的 20 年中出现了会计盈余和其他财务报表项目的价值相关性下降的现象。通过大量不同的研究设计，Chang（1998），Lev and Zarowin（1999）和 Brown et al.（1999）发现，美国的股票收益率和会计盈余之间的相关关系以及股票价格、会计盈余和账面价值之间的相关关系随时间呈弱化的趋势。[3]

上文所提及的研究证据显示，受监管的财务信息为投资者提供了有价值的信息。虽然如此，由于这些研究没有比较受到监管和没有受到监管的财务信息的相对信息含量，因此并不能说明对信息披露的监管必然优于任由市场来决定的方式。有关受监管的会计数据的价值随着公司的特征、时间变量和国家特色呈现出系统性差异的研究发现，也可以有其他可接受的解释。这些差异是否反映了监管效果更好或更差的系统性经济因素的影响？或者，这些差异是由诸如企业或国家经济成长中被忽略的相关变量引起的，还是源于风险因素？

会计研究的另外一个分支是检验根据新公布的财务报告准则披露的会计信息的价值相关性。这类研究使用盈余和股价或者股票收益之间的关系作为价值相关性的计量指标。他们的研究证据表明，最新的会计准则能够产生价值相关的会计信息。其中一个值得注意的例外是通货膨胀会计，研究并没有发现它与股票价格或收益之间的相关关系（see Beaver et al.，1980；Gheyara and Boatsman，1980；Ro，1980）。Holthausen and Watts（2001）对这一领域的研究文献作了综合的回顾和讨论，他们批评了使用价值相关性作为评价会计准则指标的研究方法，Barth et al.（2001）则为这一方面的研究提供了另外一种视角。

我们指出四个我们认为值得进行研究的有关会计准则制定的领域。第一，现有的会计准则是否提供了及时的信息，或者只是对投资者可以通过其他途径获得的信息予以确认？对特定会计方法的信息含量的事件研究法试图评价其他可替代的会计方法的及时性。

第二，如果能够检验所有可供选择的会计政策的成本和收益的话，评估准则制定者正在考虑的关于可选择的会计政策好处的研究应该更有可能提供有意义的证据。由于研究者不能获得必不可少的内幕信息去估计在可供选择的不同会计方法下的企业业绩，所以通常是很难完成的。若干研究尝试着解决这个问题。Barth（1991）在新的会计准则公布前，使用公开可获得的信息披露评估养老金负债的可供选择的会计处理方法。Healy et al.（1999b）为制药公司建立了一个模拟模型，从而使得他们能够比较研发费用的不同会计处理方法的价值相关性。

第三个在会计准则制定这个大舞台上，在未来可供研究的领域是，探索哪些类别的会计准则有可能对投资者和其他利益相关者最有用。比如，平均来说，是那种明线式的准则还是那种要求管理层在选择会计方法时进行自我判断的准则能够产生更为有用的信息？在哪些条件下，明线式的准则会比需要管理层进行自我判断的准则更有用呢？反过来又会怎样？

最后，未来有关准则制定的研究也可以探索跨国之间最优的会计准则。关于国际会计准则的价值成为当前争论的热点问题。尽管如此，只有当各个国家监管和强制实施国际准则的相关机构同样运转良好时，国际准则才有可能是最优的。在美国，审计师为财务报表是否遵循会计监管提供保证，证监会则有强制权。Dechow et al.（1996）和 Beneish（1999）发现，如果证监会决定对违反会计准则的公司进行跟踪，美国公司将会面临对其股价的极大惩罚。尽管如此，证监会处罚措施中第一类和第二类错误的大小仍不明晰。在其他国家，尤其是那些刚刚开始发展资本市场的国家，对强制执行会计准则的监管和处罚，甚至更成问题。[4]比如，那些国家通常都没有健全的财务报告和审计准则，同时缺乏训练有素的、能够提供有效的审计和投资银行服务的专业人才。

总之，我们对资本市场上财务报告和信息披露为什么要受到监管知之甚少。是否存在严重的市场缺陷或外部性需要通过监管来努力将其解决？如果是这样的话，监管能够在多大程度上解决这个问题？

当代会计研究：综述与评论

§4　审计师和中介在信息披露过程中的作用

§4.1　审计师

审计师为投资者提供有关企业财务报表是否遵从公认会计准则的独立保证。股价会对盈余公告作出反应的事实（see Kothari，2001）显示，投资者认为会计信息是可靠的。尽管如此，这种可靠性是源于审计师提供的保证，还是其他诸如管理层提供虚假信息披露的潜在法律责任之类的来源呢？

有关审计效果的研究检验审计意见是否为投资者增加价值和审计师行为是否独立于客户的利益。研究显示，资金提供者要求把企业雇用独立审计师作为融资的条件之一，尽管这并不是监管的要求。比如，Leftwich（1983）发现，银行要求企业提供经审计的财务信息，对非上市公司亦是如此。这表明资金提供者认为审计师能够提高财务报告的可信度。

就我们目前知道的而言，目前还没有研究直接检验审计师是否显著地提高财务报表的可信度。可获得的证据表明，审计意见并不能给资本市场传递及时的信号。比如，有关股票市场对审计意见反应的研究显示，标准意见并不能给投资者提供新的信息，部分因为它们已经被预期到了（see Dodd et al.，1984，1986；Dopuch et al.，1986，1987）。这个证据表明，审计意见至多只是确认了投资者已经获知的信息。Choi and Jeter（1992）指出，在出现标准审计意见之后，公司股价对盈余的反应降低了。尽管如此，由于他们的研究并没有控制那些出现标准审计意见的公司不寻常业绩的影响，很难把会计盈余反应系数的下降归咎于盈余可信度的降低。

有几种潜在的原因可以解释为什么有关审计意见对投资者的利用价值的证据如此之少。Watts and Zimmerman（1981a，b）认为，审计师会从雇用他们的公司管理层利益出发，而不是为公司投资者的利益着想。他们使用审计师对新会计准则的反应数据得出了勉强与他们的假说一致的证据。另一种可以接受的解释指出，审计师仅仅为年度财务报告提供书面的证明，因此他们很难为资本市场提供及时的信息。第三种解释认为，审计师关注的是最小化他们自身的法律责任，而不是增强财务报告的可靠性。因此，他们向准则制定者游说以使得会计准则能够降低他们自身的风险，尽管这样的准则会降低财务报告对投资者的价值。未来的研究也许能够在这些解释之间进行取舍。

审计意见的价值引发了另外一些研究问题。第一，审计师为审计客户提供的咨询服务如何影响审计师感知上和事实上的独立性以及他们审计的财务报告的价值？最近，几家大型审计事务所已经分离了它们的咨询业务，这为我们提供了一个机会，去检验它们客户的财务报表是否比那些仍然在同时提供审计和咨询服务的竞争者的客户的财务报表更为可信。

第二，20世纪90年代末以来，审计环境已经发生了很多重大变化。法律环境和组织结构的变化已经限定了审计师对审计失误的法律责任。同时，几家大型审计事务所最近对它们的审计方法进行了重大变革，变得更为关注业务审计，而不是交易审计。这些变化对审计失误和财务报告的可信度有什么影响呢？

304

第三，哪些因素会影响国家之间审计报告和财务报表的可信度？可能的影响因素包括审计准则之间的差异、审计职业监管的法律框架、准则的强制实施和职业训练要求的差异。Defond et al.（1999）检验了中国提高审计师独立性的新审计准则的效果。他们发现新准则提高了标准审计意见出现的频率，但同时伴随着审计质量的飞升。然而，审计师和审计准则在发展中经济中所扮演的角色仍然有待更加深入的研究。

§4.2 中介机构

有关中介机构价值的研究大部分关注于金融分析师。金融分析师从公开和私有的渠道收集信息，评估他们所跟踪的企业当前的经营业绩，预测它们未来的发展前景，然后建议投资者购买、持有或卖出他们的股票。学术研究关注于分析师提供的两种主要指标的信息含量，盈余预测和购买/持有/出售的投资建议。总的来说，这类证据表明金融分析师为资本市场增加了价值。他们的盈余预测比盈余的时间序列分析模型更为准确，推测起来，部分因为他们比时间序列模型更能及时地把公司和宏观经济的新闻融入他们的分析模型（see Brown and Rozeff，1978；Brown et al.，1987；Givoly，1982）。同时，分析师的盈余预测和投资建议会影响股票价格（see Givoly and Lakonishok，1979；Lys and Sohn，1990；Francis and Soffer，1997）。

同时有证据表明，分析师在盈余预测和提供投资建议时会出现偏差。早期有关偏差的研究证据表明，分析师的盈余预测倾向于过于乐观，他们的投资建议几乎全部都是购买（see Brown et al.，1985）。尽管如此，近来的研究证据显示，20世纪90年代末以来，分析师的盈余预测模式有了变化。这段时间以来，分析师的乐观程度出现了明显的下降（see Brown，1997；Matsumoto，2000）。

有关金融分析师在资本市场中所起作用的研究显示，他们为提高市场效率发挥了重要作用。比如，Barth and Hutton（2000）发现，分析师跟踪度高的公司的股票价格比那些跟踪度低的公司的股票价格能够对应计项目和现金流的信息含量作出更快的反应。

最近有关金融分析师的研究试图提升我们对他们在多个方面的表现的理解。学者们检验了分析师的动机和专长两个因素的截面变化。有关动机的研究指出，分析师会因为提供能够为他们的经纪行带来交易量和投资银行业务佣金的信息而获得奖赏。因此，如果分析师所在的经纪行已经被雇用或者正在被客户考虑承销证券发行，则分析师有动机提供乐观的盈余预测和投资建议（see Lin and McNichols，1998；Dechow et al.，2000）。

有关分析师专长的作用的研究检验可能会影响他们倾向的因素，如他们的经验、所属的经纪公司和所跟踪的公司或行业。Jacob et al.（1999）发现，分析师盈余预测的准确度受他们的天赋、所跟踪的公司、所属的经纪公司和他们所关注的行业影响。经验似乎对他们没有什么帮助。Gilson et al.（2000）发现，对所关注的公司而言，专注于某一行业的分析师能够比那些没有专注于某一行业的分析师提供更准确的盈余预测。

有关金融分析师的学术研究同时检验了公司管理层的信息披露决策和分析师是否跟踪该公司的决策之间存在任何相关关系。Bhushan（1989a，b）及 Lang and Lundholm（1993）认为，自愿的信息披露能够降低分析师获取信息的成本，因而他们能够提供更多的信息。尽管如此，自愿信息披露对分析师服务需求的影响仍不明确。更充分的信息披露有可能使金融分析师能够提供有价值的新信息，比如更准确的盈余预测和购买/出售的投资建议，因此增加对他们服务的需求。尽管如此，公开的信息自愿披露同时也在分析师之前把管理层的私有信息传递给了投资者，因此降低了对分析师服务的需求。

Lang and Lundholm（1993）发现信息披露更充分的公司有更高的分析师跟踪度，分析师预测之间的差异更小，分析师修改预测的现象也更少。Healey et al.（1999a）显示，分析师信息披露评级提高的公司在事件之前的分析师跟踪度较同行业公司要低。但在增加信息披露之后，样本公司的分析师跟踪度回归到和同行业其他公司相同的水平上。此外，Francis et al.（1998）发现，与分析师举行电话会议的公司的分析师跟踪度也有所提高。

针对金融分析师之外的中介机构的研究包括对分析和评价公司的财务报告决策的商业记者和债券评级机构提供的价值的检验。Foster（1979，1987）检验了股票价格对 *Barrons* 杂志上一位会计学者 Abraham Briloff 定期质疑的一些公司的会计政策的文章的反应。Foster 发现，会计政策遭到 Briloff 质疑的公司，其股价会在他的文章发表后平均下挫8%。他推断，这种反应很有可能反映了 Briloff 出众的洞察力和分析。

有关债券评级机构提供的信息价值的研究（see Holthausen and Leftwich，1986；Hand et al.，1992）发现，评级下调为投资者提供了新的信息，但评级上调在宣布时已经在股票和债券价格中得到反映。

总的来说，已经有可观的学术文献研究了审计师和金融中介机构通过分析公司的信息披露和针对特定公司作出它们自己的信息披露来提供的价值。这表明，金融分析师、商业媒体和债券评级机构所作的信息披露中，至少有一部分影响了股价。尽管如此，我们对于审计师和中介机构的动机及其对它们可信度的影响的认识尚有大片空白。

在本文评述的所有研究领域中，我们认为针对金融分析师的研究是最前沿的。虽然如此，在这个领域中还存在若干研究机会。第一，证监会最近发布的《完全信息披露规定》（Regulation Full Disclosure）会怎样影响金融分析师的预测表现？第二，金融分析师和其他信息媒介在最近美国市场上科技股巨大的股价波动中扮演什么样的角色？

§5 公司管理层的财务报告决策

有关公司管理层财务报告决策的研究集中关注两个领域。第一个领域，也叫实证会计理论，关注于管理层对财务报告政策的选择。我们对这类文献作一简要评述；Fields et al.（2001）对这个领域的研究文献作了广泛的调研和总结。第二个领域，有关自愿信息披露的文献，关注于管理层的信息披露决策。

§5.1 实证会计理论的研究文献

实证会计理论的研究文献关注于对管理层在选择会计政策时动机的研究，基于市场是半强式有效、订立和强制执行合约的成本是显著的、监管过程中会产生政治成本的假设（see Watts and Zimmerman，1978，1986）。这类文献的核心关注点在于检验当存在代理成本和信息不对称时，合同订立和政治上的考虑在解释管理层会计政策的选择中扮演的角色。他们检验了企业及其债权人之间的合约（债务合约）以及管理层和股东之间的合约（薪酬合约）两类合约。政治上的考虑包括管理层对于可能引致直接的或隐性的税收抑或监管措施的考虑。

实证会计理论的研究文献中讨论的处理信息不对称问题的机制不仅仅是合约。比如，Watts and Zimmerman（1983，1986）讨论了监管作为解决信息问题的一种机制在审计中发挥的作用。

实证会计理论的经验研究检验了管理层是否通过改变会计方法或对应计项目的估计以降低以会计数字约定的债务合约的违约成本，增加薪酬合约下基于盈余数字的奖金价值，或者降低招致隐形的或者直接的税负的可能性。研究发现，使用会计方法增加盈余的公司规模较小，负债水平相对较高。同时，企业的应计项目的计提决策似乎受到薪酬合约的影响。

尽管大部分实证会计的研究关注于分析合约签订后会计方法的机会主义选择，一些研究仍把会计方法和信息披露政策的选择作为合约签订过程的一部分。Holthausen and Leftwich（1983），Watts and Zimmerman（1990），Smith and Watts（1992）和 Skinner（1993）认为，会计信息在借款和薪酬合约中的使用应该被当作内生的来看待。这样的话，一个公司的资产和投资机会集合的性质就同时决定了它的最佳合约关系和对会计方法的选择。Watts and Zimmerman（1983）检验了自愿披露的中期报告在公司治理合约签订前的作用。Zimmer（1986），Christie and Zimmerman（1994）和 Skinner（1993）也检验了会计在合约签订之前的作用。

尽管实证会计理论的研究发现了一些有关企业会计决策的经验规律，但对如何解释此类证据仍不清楚（参见 Holthausen and Leftwich（1983）和 Watts and Zimmerman（1990）中的评论）。比如，规模被当作政治敏感性的典型代理变量，但同时也能够代理其他的很多因素。同时，如 Palepu（1987），Healy and Palepu（1990）和 DeAngelo et al.（1996）所建议的，身处财务危机中的高负债公司的管理层，他们的会计决策可能部分反映了其想保存现金的企图或者投资机会的变化。

§5.2 自愿信息披露的研究文献

有关自愿信息披露的研究关注于财务报告信息在资本市场上的作用（see Healy and Palepu，1993，1995）。这类研究通过研究会计和信息披露决策的股票市场动机，有效补充了实证会计研究。

有关信息披露的研究假定，即使在一个有效的资本市场上，公司管理层也能比外部投资者对他们公司的预期未来经营业绩拥有更多信息优势。如果审计和会计监管运转良好，管理层的会计决策和信息披露能够向外部投资者传递公司商业经济环境变化的信息。另一方面，如果会计监管和审计并不完善，这也是更有可能的，管理层在通过会计决策和信息披露向投资者传递他们掌握的有关公司经营状况的信息和出于合约的、政治的考虑或者公司治理的原因而对报告的经营业绩进行操纵之间进行权衡取舍。因此，管理层自愿进行信息披露的动机及其可信性是非常有趣的经验研究问题。下文中我们要讨论有关这些问题的经验研究证据。我们也将同时讨论这些研究可能存在的局限性，它们在其他研究中也是存在的。

§5.2.1 自愿的信息披露的动机

研究者讨论了由于资本市场的原因会影响管理层信息披露决策的六个因素：资本市场

交易、公司控制权竞争、股权激励、法律诉讼、产权成本和管理层主动传递信号。

(a) 资本市场交易假说

理论 Healy and Palepu（1993，1995）提出，投资者对一个公司的认同对于预期将要公开发行债券或股票，或通过股权交易去收购其他公司的公司管理层来说，是很重要的研究假说。我们来考虑这样一个公司，它的管理层对公司的前景相对于外部投资者拥有更优势的信息。Myers and Majluf（1984）指出，如果这种信息不对称问题不能解决，这样的公司将会认为公开发行股票或债券对现有的股东来说是成本高昂的。结果，预期将要进行资本市场交易的公司管理层有动机去自愿进行信息披露，以减少信息不对称问题，从而降低外部融资成本。

Barry and Brown（1985，1986）和 Merton（1987）通过模拟当存在公司管理层和外部投资者之间的信息不对称时投资者为承担信息风险而要求的风险溢价，得出了类似的结论。管理层通过增加自愿的信息披露以降低信息风险来降低他们的资本成本。由于提供可信的自愿的信息披露存在成本，所以不可能存在两全其美的解决方法。

证据 若干研究提供了有关公开发行新股的公司的自愿信息披露政策的证据。一篇有关公司信息披露的综合研究——Lang and Lundholm（1993）——指出，分析师对那些现在或将来发行新证券的公司的信息披露评级更高。接下来的文章，Lang and Lundholm（1997），着重分析了那些发行新股票的公司，发现在发股前的六个月，公司显著增加了信息披露，尤其是那些公司自身更有判断力的信息披露。最后，Healy et al.（1999a）发现，那些公司在分析师提高对其信息披露评级后公开发行债券的频率异乎寻常地高。[5] 尽管如此，如下文将要讨论的，发行债券和发行股票并不是相互隔离的事件，因此很难确定管理层的信息披露战略是由资本市场交易引发的，还是由其他一些被忽略的因素导致的。

(b) 公司控制权竞争假说

理论 这个假说是由公司董事会和投资者使得管理层对公司当前的股价表现负责任的研究证据衍生出来的。Warner et al.（1988）和 Weisbach（1988）显示，CEO 的更换频率和低迷的股价表现是相关的。低迷的股价表现同时与导致高的 CEO 更换率的敌意收购的可能性有联系（see Palepu，1986；Morck et al.，1990）。DeAngelo（1988）发现，为争取董事会席位而发动代理权之争的股东，经常把低迷的经营业绩作为要求管理层下台的理由。信息自愿披露理论假设，在给定伴随着低迷的股价表现和盈利业绩的失业风险的情况下，管理层通过公司信息披露来降低公司价值被低估的可能性和为低迷的经营业绩开脱责任。

这种分析的局限性之一在于没有考虑多个时期的影响。比如，如果管理层预期到今天披露更多信息的承诺会使得他们为任何后期的低迷表现承担更多责任，受制于公司内部控制的管理层可能在表现低迷期间不希望提供更多的信息披露。

证据 有关和敌意收购联系在一起的对存在代理权之争的公司自愿信息披露的研究相对来说很少。Brennan（1999）在这方面有所突破，其研究发现，在收购竞价期间，目标公司更有可能公布管理层的盈余预测。

(c) 股权激励假说

理论 公司的管理层同时通过很多基于股权的奖励计划直接获得报酬，比如股票期权的授予和股票增值的相关权利。这种激励计划由于一些原因，使得管理层具有进行自愿披露信息的激励。

第一，有兴趣交易自己所持有的公司股票的管理层有动机披露自己的私有信息，以满足对内幕交易法则的监管要求和提高公司股票的流动性。对内幕交易的限制同时也使管理层有动机在股票期权到期前进行自愿的信息披露，以纠正任何他们所认识到的股票价值低估（相对于他们拥有的信息来说）。[6]

第二，管理层出于为现有公司股东利益的考虑，有动机进行自愿的信息披露，以降低和新的雇员签订股权激励合约的成本。如果股票价格是对公司价值的一个准确估计，股权激励很有可能是支付给公司管理层和所有者报酬的一种有效形式。否则，管理层会因为承担了公司价值被低估的风险而要求额外的报酬以获得补偿。因此，采用股权激励计划的公司普遍有可能提供额外的信息披露，以降低价值被低估的风险。[7]

证据 Noe（1999）得出了与这一假说一致的研究结论，发现管理层预测的发布和公司股票内部持有人的交易之间是相互联系的。Aboody and Kasznik（2000）显示，股票期权存续期间，企业会推迟利好消息的公布而提前公布利空消息，这与管理层通过信息披露决策提高基于股权的报酬相一致。Miller and Piotroski（2000）发现，情况突然好转的公司其管理层在股票期权报酬有风险时更有可能发布盈余预测。

(d) 法律诉讼成本假说

理论 股东诉讼威胁可能对管理层的信息披露决策有两种影响。第一，因为不准确或不及时的信息披露而引发的针对管理层的法律行动会鼓励公司增加自愿的信息披露。第二，诉讼可能减少管理层信息披露的动机，尤其是对有关未来预测的信息。

Skinner（1994）检验了第一种影响，提出了盈利出现利空消息的公司，其管理层有动机提前披露能够降低诉讼成本的信息。这个假说假定在不存在诉讼的情况下，管理层有动机在时间上平衡利好消息和利空消息的发布。因此，诉讼人和法庭会理性地关注是否有利空消息的延迟发布。

有关法律诉讼假说的一个问题是，为什么低迷业绩表现的提前披露能够降低诉讼风险。因为延迟利空消息的发布直到监管要求必须公布时是管理层没有及时自愿地向投资者披露信息的初步证据？或者从另一方面来说，一些人认为利空消息的提前发布更为有利，因为这样把股价下跌在很多天之间分散开了，因此降低了被投资者发现并提起诉讼的可能性。当然，他们假定投资者对提前公布的盈利利空消息的解读不会不存在偏差。因此股价下降会在消息预告发布时出现，而不是之后的盈余公告日，并且在之后的时段继续下跌。

如果公司管理层相信法律系统会惩罚那些过于乐观的预测估计，则法律诉讼有可能会降低管理层进行信息披露的动机，尤其是对那些有关未来预测的信息，因为很难有效地区分出于偶然的不能预期到的预测偏差和管理层有意为之的预测偏差。

证据 有关法律诉讼假说的经验研究证据并不一致。Skinner（1994，1997）发现，有利空消息的公司提前发布低迷盈利表现信息的可能性是那些有利好消息的公司的两倍多。此外，有亏损消息的公司更有可能被起诉。最后，他发现较弱的证据表明，提前预告盈利的公司比那些不发布预告的公司的诉讼成本低。

对比来看，Francis et al.（1994）发现在他们的被诉公司样本中，62%的公司因为盈余预测或盈余预告披露被起诉；在没有被起诉但股价大幅下降的公司样本中，87%的公司发布了盈利下降的预告。他们推断，预告似乎并不是导致诉讼的一个原因。

经验研究证据同时表明，法律诉讼风险并不仅仅与有利空消息的公司相关，同样也涉及那些有利好消息的公司。比如，Miller and Piotroski（2000）指出，法律诉讼风险高的行业中，形势好转的公司的管理层比低风险行业的公司更有可能发布有关未来盈利的乐观预测。尽管如此，我们只能非常审慎地看待这个结论，因为他们的研究仅仅检验了经历形势好转之后的公司的预测行为。对于他们的结论能否推广到那些管理层本来预期会出现形势好转结果却没有如他们所愿的公司，目前还不清楚。

（e）管理层信号传递假说

理论 Trueman（1986）指出，管理层有动机自愿发布盈余预测以反映它们的类别。公司的市值是投资者对公司管理层对公司所处经济环境未来变化的预期和反应能力的理解函数。投资者越早推测出管理层已经获得的信息，他们就越能很好地评估管理层预期未来变化的能力，公司的市值也就越高。就我们所掌握的资料来看，目前还没有支持或反驳这一假说的研究证据。

（f）产权成本假说

理论 一些研究者提出了公司向投资者披露信息的决策受信息披露可能会损害它们在产品市场上的竞争地位这一顾虑的影响（see Verrecchia，1983；Darrough and Stoughton，1990；Wagenhofer，1990；Feltham and Xie，1992；Newman and Sansing，1993；Darrough，1993；Gigler，1994）。这些研究发现，公司有动机不去披露那些有损于它们竞争地位的消息，即使这样会使它们以后股权再融资的成本更高。尽管如此，这种动机似乎对竞争的性质非常敏感，尤其是公司是否面临着现有的竞争或者仅仅有进入者的威胁，以及公司是否主要通过价格竞争或者通过长期的产量决策竞争。

Verrecchia（2001）和Dye（2001）已经全面回顾了这类研究文献。不像上文提及的有关自愿信息披露研究的五个假说，产权成本假说假定管理层和股东之间不存在利益冲突。因此，这类文献认为自愿的信息披露总是值得信赖的。因此，这类文献关注于检验抑制完全信息披露的各种经济力量。

Hayes and Lundholm（1996）认为，产权成本导致公司只有当它的各业务部门经营业绩相似时才提供各部门的财务数据。而那些业务部门之间的业绩表现差异很大的公司，就有动机通过只报告总体经营业绩而免于让竞争者知道其部门间的业绩差异。

证据 目前基本上没有直接检验产权成本假说的研究证据。Piotroski（1999a）检验了企业对其部门经营状况的额外信息披露。他推断盈利能力下降和在各行业间盈利能力波动小的公司更有可能增加对其部门经营状况的信息披露，这和产权成本假说相一致。

产权成本假说可能会延伸到包括信息披露的其他外部性。比如，Watts and Zimmerman（1986）认为，公司关注于财务信息披露导致的可能的政治成本和合约签订成本，这反过来又会影响它们自愿的信息披露。

§5.2.2 自愿信息披露的可信度

自愿信息披露在多大程度上减轻了资本市场资源分配不当的问题，取决于从其他渠道，包括监管要求的信息披露，不能获得的有关公司经营状况的信息的可信程度。因为管理层有动机进行对自己有利的自愿的信息披露，因此管理层的信息披露是否可信仍有待明确。

有两种可能的机制能够提高自愿信息披露的可信度。第一，第三方中介机构可以为管理层信息披露的质量提供担保。第二，可以根据监管要求的财务报告本身推断之前的自愿信息披露是否准确。[8]比如，管理层对于收入和盈利的预测可以通过最后实现的结果加以验证。如果管理层知道自己的披露以后被证实是虚假的因而会被严厉地惩罚，这种机制就能够有效地保证信息披露的可信度。法制系统和监管委员会在实施这些处罚措施的过程中发挥了重要作用。

大部分有关自愿信息披露可信度的研究证据关注于管理层预测的准确度及其对股价的影响。Waymire（1984）和Ajinkya and Gift（1984）发现，对管理层盈利增加的预测会有正的股价反应，而对盈利减少的预测则会有负的股价反应。[9]Pownall and Waymire（1989）发现，对未预期到的管理层盈余预测的市场反应和对未预期到的盈余公告本身的市场反应在大小上相似。这表明管理层预测和经审计的财务信息具有可比的可信度。

也有证据表明，投资者认为管理层预测提供了可信赖的新信息是合理的。对那些预测的准确度的检验表明，它们比同一时期的分析师预测准确得多（see Hassell and Jennings，1986；Waymire，1986），同时也是无偏的（see McNichols，1989）。此外，金融分析师似乎根据管理层预测的信息修正他们的预测结果（see Hassell et al.，1988）。Piotroski（1999a）的研究证据表明，自愿的信息披露和管理层的预测是同样可信的。他检验了增加对部门经营状况的信息披露的一组公司样本，发现分析师的预测准确度上升和离差下降是和信息披露的增加联系在一起的。

Amir and Lev（1996）提供了有关自愿信息披露的其他证据。他们发现，诸如市场总体大小和市场渗透度的自愿信息披露，相比于强制要求的财务报表信息，其与股票价格的关系更显著，表明投资者认为自愿信息披露是可靠的。最后，Frost（1997）发现了处于财务危机中的企业的信息披露的可信度下降的研究证据。

§5.2.3　有关自愿信息披露的研究的局限性

上述研究的一个主要局限性在于，自愿信息披露的程度很难计量。研究者使用了若干代理变量，包括管理层预测（see Miller and Piotroski，2000）、基于AIMR数据库的指标（see Lang and Lundholm，1993，1997；Healy et al.，1999a）和自己构造的计量指标（see Botosan，1997；Miller，1999）。尽管如此，每一种方法都有其局限性。

使用管理层预测作为自愿信息披露的代理变量拥有诸多显著的优势。第一，它们能够被精确地计量。管理层的估计是对盈余或收入的典型的点估计或区间估计。第二，信息披露的时点通常是都存在的，因此我们有可能使用日或周的数据来确定预测是在相关变量发生特定的变化之前还是之后。这样使得研究者能够对自愿信息披露的动机及其结果进行更有说服力的检验。

尽管如此，管理层预测作为代理变量的一个局限性在于，它的准确度能够被外部投资者通过实际的盈利结果很容易地加以验证。对比来说，许多其他类别的自愿信息披露通过事后加以验证更加困难，比如客户满意度和人力资本。因此，使用管理层预测作为自愿信息披露的代理变量可能会增加检验的说服力，但因此得出的结论很难适用于其他形式的自愿信息披露。

AIMR数据库提供了一个比管理层预测更一般的自愿信息披露的计量指标。它通过整年的调研形成对调研中所覆盖的每个行业的公司的总的自愿信息披露状况的评级，同时把总的评级分解为对年度财务报表和10-Ks、季度财务报告和通过公司投资者关系自愿披露的信息的评级。提供评级的评审员由每个行业的顶级分析师组成，因此有可能很好地胜任对公司信息披露进行判断的工作。此外，指标中涵盖了所有的信息披露，囊括所有的分析师会议和电话会议。尽管如此，AIMR 评审团的分析师们是否认真地进行了评级、他们如何选择公司进行评级以及他们给评级造成了什么偏差，对这些问题仍不清楚。

有关自己构建的信息披露计量指标的研究面临一系列不同的问题。因为作者构造了他们自己的计量自愿的信息披露的指标，他们的指标应该更能代表他们想要表达的变量含义。尽管如此，由于计量指标的构造需要研究者一定程度的自我判断，他们的研究发现可能难以复制。此外，他们的计量指标显著地依赖于年度财务报告和其他类似公开文件中披露的信息。因此，公司通过与分析师的会议、电话会议和其他渠道披露的信息都在他们的分析中被忽略了。

内生性可能是部分上述研究中存在的严重问题。比如，进行公开资本市场交易的公司也有可能面临投资机会集的变化。因此，很难判断高水平的信息披露和公司披露信息的增加之间的关系是源于公开的市场交易本身，还是源于公司正在面临的其他变化。

因此，分析师的评级和自我构造的代理变量有可能是信息披露的问题较多的代理变量，可能导致对自愿信息披露动机的检验的解释力下降。[10]

§6　财务报告和信息披露对资本市场的影响

有关实证会计理论和自愿信息披露的研究文献都检验了公司财务报告政策的变化对资本市场的影响。实证会计理论研究关注于会计方法的变更和修改会计准则的监管决策的影响。有关自愿信息披露的研究则检验了公司信息披露的变化对资本市场的影响。

§6.1　实证会计理论研究文献

如前所述，实证会计的研究文献主要关注于解释管理层的财务报告决策的合约签订和政治因素。尽管如此，若干研究检验了会计方法变更的经济后果和对股东财富的影响。比如，对油气会计准则变更影响的研究发现，那些被要求从完全成本法向成功百分比法转变的公司，其股价出现了下降（see Dyckman and Smith，1979；Collins et al.，1981）。也有证据表明，股价下降是与合约中的变量相关的（see Lys，1984）。尽管如此，有关其他会计准则对股票价格影响的研究，大部分都只发现合约签订或政治成本因素的影响没有显著的增加（Leftwich，1981）。类似地，有关公司的会计方法变更的研究显示，在宣布会计方法变更时的股票收益率和对合约签订或政治成本的考虑之间并不存在显著的相关关系（see Holthausen，1981）。

针对这一发现，至少存在三种可能的解释。第一，会计决策没有显著的股东财富效应。尽管如此，部分证据还是与这一解释相矛盾。有关油气资源会计处理方法的研究本身就发现，存在与未被预期到的会计准则的变更显著相关的股价效应。同时，Foster（1979）提供了股价因为分析师，如 Abraham Briloff，对公司会计决策的质疑而发生显著变动的证据。[11]

第二种解释是，对于很多被研究的事件来说，很难计量它们的股价效应（see

Holthausen and Leftwich，1983；Watts and Zimmerman，1983）。比如，会计准则是通过一个长期的过程制定出来的，因此难以捕捉会计准则自身被公布时的股东财富效应。类似地，通常要确定外部投资者获知某个会计政策变更的第一时间也是困难的。最后，由于会计政策变更通常伴随着其他经济环境的变化，要把政策自身变化的股价效应分离出来是不容易的。

第三种解释认为，合约签订和政治成本的考虑在解释会计政策变更时的财富效应在经济上是不重要的。与这一解释一致，Healy et al.（1987）发现，由于折旧会计处理方法的变更，导致 CEO 年度薪酬的变动平均达到了他们基本工资的 1.5%。由于 CEO 的基本工资通常都只是公司市值的一小部分，这个证据表明，折旧会计处理方法的变更引起的 CEO 薪酬变动对股东价值的影响有可能是很小的。[12]

§6.2　有关自愿信息披露的研究文献

很多研究都检验了自愿信息披露的经济影响。这些研究认为，对公司来说，进行广泛自愿的信息披露可能有三种资本市场效应：股票在资本市场上流动性的提高、资本成本的降低和金融分析师跟踪度的提高。三种效应及其相关的经验证据将在下文讨论。由于很多我们将要讨论的研究的局限性都相似，我们将在总结了他们的主要研究发现之后集中讨论这些局限性；因此，在理解他们研究发现的同时，要注意研究中存在着一定的局限性。

（a）股票流动性提高

理论　Diamond and Verrecchia（1991）和 Kim and Verrecchia（1994）认为，自愿信息披露能够降低有消息和没有消息的投资者之间的信息不对称。因此，对信息披露多的公司，投资者会相对地相信他们的股票交易是按照"公允价值"发生的，因此提高了公司股票的流动性。此外，这些研究也认为，信息披露和股票流动性的增加与机构投资者持股比例的增加之间是有联系的。

证据　若干文献提供了与这一假说一致的研究证据。Healy et al.（1999a）发现公司在增加信息披露的同时，其股价也出现了与当前盈余业绩无关的显著上涨。Gelb and Zarowin（2000）发现，信息披露评级高的公司的股价与同时期及未来的盈利水平之间的相关关系比那些信息披露评级低的公司要显著。这些发现说明，公司的信息披露战略会影响股价对信息作出反应的速度。

此外，一些研究也试图衡量股票的流动性，并检验其与公司信息披露的代理变量之间的相关关系。Welker（1995）发现，分析师对公司信息披露的评级与股票买卖价差之间存在显著的负相关关系。Healy et al.（1999a）发现，分析师对其信息披露评级提高的公司的买卖价差在信息披露改变之前显著地高于行业平均水平。在信息披露增加之后，样本公司的股票买卖价差回归到与行业公司相同的水平上。最后，Leuz and Verrecchia（2000）检验了在对信息披露要求更高的德国新市场（Neuer）上的上市公司的股票买卖价差。他们发现，那些公司的股票买卖价差要低于在法兰克福交易所上市的公司。

（b）资本成本降低

理论　如第 2 部分所述，资本市场上的"柠檬"问题使得公司管理层有动机进行自愿的信息披露，以降低资本成本。Barry and Brown（1984—1986）提出了相似的论断，他们发现，当信息披露不完善时，投资者承担了预测他们投资的未来收益的风险。如果这种风险不能被分散，投资者会因为承担了信息风险而要求额外的投资收益。因此，信息披露程度高的公司，它们的信息风险因此也低，其资本成本有可能低于那些信息披露程度低和信息风险高的公司。

证据 Botosan（1997）提供了一些与资本成本假说一致的研究证据。她发现，对那些分析师跟踪度低的公司，其股权资本成本和自愿信息披露程度之间存在负相关关系。Piotroski（1999b）发现额外提供与分部有关的信息披露的公司，同期内资本市场对于它们的盈利估值会增加，这与公司的资本成本更低一致。[13] 最后，Botosan and Plumlee（2000）发现，在公司的资本成本和分析师对公司年报信息披露之间存在截面上的负相关关系。尽管如此，他们也发现公司的资本成本与分析师对其季报的信息披露评级之间存在正相关关系，而和有关投资者关系的活动不相关。

(c) 信息调解增加

理论 Bhushan（1989a，b），Lang and Lundholm（1996）认为，如果管理层的私有信息没有通过监管要求的信息披露得到充分的披露，自愿的信息披露能够降低分析师获取信息的成本，因而增加他们的信息供给。尽管如此，自愿信息披露对分析师服务的需求的影响还不清楚。信息披露的增加使得金融分析师能够提供有价值的新信息，比如更准确的预测和投资建议，因而能够增加对他们的服务的需求。尽管如此，公开的自愿信息披露同时弱化了分析师在将管理层的私有信息传递给投资者的过程中的角色，因而导致对他们服务的需求下降。

证据 Lang and Lundholm（1993）发现，信息披露更充分的公司，分析师对其跟踪度越高，分析师的预测之间的离差越小，分析师的预测修正也越少。Healy et al.（1999a）显示，分析师对其信息披露评级提高的公司在此前的分析师跟踪度低于同行业公司。尽管如此，在增加了信息披露之后，样本公司的分析师跟踪度回归到与同行业其他公司相同的水平上。最后，Francis et al.（1998）发现，举行电话会议的公司的分析师跟踪度会有所提高。

§6.3 有关自愿信息披露的资本市场影响的研究的局限性

潜在的内生性是上述研究中最严重的问题。比如，信息披露评级高的公司，其同期的盈利水平更有可能是最高的（see Lang and Lundholm，1993）。这有可能源于选择性偏差——公司经营运转良好时有可能增加信息披露。因此，资本市场变量和信息披露之间的关系可能是由公司的业绩引起的，而不是信息披露本身。更一般地，信息披露的改变不可能是随机事件：它们有可能是与公司的经营和治理状况的变化共生的。

若干研究试图通过控制公司业绩的变化来分离信息披露的影响。比如，Healy et al.（1999a）在检验信息披露增加与诸如股票表现、分析师跟踪度、机构投资者持股比例和分析师预测之间的差异等这些变量之间截面的相关关系时，控制了同时期的盈余水平和盈余的变化。尽管如此，由于没有一个有关公司业绩和信息披露之间相关关系的可靠的研究模型，这些控制可能并不完善。此外，如前所述，这些分析中可能忽略了其他一些相关因素。

AIMR 指标和自我构造的自愿信息披露的计量指标都存在的一个相关问题是，很难精确地确定公司的信息披露发生任何变化的时间点。通常信息披露是对某一特定年份计量的，因此很难推定信息披露的变化发生在相关的变量变化之后还是之前。所以，很难判断导致研究得出的那些相关关系的因果方向。

§7　我们将走向何方？

本文所述评的经验研究得出了以下主要结论：（1）受监管的财务报告为投资者提供了有价值的信息，信息含量的大小随企业及其所处经济体的特征而呈现出系统性差异。（2）金融分析师通过他们对企业财务报告决策的分析、对未来的盈余预测和买入/卖出的投资建议，为资本市场增加了价值。（3）审计服务存在市场驱动的需求。（4）金融分析师和审计师都不是完美的中介，部分因为他们的动机是冲突的。（5）公司管理层的财务报告和信息披露决策与它们对合约签订、政治成本和资本市场的考虑相联系。（6）公司的信息披露与其股价表现、买卖价差、分析师跟踪度和机构投资者持股比例有关。

尽管最近 30 年来我们取得了很大的进步，但表 1 提出的问题中还有很多需要深入探索，或者还没有被解决。通篇文章，我们确定的一些还没有被解决的基本问题包括：（1）信息披露监管的目标以及监管对资本市场发展的影响是什么？（2）哪种类型的会计准则能够产生高质量的财务报告？（3）审计师提高了财务报表的可信度吗？（4）为什么卖方分析师的盈余预测和投资建议值得信赖，尽管它们存在被研究广泛证实的偏差和利益冲突？（5）分析师在股票价值的剧烈波动中扮演什么样的角色？（6）为什么企业会进行自愿的信息披露？（7）信息披露会影响企业的资本成本吗？

在这些尚未被解决的问题以外，我们认为最近的宏观经济发展趋势提供了若干新的研究机遇。我们讨论四种趋势：迅猛的技术革新、网络组织的出现、审计事务所和金融分析师商业模式的变化以及全球化。

(a) 迅猛的技术革新

近 20 年来，在诸如电脑、通信、生物技术和互联网等领域中发生了巨大的技术革新。这些变革的经济影响并没有及时、普遍地反映在财务报表中。除了通过技术可行性分析的研发软件的费用之外，美国公司把其他研发费用支出都在当期费用化了，而无论它们的经济价值有多大。因此，对评估创新型企业在当期潜在的经营业绩和正在进行的技术革新在未来可能带来的收益感兴趣的投资者只能被迫寻找财务报表以外的信息。

Chang（1998）和 Lev and Zarowin（1999）发现，财务报表项目价值相关性的降低可以部分地用技术革新的增加来解释。进一步，Amir and Lev（1996）指出，对于无线通信行业的公司来说，非财务业绩指标，如市场总体规模和市场渗透度，和股价的相关性比财务报表信息更显著。

技术革新也为向投资者传递信息提供了新的渠道。比如，电话会议和互联网使得公司向重要投资者和金融中介机构传递信息更加容易。电话会议是公司管理层和关键的金融分析师之间大规模的电话对话，管理层可以利用它通过回答分析师的问题就企业当前和未来的经营业绩提供自愿的信息披露。Tasker（1998）指出，在 1995—1996 年间，有 35% 的中等规模的公司举行了电话会议，许多公司通过这种渠道来减少监管要求的财务报告的局限性。

互联网使得公司管理层能够有更多机会与投资者接触，并就重要信息提供日常的更新。许多公司的网站有对公司经营业绩的总体介绍、对经营业绩的回顾、公司有关新闻稿、股票报价、经常被问及的投资者关系问题、（金融分析师的）盈余预测，以及年度财务报表和证监会的相关公告。投资者仍将继续更多地使用互联网，这能降低公司提供自愿信息披露的成本，因而可能增加它们的供给。

（b）网络组织

组织形式的变革，如更容易调整的供应链和更密切的战略联盟，同样显著地影响了财务报告和信息披露的性质。这些组织形式使得传统来说只能在公司内部进行的风险分担和基于市场的行动协调成为可能。尽管如此，通过模糊企业的边界，它们对实体计量的概念发出了强有力的挑战。比如，通过财务报表很难完全反映构成可口可乐公司及其灌装商之间网状的复杂关系和隐性的委托事项。由于和灌装商签订的排他性合约，可口可乐可以把对它的主营业务来说资本密集和毛收益低的业务外包出去。因此，灌装商仅有略微盈利的财务业绩，而可口可乐则表现出了很强的盈利能力。尽管如此，可口可乐公司报告的财务业绩并不能完全反映它们之间的复杂关系和隐性的委托事项。对准则制定者来说，如何在财务报表中反映这种相互依赖的关系，是一个很具挑战性的问题。现有的准则则忽略了它们，这有可能降低会计信息的及时性。

（c）审计事务所和金融分析师的商业模式的变化

第三种当前的现象是审计事务所和金融分析师的商业模式的变化。审计事务所越来越依赖管理咨询业务，而不是审计业务。监管者和评论家认为管理咨询和审计业务两者之间可能存在冲突。比如，他们质疑如果管理层同时雇用了审计事务所从事咨询业务，审计事务所是否会挑战客户公司的管理层。就我们所知，还没有大样本的经验研究发现审计报告的可信度有所降低。尽管如此，这个问题已经促使证监会建议审计事务所剥离它们的咨询业务和披露向每一个客户收取的咨询费。

金融分析师的商业模式同样出现了变化。交易成本的降低使得资助证券研究的资金减少了。因此，他们的分析和投资银行和证券承销业务的联系越来越紧密。此外，顶尖的金融分析师开始被看做分析公司的战略顾问。比如，财经媒体满是有关电信业分析师 Jack Grubman 和互联网界分析师 Mary Meeker 在他们各自行业的战略决策中发挥的作用越来越重要的故事（see Business Week, 2000）。这些趋势可能会加剧分析师所面临的利益冲突，因此引出了对信息媒体的作用的质疑。

（d）全球化

一系列发展使资本市场变得越来越全球化。机构投资者都希望通过全球化的投资来分散风险；只要融资的条件很有吸引力，公司都会尽力去融资；基于互联网的交易使得散户投资者在国际资本市场上的投资容易多了。金融监管的接触也鼓励了这些投资活动。

资本市场的全球化产生了对财务报告全球化的呼声。这就引发了若干有趣的研究问题。第一，由于各国的财务报告制度的发展存在巨大差异，一个全球的会计准则制定者是不是最佳的呢？第二，哪些经济力量会决定财务报告协会的统一最终实现的速度？第三，这样一种统一的协会会产生什么政治和经济影响？第四，如果没有协会的统一，全球化的会计准则是否能够提高财务报告的信息含量？

总之，企业家和经济变化速度的加快可能会增加资本市场上可靠信息的价值。尽管如此，传统的财务报告模式似乎并不能很好地及时反映这些变化中许多变化的经济意义。因此，未来信息披露的一个研究机会就是探索财务报告和信息披露如何作出调整，以适应商业和资本市场环境的变革。此外，如前所述，在许多领域中我们对于现有的信息披露制度和现象的理解还有限。我们相信，这些机会将使信息披露领域对会计学者来说成为一个令人激动的研究领域。

注释

[1] 公司信息披露的对象是公司的利益相关者，而不仅仅是投资者。尽管如此，相对来说很少有研究关注自愿的信息披露。因此，本文主要关注于对投资者的信息沟通和传递。

[2] 与之类似的方法被金融学者用以研究诸如资本结构、股利/股票回购和私募资本融资等公司财务问题（see, for example, Myers and Majluf, 1984）。

[3] Collins et al. (1997)，Francis and Schipper (1999) 和 Ely and Waymire (1999) 检验了股票收益、盈余和账面价值之间的相关关系。他们的结论表明，股票收益和盈余之间的相关关系弱化了，但却被账面价值的价值相关性增强所抵消。虽然如此，Chang (1998) 认为他们的结论取决于他们的研究设计选择。

[4] 参见 DeFond et al. (1999)，Ball et al. (2000a, b) 和 Eccher and Healy (2000) 这些最早开始研究这个问题的研究文献。

[5] Frankel et al. (1995) 发现，发行新股票的公司在发股前夕公布管理层预测的可能性低于其他时间。尽管如此，因为证券法律限制管理层在发行新股前公布前景预测，所以这个发现也可以接受。

[6] 如果没有内幕交易的制约，管理层可能通过购买股票从股票价值被低估中获利，而不是增加信息披露以提高股票期权的价值。

[7] 如第2部分所讨论的，我们使用"低估"这个词表示基于公司管理层所拥有的信息集的公司价值和基于投资者所拥有的信息集的公司价值之间的差异。这种差异源于管理层和投资者之间不能完全消除的信息不对称。在我们所有的分析中，假定管理层和投资者都是理性的，股价完全反映了所有的公开信息。

[8] Lundholm (1999) 指出，会计的这种作用可以用来增加对无形资产的信息披露。尽管如此，如果法制环境不能区分随机的预测误差和管理层有意为之的偏差，这样的信息披露就会潜在地显著增加法律诉讼成本。

[9] 尽管如此，Hutton et al. (2000) 发现，有关利好消息的预测只有当它们伴随着可证实的远期报表公布时才是有信息含量的。

[10] 比较来说，我们在回顾实证会计研究的文献时讨论的计量问题是针对因变量而言的，它们导致了对由于相关的被忽略变量而产生的研究结论的偏差的关注。

[11] 对市场反应的一个可能的解释是，Briloff 的分析为判断管理层基于他们的会计判断得出的预测的准确性提供了新的信息。一些研究者认为"Briloff 效应"反映了公司的经营状况在他的文章发表后发生的变化，例如税负、法律诉讼和监管的影响。Foster 检验了这种解释，发现非信息相关的经济因素并不能完全解释观察到的市场对于会计方法被质

疑的反应。

[12] 一种对于薪酬和其他合约的影响在经济上较小的解释认为，投资者预期到了这些潜在的成本并写入合约。因此，仍在执行的合约有可能是有效的，使得被观察到的合约成本较小。尽管如此，这并不表明合约成本的概念对于管理层的会计决策不重要。

[13] 增加有关部门的信息披露的现象也许内生于样本公司经营状况的变化，这可能使得这个结论不可靠。对该部分讨论的许多其他论文，内生性是一个普遍问题。我们将在下文详细讨论。

参考文献

Aboody, D., Kasznik, R., 2000. CEO stock options awards and the timing of corporate voluntary disclosures. Journal of Accounting and Economics 29, 73-100.

Ajinkya, B., Gift, M., 1984. Corporate managers' earnings forecasts and symmetrical adjustments of market expectations. Journal of Accounting Research22, 425-444.

Akerlof, G., 1970. The market for 'lemons': quality uncertainty and the market mechanism. Quarterly Journal of Economics 90, 629-650.

Alford, A., Jones, J., Leftwich, R., Zmijewski, M., 1993. The relative informativeness of accounting disclosures in different countries. Journal of Accounting Research31, 183-224.

Amir, E., Lev, B., 1996. Value-relevance of nonfinancial information: the wireless communications industry. Journal of Accounting and Economics 22, 3-30.

Ball, R., Kothari, S. P., Robin, A., 2000a. The effect of international institutional factors on properties of accounting earnings. Journal of Accounting and Economics 29, 1-51.

Ball, R., Robin, A., Wu, J., 2000b. Incentives versus standards: properties of accounting income in four East Asian countries, and implications for acceptance of IAS. Working Paper, University of Rochester, Rochester, NY.

Barry, C. B., Brown, S. J., 1984. Differential information and the small firm effect. Journal of Financial Economics 13 (2), 283-295.

Barry, C. B., Brown, S. J., 1985. Differential information and security market equilibrium. Journal of Financial and Quantitative Analysis 20, 407-422.

Barry, C. B., Brown, S. J., 1986. Limited information as a source of risk. The Journal of Portfolio Management 12, 66-72.

Barth, M. E., 1991. Relative measurement errors among alternative pension asset and liability measures. The Accounting Review 66 (3), 433-464.

Barth, M. E., Hutton, A. P., 2000. Information intermediaries and the pricing of accruals. Working Paper, Stanford University, Stanford, CA.

Barth, M., Beaver, W., Landsman, W., 2001. Comments on the relevance of the value-relevance literature for financial accounting standard setting. Journal of Accounting and Economics 31/32, Conference Volume, this issue.

Beaver, W., 1998. Financial reporting: an accounting revolution. Prentice-Hall, Englewood Cliffs, NJ.

Beaver, W., Christie, A., Griffin, P., 1980. The information content of SEC accounting series release No. 190. Journal of Accounting and Economics 2, 127-157.

Beneish, M. D., 1999. Incentives and penalties related to earnings overstatements that violate GAAP.

The Accounting Review 74, 425-457.

Bhushan, R., 1989a. Collection of information about publicly traded firms: theory and evidence. Journal of Accounting and Economics 11, 183-207.

Bhushan, R., 1989b. Firm characteristics and analyst following. Journal of Accounting and Economics 11 (2-3), 255-275.

Botosan, C. A., 1997. Disclosure level and the cost of equity capital. The Accounting Review 72 (3), 323-350.

Botosan, C. A., Plumlee, M. A., 2000. A re-examination of disclosure level and expected cost of capital. Unpublished working paper, University of Utah.

Brennan, N., 1999. Voluntary disclosure of profit forecasts by target companies in takeover bids. Journal of Business Finance and Accounting 26, 883-918.

Brown, L., 1997. Analyst forecasting errors: additional evidence. Financial Analysts' Journal 53, 81-88.

Brown, L., Rozeff, M., 1978. The superiority of analyst forecasts as measures of expectations: evidence from earnings. Journal of Finance 33, 1-16.

Brown, L., Foster, G., Noreen, E., 1985. Security analyst multi-year earnings forecasts and the capital market. Studies in Accounting Research, No. 23, American Accounting Association, Sarasota, FL.

Brown, L., Griffin, P., Hagerman, R., Zmijewski, M., 1987. Security analyst superiority relative to univariate time-series models in forecasting quarterly earnings. Journal of Accounting and Economics 9, 61-87.

Brown, S., Lo, K., Lys, T., 1999. Use of R^2 in accounting research: measuring changes in valuerelevance over the last four decades. Working paper, Northwestern University.

Chang, J., 1998. The decline in value relevance of earnings and book values. Working paper, University of Pennsylvania, Philadelphia, PA.

Choi, S. K., Jeter, D. C., 1992. The effects of qualified audit opinions on earnings response coefficients. Journal of Accounting and Economics 15, 229-248.

Christie, A., Zimmerman, J., 1994. Efficient and opportunistic choices of accounting procedures. The Accounting Review 69, 539-567.

Collins, D., Kothari, S., 1989. An analysis of interpemproal and cross-sectional determinants of earnings response coefficients. Journal of Accounting and Economics 11 (2-3), 143-182.

Collins, D., Rozeff, M., Dhaliwal, D., 1981. The economic determinants of the market reaction to proposed mandatory accounting changes in the oil and gas industry. Journal of Accounting and Economics 3 (1), 37-72.

Collins, D., Maydew, E., Weiss, I., 1997. Changes in the value-relevance of earnings and book values over the past forty years. Journal of Accounting and Economics 24 (1), 39-68.

Darrough, M., 1993. Disclosure policy and competition: Cournot vs. Bertrand. The Accounting Review 68, 534-562.

Darrough, M., Stoughton, N., 1990. Financial disclosure policy in an entry game. Journal of Accounting and Economics 12, 219-244.

DeAngelo, L., 1988. Managerial competition, information costs, and corporate governance: the use of accounting performance measures in proxy contests. Journal of Accounting and Economics 10, 3-37.

DeAngelo, H., DeAngelo, L., Skinner, D. J., 1996. Reversal of fortune: dividend signaling and the disappearance of sustained earnings growth. Journal of Financial Economics 40 (3), 341-372.

Dechow, P., Hutton, A., Sloan, R., 1996. Causes and consequences of earnings manipulation: an analysis of firms subject to enforcement actions by the SEC. Contemporary Accounting Research 13, 1-36.

Dechow, P., Hutton, A., Sloan, R., 2000. The relation between analysts' forecasts of long-term earnings growth and stock price performance following equity offerings. Contemporary Accounting Research 17 (1), 1-32.

DeFond, M., Wong, T. J., Li, S., 1999. The impact of improved auditor independence on audit market concentration in China. Journal of Accounting and Economics 28 (3), 269-305.

Diamond, D., Verrecchia, R., 1991. Disclosure, liquidity, and the cost of capital. The Journal of Finance 66, 1325-1355.

Dodd, P., Dopuch, N., Holthausen, R., Leftwich, R., 1984. Qualified audit opinions and stock prices: information content, announcement dates, and concurrent disclosures. Journal of Accounting and Economics 6 (1), 3-39.

Dopuch, N., Holthausen, R., Leftwich, R., 1986. Abnormal stock returns associated with media disclosures of 'subject to' qualified audit opinions. Journal of Accounting and Economics 8, 93-118.

Dopuch, N., Holthausen, R., Leftwich, R., 1987. Predicting audit qualifications with financial and market variables. The Accounting Review 62, 431.

Dyckman, T., Smith, A., 1979. Financial accounting and reporting by oil and gas producing companies: a study of information effects. Journal of Accounting and Economics 1, 45-75.

Dye, R., 2001. Commentary on essays on disclosure. Journal of Accounting and Economics 32, in press.

Easton, P., Zmijewski, M., 1989. Cross-sectional variation in the stock market response to accounting earnings announcements. Journal of Accounting and Economics 11, 117-142.

Eccher, E., Healy, P., 2000. The role of international accounting standards in transitional economies: a study of the People's Republic of China. Unpublished working paper, Harvard Business School.

Ely, K., Waymire, G., 1999. Accounting standard-setting organizations and earnings relevance: longitudinal evidence from NYSE common stocks, 1927-1993. Journal of Accounting Research 37, 293-318.

Feltham, G., Xie, J., 1992. Voluntary financial disclosure in an entry game with continua of type. Contemporary Accounting Research 9, 46-80.

Fields, T., Lys, T., Vincent, L., 2001. Empirical research on accounting choice. Journal of Accounting and Economics 31, 255-307.

Foster, G., 1979. Briloff and the capital market. Journal of Accounting Research 17 (1), 262-274.

Foster, G., 1987. Rambo IX: Briloff and the capital market. Journal of Accounting, Auditing and Finance 2, 409-431.

Francis, J., Schipper, K., 1999. Have financial statements lost their relevance? Journal of Accounting Research 37, 319-353.

Francis, J., Soffer, L., 1997. The relative informativeness of analysts' stock recommendations and earnings forecast revisions. Journal of Accounting Research 35 (2), 193-212.

Francis, J., Philbrick, D., Schipper, K., 1994. Shareholder litigation and corporate disclosures. Journal of Accounting Research 32, 137-165.

Francis, J., Hanna, J., Philbrick, D., 1998. Management communications with securities analysts. Journal of Accounting and Economics 24, 363-394.

Frankel, R., McNichols, M., Wilson, P., 1995. Discretionary disclosure and external financing. Accounting Review 70, 135-150.

Frost, C. A., 1997. Disclosure policy choices of UK firms receiving modified audit reports. Journal of

Accounting and Economics 23, 163-188.

Gelb, D., Zarowin, P., 2000. Corporate disclosure policy and the informativeness of stock prices. Working Paper, New York University, New York, NY.

Gheyara, K., Boatsman, J., 1980. Market reaction to the 1976 replacement cost disclosures. Journal of Accounting and Economics 2, 107-125.

Gigler, F., 1994. Self-enforcing voluntary disclosures. Journal of Accounting Research 32, 224-241.

Gilson, S., Healy, P., Noe, C., Palepu, K., 2000. Conglomerate stock breakups and analyst specialization. Working Paper, Harvard Business School, Boston, MA.

Givoly, D., 1982. Financial analysts' forecasts of earnings: a better surrogate for market expectations. Journal of Accounting and Economics 4 (2), 85-108.

Givoly, D., Lakonishok, J., 1979. The information content of financial analysts forecasts of earnings: some evidence on semi-strong efficiency. Journal of Accounting and Economics 2, 165-186.

Hand, J., Holthausen, R., Leftwich, R., 1992. The effect of bond rating agency announcements on bond and stock prices. The Journal of Finance 47, 733-753.

Hassell, J., Jennings, R., 1986. Relative forecast accuracy and the timing of earnings forecast announcements. The Accounting Review 61, 58-76.

Hassell, J., Jennings, R., Lasser, D., 1988. Management earnings forecasts: their usefulness as a source of firm-specific information to security analysts. The Journal of Financial Research 11, 303-320.

Hayes, R., Lundholm, R., 1996. Segment reporting to the capital market in the presence of a competitor. Journal of Accounting Research 34, 261-280.

Healy, P., Palepu, K., 1990. Effectiveness of accounting-based dividend covenants. Journal of Accounting and Economics 12 (1-3), 97-124.

Healy, P., Palepu, K., 1993. The effect of firms' financial disclosure strategies on stock prices. Accounting Horizons 7, 1-11.

Healy, P., Palepu, K., 1995. The challenges of investor communications: the case of CUC International, Inc. Journal of Financial Economics 38, 111-141.

Healy, P., Kang,, S., Palepu, K., 1987. The effect of accounting procedure changes on CEO's cash salary and bonus compensation. Journal of Accounting and Economics 9, 7-34.

Healy, P., Hutton, A., Palepu, K., 1999a. Stock performance and intermediation changes surrounding sustained increases in disclosure. Contemporary Accounting Research 16, 485-520.

Healy, P., Myers, S., Howe, C., 1999b. R&D accounting and the tradeoff between relevance and objectivity. Unpublished working paper, Harvard Business School.

Holthausen, R., 1981. Evidence on the effect of bond covenants and management compensation contracts on the choice of accounting techniques: the case of the depreciation switch-back.

Journal of Accounting and Economics 3 (1), 73-109.

Holthausen, R., Leftwich, R., 1983. The economic consequences of accounting choice: implications of costly contracting and monitoring. Journal of Accounting and Economics 5, 77-117.

Holthausen, R., Leftwich, R., 1986. The effect of bond rating changes on common stock prices.

Journal of Financial Economics 17, 57-90.

Holthausen, R., Watts, R., 2001. The relevance of the value-relevance literature for financial accounting standard setting. Journal of Accounting and Economics 31, 3-75.

Hutton, A., Miller, G., Skinner, D., 2000. Effective voluntary disclosure. Unpublished working paper, Harvard Business School.

Jacob, J. , Lys, T. , Neale, M. , 1999. Expertise in forecasting performance of security analysts. Journal of Accounting and Economics 28, 51-82.

Jensen, M. , Meckling, W. , 1976. Theory of the firm: managerial behavior, agency costs and ownership structure. Journal of Financial Economics 3, 305-360.

Kim, O. , Verrecchia, R. , 1994. Market liquidity and volume around earnings announcements. Journal of Accounting and Economics 17, 41-68.

Kothari, S. P. , 2001. Capital markets research in accounting. Journal of Accounting and Economics 31, 105-231.

Kreps, D. , 1990. A course in microeconomic theory. Princeton University Press, Princeton, NJ.

Lambert, R. , 2001. Contracting theory and accounting. Journal of Accounting and Economics 32, in press.

Lang, M. , Lundholm, R. , 1993. Cross-sectional determinants of analysts ratings of corporate disclosures. Journal of Accounting Research 31, 246-271.

Lang, M. , Lundholm, R. , 1996. Corporate disclosure policy and analyst behavior. The Accounting Review 71, 467-493.

Lang, M. , Lundholm, R. , 1997. Voluntary disclosure during equity offerings: reducing information asymmetry or hyping the stock? Working Paper, University of Michigan, Ann Arbor, MI.

Leftwich, R. , 1980. Market failure fallacies and accounting information. Journal of Accounting and Economics 2, 193-211.

Leftwich, R. , 1981. Evidence of the impact of mandatory changes in accounting principles on corporate loan agreements. Journal of Accounting and Economics 3 (1), 3-37.

Leftwich, R. , 1983. Accounting information in private markets: evidence from private lending agreements. The Accounting Review 58 (1), 23-43.

Leuz, C. , Verrecchia, R. , 2000. The economic consequences of increased disclosure. Journal of Accounting Research 38, in press.

Lev, B. , Zarowin, P. , 1999. The boundaries of financial reporting and how to extend them. Journal of Accounting Research37, 353-386.

Lin, H. , McNichols, M. , 1998. Underwriting relationships, analysts' earnings forecasts and investment recommendations. Journal of Accounting and Economics 25 (1), 101-128.

Lundholm, R. , 1999. Reporting on the past: a new approach to improving accounting today. Accounting Horizons 13, 315-323.

Lys, T. , 1984. Mandated accounting changes and debt covenants: the case of oil and gas accounting. Journal of Accounting and Economics 6 (1), 39-66.

Lys, T. , Sohn, S. , 1990. The association between revisions of financial analysts' earnings forecasts and security price changes. Journal of Accounting and Economics 13, 341-364.

Matsumoto, D. , 2000. Management's incentives to avoid negative earnings surprises. Working Paper, Harvard Business School, Boston, MA.

McNichols, M. , 1989. Evidence of informational asymmetries from management earnings forecasts and stock returns. The Accounting Review 64, 1-27.

Merton, R. C. , 1987. A simple model of capital market equilibrium with incomplete information. The Journal of Finance 42, 483-510.

Miller, G. , 1999. Earnings performance and discretionary disclosure. Unpublished working paper, Harvard University.

Miller, G. , Piotroski, J. , 2000. The role of disclosure for high book-to-market firms. Unpublished working paper, Harvard University.

Morck, R. , Shleifer, A. , Vishny, R. , 1990. Do managerial objectives drive bad acquisitions? Journal of Finance 45, 31-50.

Myers, S. , Majluf, N. , 1984. Corporate financing and investment decisions when firms have information that investors do not have. Journal of Financial Economics 13, 187-222.

Newman, P. , Sansing, R. , 1993. Disclosure policies with multiple users. Journal of Accounting Research 31, 92-113.

Noe, C. , 1999. Voluntary disclosures and insider transactions. Journal of Accounting and Economics 27, 305-327.

Palepu, K. , 1986. Predicting takeover targets: a methodological and empirical analysis. Journal of Accounting and Economics 8, 3-36.

Palepu, K. , 1987. An anatomy of an accounting change. In: Bruns Jr. , W. , Kaplan, R. (Eds.), Accounting and Management: Field Study Perspectives. HBS Press, Boston MA.

Piotroski, J. , 1999a. Discretionary segment reporting decisions and the precision of investor beliefs. Working paper, University of Chicago.

Piotroski, J. , 1999b. The impact of reported segment information on market expectations and stock prices. Working paper, University of Chicago.

Posner, R. , 1974. Theories of economic regulation. Bell Journal of Economics and Management Science 5, 335-358.

Pownall, G. , Waymire, G. , 1989. Voluntary disclosure credibility and securities prices: evidence from management earnings forecasts. Journal of Accounting Research 27, 227-246.

Ro, B. , 1980. The adjustment of security returns to the disclosure of replacement cost accounting information. Journal of Accounting and Economics 2, 159-189.

Skinner, D. , 1993. The investment opportunity set and accounting procedure choice: preliminary evidence. Journal of Accounting and Economics 17, 407-446.

Skinner, D. , 1994. Why firms voluntarily disclose bad news. Journal of Accounting Research 32, 38-61.

Skinner, D. , 1997. Earnings disclosures and stockholder lawsuits. Journal of Accounting and Economics 23, 249-283.

Smith, C. , Warner, J. , 1979. On financial contracting: an analysis of bond covenants. Journal of Financial Economics 7, 117-161.

Smith, C. , Watts, R. , 1992. The investment opportunity set and corporate financing, dividend, and compensation policies. Journal of Financial Economics 32, 263-292.

Tasker, S. , 1998. Bridging the information gap: quarterly conference calls as a medium for voluntary disclosure. Review of Accounting Studies 3.

Trueman, B. , 1986. Why do managers voluntarily release earnings forecasts? Journal of Accounting and Economics 8, 53-72.

Verrecchia, R. , 1983. Discretionary disclosure. Journal of Accounting and Economics 5, 179-194.

Verrecchia, R. , 2001. Essays on disclosure. Journal of Accounting and Economics 32, in press. Wagenhofer, A. ; 1990. Voluntary disclosure with a strategic opponent. Journal of Accounting and Economics 12, 341-364.

Warner, J. , Watts, R. , Wruck, K. , 1988. Stock prices and top management changes. Journal of Financial Economics 20, 461-493.

Watts, R. , Zimmerman, J. , 1978. Towards a positive theory of the determination of accounting standards. The Accounting Review 53 (1), 112-134.

Watts, R. , Zimmerman, J. , 1981a. The markets for independence and independence auditors. Working Paper, University of Rochester, Rochester, NY.

Watts, R. , Zimmerman, J. , 1981b. Auditors and the determination of accounting standards. Working Paper, University of Rochester, Rochester, NY.

Watts, R. , Zimmerman, J. , 1983. Agency problems, auditing and the theory of the firm: some evidence. Journal of Law and Economics 26, 613-634.

Watts, R. , Zimmerman, J. , 1986. Positive Accounting Theory. Prentice-Hall, Englewood Cliffs, NJ.

Watts, R. , Zimmerman, J. , 1990. Positive accounting theory: a ten year perspective. The Accounting Review 65, 131-157.

Waymire, G. , 1984. Additional evidence on the information content of management earnings forecasts. Journal of Accounting Research 22, 703-719.

Waymire, G. , 1986. Additional evidence on the accuracy of analyst forecasts before and after voluntary management earnings forecasts. The Accounting Review 61, 129-143.

Weisbach, M. , 1988. Outside directors and CEO turnover. Journal of Financial Economics 20, 431-461.

Welker, M. , 1995. Disclosure policy, information asymmetry and liquidity in equity markets. Contemporary Accounting Research 11, 801-828.

Zimmer, I. , 1986. Accounting for interest by real estate developers. Journal of Accounting and Economics 8, 37-52.

有关信息披露的经验研究文献述评：评论 *

John E. Core
罗 婷 译

摘要

Healy and Palepu, J. Account. Econ.（2001）为有关信息披露的经验研究作了一个宽泛的文献回顾。这篇评论集中讨论有关自愿信息披露的研究文献，并假定企业的信息披露决策内生地决定于那些决定企业治理结构和管理动机的相同因素。这样不仅能够提供一个更为集中的文献回顾，也能为他们在文献回顾中讨论的部分研究结果提供一些可以接受的其他解释，并为未来的研究提出具体的建议。

JEL 分类号：D82；G12；G32；J33；M41
关键词：信息披露；信息不对称；资本成本；管理层动机；公司治理

§1 引言

Healy and Palepu（2001，以下用"Review"表示）为有关信息披露的经验研究提供了一个总括性的文献回顾，提出有关如下主体的重要研究问题：会计信息；提供会计信息并使用会计信息评价其雇员业绩的企业；在公司间分配资金时使用会计信息的人；提供、核实、监管和分析解释会计信息的人。这些问题很重要，并且在我们能够满意地回答它们之前还有很多研究工作要做。

在这篇评论中，出于两个原因，让我关注于 Review 中有关对自愿信息披露的研究文献的分析。第一，Review 中涵盖的其他领域的研究在其他会议调研和讨论中已经有所覆

---

* I appreciate helpful comments from Brian Bushee, Wayne Guay, Ken Kavajecz, S. P. Kothari（editor）, Dave Larcker, Ro Verrecchia, and Ross Watts（editor）, and seminar participants at the 2000 JAE Conference. Any errors are the sole responsibility of the author.

John E. Core，宾夕法尼亚大学沃顿商学院。

盖。第二，更重要地，有关自愿信息披露的研究文献似乎最有可能极大地提升我们对于会计信息在公司估值和公司财务中作用的理解。

由于它所涉及内容的广泛性，Review 没能提出有关自愿信息披露的经济学理论，也未对有关的经验研究文献作细致入微的分析，对未来的研究也只是提出了少数具体的建议。本篇评论尝试基于企业的经济学理论，通过一个具体的分析框架来补充 Review 的工作。简单来说，这个框架假定信息披露、公司管理层、散户和机构投资者、分析师之间的关系内生地取决于那些决定企业的治理结构和管理动机的相同因素。它为如下三项工作打下了基础：（1）更为集中地回顾相关文献；（2）为部分 Review 中讨论的研究结果提供一些可以接受的其他解释；（3）为后续研究提出具体的建议。

我将在 2.1 节提出这个分析框架，在 2.2 节使用它去分析 Review 中提出的假说中的自愿信息披露的决定因素，并对研究证据提出一种可行的其他解释。2.3 节讨论 Review 中没有涉及的有关机构投资者和信息披露之间的相关关系的研究文献。通过简要回顾有关自愿信息披露的经济影响的研究文献，第 2 部分集中提出了对后续研究的需求。第 3 部分建议研究努力主要以下几个方面出发：（1）更好地理解信息不对称和资本成本之间的联系；（2）更好地计量资本成本中的信息不对称成分；（3）更好地计量信息披露的质量。第 4 部分作出总结和结论。

§2 讨论

§2.1 信息披露的质量和可信度与公司财务理论

公司财务理论指出股东会内生地最优化公司的信息披露政策、公司治理和管理层动机，以使公司价值最大化。这种选择涉及在提高了的信息披露质量和降低了的资本成本中的信息不对称成分，与高激励成本（e.g.，Evans and Sridhar，1996）、法律诉讼成本（Skinner，1994）和产权成本（Verrecchia，1983）之间进行权衡。作为在几种成本之间进行权衡的一个简单例子，假定成长机会和管制要求的信息披露质量是内生给定的，考虑企业是否会为了降低信息不对称而提供自愿信息披露的问题。[1] 对于一个没有成长机会的公司，管制要求的信息披露的质量可能足以使信息不对称问题不那么严重。对于那些高成长的企业，管制要求的信息披露的质量就不够，其信息不对称的问题会很严重。对这些企业，通过自愿的信息披露来部分地降低信息不对称是最佳的，这个最优化是由一个管制要求的信息披露的质量和在低的资本成本和诉讼成本和高的产权成本和激励成本之间进行取舍的函数关系决定的。在作出最优决策之后，高成长的企业提供了更多的自愿的信息披露，但它们的信息不对称问题可能依然比那些低成长的公司要严重。

完全可靠（或者可以说，完全没有偏差）的信息披露并不是最优的，因为它的成本太高了：

> ……我们并不能消除所有的管理层会计操纵。那样可能成本太高了……要消除所有这样的操纵……在以理性期望为特征的劳动力和资本市场上，平均来说，公司管理层并不能从这些操纵中获利（Watts and Zimmerman，1986，p. 205）。

消除所有管理操纵的成本太高，即公司管理层会以相对他们来说的低成本在信息披露中制造偏差。如果我们都知道所有的公司管理层都希望在同一个方向上制造信息披露的偏差以及信息披露是有成本的，Review 中讨论揭示的"柠檬"均衡——没有公司披露信息——将会成为现实。尽管如此，如果股东不能确定管理层制造信息披露偏差的动机的方向，混合的均衡将会出现——公司会进行信息披露，部分信息披露会存在偏差（e.g.，Dye，1988；Fischer and Verrecchia，2000）。[2]相应地，有理论指出，即使信息披露存在部分偏差，在均衡中信息披露仍是可信的。因此，所有有关信息披露可信度的经验研究都发现信息披露是可信的；一些有趣的研究探索了信息披露的偏差的截面变化（e.g.，Lang and Lundholm，2001）。

虽然最优的信息披露政策也允许管理层的一些信息披露操纵，但公司的治理结构会制约管理层选择最优化的策略（e.g.，Shleifer and Vishny，1997；Zingales，1998）。相应地，公司信息披露政策的截面差异源于：（1）最优的信息披露政策；（2）公司治理结构执行最优政策的能力的截面差异。[3]总之，理论指出，信息不对称、信息披露的质量、管理层动机和公司治理之间存在内生性的相关关系。

对比来看，Review 基于从 Akerlof（1970）逆向选择成本的例子出发的直觉，使用了一个宽泛的分析框架。这个分析框架为为什么信息披露不充分对公司来说是有成本的和为什么可能存在对信息披露监管的需求提供了宏观经济学的直觉。虽然这个分析框架为我们肯定了有关我们生活在一个只有部分信息披露的世界中的直觉，但它仍不足以对公司的信息披露政策的截面差异给出令人满意的解释。所有在 Review 中有关自愿信息披露的管理层动机的描述都假定，当公司管理层作出信息披露的决策时，信息披露政策、公司治理和管理层激励都是内生给定的。接下来三节均检验了这个简化的假设会在本文中各部分引发解释不通的问题。2.2 节使用了上文所描述的更为具体的理论解释 Review 中假定的存在于股权激励和信息披露之间的关系。2.3 节讨论了分析师、机构投资者和信息不对称之间的相互关系。2.4 节对自愿信息披露的经济影响的研究证据作了另外一个简要的回顾。

§2.2　信息披露政策和管理层激励之间内生的相关关系

由于 Review 没有明确地认定那些内生的相关关系，它并没有对全部所评述的研究都作深入的和批判性的评价。我将对后文提及的研究作细节性讨论，因为我认为读者有可能被 Review 中有关"股权激励假说"的研究证据的简要讨论误导：

> Noe（1999）得出了与这一假说一致的结论，发现了管理层预测的发布和公司股票的内部持有人交易之间相互联系的证据。Aboody and Kasznik（2000）指出，股票期权存续期间，企业会推迟利好消息的公布而提前公布利空消息，这与管理层通过信息披露决策提高基于股权的报酬一致。Miller and Piotroski（2000）发现，情况突然好转的公司的管理层当其股票期权报酬有风险时更有可能发布盈余预测。

从表面来看，Noe（1999）的证据支持了管理层遵循法律而披露信息或者放弃交易这一并不让人吃惊的结果。更为有趣的是，对 Noe（1999）与 Aboody and Kasznik（2000）的研究证据的另外一种可能的解释是，管理层以其他股东的利益为代价，有意识地选择交易的时间和信息披露。这种解释与 Review 中管理层通过信息披露降低合约成本的假说矛盾，但它和上文所说的消除所有管理层操纵使成本过于高昂的理论是一致的。此外，Noe（p. 325）与 Aboody and Kasznik（p. 98）都审慎地指出他们的研究证据与管理层为股东利益着想是一致的。比如，因为由实值期权引发的提高股价波动性的激励要弱于由虚值期权引发的激励（Lambert et al.，1991），企业可能希望发行实值期权，同时更倾向于避免这些期权的会计成本。为了达到这个目标，它们允许管理层进行及时的信息披露。

Miller and Piotroski（2000）发现，因为期权计划而回购了更多股票（以回购数占发行在外股票的百分比衡量）的样本公司发布了更多的预测。[4]由于他们的检验没有支持期权的使用、信息披露的质量和信息不对称是同时决定的，Miller and Piotroski 并不能为股权激励计划使得管理层有动机进行更多的自愿的信息披露的研究假说提供支持。信息不对称越严重的公司，使用的基于股票和期权的激励措施越多（Demsetz and Lehn，1985；Smith and Watts，1992；Core and Guay，1999；Bryan et al.，2000），更严重的信息不对称是和更多的自愿信息披露相联系的（Lang and Lundholm，1993）。因此，如前文所建议的，我们可以预期管理层的股权激励和自愿信息披露之间存在联系，因为它们都和信息不对称相关，但这并不能说明期权的使用导致了信息披露。

§2.3 自愿信息披露、机构投资者和财务分析师之间的关系

Review 关注于中介机构的作用，但不足的是，它并没有对有关信息披露和机构投资者之间的关系的经验研究作分析。[5]Healy et al.（1999）发现，信息披露的增加是和机构投资者持股比例的增加相关的。Bushee and Noe（2001）确认了这种联系，但也发现机构投资者短时间内持股比例的上升（积极进行交易的机构投资者）和股价波动性的提高相关。假定股价波动性的提高是有成本的，这个发现和部分信息披露是最优的以及太多的和太少的信息披露是同样成本高昂的直觉是一致的。

Tasker（1998）发现分析师跟踪度高和机构投资者持股比例高的企业较少可能举行（与分析师的）电话会议，Bushee et al.（2001）发现分析师跟踪度高和机构投资者持股比例高的企业较少可能举行面向所有投资者开放的电话会议。这个证据与有信息的投资者偏好更少的信息披露的直觉一致，同时也与分析师和中介机构提供信息以及减少了信息不对称和对电话会议的需求的观点一致。

Review 讨论了 Lang and Lundholm（1996）探索的信息披露的质量、信息不对称和财务分析师之间内生性的相关关系。Brennan and Subrahmanyam（1995）中的联立方程模型为这种内生性的关系提供了证据。其中一个等式显示跟踪分析师的数量降低了信息不对称（用买卖价差的信息不对称成分（IAC）作为代理变量）。另外一个等式表明因果关系从相反的方向也成立，即信息不对称程度的降低增加了跟踪分析师的数量。Brennan and Subrahmanyam（1995）的预测是基于一个把信息不对称和有消息的股票交易联系起来的理论，他们使用分析师作为有消息的交易者的代理变量检验了那个理论。该理论也预测信息不对称和同样有消息的机构投资者之间存在同期的相关关系。[6]

由于已经知道但不能很好理解的两种中介机构之间存在内生性关系，对有关买方的机构或卖方的分析师的任何证据的解释都是有问题的（e. g.，O'Brien and Bhushan，1990）。这种只有少量的有关买方分析师的研究、同时存在大量的有关卖方分析师研究的不平衡现状，暗含了大量有意义的未来研究机会。尽管我们仍不清楚如何把这么一个宽泛的问题归

结为"财务分析师作为信息中介有多大作用"（Table 1 Review），但对这一问题还没有令人满意的不涉及买方是如何与卖方相关的理论的答案。比如，知道机构投资者如何解读分析师的盈余预测有可能帮助我们理解分析师的乐观主义是否是人为统计的结果，或者它是不是经济上重要的一种现象。[7] 很明显，我们想要理解卖方分析师的数量和机构投资者的数量能够在多大程度上很好地代理信息不对称的程度和资本成本的大小，但没有对卖方分析师和机构投资者的联合相关关系的更好理解。我们能知道问题的答案吗？

解答这些问题的途径之一是检验买方分析师的投资建议和盈余预测与卖方分析师在多大程度上一致（或者不一致）。比如，Krische and Lee（2000）提供了间接证据，说明大量根据趋势进行交易的企业使用一套与卖方分析师的投资建议完全不同的信息。Ali et al.（2000）的延伸之一能够就与机构投资者持股变化相关的收益变化是否和分析师的投资建议相关提供更为直接的证据。解答这个问题的另外一个途径就是比较行业共同基金的业绩表现和根据跟踪那些行业的卖方分析师的投资建议建立的投资组合在他们的建议发布后的业绩表现（由 Barber et al.（2001）的方法引申而来）。那些行业共同基金的收益和根据跟踪那些行业的卖方分析师的投资建议建立的投资组合的收益相关（不相关）的证据与买方分析师和卖方分析师的投资建议一致（不一致）的假说相一致。理解了这些关系，反过来可能帮助我们进一步理解买方机构投资者、卖方分析师、信息披露的质量和信息不对称之间的相互关系。

§2.4 自愿信息披露的影响的经验证据

如 Review 在 3.3.2 节中提到的，信息披露质量是一个随时间自愿披露信息之前就确定了的许诺或政策，但这种内生性确定的政策会影响信息不对称的程度。当管理层在某一时点及时获知了信息时，他们可能选择保留该信息而不公布或公开该消息以修正对公司的价值低估（e.g.，Healy and Palepu，1995）。如果管理层选择了披露该消息，这种披露会改变公司的股票价格。尽管如此，信息披露质量越高的公司，其保留而不公布的信息越少。因此产生两种效应：（1）信息披露的质量，它是企业现有的之前的作出信息披露的承诺；（2）"任意的"信息披露，它是之前承诺的最终实现结果。

§2.4.1 任意的信息披露

因为任意的信息披露是企业信息披露政策的一种特定实施结果，有关任意信息披露的截面研究和对信息披露质量的截面研究本质上是一样的。相应地，如果研究设计不够严谨，没有控制信息披露政策的内生决定因素，则有可能对所研究的任意的信息披露作出错误的推断。

考虑这样一个例子，Kasznik and Lev（1995）发现，就利空盈利消息提前告知投资者的公司的股价下跌对每单位未预期到的盈余的反应显著地高于那些没有提前告知投资者的公司。这个发现表明，提前披露利空消息的公司会受到惩罚。Shu（2000）认为这种股票收益明显的让人困惑的差异源于没有将公司的信息披露政策放入模型。假定信息披露质量高的公司有"提前披露利空消息"的信息披露政策，在其他条件相同的情况下，信息披露质量高的公司盈余其质量也高，意味着它们的出乎预料的盈余包含着有关公司未来现金流的更多信息含量。因此，市场对那些信息披露质量高的公司的盈余信息披露的反应会更强烈。如果发布预亏公告的公司信息披露质量很高，市场对每单位未预期到的盈余的反应也会更强烈，这样 Kasznik and Lev 的发现就不会让人困惑，而是和我们的预期一致了。

第二个例子，考虑 Francis，Philbrick and Schipper（FPS，1994），Review 把它作为诉讼成本假说的混合证据引用。FPS 的诉讼样本中的公司比没有诉讼的样本中的公司更有可能提前发布利空消息。Review 把这种现象解释为提前发布消息是无效的证据。尽管如次，FPS 谨慎地指出，他们的诉讼样本的规模大概是没有诉讼的样本的 10 倍多，后续研究显示企业规模是诉讼风险的一个显著决定因素。因此，另一种说得通的解释是，FPS 的研究证据与公司通过对信息披露政策的最佳使用使得其诉讼风险最小化的假说完全一致。大公司预期它们将被更频繁地起诉，它们的选择就是更频繁地提前披露信息，以降低特定条件下的诉讼成本（Skinner，1997）。

§2.4.2　信息披露的质量

因为一个公司最优的信息披露政策是权衡了低的资本成本和其他成本的结果，所以当其他条件相同时，我们可以预期在信息披露和资本成本之间存在负相关关系。如 Review 所讨论的，研究者检验了信息披露如何影响资本成本的两个组成部分：（1）流动性成本，如买卖价差的 IAC 成分，它会增加交易成本和减少发行股票的净收益；（2）权益的贴现率。在 Review 和前面讨论的内生性问题之外（例如，财务分析师和信息质量之间同期的相关关系），另外两个因素使研究变得复杂。第一，如何计量信息披露的质量（Review 中已有讨论）和资本成本的代理变量存在问题。这些计量问题使得检验的说服力减弱，也增加了内生性问题使得结论错误的可能性。第二，对信息披露的质量和资本成本之间联系的检验，是对把信息披露质量和信息不对称联系起来的理论和把信息不对称和资本成本联系起来的理论的联合检验。

比如，Botosan and Plumlee（2000）的检验是对信息披露质量会影响信息不对称的假说和信息不对称会影响估值时的权益贴现率（用通过转换各种股利折现模型计算出来的资本成本作为代理变量）的假说的联合检验。假定信息不对称会影响贴现率，由于信息披露的质量和资本成本的代理变量存在非系统性误差，这样一种检验不能发现它们之间的关系。另一方面，系统性误差，如分析师对信息披露的评级和分析师以资本成本为基础的预测的偏差，可以证明它们之间不存在相关关系。

§3　未来研究方向

为资本成本的信息不对称成分和信息披露的质量构造更好的计量指标似乎很重要，这些将在下文的 3.2 节和 3.3 节中讨论。尽管如此，我们必须首先弄清楚信息不对称是只影响股票流动性还是同时影响权益贴现率。这个判断能够给我们指出在什么情况下信息披露质量会对资本成本产生经济上的重要影响、我们应该关注哪些研究领域以及怎样解释前人的研究结果。

§3.1　信息不对称会如何影响资本成本？

有关资本市场微观结构的理论和经验研究似乎都一致认为，信息不对称越严重，就越会降低股票流动性（e.g.，Brennan and Subrahmanyam，1995；Verrecchia，2001）。尽管如此，研讨会的与会人员指出，美国股票市场结构的变化使得买卖价差作为大部分公司股票价格的一部分可以在经济上被忽略。因此，如果买卖价差的 IAC 部分是信息不对称的成本唯一的反映途径，我们可以推断，正如 Leuz and Verrecchia（2001）所推断的，美国的公司信息披露状况已经如此充分，以至于很难在广泛的美国公司之间发现截面的显著的与信息披露有关的效应。[8] 在这种情况下，信息披露的影响对美国公司来说有可能变得微弱和次要，这种影响只能在 Healy et al.（1999），Lang and Lundholm（2001）与 Leuz and Verrecchia（2001）所作的信息披露政策发生巨大变化的样本中检验得到。

更进一步，如果信息不对称影响预期收益，通过减少信息不对称和降低公司的权益贴现率，信息披露决策的经济影响应该是最重要的，也能够在广泛的样本中得到检验。在这种情况下，在美国公司的股票收益率数据中应该能够发现强烈的信息披露的相关效应，使用更复杂的资本成本的计量指标以及在把类似工作推广到交易机制与市场环境和美国差异显著的国外前，先用美国的数据仔细地验证前人的研究成果是有意义的。

近来的财务研究文献表明，信息不对称的三个代理变量似乎比 Fama and French（1992）的三因素更能解释截面的股票收益。Brennan and Subrahmanyam（1996）发现，买卖价差的 IAC 部分越低的公司，其股票预期回报率也越低。此外，信息不对称较低是和股票交易量较大相联系的，近来的经验研究表明，交易量大的股票，其预期收益率相对较低（Brennan et al.，1998；Chordia et al.，2001）。[9] 最后，Easley, Hvidkjaer and O'Hara（EHO，2000）用 Easley et al.（1996）采用的有消息的交易占比（PIN）作为信息不对称的代理变量。EHO 发现，PIN 值越高的公司超额收益越高，并把这个结果解释为信息风险增加了股票预期收益率的证据。

信息不对称的这三个代理变量都是与信息披露政策相关的。比如，Leuz and Verrecchia（2001）认为增加信息披露的承诺降低了买卖价差和增加了股票交易量，Easley et al.（1996）发现 PIN 值和股票交易量之间存在负相关关系。最后，在正在进行的研究中，Brown et al.（2000）检验了 PIN 值和用 1995 年的 200 家公司截面的 AIMR 得分计量的信息披露质量之间的相关关系。初步的检验结果表明，两个变量之间存在显著的负相关关系。

即使我们发现各种信息不对称的代理变量和股票预期收益率之间存在很强的联系，仍很难确定信息披露的质量和信息不对称的代理变量之间是否存在联系。如果这个问题也能得到解决，接下来就可以努力探索信息披露的质量和股票预期收益率之间的直接关系。这项工作有可能"帮助解释为什么一些会计数字似乎对资产定价有很高的信息含量"（EHO，2000，Section 6）。然而，要回答这个问题，还需要我们更为深入地理解信息不对称和信息披露质量的各种代理变量。

§3.2 计量资本成本中的信息不对称成分

基本上没有研究说明资本成本中的信息不对称成分的各种有问题的代理变量中哪些有可能是最准确的。研究者只是通过不断说明他们采用了很多资本成本的不同代理变量进行检验，来间接地说明资本成本的计量问题（e.g.，Healy et al.，1999；Leuz and Verrecchia，2001）。尽管如此，由于这些检验并不是独立的，很难判断它们的显著性。

此外，当一个人采用了若干有问题的代理变量时，他可以在单个回归中采用这些代理变量的加权组合，以构造更强有力的检验，其中的权数可以分散计量误差（see Ittner and Larcker，2001）。比如，考虑信息不对称会影响预期收益率的假说。我们可以预期，前面讨论的三种计量指标（买卖价差的 IAC 部分、交易量和 PIN 值）是信息不对称的有问题的代理变量，通过把三个代理变量合计为一个单一的指标，可以增强它的解释力。

大样本研究可以评价资本成本的各种代理变量的计量属性。相关分析和因素分析能够帮助我们计算各个代理变量的相对误差，也能够为我们通过代理变量的加权组合构造更为强有力的检验提供建议。这需要对每天的交易数据进行分析，因此计算诸如 PIN 值和买卖价差的 IAC 值的成本非常之大。另外一项有意义的贡献在于能够为资本成本的信息不对称成分构造一个足够好的计量指标。这样一个计量指标由容易计算的代理变量构成，同时和那些更精确但计算成本更高的计量指标高度相关。

§3.3 信息披露质量的计量

我们还需要发展和改进信息披露质量的计量指标。AIMR 数据库自 1997 年起就中断了对信息披露的评级（在完成了对 2005 财年评级之后）。Botosan（1997），Lang and Lundholm（2001）和 Miller（1999）构造的计量指标在判断误差上可能会有一些小问题，但这些计量指标的真正问题是它们需要花费大量精力进行计算，因此只对小样本研究可行。

在这里，我推测通过从电脑技术、语言学和人工智能等领域引用自然语言的处理技术，也许能够显著地降低计算成本。一个广泛传播的自然语言处理技术的例子是由许多文字处理程序提供的语法检查工具。这种工具能够提供有关被动语态使用频率的信息。Little（1998，pp.96–98）指出，被动语态是在法学和语言学文献中隐藏真实含义的众多语言学工具之一。

这些程序也提供其他的可读性统计，我们可以预期，能够看到这些可读性统计和 AIMR 中分析师对书面信息披露的评级之间的相关关系。调查和研究更复杂的自然语言处理技术是否能够被用来模仿 AIMR 和研究者的评级似乎是有意义的。如果真的能够实现，就能显著地降低从企业报告和有关新闻稿中创建信息披露质量指数的成本。假定同时有成熟的语音识别技术，实现机器编码的电话会议信息披露也是有可能的。

自然语言处理程序也能够被用来构造信息披露的“音质”（Lang and Lundholm，2001）的代理变量以及被传递的信息的精确度和偏差的代理变量。Healy and Palepu（1993，1995，2001）强调了管理层向投资者传递信息这一重要思想。管理层在这种信息沟通中采用自然语言，我们可以采用其他领域的研究技术改进会计的研究工作，以寻找把这种语言的精度和任何偏差都包含进去并通过机器编码的方式实现的途径。

§4 结论

这篇文章评价了 Review 一文，并采用公司财务理论拓展了有关自愿信息披露的研究，从另一个视角分析和回顾了相关文献。使得这类研究非常困难的内生性问题和计量误差问题同时也是使这类研究成为未来有前途的研究领域的问题。如前文和 Bushman and Smith（2001）所讨论的，有关自愿信息披露的研究文献和有关公司治理和管理层激励的研究文献是相互联系的。这些研究文献都有内生性问题，针对如何计量公司治理的质量（e. g.，Bushman et al.，2000）和管理层激励（e. g.，Core and Guay，1999），也有不确定性和激烈的争议。

我们能够对有关自愿信息披露的研究文献作出的一个主要贡献，就是探索信息不对称如何影响资本成本，尤其是确定信息不对称是否会影响预期收益率。另外一个贡献就是构建资本成本中的信息不对称成分的更为精确的计量指标。还有一个贡献，就是采用电子计算机技术降低计算信息披露的质量指数的成本。这些计量指标能够增加大部分与信息披露有关的研究设计的解释力，同时能够帮助解决更多对会计研究学者有意义的一般问题。具体来说，研究者可以采用这些计量指标研究 Review 当中提出的许多更为宽泛的问题。

也许未来研究中最有趣的问题当属检验企业同时作出的信息披露质量决策、管理层激励和公司治理结构。Bushman et al.（2000）通过指出较低的会计信息质量（用股票收益—盈余相关系数来衡量）和较高成本的公司治理结构是相关的，开创了这一研究领域的先河。未来的研究可以从他们的研究结果出发，检验有较低会计信息质量的公司是否通过自愿信息披露来提高它们的信息披露质量。在这种情况下，我们可以预期企业自愿信息披露水平和企业的管理层股权激励之间存在相关关系。这种关系可以简单地反映出企业的最佳决策，从而驳斥股权激励假说。

注释

［1］根据前人的研究，我把超过了监管要求下限的信息披露定义为"自愿的"信息披露。为了简化，我假定监管要求的信息披露质量的下限为内生的。Review 中讨论了这里所说的下限会如何内生出来的问题。

［2］Lang and Lundholm（2001）举了一个例子：因为股东不知道哪些公司想要发行新股以及并不是所有发行新股的公司都会提供有偏差的信息披露，一些公司可以通过增加大量信息披露临时提高它们的发行价格。尽管如此，一旦发行新股的消息被宣布，增加信息披露的公司的股价会大幅下跌，但没有异常的信息披露增加的公司的股价下跌不明显。

［3］接近最佳点的信息披露政策存在差异，意味着设计很好的截面检验能够避免如前文提及的和在 2.2 节和 2.4 节将要提及的信息披露质量和信息不对称之间的伪回归问题。比如，如果行业所属关系是最佳信息披露政策的主要内生决定因素，在检验预期的信息披露质量对资本成本的负影响时，同行业内信息披露政策的差异可以被当作内生的来考虑（e. g.，Botosan，1997）。

［4］为发行在外和未来将被执行的期权而回购的股票的百分比是"有风险的股票期权激励"的一个非常弱的代理变量。管理层关注的是它们的美元财富，而不是持股比例。众所周知，越大的公司的管理层所拥有的期权占公司发行在外的股票的比例越低，但这些期权的美元价值大大高于小公司的期权（Baker and Hall，1998）。进一步，那些有可能制定信息披露决策的高级管理层所拥有的期权在公司因为期权而回购的股票中只占很小一部分（Core and Guay，2001）。

［5］Review 中没有提及 Diamond and Verrecchia（1991）与 Kim and Verrecchia（1994）所作的信息披露能够吸引机构投资者的理论预测："此外，这些研究认为，增加的

信息披露和股票流动性与机构投资者的持股比例增加是相关的"（Section 3.4.2）。

［6］Brennan and Subrahmanyam 忽视了这个理论，因为他们使用了机构投资者作为分析师数量的一个决定因素，而不是买卖价差中的 IAC 成分的决定因素之一。

［7］尽管 Review 意识到了分析师乐观程度的跨期差异，但没有讨论有关对分析师乐观程度的质疑是否给我们传递了关于分析师能力或动机的任何信息的研究。比如，Abarbannell and Lehavy（2000）认为分析师乐观程度的明显差异是人为处理数据的问题，Gu and Wu（2000）认为分析师的乐观主义是理性和无偏的预测过程的自然结果。

［8］在这种情况下，Review 提供的另外一种可行的解释是在美国存在过度的信息披露监管，市场参与者愿意承担高 IAC 成本（即更大的买卖价差），以使公司降低在信息披露方面的成本。

［9］Brennan，Chordia and Subrahmanyam 的研究发现，公司规模和预期收益（Fama and French，1992）的负相关关系可以被解释为公司规模代表股票的流动性效应。当在回归模型中加入了一个股票流动性的更为直接的代理变量（交易额）时，它的回归系数显著为负，而公司规模这一变量则变得不显著。

参考文献

Abarbanell, J., Lehavy, R., 2000. Differences in commercial database reported earnings: implications for inferences concerning analyst forecast rationality, the association between prices and earnings, and firm reporting discretion. Working paper, University of North Carolina at Chapel Hill.

Aboody, D., Kasznik, R., 2000. CEO stock option awards and the timing of corporate voluntary disclosures. Journal of Accounting and Economics 29, 73-100.

Akerlof, G., 1970. The market for 'lemons': quality uncertainty and the market mechanism. Quarterly Journal of Economics 90, 629-650.

Ali, A., Durstch, C., Lev, B., Trombley, M., 2000. Informed Trading by Institutions and Quality of Accounting Information. Working paper, University of Arizona.

Baker, G., Hall, B., 1998. CEO incentives and firm size. NBER Working paper 6868.

Barber, B., Lehavy, R., McNichols, M., Trueman, B., 2001. Can investors profit from the prophets? Consensus analyst recommendations and stock returns. Journal of Finance 56, 531-563.

Botosan, C., 1997. Disclosure level and the cost of equity capital. The Accounting Review 72, 323-350.

Botosan, C., Plumlee, M., 2000. Disclosure level and expected equity cost of capital: an examination of analysts' rankings of corporate disclosure and alternative methods of estimating expected cost of equity capital. Working paper, University of Utah.

Brennan, M., Subrahmanyam, A., 1995. Investment analysis and price formation in securities markets. Journal of Financial Economics 38, 361-381.

Brennan, M., Subrahmanyam, A., 1996. Market microstructure and asset pricing: on the compensation for illiquidity in stock returns. Journal of Financial Economics 41, 441-464.

Brennan, M., Chordia, T., Subrahmanyam, A., 1998. Alternative factor specifications, security characteristics, and the cross-section of expected stock returns. Journal of Financial Economics 49, 345-373.

Brown, S., Finn, M., Hillegeist, S., 2000. Disclosure policies and the probability of informed trade.

Research-in-progress, Northwestern University.

Bryan, S. , Hwang, L. , Lilien, S. , 2000. CEO stock option awards: an empirical analysis and synthesis of the economic determinants. Journal of Business 73, 661-694.

Bushee, B. , Noe, C. , 2001. Corporate disclosure practices, institutional investors, and stock return volatility. Journal of Accounting Research, forthcoming.

Bushee, B. , Matsumoto, D. , Miller, G. 2001. Open versus closed conference calls: the determinants and effects of broadening access to disclosure. Working paper, University of Pennsylvania.

Bushman, R. , Smith, A. , 2001. Financial accounting research and corporate governance. Journal of Accounting & Economics, this issue.

Bushman, R. , Chen, Q. , Engel, E. , Smith, A. , 2000. The sensitivity of corporate governance systems to the timeliness of accounting earnings. Working paper, University of Chicago.

Chordia, T. , Subrahmanyam, A. , Anshuman, V. , 2001. Trading activity and expected stock returns. Journal of Financial Economics 59, 3-32.

Core, J. , Guay, W. , 1999. The use of equity grants to manage optimal equity incentive levels. Journal of Accounting & Economics 28, 151-184.

Core, J. , Guay, W. , 2001. Stock option plans for non-executive employees. Journal of Financial Economics 61, 253-287.

Demsetz, H. , Lehn, K. , 1985. The structure of corporate ownership: Causes and consequences. Journal of Political Economy 93, 1155-1177.

Diamond, D. , Verrecchia, R. , 1991. Disclosure, liquidity, and the cost of capital. The Journal of Finance 66, 1325-1355.

Dye, R. , 1988. Earnings management in an overlapping generations model. Journal of Accounting Research 26, 195-235.

Easley, D. , Kiefer, N. M. , O'Hara, M. , Paperman, J. , 1996. Liquidity, information, and less-frequently traded stocks. Journal of Finance 51, 1405-1436.

Easley, D. , Hvidkjaer, S. , O'Hara, M. , 2000. Is information risk a determinant of asset returns? Working paper, Cornell University.

Evans, J. H. , Sridhar, S. , 1996. Multiple control systems, accrual accounting, and earnings management. Journal of Accounting Research 34, 45-65.

Fama, E. F. , French, K. R. , 1992. The cross-section of expected stock returns. Journal of Finance 47, 427-465.

Fischer, P. , Verrecchia, R. , 2000. Reporting bias. Accounting Review 75, 229-245.

Gu, Z. , Wu, J. , 2000. Earnings skewness and analyst forecast bias. Working paper, University of Rochester.

Healy, P. , Palepu, K. , 1993. The effect of firms financial disclosure strategies on stock prices. Accounting Horizons 7, 1-11.

Healy, P. , Palepu, K. , 1995. The challenges of investor communications: the case of CUC International, Inc. Journal of Financial Economics 38, 111-141.

Healy, P. , Palepu, K. , 2001. A review of the empirical disclosure literature. Journal of Accounting & Economics 31, 405-440.

Healy, P. , Hutton, A. , Palepu, K. , 1999. Stock performance and intermediation changes surrounding sustained increases in disclosure. Contemporary Accounting Research 16, 485-520.

Ittner, C. , Larcker, D. , 2001. Assessing empirical research in managerial accounting: A value-based management approach. Journal of Accounting & Economics, this issue.

Kasznik, R., Lev, B., 1995. To warn or not to warn: management disclosures in the face of an earnings surprise. Accounting Review 70, 113-134.

Kim, O., Verrecchia, R., 1994. Market liquidity and volume around earnings announcements. Journal of Accounting & Economics 17, 41-68.

Krische, S., Lee, C., 2000. The information content of analyst stock recommendations. Working paper, Cornell University.

Lambert, R., Larcker, D., Verrecchia, R., 1991. Portfolio considerations in valuing executive compensation. Journal of Accounting Research 29, 129-149.

Lang, M., Lundholm, R., 1993. Cross-sectional determinants of analysts ratings of corporate disclosures. Journal of Accounting Research 31, 246-271.

Lang, M., Lundholm, R., 1996. Corporate disclosure policy and analyst behavior. The Accounting Review 71, 467-493.

Lang, M., Lundholm, R., 2000. Voluntary disclosure during equity offerings: reducing information asymmetry or hyping the stock? Contemporary Accounting Research 17, 623-662.

Leuz, C., Verrecchia, R., 2001, The economic consequences of increased disclosure. Journal of Accounting Research, forthcoming.

Little, L., 1998. Hiding with words: obfuscation, avoidance, and federal jurisdiction opinions. UCLA Law Review 46, 75-160.

Miller, G., 1999, Earnings performance and discretionary disclosure. Working paper, Harvard University.

Miller, G., Piotroski, J., 2000. The role of disclosure for high book-to-market firms. Working paper, Harvard University.

Noe, C., 1999. Voluntary disclosures and insider transactions. Journal of Accounting & Economics 27, 305-327.

O'Brien, P., Bhushan, 1990. Analyst following and institutional ownership. Journal of Accounting Research 28 (suppl.), 55-76.

Shleifer, A., Vishny, R., 1997. A survey of corporate governance. Journal of Finance 52, 737-783.

. Shu, S., 2000. Firms' discretionary disclosure choices in the face of an earnings disappointment. Working paper, Boston University.

Skinner, D., 1994. Why firms voluntarily disclose bad news. Journal of Accounting Research 32, 38-61.

Skinner, D., 1997. Earnings disclosures and stockholder lawsuits. Journal of Accounting & Economics 23, 249-282.

Smith, C., Watts, R., 1992. The investment opportunity set and corporate financing, dividends, and compensation policies. Journal of Financial Economics 32, 263-292.

Tasker, S., 1998. Bridging the information gap: quarterly conference calls as a medium for voluntary disclosure. Review of Accounting Studies 3, 137-167.

Verrecchia, R., 1983. Discretionary disclosure. Journal of Accounting & Economics 5, 179-194. Verrecchia, R., 2001. Essays in disclosure. Journal of Accounting & Economics 32, in press.

Watts, R., Zimmerman, J., 1986. Positive Accounting Theory. Prentice-Hall, Englewood Cliffs, NJ. Zingales, L., 1998. Corporate governance. In: Newman, P. (Ed.), The New Palgrave Dictionary of Economics and the Law. Stockton Press, New York.

第二部分

契约理论与会计 *

Richard A. Lambert

牛建军 译

摘要

本文回顾了代理理论及其在会计问题中的运用。道德风险和逆向选择造成了普遍存在的激励问题，本文即讨论激励模型的形成。本文回顾了报酬契约中业绩指标所承担角色的有关理论研究，并从报酬和估价两个视角比较了信息是如何被加总的。本文也回顾了有关沟通的文献，包括显示原理失效的模型，显然当显示原理失效时非真实报告和盈余管理会产生。本文还讨论了公司之间的资本配置，包括转移定价和成本分配问题。

JEL 分类：D82；J33；L22；M41

关键词：激励；业绩指标；加总；资源配置；沟通；盈余管理

§1 引言

本文回顾了代理理论及其在会计问题中的运用。[1]在过去的 20 年中，代理理论是会计研究中重要的理论范式。代理理论之所以对会计研究者有如此吸引力，主要在于它允许我们显性地考虑利益冲突、激励问题，以及在模型中考虑激励问题的机制。因为大部分会计和审计研究的动机是与控制激励问题相关的，故代理理论十分重要。比如，我们坚持要求有"独立"审计师的理由是，我们不相信管理者会发布与他们利益相关的真实报告。同样，关注财务报告中客观和可验证信息或稳健性的大部分动机也在于激励问题。从最基础的层面来讲，会计研究中的代理理论关注两个问题：（1）信息的特征、会计和报酬系统如何影响（减轻或加重）激励问题；（2）激励问题的存在如何影响信息、会计和报酬系统的

---

* I would like to thank Stan Baiman，Ronald Dye，Robert Magee，Madhav Rajan，Robert Verrecchia，and Jerold Zimmerman for their useful comments.

Richard A. Lambert，宾夕法尼亚大学沃顿商学院。

设计和结构。

虽说代理理论对财务会计和审计问题具有洞察力，但到目前为止受代理理论影响最大的领域还是管理会计。会计系统产生无数的财务业绩指标，包括成本、收入和利润。每一个财务业绩指标都可以在"本地"层面上和更高层面上计算，包括公司层面。如何更好地衡量业绩的问题之所以重要，是因为会计和预算系统、业绩衡量系统、转移定价系统以及决策支持系统会影响人类和组织的互动。有关传统业绩指标的批评不断出现，这些批评意见认为，传统的业绩指标使得管理者关注"错误"的东西，从而激励了坏的行为。

比如，许多公司开始高度重视非财务指标，如质量、客户满意度、交货及时性、创新和战略目标的实现。[2] Kaplan and Norton（1992，1993）发展了"平衡计分卡"的概念，试图解释反映管理者业绩的多维度属性，以便能比传统的会计数据更及时地反映价值动因。咨询公司正在开发和销售有关业绩的其他财务指标，比如经济增加值、投资的现金回报、股东价值等，并声称它们能提供更优的业绩指标，且能更好地激励管理者采取正确的行动。在公司层次，作为业绩的指标，股票价格与会计数字的比较还存在争议，20 世纪 90 年代，我们观察到基于股票的报酬契约得到巨大的发展。代理理论为这些问题，以及为严谨地检验信息系统、激励和行为等提供了有用的框架。

代理理论起源于信息经济学文献。同样，会计和其他信息被显性地放入决策制定系统中进行研究，由于这些信息的使用，导致了更优的决策（更高的利润），这就是信息的价值。信息经济学的另外一个重要的含义是，比较会计/业绩衡量系统最有意义的方法，是当会计/业绩衡量系统实现最优时的比较。比如，当我们需要额外的会计信息时，就意味着激励问题不能通过其他途径解决。这就约束在模型中有用的"其他"信息。这也强迫研究者在模型中显性地考虑不确定性和测量问题。

代理理论与"传统的"信息经济学的主要区别在于代理理论的信念，代理理论认为多人、激励、不对称信息和/或合作问题对于理解组织的营运很重要。为了得到有关多人的模型，代理理论研究者要确保在模型中能显性地分析利益冲突。也就是说，代理理论模型的构建要基于以下理念：在潜在的激励问题真实存在的经济背景下，检查潜在的激励问题是非常重要的。[3] 利益冲突的典型理由包括以下几个：（1）代理人的努力规避。（2）代理人能将资源运用到他的私人消费上。（3）不同的时间视野，比如，代理人对现在行动在未来的影响不太关心，因为他预期自己在未来将离开公司；或代理人更关心他的行动如何影响别人对他能力的评价，这将影响他在未来的报酬。（4）不同的风险规避。

§1.1 基本代理模型的构建

在最简单的代理模型中，可以简化为只有两个人：委托人和代理人。委托人的角色是提供资本、承担风险和提供激励，而代理人的角色是代表委托人制定决策和承担风险（这一点经常不被关注）。可以将委托人看做"代表性股东"或董事会。[4] 在更复杂的代理模型中，可能包括多个委托人或多个代理人。有些代理人甚至可以同时成为委托人或代理人，比如，在一个科层结构的公司中，中层管理者既是位置在其上的高层管理者的代理人，又是位居其下的雇员的委托人。

为了更容易理解"谁在什么时间知道什么"，通常会构建一个时间线，将模型中的事件按时间顺序排列起来。在最简化的委托代理模型中，事件的顺序如下所示：

契约 $s(x, y)$ 订立	代理人选择 行动 a	观察到的业绩指 标 $(x, y,$ 等等$)$	代理人得到 $s(x, y)$, 委托人保留 $x-s(x, y)$

委托人选择一个业绩评价系统，该系统将详细规定代理人的报酬所依赖的业绩指标（信息信号）和业绩指标与代理人报酬之间的函数形式。令 s 表示报酬函数，y 表示契约中所使用的业绩指标的向量。基于以上契约，代理人将选择一个行动向量 a，包括营运决策、财务决策或投资决策。这些决策和其他外生因素（模型中通常看做随机变量）一起，影响业绩指标的实现，此处将公司的"产出"用 x 表示。

虽然在诸如健康关注选择或政府政策选择等背景下，使用非货币单位衡量产出效果更佳，但本文假定产出使用货币单位进行衡量。在单期模型中，货币产出很好定义，它代表期末现金流量或包括支付给代理人的报酬在内的公司清算股利。现在，我们假定产出 x 是可观察的，且可以作为订立契约的依据。以后我们将放松这一假设。当观察到业绩指标之后，代理人将按契约条款得到他的报酬。注意这里显然假定产出的产权属于委托人。一些论文研究了相反的情形，即代理人拥有产出的产权，可以保留任何数量的"未报告的收益"。

以上最简化版本的代理模型可以在多个方面进行拓展。比如，正如上文所提到的，可以假定产出是不可观察的。这时信息的作用是帮助估计产出。会计研究中相当多的努力旨在建立会计信号（y）不同产生机理的模型。最简单的情况就是会计信号随着代理人的行动自动生产，且可以被委托代理双方观察到。也有些论文对其他情况进行了建模，比如，委托人在期末观察一些信息，并决定是否进行调查，以获得更多的信息（差异分析[5]）。另外一种可能性就是信息来自代理人的报告。这时，可能存在道德风险问题，代理人可能会提供虚假报告。信息也可能是由第三方比如审计师提供的。这时，审计师的激励问题（比如，独立性、审计师工作努力程度或审计师如何真实地报告他的发现）应该进行建模和分析。[6]最后，业绩指标可以来自证券市场将信息加总反映到股票价格的过程中。关于什么信息是投资者可以得到的，或这些信息如何被代理人的营运或报告决策所影响等问题，也可以进行建模和分析。

代理理论论文同时拓展了基本模型，允许代理人或委托人在代理人选择行动之前就得到信息。这些信息可以与不同营运决策的生产率、环境的一般"有利程度"，或有关雇员的类型（比如，雇员的技巧或风险规避）等相关。这些决策前信息可以在契约订立之前，或契约订立和代理人选择行动之间得到。在这些论文中，研究了如何通过参与预算来对代理人的信息进行沟通。代理理论论文同时从时间上拓展了基本模型，这就是多期模型（要么将一个单期模型在时间上进行重复，要么在不同期间存在明显的互相依赖）。

最后，有些论文对公司中多个代理人引起的问题进行了建模。这使得我们可以调查代理人之间的竞争，和使用相对业绩来比较代理人的绩效。我们可以使用多代理人模型来研究管理会计和组织结构（包括公司科层、工作设计、任务分配）之间的互动。多代理人模型对于研究资源（和成本）配置、公司分部之间的转移定价中的激励问题也是必不可少的。

§1.2 本文的结构

在下一部分，本文将在单期、单行动的代理模型中研究由于委托人观察不到代理人的行动而产生的激励问题。这些类型的激励问题通常被称为道德风险或隐藏行动问题。本文将描述这些模型的特征，这些特征保证真正存在的激励问题不能无成本地解决。然后，本文将讨论业绩指标在减少代理问题程度中的作用。关键的特征是业绩指标关于代理人行动的信息量，即业绩指标对代理人行动的敏感性和业绩指标噪音的函数。本文将讨论这些模型对最优契约形式的含义、在什么情况下业绩指标可以以线性的形式组合（会计系统如何加总各项目），以及管理会计教材中广泛讨论的责任会计的想法和可控性原则。

在第 3 部分，本文继续分析代理人对多个行动负责的隐藏行动模型。在这一部分，本文将讨论构建代理模型的线性契约、指数效用函数、正态分布（LEN）框架。在多行动模型中，重点从激励代理人努力的强度转向代理人努力的分配。相应地，业绩指标的协调（或如何构建一个协调的总体业绩指标）变得非常重要。本文将讨论如何将这些结果运用到会计中，比如，用于解释"报表粉饰"或盈余管理、不完整的或短视的业绩指标、非财务业绩指标、分部与公司总体业绩、信息的估价角色与受托责任角色、股票价格或会计数据在报酬契约中的作用等。

在第 4 部分，本文关注由于代理人拥有更多影响生产过程或产出本身的参数的信息，而造成的代理问题。在这些模型中，会计系统有助于组织内部信息沟通、协调各方的行动、评估已采取的行动和产出。会计系统的新角色是降低代理人由于占有信息优势而可以抽取的"信息租金"。本文将讨论这些结论在会计中以下方面的运用：参与预算、目标设定（包括组织冗余的产生）、会计信息的确认功能、资本配置中的最低预期资本回收率、转移定价和成本分配等。

第 5 部分讨论沟通、盈余管理和显示原理。本文将特别讨论具体什么特征的模型，才能阻止显示原理发挥作用，从而使盈余管理得以产生。在第 6 部分，本文将简短地讨论多期代理模型。多期代理模型是研究盈余与现金流量的区别以及会计应计在理论中的作用必不可少的模型。为了研究长期投资决策，在业绩衡量中使用现金流量、应计会计还是剩余收益，以及折旧政策的理论等，我们必须讨论多期模型。文章的结论部分还为未来研究提出了一些建议。

§2 单期代理模型

我们将委托人的问题表示为一个受约束的最优化问题，这时委托人选择报酬函数（函数形式和依赖的变量）使以下问题取得最大解：[7]

最大化委托人的期望效用

受约束于 代理人的参与约束

代理人的激励相容约束

委托人效用定义为公司的"净"收益，比如，产出 x 减去代理人的报酬 s。令 $G[x-s]$ 表示委托人的效用函数。假定委托人偏好更多的货币，$G' > 0$，并且委托人是风险规避或风险中性的，$G'' \leqslant 0$。对于风险中性的委托人，他的期望效用可简化为公司的期望净利润；对于风险规避的委托人，他的期望效用要受公司净利润更高阶矩的影响。正如本文将在下面讨论的那样，一般情况下可以假定委托人是风险中性的。

委托人的净利润在两个方面受到报酬函数的影响。第一，直接效应，因为作为报酬，支付给代理人的每一美元对委托人都是损失；第二，激励效应，因为报酬函数的结构会影响代理人的行动，从而影响总产出 x 的分布。同时，产出和业绩指标还会受其他因素的影响，这些因素对于代理模型来说就是外生变量。我们假定产出和业绩指标是随机变量，其分布受代理人行动的影响。令 $f(x, y \mid a)$ 表示给定代理人行动 a 时产出 x 和业绩指标 y 的联合概率密度。[8]对于大部分内容，本文将假定变量 x 和 y 是连续随机变量；然而，有时候本文会讨论这两个变量为离散时的一些模型。最初，我们将假定委托人和代理人对于分布 $f(x, y \mid a)$ 具有同质信念，本文后面将考虑其中一方拥有信息优势的情况。

在选择报酬函数时，委托人必须确保该报酬函数对代理人有足够的吸引力，即能满足代理人"可接受的"期望效用。这个条件在模型中典型地表现为要求代理人从委托人提供的契约中得到的期望效用满足某个特定的外生可接受的最低效用水平。这个最低的效用水平经常被解释为代理人在他除此之外最好的雇佣机会中的期望效用，或称为代理人的保留效用水平。以上解释表明委托人在委托代理关系中具有全部的"权力"；他可以让代理人得到最低可接受的效用水平，而委托人保留全部的剩余。[9]然而，一个替代的解释就是这仅仅是帕累托最优的结果，也就是说，我们可以将代理人最低可接受的效用水平视做代理人谈判能力的体现。通过改变代理人最低可接受的效用水平，双方期望效用所有可能实现的组合构成的帕累托前沿，我们都可以实现。

约束的第二部分，称为激励相容约束，表示契约和行动之间的关系。给定契约，代理人将选择行动（假如存在沟通的话，还包括信号）来最大化自己的期望效用。激励相容约束允许我们考虑代理问题，就像委托人同时选择契约和行动，但是委托人只能选择一个对代理人而言是激励相容的（契约，行动）组合。正如本文后面将要讨论的那样，研究者在对激励相容约束建模时存在一些困难，现在有一些不同的数学方法用于处理这个问题。

代理人的效用函数是用他的货币报酬 s 和他的行动 a 来进行定义的。在大部分代理文献中，代理人的效用函数被假定为具有可加性，即可以解释为货币报酬和行动两个组成部分，$H(s,a) = U(s) - V(a)$；然而，一些模型假定为 $H(s,a) = U(s)V(a)$。大部分文献通常将非货币部分解释为代理人在各项活动中付出的努力程度。更多的努力假定会提高产出，但是对代理人而言也要付出更多的成本。在其他文献中，与行动相关的非货币性回报包括权力、声望以及可用于个人使用或消费的资源等。

同大多数代理理论论文一样，本文将代理人从报酬契约中得到的报酬定义为他的货币效用。这对报酬契约提出了过高的要求，因为如果建模，就说明从报酬契约中得到的报酬是唯一的激励来源。而在现实生活中，存在数不清的激励形式，包括来自其他方面的货币激励（比如，劳动力市场或接管市场）和非货币激励（满足、困境、提升、监禁等）。以上假设也隐含地假定代理人没有财富，或者说委托人可以对代理人的全部财富订立契约。这就允许委托人决定让代理人承担什么风险或决定代理人的消费如何在不同时间上进行分配（在多期模型中）。一般而言，委托人为代理人作出的选择与代理人自己作出的选择是不同的。[10]特别地，如果代理人可以利用保险市场或资本市场的话，他可以选择抵消或对冲委托人强加给他的部分风险，或者按与未来盈余相反的方向借款等。如果这些问题在一定程度上对研究的激励问题有重要影响，模型中应当考虑代理人的外部财富，并且模型应当清楚地描述对于委托人提供给代理人的契约，代理人有哪些机会可以重新分配他的财富。

§2.1 最优解

作为比较的基准，代理理论论文会先假定不存在激励问题，然后计算代理问题的解。在这个所谓的"最优"解中，所选择的行动是双方的利益都得到考虑，并且所有报告都是真实情况下的合作解。从数学上来讲，我们可以将最优解表示为以下问题的解：

$$\underset{s(x,y),a}{\text{maximize}} \iint G[x-s(x,y)]f(x,y\mid a)\mathrm{d}x\mathrm{d}y$$

$$\text{subject to} \iint U[s(x,y)]f(x,y\mid a)\mathrm{d}x\mathrm{d}y - V(a) \geqslant \underline{H}$$

也就是说，在最优解中，首先要满足代理人参与约束的效用水平 $\underline{H}$，然后在此基础上选择最大化委托人期望效用的契约。注意，这里不存在激励相容约束，因为代理人的行动选择并不是"自私的"，他们是合作进行的选择。

令 λ 为代理人参与约束的拉格朗日乘子，我们可以将最优解表示为以下问题的解：

$$\underset{s(x,y),a}{\max} \iint G[x-s(x,y)]f(x,y\mid a)\mathrm{d}x\mathrm{d}y$$

$$+ \lambda\left\{\iint U[s(x,y)]f(x,y\mid a)\mathrm{d}x\mathrm{d}y - V(a) - \underline{H}\right\} \tag{1}$$

参考以上公式，我们可以看出，代理问题可以看做委托人和代理人期望效用加权组合的优化问题。通过变化 λ（或等价地变化 $\underline{H}$），我们可以得到全部的帕累托前沿。[11]

最优契约可以通过目标函数对 s 进行微分得到，一阶条件是：

$$-G'[x-s(x,\ y)] + \lambda U'[s(x,\ y)] = 0$$

以上公式可以改写为：

$$\frac{G'[x-s(x,\ y)]}{U'[s(x,\ y)]} = \lambda \tag{2}$$

以上等式表明，代理人的报酬必须使委托人边际效用与代理人边际效用的比率对于所有 $(x,\ y)$ 的实现值都是相等的。这称为最优风险分担条件，来自 Wilson（1968）有关辛迪加的理论。

式（2）表明契约仅仅依赖于产出 x，契约中没有使用业绩指标 y。[12] 也就是说，只要产出 x 是可观察的，任何更多的业绩指标都不会起作用。在模型中，产出 x 是唯一"真实的"风险，故也是唯一与风险分担相关的参数。既然在最优解中不存在激励问题（按定义），其他业绩指标就没有存在的必要。

注意，如果委托人是风险中性的而代理人是风险规避的，则最优的契约满足

$$\frac{1}{U'[s(x,\ y)]} = \lambda$$

由于等式的右边是一个常数，故左边也必须是一个常数。这就意味着最优的风险分担契约要支付给代理人一个固定的报酬，$s(s,y) = k$。也就是说，风险中性的委托人并不介意承

担全部的风险，与此相反，风险规避的代理人宁愿不承担任何风险。所以，最优的契约要使代理人不会面临任何风险。相似地，假如代理人是风险中性的而委托人是风险规避的，则对代理人而言最优的风险分担契约就是要代理人承担全部风险；最优的契约是 $s(s,y) = x - k$。若双方都是风险规避的，则对双方而言都承担一部分风险才是最优的。最优风险分担的形态依赖于双方的效用函数的形式。一个有趣的特例是双方都有负指数效用函数。这时，最优的风险分担契约对产出 x 是线性的，并且斜率系数（代理人承担的风险数量）与代理人和委托人风险容忍度之比成比例。更多讨论，请参见 Wilson（1968）。

§2.2 最优解可以得到的情形

我们现在转向研究一些模型，在这些模型中，委托人必须考虑他所提供的契约计划的激励效果。也就是说，在给定委托人提供的报酬计划后，我们假定代理人将从他自己最优的利益角度出发选择行动。我们开始注意到一些最优解可以保证的特殊情形，这时，委托人可以构建一个报酬计划，以使双方能最优地分担风险，并且给代理人提供足够的激励，以保证他选择最优解时的行动。注意，委托人设计契约诱使代理人选择最优行动，仅有这一点还是不够的；契约必须确保没有比风险分担契约增加更多的风险。

我们考虑的第一种特殊情形是代理人是风险中性的。这时，最优的风险分担契约使得代理人承担全部风险。既然委托人得到一个固定的报酬，式（1）中最优的目标函数就等同于最大化代理人的期望效用。也就是说，给定最优的风险分担契约后，最优的行动是可以最大化代理人期望效用的行动。显然，从代理人的私人角度出发，他也会选择同样的行动。所以，假如我们把公司"卖"给代理人，代理人就可以将激励问题内部化。当代理人是风险中性的时，从风险分担的角度来看，出售公司同样是最优的。注意，为了确保以上方法可行，必须满足产出的产权可以转移给代理人这个条件。[13] 还有，代理人必须有足够的财富，以补偿事后的所有损失。

在第二种情形下，即使代理人是风险规避的，最优解也可以得到。最明显的一种情形是代理人的行动是可观察的。这时，委托人可以提供一个"混合"契约，其中规定：(1) 如果委托人观察到代理人选择了最优的行动，则按最优契约的条款向代理人进行支付；(2) 如果委托人观察到任何不同于最优的行动，则对代理人进行大额的惩罚。由于任何与最优运行的背离都肯定会被发现，代理人为了避免惩罚，将选择最优行动。这种类型的契约就是所谓的"强制"契约，因为它强制代理人选择委托人所希望的行动。当最优行动被选择时，报酬契约同时对风险进行了最优分担，故最优解也可以实现。

当产出的分布不存在任何不确定性时，委托人可以从产出中推断出委托人是否选择了最优行动，从而最优解可以实现。委托人可以惩罚任何与最优行动背离的选择行为。与此同理，假如"自然状态"和产出都是可以观察的，即使存在不确定性，最优解仍可实现，这时委托人可以从产出中倒推出代理人是否选择了最优行动。自然，由于这时能保证"正确"的行动选择且可以对其他行动进行惩罚，故向代理人提供最优风险分担的契约仍是可行的。

最后，当产出分布表现"移动支撑"特性时，最优解有时还是可以实现的。所谓"移动支撑"特性，是指可能的产出变化随行动而改变。比如，假定代理人决定要在多大程度上"努力"工作，假如他选择了一个 a 的努力程度，这时产出就是 $[a-c, a+c]$ 上的均匀分布。如果最优行动是 a^*，则任何落在范围 $[a^*-c, a^*+c]$ 之内的产出结果都和最优行动的结果是**一致**的，但是这并不能**表明**代理人选择了最优行动。虽说代理人可以选择比 a^* 稍小一点的努力程度，产出同时仍可以有较大的概率落在 $[a^*-c, a^*+c]$ 之内，但这样也存在风险，即产出有可能会小于 a^*-c。如果这种情况发生，委托人就可以确信代理人没有选择期望的最优行动。如果委托人可以对这种产出采取足够大的惩罚，委托人就可以确定代理人会选择最优的行动。也就是说，如果委托人提供给代理人一个契约，当产出满足条件 $x \in [a^*-c, a^*+c]$ 时，代理人得到最优风险分担契约；当产出满足条件 $x < a^*-c$ 时，代理人得到极小的报酬（甚至要求代理人向委托人进行补偿），这时代理人将选择最优行动。显然，只要代理人选择最优行动，契约就将达到最优风险分担的结果。

以上这些例子说明，假如我们仅仅关注契约实际的支付，则可能会感觉激励强度不够；也就是说，在后面这些例子中，契约中的激励如此之强，以至于均衡状态下偷懒从来不会发生，而惩罚也从来不会被执行。如果研究者仅仅观察实现的产出和支付，则可能会得出错误的结论，认为契约中不包括任何激励成分。这些例子也说明业绩指标在契约中起到了传递信息的重要作用。这些例子有点极端，总是假定我们可以观察到一个信号，从这个信号中可以清楚地推断出代理人是否背离了最优行动。更一般地，我们应当期望信息信号是代理人行动的不完美指示器。下一节将讨论这种情景。

§2.3 次优解——仅仅产出（x）可观察

在这一节，我们开始分析一些模型，在这些模型中，如果仅仅依赖产出订立契约，会导致与最优契约相比的一些福利损失，[14] 这是更多信息在代理框架中发挥作用的必要条件。我们从最简单的情景开始，此时代理人只有单维的行动：提供多少努力，$a \in A$，其中 A 是可行的行动集。假定努力是连续变量，产出也是连续的随机变量，令 $f(x \mid a)$ 表示给定努力程度时产出的概率密度。假定更多的努力将导致更多的期望产出，特别地，更高的努力程度将使产出的概率分布向右移动，即移动后的概率分布一阶随机占优于原来的概率分布。显然，如果假定从实现的产出完全不能推断出代理人的行动，则我们就排除了"移动支撑"情景的假设。也就是说，对于一些 a，概率密度大于零，即 $f(x \mid a) > 0$，但是对于可行集中所有其他行动 $f(x \mid a) > 0$ 都有可能成立。最后，我们假定更高水平的努力对代理人的成本更高，比如，努力对代理人有负的效用。特别地，假定 $V'(a) > 0$ 和 $V''(a) > 0$。

我们可以将委托人的问题表示为：

$$\underset{s(x), a}{\text{maximize}} \int G[x - s(x)] f(x \mid a) dx \tag{3}$$

$$\text{subject to} \int U[s(x)] f(x \mid a) dx - V(a) \geqslant \underline{H} \tag{3a}$$

$$a \text{ maximizes} \int U[s(x)] f(x \mid a) dx - V(a) \tag{3b}$$

正如最优解一样，我们在满足代理人得到参与约束水平的期望效用约束后，最大化委托人的期望效用。[15] 然而，现在增加了激励相容约束（式（3b）），即在给定委托人提供的契约后，代理人选择的行动能最大化代理人的期望效用。

非常不幸的是，最后一个约束条件以现在的形式而言是很难从数学上求解的，代理理论学者尝试将这个约束替代为激励相容约束对努力的一阶条件，这样的变换可以保证能够在数学上求解。[16]假定最优努力是行动集的内解，则代理的最优努力程度就能保证期望效用对努力的一阶导数等于零。代理人的一阶条件就是：

$$\int U[s(x)]f_a(x\mid a)\mathrm{d}x - V'(a) = 0 \tag{4}$$

代理理论研究者对代理人的激励相容约束使用其一阶条件进行替换。[17]令 λ 为参与约束的拉格朗日乘子，μ 为代理人关于行动的一阶条件的拉格朗日乘子，委托人的问题可以表述为：

$$\underset{s(x),a}{\text{maximize}} \int G[x-s(x)]f(x\mid a) + \mathrm{d}x + \lambda\left\{\int U[s(x)]f(x\mid a)\mathrm{d}x - V(a) - \underline{H}\right\}$$
$$+ \mu\left\{\int U[s(x)]f_a(x\mid a)\mathrm{d}x - V'(a)\right\} \tag{5}$$

将以上最优化问题对每个 x 值对应的 s 函数求导，可解出以上最优契约。以上最优契约的一阶条件是：

$$-G'[x-s(x)]f(x\mid a) + \lambda U'[s(x)]f(x\mid a) + \mu U'[s(x)]f_a(x\mid a) = 0$$

也可重新表述为：

$$\frac{G'[x-s(x)]}{U'[s(x)]} = \lambda + \mu\frac{f_a(x\mid a)}{f(x\mid a)} \tag{6}$$

请注意，如果 $\mu = 0$，以上条件就简化成最优解中的最优风险分担契约。所以，一阶条件是否可以实现的检验，等同于检验激励约束的拉格朗日乘子 μ 是否等于零。Holmstrom（1979）证明，如果委托人想激励高于最低可能的努力程度，必须保证 $\mu > 0$。最简单的方法是观察委托人是风险中性的特例，这时，$\mu = 0$，代理人得到一个固定工资，这使得他的报酬独立于产出和努力。在这样的契约下，代理人没有动机努力工作，所以他会提供最小可能的努力。所以，$\mu = 0$ 不可能是最优解。

如果 $\mu > 0$，最优契约偏离最优风险分担契约的程度依赖于 $f_a(x\mid a)/f(x\mid a)$ 的符号和大小，Milgrom（1981）证明以上公式可以从经典的统计推断的角度进行解释。假定我们用极大似然估计法估计概率分布的参数，观察到一个产出的样本 x 和 x 的概率分布 $f(x\mid a)$，a 是需要估计的参数。极大似然估计法要求首先对似然函数取对数，然后对需要估计的参数求导，最后令导数等于零。计算之后可以得到 $\partial\log[f(x\mid a)]/\partial a = (1/f(x\mid a))f_a(x\mid a)$，这与式（6）中的表达式一致。从统计的角度来讲，我们可以认为委托人试图使用产出 x 来推断代理人是否采取了正常的努力程度。[18]委托人奖赏那些代理人努力工作形成的产出（假如 $f_a(x\mid a)$ 为正，则代理人越努力工作，该产出越可能实现），并惩罚那些代理人不努力工作形成的产出（比如，$f_a(x\mid a)$ 为负时，努力工作使得该产出更不可能发生）。

最优契约就是让代理人承担风险，这一方面会提高其激励水平从而带来利益，同时对风险规避的代理人而言会带来一定的成本，最优契约必须在这两者之间进行权衡。也就是说，假如委托人提供了最优风险分担契约，代理人就不会有足够的激励去提供足够高水平的努力。然而，在其他条件不变的情况下，增加代理人的风险会降低代理的期望效用，故委托人必须提高代理人的期望报酬，以满足代理人的参与约束。

式（6）表明，契约的形式依赖于 $f_a(x\mid a)/f(x\mid a)$ 的函数形式和委托人、代理人的效用函数。正如我们下面所述，很容易构造一些案例，其中不同案例中的契约可以是线性的、凸的或凹的。这对代理理论而言，既是一个好消息，也是一个坏消息。之所以是个好消息，是因为依赖这个框架，我们可以解释许多契约形态。之所以是个坏消息，是因为许多结果依赖于代理人风险规避系数等参数，而这些参数对研究者来讲是不可观察的。

除非再强加其他约束，否则很难证实最优契约是公司产出的增函数等基本特性。[19] 保证契约是产出增函数的一个充分条件是，$f_a(x \mid a)/f(x \mid a)$ 是 x 的增函数，这个条件比假定产出分布的均值是代理人努力的增函数更强。同时要求更高的努力，使得较大的 x 比较小的 x 更容易实现。我们也可以通过扩大代理人行动集的范围来保证单调性（see Verrecchia，1986）。特别地，假定代理人可以在委托人之前观察到产出并且有能力"破坏"部分产出，假如报酬契约存在一些区间，在此区间之内代理人的报酬是产出的减函数，代理人将破坏产出，直到他的报酬不再下降，在此区间内的一些产出是不可观察的，委托人可以将契约在此区间内变成扁平的，即在此区间内报酬与产出无关。这样的契约给代理人提供了相同的"努力生产"的激励，同时又避免了"破坏生产"的激励。故委托人严格偏好非单调的契约，而不喜欢包括下降区间的契约。

正如我们在 2.5 节中深入分析的那样，对于许多普通的概率分布，似然率 $f_a(x \mid a)/f(x \mid a)$ 对于产出 x 是单调的和线性的。式（6）说明一个线性的似然函数并不意味着最优报酬契约是产出的线性函数，契约形式还依赖于委托人和代理人的函数的形式。下面举例说明。假定委托人是风险中性的，并且代理人的效用函数属于绝对风险规避系数不变（HARA）类效用函数的一种：$U(s) = [1/(1-\gamma)](\delta_0 + \delta_1 s)^{1-\gamma}$。这是一类在经济学研究中广泛使用的效用函数。比如，HARA 类效用函数包括幂函数、对数函数（当 γ 接近 1 时）。HARA 类效用函数也可以转换成负指数效用函数，这时，参数 $\gamma > 0$ 是代理人风险规避的衡量指标。

对于此类函数，我们可以得到 $1/U'(s) = (1/\delta_1)(\delta_0 + \delta_1 s)^{\gamma}$，所以最优契约满足：

$$s(x) = -\frac{\delta_0}{\delta_1} + \delta_1^{(1-\gamma)/\gamma}\left[\lambda + \mu \frac{f_a(x \mid a)}{f(x \mid a)}\right]^{1/\gamma} \tag{7}$$

假定 $\mu > 0$，且 $f_a(x \mid a)/f(x \mid a)$ 是 x 的线性函数，当 $\gamma > 1$ 时，式（7）就意味着最优报酬函数是产出 x 的凸函数。同样，当 $\gamma = 1$ 时，契约是 x 的线性函数（比如，对数效用函数）；当 $0 < \gamma < 1$ 时契约是 x 的凹函数。所以，契约形态部分依赖于代理人的风险规避系数。[20]

从技术上讲，式（6）和式（7）中的一阶条件只有当报酬是所有可行报酬集的内解时才成立。在许多情况下，报酬是有下界的。比如，有限负债或代理人财富的局限会阻止委托人在产出糟糕的情况下对代理人的严厉"惩罚"。同样要注意，式（6）左边是边际效用的比率，是一个正数，所以，式（6）的右边必须也是正数。然而，$f_a(x \mid a)/f(x \mid a)$ 的期望值为零，故它可能会取负值，而参数 γ 和 μ 的取值无法保证式（6）的右边一定是正数。举例来说，如果 x 是正态分布的，$f_a(x \mid a)/f(x \mid a)$ 无下界，所以只要 $\mu \neq 0$，总有一个产出区间，使式（6）的右边为负。所以，除非报酬存在下界，否则代理问题就无解，并且总有一个产出区间，使报酬的下界是紧的。[21] 总之，最优契约经常是不可微分的，比如当它们是分段函数时。我将在以后内容中重新讨论契约形态的问题。

§2.4 什么时候更多的业绩指标是有价值的?

在前面的内容中,我们看到在有些情况下,相对于最优解,存在一些福利损失。这就意味着,如果委托人和代理人可以使用更多的业绩指标来增加激励或提高契约的风险分担效率,可能会提高委托人和代理人的期望效用。显然可以对前面的模型进行一个最直截了当的修正,即允许存在产出 x 和另外一个业绩指标 y,二者都是可观察的,且可以在契约中使用。

与式(6)相似,这时,最优分担契约的一阶最优条件是:

$$\frac{G'[x-s(x,y)]}{U'[s(x,y)]}=\lambda+\mu\frac{f_a(x,y|a)}{f(x,y|a)} \tag{8}$$

正如前面分析的那样,可以证明 $\mu>0$。这意味着,当且仅当 $f_a(x|a)/f(x|a)$ 依赖于 y 时,最优契约依赖于业绩指标 y。

Holmstrom(1979)认为以上条件与充分统计量具有类似的统计性质。也就是说,如果我们认为行动 a 是一个要估计的随机参数,则除非 x 是 x 和 y 关于 a 的充分统计量,否则 $f_a(x|a)/f(x|a)$ 就依赖于 y。[22] 比如,假如我们令 $x=a+\bar{e}_1$,$y=x+\bar{e}_2=a+\bar{e}_1+\bar{e}_2$,其中 $\bar{e}_1$ 和 $\bar{e}_2$ 是独立的随机变量,这时虽然 y 中含有与代理人行动相关的“信息量”,但是它和 x 相比并没有提供与 a 相关的额外信息。所以,契约中如果包含 x,就没有理由再包含 y。

Holmstrom 的信息条件告诉我们,契约应当基于许多变量。如果某变量是另外一个变量的充分统计量,则后者从契约的角度来看就是无价值的,这一点并不令人惊奇。让人有点出乎意料的是,只要某变量不存在对应的充分统计量,则该变量从契约的角度来讲就是有价值的。特别地,某变量可以略微增加一点“信息量”,但是在契约中使用这个变量会增加太多的风险。故契约中很重要的是,如何使用不同的变量。我们将在随后的内容中讨论这个问题。

§2.5 业绩指标的加总

Holmstrom 的信息条件告诉我们什么时候一个新变量具有正的价值,但没有告诉我们是什么因素使得这些变量具有信息量,或这些变量在契约中应该如何使用。在这一节,我们将深入讨论契约的函数形式和信号如何加总。对代理理论结论的解释还存在一个问题,即报酬函数的形式和信号加总的方法是同时决定的。我们将不同基本信号加总,最终可以得到一个报酬的数据,显然,将信息加总过程和报酬函数形式分别进行解释是很困难的。既然会计师对业绩指标加总过程而不是对报酬计划构建负有更多的责任,将这两部分分解就具有重要的意义。会计系统一般以线性的形式加总信号,所以理解在什么情况下线性加总是最优的这个问题就变得非常重要。注意信号的线性加总并不意味着契约是线性的。

为方便起见,我们将在以下简化的情景下讨论问题:假定委托人是风险中性的,有两个信号 y_1 和 y_2 可用于契约之中。虽然其中一个信号可以是产出 x 本身,但这并不是必要条件。将最优契约进行适当调整,可以得到:

$$\frac{1}{U'[s(y_1,y_2)]}=\lambda+\mu\frac{f_a(y_1,y_2|a)}{f(y_1,y_2|a)} \tag{9}$$

解最优契约，可以得到：

$$s(y_1, y_2) = W\left[\lambda + \mu \frac{f_a(y_1, y_2 \mid a)}{f(y_1, y_2 \mid a)}\right]$$

式中，W 是代理人边际效用函数的逆函数。

Banker and Datar（1989）首先提出建议，认为我们可以将契约分解为两部分：(1) 业绩指标加总，$\pi = \pi(y_1, y_2) = \lambda + \mu f_a(y_1, y_2 \mid a)/f(y_1, y_2 \mid a)$；(2) 基于加总后业绩指标的报酬契约 $s(\pi)$。

按照以上分解，$\pi(y_1, y_2)$ 的形式是由 $\lambda + \mu f_a(y_1, y_2 \mid a)/f(y_1, y_2 \mid a)$ 的形态决定的。既然 $\mu > 0$，就主要取决于 $f_a(y_1, y_2 \mid a)/f(y_1, y_2 \mid a)$ 的形态。Banker and Datar 表明，对于许多普通类型的概率分布，$f_a(y_1, y_2 \mid a)/f(y_1, y_2 \mid a)$ 是 y_1 和 y_2 的线性函数。[23]比如，这对于指数分布族是成立的，包括正态分布、指数分布、二项分布、伽马分布和卡方分布。需要重点强调的是，以上结果只意味着业绩指标是以线性的形式进行加总的，这并不表明契约对业绩指标是线性的。比如，如果契约是 $s(y_1, y_2) = [y_1 + 3y_2]^2$，显然信号是以线性形式进行加总的（比如，$y_1 + 3y_2$），但是加总的业绩指标是以非线性的形式用于决定代理人的报酬。

下面，我们转向每个业绩指标的权重这个问题。注意，当以线性的形式加总信号时，权重问题是很清楚的。特别地，每个变量的斜率系数都可被认为是变量在契约中的权重。具体而言，就是令线性加总过程表示成 $\pi(y_1, y_2) = \beta_1 y_1 + \beta_2 y_2$。Banker and Datar 认为，对于指数函数族，斜率系数与"信噪比"之间存在比例关系。在计算斜率系数的比率时，比例因子就消除了。

特别地，如果给定代理人的努力后 y_1 和 y_2 的分布是独立的，斜率系数的比率，或最优业绩加总过程中的相对权重满足

$$\frac{\beta_1}{\beta_2} = \frac{\partial \mathrm{E}(y_1 \mid a)/\partial a}{\mathrm{Var}(y_1)} \frac{\mathrm{Var}(y_2)}{\partial \mathrm{E}(y_2 \mid a)/\partial a} \tag{10}$$

注意，$\mathrm{E}(y_i \mid a)/\partial a$ 是信号 i 对代理人努力的敏感系数，这个系数衡量了当代理人努力变化一单位时，信号改变的期望值。式（10）表明，其他条件不变时，一个指标越敏感，该指标的相对权重越大；同时，相对权重是信号方差的减函数。信号的方差衡量了该信号的噪音，因为方差是由其他因素的对信号 y 的重要性决定的（除代理人努力以外的因素）。所以，一个信号如果不太敏感且噪音很大的话，我们可以将其权重调整为非常小的正值。相反，如果契约形态或权重的大小是外生设定的，使用这样的信号可以导致委托人和代理人福利下降。

Banker and Datar 的结果为会计信号线性加总特征提供了强有力的理论支持。然而，他们的结果也表明，从最优业绩指标的角度来讲，等权原则（比如，总成本是所有单项成本的加总，净利润是收入与费用的差）很难是最优的。也就是说，任何代理人有较大"影响"的收入或费用的组成都应该赋予较高的权重，而"波动性"大的组成部分应该赋予较低的权重。只有当组成部分的信号与噪音之比相同时，"等权"原则才是最优的。

然而，在更丰富的模型中，我们应该期望财务业绩组成部分的权重比单行动模型所建议的更接近。特别地，如果代理人的报酬函数中不同组成部分的权重不同，且代理人有机会选择行动从而在不同组成部分之间转移成本，或者可以增加收入或等量的成本，那么他

就会从事这些不增加价值的活动。他甚至可以从事减少价值的活动，以利用收入或成本中某些组成部分的不同斜率系数。当这些"套利"机会很大时，委托人可能会设定相等的斜率系数，以降低代理人从事这些活动的激励。

§2.6　可控性原则和相对业绩评估

当信号的分布是独立的时，任何对代理人行动敏感的信号在契约中都是有用的，这实质上与会计中的"可控性"原则是相似的。当然，用不确定性的语言来讲，代理人并不需要控制所有的业绩指标，故可控性这个术语有点表述不当。不幸的是，传统的管理会计文献并没有提供可控性原则的精确定义。为了讨论方便，如果代理人的行动会影响某变量的概率分布，则我们将该变量定义为"可控的"。[24] 使用这个可操作的定义，如果所有信号都是独立分布的，代理理论就可以为可控性概念提供理论支持，所有可控的有价值的变量都应该包括在代理人的报酬契约中。

然而，代理理论同时表明，在契约中包括一些代理人不能控制的变量也是有用的。虽然我们在模型中没有考虑其他代理人或委托人的行动，观察这些因素如何影响契约并不太难。比如，委托人制定了一个资本决策，该决策将影响产出的均值、产出的方差或代理人努力的生产率，这时资本决策应该作为参数出现在模型中。如果委托人的资本决策影响业绩指标的均值，委托人应该从业绩中剔除受影响的部分。如果增加代理人努力的敏感性，委托人应当对受影响的指标赋予较大的权重，等等。虽然代理人不应该对委托人的资本决策"负责"，但是委托人会使用资本决策去"调整"其他业绩指标，以便其可以更好地评价委托人能够"控制"的行动。

当面临业绩指标具有相关性等更现实的情景时，情况会更加复杂。第一，可控制的变量如果没有传递有关代理人行动的增量信息，则不应该包含在契约中。如前所述，假定两个信号可以写为 $y_1 = a + \bar{e}_1$，$y_2 = y_1 + \bar{e}_2 = a + \bar{e}_1 + \bar{e}_2$，其中 $\bar{e}_1$ 和 $\bar{e}_2$ 是不相关的随机变量。显然，业绩指标 y_2 是代理人可以控制的，但并不会提高契约的效率，它仅仅是第一个业绩指标的加噪（garbling）指标。

第二，我们也有充分理由，将不受代理人影响的业绩指标放入契约。当 y_1 和 y_2 相关时，Banker and Datar 证明，相对权重可以写成：

$$\frac{\beta_1}{\beta_2} = \frac{\left[\dfrac{\partial E(y_1|a)}{\partial a} - \dfrac{Cov(y_1,y_2)}{Var(y_2)}\dfrac{\partial E(y_2|a)}{\partial a}\right]}{Var(y_1)} \frac{Var(y_2)}{\left[\dfrac{\partial E(y_2|a)}{\partial a} - \dfrac{Cov(y_1,y_2)}{Var(y_1)}\dfrac{\partial E(y_1|a)}{\partial a}\right]} \tag{11}$$

注意，即使 y_2 对 a 是不敏感的，它仍然可以在契约中使用。当 $\partial E(y_2 \mid a)/\partial a = 0$ 时，我们可以得到：

$$\frac{\beta_1}{\beta_2} = \frac{\left[\dfrac{\partial E(y_1|a)}{\partial a}\right]}{Var(y_1)} \frac{Var(y_2)}{\left[-\dfrac{Cov(y_1,y_2)}{Var(y_1)}\dfrac{\partial E(y_1|a)}{\partial a}\right]} = \frac{-Var(y_2)}{Cov(y_1,y_2)} \tag{12}$$

式（12）表明，只要两个变量的相关系数不为零，它们在契约中的权重就都不为零。如果两个变量正相关，则赋予 y_2 的权重就和 y_1 的权重符号相反。y_1 和 y_2 之间正的相关系数意味着它们在同一方向上受同一外生"冲击"的影响。既然代理人的行动不是随机变量，这两个变量的相关系数必然来自它们"噪音"部分的相关性。将 y_2 以负的权重包含在契约中，可以消除 y_1 中的部分噪音。

业绩指标"减少噪音"的角色与相对业绩评估、资本市场研究中"单因子"指数模型存在着有趣的联系。为了观察这一点，不妨令 y_1 代表代理人自己的业绩，而 y_2 表示同一组中其他人的业绩。式（11）和式（12）意味着加总的业绩指标可以表述为：

$$\beta_1 y_1 + \beta_2 y_2 = \beta_1 \left[y_1 - \frac{\text{Cov}(y_1, y_2)}{\text{Var}(y_2)} \right] \tag{13}$$

代理人和同组其他成员的业绩经常受相同随机因素的影响，因为他们在同样的环境中工作、接受同一管理人员评估、使用相同的资源或生产技术、经历同样的宏观环境等。这些共同的冲击都可用变量之间的协方差来表示。特别地，假定可以使用单因子指数模型将代理人的业绩写为：

$$y_1 = \phi_0 + \phi_1 y_2 + \omega$$

式中，斜率系数为 $\phi_1 = \text{Cov}(y_1, y_2) / \text{Var}(y_2)$。将以上结果代入式（13），可以将业绩指标加总的最优结果表示为：

$$\beta_1 y_1 + \beta_2 y_2 = \beta[y_1 - \phi_1 y_2] = \beta_1[\phi_0 + \omega]$$

从上式可知，代理人业绩中的"市场组成部分"被剔除了，委托人仅仅使用代理人业绩中"特质的"组成部分来评估代理人。注意，以上业绩指标仍然可从"可控性"的层面加以解释。我们使用任何可能的信息来过滤所有其他变量的影响，目的是关注代理人承担责任的行动。"信息量"原则清楚地表明了这点，我们可以引入一些代理人不能施加影响的变量。

虽然相对业绩评估（RPE）在许多领域中被采纳（比如，在曲线上划分几个等级、月度最佳员工、体育锦标赛等），但是在经理人员报酬中使用的证据却很少。文献中发现了一些与相对业绩评估相关的潜在成本。[25] 比如，可能会存在一些损害生产的争议，如哪些部分是可控的、哪些部分是不可控的等争论；第二个问题是当公司股票价格下降，即使相对于可比公司而言下降幅度较小时，经理人员仍得到大量的奖金，而这对于股东来说可能会成为"政治"成本。

相对业绩评估的第三个成本是，它可能会导致代理人之间破坏性的竞争，比如，通过破坏别人的业绩而不是提高自己的业绩间接地使自己表现得不错。如果所有的代理人都在同一公司内部，这一问题就特别值得关注；如果是将一家公司同其他公司进行比较，该问题就不太严重。尚不清楚为什么这个问题在评价经理层而不是更低层次员工业绩时更严重。第四，相对业绩评估可能会导致糟糕的战略决策（比如，选择那些竞争不太激励的商业项目，而不选择能给企业带大最大利益的项目）。将竞争者的业绩包含在报酬计划中可能会影响经理的战略选择（增加市场份额或降低生产成本）。第五，将某变量的影响从代理人的报酬指标中剔除后，降低代理人预测该变量以及基于该变量的信息修改公司战略的动机。比如，即使石油价格是外生的，我们仍然希望经理能够试图去预测石油价格，并设计适合公司的战略（存货战略、定价契约、对冲头寸）。最后，经理人员可以重新分配他们的财富组合，从而消除一部分与市场相关的风险，这样经理人员就通过自制 RPE 而得到部分好处。所以，对于公司来讲，在报酬契约中采用相对业绩评估是没有必要的。为了说明最后一种可能性，在模型中显性地考虑代理人的外部财富组合和投资机会集是非常必要的。

§2.7 业绩指标价值的大小

代理理论已指出信息的价值不等于零的条件，并给出哪些因素会影响业绩指标的权重。然而，很少有文献注意到业绩指标的价值究竟有多大。将业绩指标的权重解释为价值存在的一个问题是，权重显然会受到变量尺度的影响。也就是说，重新调整变量的尺度，比如将变量调整为原来的 2 倍，会使变量的权重变成原来的一半，虽然没有任何实质上的改变。一个可能的解释方案是重新调整变量的尺度，使其具有同样的敏感性和相同的方差。[26]即使变量尺度作了调整，也并不清楚业绩指标的权重和增加的价值之间是否存在联系。极少有文献关注这个问题。

而 Kim and Suh （1991）[27]是个例外，他们的研究假定代理人有一个平方根效用函数，$U(s)=\sqrt{s}$。这个效用函数在代理理论问题中是最容易处理的。考虑两个竞争性的信息系统：信息系统 1 产生一个信号 y_1，其密度函数是 $f^1(y_1\mid a)$；信息系统 2 产生一个信号 y_2，其密度函数是 $f^2(y_2\mid a)$。Kim and Suh （1991） 证明，如果委托人想激励一个给定的行动 a，当且仅当以下条件成立时，信息系统 1 优于信息系统 2：

$$\mathrm{Var}\left[\frac{f_a^1(y_1\mid a)}{f^1(y_1\mid a)}\right]>\mathrm{Var}\left[\frac{f_a^2(y_2\mid a)}{f^2(y_2\mid a)}\right]$$

在统计学文献中，$f_a(y_i\mid a)/f^i(y_i\mid a)$ 的方差是指该信号传递的有关行动的"信息量"。[28]注意，$f_a(y_i\mid a)/f^i(y_i\mid a)$ 的方差较大，并不意味着 y_i 的方差较大。事实上，对于指数分布族，有下式成立：

$$\frac{f_a^i(y_i\mid a)}{f^i(y_i\mid a)}=\frac{\partial\mathrm{E}(y_i\mid a)/\partial a}{\mathrm{Var}(y_i)}(y_i-\mathrm{E}(y_i\mid a))$$

这就意味着

$$\mathrm{E}\left[\frac{f_a^i(y_i\mid a)}{f^i(y_i\mid a)}\right]^2=\frac{(\partial\mathrm{E}(y_i\mid a)/\partial a)^2}{\mathrm{Var}(y_i)}$$

以上表达式与 Banker and Datar 中的敏感性—噪音比率相似，唯一的区别是分子是敏感性的平方。这就使得信息系统价值的衡量独立于业绩指标的尺度。当其他情况不变时，如果信息信号具有更高的敏感性或更低的方差，则它具有更高的价值。

在更复杂的模型（多行动或私有信息）中单个业绩指标价值大小的研究出奇地少，当契约中已包括一些信息信号时再增加一个信号的增量价值研究也非常少。[29]

§3 多行动模型

虽然单行动代理模型对理解问题非常有用，但它们还是太简单了，以至于不允许我们对业绩指标的一些重要特征进行讨论。特别地，在单行动模型中，信号的敏感性系数是非常重要的特征，而单行动框架却阻止我们思考业绩指标是否对"正确的事情"进行反应。事实上，我们知道代理人一般要对很多行动负责。他们可以决定在不同活动之间付出不同的努力程度，比如在一条生产线和另一条生产线之间、在增加收入和削减成本之间、在客户满意与产品质量之间、在设计与运营之间、在新投资之间等。更重要的是，我们知道，并不是所有的业绩指标对特定行动的敏感性都一样，其中一些指标更容易被操纵、一些信息更及时等。比如，平衡计分卡的思想就是试图反映代理人的多个行动，以及业绩指标在反映这些行动和结果方面的不同能力。

从概念上讲，将 Holmstrom 的框架拓展到多行动框架上并不会增加额外的困难。假定我们可以用一阶条件来表示代理人行动选择，令 μ_i 为行动 i（$i=1,\cdots,m$）一阶条件的拉格朗日乘子。与式（9）类似，最优契约可以表示为：

$$\frac{1}{U'[s(y)]}=\lambda+\mu_1\frac{f_{a1}(y\,|\,a)}{f(y\,|\,a)}+\mu_2\frac{f_{a2}(y\,|\,a)}{f(y\,|\,a)}+\cdots+\mu_m\frac{f_{am}(y\,|\,a)}{f(y\,|\,a)} \qquad (14)$$

Banker and Datar（1989）有关线性加总何时是最优的结果可以继续发挥作用，业绩指标的相对权重也可以用"敏感性—精确度"加以解释。虽然精确度的定义与单行动模型中一样（比如，方差），敏感性却更复杂。特别地，在多行动模型中，业绩指标总体敏感性是单个行动敏感性的加权平均。加权系数则是激励相容约束的拉格朗日乘子 μ_i。由于拉格朗日乘子代表了放松某一约束对委托人净收益的边际影响，以上结果表明，总体业绩指标是对各单个的敏感性系数按它在激励问题中的"重要性"进行加权的。

在 Banker and Datar（1989）的单行动模型的结果中，只有一个有关代理人努力的拉格朗日乘子，所以这个拉格朗日乘子在计算业绩指标的相对权重时就不发挥作用。所以，除了业绩指标的敏感性和方差以外，没有其他特征会影响相对权重。正如式（14）所建议的，如果 μ_i 是不同的，它们在多行动模型中计算权重的比率时就要发挥作用。[30] 这就为模型的其他特征影响相对权重提供了可能性。不幸的是，拉格朗日乘子是模型的内生变量，而且很难求解，这使仔细检查这些问题变得很困难。在下面的内容中，我们将在模型中添加更多的限制，以便进一步观察哪些因素会影响业绩指标的相对权重。

§3.1 代理模型的线性—指数—正态公式

代理理论的一个替代公式是 Holmstrom and Milgrom（1987）提出的，该模型使多行动和多期模型更容易处理。然而，这种处理上的便利是以严重限制模型的一般性为代价的，这表现在三个方面。第一，假定代理人的效用函数是负指数效用函数 $U(w)=-\mathrm{e}^{-\rho w}$，其中，$\rho$ 是代理人的风险规避系数。以上效用函数的重要特征是它的风险规避系数绝对不变，这意味着代理人的财富不会影响他的风险规避，所以不会影响代理人的激励。这一点在多期模型中尤为重要，在多期模型中，代理人的财富会随时间变化。第二，假定业绩指标服从正态分布。正态分布主要的优点是当均值变化时，分布的其他更高阶矩不会变化。最后，假定报酬函数是业绩指数的线性函数。以上三个假设的组合意味着代理人的期望效用（更准确地讲，是期望效用的确定性等值）具有特别容易处理的形式。

在代理文献中对于局限于线性契约一直是有争议的。特别地，代理理论起源于信息经济学，而信息系统的比较基于对信息系统产生的信息的最优使用。将契约局限于线性形式很显然是对信息经济学的一个非常显著的哲学意义上的偏离，因为前面已经说明，在单期模型中线性契约很少是最优的（虽然业绩指标的线性加总通常是最优的）。

这里对线性契约约束有三个合理化的解释。首先，线性契约事实上在更丰富的背景下（但是通常没有模型）是最优的。Holmstrom and Milgrom（1987）（HM）发展了一个连续时间模型，在这个模型中，代理人影响布朗运动过程的漂移率。即使代理人可以随时间动态调整他的努力，HM 证明了这时的最优解等价于委托人提供一个线性的契约，并且代理人选择一个单独的努力水平时的最优解。我们可以"假装"认为我们的单期模型是 HM 发展的连续时间模型的一个"简化"版本，显然线性契约框架在理论上有很强的可行性。不幸的是，目前还不太清楚如何将 HM 框架拓展到多行动和多业绩指标的模型中，尤其是当业绩指标之间是相关的或行动数量大于业绩指标数量时。

第二个使用线性契约框架的动机是，线性契约在实务中被广泛采用。我发现这个解释很难令人信服。当然，有些情况下线性契约是显性契约的很好近似。然而，一旦将隐性激励考虑进来，我怀疑线性契约很难描述"完整的"契约。隐性激励包括报酬决策中的判断以及内部和外部具有"吸引力"的过程。更重要的是，即使只考虑显性契约，我相信这些契约更有可能是分段线性的而不是线性的。

第三个使用线性契约框架的动机是，这样可以简化处理。我相信这是研究者采纳线性契约的直接原因。"传统的"代理理论模型使用 Holmstrom（1979）的框架，而这个框架对于许多会计和经济学研究者感兴趣的话题帮助很小，很快我们求解最优契约的能力就会达到极限（边际回报急速下降的点）。研究者意识到必须作出一些牺牲，才能保证使用这个框架去研究更加现实和有趣的问题。线性契约约束允许我们解决更复杂和更有趣的问题。

我们是否应当牺牲"最优"契约去换取一些易处理性？这个问题的答案依赖于研究工作者感兴趣的问题。对一些研究问题，我们不能简单地假定线性契约（比如，有关契约形态的问题）。更重要的是，对一些问题，契约的形态会影响激励（跨期的盈余管理或风险承担）。然而也有一些问题线性的假设看起来不太可能会严重地干扰定性的结论：它仅仅是简化了数学处理。比如，有关信号加总的结果和业绩指标的协调问题对于 LEN 设定是很稳健的。我们应当基于研究问题（和现存的研究技术），判断什么时候在模型中考虑一些细节以及如何规定外生或内生变量。

§3.2 使用 LEN 框架的多行动模型

代理人要对 m 维的努力负责，可以将努力表示为 $a = (a_1, a_2, \cdots, a_m)$。委托人无法观察到代理人个别的努力水平或总的努力。在后面，我们将这些分析运用到特定类型的行动上。令 x 代表公司期末的现金流量（在支付代理人报酬之前）。公司的产出对委托人来说没有必要一定是可以观察的。相反，委托人必须基于 K 个信号，$y = (y_1, y_2, \cdots, y_K)$，来决定代理人的报酬。注意，行动的数量可以超过契约中可用的业绩指标的数量。这时，由于委托能"控制"的变量（斜率系数）少于要控制的变量（行动），故委托人的控制问题是非常复杂的。

假定业绩指标 y 服从正态分布，代理人的行动只影响业绩指标的均值而不影响它的方差或协方差。为方便起见，假设 x 和 y 的期望值都是代理人努力的线性函数。以上线性假设并不是关键性的假设，只是使模型在数学上更容易处理。正如前面所讨论的，正态假设非常重要，令产出函数为：

$$x = \sum_{j=1}^{m} b_j a_j + e_x$$

业绩指标为：

$$y_i = \sum_{j=1}^{m} q_{ij} a_j + e_i, \qquad i = 1, \cdots, K$$

业绩指标对行动的敏感性系数 q_{ij} 不等于产出 x 对行动的敏感性系数。

比如，某业绩指标是企业"真实的"产出 x，则 q 的向量与 b 的向量是一样的。或者，不同的业绩指标可以是企业产出的不同组成部分：成本或收入的组成部分，或者分部利润。不同行动可以影响其中部分业绩指标，而不是全部。如果采纳了分部利润的解释，代理人可以看做在提高本部门利润的行动和提高（降低）公司其他部门利润的行动之间进行分配。[31] 比如像会计盈余这样的指标，可以看做充分反映了"短期"营运决策的财务效果，而没有充分反映诸如产品开发、质量、客户服务等行动的长期盈利能力。非财务指标可以反映这些行动的效果，但是也存在相当大的测量误差或噪音。[32]

变量 e_x 和 e_i 是联合正态分布，均值为零。正如单行动模型中那样，这些变量代表了除代理人行动以外所有因素对产出和业绩指标的影响。令 Var(y_i) 代表 y_i 的方差，Cov(y_i, y_j) 代表业绩指标 y_i 和 y_j 的协方差，Cov(x, y_i) 代表产出 x 和业绩指标 y_i 的协方差。后面将证明产出 x 和业绩指标 y_i 的协方差从契约角度来看并不重要，除非产出 x 是契约中要使用的业绩指标。然而，正如我们将在后文中讨论的那样，该协方差从估值的角度来看是非常重要的。

假定代理人的效用函数呈现绝对风险规避不变的特征，这就排除了财富效应对最优契约问题的影响。特别地，代理人的效用函数是负指数效用函数，$U(w) = -e^{-\rho w}$，其中 ρ 是代理人的绝对风险规避系数；$W = s(y) - V(a)$，是扣除努力"成本"之后代理人的"净"收益。也就是说，V 代表了努力带来的负效用的等值货币。与在 Feltham and Xie (1994) 基础之上发展的大多数代理文献一样，我们假设代理人努力的成本是可加的，$V(a) = 0.5 \sum_{j=1}^{m} a_j^2$。注意，代理人是努力规避和（弱）风险规避型的。相反，委托人假定为风险中性。

假定报酬契约是观察到的业绩指标的线性函数：

$$s(y_1, \cdots, y_k) = \beta_0 + \sum_{i=1}^{K} \beta_i \tilde{y}_i$$

正态分布、线性契约和负指数效用的组合意味着代理人期望效用的确定性等值可以表示为如下方便的形式：[33]

$$\text{CE} = \text{E}[s(y)] - 0.5\rho \, \text{Var}[s(y)] - V(a)$$
$$= \beta_0 + \sum_{i=1}^{K} \beta_i \text{E}(y_i \mid a) - 0.5\rho \Big[\sum_{i=1}^{K} \sum_{j=1}^{K} \beta_i \beta_j \, \text{Cov}(y_i, y_j) \Big] - V(a)$$

注意，代理人的确定性等值是他的期望报酬减去承担风险的成本（这依赖于报酬的方差和风险规避态度），然后减去努力的成本。

按照以上结构，委托人的问题可以表示为：

$$\max_{\beta_0, \beta_1, \cdots, \beta_k, a} \quad \text{E}(x \mid a) - \text{E}[s(y)]$$
$$\text{subject to} \qquad (\text{AUC}) \qquad \text{E}[s(y)] - 0.5\rho \, \text{Var}[s(y)] - V(a) \geqslant \text{CE}(H)$$
$$(\text{AIC}) \quad a \text{ maximizes } \text{E}[s(y)] - 0.5\rho \, \text{Var}[s(y)] - V(a)$$

委托人最大化扣除代理人报酬后的期望利润。代理人参与约束（AUC）要求契约对代理人有足够的吸引力，以诱使代理人接受该契约。代理人的期望效用可以用确定性等值来表示。不失一般性，可以假定代理人保留效用的确定性等值 $CE(H)$ 等于零。代理人的激励相容约束（AIC）要求在给定报酬契约的前提下行动可以最大化代理人的利益。激励契约必须激励委托人渴望的努力分配，以及总体的努力水平。

报酬契约的截距 β_0 可以选择，以使（AUC）成为一个等式。[34]故我们可以通过将这个表达式直接代入目标函数来消除这个约束，如下所示：

$$\max_{\beta_1,\cdots,\beta_k,a} \sum_{j=1}^{m} b_j a_j - V(a) - 0.5\rho \left[\sum_{i=1}^{K} \sum_{i=1}^{K} \beta_i \beta_j \mathrm{Cov}(y_i, y_j) \right]$$

$$\text{subject to (AIC) } a \text{ maximizes } \beta_o + \sum_{i=1}^{K} \beta_i \mathrm{E}(y_i \mid a) - V(a)$$

注意，既然代理人的行动不影响报酬变量的方差或协方差，方差项会从（AIC）中消失。

我们可以认为契约是对业绩指标进行加权，使得用于评估代理人总体业绩的指标是 $\beta_0 + \sum_{i=1}^{K} \beta_i \mathrm{E}(y_i \mid a)$。展开后为：

$$\beta_0 + \sum_{i=1}^{K} \beta_i \left[\sum_{j=1}^{m} q_{ij} a_j \right] - 0.5 \left[\sum_{j=1}^{m} a_j^2 \right] = \beta_0 + \sum_{j=1}^{m} \left[\sum_{i=1}^{K} \beta_i q_{ij} \right] a_j - 0.5 \left[\sum_{j=1}^{m} a_j^2 \right]$$

注意，代理人期望报酬对行动 j 的敏感性系数是 $\sum_{i=1}^{K} \beta_i q_{ij}$，而期望产出对行动的敏感性系数是 b_j。

根据以上分析，代理人的一阶条件可以简化为：[35]

$$\sum_{i=1}^{K} \beta_i q_{ij} - a_j = 0, \quad j = 1, \cdots, m \tag{15}$$

用以上等式替代委托人目标函数中的代理人行动变量，可以将委托人的问题表示为如下无约束的优化问题：

$$\max_{\beta_1,\cdots,\beta_k} \sum_{j=1}^{m} b_j \left[\sum_{i=1}^{K} \beta_i q_{ij} \right] - 0.5 \sum_{j=1}^{m} \left[\sum_{i=1}^{K} \beta_i q_{ij} \right]^2 - 0.5\rho \left[\sum_{i=1}^{K} \sum_{j=1}^{K} \beta_i \beta_j \mathrm{Cov}(y_i, y_j) \right] \tag{16}$$

这个最优化问题是容易处理的，报酬契约中最优的权重存在封闭解。然而，在解方程之前，Datar et al.（2000）指出，可以将目标函数写成以下形式：

$$\underset{\beta_1,\cdots,\beta_k}{\mathrm{minimize}} \sum_{j=1}^{m} \left[b_j - \sum_{i=1}^{K} \beta_i q_{ij} \right]^2 + 0.5\rho \left[\sum_{i=1}^{K} \sum_{j=1}^{K} \beta_i \beta_j \mathrm{Cov}(y_i, y_j) \right] \tag{17}$$

正如后面要讨论的，第一项反映出委托人希望代理人能够将努力在不同行动之间进行正确的分配。特别地，这些项目使得业绩指标的加权系数可以保证最大化公司产出和代理人总体业绩指标之间的趋同。第二项表明委托人希望降低代理人报酬中的风险，为了抵消代理人承担风险的负效用，委托人必须提高代理人的期望报酬。

为了分离第一项的影响，假定代理人是风险中性的（比如，$\rho = 0$），或业绩指标的方差等于零。当代理人是风险中性或业绩指标不存在噪音时，风险的考虑就不重要，从而式（17）中的最后一项就消失了。不过，仍然存在一个与业绩指标有关的重要问题，那就是产出是不可观察的。也就是说，产出 x 在契约中不太容易处理的特征阻止了委托人将企业卖给代理人。委托人的问题是设计契约，以使代理人的总体业绩指标 $\sum_{i=1}^{K} \beta_i y_i$ 尽可能与公司的产出 x 趋同。式（17）表明，代理人的总体业绩指标与公司产出之间的非趋同可以表示为：

$$\sum_{j=1}^{m}\left[b_j - \sum_{i=1}^{K}\beta_i q_{ij}\right]^2 \tag{18}$$

在受限的条件下，比如当业绩指标敏感性矩阵 q_{ij} 能准确地复制产出对代理人行动的敏感性 b_j 时，完美的趋同可以实现。也就是说，必须存在 $(\beta_1,\beta_2,\cdots,\beta_K)$，能保证对于全部的 $j=1,\cdots,m$，$\sum_{i=1}^{K}\beta_i q_{ij} = b_j$ 都成立。比如，以上条件在单行动模型中很容易得到保证，只要简单地对业绩指标调整尺度，保证 $\beta_1 q_{11} = b_1$ 成立即可。更一般地，如果业绩指标数量至少和行动数量一样多，只要业绩指标敏感性系数的向量是非退化且不是线性相关的，则完美的趋同就可以实现。如果行动多于业绩指标的数量，完美趋同就无法实现，除非发生"意外"，因为这时委托人可以控制的变量（比如，斜率系数）少于他需要控制的变量（比如，行动）。

当完美趋同无法实现时，委托人要对指标进行加权，以使它们尽可能实现"趋同"。式（18）证明，趋同的程度可以用产出对行动的敏感性（b_j）与代理人总体业绩指标对行动的敏感性（$\sum_{i=1}^{K}\beta_i q_{ij}$）的距离（的平方）来衡量。这个距离可以表示为：

$$\sum_{j=1}^{m}\left[b_j - \sum_{i=1}^{K}\beta_i q_{ij}\right]^2$$

为了实现最大趋同，我们可以认为委托人首先调整报酬契约中的权重，以最小化两个向量的夹角 θ。这两个向量分别是产出敏感性向量 b_j 和代理人总体业绩指标向量 $\sum_{i=1}^{K}\beta_i q_{ij}$。其次，委托人调整向量的尺度，使得总体业绩指标的激励力度与 b 非常接近。[36]

式（17）中影响最优权重的第二个效应是敏感性—精确度效应。为了更加详细地分析这个效应，假定业绩指标之间的比例是严格不变的（比如，存在一个"基础"向量 q_j 和常数 $\varphi_i \neq 0$，使得对于所有 $j=1,\cdots,m$，$q_{ij} = \phi_i q_j$ 都成立）。在这些条件下，代理人总体业绩指标与公司产出之间的夹角（θ）是预先设定好的，唯一的选择变量是向量的长度。所以，业绩指标的权重不能影响代理人努力的分配；薪酬契约仅仅可以影响代理人努力的强度。[37]

这时，模型实质上与单行动模型是一样的。所以，最优权重是基于（协方差调整以后的）敏感性系数和业绩指标的噪音来确定的，正如 Banker and Datar 的单行动模型。这时，信号 y_i 的总体敏感性系数简化为一个参数 ϕ_i。

更一般地，趋同效应和敏感性—精确度效应是同时存在的。在这种情况下，我们可以求解式（17），从而得到两个业绩指标权重的比率：

$$\frac{\beta_2}{\beta_1} = \frac{\left[\sum_{j=1}^{m} b_j q_{2j}\right]\left[\sum_{j=1}^{m} q_{1j}^2\right] - \left[\sum_{j=1}^{m} b_j q_{1j}\right]\left[\sum_{j=1}^{m} q_{1j}q_{2j}\right] + \rho \operatorname{Var}_1 \sum_{j=1}^{m} f_j g_{2j} - \rho \operatorname{Cov} \sum_{j=1}^{m} b q_{1j}}{\left[\sum_{j=1}^{m} b_j q_{1j}\right]\left[\sum_{j=1}^{m} q_{2j}^2\right] - \left[\sum_{j=1}^{m} b_j q_{2j}\right]\left[\sum_{j=1}^{m} q_{1j}q_{2j}\right] + \rho \operatorname{Var}_2 \sum_{j=1}^{m} f_j g_{1j} - \rho \operatorname{Cov} \sum_{j=1}^{m} b q_{2j}} \tag{19}$$

分子和分母中的前两项是趋同效应（因为当 $\rho=0$ 或业绩指标方差为零时，分子和分母中最后两项就消失了）。类似地，式（19）中分子和分母中的后两项是敏感性—精确度效应（因为当两个指标之间完全成比例时，分子和分母中的前两项就消失了）。

§3.3 多行动结果的运用

下面将转向多行动模型的一些运用。我们先从单业绩指标情形开始，然后讨论多业绩指标情形。为了使论述更具体、形象，我们假定一个两行动模型，因为委托人仅有一个业绩指标 y_1 可在报酬契约中使用。这时，业绩指标的斜率系数为：

$$\beta_1 = \frac{b_1 q_{11} + b_2 q_{12}}{q_{11}^2 + q_{12}^2 + \rho \operatorname{Var}(y_1)} \tag{20}$$

在下面两节的内容中，我们讨论什么情况下业绩指标会偏离实际产出，以及如何使用业绩指标来控制斜率。[38]

§3.3.1 报表粉饰和激励的负作用

业绩指标偏离实际产出的一个通常的表现是，代理人会采取只增加报告指标而不提高实际产出的行动。这些活动通常称为"业绩填充"、"报表粉饰"或游说监管者（Milgrom and Roberts（1992）将此称为影响成本）。这也可以看做盈余管理的一种形式。令行动 1 代表"实际的"行动（比如，b_1 和 q_{11} 都为正），行动 2 为报表粉饰行为（$b_2 = 0$，但是 $q_{12} > 0$）。

在这种情景下，式（20）表明业绩指标受到报表粉饰的影响越大（比如，q_{12} 越大），该指标的斜率系数就越小。委托人降低斜率系数是为了阻碍代理人采取行动 a_2，因为委托人必须向代理人的报表粉饰行为支付报酬，即使这并不是生产性的活动。委托人不能赋予业绩指标零权重，因为这是唯一用于诱导生产性的行动 a_1 的业绩指标。因此，委托人必须在更多生产性的行动（a_1）带来的利益与报表粉饰（a_2）带来的成本之间进行权衡，以决定在多大程度上使用业绩指标。

如果"报表粉饰"行动实际上对实际产出有负的影响，情况会更糟。当 $q_{12} > 0$ 而 $b_2 < 0$ 时，使用业绩指标的成本更高、斜率系数更小。这时为零的斜率系数是有可能出现的，所以给代理人零的激励要优于给代理人"错误"的激励。[39] 显然，第二个业绩指标有助于分解"生产努力"和"业绩填充"，这对契约而言是有益的。

特别要注意的是，这里的模型中"报表粉饰"行动发生在期初，即在代理人观察到"初步的"或"真实的"产出之前。然而，由于模型的特殊结构，如果代理人一直等到期间结束和观察到产出之前，再决定向"报表粉饰"行动上投入多少努力，也可以取得和以上模型相同的结果。也就是说，因为契约（被假定为外生的）是线性的，且代理人的风险规避独立于他的财富水平，代理人向报表粉饰行动提供多少努力的决策就不依赖于业绩指标的实现值。所以，以上这种特殊结构的模型并不很适合用于研究或解释盈余管理活动，在这些活动中，代理人将盈余做高或做低的决策依赖于业绩指标的实现情况。[40]

§3.3.2 短视的业绩指标和增加一个新的业绩指标

如果说一个业绩指标是非趋同的，即意味着它对代理人行动的所有实际效应都不敏感。比如，会计净收益或营运现金流指标一般不会很快反映资本投资、研发或旨在提高客户满意度、质量等行动的长期影响。与此类似，分部利润也不会反映行动对所有分部利润的溢出效应。我们"短视地"假定 $b_2 > 0$（比如，行动 2 对实际产出有影响），但是 $q_{12} = 0$（它对业绩指标没有影响），这样可以将极端的业绩模型化。在这种情况下，业绩指标根本不能够用于激励行动 2，仅仅可以激励行动 1。[41] 当 $b_2 > 0$ 且 $q_{12} < 0$ 时，同样的结果也成立，这时，业绩指标和实际产出在相反方向上移动。当代理人的行动具有长期利益，但是可用的业绩指标仅仅反映了当前的成本而没有反映未来利益时，这种状况就会出现。研发

成本费用化或内部创造的无形资产都是类似的案例。

为了激励第二个行动，委托人必须"纠正"第一个业绩指标的"不完整性"，或者使用另外一个新的对代理人第二个行动敏感的指标作为补充。转移定价是第一种解释方案的例子，从观念上讲，转移价格使得代理人考虑他的行动对其他分部的影响。非财务业绩指标是第二种解决方案的例子。

在选择增加一个新的业绩指标时，考虑现存的业绩指标的特征是非常重要的。仅仅知道现存指标是"如何"非趋同的还不够，还要知道它们是在"哪里"以及"在什么方向"上非趋同的。直观上讲，委托人愿意选择与现存的业绩指标在相反方向上非趋同的新的业绩指标，以便构建一个总体的业绩指标，它应该是尽可能实现趋同的。到目前为止，这个领域还很少有人探讨。[42]

§3.3.3 趋同和敏感性—精确度的权衡

在这一节，我们将讨论趋同和敏感性—精确度的权衡问题。特别地，我们将研究一个特殊情况，这时一个业绩指标与公司产出是完美趋同的，而另一个指标不是。在这种情况下，非趋同指标的任何权重都意味着，委托人愿意牺牲一些趋同性而实现更好的风险分担。令第一个业绩指标 y_1 是完美趋同的，即等同于公司的产出，$x = y_1 = \sum_{j=1}^{m} b_j a_j + e_1$。相反，第二个业绩指标是一个"不完美的"或"本地的"业绩指标，它仅仅受代理人部分行动的影响。特别是，令 $y_2 = q_{21} a_1 + e_2$。y_2 对 a_1 的敏感性系数是 q_{21}，虽然它对所有其他行动的敏感性系数是零。[43]

将这些结构代入式（19），可以将契约中的相对权重表述为：

$$\frac{\beta_2}{\beta_1} = \frac{b_1 q_{21} \rho \, \mathrm{Var}_1 - \rho \, \mathrm{Cov} \sum_{j=1}^{m} b_j^2}{q_{21}^2 \sum_{j=2}^{m} b_j^2 + \rho \, \mathrm{Var}_2 \sum_{j=1}^{m} b_j^2 - b_1 q_{21} \rho \, \mathrm{Cov}} \tag{21}$$

这个等式表明，趋同的指标（y_1）一般不会得到契约中全部的权重。既然契约不会把全部的权重放在趋同指标上，代理人的总体业绩指标（$\beta_1 y_1 + \beta_2 y_2$）与产出就不会是完美趋同的。委托人愿意牺牲契约中使用的总体业绩指标的部分趋同性，目的是降低向代理人支付的报酬的成本，因为契约要求代理人承担一定风险并付出努力。比如，如果 b_1 和 q_{21} 为正，趋同的业绩指标就是有噪音的（$\mathrm{Var}_1 > 0$），并且信号之间是无关的，契约中本地的业绩指标 y_2 会得到正的权重。

b_j 作为 a_j 的生产率，当 $j > 2$ 时会上升，趋同信号 y_1 的相对权重也会上升。当总体产出对行动越来越敏感时，委托人想激励代理人提供更多的行动。既然本地指标 y_2 对更高维的努力不敏感，它就不能激发更多的努力。所以，契约会对趋同指标 y_1 赋予较大的权重，以便激发更多的生产性努力。[44]

然而，提高其他敏感性系数（b_1 和 q_{21}）对契约中相对权重会有非单调的影响。也就是说，与单行动情形不同，业绩指标敏感性系数的增加并不能保证该业绩指标相对权重的上升。在单行动模型中，唯一的激励问题就是代理人努力的程度，任何对代理人努力敏感的变量都可以用于增加努力水平。然而，在多行动模型中，契约不仅必须激发代理人总体上更高的努力水平，而且要确保在不同行动上的分配。

比如，当 q_{21} 增加时，为了充分发挥 Banker and Datar 的信号—噪音比率效应，要在 y_2 上增加权重，然而最终 y_2 与公司产出的非趋同也会增加。如果 y_2 的敏感性增加太多，委托人无法继续提高 y_2 的权重，这时代理人会向第一个行动提供过多的努力，从而超过成本有效时的努力水平。最终委托人会停止提高 y_2 的权重。显然 y_2 敏感性系数的提高激励了代理人对行动 a_1 的增加，最终提高了 y_1 的相对权重，从而激励代理人提高其他方面的努力程度。

提高 b_1 造成的非单调效应更令人惊奇，因为这个敏感性系数不仅有信息效应，还存在直接的生产率效应。正如 Datar et al.（2000）所讲，非单调效应来源于委托人关注激励对其他行动的溢出效应。也就是说，如果委托人提高 y_1 的斜率系数，不仅会导致代理人增加 a_1（这是委托人所希望看到的），而且会激励代理人增加其他方面的行动（这些行动并不会导致生产力的提高）。另一方面，如果委托人使用业绩指标 y_2 来提高代理人在行动 a_2 上的激励，他并没有利用信号 y_1 的敏感性，信号 y_2 的敏感性也没有提高。然而，他避免了因为代理人提高了其他方面的努力而要求额外报酬的成本。这些结果表明，对不同行动的激励效应的交叉作用是非常复杂的，在其他框架下研究这些交叉作用也是非常有意思的。

§3.3.4　分部业绩和公司整体业绩

为了分析这个模型的运用，令业绩指标 y_1 代表公司整体的利润，y_2 代表代理人所有分部的利润（在两种情况下都包括报酬在内）。令努力的第一个维度，即行动 1（a_1），代表代理人旨在提高本部门业绩的努力，且它有可能对其他分部业绩存在溢出效应。也就是说，允许 q_{21} 与 b_1 不同，即第一个行动 a_1 对公司整体利润存在"溢出"效应。行动 a_1 对代理人所有分部的期望影响是 $q_{21}a_1$，对其他分部的期望影响是 $(b_1-q_{21})a_1$，所以总的影响是 b_1a_1。注意，如果 $b_1 > q_{21}$，则 a_1 存在正的溢出效应（Bushman et al.，1995）；如果 $b_1 < q_{21}$，则 a_1 存在负的溢出效应，比如，它提高了本分部的效益，同时损害了公司的效益。相反，努力的第二个维度，即行动 2（a_2），代表对代理人所在分部利润没有影响，却能影响公司整体利润的行动（比如，其他分部的利润）。[45] 所以，这个激励问题是一个激励代理人在"本地"和"外部"的利润提升活动中对努力进行最优分配的问题。

直观上，我们可以期望随着部门之间"相互依赖"程度的增加，公司整体利润而非部门利润的权重会上升。事实上，在单行动框架中，这已经得到了证明（Bushman et al.，1995）。然而，在多行动模型中，结果依赖于相互依赖的类型。特别地，当 b_1 增加（行动 1 的溢出效应上升）时，公司整体业绩指标的相对权重会先下降再上升。如果部门之间第二种类型的相互依赖增加（比如，b_2 上升），公司整体业绩指标的相对权重将毫无疑义地上升。总之，研究激励效应的相互依赖看起来是未来值得研究的一个丰富的领域。

§3.3.5　信息的受托责任与估价有用性

代理理论的一个重要运用是比较信息在管理层激励中的使用与在估价中的使用。投资者基于他们所获得的与公司价值相关的信息进行交易，而交易的结果就体现在股票价格中。既然股票价格直接影响投资者的财富，表面上看，基于股票价格支付报酬将是协调管理者和股东利益的理想方式。[46] 事实上，正是由于以上原因，商业出版物、咨询通讯和研究杂志中的许多文章都吹捧股票价格作为业绩指标的优势。然而，代理理论表明，一般而言，信息出于估价目的的加总方式和出于报酬目的的加总方式是不同的。所以，对公司的估价不等于评估管理者的贡献。

最方便的办法是考虑产出 x 可观察的代理模型。这时，估价函数并不重要，期末股票价格等于产出 x（更准确地说，是 x 减去代理人的报酬）。这时在估价等式中其他信息不会发挥作用。然而，从报酬的角度看，其他信息可能会发挥作用。特别地，我们希望能够分析管理者行动和"其他因素"对公司产出 x 的影响。也就是说，假定我们可以将产出函数写为 $x = a + \varepsilon$，其中 a 是代理人的行动，ε 是所有影响产出的因素，是一个随机变量。从估价的角度来讲，我们只关注 a 和 ε 之和；然而，从报酬的角度来讲，我们要同时关注这两者。在单行动模型（式（8））和多行动模型（式（21））中，当 x 是可观察的时，只要其他业绩指标能够提供代理人行动的信息，契约中就应该使用这些指标。这些变量只要能提供行动的额外信息就可以了，不必提供有关产出的额外信息。

直观上，除使用一些业绩指标，比如会计数据以外，还使用股票价格作为补充性的业绩指标，这些业绩指标在单行动模型中带来的价值会超过它们在多行动模型中带来的价值，因为在单行动模型中，基于会计数据的报酬不会造成激励效应上的扭曲。在单行动模型中，x（股票价格）和 y_i（会计盈余）都是代理人行动的增函数。所以，使用 y_i 来提高代理人的行动，同时会增加公司的产出 x_i。在多行动框架中，极有可能的是，会计数据对部分能增加产出的行动是敏感的，同时对部分实际上无法影响产出的行动也是敏感的。也就是说，会计数据与股票价格相比，趋同性较差。委托人必须在基于会计数据的报酬造成的努力扭曲和风险降低带来的好处之间进行权衡。

当产出 x 不可观察时，市场中的定价机制会加总所有参与者的信息。估价函数中的权重机制如何与最优报酬函数中的权重机制进行比较呢？如果在报酬函数和估价函数中基本的信号的权重完全一样（或等比例），则信息从估价使用和报酬使用角度来看就是"等价"的。令基本信号为从 y_1 直到 y_n，假定最优契约是 $s = \alpha + \sum_{i=1}^{n} \beta_i y_i$，估价或定价公式是 $p = \gamma_0 + \sum_{i=1}^{n} \gamma_i y_i$。如果存在一个尺度系数 k，使得 $\beta_i = k \gamma_i$ 对所有 i 成立，可以将最优契约表示为价格 p 的函数。[47] 特别地，契约 $w = \alpha + k(p - \gamma_0)$ 将复制基于 y_1 到 y_n 的原始契约。如果这样的话，简单地基于股票价格向代理人支付报酬就不会有损失。[48]

为了研究这个问题，假定信号 y_i 是公开可观察的，并且风险中性的估价公式是成立的（这与委托人是风险中性的相一致）。由于产出和业绩指标是正态分布的，定价函数是线性的，且可以表述为：[49]

$$p = \gamma_0 + \gamma_1 \bar{y}_1 + \gamma_2 \bar{y}_2$$

其中 $\quad \gamma_0 = \mathrm{E}(x \mid \hat{a}) - \gamma_1 \mathrm{E}(y_1 \mid \hat{a}) - \gamma_2 \mathrm{E}(y_2 \mid \hat{a})$

也可以表述为：

$$p = \mathrm{E}(x \mid \hat{a}) + \gamma_1 [\bar{y}_1 - \mathrm{E}(y_1 \mid \hat{a})] + \gamma_2 [\bar{y}_2 - \mathrm{E}(y_2 \mid \hat{a})] \tag{22}$$

价格依赖于业绩指标 $\bar{y}$ 的实现和预测的行动 $\hat{a}$，即市场参与者期望代理人采取的行动。业绩指标的实现值依赖于代理人的行动和扰动项的实现。注意，在单纯的道德风险问题中，只有扰动项是随机变量。预测的行动当然要依赖于契约中的激励。然而，在单纯的道德风险问题中，市场（和委托人）拥有生产环境和激励契约的足够信息，可以正确推断出代理人将采取的行动。所以，代理人采取的行动 a，将与市场推断的代理人行动 $\hat{a}$ 完全一样。

所以，业绩指标 $\bar{y}$ 的实现并不能让市场"学习"到任何与代理人行动相关的信息。一且市场观察到业绩指标，公司价值的变化就只与市场对信号 $\bar{y}$ 的"扰动项"的修正相关。所以，估价公式中信号的权重只与 $\bar{y}$ 中扰动项和产出 x 中的随机组成部分的相关系数有关。事实上，估价公式中的权重等价于 x 对 y_1 和 y_2 多元回归的斜率系数。斜率系数仅仅依赖于扰动项的协方差矩阵（$\bar{e}_x, \bar{e}_{y1}, \bar{e}_{y2}$）。比如，如果 $\bar{e}_{y1}$ 和 $\bar{e}_{y2}$ 是无关的，估价函数中的斜率系数就是 $\gamma_i = \mathrm{Cov}(\bar{e}_x, \bar{e}_{yi}) / \mathrm{Var}(\bar{e}_{yi})$。最极端的情况是，如果信号中扰动项与产出的扰动项无关的话，从估价的角度来看，信号的权重应该为零。注意对于估价而言，估价权重不依赖于业绩指标对代理人行动的敏感性。所有这些都已被市场预期到，并反映在估价公式的截距中。

相反，信号对行动的敏感性在报酬函数的权重中发挥重要作用。比如，在单行动模型中，我们可以看到（式（11））相对权重是业绩指标对行动的敏感性、业绩指标的方差以及协方差的函数。注意，业绩指标与产出的相关系数并不会影响业绩指标在契约中的作用。相反，这一情景从多行动且代理人是风险中性的模型中可以得到。这时，式（18）表明，信号加权的目的是最大化业绩指标敏感性向量与产出对代理人行动敏感性向量之间的趋同，这时扰动项的相关系数结构是无关紧要的。也就是说，报酬契约中业绩指标的重要作用是趋同性，这与业绩指标的敏感性相关。相反，估价公式中业绩指标的作用是相关性，与扰动项相关。

当代理人是风险规避型的时，扰动项的方差也是非常重要的。[50] 然而，从企业估值的角度来看，"真实的"波动对于评估代理人的行动而言则是噪音。比如，假定企业的产出可以分解为两个部分：$x = x_1 + x_2$，其中 $x_i = b_i a_i + \theta_i$。注意，扰动项 θ_i 是真实的现金流量，与代理人行动无关。所以，θ_i 从估价的角度来看是相关的，但从报酬的角度来看是噪音。观察到的变量衡量了真实的现金流量，但却是有噪音的：$y_i = x_i + \varepsilon_i = b_i a_i + (\theta_i + \varepsilon_i)$。为方便起见，假定 θ_i 和 ε_i 是独立的。注意，ε_i 无论从估价还是报酬的角度来看都是噪音，而 θ_i 仅仅对于报酬而言才是噪音。

如果契约可以基于变量 y_1 和 y_2，则契约中每个变量的权重将是它的方差的减函数。也就是说，y_i 的权重是 θ_i 的方差和 ε_i 的方差的减函数。然而，在估价公式（22）中，y_i 的权重是：

$$\gamma_i = \frac{\mathrm{Cov}(x, y_i)}{\mathrm{Var}(y_i)} = \frac{\mathrm{Cov}(\theta_1 + \theta_2, \theta_i + \varepsilon_i)}{\mathrm{Var}(\theta_i + \varepsilon_i)} = \frac{\mathrm{Var}(\theta_i)}{\mathrm{Var}(\theta_i) + \mathrm{Var}(\varepsilon_i)}$$

$$= \frac{1}{1 + \mathrm{Var}(\varepsilon_i)/\mathrm{Var}(\theta_i)} \tag{23}$$

这是计量经济学中经典的"变量误差"公式。注意，和在报酬公式中一样，估价公式中的斜率系数是 $\mathrm{Var}(\varepsilon_i)$ 的减函数。

然而，与报酬函数中的权重相反，估价公式中的斜率系数是 $\mathrm{Var}(\theta_i)$ 的增函数。也就是说，业绩指标中"真实的"波动越大，价格对指标的实际值就越敏感。不幸的是，没有任何一项"真实的"波动与代理人的行动相关，所以定价公式对那些真实波动比"测量误差"大的业绩指标"赋予了过高权重"。权重上的扭曲对代理人的行动选择具有实质性的影响。特别是，与基于真实变量 y_1 和 y_2 得到报酬的报酬函数相比，如果代理人是基于价格得到报酬的话（估价函数中的权重变成了对代理人的激励权重），代理人的努力将偏向那些具有更高"真实"波动的行动。

正如前面所讨论的，从激励角度的信息加总和从估价角度的信息加总是完全相反的，造成这个现象的一个重要原因是，对于激励而言敏感性是很重要的，而对于估价而言敏感性并不重要。以上结果产生的一个很重要的原因是，代理人是基于和投资者相同的信息来选择行动的，故投资者可以完全推断出代理人的行动，并在股票价格的"截距"中加以控制。信号实现值无法帮助市场更新对产出中"行动"部分的评价，它仅仅帮助市场预测产出中哪些部分是"扰动"项。

然而，在更一般的模型中，市场对代理人的行动或代理人的才能是不确定的（或许因为对于不同行动的收益率，代理人有不同的信息）。这时，市场将使用业绩指标的实现值更新它对产出两部分的评价。直观上，这会使得用于估价的信号的权重与用于报酬（薪水调整）的信息的权重更接近。截至目前，关于私有信息模型（更一般地，随机行动或才能）的研究是非常少的。[51] 在第 4 部分，我将讨论有关私有信息的模型。

§3.3.6　为了估价或受托责任目的而使用信息的其他问题

股票价格的一个重要角色，是将与估计企业价值相关的不同来源的信息进行加总。在许多情况下，投资者收集的个别信息变量并不是公开可以观察的，或由于它们的形式问题，在报酬契约中无法容易地使用。既然股票价格可以作为订立契约的变量，它就可以成为实际信息指标估价的代理变量。许多论文发展和分析了噪声理性预期模型，在这些模型中，投资者观察到私有信息，并通过交易达到均衡。[52] 除了以上讨论的特征，在一个噪声理性预期模型中，均衡股票价格也是包含"噪音"的（按定义）。所以，其他信息就可以同时在估价（投资者基于价格和他们自己的私有信息决定需求）和报酬（如果其他业绩指标可以消除价格中的部分噪音）中发挥作用。

基于市场无法观察到的变量的契约也是有可能的。也就是说，董事会可以得到内幕信息，而这些信息要想可靠地披露给市场，成本是非常大的（或不可能的）。在这样的环境下，在报酬等式中使用这些额外的信息，显然是有好处的。

有助于理解以股票为基础的报酬的成本与收益的另一个重要问题，是前瞻性的股票价格与其他业绩变量的关系。股票价格普通被认为是非常具有前瞻性的；最极端时，它代表了基于投资者当时所有信息预测的所有未来现金流量的现值。人们通常认为，股票价格这种前瞻性的特性，从股票价格作为激励指标使用的角度来讲，是非常有利的，特别是当关注管理者投资决策的视野时。然而，Barclay et al.（2000）却认为，股票价格这种前瞻性的特性，对于激励而言，也会成为一个负面特征。特别地，股票价格不仅反映了市场对管理者已执行的行动在未来期间的影响，而且反映了未来期间行动的预计影响。所以，以股票为基础的报酬，已经奖励了管理者在未来期望采取而现在并未采取的盈利性的行动。如果管理者可以离开公司，而契约摩擦阻止股东从已支付给管理者的报酬中得到补偿，提前向管理者支付报酬（使用股票价格）会损害股东的利益，而直到未来行动的业绩已实现时再进行支付（比如使用盈余）就不存在这个问题。报酬和业绩指标的多期特征将在第 6 部分进行更详细的分析。

最后，当研究如何理解以股票为基础的报酬的成本与收益时，应当考虑到，管理者可能基于自身利益在市场上交易股票。依赖于这些交易机会的性质、管理者交易决策的可观察性以及管理者外部财富的规模，管理者交易的能力对以股票为基础的报酬的吸引力有显著影响。在一个极端的情况下，这些交易机会使得管理者可以抵消任何委托人通过报酬契约试图强加给管理者的激励。管理者收集私有信息并在市场上公开披露的激励也会受到交易机会（内幕交易）的极大影响。参见 Baiman and Verrecchia（1995）和 Stocken and Verrecchia（1999）对这些问题的分析。本文将在下一部分深入讨论代理模型中的私有信息和沟通问题。

§4 私有信息与沟通

在这一部分，本文将讨论基本代理模型的一些拓展研究，这些研究允许一方拥有私有信息。在大部分研究中，研究者假定代理人可以获得私有信息。[53] 这些信息可以是代理人在进入契约关系之前已得到的信息（有关其"类型"的信息，比如，技能、专业才能、风险规避程度或参与约束的效用水平）。在其他情况下，这些信息也可以是在工作中获得的。也就是说，由于代理人接近生产过程和客户等，自然代理人就拥有公司"营运"方面的信息优势。类似地，如果代理人提议新的项目或投资，一般而言，他比委托人更了解项目的期望盈利能力和回报的时间分布。

为简单起见，令 m 表示代理人观察到的信息信号。和前文一样，令 x 和 y 代表产出和期末可以公开观察到的额外信号。令信号的事前概率分布密度函数为 $g(m)$。一旦收到信号，产出和其他业绩指标的密度函数就可以更新为 $h(x,y \mid a,m)$。

在构建私有信息模型中，研究者一般要考虑以下三个方面的问题。第一，什么时候代理人收到信息——在契约订立之前、订立之后和行动选择之前，还是行动选择之后？第二，在观察到信息信号之后，代理人是否可以离开公司？第三，是否允许代理人和委托人（可能是非诚实地）沟通该信号？

我们假定代理人在契约订立之后和行动选择之前收到私有信息，他观察到信号之后不能离开公司，且不能和委托人进行沟通。当代理人收到私有信息时，他可以调整他的行动，以适应特殊的信息。令 $a(m)$ 代表代理人的行动策略，是他观察到的信息信号的函数。自然地，这个策略将受委托人为代理人设计的激励的影响。代理人的报酬 $s(x,y)$ 不会直接依赖 m，因为 m 是不可观察的。然而，如果 m 影响 x 和 y 的分布，代理人的最优行动就可能会像观察到的信号一样发生改变。这时委托人的最优问题是：

$$\max_{s(x,y)a(m)} \mathrm{E}_{x,y,m}\big[G[x-s(x,y)] \mid a(m)\big]$$
$$\text{subject to } \mathrm{E}_{x,y,m}\big[U[s(x,y) \mid a(m)] - V[a(m)]\big] \geqslant H$$

$a(m)$ 是对于每一个信号 m，都能使 $\mathrm{E}_{x,y \mid m}\big[U[s(x,y) \mid a] - V(a)\big]$ 取最大值时的 a。

以上公式和对称信号公式最大的区别是，存在**一系列激励相容约束**——每个约束对应一个可能的信号。既然代理人的行动一般依赖于收到的信号，则委托人和代理人期望效用的计算也是非常复杂的。比如，事前期望产出要受以下因素的影响：信号的概率密度函数 $g(m)$，代理人观察到信号 m 后的最优行动 $a(m)$，给定信号和最优行动后的期望产出 $\mathrm{E}[x \mid a(m), m]$。

当代理人不能离开公司时，委托人的最大化问题仅仅是要求委托人满足代理人期望的参与约束。即使委托人可以设计契约，使得契约在期望上是紧的，也不可能使契约对所有实现的信号都是紧的。[54]所以，可能存在某些 m 的实现值，代理人认为如果他在现在的契约下继续为委托人工作，他不可能收到其他雇佣机会提供的相同水平的期望效用。如果代理人有能力离开公司，则在观察到一些"不利的"m 的实现值后，离开公司是符合代理人的最优利益的。如果委托人想在任何情况下都阻止代理人离开，他必须提供一个契约，这个契约对于所有实现值都是有吸引力的，而不仅仅是从期望上有吸引力。[55]在这样的情况下，参与约束可以用以下系列约束替代：

$$E_{x,y|m}[U[s(x,y)\mid a(m)]-V[a(m)]]\geqslant \underline{H}，\text{对所有 } m \text{ 都成立}$$

一般地，当代理人有机会离开时，委托人的效用将恶化。特别地，如果"最差的"m 实现时，代理人仅仅得到参与约束，则在更"有利的"m 实现时[56]代理人将得到超过参与约束水平的效用。所以，代理人的事前期望效用将超过参与约束时的效用。这个超额的效用水平就是所谓的"信息租金"；在代理关系中，代理人的权力随着与 m 有关的信息优势的增加而增加。

如果允许代理人和委托人就信息进行沟通，委托人可以潜在地降低信息租金。如果报告被外生限定为诚实的，委托人可以在契约中将报告视为可公开观察的信号使用。特别地，委托人可以调整报酬契约，以适合特殊的信息。比如，如果信号显示努力的边际生产率很高（低），则委托人可以提高（降低）代理人报酬对产出的敏感性，以便激励代理人提供更多的努力。类似地，如果信号对产出的期望价值具有信息含量，委托人可以"扣减"从 m 中推断出来的期望产出，目的是更好地关注由代理人努力造成的产出。

当然，代理人诚实报告的外生保证是不太可能存在的。委托人必须预期到代理人有动机去误报他看到的信号，目的是得到更"有利的"报酬契约。我们把代理人的报告表示为向外界传递一个消息（或报告）$\hat{m}(m)$，其中 $\hat{m}$ 是代理人在看到信息信号 m 之后发送的消息。我们将使用一组代理人消息策略的自选择约束来扩张委托人的问题。这时委托人的问题变为：

$$\max_{s(x,y,\hat{m}),a(m),\hat{m}(m)} E_{x,y|m}[G[x-s(s,y,\hat{m})]\mid a(m)]$$
$$\text{subject to} \quad E_{x,y|m}[U[s(x,y,\hat{m})\mid a(m)]-V[a(m)]]\geqslant \underline{H}$$

对于所有 m 都成立；对于每一个信号 m，$a(m)$ 是使 $E_{x,y|m}[U[s(x,y,\hat{m})\mid a]-V(a)]$ 取最大值时的 a；对于任意给定的信号 m（$\forall$ 信号 m），$\hat{m}(m)$ 是使 $E_{x,y|m}[U[s(x,y,\hat{m})\mid a]-V(a)]$ 取最大值时的 $\hat{m}$。

注意，契约依赖于可观察的变量 x 和 y 以及代理人的消息。以上公式可以解释为：委托人先承诺报酬函数的形式，然后代理人选择发布他的消息。另外一个等价的解释是：委托人提供一个契约菜单 $\{s(x,y)\}$，代理人可以从中进行选择。然后代理人从菜单中选择契约，给定观察到的信息信号后最大化他的期望效用。从建模的角度来看，基于观察到的信息信号从菜单中选择一个契约，等价于对信息进行沟通。

第一组约束是参与约束，第二组约束是有关代理人努力的激励相容约束，第三组约束是有关代理人报告策略的激励相容约束。[57]当然，代理人可以基于真实的信息信号 m 更新他的期望效用，消息仅仅影响代理人收到的契约。

当委托人必须决定要激励什么样的消息策略时，委托人的问题变得非常难以求解，因为消息策略的类型多且"乱"。幸运的是（同时也是不幸的，正如本文将在后面讨论的那样），研究者发现，显示原理可以极大地简化他们的研究表述和求解。显示原理是在机制设计文献（see Myerson，1979）中发展起来的，当代理人收到私有信息且有能力将信息的所有方面都传递出去（比如，如果他们观察到两个信号，则他们可以向外传递一个两维的消息，而没有被强迫去将两个信号加总成一个一维的消息）、委托人可以可靠地承诺如何使用信息时，显示原理是可以成立的。

显示原理表明，任何涉及代理人非诚实报告的机制，都可以使用诚实报告的均衡机制替代。类似地，任何多阶段的过程（代理人提交一个试验性的消息，委托人提出相反的提议，代理人再提供一个修订后的消息，等等）都可以用代理人诚实报告的单阶段过程替代。要承认显示原理并不是说诚实报告成本为零，这一点很重要。相反，委托人必须设计契约，以促使代理人讲真话。一般地，这要求委托人必须事前承诺"不会充分利用"信息。也就是说，引导代理人讲真话的成本是，委托人不能像他在没有对诚实报告进行激励时那样充分使用信息。事实上，在一些极端情况下，委托人必须承诺根本不使用信息，目的是促使代理人诚实报告。显示原理仅仅表明，激励说真话的成本（广义上定义的）不会比激励非诚实报告策略的成本大。

显示原理本质上是将任何提议的误报压缩成一个真实契约。也就是说，假定委托人正在考虑提供一个契约 $s^1(x,y,\hat{m})$，该契约将激励代理人选择一个行动策略 $a(m)$ 和一个报告策略 $m^1(m)$。现在考虑一个不同的契约，契约中最后的拓展是使用第一个契约中代理人最优的消息策略进行替代。也就是说，令 $s^2(x,y,\hat{m})=s^1(x,y,\hat{m})\cdot m^1(m)$，则代理人的最优行动策略和第一个契约中的策略是一样的，如果 $m^1(m)$ 是契约 1 时的最优报告策略，则 m 是契约 2 时的最优行动策略。所以，契约 2（只涉及诚实报告）的期望效用与契约 1（潜在地涉及误报）相等。

显示原理是特别有价值的方法论工具，因为它极大地压缩了研究者在模型中必须加以考虑的可能会是均衡的报告策略的数量。这意味着研究者可以放心地仅仅关注激励诚实报告的均衡。对于以上委托人问题，使用显示原理，可以表述为：

$$\max_{s(x,y,m),a(m),m(m)} E_{x,y,m}[G[x-s(x,y,m)]\mid a(m)]$$

$$\text{subject to } E_{x,y\mid m}[U[s(x,y,m)\mid a(m)]-V[a(m)]]\geqslant H$$

对于所有 m 都成立；对于每一个信号 $m,a(m)$ 是使得 $E_{x,y\mid m}[U[s(x,y,m)\mid a]-V(a)]$ 取最大值时的 a；对于任意给定的信号 $m(\forall$ 信号 $m),m(m)$ 是使得 $E_{x,y\mid m}[U[s(x,y,\hat{m})\mid a]-V(a)]$ 取最大值时的 $\hat{m}(m)$。

注意，代理人报告已经使用契约中的真实信号进行替代。然而，契约必须确保讲真话是代理人的最优报告策略。

§4.1 资本预算的运用

私有信息代理理论的一个重要运用是与一般的预算过程和特殊[58]的资本预算（参见 Antle and Fellingham（1997）对最近研究的回顾）相关的。Antle and Felingham（1997）分析了一个资本预算模型（与 Antel and Eppen（1985）的模型类似），在该模型中，代理人收到有关投资盈利能力的私有信息。等价地，我们可以使用如下解释：我们认为代理人在学习最少需要多大的投资金额才能产生给定的期末现金流量 x。特别地，为了产生期末现金流量 x，最小的投资必须是 mx。代理人并不拥有投资所需要的资本。相反，资金必须由委托人提供。令 z 代表从委托人转移给代理人的资源。z 包含了投资和代理的报酬两部分。代理人可以选择将 z 中的一部分用于自己的目的，我们将以上内容称为代理人在消费"剩余"。[59]

在资本预算领域，普遍都使用离散的信息信号。相应地，我们将信号从最低成本（最有利）到最高成本（最不利）进行排序：$m_1 < m_2 < \cdots < m_n$。成本信号 m_i 的事前概率是 g_i。

假定委托人是风险中性的，他的效用定义为期末现金流量减去转移给代理人的资源 $x - z$。代理人的效用定义为他在期初收到的资源的金额减去在生产过程中投资的金额，即 $z - m_i x$。这个金额包括代理人的报酬加上他消费的剩余的金额。代理人的保留效用水平是 H。最后，观察到成本的实现值后代理人可以离开。所以，即使在成本的实现值"非常差"的情况下，契约也必须对代理人有足够的吸引力。

这些资本预算模型与道德风险模型相比，有几个不同的特征。第一，委托人和代理人都是风险中性的。在私有信息模型中，代理人福利损失的来源主要是代理人的信息租金。一般地，即使代理人是风险中性的，信息租金也存在。与道德风险模型不同的是，委托人不能通过"将企业卖给"代理人来消除信息租金，因为代理人拥有关于公司"价值"的信息优势。正因为如此，许多研究文献使用风险中性的代理人来研究私有信息问题，这样他们可以避免风险规避和风险共享等复杂的问题。

第二，该模型具有沟通的特征。代理人发布一个成本报告 $\hat{m}$，委托人将提供投入 z，要求的产出 x 依赖于报告。委托人事前承诺产出和提供的资源是如何依赖于报告的。

最后，一旦代理人观察到信息信号，他就有关于成本的完美信息，且不具有任何不确定性，虽然以上这一点并不是私有信息模型的一般特征。另一方面，这使得代理人的风险中性更加不重要。一般地，与其他模型相比，不存在剩余的不确定性允许委托人从产出中作出更多的推断。特别地，它将阻止代理人高估给定资源水平时产出的金额。然而，该模型的其他特征（特别是线性生产技术和受限的产出水平）与此正好相反。也就是说，产出的确切数量水平将产生许多不同的信息信号，这会降低委托人使用实际的产出水平推断代理人观察到的信号的能力。

§4.1.1 一阶最优解

假定成本信号是公开可观察的（或自动诚实地传递给委托人）。这时委托人的问题就是：

$$\underset{x_i, z_i}{\text{maximize}} \quad \sum_{i=1}^{N} (x_i - z_i) g_i$$
$$\text{subject to} \quad z_i - m_i x_i \geqslant \underline{H}, \quad i = 1, \cdots, N$$
$$0 \leqslant x_i \leqslant x_{\max}$$
$$0 \leqslant z_i$$

委托人最大化净利润的期望价值。注意，我们已经将每单位产出的价值标准化为 1。第一个约束是不考虑观察到的信号时代理人的参与约束。第二个约束是对可能的产出规定上下界。线性生产技术要求有上下界，以保证解的存在。显然，我们可以想象将以上模型修改为一个凹的生产技术函数，并且产出没有外生的上下界。最后一个约束要求转移给代理人的资源是非负的，比如，代理人没有足够的财富为项目提供支持。

既然委托人的问题已经结构化为一个线性规划问题，其解就是非常直接的。对于每一个成本的实现值，代理人仅仅收到刚好足够的资源来生产要求的产出，且可以满足他的保留效用。也就是说，$z_i = m_i x_i + \underline{H}$。用以上公式替代委托人问题中的$z_i$，可得

$$\underset{x_i}{\text{maximize}} \sum_{i=1}^{N}(x_i - m_i x_i - \underline{H})g_i = \underset{x_i}{\text{maximize}} \sum_{i=1}^{N}(1 - m_i)x_i g_i - \underline{H}$$

注意，目标函数是x_i的线性函数，所以解是从以下公式中进行选择的：

$$x_i = \begin{cases} x_{\max}, & m_i \leqslant 1 \\ 0, & m_i > 1 \end{cases}$$

也就是说，如果每单位产出的成本小于每单位产出的价值，我们将生产最大可能的产出（$x_{\max}$）；如果每单位产出的成本大于每单位产出的价值，我们将生产最小可能的产出（零）。最后，资源分配为：

$$z_i = \begin{cases} m_i x_{\max} + \underline{H}, & m_i \leqslant 1 \\ \underline{H}, & m_i > 1 \end{cases}$$

对于每一个信号，代理人都能得到足够的资本，以保证要求的投资水平和他的保留效用水平，所以代理人只能得到零的剩余。

§4.1.2 报告激励

假定代理人面对的是一阶最优契约，如果他私下观察到成本的实现值，诚实报告是否符合他的最优利益？如果代理人观察到信号m_i，但是他却报告一个成本m_j，他将得到资源和对应于信号j的产出：$z_j = m_j x_j + \underline{H}$。这时代理人的问题为：

$$\underset{m_j}{\text{maximize}}(m_j x_j + \underline{H}) - m_i x_j = \underset{m_j}{\text{maximize}}(m_j - m_i)x_j + \underline{H}$$

所以，代理人将选择m_j来最大化$m_j x_j$。也就是说，他将高估成本，以便得到比真实需求更多的资源。然而，他的高估也是有限的。如果他报告的成本太高（大于1），委托人将不会给代理人任何资源。所以，对于所有的$m_i < 1$，代理人将报告一个略低于1的成本；如果观察到一个大于1的成本，他就没有动机撒谎，因为这个项目不可能得到资助。正如上面所讨论的那样，委托人不用担心代理人会低估他的成本，因为如果这样做，他将不能保证产出有足够的资源，所以在这个方面撒谎，肯定会被发现。注意，在观察到代理人的报告之后委托人可以放弃项目的能力，对代理人过高报告成本的激励也施加了一些约束。

§4.1.3 当代理人策略性报告时委托人的问题

当委托人承认代理人有操纵报告的能力时，我们将委托人的问题模型化为从一个菜单（x_i, z_i）中进行选择，而代理人可以依赖观察到的成本信号m_i从以上组合中进行选择。委托人的问题为：

$$\underset{x_i, z_i}{\text{maximize}} \sum_{i=1}^{N}(x_i - z_i)g_i \tag{24}$$

$$\text{subject to} \quad z_i - \underline{m_i x_i} \geqslant \underline{H}, \qquad i = 1, \cdots, N \tag{24a}$$

$$z_i - m_i x_i \geqslant z_j - m_i x_j, \qquad \text{对于所有} i, j \tag{24b}$$

$$0 \leqslant x_i \leqslant x_{\max} \tag{24c}$$

$$0 \leqslant z_i \tag{24d}$$

这个问题与一阶最优的区别在于，增加了第二组约束公式（24b）。这些"讲真话"约束意味着，当代理人观察到成本信号 m_i 时，代理人选择（产出，资源）组合 (x_i, z_i) 比任何其他组合 (x_j, z_j) 时的效用更高。注意，代理人的报告不会影响真实的成本。也就是说，在观察到信号 m_i 后，无论代理人声称他可以实现的产出水平是多少，都存在一个真实的成本。也就是说，在式（24b）中两边 x 前的乘数都是真实的 m_i。

我们可以单独使用讲真话约束来推导委托人问题解的许多相关推论。特别地，这些约束暗示（参见 Antle and Fellingham（1997）的证明）：

（1）产出 x_i 是 i 的弱递增函数。

（2）提供的资源 z_i 是 i 的弱递增函数。

（3）代理人的剩余 $z_i - m_i x_i$ 是 i 的弱递增函数，当 $x_j > 0$ 时是 j 的强递减函数。

注意，委托人问题中的约束也可以简化为：

（4）如果式（24b）中的参与约束在最坏的成本（m_N）实现时也成立，对于所有其他的情况它也将是成立的。这也意味着 $z_N - m_N x_N = \theta$。

（5）如果式（24c）中 m_i 的激励相容约束满足下一个更大的成本实现值（m_{i+1}），它对于所有其他实现值都是满足的。

这些对于预算模型中沟通的解而言，都是一些普通的特征。它们极大地压缩了模型中约束的数量，所以使得求解更加容易。

委托人问题的解是一个简单的结构。第一，存在一个成本的阈值，决定了是否资助某一产出。也就是说，存在一个 j 的阈值，使得

$$x_j = \begin{cases} x_{\max}, & m_j \leqslant \text{阈值} \\ 0, & m_j > \text{阈值} \end{cases}$$

提供的资源是：

$$z_j = \begin{cases} m_{\text{threshold}} x_{\max}, & m_j \leqslant \text{阈值} \\ 0, & m_j > \text{阈值} \end{cases}$$

注意，对于所有的实际成本，代理人得到了低于阈值的全部超额资源。所以，"剩余"是内生决定的最优解的一部分。对于这些信号，委托人事前承诺允许代理人保留这些剩余，在代理人进行报告之后不去调整契约。这种不会充分利用信息的事前承诺，为代理人的诚实报告提供了激励。

剩下的唯一选择，就是决定是否资助某项目的成本的阈值水平。有意思的是，最优分界点是低于 1 的。也就是说，最优解涉及委托人拒绝某些盈利的项目。对此的解释是资本配给。其他有关资本配给的解释认为，受外生的金额限制，没有足够的资金资助所有项目，而在本文中资本配给是最优均衡的一部分。委托人愿意这么做的原因是可以降低代理人能够创造的剩余。当委托人能够改变 m 的阈值水平时，他就能够影响代理人面临所有较低水平的 m 时所能创造的剩余的金额。所以，通过将阈值水平设为小于 1，委托人放弃了在某些情况下的生产，目的是降低代理人能花费的剩余。

§4.2 私有信息模型中额外（事后）业绩指标的作用

与研究纯粹的道德风险问题的代理理论相反，在私有信息模型中，很少有人研究在期

末可以观察到的额外业绩指标的作用（或分配的权重）。截至目前的研究（与本文其他部分的猜想一样）认为，在这两种情况下，影响业绩指标最优权重的因素存在几个重要的差异。

第一，信号的方差不可能被视为信号噪音的衡量指标。当代理人的行动依赖于实际的私有信息信号值时，产出（x）和事后业绩指标（y）将有一个"实际的"随机组成部分（比如，由代理人行动的随机特性造成的）和一个"噪音的"随机组成部分（与代理人行动或事前观察到的私有信息无关）。在这个框架下，没有呈现出太多变化的业绩变量是不可能有价值的，因为它们没有反映与行动有关的真实的变化。在另一个极端，呈现出太多变化的业绩变量也是不可能有价值的，因为它们受噪音影响太大。对委托人具有挑战性的任务是决定业绩指标的条件方差，也就是依赖于代理人行动和私有信息信号的条件方差。估计这个方差对于试图检验"噪音"如何影响契约参数的研究者也是一个挑战。[60]

第二，趋同的概念必须考虑到产出的敏感性以及随机的业绩指标。也就是说，一个业绩指标必须不仅在各行动之间是趋同的，而且在不同状态（信号）[61]之间也是趋同的。为了观察这一点，考虑一个单行动模型，代理人在选择行动之前观察到一个信号。假定产出是不可观察的，委托人必须选择基于业绩指标 y_1 支付报酬还是基于业绩指标 y_2 支付报酬。平均而言，y_1 和 y_2 对代理人行动的敏感性是一样的，并且与产出对代理人行动的敏感性一样。这时，如果代理人在选择行动之前没有私有信息，对委托人而言使用哪个业绩指标都是无差异的；反之亦然。当代理人在行动选择之前有私有信息时，以上结论不成立。比如，假定基于收到的私有信息信号，当实际产出的敏感性高（低）时，信号1的敏感性是高（低）的，尽管信号2与实际产出的敏感性无关。显然，在契约中，委托人宁愿使用业绩指标1而不使用指标2。所以，业绩指标的敏感性与产出的敏感性的相关关系是非常重要的。

与此相关的是，业绩指标应该具有代理人行动策略的信息。简单地知道代理人的努力水平"低"是不够的；对于委托人，重要的是能够区分造成这个结果的原因，比如，是由于代理人磨洋工，还是由于代理人从收到的信息中推断出努力不可能高产。所以，事后的业绩指标即使不能直接告诉我们与代理人行动有关的任何信息，也是有价值的，但相反的是可以告诉我们有关的私有信号。更进一步，它们可以用于规范代理人的报告。也就是说，它们可以用于降低代理人的信息租金。所以，在这些模型中，期末公布的会计数据不具有"信息含量"，比如，市场参与者对会计数据的公布没有反应，会计数据显然不会影响代理人的报酬。然而，正是会计数据可能会与代理人早期披露不同的威胁确保了代理人早期的披露是可信的。虽然本文主要关注代理人在选择行动之前披露信息，但显然也可以运用到行动之后、产出之前或业绩信号产生之前的私有信息上。

最后，在私有信息框架中，代理人之间的竞争也是有价值的。特别地，有信息的代理人之间的竞争可用于降低委托人必须放弃的信息租金。相反，在纯粹的道德风险模型中，竞争没有直接的好处；但是由于它允许委托人从代理人的报酬中过滤一部分"系统风险"，当代理人的报酬依赖于其他人的业绩时，也会存在一部分好处。[62]

§4.3　激励问题和资本要求回报

本节将讨论私有信息模型在资本回报问题中的运用，管理者是否应该就使用的资本支付回报或应该支付多少回报。即使在我们看来这个问题显然也是很重要的，这也是成本分配或转移定价等问题中财务业绩指标，比如剩余收益或经济增加值（EVA）的基本组成部分。特别地，EVA 理论家和大部分会计学教材一般声称，向管理者要求的资本成本应该与公司的资本成本一样。Rogerson（1997），Reichelstein（1997，2000）和 Dutta and Reichelstein（1999）等最近的理论研究也支持这一点，认为向管理者要求的资本成本应该与公司的资本成本一样。然而，其他代理模型隐含认为，向管理者要求的资本成本应该与公司的资本成本不一样。特别地，这些文献指出，最优的资本回报经常高于所有者的资本成本。在这一节，我们将讨论一部分这些发现。

比如，我们可以将 Antle and Fellingham（1997）的论文改写成有关资本成本的论文。特别地，如果 $m_i x$ 是为了在期末产出现金流量 x 而必须投资的金额，则投资的回报率是 r_i，满足 $m_i(1+r_i)=1$，或 $r_i = 1/m_i - 1 = (1-m_i)/m_i$。他们的结论认为，最优解是确立一个成本的阈值水平 m^*，只有当 $m_i < m^*$ 时才投资，这也等同于建立一个最低预期资本回报率 r^*，只有当回报率 r_i 超过最低预期资本回报率时才投资，比如，当且仅当 $r_i > r^* = 1/m^* - 1$ 时才投资。进一步，对于代理人投资项目被接受的状态，代理人要为他从委托人那里得到的每一美元资本支付 r^*。既然成本的阈值水平一般小于 1，故向代理人要求的资本成本就是正的。即使委托人的资本成本被标准化为零时这也成立。所以，向代理人要求的资本成本高于公司（委托人）的外部资本成本。

正如 Antle and Fellingham（1995）所讨论的那样，当在期末可以得到额外的信息时，可以潜在地降低代理人的信息租金，从而导致更高效率的生产。他们也表明，向代理人要求更低的资本成本并不总是成立的。尚不清楚是模型的什么特征造成了这种结果，或什么条件可以保证更好的信息能导致更低的资本成本（或这本身是不是一个正确的问题）。笔者怀疑，在连续的投资金额的模型中，如果生产函数是凹的且有"更光滑"的信息系统，则信息质量与资本成本之间的天然联系更易建立。

下一步，本文考虑一个与 Rogerson（1997）和 Reichelstein（1997，2000）在本质上接近的模型。这时，问题并不是要降低代理人的信息租金，而是要考虑投资激励和其他激励问题之间的相互作用。特别地，我们推断出在什么条件下能从其他激励中将投资激励区分出来，以便确保资本要求的回报正好是委托人的资本成本。这时，EVA 或剩余收益是"正确的"业绩指标。然而，本文也要表明在什么情况下以上规则不成立，所以投资要求的资本回报必须考虑模型中其他激励问题的性质和程度。在这种情况下，EVA 并不能给出正确的资本要求回报。

假定代理人对"生产努力"（a）和资本投资（I）负责任。生产努力类似于前面描述的努力，它将导致一个期末的现金流量 $\tilde{x}_a$，该变量服从正态分布，期望值是 ba，方差是 $\mathrm{Var}(x_a)$。也就是说，$\tilde{x}_a = ba + e_a$，其中 e_a 服从正态分布。代理人第一类努力的个人成本为 $C(a) = 0.5a^2$，由代理人承担。

如果期初代理人在资本投资上投资 I，它将产生一个正态分布的现金流量 $\tilde{x}_I$，它的期望价值随着 I 上升（以递减的速度），它的方差独立于 I 的大小。[63] 特别地，令 $\tilde{x}_I = \mathrm{E}(x_I \mid I, m) + e_I$，其中 m 是一个（可能是私有的）投资生产率的信息信号。为方便起见，假定 $\tilde{x}_a$ 和 $\tilde{x}_I$ 的分布是独立的。与 Rogerson（1997）和 Reichelstein（1997，2000）中的模型相反，代理人具有非货币方面的回报 $V(I)$，与投资的大小相关。现在，我们不去设定

$V(I)$ 的形式，但它可以是递增的（从更大的投资中得到更大的声望，或可以消耗"剩余"），也可以是递减的。

委托人使用每期的利息率 r 来折现货币。为了计算现值，假定在期初的现金流量和在期末的现金流量是分开的。令 $\tilde{X} = \tilde{x}_a + \tilde{x}_I$ 代表期末总的现金流量（包括代理人的报酬）。如果代理人在第一期期末得到报酬 s，风险中性的委托人的效用就是 $E((\tilde{X}-s)/(1+r)-I)$。第一项是第一期期末净现金流量的现值（努力和短期投资的回报减去代理人的报酬）。第二项是第一期期初的投资。

代理人是弱风险规避的，具有负指数效用函数。如果他在第一期期末的报酬是 s，则他期望效用的确定性等值（假定 s 服从正态分布）是：

$$\frac{E(s) - 0.5\rho \operatorname{Var}(s)}{1+r} - C(a) + V(I)$$

式中，ρ 是代理人的风险规避系数。注意，由于代理人的非货币回报（C 和 V）发生在期初，而他的报酬是在期末得到的，所以代理人的货币效用也是以 r 进行折现的。我们也可以对非货币报酬进行建模，将非货币报酬定义为在期末得到并不失一般性。代理人的保留期望效用水平是 $\underline{H}$。

最后，假定期末现金流量对于契约并不是必需的。相反，委托人和代理人联合观察到一个"有噪音的"现金流量指标，$\tilde{Y} = \tilde{X} + \tilde{e}_y = ba + E(x_I \mid I, m) + \tilde{e}_a + \tilde{e}_I + \tilde{e}_Y$。当 e_y 的方差为零时，模型等价于期末的现金流量可以在契约中起作用。

如果不存在激励问题，委托人的问题就是选择 s，a 和 I，以使

$$\text{maximize } E\left(\frac{\tilde{X}-s}{1+r} - I\right) \tag{25}$$

$$\text{subject to } \frac{E(s) - 0.5\rho \operatorname{Var}(s)}{1+r} - C(a) + V(I) \geqslant \underline{H} \tag{25a}$$

当代理人是弱风险规避的，而委托人是风险中性的时，委托人承担全部风险，代理人得到固定的报酬。这个固定的报酬就是在等式 $s/(1+r) = \underline{H} + C(a) - E_m[V(I)]$ 成立时的参与约束效用水平。最优行动满足以下等式：

$$a = \frac{1}{1+r}b$$

$$\frac{1}{1+r}\frac{\partial E(\tilde{X})}{\partial I} + V'(I) - 1 = \frac{1}{1+r}\frac{\partial E(\tilde{x}_1/I, m)}{\partial I} + V'(I) - 1 = 0$$

注意，当不存在激励问题时，行动选择是可以分离的。也就是说，最优水平的生产努力不依赖于投资选择；反之亦然。第二个等式隐含地给出了最优的投资水平 I。注意，如果 m 是与投资的边际生产率相关的信息，投资将依赖于 m。更进一步，代理人与投资水平相关的非货币回报在选择最优的投资水平时也已加以考虑。比如，如果代理人宁愿选择更高水平的投资而不是低水平的投资，$V'(I) > 0$，则委托人将选择一个高水平投资，因为这允许他减少支付给代理人的报酬。

现在假定代理人的行动是不可以观察的，并且假定他的报酬函数如下：

$$w = \tilde{Y} - \delta I$$

当 $\delta = 1$ 时，这个业绩指标可以看做估计的现金流量或净收益（包括代理人的报酬在内）。也就是说，由于不存在折旧问题，[64] 现金流量或收益在单期模型中是相同的。剩余收益可

以表述为 $\delta = 1 + r$。代理人的报酬假定为业绩指标的线性函数：

$$s = \beta_0 + \beta_1 w$$

假定代理人得到契约（β_0 和 β_1），而资本要求的回报是 δ，则代理人的问题是：

$$\underset{a,I}{\text{maximize}} \frac{E(s) - 0.5\rho \, Var(s)}{1+r} - C(a) + V(I)$$

其中

$$\frac{\beta_0 + \beta_1[E(x_a \mid a) + E(x_I \mid I, m) - \delta I] - 0.5\rho\beta_1^2 Var(x_a + x_1 + e_y)}{1+r} - C(a)$$
$$+ V(I)$$

代理人的一阶条件是：

$$a = \frac{\beta_1}{1+r} b$$

$$\frac{\beta_1}{1+r}\left[\frac{\partial E(x_I \mid I, m)}{\partial I} - \delta\right] + V'(I) = 0$$

注意，代理人的最优投资（I）依赖于报酬契约中斜率系数（β）的大小和资本要求的回报 δ。资本要求的回报 δ 越大，代理人的投资将越少。所以，当使用剩余收益而不是现金流量或净收益时，代理人将减少投资；反之亦然。

和往常一样，代理人参与约束的等式得到满足，我们将 $E(s)$ 放入目标函数后，可得[65]

$$\text{maximize } E\left(\frac{\tilde{X}}{1+r}\right) - H - C(a) - 0.5\rho\beta^2 Var(\tilde{Y}) + V(I) - I \quad (26)$$

$$\text{subject to } a = \frac{\beta_1}{1+r} b \quad (26a)$$

$$\frac{\beta_1}{1+r}\left[\frac{\partial E(x_I \mid I, m)}{\partial I} - \delta\right] + V'(I) = 0 \quad (26b)$$

这个问题的解是很直接的，它具有以下特征：

（1）最优水平的短期投资 I 是被选择出来的。

（2）最优的斜率系数是 $\beta_1 = [b/(1+r)]^2 / [\rho \, Var(\tilde{Y}) + [b/(1+r)]^2]$。

（3）最优的资本要求的回报率是 $\delta = (1+r)(1 + ((1-\beta_1)/\beta_1)V'(I_{fb}))$。

这个命题表明，如果资本要求的回报是一个可以选择的变量，它可以用于激励代理人选择对委托人而言最优的投资水平。即使代理人的非货币回报与投资水平是相关的，以上命题也成立。契约中斜率系数的表达式与不存在投资的模型（除了由于投资而产生的现金流量对方差的增加的影响以外）中的斜率系数是一样的。所以，系数 β_1 可单独用于激励努力 a。注意，如果 $\rho = 0$ 或 $Var(Y) = 0$，我们可得 $\beta_1 = 1$；否则，$0 < \beta_1 < 1$。给定契约中的斜率系数后，资本要求的回报 δ 经调整后可用于激励正常的投资水平。因为在资本要求的回报（与斜率系数 β_1 不同）中不存在"风险效应"，故以上结论是成立的。所以，资本要求的回报经调整后可以保证得到委托人要求的任何水平的投资，资本要求的回报没有其他效应。

然而，求解最优的资本要求的回报必须考虑生产努力（a）中的激励问题。这种关系的形式如下：

（1）如果代理人是风险中性的（$\rho = 0$），或对于任何水平的投资，代理人没有非货币回报（$V'(I) = 0$），资本要求的回报的最优值为 $\delta = 1 + r$。

（2）如果代理人是风险规避的，且 $V'(I_{fb})$ 是正的，资本要求的回报的最优值大于 $1+r$。

（3）如果代理人是风险规避的，且 $V'(I_{fb})$ 是负的，资本要求的回报的最优值小于 $1+r$。

在第一种情况下，使用剩余收益评估业绩可以产生一阶最优水平的投资。当代理人没有与投资水平相关的非货币回报时（正如 Rogerson（1997）和 Reichelstein（1997，2000）的论文一样），代理人仅仅关心投资水平的财务影响。为了使代理人也能从委托人的视角看待投资选择，代理人业绩指标中资本要求的回报必须是委托人的资本成本 $1+r$。注意，无论代理人契约中的斜率系数如何（只要它不是零），以上结论都成立。更进一步，委托人并不需要知道与 $\mathrm{E}[x_I \mid I, m]$ 形态有关的任何事情。所以，委托人没有必要知道关于信号 m 的信息，或者让代理人沟通该信息。

类似地，如果代理人是风险中性的，将斜率系数设定为 1，即将公司"卖"给代理人是最优的。这就迫使代理人将生产努力问题内生化。为了能让代理人制定正确的投资决策，他必须将委托人的资本成本内生化。这也可以通过将资本的要求回报设定为委托人的资本成本 $1+r$ 来实现。

相反，如果 $V'(I) \neq 0$，且代理人是风险规避的，则资本要求的回报的最优值与委托人的资本成本不相等。如果代理人选择更高水平的投资（为了声望），资本要求的回报必须大于委托人的资本成本。虽然代理人得到全部的声望，但只得到项目财务回报中的一部分，所以他就有动机过度投资。委托人不得不提高业绩指标中资本要求的回报，以阻止代理人的过度投资。类似地，如果 $V'(I_{fb})$ 是负的，则资本要求的回报的最优值小于 $1+r$。也就是说，如果代理人选择较低水平的投资（所以他不用太努力地工作），委托人必须降低资本要求的回报，以及引导代理人更多地投资。

注意，对于 $V(I)$ 的一般形式而言，委托人必须知道 $\mathrm{E}[x_I \mid I, m]$ 和 $V(I)$ 的函数形式，以便正确地设定资本要求的回报以及引导一阶最优的投资。然而，对于 $V(I) = vI$ 的特殊情况，有 $V'(I) = v$，则资本要求的回报的最优值是：

$$\delta = (1+r)\left(1 + \frac{1-\beta_1}{\beta_1} v\right)$$

现在委托人并不需要知道 $\mathrm{E}[x_I \mid I, m]$ 的形式，或可以计算 I_{fb}，以便设定正确的资本要求的回报。所以，委托人不需要知道有关信号 m 的信息，或让代理人对此进行沟通。然而，为了决定合适的资本要求的回报，委托人必须考虑代理人生产努力的激励问题（它决定了 β_1 的大小）。

最后，注意资本要求回报的最优值依赖于年末会计盈余的方差。也就是说，当实际现金流量的方差增加或会计数据中噪音的方差增加时，代理人报酬契约中的斜率系数将下降。当斜率系数下降时，资本要求的回报必须相应调整。考虑以下情况：$V'(I) > 0$，这时代理人必定会选择较高的投资水平；反之亦然。在这样的框架下，资本要求的回报大于委托人的资本成本。当代理人的斜率系数降低时，委托人必须提高资本要求的回报，以控制代理人过度投资的动机。所以，盈余中噪音的提高转化为一个较高的资本要求回报。类似地，当 $V'(I) < 0$ 时，相反的结果将发生。也就是说，提高的噪音使得委托人降低了资本

要求回报（低于委托人开始时的资本成本），目的是激励代理人选择正确的投资水平。

会计系统与内部资本成本的关联是未来值得研究的丰富领域。显然，"管理"会计系统和披露在帮助或阻止公司内部资本配置问题上的角色，与"财务"会计和披露在帮助投资在公司之间配置资本的角色，从理论上来讲是一样的。所以，这些研究也对公司外部资本成本有启示作用。

§4.4 转移定价

代理文献对资本预算和转移定价的影响有许多相似之处，部分因为这二者都是公司内部资源配置的表现形式。在资本预算中，资源就是资本，它从总部向分部转移；而在转移定价中，资源是从"上游"分部向"下游"分部转移的半成品。事实上，Antle and Eppen（1985）和 Antle and Fellingham（1997）的资本投资模型是对 Harris et al.（1982，HKR）有关转移定价的经典文献的发展。

HKR 的模型中包含了一个委托人、一个上游分部和 N 个下游分部。上游分部管理者可以使用委托人提供的资本和自己的努力生产一个半成品。下游分部使用半成品和自己的努力生产面向客户销售的商品。每一个分部的管理者都有与努力的相对生产率和在生产过程中的前一阶段提供的资源方面有关的私有信息。更进一步讲，每一个管理者都有动机高估前一阶段提供的资源的好处，目的是降低他所提供的努力。[66]

HKR 的结果与 Antle and Fellingham（1997）的结果在性质上是类似的，在两个模型中"配给"和"剩余"都是最优解的一部分。代理人设定的向下游分部的转移价格要高于资源的成本，目的是降低下游代理人要求比他们真实需要更多的资源的动机。这与新古典文献中转移定价的规定是完全对立的，新古典文献中的转移定价建议，资源应该按它们的边际成本进行转移。

当代理人能够进行降低产品边际成本的"特定关系"投资（或能提高最后一个分部的边际销售收入或产品的净实现价值）时，将转移价格设定为边际生产成本也不可能是最优的。当分部要共享这些投资的利益，而由于成本不能作为订立契约的变量（或者因为它们是非货币性投资，或者是因为很难将它们与该分部的其他投资区分，即它们是无法观察的货币投资）从而无法共同分担全部的成本时，这些投资将是不足的。

转移定价文献研究了许多不同的激励问题：激励分部进行可以提高它们边际生产率的前期投资（Alles and Datar，1998；Sahay，1997；Sansing，1999；Baldenius et al.，1999；Baldenius，2000），最优生产数量的冲突，使用转移进来的资源与代理人自己的努力的权衡（HKR），在向外部销售的产品和内部转移的产品之间努力的分配，以及转移定价和激励效果的税收效应（see Smith，1999）。

最近的许多有关转移定价的研究文献已经偏离了最优转移定价机制的方向，它们转而关注特定的不同转移定价的比较（比如，以成本为基础的转移定价与谈判转移定价机制）。不幸的是，因为它们经常使用定义不同的以成本为基础的转移定价与谈判转移定价机制，故很难比较不同研究的结论。比如，在 Baldenius et al.（1999）中，谈判决定了两个分部之间如何分割实现的整体边际贡献，而在 Baldenius et al.（2000）中是在事前就转移价格进行谈判。随着这类研究工作的开展，模型和定义的高度统一将便于进行比较。

转移定价的未来研究应该关注"独立"公司之间的契约关系，这与公司内部的契约关系是非常不同的。[67]首先，分部之间的转移价格并不是真实的货币转移，它一般仅仅是分部账簿上的会计回报。出于同样原因，分部管理者并不拥有他所在分部收益的财产权，他也不能消费分部的利润。他关心自己分部利润的唯一原因，是委托人可能会基于这些业绩指标来评估他的业绩并支付报酬。[68]在一些论文中，委托人这样做的原因并不明显。特别地，如果代理人是基于公司整体利润进行评估和支付报酬的，模型中的激励问题就消失了。

未来的研究应当充分探索双重价格的使用（比如，有些转移定价系统规定，上游分部贷记的价格与下游分部要求的价格可以是不同的）。双重价格似乎可以消除由传统转移价格机制的"零和"特性引出的问题。比如，在双重定价下，为了激励管理者进行特定关系的前期投资而给上游分部一个较高的转移价格，不会使得下游分部降低它需要的半成品的数量。识别双重定价计划的成本（这将激励管理者更多地合谋吗？）在未来将是一个非常有趣的研究机会。

§4.5 成本分配

转移定价与成本分配也存在许多相似之处；事实上，成本分配可以看做转移定价的一个特例。然而，关于二者的研究文献的发展却存在许多差异。早期的代理文献强调，成本分配系统的价值来自于它构建一个能传递更多有关代理人行动信息的业绩指标的能力（see Demski，1981；Magee，1988）。然而，转移定价模型似乎只关注单个的下游分部，而成本分配文献似乎更倾向于考虑多个使用者。在多使用者的框架中，Rajan（1992）表明成本分配计划是有价值的，可以降低使用者合谋误报资源生产率的能力。

更进一步，只有很少的转移定价模型允许生产成本分解为固定和变动两部分。这就阻止了以完全成本为基础的转移定价政策的研究，而许多调查声称这种方案是被广泛使用的。相反，许多成本分配的论文调查分配完全成本的最优化。[69]在分析完全成本分配效应时的一个重要问题，是资源分配获得和使用的动态特性。分配机制必须激励代理人首先获取适当数量的生产能力（这可能涉及让代理人预测他们预期的使用量）并有效地分配得到的资源。一个成本分配机制是否可以同时完成这两个角色，目前还不清楚（参见 Hansen and Magee（1993）的讨论）。在向使用者分配"固定"成本时存在的问题包括：（1）固定成本的很大一部分在它使用时已是沉没成本；（2）使用资源的机会成本依赖于有多少人想使用它，拥挤的成本是高度非线性的；（3）资本密集型生产资源的获取经常是"阶梯状的"；（4）一旦资源被取得，资源对于使用者盈利能力的新信息就已经获得。

很少有文献关注谁为"空闲的"生产能力或处于供应链中间的"超额"存货付出代价，以及当资源获取不足或要求生产的半成品生产不足时如何进行惩罚。这些都是在未来值得研究的成果丰硕的领域。

§4.6 代理人如何获取私有信息？

在前面的部分中，模型隐含地假定代理人在工作过程中"自动"获取私有信息。我们现在讨论委托人和代理人可以影响信息类型的情况。比如，委托人可以选择代理人将要使用的决策支持系统的类型，包括提供给代理人的变量和详细程度。另外，代理人在他决定如何使用信息之前，也可以花费一些努力来收集和处理信息。对这些问题进行研究的文献较少，我们也很难在不同的结果之间建立联系。

目前我们还不能很好地理解，在什么时间提供给代理人一个能产生私有信息的系统对委托人是有利的。Christensen（1981）提供了一个案例，说明当代理人收到私有信息而不是双方都保持"无信息"状态时，委托人效用何时会提高或降低。当委托人效用恶化时，代理人可能利用信息推断出他可以得到多少剩余，而不会被发现或受到惩罚。[70] Baiman and Sivaramakrishnan（1991）提供了另一个案例，即在私有信息条件下代理人的努力水平是（弱）高的，但是委托人的效用却恶化了。

相反，Christensen（1981）和 Penno（1984）对以下案例进行了研究，即代理人可以得到私有信息，因为代理人的信息告诉了委托人他的行动的边际生产率，从而委托人的效用得到了改善。当他发现努力不再是生产性的时，他将不提供任何努力。但是当他发现努力是生产性的时，他将比无信息时（平均的生产率）提供更多的努力。这就允许委托人调整激励的强度和在努力的生产率上施加的风险。然而，我们不知道信息有价值的充分条件是什么。[71]

当公司的产出不可能作为契约的变量使用时（这时必须使用不完美的业绩指标），向代理人提供决策前信息的价值的决定因素是非常复杂的。Bushman et al.（2000，BIP）表明，价值依赖于代理人私有信息和真实产出的相关系数结构，以及代理人私有信息和契约中使用的业绩指标的相关系数结构。任何一个很强的相关系数都不是信息具有价值的充分条件。如果只有第一个相关系数存在，管理者将忽略该信息，因为它不会影响管理者的报酬。如果只有第二个相关系数存在，管理者将以增加委托人费用的方式使用该信息信号以"对付"自己的努力决策。

给定两个关联都是存在的，如果委托人提供给代理人一个决策前信息系统，该系统在第一个关联还是第二个关联上比较精确，会使委托人的期望利润提高较多？BIP 表明，任何一个方面的选择都是有可能的；特别地，他们提供了一些案例，这些案例表明，委托人提高管理者信息与观察到的业绩指标之间的联系，比起仅仅提高与管理者行动如何影响实际现金流量相关的信息的质量，委托人的效用能得到更大的改善。他们的结果也表明，能导致实际产出与业绩指标之间无条件的较高相关系数均衡的私有信息系统，并不像能产生基于管理者私有信息信号的较高相关系数的私有信息系统一样有价值。

另外一种对信息获取过程进行建模的方法是，假定代理人必须自己动手收集信息、处理信息，并决定不同行动的结果。Lambert（1986）和 Demski and Sappington（1987）研究了激励代理人努力工作以收集信息，以及激励他按照委托人的利益利用信息制定好的决策这两种不同的激励之间的交叉作用。Lambert 表明，委托人必须使代理人的报酬依赖于公司的产出，以给代理人努力工作收集信息的激励，但是这个风险会影响代理人采用风险项目的激励。他提出了一些条件，在这些条件下，最优契约激励代理人在风险—回报选择中过度保守，并且代理人过度偏好风险。

§4.7 沟通的价值

在显示原理能够应用的模型中，允许代理人向委托人传递他的信息总是弱有价值的。然而，关于哪些因素使沟通具有强的正价值或哪些因素会影响沟通价值的大小，我们则不太清楚。在某些情况下，我们知道价值对信息的精确度是非单调的。在某些极端的情况下，如果代理人根本没有私有信息（精确度为零），沟通就没有价值。在另外一些极端的情况下，Melumad and Reichelstein（1989）已证明，当代理人有完美的决策前信息时（比如，代理人没有任何剩余不确定性），价值也可以是零。在他们的模型中，委托人能从代理人私有信息的产出中进行推断，所以沟通就是多余的。对于中等程度的精确度水平，沟通具有正的价值。目前，关于作为它的精确度（或其他参数）的函数的沟通价值的形态，我们所知甚少。

在多期模型中，关于沟通时机的价值，我们也所知甚少。特别地，我们如何权衡及时性和信息的准确性？显然，这些比较必须回答这个问题，即这些沟通的信息被用于什么用途。截至目前分析的大多数模型中，唯一的用处就是在与代理人订立契约时使用。然而，这个信息极有可能对其他目的也是有价值的。虽然代理理论在会计中最早的运用就是这个问题（e. g.，Gjesdal，1981），但是在其他用途中会计信息的价值问题却鲜有研究。Narayanan and Davila（1998）对基于报酬目的或其他目的使用业绩指标的成本与收益的权衡进行了分析。在他们的模型中，为报酬目的而使用业绩指标会造成管理者扭曲报告的信息，从而降低了它在其他用途中的价值，这就是所谓的权衡。

§5　盈余管理和显示原理

盈余管理被认为是管理者广泛采用的活动。即使代理理论看起来是一个研究盈余管理的很自然的理论框架，截至目前的代理文献在帮助我们理解盈余管理如何、为什么以及什么时间发生的问题上，并没有取得太大的进展。最主要的障碍就是显示原理。正如前文所讨论的那样，当显示原理成立时，任何涉及非诚实报告的均衡（比如，盈余管理存在时的均衡）总是被一个讲真话的均衡略占优。只是在最近，研究者对非诚实报告的兴趣才使得他们开始构建一些具有能保证显示原理不成立特征的模型。虽然这并不能保证非诚实均衡是最优的，但它至少提供了这种可能性。

研究者有三种不同的方法可以将旨在克服显示原理的特征在研究中加以考虑。[72]最直接的方法是简单地从外部限制代理人沟通信息的能力，或用一些模型对委托人使用信息的能力进行限制，比如，要求委托人使用预先设定好形式（比如，分段线性）的契约。最后，研究者放松了与如何使用代理人报告相关的事前承诺。

§5.1　沟通限制与成本

沟通限制和成本与管理者误报的能力局限有关，或与管理者诚实沟通信息的能力局限相关。当任一个类型的沟通限制存在时，非诚实报酬作为均衡行为的存在都是可能的。

当存在第一种类型的局限时，通常会比不存在该局限时导致较高的期望利润。为了观察这一点，假定代理人私下观察到期末的产出，但是在报告多少产出方面他有无限的判断力。如果代理人的报告是契约中唯一的变量，从报酬的角度来看该报告就是无用的。不管真实的产出是多少，代理人将总是报告相同的能最大化报酬的产出数量。比如，如果报酬函数是报告的产出的增函数，代理人总是报告最大可能水平的产出。更进一步，既然代理人报告的概率分布和他的报酬不依赖于他的努力，他将提供最小可能水平的努力。委托人可以预期到这种行为，并提供给代理人一个扁平的报酬函数（即代理人的报酬不依赖于他的报告）。在这样的报酬计划下，代理人将真实地报告产出。注意，代理人行动上的沟通问题和激励问题纠缠在一起。委托人有能力激励诚实报告，但代价是无法激励代理人努力工作。

现在假定代理人能够误报的程度是受限制的。特别地，假定真实的产出是 x，则代理人可以发布一个介于区间 $[x-c,x+c]$ 的报告，而他的误报不会被发现。在这种情况下，代理人将误报盈余，但是委托人可以从他的报告中倒推出真实的产出。比如，如果契约是报告产出的增函数，代理人将总是报告最大金额的产出，这时委托人知道一个金额为 m 的报告对应的真实产出是 $m-c$。事实上，委托人能调整契约的参数，使得自己能够实现与代理人不知道什么原因受限于诚实报告时的与委托人的效用水平相同的效用。与前面情况不同的是，委托人可以激励一个正的水平的努力，而均衡并不涉及讲真话。

Evans and Sridhar（1996）将这个案例进行了推广，该文的模型假定报告裁决的金额是只有代理人才知道的随机变量。[73]和前面的情况一样，给代理人一些操纵盈余的能力一般是最优的，因为对于所有可能的（实际产出，裁决金额）都激励讲真话是非常昂贵的。然而，当报告裁决的金额是随机变量时，委托人不能从报告产出中完全无误地推断出实际产出。所以，和诚实报告是外生限定的情况相比，这种情况下存在福利损失。Evans and Sridhar（1996）也在多期框架中分析了同样的模型，他们证明应计会计的"加总"约束有助于委托人控制代理人的报告行为。也就是说，如果代理人在第一期高报（低报）了产出，则在第二期他必须低报（高报）同样数量的产出。这可以限制但无法完全消除代理人扭曲报告收益的动机。

在上面的案例中，裁决性报告的数量是外生给定的。也可以将裁决的量视为内生决定的。比如，和 3.3.1 节讨论的"报表粉饰"一样，假定管理者观察到实际产出 x 后，他可以施加"操纵努力"改变报告的产出。特别地，假定 c 的努力水平将报告的产出提高到 $x+c$，但是代理人要承担 $V(c)$ 的负效用。对于部分 x，代理人将选择一个非零的操纵，在报告盈余水平附近，操纵的数量将是契约中斜率系数的增函数。[74]然而，即使委托人能够还原操纵的数量（比如，如果 c 的价值独立于 x），相对于讲真话是外生限定的状况，这时存在福利损失。福利损失来源于真实的资源被用于操纵盈余。委托人为此要么直接支付，要么通过向代理人提供一个较高水平的报酬以满足代理人的参与约束的形式间接进行支付。

在上面的案例中，直接沟通的成本只存在于管理者选择操纵报告盈余数字的情形中，而不存在于管理者讲真话的情形中。如果报告"事实"也有直接成本的话，盈余管理的发生就不会令人惊奇。比如，假定"未管理的"盈余数字包含管理者可以观察到的噪音，但是要消除这些噪音却是很昂贵的。委托人只能观察到最后的报告，而不能观察到原始的盈余数字，或管理者消除噪音的行为受到干预。Verrecchia（1986）表明，令管理者决定什么时间消除噪音才是最优的。本质上，委托人引导管理者承担成本去消除噪音是很昂贵的。

第二种类型的沟通限制是代理人不能充分传递信息的所有维度。管理者经常观察到一个非常丰富的信息集，而传递这些信息集很难或成本很高。更进一步，委托人一般不具备理解代理人多维信息集的技术才能。当这些限制管理者沟通信息的局限存在时，显示原理从定义上讲实际上就失败了。现在，报告问题既包含一个加总维度，也包含一个误报的维度。

举例来说，假定在期末，代理人私下观察到当期的现金流量以及与未来期间行动的盈利能力相关的信息信号。如果代理人的报告是一维的（比如，报告会计盈余），委托人应该希望代理人如何将两个信号加总成一个报告呢？在某些情况下，委托人可能希望代理人仅仅报告一个维度，这时诚实与非诚实报告的区别是非常清楚的。然而，也有可能委托人希望代理人将不同维度组合后再进行报告。[75]比如，当未来期间信息信号比较有利（不利）时，理想的报告策略是报告一个较高（低）的盈余。目前，对于委托人希望代理人使用什么样的加总规则，或委托人有什么样的动机要偏离该加总规则，我们所知甚少。

§5.2　受限契约形式

当研究者外生地限制报酬契约的形式时，盈余管理也会发生。比如，Demski and Dye（1999）分析了一个单期间模型，代理人对影响期末现金流量的均值和方差的行动负责。在期初，代理人观察到有关均值和方差的私有信息，然后将这两个参数作为一个报告传递给委托人。然而，契约只能是期末现金流量的线性函数，且有一个惩罚项，该惩罚项与实际现金流量对预测均值偏离的平方成比例。[76]他们表明，管理者的报告总是低估期望的现金流量。也就是说，在他们的模型中，管理者在作预测时故意偏低，即将实现值大于预测值的部分作为自己可以消费的剩余。相反，比如在 Antle and Fellingham（1997）或 Kirby et al.（1991）等使用最优契约的模型中，管理者的预测是无偏的，在这里委托人提供剩余给代理人，以诱导代理人进行诚实的预测。

在多期模型中，不同期间的盈余管理会受同一期内报酬契约形式和跨期的报酬契约结构的影响，反之亦然。代理人努力使得当期消费的边际效用与未来期间的期望边际效用相等，这也会影响代理人的报告行为。在许多论文中，假定代理人无法直接利用资本市场在不同期间转移消费。所以，对代理人而言唯一可以在不同时间上转移消费的方法就是，对公司不同期间的报告收益进行"管理"。[77]对于代理人，降低报告收益等价于延迟部分消费。

举例来说，假定代理人是风险规避的且他的效用函数在时间上是加性可分的。进一步假定他的报酬仅仅依赖于每期报告的利润和在时间上独立分布的未经"管理"的利润。在这种情况下，如果代理人的报酬是线性函数或凹函数，他会将特别高（低）的产出向下调整（向上调整）。这种行为符合"收益平滑"的定义。然而，如果他的报酬是极端的凸函数，他将作相反的调整：当第一期产出非常低时，他将进一步降低报告的产出，因为通过提高一个太低的产出他得到的效用非常小，不如在下一期当产出可能较高时再提高报告收益。这种行为符合"反平滑"的定义。

对于其他形式的报酬函数和盈余的其他随机过程，更为复杂的盈余管理的策略也会发生。比如，在 Healy（1985）对盈余管理的分析中，报酬计划假定是分段线性的，类似于"S"形。Healy 也隐含地假定不能基于第一期的产出来调整第二期契约的条款。这个结构导致的预期是，当盈余特别高或特别低时（比如，当他处于报酬函数的扁平部分时），代理人将降低报告的盈余，而提高中间部分的盈余水平（当他处于报酬函数的倾斜部分时）。

虽然外生设定契约的形式对于理解不同契约结构的报告激励是有帮助的，但问题是报酬为什么要设计成最初的形式。目前，我们对于报酬契约形式的理由所知甚少：为什么报酬是分段线性的，或为什么奖金是"阶梯状的"，比如，如果业绩超过一个阈值将得到全部奖金，即使业绩距离阈值只差一点，代理人也一点奖金都得不到。不经意的一些经验发现表明，具有这些特征的契约是非常普遍的，这些特征对管理者的激励有巨大影响。线性契约框架无法帮助我们理解这些问题；一个更一般的（理想上，一个最优的）契约框架是必不可少的。我们对于契约的条款如何随时间变化（Indjejikian and Nanda（1999）的模型是个例外，这个模型在第二期考虑了"棘轮效应"）也所知甚少。

§5.3　无法事前承诺如何使用信息

事前承诺假设对于显示原理是非常重要的，因为正是委托人承诺"不会充分利用"代理人的信息，才使得代理人敢于讲真话。如果代理人相信委托人会利用该信息损害他的利益，则激励代理人讲真话的成本会比较高（或许非常高）。放松事前承诺假设的一个方法是，假定存在另外一方，他可以看到代理人的报告，但是无法承诺如何使用这个报告。比如，这个第三方可以是受雇的审计师，可以发布一个关于代理人及代理人报告的意见。Baiman et al.（1987）分析了一个模型，在这个模型中他们表明，代理人总是讲真话，而审计师总是努力工作以调查代理人的报告，这不可能是一个均衡。也就是说，如果审计师确信代理人的报告是真实的，他就没有动机花时间和金钱进行审计。理论上，第三方也可以是公司的一个雇员、竞争者、劳动力市场（确定代理人未来外部雇佣机会的价值）或股票市场（确定了代理人基于股票的报酬的价值），并且不能运用显示原理。

违背事前承诺假设的第二种方法是，假定委托人自己不能够事前承诺他将如何使用代理人的报告。一般来讲，这种类型的模型是多期模型。虽然委托人可以就在第一期报酬中如何使用代理人的报告进行事前承诺，但是对于第一期报告如何影响代理人第二期报告，他无法作出类似的承诺。[78] 对此的一个解释就是，委托人提供一个两期的契约，而在之后他出于最大化自己的利益可以不遵守该契约。另外一个解释是，委托人只能提供一个一期的契约，雇佣契约是"随意的"（see Arya et al.，1997）。Demski and Frimor（1999）表明，即使委托人可以订立一个可信的两期契约，只要委托人和代理人在第二期可以对契约进行重新谈判，显示原理就是不成立的。在这些模型中，代理人预期委托人将使用他的报告来损害他的利益，这就使得报告真实情况非常昂贵。

事实上，在许多此类模型中，重新谈判的威胁是如此严重，以至于如果委托人和代理人设立一个阻止代理人在第一期期末发布任何报告的系统，双方的福利都能得到改善。[79] 这与单期模型或具有可信的事前承诺的多期模型是非常不同的。特别地，沟通并不一定具有正的价值，信息延迟和信息加总事实上可以提高双方的福利。[80] 所以，这些论文将我们从一个极端（诚实报告总是稍优的）带到了另一个极端（不发布任何报告是最优的）。研究一些能产生重要的、不完全诚实的报告的第一期报告策略的模型是非常有意思的。为了研究这一点，必须让"及早报告"发挥实质性的作用。我将在下面部分讨论这些以及其他的多期问题。

§6　多期模型和投资问题

　　虽然在多期代理模型中出现了许多有意思的问题，我相信对于会计学来说，最有意思的一个问题是与业绩指标的领先—滞后角色有关的。比如，我们需要一个多期模型来讨论应计会计问题，因为在单期模型中，现金流量和应计会计数字是一样的。虽说这个很重要，但是在代理文献中的多期模型还是很少，理由是易处理性问题。在大多数多期模型中，与会计或业绩指标相关的无数的技术问题将呈现，作为会计研究者，我们必须关注这些问题。比如，即使对于看起来所有事情在时间上都是独立的模型，我们也不得不担心借款和贷款问题、财富效应、随机化、前期结果如何影响当期契约参数、契约的形式以及对长期契约的承诺能力等。[81] 即使信息信号有时候从传递信息的角度来看是"无意义的"，它们也可能在帮助随机化代理人的行动或协调不同博弈方的行动方面发挥重要作用。

　　正如前面所讨论的那样，一些论文已经在实质上在单期的模型中以某种形式分析了多期问题，但是在这些模型中真实的产出要直到契约结束后才可以观察到。比如，在这些模型中，代理人的某些行动仅仅具有"短期"影响，这些影响可以被当期的会计盈余反映出来；其他行动则具有长期影响，而会计数字又无法反映这些行动的影响。令人受到鼓励的是，我们看到最近的许多论文在构建真实的多期模型方面取得了进步，这些模型的求解是非常容易的，而且对于研究问题的启示作用也相当有趣。

　　除了前面显示原理不成立且考虑沟通的多期模型以外，文献关注其他类型的多期模型如何激励长期投资。这些论文比较了不同的财务业绩指标，比如营业现金流量、应计会计的净利润、剩余收益和折现期望现金流量。Rogerson（1997），Reichelstein（1997，2000）和 Dutta and Reichelstein（1999）这几篇论文特别有意思。他们的结论为剩余收益或经济增加值（EVA）作为业绩指标使用提供了理论基础。事实上，这些论文中的结论是非常有力的。

　　在这些论文中，代理人在每一期都要为选择一个投资水平 I_t 负责，同时要为选择一个"生产"努力水平 a_t 负责。投资产生的回报要在项目生命的全部时间中体现，而生产性努力产生的回报只会影响当期。代理人拥有关于投资的边际生产率的私有信息 m_t。这些论文中最主要的结论是，如果代理人的报酬是基于公司的剩余收益，代理人能够选择"最优"水平的投资。用于计算剩余收益的资本要求的回报就是委托人的资本成本。资本要求的回报可以用于计算投资的账面价值，投资的账面价值等于原始投资减去所有累计的会计折旧。这些论文也告诉了我们如何"正确地"衡量投资的账面价值（比如，如何计算"正确的"折旧时间表）。

　　令人惊奇的是，激励代理人的投资并不要求任何报酬函数（或仅仅是使用的业绩指标）形式上的约束。所以，委托人可以自由地调整报酬计算的形式，以处理他面临的其他种类的激励问题（比如，激励代理人努力工作）。更进一步，这个结果在以下条件下都成立：（1）不管代理人的时间偏好（代理人可以相对委托人有一个较短的时间视野）；（2）不管代理人的效用函数；（3）委托人没有观察到 m 或让代理人无法沟通关于 m 实现值的任何信息。

与其他代理理论结果相比，这些结论非常稳健，以至于有人认为这些结论是真实的和可以接受的。正如我在前面所讲，这些结论只有部分是成立的，因为模型假定代理人只关心投资的货币效应，而不会得到与投资水平相关的任何非货币的回报（或承担非货币的成本）。[82]当这个假设放松时，最优的投资水平可以实现，但是正确的资本要求回报一般不是委托人的资本成本，正确的资本成本必须进行调整以适应模型中其他的激励问题。

这些论文也对有关投资回报的时间形态的信息作出了过强的假设。当一个投资产生的回报分布在多个期间时，会计收益和剩余收益需要确定一个按时间对投资进行折旧的计划。为了得到剩余收益、正确地激励代理人的投资选择，委托人必须计算"正确的"折旧时间表。为了做到这一点，委托人必须能够将折旧和投资产生的现金流量的时间形态进行"匹配"。[83]在上面提到的投资论文中，委托人能够完成这一点，是因为他拥有与现金流量时间形态相关的完全信息。代理人的投资决策和他的私有信息信号影响了回报的尺度，但是不能影响回报的时间形态。[84]所以，每期的现金流量的实现值并不能提供有关投资的盈利能力的新的信息，委托人仅仅需要知道的是代理人选择的投资有多大，这在计算正确的折旧时间表时有用。

虽然这是一种有趣且重要的基准情形，但显然在未来研究中放松这个假设是很有用的。特别地，我们可以允许代理人拥有与盈余能力相关的超额信息或回报的时间形态，或可以采取行动去影响委托人对这些事情的理解。比如，代理人可以在早些年低估期望的现金流量而在晚些年高估期望的现金流量，报告的整体盈利能力是不变的。通过在早些年进行低估，他可以得到一个"有利的"折旧时间表，且可以在早些年打败市场预期，从而使经营看起来很不错。当在晚些年无法打败市场预期时，代理人较短的时间视野允许他不用支付任何成本。

§7 未来研究的方向

本文试图指出不同的论文中未解决或未研究过的问题；然而，在这一部分，本文将概述笔者认为未来应该研究的最重要的领域和问题。第一个相关的领域是业绩指标的加总。会计系统的一个基本的特征是它们对"基本的"信号进行加总。更进一步，加总是以特殊的方式完成的；在大多数情况下，加总是线性的且所有美元金额是等权的（除收入和费用使用不同的符号加权以外）。这些特征与最优业绩指标相一致吗？如果一致，又为什么？在单人决策理论中，决策制定者使用未加总的信号时的福利，总是比使用加总的信号时的福利要高。然而，在某些案例中，加总如果是正确进行的话，并没有害处。Banker and Datar（1979）的工作正是处于这种情况，他们指出了在什么条件下最优契约可以按线性方式进行加总。然而，除非对模型施加严格的限制，否则信号不能等权加总。如果模型得到扩展（而不是受限），我们可能会发现信号的等权加总是一个稳健的结论。也就是说，如果代理人的行动空间扩展到允许代理人以损害其他业绩的代价来提高某个指标的话，这些套利机会可能会强迫委托人对信号进行等权加总。

另外一个可供选择的方法是研究一些加总具有实际好处的模型。一种可能性是考虑处理大量分解的信号的成本。这些成本或者是人类信息处理成本（对此基于经济学的一般研究和特殊的代理理论极不成功，或显然没有兴趣去研究），或者是管理的或法律的契约成本。Dye（1985）的研究可以作为一个例子，该研究在分析中引入了契约复杂性成本。另外一个相关的未研究的契约成本是重新谈判契约的成本，或在动态代理模型中无法承诺长期契约的成本。Indjejikian and Nanda（1999）表明，在信号报告给委托人之前进行加总能减少这些成本中的一部分。研究这些动态问题是非常有趣的。

未来研究的第二个主要问题是，理解会计系统将现金流量转换成盈余数字的过程。应计过程使得盈余与现金流量不同，这是会计系统的一个基本特征。截至目前，我们只有很少的模型包含了这些特征，使得我们可以研究配比原则、资本化与费用化的选择、保守主义与自由主义政策等。

与应计会计相关的第三个主要问题是盈余管理。为了可以研究实务中声称存在的丰富的盈余管理策略，我们需要远离显示原理成立的模型。在这个领域中一个子话题是与契约的最优形态相关的。契约的形态（在给定区间是凹的或凸的，是否包含"阶梯"等）将会影响代理人的最优报告策略。如果委托人预期到代理人的报告行为，为什么契约会设计成我们观察到的形态？

另一个相关的未研究的领域是，代理人的（可能是操纵过的）报告被市场从估价的角度进行使用，而同时委托人从报酬的角度进行使用。比如，比较市场"还原"操纵的能力与报酬契约"还原"操纵的能力将是非常有趣的。这可能会导致我们重新检查基于股票的报酬在激励代理人行动和报告行为方面的角色。未来的工作应该比较代理模型或金融市场的披露模型中私有信息和沟通的角色（参见 Verrecchia（2000）的综述）。在代理模型中，披露是委托人"强制的"，但可能是非诚实的；而在披露模型中，披露通常是"自愿的"，但所有的披露都被外生保证是诚实的。

会计信息使用的受托责任与估价视角，也是未来研究的很好的领域。虽然它们是不同的，但我怀疑这两者的关系比现行的模型所暗含的关系要更紧密。比如，在当期模型中，构建趋同的业绩指标和构建与股票价格或真实长期价值有关的指标之间没有任何关系。在动态模型中，行动的生产率随时间变化，一致和相关是相关度更高的两个概念。

另一个重要但研究得较少的领域是，组织内部人员使用的资源所要求的最优回报。资本预算、剩余收益计算、转移定价和成本分配是该领域内的子话题。特别地，用于业绩评估和激励目的资源所要求的最优回报与从估价角度来看"正确的"资源要求的回报可能是不同的。所以，与前面笔者的猜想不同的是，存在一个力量使得受托责任与估价指标相分离。这就使得就确认分歧的来源以及分歧何时是显著的这两个问题对于未来的研究者来说越发重要。

代理理论研究者在研究以上这些问题时面临的一个主要挑战是，构建足够易于求解的多期模型，但是还要具有有趣的信息和业绩指标问题。为了完成这一点，我们需要确保过渡性的业绩信息和业绩指标是合理的。也就是说，我们不能简单地等到公司在最后一期的期末向代理人支付报酬来解决激励问题（不论这是一个投资问题还是一个报告问题）。[85]类似地，我们可以简单地依据实现的现金流量向代理人支付报酬，并期望他在契约结束之前一直留在公司，以这种方法解决激励问显然也是不可行的。比如，假定代理人比委托人的时间视野更短，通常是一个合适的假设。这可以通过代理人离开的概率（自愿或外生的）或代理人对货币有较高的折现率来将以上假设考虑在模型中。当代理人比委托人的时间视野更短时，拥有一个"向前看"的业绩指标是有好处的。比如，如果投资项目在早些年产生负的现金流量，而在晚些年产生正的现金流量，如果基于代理人任期内实现的现金流量考核他，他将不愿意投资最优数量的资源。有许多方法可以计算向前看的业绩指标，包括递延一部分投资的成本、承认未来的收益或使用非财务指标补充财务指标的不足等。

在许多重要的多期问题中，在模型中包括一些私有信息也是非常必要的。也就是说，代理人比委托人知道更多与未来期间现金流量相关的信息。委托人在会计系统中允许代理人依赖私有信息进行报告时可以有多大程度的自由裁量权？代理人较短的时间视野和信息优势提出了会计中的经典权衡：我们希望会计报告可以反映向前看的信息，但是向前看的信息是不可靠的且更容易被操纵。特别地，由于代理人较短的时间视野，向前看的信息对委托人就是非常重要的，该信息可以激励代理人进行"长期"的思考。然而，如果在未来的前景方面代理人误导了委托人，代理人较短的时间视野则意味着他有更大的机会避免被动结束契约。

多期模型中如果有序列行动且在决策之间有信息到达，对于研究以下问题也是非常必要的：（1）随时间动态调整预算和目标；（2）激励代理人收集和处理信息，或激励代理人适当地使用信息；（3）激励代理人获得适当数量的生产资源，或在获得资源之后激励有效地分配和使用资源。多期模型对于分析随时间的学习效应也是非常必要的。也就是说，委托人和代理人能够收集什么信息，以判断他们的策略是否"正常工作"，且他们如何随时间变化使用信息调整他们的策略？Dye（1998）中研究的学习模型在代理问题中的运用也是特别有趣的，这时代理人的营运决策会影响期末产生的信息。委托人和代理人必须就以下问题进行权衡：帮助制定从长期来看是更好的决策的"实验"的好处，与从短期来看不是最优的决策制定的成本之间的权衡。当代理人比委托人的时间视野更短时，这个权衡极有可能被两方视为不同的问题。

对以上问题进行理论研究时存在模型的"艺术"与技术维度，二者都是非常重要的挑战。然而，为了使代理理论持续对会计学产生大量的贡献，有些问题必须面对，有些挑战也必须克服。

注释

[1] 参见 Arrow（1985），Baiman（1982，1990），Hart and Holmstrom（1986），Kreps（1990），Milgrom and Roberts（1992），Pratt and Zeckhauser（1985），Prendergast（1999）以及 Indjejikian（1999）对代理理论的回顾。

[2] 参见 Ittner et al.（1997）关于在报酬契约中使用非财务指标的经验证据。

[3] 相反，其他的文献研究不存在利益冲突时的报酬和业绩衡量问题。比如，在代理理论之前，许多论文假定报酬是分部业绩的增函数。这些论文研究代理人扭曲报表业绩或投资于他们自己的分部的盈余能力的激励（e.g.，see Ronen and McKinney，1970；Weitzman，1976）。然而，在这些模型中，一般情况下，没有理由确保代理人的报酬是分部业绩的增函数。这时，只要支付给代理人一个固定的报酬，就可以解决激励问题。也就是说，假如代理人得到一个固定报酬，他就没有动机扭曲他的业绩报告。代理理论认为，假如想分析业绩衡量系统，会涉及成本与收益的权衡。由报酬系统带来的收益必须与其造

成的误报的成本相协调。除非模型中对造成报酬系统的激励问题加以显性考虑，否则就不能作出很好的权衡。

[4] 其他背景中的委托人和代理人可以是：(1) 债权人和股东；(2) 监管者和被监管者；(3) 市民和政府政策制定者；(4) 医生和病人；(5) 两个不同的公司，等等。

[5] 参见 Baiman and Demski (1980)，Lambert (1985)，Young (1986) 以及 Dye (1986) 等更详细的分析。

[6] 参见 Antle (1982)，Baiman et al. (1987) 以及 Baiman et al. (1991) 等例子。

[7] 在一些模型中，委托人的报酬函数会包括一个最低报酬，比如，代理人的报酬不能为负，即代理人不能向委托人支付报酬。同样地，在一些模型中，显性地包括一个有关最高报酬的约束。比如，代理人的报酬所受约束要小于产出 x。

[8] 既然行动 a 不是随机变量（至少在最简单的模型中不是），将产出的分布称为依于行动 a，从字面上来就是不正确的。一个较好的说法是，概率分布具有一个行动参数 a。

[9] 一些论文假定相反的权力结构，也就是说，它们假定委托人之间的竞争使得委托人的期望利润为零。在这些情况下，模型假定代理人可以得到全部的"剩余"。

[10] 参见 Fischer (1999)，该文分析了一个模型，其中比较了公司和管理者不同的报酬风险管理决策。

[11] 技术上，只有当帕累托前沿是凹的情况下两者才是相等的。假如帕累托前沿不是凹的，可以通过（契约，行动）组合随机化使得帕累托前沿成为凹的，而此时还存在正的收益。在有效前沿的范围内，随机是最优的，代理人将适用相同的福利权重 (λ)。参见 Fellingham et al. (1984) 和 Arnott and Stiglitz (1988) 对代理框架中事前随机化的讨论。

[12] 当委托人和代理人中至少有一个人是风险规避的时，直接来自式 (2)。当双方都是风险中性的时，存在无数的契约可以产生相同水平的期望效用。任何包括 y 且 y 发挥重要作用的契约都要劣于仅仅依赖于 x 的契约。

[13] 假如委托人和代理都是风险中性的，为了实现最优解，将公司"卖"给代理人是不必要的。必须要满足的一点是存在一个有噪音的信息，在统计上与代理人的努力相关（并且满足特定的正则条件）。

[14] 这里的讨论主要来自 Holmstrom (1979)。

[15] 假如向代理人支付的最小报酬不受约束，或即使代理人得到的报酬接近任何最小报酬时，代理人的效用函数仍是非常大的，这时委托人可以使代理人仅仅得到最小的参与约束效用水平。

[16] 关于代理人行动选择比较容易处理的另一个可行的形式是，假定代理的选择是离散的，也就是说，代理人从有限数量的可行行动中进行选择。这时，代理人的激励相容约束可以表示成一系列不等式约束。对于可行集中每一个行动，代理人的期望效用必须小于或等于委托人提供的契约中委托人所希望代理人选择的行动对应的期望效用。这些约束中有一部分是紧的（binding），这意味着代理人在契约中给定的两个行动之间是无差异的。当代理人对一组行动无差异时，假定他会选择委托人最希望的行动。参见 Grossman and Hart (1983) 有关离散行动代理模型的更多讨论。

[17] 这种方法的问题是，一阶条件不仅仅当行动是全局最大值时成立，而且当行动只是局限最大或最小值时也成立。当研究者使用一阶条件替代激励相容约束时，他们会面

临将契约与其他局部最大或最小值匹配错误的风险。当事实上代理人根本不会选择契约中最优的行动时，研究者可能会认为他已经计算出了一个（契约，行动）均衡解，研究者试图找到一些他们能够排除这种情况的条件（see Grossmand and Hart, 1983；Rogerson, 1985；Jewitt, 1988）。事实上，这些论文发展了一些条件，可以确保代理人的期望效用是他的努力的严格凹函数。这时，只有一个行动能使一阶条件成立，这个行动就是代理人的全局最优行动（假定它是内解）。这些条件一般情况下非常强，但是要注意，对于一阶条件方法而言，这些条件只是充分条件（而非必要条件）。

[18] 这个统计类比不太准确，因为努力程度并不是随机变量。事实上，委托人准确地知道契约提供之后代理人的努力程度。不幸的是，委托人不能观察到努力程度，所以他不能以类似于契约的方式验证他的猜想。

[19] 参见 Grossman and Hart (1983) 和 Verrecchia (1986)，这些论文中似然函数 $f_a(x\mid a)/f(x\mid a)$ 不是 x 的单调增函数，所以，最优报酬契约在某些区域会下降。

[20] 参见 Hemmer et al. (1999) 有关契约形态的深入分析。

[21] 这个问题是在关于委托人问题解的存在性中被提出的。参见 Mirrlees (1974)。

[22] 一般地，x 和 y 的密度函数可以表示为 $f(x,y\mid a)=h(x\mid a)g(y\mid x,a)$，最优契约中的似然率是 $f_a(x,y\mid a)/f(x,y\mid a)=h_a(x\mid a)/h(x\mid a)+g_a(y\mid x,a)/g(y,x\mid a)$。当 x 是 y 的充分统计量时，密度函数简化为 $f(x,y\mid a)=h(x\mid a)g(y\mid a)$，这时 f_a/f 不依赖于 y。

[23] f_a/f 是似然函数的对数关于 a 的导数。所以，只要 $\partial\log[f(y_1,y_2\mid a)]/\partial a$ 是 y_1 和 y_2 的线性函数，f_a/f 就是 y_1 和 y_2 的线性函数。将以上关系逆转，只要以下表达式成立，它就是线性的：

$$f(y_1,y_2\mid a)=\exp\left\{\int g[l(a)y_1+m(a)y_2]\mathrm{d}a+t(y_1,y_2)\right\}$$

因为这就意味着 $f_a(y_1,y_2\mid a)/f(y_1,y_2\mid a)=g[l(a)y_1+m(a)y_2]$ 成立。这里，我们隐含地将 g 函数放入报酬函数中，而不是放入业绩函数中。

[24] 参见 Baiman and Noel (1982)，Merchant (1987) 和 Antle and Demski (1988) 有关可控性原则的详细讨论。

[25] 参见 Dye (1984, 1992) 和 Fershtman and Judd (1987) 的更详细的讨论。

[26] 参见 Lambert and Larcker (1987)，Sloan (1993)，Lambert (1993) 和 Feltham and Wu (2000) 有关业绩指标尺度的更多讨论。

[27] 另见 Baiman and Rajan (1994)，他们研究了信息系统的价值，认为它是第 I 类错误和第 II 类错误的函数。Rajan and Sarath (1997) 研究了多个信息信号相关时的价值。

[28] Lambert (1985) 在研究差异分析时也发现了一个相似的结果。

[29] 参见 Feltham and Xie (1994) 和 Banker and Thevaranjan (2000)，他们分析了多行动框架中业绩指标的价值。

[30] 同样地，Bushman and Indjejikian (1993a) 在多行动模型中也发现拉格朗日乘子会发挥作用。

[31] 参见 Bushman et al. (1995) 对这个问题的分析，该文研究了单行动框架时代理人努力对其他部门有溢出效应；Datar et al. (2000) 在多行动框架下分析了这个问题。

[32] 参见 Thevaranjan et al.（2000）和 Hemmer（1996）对质量和客户满意度的分析。Hemmer（1996）的模型假定业绩指标代理人的行动是可乘的，误差项服从对数正态分布。然而，他使用业绩指标的对数进行分析，这样就又转化成可加的、线性的、正态分析的模型，与本文的模型一致。

[33] 确定性等值是确定的支付（扣除努力的成本）CE，为代理人提供了在风险契约 $s(y)$ 中相同的效用。所以，CE 满足 $U(CE) = E[U(s(y) - V(a))]$。

[34] 截距要使得 $E[s(y)] = 0.5\rho \text{Var}[s(y)] + V(a) + CE(H)$ 成立。注意，伴随一个线性契约和正态分布，我们允许代理人的报酬是负的，并且是无界的。

[35] 一阶条件方法可行性的一个充分条件是，代理人的期望效用是他的行动的严格凹函数。既然业绩指标是代理人努力的线性函数，而努力的成本是凸的，就使得代理人期望效用是严格凹函数。

[36] 事实上，报酬契约中的权重与系数 b_j 对系数（$q_{1j}, \cdots, q_{Kj}$）的无截距回归中的系数一样。正如多元回归一样，业绩指标的权重不仅是自身与产出"趋同"的函数，而且还与它如何与契约中其他变量之间相互作用有关系。

[37] 注意这个结果不依赖于两个业绩指标是否与公司产出趋同，仅仅依赖于它们二者之间是趋同的。

[38] 这两部分的分析建立在 Feltham and Xie（1994）的基础之上。

[39] 如果报表粉饰的金额必须为非负的，斜率系数为负数的解出现的可能性不大。

[40] 参见 Demski（1984）和 Verrecchia（1986），这两篇文章比较了盈余管理与事前或事后的会计选择。

[41] Holmstrom and Milgrom（1991，HM）发展了一个例子，表明基于近视的指标支付报酬事实上比不提供激励更糟糕。在本文的模型中由于存在两个关键差异，这并不会发生。第一，HM 假定代理人关心努力的总和而不是努力的分配。第二，即使不存在激励，假定代理人也愿意提供一定的努力。由于这两个原因，当代理人没有任何显性的激励时，他也会提供一个数量为正的努力，并且会以委托人希望的方式在行动之间进行分配。当委托人引入一个近视的业绩指标时，代理人的总体努力水平上升，但是对近视指标比较敏感的行动会得到较大的分配比例。如果一点点总体的行动就能产生比大量的单独行动更多的利润，委托人不提供激励会改善自己的福利。

[42] 参见 Bushman and Indjejikain（1993a，b）的讨论，他们支持"扭曲的"业绩指标。

[43] 如果业绩指标受所有 m 个行动的影响，这部分的结论也成立。然而，趋同和风险分担之间的权衡在这个特例中更清楚些。

[44] 既然指标 y_1 权重的增加也会提高代理人提供更多行动 a_1 的激励，契约中就不存在对本地指标 y_2 的需求。所以，指标 y_2 的权重会下降。而 β_1 的上升和 β_2 的下降会同时降低本地指标 y_2 的权重。

[45] 显然，其他分部的利润也会受该部门管理者行动的影响。只要生产函数是可加的，这两个部门管理者的激励问题就可以分别解决，所以将第二个管理者的行动模型化并没有什么优势。

[46] 以股票为基础的报酬意味着基于期末股票价格支付报酬。在单期模型中，管理

者没有财富约束，所以基于期末股票价格的契约和基于股票价格回报的契约是没有区别的。代理人报酬契约的截距用于抵消，基于价格的报酬或基于价格变化的报酬这两种不同契约的财富效应。

[47] 注意，以上情况存在的条件是，用于形成价格的基本信息信号必须同时可用于订立契约。更重要的是，价格中不能存在其他来源的"噪音"。

[48] 参见 Feltham and Xie（1994）中的例子。

[49] 股票价格应当同时反映支付给代理人的报酬，所以 $p(\bar{y}) = \mathrm{E}(x \mid \bar{y}, \hat{a}) - s(\bar{y})$ 是更准确的。这会使得问题在数学上有一点复杂，但不会改变实质内容。

[50] 参见 Paul（1992）中更详细的分析。

[51] 参见 Baker（1992）和 Bushman et al.（2000）中更详细的分析。

[52] 参见 Bushman and Indjejikian（1993a，b），Kim and Suh（1993）和 Feltham and Wu（2000）。

[53] 只有极个别的论文假定委托人拥有更多的信息。委托人相对于居于最高管理层以下的代理人而言拥有更多有关"战略"的变量。委托人极有可能拥有有关公司其他分部的活动，以及这些活动如何协调的信息。

[54] 正如对称信息情况那样，如果代理人的参与约束是没有约束的，或代理人的效用函数是无下界的，则委托人能使代理人只能在期望上得到参与约束。

[55] 这些模型隐含地假定，如果第一个代理人离开，必须雇用另外一个"其他方面都一样的"代理人，而第二个代理人将观察到同样的信息信号。既然和保留第一个代理人相比，雇用第二个代理人并没有优势，这个模型就假定第一个代理人一定要得到保留。要将以上假定进行修改也是很容易的，即假定委托人可以选择"放弃"公司，或当某个 m 实现时宣告破产。

[56] 如果代理人在契约期中离开公司，代理人在公司外部能够实现的最小的效用水平也小于 H，对以上情况也可以进行建模。

[57] 激励相容约束可以表述为符合代理人最优利益的联合策略（行动策略，报告策略）。像本文中那样分别建模的话，存在以下可能性：单独策略是最优的，但是策略组合只是代理人的局部最大值，而不是全局最大值。

[58] 参见 Kirby et al.（1991）对参与预算的分析、Reichelstein（1993）对政府契约预测成本的分析，以及 Antle and Fellingham（1997）对资本预算论文的回顾。

[59] 为了提高与前文讨论的道德风险模型的可比性，我们可以将模型解释为代理人可以使用劳动替代资本。如果代理人可以说服委托人提供更多的资本，他就没有必要更加努力工作，以实现给定水平的产出。

[60] 使用相对业绩评估假设来消除市场组成部分或回报中的行业部分的研究，可以视为试图估计条件方差（比如，回报中只与公司特质相关的组成部分的方差）；参见 Antle and Smith（1996）以及 Janakiraman et al.（1992）。Sloan（1993）通过消除信号中与股票价格中公司特质部分相关的一部分信息的方法，估计了会计业绩指标的条件方差。

[61] 参见 Banker（1992）和 Bushman et al.（2000）中更详细的分析。

[62] 在一个更一般的均衡模型中，代理人之间的竞争可能会降低代理人与委托人或其他潜在的雇主之间的谈判能力，这会影响代理人的保留效用水平。然而，如果令保留效

用水平不变，在纯粹的道德风险模型中竞争没有直接的好处。

[63] 当产出的方差依赖于代理人的投资决策时，委托人和代理人在如何权衡风险与回报的观点方面是不同的。解决这个问题的一个可行的方法是，调整资本要求的回报时考虑代理人较高的风险规避。参见 Christensen et al. （2000）和 Dutta and Reichelstein（2000）中的分析，这时代理人是风险规避的，投资水平影响市场相关的风险（委托人和代理人都要承担的风险）和项目特质的风险（只有管理者才会承担的风险）。这些论文发现，委托人必须使资本要求的回报低于他自己风险调整的资本成本，目的是给代理人提供承担项目特质风险的激励。当存在涉及风险—回报权衡的激励问题时，线性报酬契约假设也是值得怀疑的，这一点非常重要。特别地，凸契约可用于抵消代理人效用函数的凹性，所以，会导致代理人行为具有更小风险规避的特征。参见 Lamber（1986），Meth（1996），Feltham and Wu（2001）和 Demski and Dye（1999）的模型，这些模型假定委托人必须激励风险—回报权衡。

[64] 折旧问题将在后面讨论。

[65] 当代理人的投资选择依赖于私有信息信号 m 时，他的财富的事前分布将不再是正态分布。虽然这不会影响激励相容约束，但会影响代理人的参与约束在模型中的使用。本文在这里忽略了这个问题，因为笔者不相信它会改变基本的结论：生产努力和投资激励的交叉作用，会使得代理人最优的资本要求回报不等于委托人的资本成本。

[66] 虽然模型是不同的，但实质上与以下假定是类似的，即假设管理者要求比他完成工作真实需要的资源更多的资源，并能从消息"剩余"中产生效用。

[67] 参见 Baiman and Rajan（2000）中对公司之间的契约关系的最新回顾，Demski and Sappington（1993），Baiman and Rajan（2001）和 Kulp（2000）都取得了一些最新的进展。

[68] 毫无疑问，虽然分部的利润是管理者报酬函数的输入变量之一，但许多分部的管理者也是基于分部或公司整体的利润得到报酬的，同时管理者的报酬还要基于非财务指标，比如，对分部目标的满足。

[69] 参见 Miller and Buckman（1987）和 Hansen and Magee（1993）。

[70] 特别地，假定 $x=m+a+\varepsilon$，其中，$m>0$，是代理人可以观察到的私有信息；$a \geq 0$，是代理人的努力；$\varepsilon \geq 0$，是剩余的不确定性。在最优解中，最优的努力不依赖于信息信号 m。如果双方都不能观察到信号 m，因为产出的下界是代理人的努力 a，故通过使用强制契约，仍可以实现最优解。也就是说，产出分布呈现出移动支持的特征。强制契约惩罚任何低于 $x=a$ 的产出。如果存在一个足够大的惩罚，也可以激励代理人去选择最优的行动，从而惩罚从来不会发生。然而，如果代理人在他选择努力水平之前能观察到信号，对于所有信号 $m>0$，代理人可以将他的努力水平降低 m 而不会被发现。所以，最优解无法实现。

[71] 参见 Baiman and Evans（1983）和 Baiman and Sivaramakrishnan（1991）的分析，这两篇文章研究了在什么条件下向代理人提供私有信息会改善或恶化委托人的效用。

[72] 参见 Arya et al.（1998）中更详细的讨论。

[73] 这也可以理解成代理人沟通真实产出能力受限的模型。也就是说，代理人观察到两个随机变量：真实产出和报告裁决的金额。然而，他仅仅承诺传递一个一维的信号。

[74] 参见 Fischer and Verrecchia（2000）对管理者报告偏差的深入分析。

[75] Gjesdal（1981）表明，一般地，委托人从受托责任角度对信息系统的排序与从投资角度进行的排序是不同的。

[76] Demski and Dye 模型中的管理者可以获得关于多个项目的均值和方差的信息。所以，他们的契约是基于不同项目之间现金流量标准差和该标准差与管理者预期的标准差的偏离。

[77] 当代理人可以借款或储蓄时，我们必须将这些项目与报酬函数中隐含的项目进行比较。比如，代理人一般可以储蓄部分报酬，但是他们不能以非常有利的条款借款。在决定是否贷款给代理人时，银行和其他借款机构与委托人一样面临同样的道德风险或逆向选择问题。如果代理人可能储蓄，他们降低报告收益的动机就会下降。

[78] 在这些模型中，关于哪些事情是委托人可以承诺的，或哪些事情是委托人无法承诺的，经常看起来是很模糊的。

[79] 虽然在不同文献中理由是不同的，但是他们一般都表述了以下观点，即信息的发布降低了委托人和代理人确保代理人不受风险影响的能力。也就是说，对于代理人事前最优的风险在事后并不是最优的。

[80] 参见 Demski and Frimor（1999），Indjejikan and Nanda（1999），Arya et al.（1997）以及 Gigler and Hemmer（1998）。

[81] 参见 Lambert（1993），Rogerson（1985b），Fellingham et al.（1985）以及 Fudenberg and Tirole（1990）对这些问题的分析。

[82] 另一个原因是不存在代理人必须考虑的风险—回报权衡。

[83] 这与计算"经济"折旧十分类似。

[84] 比如，Rogerson（1997）假定在观察到信息信号 m 后，I 在期间 t 的回报是 $x_t = z_t R(I, m) + \varepsilon_t$，其中 z_t 的时间形态是委托人和代理人双方都知道的。在 Dutta and Reichelstein（1999）中，代理人投资回报的现值可以在销售当期加以计算。现金流量的系列实现值是零净现值。在两种情况下，在某一期的现金流量实现值无法提供有关未来现金流量的任何信息。

[85] 这些有关剩余收益的研究论文一般不存在这个问题。然而，许多研究沟通的论文却存在这些问题。特别是，代理人对于收到的报酬的总和具有负指数效用的假设，意味着等到最后一期（这时所有不确定性都已解决）再向代理人支付报酬并不存在成本。

参考文献

Alles, M., Datar, S., 1998. Strategic transfer pricing. Management Science 44 (4), 451-461.

Antle, R., 1982. The auditor as an economic agent. Journal of Accounting Research 488-500.

Antle, R., Demski, J., 1988. The controllability principle in responsibility accounting. The Accounting Review 700-718.

Antle, R., Eppen, G., 1985. Capital rationing and organizational slack in capital budgeting. Management Science 163-174.

Antle, R., Fellingham, J., 1995. Information rents and preferences among information systems in a model of resource allocation. Journal of Accounting Research 41-63.

Antle, R. , Fellingham, J. , 1997. Models of capital investment with private information and incentives: a selective review. Journal of Business Finance and Accounting 887-908.

Antle, R. , Smith, A. , 1986. An empirical investigation of the relative performance evaluation of corporate executives. Journal of Accounting Research 24 (1), 1-39.

Arnott, R. , Stiglitz, J. , 1988. Randomization and asymmetric information. Rand Journal of Economics 344-362.

Arrow, K. , 1985. The economics of agency. In: Pratt, J. , Zeckhauser, R. (Eds.), Principals and Agents: The Structure of Business. Harvard Business School Press, Boston, MA.

Arya, A. , Glover, J. , Sivaramakrishnan, K. , 1997. The interaction between decision and control problems and the value of information. The Accounting Review 561-574.

Arya, A. , Glover, J. , Sunder, S. , 1998. Earnings management and the revelation principle. Review of Accounting Studies 3 (1 and 2), 7-34.

Baiman, S. , 1982. Agency research in managerial accounting: a survey. Journal of Accounting Literature 154-213.

Baiman, S. , 1990. Agency research in accounting: a second look. Accounting Organizations and Society 341-371.

Baiman, S. , Demski, J. , 1980. Economically optimal performance evaluation and control. Journal of Accounting Research Supplement 184-220.

Baiman, S. , Evans III, J. H. , 1983. Pre-decision information and participative management control system. Journal of Accounting Research 371-395.

Baiman, S. , Noel, J. , 1982. Noncontrollable costs and responsibility accounting. Journal of Accounting Research 184-220.

Baiman, S. , Rajan, M. , 1994. On the design of unconditional monitoring systems in agencies. The Accounting Review 217-229.

Baiman, S. , Rajan, M. , 2000. Incentive issues in inter-firm relationships. Working paper, University of Pennsylvania.

Baiman, S. , Rajan, M. , The role of information and opportunism in the choice of buyer-supplier relationships. Journal of Accounting Research, Supplement 2001, forthcoming.

Baiman, S. , Sivaramakrishnan, K. , 1991. The value of private pre-decision information in a principal-agent context. The Accounting Review 747-766.

Baiman, S. , Verrecchia, R. , 1995. Earnings and price-based compensation contracts in the presence of discretionary trading and incomplete contracting. Journal of Accounting and Economics 93-121.

Baiman, S. , Evans, H. , Noel, J. , 1987. Optimal contracts with a utility-maximizing auditor. Journal of Accounting Research 217-244.

Baiman, S. , Evans, J. , Nagarajan, N. , 1991. Collusion in auditing. Journal of Accounting Research 1-18.

Baker, G. , 1992. Contracts and performance measurement. Journal of Political Economy 100 (3), 598-614.

Baldenius, T. , 2000. Intrafirm trade, bargaining power, and specific investments. Review of Accounting Studies 27-56.

Baldenius, T. , Reichelstein, S. , Sahay, S. , 1999. Negotiated versus cost-based transfer pricing. Review of Accounting Studies 67-92.

Banker, R. , Datar, S. , 1989. Sensitivity, precision, and linear aggregation of signals for performance evaluation. Journal of Accounting Research 27 (1), 21-39.

Banker, R., Thevaranjan, A., 2000. Goal congruence and evaluation of performance measures. Working paper, University of Texas at Dallas.

Barclay, M., Gode, D., Kothari, S. P., 2000. The advantages of using earnings for compensation: matching delivered performance. Working paper, University of Rochester.

Bushman, R., Indjejikian, R., 1993a. Accounting income, stock price, and managerial compensation. Journal of Accounting and Economics 3-23.

Bushman, R., Indjejikian, R., 1993b. Stewardship value of 'distorted' accounting disclosures. The Accounting Review 765-782.

Bushman, R., Indjejikian, R., Penno, M., 2000. Private pre-decision information, performance measure congruity and the value of delegation. Working paper, University of Michigan.

Bushman, R., Indjejikian, R., Smith, A., 1995. Aggregate performance measures in business unit manager compensation: The role of intrafirm interdependencies. Journal of Accounting Research 33 (Suppl.), 101-128.

Christensen, J., 1981. Communication in agencies. Bell Journal of Economics 661-674.

Christensen, P., Feltham, G., Wu, M., 2000. Cost of capital in residual income performance evaluation. Working paper, University of British Columbia.

Datar, S., Kulp, S., Lambert, R., 2000. Balancing performance measures. Journal of Accounting Research, forthcoming.

Demski, J., 1981. Cost allocation games. In: Moriarity, S. (Ed.), Joint Cost Allocations. Center for Economic and Management Research University of Oklahoma, Norman, OK, pp. 142-173.

Demski, J., Dye, R., 1999. Risk, return, and moral hazard. Journal of Accounting Research 27-56.

Demski, J., Frimor, H., 1999. Renegotiation and income smoothing in agencies. Journal of Accounting Research 187-214.

Demski, J., Sappington, D., 1987. Delegated expertise. Journal of Accounting Research 68-90.

Demski, J., Sappington, D., 1993. Sourcing with unverifiable performance information. Journal of Accounting Research 1-20.

Demski, J., Patell, J., Wolfson, M., 1984. Decentralized choice of monitoring systems. The Accounting Review 16-34.

Dutta, S., Reichelstein, S., 1999. Asset valuation and performance measurement in a dynamic agency setting. Review of Accounting Studies.

Dutta, S., Reichelstein, S., 2000. Controlling investment decisions: hurdle rates and intertemporal cost allocation. Working paper, University of California at Berkelely.

Dye, R., 1984. The trouble with tournaments. Economic Inquiry 147-149.

Dye, R., 1985. Costly contract contingencies. International Economic Review 233-250.

Dye, R., 1986. An optimal monitoring policy in agencies. The Rand Journal of Economics 339-350.

Dye, R., 1988. Earnings management in an overlapping generations model. Journal of Accounting Research 195-235.

Dye, R., 1992. Relative performance evaluation and project selection. Journal of Accounting Research 27-52.

Evans, J., Sridhar, S., 1996. Multiple control systems, accrual accounting and earnings management. Journal of Accounting Research 45-66.

Fellingham, J., Kwon, Y., Newman, D. P., 1984. Ex ante randomization in agency models. Rand

Journal of Economics 290-301.

Fellingham, J. , Newman, D. , Suh, Y. , 1985. Contracts without memory in multiperiod agency models. Journal of Economic Theory 37 (2), 340-355.

Feltham, G. , Wu, M. , 2000. Public reports, information acquisition by investors, and managementincentives. Review of Accounting Studies, forthcoming.

Feltham, G. , Wu, M. , 2001. Incentive efficiency of stock versus options. Review of Accounting Studies 6 (1), 7-28.

Feltham, G. , Xie, J. , 1994. Performance measure congruity and diversity in multi-task principal/agent relations. The Accounting Review 429-453.

Fershtman, C. , Judd, K. , 1987. Equilibrium incentives in oligopoly. American Economic Review.

Fischer, P. , 1999. Managing employee compensation risk. Review of Accounting Studies 45-60.

Fischer, P. , Verrecchia, R. , 2000. Reporting bias. The Accounting Review 229-245.

Fudenberg, D. , Tirole, J. , 1990. Moral hazard and renegotiation in agency contracts. Econometrica 1279-1320.

Gigler, F. , Hemmer, T. , 1998. On the frequency, quality, and informational role of mandatory financial reports. Journal of Accounting Research Supplement 117-160.

Gjesdal, F. , 1981. Accounting for stewardship. Journal of Accounting Research 208-231.

Grossman, S. , Hart, O. , 1983. An analysis of the principal-agent model. Econometrica 7-45.

Hansen, S. , Magee, R. , 1993. Capacity cost and capacity allocation. Contemporary Accounting Research 635-660.

Harris, M. , Kriebel, C. , Raviv, A. , 1982. Asymmetric information, incentives, and intrafirm resource allocation. Manage ment Science 604-620.

Hart, O. , Holmstrom, B. , 1986. The theory of contracts. In: Bewlely, T. (Ed.), Advances in Economic Theory. Cambridge University Press, Cambridge.

Healy, P. , 1985. The effect of bonus schemes on accounting decisions. Journal of Accounting and Economics 85-107.

Hemmer, T. , 1996. On the design and choice of "modern" management accounting measures. Journal of Management Accounting Research 8, 87-116.

Hemmer, T. , Kim, O. , Verrecchia, R. , 1999. Introducing convexity into optimal compensation contracts. Journal of Accounting and Economics 28 (3), 307-327.

Holmstrom, B. , 1979. Moral hazard and observability. Bell Journal of Economics 74-91.

Holmstrom, B. , Milgrom, P. , 1987. Aggregation and linearity in the provision of intertemporal incentives. Econometrica 303-328.

Holmstrom, B. , Milgrom, P. , 1991. Multi-task principal-agent analyses: incentive contracts, asset ownership, and job design. Journal of Law, Economics, and Organization 24-52.

Indjejikian, R. , 1999. Performance evaluation and compensation research: an agency theory perspective. Accounting Horizons 147-157.

Indjejikian, R. , Nanda, D. , 1999. Dynamic incentives and responsibility accounting. Journal of Accounting and Economics 27 (2), 177-201.

Ittner, C. , Larcker, D. , Rajan, M. , 1997. The choice of performance measures in annual bonus contracts. The Accounting Review 72 (2), 231-255.

Janakiraman, S. , Lambert, R. , Larcker, D. , 1992. An empirical investigation of the relative performance. Journal of Accounting Research 53-69.

当代会计研究：综述与评论

Jewitt, I. , 1988. Justifying the first-order approach to principal-agent problems. Econometrica 1177-1190.

Kaplan, R. , Norton, D. , 1992. The balanced scorecard: Measures that drive performance. The Harvard Business Review, January-February, 71-79.

Kaplan, R. , Norton, D. , 1993. Putting the balanced scorecard to work. The Harvard Business Review, September-October, 134-147.

Kim, S. , Suh, Y. , 1991. Choice of accounting information system. Journal of Accounting Research 386-396.

Kim, O. , Suh, Y. , 1993. Incentive efficiency of compensation based on accounting and market performance. Journal of Accounting and Economics 25-53.

Kirby, A. , Reichelstein, S. , Sen, P. , Paik, T. , 1991. Participation, slack, and budget-based performance evaluation. Journal of Accounting Research 109-128.

Kreps, D. , 1990. Moral hazard and incentives. In: A Course in Microeconomic Theory. Princeton UniversityPress, Princeton, NJ, pp. 577-617 (Chapter 16).

Kulp, S. , 2000. Asymmetric information in vendor managed inventory systems. Working paper, Harvard Business School.

Lambert, R. , 1983. Long-term contracts and moral hazard. The Bell Journal of Economics 14 (2), 441-452.

Lambert, R. , 1985. Variance analysis in agency settings. Journal of Accounting Research 633-647.

Lambert, R. , 1986. Executive effort and the selection of risky projects. The Rand Journal of Economics 77-88.

Lambert, R. , 1993. The use of accounting and security price measures of performance in managerial compensation contracts: a discussion. Journal of Accounting and Economics 16 (1-3), 101-123.

Lambert, R. , Larcker, D. , 1987. An analysis of the use of accounting and market measures of performance in executive compensation contracts. Journal of Accounting Research 25 (Suppl.), 85-125.

Magee, R. , 1988. Variable cost allocations in a principal-agent setting. The Accounting Review 42-54.

Melumad, N. , Reichelstein, S. , 1989. The value of communication in agencies. Journal of Economic Theory.

Merchant, K. , 1987. Why firms disregard the controllability principle. In: Bruns, W. , Kaplan, R. (Eds.), Accounting and Management: Field Study Perspectives. Harvard Business School Press, Boston, MA, pp. 316-338.

Meth, B. , 1996. Reduction of outcome variance: optimality and incentives. Contemporary Accounting Research 309-328.

Milgrom, P. , 1981. Good news and bad news: representation theorems and applications. Bell Journal of Economics 380-391.

Milgrom, P. , Roberts, J. , 1992. Economics, Organization, and Management. Prentice-Hall, Englewood Cliffs, NJ.

Miller, B. , Buckman, G. , 1987. Cost allocation and opportunity costs. Management Science 626-639.

Mirrlees, J. , 1974. Notes on welfare economics, information, and uncertainty. In: Balch, M. , McFadden, D. , Shih-Yen Wu (Eds.), Essays on Economic Behavior under Uncertainty. North-Holland Publishing Co. , Amsterdam.

Myerson, R. , 1979. Incentive compatibility and the bargaining problem. Econometrica 61-74.

Narayanan, V. G. , Davila, A. , 1998. Using delegation and control systems to mitigate the trade-off between the performance-evaluation and belief-revision uses of accounting signals. Journal of Accounting, Economics 25 (3), 255-282.

Paul, J., 1992. On the efficiency of stock-based compensation. The Review of Financial Studies 5 (3), 471-502.

Penno, M., 1984. Asymmetry of pre-decision information and managerial accounting. Journal of Accounting Research 177-191.

Pratt, J., Zeckhauser, R., 1985. Principals and agents: an overview. In: Pratt, J., Zeckhauser, R. (Eds.), Principals and Agents: The Structure of Business. Harvard Business School Press, Boston, MA ((Chapter 1)).

Prendergast, C., 1999. The provision of incentives in firms. Journal of Economic Literature 7-63.

Rajan, M., 1992. Cost allocation in multi-agent settings. The Accounting Review 527-545.

Rajan, M., Sarath, B., 1997. The value of correlated signals in agencies. The Rand Journal of Economics 150-167.

Reichelstein, S., 1993. Constructing incentive schemes for government contracts an application of agencytheory. The Accounting Review October 712-731.

Reichelstein, S., 1997. Investment decisions and managerial performance. Review of Accounting Studies 2 (2), 157-180.

Reichelstein, S., 2000. Providing managerial incentives: cash flows versus accrual accounting. Journal of Accounting Research 243-269.

Rogerson, W., 1985a. The first order approach to principal-agent problems. Econometrica 1357-1368.

Rogerson, W., 1985b. Repeated moral hazard. Econometrica 53 (1), 69-76.

Rogerson, W., 1997. Inter-temporal cost allocation and managerial incentives. Journal of Political Economy770-795.

Ronen, J., McKinney, G., 1970. Transfer pricing for divisional autonomy. Journal of Accounting Research 99-112.

Sahay, S., 1997. Studies in the theory of transfer pricing. Ph. D. Dissertation, University of California at Berkeley.

Sansing, R., 1999. Relationship-specific investments and the transfer pricing paradox. Review of Accounting Studies 119-134.

Sloan, R., 1993. Accounting earnings and top executive compensation. Journal of Accounting and Economics 16 (1-3), 55-100.

Smith, M., 1999. Tax and incentive trade-offs in transfer pricing. Working paper, Duke University.

Stocken, P., Verrecchia, R., 1999. Performance monitoring and financial disclosure choice. Journal of Institutional and Theoretical Economics 155, 214-232.

Thevaranjan, A., Joseph, K., Srinivasan, D., 2000. Managerial myopia and non-financial measures: The case of customer satisfaction mitigating hard selling. Working paper, Syracuse University.

Verrecchia, R., 1986. Managerial discretion in the choice among financial reporting alternatives. Journal of Accounting and Economics 175-196.

Verrecchia, R., 2000. Essays on disclosure. Journal of Accounting and Economics, forthcoming.

Weitzman, M., 1976. The new Soviet incentive model. Bell Journal of Economics 251-257.

Wilson, R., 1968. On the theory of syndicates. Econometrica 119-132.

Young, R., 1986. A note on economically optimal performance evaluation and control systems: the optimality of two-tailed investigations. Journal of Accounting Research 231-240.

对"契约理论与会计"的讨论 *

Robert P. Magee

牛建军　译

摘要

Lambert 教授为管理会计中的主要问题提供了一个非常有用的综述,并且指出了代理理论对这些问题的启示。本文重点强调在研究会计计量问题时这些模型的一些局限性。Lambert 呼吁有更多的研究工作去关注多期契约模型,本文将讨论在这些研究中的一些模型选择。最后,本文介绍了一些有关契约模型与经验证据之间关系的观点。

JEL 分类: M41;L14;D82

关键词: 契约;代理理论;管理会计

在"契约理论与会计"一文中,Lambert 教授关注了契约理论对我们研究影响最大的领域——管理会计中的契约理论研究。很显然,契约理论也对其他研究领域有影响,比如审计服务市场、金融工具契约的设计等,但是管理会计问题研究的数量远远超过了这些领域中研究的数量。虽说也存在一些其他的信息冲突的模型,比如逆向选择和非契约(比如,"声誉")模型,但是代理的范式得到了最多的关注。代理模型隐含地考虑了两个(或多个)当事人之间的潜在冲突,它也承认在管理这些冲突中信息的角色。所以,代理范式对于理解许多管理会计实务是非常有用的。

Lambert 论文的目标是为本领域的研究人员和博士生提供一个有关主要的结论和想法的记录。在笔者看来,他达到了以上目标。论文覆盖了管理会计中许多实质性的议题,强调了在这些议题中驱动代理理论结果的经济力量。文中有足够的细节帮助读者理解这些结论,同时又没有复杂到让读者陷入困境中。

论文可以粗略地分为三个部分,对于大部分内容,作者按以下顺序进行组织。论文的第 1 部分集中于 Holmstrom (1979) 经典的代理模型,以及它对应的多人等价模型 Black-

---

* While retaining responsibility for the content of this discussion, I would like to acknowledge many helpful conversations with my colleagues Ronald Dye, Frank Gigler and S. Sridhar.

Robert P. Magee,西北大学 Kellogg 管理学院。

well（1953）中对单人信息经济学的充分结果。正如 Lambert 所指出的那样，这个结果影响了我们的许多想法：可控性原则、弹性预算优点估计的确认提炼了我们关于差异分析和相对业绩评估的想法。这个模型的一个非常有用的启示就是，在订立契约时，你不想让代理人采取的行动和你想让代理人采取的行动一样重要。允许的行动集和产出函数对于有效契约的性质是非常关键的。笔者将在本文后面部分重新讨论这个问题。

当笔者发现 Lambert 关注于管理会计时，便整理了一个我期望看到被包含的话题的清单。这些话题可以分为两大类——激励函数设计问题（契约形态、契约长度、差异分析、以预算为基础的行为和参与）和业绩指标设计问题（可控性、目标趋同、成本分配、转移定价、投资回报等）。比如，Holmstrom 的模型（下面还将讨论一些拓展）对于第一类问题是非常合适的，但是它们在处理对于管理会计非常基础的业绩指标问题时会有很大的困难。比如，成本系统设计决策要求知道原材料、劳动力、机器时间和其他资源的成本，然后将这些成本加总成产品的成本。在一篇早期的代理理论会计模型中，Demski（1972）将委托人的问题描绘成一个双重选择——一个会计业绩指标和一个基于这个会计业绩指标的激励函数。事实上，该文将激励函数保持不变，即10%的利润分享，然后关注计量利润的直接成本法和完全成本法的选择。但是 Holmstrom 的激励函数可以视为直接对原始信息进行操作（比如，原材料、劳动力等），而对利润等复合的业绩指标没有太大的启示。

在看待会计计量问题时可以采用这种原始信息的视角。比如，Demski（1981）认为，成本分配的本质目的是提供关于资源使用和代理人行动的信息，而不是形成一个复合的业绩指标。也就是说，委托人仅仅关心平方英尺，而不关心基于平方英尺的占有成本。从信息的角度来看，以上解释是很好的，但是为什么不直接使用平方英尺呢？直接将占有成本与其他成本加总，形成一个比如生产成本或利润等复合的会计统计量是非常困难的，因为这样的加总通常会降低契约的效率。所以，研究诸如折旧或管理费用分配等问题并不很容易。正如 Lambert 所提到的，Banker and Datar（1989）的线性加总在有趣的方向上迈进了一步，但是要从这个模型中得到会计计算方面经验的预测仍然是困难的。

Lambert 的回顾有一个缺点，即他没有太关注代理范式的预测与实务观察不一致的领域。笔者对管理会计中代理模型的经验主要集中在成本分配上，发现最优契约可以以非加性的方式使用收入和成本，这与我们在实务中通常看到的程序没有太多类似之处（Magee，1988）。这个结果引出了一个有趣的问题。如果模型的目的是帮助研究者理解在现实的契约世界中观察到的现象，那么当模型的预测与观察到的现象之间只有很少的对应时，意味着什么？也可能是经验研究者没有理由去观察现象，所以我们也不知道现象是否存在。这可能意味着实务是无效的，也可能意味着模型在某些重要的方面是不完整的，如果模型对假设很敏感，也可能意味着我们有错误的行动集，或者效用函数，或者产出函数，或者信息结构。代理模型的许多要素对委托人是可观察的，而研究者能观察到的很少，这使得我们与理论物理学家的处境很相似，他们猜测存在一个粒子却又无法验证。像物理学家那样，我们可以希望未来的技术允许进行这些观察，但是我们也不得不承认可观察性会改变代理问题的基础。Lambert 对这些问题缺少关注的一个更谨慎的解释是编辑的过程屏蔽了这些论文，它们只得到较少的关注。

Lambert 文章的中间部分检查了多行动、多产出、"LEN"模型（线性契约、负指数效用和产出服从正态分布），这些模型只是代理模型中一些特殊的、受限的模型。标准的、努力规避型的代理模型看起来只是一个严格受限的管理者行为模型，如果拓展到多行动，就允许我们除关注提供的努力以外，还可以关注努力的分配。读者应当承认，在这些模型的框架中并没有什么实质性的东西，使得其与前面部分中的模型存在本质上的区别。负指数效用和正态分布的假设可以视为 Holmstrom 模型的一种特例。然而，将契约局限于可观察变量的线性函数使得委托人只能面对无效的选择集。

Lambert 在描述这些特例背后的动机方面很成功，我认为可处理性也可能是一个最普通的理由。更具体地，我们对业绩指标等会计问题感兴趣，这个 LEN 模型的假设允许对多行动的其他业绩统计量进行更多的分析。这个模型在报表粉饰、估价与激励报酬权衡等问题上提供的启发是非常好的。Lambert 对于在契约中使用股票价格信息的讨论非常富有启发性（3.3.5 节）。正如上文所述，代理模型一个很重要的要求是对于代理人可观察到的行动集必须小心，LEN 分析强调，令人气馁的不需要的行动和想要激励的行动同样重要。在一个多指标的环境中，一些指标的目的是警告委托人什么时候代理人努力使情况看起来很好而不是去努力工作。

这些结果是非常合理的，以至于它们可能不是由低效率的线性契约造成的，但是读者应该承认整个结构是非常精心地组织起来的，以便可以得到可解释的结论，所以可以得到的启示可能存在局限性。比如，评估不同的业绩指标的价值是不可能的，因为这些指标是以不同的方式使用的。线性契约排除了与契约形态、类似于预算的激励比如股票期权和其他相似的问题有关的启示。比如，如果委托人允许使用一个类似于期权的基于单个业绩指标的激励，增加第二个业绩指标是有利的等 LEN 模型的结论可能会消失。

和 Lambert 在第三个主要问题中指出的一样，将模型拓展为包括私有信息，对研究许多管理控制问题是最基本的。设计管理控制系统的目的是影响分权的决策制定，决策的分权几乎都是为了利用代理人的私有信息并限制代理人的信息租金。即使代理人的行动是可观察的，比如资源使用的数量，我们也不能实现最优解，因为委托人不知道基于代理人的信息，什么才是最优行动。当代理人有这些信息时，自然要研究与参与预算、转移定价、成本分配和资本预算有关的问题。Lambert 推测，私有信息与加总业绩，比如收入或费用、利润等的频繁使用有关，而笔者认为它们是同时发生的。当代理人（比委托人）知道更多提高收入、降低成本的机会时，委托人极有可能要基于一个这些产出指标的简单加总——委托人的产出来提供激励。如果不这样做，可能会使代理人花费 1 美元的成本去提高 80 美分的收入，因为收入的激励权重超过了费用的激励权重。当存在很多行动选择，且有一些因此而产生的套利机会时，在收益的不同组成部分上施加不同的权重也是非常困难的。

最后，Lambert 提供了一小段关于多期模型的回顾。如果研究者要评论与投资决策、资本化或费用化等类似的问题，就需要一个多期模型。给定上面讨论的会计加总，如果模型有很好的理由可以将信息组合成一个复合的业绩统计量，将是很方便的。比如，这样一个模型允许我们考虑研发费用不同会计处理的效率。

虽然 Lambert 呼吁对多期问题进行更多的研究，笔者也要承认，有很多方法可以将多期问题考虑放入模型中——通过参与约束（AU）或激励相容约束（IC）。也就是说，我们是否需要担心代理人的消费平滑，或代理人可以在某一期学习一些信息，然后在模型结束之前离开公司（或委托人可以在模型结束之前解雇代理人）？或者，我们是否需要担心代理人能在模型执行过程中学习某些东西，而这会改变未来的决策？或者，我们是否需要同时担心这两者都会发生？下一步，我们需要思考在不同期间私有信息如何出现。是不是所有代理人的私有信息都在第一期就出现，还是它出现得更慢一些？哪种承诺（或简单地假定为）是可利用的？沟通上有什么局限性？在构建一个多期模型时，所有这些问题都会出现，这使得研究之间的可比性下降。

不同的研究者研究了这个框架的不同方面，但是约束还没有多到想要得到有启发的结论很难的程度。正如 Lambert 所说，给定技术上的限制，假设必须适应研究者的问题，为了研究，我们必须在模型上作出一些选择。在我看来，多期会计模型应当让"信息行动"在多期都发生。也就是说，在一个多期模型中，如果所有人都可以在第一期就知道所有他们要知道的事情，则这与在制定一个应计会计决策时仍存在一些重要的不确定性、而这些不确定性会在未来期间得到解决的多期模型是不同的。

就像经验研究者用尽自由度一样，这些假设对于研究也是同样的东西，因为如果一个人可以在非常大的范围内选择假设，几乎所有模型的结果都是可能产生的。Lambert 对经济增加值和折旧率的分析是一个非常好的案例。是否存在某个框架，使基于委托人的折旧率计算的经济增加值提供激励是最优的？答案是"是"，但是 Lambert 表明这个结论有些脆弱：假设上的轻微变化会造成一个不同的结果。模型是应当基于假设的现实性来评价，还是应当基于预测的有用性（准确性）来评价？我们一般应当选择后者，但前提是假定研究者已观察到了行为并建立了一个模型去预测这个行为。评价这样一个模型的有用性变得非常困难，除非它作出的额外预测可以得到未来的观察证实（或推翻）。

在对实证会计研究十年的回顾中，Watts and Zimmerman（1990）认为在构建经验检验时理论应当发挥重要作用，我们应当关注有效契约和有效会计程序的同时选择。虽然承认管理会计是经验检验中非常难的领域，但笔者还是认为代理理论模型在这方面取得了部分成功。然而，对于这个有点崇高的目标，仅仅有代理理论是绝对不够的。大多数模型隐含地接受了可在契约中使用的信息集，而这并不是全局最优化。

与为了研究私有信息而设计的激励函数的特征和方法相关的问题已取得一定的成功。然而，代理理论的一个启发就是代理人行动集的重要性，而这个行动集对于经验研究者而言通常是不可观察的。效用函数和依赖于代理人行动的产出的概率分布也是如此。更进一步，当我们假定"原始的"信息必须以最优的方式使用时，像成本分配、加总、折旧等计量问题是非常难以处理的。当强制使用线性契约时，财务产出未加权的加总很少出现在解中。我们将它视为会计加总无效的信号，并认为激励应当基于大量的原始信息集。或者，我们在模型中忽略了一些关键的要素。

我们倾向于关注从"使用者角度"得出的信息的决策影响，通常假定有关行动集的完美知识、完美记忆（或无成本的历史信息）、无成本的信息生产和无成本的契约订立。所以，对于需要的信号量，许多模型得出"角点解"——它们要么使用所有信息，要么禁止所有信息。但是一般而言，生产和处理这些信息并优化激励并不是一件简单的事情，即使在我们给定效用函数和产出的概率分布函数的案例中这也是如此。考虑一些信息的成本和/或契约复杂性可能是未来要从事的一个非常有趣的方向。在这个领域里还有一些研究（e.g.，Dye，1985），但是它并没有运用到代理理论的信息问题中。

已故的数学家 Paul Erdös 向数学大会详细地提出了许多问题，并且根据难度赋予每个问题一个对应的货币价值。他提出了价值 10 美元、100 美元以及 1 000 美元的三类问题。如果你解决了这些问题，他将给你开相应金额的支票。Lambert 在他的回顾中为代理理论/管理会计文献提供了一个非常有意思的框架，并且注意到了重要的启发背后的经济力量。他也注意到一些现存的难题，并对未来研究提出了建议。在结论部分，他还列出了他认为"值 1 000 美元的问题"，因为这些问题对于进一步理解会计实务起着关键作用。[1]

我将使用与这些问题相关的两件事情来结束本文的评论。第一，当信息传递的经济学处于快速变化之中时，在所有的问题中有一个共同的因素——会计计量作用的不确定性。加总、应计实务、报告裁决等背后的经济力量是什么？如果这是一个成本高昂的信息处理过程，则计算能力的发展趋势可能会危及这些实务。会计报告可以变成财务项目和非财务项目分解的报告，不管使用者出于估价还是契约或其他一些目的，他们都可以将这些项目放入某个模型中。另一方面，如果会计实务背后是认知局限性或契约成本，这些实务将持续下去。我们经常使用这些模型去推导一些有关会计实务和会计信息使用的横截面的假设，但是这些方法也可以用于预测会计系统时间序列上的变化。

第二，如果有人开发了一些能解释实务，并且实务对其细节很"稳健"的模型，笔者相信我们应当对这些模型支付一定的溢价。比如，可以在 LEN 模型中加入一系列收入产生和成本削减的机会，这些机会对于努力有相同的回报（虽然收入和费用具有相反的方向），并且具有独立同分布的残差。会计加总在模型中是有效率的——也就是说，简单地加上收入和减去费用将会产生最优的契约。然而，这个结果对设定上小的改变不是很稳健（比如，如果代理人提高收入的难度大于降低成本），所以我不认为这个模型为普遍存在的实务提供了很多启发。Lambert 认为作为激励的经济增加值，在计算时要使用资本成本的结论也引起了同样类型的关注。对于模型中所有可能的参数，该模型产生预测行为的可能性看起来是很小的。

在所有模型中，预测的行为可能依赖于对研究者而言可观察的变量，同时依赖于对研究者而言不可观察的变量。这并不意味着暗示大家我们不能从结论对参数和结构非常敏感的模型中学到任何东西，作为研究者，我们对此可能永远也无法观察。但是，结论更多地依赖于研究者可观察的变量随后可以被经验证据所证实，如果这样，就可以认为模型已经考虑了研究的会计问题的本质，这可以为我们提供额外的安慰。

注释

[1] 补充一句，大会的参加者没有一个人愿意给别人支票。

参考文献

Banker, R., Datar, S., 1989. Sensitivity, precision and linear aggregation of signals for performance evaluation. Journal of Accounting Research 27 (1), 21-39.

Blackwell, D., 1953. Equivalent comparisons of experiments. Annals of Mathematical Statistics 24, 267-272.

Demski, J., 1972. Optimal performance measurement. Journal of Accounting Research 10 (2),

243-258.

Demski，J.，1981. Cost allocation games. In：Moriarity，S.（Ed.），Joint cost allocations，Center of Economic and Management Research，University of Oklahoma，pp. 142-173.

Dye，R.，1985. Costly contract contingencies. International Economic Review 26（1），223-250.

Holmström，B.，1979. Moral hazard and observability. Bell Journal of Economics 10（1），74-91.

Magee，R.，1988. Variable cost allocation in a principal-agent setting. The Accounting Review 63（1），42-54.

Watts，R.，Zimmerman，J.，1990. Positive accounting theory：a ten year perspective. The Accounting Review 65（1），131-156.

披露笔记 *

Robert E. Verrecchia

支晓强 译

摘要

本文的目的是双重的。首先,本文希望对现有的有关披露的会计文献作一分类学上的梳理;也就是说,将文献中有关披露的各种模型按照主题整合、归类。本文建议将会计中的披露研究分为三大类。第一类,笔者称之为"联系基础披露"(association-based disclosure),致力于研究披露对投资者个人行动的累积变化或混乱的外生影响,这种影响主要通过资产均衡价格和交易量行为来显现。第二类,笔者称之为"斟酌基础披露"(discretionary-based disclosure),致力于考察在披露他们知道的信息时,管理者和/或企业如何斟酌选择。第三类,笔者称之为"效率基础披露"(efficiency-based disclosure),致力于讨论在没有关于信息的事前知识时,应当选择何种披露安排,即无条件的偏好。然后,在最后一部分,本文认为应当将降低信息不对称作为一种全面的披露理论的潜在出发点。即,本文认为应当将降低信息不对称作为一种工具来整合披露选择的效率、披露的动机和资本市场过程的内生性(其中涉及个人和分散的投资者之间的相互作用)。

JEL 分类号:G14

关键词:披露;信息不对称的降低;资本成本

---

* Many people have been kind enough to read various drafts of this document and offer me numerous comments and suggestions. They include: John Core, Gus De Franco, Ron Dye, Paul Fischer, Rick Johnston, Oliver Kim, Rick Lambert, Christian Leuz, Margaret McKinley, Adam Reed, Ricardo Reis, Jonathan Rogers, Phillip Stocken, Andy Van Buskirk, Ross Watts, Lei Zhou, and seminar participants at Washington University. Let me hasten to add, however, that I am solely responsible for any opinions, errors, or omissions associated with this document. Finally, I would like to express my sincere appreciation to the editors of the *Journal of Accounting and Economics* for providing me with an opportunity to write a survey of the disclosure literature, and to the Wharton School of the University of Pennsylvania for its continued support and financial assistance in all my research endeavors.

Robert E. Verrecchia,宾夕法尼亚大学沃顿商学院。

§1 引言

　　这篇文章是应 *Journal of Accounting and Economics*（JAE）的编辑分配的任务而作。JAE 的编辑们要求回顾一下关于披露的现有文献，并写一篇以"关于资本市场中披露的作用的各种模型"为题的文章。笔者猜想，之所以分配这一任务，是因为过去 20 年来，会计中的披露研究由一小部分文章迅速发展成为大量、组织良好的文献。另外，JAE 处于推进会计中经济基础研究的最前列，并且很多在披露文献中广泛引用的文章都可以追溯到 JAE。最后，尽管对于披露应该在经济基础研究中处于什么位置尚存争议，但是披露在会计中却处于核心地位。关于披露的经济基础模型建立了财务报告与其经济后果之间的联系。如果没有这种联系，财务会计研究只会集中于记账规则和意见颁布，而没有任何的经济动机。

　　这项任务执行起来不像看起来那样简单。根据规定的题目，或许可以全面回顾讨论**资本市场**背景下的**披露**时所使用的模型，另外这在**会计**文献中也比较流行（这毕竟是会计杂志所出的题目）。然而，两方面的考虑使得笔者不想进行全面的回顾。一个是操作层面上的原因，另一个是个人的意愿。操作层面的问题是，现在并没有一个全面或统一的披露**理论**，或者说至少我没有发现合适的。在披露文献中并不存在核心范式，没有那种引起后续所有研究的某个令人信服的概念，没有整体的"理论"（不论如何解释这个词）。确实，可能形容当下披露文献组成特征的最好说法是，一种高度特质化（并且高度程式化）的经济基础模型的折中混合。每个经济基础模型都在试图考察总体披露之谜中的一小部分。而且，披露这一主题跨越会计、金融和经济学三类文献，进而不可避免地带有这些文献的特色，这进一步加强了折中主义。

　　全面的披露理论当然是一个值得努力的目标，不过本文的目标没那么大。作为朝着全面理论迈进的最初一小步，本文首先考察会计中理论基础的、与披露相关的研究的全貌，并试图对文献进行分类：将各种披露模型归于经过良好整合的主题之中。然后，在本文的最后一部分提出一个全面理论的起点。

　　笔者建议将会计中的披露研究分为三大类。第一类研究的重点，是外生的披露与投资者行为的变化或混乱之间的联系或关系，此处的投资者是指在资本市场中作为个体、福利最大化的代理人展开竞争的投资者。本文将此类研究称为"联系基础披露"。此类研究最突出的特征是它研究外生的披露对投资者行动的总体或累积变化的影响，这种影响主要通过资产均衡价格和交易量行为来显现。第二类研究考察在披露他们知道的信息时，管理者和/或企业如何进行斟酌选择。本文将此类研究称为"斟酌基础披露"。此类研究最突出的特征是，在考察管理者和/或企业披露自己所知信息的动机时，将披露视为内生变量。典型的做法是在某种资本市场情景下考察披露问题，其中市场被（简单地）认为是被披露信息的一个单独的、有代表性的消费者。第三类研究讨论在没有关于信息的事前知识时应当选择何种披露安排。本文将此类研究称为"效率基础披露"。此类研究最突出的特征是，它考察无限定条件的披露选择。典型的做法是在某种资本市场情景下考察披露问题，其中个体、福利最大化的代理人的行动是内生的。所有的分类都会面临同样的问题——对某些文章归类时的个人选择；本文并没有说本文的选择是权威的。

本文将各用一则笔记来对每一类研究作讨论。也就是说，第一则笔记关注联系基础披露研究，第二则笔记考察斟酌基础披露研究，第三则笔记评述效率基础披露研究。如此安排主题有利也有弊。最大的益处是教学方面的，例如，首先讨论联系基础披露是因为它可能是最简单的主题：它假定披露安排的动机和/或效率是固定的或内生的，然后再讨论披露和资本市场现象的联系。然后，斟酌基础披露引入了披露活动的动机（但是一般忽略了事前的考虑）。最后，效率基础披露考察无条件的披露选择。首先讨论联系基础披露的最大弊端在于，它要求我在首先解释披露**为什么**存在的原因之前（即效率基础披露），就讨论披露**如何**影响资本市场的现象。我想，只要作出以下说明就够了：三则笔记中每一则都是独立的，读者可以不按照本文安排的顺序来阅读。

每一则笔记都试图记录该主题的历史演进，考察各种假设的作用，并简单评述各项贡献的总体优势和劣势。另外，在每一部分回顾中，本文试图通过一种我称为"模型设计素描"（modeling vignette）的工具来说明各个模型的分析逻辑。作为一种教学工具，模型设计素描有三个目标。首先，它们代表了一种尝试，即在保持足够的稳健程度的基础上，从复杂分析中提炼出中心思想。第二，它们还代表另外一种尝试，即在模型设计混乱最少的情况下，提供一系列全面整合的例子，使读者可以追寻主题演变的轨迹。（如果最终目标是全面的披露理论，那么倒数第二个目标就是一系列全面整合的模型设计素描。）最后，笔者坚信，不"把手弄脏"是无法全面理解一篇文章的贡献的，这就是说要通过简单的例子作为练习来真正做一下。因此，本文提供这些素描的目的是为感兴趣的读者提供一系列可以练习的例子，并像教科书那样在每章末提出问题。

虽然本可以不提，但还是想说一下，一个真正的全面的披露理论将在其分析中同时整合本文所述的三个方面。也就是说，一个全面的理论会恰当地认识到效率的作用、动机的作用和市场过程的内生性（由于市场过程涉及了个体和形形色色的、福利最大化的投资者代理人之间的相互作用）。但这是对未来研究的挑战，本文的目标只限于列出那些笔者认为是全面理论的基石的东西（参见第2~4部分），以及提出全面理论的一个起点（第5部分）。

我个人不愿意进行全面综述的理由是，我对这种类型的命题作文持保留态度。往好处说，综述也只是对阅读原创性文本的劣质替代品；往差处说，综述只是对文献既乏味又平淡的刻板重复。为了让读者对这种文献的全面综述感兴趣，本文参考了大量（但并非详尽无疑的）会计、金融和经济学中与披露有关的研究。[1]作为对全面综述的替代，本文提供的是对我已参与并且有着持续热情的主题的个人描述。我为此表示歉意。我相信，参加研究范式演变过程的人的思考和评论将会使读者获益最多。让其他人来写他们有热情的研究吧。

关于最后一点，需要说明一下。JAE的编辑已经安排其他人综述与本文的讨论关系密切的两个主题：会计中的契约理论和经验会计文献中的披露（对于前者，see Lambert，2001；对于后者，see Healy and Palepu，2001；Core，2001）。本文作了更多努力来避免这些主题，以使各种综述间的重叠降至最低。

本文的简要结构如下。第2，3，4部分分别是关于联系基础、斟酌基础和效率基础披露的笔记。最后一部分，即第5部分，对本文的发现进行总结，并简要地探讨对未来研究的建议。

§2 联系基础披露

对于那些形形色色的在资本市场中竞争以最大化其个人福利的投资者,披露是如何与他们行为的变化或混乱联系在一起的呢?通过刻画披露事件发生时,披露对单个投资者代理人的累积行动的影响,联系基础披露研究试图考察这个问题。在联系基础披露研究中,总体的或者累积行为的两个特征是此类研究最为关注的:披露和价格变化之间的关系、披露和交易量之间的关系。通过对这些性质的特征的刻画,联系基础研究试图拓展对拥有形形色色投资者代理人的金融市场的经济学基础描述的文献,这些文献至少可以追溯到 Lintner。[2]

这则笔记的目的有二。首先,对联系基础文献的演变进行简单的历史描述。第二,根据全面理论的需要,结合披露对在资本市场中相互作用的个人、福利最大化的代理人的行为的影响,讨论与这个主题相关的总体问题。本文将通过模型设计素描进行历史描述。素描的作用在于展示文献是如何发展的,随着先前工作的缺陷被揭示,越来越多的更复杂的模型包含了早先的简单模型。另外,模型设计素描的表述形式使本文可以对此类文献中所用的大量假设进行评述,并能够向有兴趣的读者指出如何深入讨论这些假设。

对素描的简要总结如下。模型♯1介绍了对披露和价格变化的一种非常程式化的描述,其主要目的是便于后面的讨论。模型♯2介绍了瓦尔拉斯情景下的披露。模型♯3~6将所讨论的情景拓展至市场代理人基于市场出清价格进行预期的情景(即所谓交易的"理性预期"模型):首先在1期情况下,然后在2期情形下。在模型♯7中,本文将结合启发式行为和完全竞争市场来考察披露。模型♯8和模型♯9在不完全竞争模型背景下研究披露:首先市场代理人全为贝叶斯者,然后代理人中既有贝叶斯者也有启发式者。最后,在模型♯10中,我将在市场预期基于同时期的需求和交易量信息的情景下讨论披露。

§2.1 一个披露联系的简单模型 (模型♯1)[3]

为了说明对披露联系和其他观点的研究的演进,我首先提出一个非常程式化的披露模型。假设存在某些价值不确定的资产(如企业),且关于这些资产的某些信息会被披露。不确定性可以用任何一种随机变量来表示,不过正态分布是数学上的规范要求,且绝大多数研究者在直觉上能够理解。因此,用变量 $\bar{u}$ 来表示不确定的企业价值,$\bar{u}$ 服从正态分布,均值为 m,准确性(即方差的倒数)为 h。准确性 h 可以被解释为对于企业的不确定价值 $\bar{u}$ 的共同知识的市场普遍水平。类似地,假定披露的是关于企业价值的信息,但是信息并不完全。例如,用 $\bar{y} = \bar{u} + \bar{\eta}$ 来表示披露,其中 $\bar{\eta}$ 服从均值为0,准确性为 n 的正态分布。我将 n 解释为并作为披露 $\bar{y}$ 的信息含量的准确性。最后,假定可以用一个包括两期的经济来刻画披露的相关问题。$T-1$ 期是披露发生之前紧接着的那期,T 期是披露之后紧接着的那期(即披露期)。分别用 P_{T-1} 和 P_T 表示 $T-1$ 期和 T 期的资产价格。

在继续下文之前,先来谈谈各种假设的作用。首先,如引言部分提到的那样,披露,即 $\bar{y} = \bar{u} + \bar{\eta}$,是我所描述的经济中的外生特征。因此,我没有首先在任何地方构建披露的理论基础或需求。然而,有兴趣的读者可以阅读随后两则笔记来理解为什么在我所描述的经济中会有对披露的需求或供给。出于纯教学方面的考虑，首先假设披露是简单地"存在"的，然后再讨论这些披露存在的根本原因，这样比较方便。第二，本文描述的是仅由一种风险资产组成的经济（从模型♯2开始，还有一个无风险的记账单位商品）。与披露外生的假设不同，这个假设贯穿于我的所有笔记。如果在我将要讨论的情形中存在多重风险资产，通常你会发现单一资产经济下的论断或结果可能会被颠倒（see, for example, Admati, 1985；Holthausen and Verrecchia, 1988）。资产间的相互作用可能会使多资产经济中出现反转。因此，此处的一个假设是可以控制多重资产效应。最后，本文的分析是条件不变的，也就是说，在本文的分析中，假定除本文研究的因素外，别的因素都是固定的或不变的。例如，考虑一种多重资产经济，其中一个行业中的企业生产苹果，另一个行业中的企业生产橘子。另外，假定披露对于苹果制造业和橘子制造业的价值，和/或行业中的生产或相关协调活动有着不同的影响。那么，比较披露对苹果与橘子制造企业的影响是有问题的，因为比较中的其他因素不是固定的。如多重资产效应一样，本文也未考虑这个问题。

继续关于联系基础研究的讨论。与投资者累积行动的混乱现象一样，联系基础研究中有很多可以研究的现象。下面是一个非常不完整的清单：披露和价格之间的函数关系；披露和交易量之间的函数关系；在披露事件期，披露对资产价值集体不确定性的改变程度；披露使得市场更具流动性的程度，等等。许多这样的现象都在原创性论文中得到了讨论。为了对此类分析作出一些评价，本文从两方面入手。首先，本文考察外生的披露 $\tilde{y}$ 与资产在 T 期的价格变化 $P_T - P_{T-1}$ 之间的函数关系。第二，评价 T 期的价格变化的波动性能够被披露单独解释（控制某些关键因素）的百分比。为了说明这些研究披露效应时所用的工具，暂且假定 T 期的价格变化符合下列函数形式：

$$\tilde{P}_T - \tilde{P}_{T-1} = \alpha + \beta(\tilde{y} - m) + \gamma \tilde{\Omega} + \tilde{\xi}$$

式中，α，β 和 γ 是（固定的）参数；$\tilde{\Omega}$ 表示 $\tilde{y}$ 之外的与企业价值和价格变化有关的变量；$\tilde{\xi}$ 表示与企业价值无关的变量（例如，噪音）。在这里，你可以将 $\tilde{y}$ 的系数 β 解释为价格变化的函数关系中由披露直接导致的要素。在下文的讨论中，假定价格的变化服从上面的线性函数形式。为方便起见，此处将 β 称为价格变化中的披露反应系数（DRC）。

DRC告诉我们价格的变化如何依赖于披露（区别于其他因素）或被其所左右。例如，直觉告诉我们，随着模型变得愈加复杂，由于其他因素如私人信息作为公共披露一种替代的存在，DRC将会下降，这就会降低价格对披露的依赖程度。但为了验证这种直觉，或许也为了突出其错误之处，本文还考察了价格变化的波动性单独被披露解释的百分比。在计算此百分比时，我控制了某些关键因素。控制哪些因素是有些任意的，但是本文建议控制 $T-1$ 期的价格 $\tilde{P}_{T-1}$ 和噪音 $\tilde{\xi}$。控制 $T-1$ 期价格的原因是，本文想要从价格变化的波动性中消除由披露之前活动引起的那部分波动性。另外，本文控制噪音是因为它对价格变动的方差的影响并没有经济学上的意义。令 $\Delta\%$ 表示价格变化的波动性能够被 T 期的披露所解释的百分比。当控制了 $T-1$ 期的价格和噪音后，能够被 T 期的披露所解释的波动性的百分比可以被界定为：

$$\Delta\% = 1 - \frac{\mathrm{Var}[\tilde{P}_T - \tilde{P}_{T-1} \mid \tilde{y} = y, \tilde{P}_{T-1} = P_{T-1}, \tilde{\xi} = \xi]}{\mathrm{Var}[\tilde{P}_T - \tilde{P}_{T-1} \mid \tilde{P}_{T-1} = P_{T-1}, \tilde{\xi} = \xi]}$$

在下面的讨论中，当我讨论披露所解释的波动性的百分比时，为方便起见，将其称为"Δ%统计量"。

现在我来建立一个价格变化与披露关系的程式化模型。在这一模型中，我假定参与到市场中的所有投资者是风险中性的，对于企业价值的实现值可以承担无限责任，并且在 $T-1$ 期没有有关企业价值的（私人的或公共的）信息。由于没有信息，在 $T-1$ 期，所有的期望都基于 $\bar{u}$ 的无条件期望，即 m。而且，由于所有的投资者都是风险中性的，$T-1$ 期的资产价格是 $P_{T-1}=m$。在 T 期披露发生（即 $\tilde{y}=y$ 被披露）；本文假定，它是唯一有关企业价值的信息，或者说，若与此同时有其他关于企业价值的信息（如私人信息）被泄露，该信息也为 $\tilde{y}=y$ 所包含。也就是说，在评估企业价值时，$\tilde{y}$ 是 $\bar{y}$ 和所有其他信息的充分统计量。如果 $\tilde{y}=y$ 是所有信息的充分统计量，且所有投资者是风险中性的，那么 $P_T = \mathrm{E}[\bar{u} \mid \tilde{y}=y] = m+[n/(h+n)](y-m)$。这意味着

$$\widetilde{P}_T - \widetilde{P}_{T-1} = \frac{n}{h+n}(\tilde{y}-m)$$

式中，$\tilde{y}-m$ 可以被解释为"披露惊奇"，它表示 $\tilde{y}=y$ 偏离其期望值 m（这也是 $\bar{u}$ 的期望值）的程度。这里，DRC 为 $n/(h+n)$；它可以被描述为披露的准确性 n，除以基于披露的企业价值总体准确性 $h+n$。换句话说，DRC 是披露相对于披露后所有已知的关于企业价值的信息的信息含量。最后，注意在这个简单的模型中，价格变化的所有波动性都可以被 T 期的披露所解释。例如，$\mathrm{Var}[\widetilde{P}_T - \widetilde{P}_{T-1} \mid \tilde{y}=y] = 0$。因此，这个模型的 Δ%统计量为 1。

在继续下文之前，先简单谈谈我在全文中所持的其他两个假设的作用。无限责任保证了价格变化特征化是易做到的和显而易见的。尽管有这一优点，在以下要讨论的各种类型的模型中，研究者还是早就认识到了无限责任是虚构的，并因而研究它的作用（see, for example, Fischer and Verrecchia，1997）。例如，如果你打算研究权益连同负债作为企业融资工具的作用，无限责任就不是一个好的假设了。至于 $\tilde{y}=y$ 是一个充分统计量的假设，对于充分性的传统解释是，在 T 期前存在的任何信息都是对 $\bar{y}$ 的一种预测，这个预测值为 T 期 $\bar{y}$ 的实际披露所包含（see, for example, Abarbanell et al.，1995）。

下面继续讨论。在声称披露与价格变化相联系的分析的演变中，目前所提出的特征是显而易见的和容易做到的。[4] 然而，模型的精致是以对市场运作的极端程式化描述换来的。例如，在这个模型中，除了从披露直接得来的信息外，没有其他任何与企业价值相关的信息。可能更重要的是，模型描绘了一个没有交易发生的世界。这是因为，在 $T-1$ 期和在 T 期的看法是一致的，故此没有理由基于信息进行交易。所以，如果"模型稳健性"的最低条件是在披露时发生某些交易，那么还有更多的工作要做。

为了实现交易量，需要诉诸某些投资者—代理人多样化的要素。因为交易主要源于投资者之间的差异（例如，意见的差异，禀赋的差异，投资者使用信息的方式的差异等），因此，让我首先列一份关于投资者—代理人理性和多样化的特点的清单。要想将在资本市场中竞争的个体的福利最大化的代理人的相互作用的理论基础的特征结合到模型中，或至少应对这一情况，这份清单很重要。完成清单以后，下面的讨论将会相继将每一特点纳入模型，以理解这些特点是如何影响研究的假设和结论。这份清单如下：

1. 投资者的知情程度有差异。

2. 投资者从市场价格中作出理性推断。

3. 投资者理性地预期披露。

4. 除了知情程度有差异外，投资者拥有的信息的质量也是多样化或异质的。

5. 投资者解释披露的方式不同。

6. 投资者从披露中得出的看法不同，也就是说，在将披露结合到他们以后的预期中时，有些代理人（较小地）偏离了贝叶斯行为。

7. 投资者基于不同的经济刺激物作出判断。具体地，他们根据市场价格和交易量作出理性推断。

§2.2 多样化的知情投资者（模型♯2）[5]

本文从一个存在交易的市场的拓展故事开始。这里有大量的投资者代理人，比如 N 个。他们持有价值不确定的资产的股份。他们将这些股份的价值与价值固定为 1 的记账单位商品（如政府债券）相比较，来决定是否交换股份。每个投资者 i 持有数量为 x_i 的价值不确定的资产，以及数量为 b_i 的价值确定的资产。为方便起见，用 x 表示价值不确定的资产的每人供给量，其中，x 由 $x = \sum_i (x_i/N)$ 定义。随着分析的进展，作下列假设是有益的：价值不确定的资产的每人供给量 $\tilde{x}$ 也是一个正态分布的随机变量，其均值为 0，准确性为 t。当下面考察披露所引起的价格变化的波动性时，本文将 $\tilde{x}$ 解释为噪音，t 是噪音的准确度。最后，尽管在经济中存在两种类型的资产，对于所有的意图和目的来说，只有价值不确定的资产与我们有关。因此，为了方便和不带来混淆，此后本文将价值不确定的资产简称为"资产"。

在继续讨论之前，请注意在分析中一直维持的一个假设，即所有其他随机变量的一阶矩（即均值）为零（除了不确定的企业价值的均值为 $\bar{u}$ 之外）。特别地，企业价值披露中的误差项 $\tilde{\eta}$ 的均值为 0。如果我们将披露视为外生的（这是联系基础披露文献的一个特点），所有均值均为零的假设看起来并没有失去一般性。然而，当披露被视为内生时，我们需要认识到，披露的编制者和传播者可能没有动机去迎合为企业价值提供无偏评价这一目标。披露或报告偏差的存在是财务报告中的重要问题。在财务报告中，数据的生产和传播是与实现某种目标联系在一起的。[6] 然而，为了便于讨论，在此本文忽略了这一问题。

如同前面的模型一样，本文假定在 $T-1$ 期没有关于资产（即不确定价值的资产）的信息。因此，一如前面的模型，$P_{T-1} = m$。然而，在 T 期的交易发生之前，每个投资者 i 获得了关于价值 $\bar{u}$ 的不同的私人信息。这一信息用 $\tilde{z}_i = \bar{u} + \tilde{\varepsilon}_i$ 表示，其中 $\tilde{\varepsilon}_i$ 也服从均值为 0，准确性为 s 的正态分布。参数 $\tilde{\varepsilon}_i$ 也是"噪音"项。它反映了每个投资者关于资产的不确定价值的信息的准确程度。例如，高的 s 意味着非常准确的私人信息，低的 s 意味着非常不准确的信息。为方便起见，此后本文假设任意一组误差项的协方差为零，例如，$E[\tilde{\eta}\tilde{\varepsilon}_i] = E[\tilde{\varepsilon}_i\tilde{\varepsilon}_j] = 0$。这意味着 $\bar{u}, \tilde{y}$ 和 $\tilde{z}_i$ 服从三元正态分布，均值为 (m, m, m)，协方差矩阵为：

$$\begin{bmatrix} h^{-1} & h^{-1} & h^{-1} \\ h^{-1} & h^{-1}+n^{-1} & h^{-1} \\ h^{-1} & h^{-1} & h^{-1}+s^{-1} \end{bmatrix}$$

因此，当投资者基于公开披露和他们的私人信息进行预期时，其预期为：

$$E[\tilde{u} \mid y, z_i] = \frac{hm + ny + sz_i}{h + n + s}$$

预期的准确性 $(\text{Var}[\tilde{u} \mid y, z_i])^{-1}$ 为：

$$(\text{Var}[\tilde{u} \mid y, z_i])^{-1} = h + n + s$$

最后，假设 $\tilde{\varepsilon}_i$ 的方差是有限的。因此，根据大数定律，对于任何 ε_i 的实现值，$\lim_{N \to \infty}(1/N)\sum_i \varepsilon_i \to 0$。注意，这意味着对于任何 z_i 的实现值，$\lim_{N \to \infty}(1/N)\sum_i z_i \to u$。

注意，另一个假设是误差之间不相关。随着多重风险资产的引入，误差相关可能会颠覆在误差不相关背景下得出的结论（see, for example, Lundholm, 1988）。不过，我忽略了这一问题。

如果拓展我们的模型的动机是为了保证交易量，那么放松我们关于所有者都是风险中性的假设是有益的。当所有投资者都是风险中性，且有不同的私人信息时，交易量会出现。但是，它是非常程式化的。实际上，对 T 期资产的价值拥有最高条件期望的投资者（即拥有最高 $E[\tilde{u} \mid y, z_i]$ 的投资者）起码会获得资产的总供给。确实，条件期望最高的投资者对资产做多的程度只受其他交易者卖空资产的能力和/或成本的限制。

为了保证交易少些程式化，本文假定投资者代理人是风险回避的，他们对一定数量的消费品 g 的效用为 $U(g) = -\exp[-g/r]$。其中，r 衡量投资者对风险的忍受程度。这一效用函数是（负的）指数形式的，它具有效用函数应具备的一种可取特点：它是 g 的递增和凹函数，意味着投资者偏好更多的消费品，但这种偏好程度在递减。然而，负指数形式的真正优点在于它可以连同正态分布使用，从而使得分析易于进行。最后，在分析中，我们假设风险回避的投资者代理人之间的风险忍受程度是同质的。不过，这是一个无关痛痒的假设，因为允许异质风险忍受程度从而将下面讨论的所有的模型都一般化是一个简单的工作（这也是原创性论文中通常已经做了的）。

下一步是确定 P_T。为此，我求助于以下概念：大量投资者存在于我们的市场，从而保证 P_T 来自完全竞争。为了简要地说明完全竞争概念，请注意完全竞争假定市场中的每个投资者代理人都如同他的行动和行为对价格没有影响那般行事，在均衡状态下这一推断是正确的。在对交易的理论基础描述中，假定市场中投资者代理人的数量很多（通常是可数的无穷），就可以保证完全竞争的实现。这保证尽管价格反映了所有市场参与者在总体层面上的合并决策，但是每个单独的市场代理人的行动却是非常微不足道的，不能对价格有什么可称道的影响。许多人都认为，对于有深度且/或资产被广泛交易的市场，完全竞争是一个合理的假设。另外，在这里只要说这一点就够了：完全竞争是披露联系研究中有用的工具的原因之一是，它大大简化了市场代理人决定市场均衡价格的"博弈"。也就是说，由于每个单独的投资者代理人可以忽略其行动对价格的影响，均衡价格的确定就大大简化了，尤其是在假定交易在多个期间发生的情形下。

连同完全竞争，我还诉诸瓦尔拉斯（Walras, 1881）（see also Wald, 1951）。瓦尔拉斯论述了在可分割的资产（如企业股票）被交易的市场中，市场出清价格是如何确定的。他的这一概念可以被口语化地描述如下：首先，投资者将他们对资产的需求曲线提交给一个善良、无私的做市商（通常称为"瓦尔拉斯拍卖商"）。投资者的需求曲线表示了他们作为资产价格函数的资产需求。拥有了这些信息，瓦尔拉斯拍卖商将价格确定至使得资产的总需求（即单个需求曲线的加总）等于总供给的水平。这个价格"出清了市场"，因此代表了均衡。

现在考虑投资者 i 基于自己的私人信息 z_i 对价值不确定的资产和价值固定为 1 的资产的需求。用 D_i 表示对不确定价值资产的需求，用 B_i 表示对价值固定为 1 的资产的需求。前一类资产的交易价格为 P_T，后一类资产的交易价格为 1。因此，投资者被赋予的投资组合的价值为 $x_iP_T+b_i$。用 D_i 和 B_i 表示的持有一个投资组合的成本为 $D_iP_T+B_i$，持有该投资组合的回报为 D_iu+B_i。将所有因素组合在一起，这意味着用 D_i 和 B_i 表示的持有一个投资组合的净回报（扣除了 i 被赋予的投资组合的价值所得）为 $D_i(u-P_T)+x_iP_T+b_i$。基于投资者 i 的私人信息 z_i 和 y，这个投资组合对该投资者的期望价值为 $\mathrm{E}[U(D_i(\bar{u}-P_T)+x_iP_T+b_i)\mid y,z_i]$。

为了确定 P_T 的价值，首先必须计算每个投资者对 D_i 和 B_i 的需求。当将负指数效用函数和正态分布函数结合在一起使用时，产生了一个对指数中的变量为线性的结果，即

$$\mathrm{E}[U(D_i(\bar{u}-P_T)+x_iP_T+b_i)\mid y,z_i]$$

$$=-\exp\left[-\frac{1}{r}D_i\mathrm{E}[\bar{u}\mid y,z_i]+\frac{1}{2r^2}D_i^2\mathrm{Var}[\bar{u}\mid y,z_i]+\frac{1}{r}D_iP_T-\frac{1}{r}x_iP_T-\frac{1}{r}b_i\right]$$

在确定最优投资组合时，每个投资者都选择 D_i 来最大化上式。这就得到

$$D_i=r\frac{\mathrm{E}[\bar{u}\mid y,z_i]-P_T}{\mathrm{Var}[\bar{u}\mid y,z_i]}$$

这是由负指数连同正态分布得出的标准需求方程。它表明，对资产的需求等于：基于投资者自身私人信息和披露的资产价值的期望值，减去资产的价格；对其风险忍受程度（即 r）的调整，以及对其在以后预期中的信心（即 $\mathrm{Var}[\bar{u}\mid y,z_i]$）的调整（在分母的位置上）。从多元正态性得到的直接结果意味着，$\mathrm{E}[\bar{u}\mid y,z_i]=m+[n/(h+n+s)](y-m)+[s/(h+n+s)](z_i-m)$，$\mathrm{Var}[\bar{u}\mid y,z_i]=1/(h+n+s)$。因此，$D_i$ 可被重写为：

$$D_i=r(hm+ny+sz_i-\{h+n+s\}P_T)$$

现在，我们前述的目标只剩下内生化 P_T 了。使得资产（即不确定价值的资产）的每人供给等于每人需求就可以确定 P_T；实现这一关系，即 $x=\sum_i(x_i/N)=\sum_i(D_i/N)$ 的 P_T 为：

$$\widetilde{P}_T=\frac{1}{h+n+s}\left(hm+n\tilde{y}+s\lim_{N\to\infty}\frac{1}{N}\sum_i z_i-\frac{1}{r}\tilde{x}\right)$$

$$=\frac{1}{h+n+s}\left(hm+n\tilde{y}+s\tilde{u}-\frac{1}{r}\tilde{x}\right)$$

因此

$$\widetilde{P}_T-\widetilde{P}_{T-1}=\frac{1}{h+n+s}\left(n(\tilde{y}-m)+s(\tilde{u}-m)-\frac{1}{r}\tilde{x}\right)$$

注意，$\mathrm{E}[\widetilde{P}_T]=m$，$\mathrm{E}[\widetilde{P}_T-\widetilde{P}_{T-1}]=0$。对 $\widetilde{P}_T-\widetilde{P}_{T-1}$ 的一种解释是，它表示所有投资者对 $\bar{u}$ 的平均期望的变化，其中首先针对他们——基于其关于 y 和 z_i 的知识——期望的事后准确性对这一变化进行调整，并且进一步由不确定价值资产的每人供给来调整（这也是对投资者的风险忍受程度 r 的调整）。"供给调整"，即 $-[1/r(h+n+s)]\tilde{x}$，可以被视为为了吸引风险回避的投资者（假定资产每人需求的实现值 x 为正），T 期的资产价格 P_T 必须低于资产的期望价值 m（即 $\mathrm{E}[[1/(h+n+s)](hm+n\tilde{y}+s\tilde{u})]=m$）的程度。例如，如果投资者的风险忍受程度非常大，则意味着他们接近风险中性，那么 $r\to\infty$，调整为 0。类

似地，如果他们事后预期的准确性非常高，则意味着他们对于资产的价值基本确定，那么 $h+n+s \to \infty$，调整也为0。

简单插一句，我们所持的另一假设是存在一个交易者的连续体（continuum）。因此，讨论如何提高投资者的基数（即市场参与者的数目）来影响价格或价格变化是没有意义的。然而，注意 r 是每人的风险忍受程度。因此，你可以将 r 解释为投资者基数的代理变量；也就是说，随着投资者基数的增加，r 也增加。承认这一解释，并暂且假定资产的每人供给的实现值为正（即 x 为正），则投资者基数（即 r）的增加会导致价格变化的增加，从而导致回报的增加（see，for example，Merton，1987）。[7]

这一模型的显著特征是 DRC 降至 $n/(h+n+s)$。如前所述，DRC 下降是因为在经济中目前存在 z_i 形式的私人信息，这就降低了价格对披露的依赖。

对于这一模型中的 $\Delta\%$ 统计量，一种对每人供给的解释是，它代表与资产的真实、经济价值无关的一个变量，不过它依然通过资产的供给（和风险回避）来影响价格的变化。因此，在我们的讨论中，将每人供给 $\tilde{x}$ 解释为前面所讨论的噪音项 $\tilde{\xi}$ 的代理变量。用 x 作为 ξ 的代理变量，有

$$\mathrm{Var}[\widetilde{P}_T - \widetilde{P}_{T-1} \mid x] = \left(\frac{1}{h+n+s}\right)^2 \left(n^2\left(\frac{h+n}{hn}\right) + 2ns\,\frac{1}{h} + s^2\,\frac{1}{h}\right)$$

和　　$$\mathrm{Var}[\widetilde{P}_T - \widetilde{P}_{T-1} \mid y,x] = \left(\frac{1}{h+n+s}\right)^2 \left(\frac{s^2}{h+n}\right)$$

注意，在这些表达式中没有必要控制 $T-1$ 期的价格，因为 P_{T-1} 是固定为 m 的。因此，$\Delta\%$ 统计量可以写为：

$$\Delta\% = 1 - \frac{\dfrac{s^2}{h+n}}{n^2\left(\dfrac{h+n}{hn}\right) + 2ns\,\dfrac{1}{h} + s^2\,\dfrac{1}{h}} = \frac{n^2\left(\dfrac{h+n}{hn}\right) + 2ns\,\dfrac{1}{h} + s^2\,\dfrac{n}{h(h+n)}}{n^2\left(\dfrac{h+n}{hn}\right) + 2ns\,\dfrac{1}{h} + s^2\,\dfrac{1}{h}}$$

由于 $[n/h(h+n)] < 1/h$，显然 $\Delta\%$ 统计量小于1。换句话说，与 DRC 的下降相一致，在这个模型中，价格变化波动性能为披露所解释的部分小于100%。原因很清楚：在这一变化中，既存在关于资产价值的私人信息，也存在公共信息。例如，假如没有私人信息（即 $s=0$），那么 $\Delta\%$ 统计量仍将为1。

让我们对到现在为止的分析作一小结：作为对披露和价格变化之间联系的一种描述，瓦尔拉斯模型有很多诱人的特点。但这并不是没有争议的，这些争议也正是本文下一部分的写作原因。

§2.3　从市场价格中的理性推断（模型♯3）[8]

尽管瓦尔拉斯的完全竞争概念让我们能够深入理解价格确定的过程，但也可以说它在概念上是有缺陷的。瓦尔拉斯均衡隐含的概念，是投资者对资产价值几何的看法相对于市场出清的价格来说是固定的，或者不变的。此模型有时被称为"外生看法"模型。外生看法模型的概念性缺陷在于，如果投资者可以将整个需求曲线提交给拍卖商，那么他们也应该可以提交基于作为市场出清价格函数的资产预期价值的需求曲线。换句话说，如果他们的需求是价格的函数，那么他们的看法也是价格的函数；反过来，这又可以影响他们的需求（see Grossman，1976，1978）。投资者基于他们对市场出清价格的预期所形成的市场

均衡可以称为"理性预期"的交易模型。

区别瓦尔拉斯和理性预期交易模型的一个直觉方法是首先想象一下瓦尔拉斯模型下的价格确定过程。基于其风险忍受程度、关于资产价值几何的信息和其他偏好特征，投资者确定了他们对资产的需求。然后，他们将其需求曲线提交给拍卖商。拍卖商确定了使得资产的供给与总需求均衡的价格。现在假定拍卖商大声说出了它所确定的市场出清价格。在瓦尔拉斯模型中，什么都不会发生——这个价格就是交易的价格。然而，在理性预期模型中，投资者会开始抱怨，"嗯，假如我早知道市场出清价格就是最终公布的价格，那我将会因之改变我的看法，并提交一个不同的需求曲线"。大概这种抱怨会破坏均衡，拍卖商将被迫允许投资者基于他们修正后的看法提交第二轮的需求曲线。现在想象一下在不同的市场出清价格被公告后的第二轮交易，投资者依旧抱怨说，若他们早知道这个修正后的价格是市场出清价格，他们将会提交另一组需求曲线。如此这般，直到最后拍卖商公告一个价格，在此价格下没有投资者有重新签约的欲望（即他们会停止抱怨）。导致投资者没有重新签约动机的价格就是**理性预期的**市场出清价格。换一种方式来表述，在瓦尔拉斯的模型中，资产的市场出清价格是投资者预期的函数，而不是相反。而在理性预期均衡中，价格是预期的函数，并且预期也是价格的函数。注意，用来描述此类文献中的模型的表述——"理性预期"有些误导，这些模型只是出于模型设计创新的需要才引入了投资者代理人基于市场出清价格作出预期的要求。或许我们也可以将此类研究称为"价格—基础"的交易模型。

从瓦尔拉斯"交易"（trading-up）模型到理性预期的交易模型需要作一些分析。特别地，理性预期均衡的关键特点是，投资者推测资产的市场出清价格包含了资产价值几何的信息。因此，当投资者除了基于私人信息，还基于价格来作出预期时，他们要比忽略价格时更能够洞察资产的不确定价值。在这里，继续前面引入的所有假设，不过另外还要假设投资者推测 T 时的市场均衡价格的形式为：

$$\widetilde{P}_T = a + b\bar{u} + c\tilde{y} - d\tilde{x}$$

式中，a，b，c 和 d 是固定的参数。定义 $\bar{q}$ 为：

$$\bar{q} = \frac{\widetilde{P}_T - a - c\tilde{y}}{b} = \bar{u} - \frac{d}{b}\tilde{x}$$

变量 $\bar{q}$ 表示投资者通过分析价格所获得的关于 $\bar{u}$ 的重要信息。当投资者将 $\bar{q}$ 与 $\bar{u}$，$\tilde{y}$，$\tilde{z}_i$ 结合在一起时，就可以产生一个四元正态分布，其均值为（m，m，m，m），协方差矩阵为：

$$\begin{bmatrix} h^{-1} & h^{-1} & h^{-1} & h^{-1} \\ h^{-1} & h^{-1}+n^{-1} & h^{-1} & h^{-1} \\ h^{-1} & h^{-1} & h^{-1}+s^{-1} & h^{-1} \\ h^{-1} & h^{-1} & h^{-1} & h^{-1}+\left(\frac{d}{b}\right)^2 t^{-1} \end{bmatrix}$$

因此，当投资者根据披露、他们自己的信息和作为额外信息源的价格（通过 q）作出预期时，其预期为：

$$E[\bar{u} \mid y, z_i, q] = \frac{hm + ny + sz_i + (b/d)^2 tq}{h + n + s + (b/d)^2 t}$$

他们预期的准确性 $(Var[\bar{u} \mid y, z_i, q])^{-1}$ 为：

$$(\mathrm{Var}[\tilde{u} \mid y, z_i, q])^{-1} = h + n + s + \left(\frac{b}{d}\right)^2 t$$

为了确定 P_T 的价值，首先必须计算每个投资者的需求 D_i。如前，负指数效用函数产生了一个对指数中的变量为线性的结果，即

$$\mathrm{E}\left[U(D_i(\tilde{u} - P_T) + x_i P_T + b_i) \mid y, z_i, q\right]$$

$$= -\exp\left[-\frac{1}{r} D_i \mathrm{E}[\tilde{u} \mid y, z_i, q] + \frac{1}{2r^2} D_i^2 \mathrm{Var}[\tilde{u} \mid y, z_i, q] + \frac{1}{r} D_i P_T - \frac{1}{r} x_i P_T - \frac{1}{r} b_i\right]$$

为了确定最优投资组合，每个投资者都选择 D_i 来最大化上式。这就导致

$$D_i = r\frac{\mathrm{E}[\tilde{u} \mid y, z_i, q] - P_T}{\mathrm{Var}[\tilde{u} \mid y, z_i, q]}$$

现在投资者除了根据 y 和 z_i，还根据价格（通过 q）作出预期。除这一点之外，表达式与前面的相同。因此，D_i 可被重写为：

$$D_i = r\left(hm + ny + sz_i + \left(\frac{b}{d}\right)^2 tq - \left\{h + n + s + \left(\frac{b}{d}\right)^2 t\right\} P_T\right)$$

如前，令不确定价值资产的每人供给等于每人需求，从而内生化了 P_T。换言之，$x = \sum_i (x_i/N) = \sum_i (D_i/N)$。这样，$\widetilde{P}_T$ 的价值为：

$$\widetilde{P}_T = \frac{1}{h + n + s + \left(\frac{b}{d}\right)^2 t}\left(hm + n\tilde{y} + \left(\frac{b}{d}\right)^2 t\tilde{q} + s\lim_{N\to\infty}\frac{1}{N}\sum_i \tilde{z}_i - \frac{1}{r}\tilde{x}\right)$$

$$= \frac{1}{h + n + s + \left(\frac{b}{d}\right)^2 t}\left(hm + n\tilde{y} + \left(s + \left(\frac{b}{d}\right)^2 t\right)\tilde{u} - \left(\frac{1}{r} + \frac{b}{d}t\right)\tilde{x}\right)$$

注意，投资者的初始推测 $\widetilde{P}_T = a + b\tilde{u} + c\tilde{y} - d\tilde{x}$ 是自我实现的（即理性的），它必须使

$$\frac{b}{d} = \frac{s + \left(\frac{b}{d}\right)^2 t}{\frac{1}{r} + \left(\frac{b}{d}\right)t}$$

这意味着 $\frac{b}{d} = rs$。因此，一个自我实现均衡可以由 $\widetilde{P}_T = a + b\tilde{u} + c\tilde{y} - d\tilde{x}$ 中的系数 a，b，c 和 d 来描述。假定 $a = hm/(h + n + s + (rs)^2 t)$；$b = (s + (rs)^2 t)/(h + n + s + (rs)^2 t)$；$c = [n/(h + n + s + (rs)^2 t)]$；$d = [(1/r) + rst/(h + n + s + (rs)^2 t)]$。反过来，这就意味着

$$\widetilde{P}_T - \widetilde{P}_{T-1}$$

$$= \frac{1}{h + n + s + r^2 s^2 t}\left(n(\tilde{y} - m) + (s + r^2 s^2 t)(\tilde{u} - m) - \left(\frac{1}{r} + rst\right)\tilde{x}\right)$$

注意，除了与基于价格作出预期有关的额外信息外，此表达式中价格的变化与前面相同。实际上，基于价格作出预期带来了额外的"信息活力"（information kick），这使得理性预期模型中的看法比瓦尔拉斯模型中的看法更精确。具体地，前者中预期的准确性为 $h + n + s + r^2 s^2 t$，后者中为 $h + n + s$。这意味着"信息活力"为 $r^2 s^2 t$。

这里，DRC 也反映了从价格中获得的额外信息。具体地，DRC 为 $n/(h + n + s + r^2 s^2 t)$。由于在理性预期模型中，投资者部分地依赖于价格，进而对披露的依赖相对较少，故 DRC 要比瓦尔拉斯模型中的低。另外，在此模型中，$\mathrm{Var}[\widetilde{P}_T - \widetilde{P}_{T-1} \mid x] =$

$(1/(h+n+s+r^2s^2t))^2(n^2((h+n)/hn)+2n(s+r^2s^2t)\dfrac{1}{h}+(s+r^2s^2t)^2\dfrac{1}{h})$，$\mathrm{Var}[\widetilde{P}_T-\widetilde{P}_{T-1}\mid y,$

$x]=\left(\dfrac{s+r^2s^2t}{h+n+s+r^2s^2t}\right)^2\dfrac{1}{(h+n)}$。因此，$\Delta\%$统计量减少为：

$$\Delta\%=1-\frac{\dfrac{(s+r^2s^2t)^2}{h+n}}{n^2\left(\dfrac{h+n}{hn}\right)+2n(s+r^2s^2t)\dfrac{1}{h}+(s+r^2s^2t)^2\dfrac{1}{h}}$$

$$=\frac{n^2\left(\dfrac{h+n}{hn}\right)+2n(s+r^2s^2t)\dfrac{1}{h}+(s+r^2s^2t)^2\dfrac{n}{h(h+n)}}{n^2\left(\dfrac{h+n}{hn}\right)+2n(s+r^2s^2t)\dfrac{1}{h}+(s+r^2s^2t)^2\dfrac{1}{h}}$$

就像瓦尔拉斯例子中那样，理性预期模型中的 $\Delta\%$ 统计量也小于 1。然而，理性预期模型中的 $\Delta\%$ 统计量要比瓦尔拉斯中的低（将此留给有兴趣的读者做练习）。这表明，在理性预期模型中，从价格中获取的关于资产的额外信息意味着对披露的依赖程度降低，进而 T 期价格变化的波动性能够为披露所解释的部分也降低了。

在进入下一模型之前，先来谈谈另外两个假设的作用。在众多投资者可以对 T 期市场均衡价格所作的推测中，"理性预期"文献中的假设是，投资者对市场出清价格函数形式的预测是线性的，即 $\widetilde{P}_T=a+b\widetilde{u}+c\widetilde{y}-d\widetilde{x}$。我们无法排除还存在其他非线性的推测可以导致自我实现的均衡的可能性。这些备选的推测只是没有被研究。注意，这种限定为线性推测的方式并非这一文献所特有。下文将要讨论的不完全竞争模型也是假设对价格函数形式的线性推测。[9]

模型♯3的另一个假设是，投资者拥有不同的私人信息。在与此处所讨论的模型相竞争的一个模型中，投资者只能是两种类型中的一种：知情者和非知情者（他们基于价格得出自己的看法，从而获得某些知识）（see, for example, Grossman and Stiglitz, 1980; Demski and Feltham, 1994）。在后面的模型中，价格只是信息从知情者到非知情者的一个**传递者**（communicator）。而在模型♯3中，价格汇总了许多投资者的不同看法（如 z_i 所表示的），故价格既是信息的**汇总者**（aggregator），也是这个汇总数据的传递者。

§2.4　披露的理性预期（模型♯4)[10]

尽管允许从价格中作理性推断看起来比瓦尔拉斯模型有明显改进，而且只相对增加了一些处理的难度，但还存在另一个缺陷。这个缺陷是，由于如前所描述的市场背景，故此不存在能够让市场参与者在披露之前解决他们的差异（例如，风险偏好的差异，禀赋的差异，私人看法的差异）的前一轮交易。而对于联系研究来说，通过前一轮的交易解决差异是非常关键的。这是因为，如果没有前一轮的交易，那么在披露时，与披露无关的一大堆其他因素会揉入价格的变化中。例如，想象一种情景，市场参与者在交换其资产股份的那一期的期初进入市场，根据他们的需求，在期末建立了市场出清价格。另外，想象一下当他们进入市场时，市场中没有关于资产价值的一些公开披露。在这一情景中，期末的市场价格混合了披露以及不同的风险偏好、风险资产的不同禀赋和不同的个人看法。因此，我们很难清楚区分所有参与者交易的其他原因并得出披露对价格的真正影响。

解决这一问题的方法是，首先允许市场参与者在披露发生前进行一轮交易，然后在披露发生时进行第二轮的交易。然而，要求市场参与者在第一轮交易时预期到第二轮中的披露是重要的。这种方法的优点是，第二轮交易导致的任何价格变化都表示了披露对价格和价格变化的真正影响。问题是，允许两轮交易且同时满足上述的所有其他合理性，在技术上非常困难。

为了说明某些此类问题，我们考察下列建议。让我们考虑下列情形：前一轮的资产交易发生在 $T-1$ 期，披露 $\tilde{y}=y$ 发生在 T 期。在理性预期模型中，我们预期投资者可以从价格中学到知识，也就是说，投资者基于价格作出预期。在两轮交易中，理论上讲投资者在 T 期应该可以基于 $T-1$ 期和 T 的价格作出预期。但是在交易的理性预期模型中，$T-1$ 期和 T 期的价格可以被描述如下：$\tilde{P}_{T-1}=a_{T-1}+b_{T-1}\tilde{u}-d_{T-1}\tilde{x}$，$\tilde{P}_T=a_T+b_T\tilde{u}+c_T\tilde{y}-d_T\tilde{x}$。另外，由于理性交易模型中的所有固定参数都被假设为共同知识（即 a_{T-1}，a_T，b_{T-1} 等），$\tilde{P}_{T-1}$ 和 $\tilde{P}_T$ 表示两个未知数 $\tilde{u}$ 和 $\tilde{x}$ 的两个联立方程。因此，如果 $T-1$ 期和 T 期的每人供给相同（即在 $T-1$ 期和 T 期，$\tilde{x}=x$），则要么 $\tilde{P}_{T-1}$ 和 $\tilde{P}_T$ 可以充分显示 $\tilde{u}$ 和 $\tilde{x}$，要么 $\tilde{P}_{T-1}$ 和 $\tilde{P}_T$ 是冗余的。如果 $\tilde{P}_{T-1}$ 和 $\tilde{P}_T$ 是独立方程，则前者发生；如果 $\tilde{P}_{T-1}$ 和 $\tilde{P}_T$ 是相互依赖的方程，则后者发生（即 $a_{T-1}=a_T$，$b_{T-1}=b_T$ 等）。例如，$(\tilde{P}_{T-1}-a_{T-1})/b_{T-1}=\tilde{u}-(d_{T-1}/b_{T-1})\tilde{x}$，$(\tilde{P}_T-a_T-c_T\tilde{y})/b_T=\tilde{u}-(d_T/b_T)\tilde{x}$。因此，如果 $d_{T-1}/b_{T-1}\neq d_T/b_T$，则 $\tilde{P}_{T-1}$ 和 $\tilde{P}_T$ 充分显示了 $\tilde{u}$ 和 $\tilde{x}$。或者，如果 $d_{T-1}/b_{T-1}=d_T/b_T$，则 $\tilde{P}_{T-1}$ 和 $\tilde{P}_T$ 冗余。

尽管依赖于投资者的推测，充分显示和价格冗余均衡都是可能的，但是完全集中于后者的优点在于，在真实的制度背景中，很少有证据表明价格"充分显示"了一项资产的价值。更重要的是，价格冗余均衡可以被表示为一般均衡（参见 Kim and Verrecchia，1991b，Appendix A1 的讨论）。

在我们假设的背景下，可以表明，允许投资者在前一期进行交易会产生 $T-1$ 期价格的如下表达式：

$$\tilde{P}_{T-1}=\frac{1}{h+s+r^2s^2t}\left(hm+(s+r^2s^2t)\tilde{u}-\left(\frac{1}{r}+rst\right)\tilde{x}\right)$$

简单插一句，除了没有包括披露（即 $\tilde{y}$）外，$\tilde{P}_{T-1}$ 的这个表达式强烈地勾起了我们对前面模型（模型♯3）中 T 期价格的回忆。换句话说，除了披露，这个模型中的 $\tilde{P}_{T-1}$ 与模型♯3中 $\tilde{P}_T$ 的表达式相同。尽管很相似，但要注意，模型♯3 中的 $\tilde{P}_T$ 是因为投资者没有预期到 T 期的披露，是由于短视所致；而这个模型中的 $\tilde{P}_{T-1}$ 是内生的，基于投资者理性地预期了 T 期的披露。接着，T 期的资产价格可以表示如下：

$$\tilde{P}_T=\frac{1}{h+n+s+r^2s^2t}\left(hm+n\tilde{y}+(s+r^2s^2t)\tilde{u}-\left(\frac{1}{r}+rst\right)\tilde{x}\right)$$

因此，经过一些简单的数学计算，可得

$$\tilde{P}_T-\tilde{P}_{T-1}=\frac{n}{h+n+s+r^2s^2t}\left(\tilde{y}-\frac{hm+(s+r^2s^2t)\tilde{u}-(1/r+rst)\tilde{x}}{h+s+r^2s^2t}\right)$$

对表达式 $\tilde{y}-\dfrac{hm+(s+r^2s^2t)\tilde{u}-rst\tilde{x}}{h+s+r^2s^2t}$ 的解释是，它是价格变化中的披露"惊奇"。表达式 $\dfrac{(1/r)\tilde{x}}{h+s+r^2s^2t}$ 为"噪音"。

简单插一句，两期的重要性在于，它使得我们可以研究一项披露行为（例如，一个盈余宣告）相应的价格行为中的变化。至于两期中的噪音水平相同（即 $T-1$ 和 T 期的 $\tilde{x}=$

x）的假设，可回想 $\tilde{x}$ 表示流动性和/或资产供给的波动。因此，可以将这个假设解释为：围绕一项盈余宣告（即最近之前和紧随其后）的流动性和/或供给震动活动的水平是持久的。然而，这个假设的主要作用是为便捷和透明度起见，针对更复杂情形的一般化也比较简单（e.g.，See He and Wang，1995）。

继续对这个模型的讨论。在理性预期和未预期披露的模型中，DRC 都是相同的，即 $n/(h+n+s+r^2s^2t)$。尽管如此，理性预期模型的 $\Delta\%$ 统计量还可被证明为 1。刚开始，这一结果非常令人惊讶，但是好的经济学直觉可以解释其缘由。想想在计算 $\Delta\%$ 统计量时，令 $T-1$ 期的资产价格（即 $\tilde{P}_{T-1}$）保持不变。因此，如果投资者预期到 T 期的披露，并在 $T-1$ 期交易形成均衡，则 $T-1$ 期的价格可以解释模型中**除了** T 期披露之外的所有波动，进而 T 期的披露也解释了价格的**所有**波动。换句话说，$\Delta\%$ 统计量为 1 指明了理性预期披露模型的一个引人注意的特点：价格变化的所有波动性都源于披露（在控制了 $T-1$ 期的价格行为之后）。

在进入下一个模型之前，注意，我们坚持的一个假设是，私人信息是指关于不确定资产价值（即 $\tilde{z}_i = \tilde{u} + \tilde{\varepsilon}_i$）的信息，而并非对披露预测的私人信息（例如，$\tilde{z}_i = \tilde{y} + \tilde{\varepsilon}_i$）。经过简单推导，可以将对披露预测的私人信息纳入此处的模型。[11] 然而，为了保证讨论的连续性，本文采用了前者。

§2.5　异质质量的私人信息（模型♯5）[12]

到现在为止，所建立的模型有很多吸引人的特点。投资者基于价格作出预期，通过在披露公开传播之前建立一个均衡来预期披露，从这种意义上讲投资者拥有理性预期。问题是，当披露发生时，在 T 期没有交易量。因此，有人可能会认为，坚持"概念上正确"的交易模型会迷失我们的目标。

没有交易的原因在于投资者拥有"一致的看法"，以及资产配置在前一轮交易（在 $T-1$ 期）实现是事前的帕累托效率。在具有这些特点的模型中，公开披露导致没有交易（例如，参见 Milgrom and Stokey（1982）的讨论；see also Wilson，1968）。此结果背后的直觉是，在 $T-1$ 期，投资者完成了使其看法与资产价格相一致的资产组合。因此，虽然在 T 期披露改变了价格，但是由于价格和投资者的看法平行移动，二者仍然一致。例如，如果投资者在 $T-1$ 期对资产价值相对于其售价的评估结果为某个值，那么 T 期的披露改变了看法和价格，但是维持了原来的那个值。因此，投资者没有动机在 T 期交易。

再看一下我们所作的两个假设的作用。投资者的私人信息具有相同的准确性保证了前一轮交易中的事前帕累托效率，负指数效用函数保证了一致的看法。因此，如果继续坚持这些假设，我们将会到达众所周知的绝路：一切的努力使我们到了一个披露毫无作用的世界。披露不起作用的原因是，在 T 期没有动机交易。如果我们出于便于计算的原因而不愿放弃负指数，则为了保证披露有一席之地，只有假设 $T-1$ 期的配置不具帕累托效率。这可以通过假设投资者私人信息的准确性是异质的来实现。例如，只需假设存在投资者 i 和 j，其私人信息的准确性为 s_i 和 s_j，且 $s_i \neq s_j$。因此，后面我的假设是对于某些投资者 i 和 j，$s_i \neq s_j$。

简单插一句，我们应该明了在这里所做的是什么。一般来讲，异质的准确性并不是实现 T 期的交易所要求的，只是负指数的固定风险忍受特点强加了这一要求。但是这意味着，**异质的**准确性连同负指数效用函数应该被正确地解释为比负指数更一般的效用偏好的替代变量，而不是交易本身的严格需要。

从同质准确性到异质准确性的变化并不影响模型♯4中所讨论的价格变化的特征，只要现在将前述价格变化方程中 s 的表达式解释为投资者的平均准确性即可，也就是说，$s = \lim_{N \to \infty} \frac{1}{N} \sum_i s_i$。然而，异质准确性所带来的是 T 期交易量的一个特征。具体地，当存在某些 $s_i \neq s_j$ 时，（每人）交易量为：

$$Volume = \frac{1}{2} \left(\lim_{N \to \infty} \frac{1}{N} \sum_i r \mid s_i - s \mid \right) \mid P_T - P_{T-1} \mid$$

式中，$s = \lim_{N \to \infty} \frac{1}{N} \sum_i s_i$。例如，为了看清异质准确性的影响，应注意到，当对于所有的 i 和 j 都满足 $s_i = s_j$ 时，交易量为 0。[13]

实际上，拥有异质质量私人信息的交易模型的引人注意的特点是，它能够产生交易量的一个表达式，其中交易量是投资者私人信息质量差异的绝对值的平均数，即 $\frac{1}{2} \left(\lim_{N \to \infty} \frac{1}{N} \sum_i r \mid s_i - s \mid \right)$，和价格变化的绝对值，即 $\mid P_T - P_{T-1} \mid$，二者的积。除此之外，这一关系解释了文献中常提及的交易量与价格变化绝对值之间的正相关关系（see，for example，Karpoff，1987）。这一关系本身完全是直觉层面的。投资者在一个特质水平下通过对其异质的私人准确性 s_i 加权导致他们拥有不同的意见，投资者所拥有的不同意见的多样化程度和这些意见在披露期通过 $P_T - P_{T-1}$ 平均的变化程度决定了交易量。但是，正如下文所讨论的，这其中依然存在一个问题。

§2.6　对于共同披露的异质解释（模型♯6）[14]

在本文整个分析中所维持的一个假设是，投资者按照某种相同的方式解释披露。对披露进行相同解释的一个典型产物就是，上述方程所暗含的交易量的特征表明交易量通过系数 $\frac{1}{2} \left(\frac{1}{N} \sum_i r \mid s_i - s \mid \right)$ 与价格变化的绝对值有关，但是截距为零。例如，$Volume = \alpha + \beta \mid P_T - P_{T-1} \mid$，其中 $\beta = \frac{1}{2} \left(\frac{1}{N} \sum_i r \mid s_i - s \mid \right)$，$\alpha = 0$。

零截距意味着没有价格变化的话交易量就无法上升。但是**这种**关系受到了批评。批评者声称在经验研究中，即使没有价格变化，也有交易量（see Kandel and Pearson，1995）。于是现在的问题是：如何拓展模型来反映这一问题？换句话说，如何在没有价格变化的情况下引入交易量？

一种通过拓展模型，从而使得即使没有价格变化也存在交易量可能的方法是，允许投资者对披露作出多样化的解释。长期以来，会计研究一直对披露在多大程度上被市场参与者类似或不类似地作出解释存在争议。而且，在会计文献中，存在对一个共同披露被多样化地解释的各种描述（see，for example，Holthausen and Verrecchia，1990；Indjejikian，1991；Kim and Verrecchia，1994）。为了将多样化解释的可能性纳入模型，首先回想 $\bar{y} = \bar{u} + \bar{\eta}$。假定除了直接通过 $\tilde{z}_i$ 的关于 $\bar{u}$ 的私人信息以外，投资者还拥有关于 $\bar{\eta}$ 的私人信息，其形式为 $\tilde{O}_i = \bar{\eta} - \tilde{\omega}_i$，其中 $\tilde{\omega}_i$ 服从均值为 0，准确性为 w_i 的正态分布。从原理上讲，$\tilde{O}_i$ 可以被认为投资者通过研究披露中的误差所发现的信息，其中误差来自随机、大量的或稳健的应计基础会计惯例和估计的应用。当存在披露时，这个信息可被用于对误差的部分纠正。

当将对一个共同披露的多样化解释加至我们前述的假设中时，预期的交易量可被表示如下：

$$E[Volume \mid u, P_T, P_{T-1}] = \frac{1}{2}\lim_{N\to\infty}\frac{1}{N}\sum_i r \mid (w_i - w)(u - P_T) + (s_i - s)(P_{T-1} - P_T) \mid + R$$

式中，R 是一个（正的）残差项（参见 Kim and Verrecchia（1997），p. 408-413 中的讨论）。例如，考虑一下没有价格变化的情形，即 $P_T = P_{T-1}$。对于这个模型的设定，尽管没有价格变化，也会有预期交易量出现。具体地，当 $P_T = P_{T-1}$ 时，预期交易量降为：

$$E[Volume \mid u, P_T, P_{T-1}] = \frac{1}{2}\lim_{N\to\infty}\frac{1}{N}\sum_i r \mid (w_i - w)(u - P_T) \mid + R$$

这个表达式的值总是正的。简言之，这个模型说明了在没有价格变化时交易量是如何发生的。当然，必须承认，尽管这个模型刻画了没有价格变化下的交易量，但它依然缺乏如模型 #5——$Volume = \frac{1}{2}\left(\lim_{N\to\infty}\frac{1}{N}\sum_i r \mid s_i - s \mid\right) \mid P_T - P_{T-1} \mid$——中那样的价格变化与交易量之间更透明和更精致的关系。只需说明下述情况就可以了，即在这个结合点上，模型 #5 中价格的变化与交易量关系的设定是经验研究中常用的基准（see，for example，Atiase and Bamber，1994）。

到现在为止，许多理性元素和投资者多样化已被纳入分析。但是可能有人会认为，现在所进行的分析是以一种眼界非常狭小的"投资者多样化"为代价的。因此，下一部分将探究这一问题。

§2.7　启发式的行为（heuristic behavior）（模型 #7）[15]

在我们的分析中一直坚持的一个假设是，参与市场的所有投资者代理人都按照贝叶斯规则来利用私人或公共信息。但是这合理吗？没有人会预期各个投资者代理人在所有情形下都如此行事，这是否在分析中附加了一个理性的元素？在以理论为基础的经济分析中，依赖于贝叶斯规则是如此习以为常，以至于极少有人提出质疑。贝叶斯规则吸引人的特点是，它意味着对信息最有效率的利用。因此，在市场中，那些更有效地利用信息的投资者（即贝叶斯者）应该可以利用并优于那些不太有效率的对手。另外，即使没有这种事情发生，也有人会认为贝叶斯者的行为在总体层面上很好地揭示了市场参与者的行为，而对贝叶斯规则个体的、异质的背离"平均来讲"会被约掉。换句话说，尽管认为每个人都严格遵循贝叶斯规则似乎有些牵强，但是我们可以预期，许多人平均表现的行为接近于贝叶斯者的行为。

然而，最近财务学研究中一个流行的元素是将其与心理学文献中的研究结合在一起，并质疑在现实市场环境中市场参与者按照贝叶斯规则行事的程度（see，for example，Thaler，1993）。贝叶斯规则怀疑者提供了大量的经验证据，表明市场价格有时似乎对事件过度反应，有时又反应不足（如公告后的漂移现象）。尽管市场的表现异于理性经济分析情形的原因有很多，但投资者未能正确应用贝叶斯规则却可以解释所有的异常行为。因此，这可能是评价这一假设的作用的恰当时机。

用对信息的某些启发式使用替代贝叶斯规则的最大困难在于，它潜在地可以解释任何事情，这实际上也就是说它什么都解释不了。例如，一部分投资者执著于他们先前的看法可以轻松地解释价格反应不足。同样，一部分投资者对最近的信息给予了比贝叶斯规则下更多的权重，可以轻松地解释过度反应。在这个环境中，何种"基础规则"是我们在探究启发式行为的可能性时所需要的呢？我认为，一个规则是，启发式行为必须是可生存的。在某些市场背景下，这种情况可能发生。即在某些市场背景下，启发式行为可能具有某些优点。虽然没有依从贝叶斯规则意味着启发式投资者（平均来讲）对信息的利用不如其贝叶斯者对手有效率，但这些优点能够抵消没有依从贝叶斯规则导致的失败。但是，如果还没有明确地论证启发式投资者可以在与贝叶斯规则的竞争中生存，那么稳妥的做法仍是继续假设市场参与者按照贝叶斯规则利用信息。

为了说明这些问题，让我们回到模型♯4，将一些可计量的投资者启发式行为的可能性纳入其中。由于下述模型的建立要比前面所讨论的稍长，先简要指出其动机。首先，它说明，很难将生存能力与启发式行为在完全竞争模型中协调。第二，简单地说明一下与将启发式行为引入（其他的理性）交易模型中有关的问题是有用的。

首先，考虑这样一个情景：在一个经济体中，π 部分的投资者是启发式的，$1-\pi$ 部分是贝叶斯者，其中 $0<\pi<1$。为了使讨论简洁，假设两类投资者都不拥有私人信息，并且他们都有相同的禀赋，即 $s=0$，且对于所有的投资者 i，$x_i \equiv x$ 和 $b_i \equiv b$。作为一个纯粹的建模要素，引入启发式行为引出了一个很具体的问题，即启发式投资者在多大程度上是理性的（和/或贝叶斯者），在多大程度上是启发式的。具体地，在理性的交易模型中，启发式行为以启发式投资者具有某些人格分裂的因素为先决条件，这是因为启发式投资者将某些理性（和/或贝叶斯主义）行为的要素与某些启发式行为的要素相结合。为了应对这些问题且简便起见，我假设启发式投资者除下述情况外都是理性的/贝叶斯主义的。唯一的例外是，基于披露 y，贝叶斯主义投资者的期望企业价值为 $\mathrm{E}[\bar{u} \mid y] = m + [n/(h+n)] \times (y-m)$，这也是正确的统计估价；而启发式投资者的期望企业价值为 $\mathrm{E}_\mathrm{H}[\bar{u} \mid y] = m + [n/(h+n)]\theta(y-m)$。对启发式行为的这一描述意味着，当 $\theta>1$ 时，相对于 $\bar{u}$ 的无条件期望 m，启发式投资者对披露"过度反应"；$\theta<1$ 则意味着他们"反应不足"。尽管启发式投资者表现出了过度反应或反应不足，但我假设这两种类型的投资者都能正确地评价其后的方差，即对于两类投资者，$\mathrm{Var}[\bar{u} \mid y] = (h+n)^{-1}$。需要强调一下，这种对启发式投资者的描述只是诸多说明非贝叶斯主义行为可能方式中的一种。

以模型♯4为基准，并假设 $s=0$，则资产在 $T-1$ 期的价格是 $\widetilde{P}_{T-1} = m - (1/rh)\tilde{x}$，在 T 期是 $\widetilde{P}_T = [1/(h+n)](hm + n\bar{y} + \pi n[\tilde{y}-m][\theta-1] - (1/r)\tilde{x})$。因此，价格变化的表达式为：

$$\widetilde{P}_T - \widetilde{P}_{T-1} = \frac{n}{h+n}\left((\pi\theta+1-\pi)(\tilde{y}-m) + \frac{1}{rh}\tilde{x}\right)$$

这里，DRC 为 $[n/(h+n)](\pi\theta+1-\pi)$。而且，当 $\theta>(<)$ 1 时，DRC 要大于（小于）完全为贝叶斯投资者时的系数。换句话说，如果启发式投资者对披露"过度反应"（"反应不足"），则价格变化将较多地（较少地）依赖于披露。

这一模型在描述启发式行为时的唯一问题是，由于市场是完全竞争的，启发式投资者总是做得比贝叶斯投资者差。首先展示这一问题，然后讨论这一情形的含义。利用前面引入的分析，启发式投资者对资产的需求是：

$$D_H = r \frac{E_H[\tilde{u} \mid y] - P_T}{Var[\tilde{u} \mid y]} = -rn(1-\pi)(1-\theta)(y-m) + x$$

在将这一需求表达式与模型♯4推出的表达式相比较时，要注意，假设 $s=0$ 意味着投资者不能再从根据价格作出预期中获益，这是因为价格没有汇总所有的私人信息。与之相对，贝叶斯投资者对资产的需求是：

$$D_B = r \frac{E[\tilde{u} \mid y] - P_T}{Var[\tilde{u} \mid y]} = rn\pi(1-\theta)(y-m) + x$$

为检验对需求的这些描述是否正确，注意 $\pi D_H + (1-\pi)D_B = x$，这也是人们可以预期的：总的每人需求等于总的每人供给。

现在考察一下启发式投资者和贝叶斯投资者在 T 期各自的期望效用。不管启发式投资者如何评价披露 y，基于 y 对 $\tilde{u}$ 的正确统计估价都是 $E[\tilde{u} \mid y]$。这意味着基于披露 y，启发式投资者的期望效用（正确地估价）是：

$$E[U(D_H(\tilde{u} - P_T) + xP_T + b) \mid y]$$

$$= -\exp\left[-\frac{1}{r}D_H E[\tilde{u} \mid y] + \frac{1}{2r^2}D_H^2 Var[\tilde{u} \mid y] + \frac{1}{r}D_H P_T - \frac{1}{r}xP_T - \frac{1}{r}b\right]$$

而贝叶斯投资者的期望效用是：

$$E[U(D_B(\tilde{u} - P_T) + xP_T + b) \mid y]$$

$$= -\exp\left[-\frac{1}{r}D_B E[\tilde{u} \mid y] + \frac{1}{2r^2}D_B^2 Var[\tilde{u} \mid y] + \frac{1}{r}D_B P_T - \frac{1}{r}xP_T - \frac{1}{r}b\right]$$

如果贝叶斯投资者期望效用指数中的变量小于启发式投资者，即

$$-\frac{1}{r}D_H E[\tilde{u} \mid y] + \frac{1}{2r^2}D_H^2(h+n)^{-1} + \frac{1}{r}D_H P_T$$

$$> -\frac{1}{r}D_B E[\tilde{u} \mid y] + \frac{1}{2r^2}D_B^2(h+n)^{-1} + \frac{1}{r}D_B P_T$$

则贝叶斯投资者的期望效用大于启发式投资者的期望效用。

上述不等式可以变化为：

$$(E[\tilde{u} \mid y] - P_T)(D_B - D_H) + \frac{1}{2r}(D_H^2 - D_B^2)(h+n)^{-1} > 0$$

然而，请注意：

$$(E[\tilde{u} \mid y] - P_T)(D_B - D_H) + \frac{1}{2r}(D_H^2 - D_B^2)(h+n)^{-1}$$

$$= \frac{1}{2}r\frac{n^2}{h+n}(1-\theta)^2(y-m)^2$$

并且对于所有的 $y \neq m$ 和 $\theta \neq 1$，表达式 $\frac{1}{2}r[n^2/(h+n)](1-\theta)^2(y-m)^2$ 的值都为正。

但是这意味着启发式投资者总是做得比贝叶斯投资者差，故此他们不可能生存。

这一结果背后的逻辑是，在一个完全竞争的市场中，没有哪个投资者的行动或需求能够影响价格。另外，在存在披露时，贝叶斯投资者（平均来说）能够正确地作出重新平衡投资组合的决策，而启发式投资者却作出了较差的投资组合重新平衡决策。因此，从长期来看，贝叶斯投资者应能胜过启发式投资者，也正因为如此，启发式投资者会被逐出市

场。当然，保证启发式交易者能够生存的一个手段是，启发式投资者拥有比贝叶斯投资者更好的私人信息。在此情形下，启发式投资者对信息的较差利用被他们拥有的较好信息所抵消。不过，赋予启发式投资者较好的私人信息有搪塞之嫌。一个有趣的问题是：当他们获取的信息与贝叶斯者相同时，他们能生存吗？

§2.8　不完全竞争（模型♯8）[16]

尽管启发式投资者将无法生存的结论很好且整洁，但是它没能说明生存能力并非启发式行为本身的结果，而是假定市场是完全竞争市场的结果。为了探讨这个问题，我先离题一会，考虑一下**不完全竞争**。

在整个分析中所坚持的一个假设是，市场是完全竞争的。然而，市场并不是完全竞争的，有些投资者的行动的确影响了他们交易时的价格。将一个投资者机制化地影响价格的可能性理性化的方法之一，是认为该投资者是大的机构交易者，其行动驱动了市场。例如，假定市场由一个大的机构投资者和"市场"组成，其中"市场"实际上表示任何其他人。为简便起见，此后假设投资者和"市场"是风险中性的，一定数量的可消费商品 g 对他们的效用是 $U(g) = g$。[17]依然用 $\tilde{y} = \tilde{u} + \tilde{\eta}$ 表示披露，但是现在假设大的机构投资者（以后称投资者）知道 $\tilde{\eta} = \eta$。如在模型♯6中那样，知道 η 的正当理由是，投资者很好地研究了企业的会计惯例和程序，从而足以理解随机的、大量的或稳健的应计基础会计的应用所带来的披露中的错误。将 $\tilde{\eta} = \eta$ 的知识与 $\tilde{y}$ 相结合意味着投资者知道企业的价值 $\tilde{u}$。或者，假设对于会计惯例和程序，"市场"不如投资者那般敏锐，故此只知晓 $\tilde{y}$。

不完全竞争意味着投资者知道当其交易时，他的行动将会对市场价格有影响，并会在提交需求订单时考虑该因素。首先，投资者根据其关于 $\tilde{u}$ 的知识确定其准备执行的需求订单。然后，这个需求订单与资产供给的随机震动所引起的需求订单 $\tilde{x}$ 一起组成"一批"。最后，"市场"按照单一价格履行这些合并在一起的需求订单。

令 d 表示投资者的需求订单，$\tilde{D} = d + \tilde{x}$ 为投资者和随机供给震动合在一起的需求订单或总需求，P 为"市场"为履行订单所制定的价格。[18]这里假设履行需求订单的竞争会影响需求订单的执行价格，最后驱使该价格等于反映了基于"市场"在订单履行时所知情况的资产期望价值。当订单履行时，"市场"知道 $\tilde{y}$ 和总需求 $\tilde{D}$。这意味着 $P = \mathrm{E}[\tilde{u} \mid \tilde{y}, \tilde{D}]$。在这个博弈中，投资者先出手，因此投资者必须对"市场"将如何解释某一规模的需求订单作出一些假设。这里假设，投资者推测"市场"基于披露 y 和提交的总需求订单 D 确定的价格是：

$$P = m + \beta(y - m) + \lambda D$$

实际上，这个价格是 y 和 D 的线性函数。再次说明，系数 β 是 DRC，λ 一般被解释为市场深度。

利用一系列依次进行的步骤，交易博弈的过程可以被总结如下：

（1）企业价值实现，用 $\tilde{u} = u$ 表示。

（2）变量 $\tilde{y} = y$ 被披露，投资者观察到 $\tilde{\eta} = \eta$。

（3）投资者向"市场"提交了一个需求订单，这与随机的供给震动（用 $\tilde{x} = x$ 表示）相合并。

（4）根据总需求订单，"市场"制定了交易的执行价格（即"市场"选择 P 等于基于披露和总需求的企业期望价值）。然后，所有的交易按照该价格执行。

（5）企业清算，向股东支付回报 u。

这一博弈的均衡可被认为来自第（3）步和第（4）步，每步中都是履行该步骤的个体在为自身利益考虑。例如，在步骤（3）中，投资者通过求解下式来确定其需求订单：

$$\max_d d\,E[u-\widetilde{P}\mid\bar{u}=u,\bar{y}=y]$$

其中，投资者推测 $\widetilde{P}=m+\beta(\bar{y}-m)+\lambda\widetilde{D}$。这意味着他解出了下式：

$$\max_d d\,E[u-m-\beta(y-m)-\lambda(d+\tilde{x})\mid\bar{u}=u,\bar{y}=y]$$

反过来，也就意味着

$$d=\frac{1}{2\lambda}(u-m-\beta[y-m])$$

投资者选择 d 的后果是，$\bar{u}$，$\bar{y}$ 和 $\widetilde{D}=\tilde{d}+\tilde{x}$ 服从三元正态分布，均值为 $(m, m, 0)$，协方差矩阵为：

$$\begin{bmatrix} h^{-1} & h^{-1} & \frac{1}{2\lambda}h^{-1}(1-\beta) \\ h^{-1} & h^{-1}+n^{-1} & \frac{1}{2\lambda}(h^{-1}-\beta[h^{-1}+n^{-1}]) \\ \frac{1}{2\lambda}h^{-1}(1-\beta) & \frac{1}{2\lambda}(h^{-1}-\beta[h^{-1}+n^{-1}]) & \frac{1}{4\lambda^2}(h^{-1}-2\beta h^{-1}+\beta^2[h^{-1}+n^{-1}])+t^{-1} \end{bmatrix}$$

在步骤（4）中，"市场"根据披露和收到的总需求订单确定 P。上述协方差矩阵意味着这样做导致了下述关系：

$$E[\bar{u}\mid y,D]=m+\frac{4\lambda^2 n+t\beta}{4\lambda^2 n+t+4\lambda^2 h}(y-m)+\frac{2\lambda t}{4\lambda^2 n+t+4\lambda^2 h}D$$

然而，请注意，要使投资者对 β 和 λ 的初始推测得到实现，必须有 $\beta=(4\lambda^2 n+t\beta)/(4\lambda^2 n+t+4\lambda^2 h)$ 和 $\lambda=2\lambda t/(4\lambda^2 n+t+4\lambda^2 h)$。反过来，这意味着 $\beta=n/(h+n)$ 和 $\lambda=\frac{1}{2}\sqrt{t/(h+n)}$。

简言之，在一个自我实现的均衡中，需求订单的执行价格为：

$$\widetilde{P}=m+\frac{n}{h+n}(\bar{y}-m)+\frac{1}{2}\sqrt{\frac{t}{h+n}}\widetilde{D}$$

式中，$n/(h+n)$ 是 DRC；$\frac{1}{2}\sqrt{t/(h+n)}$ 是市场深度。

从披露的角度看，这一均衡有很多有趣的特点。首先，与完全竞争模型不同，即使投资者知道资产的价值（即投资者知道 $\bar{u}=u$），投资者也并没有无限地对资产做多或做空。其原因在于，投资者必须考虑他的需求订单对其需求订单履行时的价格的影响。他的需求订单越大（即 d 越大），他预期履行该订单的成本越大（即 $E[\widetilde{P}]$ 越大）。例如，因为 $\lambda>0$，当总需求为正时（即 $D>0$），投资者的交易执行的价格要大于"市场"完全依赖披露 y 所得出的价格（即 $P=m+[n/(h+n)](y-m)$）。与总需求一样，其需求的另一个特点是与披露没有关系，即 $E[(\bar{y}-m)\tilde{d}]=E[(\bar{y}-m)\widetilde{D}]=0$。这一结果背后的逻辑是，当投资者提交其需求订单 $\tilde{d}$ 时，他知道 $\bar{y}$，并且知道，由于 $\bar{y}$ 是公共信息，故当其订单履行时，$\bar{y}$ 的信息含量将会完全反映在 $\widetilde{P}$ 中。因此，他会考虑到披露对价格的影响，从而调整他的需求订单，这相当于保证了他的需求订单与披露无关。最后，注意此模型中的

DRC 与模型#1背景下的 DRC 相同，也即经济中的唯一信息是直接从披露得来的信息的情形。这背后的逻辑是，DRC 反映了披露的影响，总需求系数 λ 反映了除披露之外观察总需求 D 所得来的增量信息。

§2.9 修正后的启发式行为（模型#9）[19]

在列示了不完全竞争概念之后，现以此类模型为背景修正启发式行为。我希望在此表明的是，当启发式行为与不完全竞争相结合时，在与（理性的）贝叶斯投资者的竞争中，启发式交易者有生存的可能。其逻辑是，当投资者的行动影响价格时，给予披露高于贝叶斯规则下的权重将会驱使价格朝披露的方向移动。例如，存在"好消息"时，启发式投资者会给予披露高于贝叶斯规则下的权重，这就使得价格要高于"正确的"（即贝叶斯的）估价。但是，知道了这些，（理性的）贝叶斯投资者将会降低**他的**需求。因为他力图避免为该资产支付超过正确估价下的价格。但是在"放弃"他的部分需求时，贝叶斯投资者反过来通过自己的行动**降低**了价格。贝叶斯投资者对启发式行为的这种适应，使得启发式投资者为他们较高的资产股份所支付的价格要**小于**他们本来将要支付的价格。因此，即使启发式投资者对披露的利用不及贝叶斯者的水平，但是贝叶斯者会适应启发式交易者，结果使得他们启发式动机的交易按照更有利的价格来履行。在此，只要贝叶斯投资者所做的适应性调整能够抵消启发式投资者较弱的信息利用能力，则启发式投资者和贝叶斯投资者都有可能生存。

为了说明这一点，考虑一个包括两个"大的"机构投资者的经济体，其中一个是贝叶斯者，一个是启发式者。所谓"大的"，是指两种投资者所具有的抗风险程度、财务资源和/或声誉使得他们在市场中占据非常重要的位置。另外，作为"大的"的副产品，假设两种类型的投资者都是风险中性的。反过来，这些大的投资者非常重要的位置又会影响他们交易的价格。例如，基于披露 y，假设每个大的投资者交易其资产的价格将是：

$$P = m + \beta(y - m) + \lambda(d_{\mathrm{H}} + d_{\mathrm{B}})$$

式中，β 和 λ 是固定的、正的系数；d_{H} 和 d_{B} 分别表示启发式投资者和贝叶斯投资者的需求。系数 β 可以被解释为（外生给定的）DRC，系数 λ 可以被解释为两个大的交易者对所有交易的执行价格的需求弹性，即市场深度。例如，后者意味着，当"大的投资者"对资产的净需求为正时（即 $d_{\mathrm{H}} + d_{\mathrm{B}} > 0$），资产的交易价格随着 λ 的上升而上升；当"大的投资者"对资产的净需求为负时，资产的交易价格随着 λ 的上升而下降。

回想一下，基于披露 y，贝叶斯投资者期望的企业价值为 $\mathrm{E}[\bar{u} \mid y] = m + [n/(h+n)](y-m)$，启发式投资者的期望企业价值为 $\mathrm{E}_{\mathrm{H}}[\bar{u} \mid y] = m + [n/(h+n)]\theta(y-m)$。由于启发式投资者基于披露对企业的估价是 $\mathrm{E}_{\mathrm{H}}[\bar{u} \mid y]$，同时必须支付 P，故他会选择 d_{H} 来最大化如下目标函数：

$$d_{\mathrm{H}}(\mathrm{E}_{\mathrm{H}}[\bar{u} \mid y] - P) = d_{\mathrm{H}}(\mathrm{E}_{\mathrm{H}}[\bar{u} \mid y] - (m + \beta(y-m) + \lambda(d_{\mathrm{H}} + d_{\mathrm{B}})))$$

这个函数是凹的，在

$$d_{\mathrm{H}} = \frac{1}{2\lambda}(\mathrm{E}_{\mathrm{H}}[\bar{u} \mid y] - m - \beta(y-m) - \lambda d_{\mathrm{B}})$$

时达到最大值。类似地，贝叶斯投资者的最佳 d_{B} 为：

$$d_{\mathrm{B}} = \frac{1}{2\lambda}(\mathrm{E}[\bar{u} \mid y] - m - \beta(y-m) - \lambda d_{\mathrm{H}})$$

分别解出均衡状态下启发式投资者和贝叶斯投资者所选择的 d_H 和 d_B：

$$d_\mathrm{H} = \frac{1}{3\lambda}(2\mathrm{E}_\mathrm{H}[\tilde{u} \mid y] - \mathrm{E}[\tilde{u} \mid y] - m - \beta(y-m))$$

$$d_\mathrm{B} = \frac{1}{3\lambda}(2\mathrm{E}[\tilde{u} \mid y] - \mathrm{E}_\mathrm{H}[\tilde{u} \mid y] - m - \beta(y-m))$$

反过来，这意味着在均衡状态下：

$$P = m + \beta(y-m) + \lambda(d_\mathrm{H} + d_\mathrm{B})$$

$$= \frac{1}{3}(m + \beta(y-m) + \mathrm{E}_\mathrm{H}[\tilde{u} \mid y] + \mathrm{E}[\tilde{u} \mid y])$$

现在看一下启发式投资者和贝叶斯投资者各自的期望效用。不管启发式投资者如何评价披露 y，基于 y 对 $\tilde{u}$ 的正确统计估价总是 $\mathrm{E}[\tilde{u} \mid y]$。这意味着，基于披露 y，启发式投资者履行交易带来的期望效用（正确地评价）为 $EU_\mathrm{H}(y) = d_\mathrm{H}(\mathrm{E}[\tilde{u} \mid y] - P)$，而贝叶斯投资者的期望效用为 $EU_\mathrm{B}(y) = d_\mathrm{B}(\mathrm{E}[\tilde{u} \mid y] - P)$。因此，启发式投资者和贝叶斯投资者各自期望效用的差异可以表示如下：

$$EU_\mathrm{H}(\tilde{y}) - EU_\mathrm{B}(\tilde{y})$$

$$= \frac{1}{3\lambda}(\mathrm{E}_\mathrm{H}[\tilde{u} \mid y] - \mathrm{E}[\tilde{u} \mid y])(2\mathrm{E}[\tilde{u} \mid y] - \mathrm{E}_\mathrm{H}[\tilde{u} \mid y] - m - \beta(y-m))$$

$$= \frac{1}{3\lambda}\left(\frac{n}{h+n}\right)(\theta-1)\left(\frac{n}{h+n}(2-\theta) - \beta\right)(y-m)^2$$

这个表达式是 θ 的凹函数，在 $\theta = 1$ 和 $2-((h+n)/n)\beta$ 两点处等于 0。假定 $2-((h+n)/n)\beta > 1$。这意味着，对于任何处于 $[1, 2-((h+n)/n)\beta]$ 区间的 θ，启发式投资者都要比贝叶斯投资者做得好。类似地，假定 $2-((h+n)/n)\beta < 1$。这意味着对于任何处于 $[2-((h+n)/n)\beta, 1]$ 区间的 θ，启发式投资者都比贝叶斯投资者做得好。换句话说，只要在 1 和 $2-((h+n)/n)\beta$ 之间存在某个区间，并且 θ 处于这一区间，平均来讲，启发式投资者将会胜过贝叶斯投资者。特别地，当 $\theta = 2-((h+n)/n)\beta \neq 1$ 时，启发式投资者不是贝叶斯者，但是二者做得同样好。

另外，请注意，大于 1 的 θ 则意味着启发式投资者对披露 "过度反应"，而小于 1 的 θ 则意味着启发式投资者对披露 "反应不足"。因此，**尽管**启发式投资者基于披露（即 y）对资产（即 $\tilde{u}$）的估价（平均来讲）不及贝叶斯投资者的估价准确，**并且**购买和销售资产都支付相同的价格，但是 "过度反应" 和 "反应不足" 行为的存在使启发式投资者做得比贝叶斯投资者好。

然而，在结束前，请大家关注 DRC 的角色。在前面模型（模型♯8）的讨论中，我说明了，任何公开披露的 DRC 都是 $\beta = n/(h+n)$。但是 $\beta = n/(h+n)$ 意味着 $2-((h+n)/n)\beta = 1$。反过来，这也意味着启发式投资者做得没有贝叶斯者差的唯一的 θ 值是 $\theta = 1$。此事的重要性是什么？好的，由于从模型♯8 的讨论中我们知道 $n/(h+n)$ 是对价格的正确（即贝叶斯）系数，故此可以将 $n/(h+n)$ 的 DRC 解释为 "市场" **平均**为贝叶斯者的 DRC。当 "市场" 整体来说是贝叶斯者时，除了当 $\theta = 1$ 时启发式做得同样好外，贝叶斯投资者总是胜过启发式投资者。但是 $\theta = 1$ 意味着启发式投资者实际上是贝叶斯者！这样，故事的寓意就简单了。当 "市场" 平均来说是贝叶斯者时，启发式（即非贝叶斯）投资者总是被贝叶斯投资者胜出。

简言之，结合模型♯7，这个模型引起争论的特点是，它认为无论在完全竞争市场还是不完全竞争市场（在此情形下，"市场"平均来说是贝叶斯者），启发式投资者都无法生存。

§2.10　基于交易量确定看法（模型♯10）[20]

为了总结这则笔记，考察一下所坚持的最后一个假设的作用。在到目前为止讨论的模型中，无论是投资者还是做市商，所有参与市场的投资者代理人都是完全根据总的净需求来作出预期，不管总的净需求是间接来自市场价格（如模型♯3～6），还是直接来自基于总的净需求作出预期的"市场"（如模型♯8）。这就引发了一个问题：若投资者和/或"市场"基于其他变量，如交易量，作出预期，是否将会使他们获益，并且将会如何改变各种市场特征。[21]

为了理解将交易量作为条件变量所涉及的一些问题，我提出了一个非常简单的模型。为了使讲解尽可能流畅，我选择了最简单的一组假设，当然这组假设足以稳健地把握问题。[22]将这个简单的模型拓展至更一般的情形将会使问题变得很容易。首先回想一下不确定的企业价值，用 $\bar{u}$ 表示，它服从均值为 0，准确性为 h（即方差的倒数）的正态分布。令 $F(u)$ 表示 $\bar{u}$ 实现值的累积概率分布，$f(u)$ 为其密度函数。这意味着 $f(u) = (h^{1/2}/\sqrt{2\pi}) \exp\left[-\frac{1}{2}h(u)^2\right]$。现在考虑一个拥有 N 个市场参与者的经济体，其中一个参与者是"大的"、风险中性的知情投资者。知情投资者观察到 $\bar{u} = u$（即，如在模型♯8中一样，他知道企业价值），并试图基于该信息交易。具体地，基于 u，知情投资者提交了一份需求订单，为 1，0 或者−1。在我们的模型中，需求订单 0 意味着投资者延迟交易。经济体中还有 $N-1$ 个非知情或流动性投资者，他们每个人都独立地提交了一份需求订单，为 1，0 或者−1。一个单独的流动性投资者提交一份 0 的需求订单的概率为 $x\in(0,1)$，提交一份 1 或−1 的需求订单的概率 $\frac{1}{2}(1-x)$。除了关于 u 的知识和知情投资者的身份，经济体中的每个特点都是共同知识。

如在模型♯8中那样，存在一个大的知情投资者表明这是一个不完全竞争的模型，知情投资者和"市场"之间的下述博弈将在其中进行。令 D 和 V 分别表示总的净需求和总的交易量，P 表示"做市商"执行交易的价格。利用一系列依次进行的步骤，博弈过程可以被总结如下：

（1）企业价值实现；用 $\bar{u} = u$ 表示。

（2）知情投资者观察到 $\bar{u} = u$。

（3）（风险中性的）知情投资者和不知情的交易者向"市场"提交需求订单。

（4）基于来自这些需求订单的总的净需求和总交易量知识，"（风险中性的）市场"制定了交易履行的价格（即"市场"选择 P 等于基于 D 和 V 的企业期望价值）。然后，所有的交易按照该价格执行。

（5）企业清算，向股东支付回报 u。

如前所述，这个博弈使人联想到了模型♯8。但是，它有一个重要的不同点：此处，"市场"基于两个信息来源。具体地，"市场"不仅基于总的净需求，而且基于总的交易量。更广泛地，可以将我们分析中的"市场"解释为一种市场过程的仿效，其中企业股票的价格对当期的需求和量的信息作出反应。[23]可以这样简单解释那些基于需求和量作出预期导致的推断：假设有 M 个知情投资者。此外，令 N 表示市场参与者的总数，即 $N=M+L$。最后，令 N^+，N^0 和 N^- 分别表示 1，0 和 −1 所提交的需求订单的确切数目。除观察 D 外还观察 V 所带来的信息益处是，"市场"可以推测所提交的 1，0 和 −1 订单的确切数目。例如，由简单推导可知，通过 D 和 V 就可确定 N^+，N^0 和 N^-：

$$N^+ = \frac{V+D}{2}, \ N^- = \frac{V-D}{2}, \ N^0 = N-V$$

而 D 单独只能反映购买订单和出售订单数目之间的**差异**。简言之，关于需求和量的知识是比只有需求信息更精细化的信息，故此将会使推测更为准确。

再回到博弈中，知情投资者在不知道其交易履行价格的情况下提交了一份需求订单。令 d 表示知情投资者的需求订单，P 表示交易履行的价格。基于其行动对交易履行的期望价格的影响，知情投资者选择 d 来最大化他的期望利润：

$$d = \text{Arg max } d(u - \text{E}[\tilde{P} \mid d])$$

令 λ 表示正的半直线 R^+ 中的某些要素。知情投资者的交易规则或策略可以完全按如下方式由 λ 刻画：对于所有的 $u \geqslant \lambda$，投资者选择 $d=1$，于是 $\lambda = \text{E}[\tilde{P} \mid d=1]$；对于所有的 $u \leqslant -\lambda$，选择 $d=-1$，于是 $-\lambda = \text{E}[\tilde{P} \mid d=-1]$；对于所有的 $u \in (-\lambda, \lambda)$，选择 $d=0$。这意味着，基于这样的战略，知情投资者提交 $d=1$，$d=-1$ 和 $d=0$ 的需求订单的概率分别为 $1-F(\lambda)$，$F(-\lambda)$ 和 $F(\lambda)-F(-\lambda)$。

我们所寻找的这个交易博弈的均衡，是一个满足由"市场"作出如下推测的均衡：存在 $\hat{\lambda} \in R^+$，使得当知情投资者观察到一个 $u \geqslant \hat{\lambda}$ 时，他会提交需求订单 1；当知情投资者观察到一个在 $-\hat{\lambda}$ 和 $\hat{\lambda}$ 之间的 u 值时，他会提交订单 0；最后，当知情投资者观察到一个 $u \leqslant -\hat{\lambda}$ 时，他会提交订单 −1。由于对称性，所有针对 λ 的结果也适用于 $-\lambda$，只是符号作相应改变。下面只列示并证明 $\lambda \geqslant 0$ 的情况下我们的结果。

这个博弈的均衡可被描述如下：

（i）在观察到 D 和 V 后，根据对知情投资者使用 $\hat{\lambda}$ 选择其交易规则的推测，"市场"选择 P。

（ii）预期到了"市场"行为，知情投资者选择一个可以用 λ 刻画的交易规则。

（iii）在均衡时，$\hat{\lambda}=\lambda$（"市场"正确地预期了知情投资者的交易规则）。

现在令 $M=1$，这意味着 $N=1+L$。当"市场"观察到需求 D 和量 V 时，它可以推测出 1，0 和 −1 三种订单的数目。知情需求为 1，0 和 −1 与一组 $\{D, V\}$ 的联合概率分别如下：

对于 $V>-D$，有

$\Pr(d=1, D, V)$

$$= (1-F(\lambda)) \frac{(N-1)!}{\left(\frac{V+D}{2}-1\right)! \ (N-V)! \ \left(\frac{V-D}{2}\right)!} \left(\frac{1-x}{2}\right)^{V-1} x^{N-V}$$

对于 $V=-D$，$\Pr(d=1)=0$；

对于 $V<N$，有

$\Pr(d=0, D, V)$

$$= (F(\lambda) - F(-\lambda)) \frac{(N-1)!}{\left(\frac{V+D}{2}\right)! \ (N-V-1)! \ \left(\frac{V-D}{2}\right)!} \left(\frac{1-x}{2}\right)^{V} x^{N-V-1}$$

对于 $V=N$ ，$\Pr(d=0)=0$；

对于 $V>D$ ，有

$$\Pr(d=-1,D,V)$$

$$= F(-\lambda) \frac{(N-1)!}{\left(\frac{V+D}{2}\right)! (N-V)! \left(\frac{V-D}{2}-1\right)!} \left(\frac{1-x}{2}\right)^{V-1} x^{N-V}$$

对于 $V=D$ ，$\Pr(d=-1)=0$。

令 $P(D, V: x, \lambda)$，或者更简单地，$P(D, V)$，为在给定 x 和推测的 λ 的条件下做市商观察到 D 和 V 后对 u 的期望。[24] 从上述关系中可以看出，"市场"基于一组 $\{D, V\}$ 所选择的价格可被刻画如下：

$$P(D,V) = \mathrm{E}[\tilde{u} \mid D,V]$$

$$= \mathrm{E}[\tilde{u} \mid u \geqslant \lambda] \frac{\Pr(d=1,D,V)(1) + \Pr(d=0,D,V)(0) + \Pr(d=-1,D,V)(-1)}{\Pr(d=1,D,V) + \Pr(d=0,D,V) + \Pr(d=-1,D,V)}$$

$$= \frac{\mathrm{E}[\tilde{u} \mid u \geqslant \lambda](1-F(\lambda))x \left(\frac{V+D}{2} - \frac{V-D}{2}\right)}{(1-F(\lambda))x \left(\frac{V+D}{2} + \frac{V-D}{2}\right) + (F(\lambda) - F(-\lambda)) \left(\frac{1-x}{2}\right)(N-V)}$$

$$= \mathrm{E}[\tilde{u} \mid u \geqslant \lambda] \left(\frac{D}{N}\right) \left[1 + \frac{(N-V)\{x+1-2F(\lambda)\}}{V\{x+1-2F(\lambda)\} + N\{2F(\lambda)-1\}(1-x)}\right]$$

知情投资者的最优交易规则是，只要 $u \geqslant \lambda$，就选择 $d=1$。因此，当且仅当 $\lambda = \mathrm{E}[P(D, V)d = 1]$ 时，"市场"对 λ 的预测才会实现。最后，可以看出，$\lambda = \mathrm{E}[P(D,V)d = 1]$ 等价于确定一个满足下列关系的 λ：

$$\lambda = \frac{\mathrm{E}[\tilde{u} \mid u \geqslant \lambda]}{N} \left(1 + \sum_{V=1}^{N} \sum_{\theta=1}^{V} \left(\frac{(N-V)\{x+1-2F(\lambda)\}}{V\{x+1-2F(\lambda)\} + N\{2F(\lambda)-1\}(1-x)}\right.\right.$$

$$\left.\left. \frac{(N-1)! \left(\frac{1-x}{2}\right)^{V-1} x^{N-V}}{(N-V)!(V-\theta)!(\theta-1)!}\right)\right]$$

现在重新思考一下前面作为一组 $\{D, V\}$ 函数的价格：

$$P(D,V) = \mathrm{E}[\tilde{u} \mid u \geqslant \lambda] \left(\frac{D}{N}\right) \left[1 + \frac{(N-V)\{x+1-2F(\lambda)\}}{V\{x+1-2F(\lambda)\} + N\{2F(\lambda)-1\}(1-x)}\right]$$

注意这个表达式对于总的净需求 D 是线性的，但对于交易量 V 却不是线性的。为了达到对 D 完全线性，必须有 $x+1-2F(\lambda)=0$；后者使得方括号中第二项为零。但是 $x+1-2F(\lambda)=0$ 等价于 $2(1-F(\lambda))-(1-x)=0$。反过来，这又要求知情投资者参与（即不递延交易）的概率——$2(1-F(\lambda))$——等于非知情交易者参与的概率 $1-x$。换句话说，当交易的概率与**类型无关**时（即 $2(1-F(\lambda))-(1-x)=0$），交易量是没有什么作用的！否则，交易量一定有其作用，并且价格以某种非线性的方式取决于总的净需求和交易量。

与前面的模型不同的是，这里并没有包括一个明确的披露项（主要是为了减轻批注的负担）。作为一种替代方案，考虑一个非常类似于披露的概念：可以得到的关于资产的共同知识或一种事前信息的数量。在所讨论的模型中，用 h 表示这一数量，即 $\bar{u}$ 的准确性。实际上，提高 h 相当于有更多关于资产的事前信息。[25]另外，λ 表示市场深度的倒数：随着 λ 的下降，市场深度增加。对于此处提出的模型，可以发现，λ 关于 h 的导数，λ_h，为负，即随着企业不确定价值的准确性 h 的上升，λ 下降。具体地，可以证明：$\lambda_h = -\dfrac{1}{2}h^{-1}\lambda$。

换句话说，更多的事前信息意味着市场深度的增加。从 h 和 λ 的关系中，我们可以洞察很多其他情况。例如，知情投资者参与到市场中的可能性是 $2(1-F(\lambda))$。然而，这种可能性不随 h 的变化而变化。

$$\frac{\mathrm{d}}{\mathrm{d}h}2(1-F(\lambda)) = -2\left(\frac{\mathrm{d}}{\mathrm{d}h}F(\lambda) + f(\lambda)\lambda_h\right)$$
$$= -(h^{-1}\lambda f(\lambda) - h^{-1}\lambda f(\lambda))$$
$$= 0$$

实际上，对于我假设的正态分布，分布函数本身的任何变化都由 h 的变化所引起的 λ 的变化抵消了，这样就保证了 $(\mathrm{d}/\mathrm{d}h)F(\lambda)=0$。不过，知情投资者的期望交易利润随准确性的增加而下降。为了表明这一点，首先看一下知情投资者的期望交易利润：

$$\int_\lambda^\infty [t-\mathrm{E}[\widetilde{P}\mid d=1]]f(t)\mathrm{d}t + \int_{-\infty}^{-\lambda} -[t-\mathrm{E}[\widetilde{P}\mid d=-1]]f(t)\mathrm{d}t$$
$$= 2\left(\int_\lambda^\infty tf(t)\mathrm{d}t - \lambda[1-F(\lambda)]\right)$$
$$= 2\int_\lambda^\infty (1-F(t))\mathrm{d}t$$

这一计算依赖于均衡关系 $\mathrm{E}[\widetilde{P}\mid d=1]=\lambda$。而且，这一表达式对 h 的导数为负，即

$$\frac{\mathrm{d}}{\mathrm{d}h}2\int_\lambda^\infty (1-F(t))\mathrm{d}t = -2(1-F(\lambda))\lambda_h + 2\int_\lambda^\infty \frac{\mathrm{d}}{\mathrm{d}h}(1-F(t))\mathrm{d}t$$
$$= h^{-1}\lambda(1-F(\lambda)) - \int_\lambda^\infty h^{-1}tf(t)\mathrm{d}t$$
$$= -h^{-1}\int_\lambda^\infty (1-F(t))\mathrm{d}t$$

简言之，关于资产的共同知识的增加（即 h 的增加）并不会改变知情投资者的期望参与度，但是它会降低知情投资者的期望交易利润。后者似乎与那个明显的观念一致，即关于 $\bar{u}$ 的更多的事前信息使得知情投资者的信息优势下降，从而境况变坏（如果不是他的实际参与变坏的话）。

　　下面总结一下这个模型的含义。从相信——或者有理由相信——交易量信息是一种重要的调节变量的程度上来看，这个模型表明了预期是如何基于需求和量的信息作出的。从相信交易量是存在需求信息时唯一非常重要的增量信息的程度上来看，这个模型说明了存在一个假设能够实现这一点。具体地，如果坚持交易的可能性独立于类型，那么交易量就是"乏味的水"，没有带来任何信息。关于这两种看法，我承认我是一个爱争论的人。前已说过，在较复杂的模型中，预期是基于交易量作出的，共同知识（即 h）与市场深度（即 λ）之间的关系不受影响。也就是说，在代理人完全基于净需求的模型中，较多的共同知识会导致较大的市场深度。因此，从避免"想象的"问题所带来的费用的程度来讲，可能需要一些将交易量作为一种调节变量的动机。

作为总结，我想指出：就像坚持的所有假设那样，将交易量作为一种调节变量包括在内是否有用依赖于所研究问题的性质。例如，如果研究的前提是在已经存在丰富披露的环境中，交易量仍然是确定企业价值的一种有用的信息来源，那么在交易模型中忽略交易量很明显是一种严重的疏忽。没有这个假设，疏忽的严重性就不清楚了。

§2.11 总结

在对联系基础披露进行总结之前，本文首先简要列出在这个练习中所坚持的其他一些假设。例如，本文忽略了在披露之前的各种分析师和/或管理层预测。[26]预测可能代表着一种会改变上面所讨论的各种关系的额外的披露因素。另外，忽略了与披露联系的不对称税收效应的作用。短期资本利得税率和长期资本利得税率的差异会导致披露时的"锁定"效应。反过来，锁定效应会抑制披露时的价格变化和交易量（如果边际投资者需要缴税）。[27]而且，本文外生地赋予了投资者私人信息。然而，当私人信息的获取为内生时，披露、价格变化和交易量之间的关系会被改变。这是因为预期到的公开披露会改变投资者变为私人知情者的动机；反过来，这也会影响披露时的价格变化和交易量（see, for example, Verrecchia, 1982a; Kim and Verrecchia, 1991b; Demski and Feltham, 1994; McNichols and Trueman, 1994; Fischer and Verrecchia, 1998; Barth et al., 1999）。[28]另外，当投资者获取私人信息的成本不同时，这个问题又将加剧。最后，本文忽略了出售和/或发布信息的动机（see, for example, Bushman and Indjejikian, 1995; see also Admati and Pfleiderer, 1986, 1988b）。

作为总结，我想说，联系基础披露研究是非常成功的。它们提供了对于各种各样的投资者—代理人多样性下，披露、价格变化、交易量与其他市场现象（如市场深度）之间的关系或联系的详细特征描述。例如，在这则笔记中，讨论了知情程度不同的投资者、对披露不同方式的解释、以不同方式将披露纳入他们的看法之中等等。至于模型本身，它们相当精致和稳健、易于操作，并能带来很多有趣的特征。然而，必须承认，这些模型中所坚持的一个关键假设是，披露是外生的。为了理解内生披露的作用，让我们进入下一则笔记。

§3 斟酌基础的披露

在披露那些有益于企业估价和管理者知道的信息时，管理者或企业如何行使自由裁量权？长期以来，经济学家一直在不同的场合声称，销售者在向潜在的购买者提供资产的同时隐藏着有关资产质量的信息，其中内在的逆向选择问题会驱使销售者向购买者作充分披露（see Grossman and Hart, 1980; Grossman, 1981; Milgrom, 1981）。这一结果的逻辑是，理性的购买者会将隐藏信息解释为关于资产价值或质量的利空信息。因此，购买者会对资产价值打折，直到对销售者来说最佳的信息披露点，然而，此时信息可能是不利的。隐藏信息可以被理性购买者的行为"澄清"，这是一个非常重要的结果，它几乎是所有随后关于这一主题的研究的基础。

将这个理念拓展至财务报告领域并不困难。尽管相当数量的财务报告是强制性的（如季度报告、年度报告、代理权报告等），但管理者仍然可以处理一些没有被要求披露的其他信息——然而，这些信息对评估企业的未来前景是有用的。因此，在什么情形下管理者会披露或隐藏这些信息呢？

在会计文献中，对这个问题的早期研究工作提出了如下观点（see Verrecchia，1983；see also Jovanovic，1982；Lanen and Verrecchia，1987）。如果管理者的目标是企业的当前市场价格，并且信息披露是有成本的，则在均衡状态下，有利于提高企业当前市场价格的信息被披露，不利于提高市场价值的信息被隐藏。换句话说，存在并非所有信息都被披露的均衡。特别地，请注意，尽管市场代理人（如投资者）对信息的内容有"理性预期"，即他们假定隐藏信息为利空信息，但信息依然被隐藏。尽管有各种成本可以支持在均衡中隐藏信息，但是最有说服力的还是与披露专有性质的信息联系的成本。

作为这些早期研究工作组成部分的特征引起了大量与之竞争的自愿披露模型。例如，有些学者认为，这些研究工作提供了排他的永久隐藏信息的理论，因此不能解释为什么管理者会对像盈余公告那种（see，for example，Trueman，1986）[29]不得不披露的信息也行使操控权（通过披露或预测的时机）。还有的学者探讨了结果对多重信号的敏感性（see Kirchenheiter，1997）。也有的学者考察了披露对公共物品的期望贡献的影响（即"搭便车"）和合作努力失败的可能性。最后，有些学者指出，早期工作未能考虑下述两组交互影响：自愿披露和强制披露之间的交互影响，其中，要求提供更多后者会增强提供更多前者的动机；有成本披露和无成本披露之间的交互影响，其中，由于二者之间可能的内在依赖性，前者的存在会阻止后者（see Dye，1986）。[30]

关于会计文献中的早期工作，有三个方面似乎受到了特别关注：（1）依赖外生的专有成本来解释信息的隐藏；（2）依赖真实的报告；（3）依赖管理者的目标是提升企业的当前市场价格，这种做法在未来甚至会危及企业价值。关于对成本的依赖，在披露文献中，"不确定性"提供了对没有外生专有成本情况下隐藏信息的另一种解释。例如，由于管理者是否知情存在不确定性，或等价地讲，所关心的信息是否到达存在不确定性，故存在信息被隐藏的可能性（see，for example，Dye，1985a；Jung and Kwon，1988；Dye and Sridhar，1995）。简单插一句，信息存在或到达的不确定就像一种披露成本，它导致了不知情者心中的疑惑，从而改善了逆向选择问题，因此它支持信息的隐藏。除了信息存在的不确定性所引起的隐藏以外，还存在"类型"不确定性引起信息隐藏的可能性，例如，管理者的"类型"或企业的"类型"。在前一种情形中，由于信息可以被用于评估管理者及企业的人力资本，信息会被（理性地）隐藏（see Nagar，1999；see also Kim，1999）。在后一种情形中，由于必须将利好（利空）报告的直接收益（成本）与下一期更多信息披露时可靠的利得或损失相权衡，信息会被隐藏（see Teoh and Hwang，1991）。

关于依赖对真实报告的外生限制，一些学者已经对这个假设——如果管理者选择公布其私人信息，那么他将会真实地公布——提出了质疑。典型地，法律限制和与掩饰相联系的人力资本损害成本能够保证真实报告。尽管这种限制似乎描绘了会计中的很多情景，因为在很多情景下审计后的财务报告会证实管理者的披露，但是在某些情况下，却很难评价管理者披露的诚实性，例如预测信息的条款。[31]劝说（persuasion）和廉价磋商（cheaptalk）博弈放松了要求管理者如果披露就必须真实披露的限制。在这些博弈中，管理者披露的可信性成为一个关键问题。例如，劝说博弈的特点是，尽管管理者不需要完全显示他的私人信息，但是不会错误表示它：例如，当管理者预期企业的每股收益恰好为 1 美元时，他可能含糊地声称企业的每股收益至少为 1 美元。[32] 这个领域的其他研究工作考察了监管披露的规则的效果。[33] 在廉价磋商博弈中，参与者的支付由管理者的披露所引发的行动决定，而非由管理者无成本的披露决定。在这些博弈中，管理者的披露可能存在错误：例如，管理者可能会声称预期企业每股收益是 2 美元，而事实上他预测的每股收益仅为 1 美元。由于管理者能够不顾他的私下观察、不可证实的信息而自由地提供自利的报告，所以这种模型设计选择，对于当管理者披露的可信性为关键的环境特点时考察管理者可以沟通的信息数量特别有用。[34] 最后，作为对廉价磋商博弈中歪曲披露没有成本的替代，有成本的歪曲概念也已经被研究了（see Fischer and Verrecchia, 2000）。

但是，遍览会计文献，早期研究工作中最棘手的问题是对下列假设的依赖，即管理者在披露中行使自由裁量权的目标是为了提升企业当前的市场价格水平，甚至不惜以损害未来回报为代价。例如，如果披露那些没有被要求发布的信息是有成本的，并且披露的唯一效应是促使企业当前市场价格立即的和一时的上升，则企业的股东可能应该与管理者签约，令其绝不自愿披露。换句话说，最大化当前市场价格在多大程度上避免了自愿披露所暗含的效率和/或代理问题？[35]

在会计学中，对于管理者关心企业当前的市场价格水平而非企业未来价值的一种常见解释是，契约是不完备的。例如，如果除了当未来来临时管理者已经不在位了之外别无他因，则可能是没有办法基于企业的未来价值对管理者进行奖励。另外，存在一些有说服力的原因表明当前市场估价是重要的，例如，企业准备发行新股来为未来的经营融资获取可能性，或作为股票互换中的支付手段。然而，对最大化当前市场价格的另一个有趣的解释是，这可能仅仅是由于管理者的启发式行为。例如，管理者最大化当前市场价格的原因可能是，管理者认为，不管合同上怎么写，其实都是基于市场价格这个标杆来评价他的。支持这一观点的轶事是，关于最高管理者的商业媒体文章总会提及管理者在企业任期内的市场价格的上升或下降水平。

但是在看待这个问题时，另一种激发自愿披露的模型是沿着起初故事的一般梗概，即基于专有成本概念，然后说明这些专有成本如何在两个寻求最大化未来回报（而非当前市场价格）的企业进行的双头卖方垄断博弈中内生地出现。[36] 通过在两个企业进行的双头卖方垄断博弈的背景下来表述披露问题，一个企业的披露决策有助于另一个企业的生产决策，和/或是否进入某个特定的市场来首先制造某种商品的决策。因为双头卖方垄断博弈会典型地导致二次最优化问题，故此是非常便利的。因此，在会计文献中有大量文章利用这一技术研究斟酌披露就不足为奇了。[37]

双头卖方垄断博弈文章有两个重要特点。第一，在它们的自愿披露决策中，管理者关注未来的企业价值，从而解决了假定管理者寻求最大化当前价值的问题。[38] 第二，双头卖方垄断博弈很好地刻画了信息的发布是如何内生地导致专有成本的。尽管所有这些都很不错，但是仍有对此方法的批评。首先，可以这样认为，一旦成本的性质被明确（即事实上它是专有的），再来表现它是如何内生地演变的就没有多少价值了。其次，在没有某些别的模型设计特征时，双头卖方垄断博弈本身无法阻挠对隐藏信息的解释。其原因是，如果两个企业在同样的（或类似的）产品市场中竞争，一个企业隐藏信息的行为会被其竞争者解释为有利于增加产出的信息。然而，一旦竞争者的增加超过了某一水平，产出会对知情企业在其产品市场上产生收入的能力有负面影响，从而促使后者向前者充分披露。

先把收集最佳刻画披露的斟酌性质的程式化假设这个小问题放到一边，对于会计文献中的斟酌披露模型更具广泛意义的批评应该集中于两个问题：所提出的结果对具体的模型设定假设非常敏感，以及斟酌披露安排本身是典型的非效率。关于第一个问题，文献中发现双头卖方垄断博弈中的结果依赖于：竞争是古诺（Cournot）（数量背景）还是伯川德（Bertrand）（价格背景），私人信息是成本信息还是需求信息，披露决策是事前作出的还是事后作出的。[39]结果依赖于模型细节之处的另一个领域是自愿披露与竞争的关系。例如，有些学者在进入博弈（即一个企业打算生产别的企业已经生产的产品的博弈）的背景下构建了竞争模型，并声称更多的竞争会鼓励更多的披露。另一些学者在进入后博弈（即两个企业当前都在从事生产的博弈）的背景下构建了竞争模型，并声称更多的竞争抑制了更多的披露（对于前者，see Darrough and Stoughton, 1990; see also Verrecchia, 1990b; 对于后者，see Clinch and Verrecchia, 1997）。由看似无关痛痒的模型设定假设中的差异所引起的另一个有争议的领域是，自愿披露与管理者和市场事前有差异的信息质量之间的关系。在此，有的学者认为较大的信息质量差异会导致更多的自愿披露，而有的学者声称的则相反（对于前者，see Verrecchia, 1990a; 对于后者，see Penno, 1997 and Dye, 1998）。

关于斟酌披露安排的效率，介绍下列语义学的特征是有帮助的。所谓斟酌披露安排，本文是指管理者或企业对他们知晓的信息的披露行使自由裁量权的情形（即事后）。而所谓事先承诺安排或机制，本文是指管理者或企业建立了一种对信息没有任何事前知识的优先披露政策的情形（即事前）。本文关于效率的观点是，相对于企业（或管理者）事前承诺的安排，授予管理者事后斟酌披露的安排常常是无效率的。例如，典型地，可以表明，事先承诺一项在信息到来之前要么不披露、要么全部披露的政策，或者决定绝不首先知情，比在收到信息后管理者行使自由裁量权的政策占优。例如，有的学者已经证明，在古诺/需求和伯川德/成本情形下事先承诺不披露，和在古诺/成本和伯川德/需求情形下事先承诺充分披露，要优于别的披露安排（see Darrough, 1993）。类似地，其他学者也已证明，事先承诺绝不变为知情者（或禁止这种行为），以免管理者试图在事后参与有成本的披露活动，对于管理者来说是最优的（see Verrecchia, 1990a）。[40]因此，面对所有这些，如果管理者继续在事后信息披露中行使自由裁量权，则肯定在幕后潜伏着一些未明确说明、未纳入模型和/或未解决的代理问题或效率因素。当然，对管理者被允许事后行使自由裁量权的一个常见解释是，事先承诺机制并不存在。虽然这个解释的确正确，但它令人称道的只是作为权宜之计而非经济思想。

如同在前一则笔记中那样，下面列示一系列越来越高级的斟酌披露模型设计素描，以试图说明文献的演进。具体地，模型♯1讨论了固定的专有成本或隐藏信息是否存在具有不确定性，是如何导致一种信息有时被披露而有时被隐藏的均衡的，假设企业在寻求最大化其当期价值。在模型♯2中，本文放松了固定成本的假设，从而允许内生的、可变的专有成本，但依然假设企业寻求最大化其当前价值。模型♯2引起争议的特点是，虽然它认为最优的事后披露政策是完全披露，但它还认为最优的事前披露政策是不披露；这指出了斟酌披露安排的潜在非效率。在模型♯3中，本文将分析拓展至双头卖方垄断的情景，其中企业采用了最大化期望利润的披露政策：企业最大化未来价值而非当前价值。在此还将指出，存在占优于允许企业事后斟酌披露的事前先承诺安排。最后，在模型♯4中，本文将双头卖方垄断情景进一步拓展至没有要求企业进行真实披露的情景。

§3.1 固定的专有成本（模型♯1）[41]

一个企业根据下一期对产品的需求在本期生产产品。下一期的需求可以用价格 P 刻画，其中 P 由下式表示：

$$P = \alpha + \beta \tilde{Y} - x$$

式中，α 和 β 是固定的、正的常数（即 $\alpha>0$，$\beta>0$）；$\tilde{Y}$ 是关于下一期价格的某些专有信息，且只有企业知道；x 是企业本期生产的数量。换句话说，企业本期生产 x 以在下一期实现收入 xP。由于 $\tilde{Y}$ 的实现值是专有的，故只有当企业披露它们的时候市场才能知道。若没有披露，市场将 $\tilde{Y}$ 作为一个在 $-k \sim k$ 之间均匀分布的未知的随机变量。在本讨论阶段，我希望将对模型♯1的解释限制为，在 $\tilde{Y}=Y$ 沿着 $-k \sim k$ 的连续体之间的实现值和企业下一期的收入 xP 之间存在着（排他的）正相关关系。这么做的原因在对此模型的下一个拓展中将会明了。正相关关系的好处是，由于高的 $\tilde{Y}=Y$ 实现值意味着下一期更高的收入，故越来越高的 $\tilde{Y}=Y$ 就是越来越"好的消息"。如本文下面将要证明的那样，正相关关系的一个充分条件是假设 $\alpha \geqslant \beta k$。因此，本文假设在模型♯1和模型♯2中 $\alpha \geqslant \beta k$，随后在模型♯3中放松这一假设。[42]

在模型♯1和模型♯2中，本文还假设企业斟酌披露政策的目标是最大化企业当前价值（出于某种原因）。因为越来越高的 $\tilde{Y}=Y$ 实现值意味着越来越"好的消息"，企业自然倾向于披露高的 $\tilde{Y}=Y$ 作为下一期高收入的信号。企业面临的两难处境是，关于 $\tilde{Y}=Y$ 的知识是专有的，可能会被他人、竞争对手用以制定他们关于产品或替代品的生产规划。在此假设披露任何 $\tilde{Y}=Y$ 的实现值带来的专有成本是 c，其中 $c>0$。这意味着披露任何信息带来的专有成本都是固定的和不变的，与信息无关。

为了确定企业是否披露其专有信息，考虑一下当 $\tilde{Y}=Y$ 被披露时企业的投资决策。在这种情况下，企业生产数量 x 以最大化以下项目：

$$\max x\mathrm{E}[\tilde{P} \mid \tilde{Y}=Y] = x(\alpha + \beta Y - x)$$

这个函数对 x 是凹的，并在其他方面表现很好。这意味着生产的数量为：

$$x = \frac{1}{2}(\alpha + \beta Y)$$

在下一期销售此数量时的价格为：

$$P = \alpha + \beta Y - x = \frac{1}{2}(\alpha + \beta Y)$$

假设 $\alpha \geqslant \beta k$ 的一个后果是，对于所有的 $Y \in [-k,k]$，本期产品的生产数量和下期销售这些产品的价格，即 $x = P = \frac{1}{2}(\alpha + \beta Y)$，都是非负的。另外，不管企业是披露还是隐藏 $\tilde{Y}=Y$,企业下一期的收入（除去任何的专有成本）为 $xP = \frac{1}{4}(\alpha + \beta Y)^2$。最后，由于当 $\alpha \geqslant \beta k$ 时，对于所有的 $Y \in [-k,k]$，都有 $\left(\frac{\mathrm{d}}{\mathrm{d}Y}\right)xP = \frac{1}{2}\beta(\alpha + \beta Y) \geqslant 0$，因此 $\tilde{Y}$ 的实现值和收入正相关。

市场基于企业下一期的收入（若 $\tilde{Y}=Y$ 被披露），或其期望收入（若 $\tilde{Y}=Y$ 被隐藏）对企业估价。当 $\tilde{Y}=Y$ 被披露时，市场知道企业下一期的收入是（包括专有成本）：

$$\mathrm{E}\left[\tilde{x}\tilde{P}\mid\tilde{Y}=Y\right]=\frac{1}{4}\,(\alpha+\beta Y)^2-c$$

再来看 $\tilde{Y}=Y$ 没有被披露的情况。因为 $\tilde{Y}=Y$ 的实现值和收入正相关，市场推测，隐藏的 $\tilde{Y}$ 的实现值必然处于某个不能弥补所发生的专有成本 c 的临界值水平 $\hat{Y}$ 之下。因此，当 $\tilde{Y}=Y$ 未被披露时，市场将认为企业下期的收入为：

$$\mathrm{E}\left[\tilde{x}\tilde{P}\mid\tilde{Y}=Y\leqslant\hat{Y}\right]=\mathrm{E}\left[\frac{1}{4}(\alpha+\beta\tilde{Y})^2\mid\tilde{Y}=Y\leqslant\hat{Y}\right]$$

$$=\frac{1}{12}(3\alpha^2+3\alpha\beta(\hat{Y}-k)+\beta^2(\hat{Y}^2-\hat{Y}k+k^2))$$

这意味着，基于 $\tilde{Y}=Y$ 的实现值，披露和隐藏这个信息所导致的企业当前市场价值之间的差异为：

$$\mathrm{E}\left[\tilde{x}\tilde{P}\mid\tilde{Y}=Y\right]-c-\mathrm{E}\left[\tilde{x}\tilde{P}\mid\tilde{Y}\leqslant Y\right]$$

$$=\frac{1}{4}(\alpha+\beta Y)^2-c-\frac{1}{12}(3\alpha^2+3\alpha\beta(\hat{Y}-k)+\beta^2(\hat{Y}^2-\hat{Y}k+k^2))$$

因此，由于这种安排最大化了市场对下一期企业收入的**期望值**，也就是企业当期价值，所以当这个表达式为正时，企业有动机去披露 $\tilde{Y}=Y$，当表达式为负时则隐藏信息，使得企业对披露和隐藏信息无差异的 $\tilde{Y}$ 的值就是披露的临界值水平。具体地，临界值水平的 $\tilde{Y}$ 可以被定义为，对于所有的 $Y\geqslant\hat{Y}$，$\mathrm{E}\left[\tilde{x}\tilde{P}\mid\tilde{Y}=Y\right]-c-\mathrm{E}\left[\tilde{x}\tilde{P}\mid\tilde{Y}\leqslant Y\right]$ 为非负，对于所有的 $Y<\hat{Y}$，$\mathrm{E}\left[\tilde{x}\tilde{P}\mid\tilde{Y}=Y\right]-c-\mathrm{E}\left[\tilde{x}\tilde{P}\mid\tilde{Y}\leqslant Y\right]$ 为负。可以证明，这个独一无二的披露临界值水平出现在

$$\hat{Y}=-\frac{1}{4\beta}\left(3\alpha+\beta k-\sqrt{9\,(\alpha-\beta k)^2+96c}\right)$$

特别地，只要 $c>0$，这个临界值就具有 $\hat{Y}>-k$ 的特征。对 $\hat{Y}=-(1/4\beta)\times(3\alpha+\beta k-\sqrt{9\,(\alpha-\beta k)^2+96c})$ 的经济解释是，它就是使得企业对以成本 c 披露 $\tilde{Y}=Y$ 和隐藏 $\tilde{Y}=Y$ 实现值无差异的"消息"水平。因为高于 $\hat{Y}$ 的 $\tilde{Y}=Y$ 值表明对产品有较高的需求，所以尽管披露会带来专有成本，但企业仍然愿意出于估价目的向市场提供这个信息。与之相对，因为低于 $\hat{Y}$ 的 $\tilde{Y}=Y$ 值表明对产品的需求为平均或较低水平，企业考虑到这个信息不会提高估价且其披露会引发专有成本，所以企业就会隐藏关于 $\tilde{Y}=Y$ 的知识。注意 $c=0,\hat{Y}=-k$。换句话说，在没有专有成本的情况下，唯一的均衡临界值水平意味着充分披露。另外，随着 c 的增加，$\hat{Y}$ 也增加。换句话说，披露临界值随专有成本的上升而上升。

简单插一句，一个此模型的变种是，假定没有专有成本，但作为替代，外界只知道企业知情的概率为 q，不知情的概率为 $1-q$（see, for example, Dye, 1985a; Jung and Kwon, 1988）。当企业不知情时，企业生产 $x=\frac{1}{2}\alpha$，并且在此产品数量上销售价格为 $P=\frac{1}{2}\alpha+\beta Y$。这意味着 $\mathrm{E}\left[\tilde{x}\tilde{P}\right]=\frac{1}{4}\alpha^2$。因此，通过找到满足下式的 Y，披露的临界值

水平 $\hat{Y}$ 即可确定：

$$\mathrm{E}\left[\tilde{x}\tilde{P}\mid\tilde{Y}=Y\right]-q\mathrm{E}\left[\tilde{x}\tilde{P}\mid\tilde{Y}\leqslant Y\right]-(1-q)\mathrm{E}\left[\tilde{x}\tilde{P}\right]=0$$

这等价于找到满足下式的 Y：

$$\frac{1}{4}(\alpha+\beta Y)^2-q\frac{1}{12}(3\alpha^2+3\alpha\beta(Y-k)+\beta^2(Y^2-Yk+k^2))-(1-q)\frac{1}{4}\alpha^2=0$$

注意，例如，如果企业被明确地知道是知情者（即 $q=1$），那么披露的临界值水平为 $-k$，这意味着充分披露。换句话说，被明确地知道是知情者的企业相当于没有专有成本的企业。

回到我最初的模型，尽管许多斟酌披露文献主要集中于披露的临界值水平，但是引起人们兴趣的大概并非临界值水平本身，而是披露的无条件概率或可能性。原因之一是，从经验视角来看，披露的临界值水平可能是无法观察到的，而通过观察重复进行的斟酌披露博弈，披露的可能性是可以获知的。回想 $\tilde{Y}$ 是一个在 $-k\sim k$ 之间均匀分布的随机变量，因而披露的概率是：

$$\max\left[\frac{1}{2k}\int_{\hat{Y}}^{k}\mathrm{d}Y,0\right]=\max\left[\frac{1}{2k}(k-\hat{Y}),0\right]$$

$$=\max\left[\frac{1}{8\beta k}(5\beta k+3\alpha-\sqrt{9(\alpha-\beta k)^2+96c}),0\right]$$

注意，由于 $c>0$，披露的概率小于 1，并且只要 c 不是特别大，披露的可能性大于 0。

现在来看披露和信息质量之间的关系。在我们的分析中，管理者被假定完全清楚价格的决定因素（即他知道 Y），而市场事前只知道 $\tilde{Y}$ 在 $-k\sim k$ 之间均匀分布。均匀分布的随机变量的方差为 $\frac{1}{3}k^2$。实际上，方差随着 k 的拓宽而增大。因此，k 可以被认为是信息不对称的一个计量指标，或者市场和管理者的事前信息质量差异。k 越大，则市场相对于管理者事前知道得越少。在此情景下一个有趣的问题是，披露的临界值水平如何随着市场和管理者之间信息不对称的增加而变动。在现在讨论的模型中，可以证明披露的概率一般随着 k 的增加而增加。[43] 这意味着，随着市场和管理者之间的信息不对称的增加，在均衡状态下管理者披露得更频繁。可以说，这个结果非常合情合理：管理者所知与市场所知之间较大的差距会恶化逆向选择问题。因此，想要减轻这种逆向选择问题，就要求披露。问题是，有人认为具有相反预测结果的模型也同样合情合理（具体分析，see Penno, 1997; Dye, 1998）。[44] 所有这些都指出了假设与预测结果之间的脆弱关系。

下一个模型的逻辑是，专有成本可能不是固定的。具体地，它们会依赖于 $\tilde{Y}$ 的实现值。例如，较高的 $\tilde{Y}$ 实现值可能意味着较高的成本，较低的实现值可能意味着较低的成本——或者可能相反。但是在任何情况下，信息和披露该信息的成本之间都存在着某种联系。要想了解作为管理者私人知识的函数的专有成本变化的影响，让我们来看下一个模型。

§3.2 内生的和可变的专有成本（模型♯2）[45]

与前述模型相比，除固定的专有成本以外，其他所有前述假设在本部分都依然被坚持。具体地，有两个在古诺（数量背景）双头卖方垄断下竞争的企业，其中一个是知情者，另一个是非知情者。实际上，在预期到产品会在未来期间按照价格 P 销售后，每个企业都在本期投资生产同样的产品，其中价格可表示如下：

$$P = \alpha + \beta \widetilde{Y} - x_\mathrm{I} - x_\mathrm{U}$$

式中，α 和 β 都是固定的、正的常数（即 $\alpha>0$，$\beta>0$）；$\widetilde{Y}$ 是关于预期价格的专有信息，且只有知情企业知道；x_I 和 x_U 是知情企业和不知情企业各自的产量。每个企业的生产决策都是在不清楚另一个企业决策的情况下作出的。因为不知情企业和估价两个企业前景的市场都不知道 $\widetilde{Y}$，所以继续用随机变量 $\widetilde{Y}$ 来表示它，它服从 $-k \sim k$ 之间的均匀分布。和以前一样，在 $-k \sim k$ 之间，较高的 $\widetilde{Y}=Y$ 仍然是"好消息"，因为它表明在该点的产品销售价格在未来期间会较高。

知情企业面临的两难选择是，如果披露"好消息"，不知情企业也会知道这个事实，并因此提高其产量，从而对知情企业的收入有负面影响。因此，在这个模型中，披露 $\widetilde{Y}=Y$ 的"好消息"会导致专有成本，它随所披露的信息而变化。

为了确定知情企业是否和何时披露 $\widetilde{Y}=Y$，考虑一下 $\widetilde{Y}=Y$ 被披露时的投资决策。当 $\widetilde{Y}=Y$ 被披露时，令 x_I^D 和 x_U^D 分别表示知情企业和不知情企业所生产产品的数量。在此，知情企业生产数量 x_I^D，以最大化以下项目：

$$\max x_\mathrm{I}^\mathrm{D} \mathrm{E}\left[\widetilde{P} \mid \widetilde{Y}=Y\right] = x_\mathrm{I}^\mathrm{D}\left(\alpha+\beta Y - x_\mathrm{I}^\mathrm{D} - x_\mathrm{U}^\mathrm{D}\right)$$

这意味着知情企业生产的数量为：

$$x_\mathrm{I}^\mathrm{D} = \frac{1}{2}(\alpha+\beta Y - \hat{x}_\mathrm{U}^\mathrm{D})$$

式中，$\hat{x}_\mathrm{U}^\mathrm{D}$ 是知情企业对不知情企业生产决策的预测。类似地，当 $\widetilde{Y}=Y$ 被披露时，不知情企业生产的数量为：

$$x_\mathrm{U}^\mathrm{D} = \frac{1}{2}(\alpha+\beta Y - \hat{x}_\mathrm{I}^\mathrm{D})$$

式中，$\hat{x}_\mathrm{I}^\mathrm{D}$ 是不知情企业对知情企业生产决策的预测。在此，对于知情企业（关于 $\hat{x}_\mathrm{U}^\mathrm{D}$）和不知情企业（关于 $\hat{x}_\mathrm{I}^\mathrm{D}$），自我实现的推测都是 $\hat{x}_\mathrm{I}^\mathrm{D}=\hat{x}_\mathrm{U}^\mathrm{D}=\frac{1}{3}(\alpha+\beta Y)$，这意味着在均衡中，两个企业生产相同的产量。另外，两个企业销售其产品的价格是：

$$P^\mathrm{D} = \alpha+\beta Y - x_\mathrm{I}^\mathrm{D} - x_\mathrm{U}^\mathrm{D} = \frac{1}{3}(\alpha+\beta Y)$$

这意味着知情企业下一期实现的收入为 $x_\mathrm{I}^\mathrm{D} P^\mathrm{D} = \frac{1}{9}(\alpha+\beta Y)^2$。

现在考虑知情企业不披露 $\widetilde{Y}=Y$ 的情形。当 $\widetilde{Y}=Y$ 没有被披露时，令 x_I^N 和 x_U^N 分别表示知情企业和不知情企业生产产品的数量。知情企业仍旧生产数量

$$x_\mathrm{I}^\mathrm{N} = \frac{1}{2}(\alpha+\beta Y - \hat{x}_\mathrm{U}^\mathrm{N})$$

式中，$\hat{x}_\mathrm{U}^\mathrm{D}$ 还是知情企业对不知情企业生产决策的推测。在此，不知情企业没有观察到 $\widetilde{Y}=Y$。尽管如此，理性者会推测：如果 $\widetilde{Y}$ 高于某个临界值，知情企业将会披露 $\widetilde{Y}=Y$。就像模型 ♯1 中那样，作出这个推测的理由是，知情企业在寻求提升自己的当前市场价值（出于某种理由），并披露高的 $\widetilde{Y}=Y$ 来完成这一目标。定义 V 为 $V=\mathrm{E}[\widetilde{Y} \mid \widetilde{Y}=Y \leqslant \hat{Y}]=\frac{1}{2}(\hat{Y}-k)$。在没有披露 $\widetilde{Y}=Y$ 的情况下，不知情企业将求解：

$$\max x_\mathrm{U}^\mathrm{N}\mathrm{E}[\widetilde{P} \mid \widetilde{Y}=Y \leqslant \hat{Y}] = x_\mathrm{U}^\mathrm{N}\mathrm{E}[\alpha+\beta Y - \hat{x}_\mathrm{I}^\mathrm{N} - x_\mathrm{U}^\mathrm{N} \mid \widetilde{Y}=Y \leqslant \hat{Y}]$$

$$= x_U^N(\alpha + \beta V - \hat{x}_I^N - x_U^N)$$

式中，$\hat{x}_I^N$ 还是不知情企业基于 $\tilde{Y}$ 低于某个临界值 $\hat{Y}$ 条件下对知情企业生产决策的推测。反过来，这意味着不知情企业生产的数量为：

$$x_U^N = \frac{1}{2}(\alpha + \beta V - \hat{x}_I^N)$$

在此，自我实现的推测为 $\hat{x}_I^N = \frac{1}{6}(2\alpha + 3\beta Y - \beta V)$ 和 $\hat{x}_U^N = \frac{1}{3}(\alpha + \beta V)$，这意味着两个企业销售其产品的价格为：

$$P^N = \alpha + \beta Y - x_I^N - x_U^N = \frac{1}{6}(2\alpha + 3\beta Y - \beta V)$$

因此，知情企业下一期的收入为 $x_I^N P^N = \frac{1}{36}(2\alpha + 3\beta Y - \beta V)^2$。

现在定义当前市场价值为市场基于其对下一期可能实现的收入的**预期**而对知情企业作出的估价。当 $\tilde{Y} = Y$ 被披露时，市场对知情企业下一期收入的预期是：

$$E[\tilde{x}_I^D \tilde{P}^D \mid \tilde{Y} = Y] = \frac{1}{9}(\alpha + \beta Y)^2$$

而当 $\tilde{Y} = Y$ 没有被披露时，市场对知情企业下一期收入的预期是：

$$E[\tilde{x}_I^N \tilde{P}^N \mid \tilde{Y} = Y \leqslant \hat{Y}] = E\left[\frac{1}{36}(2\alpha + 3\beta Y - \beta V)^2 \mid \tilde{Y} = Y \leqslant \hat{Y}\right]$$

$$= \frac{1}{36}\left(4\alpha^2 + 4\alpha\beta(\hat{Y} - k) + \frac{7}{4}\beta^2(\hat{Y}^2 - \frac{2}{7}\hat{Y}k + k^2)\right)$$

基于 $V = \frac{1}{2}(\hat{Y} - k)$。

为了在直觉层面上理解这一问题的均衡性质，注意披露 $\tilde{Y} = Y$ 时与不披露时知情企业收入的差异，并确定一个 $\hat{Y}$ 处的临界值为：

$$E[\tilde{x}_I^D \tilde{P}^D \mid \tilde{Y} = Y] - E[\tilde{x}_I^N \tilde{P}^N \mid \tilde{Y} \leqslant Y]$$

$$= \frac{1}{9}(\alpha + \beta Y)^2 - \frac{1}{36}\left(4\alpha^2 + 4\alpha\beta(Y - k) + \frac{7}{4}\beta^2(Y^2 - \frac{2}{7}Yk + k^2)\right)$$

因此，如前面的模型所示，当这一表达式为正时，知情企业有动机披露 $\tilde{Y} = Y$；当表达式为负时则隐藏。可以证明，表达式 $x_I^D E[\tilde{P}^D \mid \tilde{Y} = Y] - x_I^N E[\tilde{P}^N \mid \tilde{Y} \leqslant Y]$ 可变为 $\frac{1}{144}\beta(Y + k)(16\alpha + 9\beta Y - 7\beta k)$，因此，在 $\hat{Y} = (1/9\beta)(7\beta k - 16\alpha)$ 处存在着一个披露的临界值水平。

也就是说，存在一个独一无二的披露临界值水平，即 $\hat{Y} = (1/9\beta)(7\beta k - 16\alpha)$，其特征为知情企业将会在 $Y \geqslant \hat{Y} = (1/9\beta)(7\beta k - 16\alpha)$ 时披露，否则就隐藏。另外，这个临界值意味着披露的概率为：

$$\frac{1}{2k}\int_{\hat{Y}}^{k} dx = \frac{1}{2k}(k - \hat{Y}) = \frac{1}{9\beta k}(8\alpha + \beta k)$$

这些听起来很不错，但要思考下面的问题。当 $\alpha \geqslant \beta k$ 时，披露的临界值水平位于最低的 $\tilde{Y}$ 实现值，并且披露的概率总为 1。即，$\alpha \geqslant \beta k$ 意味着 $\hat{Y} = (1/9\beta)(7\beta k - 16\alpha) \leqslant -k$，且披露的概率为 $(1/9k)(8\alpha + \beta k) \geqslant 1$。换句话说，在尝试着保证 $\tilde{Y}$ 实现值和下一期收入

之间的正相关关系中，我们的假设让我们不知不觉地得到了一个充分披露的模型！[46] 为什么在这里知情企业隐藏专有信息的意图被"澄清"，而在前一个模型（即模型♯1）中没有？由于 $\tilde{Y}$ 的实现值和下一期的期望收入正相关，市场和不知情企业将隐藏信息解释为毫无疑问的"坏消息"，正如模型♯1中的那样。然而，与模型♯1不同，在对依赖于信息被披露还是被隐藏的知情企业的评估中，这里没有固定或不变的专有成本作为一个不连续点。（另外，对隐藏信息的存在没有不确定性。）因此，尽管信息本身具有专有性质，但它还是总会被披露给市场。

但是模型♯2引人争议的特点是，尽管它认为不可避免的事后披露政策是充分披露，但它还认为更受青睐的事前政策是不披露。例如，从上面的讨论中我们可以获知，基于所确立的临界值披露水平 $\hat{Y}$，在 $\tilde{Y}$ 被知道或观察到**之前**（即事前），知情企业的期望收入是：

$$\mathrm{E}\big[\mathrm{E}[\tilde{x}_1^{\mathrm{D}} \tilde{P}^{\mathrm{D}} \mid \tilde{Y} = Y] \mid \tilde{Y} > \hat{Y}\big] + \mathrm{E}\big[\mathrm{E}[\tilde{x}_1^{\mathrm{N}} \tilde{P}^{\mathrm{N}} \mid \tilde{Y} \leqslant \hat{Y}] \mid \tilde{Y} \leqslant \hat{Y}\big]$$

$$= \frac{1}{2k}\int_{\hat{Y}}^{k} \frac{1}{9}(\alpha + \beta Y)^2 \,\mathrm{d}Y + \frac{1}{2k}\int_{-k}^{\hat{Y}} \frac{1}{36}\Big(4\alpha^2 + 4\alpha\beta(\hat{Y} - k) + \frac{7}{4}\beta^2\big(\hat{Y}^2 - \frac{2}{7}\hat{Y}k + k^2\big)\Big)\mathrm{d}Y$$

$$= \frac{1}{864k}\big(96\alpha^2 k + 37\beta^2 k^3 + 5\beta^2 \hat{Y}^3 + 15\beta^2 \hat{Y}^2 k + 15\hat{Y}\beta^2 k^2\big)$$

接下来，对这个函数求关于 $\hat{Y}$ 的导数，可得

$$\frac{15\beta^2}{864k}(\hat{Y} + k)^2 > 0$$

这一结果意味着，随着知情企业提高其披露临界值水平 $\hat{Y}$，期望收入毫无疑问也会提高。实际上，当企业承诺不披露的政策后（或者，禁止管理者成为第一知情者），期望收入和股东福利都会被最大化。[47] 简言之，（不可避免的）事后充分披露政策与偏好的事前不披露政策明显冲突。

事实上，尽管这种事前安排存在明显的非效率，这一模型还是提出了事后充分披露政策，这就留下一个疑问：行使披露的某些自由裁量权是否存在一些没有说明或没有模型化的利益。不过，对这个问题的全面讨论要留给下一则笔记了。在此之前，我们需要在接下来的自愿披露模型中强调另外一点。模型♯1和模型♯2都假设管理者和/或企业只关心市场对企业的当前估价。但如前所述，这一假设是受到质疑的。若将企业和/或管理者的关注点限定为企业的期望（或未来，或清算）价值，我们又要如何拓展这些模型？

§3.3　最大化期望的企业价值（模型♯3）[48]

为了将对企业期望价值的最优化纳入模型，考虑下列对价格的特征刻画。现在假设存在两个知情企业，第一个知情企业在一个产品市场中销售商品，在该市场中，用价格刻画的需求为 $P_1 = \alpha + \beta\tilde{Y} - x_1 - \gamma x_2$；第二个知情企业也在一个产品市场中销售商品，在该市场中，用价格刻画的需求为 $P_2 = \alpha + \beta\tilde{Y} - \gamma x_1 - x_2$，其中 γ 可被认为代表了两个产品市场之间产品替代或竞争的程度。例如，$\gamma = 0$ 表明两个企业之间没有竞争（即每个企业都对自己生产的商品存在垄断），而 $\gamma = 1$ 表明两个企业生产相同的商品。令 $\tilde{Y} = \tilde{y}_1 + \tilde{y}_2$。在此假设第一个企业（单独地）观察到 $\tilde{y}_1 = y_1$，而第二个企业（单独地）观察到 $\tilde{y}_2 = y_2$，其中 $\tilde{y}_1$ 和 $\tilde{y}_2$ 都服从 $-k \sim k$ 之间的均匀分布。然而，与前面不同，这里没有对 α，β 和 k 之间

的关系作出假设。

如前所述，每个企业都面临着两个决策：是否披露其所知的有关总需求（即 $\tilde{Y}$）组成部分的信息（即对于第一个企业是 y_1，对于第二个企业是 y_2），以及接下来将要生产的产出数量（即 x_1 和 x_2）。如在标准的古诺情形中那样，假设每个企业都基于其自身的信息加上其竞争者（或许会）自愿提供的信息来选择其最优数量。另外，假设每个企业都基于对隐藏信息的理性推断来选择一种均衡的报告策略。然而，与模型♯1和模型♯2不同的是，在此我假设每个企业选择其生产的数量**仅仅**是为了最大化期望收入，而非当前价值。换句话说，市场对当前价值的期望值在此没有作用。

与模型♯1和模型♯2相反的另一点是，在此我允许出现负的价格和负的数量即所有的 P_1，P_2，x_1 和 x_2 都可以取实数中的任何数值。负的价格和负的数量的存在需要特别解释，而且，这对下面所描述的披露均衡的性质并非无关紧要。实际上，如果 $P_1 > 0$，则企业1可以生产正的产量 $x_1 > 0$ 来获得正的收入 $x_1 P_1 > 0$。而如果 $P_1 < 0$，则企业1可以生产负的产量 $x_1 < 0$ 来获得正的收入 $x_1 P_1 > 0$。对负的产量可以导致正的收入的一种解释是，它们描述了下述情形：企业为存储或从市场中收回社会不需要的产品（例如，多余的谷物、放射性废料等）而支付费用。与模型♯2不同，负的价格和负的数量的一个结果是，均衡并没有被澄清。特别地，在这个模型中，可以证明存在一个独特的均衡，其中，当 y_i 处于 $\left[\dfrac{\gamma\beta\hat{y}_i - 4\alpha}{\beta(4+\gamma)}, \hat{y}_i\right]$ 之间时（其中，$\hat{y}_i$ 由 $\hat{y}_i = \mathrm{E}\left[\bar{y}_i \mid y_i \notin \left[\dfrac{\gamma\beta\hat{y}_i - 4\alpha}{\beta(4+\gamma)}, \hat{y}_i\right]\right]$ 解得），企业 i 将会披露 y_i，否则会隐藏 y_i。注意，存在这一间隔的必要条件是 $0 < \hat{y}_i < 4\alpha/\beta\gamma$。换句话说，任何潜在的均衡披露政策必须涉及披露的实现值，形成跨越 0 和 $\bar{y}_i$ 的无条件期望值的一个间隔。用另一种不同的方式来表述就是，一个（潜在的）披露均衡由隐藏"突然的消息"（即 $\bar{y}_i$ 的实现值在其分布的尾部）和披露"预期到的消息"（即 $\tilde{y}_i$ 的实现值围绕其无条件均值）组成。为了理解这一结果，注意当 $y_i = \hat{y}_i$ 时，企业 i 披露和不披露没有差异，这是因为不论 y_i 是否被披露，j 的期望都保持不变。现在，如果企业 i 观察到 $y_i > \hat{y}_i$ 并且没有披露，则企业 j 将会根据其预期（即 $\hat{y}_i$）来确定其生产水平，而 i 将会知道需求较高，从而可以利用其对手的生产不足。这解释了为什么 i 会隐藏超过 $\hat{y}_i$ 的实现值。相反，随着实现值移至 $\hat{y}_i$ 之下，出于完全相反的原因，企业 i 起初受到不披露的惩罚，即与 i 所知的需求状态相比，企业 j 确定的产量过高，这就使得两个企业的价格都下降。这使得企业 i 会在一旦低于 $\hat{y}_i$ 时就披露 $\tilde{y}_i$ 的实现值。但是，随着实现值在 $\hat{y}_i$ 之下走得更远，企业 i 也会通过降低生产水平来作出应对；这减轻了不披露的相对负面影响。而且，当 y_i 的实现值低于 $\hat{y}_i$ 足够多时，企业 i 将会从企业 j 的过度生产中获益：实际上，由于 i 可以通过选择一个负的数量 x_i 从而与负的价格相结合获得正的收入，故 i 会从企业 j 在低需求时期过度生产中获益。因此，企业 i 会隐藏远低于 j 预期的 y_i 价值。

简单插一句，此模型一个吸引人的概念是，它提出了"U"形披露区域的概念：在尾部的信息被隐藏，而"预期到的消息"被披露。初看起来，作为在真实制度背景下的斟酌披露的一个特征，这有些吸引力。更重要的是，通过这个模型我们可以厘清披露和竞争之间的关系。具体地，可以发现，随着竞争程度（用 γ 表示）的增加，披露区域的规模和披露的（事前）概率都将会下降（see, for example, Clinch and Verrecchia, 1997, Corollary 1）。换句话说，至少在这个模型中，更多的竞争意味着更少的披露。但是请记住，无论这些特点多么迷人，它们都不过是一个特定模型的人工产物。在具有不同但同样迷人的假设的模型中，与这些相反的特点也可能会出现。

而且，不管我们对这个特定模型的感受如何，请注意，依然存在一个事前的事先承诺安排（即在信息到达之前的安排）约束着管理者和/或企业事后（即 y_i 和 y_j 被观察到之后）披露的自由裁量权。例如，如果两个企业之间的竞争不激烈，通过在收到它们的信息之前事先承诺充分披露的政策，两个企业都可以获益。[49] 换句话说，尽管模型♯3在刻画斟酌披露方面要比前两个模型优秀，但是它没有将斟酌披露安排与事前的披露政策完全协调在一起。

在结束这则笔记之前，探讨一下模型♯1～3中一直维持的最后一个假设的作用是有益的。这个假设是：如果管理者和/或企业选择发布其私人信息，它会讲真话。如在对披露的前述研究的回顾中所提及的，在会计学和经济学文献中都有人尝试去理解放松这个假设的含义。这些尝试都在广阔的"廉价磋商"博弈的范围内。

§3.4 "廉价磋商"背景下的披露（模型♯4）[50]

考虑一下在双头卖方垄断的背景下，一个企业观察到了一些与其所生产产品的下一期价格有关的、专有的、无法证实的信息 Y，但其竞争者没有。假设 Y 是在 0～1 之间均匀分布的随机变量 $\tilde{Y}$ 的一个实现值。知情企业希望向其竞争者传递关于 Y 的消息 m（m 是实数序列中的某些值），这样它们就可以对其生产水平进行更好的协调。尽管关注生产水平的协调时，本文还假设由于企业之间的某些（没有纳入模型中的）竞争因素，两个企业的利益存在不一致。具体地，知情企业选择 m 来最大化 $-(y-(\tilde{Y}+b))^2$，而竞争对手选择 y 来最大化 $-(y-\tilde{Y})^2$，其中 y 表示给定知情企业的消息 m 条件下不知情企业对 $\tilde{Y}$ 的期望值，外生参数 b（$b\neq 0$）反映两个企业的利益的一致程度。[51] 与前面的模型相比，这一博弈的突出特点是，知情企业所选择的消息（在消息 m 的意义上）和不知情的竞争对手如何选择应对这一消息（在选择一个 y 的意义上）全部是内生的，这就是"廉价磋商"的含义。换句话说，没有要求知情企业真实地报告；类似地，也没有要求不知情的竞争对手按照知情企业消息的面值来接受（即作为真实的披露）。

当其发生时，这个沟通博弈中的所有均衡都是分离均衡。也就是说，在分离均衡中，知情企业将私人信息 $\tilde{Y}=Y$ 的支持物分割为 N 个要素：$\{a_0(N)=0,\cdots,a_i(N),\cdots,a_N(N)=1\}$，其中 $1\leqslant N\leqslant N(b)$，并且发出一个消息显示了包括 $\tilde{Y}=Y$ 的间隔，也就是一个宣称 $Y\in(a_i(N),a_{i+1}(N))$ 的消息。然而，企业并没有说明其关于 $\tilde{Y}=Y$ 实现值的全部所知。接到了这个（有噪音的）消息，不知情企业（正确地）将此消息解释为 $\tilde{Y}$ 的条件期望为 $Y=(a_i(N)+a_{i+1}(N))/2$。换句话说，一方面，从消息没有错误地表示 Y 所处的间隔的意义上讲，知情企业传递的消息是"真实的"，然而这个消息也是"含糊的"。另一方面，当 $\tilde{Y}$ 均匀分布于间隔 $(a_i(N),a_{i+1}(N))$ 之间时，$\tilde{Y}$ 的条件期望确实是 $(a_i(N)+a_{i+1}(N))/2$，从这个意义上讲，不知情企业选择"正确地"解释消息。要注意不一致的利益在决定均衡中所扮演的角色。在均衡中可以被潜在地沟通的最大数量的信息（用不知情企业在听到均衡消息后期望的 $\tilde{Y}$ 的残差来计量），随着竞争企业动机不一致程度的上升而下降。例如，当 $b=0$ 时，没有不一致，而且消息被完全揭示（在均衡中）。而当 $b\to\infty$ 时，完全不一致，而且知情者和不知情者之间不可能有任何信息的沟通。

在上述讨论的情景中，"廉价磋商"均衡的有趣特点是，尽管知情企业的披露是不可证实的且没有成本，但是针对所有 $\tilde{Y}$ 的实现值，知情企业都向不知情企业传递一个消息，虽然这个消息是有噪音的。这一结果与模型♯1～3所刻画的均衡不同，在模型♯1～3中对于 $\tilde{Y}$ 的某些实现值将会有披露发生，而对于另一些则没有披露发生。简言之，"廉价磋商"均衡很好地与实践中的情景相契合：管理者和/或企业对任何事情都作出评论，但却总是含含糊糊地披露专有信息。

§3.5 总结

尽管本文已经提及斟酌基础披露文献中的很多缺陷，不过这类文献吸引人的特点是，虽然它同时提供了似乎直接的结论，但是它改变了会计研究者对披露进行思考的方式。主要的结论特别具有吸引力：在存在成本和/或不确定性的情况下，尽管企业外部的代理人将理性地解释隐藏信息，但是管理者将会选择披露或隐藏有关企业价值的信息。换句话说，这类文献讲述了一个有关管理者或企业自愿披露的动机的引人入胜的经济学故事。这一优点似乎弥补了其缺陷，这些缺陷包括：在某些模型中依赖管理者寻求最大化当前市场价值（而非未来价值）和真实地报告的假设；文献中的结果对假设高度敏感；斟酌披露策略本身是典型地非效率的，企业可以通过事先承诺永不披露而做得更好。在提及了斟酌基础披露模型潜在的非效率之后，本文将借此进入下一则笔记。

§4 效率基础披露

什么样的披露安排或战略是无条件占优的（即没有关于信息的事前知识）？正如前面所讨论的，联系基础的研究以披露是外生的为先决条件。斟酌基础研究假设了内生的披露安排，但没有要求它们应该是事前占优的。因此，在较详细地讨论了这两个主题之后，现在是合适的时候提出问题了：是否存在具有这些特点的披露安排？在本文讨论的背景下，我将这些安排称为"有效率的"，也就是说，有效率的披露安排是无条件占优的披露安排。效率这个概念是经济学的核心。因此，如果披露文献的一个目标是形成财务报告与经济学的联系，那么不能将效率概念整合至我们的讨论中将是致命的失误。

这并不是说对披露与效率之间关系的讨论从未进入过会计研究领域。大概最早的对资本市场披露的理论基础的经济学分析关心的是，在纯粹的交换经济中披露如何影响一个经济的社会福利。[52]特别地，早期的工作考察了在完全竞争和纯粹交换的市场中（无条件的）披露选择能够实现（弱）帕累托改进的程度，也就是说，披露自身不能带来生产方面利益的情形。这些早期的文献以及这些研究所引起的许多争论已被讨论过（see Verrecchia，1982b）。然而，在进入更当代的思想之前，简要评述这些早期文献的某些主题是有益的。

帕累托改进是纯粹交换经济背景下一个很强的福利标准。在披露乃至其最弱形式（即弱帕累托改进）的情景中，它要求披露没有使得参与市场的任何投资者变坏，但其他市场参与者毫无疑问地受益。从最开始，帕累托改进、纯粹交换和披露看起来就不太融洽。其中一个原因是披露以较好知情者为代价而使较差的知情者获益。但是另一个原因，也是更准确的原因，是完全竞争的假设与纯粹交换相结合只给披露留下了很小的机会来产生利益。

为了理解最后一点，回想在第一则笔记中，完全竞争假设每个投资者都如同他的行动或行为对价格没有影响那样来行动，在均衡中这个推测是正确的。假设投资者的数目是大的（即可数的无限），一般可以实现完全竞争。这保证了尽管在总体层面价格反映了所有市场参与者的合并决策，但每个投资者都是微不足道的，从而使得每个个体的行动对价格没有影响。众所周知，对于有深度的市场和/或被广泛交易的资产，完全竞争是一个合理的假设。然而，在福利分析中，它的角色并不是无足轻重的。但当市场完全竞争时，披露的主要效应是将财富在市场参与者之间重新分配。例如，可以考虑一个"好消息"的披露对资产价值的影响。"好消息"的披露会使得高估资产的个体获益，而使得低估资产的个体受损（其中高估和低估是相对某些标准而言的，比如不存在对资产不确定价值的不同看法或预期的每人的风险资产份额）。类似地，"坏消息"的披露会产生相反的效果。因此，从市场主要由风险回避的代理人构成的意义上讲，一项预期到的披露的后果是它使得市场参与者集体地受损了（在预期意义上）。这就是所谓的增加披露的逆向风险分担效应。当然，在完全市场中，可以通过事件之前的交易来对所有预期到的事件签约，这样市场参与者就可以有效地保证他们免遭逆向风险分担的后果。但是这只能保证披露在完全市场中没有有益的作用，以及在不太完全的市场中变得衰弱。因此，这些结果使得许多早期的研究认为，披露的益处往好说是虚幻的，往坏说则是有害的（see, for example, Hirshleifer, 1971；Marshall, 1974，有相关的讨论）。[53]

并不奇怪，研究者对这一结论不很满意，对披露的福利效果的兴趣则依然强烈。然而，在这一点上，文献似乎分为截然不同的两条路径。第一条路径认为，问题出在纯粹交换经济这个假设上。也就是说，如果允许**生产**和交换，那么就会存在披露受人青睐的情形，这是因为改变后的生产计划会导致在时机和企业间更有效的资源配置（see Kunkel, 1982）。实际上，这一研究路径提出了当与生产相结合时披露导致帕累托改进的充分条件。第二条路径认为，问题出在**无成本**的私人信息获取这个假设上。也就是说，通过提出无成本的公开披露的一个潜在益处是，它可能阻碍了有成本的私人信息获取，这样就可以在一个单独的纯粹交换环境中安排披露的福利效果的位置（see Verrecchia, 1982b, p. 29 - 37；Diamond, 1985）。实际上，这一研究路径探讨了尽管存在逆向风险分担效应，但是无成本的公开披露是否可以通过降低或消除以某些成本变为知情者的动机令投资者获益。

这两条研究路径中最具代表性的两篇文章在几年间先后发表在同一个（非常顶级的）杂志上。[54]尽管如此，但认为问题出在纯粹交换经济假设上的研究路径似乎已经湮没无闻了，而认为问题出在无成本的私人信息获取假设上的研究路径却引起了非常大的兴趣，尤其是在会计研究者中。[55]为什么？如果允许我猜测（在此我可真是猜测，而非对文章作评论），我的解释是，研究者们长期以来一直认为生产会妨碍披露所有潜在的削弱效应，包括逆向风险分担。[56]因此，提出披露在生产和交换经济中作为一种带来社会价值的工具的路径被认为不足以引起争议。而提出披露在（单独的）纯粹交换经济背景下的效用的路径依然流行，这是因为它们看起来强调了"披露悖论"，即解释了为什么更多的披露是坏的和不好的。[57]因此，这仍然是会计学研究的主要关注点（see Bushman, 1991；Indjejikian, 1991；Lundholm, 1991；Alles and Lundholm, 1993）。

尽管将披露作为一种阻挠获取有成本的私人信息的工具的研究很流行，但是对此研究本身并非没有批评。其后的工作质疑其是否真正地解决了"悖论"。下面谈谈三个关注点。第一，如果市场代理人（如投资者、股东等）足够分散，披露很难（如果不是不可能的）给所有人带来正面利益。因此，这一路径的结果仅仅适用于投资者代理人完全同质的情形。例如，此类文献中一篇重要文献表明，企业中更知情的股东总是比不太知情的股东偏好更少的披露（see Kim，1993）。这是由于具有不同风险忍受程度和不同信息获取成本函数的股东之间披露的逆向风险分担和有益的成本节约效用的异质性。[58]第二，这一领域中所有文章的一个共同技术特点是，它们都是单期模型。也就是说，公开披露的决策是与获取私人信息的决策、重新平衡投资组合决策等同时发生的。如第一则笔记中所提到的，在交易风险与许多因素混合的单期模型背景下评价披露的效应可能会使披露的角色模糊或产生混淆。[59]第三，当公开披露是有成本的并且企业竞相获得股东的注意时，企业实际上可能有动机去披露过多的信息，即超过社会最优数量的信息，而这一研究忽视了这种可能性（see，for example，Fishman and Hagerty，1989）。

§4.1　资本成本中的信息不对称部分

请允许我在此作个小结。文献起初的目的是寻求实现所有参与到经济中的投资者代理人之间帕累托改进的标准处方，但却变成个体企业作出披露决策来最大化仅仅包括它们自身股东的期望效用。然而，效率文献的关注点依然是完全竞争的市场。允许将所坚持的纯粹交换假设变为生产和交换假设将会提高效率，这提供了一个披露存在的理由，但在本则笔记剩余的部分，我将探讨另一种将披露和效率联系在一起的途径。具体地，本文探讨当将完全竞争假设变为不完全竞争假设时会发生什么。

在一级资本市场中，企业的权益股份被出售给投资者以便为投资项目筹集资金。一项与披露相关的成本抑制了投资，并使企业出售权益的代价更加高昂。这项成本是由在知情程度不同的投资者代理人之间交换资产所固有的逆向选择问题引起的交易成本。本文将这项交易成本称为"资本成本中的信息不对称部分"。资本成本中的信息不对称部分是企业作为适应逆向选择问题的一种手段而提供的折扣。因此，它不会在完全竞争的市场中出现，因为那里没有逆向选择：企业权益的购买和出售由对价格没有影响的个体、投资者代理人进行。换句话说，完全竞争保证了一个非常知情的投资者能够与不太知情的代理人交换资产，而且尽管平均来讲前者总能从后者身上获益，但是却不必受到惩罚。另一方面，在不完全竞争模型中，每个投资者的行动和行为都被假设与作为整体的市场相比都足够重大，以保证这些行动将对履行交易的价格产生影响。简言之，不完全竞争的突出特点是当资产被交换时，所有的投资者代理人都需要支付或提供一些"流动性溢价"，以保护交易中的另一方免受知情程度不同的代理人之间交换资产所固有的逆向选择问题之害。因为假设市场"类型"（即一个代理人的知情程度）是未知的或不可观察的，所以所有的代理人都支付或提供流动性溢价。实际上，流动性溢价是所有类型的代理人都承担的交易成本，无论代理人与作为整体的市场相比是更知情或更不知情。

如果投资者持有他们的股票直至企业清算，他们应该不关心清算之前的资产股份交易所引起的交易成本对他们所得的影响。然而，如果投资者预期他们将在清算前出售一部分股票，或者买入额外的股票（通过股利再投资计划或其他），则他们应该将这些交易成本作为他们起初愿意购买并持有股票的考虑因素。预期的交易成本越高，投资者起初愿意支付的越少，从而企业的股票在一级市场上出售时企业所获得的用于投资和生产的资金也越少。因此，出于效率的考虑，降低信息不对称从而降低资本成本中的信息不对称部分对企业来说是有益的。企业降低信息不对称的一种方法，是企业在股票首次发行时就承诺最高水平的公开披露。具体地，企业可以承诺其在编制财务报表时，利用最具透明度的会计准则体系（如一个跨国公司选择国际会计准则委员会（IASC）的准则还是其他一些透明度差的准则）；利用某一准则体系中最具透明度的程序（如购买法还是权益结合法，融资租赁还是经营租赁）；在吸引最多的分析师和投资者跟随的交易所上市（如纽约证券交易所还是美国证券交易所）。

§4.2 披露与资本成本的模型构建素描[60]

作为对截至目前讨论的小结，本文建议通过资本成本中的信息不对称部分将披露和效率联系在一起。但是使用"资本成本中的信息不对称部分"到底想表达什么意思呢？这一表述是指，在预期到了逆向选择引起的交易成本时，投资者据以对企业权益发行进行折价的因素；这些是最初的权益持有者必须承担的，只要他们在未来某一时日要将持有的权益变现。投资者结合这些交易成本对企业权益发行进行折价的因素使得企业的投资代价更加高昂。尽管我相信我对"资本成本中的信息不对称部分"的解释是有说服力的，但是出于同样的原因，我担心这是一个本身会引起歧义的术语。因此，下述素描的目的，是用一个保留了与前面笔记中的素描的某些相同的精神和风格的例子来说明这一概念。

当然，如果企业可以通过承诺较多的披露从而降低其资本成本来获益，那么为什么还会有信息不对称成本部分呢？换句话说，是什么阻碍企业选择充分披露，进而消除任何潜在成本的角点解呢？大概管理者和/或企业不选择充分披露角点解是因为存在对抗该选择的成本的缘故。在文献中，导致内点披露选择（即少于充分披露）的对抗性经济力量的例子包括风险分担和代理成本。[61]然而，有趣的是，在文献中无法找到对据预测可能是保证内点解的最明显的工具——专有成本——的讨论。因此，这个例子的一个附属目标是表明专有成本在此情景下是如何发挥作用的。简言之，下列素描的动机是为了说明资本成本中的信息不对称部分的概念，以及表明专有成本的存在可能导致内点的披露政策（即在一些情形下披露，在其他情形下隐藏）。

想象这样一种情形：一个企业家在市场上销售商品，该市场中还有另一个竞争者。然而，为了开始制造过程，企业家需要在第一期筹集 C 美元的资本。为了筹集资本，企业家将 Q 比例的企业出售给一个风险中性的投资者。企业家的目标是，在出售 Q 比例的企业给投资者以换取 C 美元的资本后，通过其所拥有的企业的收入产出活动来最大化其回报。本文将企业家售出的那部分企业的收入产出活动解释为他的资本成本。

作为开始，我再次引入前一则笔记的模型♯3所讨论的古诺双头卖方垄断产品市场（完全竞争的，即 $\gamma=1$）。预期商品将在未来期间（即第二期）按照价格 P 销售，每个企业都在本期投资以生产一些商品，其中 P 可以表示为：

$$P = \alpha + \beta \tilde{Y} - x_e - x_o$$

式中，α 和 β 是固定的、正的常数；$\tilde{Y}$ 是只有这个企业家知道的关于预期价格的一些专有信息；x_e 和 x_o 分别是企业家的企业和另一个企业生产的数量。每个企业都在不知道另一个企业生产数量的情况下作出生产多少的决策。如前，$\tilde{Y}$ 是一个在 $-k \sim k$ 之间均匀分布的随机变量。

影响投资者向企业家投资的决策的一个因素，是他预测在第二期有 t 的概率会出现对购买或出售企业一股股票的流动性震动（liquidity shock）。在首次筹集到 C 美元的资本后，对企业家的企业股票的购买或出售将在二级市场进行。二级市场由相同数量的知情交易者和不知情交易者（或流动性交易者）构成，知情交易者也知道 $\tilde{Y} = Y$，而不知情交易者没有 $\tilde{Y} = Y$ 的知识，除非企业家披露这个信息。在所有的情形下，交易被限于购买或出售企业的一股股票。

企业股票在二级市场的交易由许多做市商来执行，这些做市商中的每一个都有责任在第二期执行一个需求订单（买入或卖出 1 股）。除非信息被披露，否则做市商也不知道 $\tilde{Y} = Y$，并且本文假设做市商执行的是一个知情交易者的需求订单的概率为 $1/2$，做市商执行的是一个不知情交易者的需求订单的概率为 $1/2$。因此，做市商索取的费用要保证他们执行的交易能够盈亏平衡。这项费用可以被解释为存在逆向选择的情况下执行交易索取的"流动性溢价"。

为了降低流动性溢价并使得对其企业的投资更具吸引力，企业家在第一期承诺，如果 $\tilde{Y} = Y \in [-q, q]$，则在第二期披露 $\tilde{Y} = Y$；如果 $\tilde{Y} = Y \in [-k, -q] \cup [q, k]$，则在第二期隐藏该信息。在直觉层面上，可以将企业家的承诺理解为披露"预期到的消息"（即 $-q \leqslant Y \leqslant q$），但是隐藏"突然的消息"，即 $\tilde{Y}$ 的实现值在其分布的尾部（see Clinch and Verrecchia, 1997）。因此，q（记住，$0 \leqslant q \leqslant k$）的价值越高（越低），企业家承诺的披露越多（越少）。当 $\tilde{Y} = Y$ 被披露时，没有信息不对称，做市商也就不用索取费用。然而，当 $\tilde{Y} = Y$ 被隐藏时，流动性溢价就出现了。

企业家的权衡应该是清楚的。选择一个高的 q，他就选择了更多的披露，使得市场更具流动性，从而降低了在一级市场发行权益时潜在投资者的资本成本中的信息不对称部分。但是，选择一个高的 q，企业家也增加了专有成本，因为这将允许其竞争对手选择更有效率的生产计划。

如前所述，如果企业家披露 $\tilde{Y} = Y$，则他的企业和另一个企业生产

$$x_e^D = x_o^D = \frac{1}{3}(\alpha + \beta Y)$$

商品的售价为：

$$P^D = \alpha + \beta Y - x_e - x_o = \frac{1}{3}(\alpha + \beta Y)$$

如果企业家不披露 $\tilde{Y} = Y$，则另一个企业并不知道这个价值。因此，由于一个未被披露的 $\tilde{Y}$ 是在 $[-k, -q]$ 和 $[q, k]$ 之间均匀分布，所以只能基于其条件期望（为 0）来解释（未被披露的）$\tilde{Y}$。因此，此时有

$$x_e^N = \frac{1}{3}\alpha + \frac{1}{2}\beta Y$$

$$x_o^N = \frac{1}{3}\alpha$$

商品的售价为：

$$P^N = \alpha + \beta Y - x_e - x_o = \frac{1}{3}\alpha + \frac{1}{2}\beta Y$$

若企业家披露，当 $\widetilde{Y} = Y$ 时，他获得的收入为：

$$x_e^D P^D = \frac{1}{9} (\alpha + \beta Y)^2$$

若企业家不披露，当 $\widetilde{Y} = Y$ 时，他获得的收入为：

$$x_e^N P^N = \frac{1}{9} \left(\alpha + \frac{3}{2}\beta Y\right)^2$$

简单插一句，请注意，这意味着不考虑其他因素，绝不披露的策略优于总是披露的策略，这是因为：

$$E[\tilde{x}_e^N \widetilde{P}^N] = \frac{1}{9}\left(\alpha^2 + \frac{3}{4}\beta^2 k^2\right)$$

$$> \frac{1}{9}\left(\alpha^2 + \frac{1}{3}\beta^2 k^2\right)$$

$$= E[\tilde{x}_e^D \widetilde{P}^D]$$

当 $Y \in [-q, q]$ 时披露，当 $Y \in [-k, -q] \cup [q, k]$ 时不披露的政策产生的期望收入为：

$$E\left[\frac{1}{9}(\alpha + \beta\widetilde{Y})^2 \mid Y \in [-q, q]\right] \Pr(Y \in [-q, q])$$

$$+ E\left[\frac{1}{9}\left(\alpha + \frac{2}{3}\beta\widetilde{Y}\right)^2 \mid Y \in [-k, -q] \cup [q, k]\right] \Pr(Y \in [-k, -q] \cup [q, k])$$

$$= \frac{1}{9k}\left(\alpha^2 k + \beta^2\left(\frac{3}{4}k^3 - \frac{5}{12}q^3\right)\right)$$

此后，定义 $R(q) = (1/9k)\left(\alpha^2 k + \beta^2\left(\frac{3}{4}k^3 - \frac{5}{12}q^3\right)\right)$ 为作为其披露政策 q 函数的企业家期望收入。请注意，期望收入函数 $R(q)$ 是 q 的减函数。这是可以预期到的：存在专有成本的情况时，期望收入随企业家更多的披露而下降。

但是，不披露的另一个后果是，当 $Y \in [-k, -q] \cup [q, k]$ 时，市场也不知道 $\widetilde{Y} = Y$。因此，在不披露的情况下，企业家期望收入的市场价值是：

$$E[\tilde{x}_e^N \widetilde{P}^N \mid Y \in [-k, -q] \cup [q, k]] = E\left[\frac{1}{9}\left(\alpha + \frac{3}{2}\beta\widetilde{Y}\right)^2 \mid Y \in [-k, -q] \cup [q, k]\right]$$

$$= \frac{1}{9}\left(\frac{3}{4}\beta^2 q^2 + \frac{3}{4}q\beta^2 k + \alpha^2 + \frac{3}{4}\beta^2 k^2\right)$$

但是知情交易者知道 $\widetilde{Y} = Y$。这意味着每当 $\widetilde{Y} = Y$ 没有被披露时，在二级市场进行交易的知情交易者将会基于对企业收入的市场预期 $E[\tilde{x}_e^N \widetilde{P}^N \mid Y \in [-k, -q] \cup [q, k]]$，与实际收入 $\frac{1}{9}\left(\alpha + \frac{3}{2}\beta Y\right)^2$ 之间的差异获取收益。即在不披露的情况下，知情交易者期望获得的金额为企业家披露选择 q 的函数：

$$\lambda(q) = \frac{1}{2(k-q)}\int_{-k}^{-q}\left|\frac{1}{9}\left(\alpha + \frac{3}{2}\beta Y\right)^2 - \frac{1}{9}\left(\alpha^2 + \frac{3}{4}\beta^2 q^2 + \frac{3}{4}q\beta^2 k + \frac{3}{4}\beta^2 k^2\right)\right| dY$$

$$+ \frac{1}{2(k-q)}\int_{q}^{k}\left|\frac{1}{9}\left(\alpha + \frac{3}{2}\beta Y\right)^2 - \frac{1}{9}\left(\alpha^2 + \frac{3}{4}\beta^2 q^2 + \frac{3}{4}q\beta^2 k + \frac{3}{4}\beta^2 k^2\right)\right| dY$$

这意味着在不披露的情况下，做市商必须向每个交易者（平等地，每笔交易）索取流动性溢价 $\frac{1}{2}\lambda(q)$，以在知情交易者和不知情交易者各占 50% 的市场中保持盈亏平衡。

现在回到投资者的问题。投资者提供了资本 C，作为回报，他期望获得企业家期望收入 $R(q)$ 的 $Q(q)$。另外，投资者有 t 的概率受到购买或出售企业更多股票的流动性震动。请注意，当存在流动性震动时，投资者按照企业的期望价值来购买或出售企业的股票。因此，流动性震动对投资者期望回报的唯一效应是，他必须另外支付流动性溢价 $\frac{1}{2}\lambda(q)$。假设对企业家企业的投资的竞争是完全的，于是，投资者在投出 C 美元资本时只能希望保持盈亏平衡。综合起来，所有这些意味着，投资者向企业家投资的期望回报是：

$$Q(q)R(q) - C - \frac{k-q}{k}t\frac{1}{2}\lambda(q)$$

式中，$[(k-q)/k]t$ 表示在企业家恰好没有披露的期间投资者受到流动性震动的概率。因此，为了在这一安排中实现"盈亏平衡"，投资者必须获得 $Q(q)$。$Q(q)$ 由下式决定：

$$Q(q) = \frac{C + [(k-q)/2k]t\lambda(q)}{R(q)}$$

企业家收到剩余部分：$1-Q(q)$。这一分析的关键特点是，在购买企业的权益之前，潜在的投资者理性地预期到了投资的**所有**收益和成本。[62]

什么样的披露政策选择能使企业家的资本成本最小呢？企业家出售 $Q(q)$ 比例的企业给投资者以换取 C 美元资本所获得期望回报是：

$$(1-Q(q))R(q) = \left(1 - \frac{C + [(k-q)/2k]t\lambda(q)}{R(q)}\right)R(q)$$
$$= R(q) - C - \frac{k-q}{2k}t\lambda(q)$$

式中，第一个等式源于投资者只能盈亏平衡。因此，最小化企业家资本成本的披露选择就是最大化 $R(q) - C - \frac{k-q}{2k}t\lambda(q)$ 的披露选择。通过简单推导可知，当投资者免受流动性震动时（即 $t=0$），不披露的政策使得 $R(q) - C - \frac{k-q}{2k}t\lambda(q)$ 最大化（即 $q=0$）。这是因为 $R(q)$ 是 q 的减函数。思考一下当 $t=0.5$ 时会怎样。为了便于求出 q，假设 $\alpha=0.5$，$\beta=1$，$k=1$，$C=0.05$。为了说明在这些参数下 $\lambda(q)$ 的计算，定义 $F(Y,q)$ 和 $G(q)$ 分别为：

$$F(Y,q) = \frac{1}{6}Y + \frac{1}{4}Y^2 - \frac{1}{12}q^2 - \frac{1}{12}q - \frac{1}{12}$$
$$G(q) = -\frac{1}{3} + \frac{1}{3}\sqrt{(3q^2 + 3q + 4)}$$

结合在一起，这意味着，对于所有 $q \in [0, 0.5]$，$\lambda(q)$ 被定义为：

$$\lambda(q) = -\frac{1}{2(k-q)}\left(\int_{-1}^{-q}F(Y,q)\,dY + \int_{q}^{G(q)}F(Y,q)\,dY - \int_{G(q)}^{1}F(Y,q)\,dY\right)$$

对于所有的 $q \in [0.5,1]$，有

$$\lambda(q) = -\frac{1}{2(k-q)}\left(\int_{-1}^{-q}F(Y,q)\,dY - \int_{q}^{1}F(Y,q)\,dY\right)$$

利用 $\lambda(q)$ 的这一表达式，可以发现，当 $q=0.379\,79$ 时，$R(q) - C - \frac{k-q}{2k}t\lambda(q)$ 被最大化。换句话说，当披露的边际收益等于边际成本（通过专有成本）时，企业家的回报被最大化；这在 $q=0.379\,79$ 时发生。[63]另外，在这一值处，投资者享受了 $Q(0.379\,79)=62\%$ 的企业收入

产出活动，而企业家保留了 38%。这意味着企业家的资本成本是 Q（0.379 79）$\times$ R(0.379 79)＝0.068；而没有逆向选择问题时（即当 $\lambda \equiv 0$），C 的成本＝0.05。因此，在这个例子中，资本成本的信息不对称部分是它们之间的差异，即 0.018。

总结一下这个例子，其目的是说明资本成本的信息不对称部分的概念。资本成本是企业家为筹集固定金额资本必须出售的企业所有权比例。资本成本的信息不对称部分是，存在信息不对称与不存在信息不对称导致的逆向选择问题情况下资本成本的差异。实际上，它使得企业家没有能力承诺充分披露政策，这是因为存在其他与披露有关的成本（如专有成本）。这一素描的辅助目标是表明流动性溢价与专有成本的结合是如何导致有效披露选择的，其中企业既不充分披露信息，也不完全隐藏信息。具体地，在上述例子中，企业家承诺一些披露以减轻非流通市场引起的问题。然而，由于其行动所引起的专有成本过高，企业家没有承诺充分披露。就此而言，他也不会禁止所有的披露，因为那会使其资本成本急剧上升。

在作总结之前，先讨论一下所坚持的最后一个假设。这些素描和贯穿本笔记的全部讨论，都假设承诺更多的披露会导致较少的信息不对称。这个假设并不是不受质疑的。例如，回想第一则笔记中的模型♯6。在那个模型中，披露被表示为 $\tilde{y} = \bar{u} + \tilde{\eta}$；另外还假设投资者以 $\tilde{O}_i = \tilde{\eta} - \tilde{\omega}_i$ 的形式来处理有关 $\tilde{\eta}$ 的私人信息，其中 $\tilde{\omega}_i$ 服从正态分布，均值为 0，准确度为 ω_i。在此，较多的披露加剧（而非改善）了投资者之间的信息不对称（see, for example, Kim and Verrecchia, 1994；Bushman et al., 1997）。稍不严谨地讲，这个描述将披露与私人信息的搜集以及信息不对称视为互补的，而非替代的。尽管假定披露与信息不对称之间是正相关关系的模型并不比假定二者是负相关关系的模型有效多少，但是前者典型地是针对围绕预期到的披露（如盈余公告）的短窗口所发生的暂时性行为这一类型的，而不是针对在长窗口作更多披露的承诺。与之不同的是，本笔记的讨论特别针对在长窗口作更多披露的承诺。简言之，在此处的讨论中作为假设的概念是，承诺更多的披露会降低信息搜集的私人利益，并因此降低信息不对称。

§4.3 小结

尽管这则笔记评述了试图将社会福利背景下或单个企业效率背景下效率与披露相联系的许多研究，但在我看来，最具潜力的应该是披露与信息不对称抑制之间联系的研究。到目前为止，不管理论基础的还是经验基础的，关于这一主题的研究非常少。对研究不足的一种解释是建立一种联系很难，尤其是在经验研究中。[64] 即使在上面的"简单的"模型构建素描中（具有其所有的程式化的假设），联系也是远远不够清晰的。当然，另外一种解释是研究者没有注意到这一问题。若是这样的话，这篇文章可能会成为呼唤对这一主题研究的战斗口号。但是鉴于讨论已经到了关于未来研究方向的主题了，现在应进入本文的最后部分。

§5 未来研究的方向

我希望这篇文章在未来激发什么样的研究活动呢？在介绍部分，本文已经提到缺乏一个全面的理论，这必定将是一个有价值的成果。然而，由于涉及了不同投资者代理人之间的相互影响，所以要想真正地全面，理论必须包括效率、动机和市场过程的内生性。例如，本文认为，关于单个的、代表性的交易者组成的市场中的披露动机的研究（如斟酌基础的披露研究），并不比那些将市场内生化、将披露外生化的研究（如联系基础披露）"全面"多少。这两种方法都只看到了披露之谜的一角。

本文的建议是，通过资本成本中的信息不对称部分的降低，将披露与效率、动机和市场过程的内生性联系在一起。信息不对称抑制了投资，因此使得企业从事那些其已经进行的活动的代价更高。如前面的笔记所讨论的，承诺更多的披露降低了信息不对称；反过来，这又降低了企业资本成本中由于信息不对称所导致的部分。简言之，信息不对称的降低提供了有效披露选择的一个理论基础。在这个意义上，会计学中早期的效率研究的天然后果就是试图发现披露的充分条件。无论是否接受后者，通过信息不对称的降低来增加市场流动性显然与监管者在描述会计准则角色时经常使用的语言（"打造游戏平台"和增强"投资者信心"）一致（see Sutton, 1997）。如 Arthur Levitt 所说：

> 高质量的会计准则将带来更强的投资者信心，这将会提高流动性、降低资本成本并使市场价格更合理（see Levitt 1998，p. 81）。

本文将这一论述解释为是针对下列概念的：承诺高质量的披露是有效率的，因为它导致了资本成本中的信息不对称部分的下降。

然而，需要马上补充的是，本文的讨论并非试图说没有别的工具可以全面地整合披露理论。如谚语所说，"百花齐放"：如果存在更成功的方法将披露与效率联系起来，我可不会不高兴。如果本文激发了这样的专著，我可要自称是其出处了。

但是我希望本文将会引发的另一项潜在的研究活动是形成披露与其经济后果之间联系的经验研究。尽管我对所有这些联系都感兴趣，但是需要再次说明，最具潜力的可能是披露与信息不对称降低之间的联系。尽管传播更多关于披露经济后果的经验研究的观点可能会打动读者以及理论基础模型文章的作者，但是我更愿意看到更多的经验研究资源关注此处讨论的许多问题。理论基础研究已将许多联系、动机和效率归属于披露。尽管已经有大量关于联系和动机的经验研究，但是关于效率（如本文在第 4 部分所界定）的研究还很少。我很想知道存在于真实制度背景下的效率的性质和类型，并且，如果它们的确存在，它们是否具有任何经济上的重要性。换句话说，随着披露理论的成熟，该看看经验文献能否对披露的经济后果提供其他观点了。如果这些观点是以这些笔记中讨论的各种问题为前提，则它们就更有价值了。

例如，对于我热衷的将资本成本中的信息不对称部分作为全面理论的出发点来说，我认识到了在现实市场背景中对其探究的困难。与这些笔记中假定的许多经济后果一样，信息不对称是"二阶矩"效应（即方差效应）。与"一阶矩"效应（即均值效应）相比，二阶矩效应在性质上是处于第二或第三位的。例如，你可能希望记录作为一阶矩效应的结果："好消息"使得价格上升，"坏消息"使得价格下降。然而，理论基础的模型一般将信息不对称刻画为与均值或一阶矩无关的二阶矩效应。信息不对称一般被如此刻画，是因为变量被假定服从正态分布，这就意味着两个独立的矩；显然，对于其他（即非正态）分布形式，可能会有更多阶矩，并且所有矩都是相互关联的。二阶矩效应的问题在于，它们可能过于晦涩或令人费解，使得它们无法以可计量的方式显现出来。当利用在美国公开注册的企业的数据时尤其如此，这是因为在当前的美国公认会计原则（USGAAP）下，披露环境已经非常丰富了。换句话说，在美国承诺提高（或降低）披露水平可能主要只是增量性的，因此使得经济后果很难被记录。或许研究者应该考察不太发达的资本市场而非美国的资本市场。

总的来说，在会计文献中，无论对于理论基础研究还是经验研究，一个值得重点关注的问题是披露和信息不对称降低之间的关系。除其他因素外，这一关系将披露与效率联系起来，并且在这个意义上提供了一种对财务报告效用的经济学解释。但是，尽管关于这一主题的现有理论是令人信服的，但是经验表明这个联系是令人困惑的。这可能意味着我们需要更好的理论，也可能意味着我们需要更好的经验方法，还可能是我们对二者都有一些需要。

注释

[1] 关于这一主题确实存在着丰富的研究成果；因此，作为准备参考文献的优先原则，我没有包括工作论文（包括我自己的工作论文）。

[2] 特别地，参见 Lintner（1969）。另见 Karpoff（1987），他回顾了研究资本市场中价格变化与交易量关系的文献，并指出直到当时（即 1987 年），大多数理论基础的文献缺乏对价格—交易量关系的解释。

[3] 关于模型 #1，参见 Holthausen and Verrecchia（1988）和 Subramanyam（1996）。

[4] 有人甚至会认为这把握了对披露和价格变动之间关系的经验研究的实质，如果不是全部的话。然而要注意，这种特征描述意味着价格变化是服从正态分布的，但经验研究中一般假定回报是服从正态分布的。尽管理论和经验研究之间的这种混乱是无关痛痒的，但需要指出的是，在按照字面意思解释我在经验基础研究背景下所作的论断时应小心一些。

[5] 关于模型 #2，参见 Lintner（1969）。

[6] 关于报告偏差这一主题，参见 Fischer and Verrecchia（2000）。更一般地，这一问题涉及了披露的真实性或可靠性。这是第二则笔记的主题。

[7] 注意，如果只有有限的市场参与者，以下所述的效应会更明显，即随着其数量的增加（即投资者基数的增加），供给调整会下降，价格的变化也会随之增加。然而，令市场参与者数量有限，则会在与完全竞争假设结合时带来问题。

[8] 关于模型 #3，参见 Hellwig（1980），Diamond and Verrecchia（1981）以及 Lundholm（1988）。对于最后一篇论文，请注意，Lundholm 的主要关注点是相关误差的作用，而本文分析中所基于的假设是所有的误差性都是不相关的。

[9] 例如，参见下面对模型 #8 的讨论。

[10] 关于模型 #4，参见 Grundy and McNichols（1989）与 Brown and Jennings（1989）。注意在 Grundy and McNichols 中，投资者在宣告前的信息结构由共同的事前私人信息组成，该信息具有共同的误差和具有相同准确性的特质误差。而在此，共同误差被忽略。

[11] 参见 Abarbanell et al.（1995），该文将对未来披露预测的私人信息纳入了与此处讨论的模型类似的模型中。

[12] 关于模型 #5，参见 Kim and Verrecchia（1991a，b）。

[13] 这也指出了 Kim and Verrecchia（1991）与 Grundy and McNichols（1989）（以下分别简称 KV 和 GM）之间的主要差异。在 GM 中，投资者在宣告前的信息结构由共同的事前私人信息组成，该信息具有共同的误差和具有相同准确性的特质误差，即对于所有的 i 和 j，都有 $s_i = s_j$。而在 KV 中，没有共同误差，但是特质误差具有异质的准确性。这就解释了为什么 GM 在不完全揭示均衡中没有交易，因为所有投资者的准确性都是同质的。也正因为如此，GM 关注完全揭示均衡（不是这里讨论的价格冗余均衡），其中所有投资者都观察到了市场价格并依之纠正其特质误差；这反过来又导致了交易。

[14] 关于模型＃6，参见 Dontoh and Ronen（1993），Harris and Raviv（1993），Kandel and Pearson（1995），以及 Kim and Verrecchia（1997）。

[15] 关于模型＃7，参见 DeLong et al.（1990）。

[16] 关于模型＃8，参见 Kyle（1985），Admati and Pfleiderer（1988a），Kyle（1989），Kim and Verrecchia（1994），Trueman and McNichols（1994），Manzano（1999）。

[17] 尽管保留所有的投资者对可消费商品的效用为负指数效用函数的假设，并提供与前面模型一致的讨论是一项简单的工作，但是风险中性是此类模型设计素描文献中的一个常用假设。因此，此后我所坚持的关于效用偏好的假设是，所有市场代理人都是风险中性的。

[18] 为了便于标注，此后我在谈及价格时去掉了下标"T"：实际上，之后所有的模型都被作为一期交易模型来对待。

[19] 关于模型＃9，参见 Palomino（1996），Kyle and Wang（1997），以及 Fischer and Verrecchia（1999）。

[20] 关于模型＃10，参见 Kim and Verrecchia（2001）；另见 Glosten and Milgrom（1985）以及 Kyle（1985）。

[21] 将交易量作为一种信息来源的已有文献有 Blume et al.（1994），他们提出了一个完全竞争的模型，其中市场参与者基于需求和前一期的交易量信息（以及他们本期的私人信息）作出预期；还有 Campbell et al.（1993），他们提出一个模型，其中交易量传递了不知情交易者对资产的需求变化的信息。注意，在后一种情形中，不知情交易者的交易活动源于他们对资产的品味或偏好的临时性变化，而不是源于或不同于公共知识的信息。

[22] 特别地，这一模型的假设是来自 Glosten and Milgrom（GM）和 Kyle（1985）的一个混合观点，但其独特之处在于它合并了那些要素。例如，如同 GM 中那样，我假设资产交易只限于一个单位（即买一单位或卖一单位），但是在之后对他们工作的拓展中（i. e.，Diamond and Verrecchia，1987），也允许存在交易递延的可能（既不买也不卖）。另外，如同 GM 和 Kyle 那样，我假设所有的交易都由一个在完全竞争环境中运作的、风险中性的做市商来执行。GM 假设交易是按顺序履行的，Kyle 假设交易是基于总的净需求履行的，然而，与他们不同，我假设交易和那些履行时的价格基于某一时间段的订单流。在这种情景下，订单流信息等同于总的净需求和交易量的信息。通过这种机制，本模型中的资产回报依赖于交易量信息（除其他因素外）。

[23] 这个模型的显著特征是，"市场"基于当期的交易量信息以及当期总的净需求的信息作出预期。另一种是 Blume et al.（1994）所采用的方法。该方法基于 Hellwig

（1982）的完全竞争模型，其中关于总的净需求的信息（通过价格）是在下期中学到的。实际上，在 Blume et al. 的模型中，市场参与者基于前一期的需求和量的信息作出预期。

[24] 严格来讲，对于像 $P(D, V: x, \lambda)$ 这样来自做市商对 λ 看法的表达式，应该在 λ 上加个帽子（即 $\hat{\lambda}$），因为 $\hat{\lambda}$ 表示做市商对 λ 的推测。然而，为了简化符号，在讨论中我省略了帽子。

[25] 由于 h 的变化改变了资产本来的性质，所以将 h 解释为披露本身可能不太合适。例如，高的（低的）h 也意味着较低（较高）风险的资产。可能刻画披露的特征的更好方式是，在不改变资产回报行为的情况下，关于资产价值实现情况的可得信息数量增加，参见 Kim and Verrecchia（2001）。

[26] 关于分析师预测的影响的讨论，参见 Abarbanell et al.（1995），Barron et al.（1998），以及 Trueman（1996）（see also Verrecchia, 1996b）。

[27] 关于税收效用如何影响披露、价格变化和交易量之间关系的讨论，参见 Shackelford and Shevlin（2001）。

[28] 在经济学文献中，最近有一篇文章简要地回顾了关于金融市场信息获取的研究，参见 Barlevy and Veronesi（2000）。

[29] Trueman（1986）的分析更像一种信号理论而非斟酌披露理论的分析，在其分析中，管理者一旦收到新的信息就毫无疑问会披露信息（而没有行使自由裁量权），以"显示"他的能力。另见 Hughes（1986）。Verrecchia（1983）通过诉诸专有成本会随时间消散的观点，提供了对那些不得不披露的信息行使自由裁量权（通过披露的时机）的一种解释。

[30] 关于自愿或强制披露的主题，另见 Dye（1985b，1990）。另见 Gigler and Hemmer（1999），他们提出了强制披露作为一种创造环境的工具的作用，在此环境中管理者可以可信地传递他们更具价值相关性的自愿披露信息。他们将此称为强制披露的"确认作用"。

[31] 不过关于可信披露的主题，根据先前的协议，总体上讨论契约问题和具体地讲相关性原则，要由作为姐妹篇的一篇回顾性文章，Lambert（2001），来友情赞助。具体地，Lambert（2001）讨论了私人信息与沟通（第 4 部分）和盈余管理与相关性原则（第 5 部分）。虽然这些问题与本笔记讨论的问题有所关联，但是我们决定按既定的安排来分配它们，以避免与相关回顾的重复。

[32] 例如，对于在"市场"背景下解释这一工作，建议看看 Milgrom and Roberts（1986），该文考察了一个博弈，其中管理者试图通过使投资者相信企业拥有有利的盈利前景来提高股价。投资者会假定最差情况，因为他们认为企业的盈利前景等于最低水平与声明是真实的相一致。这些看法支持完全显示的均衡。Shin（1994）拓展了这一模型，并分析了当管理者被外生地赋予信息和投资者对信息的质量不确定时企业股票的定价情况。他表明，股票价格对企业披露的反应程度显示了投资者对披露可信性的看法。

[33] 再来看一下在"市场"背景下对这一工作的解释，建议看看 Matthews and Postlewaite（1985），该文假设管理者不是外生地对企业的盈利前景知情，但是必须决定是否自愿地收集能够完美显示企业盈利的信息。他们考察了当管理者被要求报告信息时管理者收集信息的动机的后果。另一方面，Fishman and Hagerty（1990）考察了限制管理者显

示其信息中的含糊性的后果。他们指出，限制管理者的自由裁量权会增加信息沟通的数量。

[34] Crawford and Scobel（1982）表明，在管理者和投资者的动机不是过于不一致时，披露部分地有信息性。随后的研究工作进一步考察了廉价磋商博弈的核心——可信性问题。例如，Farrell and Gibbons（1989），Newman and Sansing（1993），以及 Gigler（1994）关注于不同的使用者（如投资者和竞争对手）对管理者披露其信息的动机的影响。他们表明，存在两种对信息作出不同反应的听众会提高管理者披露的可信性。然而，在这些单期模型中，没有出现完全显示管理者信息的情形。而在多期背景下，Stocken（2000）表明，声誉方面的考虑足以导致管理者信息的完全显示。

[35] 如 Dontoh（1989）所指出的那样，最大化当前市场价格而非未来回报的另一个问题是，它表明不存在自愿披露坏消息的可能性，但这确与现有的经验文献不一致。当然，绕过这一问题的一种途径是，假设管理者自愿披露以**最小化**当前企业价值，这可能部分是为了保证下一期强制公告的正面价格反应（以及最小化与隐藏对当前企业估价有负面影响的信息有关的债务）。Teoh and Hwang（1991）提供了一个模型，其中存在"好消息"被隐藏和"坏消息"被披露的分离均衡。

[36] 这实质上是 Darrough and Stoughton（1990），Feltham and Xie（1992）以及 Wagenhofer（1990）等文章的核心特征。

[37] 引用稍多一些的文章，参见 Feltham et al.（1992），Darrough（1993）以及 Gigler et al.（1994）。

[38] 当然，最大化未来价值并非双头卖方垄断博弈的要求。在双头卖方垄断博弈背景下，管理者仍然可以完全关注当前价值：例如，参见 Hayes and Lundholm（1996），以及下一小节中的模型♯2。另外，管理者披露的动机还有可能既非当前**也非**未来的企业价值。例如，Bushman and Indjejikian（1995）假设管理者自愿披露信息是为了通过降低其他私人知情者的交易激进程度来提高内部交易利润。

[39] 具体参见 Darrough（1993），该文很好地描述了这些假设对结果的敏感性。

[40] 另见 Pae（1999），该文阐释了一个非常聪明的斟酌披露模型，说明在没有对知情的限制的情况下，两类潜在的效率损失可能会发生。第一，由于管理者为了能够自由地选择披露有利的消息而获取有成本的信息，会导致（潜在的）效率损失。第二，由于管理者为了降低信息获取成本会花费过多的精力（相对于最优水平），也会导致（潜在的）效率损失。

[41] 关于模型♯1，参见 Jovanovic（1992）和 Verrecchia（1983）。

[42] 如下面将要证明的那样，假设 $\alpha \geqslant \beta k$ 的另一个特点是，它保证在这个模型中，均衡状态下本期所生产产品的数量和产品在下一期出售的价格都是非负的。

[43] 如果 $\alpha \geqslant 2\beta k$，则披露的概率总是随着 k 的增加而增加。另外，如果 $\alpha < 2\beta k$，则还需要 $c > \alpha \frac{3}{32}(2\beta k - \alpha)$；换句话说，专有成本不可能是无关紧要的。

[44] 当然，如注释43所述，在假定专有成本无关紧要时也可以得到这个预测结果。

[45] 关于模型♯2，参见 Hayes and Lundholm（1996）。

[46] 要想理解正相关关系的确实存在，注意，当 $\alpha \geqslant \beta k$ 和披露的临界值水平意味着

充分披露（即 $\hat{Y}=-k$）时，对于所有的 $Y\in[-k,k]$，有 $(\mathrm{d}\,|\,\mathrm{d}Y)x_1^{\mathrm{D}}P^{\mathrm{D}}=\dfrac{2}{9}\beta(\alpha+\beta Y)\geqslant0$

和 $(\mathrm{d}/\mathrm{d}Y)x_1^{\mathrm{N}}P^{\mathrm{N}}=\dfrac{1}{6}\beta(2\alpha+3\beta Y-\dfrac{1}{2}\beta(\hat{Y}-k))=\dfrac{1}{6}\beta(2\alpha+3\beta Y+\beta k)\geqslant0$。因此，如模型♯1

所示，由于它们标志着下一期的高收入，高实现值 $\tilde{Y}=Y$ 可被明确地解释为"好消息"。

[47] 在具有固定专有成本的模型（如模型♯1）中，这一结果应该同样明显。例如，当存在固定的专有成本时，披露的唯一效应就是将期望净收入降低了 c。例如，参见 Verrecchia（1990a）的推论 5。

[48] 关于模型♯3，参见 Clinch and Verrecchia（1997）。

[49] 所谓不"很激烈"，具体地，本文是指 $\gamma<2(\sqrt{2}-1)$。参见 Clinch and Verrecchia（1997）的推论 2。

[50] 关于模型♯4，参见 Crawford and Sobel（1982）。

[51] 在这一情景下，知情企业（完美地）观察到了 $\tilde{Y}=Y$。Fischer and Stocken（2000）考察了知情企业对 $\tilde{Y}=Y$ 拥有不完美信息的情景。他们表明，当知情企业拥有质量差的或不完美的信息时，不知情企业关于 $\tilde{Y}=Y$ 的信息质量被最大化。

[52] 例如，参见 Ng（1975，1977）的三篇文章和 Hakannson et al.（1982）。注意，尽管这些文章是在金融类杂志上发表的，但是它们的作者在发表文章时拥有的是会计教职，因此这些文章是当时会计思想的代表。之后要引用的 Kunkel（1982）也是如此。

[53] 例如，Marshall（1974，p.380）指出，"如果信息的影响在其到达之前就被保险，则保险妨碍了基于该消息的进一步交易……在相反的情形中，当消息的影响在初级市场被保险之前消息就必须到达时，信息是有害的"。

[54] 分别是 Kunkel（1982）和 Diamond（1985），都发表于 *Journal of Finance*。

[55] 在会计研究中，Diamond（1985）激发的研究包括 Bushman（1991），Indjejikian（1991），Lundholm（1991）与 Alles and Lundholm（1993）。看看 Kunkel 的工作有多快就变得湮没无闻，注意，尽管 Diamond 的文章与 Kunkel 的文章发表于同一杂志，且在仅仅 3 年之后发表，但 Diamond（1985）甚至都没有引用 Kunkel（1982）。

[56] 例如，在 Kunkel（1982）之前十多年，Hirshleifer（1971，p.567）已经强调了这一点："**公共信息……在生产和交换领域确实具有社会价值**"（原书强调）。

[57] 例如，Marshall（1974，p.382）指出，"论点曾经是，公共信息没有价值和私人信息有价值，这就导致了在信息上的过度花费，造成了资源配置的无效率。这意味着隐藏此类信息的政策……逻辑是极具吸引力的……但是看来像一个**悖论**，更多的信息应该是不好的而非好的……"（加了强调）。

[58] 实际上，Kim（1993）表明，Verrecchia（1982b）和 Diamond（1985）的结果必不可少地依赖于投资者具有同质的经济特征。Indjejikian（1991，p.294）承认其研究中同质性的作用。他说，"投资者高的同质性程度是这一（即他的）研究中一个不幸的局限性。"

[59] 具体参见第一则笔记中我对模型♯4动机的讨论。这一局限性被广泛地认识到了。例如，参见 Bushman（1991）。然而，有些文章，如 Alles and Lundholm（1993）也讨论了为什么他们并不认为这是致命的缺陷。

[60] 关于这个花絮，参见 Diamond and Verrecchia（1991）与 Baiman and Verrecchia（1996）。

[61] 前者参见 Diamond and Verrecchia（1991），后者参见 Baiman and Verrecchia（1996）。当然，如果没有任何对抗性力量，就没有什么可以阻碍充分披露成为角点解了。例如，参见 Bushman et al.（1996）（see also Verrecchia, 1996a）。Verrecchia（1999）也讨论了角点解问题。

[62] 例如，这与 Huddart et al.（1999）截然不同。在此，企业的权益持有者被当作外生的，因此没有给他们机会决定是否愿意在最初进行投资。

[63] 利用参数值（$\alpha = 0.5, \beta = 1, k = 1, C = 0.05, t = 0.5$，可以描绘出函数 $R(q) - C - \frac{k-q}{2k}t\lambda(q)$，对于这些参数值，该函数在 $q \in [0, 1]$ 区域中是凹的。接下来注意在 $q \in [0, 1]$ 上使得 $(d \mid dq)(R(q) - C - \frac{k-q}{2k}t\lambda(q)) = 0$ 的唯一 q 值是 $q = 0.379\,79$，这样就可以确定使得该函数最大的 q 值。更完整的证明要求表明对于某些一般等级的参数值，函数 $R(q) - C - \frac{k-q}{2k}t\lambda(q)$ 在 $q \in [0, k]$ 上是凹的，然后确定对于这些参数值使得函数最大化的 q。

[64] 一些经验基础的研究试图将披露与资本成本联系起来，包括 Welker（1995），Botosan（1997），Healy et al.（1999）和 Leuz and Verrecchia（2000）。

参考文献

Abarbanell, J. S., Lanen, W. N., Verrecchia, R. E., 1995. Analysts' forecasts as proxies for investor beliefs in empirical research. Journal of Accounting and Economics 20, 31-60.

Admati, A. R., 1985. A noisy rational expectations equilibrium for multi-asset securities markets. Econometrica 53, 629-657.

Admati, A. R., Pfleiderer, P., 1986. A monopolistic market for information. Journal of Economic Theory 39, 400-438.

Admati, A. R., Pfleiderer, P., 1988a. A theory of intraday patterns: volume and price variability. Review of Financial Studies 1, 3-40.

Admati, A. R., Pfleiderer, P., 1988b. Selling and trading on information in financial markets. American Economic Review 78, 96-103.

Alles, M., Lundholm, R. J., 1993. On the optimality of public signals in the presence of private information. The Accounting Review 68, 93-112.

Atiase, R. K., Bamber, L. S., 1994. Trading volume reactions to annual accounting earnings announcements. Journal of Accounting and Economics 17, 309-329.

Baiman, S., Verrecchia, R. E., 1996. The relation among capital markets, financial disclosure, production efficiency, and insider trading. Journal of Accounting Research 34, 1-22.

Barlevy, G., Veronesi, P., 2000. Information acquisition in financial markets. Review of Economic Studies 67, 79-90.

Barron, O. E., Kim, O., Lim, S. C., Stevens, D. E., 1998. Using analysts' forecasts to measure properties of analysts' information environment. The Accounting Review 73, 421-433.

Barth，M. E.，Clinch，G.，Shibano，T.，1999. International accounting harmonization and global equity markets. Journal of Accounting and Economics 26，201-235.

Blume，L.，Easley，D.，O'Hara，M.，1994. Market statistics and technical analysis: the role of volume. Journal of Finance 49，153-181.

Botosan，C. A.，1997. Disclosure level and the cost of equity capital. The Accounting Review 72，323-349.

Brown，D. P.，Jennings，R. H.，1989. On technical analysis. Review of Financial Studies 2，527-551.

Bushman，R. M.，1991. Public disclosure and the structure of private information markets. Journal of Accounting Research 29，261-276.

Bushman，R. M.，Indjejikian，R.，1995. Voluntary disclosures and trading behavior of corporate insiders. Journal of Accounting Research 33，293-316.

Bushman，R. M.，Gigler，F.，Indjejikian，R.，1996. A model of two-tiered financial reporting. Journal of Accounting Research 34 (Suppl.)，51-74.

Bushman，R. M.，Dutta，D.，Hughes，J.，Indjejikian，R.，1997. Earnings announcements and market depth. Contemporary Accounting Research 14，43-68.

Campbell，J.，Grossman，S.，Wang，J.，1993. Trading volume and serial correlation in stock returns. The Quarterly Journal of Economics 108，905-939.

Clinch，G.，Verrecchia，R. E.，1997. Competitive disadvantage and discretionary disclosure in industries. Australian Journal of Management 22，125-137.

Core，J. E.，2001. Firm's disclosure and their cost of capital: a discussion of "A Review of the empirical disclosure literature". Journal of Accounting and Economics 31，441-456.

Crawford，V.，Sobel，J.，1982. Strategic information transformation. Econometrica 50，1431-1451.

Darrough，M. N.，1993. Disclosure policy and competition: Cournot vs. Bertrand. Accounting Review 68，534-561.

Darrough，M. N.，Stoughton，N. M.，1990. Financial disclosure policy in an entry game. Journal of Accounting and Economics 12，480-511.

De Long，J. B.，Shleifer，A. S.，Summers，L. H.，Waldmann，R. J.，1990. Noise trader risk in financial markets. Journal of Political Economy 98，703-738.

Demski，J.，Feltham，G.，1994. Market response to financial reports. Journal of Accounting and Economics 17，3-40.

Diamond，D. W.，1985. Optimal release of information by firms. Journal of Finance 40，1071-1094.

Diamond，D. W.，Verrecchia，R. E.，1981. Information aggregation in a noisy rational expectations economy. Journal of Financial Economics 9，221-235.

Diamond，D. W.，Verrecchia，R. E.，1987. Constraints on short-selling and asset price adjustment to private information. Journal of Financial Economics 18，277-311.

Diamond，D. W.，Verrecchia，R. E.，1991. Disclosure，liquidity，and the cost of capital. Journal of Finance 46，1325-1359.

Dontoh，A.，1989. Voluntary disclosure. Journal of Accounting，Auditing，and Finance 4，480-511.

Dontoh，A.，Ronen，J.，1993. Information content of accounting announcements. The Accounting Review 68，857-869.

Dye，R. A.，1985a. Disclosure of nonproprietary information. Journal of Accounting Research 23，123-145.

Dye，R. A.，1985b. Strategic accounting choice and the effects of alternative financial reporting requirements. Journal of Accounting Research 23, 544-574.

Dye, R. A., 1986. Proprietary and nonproprietary disclosures. Journal of Business 59, 331-336.

Dye, R. A., 1990. Mandatory versus voluntary disclosures: the case of financial and real externalities. The Accounting Review 65, 1-24.

Dye, R. A., 1998. Investor sophistication and voluntary disclosures. Review of Accounting Studies 3, 261-287.

Dye, R. A., Sridhar, S. S., 1995. Industry-wide disclosure dynamics. Journal of Accounting Research 33, 157-174.

Farrell, J., Gibbons, R., 1989. Cheap talk with two audiences. American Economic Review 79, 1214-1223.

Feltham, G. A., Xie, J. Z., 1992. Voluntary financial disclosure in an entry game with continua of types. Contemporary Accounting Research 9, 46-80.

Feltham, G. A., Gigler, F., Hughes, J. S., 1992. The effects of line-of-business reporting on competition in oligopoly settings. Contemporary Accounting Research 9, 1-23.

Fischer, P. E., Stocken, P. A., 2000. Imperfect competition and credible communication. Journal of Accounting Research, forthcoming.

Fischer, P. E., Verrecchia, R. E., 1997. The effect of limited liability on the market response to disclosure. Contemporary Accounting Research 14, 515-543.

Fischer, P. E., Verrecchia, R. E., 1998. Correlated public forecasts. Journal of Accounting Research 36, 91-110.

Fischer, P. E., Verrecchia, R. E., 1999. Public information and heuristic trade. Journal of Accounting and Economics 27, 89-124.

Fischer, P. E., Verrecchia, R. E., 2000. Reporting bias. The Accounting Review 75, 229-245.

Fishman, M. J., Hagerty, K. M., 1989. Disclosure decisions by firms and the competition for firm efficiency. Journal of Finance 44, 633-646.

Fishman, M. J., Hagerty, K. M., 1990. The optimal amount of discretion to allow in disclosure. The Quarterly Journal of Economics 105, 427-444.

Gigler, F., 1994. Self-enforcing voluntary disclosures. Journal of Accounting Research 32, 224-240.

Gigler, F., Hemmer, T., 1999. On the frequency, quality, and informational role of mandatory financial reports. Journal of Accounting Research 36 (Suppl.), 117-147.

Gigler, F., Hughes, J., Rayburn, J., 1994. International accounting standards for line-of-business reporting and oligopoly competition. Contemporary Accounting Research 11, 619-632.

Glosten, L., Milgrom, P., 1985. Bid, ask, and transaction prices in a specialist market with heterogeneously informed traders. Journal of Financial Economics 14, 71-100.

Grossman, S. J., 1976. On the efficiency of competitive stock markets where traders have diverse information. Journal of Finance 31, 573-585.

Grossman, S. J., 1978. Further results on the information efficiency of competitive stock markets. Journal of Economic Theory 18, 81-101.

Grossman, S. J., 1981. The role of warranties and private disclosure about product quality. Journal of Law and Economics 24, 461-483.

Grossman, S. J., Hart, O. D., 1980. Disclosure laws and takeover bids. Journal of Finance 35, 323-334.

Grossman, S. J., Stiglitz, J. E., 1980. On the impossibility of informationally efficient markets. American Economic Review 70, 393-408.

Grundy, B. D. , McNichols, M. , 1989. Trade and the revelation of information through prices and direct disclosure. Review of Financial Studies 2, 495-526.

Hakannson, N. H. , Kunkel, J. G. , Ohlson, J. A. , 1982. Sufficient and necessary conditions for information to have social value in pure exchange. Journal of Finance 37, 1169-1181.

Harris, M. , Raviv, R. , 1993. Differences of opinion make a horse race. Review of Financial Studies 6, 473-506.

Hayes, R. M. , Lundholm, R. J. , 1996. Segment reporting to the capital market in the presence of a competitor. Journal of Accounting Research 34, 261-279.

He, H. , Wang, J. , 1995. Differential information and dynamic behavior of stock trading volume. Review of Financial Studies 8, 919-972.

Healy, P. M. , Palepu, K. G. , 2001. A review of the empirical disclosure literature. Journal of Accounting and Economics 31, 405-440.

Healy, P. M. , Hutton, A. P. , Palepu, K. G. , 1999. Stock performance and intermediation changes surrounding sustained increases in disclosure. Contemporary Accounting Research 16, 485-520.

Hellwig, M. F. , 1980. On the aggregation of information in competitive markets. Journal of Economic Theory 22, 477-498.

Hellwig, M. , 1982. Rational expectations equilibrium with conditioning on past prices: a meanvariance example. Journal of Economic Theory 26, 279-312.

Hirshleifer, J. , 1971. The private and social value of information and the reward to inventive activity. The American Economic Review 61, 561-574.

Holthausen, R. W. , Verrecchia, R. E. , 1988. The effect of sequential information releases on the variance of price changes in an intertemporal multi-asset market. Journal of Accounting Research 26, 82-106.

Holthausen, R. W. , Verrecchia, R. E. , 1990. The effect of informedness and consensus on price and volume behavior. The Accounting Review 65, 191-208.

Huddart, S. , Hughes, J. S. , Brunnermeier, M. , 1999. Disclosure requirements and stock exchange listing choice in an international context. Journal of Accounting and Economics, 237-269.

Hughes, P. J. , 1986. Signaling by direct disclosure under asymmetric information. Journal of Accounting and Economics 8, 119-142.

Indjejikian, R. , 1991. The impact of costly information interpretation on firm disclosure decisions. Journal of Accounting Research 29, 277-301.

Jovanovic, B. , 1982. Truthful disclosure of information. Bell Journal of Economics 13, 36-44.

Jung, W. O. , Kwon, Y. K. , 1988. Disclosure when the market is unsure of information endowment of managers. Journal of Accounting Research 26, 146-153.

Kandel, E. , Pearson, N. , 1995. Differential interpretation of public signals and trade in speculative markets. Journal of Political Economy 103, 831-872.

Karpoff, J. M. , 1987. The relation between price changes and trading volume: a survey. Journal of Financial and Quantitative Analysis 22, 109-126.

Kim, O. , 1993. Disagreements among shareholders over a firm's disclosure policy. Journal of Finance 48, 747-760.

Kim, O. , 1999. Discussion of the role of the manager's human capital in discretionary disclosure. Journal of Accounting Research 37 (Suppl.) 183-185.

Kim, O. , Verrecchia, R. E. , 1991a. Trading volume and price reactions to public announcements. Journal of

Accounting Research 29, 302-321.

Kim, O. , Verrecchia, R. E. , 1991b. Market reactions to anticipated announcements. Journal of Financial Economics 30, 273-309.

Kim, O. , Verrecchia, R. E. , 1994. Market liquidity and volume around earnings announcements. Journal of Accounting and Economics 17, 41-67.

Kim, O. , Verrecchia, R. E. , 1997. Pre-announcement and event-period private information. Journal of Accounting and Economics 24, 395-419.

Kim, O. , Verrecchia, R. E. , 2001. The relation among disclosure, returns, and trading volume information. The Accounting Review, forthcoming.

Kirschenheiter, M. , 1997. Information quality and correlated signals. Journal of Accounting Research 35, 43-59.

Kunkel, G. , 1982. Sufficient conditions for public information to have social value in a production and exchange economy. Journal of Finance 37, 1005-1013.

Kyle, A. S. , 1985. Continuous auctions and insider trading. Econometrica 53, 1315-1335.

Kyle, A. S. , 1989. Informed speculation with imperfect competition. Review of Economic Studies 56, 317-356.

Kyle, A. S. , Wang, F. A. , 1997. Speculation duopoly with agreement to disagree: can overconfidence survive the market test? Journal of Finance 52, 2073-2090.

Lambert, R. A. , 2001. Contract theory and accounting. Journal of Accounting and Economics 32, 3-87.

Lanen, W. N. , Verrecchia, R. E. , 1987. Operating decisions and the disclosure of management accounting information. Journal of Accounting Research 25 (Suppl.), 165-189.

Leuz, C. , Verrecchia, R. E. , 2000. The economic consequences of increased disclosure. Journal of Accounting Research, forthcoming.

Levitt, A. , 1998. The importance of high quality accounting standards. Accounting Horizons 12, 79-82.

Lintner, J. , 1969. The aggregation of investors' diverse judgements and preferences in purely competitive security markets. Journal of Financial and Quantitative Analysis 4, 347-400.

Lundholm, R. J. , 1988. Price-signal relations in the presence of correlated public and private information. Journal of Accounting Research 26, 107-118.

Lundholm, R. J. , 1991. Public signals and the equilibrium allocation of private information. Journal of Accounting Research 29, 322-349.

Manzano, C. , 1999. Price signal relations in an imperfectly competitive financial market with public and private information. Journal of Accounting Research 37, 451-463.

Marshall, J. M. , 1974. Private incentives and public information. The American Economic Review 64, 373-390.

Matthews, S. , Postlewaite, A. , 1985. Quality testing and disclosure. Rand Journal of Economics 16, 328-340.

McNichols, M. , Trueman, B. , 1994. Public disclosure, private information collection, and shortterm trading. Journal of Accounting and Economics 17, 69-94.

Merton, R. C. , 1987. A simple model of capital market equilibrium with incomplete information. Journal of Finance 42, 483-510.

Milgrom, P. , 1981. Good news and bad news: representation theorems and applications. Bell Journal of Economics 12, 380-391.

Milgrom, P., Roberts, J., 1986. Relying on the information of interested parties. Rand Journal of E-conomics 17, 18-32.

Milgrom, P., Stokey, N., 1982. Information, trade, and common knowledge. Journal of Economic Theory 26, 17-27.

Nagar, V., 1999. The role of the manager's human capital in discretionary disclosure. Journal of Accounting Research 37 (Suppl.) 167-181.

Newman, P., Sansing, R., 1993. Disclosure policies with multiple users. Journal of Accounting Research 31, 92-112.

Ng, D., 1975. Information accuracy and social welfare under homogeneous beliefs. Journal of Financial Economics 2, 53-70.

Ng, D., 1977. Pareto-optimality of authentic information. Journal of Finance 32, 1717-1728.

Pae, S., 1999. Acquisition and discretionary disclosure of private information and its implications for frms' productive activities. Journal of Accounting Research 37, 465-474.

Palomino, F., 1996. Noise trading in small markets. The Journal of Finance 51, 1537-1550.

Penno, M. C., 1997. Information quality and voluntary disclosure. Accounting Review 72, 275-284.

Shackelford, D. A., Shevlin, T., 2001. Empirical research in tax accounting. Journal of Accounting and Economics 31, 321-387.

Shin, H. S., 1994. News management and the value of firms. Rand Journal of Economics 25, 58-71.

Stocken, P. C., 2000. Credibility of voluntary disclosure. Rand Journal of Economics 31, 359-374.

Subramanyam, K. R., 1996. Uncertain precision and price reactions to information. Accounting Review 71, 207-220.

Sutton, M., 1997. Financial reporting in U. S. capital markets: international dimensions. Accounting Horizons 11, 96-102.

Teoh, S. H., 1997. Information disclosure and voluntary contributions to public goods. Rand Journal of Economics 28, 385-406.

Teoh, S. H., Hwang, C. Y., 1991. Nondisclosure and adverse disclosure as signals of firm value. The Review of Financial Studies 4, 283-313.

Thaler, R. H., 1993. Advances in Behavioral Finance. Russell Sage Foundation, New York. Trueman, B., 1986. Why do managers voluntarily release earnings forecasts? Journal of Accounting and Economics 8, 53-71.

Trueman, B., 1996. The impact of analyst following on stock prices and the implications for firms' disclosure policies. Journal of Accounting, Auditing and Finance 11, 333-354.

Verrecchia, R. E., 1982a. Information acquisition in a noisy rational expectations economy. Econometrica 50, 1415-1430.

Verrecchia, R. E., 1982b. The use of mathematical models in financial accounting. Journal of Accounting Research 20 (Suppl.) 1-42.

Verrecchia, R. E., 1983. Discretionary disclosure. Journal of Accounting and Economics 5, 365-380.

Verrecchia, R. E., 1990a. Discretionary disclosure and information quality. Journal of Accounting and Economics 12, 179-194.

Verrecchia, R. E., 1990b. Endogenous proprietary costs through firm interdependence. Journal of Accounting and Economics 12, 245-250.

Verrecchia, R. E., 1996a. Discussion of a model of two-tiered financial reporting. Journal of Accounting Research 34 (Suppl.) 75-82.

Verrecchia, R. E. , 1996b. Discussion: 'Impact of analyst following on stock prices and the implications for firms' disclosure policies'. Journal of Accounting, Auditing and Finance 11, 355-359.

Verrecchia, R. E. , 1999. Disclosure and the cost of capital: a discussion. Journal of Accounting and Economics 26, 271-283.

Wagenhofer, A. , 1990. Voluntary disclosure with a strategic opponent. Journal of Accounting and Economics 12, 341-363.

Wald, A. , 1951. On some systems of equations of mathematical economics. Econometrica 19, 368-403.

Walras, L. , 1881. Mathematische Theorie der Preisbestimmung der wirtschaftlichen Güter. Ferdinand Enke, Stuttgart.

Welker, M. , 1995. Disclosure policy, information asymmetry, and liquidity in equity markets. Contemporary Accounting Research 11, 801-827.

Wilson, R. , 1968. Theory of syndicates. Econometrica 36, 119-132.

对"披露笔记"和会计学中披露文献的评论[*]

对"披露笔记"和会计学中披露文献的评论[*]

Ronald A. Dye

支晓强　译

摘要

这是一篇对"披露笔记"和其中评述的文献的评论。这篇评论评价了"披露笔记"对相关文献的覆盖面、洞察力和指出未来研究领域时的气魄。本文还对文献中几个流行的模型的优缺点进行了评论。本文最后讨论了披露文献的最近趋势。

JEL 分类号：M4；G2；B2；D8

关键词：披露；会计学中的分析式模型；金融市场模型

§1　引言

这是一篇对 Robert Verrecchia 的"披露笔记"（以下简称笔记）和笔记中评述的文献的评论。下面，我首先讨论这篇评论的缘起和局限性。接着，本评论将对我认为是披露文献核心假设的内容进行简要概述，然后再讨论笔记中提出的各种模型所涉及的几个概念性问题，特别针对那些被称为"联系基础披露"的模型。在这些讨论之后，本文将对笔记作出总体评价。最后，本文将讨论披露文献的最近趋势。

现在简单说一下这篇评论的缘起和局限性。关于缘起，我对笔记的首次评论是在 2000

　＊ This evaluation was prepared at the invitation of the editors of the Journal of Accounting and Economics for their Spring 2000 Conference. I wish to thank the editors for this opportunity and the Accounting Research Center at Northwestern University for financial support. I also want to thank Stephen Brown，Joel Demski，Mark Finn，Michael Fishman，Chandra Kanodia，Thomas Lys，Robert Magee，Sri Sridhar，Robert Verrecchia，Ross Watts，and Gregory Waymire for their comments on previous drafts of manuscript. Of course，all statements in this critique constitute my personal opinions. I visited the Goizueta Business School at Emory University while preparing the second draft of this critique. I wish to thank the Goizueta faculty and administration for their hospitality during my visit.

　Ronald A. Dye，西北大学 Kellogg 管理学研究生院。

年 4 月 JAE 会议上作出的。它基于 2000 年 2 月笔记的版本，该文是向所有 JAE 会议参与者发布的。为了回应编辑和其他人的意见和建议，Verrecchia 又在 2000 年 7 月写出了笔记的修改稿。我对笔记的这个修改稿作出了详细的评价，在 9 月完成并发布。编辑给了 Verrecchia 再次修改笔记以回应我 9 月评论的机会。我在 2000 年 12 月收到了笔记的第三稿。因此，现在的评论是我对这些版本的笔记的第三次评论。

Verrecchia 和我通过这些相继的修改稿和对修改稿的评论相互影响，这具有类似充分讨论的辩论的某些特征。我认为，对于出于教学、历史和学术研究目的的阅读笔记和这篇评论的读者，了解这些文章的演进动态是重要的。仅仅倾听辩论的最后陈述无法代替倾听整个辩论，仅仅阅读笔记的第三稿和对该稿的评论也无法代替阅读所有这些文章。最理想的是，JAE 的编辑发表笔记的全部三个版本，以及我（对第一稿）起初的口头评述和对其随后各阶段版本的评论。不幸的是，杂志版面的限制使得这些无法做到。在这第三版评论中，尽管要适应杂志版面的限制，但我还是提供了许多完整的第二版评论，并尽我所能指出第三稿笔记是如何应对我的第二版评论而修改的，从而尽量保留交流中一些类似辩论的精神。[1]

要修改我的第二版评论以实现这个目标，同时又要保证文章的易读性，这就需要采纳一些版本惯例。我用 V1，V2 和 V3 来指笔记的三个版本，V3 指发表的版本，V1 指 2000 年 2 月的最初版本。对于我在笔记各个版本发现的重要性的变化，一般在适当的地方将其置于注释中。为了帮助读者交叉参考本评论中引用的笔记和发表版的笔记（V3），当 V2 的引文与 V3 的引文相同或非常类似时，我用后者替代了前者。当 V2 和 V3 之间没有变化，或只是无关紧要的变化时，我一般对无变化不作评论，一个例外是在我认为对 V2 作出的是重要批评但 V3 中依然未明确的地方。[2]

当我引用笔记时，会标明所引用的版本。当前版本的评论是从我对 V2 的第二篇评论演变而来的，不过在阅读当前的文稿时，读者应该假定所讨论的是 V2。因为公布的 V2 是工作论文形式的，且只有 JAE 会议的参加者才能得到 V1，所以我请读者向 Verrecchia 索取 V1 和 V2 的复印件，以证明我在对 V2（或极少情况下，V1）引用、释义和总结时的确是很准确并结合上下文的。

再说范围，本评论的范围限于两个方面。首先，对于这篇评论讨论的笔记所提及的各篇文章，本文一般只限于笔记本身所陈述的各篇文章的相应部分。这一限制应该不会带来问题，因为 Verrecchia 应该是选择讨论他所认为的被评论文章中最重要的部分。第二，我试图将这篇评论中的所有评述都限于"高层次"的概念问题。特别地，这篇评论没有对笔记中包括的大量详细的数学计算发表意见。因为笔记包括了许多这样的计算，这一范围上的限制似乎应当引起注意。但是我回避这些分析和评述的原因有三：首先，我试图让只是大略浏览笔记细节的读者也易于接受本评论。第二，笔记中的推导是常规性的。第三，讨论细节会偏离我所认为的更重要的主题——这篇评论提出的概念性问题。

§2 披露文献的核心假设

在笔记中，没有一个地方说明了披露理论的核心假设，而且在阅读了笔记中各种不同的模型后，也看不出这些模型是围绕一些共同的原则来组织的。任何能称为"理论"的东西都由一个或两个重复应用的一般原则组成，例如，现代资产定价称得上是一种理论，其核心的组织原则是金融市场的均衡要求（调整风险后的）投资回报率相等。同样地，博弈论确实是一种理论，它基于的理念是在预测行为时，应该假定在人们最优化的同时他们的竞争对手也最优化了。刚接触披露文献的读者在阅读笔记后留下的印象可能是披露文献还没有成熟到足以称为理论的程度。这种印象是部分正确的。我相信目前在会计学中没有被认可的强制披露理论，这相当一部分是因为在过去 20 年间只有极少的关于会计准则的分析式研究被发表。[3] 考虑到强制披露在会计实践中压倒性的重要性，这真是不幸的，且应该是会计研究者努力去纠正的。

但是在我看来，存在自愿披露的理论。自愿披露理论是博弈论的一个特例，其核心假设为：一个打算进行披露的主体只会披露有利于该主体的信息，不会披露不利于该主体的信息。而且，为了切合实际地解释对主体进行——或不进行——披露的评论，必须按照前面的方式预期主体的行为动机。

这一理论最引人关注的是它使得我们可以清楚地解释隐匿，或者更一般地，少于充分的披露。考虑这种情形：一个汽车销售员吹嘘一辆汽车的可靠性，但却没有提及其性能。理论允许我们得出这辆车的性能不是很好的结论。再考虑下面的情形：某人的简历看起来不凡，只是从大学毕业之后有 15 年的时间未曾提及。理论允许我们推测，在这段期间，这个人可能在监狱，可能在研究生院，也可能从事某些邪恶的活动。考虑一个企业在其年报的"显著"部分不断强调其成功地实现了成本削减，但是并不提及其收入。理论允许我们甚至在没有考察企业的损益表之前就推测该企业的收入增长是令人失望的。

请注意，在将这个假设运用于企业管理者所进行的披露时，理论并不总是得出这样的结论：管理者会披露那些提高企业股价的信息和隐藏那些降低企业股价的信息。例如，如 Aboody and Kaznik (1999) 所说，管理者会披露那些降低企业股价的信息，延迟披露那些提高企业股价的信息，因为这样可以降低他们被授予的期权的行权价。这个例子（和其他类似的例子，如在管理层收购前或工会谈判前披露坏消息（Liberty and Zimmerman，1986））是与自愿披露的核心假设相一致的，因为一项披露对披露的主体有利还是不利并不一定与价格提升或价格降低的披露是同义词。[4]

这一假设不仅如前面的例子所说明的那样非常简单和稳健，而且我想说，一旦将其内在化，它会改变你日复一日的世界观。因为这么多的公开评论都是为了推销一种产品、一个人、一家公司或一种理念，那么，若你认识到（就像提出这一理论的人那样[5]）为了正确地解释这些评论，你必须去预测那些评论者的动机和他们可以做但却没有做的别的评论，这不是非常有洞察力吗？

这个假设应该是足够通用了，我相信可以围绕它来组织对许多现有披露模型的讨论。在笔记中，Verrecchia 选择了另外一种方式来组织文献。这在某种程度上是因为与上述论断相反，他相信：

> 引文 1（V3）"……并没有一个全面或统一的披露理论，或者说至少我没有发现合适的。"[6]（p. 2）

我推测，Verrecchia 和我的观点的差异在于，我认为披露的内生模型是披露文献的核心，而在笔记中，Verrecchia 给予外生披露模型和内生披露模型同样的地位。我所称的自愿披露的核心假设并不适用于外生披露，因为根据定义，外生披露不是为了最大化一切东西，它尤其不是为了最大化主体披露的所获利益。

下面将对笔记的各个部分进行讨论。

§3　联系基础披露

在笔记的第一个主要部分，Verrecchia 研究了他在 V3 中所称的"联系基础披露"或 V1 和 V2 中所称的"披露联系研究"（以下简称 DAS）。DAS 模型用来考察与向市场参与者提供关于价值未知的某些资产的新的公开信息有关的价格、价格反映和交易量。基本模型构建如下：一个公开信息的发布（对照后文中别的情形，一项披露或会计信息）是外生给定的，它是某个随机变量 $\bar{y}$ 的实现值，其中

$$\bar{y} = \bar{u} + \bar{\eta}$$

式中，$\bar{u}$ 服从正态分布，均值为 m，表示资产的价值；$\bar{\eta}$ 是一个均值为 0 的正态分布随机变量，表示误差项。因此，披露是资产"真实"价值的无偏估计。

假设在披露 $\bar{y}$ 之后，价值为 $\bar{u}$ 的资产的股票在某些股票市场上交易。在 Verrecchia 考察的大多数各种各样的 DAS 模型中，模型的构建都使得在披露 $\bar{y}$ 发生的时间间隔中，资产市场价格的变化与 $\bar{y}$ 的实现值为线性关系：[7]

$$P_T - P_{T-1} = \alpha + \beta(y - m) + \gamma\Omega + \xi \tag{1}$$

式中，$P_T - P_{T-1}$ 是价格对披露的反应；y 是 $\bar{y}$ 的实现值；Ω 被假设为与企业价值有关的其他信息；ξ 是误差项；α,β 和 γ 是常数。

最初的 DAS 模型是纯粹的统计结构：贝叶斯交易者将新的公开信息与他们之前的看法相结合，修正了他们对资产期望价值的评价，并且根据这个新信息调整了他们的投资组合。随后的 DAS 模型被当作引入和激发纯粹交换线性理性预期（PELRE）定价框架的工具来使用。在此框架中，风险回避的投资者除了获得公开披露信息外，有时还会获得有关资产价值的私人信息。假设个体交易者能够通过观察资产股票的市场出清价格来获得有关其他交易者私人信息的信息，这些模型可以用于计算价格和交易量。随后的模型考虑了在计算公开披露造成的市场效应之前引入额外一轮交易的后果。其他的模型还讨论了在竞争和非竞争价格机制下某些非贝叶斯交易者参与到企业股票市场中的后果。DAS 部分以一个交易模型作为结束，在该模型中，做市商基于对资产股票的订单总额和订单净额来判断资产的价值。

显然，这一部分涵盖了很多基础性知识，并且以简单易懂的形式来进行。Verrecchia 的这种简洁易懂的表述值得称赞。尽管在别的地方（e.g., Huang and Litzenberger, 1988；Verrecchia，1982）也可以发现类似这一部分对 PELRE 框架的发展和动机的论述，但我认为笔记的独特之处在于其将基本 PELRE 模型的几个变量和其他资产定价模型并列起来。

对于这一部分，我并不是很关注笔记中就 DAS 文献所谈的内容，而是更关注笔记中没有谈及的内容。笔记在处理上存在两个普遍的问题。首先，我认为 DAS 文献存在很多笔记中未曾提到的缺点。第二，笔记太过于关注与求导相联系的代数，但对导致这些结果

的经济学原因却关注不够。本文接下来的几节将依次讨论下列问题：

- 用 PELRE 表示会计信息的适当性。
- 设定 $P_T - P_{T-1} = \alpha + \beta(y-m) + \gamma\Omega + \xi$ 的适当性。
- PELRE 模型的同步性问题和经验有效性。
- 用 DAS 模型研究交易量的局限性。
- DAS 模型中会计信息的表述。
- 与非贝叶斯交易者有关的结果。

§3.1　用 PELRE 表示会计信息的适当性[8]

笔记再三强调，DAS 研究的主要动机是提供对经验研究有用的特征描述。例如，V2 指出：

> 引文 2（V2）"典型地，披露联系研究需要协调数学上的一般性与能够更好地适合经验研究设定的特征描述，经验研究往往限于回归分析的某些形式。"(p.5)

这说明，应该基于经验预测来对 DAS 研究作评价。如果认为模型的生死取决于其可检验的含义是否为数据所证实（Verrecchia 似乎坚持这样的观点，我将在后文表述对其的意见），那么不应只强调与数据一致的模型预测结果，而必须基于其所有的预测来对模型作出评价。我认为，普遍来说，**如同包括风险回避交易者的其他纯粹交易模型，对于 PELRE 模型预测不会有公开的会计信息这一点存在相当多的争论**。对于那些不熟悉相关分析式文献的读者，这似乎是一个非常惊人的论断，故我将较详细地阐述支持它的论据。不管是否惊人，我要说这不是我的原创论断。20 多年前它就已经为人所知了：参见 Marshall（1974），Ng（1975），Wilson（1968）。[9]

为了用最彻底的方式说明我上面的论断（黑体部分），首先用类比的方法来论证。想象一个仅有一期的世界，其中风险回避的人在期初出生，并且在期中某个时刻，他们有受到某种伤害的风险，而他们不能采取预防措施。更具体来讲，这种伤害会导致断一条腿，并称之为"断腿经济"。[10] 通俗地说，这个断腿经济是一个"纯交换"经济，因为所有随机变量的分布都是外生给定的，即一些人注定要断腿，而其他人注定不会断腿，并且任何人都无法对他是否将会断腿做任何事。

在这个经济中，人们只有在他们发生意外时——或不发生意外时——才知道他们是否会断腿。现在，假定在这个世界中，有人推出了一项叫作保险市场的创新。在这个保险市场上，人们可以买保险，该保险将在意外可能发生之前补偿修复断腿的成本。由于人们是风险回避的，这个保险市场将很活跃，并且引入这个保险市场将会为经济带来帕累托改进。如果你在这个市场构建之前就生活在这个世界上，并意识到保险的概念，那么只要建立保险市场的成本足够低，你就将预测市场会被构建，因为企业家会通过构建保险市场获利。

下面，我们对这个经济进行修正。我们引入了一个预言家或算命先生，他在保险市场开业之前出现在舞台上。假定这个预言家是完美的：他能够在保险市场开业之前准确地预测到哪个人会断腿（对于不太完美和不太准确的预言家，只要他有一定的预测能力，我将要说的大部分内容也同样适用）。再进一步假设，预言家的预测最初是公开信息。保险市场会怎样呢？它会完全崩溃——因为现在希望保险的人只是知道自己将会断腿的人，于是保险的价格将会上升至修复断腿的成本。因此，保险市场不再提供保险。预言家提供的信息是绝对的社会不幸。而且，即使预言家的预测能力不完美，此信息也是绝对的社会不幸，这是因为预言家的信息仍然给这个经济中不能在保险市场开业之前保护自己的人们带来了风险。要注意，即使预言家提供的信息是私人信息，只有那些有预言家告诉他们自身命运的人知道，但是只要有一部分人去找预言家，预言家的信息就依然是绝对的社会不幸。[11]

对这个经济要问的最后一个问题是：如果你在预言家到达之前生活在这个经济中，且你知道这里有个人会变为预言家，你会预测预言家将要开店并进入这个市场吗？我想对此问题有两个正确的答案。第一个答案是：如果预言家只能公开营业，那么答案是不会：如果预言家确实试着去开店，那么他要么被禁止，要么被逐出，因为他生产的东西被一致认为是一种有害的产品。第二个答案是：如果预言家可以秘密营业，并且这样预言家就能够向客户提供服务而不被他人知晓，尤其是不被管理保险市场的人知晓，那么，只要预言家服务的成本足够低、预测能力足够好，则他就能很好地生存。

注意，这个例子并不像初看起来那样怪诞：如果你用"健康保险市场"替代"断腿保险市场"，用"遗传检验者"替代"预言家"，那么你可以看到这一模型针对的是一个当前的主题，那就是：遗传检验的广泛使用在多大程度上会妨碍健康保险市场的运作？但是，我介绍这个简单模型的目的不是要探究这些与健康有关的问题，而是希望大家意识到它与笔记中DAS部分出现的PELRE模型的相似之处。用"有风险资产的纯粹交换经济"替代"断腿经济"，用"证券市场"替代"断腿保险市场"，用"会计信息的供给者"替代"预言家"。它们有非常奇妙的相似之处。就像预言家提供的信息是绝对的社会不幸一样，从投资者在收到会计信息之前无法在证券市场选择立场的意义上讲，会计信息也是绝对的社会不幸。我们预测在断腿经济中不会有必须公开营业的预言家存在，这个预测可以转化为：财务报告和其他会计信息（它们必须是公开的）也将不存在。如果DAS模型构建的目标是产生与"实际"数据相一致的理论，那么，由于PELRE模型预测公开披露的会计信息不会存在，则在此意义上，结论只能是，PELRE模型是失败的。[12]我相信，在纯粹交换经济中，这种会计信息披露无效率的存在和主要经验研究含义的无效率，使得这些模型不适用于会计披露的研究。

为什么认识到PELRE模型中会计信息内在的无效率的经济逻辑是无可否认的，而同时还利用这些模型产生的比较静态含义？其中的问题是什么呢？让我利用另一个类比来回答。假定我们想要研究玉米市场。我们可以想象两个世界，在一个世界中用柴油动力拖拉机耕地，而在另一个世界中用牛耕地。现在，我们对调查柴油的价格变化如何影响玉米的供给感兴趣。我们可以针对任一世界问此问题，并且很显然，我们得到的预测将会依所研究世界的不同而不同。如果我们在使用柴油拖拉机的世界中运作，我们就想忽略从使用牛的世界中得出的比较静态，这是因为"柴油动力"世界的生产边界优于"牛动力"世界的生产边界。尽管从领先技术推出的比较静态偶然也会与从有效技术中推出的一致，但是这些比较静态不会系统地一致（除非基于基本生产技术相似这样很强的假设）。但是，不考虑"以牛为基础的技术"并不先进的事实，就开始利用从这一技术得出的比较静态，就类似于在一个对会计信息没有需求的模型中研究价格对会计披露的反应。你可以进行这个思想实验，但它只是一个学术练习。

能否通过对基本 PELRE 模型的假设的一些轻微的"调整"来补救该模型的这种缺陷呢？总体来说，回答是没有。一种似乎可能有效的"调整"是，拓展模型，给投资者在证券市场开业之前获取私人信息（除公开信息外）的机会。如 Verrecchia（V2）p. 82-83 所说，研究者认为高质量的公开会计信息是可取的，因为它降低或部分消除了个体自己获取信息的动机。在此，公开披露似乎可能对两个问题有益。首先，许多私人信息的搜集活动都是重复的（即某个投资者获取的信息在相当程度上与其他投资者获取的信息重叠），在这个意义上，公开披露可以降低这种重复活动的数量。第二，如果公开披露导致信息总量（公开的和私人的）下降（私人信息搜集和公开披露之间的替代效应足够大时可能发生），则在证券市场开业前信息获取引起的逆向风险分担效应将会减弱。

不幸的是，在公开信息披露前引入私人信息活动会带来一个新问题。在此情形下，没有理由不假定一个（新的）证券市场会在私人信息获取和公开信息公布之间的时间段开业。当这个新的证券市场出现时，公开披露是否还有上面所讲的有益效应就不好说了，因为公开披露出现得太晚，以至于抑制了投资者私自获取信息以在这个新的"早"证券市场中进行交易的动机。

这就突出了重要的一点。如果你正在学习任何一种离散时间证券市场模型，其中不允许在每个可能的信息发布或信息获取活动之前和之后有交易的可能性，那么你就有资格问，模型的结果是否仅仅是关于市场经营时机的一个随心所欲的假设的结果。毕竟，做模型的人对信息在证券市场开业之前或之后的某个特定的、离散时间到达的表述是临时规定的，并且必须确认这种临时规定不是模型结果的主要源泉。为了强调这一点，假设另一个证券市场在投资者获取私人信息和公开信息发布之前开业。情况将会怎样？在此情形下，投资者可以在收到任何信息之前就选择在证券市场的立场，从而保护自己免受其后披露的任何信息所害。引入这个新市场往往可以消除对会计信息的后续需求或进一步交易的动机。[13]

那么，什么是最终的关键语句（punchline）呢？众所周知，至少自从 Wilson（1968）以来，人们不需要为纯粹交换经济（如 PELRE 所基于从而得以构建的背景）中产生对会计信息的内生需求而烦恼，这是因为，当投资者起初拥有共同的事前看法时，只有通过唯一的方式才能得到风险的有效配置（这是在这些模型中证券市场尽力去实现的东西）：让人们购买某些合约，或许是一个指数基金。在其中，他们的消费仅依赖于总的市场回报；在其中，会计和其他种类的价值相关信息被隐藏。这一论断极其稳健：与标准 PELRE 模型中所要求的专门参数假设不同，无论投资者的偏好如何（只要投资者是风险回避的），无论证券或企业的数目多少，也无论支配证券回报的概率分布怎样，这一论断都成立。

这一稳健和一般的结果导致了一个谜。我们生活的世界中有会计信息，并且这些信息似乎还有些价值。在这个世界上存在但却被 PELRE 遗漏的是什么呢？**生产！**纯粹交换经济刻画的情景中没有人们工作的环境，而生产经济却不然。回到前面引入的"断腿经济"。假设在听了预言家的话后，一些人知道他易于断腿。然后，他就可能不太倾向于从事那些增加断腿几率的风险活动。即，他不会像居住于纯粹交换经济中所假设的那样——其行动不影响产出——行动。类似地，如果经过遗传检验，一个人被通知他易于得糖尿病或者高血压等，他将会改变其饮食、锻炼等习惯。最后，如果企业和/或其投资者事先知道某些生产线可能会在不远的将来面临销售不景气，那么企业的管理者肯定不会漫不经心、忽视此信息的。

看起来，论证将模型拓展至披露能够影响生产的情形的好处是一件非常简单的事情。在对为什么早期的披露文献（20世纪70年代）没有花更多的时间来研究生产基础的披露模型时，Verrecchia似乎也同意（但是他将其评论称为一种推测）：

> 引文3（V3）"……我的解释是，研究者们长期以来一直认为生产会妨碍所有潜在的披露的削弱效应，包括逆向风险分担。因此，提出披露在生产和交换经济中作为一种带来社会价值的工具的路径被认为不足以引起争议。"（p. 67）[14]

我不知道这一评论是否准确地反映了20世纪70年代的研究者不关注生产基础披露模型的原因。如果的确如此，那么很不幸，这些研究者错了，因为披露和生产之间的相互影响比他们（表面上）所想的要更精妙些。尽管生产的存在可以使得增加会计披露在某些情形下更具吸引力，但是在很多生产基础的情况下，过多的会计信息是严格地不可取的，并且这种不可取性与前面所讨论的使披露的有益生产性效应"不起作用"的逆向风险分担效应无关。

Dye（1985a）描述了上述的这样一种情形。[15]其理念很简单：假设企业雇用了一名易遭受道德风险的管理者。再假设投资者单独地获取有关管理者行动的信息。这个信息不能够被直接证实或者签约，但是它通过一种公开的可观察的方式来证实自己：关于管理者行动的知识显示了关于企业未来现金流量分配的信息（其他条件不变时，这会在企业的股票价格中显现）。这使得企业的所有者可以通过将管理者的薪酬与企业的股票价格相联系来减轻管理者的道德风险问题。但是，要认识到，企业的股票价格可不是专门包括了有关管理者行动的信息，资本市场参与者要做的首先和首要的是试图预测企业的折现现金流量，并且只在关于管理者行动的信息告诉了投资者关于企业未来现金流量的某些事情的意义上，这些信息才会在企业的股票价格中显现。因此，如果某个人，如管理者，能够进行一项披露，且该披露是投资者关于企业未来现金流量信息的充分统计量，则企业的股票价格将变为该披露的函数，而不是投资者关于管理者行动的信息的函数。因为作为企业现金流量充分统计量的信息不一定就是关于管理者行动的充分统计量，所以下列情形是完全有可能的：改善了投资者对企业现金流量估计的披露却降低了企业股票价格关于管理者行动的信息含量，且因此使得股东及其管理者之间的代理问题变糟。这样的披露将是不可取的。[16]

一旦认识到：

- 其管理者易遭受道德风险的每个企业都是一种涉及"生产基础"（而非纯粹交换）经济的情形；
- 几乎每一个公司的高层管理者都易遭受道德风险；
- 几乎在每一个公开交易的公司中，企业的股票价格包含了一些（但绝不是全部）关于管理者行动的信息；

则前述模型的发现（公司的披露可能会对企业股票价格关于其管理者行动的信息含量有负面影响，或其他）使我们在作出下列论断时变得更慎重，即生产基础模型提供了一种明显的情景来论述额外披露的收益。此处应得出的结论是，尽管从一般意义上讲纯粹交换模型不太适用于评价会计信息，但是这并不意味着生产基础经济中会计信息的作用是恒定、轻微地有益的。

不幸的是，构建生产基础披露模型的另一个困难是，我们不能简单地采用发展至今的大多数纯粹交换模型，并假称这些模型中证券回报的分布由某些内生的生产机制所导致。问题在于，企业的生产活动与其股票价格之间存在反馈和前馈效应，这些相互作用可能会被其披露实践所改变。生产活动与股票价格之间的这种相互影响，实际上是为参与者所知的。在我修改这部分评论时（01/08/01），George Soros 写了一封信给《华尔街日报》的编辑，其中写道：

> 股票价格影响公司财富的方式有无数种：它们确定了权益资本成本；它们决定了公司是否会被接管或收购其他公司；股票价格影响着公司的借款能力……

生产活动与股票价格之间的相互作用会被企业披露的决策所影响，这一论断是直觉性的，可以被下面思想实验说明。假设 Cisco 公司最近疯狂的收购行为部分是由于其权益价值的急剧上升，该公司公开披露，预测其接下来几个财务年度中每年的报告盈利将会下降（例如，与舆论认可的分析师估计相比）。在这一公告之后其收购活动会怎样？我推测，披露将会降低其股票价格，这反过来将会使得未来的股票基础收购的成本增加且收购的可能性降低。尽管存在关于这些反馈和前馈效应的会计学研究尚处于初级阶段，但是这似乎是一个极具价值的未来研究方向。[17]

还有另一个例子可以说明在包括生产的经济中披露可以如何精妙。[18] 考虑任一情形，其中企业通过某些有成本的机制，例如通过它们的股利选择、它们的资本结构选择等，可以完美地显示它们的"类型"。将企业的类型直接披露给资本市场（例如，通过某种审计机制）的效应是什么？通过披露提供给资本市场的信息总量与信号均衡下的完全相同。但是，在信号均衡情形下，企业的类型是需要推断的，而在披露的情形下，企业的类型可以被简单地观察到。尽管两种情形下资本市场信息集具有共同特点，但是企业的股票价格在不同情形下会不同，这是因为在直接披露下，企业不再必须耗用有价值的资源来显示其类型。因此，在生产基础经济中，会计披露没有必要为了影响股价和实际的决策而向资本市场提供新的信息。

一旦开始思考这些包括生产的模型——更一般地，包括"实际"效应的模型——一大堆与披露有关的重要问题就会出现，而这些问题在理论上不会在纯粹交换模型中被提及。例如：[19]

1. 存在报告的会计稳健性差异造成的实际效应吗？如果存在，是哪些？[20]
2. 允许会导致"盈余管理"的报告自由裁量权的实际效应是什么？
3. 对无形资产的投资将会如何因计量和报告无形资产的会计手段作出改变？
4. 雇员股票期权和企业衍生交易的会计处理方法会如何影响企业的激励安排和风险管理战略？
5. 按市价计量的会计政策会如何影响银行的投资组合和贷款政策？

根据定义，纯粹交换经济是零和的，数量不可改变的资源在经济中的人们之间分配。在任何零和情景中，调整会计信息的数量和分配只有一种作用：它导致财富的再分配。尽管确定在这些情景下各种会计信息分配的变化的含义一度是一个有价值的目标，但是对于研究会计的功能来说这是一个有限制的情景。与之相比，生产基础情景提供了看来完全没有界限、远未开发和经济上非常重要的一系列情形，其中会计可以发挥既不微小也不明显的作用。

§3.2 设定 $P_T - P_{T-1} = \alpha + \beta(y-m) + \gamma\Omega + \xi$ 的适当性

在对 DAS 模型的讨论中，Verrecchia 在 V2 中的多处指出，创造模型来描述对披露的线性价格反应对于经验研究来说是可取的。例如，在前面的引文 2（V2）后面一句中，Verrecchia 宣称：

> 引文 4（V2）"在披露联系研究中，这对它们的主要特点中的线性和可分离性给予了很高的优先权。"（p.5）

这一节考察这一设定在两个方面的可取性：一是假定线性；二是假设可以将披露变量 $\bar{y}$ 当作外生的（这也是在价格/披露关系的设定中所内含的）。[21]

是否如上述引文 2 和引文 4（来自 V2）[22] 所暗示的，由于经验研究者经常使用回归技术，故线性对于构建线性模型来说是适当的？总体上讲，我认为回答是否定的，而且与之相反，我认为此暗示并不科学，即使它的假设（经验研究者研究价格对披露的反应时假设这些反应是线性的）总是真的（我将在下文说明，并非总是如此）。理论家应该基于他们所相信的世界运作方式来创造模型，而不应被当前的计量技术所局限。理论粒子物理学家和弦理论学家（string theorists）不会将他们构建的理论局限于通过现有的计量仪器探测的在能量层面可以观察到的粒子。相反，他们构建了那些他们相信是组成最好的可能理论的内容，并且如果现有的探测器无法探测它们，那么——好吧——太糟了！他们会一直等到更好的计量仪器出现。与此类似，会计理论家们不应该仅因为大多数经验研究者都使用线性回归分析就构建线性模型。何况，我充分相信，当情况需要时经验研究者们能够处理非线性估计技术。

当价格 P_T 和 P_{T-1} 在回归中表示权益价格时，在理论层面可能会预期价格与披露的关系是非线性的，尤其是对于业绩不佳的企业，这是因为权益具有众所周知的类似期权的特征。例如，Fischer and Verrecchia（1997）探讨了这一问题，他们提出了一个存在会计披露的企业价值模型。他们论证了企业价值随披露变量是严格凸的（也就是非线性的）。[23]

还有经验问题：披露的价格反应对于披露的内容实际上是线性的吗？我想答案是：这取决于披露的内容，有时是的，但并不总是如此。如 V2 所断言的，许多经验研究将这种线性关系作为一个坚持的假设。但是，如 Freeman and Tse（1992），Hayn（1995）和其他人已经记录了对正的和负的盈余披露的不对称市场反应，这提供了非线性反应函数的大样本证据。而且，还有很多这样的例子，当企业离大家认为的盈余目标只差每股 1~2 美分时，企业的股票价格会急剧下降，这提供了价格对披露非线性反应的进一步证据。这些例子部分是 Arthur Levitt（1998）抱怨企业盈余管理的演讲的基础。由于将注意力局限于总是导致价格与披露之间线性关系的正式模型，模型的构建者无法洞察什么时候这些线性关系是合适的，而什么时候是不合适的。

接下来开始讨论设定式（1）中所暗含的披露变量 $\bar{y}$ 的外生性问题。V2 显示了对 DAS 模型是外生披露模型的一种意识，并且意识到这是一种局限性。

引文 5（V2）"但这并不是认为披露联系研究可以免受批评。来自理论基础视角的批评可能包括下列看法：对于想完成的工作，模型并不够便捷（一种我希望已经消除的看法）；它们是人造的经验研究，没有实际数据分析的"不方便"；它们太过于依赖完全竞争的假设；披露被当作外生的；企业没有颇具策略地行动，等等。"（p.54）

V2 还提到了与其复杂性有关的 DAS 模型的经验问题，寻找使得模型能够被执行的经验替代变量的要求，以及"分布的一阶矩和二阶矩的区别"的必要性（p.54）。然而，V2 没有意识到，披露变量的内生性会损害 DAS 的经验有用性。在经验研究中，对回归方程中的自变量是外生的或内生的给予很多关注是无可厚非的，因为未能认识到内生性并对其纠正会引起严重的估计误差。在别的描述披露和披露的价格反应之间关系的回归模型中也是如此。[24]

为了弄懂披露变量是否可以被合理地当作外生的，我们必须问：在这个回归方程中，什么是披露变量 $\bar{y}$？是净收益吗？如果是，则它是内生于企业的。是盈利预测吗？它也是内生的。这个披露与企业在上一期为了改善对其盈利能力看法的披露有无联系？即使本期没有积极地管理披露，它也是内生的。我想象不出任何一种企业作出的披露——销售项目、费用降低、资产收购——是企业没有对其实施控制的。

还有经验证据表明，披露是内生的，且随被披露的信息而变化。例如，最近 Hutton et al.（2000）的文章表明，伴随盈利预测公告的辅助性披露的性质，随预测是好消息抑或坏消息而变化。虽然按照定义，盈利预测是自愿的并因此是内生的，可是他们的结果表明，辅助性数据也是内生的，并随管理者拥有的信息而系统地变化。

如果回归方程（1）中的变量 $\bar{y}$ 是内生的，那么我们如何能够知道，考虑这一内生性之后，笔记中各种 DAS 模型计算出的各个相关或盈余反应系数依然有效呢？典型地，我们不会预期它们依然有效：如果管理者在好年景和企业股票价格高时从事隐藏收益的活动，在股价低时做相反的事情，则除非纠正了这种平滑，否则对盈余与股价之间联系的估计就是有偏的。

当然，在某种层次上，所有的变量都是内生的。真正的问题是：忽略内生性是第一位的问题吗？通过 DAS 中的那些缩略形式的模型，这个问题很难讲清。必须做的事情是，用结构模型替代这些模型，并评价外生性假设的影响。假如 Verrecchia 回顾的理论足够成熟，我所偏好的回顾方式是，从披露的内生模型开始，然后观察它们的结构如何自然地导致市场价格和披露之间的计量经济学联系。不幸的是，Verrecchia 回顾的大多数模型都没有成熟到允许这种描述方式的地步。虽然很显然 Verrecchia 没有责任来纠正这些缺陷——这些都是文献中的缺陷，而不是 Verrecchia 笔记的缺陷——但我觉得一篇回顾应该突出此领域中文献的现有缺陷。

最后，可能有人会问，当变量 $\bar{y}$ 为内生时，线性设定式（1）的合理性如何。在那篇文章中，Verrecchia 构建了企业披露政策的内生模型，但是在后文中，这些模型没有一个能够导致企业的价格与披露内容呈线性关系。在这些模型中，由于都是单期模型，企业的价格等于其期望利润。当企业披露信息时，企业利润的典型表达式如 V3（p.58）所示。Verrecchia 表明，如果企业对某个变量 Y 进行披露，则其期望利润——从而其销售价格——如下所示：

$$E[\tilde{x}_1^{\mathrm{D}} \tilde{P}^{\mathrm{D}} \mid \tilde{Y} = Y] = \frac{1}{9}(\alpha + \beta Y)^2$$

显然，这个表达式对 Y 不是线性的。

可能是为了应对先前的批评，V3 对于 DAS 模型对经验研究有用性的判断远没有 V1 或 V2 那样大胆，对于产生描述线性价格—披露关系的模型的重要性也没有那样确定。[25]

在我看来，许多研究者研究线性关系和披露变量外生给定的模型的主要原因是，当两种条件都符合时，其分析在数学上简单，否则其分析在数学上较困难。

§3.3   PELRE 模型的同步性问题和经验有效性

PELRE 模型最根本的见解是，交易者可以通过观察企业的市场出清价格获知其他交易者的信息。然而，为了利用该信息，交易者需要能够基于他的信息交易。PELRE 基础的模型设计通过下述假设解决了这个问题：它假设交易者可以同步地观察到资产的价格，从该价格中推断出其他交易者关于资产的某些信息，然后基于该价格交易，所有这些都同时发生。在 PELRE 模型中，所有的交易者都立即、一致、正确和同时地完成这个过程。这不是在一段期间中得到解决的动态过程。这是我称之为 PELRE 模型的"同步性问题"。即使把当假设投资者按这种方式行为时某些人如何充当瓦尔拉斯拍卖者的角色的问题放到一边，我们也必须认识到，根植于这一过程中的所有同步性的一致（均衡）解引发了模型变量之间的各种相互作用。从 PELRE 模型得出的投资者均衡资产需求函数和均衡资产价格的复杂表达式就是这一同步性问题的表现。

这导致了下述有趣的经验研究问题：与不考虑包含在价格中的信息的幼稚交易模型（naive trading models）相比，PELRE 模型是不是能够更好地解释经验现象？Plott and Sunder（1998）的实验研究指出，交易者在从价格中推断信息时常常面临困难。人们有兴趣获知，PELRE 模型中的同步性是否促进或妨碍了他们的预测能力。

可以用另一种方式来勾勒引起这个问题的 PELRE 情景的缺陷：作为这些模型的基础，这里没有市场微观结构来描述价格形成过程如何实际地运作。这使我们不知道瓦尔拉斯拍卖者的故事（直到他正好达到均衡时才报价）是否能以一种使得这些模型的预测可信的方式来实施。[26]

我将以一个重要术语的区别来结束这一小节。读者应该明白，在这篇评论的这一部分或其他部分中，我并没有批评如经济学家一般所用的"理性预期模型"的使用；我是在批评会计学中一般被称为"线性理性预期模型"（或者更准确地，前面用 PELRE 这一缩写所指的模型）的一组特定模型。对于一个经济学家来说，理性预期模型是指，在该模型中，基于他们对他们当前和未来的行动如何影响经济中未来（一般为随机）变量的实现值的正确理解，经济中的参与者形成了对未来的预期。在这个意义上使用的"理性预期"只是一种明确看法形成过程的一致方式，而不是用某种专门的规则形成对未来的预期（例如，明确对未来的通货膨胀率的预期是历史通货膨胀率的某些固定加权平均）。"理性预期"要求，按照与经济中参与者的行动对未来变量的实际含义一致的方式形成对未来变量的预期。就其本身而论，对于一个经济学家，"理性预期"往往（但并不总是）只意味着对没有争议的论断的一个速记："一个可以被描述如下的均衡，在该均衡中，人们的预期与他们的行动一致。"

与之相比，会计学术界所使用的"（线性）理性预期"是指在笔记中再三出现的那些专门的证券市场模型，在其中：投资者不能在信息到达之前采取立场；投资者全都具有固定绝对风险回避效用函数；所有的随机变量都服从正态分布；投资者在采取对证券的立场时不受其财富的约束；允许无限制的卖空；如前面所讨论的，投资者可以同步地通过观察证券市场价格"读出"其他投资者的信息并基于该信息交易。会计界使用的"线性理性预期均衡"是指一组非常专门化、非常参数化且往往颇具争议的模型。

§3.4 用 DAS 模型研究交易量的局限性

笔记中的 DAS 模型主要关注两个问题：披露和对披露的价格反应之间的关系，披露和交易量之间的关系。我的讨论现在转向笔记对交易量的讨论。在开始讨论前，先说明一点：我从未写过关于交易量的模型，并且直到准备这篇评论之前，我还没有详细考察过交易量文献，因此欢迎读者将我的评论解释为对此文献有启发性的观察者所做的，或是关于此文献方面的幼稚人士所做的。

给定这些限定，我发现 Verrecchia 在笔记中回顾的大多数涉及交易量的模型都是令人失望的。原因如下：第一，对我而言，交易量的理论文献没有直接针对会计界最感兴趣的交易量的那些特点。在我看来，会计界最感兴趣的交易量的特点是，在通过单独观察企业股票价格可以推断出的那些信息之外的，交易量所揭示的关于企业估价的信息。换句话说，如果已知企业当前的价格，或者还知道企业最近的回报，接下来被告知产生那些回报的交易量，那么我们往往获知了与评估企业价值相关的某些增量知识。直觉告诉我们，存在交易量的这种信息组成部分：当数十亿美元在某个月流入互助基金，且互助基金有受托责任将这些资本流入投向权益时，那么，即使企业的基本面没有变化，这些流入也会表现为价格上升和交易量上升。考虑这些流入的影响将会改善投资者对企业价值的评价。

但是，交易量中信息的存在，在某种意义上进一步对 PELRE 模型提出了问题。[27] 所有理性预期基础交易模型基于的概念是，投资者应该根据供他们支配的所有信息确定对企业股票的需求。然而，在所有的 PELRE 模型中，投资者在执行时仅仅根据下述三项来确定他们的需求：公开披露（如果有），投资者拥有的任何私人信息和他们可以从企业的价格中获知的任何信息（利用企业价格与其他投资者信息之间的关系）。没有一个 PELRE 模型允许投资者根据其他投资者的交易量确定他们对企业股票的需求。这意味着，如果打算研究交易量对股票价格的信息作用，那么标准的 PELRE 模型不太适合这个目的。而且，在下面的注释中，我认为在理论上，基于交易量实际上与 PELRE 模型的基本假设不一致。[28]

让我利用这一点，稍偏离一下主题，谈谈好模型的一个组成要素。模型设计的一个基本原理是，理论家不提出模型不计划针对的问题。如果你对"就读年限"提供的关于工人生产率的信息感兴趣，那么在工人和他们的雇主没有预期到教育所提供的有关生产率的可能信号价值的模型中，你不应该问这个问题。如果你对预算的激励效应感兴趣，那么你不应该在不考虑管理者道德风险问题的情况下研究预算方案。而且，如果你对察觉到的交易量对资产价值的信息效用感兴趣，那么在交易者自身没有预期，并基于他们可能从交易量中获知的信息确定他们的资产需求函数的模型中，你不应该问这个问题。

回到笔记，在金融文献中，有人通过允许交易者基于交易量确定其需求来试图纠正

PELRE 的这些缺陷（see, e. g., Campbell et al., 1993 and Blume et al., 1994）。笔记本身在 DAS 模型的最后一节中（V3 中的模型♯10）也提供了这种尝试，但是这些模型根据我认为不太合适的有偏见的假设来作出预期，而且这些模型的情景没有直接针对交易者如何对关于其他交易者交易量的信息作出反应的问题。我将在此简单地对前一个论断进行拓展，并将对后一个论断的讨论留给接下来的注释。在笔记的模型♯10 中，对于给定企业的证券，交易者只能选择执行三种交易（买 1 股，卖 1 股，或不买也不卖）之一。我认为，好模型的第二个组成要素是，如果对研究某个内生变量 X 对某个其他的内生变量 Y 的影响感兴趣，那么对内生变量 X 的专门限制会严重制约所能获知的 X 对 Y 的影响，除非我们也知道消除此专门限制的后果。针对当前的交易量模型详述这一点，我认为，施加交易者单独地至多只能买卖企业的 1 股股票这一专门限制，制约了我们对交易量对其他感兴趣的变量（如均衡市场价格）的信息效应的了解。[29]

现在转向笔记中用于解释对重大交易日常交易量的"夜间发生的"报告的交易量表达式的有用性。这些模型中出现的交易量与财经报道中报告的交易量的一个明显区别是，笔记回顾的模型中只涉及一项风险证券和一项无风险证券。在 V3 中（但是在 V1 和 V2 中没有），Verrecchia 指出，从这种单一风险资产模型中得出的结果往往在（更现实的）多风险资产模型中被颠覆。[30] 这使得我这个此类文献的门外汉很难去评价这些模型的贡献。我想，这些模型中"实际"交易量在经验意义上的相似物似乎相当于总资产配置的变化——即进入和退出权益市场——但是在 V3 的讨论中没有关于这一解释适当性的任何指引。当然，可以在此呼唤对解释的某些调整。思考一下一项会计披露之后的交易量。因为在单一风险资产模型中，任何特定企业的披露都是宏观经济层面的披露，所以，在解释这些模型中披露之后的交易量时必须谨慎，例如，这与评价个体企业盈余公告的交易量反应是相关的。

我推测，发生在证券市场的实际交易数量远高于多数均衡模型所认为的那样，原因有二。第一，我们看到的较高水平的交易量已明确地拒绝了许多学术研究所推荐的标准的购买并持有策略。第二，Shiller（2000）已经指出——继 Milgrom and Stokey（1982）的研究工作之后——一些投资者是比别人更好的交易者。如果我们根据他们的交易才能对投资者排序，则不清楚为什么处于平均才能之下的交易者愿意与处于平均才能之上的交易者交易。对于读者来说，学习如何校准（calibration）这些模型是有益的，这样可以更好地评价这些模型的预测如何不同于实际观察到的交易量。[31] 这种校准练习可以极具洞察力，被认为是资产定价中最重要的异象的权益溢价之谜就来自于校准练习。假如对这些交易量模型进行校准练习，可能会发现类似的异象。

接下来考虑一下笔记对多期交易模型的处理。这些模型中的几个特征使我感到困惑。第一，我无法完全理解笔记中明确表达的引入多期模型的动机。Verrecchia 使得两期模型的建立合理化（其中，在公开披露前有一轮交易，在公开披露后又有一轮交易），在我看来是因为这种分离可以将源于投资者再平衡投资组合的交易需求与源于公开披露中新信息到达的交易需求分开。尽管我赞同尽量分离这两种不同交易来源的经济效应，但是如何对"实际"数据进行这种分离？如果不能"巧妙地"将时间间隔归为这种分离的期间，我认为模型设计应该明确地对此作出解释。[32]

第二，我认为，关于在这些模型中如何引入和解释噪音项方面，存在几个概念性问题。即使在单期 PELRE 模型中，这些模型中的噪音项的作用也绝不是无关痛痒的，并且我认为它本应在笔记中讨论。为了避免打断当前的论述，我将缺失的关于单期模型中噪音项的评论放在接下来的注释中；在正文中，我将讨论围绕两期模型中噪音项的有关问题。[33]

假设资产在 $T-1$ 期和 T 期每期的价格可以由以下这组定价方程描述（see V3, p. 21）：

$$\widetilde{P}_{T-1} = a_{T-1} + b_{T-1}\tilde{u} - d_{T-1}\tilde{x} \tag{2}$$
$$\widetilde{P}_{T} = a_{T} + b_{T}\tilde{u} + c_{T}\tilde{y} - d_{T}\tilde{x} \tag{3}$$

注意，同样的 $\tilde{x}$，即同样的流动性震动，都出现在了定价方程（2）和方程（3）中。在 V3 中，Verrecchia 对这种设定辩护如下：

引文 6（V3）"还有一个令误差项的实现值 $\tilde{x} = x$ 在两个期间保持不变的理由：x 代表了流动性和/或需求震动，并且可以认为在一项盈余公告迅即之前与迅即之后资产的流动性水平和/或供给是相同的。"（引文并非来自 V3，疑原文误。——译者注）

如果如 Verrecchia 在引文中所述，$\tilde{x}$ 被解释为"流动性震动"，我并不认为这种说明是令人信服的。如果投资者在 $T-1$ 期受到流动性震动，迫使他们在 $T-1$ 期买入或卖出一个外生给定数额的股票，那么这些投资者已经通过当时的交易平息了流动性需求。因此，T 期的流动性交易需求必定由另一来源所引起——或许来自其他投资者的流动性需求，或许来自随后产生了新的流动性需求的同一投资者，等等。在任何情况下，T 期的流动性震动与前一期所发生的相同都是异常的。[34] 我认为，对读者而言，知道是数学上的便利而非经济实质导致这种设定是有用的。[35]

作为对此处报告的两期模型的最后评论，我考察确定一个"期间"多长的问题。大多数离散时间分析模型都未谈及期间的长度。一个期间的长度可能是以下任何一个：一个财务年度、一个月、一个交易期间，等等。在当代"高频"实证金融文献中，连续的"期间"间隔有时是 5 分钟，有时是连续交易之间的时间。[36] 我认为经验研究者或许已经找到了如何有益地确定一个期间长度界限的指导原则。在资产定价模型中，这并不是一个无法完成的任务，它可以通过期间的期望报酬率的大小来对期间的长度进行校准。

考虑到上面指出的笔记中回顾的交易量模型的种种缺点，以及这些模型缺乏经济理念，对于让会计界人士停止追逐这些模型的构建和精心制作来说，我相信这是一个令人信服的例子。然而，这并不是说研究交易量无法获得有趣的结果。看看笔记中没有讨论的关于交易量的一些最近的经验研究，如 Chorida and Swaminathan（2000）。Chorida and Swaminathan（2000）经验地论证了低交易量股票的回报要比高交易量股票的回报具有更强的自相关性。他们还建立了有趣的不对称的领先—滞后关系：高交易量股票的回报预测了低交易量股票的未来回报，但低交易量股票的回报不能预测高交易量股票的未来回报。这些发现表明，在高交易量股票中信息纳入价格的速度要比在低交易量股票中快。**这些**都是有趣的结果。

在我起初对本部分序言式的评论之后曾说过，我对笔记中讨论的交易量的分析式模型很失望。我对 Verrecchia 的表述本身也很失望，因为他未能解释和讨论文献中模型的许多上述缺点和局限性，就让这作为我的总结吧。最后，我对笔记中关于交易量文献回顾的不完全性也很失望。有大量关于交易量的文献是笔记中没有提及的。这些文献包括（在数十篇文献之中）会计界人士的重要文章（e.g.，Hakansson et al.，1982）、非会计界人士的重要文章（e.g.，He and Wang，1995；Harris and Raviv，1993），以及对交易量文献的其他回顾（e.g.，Karpoff，1987）。

§3.5 DAS 模型中会计信息的表述

正如上面所指出的那样，Verrecchia 在模型中以对企业价值无偏估计的形式来刻画会计披露：披露为 $\tilde{y}$，有

$$\tilde{y} = \tilde{u} + \tilde{\eta} \tag{4}$$

式中，$\tilde{u}$ 是一个正态随机变量，表示企业或资产的价值；$\tilde{\eta}$ 是均值为 0 的正态随机变量，表示误差项。在此表述中，披露政策的变化被描述为噪音项 $\tilde{\eta}$ 的准确度的变化。

这种设定在理性预期文献中很流行，甚至有时在非理性预期基础模型中也被使用，我有一次就这么做了。[37]但是，作为对自愿会计披露的一种表述，它是要不得的，原因如下。

（a）这是没有会计内容的一种缩略形式表述。对于任何从事除纯粹投机以外交易的行业（对于任何使用除按市价计价会计之外的其他手段的行业），我无法想象出除了企业价格之外的任何能够产生企业价值无偏估计的变量，尤其是哪个会计变量能够适应这个角色。$\tilde{y}$ 不能是盈利预测，因为尽管盈利预测是构建对企业价值估计数的一项参数，但它本身并不是这一估计。对销售规划、成本节约公告、重组费用等都可给予类似的评论。总的来说，会计变量不是为企业价值的无偏估计而准备的；财务报表分析的本质是将会计信息转化为这种估计。一些使用这种技术的人可能会反驳这一批评，他们认为会计披露中任何公开知道的偏差都可以很简单地被调整。[38]但是，我只能想出极少的例子，其中财务报表的读者对于如何消除"实际"会计变量的偏差持一致意见。式（4）所描述的会计信息是将一个会计问题转化成为一个纯粹的统计问题。但是，虽然会计肯定涉及统计，不过会计不仅仅是统计。[39]

（b）当用式（4）来描述企业的自愿披露政策或准则制定者的强制披露政策时，误差项 $\tilde{\eta}$ 的方差的变化相当于企业或准则制定者披露政策的变化。然而，一个当前披露政策提供了标准差为 500 万美元的企业价值估计数的企业如何改变其政策，以使其估计数的标准差为 600 万美元？这种表述的使用允许有选择权来"调节"它们的披露，从而能够使它们披露的准确性或方差达到任何想要的水平，但是它们从未提出一个能够通过它使得这种披露在理论上可以实施的程序。

（c）与（b）相关，当 $\tilde{y}$ 被用于表示自愿披露时，其实是在假设企业对披露的唯一控制是确定估计的准确性。一旦选择了准确性，企业被假设会无条件地发布估计数。但是，当 $\tilde{y}$ 的实现值最终是很大的负值时会怎样？什么会驱使企业自愿披露 $\tilde{y}$？使用这种设定的研究者从未描述过保证针对所有可能的 $\tilde{y}$ 的实现值自愿披露 $\tilde{y}$ 都将发生的机制。

（d）这种表述假设会计信息由一个单变量的随机变量的实现值组成。财务报表分析师的一项颇具迷惑力的能力是，他们能够根据财务报表报告的和其他地方的过多的会计信息，确定合情合理的企业价值估计数。我们的大多数模型依然将会计披露描述为单个数字的公布，将对会计披露的解释描述为仅仅是对这些披露的数字应用贝叶斯规则。对此进行

纠正的一种方法是，针对会计数据向量应用贝叶斯规则（或经典非贝叶斯统计方法）。但是，虽然与这些多变量公式有关的统计理论为大家所知，不过我依然不清楚这些标准的统计方法能否很好地把握分析师评价程序中的过程或结果。尽管我没有立刻建议去寻找这些经典的统计或贝叶斯方法之外的东西，但是我觉得理论与实践之间的鸿沟非常大。除非能够在鸿沟上架起桥梁，否则我认为我们对会计披露及其解释的理解仍然是贫乏的。

（e）如 Verrecchia 在 V3 中所指出的那样，这个设定产生了正态分布的**价格**，而不是正态分布的**回报**。在一期模型中，产生的唯一明显的问题是，它意味着价格为负的概率可能为正，并且因此在一些人的观念中认为是有问题的，因为这是有限责任公司的权益价格。我没有被表述的这一局限性所困扰。更大的问题是，在多期模型中，这意味着对于某个时间 t，在间隔（$t+1$，$t+2$），$(\tilde{P}_{t+2} - \tilde{P}_{t+1})/\tilde{P}_{t+1}$ 的回报的事前分布是非常复杂的、非正态的分布，如 Fieller（1932）所描述的。[40]

（a）～（e）的这些问题要对披露的分析式描述和他们的经验操作之间的隔阂负部分责任。尽管还没有达到说这种设定绝不应使用的程度，但是我认为，它号召使用这一设定的研究者：（i）停止宣扬其为最自然的设定；（ii）对别的设定表现出更高的忍耐性。

当然，除非有更好的描述，否则指责某种对会计信息的描述并没有什么用处。由于不确定性处于会计的核心，故没有别的方法可以用或然性的术语描述会计信息。但是，我想我们可以修改统计设定，使之适合会计学的建构，这样会更好些。让我举三个文献中已经作了某些改进的例子：第一，在对由于遵循应计基础会计系统所致的实际盈余时间序列的均值反转特征的描述中；[41]第二，在对"硬的"经审计信息和"软的"未经审计信息之间区别的描述中；[42]第三，在对个体交易层面的会计信息的描述中。[43]

V2 提到了理论学者帮助经验学者确定用于经验检验的更好的代理变量的重要性，但是没有提到这些具体的点。[44]

§3.6 与非贝叶斯交易者有关的结果

笔记的 DAS 部分中有一小部分是关于非贝叶斯交易者的模型设计的。这部分有两个总体的发现：第一，在竞争市场背景下，即其中没有交易者可以影响企业的价格，非贝叶斯交易者绝不会比贝叶斯交易者做得更好。第二，在某些非竞争市场背景下，非贝叶斯交易者可能比贝叶斯交易者做得好。这些是有趣的结论。在下面的简要评论中，我将对笔记中的这些发现进行稍微特别的评述，并与对本部分某些结果的更具经济学基础的解释混合在一起。

在竞争市场背景下，非贝叶斯交易者的存在并不直接影响任何贝叶斯交易者的行动，这是因为在竞争背景下，不会有单个投资者认为，他或者其他任何人，对市场价格有影响。也就是说，竞争背景实际上就像单人决策背景，其中每人感觉自己就像隔离于其他人那样行动。现在，在任何单人决策背景下，最佳信息处理者总会赢！因此，在竞争市场上贝叶斯者必须产生比非贝叶斯者更高的期望交易利润。

与之相反，在非竞争背景下，人们知道他们会影响别人，由于人们的行动之间存在明确的相互依赖性，故选择与最佳信息处理者相同的策略未必是最优的。在博弈论中有很多这样的经典案例。回想这样一个例子：抢劫者和潜在的被抢者之间的"博弈"。[45]假设由于害怕被抓和入狱，理性的抢劫者应该从现场逃离而不是向拒绝交出钱包的潜在被抢者开枪。因此，如果被抢者知道自己是在与一个理性的抢劫者打交道，那么他不会交出自己的钱包，抢劫者因此会变得更穷。相反，被抢者会向他认为是非理性（即会向不交钱包的被抢者开枪）的抢劫者交出钱包。故此，被人当作非理性的抢劫者是有利的，因为这迫使理性的被抢者适应抢劫者潜在的非理性行动。[46]同样的事情也适用于投资者：如果我是一个对市场有影响的大投资者，你也一样，并且你知道我会对某些公开披露作出疯狂的反应，那么预期到我的疯狂交易策略，你会调整你的交易。这种调整可能对我有利。

但是请注意，这一观点的经济实质与成为一个无效的信息处理者或决策制定者没什么关系。其关键之处在于有承诺某种策略或承诺按某种特定方式使用信息的能力。就其本身而言，它是 Sabino（1994）与 Bushman and Indjejikian（1995）观点的一个变种。在他们描述的情景中，投资者有时通过出售信息给他人来赢得优势，因为出售构成了一种表态，表明将按照与信息被交易者保留的情况下不同的方式来使用信息。为了强调这一点，我提出下列推断：没有一种经济背景下一个可以作出任何承诺的理性的人（贝叶斯者）获得的期望利润、期望效用等比任何非理性的人（非贝叶斯者）低。[47]

现在看看 Verrecchia 在这一部分的告诫，他认为，在会计学模型设计中，对投资者的非贝叶斯表述必须谨慎。首先要说我完全同意这一观点。诠释一下 Lewis Thomas（1974），就像一个人死亡的方式要比生存的方式多无数种一样（即导致"死亡"结果的细胞结构要比导致"生存"结果的更多），一个人成为非贝叶斯者的方式要比成为贝叶斯者的方式多无数种。除非我们用某些标准限制所研究的非贝叶斯表述，否则非贝叶斯模型会潮水般地涌向我们，每个模型都在非贝叶斯行为的表述上有一点细微的不同并出现不同的结果。

我想讨论的是 Verrecchia 提出的认可启发式（即非贝叶斯者）行为值得研究的判断标准。Verrecchia 提出，启发式行为应该是"能够生存的"，即它应该能够产生与贝叶斯者一样或更高的期望利润。尽管我发现 Verrecchia 对其判断标准的讨论很有趣，但是我认为，在采纳 Verrecchia 的判断标准时必须谨慎。考虑任何一个具有完全由贝叶斯投资者构成的证券市场的经济体。假定这些贝叶斯者中某些人比其他人更知情。更知情的贝叶斯投资者将会比不太知情的贝叶斯投资者产生更高的期望交易利润。你会断言这些不太知情的投资者不能在这个市场中"生存"吗？可能他们决定不成为更好知情者的决策是最优的，因为没有变得更知情所错过的额外交易利润可能被他们没有引发的信息获取成本所抵消。在这个案例中，他们的逊位只是保证了那些决定支付（额外）成本以变得更知情的交易者的成功。或者，可能更知情的交易者天生要比别的交易者更聪明，这样一来他们更高的交易利润就是他们的才华产生的租金。即便这样，不太有才华的交易者依然可以成功。依此类推，不能仅仅因为非贝叶斯交易者不能产生如他们的贝叶斯同道一样多的期望交易利润，就将非贝叶斯交易者排除在我们的模型设计之外。可能更好的用于决定什么样的非贝叶斯行为得到接纳的判断标准是：什么是能够很好地预测所观察到的行为的最简单的非贝叶斯行为？

还有一个单独的说明。尽管笔记中涉及非贝叶斯投资者的模型设计练习是基于假设所有的非贝叶斯者以相同的方式处理信息来进行的，但这并不是显而易见的或自然的。尽管我对假设每一个拥有相同信息的贝叶斯者都以相同的方式行事比较满意，但是我对假设所有的非贝叶斯者也相同地行事就不那么满意了：想想一个人死亡的方式比生存的方式多……一旦你承认非贝叶斯交易者行为服从非退化分布，Verrecchia 在这一部分展示的结果就未必能成立了（例如，如果作为总体的市场像一个贝叶斯者那样行事，那么没有一个非贝叶斯交易者能够获得与贝叶斯者一样高的期望利润）。这些结果很可能对非贝叶斯者在所有交易者总体中的分布类型很敏感。

对笔记中非贝叶斯交易者部分的评论的前提假设是，研究包括非贝叶斯交易者的模型是值得的。我认为，究竟应该耗费多少资源来研究这些非贝叶斯模型依然是个开放的问题，尽管最近它们在金融文献中很流行。我将为关于完全由理性代理人构成的模型的持续研究辩护，并以此结束本部分讨论。我相信我们还远没有穷尽理性最大化行为的含义，并且在屈从于没有共同基础和受到行为假说特别修正的当前时尚之前，我们有必要继续研究贝叶斯模型，并从这些模型提供的训练中获益。

§3.7　对 DAS 模型的总结

前面提到的许多 DAS 模型的缺点都是为分析式研究者所知的，因此问这样一个问题很有趣：为什么这些模型能够在文献中生存这么久？一种解释是，这些模型有助于他们的计算，或者如 Verrecchia 在笔记中再三指出的那样，这些模型是**易做到的**。它们一般化的线性结构使计算资产需求函数、盈余反应系数等变得很简单。导致 Verrecchia 和我对什么是好研究的看法存在差异的一个主要根源，与我们对一个模型经得起简单计算检验的能力的强调程度不同有关。[48]我认为，对这种计算能力支付的价格往往有些高。正如我在前面所讨论的，这一价格包括：模型的研究往往没有为会计信息的生产提供正当的理由；往往导致以一种没有经验类似物的方式来描述会计信息；往往有一些模型不打算针对的问题使他们困惑。

§4　斟酌基础披露

前面对 DAS 模型的分析指出了将披露作为外生给定因素的困难。笔记也指出，出于各种原因，建立内生的披露模型是重要的。

毫无疑问，有关内生披露最重要的结果是 Grossman（1981），Grossman and Hart（1980）和 Milgrom（1981）的"充分披露"或"澄清"结果。这些结果大致表明，如果出现以下情形，则卖者总是会披露他的信息：（1）产品的买者知道卖者拥有的信息；（2）所有的买者都以相同的方式来解释卖者的披露或不披露；（3）卖者能够可信地披露其收到的信息；（4）卖者不会因披露而带来成本。原因是，卖者没有披露他的信息必然被买者解释为，如果披露，卖者拥有的信息将会使得买者向下修正其对所售物品价值的感觉。为了正确地对所售物品估价，意识到卖者动机的买者必然持续地向下修正其对所售物品价值的感觉，直到卖者显示自己的信息来改善境况。换句话说，每个卖者（拥有最低价值产品的卖者以外的其他人）都有动机披露他的信息，以使其产品区别于价值更低的其他卖者售出的产品。这个结果中的"卖者"可以被解释为扮演的各种角色，包括一个价值最大化企业的管理者寻求选择一种披露政策以最大化企业的期望市场价值。

这种澄清结果给会计研究者带来了一个谜：我们似乎看到价值最大化的企业贮藏了很

多与会计有关的信息，与澄清结果所认为的相反，市场并没有引诱企业作出披露。为什么澄清结果在与会计相关披露的情景下会失败？显然，答案肯定是情形（1）～（4）假设中的某一个被违背了。

在 V1 和 V2 中，Verrecchia 表达了对基于违背前述情形（1）的不披露的怀疑态度。[49]他说：

> 引文 7（V2）"……在财务数据的情景中，我们曾对管理者是否知情拿不准吗？或许有时会。但一般来说，很难想象管理者彻底不披露是因为他们长期以来听到的情况不正确。"（p. 57）

在此，我与 Verrecchia 的意见不一致，并建议通过以下实验来让读者自己判断。[50]选择任意一家知名企业，比如一家《财富》500 强企业，问一位了解这个企业的朋友，让他现在详细指出企业会在明年自愿披露的各种价值相关信息。让你的朋友只讲清楚企业将会披露的财务和非财务信息是不够的。要问清下列各种事宜的细节：将会提到的潜在的收购对象；什么样的生产线将被扩张或废弃；什么样的工厂关闭会发生；什么样的主要雇佣或解雇决策会被宣布；薪酬计划将会有什么样的变化，等等。然后，在下一年中，追踪企业是否披露了任何你朋友的清单中未列的情况。如果有这样的项目，那么显然管理者收到了（而且偶然地披露了）即使是非常知情的人也没有意识到他们会获得的信息，这与情形（1）被违背相一致。[51]

基于违背情形（2），即基于不同投资者可能以不同的方式解释信息的成功的披露模型也已建立。Bushman et al.（1997）有一个基于这一理念的双重财务报告模型。我有一个披露模型，其中投资者在解释卖者不披露的原因的能力上存在差异：[52]一些卖者未披露是因为他们没有接受到新的信息，而其他卖者是在故意隐藏信息。老练的投资者知道一个企业未披露是出于以上两个原因中的哪一个，而稚嫩的投资者无法对这些未披露的原因作出区分。这个模型有两个主要的经验预测：第一，随着投资者为老练人士的概率提高，卖者对披露的倾向也提高了。第二，准则制定者和价值最大化的企业管理者之间可能冲突抑或合作，这取决于投资者的老练程度。后一个结果来自于，企业的期望价值与其中每个投资者为老练人士的概率呈"U"形关系（即当最初的老练程度低（高）时，这个期望价值随投资者是老练人士的概率减小（增加））的论断，以及准则制定者总是对让企业披露更多感兴趣的假设。因此，如果投资者为老练者的概率高，那么准则制定者和企业都对进一步提高投资者的老练程度感兴趣；如果投资者为稚嫩者的概率高，尽管准则制定者仍然对提高投资者的老练程度感兴趣，但是价值最大化的企业更倾向于降低投资者的老练程度。

作为对此理论的一个应用，考虑一下环境负债问题。在 20 年前，当投资者对此问题不敏感时（用现在的话说，是稚嫩的），此理论预测企业将会强烈反对引入与环境负债有关的会计准则。相反，在今天的氛围中，投资者与此问题非常合拍（即他们是老练的），很少有企业会反对制定确认这些负债的准则，这与此理论的预测一致。

关于（3），V3 讨论了为什么管理者可能无法可信地披露他们的信息，但是那些讨论忽略了我认为是管理层披露可信性的最重要的决定因素——并且因此，它处于许多会计信息使用者认为是会计中最关键的问题（即盈余管理）的核心位置。假如关于盈余的会计披露是可信的，那么盈余管理不是问题。那个被忽略的决定因素是相关性原则（revelation principle）在构建管理层契约中的适用性或不适用性问题。[53]用非专业术语讲，相关性原则是指，当其应用时，拥有私人信息的各方之间的任何一组契约都可以被重新设计，以给予契约各方真实地泄露其私人信息的动机，但是同时保证每一个契约方都至少得到与最初契约下一样高的期望效用。当相关性原则适用时，对盈余管理的需求消失了。这一结果驱使研究者寻找对某一个或更多的相关性原则所基于的假设的违背，以解释盈余管理。[54]考虑到相关性原则在决定管理者参与盈余管理的倾向方面的作用，我很惊讶 V1～V3 中没有任何关于相关性原则在会计披露中的作用的讨论。[55]

笔记用大部分篇幅讨论基于情形（4）的内生披露模型，其中企业在披露时会有专有成本。笔记关注了两类这样的披露专有成本模型，一类模型中披露专有成本是固定的且独立于披露的内容，另一类模型中披露专有成本内生地出现于产品市场竞争中。

在文献中，没有一个包括专有成本的披露模型（包括 Verrecchia 建立的模型和我建立的那些模型）是完全令人满意的。具有固定的外生披露成本的模型（如 Verrecchia，1983）有两个缺陷，其中一个如笔记所指出的：如果存在企业披露的一个固定成本，那么当企业承诺一项绝不披露的政策时，企业的期望价值最高。而且，由于披露是一项公开可观察的事件，所以股东很容易就可以与管理者签订契约，规定如果管理者披露任何导致专有成本的事项都会被严加惩罚，这将使得他们的专有信息不被披露。

因此，如笔记所说，这些可能更应被看做不披露模型而不是披露模型。而且，这一观点是值得商榷的，即认为在一些重要的实际情况下披露的成本是固定的，独立于披露内容。多数情况下，披露的成本会随披露的内容而变化。确实，在某些情况下，没有披露信息会产生专有成本，并且披露信息会消除这些成本。为了解这些，想象一个企业是某行业的早期进入者，由于处于"热门"行业，它受到了财经媒体的详尽报道。若相反限制额外的信息/披露，则更多的企业会进入该行业。然而，如果此行业中的某一个或几个企业披露信息，指出进入者的利润没有大家所认为的那么高，那么对此行业的进一步进入可能会被阻止。在此，正如所宣称的那样，不披露的行为邀请了竞争对手的进入并产生了专有成本；披露会清除盈利能力的错误观念，因此阻止了进入，消除了专有成本。假定披露的专有成本是不变的且独立于披露内容的模型在理论上无法解释这种情况。我可以想象的披露成本为固定的情景有：当成本与发布媒体公告，或开一个新闻发布会，或举行一个分析师的电话会议等相关时。但是，很显然，此类成本既非专有成本又不重要，并且很难想象可以构建一种基于这些成本的重大披露理论。[56]

作为对这些批评的部分回应，一些会计研究者从产业组织文献中挑选了一个观点，即寡头卖方垄断中信息风险的成本和收益。笔记中包括了此类模型，并且在 V3 中 Verrecchia 正确地指出，此类文献中的许多结果都可以被压缩为一个观点，即如果有私人信息的企业参与的是可以由古诺（数量背景）竞争刻画的不完全竞争产品市场，那么它是希望隐藏还是披露该信息取决于该信息的发布会增加还是降低其竞争对手的总产出。不幸的是，除非加上些别的东西，否则这些模型也会产生充分披露的结果，这是因为它们也受澄清结果的支配：竞争对手会认识到，知情企业不披露信息的唯一时刻，就是当知情企业的披露会导致竞争对手提高其产出时。因此，竞争对手必然将知情企业的不披露解释为对于提高产出，需求（生产等）情况要比竞争对手原先所想的有利得多。但是这一逻辑会促使竞争对手不断修正它对这些需求（生产等）情况的看法，直到知情企业发现披露其信息是值得的。注意这一逻辑与前面对涉及买者和卖者披露的讨论中所使用的逻辑的相似性。

在笔记中，关于内生披露模型最有趣的发现之一是，管理者是否可以事先承诺一种披露政策会对他们企业的最优披露政策产生巨大的影响。为了评述这一结果——以及为了提出一个更一般的观点——我来简要描述一下 V3 中"内生的和可变的专有成本（模型♯2）"所用的方案。这是一个由两个企业参加的古诺（数量背景）竞争模型，其中一个企业准确地知晓市场的需求截距（给定 $\alpha + \beta Y$，其中 α 和 β 是常数，Y 是随机变量 $\tilde{Y}$ 的实现值，$\tilde{Y}$ 服从在 $[-k, k]$ 之间的均匀分布），另一个企业对需求截距的值（除了其分布）不知情，除非知情企业泄露它。设边际成本等于零，这样期望利润最大化就等价于期望收入最大化。Verrecchia 说明，只要设定的参数使得均衡的商品销售价格（$P = \alpha + \beta Y - x_I - x_U$，其中 $x_I(x_U)$ 是知情（不知情）企业的产出）总不为负，那么当知情企业不能事先承诺一种披露政策时，充分披露政策对知情企业是最优的，而如果知情企业不能作出这种承诺，则不披露政策是最优的。

这是一个吸引人的结果，而且笔记也用了很多代数来证明它，但是我在笔记中没有发现任何描述这一结果背后的经济学基本原理的讨论。[57]因此感兴趣的读者会感到困惑，究竟这个结果是由于所采用的参数的特定细节所致，还是其发生是由于某些基本原理。我将在注释中论证，实际上，此结果很可能是非常一般的，并且我将提供被遗漏的经济学直觉。[58]这一注释不仅说明了在双头卖方垄断背景下企业偏好承诺不披露信息所基于的经济学，而且它——及其展示的数学推理——还论证了一种不同于代数方法的全面方法对于研究会计问题的价值。在 Verrecchia 对此结果的论述中包括了对复杂的三阶多项式的熟练使用，[59]我发现从其论述中不可能获得任何直觉。此注释的方法没有运用这种复杂的表达式。

现在回到对内生披露模型的总体评述，这些产品市场竞争模型的变种已被建立，即使当企业不能作出坚持某种披露政策的事先承诺时，这些模型也能够产生不披露，[60]但是我认为必须谨慎地解释这些情形以及相关的结果。会计研究者不太可能准确地把握产生专有成本的产品市场竞争的具体性质。例如，如笔记所指，文献中的现有结果会因竞争被刻画为伯川德或古诺而变化。但是，对战略相互作用的传统描述往往不足以把握今天出现的很多竞争。例如，互联网上的竞争似乎往往发生在"积空间"（即某种服务的各种特点的结合），而不是伯川德—古诺二分法下要求的价格或数量选择。

作为专有披露内生模型的这些困难的后果，我支持建立专有成本为外生甚至，在起始阶段，为固定（独立于披露的内容）的模型——尽管这些模型设计存在上面所讨论的局限性——但是我认为重要的是，外生专有成本模型的结果应该受到"稳健性检验"，其中研究者证明，当这些成本是企业披露内容的某种（可能是增）函数时模型的主要结果依然成立。[61]

§5　效率基础的披露

在这一部分，Verrecchia 论述了披露政策间的选择要求，对通过自愿披露所得到的"资本成本"降低与由于企业披露导致无意识地泄露给竞争对手专有信息所带来的成本进行权衡。Verrecchia 将使得这些权衡最优地"有效"的披露和相关的理论称为"资本成本中的信息不对称部分"。我赞赏 Verrecchia 考虑与披露相关的效率问题的决策。它帮助消除了某些会计研究者长期以来的一种误解，即用于发现有效配置的理论（经常被表达为一种福利问题）必然与用于产生可检验含义的理论相分离。[62]

大多数会计研究者都同意，通过披露更多的信息，企业能够以披露专有成本产生的损失为代价降低其资本成本。结果是权衡这些资本成本利得与专有损失而得出的最优披露政策会涉及其信息的某些（但不是全部）披露。不幸的是，在我看来，Verrecchia 用以说明这种权衡的模型太特殊了，以至于未能阐明这种权衡。为了说明这一模型有多特殊，我在下一段中试图提供关于此模型相当全面的描述（没有引入数学形式）。

这是一个关于在产品市场上竞争的企业家的模型。在该市场中，产品的销售价格随总销售量线性变化。这个企业家经营着唯一的一家总知道产品市场中的需求曲线截距的企业。除非企业家披露需求曲线的截距，否则他的竞争对手只知道需求曲线的截距围绕某点均匀分布。所有的市场参与者都准确地知道需求曲线的斜率。众所周知，所有的企业都具有相同的固定边际生产成本。所有的企业都只进行一次古诺（数量背景）博弈。进一步，该企业家寻求通过出售企业尽可能小的部分给投资者以获得一个固定金额的资本来为冒险事业融资。所筹集资本的金额对企业家的生产技术、市场需求等没有影响。在提供这项权益融资后的期间，投资者会受到一项流动性震动，该流动性震动的概率为公开信息。此流动性震动的金额将恰好使投资者正好购买或者出售该企业家的企业的 1 股股票。更进一步，企业家企业证券的所有交易者都是风险中性的；所有的交易者一次只能购买或出售企业的 1 股股票；有些交易者是"知情的"，这意味着他们总是知道企业家所处的产品市场的需求截距。在市场上有针对企业家企业证券的多个做市商，并且除非企业家公布企业的需求截距，否则没有一个做市商知晓。每个做市场有相同的 1/2 概率与一名知情交易者交易。最后，企业家选择了一种披露政策，其中他承诺，仅当其处于某个特殊区域时才披露需求截距的值。

在后面的注释中，我对这一模型所基于的一些假设进行了详尽的研究。[63] 在正文中，我将利用这一模型探讨好的模型构建的特征。模型并不是为了把握现实；它们是为了突出模型设计者所认为的构成了他试图强调的现象的关键组成部分。因此，我并不认为，仅仅因为前述模型包括了独特的会引起反对的假设就应该受到批评。但是，当一个模型结合了全部这些假设，模型构建练习的价值就消失了。它使得这一模型的读者很难确定，到底结果是这些假设的结合的一个典型产物，还是由于某些基本的经济学原理形成的。

它也引发了模型的稳健性问题。这就是为什么奥卡姆剃刀（Occam's razor）能够作为一种模型设计原则存在的很好原因。其他条件相同的情况下，在获得一个结果或解释一项事实时，简单的模型要优于复杂的模型，这是因为与复杂的模型相比，简单的模型有较少的可能"步入歧途"的东西，因而往往更稳健些。利用奥卡姆剃刀，可以通过问这样一个问题来评价一个模型：这个模型的主要结果是什么？这个模型是不是可以导致这些结果的最简单的模型？在 V2 中，Verrecchia 简洁地描述模型的主要结果如下：

> 引文 8（V2）"这一练习最突出的一点是，它论证了存在事前的、有效率的或最优的事先承诺安排，其中企业家有时披露信息，有时隐藏信息。"（p. 93）[64]

但是，还有比这个更简单的模型，也能够产生这种"内点"解。[65]于是，根据奥卡姆剃刀，这些模型要优于现在的模型。而且，在上一个十年中，简单地论证说可以针对特定的数值设定构建一个具有这些特点的模型，是不会作为一种"可能结果"被会计研究者考虑的。这些讨论引发了有关"什么构成了一个好理论"的其他问题，出于为研究生们的考虑，我将在后面的注释中对其进行分析。[66]

在这一部分中还有其他令人困惑的问题。Verrecchia暗示，为了论证披露的效率基础理论依据，资本市场中的不完全竞争是需要的。他指出（p.65）：

引文9（V3）"……完全竞争的假设与纯粹交换相结合只给披露留下了很小的机会来产生利益。"[67]

在V2（p.83，p.84），他用下述评论强化了这一点：

引文10（V2）"所有这些模型假设市场是完全竞争的，并且完全竞争是研究披露引起的效率的一个欠佳的工具……在我看来，披露在效率背景下最大的潜在作用是，改善了不同知情程度的人之间交换资产所内在的逆向选择问题。"[68]

但是，如果考虑包括生产的模型，则此处的暗示，即资本市场中的不完全竞争对于产生披露的效率基础理论依据怎么都是关键的，恰恰是彻底错误的。如果披露有助于改善资本市场的定价，而改善后的资本市场定价导致改善后的资源配置，则无论资本市场是否被描述为完全竞争，披露都可以起到提高效率的作用。我猜测，笔记中忽略披露的这一明显的收益来源的原因是，如同其回顾的大多数披露文献那样，笔记忽视了下述事实：资本市场与企业之间的沟通不是一条单行道（从企业到资本市场），而是能够双向行驶的，并且披露可以有助于这一双向流动。[69]具体来说，企业对资本市场的披露可以帮助投资者更准确地对该企业进行定价，这反过来可以帮助这个企业（并且也有可能是其他企业）了解资本市场重视什么，因此改善企业的战略和经营决策。当然，要让这种双向流动发生，资本市场参与者必须至少偶尔也拥有管理者没有占有的信息。但是，由于资本市场参与者专门研究估价，他们当然没有这些信息。[70]

我认为，这一部分的模型过于特殊化，其结果过于狭隘，经验过于模糊，这使它不值得包括在一个对会计学披露文献的总体回顾中。

§6 对笔记的总体评价

在2000年JAE会议上的口头发言中，我提出应该用下述三个标准来评判像笔记这样的回顾：

1. 回顾是否给其读者，尤其是初学者或其他不熟悉该领域的读者，一种对该领域核心成果的概览？（**覆盖面**）

2. 回顾是否具有洞察力并提供了视角，即它是否"刨根问底"并解释了结果是如何"产生"的？（**洞察力**）

3. 最后，回顾在建议未来研究的重要路径方面是否未受拘束？（**气魄**）

下面利用这三个标准来讨论笔记。

覆盖面 V1～V3 的每个版本都包括了对 Verrecchia 研究相当全面的评论；回顾的 DAS（现在是联系基础披露）部分包括了对线性理性预期研究和涉及 Kyle（1985）类型定价模型研究的很好的评论；并且，在 V2 和 V3 版本中，笔记对于大量的当前披露文献至少是粗略提及的，有时在正文中，更多的在注释中。然而，笔记主体中的素描只涵盖了一小部分且带有个人特质的披露文献。在其他领域中，我认为笔记在以下方面有所欠缺：对生产经济中的披露的覆盖面，未能提及大量的交易量文献，未能讨论相关性原则与披露有关的含义，过于关注"资本成本中的信息不对称部分"。

洞察力 我认为笔记在激发理性预期定价框架的建立方面做得不错，并且笔记对某些其他模型方案也给予了很好的解释。它还给有积极性的博士研究生提供了一个机会，来证明文章对各种模型讨论中提出的许多数学计算。然而，我认为笔记中缺少的是：（1）对可以只被描述为现有披露文献中许多模型的主要缺陷的批判性考察和分析；（2）对文献所基于的经济学——而非数学——基础的全面讨论。由于这篇评论已经详细阐述了这些缺陷，在此不再复述。在我看来，对披露中某些方面更具洞察力的评述可以在其他关于披露文献的笔记中找到。推荐大家阅读 Fishman and Hagerty（1998）与 Gertner（1998）。[71]

气魄 笔记中"未来研究的方向"部分的主要建议是推荐关于联系"资本成本中的信息不对称部分"的模型的进一步研究。如前面所指出的，我觉得这个建议对未来研究的重要性十分有限。但是，这一部分确实漫不经心地描述了一个值得大大研究的领域。在这一部分，Verrecchia 引用了 Arthur Levitt 的话：

> 引文 11（V3）"高质量的会计准则将带来更强的投资者信心，这将提高流动性，降低资本成本和使市场价格更合理。"（p. 77）

在引述了 Levitt 之后，Verrecchia 作了如下评述：

> 引文 12（V3）"我将这一论述解释为是针对下列概念的：承诺高质量的披露是有效率的，这是因为它导致了资本成本中的信息不对称部分的下降。"（p. 77）

在回顾的结束部分，Verrecchia 在没有处理强制披露的经济学问题的情况下评述了会计准则的效率，这充分说明了 Verrecchia 所回顾文献的不完全和不满意状态。为了找出一个会计准则的效率基础理由——如果确实有的话——需要解释什么是会计准则委员会或其他监管机构可以有效率地做到，但单个企业自身却无法实现的。或许让企业遵循一个共同的报告格式所引起的网络外部性，又或许与创造和加强会计监管相联系的规模经济，是产生这些效率的原因。或许没有这种效率——如 Leftwich（1980）与 Watts and Zimmerman（1986）所认为的，一种无效率或市场失灵的存在并不一定表示需要监管的介入，那些导致市场失灵的东西可能也会导致监管失灵。不幸的是，由于几乎没有这种文献，当代的分析式文献对于此问题的梳理毫无帮助。如我在本评论的开头所说，这一空白值得填补。这一明显的、引人入胜的研究日程依然远未开发，这就为我在这篇评论的最后部分对披露文献最近趋势的评论提供了基础。

§7　披露文献的最近趋势

通过查看这篇回顾所涵盖的过去 20 年来关于分析式模型的研究发展，我有三个总体上的发现，不过所有这些发现都是不幸的。首先，许多文献变得越来越是计算的而非概念的。也就是说，许多研究不是明确表达一些新观点，而是追求详细地解决一些已知的概念，例如，在具有特定一组投资者、特定分布假设的线性理性预期模型中，盈余反应系数的准确函数形式是什么等。我发现这是不幸的，因为我认为，一方面同行们极度需要新的理念，另一方面在实践中这些具体模型所用的特定参数化表述几乎肯定与"真实世界"中人们的想法不一致，因此在经验研究中只有有限的用途。

第二个也是相关的趋势是回避研究大问题。以笔记中的核心主题为例。Verrecchia 报告了对有关下述问题的模型的研究：资本市场中对披露的价格反应和交易量反应，产品市场中竞争对手对披露的反应，资本市场和产品市场之间对披露的相互作用。这些是会计学中的"大图景"问题吗？要回答这个问题，我认为必须回头来问：什么是使会计学区别于商学中所有其他学科的东西？是对准则、准则制定过程、应计概念以及投资者和其他财务报表使用者如何处理会计信息的强调。在所回顾的分析式研究中，我们在哪里可以获知有关应计项目、有关使会计信息区别于其他信息来源的东西、有关准则的构建、有关准则制定过程等的任何东西？在人们处理会计信息的方式如何不同于统计学者所假设的所有信息被处理的方式方面，我们可以获知什么？关于我们应该期望看到强制性披露的情形，或自愿和强制披露的相互作用的性质，现有理论告诉了我们什么？尽管这些问题中有些是与财务报告有关而不只是披露问题，但是，单独研究披露没有多大意义，除非它最终提供了关于整个财务报告过程的洞见。在我看来，这些大图景问题没有一个在笔记正文所回顾的研究中得到强调。

我认为不幸的最后一个趋势是，撰写分析式文章的研究者的平均年龄的变化。基于非正式的经验，我要说，它在过去 20 年来显著地上升了。分析式研究者团队似乎在无意识地零增长——甚至可能是负增长。这可能是所有趋势中最令人担忧的。我们未能用我们的问题或方法激发足够的热情来吸引更多的新鲜血液涌入这一领域。而且，更不幸的是，除非扭转我们保护已有研究的退步趋势，否则在未来我们只有很小的可能性来改变这一趋势。

注释

[1] 这里加上"尽我所能"是因为，即使已经多次阅读了第三版笔记，我依然无法确切地说已发现了第二版笔记和 Verrecchia 回应我第二版评论的第三版笔记之间的所有变化。

[2] 在下文中我只是偶尔参考一下 2000 年 2 月的最初版（V1）。在这篇评论中，我没有记录笔记第一版和第二版之间的变化，一则因为我认为列举出各篇笔记的所有变化会分散读者的注意力，二则因为我认为记录笔记第二版到第三版的演变就把握了我们全部交流的精髓。

当代会计研究：综述与评论

[3] 有一些例外。关于何时强制披露与自愿披露是替代或互补的，关于强制披露的可能过剩，关于强制披露的实际和再分配效应等，有一些研究成果。例如，参见 Diamond (1985)，Dye (1985b，1990)，Dye and Verrecchia (1995)，Fishman and Hagerty (1989，1990，1998)，Sridhar and Magee（即将发表）。

还有一些关于强制披露的"老"文献依然值得研读，Beaver and Demski (1979)，Bromwich (1980)，Demski (1973，1974) 和 Verrecchia (1982) 对其中的一些文献作了总结。

[4] 管理者并不总是进行价值增加的披露的其他原因，是他们可能不知道投资者如何对他们的披露作出反应（故也不知道什么是价值增加的披露），或者在某些情形下，企业的"价值"可能没有被明确界定。

[5] 主要有 Grossman and Hart (1980)，Grossman (1981) 和 Milgrom (1981)。

[6] 相反，在 V1 和 V2 中，Verrecchia 都没有谈到总体披露理论的存在或不存在问题。

[7] 在 V1 和 V2 中，代替 V3 中表达式 $P_T - P_{T-1} = \alpha + \beta(y - m) + \gamma\Omega + \xi$ 的是略作修正的表达式：$P_T - P_{T-1} = \alpha + \beta y + \gamma\Omega + \xi$。选择哪一种价格对披露的反应的函数形式对后面的讨论并无影响。

[8] 对于已经熟悉笔记的读者，下述讨论不仅与 DAS 模型有关，而且与 V3 中"效率基础披露"部分有关。Verrecchia 还关注此处提到的一些效率问题。下面我还包括了从笔记后面部分的摘录（在这篇评论的本部分），以作为对 DAS 进一步讨论的基础。

[9] 引文 2 (V2) 并没有在 V3 中出现，不过在 V3 中依然给予了经验应用首要的位置，例如，在第 6 部分中关于交易量的公式的讨论；注释 4 的摘录：引文 (V3) "有人甚至会认为这（第 9 页的一个公式和相关模型描述了价格对披露的线性反应）把握了对披露和价格变动之间关系的经验研究的实质，如果不是全部的话"（p. 9，foot note 4）；在结论部分，Verrecchia 在该处指出，引文 (V3) "我更愿意看到更多的经验研究资源关注于此处讨论的许多问题"（p. 78）。

[10] 我最早在 Dye (1985a) 中提出这种比喻。

[11] 在此考虑两种更具体的情形，一种是去找预言家的人与没有去找预言家的人无法区分，另一种是他们可以被区分。在前一种情形下，预言家的存在对任何人都不利，因为保险公司必须预计，任何潜在投保者都已经找过预言家，并且发现他出现意外的风险高于平均水平的可能性大于零。在这种情况下，必须向所有想投保的人索取溢价。在后一种情形下（可以区分找过和没找过预言家的人），预言家的存在损害了可以被区分的团体中的成员，但是不会损害别人。但是，即使那样，驱逐预言家也可以获得帕累托占优结果。

[12] Verrecchia 已经认识到了理性预期模型的这个缺陷。例如，在 V3 中他说：引文 (V3) "因此，在市场主要由风险回避的代理人构成的意义上，一项预期到的披露的后果是，它使得市场参与者集体地受损了（在预期意义上）"（p. 65）。

[13] 这来自 Milgrom - Stokey (1982) 的"无交易定理"。Verrecchia 也认识到了这个问题，他在 V3 的第 66 页中谈到，"当然，在不完全市场中，所有预期到的事件都可以通过事件之前的交易来签约，这样有效的市场参与者就可以保证他们免遭逆向风险分担的后果。但是这只能保证披露在完全市场中没有有益的作用，以及在不太完全的市场中的削

弱效应。"

[14] 这一评论是 V3 新加的。

[15] 在金融学文献中，Paul（1992）也明确表达了同样的观点。应当指出的是，几个其他的模型也论证了过多的会计信息或披露具有不可取的效应（see, e.g., Kanodia et al., 2000 or Dye and Verrecchia, 1995）。关于寡头卖方垄断中信息分享的文献（下面讨论）也阐述了寡头卖方垄断的成员会因额外披露而变坏的情形。即使在最简单的代理背景下，其中委托人拥有不为其代理人所知的私人信息，据我所知，关于何时委托人将其信息披露给代理人会更优也没有一般的结论。

文献中还有很多其他的具有实际效果的会计模型没有被笔记引用，包括 Kanodia (1980)，Kanodia and Mukherji（1996），Kanodia and Lee（1998），Kanodia et al. (2000)，Kanodia（1999）和 Sapra（2000）。

[16] 关于这种披露的例子，考虑一下关于不能归功于管理者行动的现金流量产生事件的任何一项披露，例如，任何意外的收获、投入或产出价格的任何外生变化（更一般地，竞争态势的任何外生变化）、任何外生的监管变化等。

当然，相对于增强了投资者对管理者行动选择的了解的披露，这种披露的出现频率依然是一个经验研究问题。

[17] See, e.g., Dye and Sridhar（1999，2000）.

[18] 我感谢 Chanda Kanodia 对本段中各个观点连接方式的意见。

[29] 感谢 Chanda Kanodia 收集了下列问题。

[20] 例如，参见 Venugopalan（2000）关于稳健原则对"实际"决策的效应的模型。

[21] 除了披露外生性的下述评论，读者还应考察一下 Antle et al.（1994），该文全面地讨论了认识到会计披露所发生的信息环境的内生性的重要性。

[22] 在 V1 中也有类似的评论。

[23] 在 V3 中，Verrecchia 现在承认了这一局限性。引文（V3）"在继续下文之前，让我简单来谈谈我在全文中所持的其他两个假设的作用。无限责任保证了价格变化特征化是易做到的和显而易见的。尽管有这一优点，但在以下要讨论的各种类型的模型中，研究者早就认识到了无限责任是一个虚构，并因而研究它的作用。例如，如果你打算研究权益连同负债作为企业融资工具的作用，无限责任就不是一个好假设了"（p.9）。

[24] V3 中出现了对披露外生地给定这一假设的明确警告。引文（V3）"首先，如在引言部分提到的那样，披露，即 $\bar{y} = \bar{u} + \bar{\eta}$，是我所描述的经济中的外生特征。因此，我没有在任何地方首先构建披露的理论基础或需求。然而，有兴趣的读者可以阅读以下两个部分来理解为什么在我所描述的经济中会有对披露的需求或供给。出于纯教学方面的考虑，首先假设披露是简单地"存在"的，然后再讨论这些披露存在的根本原因，是比较方便的"（p.7）。

[25] 在 V3 中，引文 4（V2）未再出现。Verrecchia 对线性设定的支持依然在 V3 中出现，但是缓和了。例如，参见本评论的注释 9 中从 V3 的注释 4 中摘录的内容。

当然，为研究生们考虑，我再加一点，这并不是说任何理论的唯一，或至少是直接的功能是提供可检验的含义。经济理论的一个重要功能是引入新的理念，无论它们是否可检验，或者如 Rubinstein（1999）在其对 Simon（1997）评论时所指出的那样，"在经济理论中，我们真正做的是研究论点。"当 Grossman（1975，1977）和 Grossman and Stiglitz（1980）在 20 多年前首次引入时，基于证券市场理性预期均衡的论点还是新的，在经验含义变得明显之前很早它就改变了人们对信息如何在价格中得到反映的思考方式。类似地，尽管 Modigliani and Miller（1958）提出的资本结构无关论总被证明在经验意义上是错误的，但是不论从什么角度讲，这一论点都是重要的。

　　[26] 描述这一问题的另一种方式是，PELRE 框架未能指出瓦尔拉斯过程是否是稳定的：如果拍卖者没有立即"触及"均衡价格，是否有一个调整过程使得他达到 PELRE 模型规定的均衡价格呢？如果一个合理的调整过程不存在，那么 PELRE 模型的预测就进一步受到质疑了。

　　[27] PELRE 模型并不是因为忽略了相关信息而受到责难的唯一模型。Kyle（1985）模型也可以被批评，因其基于投资者的净订单流量，而非个别订单。

　　[28] 支持这一论断的原因有二。第一，所有的 PELRE 模型都是完全竞争模型，即交易者不考虑其自身交易对企业价格的影响。假如一个交易者，比如交易者 T，试图通过观察其他交易者的交易量来获知其他交易者的信息，那么交易者 T 必须认识到其他交易者也试着观察他的交易量（要么直接地，要么作为总交易量的一部分）来推断关于他的信息的某些知识，这些推断将会影响他们对股票的需求，并因此影响股票的均衡价格。认识到会有关于他的信息的推断，交易者 T 必须意识到企业的均衡价格会被他自己的交易量所影响。因此，交易者 T 没有视价格独立于其交易量为给定的，这样市场就不能被描述为完全竞争了。第二，交易者的线性需求函数是 PELRE 模型的标志，而当投资者根据其他投资者的交易量确定需求时，这种线性是否能够继续保持就不好说了。

　　[29] 限制了模型♯10 重要性的其他特别的特征如下：该模型的建立方式保证了模型中每个不知情的（流动性）交易者将会有相同的概率提交购买或出售一股股票的订单，并且资产价值的概率分布为均值为 0，准确度为 h 的正态分布。这种构建的对称性导致，当交易的概率不依赖于交易者是知情的或是不知情的时，交易量对企业的均衡价格没有影响。如果没有这种对称性，这一结果还会成立吗？Verrecchia 在 V3 中宣称"将这个简单的模型拓展至更一般的情形应该是易于做到的"（p.50）。但是他并没有指出去掉刚刚讨论过的对称性（及其后果）是不是一项这种"易于做到的"一般化。

　　为了拓展正文中关于模型♯10 的第二点（这个模型没有直接针对交易者如何对关于其他交易者交易量的信息作出反应的问题），我想指出，在这个模型中，做市商根据交易总量和净订单流量来确定其对资产期望值的看法，但是交易者自身并没有根据对其他交易者交易量的观察值来确定自己的需求。尽管在此模型中，对做市商如何利用他获得的关于交易量的信息的预期，的确影响着知情交易者的决策，但是这并不等同于直接给予这些交易者有关其他交易者交易量的信息。

　　[30] 引文（V3）"如果在我将要讨论的情形中存在多重风险资产，研究者一般发现单一资产经济下的结果可能会是相反的。资产间的相互作用可能会使多资产经济中出现反转"（Admati，1985；Holthausen and Verrecchia，1988 被引用。p.7）。

　　[31] 相反，宏观经济学文献齐心协力地基于校准练习的结果来评价模型。例如，参见 Kydland and Prescott（1996）。

　　[32] 在 V3 中，Verrecchia 指出，Alles and Lundholm（1993）"也讨论了为什么他们

并不认为这（交易动机的这种混合）是致命的缺陷"（V3, p. 68, foot note 59）。

[33] 在开始讨论前，让我先澄清两点。第一，我计划讲的内容主要是为研究生考虑的；并没有什么新东西。最初的研究，如 Grossman（1975，1977）和 Grossman and Stiglitz（1980）对这些模型中噪音项角色的讨论是非常清楚的。因为我没在笔记中发现对这些点的讨论，而我又认为这些点对于理解什么使得你 "有资格" 应对 PELRE 或类似模型是非常关键的，所以我才将下述评论包括进来。第二，我希望强调，在使用包括专门的噪音项的模型方面（即包括流动性交易者和其他对市场价格不作出反应的交易者），Verrecchia 绝不孤单。这是文献中的常见表述。

我所说的单期 PELRE 模型中的 "噪音项" 是本评论正文中方程（2）里的随机变量 $\tilde{x}$。（因为这个注释的讨论与单期问题有关，故我在讨论中的大多数情况下不考虑方程（3）。）Verrecchia 介绍 $\tilde{x}$ 如下：

引文（V3）"方便起见，令 x 表示价值不确定的资产的每人供给量，其中，定义 $x = \sum_i (x_i/N)$。随着分析的进展，作下列假设是有益的：价值不确定的资产的每人供给量 $\tilde{x}$ 也是一个正态分布的随即变量，其均值为 0，准确性为 t。"

下面我将 $\tilde{x}$ 作为 "PCSRA"（风险资产的每人供给量）。要问的第一个明显问题是：PCSRA 怎么可以是随机的？起初，这看起来是不恰当的。毕竟，如果我知道某只股票发行在外的数量，且我知道证券市场上潜在交易者的数量，那么我就准确地知道风险资产的每人供给量是多少。这是一个固定的、已有定数的数字。为了获得将 $\tilde{x}$ 作为一个方程（2）中向其分配的数学上的角色相一致的非退化的随机变量的似乎有理的经济学解释，我们必须如此看待它：它是交易者所要求的平均的总未知交易量，交易者对我们所研究证券的需求对于证券价格的变化是无限地无弹性的。（这是与方程（2）一致的唯一可能的对 $\tilde{x}$ 的解释，因为 $\tilde{x}$ 不随 $\tilde{P}_{T-1}$ 而变化。）这似乎是背上了一大堆包袱（出于下面进一步讨论的原因），并且，如果可以摒弃随机 $\tilde{x}$ 的概念，似乎将会获得更好的理论。不幸的是，对于每一个 PELRE 模型来说，它都是不可摒弃的。

如果没有 $\tilde{x}$ 引入的额外的随机因素来源，则市场出清价格完全显示了投资者信息的平均价值。要在所讨论的定价方程中看到这一点，注意，如果在方程（2）中 $\tilde{x} = 0$，则价格 $\tilde{P}_{T-1}$ 是 $\tilde{u}$ 的线性函数，于是关于 P_{T-1} 的知识显示了 $\bar{u}$。因此，由于在 PELRE 模型中投资者根据 $T-1$ 期的价格 P_{T-1} 来确定他们 $T-1$ 期对风险资产的需求，所以他们在观察到 P_{T-1} 时就知道了 $\bar{u}$ 的确切价值。但是这意味着投资者将不会关注他自己的信息，而是仅根据市场价格观察就确定他们对企业股票的需求。但是，如果他们这样做，这就回避了另一个问题：投资者信息（的平均价值）如何结合在市场价格之中！（参见 Milgrom（1981）对此的进一步讨论。）为了不使这些模型崩溃，必须引入像非退化的随机 "PCSRA" 这样的专门规定。

（读者应该意识到，即使没有会计信息 $\bar{y}$ 的公开披露，这一问题依然存在。要了解这个问题，现在看一下描述了 T 期假定的均衡价格的方程（3）：

$$\tilde{P}_T = a_T + b_T \bar{u} + c_T \tilde{y} - d_T \tilde{x}$$

如果 $\tilde{x}$ 是退化的，则由于投资者在构建其 T 期的资产需求函数时，他们基于变量 $\tilde{P}_T$ 和 $\bar{y}$，所以价格和 $\tilde{P}_T$ 的 $\bar{y}$ 结合显示了 $\bar{u}$。）

"PCSRA"还有其他困难。$\tilde{x}$通常被解释为流动性震动。但是很难讲一个可信的故事来说明当$\tilde{x}$在方程（2）中出现时，如同它做的那样，是一个流动性震动。对于"流动性震动"，我想多数人认为，作为生命周期或其他因素的结果，投资者为某种目的"需要"某一确定金额的钱。但是，这与它在方程（2）中的用途并不一致。如果$\tilde{x} > 0$，方程（2）要求，不管企业的市场价格如何，投资者都需要出售固定**数额（比例）**的企业股票。也就是说，无论这一流动性需求出现时企业的价格是5美元还是500万美元，只有通过清算恰好这一数目的股票才能满足流动性需求。如果流动性需求涉及筹集现金，只有通过出售这些股票才能满足这一需求：投资者不能去银行获取贷款、使用自己的信用卡、出售某些其他资产等。当$\tilde{x} < 0$时，PCSRA概念就更显虚构了：对于具有随机外生需求，使其不管价格如何都**购买**企业某一确定数量股份的个体来说，这意味着什么？这意味着投资者不能考虑购买这个企业股票之外其他任何的钱的用途。我不知道能讲什么样的效用最大化的故事来使这种行为合理化。

如本注释前面来自V3的引文（pp. 10 - 11）所示，PCSRA听起来清白的内在的假设是有问题的，它要求读者"有资格"做更多的假设而不只是认真地阅读其内容。

[34] 注意，这是与看起来似乎更有理的论断（T期流动性震动的实现值是从产生$T - 1$期实现的流动性的同一分布中抽取的一个独立变量）完全不同的论断。

[35] 不幸的是，我认为Verrecchia的处理还有另一个困难。在V3中，Verrecchia指出（2）和（3）组成的方程组有两个解：引文（V3）"尽管完全反映和价格重复均衡是可能的，根据投资者的推测，完全集中于后者的优点在于，在真实的制度背景中，很少有证据表明价格'完全反映'资产价值。另外，价格重复均衡的特点是投资者在T期忽视了过去的价格是关于资产的信息来源，这似乎与市场均衡的概念一致"（本引文并非来自V3，疑原文误。——译者注）。

我认为前面的引文展示了坏科学：如果有一个多重均衡的模型，而且各种均衡有着不同的经验含义，那么我认为，将经验数据作为一种手段来解释为什么选择某个均衡作为进一步分析的对象是不合适的。在我看来，这与利用给定的数据集形成一种理论，然后用同样的数据检验该理论没什么区别。

[36] See, e.g., Andersen and Bollerslev (1998).

[37] Dye (1990).

[38] 有两个相关的问题值得在此强调：为什么分析式模型似乎总是从假设任何众所周知的偏差都被消除开始？或者更一般地，假设投资者具有相同的事前看法？对第一个问题的回答是，这只是一个规模的问题。对第二个的回答更深奥些。的确有那些不是所有投资者都具有相同的事前看法的模型（see, e.g., Harris and Raviv, 1993），但是确实多数模型以此方式开始。我认为有两个基本的原因。第一，依照Wilson（1968），如果人们事前有不同意见，那么他们应该愿意相互下大的赌注，每个打赌者都认为他在下赌注时拥有精算的不公平优势（有利于他的）。这些赌约将会持续到事前的多数差异都消除为止。第二，为了使模型的结果能够由模型内发生的东西来解释，而非由模型之外的东西（如事先的看法）解释，大多数模型设计者都偏好让他们模型中的代理人开始具有共同的事先看法，然后令他们看法的差异源于他们开始后（在模型中）收到的信息的差异。

还应该指出的是，有一些分析式文章明确地包含了会计信息的偏差，如Antle and

Nalebuff (1991)，Dye (1988)，Fischer and Verrecchia (2000)。

[39] Demski (1992) 作了类似的评论，指出强调会计问题的信息角色如何使分析式会计变得更好，但是这样做又失去了很多会计的内容。

[40] 感谢 Mark Finn 提供了这篇文献。

[41] See，e. g.，Evan and Sridhar (1996) or Dye (1988).

[42] 参见 Ijiri (1975) 对"硬度"的讨论和 Demski (1994) 对一个不可篡改的会计"图书馆"的比喻说法。

[43] 例如，参见 Dye (2000) 对会计交易的一种描述。

[44] 引文 (V2)"特别地，未来的理论基础研究的有用方向可能要么强调经验研究中的某些执行问题，要么通过要求所有理论基础的研究都必须结合一些经验要素以作为入门资格来修复两种文献之间的隔阂……前者的（强调执行问题）一个例子是，从'好理论'中取得理论基础研究中感兴趣的现象的有用代理变量，和执行该代理变量的适当方法"（pp. 95 - 96）。

我在 V3 中没有发现对改进后的会计信息表述的重要性的讨论。

[45] 抢劫者和被抢者之间的"博弈"并非我首创，但是我无法判断源出何文献。这是 Kreps et al. (1982) 这篇著名文章的一个解释。

[46] Frank (1989) 在他的 *Passions within Reason* 一书中对此概念作了拓展。

[47] 因为理性的人总是能够承诺非理性的人所采取行动的路线！

[48] 讲得详细些，总的来说，我认为，即使一种理论需要大量的数学来形式化，但该理论所依据的逻辑应该足以简单到能够向如谚语所云的"常人"进行解释。这种要求与要求模型稳健是紧密联系的。一种易于明确表达的理论并不依赖于某些棘手的"模型的精美结构"。PELRE 往往无法通过这种测试，因为它们的结果显著地依赖于这些模型详尽的"精美结构"。

但是，我的意思不是教条地看待一种方法对基于代数计算的理论的有用性。在建立一种理论的开始阶段，可能除了使用计算方法外别无其他选择，因为控制理论结果的力量可能还没有被完全理解。但是，笔记中讨论的所谓 DAS 模型早已达到了成熟阶段，这——在我看来——使得一直以来坚持用计算的、代数的方法无法为之辩护。

[49] 在 V3 中，Verrecchia 删除了隐含在这些引文中的批评态度。

[50] 为了有助于充分披露（很明显，一个当前的适当主题），我必须告诉读者，在我想让大家了解的会计文献中，企业的信息是否到达如 Dye (1985a) 中那样的不确定。那篇文章的一个部分假设，假如企业没有披露，外部人计算出的企业没有收到信息的概率等于企业没有收到信息的事前概率。后来，Jung and Kwon 对此作了改进，用贝叶斯规则来进行这一概率计算。

[51] 还有的案例中，管理者自己似乎都不知道他们处理的是什么信息。2000 年 8 月 17 日，CNN 报道 Agilent Technologies 公司的季度盈余震惊了分析师，部分因为该公司早先警告分析师说它将面临零件的短缺，然而这一短缺随后并没有成为现实。CNN 报道，"一些分析师指出，较低的预期与实际结果之间的差距可能也是组织内部无效的内部报告机制所致。"

感谢 Robert Magee 提供了此例。

[52] Dye (1998).

[53] See, e. g., Myerson (1979) or Harris and Townsend (1981).

[54] 对相关性原则和盈余管理进一步的讨论可以在下列文献中找到，如 Dye (1985，1988)，Demski (1998)，Arya et al. (1998)，以及 Dutta and Gigler (2000)。

[55] 在 V3 (注释 31) 中，Verrecchia 描述了他与 Richard Lambert 之间的一个协议，只让 Lambert 负责对相关性原则的讨论。虽然我也赞同在两篇回顾中都评述相关性原则的所有经济学基础是不可取的，但是我认为，鉴于相关性原则对会计披露势不可挡的重要性，笔记还是应该讨论一下它对**会计披露**的重要性。

[56] 前述讨论基于 Dye (1985b)。

[57] 在原文第 72 页，结合对"效率基础的披露模型"的讨论，笔记包括了对在类似的双头卖方垄断模型中不披露更优于充分披露的一个简单逻辑论证。但是，依然没有提供关于这些结果的经济洞见。

[58] 笔记表明 (see p. 56)，如果知情企业披露 $\tilde{Y}=Y$ 给不知情企业，那么不知情企业的均衡产出是某个函数 $x_U(Y)$，该函数随被披露信息 Y 线性增加，并且，如果知情企业不披露，那么不知情企业的均衡产出是 $x_U(E\tilde{Y})$。

给定这些假设事实，考虑知情企业不披露时的期望利润。有下式

$$\pi^{ND} \equiv E\left[E\left[\max_{x_I^{ND}} x_I^{ND} \times (\alpha + \beta\tilde{Y} - x_I^{ND} - x_U(E\tilde{Y})) \mid \tilde{Y}\right]\right]$$

在这个表达式中，知情企业总知道 $\tilde{Y}$ 的实现值，于是该企业基于这一实现值来确定其偏好的产出选择 $x_I = x_I^{ND}$。对于每个 $\tilde{Y}$ 的实现值，会对应有知情企业选择的某些最优数量，比如当 $\tilde{Y}=Y$ 时的 $x_I^{ND}(Y)$。按类似的方式，当导致知情企业的利润最大化数量选择是管理者向不知情企业披露 Y 时，可以写出最大化这一实现值的表达式。我们将这一数量称为 $x_I^D(Y)$。注意，当知情企业不向不知情企业披露 Y 时，知情企业不可能通过选择 $x_I^D(Y)$ 来得到改善。将后一种策略得到的期望利润称为 π_{SUB}^N ("SUB" 意指次优)，并将这一发现记录为：

$$\pi^{ND} \geqslant E[E[x_I^D(\tilde{Y}) \times (\alpha + \beta\tilde{Y} - x_I^D(\tilde{Y}) - x_U(E\tilde{Y})) \mid \tilde{Y}]] = \pi_{SUB}^{ND} \tag{5}$$

将期望利润 π_{SUB}^{ND} 与知情企业总是向不知情企业披露 $\tilde{Y}$ 的实现值的期望利润进行比较。后者是

$$\pi^D \equiv E[E[x_I^D(\tilde{Y}) \times (\alpha + \beta\tilde{Y} - x_I^D(\tilde{Y}) - x_U(\tilde{Y})) \mid \tilde{Y}]]$$

注意，π^D 不同于 π_{SUB}^{ND} 之处在于，$x_U(\tilde{Y})$ 替代了 $x_U(E\tilde{Y})$。π^D 和 π_{SUB}^{ND} 哪个更小？显然，逐项比较表明，当且仅当

$$E[x_I^D(\tilde{Y}) \times x_U(\tilde{Y})] \geqslant E[x_I^D(\tilde{Y}) \times x_U(E\tilde{Y})] \tag{6}$$

π^D 比 π_{SUB}^{ND} 小。回想 $x_U(Y)$ 随着被披露的信息 Y 线性增加，于是 $x_U(E\tilde{Y}) = E[x_U(\tilde{Y})]$，并因此 $E[x_I^D(\tilde{Y}) \times x_U(E\tilde{Y})] = E[x_I^D(\tilde{Y})] \times x_U(E\tilde{Y}) = E[x_I^D(\tilde{Y})] \times E[x_U(\tilde{Y})]$。所以，式 (6) 中的不等式表明，当且仅当

$$E[x_I^D(\tilde{Y}) \times x_U(\tilde{Y})] \geqslant E[x_I^D(\tilde{Y})] \times E[x_U(\tilde{Y})] \tag{7}$$

π^D 小于 π_{SUB}^{ND} 才成立。因为当 (且仅当) $x_I^D(\tilde{Y})$ 和 $x_U(\tilde{Y})$ 之间的协方差非负时，最后一个不等式成立，不等式 (5) ～ (7) 合在一起表明，只有当假如知情企业披露其信息，知情和不知情企业的产出会正地共同变化时，知情企业才会从不披露中获益。由于所有企业是否

提高或降低它们的产出取决于它们行业的需求曲线（的截距）的提高或降低，所以这种正的协方差条件往往会被满足。有事前披露的知情企业会变差，这是因为，由于披露，不知情企业降低了知情企业通过提高其产出来利用高市场需求的能力，这反过来使得知情企业的"剩余"需求曲线变小（Darrough（1993）有相关的发现）。

[59] See Verrecchia（2001）。

[60] 参见"最大化期望的企业价值（模型＃3）"，V3，pp. 60 - 62。

[61] 比起本评论中的别处来说，这一段更是一种对主观的个人品位而非客观的铁的事实的说明。更一般的观点是，我认为模型设计者所选择的模型设定应该是，在其中他们能够清楚地说明经济学（而非代数）影响披露政策和其他内生变量的方式。

[62] 这部分强调的披露问题使得"效率"这个称号在此比在笔记前面部分描述的其他内生披露模型中更合适。然而，这一部分强调的披露问题没有什么特殊之处。尽管存在资本成本与披露专有成本之间的权衡会使得披露政策"内点"（即，既不是总披露也不是决不披露可能是最优的），但是在其他披露模型导致"角点"披露政策为最优的情况下，这一权衡的存在并不是决定最优披露政策的"效率"状态的核心。如果"角点"披露政策最大化了具体的目标函数，那么该披露政策可能也是有效率的。

在 V3 中，Verrecchia 现在似乎承认了后一点，他在注释 61（p. 70）中写道，"当然，如果没有任何对抗性力量，就没有什么可以阻碍充分披露成为脚点解了"。

[63] 第一，考察此假设，即知情交易者准确地知道产品市场需求曲线的截距，但是除企业家外，该行业中没有企业拥有此信息。如果确实如此，那这些知情交易者入错行了！他们应该将他们的信息出售给参与此产品市场的不完全知情的企业。

第二，考虑下述假设的含义，即只有企业家和资本供给者的效用——并且不是所谓"流动性交易者"的效用——影响着企业家的披露政策。这个模型（和相关模型）中的流动性交易者是所有的模型参与者中最不老练的交易者（因为他们的需求被定义为对任何与评估企业股票价值相关的信息都不敏感）。不过，当讨论什么构成一个可取的披露政策时，是否应该像笔记这一部分中的模型那样不考虑流动性交易者的利益并不清楚。显然，对于强制和自愿披露政策均是如此。在强制披露政策的情形下，制定强制披露政策的机构明确地有责任帮助稚嫩的投资者"提供公平竞争的舞台"（例如，证券交易委员会发布的公允披露规则就是以此为目标）。在自愿披露政策的情形下，必须看到，即使在信息发布时流动性交易者的交易对价值相关信息不敏感，但他们可能认识到，某些企业或某些市场要比其他企业或其他市场更容易使他们由于更知情交易者的缘故而面临被剥削的危险。因此，流动性交易者可能回避参与这种市场（作为示例，这篇文章的读者中有多少在温哥华证券交易所交易？）。假如流动性交易者按照这种明智的方式行事，那么那些设计披露政策的人（在当前的模型中是企业家）在选择披露政策时必须补偿流动性交易者。

与笔记这一部分所采用的模型构建方法相反，Bushman and Indjejikian（1995）在描述流动性交易者的行为时强调并模型化了这一重要因素。

（我感谢 Joel Demski 在这一点上对我大有裨益的谈话。）

第三，考虑企业家承诺一种披露政策的能力。什么将防止企业家披露信息的频率比其原先所说的更低呢？在声誉至关重要的多期世界中，或许这种承诺能够被遵守。但是，这是单期模型，因此声誉因素可能无法解释对自愿披露政策的遵守。

[64] V3 不再将从这一模型推导出的配置称为"最优"，这是正确的，因为 V1~V3 中没有包括对这些配置为最优的论述（例如，参见 Rasmusen（1989）对"最优"的定义）。我可以发现的 V3 中对此论断最接近的评论是"小结一下这个例子，其目的是说明资本成本中的信息不对称部分的概念"（p.75）。

[65] 你所需要做的只是建立一个模型，其中企业的价格等于其现金流量的期望折现值（现金流量补偿了与披露有关的专有成本的影响）扣除两个风险溢价，一个是与企业回报的系统风险有关的常见风险，另一个是由于投资者对企业回报的分布的不确定性导致的"信息风险溢价"。此类模型的一个简单例子可以在 Dye（1990）中发现。

[66] 理论最关键的特点是在其假设和结论之间进行筹划。这既是该理论可检验含义的出现之处，也是好的（或坏的）经济学推理涌现之地。Stigler（1996）对于好理论的看法是：

> 一个有用的普遍规律是，一个科学的理论具有两个特征。第一，它应该多少有些真实。第二，它应该能够应用于相当大数目的可能事件（Stigler，1966，p.5）。

我认为，此处的"真实"是指理论在其所据以推导出的情形下是正确的。"广泛地适用"是指推导的情形是广阔的。不幸的是，如 Stigler 接下来所指出的，这两个特征总是互不相容的：一种理论往往只在少数情况下是真实的（Friedman（1953）在这一点上也是值得阅读的）。

当你串起了一系列独特的假设，你就进一步限制了理论的应用性和从理论中推演出的经验。

[67] 这是对 V2 中类似声明的一个修正。在 V2 的第 81 页，Verrecchia 指出，"……完全竞争的假设只给披露留下了很小的机会来产生利益"。注意 V3 引文中新的限定条件。

[68] Verrecchia 在其对 Barth et al.（1999）的批评中进行了类似的评论。

[69] 在从 Dye and Sridhar（1999）开始的一系列文章中，Sridhar 和我正式地论证了在不作出关于资本市场不完全竞争的任何假设的情况下，企业的披露实践如何帮助指引企业的战略选择。

[70] 在 V3 中，我无法找到类似 V2 中引文 10 的论述。并且，如下述评论所示，在 V3 中，Verrecchia 似乎同意，应对披露所引起的可能的效率问题的另一条路是研究包括生产的模型。引文（V3）"允许将所坚持的纯粹交换假设变为生产和交换假设将会提高效率，这提供了一个披露存在的理由，但在本则笔记剩余的部分中，我将探讨另一种将披露和效率联系在一起的途径"（p.68）。

[71] 提到推荐阅读书目，在此我没有篇幅讨论我所认为的披露文献的适当阅读书目了。我只想简单地指出，在准备这篇评论时，我再次阅读了引入理性预期定价框架的 Grossman（1975，1977）与 Grossman and Stiglitz（1980）这些原创性文章。即使在其发表 20 年后，我发现这些文章依然是惊人地有创见的、富有洞察力的、易于理解的和值得阅读的。

参考文献

Aboody, D., Kaznik, R., 1999. CEO stock option awards and corporate voluntary disclosure. Stanford University Working Paper.

Admati, A., 1985. A noisy rational expectations equilibrium for multi-asset securities markets. Econometrica 53, 629-657.

Alles, M., Lundholm, R., 1993. On the optimality of public signals in the presence of private information. The Accounting Review 68, 93-112.

Andersen, T., Bollerslev, T., 1998. Towards a unified framework for high and low frequency return volatility modeling. Statistica Neerlandica 52, 273-302.

Antle, R., Demski, J., Ryan, S., 1994. Multiple sources of information, valuation, and accounting earnings. Journal of Accounting, Auditing, and Finance 9, 675-696.

Antle, R., Nalebuff, B., 1991. Conservatism and auditor-client negotiations. Journal of Accounting Research29, 31-59.

Arya, A., Glover, T., Sunder, S., 1998. Earnings management and the revelation principle. Review of Accounting Studies 3, 7-34.

Barth, M., Clinch, G., Shibano, T., 1999. International accounting harmonization and global equity markets. Journal of Accounting and Economics 26, 201-235.

Beaver, W., Demski, J., 1979. The nature of income measurement. The Accounting Review 54, 38-46.

Blume, L., Easley, D., O'Hara, M., 1994. Market statistics and technical analysis. Journal of Finance 49, 153-181.

Bromwich, M., 1980. On the possibility of partial accounting standards. The Accounting Review 55, 288-300.

Bushman, R., Gigler, F., Indjejikian, R., 1997. A model of two-tiered financial reporting. Journal of Accounting Research 34, 51-82.

Bushman, R., Indjejikian, R., 1995. Voluntary disclosures and the trading behavior of corporate insiders. Journal of Accounting Research 33, 293-316.

Campbell, J., Grossman, S., Wang, J., 1993. Trading volume and serial correlation in stock returns. Quarterly Journal of Economics 108, 905-939.

Chorida, T., Swaminathan, B., 2000. Trading volume and cross-autocorrelations in stock returns. Journal of Finance 55, 913-935.

Darrough, M., 1993. Disclosure policy and competition: cournot vs. betrand. The Accounting Review 68, 534-561.

Demski, J., 1973. The general impossibility of normative accounting standards. The Accounting Review 48, 718-723.

Demski, J., 1974. The choice among financial reporting alternatives. The Accounting Review 49, 221-232.

Demski, J., 1992. Accounting theory. Yale University Working Paper.

Demski, J., 1994. Managerial Uses of Accounting Information. Kluwer, Boston.

Demski, J., 1998. Performance measure manipulation. Contemporary Accounting Research 15, 261-285.

Diamond, D., 1985. Optimal release of information by firms. Journal of Finance 40, 1071-1094.

Dutta, S., Gigler, F., 2000. The effects of voluntary forecasts and the frequency of reporting on earnings management. Northwestern University Working Paper.

Dye, R., 1985a. Disclosure of nonproprietary information. Journal of Accounting Research 23, 123-145.

Dye, R., 1985b. Strategic accounting choice and the effects of alternative financial reporting requirements. Journal of Accounting Research 23，544-574.

Dye，R.，1988. Earnings management in an overlapping generations model. Journal of Accounting Research 26，195-235.

Dye，R.，1990. Mandatory vs. voluntary disclosures：the cases of financial and real externalities. The Accounting Review 65，1-24.

Dye，R.，1998. Investor sophistication and voluntary disclosures. Review of Accounting Studies 3，261-287.

Dye，R.，2000. Transactions manipulation and nash accounting standards. Northwestern University Working Paper.

Dye，R.，Sridhar，S.，1999. Strategy-directing disclosures. Northwestern university Working Paper.

Dye，R.，Sridhar，S.，2000. Disclosures of real options. Northwestern University Working Paper.

Dye，R.，Verrecchia，R.，1995. Discretion vs. uniformity：choices among GAAP. Accounting Review 70，389-415.

Evans，J.，Sridhar，S.，1996. Multiple control systems，accrual accounting，and earnings management. Journal of Accounting Research 34，45-66.

Fieller，E.，1932. The distribution of the index in a normal bivariate population. Biometrika 24，428-440.

Fischer，P.，Verrecchia，R.，1997. The effect of limited liability on the market response to disclosure. Contemporary Accounting Research14，515-543.

Fischer，P.，Verrecchia，R.，2000. Reporting Bias. The Accounting Review 75，229-245.

Fishman，M.，Hagerty，K.，1989. Disclosure decisions by firms and the competition for price efficiency. Journal of Finance 44，633-646.

Fishman，M.，Hagerty，K.，1990. The optimal amount of discretion to allow in disclosure. Quarterly Journal of Economics 105，427-444.

Fishman，M.，Hagerty，K.，1998. Mandatory disclosure. In：Peter，N.（Ed.），The New Palgrave Dictionary of Economics and the Law. Macmillan Press，London.

Freeman，R.，Tse，S.，1992. A nonlinear model of security price response to unexpected earnings. Journal of Accounting Research 30，185-209.

Frank，R.，1989. Passions Within Reason. W. W. Norton and Co，New York.

Friedman，M.，1953. Essays in Positive Economics. University of Chicago Press，Chicago.

Gertner，R.，1998. Disclosures and Unraveling. In：Peter，N.（Ed.），The New Palgrave Dictionary of Economics and the Law. Macmillan Press，London.

Grossman，S.，1975. Rational expectations and the econometric modeling of markets subject to uncertainty. Journal of Econometrics 3，255-272.

Grossman，S.，1977. The existence of futures markets，noisy rational expectations，and informational externalities. The Review of Economic Studies 44，431-449.

Grossman，S.，1981. The informational role of warranties and private disclosure about product quality. Journal of Law and Economics 24，461-484.

Grossman，S.，Hart，O.，1980. Disclosure laws and takeover bids. Journal of Finance 35，323-334.

Grossman，S.，Stiglitz，J.，1980. On the impossibility of informationally efficient markets. American Economic Review 70，393-408.

Hakansson，N.，Kunkel，J.，Ohlson，J.，1982. Sufficient and necessary conditions for information to have social value in pure exchange. Journal of Finance 37，1169-1181.

Harris, M., Raviv, A., 1993. Differences of opinion make a horse race. Review of Financial Studies 6, 473-506.

Harris, M., Townsend, R., 1981. Resource allocation under asymmetric information. Econometrica 49, 33-64.

Hayn, C., 1995. The information content of losses. Journal of Accounting and Economics 20, 25-153.

He, H., Wang, J., 1995. Differential information and dynamic behavior of stock trading volume. Review of Financial Studies 8, 919-972.

Holthausen, R., Verrecchia, R., 1988. The effect of sequential information releases on the variance of price changes in an intertemporal multi-asset market. Journal of Accounting Research 26, 82-106.

Huang, C., Litzenberger, R., 1988. Foundations for Financial Economics. Prentice-Hall, Englewood Cliffs, NJ.

Hutton, A., Miller, G., Skinner, D., 2000. Effective voluntary disclosure. University of Michigan Working Paper.

Ijiri, Y., 1975. Theory of Accounting Measurement. American Accounting Association, Sarasota.

Jung, W., Kwon, Y., 1988. Disclosure when the market is unsure of information endowment of managers. Journal of Accounting Research 26, 146-153.

Kanodia, C., 1980. Effects of shareholder information on corporate decisions and capital market equilibrium. Econometrica 48, 923-953.

Kanodia, C., 1999. Discussion of comparing alternative hedge accounting standards: shareholders' perspective. Review of Accounting Studies 4, 293-297.

Kanodia, C., Lee, D., 1998. Investment and disclosure: the disciplinary role of periodic performance reports. Journal of Accounting Research 36, 33-55.

Kanodia, C., Mukherji, A., 1996. Real effects of separating investment and operating cash flows. Review of Accounting Studies 1, 51-71.

Kanodia, C., Singh, R., Spero, A., 2000. Optimal imprecision and ignorance. University of Minnesota Working Paper.

Karpoff, J., 1987. The relation between price changes and trading volume: a survey. Journal of Financial and Quantitative Analysis 22, 109-126.

Kreps, D., Milgrom, P., Roberts, J., Wilson, R., 1982. Rational cooperation in the finitely repeated prisoners'dilemma. Journal of Economic Theory 27, 245-252.

Kydland, F., Prescott, E., 1996. The computational experiment: an econometric tool. Journal of Economic Perspectives 10, 69-85.

Kyle, A., 1985. Continuous auctions and insider trading. Econometrica 53, 1315-1335.

Leftwich, R., 1980. Market failure fallicies and accounting information. Journal of Accounting and Economics 2, 193-211.

Levitt, A., 1998. The numbers game. Speech delivered at the NYU Center for Law and Business, New York, NY.

Liberty, S., Zimmerman, J., 1986. Labor union contract negotiations and accounting choices. The Accounting Review 61, 692-712.

Marshall, J., 1974. Private incentives and public information. American Economic Review 64, 373-390.

Mehra, R., Prescott, E., 1985. The equity premium puzzle. Journal of Monetary Economics 15, 145-161.

Milgrom，P.，1981. Good news and bad news: representation theorems and applications. Bell Journal of Economics 12，380-391.

Milgrom，P.，1981. Rational expectations，information acquisition，and competitive bidding. Econometrica 49，921-943.

Milgrom，P.，Stokey，N.，1982. Information，trade，and common knowledge. Journal of Economic Theory 26，17-27.

Modigliani，F.，Miller，M.，1958. The cost of capital，corporation finance and the theory of investment. American Economic Review 48，261-297.

Myerson，R.，1979. Incentive compatibility and the bargaining problem. Econometrica 47（1），61-74.

Ng，D.，1975. Information accuracy and social welfare under homogenous beliefs. Journal of Financial Economics 2，53-70.

Paul，J.，1992. On the efficiency of stock-based compensation. Review of Financial Studies 5，471-502.

Plott，C.，Sunder，S.，1988. Rational expectations and the aggregation of diverse information in laboratory security markets. Econometrica 56，1085-1118.

Rasmusen，E.，1989. Games and Information，2nd Edition. Blackwell，Cambridge.

Rubinstein，A.，1999. Review of "an empirically based microeconomics". Journal of Economic Literature 37，1711-1712.

Sabino，J.，1994. Essays on the incentives of informed traders in financial markets. Ph. D. Thesis，Northwestern University.

Sapra，H.，2000. Do mandatory hedge disclosures discourage or encourage excessive speculation? University of Minnesota Working Paper.

Shiller，R.，2000. Irrational Exuberance. Princeton University Press，Princeton，N. J.

Simon，H.，1997. An Empirically Based Microeconomics. Cambridge University Press，New York and Melbourne.

Sridhar，S.，Magee，R.，Disclosure and recognition requirements: corporate investment decisions with externalities . Contemporary Accounting Research，forthcoming.

Stigler，G.，1966. The Theory of Price，3rd Edition. Macmillan，London.

Thomas，L.，1974. Lives of a Cell: Notes of a Biology Watcher. Viking Press，New York.

Venugopalan，R.，2000. Conservatism in accounting: good or bad? University of Minnesota Working Paper.

Verrecchia，R.，1982. The use of mathematical models in financial accounting. Journal of Accounting Research 20，1-55.

Verrecchia，R.，1983. Discretionary disclosure. Journal of Accounting and Economics 5，365-380.

Verrecchia，R.，2001. Essays on disclosure. Journal of Accounting and Economics 32，97-180.

Watts，R.，Zimmerman，J.，1986. Positive Accounting Theory. Prentice-Hall，Englewood Cliffs，NJ.

Wilson，R.，1968. Theory of syndicates. Econometrica 36，119-132.

财务会计信息与公司治理 *

Robert M. Bushman，Abbie J. Smith

徐浩萍　译

摘要

　　本文回顾并发展了公开披露的财务会计信息在公司治理过程中的角色。首先，我们讨论了财务会计在管理激励计划中的应用，并探讨了未来的研究方向，在此基础上，提出财务会计信息在其他治理机制中的广泛运用，对可能的延伸研究机会提出建议。我们还认为，跨国研究将更直接地探讨财务会计信息通过公司治理以及其他广泛的机制，对经济业绩产生影响。

　　JEL 分类号：D8；F3；G3；J3；M4

　　关键词：财务会计；公司治理；代理；道德风险；薪酬

§1　引言

　　在这篇论文中，我们将针对财务会计信息在公司治理中的角色进行评价，并提出新的建立在经济学分析基础上的实证研究。我们将财务会计信息的治理角色定义为，在公司内部控制机制中运用外部公开披露的财务会计信息，以提高公司治理效率。

　　从经典的代理理论视角看，公司管理者和外部投资者的分离导致与生俱来的冲突。公司控制就是约束管理者，使其按照投资者意愿行事的机制。控制机制既包括内部机制，如管理层激励计划、董事监督和内部管理者市场的竞争；也包括外部机制，如外部股东或债

　　* We thank Thomas Dyckman，Thomas Hemmer，Edward Lazear，Thomas Lys（Editor），Joseph McConnell，Raghuram Rajan，Richard Sloan（Discussant），Ross Watts，Jerry Zimmerman（Editor），Luigi Zingales，and seminar participants at Carnegie Mellon University，Columbia University，Cornell University，and the 2000 Journal of Accounting & Economics Conference for their helpful comments. We also would like to thank Xia Chen for her valuable research assistance. Abbie Smith thanks the Institute of Professional Accounting of the Graduate School of Business，University of Chicago，and Robert Bushman thanks The Pricewaterhouse Coopers Faculty Fellowship Fund for financial support.

　　Robert M. Bushman，北卡罗来纳大学 Kenan-Flagler 商学院；Abbie J. Smith，芝加哥大学商学院。

权人的监督、公司控制权市场、产品市场和外部劳动力市场的竞争以及外部投资者受到的法律保护，这些机制使投资者免受公司内部人的盘剥。

财务会计信息是公司会计与对外报告系统共同作用的产物。它用公开披露的、经过审计的、定量的数据来度量上市公司的财务状况和经营业绩。财务会计系统不但向公司控制系统直接输入信息，同时通过信息作用于股价，从而间接地作用于公司控制系统。会计学关于公司治理研究的一个根本目标，是检验财务会计系统提供的哪类信息可以减轻由于管理者和外部投资者分离造成的代理成本，增进稀缺的人力和财力资本更有效率地向有前景的投资机会流动。我们相信，这类关于治理的研究，对于我们深入、完整地理解经济生活中财务会计信息对资源配置和使用效率的影响至关重要。

会计学中大量的公司治理研究都与财务会计信息在管理激励合约中的角色有关。对管理层薪酬的强调，一方面来源于薪酬合约在美国上市公司的广泛运用；另一方面，美国现有的强制披露使研究者可以获得上市公司高层管理者薪酬的披露数据，而委托代理模型又成功地为业绩评价和最优薪酬合同之间的关系提供可检验的假说。

在本文的第 2 部分，我们对会计学中已有的薪酬文献，包括检验会计信息对管理层变更的影响，进行了回顾和批判性评论，在这些文献和现有经验证据的基础上，构建这类研究的理论框架。我们还从历史角度追溯这类研究的经济学根源，探讨关于薪酬计划中财务会计数字运用的广泛程度和趋势的实证研究，并对未来此类研究提供建议。

第 2 部分不仅集中于一种特殊的公司控制机制——管理层薪酬计划，除此之外，学者们还讨论了会计信息在其他治理机制中的作用。这些机制包括：公司接管（Palepu，1986），股票代理权竞争（DeAngelo，1988），董事会（Dechow et al.，1996；Beasley，1996），股东诉讼（Kellogg，1984；Francis et al.，1994；Skinner，1994），债务契约（Smith and Warner，1979；Leftwich，1981；Press and Weintrop，1990；Sweeney，1994），以及审计职能（Feltham et al.，1991；DeFond and Subramanyam，1998）。[1]尽管这类文献的详细回顾超出了本文的范围，但是第 3 部分提供了一些此类研究的例子，并对其直接的扩展提供了一些建议，包括更广泛地研究在各类控制机制中对财务会计信息的应用、考虑控制机制之间的相互作用，以及财务会计信息局限对公司治理结构的影响。

第 2，3 部分提到的研究表明，财务会计信息在治理上的应用有可能影响经济资源的分配和利用。在第 4 部分，通过强调会计对治理的影响，我们将直接对财务会计信息的经济业绩后果进行实证检验。

在第 4 部分的开头，我们讨论了财务会计信息影响投资、生产与其他价值增长活动的三种途径。第一种途径是财务会计信息可以帮助管理者和投资者辨析投资项目的好坏（项目识别）。[2]第二种途径是将财务会计信息运用于公司控制机制，可以制约管理者将资源投入好的项目，而不是坏的项目（治理途径）。第三种途径是财务会计信息可以降低投资者之间的信息不对称（逆向选择）。

第 4 部分的研究涉及四个主题。第一个主题是综合上述三种途径讨论财务会计信息的整体经济后果。第二个主题是关于某一特定途径下财务会计信息的经济后果。第三个主题是，无论三种途径的综合作用还是某一途径的特定作用，财务信息经济后果如何随着其他因素的变化而变化，如审计方面的特性、沟通网络、证券分析师的跟踪、资本市场相对银行在企业融资中的重要性、法律环境及其他公司控制机制、企业内和企业间生产的集中度、政治对经济活动的影响以及人力资本。第四个主题是，财务会计信息在治理方面产生的经济后果如何受财务会计系统特性的影响。

由于不同国家在财务会计领域和经济业绩方面的显著差异，跨国研究为检验这四个主题提供了强有力的研究背景。另外，不同国家在投资者法律保护、沟通网络和其他制度特点之间的巨大差异，使得研究者能够探索这些因素对财务会计信息经济后果的影响。

近来经济学领域的研究为上述会计研究奠定了重要的基础。与信息、金融发展和经济增长相联系的经济学和金融学理论促使我们研究财务会计信息和经济业绩的关系。同时，近期经济学和金融学领域的实证研究发展了检验各国制度特征和经济业绩之间关系的方法和数据库。

此外，经济学和金融学领域不断涌现的相关文献表明，保护投资者免受公司内部人盘剥是重要的经济学课题。La Porta et al.（1997，1998）记载了投资者法律保护程度及其实施力度在不同国家的显著差异。自这些具有广泛影响的论文开始，关于投资者法律保护国别差异的经济后果的研究层出不穷。[3] 从整体上讲，这些研究发现，一国的投资者保护与本国金融市场的发展和效率、外部资本成本以及经济增长和效率之间显著联系。这些证据也支持了 La Porta et al.（1997，1998）关于投资者保护有重要经济影响的观点。综合这些证据以及财务会计信息和经济业绩之间正向关系的新证据（Rajan and Zingales，1998a；Carlin and Mayer，2000），表明财务会计信息的治理角色有可能产生占据首要位置的经济影响。

我们期待着第 4 部分的研究能够为财务会计信息从各个角度，尤其是治理角度，所产生经济影响的显著性提供新的证据。我们也希望这些研究设想能够识别财务会计信息总体经济后果的影响因素，以及那些影响财务会计信息治理角色经济后果的因素。最后，我们期待这些研究设想能从总体经济后果，以及财务会计通过治理功能产生的经济后果的角度，提供不同质量会计系统特性的证据。

在第 5 部分，我们论述了治理研究和其他以经济学为基础的会计研究之间的关系。我们认为，关于财务会计信息在治理和资本市场作用之间关系的研究，对完整理解财务会计信息之于经济业绩的作用非常重要，我们对研究这类关系提出了一些建议。在这部分，基于财务会计信息作用于经济的渠道，以及财务会计制度和其他制度特征互动的考虑，我们还对未来的资本市场研究提出了进一步的建议。

在第 6 部分，我们进行了总结，此外在将未来研究的建议付诸实施方面，我们有一些重要的说明。正如我们所指出的，无论用来检验财务会计治理角色的研究假设还是实证设计，我们对未来研究的建议都不能说已臻完善。我们也不确定这些建议能否经受仔细的检查。我们希望看到的是，我们的建议能激发其他会计学者思考关于检验财务会计信息效率和效应的新的可能。

§2 会计信息和管理激励契约

在这部分，我们将回顾和评论现有的关于管理层激励契约和会计信息的文献。这个领域大量的实证研究集中于美国上市公司高层管理者（大多指 CEO）的现金报酬（年薪加奖金）。这部分文献已经处于比较成熟的阶段，大多数研究都使用相同的原始数据库。要想取得进展，需要具备创造性和更加广阔的视角，作出能够显著增进我们认识的研究设计。除了关于美国高管层的文献外，还有不断丰富的文献着重研究大企业内部经营单元管理层的报酬和非美国的高管报酬。尽管数据可得性成为这部分文献发展的主要制约，但对这一领域的研究还是具有令人瞩目的前景。随后的论述中，我们会建立大多数此类研究中都运用的理论框架，对实证设计和计量方面的事项进行概括的讨论，并回顾和分析现有的研究。我们的目的是认真地讨论哪些成果已经取得，以为后续研究的推进提供平台。

在开始讨论主要内容之前，我们首先提供一些对现有研究的总体印象。总的说来，这些文献为管理者薪酬契约的概貌提供了丰富的描述。它们记载了财务会计指标，尤其是盈余能力指标，在管理层薪酬契约中的广泛应用。有证据表明，在管理者的年度奖金计划和长期业绩计划中，盈余能力指标被普遍和明文地使用。统计上盈余能力指标和各种管理层报酬的衡量指标——包括管理层更换的可能性——之间稳定的正相关关系，支持了盈余能力指标在董事会评估和高管薪酬中的应用，尽管这种应用可能是隐含的，而不是明文规定的。

文献还揭示了会计数字在美国高管薪酬契约中应用的重要趋势。统计证据表明，在过去的 30 年中，随着高管现金报酬更多地与其他业绩衡量指标相联系，盈余能力指标对其的作用越来越不重要。除此之外，现金报酬自身变成高管总体的薪酬—业绩敏感系数中不太重要的元素。证据表明，管理者的持股数和股票期权组合，而非现金报酬或其他报酬形式，成为管理者财富和股东财富变动敏感系数的主要决定因素。与由股票和股票期权计算的敏感系数相比，由现金报酬计算的敏感系数根本不算什么。是什么原因造成薪酬计划设计的改变还不十分清楚。对会计学者来说，了解高管薪酬契约中会计信息"市场份额"的下降，包括现金薪酬重要性下降的横截面差异，显然是个挑战。同样，对于未来那些致力于讨论会计信息在美国高管现金薪酬中作用的研究，面对市场份额的下降，必须作好为研究意义进行辩护的准备。

最后，大量有理论基础的实证研究都在检验从标准委托代理模型中引申的关于风险和激励的此消彼长的假设。这一假设的主旨是，如果会计衡量指标中的"噪音"相对于其他业绩衡量指标中的"噪音"有所增长，那么以会计数字为基础的薪酬契约就会被替代。总体上看，这方面的证据并不一致：一些研究发现契约更换的证据，而另一些则没有。经济学文献也存在类似不一致的结果（参见 Prendergast，1999a 中的讨论）。这些结果表明，实证代理变量可能没有反映真正的噪音构成，也可能是强调风险—激励对消的经典委托代理模型没有充分反映研究所处的契约环境。除这些证据之外，对于什么条件下会计数字有较多或较少的契约价值，现有文献揭示了系统性的规律。例如，研究证据表明，当成长机会增加时，企业更倾向于用其他业绩衡量指标替代会计指标；当盈余对股票价格有更高的信息含量时，激励在盈余上的比重就会增加，同时董事会会甄别盈余的不同组成部分以决定年度奖金。

在继续读下去之前，读者必须了解本文并不是对激励补偿问题作完整的回顾。这方面的研究内容太丰富，并跨越了经济学、财务学、社会学和心理学等不同领域。有兴趣的读者可以参考近来优秀的对范围更广的经济学文献的回顾。如 Rosen（1992）和 Prendergast（1999a）探讨了经济学中众多用来解释公司内部激励的理论构架（如分类模型、激励补偿契约、竞赛理论（tournament theory）、主观业绩评价、职业生涯考虑等），并对检验这些理论有效性的实证证据进行评价。Gibbons（1998）评价了四类代理理论研究：客观业绩评价的静态模型，主观业绩评价的重复模型，技能发展激励以及组织内部和组织间的激励契约。Murphy（1999b）介绍了管理层薪酬研究，包括一系列来自公开披露和调查工具的统计信息。Pavlik et al.（1993）对关于管理层薪酬的实证文献进行了有用的分类。最后，Indjejikian（1999）从管理会计的角度对薪酬文献进行了讨论。我们针对经济学基础的薪酬研究中的会计问题，对上述已有文献进行补充。

§2.1 管理层薪酬激励的历史观

有众多的文献检验薪酬激励契约中会计信息的作用。许多著作依赖于经济理论，而且只有基于广泛的管理层薪酬的研究背景，才能透彻地被理解。公司治理的研究至少可以追溯到 Berle and Means（1932），他们提出大公司中管理层持股并不能创造价值最大化导向的管理层激励。鉴于广泛存在的企业资本所有权和控制权分离，公司治理研究强调对缓解代理问题机制的理解，这些机制支持了两权分离的组织形式。学者们识别了一系列制约管理者行为的纯粹市场力量，包括产品市场竞争（Alchian，1950；Stigler，1958）、控制权市场（Manne，1965）和劳动力市场压力（Fama，1980）。然而，尽管有这些市场力量，仍然存在对额外治理机制的剩余需求，这些机制可以根据某个企业特定的环境量身定做。在大量关于董事会、薪酬契约、集中的股权、债务合同以及证券法对管理者行为制约，并使其能够按照资本提供者的利益行事的经济学研究中（参见 Shleifer and Vishny（1997）对此类文献颇有见解的回顾），我们可以看到这些需求。薪酬文献则是随着治理研究逐渐发展的一个分支。

早先薪酬文献强调薪酬结构，以企业客观职能本质为重点（Marris，1963；Williamson，1964；Baumol，1967）。这些文献实证检验了管理层薪酬水平对企业盈余能力（被视为股东的目标）反应更强还是对销售量反应更强（其规模常被假设为管理者机会主义目标）。这些研究使用了各种各样的研究设计，并产生了不同的结果：一些研究发现，与盈余相比，薪酬的横截面差异与企业规模的联系更加密切；另一些研究则发现利润最重要，当然其他指标也很重要。Rosen（1992）指出在概念上和计量上都存在困难，很难从这些研究中得出有力的引申。具体来说，他注意到这些论文存在多重共线性和严重的解释问题（比如，如果管理者领导的大企业生产具有较大边际利润的话，销售规模和薪酬之间的相关性并不一定意味着机会主义行为）。此类文献记载的一个经验规律是年现金薪酬与销售收入的弹性在 0.2～0.3 的范围内。这个结果看上去在不同的公司、行业、国家和时间段相对一致（参见 Rosen（1992）的讨论）。更近些时候，Holthausen et al.（1995a）也发现，美国大企业经营单位管理层薪酬水平与经营规模之间具有正的 3.0 左右的弹性。

同时，近期的薪酬研究随着信息经济学文献，尤其是委托代理模型的发展而演进。委托代理理论针对信息不对称条件下最优契约框架中业绩衡量问题建模（Ross，1973；Mirrlees，1976；Harris and Raviv，1979；Holmstrom，1979）。经典的委托代理模型研究在最优薪酬合同设计中风险分摊和激励的相消关系。这一理论带动了一类实证文献，重点研究确定观察到的激励合同的经济决定因素。SEC 对高管薪酬披露的要求使这一数据较易获得，进一步推动了管理层薪酬成为检验理论推论的重要实验室。

鉴于理论中管理层薪酬应当以企业业绩为基础的强预期，一些研究纠正了以前研究中存在的计量问题，并令人信服地在薪酬和业绩之间建立经验关系（e.g., Murphy, 1985; Coughlin and Schmidt, 1985; Benston, 1985）。最近的研究集中于薪酬和业绩的敏感程度。例如，Jensen and Murphy（1990）直接估计了美国高管薪酬的变化对股东财富的变化敏感系数。他们使用了多种衡量高管薪酬的变量（现金薪酬、工资修正、股票期权、持股数和与业绩相关的解雇），估计对于每 1 000 美元股东财富变化，高管薪酬大致变动 3.25 美元，由此推论薪酬太低，不足以激励管理者。但是，正如他们的批评者所说，在不考虑薪酬—业绩敏感性内在经济决定因素的情况下，很难估计敏感性水平。

在对 Jensen and Murphy 的回应中，Haubrich（1994）表明，若考虑到管理层对风险厌恶达到了足够的程度，对大企业来说，Jensen and Murphy 计算的薪酬—业绩敏感性就是最优的。Hall and Leibman（1998）将薪酬扩展到包括管理者所持股票和期权组合的价值变化上，采用模拟的方法证明估计的薪酬—业绩敏感性系数会带来管理者较大的终身消费风险。

Baker and Hall（1998）加入争论，他们提出问题：什么是高管激励的正确度量？他们质疑 Jensen and Murphy（1990）的薪酬—业绩系数是否是管理层激励力度的正确度量，因为它没有考虑管理者努力的边际产出。也就是说，在大公司，较小的业绩敏感系数并不一定代表较低的激励，因为管理者努力的边际产出会随该公司规模的增长而增长。理论上，一位管理者实际获得的激励应当用 Jensen and Murphy 的薪酬—业绩敏感系数乘以管理者努力的边际产出来衡量。他们发现 Jensen and Murphy 的薪酬—业绩敏感系数（1 美元股东财富变化对应的管理者财富变化）随着公司规模的增加严格下降（see Schaefer, 1998），而另一个衡量激励力度的指标——管理者股权份额的价值——则随公司规模的增加几乎上升相同的幅度。他们认为，哪种指标有效衡量了总体激励水平，有赖于管理者努力的边际产出与公司规模之间的弹性。（例如，Jensen and Murphy 假设边际产出与公司规模无关（弹性为零），而使用管理者持股价值假设边际产出与公司规模之间成比例的倍数关系（弹性为 1）。）他们估计自己的样本真实弹性在两者之间（0.4）。他们将其解释为管理者履行不同的任务，业绩与规模的相关程度也有所不同。[4] 他们认为大企业较小的薪酬—业绩敏感系数与较大的边际努力产出相抵消。这篇论文还将薪酬—业绩敏感性与薪酬—努力敏感性（激励力度）作了颇有见地的区分。

这场争论围绕 Jensen and Murphy（1990）和 Haubrich（1994），以及随后的 Hall and Leibman（1998）和 Baker and Hall（1998），都阐明了用平均的估计的激励系数大小检验代理理论的困难。一个更有说服力的方法是检验由正式委托代理模型引申出的相对静态假设。最优契约设计中的风险分摊和激励条款是这些模型的核心，它们之间此消彼长的关系说明一些基本的比较静态结果可以为了解激励合同的横截面差异提供基础。基本的代理模型预测在其他条件不变的情况下，薪酬—业绩敏感度将随业绩指标噪音的方差增长而下降。Aggarawal and Samwick（1999a）使用不同的薪酬、业绩度量方法，延伸了 Jensen and Murphy（1990），发现薪酬—业绩敏感度和业绩指标之间存在稳定的负相关关系（see also Garen, 1994）。他们证明，忽略业绩指标方差在横截面上的差异，会使估计的薪酬—业绩敏感度偏向零。加入方差后，估计的薪酬—业绩敏感度比没考虑方差的 Jensen and Murphy（1990）要大得多（也显著大于没有考虑方差时用他们自己数据估计的敏感度）。

大量实证会计薪酬研究至少会隐含地受委托代理模型的比较静态预期启发。激励薪酬方面的会计研究大致可以分成三类不同的方法。第一类方法，也是最常见的方法，从横截面上用观察到的或者通过统计方法估计的薪酬—业绩敏感度检验由委托代理模型启发而得的预测。第二类方法并不直接讨论观察到合约的最优性，而是将合约视为外生的，检验合约结构引起的盈余管理行为。第三类方法检验采用以会计为基础的激励计划对企业业绩的影响。

第一类方法主要依赖于 Holmstrom（1979）提出的"信息含量原则"的含义。这个原则（在直觉上）指出，给定其他可获得的业绩指标，任何（没有成本的）能提供管理者行为边际信息的业绩指标，都应该包括在合约中。然而，对我们在真实合约中应该观察到哪种业绩指标，这个陈述没有提供直接的指示。事实上，合约中会计作用研究并不是由理论推动的，而是因为它在实际合约中的大量应用。尽管最近有几篇论文试图解释合约明确选择的业绩指标，但大多数会计研究并不知道现实中使用的业绩指标，而是研究者自己假设了一套业绩指标，然后研究这些假设指标的激励权重。这会带来与指标误差和遗漏变量相关的问题。尽管这类研究方法存在局限性，总体上这类研究的数据呈现出与理论一致且稳健的模式。这类研究还分离出决定合约中会计数字用途的因素，据此可以对会计数字本身有更深入的理解。在下面的讨论中，我们构建了这类研究背后的理论框架，强调了它的主要预期，并在正式的模型中评价基本的研究结果。

第二类方法来自"实证会计理论"的文献（Watts and Zimmerman，1986；Watts，1977）。这类文献的主要目标是根据会计数字在正式契约安排中的价值，发展一个可以用经验数据检验的会计政策选择理论。这类文献中的一部分将薪酬计划视为外生的，检验合约形式对管理者盈余管理行为的影响。这些研究观察到非线性的年度奖金计划，特别是存在低端的门槛值和奖金支付上限。[5]研究的焦点是分离出盈余管理行为，但对与盈余管理相关的合约设计和其他效率问题不作评价。这类文献被经济学文献引用，作为薪酬计划失效的证据（e.g.，Prendergast，1999a；Abowd and Kaplan，1999）。

然而，尽管分离出盈余管理行为可以增加我们对合约相关行为的了解，但这类研究有赖于对以下问题的回答：为什么这些合约和盈余管理行为在现实中居于优先的位置而大量存在？大多数此类研究使用的数据是世界上最大、最复杂的公司。在这些公司观察到的合约不是最优的吗？观察到的盈余管理是合约失效行为吗？毕竟，如果使用的不是处于盈余管理结果核心的非线性奖金计划，而是固定不变的薪酬合约，就可以缓和任何盈余管理的动机。这些问题的经济学回答必须充分考虑均衡状态，经验的观察值正是从均衡状态中导出的。也就是说，如果观察到的世界反映了最优的经济行为，那么我们看到盈余管理行为就会从均衡中内生地产生，合约的设计者会理性地预期盈余管理的可能性，并将其反映在合约设计中。

事实上，最近会计学的理论文献推导出，均衡的合约对盈余管理有所需求。总体上讲，这些论文证明了压制信息降低代理成本的条件。盈余管理行为被视为一种信息压制机制。例如，尽管较少的信息报告可以限制管理者机会主义的可能性，但当委托人不能承诺不解雇职员（Arya et al.，1998）、不重新商讨合约（Demski and Frimor，1999），或者不对业绩标准采用棘轮的方法（Indjejikian and Nanda，1999）时，信息压制能够起到替代作用。当然，尽管盈余管理降低代理成本，信息压制可能造成其他方面的效率损失。这恰是 Gjesdal（1981）指出的问题，其要点是从外生合约视角进行的经验研究，只能表明盈余管理的存在，而无法评价这一事项的经济效率。

最后，文献中的第三类方法着重研究具体合约计划特点的采纳及其对企业资源分配决策和业绩的影响。相对来说，这是较小的一类文献。Larker（1983）发现，采取业绩计划的企业有显著的资本支出增长（相对于不采取业绩计划的企业），并且证券市场价格对采用计划的公告表现出积极的反应。Wallace（1997）以及 Hogan and Lewis（1999）关注剩余收益业绩指标的使用。Wallace（1997）发现相对于控制样本，剩余收益计划的使用者会减少新投资，增加对资产的处置，增加股票回购，以及提高资产周转率（销售与资产之比）。尽管这些变化与剩余收益指标产生激励作用、降低代理成本相一致，但是它们也可能与次优决策（即减少净现值为正的项目投资来避免资本成本支出）相联系。Hogan and Lewis（1999）也发现，采用剩余收益计划后经营业绩有所改进。可是，在同一时期没有采用这一计划的配对样本经营业绩和股票价格业绩也有类似的变化。他们得出结论，以剩余收益为基础的计划并不比传统结合盈余与奖金和股权利益的计划好。

证明薪酬计划变化将引致实际决策变化是研究的重要目标，然而，上面讨论的三类在研究方法上都存在严重问题。如 Wallace（1997）以及 Hogan and Lewis（1999）所讨论的，很难把观察到的决策变化归因于激励计划的变化。激励计划和决策的变化可能仅仅反映了背后企业战略的变化，而由于数据的限制，控制这里其他的变化是很困难的。[6]这一点又是观察到的合约最优性问题。如果现实世界总是反映最优合同，那么合约的变化必然反映背后经济环境的变化。在这种情况下，这类研究方法无法评价所选择合同特点内在的优越性，而研究的结果只是记录了合约与环境的最优匹配。如果作者想要从他们的结果中说明合同某些特点所具有的内在优越性，他先要解释为什么这些优越的特点没有被选择，而这个问题会给他带来麻烦。

§2.2 财务会计数据在管理层合约中的重要性

此文献中典型的实证设计不是沿用显性合约方法就是沿用隐性合约方法。在显性方法中，研究者了解关于实际使用的业绩衡量和其他潜在的合约条款等详细信息。在隐性方法中，研究者不知道实际交易的细节，也没有合约中实际使用的业绩评价方法的数据细节。相反，研究者自己确定业绩度量，再用猜测的业绩度量与薪酬之间的回归关系来估计作为研究对象的契约。我们接下来讨论在这两种方式下，会计数据在管理者薪酬中应用的证据。虽然大多数证据和美国上市公司的高层管理者相关，但我们也将涉及会计信息在日本和德国高层管理者和美国上市公司分支机构的经理薪酬，以及在风险资本与企业家之间签订的合约中的应用。

§2.2.1 显性合约

对于美国的上市公司来说，会计数据在高层管理者薪酬计划中被广泛和明确地采用已被很好地证实。Murphy（1998）报告了 Towers Perrin 公司 1996—1997 年的调查数据，调查包含了 177 家美国上市公司年度奖金计划的详细信息。这 177 家样本公司中，有 161 家在它们的年度奖金计划中明确使用至少一种会计利润评价方法。调查中有 68 家公司使用单一业绩评价方法，其中 65 家采用了会计利润。虽然使用的会计评价方法经常是利润总额，但据 Murphy 报告，每股利润作为边际回报或以增长率的方式也得到了广泛使用。Ittner et al.（1997）使用模拟报表和业主调查数据，收集了 1993—1994 年间美国 317 家公司用于年度奖金计划的详细业绩评价信息。这些公司从 48 个不同行业（两位 SIC 代码）中抽取。他们证实，317 家公司中有 312 家在其年度计划中使用了至少一种财务评价方法。每股收益、净利润和经营利润是最常用的财务评价方法，被超过 1/4 的样本使用。他们还报告了决定奖金数额的财务评价指标的权重。就整个样本平均而言，86.6％的奖金由财务业绩决定，这一比例在采用了非财务评价指标的 114 家公司中是 62.9％。Murphy（1999b）和 Ittner et al.（1997）没有找到证据证明股价信息被明确地用于年度奖金计划。

也有证据表明，许多上市公司采取了基于剩余收入的激励计划。Wallace（1997）与 Hogan and Lewis（1999）一起证实了有约 60 家上市公司采取这种计划。最后，一些论文显示，在公司内部业务单元一级，会计信息被用于激励合约。Vancil（1978）报告了在他调查的 317 个利润中心中，有 90％的经理年度奖金计划依据其部门的会计业绩。Bushman et al.（1995）证实了在美国上市公司中，对集团或部门一级的 CEO，约 50％的年度奖金数额由该部门的业绩决定。Keating（1997）调查了美国 78 家上市公司中的 78 个分部经理，发现在评价部门经理业绩时大量使用了部门或公司一级的业绩衡量方法。他也证实了内部业务单元经理的薪酬合约对会计的依赖程度比股价显著高得多（也可参见 Guidry et al.（1999）对一家公司的类似发现）。

最近的证据也表明，在 IPO 前，企业家和风险资本公司之间签订的合约中明确使用会计数据。Kaplan and Stromberg（1999）研究了 14 家风险资本公司持有的 118 家组合公司中 201 项风险资本投资的详细数据。他们的数据显示，这些合约安排非常复杂。现金流权利和控制权的配置以及决定这些配置的机制，在这些风险资本的融资交易中都是关键因素。[7] 就本文目的而言，最有趣的是，Kaplan and Stromberg 的数据揭示了在多轮融资回合中，控制权和现金流权的配置不断变化，并且是否取得控制权有赖于看得见的财务和非财务业绩指标，以及其他可观察的企业家行为（例如，聘用新管理者、发展新设备）或者证券出售。其中财务业绩指标包括了标准的财务会计指标，如息税前收益、经营利润、净资产和收入等。例如，可观察到的权利配置条件包括：只有当已实现的息税前收益跌到门槛值之下，风险资本家（VC）才享有其全部股份的投票权，在这种情况下，VC 在投票权方面取得控制权；若净资产跌到门槛值以下，VC 可以得到 3 个董事会席位；如果达到了收入目标，则可以给予员工股份；如果达到了收入目标，则可以终止对 VC 的担保。前两个例子指出了在 VC 的契约中，控制权独立地依赖于现金流权的收益。在其样本中，大约有 20％的个人风险投资中包含了依赖于以后财务业绩的条款，12％依赖于以后的非财务业绩。他们还发现，这些条件的本质因融资处于企业起步阶段还是后续阶段而有所不同。

最后，即使是显性合约，在进行横截面数据的研究设计时也一定要谨慎。Hemmer（1996）在关于客户满意度指标的文章中解释过这一点。他基于两个业绩指标来考虑合约，一个是会计指标，一个是客户满意度指标，并考虑了满意度指标的两种构造方法。他指出，不同的满意度指标构建方法会得到截然不同的最优合约，尽管两种合约中对主体支付的预期结果相同。重要的是简单的指标构造差异会导致观察到的契约呈现出很大的横截面差异。

§2.2.2 隐性合约

许多研究提供了美国上市公司把会计信息用于决定高层管理者薪酬激励的另外一些证据，他们用回归的方法研究由业绩衡量的管理者薪金，以此估计业绩—薪酬的敏感度。在这些研究中，薪酬计划中实际使用的业绩指标不得而知，这使研究者不得不在适当的程度上进行猜测，并假设全体样本公司都采用了同样的方法，使得在变量方面存在严重错误的可能，也造成忽略变量的可能。正如 Demski and Sappington（1999）所正式证明的，由于最优合约中指标之间的相互作用，忽略的业绩指标会引起严重的推论问题。例如，假设真实的合约使用两个业绩指标，但是研究者在设计中忽略第二个指标，那么没有忽略的那个指标的激励系数可能会显著地受忽略指标特性的影响，而这些特性在横截面上有很大差异。在会计界，大多数薪酬研究在估计激励系数时包括了会计和股价两类衡量业绩的指标，因此部分解决了忽略变量的问题。[8] Natarajan（1996）和 Bushman et al.（2001）推导出，会计指标在 CEO 现金薪酬激励中比重的决定因素，在很大程度上不会因系数估计中是否包括股价信息而变化。

在进行横截面估计的时候也要小心，因为众所周知，合约的激励系数在公司层面上差异很大（公司固定效应（Murphy，1985），行业差异（Ely，1991），公司规模（Baker and Hall，1999；Schaefer，1998）和股价波动（Aggrawal and Samwick，1999a））。在采用公司层面时间序列回归（e. g.，Lambert and Larcker，1987）、面板数据、行业时间序列以及横截面估计和行业斜率的相互作用等方法（e. g.，Bushman et al.，1998，2001）估计系数时这一问题特别突出。然而，面板数据隐含假设了薪金和业绩的关系在时间上是稳定的。另外，Dechow et al.（1994）警告说，使用公司层面的时间序列将盈余对薪酬回归，OLS 会导致系列相关的残差（参见 Gaver and Gaver（1998）对于这个问题计量反应的讨论）。

在隐性合约方式中使用线性回归也引入了潜在的模型设定错误。已有研究表明，薪酬计划经常显示出显著的非线性。例如，年度奖金计划经常包含起薪的门槛值和薪酬的上限（e. g.，Healy，1985；Holthausen et al.，1995b；Murphy，1999b），而管理层的期权价值与股票价格成凸形曲线关系。许多研究在作系数估计时使用薪酬的对数或者薪酬对数的变化（参见 Murphy（1999b）关于常见模型设定的讨论），但还不清楚这是否能完全解决形态问题。

虽然隐性方式有这些潜在的问题，但是盈余系数显著为正的结果对不同的模型设定和样本都很稳健。由于数据的限制，大多数研究关注于现金薪酬（月薪加奖金）。虽然也有一些研究使用盈余组成部分来衡量业绩，但多数研究都经常假设两种业绩衡量指标：以盈余为基础和以股价为基础，合约的参数用企业的时间序列、横截面的研究设计和混合的横截面设计来估计。这意味着许多估计的被解释变量同时反映了奖金支付变化和月薪变化。虽然正式的奖金计划经常明确地在合约中包含会计信息的变化（尽管精确的变化不得而知，而且不同公司之间或者同一家公司在不同时间有所不同），但是高层管理者月薪修正的决定因素却几乎不为人知。因此，合约参数估计同时包括了合约的显性和隐性两个方面。接下来我们用隐性研究设计中使用的一组样本，来说明会计和现金薪酬之间联系的稳健性。

Jensen and Murphy（1990）将 1974—1986 年的《福布斯》管理者薪酬调查样本集中在一起，用股东财富变化和会计利润变化（非经常损益前）对 CEO 的月薪加奖金的变化作回归。他们发现盈余和股东财富变量的系数在回归中都显著为正，显示了用会计业绩衡量的薪酬—业绩敏感度与用股东财富变化衡量的薪酬—业绩敏感度大致相当，而在股东财富变动之外，会计收益的变化增加了显著的解释力，并比之更强。许多会计论文也使用

《福布斯》数据，如 Lambert and Larcker（1987），他们用股票回报率、净资产收益率的变化对月薪加奖金的变化进行公司层面的回归；Natarajan（1996）和 Gaver and Gaver（1998）则用盈余水平值、营运资本（Natarajan）以及分离了非经常性项目的盈余水平值对月薪加奖金的水平值（Gaver and Gaver）进行公司层面的回归；Bushman et al.（1998，2001）将盈余变化用起始市场价加以标准化，再对月薪和奖金的变化率和股票回报率进行时间序列回归。[9]

不佳的盈余表现也被证明会提高管理层更换的可能性。包括 Weisbach（1988），Murphy and Zimmerman（1993），Lehn and Makhija（1997）以及 DeFond and Park（1999）在内的研究发现，会计业绩和 CEO 更换概率之间存在负相关关系，而 Blackwell et al.（1994）发现对持股多个银行的公司的子银行经理也存在类似关系。[10] Weisbach（1988）与 Murphy and Zimmerman（1993）将会计和股价业绩同时纳入管理层更换可能性的估计。Weisbach 发现会计业绩在解释更换可能性方面比股价表现更为重要，而 Murphy and Zimmerman 却发现两类业绩指标和流动率之间都存在显著的负相关关系。[11] Weisbach（1988）推测，Hermalin and Weisbach（1998）的模型分析也表明，由于股价根植于市场对未来的预期，包括聘请新 CEO 对价值的影响，从而使得盈余成为反映现任 CEO 才干的更"干净"的信号，由此可以解释更换对会计业绩的依赖（Barclay et al. 在 1997 年有过相关的观点）。

最后，Kaplan（1994a）使用 119 家日本公司的数据，Kaplan（1994b）使用 42 家大型德国企业的数据，发现日本和德国管理层更换的可能性以及日本高管现金薪酬变化与股价表现及盈余都有显著相关关系。纳入研究的业绩衡量指标为股票回报率、销售增长率、税前盈余变化和负的税前收入指示变量。对两个国家管理层变更的回归估计都显示股票回报率和负盈余是显著影响因素，而销售增长率则不是。[12] 以日本管理者现金薪酬的变化为被解释变量的回归指出，税前盈余和亏损对其有显著影响，但股票回报率和销售增长率却没有此影响。Kaplan（1994a）还比较了日本管理者和 1980 年《福布斯》500 强企业中的146 位美国 CEO 的回归结果，发现不同国家之间的相关性十分相似。主要的差异在于日本管理者更换的可能性，较之美国 CEO，对负盈余更敏感。他指出，负盈余重要性的相对差异，以及与美国管理层相比低得多的持股比例，表明主要银行在日本公司在资金不足以偿还贷款时重要的监督作用。与此一致，他发现在出现负盈余和不佳的股价表现后，公司更倾向于聘请和金融机构相关联的新董事。

§2.3 管理层契约中会计数据运用的趋势

虽然有证据证明在决定现金薪酬时会计数据被大量使用，但是在整个激励组合中，现金薪酬的决定因素及其重要性都随着时间不断变化。Bushman et al.（1998）使用《福布斯》数据组检验 1970—1995 年这一时间段的现金薪酬决定因素的趋势。他们证明，虽然扣除非经常损益会计盈余的激励系数在整个时间段中基本保持不变，但在同时纳入股票回报和盈余的薪酬模型中，平均而言，股票回报率的激励系数却有显著的增长；盈余系数与股票回报系数的比率明显下降；在盈余之外，在模型中加入股票回报率，R^2 增加量显著提高，而且比盈余原有的 R^2 还要高，而在股票回报率之外，加入盈余，则没有相应的 R^2 增量的提高。综上所述，这些结果都表明了在美国大型上市公司中，会计信息对于 CEO

现金薪酬决定的重要性已经逐渐变小。

与 Bushman et al.（1998）关于股票回报在决定现金薪酬上已经变得比盈余更重要的证据一致，Murphy（1999b）使用所有标准普尔 500 公司的 CEO 数据，发现用1970—1996 年同期股东财富变化计算的现金薪酬—业绩的敏感度大大提高（现金薪酬对股东财富的弹性也有类似结果）。例如，用标准普尔工业指数公司股东财富增长量计算的现金薪酬—业绩敏感度从 20 世纪 70 年代到 90 年代增长了 3 倍。金融服务业和公共设施业也呈现大幅增长。这些薪酬—业绩敏感度在近期逐年波动的幅度也很大。

不但盈余对现金薪酬的重要性有所下降，近年来现金薪酬对于整个高层管理者激励的贡献度也大幅减小。缩水来得很突然，以至近期许多关于高层管理者薪酬—业绩敏感度的研究把现金薪酬当作次要因素而忽略（e. g.，Baker and Hall，1998）。Hall and Leibman（1998）的描述性统计表明月薪和奖金的变化相当于股票和期权价值变化的"近似误差"。除了相对重要程度的转变外，从 80 年代早期到 1994 年，CEO 薪酬总额绝对水平及其对公司业绩的敏感度也有大幅增长（Hall and Leibman，1998）。

现金薪酬和长期激励计划支付的敏感度一直通过回归进行估计（Murphy，1999b；Hall and Leiman，1998），而最近的几个研究使用高层管理者实际股票和期权组合来直接构建这些组合价值对股东财富变动的敏感度。这些方法试图反映股东财富增长总额中由管理者获得的部分。研究显示，薪酬和股东财富创造（或减少）的总敏感度由管理层持有的股票和期权价值变化所主导，且主导程度在近几年不断增强。例如，根据 Murphy（1999b）对标准普尔 500 中矿业和制造业公司 CEO 样本的估计，与股票和期权有关的薪酬—业绩总体敏感度百分比的中位数从 1992 年的 83%（期权 45%，股票 38%）上升到 1996 年的 95%（期权 64%，股票 31%）。其他标准普尔 500 公司也呈现类似的趋势。这一趋势由近年来期权发行数量猛增驱动。Hall and Leibman（1998）用时序模拟报表和其他数据来源精心构造的数据也同样显示了巨幅增长。他们还发现，现金薪酬中较小的薪酬—业绩贡献度，以及期权激励和 CEO 持股的大幅增加，使得 1980 年以来薪酬—业绩敏感度成倍提高。

总体上，这方面的研究意味着，当前现金薪酬和长期业绩计划只在很小程度上对总薪酬—业绩敏感度起作用。然而，整体的统计结果可能掩盖了显著的横截面差异，而对此尚未有深入研究。

在本节的最后，我们注意到，造成大幅向期权激励转变的潜在原因仍是个疑问。公司在授予期权战略上的横截面差异和时间序列差异能不能用最优合约理论来解释？在这个话题上会有很多争论。Yermack（1995）和 Ofek and Yermack（1997）认为公司基本上随机地授予期权，而 Yermack（1997），Core and Guay（1998）和 Hall and Leibman（1998）认为期权被管理者提高薪酬的机会主义动机所控制。

例如，Yermack（1997）提出管理者出于机会主义动机选择期权授予时间，将预期向市场披露的信息资本化。然而事实上，大多数权证发行日期都由董事会事先固定，而不是管理者可以改变的灵活选择。在后续的研究中，Aboody and Kasznik（1999）指出管理者在已知授予日前后选择对其有利的公开披露日期。也就是说，他们似乎拖延公布好消息并加快披露坏消息。注意，这个问题可能会受制于未经研究证实的授予日期随机化这一点。Hemmer et al.（1996）也提供了授予期权是用于规避 CEO 面临风险的证据。他们发现，在 CEO 股票和期权组合的价值增长时，会被授予较少的期权，而组合价值减少时会被授予大量的期权。然而，Hall（1999）却没有发现此类行为的证据。最后，Abowd and Kaplan（1999）质疑，Hall and Leibman（1998）和 Murphy（1999b）证明的显著提高的薪酬—业绩敏感度，是造成管理者不合理行为的原因。他们怀疑大量持有股票和期权的巨大风险会鼓励管理者过于谨慎的行为。

Guay（1999）认为观察到的期权授予是最优的，他发现 CEO 的期权组合对股价方差变化（估计的期权证组合的凸度）的敏感度与公司的投资机会是正相关的，Core and Guay（1998）提出期权和严格的股票授予将有效地奖励已经取得的业绩并激励未来业绩。Bryan et al.（2000）也提供了与代理理论预测一致的授予行为证据。对这些相互对立的论点，还有待今后的研究澄清。

§2.4 理论框架

假定股东的目标是股价最大化，是不是说只要以股价为基础对管理层进行激励，就能达到利益完全一致？然而，有证据显示，现实中的管理者激励有赖于一套复杂的业绩评价组合，包括会计业绩评价。在本节，我们引入一个简单的分析框架来把决定业绩评价指标范围以及各指标权重的理论因素清楚地分离出来。[13]模型中，我们清晰地分离出会计信息在契约中的三项基本作用：直接激励管理者行为，过滤其他业绩指标中常见的噪音（比如，股价），以及在多种活动间重新平衡管理者精力。我们将在随后的论述中使用这个框架来解释在会计薪酬的实证研究设计背后的理论动机。

委托代理模型的前提是委托人（如所有者）在可观察和可执行的业绩指标基础上设计薪酬合约，使得代理人（如管理者）和委托人的利益一致。经典的模型始于风险厌恶的代理人，他的行动无法观察，但会影响到可观察的业绩指标的统计分布。无法观察的代理人行为决定指标分布的参数，但指标分布却不能完美地揭示代理人行为。行为的不可观察性，连同代理者的风险厌恶，形成"次优"契约，在这个契约中委托人必须作出权衡，或者根据需求提供激励，或者向代理人支付风险溢酬，补偿契约中代理人的风险。理论文献已经广泛地研究了在最优合约设计中平衡激励和风险此消彼长关系的复杂性，以及多重业绩评价指标在减轻由代理关系产生的损失方面的作用。我们将使用以下简单模型，提炼出这一大类研究中的主要观点。

§2.4.1 信息含量原则：为努力提供激励；过滤常见的噪音

设公司的价值为 $V = ve + \varepsilon_V$，其中 e 是管理者的努力选择，v 是管理者努力的边际产量，ε_V 是公司价值中管理者不可控的随机因素。假设 $\varepsilon_V \sim N(0, \sigma_V^2)$，且其分布独立于模型中所有其他的随机变量。委托人的目标是让 V 减去支付给管理者的薪酬后最大化。然而，在许多情况下很难直接衡量公司的价值。即便股价也只是价值的市场估计，而投资者的预期受到可获得信息的限制。所以，公司往往依靠可约定的业绩指标，尽管它并不能完美地反映管理者对公司价值的贡献。我们假设 V 无法在契约中规定。[14]这个假设反映了一些问题的动态本质，诸如尽管管理者行为创造的价值要到以后才能实现，但它们当下就要获得补偿。

考虑两个可约定的业绩评价指标，设

$$P = pe + \varepsilon_P$$

以及

$$A = ae + \varepsilon_A$$

式中，$\varepsilon_j \sim N(0, \sigma_j^2)$，$j = A, P$。参数 p 和 a 反映了管理层努力对可观察的业绩指标所产生的影响。注意，这些符号结构允许代理人行为对业绩指标和价值产生不同的影响，也允许业绩指标中噪音的存在。可以将 P 理解为股价，A 代表会计信息。薪酬合约被设为：

$$w = \beta_0 + \beta_P P + \beta_A A$$

代理人关于薪酬和努力的效用被设为：

$$U = -\exp[-r\{w - C(e)\}]$$

式中，$C(e) = \frac{1}{2} Ce^2$，是代理人付出努力的成本；r 衡量管理者的风险厌恶程度。[15]

　　代理人努力的不可观察性和风险厌恶产生了次优契约，在这个契约中，主体必须在提供激励和补偿代理人所承担的风险之间进行权衡。权衡的后果很清楚地体现在代理者努力程度的选择上。在这个模型中，使代理人最大化效用的次优努力程度选择是 $e^{SB} = (\beta_P p + \beta_A a)/C$，而最佳努力程度被设定为 $e^{FB} = v/C$。[16]注意，自利的代理人只关心努力对于约定业绩指标的边际影响 $(\beta_P p + \beta_A a)$，而委托人却关心真实的边际产出 v。可以证明，$(\beta_P p + \beta_A a)/C < v/C$；相比最优选择，代理人将较少地付出努力，从而产生了信息不对称的代理成本。

　　再看最优合约，用标准的解法可以得到次优合约：

$$\beta_A = \frac{vrC[a\sigma_p^2 - p\mathrm{Cov}(\varepsilon_A, \varepsilon_p)]}{(a^2 + rC\sigma_A^2)(p^2 + rC\sigma_P^2) - (ap + rC\mathrm{Cov}(\varepsilon_A, \varepsilon_p))^2}$$

$$\beta_P = \frac{vrC[a\sigma_A^2 - a\mathrm{Cov}(\varepsilon_A, \varepsilon_p)]}{(a^2 + rC\sigma_A^2)(p^2 + rC\sigma_P^2) - (ap + rC\mathrm{Cov}(\varepsilon_A, \varepsilon_p))^2} \tag{1}$$

　　在讨论上述契约背后的直觉含义之前，值得注意的是，式（1）中的激励系数直接取决于公司特有的生产函数 v，以及管理者层面的参数 r 和 C。然而，在薪酬相关的横截面数据实证研究中，一个重要的问题是，薪酬合约中不可观察的决定因素在不同公司间的差异有多大（Murphy, 1985；Lambert and Larcker, 1987）。在这个顾虑的影响下，一些研究试图用相对斜率系数来减少横截面研究设计中的混同效果。要知道为什么，注意相对斜率被设为：

$$\frac{\beta_A}{\beta_P} = \frac{(a - p[\mathrm{Cov}(\varepsilon_A, \varepsilon_p)/\sigma_P^2])\sigma_P^2}{(p - a[\mathrm{Cov}(\varepsilon_A, \varepsilon_p)/\sigma_A^2])\sigma_A^2} \tag{2}$$

这时参数 v，r 和 C 不出现在式（2）中。虽然这种方法有优点，但它并非没有问题。Lambert and Larcker（1987）讨论了使用相对斜率可能的缺点，包括估计的系数比率分布上的不佳特点、指标数量级差异的效应，以及计算比率时对个别权重符号的限制。另外，不受公司和管理层相关参数影响的比率表现得对模型设定方式敏感（e. g., Bushman and Indjejikian, 1993b；Feltham and Xie, 1994；Datar et al., 2000）。[17]

　　式（2）显示了很多薪酬实证会计研究背后的一个关键理论结果。A 与 P 的激励权数之比可以看成每个指标对管理者行为的"敏感度"比率与每个指标的精确性之积。衡量敏感度的一般结构是：敏感度 $A = (dE[A|e]/de) - (\mathrm{Cov}(A,P)/\sigma_P^2)(dE[P|e]/de)$，敏感度 $P = (dE[P|e]/de) - (\mathrm{Cov}(A,P)/\sigma_A^2)(dE[A|e]/de)$。[18]注意，每个敏感度表达式中的第二项表明，合约利用了业绩指标构造上的相关性。这就是通过在合约中加入第二个指

标把常见的噪音从合约中过滤掉的机制。请看，假如敏感度表达式第一项为零，那么这个信号所起的唯一作用就是过滤常见的噪音，以降低代理人所面临的风险。在这种情况下，管理行为对信号没有影响，并且信号全部的合约价值来自它与其他指标的相关性。这个结论是相对业绩指标评价文献的核心观点，我们将在 2.5.6 节讨论它的一些细节。

最后，为了清楚地看到激励和风险之间基本的权衡关系，假设 $\text{Cov}(\varepsilon_A, \varepsilon_P) = 0$，式 (2) 重新写为：

$$\frac{\beta_A}{\beta_P} = \frac{a\sigma_P^2}{p\sigma_A^2} \tag{3}$$

参数 a 和 p 反映努力水平对各个信号的直接影响，精确率比率反映了每个信号中相对的噪音含量。那么，在其他条件均相同的情况下，a 越大（信号对行为更敏感），σ_A^2 越小（信号在衡量行为时有更多的噪音），A 的权数也越大，对 P 而言也类似。假定 P 不变，信号 A 对合约具有边际贡献，因为 P 对努力程度的反映具有噪音，而 $a > 0$，$\sigma_A^2 < \infty$ 意味着 A 包含着关于努力水平的增量信息。这只是 Holmstrom（1979）的"信息含量原则"的一个例证。

§2.4.2　创造激励以平衡管理行为中付出的努力

在刚才所述的单一任务情况下，被理解为会计信息的信号 A 可以激励管理者付出努力，并过滤掉常见的噪音。但是当管理者必须把其精力分配到多个项目时，其他的激励问题就会产生。接下来我们将证明多重任务将作为市场对业绩无偏评价的股价与其作为独立的业绩指标的充分性分离开来。这个分离使得会计信息有可能在股价之外成为有价值的角色，帮助平衡不同活动所需的管理激励。

为了认识这一点，考虑扩展到多重活动的情况。设价值 $V = v_1 e_1 + v_2 e_2 + \varepsilon_{v_1} + \varepsilon_{v_2}$，设股价 $P = p_1 e_1 + p_2 e_2 + \varepsilon_P$。$e_1$ 和 e_2 是管理者在两项活动上分配的精力。例如，e_1 代表花费在管理现有项目上的精力，e_2 代表战略计划活动。同样假设 V 无法在合约中规定，在合约中可以规定的只有 P。

委托人希望代理人设置 $e_1/e_2 = v_1/v_2$，以反映每项活动的相对边际产量。然而，因为在合约中只规定了 P，所以管理者将选择 $e_1/e_2 = p_1/p_2$ 来使效用最大化。[19] 于是管理者在活动之间的精力分配就有了误差，由此需要引入另一个业绩指标来重新平衡各项活动的激励。Paul（1992）认为，相对于最佳契约权数，由价格引导的权重误差直接随着股价形成而产生，意味着这可能是按股价签订合约的固有属性。

为了认识 Paul 的观点，我们引入股价形成的简单模型来证明市场对定价信息的使用如何自然地引致一个市场出清价格，这个价格将误导各项活动的精力分配偏离激励的最优平衡点。假设市场观察两个信息信号，x 和 y，并设 $P = \text{E}[V \mid x, y]$。信号 x 和 y 来自投资者的信息收集活动，就契约目的而言，并不能直接获取。然而，它们可以被间接利用，因为它们都包含在市场出清价格中。设 $x = e_1 + \varepsilon_{v_1} + \varepsilon_x$ 和 $y = e_2 + \varepsilon_{v_2} + \varepsilon_y$，其中所有的随机变量都是独立且服从正态分布的。[20] 那么 $P = b + p_1 x + p_2 y$，有[21]

$$p_1 = \frac{\text{Cov}(V, x)}{\text{Var}(x)} = \frac{\text{Var}(\varepsilon_{v_1})}{\text{Var}(\varepsilon_{v_1}) + \text{Var}(\varepsilon_x)}$$

和

$$p_2 = \frac{\mathrm{Cov}(V, y)}{\mathrm{Var}(y)} = \frac{\mathrm{Var}(\varepsilon_{v_2})}{\mathrm{Var}(\varepsilon_{v_2}) + \mathrm{Var}(\varepsilon_y)}$$

注意，这些系数都独立于努力的边际产量 v_i。一般来说，$v_1/v_2 \neq p_1/p_2$，仅根据股价订立契约会造成努力程度的错误分配。[22] 这个结果让人联想到 Gjesdal（1981），之所以有这个结果，是因为市场使用信息来推断价值中的随机因素，而不是评价管理者对价值的贡献。因此，总体而言，合约中仅包含价格是不够的，在最优合约中需要引入会计和其他业绩指标来平衡努力程度的分配。

总结这一节，我们展示了一个理论"武器"，它促使实证研究探讨会计数据在激励契约中的作用。我们解释了信息含量原则并把会计信息在激励合约中的三个基本作用分离出来：直接提供行为激励，从其他业绩指标中过滤常见噪音，以及在多种活动间重新平衡管理者精力分配。现在我们转入对实证证据的讨论。在接下来的行文中，我们有必要使用理论武器来突出各个实证设计的重要方面。

§2.5 业绩指标激励权重的决定因素：实证证据

下面我们将围绕一系列主题进行讨论，我们相信这些主题反映了各分支领域文献中的重要共同点。

§2.5.1 理论的可检验化

2.4 节所发展的理论指出财富是管理者首要的考虑。然而，由于数据获取的问题，许多研究把现金薪酬当作管理者薪酬的衡量方式。因此，业绩指标对现金薪酬的斜率系数并不具有模型中推导出的理论含义（Baker，1987）。

接下来，回想式（2）表明应该根据敏感度比率乘以每个指标的精确性来确定两个指标的权重。注意式（2）仅仅描述了两个给定的业绩指标在回归中如何决定最优权重的方法，但没有直接告诉我们应该预期观察到哪个指标。于是根据式（2），常见的研究方法是假设两个具体的业绩指标，分别估计各个激励系数，生成敏感度和精确度的代理变量，然后检验在横截面上相对激励权重是否表现得像式（2）所预测的那样。一些研究关注于相对权重，而另一些则关注系的绝对值，尽管式（2）仅仅表述了相对权重。

正如从式（2）中看到的，给定的业绩指标的敏感度是一个复杂的结构，它不仅反映了业绩指标本身的特性（例如，A 的敏感度取决于 a），而且当不同业绩指标之间的协方差不为零时，它还反映了合约中使用的其他业绩指标的特性（例如，A 的敏感度取决于 $p(\mathrm{Cov}(\varepsilon_A, \varepsilon_p)/\sigma_p^2)$）。一些论文在用经验数据表达敏感度时明确地把所有业绩指标的方差—协方差都考虑进去（e.g.，Sloan，1993；Natarajan，1996），而另一些则没有（e.g.，Clinch，1991；Baber et al.，1996；Bushman et al.，2001）。

用经验数据体现敏感度的常见方法，是根据 Myers（1977）的描绘，把公司视为由现有资产和未来投资机会组成，将衡量公司投资机会集合的变量作为敏感度的代理变量。使用的变量包括销售增长、市价与账面价值比率、市盈率、研发成本、成长型基金经理投资的认同度、产品发展周期长度、新产品的引进，以及对不同指标组合进行因子分析得到的度量变量。这种方法和 Smith and Watts（1992）一致，他们指出，随着成长机会在公司价值中比重的增加，管理者行为的可观察性不断降低，因为外部投资者难以完全确定公司所有能获得的投资机会。Smith and Watts（1992）使用行业层面的数据发现，在成长性公司中，以市场业绩为基础的激励计划（如股票期权、有限制股票）的发生概率比非成长性公司要高。[23]然而，他们没有对以会计业绩为基础的奖金计划作出预测。尽管成长机会意味着各类激励计划的需求都更强烈，但是大量显著的投资机会暗示着盈余不能很好地反映当前重大管理行为的长期后果，因此其在合约中的价值较低。基于委托代理关系的薪酬研究推测，对于那些有显著成长机会、较多投资机会和实行长期投资战略的公司而言，会计盈余可能呈现低敏感度，而股票收益则会有高敏感度。在这种情况下，当前的盈余不能很好地反映当前管理行为在未来的后果，所以相对于管理活动的重要方面，会计盈余呈现出较低的敏感度。

虽然这些论文没有明确地引用多任务模型，但这些模型清楚地解释了敏感度代理变量选择背后"盈余不能很好地反映当前管理行为未来的后果"这一论述。例如，假设公司价值 $V = v_1 e_1 + v_2 e_2 + \varepsilon_V$。为了简化，假设模型中所有的随机变量互相独立。当前盈余，假定为 $A = ae_1 + \varepsilon_A$，不反映 e_2，所以它对当前战略计划活动不敏感。可见，对于薪水合约 $w = \beta_0 + \beta_V V + \beta_A A$，比率 β_A/β_V 随着 v_2，以及 V 对 e_2 敏感度增加而减小，由于 e_2 对价值创造的重要性增加，激励的权重从会计转向股价。利用这一观念，实证分析预测，随着无法在盈余中体现的那部分价值创造行为代理变量的增长，盈余的激励权重将相对股价指标的权重下降。基于股价的指标被认为能比盈余更完整地反映这些重要活动，随着投资机会的增加，其会变得相对更加重要。

在式（2）中反映的第二个可构造变量，是业绩指标的精确性（方差的倒数）。正式的合约模型多使用简单的努力加噪音的信号公式，这使得信号的方差不能恰当地衡量噪音。由此，用各个指标时间序列的标准差来衡量精确性十分普遍。[24]有时总标准差被拆分成公司特有的和系统的部分。由时间序列产生的噪音代理变量的问题是，它们基本上假设最优的努力水平在时间上保持不变。然而，如果最优努力为了应对环境中的随机变化而改变，从管理者行为的立场来看，这个改变并不代表噪音，但会被当作整个时间序列方差的一部分。

§2.5.2 会计指标和股价指标的相对激励权重

这个领域开创性的论文是 Lambert and Larcker（1987），他们使用《福布斯》（1970—1984）的现金薪酬数据，估计公司特有的针对股票收益和会计净资产收益率变化的激励系数。他们根据式（2）中的理论，着重关注两个业绩指标估计的斜率比率。尽管如前面所讨论的，系数比率的使用会减少横截面数据的混同因素，[25]然而两个随机变量比率的分布属性可能很复杂，而且包含着令人不满意的属性（例如，估计的系数比率会对指标误差分母接近零值和负系数等情况非常敏感）。用资产和销售的实际增长表示敏感度，他们发现高增长的公司趋向于在股票收益上施加比净资产收益率更高的激励权重。他们还发现，股票收益相对净资产收益率激励权重，和净资产收益率与股票收益的噪音比正相关（反映在针对指标时间序列方差的比率以及各个方差中系统性因素的比率中的潜变量分析中）。最后，这一相对权重和股票收益与净资产收益率的相关系数（如 $\rho(A, P)$）正相关，而与 CEO 的持股量负相关。[26]虽然 Lambert and Larcker 的确发现了和代理模型一致的结果，但是这些结果随着不同的模型设定而变化，并不稳健。

Sloan（1993）关注于理解为什么除股价之外，盈余也被用于管理者薪酬计划。他把他的结论解释为盈余的作用是保护管理者薪酬不受市场范围的股价波动影响。术语"盾牌"似乎指盈余正起到过滤噪音的作用，和相对业绩评价具有相同的内涵，在 2.4 节的理论框架下，他的结果表明，关于同一个管理者努力的两个噪音信号比一个信号好，因此盈余是有价值的。

也许更为重要的是，Sloan 试图根据契约目的来精练业绩指标噪音的实证度量。他指出，出于契约目的判断，有一部分时间序列业绩指标方差反映了最优努力水平在时间上的变化，并不代表噪音，Lambert and Larcker（1987）的噪音代理变量受此影响，因此造成证据的说服力较弱。Sloan 的实证设计试图将业绩指标方差中反映噪音的那一部分从业绩指标的整体方差中区分出来。

Sloan 的设计假定盈余和回报满足 $A = x(e) + \varepsilon_A$ 和 $P = x(e) + \varepsilon_P$，其中 $x(e)$ 是一个独立分布的随机变量，其参数是管理者的努力 e；ε_i 是白噪音。于是两个指标都带噪音地反映了管理者对价值的贡献。$x(e)$ 用公司特有的股票收益率来表示，用每股盈余（或资产收益率）的变化对估计的 $x(e)$ 进行回归，回归残值标准化后用来估计 ε_A。即，设 $P =$ 股票收益，$A =$ 每股收益的变化，并设 $R_m =$ 市场组合的收益。然后，$x(e)$ 作为残值，用每个公司的 $P = b_0 + b_1 R_m + x(e)$ 来估计。因为假设 $x(e)$ 反映了所有关于管理者行为的信息，根据契约的目的，收益中的噪音被定义为 $\sigma_P^2 = b_1^2 \mathrm{Var}(R_m)$。同样，会计业绩的噪音通过第一阶段市场模型回归得到 $x(e)$，将其用以估计 $A = d_0 + kx(e) + E$。为了实现 $A = x(e) + \varepsilon_A$ 一式的结构，他对两边都除了乘数 k，得到 $A_S = x(e) + d_0 + E/k$，于是会计中的噪音反映在 $\sigma_A^2 = \mathrm{Var}(E)/k^2$（和 $\rho(\varepsilon_A, \varepsilon_P) = \rho(E/k, b_1 R_m)$）。[27]

注意下面这个公式：

$$\frac{\mathrm{d}E[A \mid e]}{\mathrm{d}e} = \frac{\mathrm{d}E[P \mid e]}{\mathrm{d}e}$$

前面的式（2）变成

$$\frac{\beta_A}{\beta_P} = \frac{(1 - [\mathrm{Cov}(\varepsilon_A, \varepsilon_P)/\sigma_P^2]) \sigma_P^2}{(1 - [\mathrm{Cov}(\varepsilon_A, \varepsilon_P)/\sigma_A^2]) \sigma_A^2} \tag{4}$$

值得注意的是，在式（4）中，由于 $\mathrm{Var}(x(e))$ 被排除在表达式之外，因此只出现了噪音项（$\{\sigma_A^2, \sigma_P^2\}$）的方差和协方差，而不是 $\mathrm{Var}(A)$，$\mathrm{Var}(P)$ 和 $\mathrm{Cov}(A, P)$。与 Sloan 试着把"噪音"项从指标中剔除相反，Lambert and Larcker（1987）在他们的设计中使用了 $\mathrm{Var}(A)$，$\mathrm{Var}(P)$ 和 $\mathrm{Cov}(A, P)$。

Sloan 把刚才定义的式子运用到了《福布斯》的 CEO 薪酬数据中（1970—1988），结果表明 $\mathrm{Cov}(\varepsilon_A, \varepsilon_P)/\sigma_P^2 < 1$。这对于盈余的作用是保护管理者不受市场范围价格波动的影响这一结论很关键。[28]然而，对式（4）中分子项的检查显示，$\mathrm{Cov}(\varepsilon_A, \varepsilon_P)/\sigma_P^2 < 1$ 基本上意味着对给定的 P，A 具有边际信息含量，管理者努力水平对 A 的边际影响（分子中的 1）强过通过信号中噪音相关性体现的噪音过滤效应。事实上，如果 $\mathrm{Cov}(\varepsilon_A, \varepsilon_P)/\sigma_P^2 > 1$，会计业绩在合约中将会是负权重，因为现在它的主要作用是从价格中过滤常见的噪音。

和 Lambert and Larcker（1987）相比，Sloan 还发现，在解释薪酬合同方面，他对噪音的衡量 $\mathrm{Var}(b_1 R_m)/\mathrm{Var}(E/k)$ 和噪音的协方差 $\rho(\varepsilon_A, \varepsilon_P) = \rho(E/k, b_1 R_m)$，比原始业绩指标的方差和协方差（$\mathrm{Var}(P)/\mathrm{Var}(A)$，$\rho(A, P)$）更有效。

在结束对 Sloan（1993）的讨论之前，我们注意论文中一个解释的问题。如果公司特有的股票收益是管理行为（$x(e)$）的适当评价方式，为什么公司不简单地直接把市场波动剔除？假定公司的确使用盈余，将股票收益中公司特有的部分当作管理者对价值贡献的衡量就会有问题。Sloan 的表 8 显示，即使当公司特有的股票收益直接包含在回归中时，会计盈余也有正的激励权重！虽然有这样的批评（以及其他在 Lambert（1993）中讨论的经济计量细节问题），这篇论文针对契约的目的提出了正确衡量噪音的根本问题，在 Sloan 之后，没有文献对此作深入探讨。

在相关的研究中，Clinch（1991）和 Baber et al.（1996）检验了投资机会集合，与会计及股价业绩指标激励权重的关系，但没有涉及有关各指标相对噪音的问题。鉴于有大量证据证明在不同公司之间激励系数会有差异，这两篇研究和 Sloan（1993）使用的混合、横截面设计应该被谨慎解释。两篇论文的研究假设和 Smith and Watts（1992）以及 Lambert and Larcker（1987）所提出的观点（即较多的投资机会意味着更加难以通过观察了解管理者行为，无法在盈余中反映的行为更多）一致，它预测了随着投资机会的增加，激励向基于股票的薪酬转移。Clinch 用研发费用代表投资机会，而 Baber et at.（1996）则用因子分析来扩展 Gaver and Gaver（1993）的衡量方法。[29]最后，两个研究都检验了现金薪酬以及其他更广泛的现金薪酬的激励方法，如对授予的股票期权、受限制股票以及长期激励计划的估计，还使用股票收益和会计净资产收益率作为业绩指标。Clinch 发现，股票收益和净资产收益率的激励权重都随着研发费用上升，还有一些并不充分的证据表明股票收益的激励权重与净资产收益率的激励权重比率随着研发费用下降。Clinch 的结果看上去受到样本中小公司的影响。把样本按规模区分后，他发现对于大公司，净资产收益率激励系数和研发无关。[30]Baber et al.（1996）发现，随着衡量投资机会指标的增大，相比净资产收益率的权重，股票收益的权重也有所上升（当使用现金薪酬作为薪酬衡量指标时，他们没有发现投资机会和激励权重之间的关系）。

§2.5.3 会计信息估值角色和治理角色的关系

财务会计信息有许多潜在的用途。为全面评价各种财务报告制度，深入理解会计信息各种作用之间的经济联系很有必要。报表中的盈余在股票估值以及管理层评价和报偿中都扮演了重要的角色，这一事实已被广泛接受。然而，治理和盈余的价值相关性之间的关系还未被很好地理解。Gjesdal（1981）证明，以估价为目的的信息系统重要性排序可能和以控制为目的的信息系统排序不相吻合，这说明理解这种关系不是简单的事。

Bushman（2001）从理论和实证两方面研究了会计盈余在管理层薪酬合约中权重和股价形成中权重之间的潜在联系。他们推断，现阶段管理活动的边际产出时联系了盈余在两种用途中的权重，并用正式模型证明这个联系是怎样发生的。

主要的想法非常简单。假设其他变量不变，委托人自然希望随着努力水平边际产出增加，管理者更加努力。所以，在设计薪酬合约时，委托人一般会因为努力水平边际产出上升，而赋予盈余更高的薪酬权重。另一方面，公司的股价将报告盈余对价值的全部含义资本化。因为盈余依靠管理活动产生，估值中盈余的系数可能反映了市场对努力水平边际产出的评估。在某种程度上，我们预期这些权重之间存在一个正相关关系。

Bushman et al.（2001）用两个简单的模型反映这一直觉。在第一个中，他们在经典的 Ohlson（1995）价值评估框架和线性的信息动态分析中加人了道德风险。这里设本期盈余为随机过程，它的属性被用于计算未来预期的盈余，于是管理活动具有跨阶段的效应。在这种情况下，盈余的估值权重反映了管理者现在的努力对于所有未来期间全面的折现效应，管理层本期努力水平的边际产出中未在本期盈余中反映的部分也是如此。当现阶段活动的跨期影响增强时，现阶段盈余上的激励权重就会随之上升，盈余的估值权重精确地反映了当前盈余中遗漏的跨期效应折现后的边际产出。

其次，他们分析了一个模型，在这个模型中，真实的努力水平边际产出和盈余对管理努力的敏感度都是随机变量。根据 Baker（1992）和 Bushman et al.（2000a），管理者在签订合约之后、决定努力水平之前得到私有信息。这里盈余的治理和估值角色之间的联系和先前的模型相比，存在微妙的差异。出于契约目的，盈余的作用是激励管理者采取和真实的努力边际产出一致的行为；出于估值目的，盈余被市场用于推断真实的边际产出。这个联系导致了薪酬和估值中盈余的权重受许多相同因素的影响，尽管从其他角度来看会有所不同。

Bushman et al.（2001）使用 1971—1995 年间的《福布斯》年度薪酬数据中的 CEO 现金薪酬和一些补充的实证指标，检验了横截面上盈余激励权重和估值权重之间的关系。他们发现，盈余激励权重和估值权重存在正相关关系。他们还发现，两者的变化也存在正相关关系。

在一个相关研究中，Baber et al.（1998）对 CEO 现金薪酬进行混合、横截面分析，发现盈余的激励权重随着盈余持续性的增强而增大。他们推测，这反映了董事会力求减弱管理者对短期决策的关注。然而，正如以上所讨论的，怎样将这个逻辑纳入正式的经济学框架尚不清楚。Bushman et al.（2001）建立的模型可以对他们的结果重新加以解释。尽管跨期效应可以短视问题的框架来看待，但视之为正确衡量影响当前盈余的当前活动边际产出问题似乎更合常理，因为众所周知，根据委托代理模型，激励系数总是随努力水平的边际产出增加而提高。行为的跨期效应仅仅是通过盈余估值权重定义的边际产出的一个影响因素。

§2.5.4　估计盈余组成部分和现金薪酬之间的相关性

另一类观点假设实际的合约符合式（1）和式（2），只是把业绩衡量指标设为盈余的组成部分。所设指标的激励系数通过常规方法估计，即用盈余组成部分对薪酬进行回归，这里研究者并不知道合约中明确规定的指标是什么。这些论文检验了作为业绩衡量指标，盈余的不同组成部分发挥不同层次的用处。从本质上讲，这些论文提出了在规定 CEO 报酬时，薪酬委员会能否区别对待盈余的不同组成部分这一问题。其中一些研究还放松了最优契约假设，探讨估计的薪酬关系是否意味着管理者和董事会角色之间的机会主义行为。这一领域的研究是基于两个密切相关的角度。第一个角度研究了盈余组成部分用于合约的程度，以及这些盈余组成部分的激励权重是否符合委托代理模型的预期。第二个角度研究出于管理者业绩评价的目的，某些因素是否从盈余中剔除。本质上，这方面所有的论文都隐含地使用了式（2）作为它们研究盈余组成部分的框架。

Natarajan（1996）检验了决定 CEO 现金薪酬时，经营性营运资本和经营现金流是否在盈余之外提供了更多的信息。通过使用《福布斯》数据对每个公司进行估计，他发现比起仅仅使用盈余，营运资本和盈余结合在一起与 CEO 现金薪酬有更好的相关性。经营现金流和流动性应计项（即营运资本账户）在薪酬合约中没有被区别对待，这意味着长期应计项（如折旧费用）在合约中的用途与经营性现金流和流动性应计项不同。然后，根据 Lambert and Larcker（1987）研究的主旨，Natarajan 使用上述式（1）和式（2）的变化测试盈余和经营性营运资本的激励权重在横截面上的差异能否用代理理论的预期来解释。他假设每个业绩指标的均值都和管理者的努力直接成比例关系，估计两个信号的方差—协方差矩阵，然后估计每一个信号的敏感度和精确度。他接着验证了管理者价值的衡量变量与合同中盈余及经营性营运资本的激励权重显著相关。

Clinch and Magliolo（1993）探讨了银行股公司的盈余组成部分和 CEO 现金薪酬之间的关系。他们把盈余拆分成三个部分：经常性经营利润、有现金流量的可操纵非经营利润（例如，出售一组信用卡的收益）、没有现金流入的可操纵利润（例如，通过购买年金来处置养老金计划的负债）。他们发现薪酬函数中反映了有现金流入的可操纵项目，而没有反映没有现金流入的可操纵项目。Healy et al.（1987）发现薪酬合约没有因为从加速折旧转换到直线折旧而发生调整，而 Defeo et al.（1989）发现债权—股权转换产生的收益没有被薪酬合约中特别处理。这些研究意味着在设置薪酬时薪酬委员会识破了粉饰会计的效应。

然而，Dechow et al.（1994）发现管理层薪酬不受负面的重组费用的影响。最后，Gaver and Gaver（1998）把净利润分割成"线上"和"线下"项目，其中线下项目源自非持续经营和营业外项目。他们用线上盈余、增加盈余的线下项目，以及减少盈余的线下项目对 CEO 现金薪酬回归。他们发现如果盈余为正，则线上盈余和现金薪酬存在正相关关系；如果亏损，则两者不相关。他们还发现增加盈余的线下项目和薪酬相关，但减少盈余的线下项目和薪酬不相关。这些研究证实了薪酬委员会在决定管理层现金薪酬时会区别对待净利润的不同组成因素，而这些区别显得对管理者有利。这些发现在多大程度上代表了 CEO 控制董事会造成的机会主义行为，或是代表了董事会为了增加股东利益而作的调整，还没有确切的答案。

§2.5.5　业绩指标选择

回想一下，信息含量原则指出，任何业绩指标，只要能在边际上传递管理者努力水平的信息，都应该被用于合约。然而，这个结论的推导忽视了产生信息信号的成本，以及与多业绩指标合约复杂性及信号整合相关的成本。在很多情况下，股东和董事从会计系统中收集并加工经审计的、标准化的信号，比使用其他业绩指标成本要低。由此带来的结果是，只有当会计信息和股价合在一起不能很好地反映管理活动中重要元素对公司价值的贡献时，公司才会用另外的昂贵信号替代它们。Bushman et al.（1996）和 Ittner et al.（1997）把这个观点当作实证检验公司实际业绩指标选择的基础。

简单解释一下这些研究背后的主要观点。公司价值 $V = v_1e_1 + v_2e_2 + \varepsilon_V$ 不能用来立约，可以用来立约的信号 $S = ae_1 + \varepsilon_A$ 代表了行为 e_1 和 e_2 下的会计信息和股价的充分统计量。这个充分统计量 S 没有传递关于行为 e_2 的信息。例如，这种情况可能发生在价格不是强式有效，不能反映管理层拥有的私人价值信息之时。如果 v_2 足够大，那么采用额外的、昂贵的、显示 e_2 信息的指标来对 S 进行补充，其激励上的收益会超过成本。

Bushman et al.（1996）研究了 CEO 年度奖金中"个体业绩评价"的应用。他们使用来自 Hewitt 协会对于美国大公司年度管理层薪酬调查的数据。这个数据库提供了由个体业绩评价（IPE）所决定的 CEO 的年度奖金比例。IPE 通常是包括对个体业绩主观评价的指标集合。正如前面所讨论的，许多实证研究使用了多种多样的衡量投资机会的变量来解释股价相对于会计的激励权重，并指出对于有着大量投资机会的公司，会计指标很难反映管理活动的重要方面。类似的观点也可应用于解释合约中 IPE 和其他非财务指标的应用。虽然当存在大量投资机会时，股价比起会计指标更多地反映了管理活动，但它不一定反映了所有重要的活动，这就引发了对非财务业绩指标的需求。Bushman et al.（1996）用市价对账面价值比以及产品开发和生命周期长度来代表投资机会集合。他们发现，IPE 和两个投资机会的衡量指标都存在显著正相关关系。他们没有发现业绩指标噪音显著的相互联系，噪音是用股价、会计指标和 IPE 时间序列标准差来衡量的。

Ittner et al.（1997）在 Bushman et al.（1996）的基础上扩展，特别考虑了非财务业绩指标的使用。通过联合使用财产调查和代理数据，他们估计 CEO 奖金计划对非财务业绩指标的依赖程度。在他们的样本中，所有公司非财务指标平均权重都是 13.4%，对那些采用非财务指标的公司，这一权重是 37.1%。他们通过多个指标来衡量投资机会（在他们的论文中被称做组织战略），包括：研发费用、市价对账面价值比率、新产品和服务的引入数量。[31]他们发现，非财务业绩指标的使用随着其投资行为（或战略）的衡量指标增长而增长，而用时间序列标准差衡量的会计和股价的噪音则没有相关性。[32]

Bushman et al.（1996）和 Ittner et al.（1997）都反对合约中使用的某些业绩指标无法直接被市场观察。Hayes and Schaefer（2000）从管理层薪酬和未来公司业绩之间的相关性中推导出这个观点的含义。如果对公司来说，最优的选择是使用和未来可观察业绩指标相关的无法观察到的指标，那么当前薪酬波动中不能被当前可观察业绩指标波动解释的部分，应当能够预测未来可观察业绩指标的波动。此外，当可观察业绩指标中含有更多的噪音从而对合约的有用性降低时，薪酬应该和未来盈余之间存在更好的正相关关系。他们用《福布斯》CEO 现金薪酬的面板数据测试了这些论断，研究显示，在控制了当前和滞后的业绩指标以及分析师对未来会计业绩预测的一致看法后，当前的薪酬和未来的净资产收益率相关。值得注意的是，这个关系在 Hall and Leibman（1998）和 Murphy（1999b）所证实的期权使用不断增长的情况下，仍然稳定。显然，董事会并没有全部依靠市场来决定 CEO 回报，而是仍然使用私有信息来调整奖金。Hayes and Schaefer 还发现，公司市场和会计收益方差越大，当前薪酬和未来业绩之间的正相关关系越强。

§2.5.6 相对业绩评价 (RPE)

代理理论的一个主要实证预测是使用相对业绩评价可以减少薪酬合约中的外来噪音（Holmstrom，1982）。然而至今，实证研究仅仅提供了支持这个理论的微弱证据。[33]我们将从阐述 RPE 理论及其实证预测开始，接下来讨论 RPE 的证据，着重关注近期那些放松标准 RPE 理论假设的研究，这些研究假设允许管理者行为潜在地影响同业公司和自己公司的业绩。

我们把两个可得到的合约的业绩指标定义为 $P=e+\varepsilon_P$ 和 $I=\varepsilon_I$，其中合约被设为 $w=\beta_0+\beta_P P+\beta_I I$。指标 I 不依赖于管理者行为，并且代表了同业公司业绩指标。Cov（ε_P，ε_I）>0 指存在影响本公司及同业公司的共同冲击。采用前面的式（1），得到如下最优合约：

$$\beta_I = \frac{vrC[-\mathrm{Cov}(\varepsilon_I,\varepsilon_p)]}{(rC\sigma_I^2)(1+rC\sigma_P^2)-(rC\,\mathrm{Cov}(\varepsilon_I,\varepsilon_p))^2} < 0$$

$$\beta_P = \frac{vrC[\sigma_I^2]}{(rC\sigma_I^2)(1+rC\sigma_P^2)-(rC\,\mathrm{Cov}(\varepsilon_I,\varepsilon_p))^2} > 0$$

$$(5)$$

为了理解这个结果，首先注意式（5）暗示了

$$\beta_I + b\beta_P = 0 \tag{6}$$

式中，$b = \text{Cov}(\varepsilon_I, \varepsilon_P)/\sigma_I^2$。这表示合约中完全剔除了业绩中的行业因素（Antle and Smith，1986；Janakiraman et al.，1992；Aggarawal and Samwick，1999b）。要理解这一点，注意 b 正是回归 $P = d + bI + u$ 的斜率系数，u 是 P 的非系统性部分。用这个表达式代替薪酬合约中的 P，得到 $w = \beta_0 + \beta_P d + \beta_P u + (\beta_I + \beta_P b)I$。因此，$\beta_I + b\beta_P = 0$ 表明合约仅仅依赖 P 中的非系统部分，因为所有的常见噪音都被过滤掉了。

许多论文使用 CEO 现金薪酬来测试 RPE。对于假设 $\beta_I < 0$ 最有力的证据来自 Gibbons and Murphy（1990）和 Murphy（1999b）。这些研究发现的证据证实 CEO 现金薪酬和整个市场收益之间存在负相关关系，但和行业收益的负相关性却弱一些。Antle and Smith（1986）也发现 RPE 的微弱证据。然而，Barro and Barro（1990），Janakiramin et al.（1992）以及 Aggarawal and Samwick（1999b）几乎没有发现 RPE 的证据。后两个研究明确检验了约束 $\beta_I + b\beta_P = 0$，以及 $\beta_I < 0$ 的预测。Blackwell et al.（1994）在持股多家银行的公司的下级银行经理更换可能性中寻找 RPE 的证据。假定自己银行的业绩是常量，他们发现经理更换概率随着母公司业绩提高而增大，但和同一地区其他银行的业绩无关，这与该银行经理会与同一母公司其他经理的业绩作比较的观点一致。

总而言之，给定 RPE 是代理理论的基本预测，那么迄今为止的混合证据是令人费解的。当然，在标准代理理论所反映的努力—保险权衡之外的因素在合约设计中也可能很重要。[34] 两个近期的研究，Aggarawal and Samwick（1999b）和 DeFond and Park（1999），其假设中允许公司经营的竞争环境有可能成为合约设计的一个重要因素。

Aggarawal and Samwick（1999b）建立正式模型，刻画非完全竞争企业战略互动的环境中合约的订立。将产品市场竞争视为执行战略的过程建模（例如，差异化伯川德（Bertrand）价格竞争模型），他们发现与标准 RPE 预测相反，最优合约在自己公司和竞争公司的业绩上都设置了正的激励权重。设计正的竞争公司业绩激励权重是为了缓和竞争。因竞争公司业绩而提高的促使激励管理者不要制定过激的价格政策，促进提升股东收益的共谋行为。他们的模型还预期本公司与竞争公司业绩的激励系数之比是行业竞争水平（产品替代性程度）的减函数。[35] 尽管他们没有用模型正式地刻画合约关于 RPE 和战略考虑的权衡，但他们的模型指出竞争公司业绩的激励权重为正，同时预期当竞争加剧时这个正的权数会相对很高，所以该模型意味着 RPE 与战略上的考虑是相悖的。

他们用行业集中度（赫芬达尔指数）来衡量竞争程度（较高的集中度被理解为较低的产品可替代性），并用年度现金薪酬加上被授予的长期报酬价值（授予的受限制股票和期权、长期计划支付及其他所有薪酬）来衡量薪酬。他们发现薪酬和本公司及竞争公司的业绩（行业收益）都正相关，且本公司与竞争公司薪酬—业绩的敏感度比率在竞争较激烈的行业会比较低。这和他们的战略替代模型一致。这个结果暗示，即使 RPE 的效力是存在的，但战略考虑压倒了 RPE。在使用现金薪酬的另一些形式的模型中，他们发现竞争公司业绩的激励权重是负的，但是在竞争较激烈的行业 RPE 的程度较低。

DeFond and Park（1999）虽然没有列出正式的模型，但预期 RPE 在竞争较激烈的行业会比较有价值。DeFond and Park 指出，在竞争较激烈的行业，大量企业在一个相似的环境中经营，同业公司业绩会更好地反映常见噪音，任何一个管理者的行为都不会影响其

他企业的产出（Parrino（1997）在 CEO 继任的文章中讲过类似的思路）。这一描述忽略了 Aggarawal and Samwick（1999b）建立的战略考虑模型，并且预测和 Aggarawal and Samwick 中的证据完全相反。不幸的是，很难对 DeFond and Park 以及 Aggarawal and Samwick 的结论进行比较。

DeFond and Park 关注于 CEO 更换而不是薪酬，但也使用赫芬达尔指数来衡量竞争程度。他们发现无论业绩如何，CEO 更换的可能性在竞争激烈的行业都比较高，他们将此解释为在竞争激烈行业中 RPE 改进了董事会甄别表现不佳 CEO 的能力（再一次，Parrino（1997）用行业内的多样化程度，而不是赫芬达尔指数发现了相似的结果）。虽然 Aggarawal and Samwick 把赫芬达尔指数当作单独的变量回归，并发现竞争较小的企业有较高的薪酬（和 DeFond and Park 较低的更换概率这一结果类似），但他们的模型没有对这个变量作出预测。这个结果最多是 RPE 的间接证据。另外，DeFond and Park 仅仅引入用竞争公司业绩调整后的本公司业绩指标（如经市场调整的回报、行业相对的盈利以及分析师预测误差），而没有像典型 RPE 研究那样分别引入本企业和竞争企业的业绩。事实上，很难看到这个设计如何表现 RPE。正如我们之前所说，RPE 暗示了薪酬合约可以被表达为 $w = \beta_0 + \beta_p d + \beta_p u + (\beta_I + \beta_p b)I$，其中 u 是单因素模型 $P = d + bI + u$ 中经市场指数调整的回报。可以把 DeFond and Park 的设计理解为将指数调整的回报作为业绩指标，然后估计 $w = \gamma + \gamma_1 u$，结果显示 γ_1 随竞争增加。但是 RPE 的主要预期是 $\beta_I < 0$ 和 $\beta_I + b\beta_P = 0$，这两者在此设计中都没有被提到。因此，虽然他们清晰地分离出竞争与经指数调整的业绩指标在解释 CEO 更换中的作用之间有意思的关系，但就 RPE 而言，解释仍然不清楚。这意味着关于 RPE 以及竞争和管理层更换的关系，未来还有研究机会。

§2.5.7　公司内部业务单元管理者的合约设计

现代美国公司是典型的等级组织，CEO 在等级制度中占据最高位置。正如先前讨论的，有大量实证研究关注最高管理层的薪酬计划。相比之下，主要由于数据可得性的原因，研究中层管理者薪酬的文献少得多。这代表了未来会计研究的一条康庄大道，但前提是能取得数据。组织内部的激励很可能是公司成功的关键决定因素。在组织内部，会计指标可能对合约相对更重要。这是因为公司层面的业绩指标，比如股价，整合了公司所有经营活动业绩，这样根据在业务单元层面使用股价激励的证据，从个别业务单元管理者的角度看，就包含了很大的噪音（see Keating，1997；Guidry et al.，1999）。

此外，激励合约、业绩评价和其他组织特征之间许多有趣的互动在较低的层级中发挥作用。在明文的客观目标业绩指标和升职阶梯上的激励合约、决策权的分配、任务分配、部门间的相互支持以及主观业绩指标之间都会有复杂的互动。例如，Lambert et al.（1993）的证据表明，观察到的各级别业务单元管理者的薪酬呈现出和代理理论以及竞争理论一致的模式。Baker et al.（1994a，b）和 Gibbs（1995）分析了一家公司 20 年的人事数据，并描绘了等级制度、业绩评价、升职政策、薪酬政策和激励薪酬之间的复杂关系。Ichniowski et al.（1997）采用 36 家钢铁厂的数据，发现采取成套且互补的行为准则（例如，激励薪酬、团队合作、技术培训、沟通）的工厂比不采取这些行为准则或者只采取其中之一、不是合在一起使用的企业有更强的生产力。我们接下来要讨论的等级内部的薪酬会计研究，用实证的方法探讨了部门间相互依赖、任务分配、薪酬和创新的互动以及业绩标准的整合等问题。

Bushman et al.（1995）和 Keating（1997）研究了公司内部门间互相依赖的效应以及业务单元激励合约的结构。两篇论文都提供证据，证明在公司层面指标相对于业务单元自身业绩指标的权重与公司内部门间的相互依赖程度之间存在正相关关系。

假设一家公司有两个部门，部门 1 和部门 2，设利润分别为 $D_1 = f_1 e_1 + f_2 e_2 + \varepsilon_1$ 和 $D_2 = g_1 e_1 + g_2 e_2 + \varepsilon_2$。设 e_1 是部门 1 管理者的行为，e_2 是部门 2 管理者的行为，$\text{Cov}(\varepsilon_1, \varepsilon_2) = 0$，偏好如 2.4 节所定义。注意部门 1 管理者的努力 e_1 同时影响了他自己部门的盈利 D_1 和部门 2 的盈利 D_2。这反映了两个部门之间互相依赖性的概念，或者说溢出效应。部门 1 的盈利可以反过来被部门 2 管理者的行为影响。把公司层面的盈利定义为 $A = D_1 + D_2$，并设部门管理者的薪酬合约为 $w_i = \beta_0^i + \beta_D^i D_i + \beta_A^i A$（$i = 1, 2$）。合约中公司层面盈利的作用是为激励管理者将公司价值作为决策其努力水平的考虑因素，而不仅仅考虑努力水平对本部门盈利的影响。关注管理者 1。可以证明（Bushman et al.，1995），管理者 1 的最优薪酬合约可被写为：[36]

$$\frac{\beta_A^1}{\beta_D^1 + \beta_A^1} = \frac{g_1}{f_1} \frac{\sigma_1^2}{\sigma_2^2} \tag{7}$$

式（7）预期在管理者 1 的合约中，公司盈利 A 的激励权重将随着管理者 1 的行为在部门 2 上的溢出效应增长而相对增长。

为检验这个假设，Bushman et al.（1995）使用来自 246 家上市公司业务单元管理者薪酬计划的专有数据。数据包括了由公司层面业绩指标决定的业务单元管理者薪酬百分比，和由本单元业绩指标决定的薪酬百分比。例如，他们发现，平均而言，一个分部 CEO 年度奖金的 46% 由本层级的业绩决定，34% 由公司层面综合的业绩指标决定，20% 由个体业绩评价方法决定。他们用公司跨行业及跨地区的部门间销售与总销售额的比率（较高跨部门销售意味着较高的溢出效应），以及行业和地区多元化指标（较高的多元化程度意味着较低的溢出效应）来代表相互依赖性。如果转移价格没有通过决定各个业务单元的盈利指标而完全解决溢出效应问题，那么使用跨部门销售表示相互依赖性只能解释公司层面和自身层面盈利的相对激励权重。他们发现，正如所预测的，在公司层面综合指标的相对激励权重与部门间销售指标显著正相关，与多元化指标显著负相关。

Keating（1997）用 78 家公司和部门的调查样本，也发现部门间的相互依赖在业务单元管理者这一层面影响了业绩指标的选择。他发现公司层面会计指标的使用随部门管理者对其他部门影响的增加而增加，随成长机会和其他管理者对本部门影响的增加而减少。Keating 还证实了随着部门规模相对于整个公司规模的增大，股价激励手段的使用也将增加。

Baiman et al.（1995）用一组专有数据研究母公司对其业务单元的任务分配以及业务单元管理者面临的薪酬风险水平在不同公司间的差异。他们建立了一个模型，其中代理人（业务单元管理者）总是了解本部门生产力参数，而委托人（公司 CEO）则可能不了解。他们的模型指出，若专业的委托人拥有信息优势，会倾向于向代理人分配较少的任务，直接命令部门管理者采取正确的行动，把更多的薪酬风险加于代理人，以让他们更加努力地完成分配的任务。在实证研究中，他们用调查中搜集的任务分配高低矩阵来衡量任务的分权程度，用有条件的年薪与总年薪之比来衡量薪酬风险。他们发现，母公司关于任务的专业水平越高（如果母公司和业务单元有相同的 2 位 SIC 码（行业代码），则专业水平高；

反之则低），业务单元的相对规模越大，则业务单元管理者面临的薪酬风险越高，而分配的任务则越少。Baiman et al. 还把公司层面 CEO 所面临的薪酬风险当作自变量，对业务单元管理者的风险进行回归，并且发现其系数显著为正。虽然他们只是将它用于控制个别公司的特殊效应，但 Fisher and Govindarajan（1991）把这个结果视为管理者之间的社会比较。尽管理解有所不同，但这个结果引出了董事会给予高级管理层的激励如何沿等级制度过滤下去这一有趣的话题。

正如先前所讨论的，许多薪酬研究在解释薪酬合约时，都把投资机会集合视为外生的自变量。Holthausen et al.（1995a）允许投资机会集合有内生的可能，为公司管理者选择的函数，而合约同时由投资机会集合决定。他们假设大多数创新决策都由业务单元层面作出，在此前提下关注业务单元管理者。他们定义投资机会集合（或者创新活动）为业务单元每百万美元销售额对应的专利数量，把薪酬定义为业务单元经理预期的长期薪酬与总薪酬的比率。他们估计了以下非递归模型：

$$创新_{t+2} = f（薪酬_t，市场结构_t，公司参数_t）$$
$$薪酬_t = g（创新_{t+2}，公司参数_t，部门参数_t）$$

他们发现非常微弱的证据证明薪酬和未来创新正相关，但是发现如此衡量的薪酬和预期的创新机会集合正相关。

最后，Leone and Rock（1999）检验了业务单元管理者薪酬的跨期效应。他们通过一家大型跨国企业76个业务单元的详细数据，用实证方法验证了预算的修正方式和棘轮原则相一致。棘轮的情况是指，正向的业绩差异（与预算相比。——译者注）导致下一年预算变化的绝对数大于同程度的负向差异引起的预算变化。在实证检验中，他们如此表达这样的理念：把预算业绩时间上的变化值当作实际值与预算差异的函数：$预算_{t+1} - 预算_t = \alpha + \lambda（实际_t - 预算_t）+ \lambda_n D_t（实际_t - 预算_t）$。每一期的预算业绩和实际业绩都用会计量表达，且如果实际$_t <$预算$_t$，则 $D_t = 1$；如果实际$_t >$预算$_t$，则 $D_t = 0$。他们估计的结果发现，$\lambda > 0$（0.892）和 $\lambda_n < 0$（−0.450）。这意味着在给定年份，当实际业绩超过预算业绩时，下一年的预算业绩就几乎增加了其差异的90%。相反，如果实际低于预算，下一年的预算就减少了两者差异$(\lambda + \lambda_n)$的44%。这就是说，预算增加的量几乎是整个正预算差异的幅度，而预算下降的量只是没有完成的预算的一部分。

Leone and Rock 继续使用得到的棘轮结果研究它是否制约管理者的盈余管理行为。他们用一个简单的两期模型论证，当管理者预期棘轮预算而不是固定预算时，以两个时期奖金之和最大化为目标的盈余管理行为（可操纵应计项）会非常困难。平均而言，以奖金最大化为目标的应计项在棘轮预算中较低。他们发现，与固定预算假设相比，可操纵应计项在棘轮模型下能够更好地用奖金最大化行为来解释。在一篇相关的论文中，Murphy（1999a）在棘轮行为的假设下提出，使用内部决定标准的公司会比使用外部决定标准的公司拥有更平滑的盈利模式。Murphy 假设内部决定的标准受制于棘轮效应，激励了利润平滑行为，而外部标准（如相对行业水平的市场业绩）却不受管理者行为的影响。Murphy 报告了和这个假设一致的证据。

这些论文提出了什么因素决定公司采用棘轮行为这一有趣的问题。也就是说，是什么决定了业绩预算棘轮的横截面差异？

§2.6 讨论和总结

近年来，在美国上市公司中，会计信息在决定最高管理层薪酬上可衡量的重要性不断减小。有证据显示，会计信息在决定最高管理层年度现金薪酬上变得相对不那么重要（Bushman et al.，1998），并且相对于股票和期权组合，现金薪酬对股东财富变化的敏感度也正在快速减小（Hall and Leibman，1998；Murphy，1999b）。另外，在近期的一篇工作论文中，Core et al.（2000）将 CEO 从公司获取的财富变化差异分解为基于股价和非基于股价两部分。他们发现对大多数 CEO 而言，股票收益在他们的激励计划中占据主要部分，对样本中 65% 的 CEO，用股票回报解释的财富变化至少比其他因素解释的部分大 10 倍。于是尽管会计信息在公司内部等级中似乎仍然是激励合约的关键，但这些事实表明未来会计研究面临重大挑战。

首先，为什么会计的市场份额会缩水？缩水程度的横截面差异能被解释吗？很大程度上这就相当于问为什么授予管理层股票期权的现象在增长以及解释授予战略上的横截面差异，但为什么会计在年度现金薪酬上的作用减小仍然是个问题。假设这是一个均衡的现象，合约设计中的变化一定是环境的变化造成的。是会计的信息含量本身退化了？还是应该在经济环境中寻找更加根本的变化呢？例如，Milliron（2000）发现在过去的 20 年中，可靠性、独立性和有效性等董事会特征发生显著变化，对董事激励，以及其和股东利益的一致性普遍有所增长。

许多环境变化都是观察到的合约设计和董事会演进的备选解释。例如，20 世纪 80 年代机构投资者和采取主动行为的其他相关利益者集团的出现对公司形成压力，使其选择有助于主动监督和评价管理者绩效的董事会结构。另外，SEC 和 IRS 在 20 世纪 90 年代早期颁布新法规，要求管理层薪酬披露比原先详细得多，并要获得全部由独立董事组成的薪酬委员会批准。公司自身的性质也发生了变化。近期的研究提到集团公司已经分裂，而他们的业务单元分立成独立的公司，那些垂直合并的制造商取消了对其供应商的直接控制，转向较松弛的合作形式，具有特有技能的人力资本变得更重要且流动性更强（e.g.，Zingales，2000；Rajan and Zingales，2000）。这些环境变化有没有解释会计信息在高管合约设计中作用的下降呢？抑或是有别的答案？

一个相关的问题是近期的证据是否意味着总体上会计信息对于管理者行为影响较小。正如研究所发现的，例如 Murphy（1999b），绝大多数管理层期权没有考虑市场或者行业指数，意味着管理层薪酬会依赖于超过其理解和控制的许多因素。除了宏观经济随机冲击的影响，股价也反映了投资者的私有信息、对信息的理解、观点和预期。然而，相对于管理层理解其行为对股价的影响方式，他们有可能更理解其行为对会计数字影响的途径，而且会计数字连同分析师的盈利预测一起仍然对投资者评估权益价值产生深远的影响。

此外，董事会显然依旧基于设计复杂的业绩指标来决定现金薪酬，组合中包括单独的绩效评价指标和非财务业绩指标（Bushman et al.，1996；Ittner et al.，1997）。正如 Hayes and Schaefer（2000）所指出的，虽然观察到合约设计其他方面有所转变，但非预期的当前现金薪酬对于未来绩效的预测能力在近阶段没有下降。于是，尽管期权的使用呈爆炸性增长，然而董事会仍在设计复杂现金薪酬支付计划的证据表明，这仍是董事会和高管层交流预期的重要渠道。既然董事会的一个主要任务是聘请和解聘最高管理层，董事会在决定现金薪酬基础时表现出的明显关注，不可以只因为大额期权证组合的存在就被认为是不重要的。只有我们深入地理解董事会表现其忠诚职责的过程，才能理解现金薪酬及其内在的衡量问题对于公司治理过程的真正重要性。

理解哪些条件下会计对合约过程相对更重要或不重要也很关键。例如，当公司陷入困境时，会计数字对于最高管理层的绩效评价就会变得相对更重要，因为股价信息还包括市场对于最高管理层替换的评价。

最后，研究激励合约中会计信息的角色，考虑在经典的委托代理模型之外的理论架构是非常有益的。经典委托代理模型着重风险分担和激励之间的权衡。正如前面讨论的，经济学和会计学的研究中对此权衡的检验取得了混合的结果，一些研究找到支持权衡的证据，另一些则没有。尽管关于风险与观察到的合约之间关系的微弱证据可能是由于绩效指标较差代理变量的噪音造成的（e.g.，Solan，1993），但也可能是因为标准委托代理模型不能正确地刻画高管薪酬，或者环境重要特点没有在模型中反映。近期几篇经济学论文提出了几个关于后面这些可能性的有趣问题，应该对有兴趣理解观察到的合约安排的研究者有益。

Lazear（1999b）指出虽然激励重要，但迄今为止的研究通常忽略了对合约设计的选择或分类解释。Lazear（1999b）考虑了主要合约问题是管理者拥有关于公司前景的私有信息，而外部投资者则不了解这些信息。Lazear 的分类模型暗示了最优的公司绩效激励系数与单纯考虑风险—激励权衡所预期的较大差别。Prendergast（1999b）考虑到现有理论可能遗漏了激励个体努力和环境风险之间的某些关系。他认为，与标准委托代理模型预测环境风险和激励强度之间的负相关关系相反，两者之间的正相关关系有其存在的原因。虽然他并不否认标准风险—收益权衡的有效性，但他说明了为什么在数据中难以找到如此关系的理论依据。[37]

在下一节中，在正式的激励薪酬合约之外，我们还将开始讨论针对会计信息在一系列范围较广的具体治理机制中应用的未来研究可能，很多这些想法对未来的薪酬合约研究也具有意义。

§3 会计信息在具体治理机制中的作用：未来研究的方向

我们就财务会计指标在公司控制机制运行上的作用方面提出对未来治理研究的想法。经济学和财务学文献认识到一系列需要考虑的内部和外部控制机制。公司内部控制机制（除了管理激励计划）包括股东和债务人监督、董事会监督、公司内部章程以及内部经理劳动力市场。外部机制包括公司控制权市场、外部管理人员市场、产品市场竞争，以及保护投资者权利的国家法律和司法系统。接下来，我们讨论几个有前景的研究方向以及相关的现有研究。3.1节～3.3节将讨论这些想法。

§3.1 治理机制间的互相作用

虽然通常治理研究着重某个单独的具体治理机制，但对此更加完整的理解要求明确意识到治理机制间的相互作用。虽然可以考虑大量潜在的相互作用，但我们仅在几个有前景的互动机制上集中注意力，阐述我们提出的研究理念。

首先考虑产品市场竞争和会计信息在管理层薪酬合约以及管理层更换中用途的相互作用。正如在RPE那一段（2.5.6节）中所讨论的，产品市场竞争的性质会影响正式的薪酬合约和董事会聘用及解聘的决定。Aggarawal and Samwick（1999b）认为在竞争比较激烈的行业（较高的产品替代性），薪酬合约的出发点包含了战略考虑，并试图激励管理者采取较温和的价格竞争手段。DeFond and Park（1999）检验了CEO更换的可能性，指出在竞争较激烈的行业，容易进行同业公司的比较，这就为更精确的业绩比较制造了机会。这些论文使用赫芬达尔指数衡量竞争程度，而Parrino（1997）则关注行业多样性（由行业内股票收益的相关系数来衡量）对管理层更换进行研究，提出了类似于DeFond and Park（1999）的观点。Jagannathan and Srinivasan（1999）检验了用公司是一般化（有较多可比较的公司）还是专业化（很少有同业公司）衡量的产品市场竞争是否可以降低自由现金流形式的代理成本。

上面引用的这些论文都指出产品市场竞争的性质对激励本身以及激励机制的设计、运行非常重要。这里有许多研究机会。第一，注意Aggarawal and Samwick（1999b）提出的战略合约理论预期随着竞争的加剧，同业公司业绩的正权重变得更高，而其他理论则预测随着竞争的加剧，同业公司业绩的权重将负得更多（更多RPE）。这些互相竞争的理论问题能被解决吗？使用不同的竞争衡量方法是否造成了差异？如果竞争加剧，不管怎样衡量，减少了代理成本并制造了更多的同业比较机会（包括提供潜在的可替代管理层），又会怎样影响激励合约？这可以通过将公司自身和同业公司会计信息作用当作竞争程度的函数来检验。更激烈的竞争也可能增加披露专有信息的成本，这意味着较多的私有信息反过来会影响公开业绩指标的相对治理价值。例如，随着产品市场竞争级别的变化，会计业绩和股价业绩的相对价值在解释管理者更换时会有所不同。

接下来考虑公司控制权市场。公司控制权市场运作的变化会改变管理者的压力，并造成其他治理机制的变化。例如，Bertrand and Mullainathan（1998）检验了国家反接管法的变化对管理层薪酬的影响。其观点是反接管法的采用降低了最高管理者的压力，并造成公司用其他力度更强的激励手段代替接管手段。他们发现在采用反接管法之后，业绩—薪酬敏感度和CEO的薪酬水平有所增加（后者可能是补偿CEO面临的风险增长）。为了看到合约中更加复杂的变化，这一研究设计可以提炼为包含决定薪酬的业绩指标组合。例如，接管压力的变化会改变管理层激励，使公司的会计数字歪曲、改变其在制定合约和业绩评价上的作用。与此相关，Hubbard and Palia（1995）观察了在银行业中管理层薪酬对放松银行跨州业务限制的反应，以及之后银行兼并其他州银行的能力。他们研究中的一个关键因素是限制的取消是否增加了银行对有才能管理者的需求。对人才需求的增加会导致董事会对现任管理者的才能水平进行更多的考察，从而造成管理者更换方面会计和股价业绩相对作用的变化。

最后，考虑董事会结构和管理者流动之间的关系。Weisbach（1988）在估计CEO更换的概率时研究了董事会组成和公司业绩的相互作用。他发现当外部董事主导董事会时，CEO更换对业绩的敏感度更大（市场调整的回报和会计业绩）。这个结果的一个可能解释是，由外部董事主导的董事会天然能更好地监督管理者。但是若会计数字本身不能很好地反映管理层业绩和其他公司业绩，公司对此的反应是在董事会设置更高比例的内部董事，用这些人员对公司特有活动和公司竞争环境的深入了解来替代会计评价（Bushman et al.，2000b）。在这种情况下，当会计信息是对管理者才干和业绩的一个好的衡量方法时，我们就会观察到由外部董事主导的董事会，而这意味着会计业绩和管理层更换决定高度相关（由内部董事主导的董事会则相反）。

现实世界是均衡的还是不均衡的，这一问题使从这个研究设计中得出明确的推断很难（参见 Hermalin and Weisbach（2000）关于这个问题的一个有趣的讨论）。如果我们看到的世界是最优的行为，那么鉴于数据已经反映了最优的选择，要想从这个研究设计中得出改善政策的办法就有问题。Core et al.（1999）检验了董事会特点、所有权结构和 CEO 薪酬的关系，把"次优"治理配置和较低的公司未来业绩联系在一起。这个方法引出了类似的问题。为什么数据中观察到的是次优配置？（参见 Himmelberg et al.（1999）对此从实证方法进行的有趣讨论以及 Murphy（1999b）对这个方法的有益探讨。）

§3.2 财务会计信息和其他公司控制机制

先前研究的一个自然延伸是关于财务会计信息在其他具体治理机制运作中的作用。

在这方面一个重要例子是 DeAngelo（1988）对于会计信息在代理权斗争中作用的研究。她提供的证据表明会计数字被大量使用，从而强调了会计信息在代理权斗争中的重要性。她发现，对管理层不满的股东通常把较差的盈利作为现任管理者效率低下的证据（而很少把股价表现当证据），同时现任管理者用他们的会计判断来向投票的股东刻画更好的业绩印象。DeAngelo 指出，会计信息可能在代理权斗争中更好地反映现任管理者绩效，因为股价中还包括了更换表现不佳管理者的潜在利益。其他研究具体治理机制的例子包括接管（Palepu，1986）、董事会（Dechow et al.，1996；Beasley，1996）、股东诉讼（Kellogg，1984；Francis et al.，1994；Skinner，1994）、债务合约（Smith and Warner，1979；Leftwich，1981；Press and Weintrop，1990；Sweeney，1994）和审计职能（Feltham et al.，1991；DeFond and Subramanyam，1998）。

在这方面有许多机会。比如，尽管有证据证实董事会在激励合约和解雇决定中使用会计信息，但我们事实上几乎不知道董事会的内部运作。除了设立薪酬和聘用/解雇 CEO，董事会还起着决策审批的作用（Fama and Jensen，1983a，b），并提供公司战略计划过程的构成因素。什么信息集合是董事会所有运作的基础？本公司会计信息、同业公司会计信息、分析师报告、专有内部信息、股价信息，它们的相对重要性如何？虽然有证据表明股价已成为高管薪酬合约的主要业绩指标（Hall and Leibman，1998；Murphy，1999b；Core et al.，2000），但股价不太可能是董事会唯一使用的信息变量。

另一个机会是关于会计信息在 IPO 前企业家和风险资本之间控制权以及现金流权分配上的作用。正如 2.2 节所讨论的，Kaplan and Stromberg（1999）从风险资本融资合约的分析中发现控制权和现金流权的配置在不同的融资回合有所不同，控制权的配置有赖于可观察的财务和非财务业绩指标。鉴于近期美国和其他国家风险资本融资的爆发式增长，我们更有机会获得有趣的数据库，为理解会计信息和其他业绩指标在配置控制权上的作用提供了操作可能性。这为更深入地理解会计信息提高经济效率的渠道提供了可能。

最后，大多数治理研究集中在美国。虽然数据的限制至今仍是国际治理研究的一个障碍，但机会很可能会增加。随着欧洲趋于更加基于权益的商业文化（e.g.，Black，

2000b)，在治理过程中增加对外披露和透明度的压力可能有所增长。关于国家之间公司控制机制存在和运行程度差异的描述性数据拥有无穷的研究潜力。这些数据不但可以就财务会计可能发挥治理作用的机制在世界范围内的差异提供有益的见解，而且可以提供数据测试第 4 部分将提到的，为提高经济效率，高质量财务会计领域和高质量控制机制之间存在的互补关系。这方面的潜能不应被低估。例如，后面会更详细地谈到，近期发展的国家间投资者法律保护和法律执行有效性差异的数据库（e.g.，La Porta et al.，1998）带动了大量研究，探讨治理在影响国家和国家间具体行业经济效率方面的跨国差异。这些数据库还可能允许会计学者将治理环境方面的数据同近期用来检验财务会计稳健性理论的跨国数据（e.g.，Ball et al.，2000a，b）整合在一起。

§3.3 会计信息的局限性和治理结构形成的内生性

在某些情况下，由财务会计系统提供的信息局限性会不会导致其被高成本的监督机制和/或对管理者行为的规章限制所替代？这是对 2.5.5 节讨论的薪酬文献的一个自然延伸。在 2.5.5 节，我们论述了只有当会计信息具有有限有用性时，公司才会转向使用成本更高的业绩指标（Bushman et al.，1996；Ittner et al.，1997）。我们用几个最近的例子回答这个问题。

第一个例子是 La Porta et al.（1998）。这篇论文指出，保护投资者不受投机主义的管理者行为侵害，是决定投资者对公司的投资意愿、公司外部资本的成本以及持股集中度的根本因素。他们建立了一个关于投资者权利及其执行的内容广泛的法律数据库，包括非洲、亚洲、澳洲、欧洲、北美洲和南美洲 49 个国家的数据。有趣的是，他们指出影响投资者权利实施的制度之一是国家的财务会计制度。他们使用国际财务分析与研究中心（CIFAR）为每个国家制定的指数来衡量会计制度的质量。CIFAR 指数代表了本国上市公司样本年报中 90 个项目的平均数。La Porta et al. 记录了不同国家由法律提供的投资者保护水平及其实施的重大差异，而这些都和国家属地的法源相关，包括英国、法国、德国和斯堪的纳维亚。他们还发现，在控制了不同的法源和其他因素后，一个国家的股权集中度和 CIFAR 指数以及衡量法律系统如何有力地"在包括投票过程的公司决策过程中使小股东，而不是管理者或大股东获益"（p.1127）的指标显著负相关。这些结论和他们的预期一致，即在会计和法律系统提供的投资者保护比较薄弱的国家，这些机制会被"大"股东高成本监督替代。

在相关研究中，Bushman et al.（2000b）发现，在横截面上，美国大型上市公司的股票所有权集中度与盈利"及时性"负相关。与 Ball et al.（2000a）一样，及时性被定义为"当前盈利包含当前价值相关信息的程度"。Bushman et al.（2000b）以传统的和与其相反的股价与盈利变化之间的回归为基础，建立了几个盈利及时性矩阵。他们把公司间盈利价值相关性的差异视为由美国 GAAP 的内在计量局限性造成，而不是公司管理者作出的会计选择。[38]

与预期一致，Bushman et al.（2000b）和 La Porta et al.（1998）报告的结果都是财务会计系统提供的信息和对"大"股东高成本监督的需求负相关。然而，必须谨慎理解两个研究的结果。作者不能完全排除相反方向因果关系的可能性，即在美国 GAAP 允许的会计主观判断范围内，美国持股较分散的公司将选择报告更多和价值相关的盈利。也许这些问题在 La Porta et al.（1998）的跨国分析中更加严重。例如，在某些情况下，国家间披露准则的差异可能是出于政治的原因，也许是希望将对国家资产的控制集中在有控制权的家族、银行或者政府手中（更进一步的讨论，参见 Rajan and Zingales（1999））。

第二个公司控制权机制的例子是董事会的监督。出于以上类似的原因，在财务会计系统提供的信息有用性相对较低时，就更需要董事会进行高成本的信息获取和处理活动。Bushman et al.（2000b）还研究对高成本信息获取和处理活动的需求如何影响董事会的组成。这个研究建立在 Fama and Jensen（1983a，b）观点的基础上，即最优的董事会结构同时需要内部董事和外部董事，因为前者深入了解公司的具体情况、专业知识和信息，后者可以为重大战略决策提供专业的建议和政策建议。Bushman et al.（2000b）发现，在控制研发、资本密集度和公司成长机会之前和之后，内部董事的比例和"享有很高声望"的外部董事的比例都和盈利及时性负相关。这与财务会计指标提供信息的局限性和对内部董事提供的公司特有信息以及高质量外部董事的需求相关这一假设一致。

我们现在转而讨论检验财务会计信息属性和管理者真实决策之间直接联系的研究。

§4　财务会计信息和经济业绩的未来研究

§4.1　引言

§4.1.1　概述

在第 2 和第 3 部分中讨论过的研究集中在具体的治理机制以及会计信息作为这些机制的投入因素的作用上。第 3 部分讨论的研究还考虑了财务会计信息局限性对董事会、股权结构以及其他公司控制机制的影响。上述治理研究之所以有趣，部分因为公司控制机制的有效性应该会影响管理者实际的决策。所以，财务会计信息在公司治理机制中的用途是其帮助公司投资决策和提高生产力的一条渠道。

在这一部分，我们提出未来的研究可以直接检验财务会计信息对经济业绩的影响。我们建议实证研究关注四个主题。第一个主题是财务会计信息的可获得性是否会影响经济业绩，影响程度有多大。通过这类研究，预期反映财务会计信息对来源于更有效的公司治理机制及其他方面的经济增长和生产力的综合影响。

第二个主题是财务会计信息影响经济业绩的具体渠道。我们建议研究区分财务会计信息经济效应的具体渠道，特别是区分财务会计信息治理角色的影响。

未来研究的第三个主题是财务会计信息的经济利益如何因其他因素而变化。也就是说，其他诸如投资者权利的法律保护或其他公司控制机制、审计制度或者证券市场和银行融资的相对重要性之类的因素在何种程度上影响财务会计信息的经济效应？我们期待财务会计制度的质量和公司控制机制的相互作用为财务会计信息的治理效应提供证据。我们还期待财务会计制度和本国其他制度的相互作用提供财务会计信息在改善治理以及其他渠道全部经济价值决定因素的证据。

第四个主题是会计经济效应如何随会计制度具体特征而变化。例如，哪种类型的披露对经济业绩的贡献最大？经济业绩会随内部报告频率增大而提高吗？会计衡量方法差异会造成经济业绩的差异吗？我们期待这类研究提供新的证据，说明在治理的目的下，影响其质量的财务会计系统属性，以及影响所有综合经济效应的财务会计系统总体质量的属性。

我们把第 4 部分接下来的内容按照如下进行安排。在 4.1.2 节，我们描述预期财务会计信息增强经济业绩的渠道。这个讨论的目的是激励学者提出对财务会计信息和经济业绩之间关系的研究，并为我们区分财务会计信息治理效应的建议提供更具体的背景。在4.1.3 节，论述为什么我们相信作为第 4 部分焦点的跨国研究设计代表了关于财务会计信息对经济业绩影响的研究中一个有前景的方面。在 4.2 节，我们更详细地描述了未来研究的四个主题，并为测试我们的预测作出初步建议。在 4.3 节，我们考虑其他研究设计问题。

§4.1.2　财务会计信息影响经济业绩的渠道

我们预期财务会计信息通过至少三个渠道影响经济业绩，如图 1 所示。第一，预期公司及其竞争对手的财务会计信息可以帮助管理者和投资者识别和区分投资机会的好坏（项目识别）。[39]一个经济体中若缺乏可靠的信息，那么即使在没有道德风险的情况下，也会阻碍人力和财力资本流向好的投资、离开坏的投资。因此，即使没有管理者和投资者之间的代理冲突，财务会计数据也会提供有用的信息，使得管理者和投资者以较少的失误识别创造价值的机会，从而提高效率。这直接造成了投资者和管理者把资本更精确地配置到其最高价值的用途上，如图 1 箭头 1A 所指。此外，投资者感知的比较被低估的风险很可能会降低资产成本，进而为经济业绩作出贡献，如箭头 1B 所指。[40]

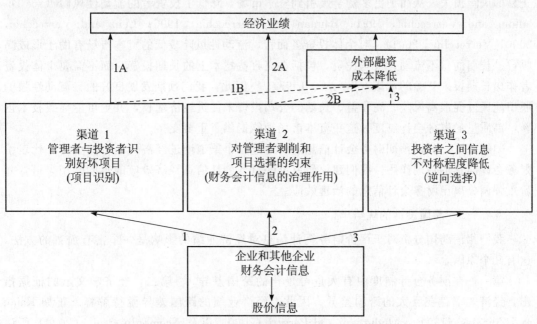

图 1　财务会计信息可能影响经济业绩的三个渠道；
财务会计信息的治理作用通过渠道 2 运作

财务会计系统显然是向管理者和投资者提供投资机会信息的直接来源。例如，管理者可以根据其他公司报告的高毛利来识别具有前景的新投资机会。财务会计系统还可能通过支持股价的信息角色，成为间接的信息来源。[41]在有效股票市场中，股价反映了关于公司前景的所有公开信息以及个别投资者的私有信息，有效的股市可能通过股价把综合的信息传递给管理者以及现有和潜在的投资者。在 Hayek（1945）讨论的过程中，价格系统整合并传达了分散在许多个体之间的知识，使得当前的总体知识被更好地使用。[42]这是这个过程的一个例子。因此，高质量的财务会计制度可以直接为管理者和投资者提供项目好坏的信息，并通过支持一个活跃的股市来间接地提供信息。[43]

我们预期财务会计信息增进经济业绩的第二个渠道是其治理作用。财务会计信息是公司控制机制的直接组成部分，其目的是控制管理者把资源引向被看做好的项目以及引离那些被视为坏的项目，并防止管理者剥夺投资者的利益。此外，财务会计信息还为股市的信息集合和控制功能提供支持。[44]例如，与会计指标和具有信息含量的变量相联系的薪金合约可以激励管理者创造价值。[45]另一个例子是，功能健康的股市可以促进公司接管，取代那些业绩不佳的管理者，仅仅这一威胁就能改进管理层激励（see, for example, Scharfstein, 1988; Stein, 1988）。[46]

通过对现有资产更有效的管理、管理者更好的投资选择以及减少管理者对投资者利益的剥夺，财务会计（和股价）信息的治理作用直接为经济业绩作出了贡献（箭头 2A）。通过减小投资者因补偿被机会主义管理者剥夺利益的风险损失而要求的风险溢酬，财务会计信息的治理作用还间接地增进了经济业绩（箭头 2B）。

我们预期财务会计信息增进经济业绩的第三个渠道是降低逆向选择和流动性风险（箭头 3）。公司及时披露高质量财务会计信息的预先承诺降低了投资者同拥有更多信息投资者交易的风险损失，从而把更多资金吸引到资本市场，降低了投资者的流动性风险（see Diamond and Verrecchia, 1991; Baiman and Verrecchia, 1996; Leuz and Verrecchia, 2000; Verrecchia, 2001）。对个体投资者而言，流动性风险较低的资本市场有助于形成高收益、长期的（不流动）公司投资，包括在高收益技术上的长期投资，而不需要个体投资者作出长期投入资源的承诺（Levine, 1997）。[47]因此，我们预期发展良好的、流动性强的股市能通过促成高风险、高收益、长期的公司投资来促进经济增长，并更可能导致技术创新，高质量的财务会计制度为这一资本市场功能提供了重要支持。

归纳一下，我们预期财务会计信息至少通过三个渠道增进经济业绩，其中之一代表了财务会计信息的治理作用。我们建议研究反映财务会计信息经济效应的不同作用渠道，并着重强调分离出财务会计信息的治理效应。

§4.1.3 跨国设计的优势

我们相信跨国分析对于评价财务会计信息对经济业绩的影响是一个富有前景的方法，这有几个原因。

第一，在财务会计制度中有大量可量化的跨国差异。[48]第二，经济学文献的证据指出，经济效率存在巨大的跨国差异。因此，经济业绩的跨国差异亟待解释。正如 Rajan and Zingales（1999），Modigliani and Perotti（2000）以及 Acemoglu et al.（2000）所认为的，出于政治原因而非效率的考虑，效率不高的机构可以在某个特定的国家维持很长时间。因此，在跨国样本中观察到总体上效率不高的财务会计和其他制度不是没有可能的。相形之下，在美国，市场力量（例如，公司控制市场、管理劳动力市场、竞争产品市场）以及显性的和隐性的薪酬合约有力地激励并规范管理者，不太可能在样本中体现总体无效率。

第三，近期经济学文献显示在其他制度因素中存在大量的跨国差异，比如对投资者权利的法律保护。这些差异使得检验财务会计制度和其他本国制度之间互相作用的假设具有可行性。比如，当设计的法律保护股东不受管理者剥削时，公开披露的财务会计信息对监督和规范管理者是不是更有用？

经济学和财务学的研究在三个重要方面为这里提出的研究作了铺垫。第一，经济学和财务学的理论研究已经建立了外部资本提供者能得到的信息与经济业绩之间的因果联系。[49]这类理论文献推动我们检验财务会计制度的属性和直接的经济业绩指标之间的关系，同时测试会计制度与提供支持的资本市场属性和制度之间的关系。[50]

第二，近期的经济学和财务学研究已经发展了相关的实证设计和代理变量，用于在跨国研究中检验国内制度因素和经济业绩的联系。实证代理变量包括经济活动的直接衡量（例如，GDP 增长、资本积累、商业企业数量的增长、研发投资、生产力以及公司投资对其增加值的敏感度）以及衡量提供支持的证券市场的广度、流动性、定价模式、全球一体化程度和效率的方法。这类新的实证文献向我们提供了指导和数据，降低了会计研究者的进入门槛。

第三，这类文献涌现的初步结果提供了重要的新证据，证明保护投资者不受公司内部人的侵害对资本市场的发展和效率、资本成本以及经济增长和效率都有重大影响。因此，保护投资者不受公司内部人的侵害似乎是经济业绩的一个重要决定因素。这些初步结果还鼓舞人心地证明了财务会计信息质量和经济业绩之间存在正相关关系。这两类证据合在一起，表明未来对财务会计信息治理作用的研究有可能检验到首要的经济效应。

会计研究者对财务会计系统和财务会计信息的细致了解代表了一种相对优势，在这类不断涌现的经济学文献基础上构建的研究计划中能够有所建树。另外，这个相对优势应该被充分发挥，因为利用这个优势，很可能在财务会计信息的经济效应、影响经济业绩的渠道、经济效应的影响因素，以及能增进经济业绩、高价值的财务会计制度特性等方面提供新的证据。最终，我们提出的检验及其得到的关于财务会计信息与经济业绩关系的证据将使我们对决定于财务会计制度因素的理解更加完整。最后，通过考虑财务会计系统提供的信息及其局限性来检验由信息效应的经济理论得出的预期，这类研究提供的证据将对背后的经济理论具有意义。

正如 4.3 节所讨论的，这个研究可能在检验因果关系以及忽略相关变量所导致的有偏估计方面存在局限性。然而，只要会计研究者继续"睁大眼睛"设计并解释其研究，就能从这些问题中了解很多。

§4.2 关于财务会计信息和经济业绩未来研究的四个主题

在这一节中，我们将更详细地讨论未来的四个研究主题——财务会计信息对经济业绩的影响、财务会计信息影响经济业绩的渠道、放大或减弱财务会计信息经济效应的因素，以及从经济业绩的角度出发，高质量财务会计制度的特点。我们还将为这四个问题的实证研究提出初步建议。

§4.2.1 财务会计信息对经济业绩的影响

为了给具体的研究建议提供背景，首先描述近期两篇研究财务会计制度和经济业绩关系的论文：Rajan and Zingales（1998a）以及 Carlin and Mayer（2000）。

Rajan and Zingales（1998a）以及 Carlin and Mayer（2000）都研究了样本国家 CI-

FAR 指数和各种整合的经济输入及输出指标的关系，以此探讨财务会计制度的经济效应。[51]CIFAR 指数代表了每个国家至少三家公司的年报中披露的 90 个具体项目的平均数，包括来自损益表、资产负债表、现金流量表、会计方法、股价数据、治理信息（例如，董事和官员身份、管理层薪酬、大股东）以及总体信息中的项目。CIFAR 指数被当作一个经济体中现有财务会计信息质量的度量，其中披露的数量越多，表示财务会计信息质量越高。

为了检验财务会计信息和经济业绩之间的关系，Rajan and Zingales（1998a）估计了以下回归模型：

$$\text{增长}_{jk} = \text{常数} + \beta_{1\cdots m} * \text{国家指数}$$
$$+ \beta_{m+1\cdots n} * \text{行业指数}$$
$$+ \beta_{n+1} * \text{行业} j 1980 \text{年在国家} k \text{制造业增加值中所占份额} \quad (8)$$
$$+ \beta_{n+2} * (\text{行业} j \text{对外部融资的依赖} x \text{国家} k \text{的金融发展程度}) + \varepsilon_k$$

式中，增长$_{jk}$是 1980—1990 年间国家 k 中制造业 j 的实际 GDP 增长。[52]国家和行业指数由国家和行业的 0—1 虚拟变量表示，而行业 j 在国家 k 中制造业增加值中所占份额是基于检验开始阶段（1980）的行业 GDP。对外部融资的依赖，假设为每个行业固有的（外生的）特点，与所处的地点无关，以每个行业在资本市场摩擦相对较小的美国的实际融资活动为基础估计，每一个国家 1990 年的 CIFAR 指数被用作度量金融发展程度的指标。

Rajan and Zingales（1998a）证实了行业对外部融资的需求和国家层面的 CIFAR 指数（β_{n+2}）之间的交互作用系数显著为正。这个结果支持了一个预测，即控制了行业和国家的固定效应之后，在拥有较大 CIFAR 指数的国家以及外生的对外融资需求强烈的行业中，GDP 的增长高得不合乎比例。他们还发现，在这样的国家和这样的行业中，新公司数量的增加同样高出正常比例。

通过类似的设计，Carlin and Mayer（2000）发现，在拥有较大 CIFAR 指数的国家以及对外权益融资需求较高的行业中，GDP 的增长以及作为增加值一部分的研发支出增长高过正常比例。Rajan and Zingales（1998a）以及 Carlin and Mayer（2000）的结果都和高质量的会计制度通过降低外部融资成本来增进 GDP 增长和公司进入行业的解释相一致。此外，和高质量会计制度有关的较低权益资本成本会刺激长期的高风险研发投资。[53]

有三个自然的方法来拓展 Rajan and Zingales（1998a）以及 Carlin and Mayer（2000）。这些研究隐含的假设是在本国之外进行外部融资有严重的障碍。在过去的十年间，跨国上市数量的增加表明在本国之外融资的障碍已经降低。另一个或许相关的趋势是国际会计准则的发展和逐渐接受。未来的研究可以探索这些趋势是否降低了本国的财务会计标准对外部融资成本的影响。

第二个拓展是研究财务会计系统上的跨国差异从不同渠道对经济业绩的综合影响。Rajan and Zingales（1998a）以及 Carlin and Mayer（2000）研究了财务会计制度通过降低外部融资成本的渠道而产生的效应。然而，如图 1 所示，我们不认为财务会计信息对经济业绩的所有影响都来自资本成本的降低。为了检验财务会计信息通过所有渠道对经济业绩的影响，我们认为未来研究者应使用在经济学文献中被广泛应用的传统跨国回归进行估计，如式（9）所示：[54]

$$经济业绩_k = 常数 + [\beta_1 \cdot ACCTG\_QUAL_k] + \left[\sum_{i=2,n}\beta_i \cdot X_{ik}\right] + \varepsilon_k \qquad (9)$$

式中，每个国家 k 的综合经济业绩指标是被解释变量；$ACCTG\_QUAL_k$ 是在每个国家 k 的财务会计制度质量指标；X_{ik}（$i=2$，n）代表预期影响经济业绩的其他国家层面的控制变量。[55] β_1 反映了财务会计信息的综合经济效应，无论通过降低资本成本的渠道还是其他渠道。

第三个拓展是研究财务会计信息和其他经济业绩指标的关系。Rajan and Zingales（1998a）以及 Carlin and Mayer（2000）以实际 GDP 为基础衡量给定时间内的经济增加值。实际 GDP 代表了在具体时期内经通货膨胀率调整后所有产成品和服务的市值。较大的 GDP 可能来自较大的公司投资水平和/或公司投资的生产能力（回报率）。Rajan and Zingales（1998a）以及 Carlin and Mayer（2000）考虑了实际 GDP 增长和某些类型的公司投资增长。对财务会计信息和公司投资生产能力关系的探索会很有趣（参见 Tadesse（2000）近期的一篇相关论文）。

我们预期，把高质量的财务会计信息投入公司控制机制，将提高现有资产管理的效率、鼓励对高收益项目的投资、减少对低收益项目的投资以及减少管理者对投资者权益的剥夺，这将改进投资的生产能力。[56] 高质量的财务会计信息还通过减少管理者和投资者辨别投资好坏的误差来提高投资生产能力。最后，高质量的财务会计信息降低了有较高生产能力的新技术投资项目的融资成本，从而提高生产能力。

在公司、行业或是国家层面的投资生产能力可以用产出与投资的比率（收益率）来衡量。此外，Wurgler（2000）构建的一个方法可以用来检验每个国家的资产被配置到价值创造机会以及从损害价值机会中抽走的程度。Wurgler（2000）估计了总投资对价值增加量的弹性，以此作为衡量每个国家资源配置效率的指标：

$$\ln I_{jkt}/I_{jkt-1} = \alpha_k + \eta_k \ln V_{jkt}/V_{jkt-1} \qquad (10)$$

式中，I_{jkt} 是第 t 年国家 k 中行业 j 形成的固定资本总额；V_{jkt} 是第 t 年国家 k 中行业 j 的增加值。他把每个国家 k 的弹性 η_k 当作为国家 k 在衰退行业减少投资以及在成长行业增加投资程度的度量。将每个国家的弹性指标作为被解释变量，他检验了各国弹性与金融发展指标之间的正相关关系。采用类似的方法，把 η_k 用作模型（9）中的一个被解释变量，可能检验每个国家弹性指标和财务会计制度质量之间的关系。

正如所预测的，用股票市场总价值与 GDP 的比率及未偿付的信用额与 GDP 的比率来衡量金融发展程度，Wurgler（2000）发现增加值弹性与之成显著正相关关系。他还发现，增加值弹性与 La Porta et al.（1998）采用的投资者权利指数正相关，与经济体中国有企业占产出的比例显著负相关。[57] 然而出于我们的目的，最有趣的是他证实了弹性与衡量既定经济体中股价所包含的公司特有信息数量的指标显著正相关，支持了信息含量丰富的股价能更好地指导管理者投资决策这一假设。[58] 我们没有发现任何有关财务会计制度质量与公司投资对增加值敏感度关系的证据，这是有待未来研究的有趣问题。

§4.2.2 财务会计信息影响经济业绩的渠道

上述研究没有分离财务会计信息的治理角色对经济业绩的影响。先前的研究支持高质量的财务会计制度降低外部融资成本这一预期。然而，如图 1 所示，财务会计信息的治理角色（渠道）只是财务会计信息降低资本成本的几条渠道之一。此外，先前的研究没有反映图 1 中箭头 2A 所画的财务会计信息治理角色对管理者行为的直接影响。

我们对未来研究的第二个主题是探索财务会计信息影响经济业绩的具体渠道。这里我们特别感兴趣的是分离财务会计信息治理角色的经济效应。我们提出两个初步建议。

第一个建议建立在 Wurgler（2000）估计每个国家投资对增加值弹性的方法基础上，（式（10）中的 η_k），将弹性作为国家 k 在衰退行业减少投资及在成长行业增加投资程度的衡量。这些投资弹性依赖于管理者辨别创造或损害价值机会的程度、激励管理者把资产配置到创造价值的投资项目中并从损害价值的投资项目中撤回资产的程度以及在投资机会创造价值时其资本的可得程度。因此，财务会计信息会通过图1中所画的三条渠道中的任何一条来提高投资弹性。

Wurgler（2000）中的另一些分析暗示了一种方法，来分离财务会计信息对激励管理层高效率配置资产的影响。具体来说，Wurgler 按照行业—年份观测值来分别估计国家 k 的增加值弹性，反映增加值的增加（η_k^+）或减少（η_k^-），并计算差异（$\eta_k^+ - \eta_k^-$）。每个国家差异的大小被视为控制问题严重性的度量，因为自利的管理者宁愿在衰退的项目上维持投资，也不愿在有成长性的机会上增加投资（see Jensen，1986）。与预期一致，他发现这些差异在保护投资者权益不受公司内部人侵占的法律相对较弱的国家中会比较大。他把这些结果当作证据，说明投资者权利在限制管理者将自由现金流过度投资于衰退投资机会中的作用。类似地，可以将差异（$\eta_k^+ - \eta_k^-$）用作模型（9）中一个被解释变量来分析上述作用。

第二个建议是构建代理变量衡量每个行业股东—管理者冲突所造成的固有潜在代理成本的相对大小，而不管该行业处于哪个国家。因为美国有完善的公司控制机制，所以对于估计代理变量来反映行业间因有效治理机制所可能产生的利益差异而言，是不错的背景。例如，在美国，就激励目的而言，薪酬组合让管理者面临的风险在行业间有很大差别。美国各个行业管理层薪酬组合的平均激励强度可以被当作每个行业 j 固有代理成本相对大小的估计，而与行业所处地点无关。[59] 行业固有的代理成本与国家财务会计制度的质量交互作用，可以用来对每个国家（不包括美国）中各个行业的经济业绩指标进行回归，如下所示：

$$ECON\_PERF_{jk} = 常数 + \beta_{1\cdots m} * 国家指数 + \beta_{m+1\cdots n} * 行业指数$$
$$+ \beta_{n+1} * (AGENCY\_CONFLICT_j * ACCTG\_QUAL_k) + \varepsilon_{jk}$$

$$(11)$$

式中，$ECON\_PERF_{jk}$ 是国家 k 中行业 j 的经济业绩指标；$AGENCY\_CONFLICT_j$ 是行业 j 固有的代理成本指标；$ACCTG\_QUAL_k$ 是国家 k 中财务会计制度质量的衡量指标。斜率 β_{n+1} 反映了行业 j 中代理冲突的相对大小与国家 k 的财务会计制度质量之间的交互作用，即控制了行业和国家效应之后，高质量的会计信息通过治理渠道对经济业绩的影响。

§4.2.3　财务会计信息对经济业绩效应的影响因素

未来研究的第三个主题是财务会计信息的经济效应如何随其他因素变化。我们预期财务会计制度和其他制度特征之间存在强大的相互作用，如图2所示。这些制度特征包括审计制度、沟通的基础设施、跟进的分析师、金融架构、法律环境（包括是否存在保护投资者不受公司内部人侵害的法律以及基本产权和契约权利的执行）、除投资者权利法律保护之外的公司控制机制、行业集中度、政治对商业活动的影响（包括通过政治手段剥削公司财富的能力和倾向）以及人力资本。

很多制度特征可能影响由图 1 所画的三条渠道生成的财务会计信息经济效应。例如，高质量的审计制度可能提高会计数据的精确性，帮助管理者和投资者识别投资机会好坏（渠道 1）、提高会计数据制约管理者的效力（渠道 2），以及增进会计数据降低投资者逆向选择的程度（渠道 3）。然而，财务会计制度质量与公司控制机制之间预期的互相作用特别地反映了财务会计信息的治理效应（渠道 2）。因此，检验每个国家的财务会计制度质量与公司控制机制质量的相互作用代表了分离财务会计信息治理效应的又一种方法。由图 1 所示的三种渠道可知，财务会计信息对于经济体具有综合的价值，检验图 2 中其他的交互作用将对发展这一理论作出更具普遍意义的贡献。

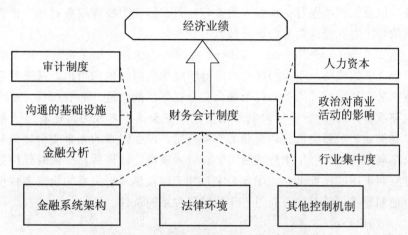

图 2 预测的财务会计制度和影响经济业绩的
其他因素之间的相互作用

4.2.3.1 审计制度

我们预期财务会计披露的经济收益随财务报告审计的严格程度而提高。经严格审计的会计数字因管理者偏见和错误而被歪曲的可能性较小。因此，我们期望经严格审计的会计数字为识别投资机会好坏、制约管理者以及减轻投资者逆向选择提供更好的信息。此外，我们期望因严格审计制度而增强的会计数据可信度会增加经济活动参与人（如投资者、董事、管理者、竞争者、兼并者等）对会计数据的依赖。

4.2.3.2 沟通的基础设施

我们预期，广泛的沟通基础设施使得经济参与者能够在更大的范围内，快速而廉价地获取信息，因此财务会计信息的经济效应会随之提高。比如，我们预期随着会计数据通过各种交流渠道（例如，财经刊物、广播、电视和互联网）传播，其收益也将增加。

4.2.3.3 金融分析师团体

我们预期财务会计信息对经济业绩的影响将因金融分析师团体的复杂性和规模而变化。然而，财务会计信息和分析师活动是互相代替还是互相补充，在"事前"并不明确。一方面，金融分析师帮助解释和传播财务会计数据提供的信息，放大了高质量会计制度带来的利益。此外，详细的财务会计披露很可能增加分析师盈利预测及其建议的精确性。以上观点表明，财务会计披露与分析师活动互为补充。

另一方面，金融分析师对信息的收集和处理能够帮助经济参与人克服较差财务会计信息的局限性。同时，高质量的财务会计信息在有限的程度上可能减少分析师研究活动的需求。这些观点表明，财务会计披露与分析师活动互相替代。[60]这些作用力的净效应是有趣的实证问题。

4.2.3.4 金融系统架构

我们预期财务会计信息的经济利益因国家金融系统架构而变化。例如，我们预期，在公司融资的过程中，财务会计信息的经济利益随着间接融资（如银行债务）相对证券市场重要性上升而下降。财务学的理论研究指出，与银行贷款有关的信息问题不同于和资本市场交易的证券有关的信息问题（see，for example，Diamond，1984；Boot and Thakor，1997；Modigliani and Perotti，2000）。这些观点表明，银行获取信息方式的集中化和对管理者的监督，以及长期的银行—债务人关系，使得银行在为经济服务过程中比资本市场投资者较少地依赖于财务会计信息的公开披露。

此外，正如 Rajan and Zingales（1998b）中所讨论的，基于关系的投资系统可能为了保护关系不受竞争的威胁，而专门保留缺乏透明度的机制。他们指出，基于关系的系统通过提供对融资公司某些形式的垄断权来确保资金提供者的收益（如有所权，或当作主要债权人、供应商或客户）。对竞争的限制不仅仅给了资金提供者权力，还有力地激励其与债务人的合作。例如，垄断关系允许跨期的交叉补贴，即在困难的光景支付较低利率，而在好光景时以高利率补偿。但是维持垄断需要有进入壁垒，这包括较少的对外披露防止潜在进入者察觉有利可图的投资机会。如此一来，并不仅仅是基于关系的投资者较少依赖公开信息，而是他们要求把较差的对外报告作为发展关系的条件。

4.2.3.5 法律环境

我们预期财务会计信息的经济利益随着法律环境而变化。我们认为法律环境至少在两个方面影响财务会计信息的经济利益。一方面是法律保护投资者不受公司内部人侵害的程度。当投资者拥有较强大的法律权利时，财务会计信息在限制公司内部人侵占投资者财富方面的有效性可能会更大。而若投资者拥有更好的关于管理层决策和结果的信息，在行使权利对抗公司内部人剥削时就处于更好的位置。显著为正的财务会计制度和投资者权利法律保护交互作用可以当作财务会计信息治理效应的证据。

第二个方面是总体上公司和个人的产权和契约权利执行程度如何。这包括保护私有财产不受政府侵占。财务会计信息加强效率的重要方式是提供信息，吸引企业家和资本来参与经济体中的生产活动的信息。缺少对公司和投资者产权和合约权利的有效保护很可能阻碍这个过程。[61]例如，根据政府对公司财富常规性掠夺的程度，即使是关于投资机会极好的信息可能也吸引不了投资者。

4.2.3.6 其他公司控制机制

我们预期，当出现投资者法律权利之外的其他公司控制机制时，例如管理层激励计划和活跃的公司控制权市场，财务会计信息的经济利益会有所增加。[62]正如第 3 部分所讨论并在图 1 中所描述的（渠道 2），我们认为财务会计信息通过为各种各样的公司控制机制输入信息而增进经济业绩，可能是一条很重要的途径。因此，期望存在有力的控制机制来放大财务会计信息的经济利益。财务会计制度和控制机制的质量之间的显著正相关关系可以被解释为对财务会计信息的治理效应的额外支持。

4.2.3.7 行业集中

我们预期财务会计信息的经济利益随着少数公司之间的一个经济体的生产活动的集中

而下降。这里的观点是，财务会计披露加强效率的一个方法是提供允许经济体中的其他公司识别投资机会的好坏的公开信息。当然，财务会计信息还可能被用来规范集中的行业。

4.2.3.8　对商业活动的政策影响

我们预期财务会计信息的经济利益随着对商业活动的政策影响而变化。政治家和官员通过政策流程寻找财富转移的能力在不同的国家有所不同。随着政治家从有盈利的公司剥削财富的能力和倾向的上升，一个给定质量的会计信息的效率效应将会减小。随着投资者和管理者行为的收益由于剥削过程而减少，他们处理和运用信息的动力降低了。[63]

例如，Djankov et al. （2000）证实了国家规范新商业企业进入的方法之间存在显著的差异。他们发现，较高的进入成本和较弱的政治权力、对最高管理官员较少的制约以及较高的腐败有关，这和严格的进入规定有利于规定制定者而不是经济体这一观点相一致。在相对不受限制的政策力度、较少的代理管理层以及较低的政策权利阻碍了资本流向其最高价值的用途的程度上，我们预期财务会计信息的经济利益会降低。我们还预期财务会计信息的经济利益随着商业企业直接由州所有并控制而下降，由此利润最大化可能对其他政治议程不利。

4.2.3.9　人力资本

最后，我们预测财务会计信息的经济收益随着人口教育水平的提高而增加。受过良好教育的管理者和投资者更可能理解财务会计数据提供的信息内涵。此外，如果职员能理解他们行为对财务会计指标和股票价格指标的影响，那么以这些指标为基础的激励计划和其他公司控制机制就会取得更好的经济效果。

上述这些预期的变量之间的相互作用，可以通过在跨国经济业绩模型中引入财务会计制度质量指标和我们感兴趣的因素的交互变量来检验。模型如下：

$$
\begin{aligned}
Economic\ performance_k
&= constant + [\beta_1 * ACCTG\_QUAL_k] + [\beta_2 * FACTOR_k] \\
&+ [\beta_3 * ACCTG\_QUAL_k * FACTOR_k] \\
&+ \left[\sum_{i=4,n} \beta_i * X_{ik}\right] + \varepsilon k
\end{aligned}
\tag{12}
$$

式中，$Economic\ performance_k$ 是国家 k 的经济业绩指标；$ACCTG\_QUAL_k$ 是国家 k 财务会计制度质量的指标；$FACTOR_k$ 是我们对之与会计制度相互效应感兴趣的那个指标；X_{ik} 是控制变量，控制那些预期会影响国家 k 经济业绩的因素。交互项的系数 β_3 可以视为二阶导数，即给定因素每增加一个单位，由增加一个单位会计指标所导致的经济业绩提高幅度会变化多少。

如前所述，如果 $FACTOR_k$ 是国家 k 公司控制机制有效程度的代理变量，则 β_3 就分离出会计信息的治理效应。于是未来的研究可用如下模型探讨财务会计信息的治理效应如何随着其他制度因素变化：

$$
\begin{aligned}
Economic\ performance_k
&= constant + [\beta_1 * ACCTG\_QUAL_k] \\
&+ [\beta_2 * CONTROL_k] + [\beta_3 * FACTOR_k] \\
&+ [\beta_4 * ACCTG\_QUAL_k * CONTROL_k] \\
&+ [\beta_5 * ACCTG\_QUAL_k * CONTROL_k * FACTOR_k]
\end{aligned}
\tag{13}
$$

$$+\left[\sum_{i=6,n}\beta_i * X_{ik}\right]+\varepsilon k$$

式中，$CONTROL_k$ 是国家 k 诸如投资者法律保护之类公司控制机制质量的代理变量；$FACTOR_k$ 是不同于公司控制机制质量的其他制度因素，例如，如果模型（13）的 $FACTOR_k$ 中包括了审计制度的质量，那么 β_6 就可被视为审计制度影响财务信息治理效应的证据。

研究给定的制度因素如何影响会计信息治理效应的第二个方法是将模型（11）作如下修改：

$$\begin{aligned}
ECON\_PERF_{jk} &\\
= constant &+ \beta_{1\cdots m} * Country\ indicators\\
&+ \beta_{m+1\cdots n} * Industry\ indicators\\
&+ \beta_{n+1} * (AGENCY\_CONFLICT_j * ACCTG\_QUAL_k)\\
&+ \beta_{n+2} * (AGENCY\_CONFLICT_j * ACCTG\_QUAL_k * FACTOR_k) + \varepsilon_{jk}
\end{aligned} \tag{14}$$

式中，$ECON\_PERF_{jk}$ 为国家 k 行业 j 的经济指标；$AGENCY\_CONFLICT_j$ 是行业 j 潜在代理矛盾的外生变量；$ACCTG\_QUAL_k$ 是国家 k 财务会计制度质量的指标；$FACTOR_k$ 是我们感兴趣的那个因素；斜率 β_{n+2}，可以视为其他因素影响财务会计信息的治理效应的证据。[64]

经济学文献提供了无数经济指标和数据，可以用作模型（12）～模型（14）的解释变量，例如总价值增加值的增长、现有企业价值增加值的增长、企业数量的增长、累计有形资本和研发资本、投资产出率的增长、价值增加弹性等。此外，经济学文献和世界银行还提供了许多国家关于财务制度构架、法律和政治环境、行业集中度、人力资本、信息沟通基础设施以及其他因素的数据。根据在经济学和金融学文献中的应用情况，CIFAR 指数是最显而易见的衡量财务会计制度质量的常用指标。如下所述，我们有显著的机会来改善会计信息质量的度量，并研究财务会计系统的哪一类特征最为重要。

§4.2.4 高质量的财务会计制度特征

我们第四个关于未来研究的主题是关于财务会计制度的经济效应如何因其具体的特征而变化。在经济学和金融学文献中常用的 CIFAR 指标代表了每个国家 3 家公司以上的年报中 90 个披露项目的平均值，包括损益表、资产负债表、现金流量表，以及会计方法、股票数据、特殊项目和总括信息（see La Porta et al.，1997）。然而，这样的指标忽视了年报中不同类型的披露有不同的信息含量，如会计信息与非会计信息的披露、强制披露和资源披露、总结性会计指标和分解性会计指标、损益表和资产负债表、现金流和会计盈余，或者分部报告，等等。[65]CIFAR 指数还忽视了对经济业绩在年报之外的期间披露频率以及不同计量规则造成的会计信息含量的差异。

作为国家财务会计制度提供的相对信息数量的度量，CIFAR 指数可能是一个噪音较多的指标，这会降低研究假设检验的效力。会计研究者们有很大的空间，根据他们对会计问题的理解发展更加精确的财务会计制度质量的度量。

此外，检验关于不同类型、不同频率以及由不同方法（如计量方式）产生的信息披露的经济收益差异的研究假设，也有很多研究机会。例如，将反映每个国家分部披露普遍程度的指标纳入上述模型，可以检验分部披露的经济效应。另一个例子是，在模型中加入反映会计方法主要差异的指标，可以研究使用不同会计方法（如用预提费用来平滑利润）带来的经济后果。如果将分离财务会计信息治理效应的模型运用于此类研究（如模型（11）、模型（13）和模型（14）），研究者就可以为财务会计的治理效应如何因会计制度特征而变化的主题提供新的证据。

会计学者对会计问题的详尽了解以及已有的资本市场研究，使他们在这类研究中具有明显的比较优势。至少有两个原因，使得潜在收益也很可观。第一，由此产生的结果可以为研究高水平的财务会计系统的特征提供有用的见解；第二，这些证据可以用来构建新的衡量财务会计系统信息数量的指标，使未来研究者在财务会计信息对经济增长和效率的影响方面作出更加有效的检验。

§4.3 其他实证设计问题

以类似式（9）这样的传统跨国回归模型为基础对经济增长和生产率的研究，存在一些严重的局限性。首先，如 Levine and Renelt（1992）所说，并不存在广泛接受的经济增长、资本积累和生产效率理论，能够清晰明确地说明回归模型中应当完整地包括哪些控制变量。此外，衡量金融业发展的指标，如 CIFAR 指标，可以代表任何重要的因素。因此，回归的结果可能受许多被遗漏的相关变量的影响，从而阻碍了对显著性检验的解释。

其次，如 Rajan and Zingales（1998a）所指出的，这些研究中的解释变量彼此高度相关，并且其度量存在偏误，从而进一步妨碍了其对结果的解释。毋庸置疑，在解释根据 CIFAR 指数得到的结果时，这是一个重要的问题。CIFAR 指数与该国的许多其他特征高度相关，这些特征应该会影响本国的经济增长。另外，考虑到 CIFAR 指标的编制非常粗糙，用它来衡量国家财务会计制度质量很可能存在较大的度量误差。第三个与之相关的问题是，如 Levine and Renelt（1992）所证明的，这些经济模型中特定变量的检验结果常常对模型中包含的控制变量敏感。他们用了一种叫做极限边界分析的方法来检查特定变量的检验结果是否在模型中包含不同控制变量时稳健。然而这也不能排除计量误差对结果的影响，而且仍然没有考虑研究者忽略相关变量的可能性。

跨国研究的第四个局限性在于对因果关系的引申非常有问题。可能的情况是，诸如 CIFAR 指标之类金融发展的度量以及经济增长的度量都是由同样的忽略因素所影响的。也可能是经济增长激发了广泛的财务披露系统的发展。一些研究者试图纠正这个问题，他们用工具变量检验结果的稳健性。比如，Rajan and Zingales（1998a）使用国家法律系统的殖民起源（即英式的、法式的、德式的和斯堪的纳维亚式的）作为金融发展的工具变量。然而，尽管国家法律系统的殖民起源可能是外生的，但它对经济中的许多因素都具有争议性的影响，因此针对会计制度的经济后果，它也不能提供结论性的证据。尽管在一些学者的横截面模型中金融发展的时期在经济增长的时期之前，但这并不一定能解决问题。[66]正如 Rajan and Zingales（1998a）所指出的，至少某些金融发展指标（如股票市场的总市值）和随后的经济增长之间正相关关系反映了资本市场对未来增长的预期。

最后，第五个局限是自由度太小。这要归因于众多的控制变量和较小的样本量，后者是由于模型中所有变量都能够找到数据的国家数量有限。

经济学文献中普遍承认这些跨国研究设计的局限性。然而，那些使用这样设计的研究，如果有很好的研究动机、被很好地操作和解释，仍会出现在一流的经济学期刊上。Levine and Zervos（1993）总结道，只要发现的实证规律被解释为"可能的"预期关系，这些研究就会比较"有用"。跨国关系的缺陷会让人对预期的关系没有太多的怀疑。

式（8）所表示的 Rajan and Zingales（1998a）回归模型是另一个有用的设计。相对于更传统的跨国设计，Rajan and Zingales 的设计有一些优点。关键的创新之处是他们聚焦于某个特别的机制，金融发展通过这个机制来促进经济增长，即为那些天然依赖外部融资的行业提供低成本的外部资本。通过聚焦于某个特殊的促使会计制度增进经济增长的机制，可能解释会计如何影响增长的观点就会呈现出来，而且对这些结果，很少有竞争性假说。Rajan and Zingales 设计的第二个优点是控制了行业和国家的固定效应，减轻了忽略相关变量的问题，因此也降低了因跨国研究中普遍需要引入大量政治和经济变量而产生的数据要求。第三，由于使用一个国家内的行业观测值，相对于将国家作为样本单位，他们的设计增加了样本量。

然而，这些优点并不意味着传统的跨国研究没有用。对于研究促使金融发展影响经济增长的特殊机制，Rajan and Zingales 的设计是一个令人鼓舞的方法。然而它要求研究者能够明确预期哪些企业或行业从研究的机制中收益最大，而这常常是不可能的。另外，在一些情况下研究者感兴趣的是从全部机制中获得的总收益。对于后者，跨国研究更为适合。因此，Rajan and Zingales 的设计和传统的跨国设计是互相补充的，都具有在经济学文献中那些关于财务会计制度和经济业绩关系的初步证据基础上建立自己价值的潜力。

总的来说，强调跨国研究设计的缺陷很有益处。最严重的缺陷在于将会计指标的回归系数视为财务会计经济效应的度量。首先，CIFAR 指标在度量财务会计系统提供的信息数量方面可能存在相当大的误差，这会造成经济指标和财务会计指标之间关系的估计偏差。第二，财务会计指标与许多其他经济增长和生产效率的决定因素都可能高度相关。这会在检验财务会计信息和经济指标的关系时因多重共线性和忽略相关变量而产生问题。第三，因果关系的方向可能会与预期恰好相反，如在景气经济中的繁荣公司披露更多。

未来的研究者可以在某些程度上纠正这些问题。随着会计研究者发展出更精确的指标来度量会计制度提供信息的数量，我们期待这些计量误差问题可以减少，但不会完全根除。如前所述，极限边界分析可以用来检查结果对模型包括的控制变量的敏感性。而且 Rajan and Zingales（1998a）对更传统的跨国设计的修正降低了可能被忽略的相关变量的数量。然而，这两个方法都没有完全消除忽略相关变量的问题。

我们建议，作为补充的研究设计，研究者还可以考虑多重上市公司或者那些从采用本国会计准则转变到国际会计准则的公司所经历的会计制度变迁。在这些情况下，研究者更可能分离出财务会计的效应。但是，要从这些研究中引申出结论，需要注意，企业对采用"更好"会计制度的选择可能并不是外生的，这可能是由那些内在的力量促成的，而正是这些力量促成了我们看到的经济收益。

最后，尽管从分离财务会计信息可能具有的经济效应的角度，会计制度和其他因素之间可能存在的高度相关性令人讨厌，但是这些相关性却包含了很多信息。如果财务会计系统是"无关紧要"的，它怎么会和其他那些重要的经济增长决定因素系统性相关呢？

§5　与其他会计研究的关系

在 5.1 节，我们将论述治理研究和其他一些以经济学为基础的经验会计研究领域，包括实证会计研究、管理会计研究和资本市场研究。我们认为，为了对财务会计信息的经济效应有更完整的理解，未来关于联系财务会计信息治理和资本市场用途的研究非常重要，我们建议对这一联系进行探讨。最后，在 5.3 节，讨论从图 1 和图 2 描绘的框架中得出的对未来资产市场研究机会的其他含义。

§5.1 治理研究和其他会计研究

§5.1.1 实证会计理论

由 Watts（1977）首先提出实证会计理论研究，Watts and Zimmerman（1978）研究了以财务会计数字为基础的合约如何影响企业的会计操作。此类合约研究和治理研究共同的特点是都对会计数字在合约中的使用感兴趣。然而，这两类研究领域的关注焦点有很大区别。实证会计理论文献常常将合约视为给定的，研究合约中会计数字的使用如何影响企业对会计数字的计量。因此，这类文献不涉及会计信息对效率的影响。相反，治理研究是关于财务会计指标的信息及其局限性如何影响其在合约中的使用，以及财务会计信息如何通过一系列公司控制机制来影响企业资源配置决策和生产力水平。

§5.1.2 管理会计研究

管理会计研究和资本市场研究至少部分地因对会计信息效率效应的兴趣而推动。管理会计研究涉及使用会计信息来帮助企业决策和控制。因此，管理会计和治理研究都讨论控制目的下的会计信息应用。只是管理会计研究着重于内部报告的会计信息，而治理研究则关注对外报告的会计信息的作用。对对外报告的会计信息的关注，使得治理研究者考虑会计信息对外部控制机制的影响，如外部股东监督、公司控制权市场、产品市场以及外部管理者市场。

尽管外部报告和内部报告有明显的区别，但内部报告的管理会计信息和对外报告的财务会计信息之间很可能存在正相关关系，而且管理会计系统质量的跨国差异也会造成经济业绩的跨国差异。因此，管理会计系统在治理研究中可能是一个重要的相关遗漏变量。

然而，图 2 中论述的一些相互作用使得大部分对外报告的会计信息的效应与内部报告的会计信息效应分离开来。例如，我们预期，随着财务会计信息通过构建得很好的沟通渠道（如财经报刊、广播、电视）扩散到整个经济中，其经济利益将会增加。相比之下，我们不能指望媒体能将内部报告的管理会计信息扩散到同样的程度。因此，如果检验结果显示财务会计信息的经济效应因沟通的基础设施而加强，这很可能就反映了对外报告会计信息广泛传播的积极经济效应。另外举个例子，我们预期对外报告的会计信息，其经济利益因资本市场相对于间接融资的重要性而增长，因为资本市场的投资者比银行更依赖公开会计信息的披露。如果我们发现本国会计制度的经济效应随资本市场相对于银行融资的重要性而加强，那么这可能反映的就是公开会计披露的不同质量。

尽管上述论点在信息对内还是对外的基础上，将管理会计信息从财务会计信息中区分出来，但这种区分是不完美的。公司有可能自愿披露管理会计系统产生的信息，这些信息与财务会计数据没有直接关系。此外，通常与管理会计相联系的某些活动，如成本分配体系和转移定价，会通过诸如存货现值、报告的毛利率以及分部利润直接影响公布的财务会计披露，这些计量差异和其他财务会计制度的差异混在一起，不可能从我们上面提到的相互作用中区分开来。然而，原则上，对高质量财务会计制度属性的研究，即我们在第 4 部分提出的第 4 个研究主题，可以检验具体计量准则的经济效应。

§5.1.3 资本市场研究

资本市场研究关注于财务会计信息在估值、帮助投资者决策中的作用。这一作用反映在股票价格行为和回报、交易量或者其他资本市场特征中。资本市场研究着重于图 1 下半部分的渠道 1 和渠道 3。相形之下，治理研究关注财务会计信息在约束那些管理公司的人员方面的作用。治理研究检验财务会计信息作为公司控制机制组成部分的用途，着重于图 1 下半部分的渠道 2。第 4 部分提出的治理研究检验经济业绩与财务会计制度质量和公司控制机制互动之间的关系，着重于图 1 上半部分的渠道 2。

治理研究与资本市场研究之间的区别是非常清晰的，在大多数情况下，这两类文献都是独立发展的。但是对两个领域之间关系的探讨也是有机会的。此外，为了更完整地理解财务会计信息对经济业绩的影响，探索这个联系是十分重要的。

§5.2 对于会计信息在治理和资本市场中用途联系研究的建议

首先，在多大程度上治理机制之间的国别差异会影响股价和盈余之间的关系？不断有证据表明，不同国家之间有显著的价格—盈余相关性差异（e.g.，Alford et al.，1993；Ball et al.，2000a，b）。这些研究的动机是了解不同背景下会计操作的质量。例如，Ball et al.（2000a）发现，在普通法系国家，价格—盈余的相关性更强，他们认为这是投资者对财务会计信息及时性的更高要求造成的。因此，这一差异被理解为反映了会计操作的差异，例如利用预提费用来平滑利润。然而，La Porta et al.（1998）记录了在普通法系国家，保护投资者不受公司内部人侵害的法律比较强大，强大的投资者法律保护与更高的价格—盈余敏感性似乎很合理地联系在一起。如图 1 的渠道 2B 所描绘的，我们预期因投资者被公司内部人盘剥的风险损失减少，公司的权益资本成本也应降低。另外，我们还预期，当股东的财富不会被公司内部人或政治家和官员轻易剥削时，若公司的当期盈余增长，流向小股东的预期未来现金流会更大程度地向上调整。初步的证据支持这些预期。例如，发现投资者权利的法律保护会降低 IPO 折价中反映的权益资本成本（Lombardo and Pagano，1999），会提高价格—现金流比例和托宾 Q 值（La Porta et al.，1999b），还会提高回报—盈余回归的解释力（Ali and Hwang，2000）。

第二个问题是，国家之间治理机制的差异如何影响证券市场的广度和流动性。要想让投资者心甘情愿地将资金委托给管理者，需要对自利管理者不会盘剥投资资金作出合理的保证（see Levine，1997）。在那些投资者保护非常少的国家，我们不指望出现繁荣的股票市场。例如 La Porta et al.（1997）发现，证券市场的广度对是否存在保护投资者不受内部人侵害的法律非常敏感。

第三个问题是，有效的公司治理机制在多大程度上影响股票市场特征。如 Morck et al.（2000）发现，当国家的投资者法律保护较弱时，股票价格中包含的公司特有信息就比较少。

最后一个问题是以治理为目的的高质量财务会计制度属性与以估值为目的的财务制度属性之间的关系（图 1 渠道 2）。Gjesdal（1981）表明，当以控制为目的和以估值为目的时，信息系统的排序不一定一样。实证研究者并未对两个目的下财务会计信息数据信息含量的联系给予关注。[67]在第 4 部分，我们对通过治理渠道分离财务会计信息的经济后果提出几个建议。原则上，研究者可以建立和检验关于治理目的下，决定财务会计制度质量高低因素的研究假设。例如，在某些国家隐性预提费用的广泛使用是否会减弱财务会计数据通过治理渠道对经济业绩的影响，以及这一使用是否会减弱财务会计数据对类似模式逆向选择程度的影响，就像在买卖价差中反映的那样？

§5.3　图 1 和图 2 对资本市场研究的其他引申意义

图 1 和图 2 所描绘的框架内容不仅限于资本市场研究和治理研究的联系，还对其他研究机会提出建议。首先，资本市场研究可以利用 Rajan and Zingales（1998a）的实证设计研究披露的影响和对资本成本的计量。这在股票收益和买卖价差的基础上计量财务会计信息对资本成本影响方面，代表了一个有前景的不同计量方法。

其次，未来资本市场研究的一个有趣话题是在多大程度上，价格—盈余相关程度的国别差异可以用图 2 中提到的因素来解释，如财务会计与其他信息传播的沟通基础设施、政治风险和人力资本。

最后，证券市场特征如何影响经济业绩，是一个有趣且没有统一答案的问题。关于财务会计数据信息含量和证券市场有效性的资本市场研究之所以被视为重要的，部分因为包含信息的股票价格可以帮助将经济体中稀缺资源引导到有最高使用价值的地方这一假设。[68]然而，几乎没有实证证据证明美国或其他地方的市场有效程度有助于提高企业投资和资产管理决策的效率。Durnev et al.（2000）就美国股票市场在不同行业间功能效率的不同提供了证据。这些差异在多大程度上能被美国会计准则下财务会计数据传递的信息在行业间的差异解释，是个有趣的研究课题。会计数据传递的信息在行业间的差异可能由于诸如技术高低、行业成熟度、无形资产的重要性或研发投资之类的因素造成。财务会计制度的跨国差异提供了另外一个有力的方法，检验当有较好的财务会计信息时，是否企业投资对股价变动更加敏感。

§6　总结

在第 2 部分，关于会计信息在管理层薪酬合约中作用的研究，我们对之作了批判性回顾。我们得出结论，对于经典委托代理模型所指出的风险和激励的权衡，现有文献提供了混合的结果，这说明经验研究者们应该考虑用其他理论模型结构，如分类模型来理解数据。在这些混合的结果之外，我们还讨论了随着盈余信息在股价中反映的程度提高，盈余在管理者薪酬计划中的激励权重也有所增长；随着公司成长机会的增加，公司越来越多地使用其他业绩指标来代替会计盈余；董事会区分盈余不同的组成部分来决定年度奖金。也许最让人震撼的是最近的证据表明，近年来会计业绩在决定高层管理者薪酬时的直接作用不断下降。这个证据向未来研究提出一系列挑战。特别是：为什么会计业绩指标的相对重要性下降？下降程度的横截面差异能否被解释？这个证据是否意味着会计信息对管理者行为的影响很小？在整个第 2 部分，我们对关于会计信息在管理者薪酬计划中作用的延伸研究提出许多其他建议。

在第 3 和第 4 部分，我们提出另外两个未来治理研究方向。第一个方向是研究财务会计信息在管理层薪酬合约之外的其他公司控制机制中的用途、不同控制机制的相互作用，以及公司治理结构如何因财务会计信息局限性而变化。由于美国具有发达的财务会计制度、增进公开会计信息治理价值的严格审计制度以及高度发达的控制机制，所以它仍然是研究公司控制中财务会计信息用途的一个重要背景。我们同时认为，针对公司控制机制及其对会计信息的使用，跨国研究也会比较有趣。La Porta et al.（1997）记录了国家间存在显著差异的一类控制机制——投资者权利不被公司内部人侵害的法律保护。很可能还有其他机制在不同的经济体中对财务会计信息的治理角色有重要意义。第 3 部分提出的研究计划有可能提供新的证据，证明财务会计信息如何通过在公司控制机制中的应用来影响经济增长和效率。这类研究还可以提供关于公司控制机制新的跨国数据，如第 4 部分指出的那样，研究财务会计信息对经济业绩的影响。

　　未来研究的第二个方向是直接检验财务会计信息对经济业绩的影响。我们的实证研究计划涉及四个主题。第一个主题是财务会计信息的可得性是否会影响经济业绩，影响的程度如何。这类研究应该可以反映财务会计业绩对经济业绩的总体影响。第二个主题研究财务会计信息作用于经济业绩的具体渠道，其中强调分离出财务会计信息治理角色的效应。第三个主题关于财务会计信息对经济业绩的影响如何因其他因素而变化，比如审计制度、投资者权利的法律保护以及其他公司控制制度，或者证券市场相对银行融资的重要性。财务会计信息与公司控制机制之间的相互作用可以分离出财务会计信息的治理效应，而财务会计制度和本国其他制度的相互作用将在更普遍的意义上提供其经济价值决定因素的新证据。第四个主题是有关具体披露类型、时期中间披露频率以及用来度量所披露条款的会计准则这些因素的经济效应。我们期待这类研究可以提供新的、有价值的观点，从增进经济业绩的立场，来了解高质量或低质量财务会计信息系统的特性。

　　在这四类关于财务会计信息对经济业绩影响的研究中，跨国研究充满前景。国家间财务会计制度差异很大，要解释的经济业绩也有很大差别。此外，诸如法律和政治环境之类的其他制度特点在国家间也有显著差别，这就使得研究者能够研究财务会计信息对经济业绩的作用如何因其他因素而变化。

　　近期经济学和财务学的研究为第 4 部分建议的研究奠定了基础。经济和财务学理论促使我们检验财务会计制度和经济业绩之间的关系。最近的跨国实证研究发现金融发展和经济业绩之间存在联系，为研究设计以及选择国家层面无数的衡量经济业绩及制度因素的指标提供了指导，降低了会计学者进入这一领域的门槛。最近的跨国研究还发现，保护投资者不受公司内部人侵害的法律与本国资本市场的发展程度和效率、外部融资成本以及经济增长之间存在显著联系，证明保护投资者不受公司内部人侵害是重要的经济问题。这类文献的初步结果还表明财务会计信息和经济业绩之间有正相关的关系。综上所述，这些证据都显示了财务会计信息的治理角色很可能以一种重要的方式对经济业绩作出贡献。因此，我们提出对财务会计信息治理角色的研究很可能检验出其中的首要效应。

　　会计研究者对财务会计系统和财务会计信息的细致了解代表了一种相对优势，在这类发展中的经济学文献基础上构建的研究计划中能够也应该有所建树。对会计研究者来说，很有可能在财务会计信息的经济效应、影响经济业绩的渠道、经济效应的影响因素，以及从增进经济业绩角度看，高价值的财务会计制度特性等方面，提供新的证据。尽管因果关系检验，以及排除估计的由遗漏的相关变量造成的会计经济效应可能性等方面，存在固有的局限性，这些问题还是很有研究前景的。

在第 5 部分，我们讨论了财务会计信息的治理角色研究和其他经济学基础的实证会计研究之间的关系。我们认为，为了对财务会计信息的经济效应有更完整的理解，未来联系财务会计信息治理和资本市场用途的研究非常重要，我们建议对这一联系进行探讨。最后，对未来的资本市场研究，我们就图 1 和图 2 的框架中自然引申出一些其他观点提出建议。

无论在研究假设还是实证设计方面，都不能说我们对未来关于治理问题的研究建议是完整的。我们也不肯定上述这些初步的建议能够经受更仔细的检验。现阶段，我们希望上述想法能激励其他会计研究者去设想新的检验财务会计信息对经济效率作用的可能性。

注释

[1] 感谢 Richard Sloan 提供这些引文，并鼓励我们在回顾中对其加以引用。

[2] 运用财务会计信息识别项目好坏的含义包括但不限于金融资本投资机会好坏的识别。它还包括识别现有资产价值生产率增长的机会，以及现任或潜在管理者和其他雇员人力资本投资机会的好坏。因此，第一条途径是财务会计信息提高金融和人力资本分配和使用效率的一种方式。

[3] 在其他事项中，这些研究发现，一国对投资者权利法律保护至少一些方面与以下事项有关系：经济增长（e.g., Rajan and Zingales，1998a；Carlin and Mayer，2000；Demirguc-Kunt and Maksimovic，1998），公司实物和研发投资（e.g., Carlin and Mayer，2000），公司资金在高价值投资上的分配（e.g., Wurgler，2000），股利政策（e.g., La Porta et al.，2000），公司估值、股价与现金流和账面价值之比（La Porta et al.，1999b；Lombardo and Pagano，1999），风险调整后的股票回报（Lombardo and Pagano，1999），股票价格中的公司信息含量（Morck et al.，2000），海外上市和本国新股发行（Reese and Weisbach，2000），以及首次公开发行折价（Lombardo and Pagano，1999）。

[4] 决策没有被规模标准化的例子是公司飞机购买。即不管公司规模如何，拥有 1% 股权的 CEO 可以 99% 的折扣购买飞机。决策被规模标准化的例子是公司层面的战略活动，即大公司的战略计划活动财富效应比小公司大。（参见 Rosen（1992）对这个"示范"或"明星"效应的讨论）。

[5] 研究激励合约/盈余管理关系的论文有 Healy（1985），Gaver and Gaver（1995），Holthausen et al.（1995b），Guidry et al.（1999），Leone and Rock（1999），以及 Murphy（1999b）。Watts and Zimmerman（1986，1990），Murphy（1999b），Healy and Wahlen（1999）以及 Fields et al.（2001）回顾了这些文献。Guidry et al.（1999）对这些文献中的实证设计作了详细的比较。因此，我们在这篇文章中不再回顾盈余管理文献。

[6] Lazear（1999a）和 Ichniowski et al.（1997）描述了在使用这类方法时必须谨慎得令人信服地排除相关遗漏变量。

[7] 这些控制权包括投票权、董事会席位和流动性权利。注意，源自 Holmstrom（1979）的标准委托代理观点关注于向管理者提供货币激励或现金流权利。然而，近期的理论文献研究了根据绩效评价的有条件现金流权利和控制权最优配置，其中控制权决定了

谁决策公司行动。Kaplan and Stromberg 认为，在他们数据中观察到的控制权配置的复杂流程，与不完全合同下证券设计中控制权模型非常一致（e.g.，Aghion and Bolton，1992；Dewatripont and Tirole，1994）。然而他们指出，现存的理论都不能解释观察到的控制权配置的多维度本质（投票权、董事会权利、流动性权利），也不能解释不同业绩水平下不同控制权从风险资本转移到企业家的复杂性。

[8] 逻辑如下：我们从显性合约知道会计业绩的度量在奖金计划中被广泛运用，但股价却没有如此。在股价包含所有信息的有效市场也是如此。因此，在显性合约的立场上纳入会计变量是合理的，而股价指标可以视做其他绩效指标的替代变量。当然，这意味着股票回报的激励系数仅仅反映了忽略的变量和价格相关程度，而这些相关性可能呈现横截面上的差异。这样的设计也不能弥补董事会可能利用私有的、没有在股价中反映的非公开信息决定薪酬这一事实。亦见 Baker（1987）的讨论。

[9] 关于其他使用《福布斯》数据验证会计指标使用的论文，参见 Sloan（1993），Healy et al.（1987），DeFeo et al.（1989），Dechow et al.（1994），使用其他薪酬数据来源的请参见 Baber et al.（1996），Clinch（1991）和 Antle and Smith（1986）。

[10] 相反地，Barro and Barro（1990）在大银行样本中没有发现会计指标和 CEO 更换之间的相关关系，但发现了股价表现和高管更换之间的负相关关系。还有一些论文检验了管理层更换可能性和股价表现之间的关系，包括 Coughlin and Schmidt（1985），Warner et al.（1988），和 Gibbons and Murphy（1990）。参见 Murphy（1999b）关于这类文献的扩展讨论和附加的实证分析。

[11] 注意，Kaplan（1994a）在解释 1980 年《财富》工业 500 强中的 146 个美国 CEO 更换的回归中，同时纳入了股票回报和盈余表现，而且发现盈余变量是不显著的。他推测，和这些其他研究不同的结果可能缘于研究样本组成的不同。注意，至今没有论文探究在解释更换概率时，哪种情况下盈余信息相对比较重要或比较不重要。

[12] 参见 Kang and Shivdisani（1995）与日本高级管理层更换率和会计绩效相关的证据。

[13] 这里我们的目的不是对薪酬的分析式理论研究进行完整回顾和评价，而是利用一个框架洞悉理论文献对会计数据契约作用的实证研究设计的影响。若对此感兴趣，可找到不少契约理论文献的有用回顾。例如，参见 Baiman（1982，1990），Holmstrom and Hart（1987）以及 Lamber（2001）。对契约经济学的一般介绍请见 Salanie（1998）。

[14] 我们不再维持在先前代理理论文献中契约可以规定公司产出（e.g.，Holmstrom，1979）的假设。参见 Gibbons（1998）关于舍弃这一假设的观点。注意在这一节我们分析的单一行为的情况下，此假设还无关紧要。然而，在多任务的情况下，这是很强的假设，对此我们会在下面作更多的讨论。多任务让代理人有可能在各种活动和状态之间错误地分配精力。讲述多任务问题的两篇有影响力的论文是 Holmstrom and Milgrom（1991）以及 Baker（1992）。这两篇论文引出了一大批研究，包括 Paul（1992），Bushman and Indjejikian（1993a，b），Bushman et al.（2000a），Feltham and Xie（1994），Hemmer（1996），以及 Datar et al.（2000）。

[15] 线性回归的框架，虽然造成关于合约函数形状的主要问题，但是它便于明显地反映经济背景的重要特点对合约的影响。Holmstrom and Milgrom（1987）在代理人持续

控制努力水平并观察产出、财富效应中性的动态场景中推导线性合约函数是最优的。当然，许多被观察到的合约不是线性的。管理者的期权回报往往呈凸性，而年度奖金计划常常有门槛值下限和上限（e.g., Murphy, 1996b; Holthausen et al., 1995b; Healy, 1985）。虽然有这些局限性，线性模型还是有力地表达了文献中有关的重要主题。

[16] 设有一个合约 (β_A, β_P)，自利的代理人选择努力程度来实现自身预期效用的最大化，根据现有模型的假设，就等于使 $\beta_0 + \beta_A ae + \beta_P pe - \dfrac{Ce^2}{2} - \dfrac{r}{2} \mathrm{Var}(w)$（代理人效用的无风险等价）最大化。因为 $\mathrm{Var}(w)$ 和努力程度无关，选择 e 使上式最大化，就得到文中的表达式。不考虑其他约束，最佳努力水平使 $E[V-w]$ 最大化。

[17] Bushman et al.（2001）在横截面检验中使用时间序列上激励模式的转变作为控制变量，控制管理层对付出努力水平和风险的态度在行业和公司内部都是稳定的这一似是而非的假设所忽略的变量。

[18] 这个结果可以追溯到 Banker and Datar（1989）。他们的研究因为正式将业绩指标设计从合约设计中区分开来而闻名，这两者之间的差异在线性回归框架下很明显。注意这里使用的敏感度一词是指业绩指标的一个特质，而 Jensen and Murphy（1990）和其他文章中所用薪酬—业绩敏感度是指在合约中某业绩指标的激励权重。在这一节中，我们用激励权数或者激励系数来表示各业绩指标的斜率系数，而且用敏感度一词特指式（2）括号中的那一项。

[19] 代理人行为对价值的影响与其对契约中规定的业绩指标评价影响之间的关系被 Feltham and Xie（1994）称作业绩指标的"一致性"。Holmstrom and Milgrom（1991）和 Baker（1992）首先明确地分析了业绩指标的这个基本局限，缺乏一致性被证明将导致低效的激励合约，而且牵扯到任务分配和组织结构。

[20] V 包括了两个噪音项，这样市场价格的形成就很简单，便于证明 Paul（1992）的观点。从本质上讲，市场观察了两个信号，每个信号包含了这些影响收益的不确定因素中的一个。然后出于估值的目的，市场从这些信号中推断不确定因素的价值，而这反过来增加了每个度量（信号）在股价中的权重。

[21] 这些简单回归系数基于每个误差项都在统计上独立于其他误差的假设。举例来说，独立性假设意味着 $\mathrm{Cov}(V, x) = \mathrm{Var}(\varepsilon_{v_1})$。

[22] Paul（1992）也证明了即使在投资者作出内生的、非公开的信息收集决定时，这个结果也成立。Bushman and Indjejikian（1993b）表明，即使把盈利考虑进去，使价格形成过程更加复杂，同样的问题依然存在。许多论文扩展了 Paul 的观点，考虑其他业绩指标在平衡各项活动激励中的作用，其中包括 Bushman and Indjejikian（1993a, b）、Feltham and Xie（1994），以及 Datar et al.（2000）。

[23] 参见 Gaver and Gaver（1993）在公司层面上的一个类似的分析。Smith and Watts（1992）以及 Baker（1987）提到投资机会集合本身是代表选择的变量，视它为外生的可能有问题。我们讨论的大多数研究都追随 Smith and Watts（1992），把投资机会集合地视为外生。一个例外是 Holthausen et al.（1995a），在他们的模型中，投资机会（用创新衡量）是激励合约的函数，而激励合约是创新的函数。我们将在下面更仔细地讨论这篇文章。

[24] 一些论文将股票收益的方差视为对投资机会的衡量，而不是对绩效信号中噪音

的衡量。比如，参见 Gaver and Gaver（1993）以及 Smith and Watts（1992）。

［25］如前面所讨论的，生产函数和管理者层面的参数可以在比率中剔除。

［26］低的 $\rho(A,P)$ 有时被理解为衡量评估公司价值时会计盈余中的噪音。然而，Lambert and Larcker 的结果是盈余激励权重随着相关性变小而增加。Lambert and Larcker（1987）认为，这可能验证了 Gjesdal（1981）的结果，即业绩指标在不同的用途中有不同的重要性排序。我们下面要讨论的 Sloan（1993），也有和 Lambert and Larcker 一样的结果。

［27］Lambert（1993）对这个方法中的计量问题及其对结果解释的影响作了颇有见地的讨论。特别是，他指出反映管理者对价值的贡献（$x(e)$）的指标误差可能导致低估收益中的噪音（σ_P^2），并高估会计的噪音（σ_A^2）。

［28］在 Sloan 的框架下，对此可以作如下解释。考虑下面两个针对公司的回归：$A = d_0 + kx(e) + E$ 和 $A = c_0 + zb_1 R_m + $ 噪音。可以用 Sloan 的假设证明，$\mathrm{Cov}(\varepsilon_A, \varepsilon_p)/\sigma_P^2 < 1$ 等同于 $z < k$。Sloan 把后面的不等式描述为盈余业绩对股票回报中公司特有的部分比市场范围的部分更敏感。

［29］Baber et al.（1996）将因子分析运用于一长串投资机会代理变量中，包括：投资密集度、资产市价的增长、市价—账面价值比率、研发费用、盈余价格比率和权益市场收益率的方差。

［30］使用现金薪酬时，Clinch 几乎没有发现股票收益激励权重和研发有关，然而在小公司，却发现净资产收益率权重和研发之间存在正相关关系。注意，Clinch 还发现，对于研发投入高的公司更有可能采用股票期权计划，而不是年度奖金计划。他还试图将对激励契约的道德风险解释同逆向选择以及和税有关的解释区分开来，但成功之处有限。

［31］他们还把一家公司的质量战略、法规环境、财务困境、CEO 影响和噪音看做非财务业绩指标使用的其他决定因素。

［32］他们还发现，非财务业绩指标的使用与会计收益和股票收益的相关性负相关，此外发现受管制的公司更多地使用非财务业绩指标（如安全、客户满意度）。

［33］参见 Murphy（1999b）引用的薪酬咨询公司调查中报告的关于 RPE 的普遍性的统计。这份调查报告，接受调查的工业企业中，有 21% 在年度奖金计划中使用了某些形式的 RPE，有 57% 的金融服务企业和 42% 的公共事业企业使用 RPE。

［34］例如，参见 Dye（1992）。

［35］与古诺差异化战略模型一样，在模型中，他们把产出当作战略替代。在这个模型中，本公司绩效的激励权重为正，而竞争公司绩效的权重为负。尽管竞争公司绩效的负权重和 RPE 一致，但它们出于不同的经济原因。这里，负权重保证了经理激进地增加产量。在这个模型中，随着竞争的加剧，竞争的权重相对负的程度更大，而本公司的权重正的程度更小。这个实证结果和战略实施案例最为一致，所以我们不再进一步讨论战略替代的案例。

［36］或者同样可以被写为：$\dfrac{\beta_A^1}{\beta_D^1} = \dfrac{g_1 \sigma_1^2}{f_1 \sigma_2^2 - g_1 \sigma_1^2}$

［37］这个观点认为竞争环境可能造成在竞争公司业绩上的激励权重为正，并压倒所有其他相关的绩效评价，本质上和 Aggarawal and Samwick（1999b）的观点类似。

[38] Bushman et al.（2000b）认为，给定 GAAP 制度，内在的计量局限性在不同的生产函数和投资机会集合之间是不同的。

[39] 将财务会计信息用于识别项目的好坏，不仅指为投资金融资本识别机会的好坏。它还包括了为提高现有资产的生产力而识别机会，以及为现任或潜在的管理者和其他职员投资人力资本识别机会的好坏。

[40] 参见 Barry and Brown（1985）的一个关于估计风险及其在资本成本上的潜在效应的讨论。

[41] 高质量的财务会计制度可以在几个方面支持股价的信息角色。正如 Black（2000a）所指出的，财务会计信息可能是活跃股市产生的前提条件。其次，股价中包括了财务会计信息（参见 Kothari（2001）对于有关财务会计信息对股价影响研究的回顾。）第三，高质量的财务会计信息可能鼓励分析师追踪信息，进而为在股价中反映的信息作出贡献。Dechow et al.（1996）证实了当公司因违反 GAAP 而成为 SEC 强制措施实施对象时，跟踪这些公司的分析师将减少，Chang et al.（2000）证实了跟踪分析师的跨国差异和财务会计制度的质量之间存在正相关关系。

[42] Dow and Gorton（1997）以及 Dye and Sridhar（2000）考虑了公司股价整合信息并传递给公司管理者的情况。这个过程可能对使用新的复杂技术的公司管理者尤其有用。参见 Boot and Thakor（1997）。

[43] 正如 Levine（1997）所讨论的，一些经济学家指出，股价作为一种公共物品，可能阻碍信息的非公开获得。他指出，现有的理论还不能证明股市功能、信息的非公开获取和经济增长之间的全部联系。

[44] 关于股票市场产生信息的作用，开创性的著作包括 Grossman（1976），Grossman and Stiglitz（1980）以及 Verrecchia（1982）。和监督管理者有关的股票市场信息制造角色的研究包括 Holmstrom and Tirole（1993），以及 Bushman and Indjejikian（1993a）。

[45] 会计和基于权益的激励计划还可以将个人的人力资本投资引向高价值部门，吸引技术高超的管理者和其他员工去他们创造的价值增加量最高的公司，以此增进经济业绩。例如，高科技部门高额股票价值和员工股票期权收益影响了 MBA 学员对电子商务课程的需求，并毫无疑问地影响了这一人才库的职业目标。我们感谢 Eddie Lazear 对此所作的观察。激励合约在吸引人才和改变人才类别方面的作用是经济文献中一个重要的话题（e.g.，Lazear，1999a，b）。

[46] 然而，一个运行健康的股市降低资源配置有效性也是有可能的。例如，Shleifer and Summers（1988）指出，公司接管允许新管理者打破与以前管理者、其他员工和供应商之间的隐性合约。因此，根据具有流动性的股票市场在多大程度上促进这样的接管，资源配置的有效性可能因为新管理者违反隐性合约的可能性而下降。

[47] 与此相反，Shleifer and Vishny（1986）以及 Bhide（1993）指出，股市的流动性和分散的所有权结构会降低股东对管理者动机的监督，从而阻碍了经济效率。Levine and Zervos（1998）用一国相对于市场规模（换手率）的交易股票价值，以及相对于经济规模的交易股票价值，衡量该国股票市场的流动性。通过使用一个跨国设计，他们发现，两个衡量指标都与经济增长、资本积累和生产力增长显著正相关。

[48] 然而，制度在世界上的一个国家或地区中转变（如私有化），也可能为检验财务

会计信息效应和经济增长及效率提供丰富的机会。

[49] 参见 Levine（1997）对联系金融发展和经济增长理论的回顾。虽然许多理论考虑了信息在经济增长上好的一面，但也有一些理论考虑了信息的负面效果。比如，一些理论指出，过早披露的公开信息可能破坏风险分担的机会（Hirshleifer，1971；Marshall，1974）；私有信息的信号可能导致过度投资或其他的错误资本配置（Spence，1973）；过高频率的信息报告可能因增加管理者所能实施的战略行为范围从而提高道德风险成本（Holmstrom and Milgrom，1987；Abreu et al.，1991；Gigler and Hemmer，1998）；如果双方无法承诺不重新谈判合约，信息披露可能使合约的重新谈判复杂化并增加代理成本（Laffont and Tirole，1990；Demski and Frimor，1999）。

[50] 关于财务会计制度与国内资本市场属性和制度关系的研究很自然地落入资本市场研究的范围，因此，这不是我们关注的焦点。在第 5 部分，我们讨论资本市场研究和治理研究之间的关系。

[51] 国际金融分析和研究中心在 *International Accounting and Auditing Trends* 期刊中发表了 CIFAR 指数。

[52] 检验金融部门发展和相关经济是否健康的指数关系的实证研究经常考虑经济指数的增长率，比如人均 GDP 的增长率。使用经济指标增长率在计量方面的优势是，GDP 水平值在许多国家的计量每年都存在很大误差。用经济指数之差作为被解释变量可以减少计量误差。但是，解释变量仍使用水平值。尽管金融发展增进了公司投资和经济产出的观点得到广泛支持，但还不清楚这是否导致更高的增长率。一种看法认为，金融发展提高了经济增长的渠道是它促进了新技术上的投资，而新技术在经济体中对投资回报率有正的累积影响。虽然金融发展和经济发展之间的理论联系还不确凿，但 Levine and Zervos（1993）认为，尽管经济增长的跨国回归结果常常对模型中包括的变量组非常敏感，但经济增长和金融发展指标之间的关系却相对稳健。在经济学家的领导下，我们指出的会计制度和经济指数关系的研究可能在建立于经济指数增长率基础上时表现得最好。

[53] 由 Lombardo and Pagano（1999）证实的 CIFAR 指数和 IPO 折价的负相关关系进一步提供了高质量的财务会计制度降低了外部权益融资成本的证据。

[54] 在 4.3 节，我们将讨论在式（9）中所描述的传统跨国回归模型以及如式（8）所描述的 Rajan and Zingales（1998a）的回归模型的优缺点。

[55] 正如 4.3 节中所讨论的，在传统的跨国回归中（没有国家的固定效应），控制各种经济业绩决定因素（如人力资本）很重要。参见 Levine and Zervos（1993，1998）。

[56] 财富被政府剥夺的可能性也会影响公司追求效率最大化的激励。如果政府很可能从效率中剥夺收益，企业又何必追求这些收益。由于不同国家政府，以及同一个国家不同行业间政府剥夺倾向程度的不同，横截面设计将会比较复杂。

[57] Wurgler 的投资者权利指数是 La Porta et al.（1998）所用的两个衡量指标之积。第一个指标取 0～10 的整数，代表了每个国家商法中保护股东的条款数量加上破产法和重组法中对债权人保护的条款数量。第二个指标是从 0～1 的连续变量，衡量一国的"法律规则"（即国内法律执行力的质量）。

[58] 这里的代理变量是在一个国家一周之内价格朝一个方向波动的股票比例，像 Morck et al. 所报告的那样。根据 Morck et al.（2000），既定国家中股票市场价格同时同向波

动，可以解释为股价中包含了较少的公司特有信息。根据 Morck et al.（2000），在既定的国家中，股市同时被理解为淹没在股价中的一少部分具体公司的信息。Wurgler（2000）代表了极少数（我们意识到的）"直接"测试股市信息有效性是否增进了公司资源直接流向价值创造机会的效率。我们将在第5部分回到这个问题。亦见 Durnev et al.（2000）。

［59］这里建议的分离财务会计信息的治理效应的方法，仿效了 Rajan and Zingales（1998a）用来分离财务会计信息通过降低外部融资成本而产生的经济效应的方法。

［60］虽然我们的讨论关注于相互作用，分析师活动的主要影响也可能很有趣。在美国或其他地方，我们没有发现任何关于分析师产出与企业决策及生产能力关系的直接证据。

［61］在 La Porta et al.（1997，1998）中可以得到49个国家保护投资者权利的法律以及总体上法律执行力度的数据。

［62］虽然关于保护投资者权利的法律中的跨国差异的数据在 La Porta et al.（1997，1998）中容易得到，但我们没有意识到可得到关于其他公司控制机制中的跨国差异的数据的来源。例如，第3部分提到的对于公司控制机制的跨国差异的未来研究可能产生这样的数据。或者，研究者可以用一个目标来源于股东利益最大化的控制股东的出现代替被内部人员剥削的投资风险（see La Porta et al.，1999a）。

［63］寻求租金的规定制定者使用会计信息隔离有利可图的剥削机会的能力可以影响公司的会计决定，且财务会计的信息属性报告了它，这一观点在会计文献中被认可（参见 Watts and Zimmerman（1986，Chapter 10）的一个深入讨论）。这里我们不说会计制度的内生形成，而说变化政策环境对于一个给定质量的会计信息的效率效应的影响。

［64］类似地，式（8）描述的 Rajan and Zingales（1998a）模型也可以进行修改，用来研究给定的制度因素，如审计制度质量，如何影响会计信息对外部融资成本产生的效应。通过在模型中增加一个交互项，反映外部融资需求、会计制度质量以及给定待研究的制度因素之间的相互作用，就可以完成。

［65］披露要求的经济收益是一个很有趣的话题。这些强制要求可以使公司的披露系统更加可信，可能使得一些披露尽管增进了经济效率，但却不符合公司自己的利益。

［66］例如，Levine and Zervos（1998）检查了股票市场流动性和当期、未来增长、生产效率以及资本积累指标的关系。

［67］例外的情况，包括 Baber et al.（1998），Bushman et al.（2001）以及 Bushman et al.（2000b）。

［68］Tobin（1982）将证券市场功能效率定义为股票价格引导资本投入到有最高使用价值地方的精确程度。

参考文献

Aboody, D., Kasznik, R., 1999. CEO stock option awards and corporate voluntary disclosures. Working Paper, UCLA and Stanford University.

Abowd, J., Kaplan, D., 1999. Executive compensation: six questions that need answering. NBER Working Paper 7124.

Abreu, D., Milgrom, P., Pearce, D., 1991. Information and timing in repeated partnerships. Econometrica

59 (6), 1713-1733.

Acemoglu, D., Johnson, S., Robinson, J., 2000. The colonial origins of comparative development: an empirical investigation. NBER Working Paper No. W7771.

Aggarawal, R., Samwick, A., 1999a. The other side of the trade-off: the impact of risk on executive compensation. Journal of Political Economy 107, 65-105.

Aggarawal, R., Samwick, A., 1999b. Executive compensation, strategic competition, and relative performance evaluation. The Journal of Finance 54, 1999-2043.

Aghion, P., Bolton, P., 1992. An incomplete contracts approach to financial contracting. Review of Economic Studies 59, 473-494.

Alchian, A., 1950. Uncertainty, evolution, and economic theory. Journal of Political Economy 58, 211-221.

Alford, A., Jones, J., Leftwich, R., Zmijewski, M., 1993. The relative informativeness of accounting disclosures in different countries. Journal of Accounting Research 31 (Suppl.), 183-223.

Ali, A., Hwang, L., 2000. Country-specific factors related to financial reporting and the value relevance of accounting data. Journal of Accounting Research 38 (1), 1-21.

Antle, R., Smith, A., 1986. An empirical investigation of the relative performance evaluation of corporate executives. Journal of Accounting Research 24, 1-39.

Arya, A., Glover, J., Sunder, S., 1998. Earnings management and the revelation principle. Review of Accounting Studies 3 (1&2).

Baber, W., Janakiraman, S., Kang, S., 1996. Investment opportunities and the structure of executive compensation. Journal of Accounting and Economics 21, 297-12318.

Baber, W., Kang, S., Kumar, K., 1998. Accounting earnings and executive compensation: the role of earnings persistence. Journal of Accounting and Economics 25, 169-193.

Baiman, S., 1982. Agency research in managerial accounting. Journal of Accounting Literature I, 154-213.

Baiman, S., 1990. Agency research in managerial accounting. Accounting, Organizations and Society 15, 341-371.

Baiman, S., Verrecchia, R., 1996. The relation among capital markets, financial disclosure, production efficiency, and insider trading. Journal of Accounting Research 34 (1), 1-22.

Baiman, S., Larcker, D., Rajan, M., 1995. Organizational design for business unit managers. Journal of Accounting Research 33, 205-230.

Baker, G., 1987. Discussion of an analysis of the use of accounting and market measures of performance in executive compensation contract. Journal of Accounting Research 25 (Suppl.), 126-129.

Baker, G., 1992. Incentive contracts and performance measurement. Journal of Political Economy 100, 598-614.

Baker, G., Hall, B., 1998. CEO incentives and firm size. Working Paper, Harvard.

Baker, G., Gibbs, M., Holmstrom, B., 1994a. The wage policy of a firm. Quarterly Journal of Economics CIX (4), 21-956.

Baker, G., Gibbs, M., Holmstrom, B., 1994b. The internal economics of the firm: evidence from personnel data. Quarterly Journal of Economics CIX (4), 881-920.

Ball, R., Kothari, S.P., Robin, A., 2000a. The effect of international institutional factors on properties of accounting earnings. Journal of Accounting and Economics 29 (1), 1-51.

Ball, R., Robin, A., Wu, J., 2000b. Incentives versus standards: properties of accounting income in four East Asian countries, and implications for acceptance of IAS. Working Paper, University of Rochester.

Banker, R., Datar, S., 1989. Sensitivity, precision, and linear aggregation of signals for performance evaluation. Journal of Accounting Research 27, 21-39.

Barclay, M., Gode, D., Kothari, S. P., 1997. Measuring delivered performance. Working Paper, University of Rochester.

Barro, J., Barro, R., 1990. Pay, performance and turnover of bank CEOs. Journal of Labor Economics 8, 448-481.

Barry, C., Brown, S. J., 1985. Differential information and security market equilibrium. Journal of Financial and Quantitative Analysis 20 (4), 407-422.

Baumol, W., 1967. Business Behavior, Value and Growth, Revised edition. . Harcourt Brace, New York.

Beasley, M., 1996. An empirical analysis of the relation between board of director composition and financial statement fraud. The Accounting Review 71 (4), 443-466.

Benston, G., 1985. The self-serving management hypothesis: some evidence. Journal of Accounting and Economics 7, 67-83.

Berle, A., Means, G., 1932. The Modern Corporation and Private Property. Commerce Clearing House, New York.

Bertrand, M., Mullainathan, S., 1998. Executive compensation and incentives: the impact of takeover legislation. NBER Working Paper 6830.

Bhide, A., 1993. The hidden cost of stock market liquidity. Journal of Financial Economics 34 (1), 31-51.

Black, B., 2000a. The legal and institutional preconditions for strong stock markets. Working Paper Stanford Law School, John M. Olin Program in Law and Economics.

Black, B., 2000b. The first international merger wave (and the fifth and last U. S. wave). University of Miami Law Review 54, 799-818.

Blackwell, D., Brickley, J., Weisbach, M., 1994. Accounting information and internal performance evaluation: evidence from Texas banks. Journal of Accounting and Economics 17, 331-358.

Boot, A., Thakor, A., 1997. Financial system architecture. Review of Financial Studies 10, 693-733.

Bryan, S., Hwang, L., Lilien, S., 2000. CEO stock-based compensation: An empirical analysis of incentive-intensity, relative mix, and economic determinants. Journal of Business 73 (4), 661-694.

Bushman, R., Engel, E., Milliron, J., Smith, A., 1998. An empirical investigation of trends in the absolute and relative use of earnings in determining CEO cash compensation. Working paper, University of Chicago.

Bushman, R., Indjejikian, R., 1993a. Shareholder demand for "distorted" accounting disclosures. The Accounting Review 68 (4), 765-782.

Bushman, R., Indjejikian, R., 1993b. Accounting income, stock price, and managerial compensation. Journal of Accounting and Economics 16, 1-23.

Bushman, R., Indjejikian, R., Smith, A., 1995. Aggregate performance measurement in business unit compensation: the role of intrafirm interdependencies. Journal of Accounting Research 33 (Suppl.), 101-128.

Bushman, R., Indjejikian, R., Smith, A., 1996. CEO compensation: the role of individual performance evaluation. Journal of Accounting and Economics 21, 161-193.

Bushman, R., Indjejikian, R., Penno, M., 2000a. Private pre-decision information, performance measure congruity and the value of delegation. Contemporary Accounting Research 17 (4) (Winter),

561-587.

Bushman, R., Chen, Q., Engel, E., Smith, A., 2000b. The sensitivity of corporate governance systems to the timeliness of accounting earnings. Working Paper, University of Chicago.

Bushman, R., Engel, E., Milliron, J., Smith, A., 2001. An analysis of the relation between the stewardship and valuation roles of earnings. Working Paper, University of Chicago.

Carlin, W., Mayer, C., 2000. Finance, investment and growth. Working Paper, University College London and Said Business School, University of Oxford.

Chang, J., Khanna, T., Palepu, K., 2000. Analyst activity around the world. Working Paper, Harvard Business School.

Clinch, G., 1991. Employee compensation and firms research and development activity. Journal of Accounting Research 29 (1), 59-78.

Clinch, G., Magliolo, J., 1993. CEO compensation and components of earnings in bank holding companies. Journal of Accounting and Economics 16, 241-272.

Core, J., Guay, W., 1998. Estimating the incentive effects of executive stock option portfolios. Working Paper, Wharton.

Core, J., Holthausen, R., Larcker, D., 1999. Corporate governance, chief executive officer compensation, and firm performance. Journal of Financial Economics 51 (3), 371-406.

Core, J., Guay, W., Verrecchia, R., 2000. Are performance measures other than price important to CEO incentives? Working Paper, Wharton.

Coughlin, A., Schmidt, R., 1985. Executive compensation, management turnover, and firm performance: an empirical investigation. Journal of Accounting and Economics 7 (2), 215-226.

Datar, S., Kulp, S., Lambert, R., 2000. Balancing performance measures. Journal of Accounting Research, forthcoming.

DeAngelo, L., 1988. Managerial competition, information costs, and corporate governance: the use of accounting performance measures in proxy contests. Journal of Accounting and Economics 10 (1), 3-36.

Dechow, P., Huson, M., Sloan, R., 1994. The effect of restructuring charges on executives cash compensation. The Accounting Review 69, 138-156.

Dechow, P., Sloan, R., Sweeney, A., 1996. Causes and consequences of earnings manipulation: an analysis of firms subject to enforcement actions by the SEC. Contemporary Accounting Research 13 (1), 1-36.

Defeo, V., Lambert, R., Larcker, D., 1989. Executive compensation effects of equity for debt swaps. The Accounting Review 64, 201-227.

DeFond, M., Park, C., 1999. The effect of competition on CEO turnover. Journal of Accounting and Economics 27, 35-56.

DeFond, M., Subramanyam, K. R., 1998. Auditor changes and discretionary accruals. Journal of Accounting and Economics 25 (1), 35-67.

Demirguc-Kunt, A., Maksimovic, V., 1998. Law, finance, and firm growth. Journal of Finance 53, 2107-2137.

Demski, J., Frimor, H., 1999. Performance measure garbling under renegotiation in multi-period agencies. Journal of Accounting Research (Suppl.) 37, 187-214.

Demski, J., Sappington, D., 1999. Summarization with errors, A perspective on empirical investigations of agency relationships. Management Accounting Research 10 (1), 21-37.

Dewatripont, M., Tirole, J., 1994. A theory of debt and equity, diversity of securities and manager-shareholder congruence. Quarterly Journal of Economics 109, 1027-1054.

Diamond, D. W., 1984. Financial intermediation and delegated monitoring. Review of Economic Studies 51 (3), 393-414.

Diamond, D., Verrecchia, R., 1991. Disclosure, liquidity, and the cost of capital. Journal of Finance 46, 1325-1359.

Djankov, S., La Porta, R., de Silanes, F., Shleifer, A., 2000. The regulation of entry. Working Paper, Harvard University.

Dow, J., Gorton, G., 1997. Stock market efficiency and economic efficiency: is there a connection? Journal of Finance 52, 1087-1129.

Durnev, A., Morck, R., Yeung, B., 2000. Do stock prices guide the allocation of capital? Working Paper, University of Michigan Business School.

Dye, R., 1992. Relative performance evaluation and project selection. Journal of Accounting Research 30 (1), 27-52.

Dye, R., Sridhar, S., 2000. Strategy-directing disclosures. Working Paper, Northwestern University.

Ely, K., 1991. Interindustry differences in the relation between compensation and firm performance variables. Journal of Accounting Research 29, 37-58.

Fama, E., 1980. Agency problems and the theory of the firm. Journal of Political Economy 88, 288-307.

Fama, E., Jensen, M., 1983a. Agency problems and residual claims. Journal of Law and Economics 26, 327-349.

Fama, E., Jensen, M., 1983b. Separation of ownership and control. Journal of Law and Economics 26, 301-325.

Feltham, G., Xie, J., 1994. Performance measure congruity and diversity in multi-task principal/agent relations. The Accounting Review 69, 429-453.

Feltham, G., Hughes, J., Simunic, D., 1991. Empirical assessment of the impact of auditor quality on the valuation of new issues. Journal of Accounting and Economics 14 (4), 375-399.

Fields, T., Lys, T., Vincent, L., 2001. Empirical research on accounting policy choice. Journal of Accounting and Economics 31, 255-307.

Fisher, J., Govindarajan, V., 1991. CEO and profit center manager compensation as a social comparison: an examination of owner and manager controlled firms. Working Paper, Dartmouth College.

Francis, J., Philbrick, D., Schipper, K., 1994. Shareholder litigation and corporate disclosure. Journal of Accounting Research 32 (2), 137-164.

Garen, J., 1994. Executive compensation and principal-agent theory. Journal of Political Economy 102-6, 1175-1199.

Gaver, J., Gaver, K., 1993. Additional evidence on the association between the investment opportunity set and corporate financing, dividend, and compensation policies. Journal of Accounting and Economics 16, 125-160.

Gaver, J., Gaver, K., 1995. Additional evidence on bonus plans and income management. Journal of Accounting and Economics 19, 3-28.

Gaver, J., Gaver, K., 1998. The relation between nonrecurring accounting transactions and CEO cash compensation. The Accounting Review 73, 235-253.

Gibbs, M., 1995. Incentive compensation in a corporate hierarchy. Journal of Accounting and Economics 19, 247-277.

Gibbons, R., 1998. Incentives in organizations. Journal of Economic Perspectives 12, 115-132.

Gibbons, R., Murphy, K. J., 1990. Relative performance evaluation for chief executive officers. Industrial and Labor Relations Review 43, 30S-51S.

Gigler, F., Hemmer, T., 1998. On the frequency, quality, and informational role of mandatory financial reports. Journal of Accounting Research (Suppl.) 36, 117-147.

Gjesdal, F., 1981. Accounting for stewardship. Journal of Accounting Research 19, 208-231.

Grossman, S., 1976. On the efficiency of competitive stock markets where traders have diverse information. Journal of Finance 31, 573-585.

Grossman, S., Stiglitz, J., 1980. On the impossibility of informationally efficient stock markets. American Economic Review 70, 393-408.

Guay, W., 1999. The sensitivity of CEO wealth to equity risk: an analysis of the magnitude and determinants. Journal of Financial Economics 53, 3-71.

Guidry, F., Leone, A., Rock, S., 1999. Earnings-based bonus plans and earnings management by business-unit managers. Journal of Accounting and Economics 26, 113-142.

Hall, B., 1999. The design of multi-year stock option plans. Journal of Applied Corporate Finance 12 (2), 97-106.

Hall, B., Leibman, J., 1998. Are CEOs really paid like bureaucrats? The Quarterly Journal of Economics 103, 653-691.

Harris, M., Raviv, A., 1979. Optimal incentive contracts with imperfect information. Journal of Economic Theory 20, 231-259.

Haubrich, J., 1994. Risk aversion, performance pay, and the principal-agent problem. Journal of Political Economy 102-2, 258-276.

Hayek, F., 1945. The use of knowledge in society. American Economic Review 35, 519-530.

Hayes, R., Schaefer, S., 2000. Implicit contracts and the explanatory power of top executive compensation for future performance. Rand Journal of Economics 31 (2), 273-293.

Healy, P., 1985. The effect of bonus schemes on accounting decisions. Journal of Accounting and Economics 7, 85-107.

Healy, P., Kang, S., Palepu, K., 1987. The effects of accounting procedure changes on CEOs' cash salary and bonus compensation. Journal of Accounting and Economics 9, 7-34.

Hemmer, T., 1996. On the design and choice of "modern" management accounting measures. Journal of Management Accounting Research 8, 87-116.

Hemmer, T., Matsunaga, S., Shevlin, T., 1996. The influence of risk diversification on the early exercise of employee stock options by executive officers. Journal of Accounting and Economics 21, 45-68.

Hermalin, B., Weisbach, M., 1998. Endogenously chosen boards of directors and their monitoring of the CEO. American Economic Review 88, 96-118.

Hermalin, B., Weisbach, M., 2000. Boards of directors as an endogenously determined institution: a survey of the economic literature. Working Paper, Berkeley and University of Illinois.

Himmelberg, C., Hubbard, R., Palia, D., 1999. Understanding the determinants of managerial-ownership and the link between ownership and performance. Journal of Financial Economics 53 (3), 353-384.

Hirshleifer, J., 1971. The private and social value of information and the reward to inventive activity. American Economic Review 61 (4), 561-574.

Hogan, C., Lewis, C., 1999. The long-run performance of firms adopting compensation plans based on economic profits. Working Paper, Owen Graduate School of Management, Vanderbilt University.

Holmstrom, B. , 1979. Moral hazard and observability. The Bell Journal of Economics 10, 74-91.

Holmstrom, B. , 1982. Moral hazard in teams. The Bell Journal of Economics 13, 324-340.

Holmstrom, B. , Hart, O. , 1987. The theory of contracts. In: Bewley, T. (Ed.), Advances in E-conomic Theory, Fifth World Congress, Cambridge University Press, Cambridge.

Holmstrom, B. , Milgrom, P. , 1987. Aggregation and linearity in the provision of intertemporal in-centives. Econometrica 55, 303-328.

Holmstrom, B. , Milgrom, P. , 1991. Multi-task principal-agent analysis: incentive contracts, asset ownership, and job design. Journal of Law, Economics & Organization 7 (Special Issue), 24-52.

Holmstrom, B. , Tirole, J. , 1993. Market liquidity and performance monitoring. Journal of Political Economy 101, 678-709.

Holthausen, R. , Larcker, D. , Sloan, R. , 1995a. Business unit innovation and the structure of ex-ecutive compensation. Journal of Accounting and Economics 19, 279-313.

Holthausen, R. , Larcker, D. , Sloan, R. , 1995b. Annual bonus schemes and the manipulation of earnings. Journal of Accounting and Economics 19, 29-74.

Hubbard, R. , Palia, D. , 1995. Executive pay and performance: Evidence from the U. S. banking in-dustry. Journal of Financial Economics 39 (1), 105-130.

Ichniowski, C. , Shaw, K. , Prennushi, G. , 1997. The effects of human resource management prac-tices on productivity: a study of steel finishing lines. American Economic Review 87 (3), 291-313.

Indjejikian, R. , 1999. Performance evaluation and compensation research: an agency perspective. Accounting Horizons 13 (2), 147-157.

Indjejikian, R. , Nanda, D. , 1999. Dynamic incentives and responsibility accounting. Journal of Ac-counting and Economics 27, 177-201.

Ittner, C. , Larcker, D. , Rajan, M. , 1997. The choice of performance measures in annual bonus contracts. The Accounting Review 72, 231-255.

Jagannathan, R. , Srinivasan, S. , 1999. Does product market competition reduce agency costs? The North American Journal of Economics and Finance 10, 387-399.

Janakiraman, S. , Lambert, R. , Larcker, D. , 1992. An empirical investigation of the relative per-formance evaluation hypothesis. Journal of Accounting Research 30 (1), 53-69.

Jensen, M. , 1986. Agency costs of free cash flow, corporate finance, and takeovers. American Eco-nomic Review 76, 323-329.

Jensen, M. , Murphy, K. , 1990. Performance pay and top management incentives. Journal of Political Economy 98, 225-264.

Kang, J. , Shivdisani, A. , 1995. Firm performance, corporate governance, and top executive turn-over in Japan. Journal of Financial Economics 38 (1), 29-58.

Kaplan, S. , 1994a. Top executive rewards and firm performance: a comparison of Japan and the Unit-ed States. Journal of Political Economy 102-3, 510-546.

Kaplan, S. , 1994b. Top executives, turnover and firm performance in Germany. Journal of Law, E-conomics & Organization 10 (1), 142-159.

Kaplan, S. , Stromberg, P. , 1999. Financial contracting theory meets the real world: an empirical a-nalysis of venture capital contracts. Working Paper, University of Chicago.

Keating, S. , 1997. Determinants of divisional performance evaluation practices. Journal of Accounting and Economics 24, 243-273.

Kellogg, R. , 1984. Accounting activities, security prices, and class action lawsuits. Journal of Accounting and Economics 6，185-204.

Kothari, S. P. , 2001. Capital markets research in accounting. Journal of Accounting and Economics 31，105-231.

Larcker, D. , 1983. The association between performance plan adoption and corporate capital investment. Journal of Accounting and Economics 5 (1)，3-30.

Laffont，J. J. , Tirole, J. , 1990. Adverse selection and renegotiation in procurement. Review of Economic Studies 57 (4)，597-625.

Lambert，R. , 1993. The use of accounting and security price measures of performance in managerial compensation contracts，a discussion. Journal of Accounting and Economics 16，101-123.

Lambert，R. , 2001. Contracting theory and accounting. Journal of Accounting and Economics 32，3-87.

Lambert，R. , Larcker, D. , 1987. An analysis of the use of accounting and market measures of performance in executive compensation contracts. Journal of Accounting Research 25 (Suppl.)，95-125.

Lambert，R. , Larcker, D. , Weigelt, K. , 1993. The structure of organizational incentives. Administrative Science Quarterly (September)，438-461.

La Porta，R. , Lopez-De-Silanes, F. , Shleifer, A. , Vishny, R. , 1997. Legal determinants of external capital. Journal of Finance 52 (3)，1131-1150.

La Porta，R. , Lopez-De-Silanes, F. , Shleifer, A. , Vishny, R. , 1998. Law and finance. Journal of Political Economy 106，1113-1155.

La Porta，R. , Lopez-De-Silanes, F. , Shleifer, A. , 1999a. Corporate ownership around the world. Journal of Finance 54 (2)，471-517.

La Porta，R. , Lopez-De-Silanes, F. , Shleifer, A. , Vishny, R. , 1999b. Investor protection and corporate valuation. Working Paper，Harvard University.

La Porta，R. , Lopez-De-Silanes, F. , Shleifer, A. , Vishny, R. , 2000. Agency problems and dividend policies around the world. Journal of Finance 55 (1)，1-33.

Lazear，E. , 1999a. Performance pay and productivity. Working Paper，Hoover Institution and Stanford University.

Lazear，E. , 1999b. Output-based pay：incentives or sorting? Working Paper，Hoover Institution and Stanford University.

Leftwich，R. , 1981. Evidence of the impact of mandatory changes in accounting principles on corporate loan agreements. Journal of Accounting and Economics 3 (1)，3-36.

Lehn，K. , Makhija, A. , 1997. EVA, accounting profits，and CEO turnover：an empirical examination 1985-1994. Journal of Applied Corporate Finance 10 (2)，90-97.

Leone，A. , Rock, S. , 1999. Empirical tests of the ratchet principle and implications for studies of earnings management. Working Paper，University of Rochester.

Leuz，C. , Verrecchia, R. , 2000. The economic consequences of increased disclosure. Journal of Accounting Research，forthcoming.

Levine，R. , 1997. Financial development and economic growth：views and agenda. Journal of Economic Literature 35 (2)，688-726.

Levine，R. , Renelt, D. , 1992. A sensitivity analysis of cross-country growth regressions. American Economic Review 82 (4)，942-963.

Levine，R. , Zervos, S. , 1993. What we have learned about policy and growth from cross-country regressions? American Economic Review 83 (2)，426-443.

Levine，R. , Zervos, S. , 1998. Stock markets，banks，and economic growth. American Economic

Review 88，537-558.

Lombardo，D.，Pagano，M.，1999. Legal determinants of the return on equity. Università di Salerno，CSEF Working Paper no. 24，and CEPR Discussion Paper no. 2276，November.

Manne，H.，1965. Mergers and the market for corporate control. Journal of Political Economy 73（2），110-120.

Marris，R.，1963. A model of the managerial enterprise. Quarterly Journal of Economics 77（2），185-209.

Marshall，J.，1974. Private incentives and public information. American Economic Review 64（3），373-390.

Milliron，J.，2000. Board of director incentive alignment and the design of executive 7compensation contracts. Working Paper Graduate School of Business，University of Chicago.

Mirrlees，J.，1976. The optimal structure of incentives and authority within an organization. The Bell Journal of Economics 7，105-131.

Modigliani，F.，Perotti，E.，2000. Security versus bank finance：the importance of proper enforcement of legal rules. Working Paper，MIT Sloan School of Management.

Morck，R.，Yeung，B.，Yu，W.，2000. Why do emerging markets have synchronous stock price movements? Journal of Financial Economics 58（1-2），215-260.

Murphy，K. J.，1985. Corporate performance and managerial remuneration：an empirical analysis. Journal of Accounting and Economics 7，11-42.

Murphy，K.，1999a. Performance standards in incentive contracts. Working Paper，University of Southern California.

Murphy，K. J.，1999b. Executive compensation. In：Orley，A.，David，C.（Eds.），Handbook of Labor Economics，Vol. 3. North-Holland，Amsterdam.

Murphy，K. J.，Zimmerman，J.，1993. Financial performance surrounding CEO turnover. Journal of Accounting and Economics 16，273-315.

Myers，S. C.；1977. Determinants of corporate borrowing. Journal of Financial Economics 5，147-175.

Natarajan，R.，1996. Stewardship value of earnings components：additional evidence on the determinants of executive compensation. The Accounting Review 71，1-22.

Ofek，E.，Yermack，D.，1997. Taking stock：does equity-based compensation increase managers' ownership? Working Paper，New York University.

Ohlson，J.，1995. Earnings，book values，and dividends in security valuation. Contemporary Accounting Research 11，661-687.

Palepu，K.，1986. Predicting takeover targets：a methodological and empirical analysis. Journal of Accounting and Economics 8（1），3-36.

Parrino，R.，1997. CEO turnover and outside succession：a cross-sectional analysis. Journal of Financial Economics 46（2），165-197.

Paul，J.，1992. On the efficiency of stock-based compensation. Review of Financial Studies 5，471-502.

Pavlik，E.，Scott，T.，Tiessen，P.，1993. Executive compensation：issues and research. Journal of Accounting Literature 12，131-189.

Prendergast，C.，1999a. The provision of incentives in firms. Journal of Economic Literature 37，7-63.

Prendergast，C.，1999b. The tenuous tradeoff of risk and incentives. Working Paper，University of Chicago and NBER.

Press，G.，Weintrop，J.，1990. Accounting-based constraints in public and private debt arrangements：their association with leverage and impact on accounting choice. Journal of Accounting and Economics 12 （1-3），65-95.

Rajan, R., Zingales, L., 1998a. Financial dependence and growth. American Economic Review 88 （3），559-586.

Rajan, R., Zingales, L., 1998b. Which capitalism? Lessons from the East Asian crisis. Journal of Applied Corporate Finance 11 （3），40-48.

Rajan, R., Zingales, L., 1999. The politics of financial development. Working Paper, University of Chicago.

Rajan, R., Zingales, L., 2000. The governance of the new enterprise. In: Vives （Ed.）, Corporate Governance, X. Cambridge University Press, Cambridge, forthcoming.

Reese, W., Weisbach, M., 2000. Protection of minority shareholder interests, cross-listings in the United States, and subsequent equity offerings. Working Paper, University of Illinois.

Rosen, S., 1992. Contracts and the market for executives. In: Werin, L., Wijkander, H. （Eds.）, Contract Economics. Basil Blackwell, Oxford, pp. 181-211.

Ross, S., 1973. The economic theory of agency: the principal's problem. American Economic Review 63, 134-139.

Salanie, B., 1998. The Economics of Contracting. The MIT Press, Cambridge, MA.

Schaefer, S., 1998. The dependence of pay-performance sensitivity on the size of the firm. The Review of Economics and Statistics 80 （3），436-443.

Scharfstein, D., 1988. The disciplinary role of takeovers. Review of Economic Studies 55, 185-199.

Shleifer, A., Summers, L., 1988. Breach of trust in hostile takeovers. In: Alan, A. （Ed.）, Corporate Takeovers: Causes and Consequences. Univerity of Chicago Press, Chicago, pp. 33-56.

Shleifer, A., Vishny, R., 1986. Large shareholders and corporate control. Journal of Political Economy 94 （3），461-488.

Shleifer, A., Vishny, R., 1997. A survey of corporate governance. Journal of Finance 52 （2），737-783.

Skinner, D., 1994. Why firms voluntarily disclose bad news. Journal of Accounting Research 32, 38-60.

Sloan, R., 1993. Accounting earnings and top executive compensation. Journal of Accounting and Economics 16, 55-100.

Smith, C., Warner, J., 1979. On financial contracting: an analysis of bond covenants. Journal of Financial Economics 7 （2），117-161.

Smith, C., Watts, R., 1992. The investment opportunity set and corporate financing, dividend, and compensation policies. Journal of Financial Economics 32, 263-292.

Spence, M., 1973. Job market signaling. Quarterly Journal of Economics 87, 255-274.

Stein, J., 1988. Takeover threats and managerial myopia. Journal of Political Economy 96 （1），61-80.

Stigler, G., 1958. The economies of scale. Journal of Law and Economics 1, 54-71.

Sweeney, A., 1994. Debt-covenant violations and managers' accounting responses. Journal of Accounting and Economics 17 （3），281-308.

Tadesse, S., 2000. The information and monitoring role of capital markets: theory and international evidence. Working Paper The Darla Moore School of Business, The University of South Carolina.

Tobin, J., 1982. On the efficiency of the financial system. Lloyds Bank Review （July）.

Vancil, R., 1978. Decentralization: Managerial Ambiguity by Design. Dow-Jones-Irwin, Homewood, IL.

Verrecchia, R., 2001. Essays on disclosure. Journal of Accounting and Economics 32, 97-180.

Verrecchia, R. E., 1982. Information acquisition in a noisy rational expectations economy. Econometrica 50

(6)，1415-1430.

Wallace，J.，1997. Adopting residual income-based compensation plans：do you get what you pay for? Journal of Accounting and Economics 24，275-300.

Warner，J.，Watts，R.，Wruck，K.，1988. Stock prices and top management changes. Journal of Financial Economics 20，61-492.

Watts，R.，1977. Corporate financial statements，a product of the market and political processes. Australian Journal of Management 2，53-75.

Watts，R.，Zimmerman，J.，1978. Towards a positive theory of the determination of accounting standards. The Accounting Review 53，112-134.

Watts，R.，Zimmerman，J.，1986. Positive Theory of Accounting. Prentice-Hall，Inc.，Englewood Cliffs，NJ.

Watts，R.，Zimmerman，J.，1990. Positive accounting theory：a ten year perspective. The Accounting Review 65，31-156.

Weisbach，M.，1988. Outside directors and CEO turnover. Journal of Financial Economics 20，431-460.

Williamson，O.，1964. The economics of discretionary behavior：Managerial objectives in a theory of the firm. Englewood Cliffs，NJ：Prentice Hall.

Wurgler，J.，2000. Financial markets and the allocation of capital. Journal of Financial Economics 58 (1-2)，187-214.

Yermack，D.，1995. Do corporations award CEO stock options effectively? Journal of Financial Economics 39，237-269.

Yermack，D.，1997. Good timing：CEO stock option awards and company news announcements. Journal of Finance 52，449-476.

Zingales，L.，2000. In search of new foundations. Journal of Finance 55，1623-1653.

财务会计信息与公司治理：一个讨论 *

Richard G. Sloan

徐浩萍　译

摘要

Bushman and Smith（2001，本刊）对于研究会计在管理层薪酬契约中的作用提供了有用的评论；基于近来的研究，他们还用跨国方法提供了一个吸引人的未来研究议程。本文通过突出他们研究议程中的一些局限性，提供关于会计学者对治理研究的贡献的批判性评论，以及突出除了管理激励契约外，财务会计在治理机制上的其他作用的研究机会，来勾画他们的讨论。

JEL 分类号：M41；G41

关键词：公司治理；会计；契约

§1　引言

公司治理研究注重理解激励机制，这种机制用于消除业务实体因资本管理和资本来源的分离所造成的激励问题。财务会计向资本供给者提供了关于管理绩效的经独立核实的主要信息。因此很明显，公司治理和财务会计是紧密相连的。的确，许多财务会计的核心特征，比如历史成本、可靠性标准、实现原则和保守原则，若不采用公司治理的观点，就很难理解。如果不是在治理问题中的角色，财务会计的作用就会降低到为投资者提供用于构建最优证券组合的风险收益的信息上。Bushman and Smith（2001，以下简称 B&S）的评论提出了一个对财务会计非常重要的领域。

B&S 的评论关注治理研究的两个主要方面。第一，他们提供了财务会计信息对管理激励契约作用的全面总结和评价。第二，基于先前对财务报告和治理制度的跨国研究，他们提出未来研究的议程。他们在这两方面的分析有用且透彻，然而我的任务是识

---

* I am grateful for the comments of Patricia Dechow, Scott Richardson, Doug Skinner and Jerry Zimmerman.
Richard G. Sloan，密歇根大学工商管理学院。

别他们评论中的潜在局限性。我看到了三个主要的局限性。第一，他们仅仅在很宏观的层面上提出研究议程。第二，在会计学者对治理研究贡献方面，他们几乎没有任何批判性的评价。最后，对于会计在除管理激励契约之外治理机制上的作用，他们仅仅提供了浅显的讨论。下面将讨论这些局限性的细节内容，并对该领域其他研究机会提供建议。

§2　跨国研究议程的局限性

B&S关于未来研究最具体、详细的建议，涉及使用跨国研究来探讨财务会计在经济业绩上的作用。这虽然很吸引人而且值得认真考虑，但有一些局限性。第一，会计学者作这样的研究并没有明显的优势。国家经济业绩的决定因素多种多样，财务会计系统只代表了相关的一小块。此外，此类研究只在宏观层面分析会计信息的作用，使用粗糙的会计信息质量衡量方法（比如B&S描述的CIFAR指数）。财务经济学家则已经在这个领域进行了初步研究，并为后续研究作了最充分的准备。财务会计在此类研究议程中最有效的作用是帮助发展和完善其他财务会计质量的度量方法，包括为质量提供支持的制度安排，比如审计师、分析师和执法者。然而，正如我将在第4部分阐述的，会计研究人员同时具有更好的条件进行微观层面上的研究，以及关注会计信息在提高不同治理机制有效性上的作用。

在B&S提出的跨国研究计划中，另一个主要局限性是特别棘手的一系列计量经济问题。虽然B&S也注意到这一点，但这些问题严重到足以引起更多的关注。包括被忽略的相关变量、多重共线性、内生性和有限的自由度，这些问题综合在一起，使获得有意义的推论非常困难。一个特别的例子值得一提。经济发达的国家趋于拥有受到更多管制的财务会计系统，造成经济业绩和CIFAR指数之间的正相关性。然而，更多的会计规定使得经济业绩更完善这一结论却很危险。甚至在大量的会计管制出台之前，经济业绩和财务会计在大量发达国家都有很不错的表现。在相对不发达的国家，机会主义的执法者造成了高昂的管制成本，因此管制可能大大阻碍经济发展。

§3　评价会计学者对治理研究的贡献

实际上，治理研究在本质上是跨学科的，在很大程度上依赖于经济、金融、法律和管理这些领域。会计对于治理研究也有潜在的重要作用，因为会计为绝大部分治理机制高效运行提供了所需的信息，这点我在后面的评论中会作讨论。的确有人把美国资本市场的巨大成功归功于精巧的财务报告系统。[1]由此，会计学者对于治理研究的贡献值得思考。如同任何研究的批判性评价一样，评价贡献固然具有内在的主观成分，然而对于总结过去的贡献并指导未来的努力却是有用的。

我的基本评价方法是从会计学者在治理文献中的贡献的角度，检查登载于会计学期刊的研究在近期公司治理综述中的相对引用频率。当然，这种方法有其局限性，特别是作者的个人倾向会影响其参考的文献，也没有明显的基准用于判断跨学科的相对参考频率。然而，我相信此分析还是提供了一些有用的意见。

下面使用的综述文章是 Shleifer and Vishny（1997）的。据我所知，这是最近发表于顶级期刊中内容涵盖最广泛的综述文章。由两位金融经济学家发表于一份金融期刊，这一事实让人想到这篇文章可能更倾向于金融和经济研究。为了作比较，我同样在 B&S 的评论文章中进行了参考文献的分析。由于 B&S 聚焦于财务会计信息和公司治理，相比一个广泛的综述论文，我们预期那篇论文会有很大的会计倾向。然而，对 B&S 参考文献的分析提供了关于非会计学科相对贡献的确实证据。

参考文献的分析结果列在表 1 中。我把所有参考文献按照他们发表期刊所属的主要领域进行了分类。如果遇到一个期刊名对应两个领域（比如 JAE），则按照首先出现的领域（即会计）进行分类。没有对书、专著和工作论文进行分类。

表 1   **根据期刊的领域对治理回顾论文中的参考文献分类**

领域	经济	金融	法律	会计	管理	其他	总计
Panel A：Shleifer and Vishny（1997）中引用的文献							
次数	73	68	23	8	5	60	237
（%）	31	29	10	3	2	25	100
Panel B：Bushman and Smith（2001）中引用的文献							
次数	59	34	6	79	4	43	225
（%）	17	15	3	35	2	19	100

正如我们所预期的，Shleifer and Vishny 中绝大多数参考文献都发表于经济类（31%）和金融类（29%）的期刊。然而，虽然 B&S 评论文章聚焦于财务会计，我们也看到这篇评论中的参考文献主要来自经济和金融期刊，分别占 17% 和 15%，似乎很明显，对治理研究的大多数学术贡献都由经济学和金融学作出。法律以 10% 的被参考比例名列第三，而会计却以 3% 落在第四，紧随其后的是占 2% 的管理。

在公司治理的综述中只有 3% 的参考文献发表于会计期刊，乍一看，这一事实似乎令人失望。会计信息毫无疑问应在公司治理中发挥重要的作用，大多数商学院在会计研究上花费了大量的资源。然而，如果在参考的会计论文中挖掘得再深一点，情况就会变得更令人失望。表 2 的 Panel A 列出了 Shleifer and Vishny 所参考的发表于会计期刊上的论文，Panel B 列出了在 Shleifer and Vishny 的参考文献中我能够识别的含有对会计相关现象进行实质性分析的论文。虽然构建这个列表需要一些主观判断，但我相信任何做过相同列表的人都不会反对这一发现的基本思想。在 8 篇发表于会计期刊的论文中，只有一篇在两个列表中都榜上有名。也就是说，只有一篇发表于会计期刊的论文涉及了主要会计相关现象的分析。这篇论文是 Palepu（1986）的 "Predicting Takeover Targets"。他指出，财务会计数据是预测市场接管对象的因素之一。Palepu 的研究突出了会计数据在促进接管方面的作用。剩下的 7 篇论文涉及了诸如管理层薪酬和股价之间的关系、高管去世、金色降落伞、管理层股权和董事会组成问题。7 篇中没有一篇包含对财务会计在公司治理中作用的实质性分析。

幸运的是，表 2 的 Panel B 包含了不止一篇会计论文。这些论文对财务会计在公司治理中的作用进行了实质性研究。然而，这些论文不是在会计期刊中发表的。例如，Smith and Warner（1979）提供了会计信息对债券契约作用的详细分析，包括不同契约目的和 GAAP 的重要性。Shleifer and Vishny 许多的参考文献在他们的实证研究中大量地使用会计数据，但表 2 的 Panel B 只列出了那些对相关会计现象进行实质性分析的文章。

表 2　　　　　　　　**Shleifer and Vishny（1997）引用的和会计相关的研究**

Panel A：在会计学期刊上发表的研究
Benston（1985）"The self-serving management hypothesis" JAE
Coughlan and Schmidt（1985）"Executive compensation, management turnover and firm performance" JAE
Johnson et al.（1985）"An analysis of the stock price reaction to sudden executive deaths" JAE
Lambert and Larcker（1985）"Golden parachutes, executive decision making and shareholder wealth" JAE
Lewellen et al.（1985）"Merger decisions and executive stock ownership in acquiring firms" JAE
Murphy（1985）"Corporate performance and managerial remuneration" JAE
Palepu（1986）"Predicting takeover targets" JAE
Shivdasani（1993）"Board composition, ownership structure and hostile takeovers" JAE
Panel B：涉及会计在治理上作用的实质性分析的研究
Asquith and Wizman（1990）"Event risk, covenants, and bondholder returns in leveraged buyouts" JFE
Palepu（1986）"Predicting takeover targets" JAE
Smith and Warner（1979）"On financial contracting: an analysis of bond covenants" JFE
Teoh et al.（1998）"Earnings management and post-issue under-performance of seasoned equity offerings" JFE

注：JAE＝Journal of Accounting and Economics，JFE＝Journal of Financial Economics。

总而言之，这一部分的分析突出了两个关键点：

（1）在会计期刊上发表的有影响力的研究，没有包含对财务会计在公司治理中作用的实质性分析。

（2）正如一些发表于非会计期刊上、关于会计对公司治理作用的有影响力的论文所证明的，会计研究有潜力在治理研究上发挥重要的作用。

在下一部分，我将提供一个框架，总结更多会计在公司治理上的重要作用，并突出关于会计相关现象实质性分析的一些研究机会。

§4　会计对公司治理作用的概述

图 1 提供了财务会计与各种公司治理机制之间关系的概览，这些治理机制使融资与管理得以分开。源于管理和所有权分离的基本代理问题使管理者有动机提高自己的效用，而不是将所有者投资回报最大化。这个问题在许多方面有所体现，包括财富直接从所有者转移到管理者、资产的非最优化分配和管理层的特权消费。财务会计系统为治理机制提供了重要的信息来源，减轻了上述代理问题。会计信息在这些治理机制中的用途可以是显性的，也可以是隐性的。债券合同中基于会计信息的条款就是一个显性用途的例子，利用会计信息选择接管对象则是一个隐性用途的例子。这一部分提供了在治理机制中会计信息显性或者隐性用途的概览。

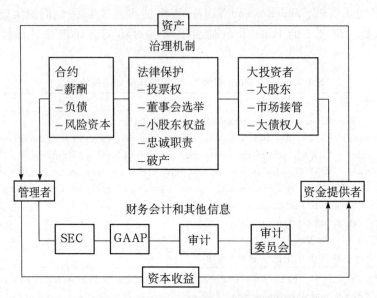

图1 财务会计和公司治理机制帮助企业分离管理和融资图例

除了是治理过程的重要输入元素之外，财务会计信息本身就是治理过程的产物。财务会计信息由管理层编制，而管理层知道这个信息将被输入治理过程。由此发展出一系列治理机制，来确保管理层提供的会计信息不会过于向管理层让步。我们就从简单地讨论这些机制开始。

§4.1 作为治理过程产物的会计信息

会计信息从被管理者提供给投资者的过程在图1底部作了概括。虽然图1关注于美国的大环境，但它也在其他国家被广泛应用。上市公司的财务报告流程一般通过政府和法律系统的规范，在美国，SEC是制定规章制度的主要机构。会计行业组织（FASB，AICPA等）被授权决定GAAP，这些组织有自己的监督结构。管理层提供的财务报表依靠外部审计来保证它们根据适用的法规和职业原则编制。最后，公司一般从董事中指派审计委员会成员，监督、审查财务报表的编制，并代表投资者与审计师沟通。

上述机制的本质和范围在不同的国家和公司之间会有很大的差异。最近研究人员才开始在这方面进行研究。就财务报告系统的质量与其他治理机制本质和范围的相关性（e.g.，La Porta et al.，1998；Bushman et al.，2000），B&S总结了相关研究。同时，关于其他财务报告系统质量问题的研究正在不断涌现。这类文献可以被分为三大方面。第一个方面研究财务披露总体质量和资本成本之间的关系（e.g.，Lang and Lundholm，1996；Botosan，1997；Botosan and Plumlee，2000）。第二个方面是对监督财务报告过程具体机制有效性的研究。包括对审计质量（e.g.，Becker et al.，1998；Francis et al.，1998）以及董事会/审计委员会的质量（e.g.，Beasley，1996；Dechow et al.，1996；Carcello and Neal，2000；Peasnell et al.，2000）的研究。最后一个方面是对财务报告过程失效原因和后果的研究。这个研究关注盈余管理（e.g.，Feroz et al.，1991；Dechow et al.，1996）和盈余操纵（e.g.，Rangan，1998；Teoh et al.，1998）的决定因素和影响。

以上总结的都是近期不断发展的研究，它们需要很好地理解财务报告过程。于是会计研究在这方面有很多很好的机会。近来对审计师同时提供咨询服务造成利益冲突的争论就是一个具有代表性的机会。

§4.2 会计信息在公司治理中的显性用途

在管理层和所有者的合约中显性地使用会计信息，可能代表了会计在公司治理中最显而易见的作用。特别地，在管理薪酬合约中使用基于会计的绩效衡量方法，是会计信息尽人皆知的用途，也被研究得最多。B&S 对此进行了出色而又全面的评论，我几乎补充不了什么。我想强调的一点是，一般而言，基于会计的薪酬只占高层管理者激励的一小部分。由股权和期权提供的激励趋于主导地位（e.g.，Murphy，1985；Core et al.，2000）。鉴于会计收益扮演的不特别重要的角色，这方面研究令人惊讶的数量也许是过分了。

和上述薪酬文献相反，会计信息在债务合约上有着广泛的显性作用，但这方面的研究却相对较少。Smith and Warner（1979）和 Leftwich（1983）早期研究了在公共债务合约中存在的会计条款及其功能。后来，在这方面所做的一点点研究集中于会计条款对于会计决策的意义（e.g.，Press and Weintrop，1990；Sweeney，1994）。可是会计信息在融资合约中仍然继续发挥作用，而且作用越来越大，特别是在私人借款和贷款合同上。例如，在私人贷款合同中使用的业绩定价现在很常见。业绩定价将债务利率同基于会计数字的财务实力衡量联系在一起。业绩定价代表了一种有趣的趋势，这么说有两个理由。第一，投资者的回报，即债权价格显然和会计信息有联系。第二，与那些仅在极端情况下才会违反的债务条款不同，在平常的经营活动中，业绩定价的边界会被经常性地触动。

虽然业绩定价被普遍采用，而它又在很大程度上依赖于会计比率，但是至今对此几乎没有研究。我注意到的唯一一篇相关论文是 Beatty and Weber（2000）最近的工作论文。更概括地讲，关于会计信息对融资合约的作用几乎没有研究，而且仅有的极少的研究通常也不是由会计学者作的（e.g.，Gilson and Warner，1998；Kaplan and Stromberg，1999）。对会计研究者而言，这意味着错过了机会。许多会计研究者在金融经济学方面受过很好的培训，并频繁致力于和会计关系甚小的治理研究。如果会计学者利用其会计知识上的相对优势来帮助解释观察到的融资契约实践，他们可能会为治理研究作出更大的贡献。

§4.3 会计信息在公司治理中的隐性用途

会计信息在公司治理机制中最重要的作用可能在于它的隐性用途。在这里，会计的定价和治理作用相互纠缠。投资者将其资产分离一部分用作投资的意愿，是信息有效性和产权市场流动性的函数。由此，任何聚焦于会计信息定价角色的研究都有潜在的治理意义。然而，我关注的是会计信息直接有助于具体治理机制运作的情况，而不是会计通过提高股价信息效率而发挥的治理作用。

实证研究表明，会计信息被隐性地用于各种各样的治理机制。在图 1 列示的结构下，我把相关研究分成"法律保护"和"大股东"两类。在法律保护这一类中，许多研究描述了会计信息在加强投资者对抗管理者的法律执行上的作用。投资者不能仅因为管理者没有做好工作或者股价下降而起诉管理者。在美国，起诉的理由常常是宣称对方违反了《1934

年证券交易法》的规定10b-5。这条规定要求起诉的投资者因为企业实质性的误述或遗漏而购买或出售证券。因为在管理层和投资者沟通的机制中，财务报告系统是主要的受管制的机制，大多数根据10b-5规定起诉的投资者都声称在财务报表中有实质性的误述或遗漏。研究证明，会计和披露问题最经常和股东诉讼联系在一起，而管理层的行为显示，为了消除诉讼成本，他们设法操纵其报告策略（e.g.，Kellogg，1984；Francis et al.，1994；Skinner，1994；Skinner，1996）。会计信息在违约和/或破产事件中对债权人的权利履行也起到了重要的作用。虽然会计信息这个特殊作用有着重大的实践意义，但是它几乎没有吸引到任何研究（Lehavy（1999）是一个例外）。

关于会计间接帮助治理机制运行研究的第二个分类是"大股东"。"大股东"可以通过董事会影响管理层的行为，因为董事会有权聘用或解雇高级管理层。学术研究证实了董事会把会计盈余业绩作为其解雇管理层的一个决定因素（Weisbach，1988）。但是，在很多情况下，大股东在董事会不一定有明显的投票权优势，可能不得不采取一些更为激烈的行动，比如市场接管或者投票代理权竞争，来夺取对董事会的控制并制约管理层。在这方面，初步的研究也显示会计绩效的衡量方法与接管（Palepu，1986）、投票代理权竞争（DeAngelo，1988）和机构投资者的积极行动（Opler and Sokobin，1998）相关。显然，这方面需要进行更详细的研究。

总而言之，会计信息是主要公司治理机制的重要构成因素。会计信息隐性地用于决定是否需要采取治理行动来对抗管理层，以及在法律争端和财务危机时决定不同利益相关者可以得到的补偿。但是目前的研究仅对会计信息的这些功能进行了肤浅的分析。

§5　总结性的建议

财务会计在公司治理过程中是一个关键的因素。已经发展了一套复杂的制度和规定，来帮助完成财务报告过程，且这一过程提供的信息是主要治理机制的重要构成因素。人们常说美国财务报告系统是美国资本市场巨大成功的重要原因，这一说法确实不足为奇。在这篇回顾中，我希望突出财务会计和公司治理机制之间千丝万缕、形形色色的联系。然而，在这样做的时候，我也想强调会计研究者在这方面的贡献还十分有限。会计学者过度投身于某些方面的治理研究，而对另外一些方面的研究却不够，不能很深入地探讨财务会计信息之所以对具体治理机制有用的特征。就我在这方面的顾虑，B&S回顾的管理薪酬研究提供了一个很好的例证。尽管高级管理层激励中只有一小部分与会计业绩衡量方法有联系，但是大量的会计研究都聚焦于管理薪酬的话题；另外，这些研究没能超越会计盈余是公司业绩有噪音的度量这一观点。形成对比的是，虽然详细的会计信息被广泛用于公司贷款合同，对这方面的研究却相对较少。

总而言之，尽管财务会计在公司治理上有着不可否认的重要性，但是现有的相关研究却很一般，许多最重大的进步是由非会计领域的研究取得的。因此，未来这方面的会计研究有巨大的机会。这些研究机会要求会计学者利用对在公司治理中发挥多种作用的会计数字的理解，发挥相对优势。会计期刊的编辑应当抵制那些泛滥的、和会计几乎没有关系的金融论文，以鼓励和帮助会计研究者利用这些机会。对会计研究者来说，不应把会计信息仅仅当作公司绩效的普通噪音信号，而应将注意力集中在其中特殊的结构和特点上，让会计信息在具体治理机制中更加有用。

注释

[1] See，for example，"The Numbers Game"，remarks by Arthur C. Levitt，Chairman of the SEC，September 28，1998.

参考文献

Asquith，P.，Wizman，T.，1990. Event risk，covenents and bondholders' returns in leveraged buyouts. Journal of Financial Economics 27，195-214.

Beasley，M.，1996. An empirical analysis of the relation between board of director composition and financial statement fraud. The Accounting Review 71，443-466.

Beatty，A.，Weber，J.，2000. Performance pricing in debt contracts，Working paper，Pennsylvania State University.

Becker，C.，DeFond，M.，Jiambalvo，J.，Subramanyam，K. R.，1998. The effect of audit quality on earnings management. Contemporary Accounting Research 15，1-24.

Benston，G.，1985. The self-serving management hypothesis. Journal of Accounting and Economics 7，67-83.

Botosan，C.，1997. Disclosure level and the cost of equity capital. The Accounting Review 72，323-349.

Botosan，C.，Plumlee，M.，2000. Disclosure level and the expected cost of equity capital，Working paper，University of Utah.

Bushman，R.，Smith，A.，2001. Financial accounting information and corporate governance，Journal of Accounting and Economics (this issue).

Bushman，R.，Chen，Q.，Engel，E.，Smith，A.，2000. The sensitivity of corporate governance systems to the timeliness of accounting earnings，Working paper，University of Chicago.

Carcello，J.，Neal，T.，2000. Audit Committee Composition and Auditor Reporting，Working paper，University of Tennessee.

Core，J.，Guay，W.，Verrechia，R.，2000. Are performance measures other than price important to CEO incentives? Working paper，University of Pennsylvania.

Coughlan，A.，Schmidt，R.，1985. Executive compensation，management turnover and firm performance. Journal of Accounting and Economics 7，43-66.

DeAngelo，L.，1988. Managerial competition，information costs and corporate governance: the use of accounting performance measures in proxy contests. Journal of Accounting and Economics 10，3-36.

Dechow，P.，Sloan，R.，Sweeney，A.，1996. Causes and consequences of earnings manipulation. Contemporary Accounting Research 13，1-36.

Feroz，E.，Park，K.，Pastena，V.，1991. The financial and market effects of the SEC's accounting and auditing enforcement releases. Journal of Accounting Research 29，107-142.

Francis，J.，Philbrick，D.，Schipper，K.，1994. Shareholder litigation and corporate disclosure. Journal of Accounting Research 32，137-164.

Francis, J. , Maydew, E. , Sparks, H. , 1998. The Role of Big 6 Auditors in the Credible Reporting of Accruals, Auditing: A Journal of Theory and Practice, 1998.

Gilson, S. , Warner, J. , 1998. Private versus public debt: evidence from firms that replace bank loans with junk bonds, Working paper, Harvard Business School.

Johnson, W. , Magee, R. , Nagarajan, N. , Newman, H. , 1985. An analysis of the stock price reaction to sudden executive deaths. Journal of Accounting and Economics 7, 151-174.

Kaplan, S. , Stromberg, P. , 1999. Financial contracting theory meets the real world: an empirical analysis of venture capital contracts, Working paper, University of Chicago.

Kellogg, R. , 1984. Accounting activities, security prices and class action lawsuits. Journal of Accounting and Economics 6, 185-204.

Lambert, R. , Larcker, D. , 1985. Golden parachutes, executive decision making and shareholder wealth. Journal of Accounting and Economics 7, 179-203.

Lang, M. , Lundholm, R. , 1996. Corporate disclosure policy and analyst behavior. The Accounting Review 71, 467-492.

La Porta, R. , Lopez-De-Silanes, F. , Shleifer, A. , Vishny, B. , 1998. Law and finance. Journal of Political Economy 106, 1113-1155.

Leftwich, R. , 1983. Accounting information in private markets: Evidence from private lending agreements. The Accounting Review 58, 23-42.

Lehavy, R. , 1999. The association between firm values and accounting numbers after adoption of fresh start reporting. Journal of Accounting Auditing and Finance 14, 185-211.

Lewellen, W. , Loderer, C. , Rosenfeld, A. , 1985. Merger decisions and executive stock ownership in acquiring firms. Journal of Accounting and Economics 7, 209-231.

Murphy, K. , 1985. Corporate performance and managerial renumeration: an empirical analysis. Journal of Accounting and Economics 7, 11-42.

Opler, T. , Sokobin, J. , 1998. Does Coordinated Institutional Shareholder Activism Work? Working paper, Ohio State University.

Palepu, K. , 1986. Predicting takeover targets: a methodological and empirical analysis. Journal of Accounting and Economics 8, 3-36.

Peasnell, K. , Pope, P. , Young, S. , 2000. Board monitoring, earnings management: do outside directors influence abnormal accruals? Working paper, Lancaster University.

Press, G. , Weintrop, E. , 1990. Accounting-based constraints in public and private debt agreements: their association with leverage and impact on accounting choice. Journal of Accounting and Economics 12, 65-95.

Rangan, S. , 1998. Earnings management and the performance of seasoned equity offerings. Journal of Financial Economics 51, 101-122.

Shivdasani, A. , 1993. Board composition, ownership structure and hostile takeovers. Journal of Accounting and Economics 16, 167-198.

Shleifer, A. , Vishny, R. , 1997. A survey of corporate governance. Journal of Finance 52, 737-783.

Skinner, D. , 1994. Why firms voluntarily disclose bad news. Journal of Accounting Research 32, 38-60.

Skinner, 1996. Why is stockholder litigation tied to accounting and disclosure problems? Working paper, University of Michigan.

Smith, C. , Warner, J. , 1979. On financial contracting, an analysis of bond covenants. Journal of Financial Economics 7，117-161.

Sweeney，A.，1994. Debt-covenant violations and managers' accounting responses. Journal of Accounting and Economics 17，281-308.

Teoh，S.，Wong，T.，Welch，I.，1998. Earnings management and the underperformance of seasoned equity offerings. Journal of Financial Economics 51，63-99.

Weisbach，M.，1988. Outside directors and CEO turnover. Journal of Financial Economics 20，431-460.

评价管理会计经验研究：一个基于价值的管理视角 *

Christopher D. Ittner，David F. Larcker

罗 炜 译

摘要

本文运用一个价值的管理分析框架，批判地回顾管理会计经验研究。这个分析框架能使我们将过去几十年来额外宽泛的管理会计研究放入一个整合的结构。我们的综述强调了以前研究的许多一致结果，辨明了存在的差距和不一致性，讨论了常见的方法论和计量问题，并为未来管理会计研究指明了富有成果的路径。

JEL 分类号：D2；J3；L2；M4

关键词：管理会计；基于价值的管理；业绩衡量

§1 引言

过去的 20 年见证了管理会计实践的巨大变化。从财务导向决策分析和预算控制的传统关注开始，管理会计已经演进成包含一种更具战略性的途径，这种途径强调对股东价值的关键财务动因和运营动因进行辨别、计量和管理（International Federation of Accountants，1998；Institute of Management Accountants，1999）。管理会计研究也发生了类似的演进。预算和财务控制实务的经验研究正让位于关于一系列"新"技术的研究，诸如作业成本法、平衡计分卡、战略会计与控制系统以及经济价值业绩指标。

虽然研究者通常将这些技术单独对待，但是公司正越来越多地用一个综合的"基于价值的管理"（VBM）分析框架来整合多种实践。该框架侧重于：（1）拟订和实施最有利于股东价值创造的战略；（2）装备侧重价值创造和公司业务单元、产品和客户分部背后价值

---

* We thank Lawrence Gordon，S. P. Kothari，Thomas Lys，Michael Shields，Jerry Zimmerman，and participants at the 2000 *Journal of Accounting and Economics* Conference for their comments. We also thank the Cap Gemini Ernst & Young Center for Business Innovation，the Consortium for Alternative Reward Strategies Research，iQuantic Inc. ，and Watson Wyatt & Company for providing data used in the discussion.

Christopher D. Ittner，宾夕法尼亚大学沃顿商学院；David F. Larcker，宾夕法尼亚大学沃顿商学院。

"动因"的信息系统；（3）协同价值创造和管理程序，例如业务计划和资源分配；（4）设计反映价值创造的业绩衡量系统和激励薪酬计划（KPMG Consulting，1999；Pricewater-houseCoopers，1999）。

本文运用一个基于价值的管理分析框架，批判地回顾管理会计经验研究。基于管理会计研究方法和议题的广泛性，不可能在一篇文章中充分地总结整个领域。我们将回顾限制在运用档案数据或问卷数据调查 VBM 视角相关议题的组织层面研究。这一标准导致我们排除了绝大多数的行为学研究、实验研究和定性案例研究。我们也排除了薪酬领域的许多研究，关于薪酬领域的综述文章，参见 Pavlik et al.（1993），Murphy（1998），Bushman and Smith（2001）等文章。

我们基于三个原因采用 VBM 分析框架。[1]首先，VBM 代表着对传统管理计划和控制分析框架（e.g.，Anthony，1965）的发展，代表着对管理会计系统设计权变理论（e.g.，Gordon and Miller，1976；Hayes，1977；Waterhouse and Tiessen，1978；Otley，1980）的拓展，也符合管理会计实践的经济学模型。这种演进性关联允许我们将几十年的证据应用到当代实践的研究中。其次，VBM 视角明确地包含了管理会计实践中的大量最新"创新"，比如作业成本法和平衡计分卡，而这些在许多管理会计分析框架中都被忽视了。第三，管理会计的分析式研究和经验研究趋于受到实践变化的激励。通过重点关注管理会计的趋势（KPMG Consulting，1999；PricewaterhouseCoopers，1999），我们试图为规范性 VBM 分析框架的适用性和益处提供思路，并为未来研究辨别有成果的路径。

本文接下来分为 5 个部分。第 2 部分描绘用于指导我们回顾的基于价值的管理简单分析框架，并讨论其与管理会计文献中其他概念框架和经济学理论的联系。第 3 部分提供我们对管理会计经验研究的总体评价。第 4 部分批判性地回顾了与基于价值的管理过程每一步相关的研究，并辨别潜在的研究话题。第 5 部分探讨了我们在未来推进管理会计经验研究的步骤方面的看法。第 6 部分得出了本文的结论。

§2　基于价值的管理途径总述

§2.1　管理会计实践的演变

基于价值的管理途径代表了 40 多年来管理会计研究和实践的拓展。根据 International Federation of Accountants（1998），最近对基于价值的管理进行强调是管理会计演变的第四步。1950 年以前，管理会计实践的主要关注点是通过预算和成本会计系统的使用进行成本确定和财务控制。到 20 世纪 60 年代中期，这一侧重点转移到为管理计划和控制提供信息。第二阶段的表征是 Anthony（1965）的管理控制分析框架。Anthony 将管理控制描述成确保资源的获取和使用有效果、有效率地实现组织目标的过程。他的分析框架清楚地将管理控制与战略计划和运营控制区分开，从而限制了管理会计的责任范围，而将重点关注放在会计信息上（Langfield-Smith，1997；Otley，1999）。

通过详细阐述影响会计及非会计信息系统的整个组织控制"包"、组织设计和其他控制机制的一些情境或"权变"因素，权变理论扩展了管理计划和控制分析框架（e.g.，Gordon and Miller，1976；Hayes，1977；Waterhouse and Tiessen，1978；Otley，

1980）。这些理论认为没有普遍适用的管理会计和控制系统——会计和控制技术的恰当选择取决于组织周围的环境状况。在这一领域，显著的权变因素有外部环境（例如，简单或复杂；静态或动态）、技术（例如，从加工车间到大规模生产；生产相互依赖性；自动化）、竞争性战略和使命（例如，低成本或创新）、业务单元和行业特征（例如，规模多元化；企业结构；管制）、知识和可观测性因素（例如，转变过程的知识；产出可观测性；行为可观测性）（Fisher，1995）。

80年代中期起，管理会计开始从严格地关注计划和控制转移到强调业务过程浪费的减少。与质量衡量成本、作业成本法、流程价值分析和战略成本管理等会计技术的引入一样（e. g.，Cooper and Kaplan，1991；Shank and Govindarajan，1994），质量管理项目的逐渐实施也促成了这一转变。

到90年代中期，管理会计进入第四个阶段，将对计划、控制和浪费减少的关注扩展到包含通过辨别、计量和管理客户价值、组织创新和股东回报的动因来创造公司价值的更多战略性强调。这一时代的标志是促进价值创造的一系列"新"管理会计技术的引入。这些技术包括作为经济成功的领先和滞后指标的平衡计分卡的发展（e. g.，Kaplan and Norton，1996）、声称接近股东回报的经济价值指标（e. g.，Stewart，1991），以及提供战略不确定性的当前和预期状态信息的战略管理会计系统（e. g.，Bromwich，1990；Simons，1991）。

§2.2 基于价值的管理分析框架

基于价值的管理途径根植于以往实践，以为股东创造卓越的长期价值为明确目标，为衡量和管理企业提供一个综合分析框架（Dixon and Hedley，1993；Copeland et al.，1996；KPMG Consulting，1999；Black et al.，1998）。尽管VBM分析框架在公司间有所差别，但它们通常包括六个基本步骤，如图1所示。这些步骤包括：

（1）选择提升股东价值的具体内部目标。

（2）挑选符合选定目标实现的战略和组织设计。

（3）辨别给定组织战略和组织设计情形下实际创造企业价值的具体业绩变量或"价值动因"。

（4）制定行动方案，选择业绩指标，并依据价值动因分析所辨别的优先顺序设定目标。

（5）评价行动方案的成败，并进行组织和管理业绩评价。

（6）在现有结果下评估组织内部目标、战略、计划和控制系统的持续有效性，并在需要时进行修订。

这个简单的、递进的VBM分析框架（像所有组织设计分析框架一样），是对实践中发现的复杂的互生、同时抉择和反馈环路的一个抽象总结。然而，它为管理会计经验研究（这些研究通常假定一个类似的顺序过程）归类以及评估这些研究在多大程度上支持了规范的VBM领域所讨论的相互关系提供了有用的机制。更重要的是，这个分析框架蕴含了权变理论、代理模型（有关回顾参见Baiman（1990）和Lambert（2001））以及基于经济学的组织设计分析框架（e. g.，Brickley et al.，1997a；Milgrom and Roberts，1992；Jensen，1998）所强调的许多关联。例如，图2和图3列示了分别由Brickley et al.（1995）和Otley（1980）提出的具有代表性的经济学分析框架和权变分析框架。虽然具体的术语和变量位置有所变化，但是每个分析框架都表明管理会计和控制应该被视为一个完整的组织控制包，这个控制包包含会计信息系统、业绩衡量和奖励系统以及组织设计，而这些实践的选择和业绩后果是公司外部环境、组织目标和战略的函数。VBM 分析框架扩展了这些思想，强调对公司财务和非财务价值动因的辨认，以及从业绩到随后针对目标、战略、组织设计和控制的再评估这样的反馈回路。

图 1　基于价值的管理会计分析框架

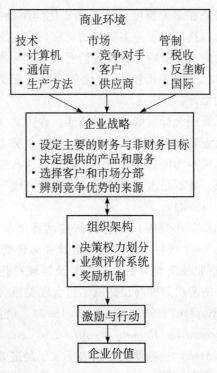

图 2　改编自 Brickley et al.（1995）组织架构设计模型

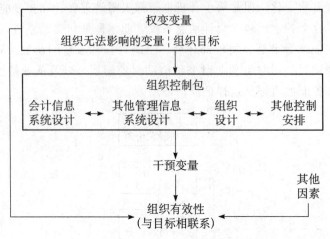

图 3　Otley（1980）权变理论分析框架

§3　管理会计经验研究的一般观察

在本文对前人研究进行回顾时，许多显著的特点引起了我们的注意，包括此类研究的实务导向特性、研究话题迎合最新管理风潮的程度，以及研究者采用的样本、研究方法和理论的多样性。

也许最令人震动的是研究在多大程度上受实践变化的驱动（尽管有些滞后）。关注出现的趋势有利有弊。一方面，这产生了许多有趣的文章，这些文章更符合实务界的兴趣和当代管理会计教科书涉及的绝大多数内容。在我们看来，这种吻合是令人满意的，同时在某种程度上有助于缓解 20 世纪 80 年代和 90 年代早期对于管理会计研究变得不相关以及不再反映管理者关心之事的批评。

另一方面，这也造成了管理会计领域的追风特性。许多文章的产生仅仅出于这样的事实，即某一特定的话题在商业刊物上受到众多关注，而很少努力将这一实践或研究放到更广泛的理论背景中。早期的成本动因研究就是一个例子。这些研究出于实务导向的作业成本法和运营管理文章的呼喊，而不是出于经济学、运营研究或行为学的理论（对成本动因研究的批判，参见 Dopuch（1993））。

当下一个管理会计"创新"出现时，原有的研究话题似乎也消失了，尽管对早先的"热点"话题还未探讨透彻。一个很好的例子就是会计和运营管理界面的研究。从 Kaplan（1983）呼吁更多地关注制造业绩衡量开始，管理会计领域对此话题的研究产生了无与伦比的激情。哈佛商学院赞助的两次研究会议造就了包含欧美顶尖研究者所著文章的、被广泛引用的书籍（Bruns and Kaplan，1987；Kaplan，1990）。诸如 *Accounting, Organizations and Society*，*The Accounting Review*，*Journal of Accounting and Economics* 和 *Journal of Accounting Research*，这些期刊也发表了关于制造业绩衡量、高级制造环境下激励以及生产经济学方面的文章。然而，尽管有最初的热情，诸如平衡计分卡、无形资产和经济增加值等这些"新"话题的出现还是大大减少了关于会计和运营管理界面的研究。[2]留给我们的反而是未发育成熟的研究，它没有基于过去的研究来增加我们对该话题的理解，没有探索许多重要的研究议题，[3]也缺少大量关键的相关研究以调和相互矛盾的结果或对各种制造业绩衡量实践的业绩收益达成共识。[4]

造成管理会计研究结果难以推广的一个因素是研究者采用的样本、研究方法和理论的多样性。这种多样性有许多原因。一个主要的原因是激发管理会计研究的理论学科的差异性。不像资本市场研究那样几乎只依据金融经济学理论，管理会计研究从众多学科吸取养分，包括经济学、心理学、社会学以及运营研究。[5]这种多样性部分源于许多管理会计经验研究在北美之外实施这一事实。当北美的大学倾向于在其博士项目和研究中强调经济学时，世界其他地区的许多学校更多地强调行为学学科，例如组织行为学和社会学。这种行为学关注反映在我们的引文中，与经济学导向的顶级北美期刊相比，更多地出自行为学导向的欧洲期刊 *Accounting*，*Organizations*，*and Society*。

管理会计研究多样性的另一个因素是缺乏公开可得的数据。管理会计实践的公开信息或采用日期几乎不可得，而财务会计和高管薪酬研究者能够从财务报表、公司披露以及诸如 Compustat，CRSP，Execucomp 和 I/B/E/S 这样的数据库中获得数据。然而，研究者必须使用在研究间多少有些差异的工具变量进行问卷研究，必须从第三方比如咨询公司获得数据，或者必须从研究现场收集公司具体的历史档案数据。广泛的数据来源使得管理会计研究可以避免由于公开数据可得性对研究者的制约而造成的狭窄关注（例如，由于委托书披露要求在薪酬研究中对高管的过度强调）。然而，样本的异质性使比较研究发现、积累前人研究或评估其结果的推广性变得很困难。

我们基于以上背景，进行本文的回顾。在接下来的部分，我们试图对各式各样的管理会计研究进行归类和总结。本文依据我们认为推进管理会计经验研究的步骤进行评价。

§4 经验研究的回顾

我们的回顾依照图 1 中基于价值的管理的六个步骤展开。对分析框架中的每一个步骤，我们批判地评价相关的经验研究、辨别共同的缺陷，并为未来的研究提供建议。

§4.1 组织目标的选择

管理会计研究的一个主要假设是，管理会计系统的最终目标是为实现组织目标提供所需的信息和控制机制。然而，具体组织目标的选择在管理会计研究传统范围之外。这一情形在基于价值的管理途径出现后有所改变。在这一部分，我们讨论这些变化，并评价对基于价值的管理项目中目标选择的研究。接着，我们为组织目标的选择和业绩后果相关的研究机会提供更广阔的视野。

§4.1.1 基于价值的组织目标研究

许多 VBM 的支持者主张，为了使得内部目标与股东价值最大化一致，一个组织的主要目标必须用"经济价值"指标来表述，比如经济增加值（EVA）和投资现金流回报率（CFROI）（e.g.，Copeland et al.，1996；Stern et al.，1995；KPMG Consulting，1999）。[6]这一争论基于这样的主张：经济价值指标的变化比传统会计指标更紧密地追踪股东财富的变化，因而应该取代会计指标用于目标制定、资本预算和薪酬目的（Stern et al.，1995）。声称经济价值指标比传统会计指标优越的不仅限于咨询师和商业媒体。Anctil（1996），Rogerson（1997），Reichelstein（1997）以及其他分析式研究表明，基于剩余盈余的指标，例如 EVA，是如何保证委托人和代理人目标一致的。[7]

对经济价值指标所称优越性的支持是基于调查市场指标（例如，市场价值或股东回报）与 EVA 关系的相对简单的研究。Milunovich and Tseui（1996）和 Lehn and Makhija（1997）的简单单变量检验发现，与会计回报、每股收益、每股收益增长、净资产报酬率、自由现金流或自由现金增长相比，市场价值的增加与 EVA 更高度相关。O'Byrne（1996）运用回归模型来调查市场价值与两个业绩指标的关联：EVA 和税后经营净利润（NOPAT）。在回归模型没有任何控制变量时，这两个指标有类似的解释能力，但是当以行业变量和每个公司资本的对数作为额外解释变量时，修改后的 EVA 模型有更大的解释能力。然而，O'Byrne（1996）没有对 NOPAT 模型作出类似的改动，这使得在不同指标间无法进行比较。

越复杂的分析越没有结论性。Chen and Dodd（1997）调查了会计指标（每股收益、资产收益率和净资产报酬率）、剩余盈余和各种 EVA 相关指标的解释能力。尽管 EVA 指标在解释股票回报上胜过会计盈余，盈余指标在 EVA 以外提供了显著的增量解释能力。作者也发现 EVA 的解释能力远低于其支持者所声称的水平。

Biddle et al.（1997）采用当代资本市场研究技术来调查与 EVA 及其五个部分（经营现金流、经营性应计项、税后利息费用、资本费用和会计调整项）相比会计指标（盈余和经营利润）对股票市场回报的解释能力。与相对简单的研究相反，Biddle et al.（1997）发现传统的会计指标在解释股价上胜出 EVA。尽管 EVA 指标的资本费用和会计"扭曲"调整在传统会计指标外有增量解释能力，但是这些变量的贡献在检验中没有经济意义上的重要性。

即使经济价值指标与股票回报有更强的统计关系，但是尚不清楚这些指标对于管理计划和控制目的是否更好。Gjesdal（1981）和 Paul（1992）的分析式研究表明，在公司估价中有用的信息系统不必对评估管理者业绩有用，这使得当选择目标时一个业绩指标与股票回报的关联不相干。类似地，Zimmerman（1997）讨论了尽管**公司**层面 EVA 紧密地追踪着股价的变动，**分部**层面 EVA 这样一个价值创造指标是如何极具误导性以及如何提供错误激励的。另一方面，Garvey and Milbourn（2000）构建了一个模型，显示在业绩指标选择上，EVA 和股票回报的关联是一个相关的因素。他们通过检查出于薪酬目的采用的 EVA 是否正向地关联于公司经济价值和股票回报的统计关系，经验地检验了这个模型。他们的结果支持了这个假说，使作者得出业绩指标与股票回报的关联是内部目标选择的有用输入这一结论。

这些研究的矛盾结果提出了一个重要问题：使用经济价值指标作为其计划和控制目的的主要目标的组织获得了出众的业绩吗？同样，证据也是混合的。Wallace（1997）调查了采用以剩余盈余为基础的薪酬指标（比如 EVA）的 40 家公司和未采用的配比样本间的相对业绩变化。与控制组公司相比，剩余盈余公司减少了新投资项目，增加了通过股票回购对股东的支付以及对资产更多的利用，这使得剩余收益显著地、更大幅度地变化。Wallace（1997）也发现了微弱证据，表明股票市场参与者对基于剩余收益的薪酬计划的采用作出了有利反应。

Wallace（1997）的研究调查了业绩的**变化**而不是业绩**水平**，并且仅仅调查了一年的业绩变化。Hogan and Lewis（1999）扩展了这一研究，调查了四年的业绩变化，而且以过去业绩对控制组公司进行配比，以控制可能的业绩水平均值回复。他们发现，剩余盈余指标的采用者在薪酬计划实施前相对业绩较差，Wallace（1997）所报告的股票回报和经营业绩改进对于经济价值采用者并不是唯一的。在引入历史盈利能力作为额外的匹配标准后，他们在其两个组别中没有发现显著的股价或经营业绩差异，并且推断经济价值方案与混合了基于盈余的奖金和基于股票的薪酬的传统方案相比，在创造股东价值的能力上不相上下。

§4.1.2　局限和研究机会

也许前述研究的最大局限就是对 EVA 价值和运用的公开可得数据的使用。关于 EVA 预测能力的研究通常采用斯滕斯特咨询公司发表的估计的 EVA 数据。然而，这些数字是由公开财务数据计算而来，且包含相对很少 EVA 支持者鼓励公司作出以更接近"经济利润"的会计调整。[8]这会低估这些指标的价值，因为公布的数字排除了斯滕斯特 和其他咨询师为其客户所作的详细的公司特定调整（Garvey and Milbourn，2000），也不清楚估计的 EVA 数字对还未实施 EVA 系统的公司是否合适。

使用公开数据的第二个局限是其主要关注基于 EVA 的高层管理人员薪酬，而不是其他诸如资本预算或低层薪酬这些很难从公开渠道中辨别的运用。虽然 Stern et al.（1995）认为，EVA 的有效执行需要公司将该指标作为一个全面管理系统的基石，该系统关注 EVA 在资本预算、目标制定、投资者交流以及薪酬中的应用，但问卷显示，绝大多数的 EVA 和 VBM 采用者出于诸多目的继续强调传统会计目标（KPMG Consulting，1999）。此外，采用经济价值指标的绝大多数公司没有将它用于激励方案（Ittner and Larcker，1998a），这表明侧重基于 EVA 的薪酬方案研究仅仅识别了 EVA 使用者的很小一部分。

迄今为止，研究也强调了基于 EVA 或其他剩余盈余的经济价值指标的价值相关性，尽管问卷发现在基于价值的管理项目里大量地使用了诸如 CFROI 这样的基于现金流的指标（PricewaterhouseCoopers，1999）。关于不同经济价值指标（EVA，CFROI 或这些指标的变体）预测股票回报的相对能力存在相当多的争论。许多咨询公司声称其经济价值指标与 EVA 相比是价值创造的更好指标（Myers，1996；*The Economist*，1996）。研究者能够检验在何种情形下替代的基于价值的指标比 EVA 或传统会计指标能更好地预测股票回报，以及解释任何预测能力在横截面上差异的潜在因素（例如，竞争环境、环境不确定性及产品或行业生命周期）。

最后的议题是股东财富最大化应否驱动内部目标的选择。许多公司相信组织目标的一个更广泛的"相关利益者"途径优于一个坚决的股东关注。[9]KPMG Consulting（1999）问卷调查的 VBM 采用者认为客户是其最重要的利益相关者（股东第二，员工第三），客户满意度是公司第二重要的目标（排在利润之后，但在股票回报和经济价值指标之前）。尽管有这些不同的视角，但对不同目标对战略选择、组织设计和企业业绩的影响，我们所知甚少。因此，一个重要的问题是内部目标的选择是否实际地影响了公司的成功。[10]

§4.2 战略发展和组织设计选择

基于价值的管理支持者提出 VBM 过程的第二步是挑选具体的战略和组织设计，以实现选定的目标。这一步与许多基于经济学的组织设计分析框架和分析式模型相吻合。例如，Brickley et al. (1995) 的分析框架表明，包括决策权划分给员工在内的企业"组织结构"直接受企业财务和非财务目标以及商业战略的影响（see Fig. 2）。类似地，Milgrom and Roberts (1995) 对企业战略、组织结构和管理流程间更"拟合"的好处进行了建模。

这一部分从管理会计实践、企业战略和运营战略间关系的经验研究开始回顾。由于此话题已在前人文章中得到了全面的回顾（e.g., Dent，1990；Langfield-Smith，1997），我们将注意力放在经验研究中战略的衡量方面。然后我们调查组织设计的研究，这个话题在管理会计实践的分析式研究中得到了比经验研究更多的关注。运用对金融服务企业的问卷证据，我们强调了这些研究的局限，并为未来研究的路径提出了建议。

§4.2.1 战略与管理会计研究

如同组织目标的选择那样，管理会计领域通常将战略视同给定的，并且检验战略选择和组织的会计和控制系统设计的关联。这些研究通常以遵循一个"防御者"、"收获"或"成本领先"战略的企业和遵循一个"探矿者"、"建设"或"创新"战略的企业间连续体的方式衡量战略（Dent，1990；Langfield-Smith，1997）。战略领域认为，"防御者"、"收获"或"成本领先"战略集中于成为狭窄产品范围的低成本生产者，而"探矿者"、"建设"或"创新"战略集中于以许多创新的产品或服务第一个到达市场（e.g.，Miles and Snow，1978；Porter，1985）。这样简单的连续体虽然是个有用的组织战略指标，但错失了战略选择的多维度性质。例如，战略研究者争辩，除严格的成本领先或创新外可行的战略依然存在，比如提供比竞争对手更高的质量、通过形象来区分产品、卓越的客户服务、集中于某特定市场局部或者在回应客户需求方面更加灵活，或复制竞争对手的创新（Miles and Snow，1978；Porter，1985）。

会计研究中广泛使用的一个相关指标是"感知的环境不确定性"（PEU）。管理会计领域将环境不确定性定义为：（1）缺乏关于影响某一给定决策情景的环境因素的信息；（2）不知道如果一个具体决策不正确组织将损失多少；（3）以任何程度的确定性给环境因素将如何影响一项决策的成败分配概率的难度（Fisher，1995）。研究表明，竞争战略和环境不确定性相互关联，更创新的"探矿者"企业比成本领先或"防御者"企业面临更大的不确定性（Fisher，1995）。然而，使用感知的环境不确定性作为战略的代理变量是有问题的。首先，环境不确定性可能受到战略以外的许多因素影响，包括市场竞争度、技术变革和政治状况等外生因素。其次，使用管理者感知的环境不确定性而不是环境状况的客观指标，使辨别报告时管理者考虑的是何种因素变得很难。

其他常见的战略代理变量有研发费用的公开披露信息和市值与账面值比率，这些被假定为反映企业的"增长机会"或者企业遵循创新战略的程度。然而，这样的指标可能是增长机会或战略选择的有噪音的代理变量。例如，市值与账面值的比率趋向于随行业而变动。因而，这一指标在横截面研究中会反映出行业效应，即在一个行业内不能区分战略差别。类似地，许多企业不报告研发费用，即使它们在研发开支没有反映的范围上是创新的（比如，产品和流程弹性、分销、信息技术等）。

虽然管理会计研究主要关注公司或业务单元战略，但是有些研究也调查了低层面运营战略，比如即时制生产、弹性制造系统和全面质量管理（e. g. , Daniel and Reitsperger，1991；Banker et al. , 1993；Young and Selto, 1993；Abernethy and Lillis, 1995；Ittner and Larcker, 1995, 1997；Perera et al. , 1997；Sim and Killough, 1998；Scott and Tiessen, 1999）。这些研究通常忽略企业更高层面的战略选择，即使所有这些选择都被视为会影响会计和控制系统设计以及组织业绩。绝大多数此类研究都只调查了一个运营战略，尽管证据表明许多公司同时采用了多种运营战略（例如，即时制连同全面质量管理）。[11]

§4.2.2 管理会计研究中的组织设计

与组织设计最优选择的大量分析式研究（e. g. , Melumad et al. , 1992；Baiman et al. , 1995）相比，调查组织设计决定因素的经验研究很少。相反，经验研究常常假定组织设计选择（例如，分散化、决策权的分配或者相互依赖）和战略（或感知的环境不确定性）间存在某种关系，并且调查它们对控制系统设计或业绩的交互作用。[12] Vancil（1978）对于分权化的早期研究是个例外。Vancil 使用简单的单变量统计方法，发现分散化战略正向地关联着一个利润中心执行职能的数量和利润中心经理对分配的集中化运营成本的控制程度。

更多最近的研究调查生产活动设计的影响因素。经济学理论主张高级制造战略的成功采用需要组织设计和管理流程的同时变化（e. g. , Milgrom and Roberts, 1995；Wruck and Jensen, 1994）。Abernethy and Lillis（1995）通过检验弹性制造系统和整体化联络设置，比如团队、会议和任务组的关系，来调查这些主张。他们的简单相关系数分析表明，组织采用弹性制造战略的程度与这些整体化设置正相关。相比之下，Selto et al.（1995）发现，采用即时制生产的工厂，生产工人权威与任务难度或可变性，或工作对工作组介入的依赖之间，没有统计关联。然而，工作的标准化程度与任务难度或可变性负相关，而与工作对工作组介入的依赖正相关。Scott and Tiessen（1999）的结果也是混合的，花费在部门间团队上的时间比例随着制造任务复杂度的变大而增加，但是与工厂的组织层次数量或部门间互惠关系程度没有关系。另一方面，花费在部门内团队上的时间随着更广泛的互惠关系而增加，但是随着更大的任务复杂度而减少。因此，组织设计实践和制造战略的关系依旧不清楚。

§4.2.3 局限和研究机会

改进这一领域研究的一个关键是改进对战略的衡量。如前所述，绝大多数研究用遵循成本领先战略的企业和遵循创新或增长导向战略的企业间一个简单的连续体来衡量这个概念。给定公司战略的多维度性质，一个单一指标不可能捕获许多相关的战略性区别（例如，追求某一局部或差异化战略的创新性公司相对于那些追求大市场战略的创新性公司）。表 1 用我们从 148 家金融服务企业收集的问卷数据说明了这个问题。[13] 我们要求这些企业的资深管理者评价其企业组织战略和公司环境的 12 个方面，这些通常用来衡量战略和感知的环境不确定性。主成分分析（及斜交旋转）揭示了有三个因素的特征值大于 1。[14] 这些因素捕获了企业战略在多大程度上集中于创新（以 INNOV 表示）、在改变其提供的产品和服务并回应市场需求方面的弹性（以 FLEXIBLE 表示）以及在可预测的环境里对现有客户和市场的追寻（以 PREDICT 表示）。询问企业是否比其竞争对手成本更有效这个问题对任何一个因素的载荷都没超过 0.40，即使这个特征通常被假定为一个关键的战略特征。这个问题在分析中被剔除了。

表 1　　148 家金融服务企业战略代理变量间的相关系数；对角线上方是 Pearson 相关系数，下方是 Spearman 相关系数；括号内是双尾检验的 p 值[a]

	FLEXIBLE	INNOV	PREDICT	BTOM
FLEXIBLE	1.000	0.499	0.130	−0.052
	—	(0.000)	(0.118)	(0.534)
INNOV	0.490	1.000	0.140	−0.115
	(0.000)	—	(0.090)	(0.170)
PREDICT	0.109	0.135	1.000	−0.082
	(0.188)	(0.102)	—	(0.328)
BTOM	−0.084	−0.040	0.055	1.000
	(0.314)	(0.634)	(0.516)	—

a. BTOM 等于企业的净市值比，通常用于增长机会或创新战略的反向指标。净市值数据从 Compustat 获得。其他数据在 1999 年第四季度从对资深金融服务经理的问卷获得。FLEXIBLE，INNOV 和 PREDICT 从关于企业战略和竞争环境的 12 个问题的主成分分析中得到。FLEXIBLE 等于对四个问题的平均标准化回复，这四个问题询问受访者对"我们很快地回应市场机会的早期信号"、"我们比竞争对手在回应环境变化上更有弹性"、"我们有能力在很短的时间内调整生产能力"和"我们有能力很快地改变提供的产品或服务"这些陈述的同意程度（打分刻度从 1＝完全不同意到 6＝完全同意）。INNOV 等于对四个问题的平均标准化回复，这四个问题询问受访者对"我们提供比竞争对手范围更广的产品和服务"、"我们第一个将新产品或服务带到市场"、"我们很快地回应市场机会的早期信号"和"我们期望利润的未来增长绝大多数来自我们提供的新产品和服务"这些陈述的同意程度。PREDICT 等于对三个问题的平均标准化回复，这三个问题询问受访者对"我们在开发我们服务的市场方面最积极，而不是以我们的产品或服务进入新市场"、"我们在我们的产品或服务高度可预测的市场上运作"和"很容易预测竞争对手的行动将如何影响我们组织的业绩"这些陈述的同意程度。询问企业是否比其竞争对手成本更有效的一个问题对任何一个因素的载荷都没超过 0.40，这个问题不包含在分析中。

　　表 1 提供了三个构想和企业净市值比（以 BTOM 表示，一个常用的增长机会的反向指标）之间的相关系数。这些相关系数表明，一些战略的纬度不是独立的。尤其是，弹性（FLEXIBLE）和产品及服务创新（INNOV）间有显著的正相关系数（双尾 p 值＜0.001）。创新和市场稳定性（PREDICT）间也有一个边际显著正相关系数（Pearson 相关系数＝0.14，双尾 p 值＝0.09），而不是会计研究中常常假设的负向关系。相比之下，净市值比与基于问卷的战略代理变量都没有显著的相关关系。虽然与 BTOM 的不显著关系部分是由于金融服务企业对净市值比的计算造成的（其证券投资是按市场计算的），这一证据还是表明，公开可得的战略代理变量（比如 BTOM）不会在所有情境都适合。主成分分析和相关系数合起来强调了需要包含反映多重战略纬度的构想，需要检查它们对管理会计实践和企业业绩的单个影响和联合影响。

　　未来的研究还可以调查目标、战略和组织设计是否是同时决定的。一些经济学理论提出，这些选择应当联合作出（Brickley et al.，1997a；Milgrom and Roberts，1995），而不是像 VBM 分析框架显示的顺序那样进行。另一方面，绝大多数的研究在它们的经验模型设定里将一个或更多的决策作为外生的自变量。典型的途径是假设从战略或组织设计到管理会计和控制系统的设计间存在一个因果关系。然而，因果关系的方向实际上可能是相反的，会计系统设计推进或抑制了某些战略的采用（e.g.，Dent，1990；Langfield-Smith，1997）。运用联立方程组方法的研究能够对这些选择间因果关系的方向有所启发。

　　在经验研究中几乎没有得到关注的一个重要问题，是组织目标对战略选择和组织设计的作用。VBM 分析框架提出，内部目标的选择应当决定实现这些目标所应采用的战略和组织设计。案例研究为这一主张提供了支持。Baker and Wruck（1989）和 Wruck（1994）的研究描述了增加的负债比率如何导致他们的两个案例研究现场修改内部目标、分散决策制定以及制造流程重组。类似地，Dial and Murphy（1995）讨论了采用一个增加股东价值的明确的公司目标如何导致公司战略和组织方式的改变。大样本的研究可以调查组织目标的变化在多大程度上影响公司战略和组织设计，从而拓展这些研究。

最后，需要更多地研究组织设计选择的决定因素。管理会计理论提出，这些选择是管理控制包的关键组成部分（e. g.，Melumad et al.，1992；Baiman et al.，1995；Brickley et al.，1997a）。然而相对而言，很少有研究关注组织设计的影响因素。即使有这样的研究，也只是限制在企业组织选择的很小一个子集内。经验研究能够通过检验管理会计理论提出的假说，并确定组织设计选择的广泛集合是其他管理控制实践的补充还是替代，来扩展这一领域。

§4.3 甄别价值动因

代理模型表明，控制系统的目标是提高代理人行动和委托人满意行动的一致性。如果委托人的最终目标是股东价值最大化，这些模型提出控制系统应该强调那些预期会增加股东回报的行动。基于价值的管理过程则更进一步，集中在甄别造成股东价值增加的财务和运营"价值动因"上。通过辨别造成成本上升或收入变动的具体行动或因素，从而甄别这些动因及其相互关系，预期会改进资源分配、业绩衡量以及信息系统设计。本部分回顾关注价值动因甄别和衡量的三大管理会计研究潮流：（1）作业成本法（ABC）；（2）战略成本管理；（3）平衡计分卡。

§4.3.1 作业成本法

作业成本法研究强调非产量相关指标预测间接费用使用的能力（Cooper and Kaplan，1991）。通过这种方式，该领域的文献集中在对成本动因的更好理解如何能够改进对间接费用的分配从而改进决策制定上。ABC 领域也强调对成本动因的更深理解能够在减少"非价值增加"活动上所发挥的作用（也称为作业基础的管理），这些"非价值增加"活动降低了效率且对客户未增加或增加很少价值。

迄今为止，绝大多数的价值动因研究已经检验了 ABC 领域所声称的产量以外的成本动因解释了间接费用成本的大部分。与这些论点相反，Foster and Gupta（1990）对一家企业拥有的 37 家制造工厂的横截面数据进行分析，对复杂性或效率相关的变量解释了间接费用成本这一推断没有提供证据支持。相比之下，Banker et al.（1995）对三个行业 31 家工厂的横截面研究发现，即使控制了直接人工成本（产量的代理变量），复杂性变量还是显著地关联于间接费用成本。Banker and Johnston（1993）对航空业的横截面分析得到了类似的结果。若干时间序列的研究发现，间接费用成本和非产量成本动因间存在显著的正向关系（Anderson，1995；Platt，1996；Ittner et al.，1997；Fisher and Ittner，1999），但是非产量指标的增量解释能力通常很小。

研究也调查了 ABC 概念的其他假设。Noreen and Soderstrom（1994）和 Maher and Marais（1998）运用医院的数据来检验费用成本是否与作业成比例。它们的结果表明，假设成本与其动因严格成比例的 ABC 系统大概高估了决策制定和业绩评价目的所用的相关成本。然而，这一发现的重要性还不清楚。绝大多数的管理会计教科书讨论了"相关范围"的概念。这一概念认为成本函数是非线性的，但是在潜在产量或作业量的相对窄的区间内线性假设依旧恰当。因此，ABC 和其他成本系统嵌入的线性假设在多大程度上损害了决策制定依然是个悬而未决的问题。

MacArthur and Stranahan（1998）也用医院的数据来调查医院复杂度水平是否与支持这种复杂性所需间接费用成本水平是同时决定的。不像绝大多数研究那样假设复杂度是间接费用的一个外生决定因素，MacArthur and Stranahan（1998）的分析表明这些选择是联合决定的。Datar et al.（1993）以类似的思路调查了成本动因的相互依赖性，这是 ABC 途径通常忽略的。对一个工厂的产品层面数据分析表明，监督、维护和废料成本是同时决定的，这使研究者得出结论，未认识到这种同时性会导致对成本动因作用的不准确估计。

Ittner et al.（1997）调查了 Cooper and Kaplan（1991）"费用成本层级"描述的有效性和业绩后果。对大量制造指标的主成分分析表明，这些指标通常对应于 Cooper and Kaplan（1991）成本层级提出的单件、批次和产品持续分类。然而，与各种成本层级水平相关的作业活动不是独立的，这与 Datar et al.（1993）所得出的成本动因选择是相互依赖的结论相吻合。此外，在他们的研究现场，单件和产品持续作业活动增加造成的成本增加趋向于被更多销售数量和更多产品品种带来的收入增加所抵销，这意味着不应当剥离其收入影响来调查成本动因。

§4.3.2　战略成本管理和平衡计分卡

战略成本管理领域扩展了 ABC 的概念，不仅集中在间接费用成本的结构性动因上（例如，组织的规模和范围、技术层次和类型以及产品多样性战略），也集中在组织有效率、有效果地"执行"其运营的执行成本动因上（Porter，1985；Riley，1987；Shank and Govindarajan，1994；Shields and Young，1995）。这一领域关键的执行成本动因包括劳动力参与的实践、客户和供应商关系、全面质量管理活动的程度、工厂布置以及产品和流程设计。

平衡计分卡概念超越了成本动因的分析，进一步强调对"价值动因"的多维度业绩衡量，包括财务业绩、客户关系、内部业务流程以及学习和创新，这些通过领先和滞后业绩动因与结果的因果"业务模型"连接起来（Kaplan and Norton，1996）。Kaplan and Norton（1996）争辩道，一个整合的平衡计分卡允许管理者更好地理解诸多战略目标间的关系、对员工行动和选定战略目标间关系进行沟通，以及分配资源和根据主动措施对长期战略目标的贡献设定优先顺序。

这类路径中的研究通常检验非财务指标是未来财务业绩的"领先"指示或动因这样的主张。许多这样的研究调查客户满意和随后的会计回报或股票回报的关系，并得到了混合的结果。Banker et al.（2000）和 Behn and Riley（1999）分别在酒店业和航空业发现了客户满意度和未来会计业绩的正向关联。Ittner and Larcker（1998b）对客户、业务单元和企业层面数据的调查也支持了客户满意度指标是客户购买行为、会计业绩和同期市场价值的领先指标这一论断。然而，客户满意度与未来业绩之间的关系是非线性的，在满意度很高的水平上其业绩作用很小。此外，他们的公司层面结果随着行业而变化，一些行业有正向关系而另外一些行业是负向关系或不显著关系。Foster and Gupta（1997）对一个饮料批发商的客户数据研究也发现，正的、负的或不显著的结果取决于满意度指标中包含的问题或者模型设定（水平或比例变化）。

尽管对平衡计分卡有浓厚的兴趣，令人奇怪的是很少有研究针对这一概念。现有的证据为平衡计分卡所称的好处提供了有限的支持。Chenhall and Langfield-Smith（1998）对澳大利亚制造商的问卷表明，在一个从1（没有收益）到7（很大收益）的刻度上，工厂对来自"平衡的业绩指标"的收益平均打分是3.81，业绩高的工厂和业绩低的工厂在感知的来自平衡业绩指标的收益报告上没有差异。Ittner et al.（2001）支持了来自平衡业绩指标的适度收益，他们发现，在一家零售银行，平衡计分卡薪酬方案的实行没有给分支机构经理理解战略目标或与其行动的联系带来显著的变化，并且该方案的实行与关于经理朝着业务目标前进的信息感知不足相关。

§4.3.3　ABC和成本动因的研究局限和研究机会

总的来说，成本动因分析提供的证据表明，产量以外的因素与间接费用在统计上有显著的关系，而且趋于至少验证ABC的一些关键假设。然而，这一工作有诸多缺陷。许多这样的研究用直接人工成本作为生产数量的代理变量。虽然这与许多传统成本会计系统使用的间接费用分配基础相符，但是如果这些动因影响到直接人工的要求，直接人工作为自变量，会造成低估非产量成本动因的作用。Ittner and MacDuffie（1995）发现，产品多样性和自动化这样的成本动因不仅直接影响制造费用，还通过增加直接人工要求和导致更多的监督及行政人力需要来间接影响制造费用。类似地，Dopuch and Gupta（1994）和Fisher and Ittner（1999）发现，即使控制了生产数量，直接人工成本和非产量成本动因，比如生产批次数量和产品组合可变性之间也有显著关联。如果研究者要更进一步理解价值动因，就必须同时考虑这些动因的直接和间接影响。

成本动因研究也很少讨论影响不同价值动因相对重要性的权变因素。尽管在不同行业的单个成本动因研究表明，诸如技术、生产流程（例如，批次或大规模生产）和时间安排实践这些因素影响诸多成本动因的重要性，但是没有研究明确地调查这些及其他权变因素是如何中和成本动因效应的。

绝大多数研究也忽视了诸如产品可制造性和工作实践之类的执行成本动因，尽管这些动因很难被复制，并且对获得竞争优势有很多潜在价值（Porter，1985；Riley，1987；Shank and Govindarajan，1994）。Ittner and MacDuffie（1995）发现，工作系统（例如，工人参与、团队的使用以及岗位轮换）而不是结构性成本动因的差异（比如产品多样性）解释了日本汽车组装工厂中发现的相对于其西方竞争对手的间接人工成本优势。这些结果表明，更好地理解控制成本的可选方法将需要研究者同时调查执行的和结构性的成本动因。

未来研究前景可观的一个路径是探讨结构性的和执行的成本动因对整个价值链的影响。战略成本管理文献认为，成本动因分析不应仅限于企业内部进行的作业活动，还应囊括与供应商和客户的联系。分析价值链上的成本动因对于确定在价值链何处——从设计到分销——成本能够降低或客户价值能增强至关重要（Hergert and Morris，1989；Shank and Govindarajan，1994）。

理解众多结构性和执行的成本动因间的互动和折中也很重要。已有的研究将众多成本动因处理成相互独立的，但Datar et al.（1993）是个例外。然而，成本动因时常相互抵消或相互加强（Porter，1985，p.84）。抵消和加强的成本动因的存在意味着需要将整个流程最优化，以产生持续的、相对于竞争对手的成本改进。未来的研究可以试图辨别和解决不同情境下的这些折中。

最重要的是，研究需要确定对成本动因的更深理解是否引导管理者作出更好的决策或者改进组织的业绩（Dopuch，1993）。对 ABC 成败的研究几乎只依赖感性的产出衡量，比如 ABC 系统使用的程度或者感知的来自采用 ABC 的收益。[15]总之，这些研究报告了对 ABC 的适度满意。尽管这些感性的指标有利于评价 ABC 实施的成败，但是对于 ABC 采用者比未采用者实现更好的经营或财务业绩这一现象，它们无法提供证据。实际上，其他研究指出，许多 ABC 的采用者已经放弃了他们的系统，[16]这引发了关于 ABC 实施和使用的业绩后果问题。

§4.3.4 涉及非财务价值动因的研究局限和研究机会

调查非财务业绩指标的价值相关性研究如成本动因研究一样遭受着许多同样缺陷的影响。特别是，这些研究只检验众多潜在非财务价值动因中的一个，而忽视了其与其他潜在价值动因的互动。如果非财务指标高度关联（即与缺失变量偏差相关联），或者不同的非财务价值动因相互补充或相互替代，那么这些缺陷可能导致令人误解的推论。

为了给这些问题提供一些证据，我们要求前述的 148 家金融服务企业资深经理对各种业绩类别在多大程度上是其企业长期组织成功的重要动因进行打分。他们的回复反映在图 4 中。尽管会计研究强调财务指标，但短期财务业绩在重要性上仅排在第五位，前四位分别是客户关系、运营业绩、产品和服务质量以及员工关系。创新和社区关系也得到了相对高的重要性得分。

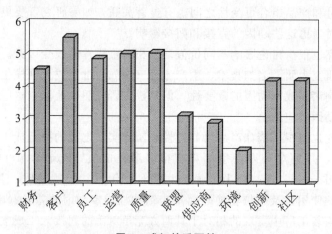

图 4　感知的重要性

注：1999 年第 4 季度对 148 家金融服务企业资深经理的问卷中选定业绩类别的平均感知的重要性。受访者回答以下问题："在多大程度上你认为下列业绩类别是长期组织成功的重要动因？"感知的重要性通过一个 7 点刻度进行衡量，0 表示"我们的组织不适用"，1 表示"根本不重要"，一直到 6 表示"极其重要"。出于解码的需要，一个 0 的回复（即"不适用"）视同一个 1 的回复（即"根本不重要"）。向问卷受访者提供的每个业绩类别的精确定义是：财务——短期财务业绩（例如，年度盈余、资产报酬率）；客户——与客户的关系（例如，市场份额、客户满意度、客户忠诚度/保留率）；员工——与员工的关系（例如，员工满意度、员工更换、劳动力能力）；运营——运营业绩（例如，生产率、及时发货率、安全、周期时间）；质量——产品和服务的质量（例如，不合格率、退款/退货、质量奖励）；联盟——与其他组织的联盟（例如，联合营销、联合研发、联合产品设计）；供应商——与供应商的关系（例如，及时送货、产品/服务设计的输入）；环境——环境业绩（例如，EPA 引用次数、环境遵循）；创新——产品和服务创新（例如，新产品开发、产品开发周期），以及社区——社区（例如，公众形象、社区参与）。

给予非财务业绩类别的分数高度关联。非财务业绩类别间 72% 的相关系数（未在表格里报告）在 1% 的水平上显著（双尾）。例如，客户关系（最高分的价值动因）与运营业绩、质量、员工关系、创新和社区关系的相关系数大于等于 0.40，这意味着这些业绩类别可能是相互补充的。没有一个相关系数是显著为负的，也没有证据表明这些类别是相互替代的。业绩类别间的显著关系表明，理解非财务指标价值相关性的努力要求研究者调查更广泛的潜在动因及其互动。

非财务价值动因研究也忽视了权变因素，尽管诸如战略、竞争环境和客户要求这样的议题可能中和这些动因与经济业绩间的关系，并且可能解释已有研究的混合结果。例如，表 2 的问卷数据记录了感知的价值动因与组织战略的显著关联。该表提供了金融服务企业战略构想（如表 1 所述）与感知的价值动因（如图 4 所示）之间的相关系数。客户相关的业绩被认为在企业遵循创新战略（INNOV）时对长期成功更重要，但是与弹性（FLEXI-BLE）或者追寻现有客户或市场（PREDICT）无关。当企业追寻现有客户并在相对可以预测的市场上经营时，社区关系被认为更重要。弹性和创新依次与员工关系、质量、联盟、供应商关系和创新的更高重要性得分相关。忽视这些权变因素会使我们对价值动因的理解停留在初级阶段。

表 2 148 家金融服务企业组织战略变量与感知的价值动因间 Spearman 相关系数

价值动因	战略			
	FLEXIBLE	INNOV	PREDICT	BTOM
财务	0.074	0.021	0.111	−0.080
客户	0.037	0.174**	0.142*	0.060
员工	0.247***	0.337***	0.142*	0.041
运营	0.069	0.12	0.184**	0.140*
质量	0.191**	0.198**	0.149*	−0.030
联盟	0.231***	0.258**	0.041	0.132
供应商	0.182**	0.299***	−0.014	−0.023
环境	0.119	0.146*	0.144*	0.104
创新	0.222***	0.384***	0.033	0.138*
社区	0.121	0.127	0.173*	−0.137

　　a. ***，** 和 *＝分别在 1%，5%，10%（双尾）水平上统计显著。

　　b. 战略变量（FLEXIBLE，INNOV，PREDICT，BTOM）的定义见表 1，价值动因类别（财务、客户、员工、运营、质量、联盟、供应商、环境、创新和社区）的定义见图 4。

一个有意思的问题是信息技术对价值动因的甄别和重要性的作用。许多企业资源计划（ERP）系统现在拥有"数据挖掘"的能力，使公司能更容易地辨别业绩指标间的统计关系。整合系统和互联网也使得数据交换更加容易，潜在地减少了传统成本动因，比如接单和工程改变。例如，Anderson and Lanen（2000）发现，与供应商的电子数据交换能够减少早前成本动因研究辨别的复杂性成本。研究可以将其分析扩展到其他形式的信息技术和其他管理会计话题上。

在领先和滞后业绩指标的因果链上使用连接多种价值动因的"商业模型"提供了另外的研究机会。平衡计分卡和 VBM 文献都坚持公司必须发展出明确的商业模型，以甄别何种动因对价值作用最大以及交流组织的目标和战略如何实现（e.g.，Copeland et al.，1996；Kaplan and Norton，1996）。[17]然而对于公司如何（或是否）发展明确的商业模型，或者这些模型根据公司战略、目标和组织设计如何变化，我们所知甚少。

最后，平衡计分卡和其他价值动因技术的业绩作用依然是个未解决的问题。尽管广泛地采用这些实践，我们对于公司业绩随着它们的使用而改进依然缺乏过硬的证据。针对这些实践业绩作用的研究能对管理会计文献作出重要的贡献。[18]

§4.4　制定行动方案、挑选指标和设定目标

管理会计中绝大多数的经济学理论和权变理论都同时强调决策过程和制定鼓励员工采取企业所有者期望行动的业绩指标和薪酬方案。类似地，基于价值的管理分析框架的第四步是根据价值动因分析制定行动方案，并挑选用于监控其成功的指标和目标。为了调查这些议题，本部分回顾关于以下方面的研究：（1）投资项目和行动方案的挑选；（2）业绩指标的选择；（3）业绩目标的设定。

§4.4.1　挑选行动方案

具体行动方案的选择在管理会计文献中显然没有得到注意，但资本投资项目的挑选是个例外。这一领域的绝大多数经验研究探讨使用复杂资本预算技术，比如贴现现金流和内含报酬率的企业，是否比使用更简单的方法，比如回收期或会计回报率的企业业绩更好。Klammer（1973）和 Haka et al.（1985）的研究没有发现支持更复杂的资本预算技术改进了业绩这一观点的证据。Haka（1987）通过检验贴现现金流（DCF）有效性的权变理论拓展了这些研究。她发现，当 DCF 技术被用于可预测的环境，而且伴随着使用长期奖励系统和分权化资本预算过程时，股东回报更高。其他诸如企业战略和环境多元化等因素，对 DCF 有效性没有显著影响。

对这些研究的一个批评是它们全部集中在数量的、财务的分析上，而忽略了资本预算决策所用的许多其他信息类型。相比之下，Larcker（1981）调查了内部信息对外部信息和财务对非财务信息在战略资本预算中的感知的重要性，以及它们与分权化、纵向整合、内部技术、组织规模以及环境的动态性、敌视性和异质性之间的关系。他的结果取决于决策过程的阶段，内部和外部数据在问题辨认和制定备选方案时同等重要，在挑选时内部数据则更重要。财务和非财务信息在所有阶段都同等重要，但是没有一个权变变量在统计上显著。虽然这些结果表明非财务和外部信息在资本预算中很重要，但 Larcker（1981）没有调查资本投资项目的业绩作用是否随着决策过程所用信息类型而变化。

Carr and Tomkin（1996）对汽车部件行业的 51 个战略投资决策进行分析，调查了行动方案的有效选择取决于竞争优势的来源和企业价值动因这个基于价值的管理框架假说。他们发现，与其不太成功的竞争对手相比，"成功的"公司将 5 倍的注意力放在竞争性的议题上，大约 3 倍的注意力放在价值链的考虑上（例如客户关系），2 倍的注意力放在基本成本动因上，而只将 1/4 的注意力放在财务计算上。这些结果虽然有趣，但是受限于作者使用主观可变解码法和主观业绩评价，而且缺少统计检验。

§4.4.2　业绩指标的选择

我们已经给予业绩指标的选择非常多的关注。虽然 VBM 分析框架提出，业绩指标的选择应当部分地由价值动因分析结果驱动，但是绝大多数的经验研究直接从企业组织设计、战略或技术选择跨越到指标系统的选择上。总的来说，这些研究可以分为两组：（1）那些调查各种信息和控制系统特征的研究；（2）那些专门集中于薪酬标准的研究。

　　宽范围控制系统的研究：第一组的若干研究调查了组织设计议题和业绩指标的关联。Hayes（1977）发现，当包含评估管理者可靠性、合作性和弹性的指标时，高度相互依赖的子单元业绩指标最有用。Scott and Tiessen（1999）报告了团队中花费的时间和制造工厂使用的业绩指标多元化（财务和非财务）之间有正向关系。另一方面，Scapens and Sale（1985）发现，分部自治及相互依赖与用于评价管理业绩的财务标准、投资评估标准（财务的对比非财务的）或者对授权的资本项目进行控制之间没有关联。

　　Chenhall and Morris（1986）调查了管理会计系统四个特征的感知有用性：范围（例如，外部的、非财务的以及未来导向的）、及时性、整合度以及集合层面。分权化与偏好汇总的、整合的信息相关联，感知的环境不确定性与宽广的范围和及时信息相关联，组织相互依赖性与宽广的范围和汇总的整合的信息相关联。此外，PEU 和组织相互依赖性的作用部分源于通过分权化的间接联系。Gul and Chia（1994）依次检验了 PEU，分权化以及管理会计系统范围和集合的一个三方互动。他们发现，分权化和宽范围及汇总的数据在高 PEU 情形下与更高的感知的管理业绩相关联，但是在低 PEU 情形下与更低的业绩相关联。其他发现环境不确定性和信息系统设计间重要关系的研究，包括 Gordon and Narayanan（1983）和 Chong（1996）。

　　与绝大多数的管理会计理论相符，战略也是业绩指标和控制系统的一个重要决定因素。Simons（1987）发现，成功的"探矿者"在控制报告中使用高度的预测数据、设定严紧的预算目标以及仔细监控产出，且很少关注成本控制。大的"探矿者"强调频繁汇报，而且使用时常修订的统一控制系统，而防御者使用管理控制系统则没有那么积极。Guilding（1999）增添了证据，表明探矿者企业以及遵循建设战略的企业与防御者企业或那些遵循收获战略的企业相比，更多地使用竞争对手评估系统，并认为这些系统更有用。

　　调查制造战略和业绩指标系统关联的研究也已经发现，在这些选择中有系统的关联。通常，遵循高级制造战略，例如即时制生产、全面质量管理和弹性制造的组织与提供非财务指标和目标，比如不合格率、及时发货率以及机器利用率正相关，也在奖励系统里更加强调非财务指标（e.g.，Daniel and Reitsperger，1991；Banker et al.，1993；Ittner and Larcker，1995；Perera et al.，1997）。然而，对于这些衡量实践的假定业绩收益，其经验证据支持是混合的。Abernethy and Lillis（1995）发现，当更多强调效率类指标时，"非弹性"制造商感知的业绩更高，但是效率指标的使用与"弹性"企业的业绩没有显著的相关关系。Sim and Killough（1998）发现了在 TQM 和 JIT 工厂提供业绩目标和业绩或有激励方案的益处，但是没有发现提供质量和客户相关业绩指标的好处。Perera et al.（1997）也发现，在非财务指标的使用和感知的制造业绩之间没有关系。相反，Ittner and Larcker（1995）报告了在很少使用 TQM 的组织里提供解决问题的信息和使用非财务奖励标准的正面作用，但是在广泛使用 TQM 的组织里没有发现统计关系。他们猜测，其他 TQM 实践可能替代了这些信息和控制机制。

　　最后，第一组的研究表明，生产技术在预算控制系统的使用和收益上发挥着作用。Merchant（1984）的研究显示，流程自动化与要求管理者解释差异以及对超预算反应呈正向关系。Dunk（1992）补充的证据表明，当预算控制使用度和制造自动化都高（低）时，生产子单元的业绩就高（低）。Brownell and Merchant（1990）调查了产品标准化（例如，一种一个相对于通用件）对预算系统设计和业绩效果的影响。在产品标准化很低时，高度预算参与和预算作为静态目标使用在提升部门业绩上更有效。流程类别（从加工车间到连续流动）对预算系统利用的作用很小。

总的来说，这一组研究通常支持业绩指标的选择是组织竞争环境、战略和组织设计的函数这样的理论，但是这些选择的业绩作用还不确定。

薪酬研究：业绩指标研究的第二组专门考虑薪酬方案。这些研究调查了许多与第一组文章相同的因素。Bushman et al.（1996）和 Ittner et al.（1997）调查了 CEO 奖金合约中业绩指标选择的决定因素。解释单个和非财务业绩指标权重的重要因素包括企业遵循探矿者战略的程度、企业增长机会（用其市净率反映）、战略性质量首创行动的采用、产品开发期长度及产品生命周期长度、行业监管以及传统财务指标的"噪音"。

高管薪酬研究表明，许多同样的因素与会计指标和市场指标（比如，股价或股票回报）的相对权重相关联。[19] Ely（1991）发现，对备选会计指标的选择随行业而变化，这意味着必须调整这些指标，以使其反映行业特定的价值动因和竞争环境。Lambert and Larcker（1987）和 Sloan（1993）证明了当会计指标是管理努力程度的噪音更大的代理变量、企业增长率更高以及管理者拥有更少的企业权益时，市场指标相对于会计指标的权重增加。遵循类似的思路，Lewellen et al.（1987）和 Gaver and Gaver（1993）发现，当管理者的时间纬度需要加长时，股权相关的薪酬更高，而 Bizjak et al.（1993）发现，高增长的企业给予薪酬中长期部分（期权和股权）比短期部分（薪金和年度奖金）更多的权重。Clinch（1991）也发现，股票回报相对净资产报酬率的权重随大公司的增长率而增加。出乎意料的是，股票回报的权重在高度增长的小企业里却更低。当用研发费用代替股票回报时，Clinch（1991）发现了类似的结果。

当前述研究调查用于薪酬的业绩指标种类时，其他研究则调查了衡量业绩标准的组织层次。Bushman et al.（1995）调查了在业务单元薪酬方案中，业务单元业绩指标相对公司层面业绩指标的影响因素。他们发现，公司指标的使用与组织相互依赖性正相关。Keating（1997）类似的研究调查了运用分部层面和企业层面指标对分部经理进行的业绩评价。分部增长机会、组织相互依赖性以及分部相对公司的规模是指标选择的重要因素。

Ittner and Larcker（2001）将这些研究扩展到非管理层工人的激励方案上。他们发现，经济理论中提及的信息性议题是工人激励方案业绩指标挑选的关键因素。然而他们发现，在工人层面业绩指标选择中采用该方案的其他理由（例如，改进业绩薪酬的关联性和劳动力升级）像方案设计的工会代表和管理层参与一样也起着作用。此外，影响具体指标（例如，会计、成本控制、质量、安全等）使用的因素不同，说明薪酬研究中常用的汇总业绩指标分类，如财务相对非财务指标的比较，多少会引起令人误解的关于业绩指标选择的推论。

虽然没有直接的薪酬研究调查业绩后果，但相关的研究说明，将其激励方案的业绩指标与前面讨论的权变因素协调起来的组织实现了更好的业绩。Simons（1987）和 Govin-darajan（1988）都发现，当因实现预算目标而给予奖金时，遵循防御者或低成本战略的组织业绩更好。类似地，Govindarajan and Gupta（1985）发现，更多地依赖非财务薪酬标准（销售增长、市场份额、新产品和市场开发以及政治/公共事务），对遵循建设战略的单位比遵循收获战略的单位有更强的正面影响。

从一个基于价值的管理视角来看，更重要的是，将薪酬与 EVA 挂钩的收益方面的证据是混合的。如前所述，Wallace（1997）和 Hogan and Lewis（1999）的研究在采用基于剩余盈余的薪酬方案（例如，EVA）的企业相对控制样本的业绩方面，得出了相互矛盾的结论。相比之下，Wallace（1998）对 EVA 用户的问卷发现，与未将此指标用于薪酬的 EVA 用户相比，将此指标用于薪酬目的的企业报告了对资本成本的更多意识、平均应收账款账龄的减少、销售收入的增加以及更长的应收账款账龄。给定这些混合结果，基于 EVA 的薪酬方案的收益问题依旧未得到回答。

§4.4.3 目标设定

以前的经验研究通常忽视了业绩指标的一个关键方面——目标设定。目标在挑选行动方案和投资项目以及评价业绩中发挥着重要作用。然而，与目标设定的大量行为会计研究相比，关于这一话题几乎没有经验研究。现存的研究集中在薪酬目的的目标发展上。Merchant and Manzoni（1989）为奖金计划中业绩目标的可实现性提供了证据。他们的案例研究表明，业务单元的经理有 80%～90% 的时间达到其目标，这一结果不符合管理会计文献提出的对策，该对策提出，为了提供最佳的激励预算目标，可实现的时间应该少于 50%。对这些经理的访谈显示，高度可实现的目标是合意的，因为它们改进了公司报告、资源计划和控制，而且依然能够与其他控制系统要素一起有高度的激励性。

Murphy（1999）调查了在高管激励方案里内部标准（预算、以前年度业绩和自主决定的）和外部标准（同行业、永久的和资本成本）使用的情况。他发现，当以前年度业绩是同期业绩的有噪音估计时，公司更有可能选择外部标准（更不容易受管理层的行动影响）。此外，使用预算和其他内部决定的业绩标准的公司有更少的变动奖金支付，并且比使用外部决定标准的公司更可能平滑盈余。

Indjejikian et al.（2000）发现，经理获得的奖金平均都超过目标奖金，作为对前一年度业绩高于（低于）标准的回应，目标奖金会向上（向下）调整（称为"棘轮效应"）。另外，所获奖金和目标奖金的差异大小与经理和其上司间信息不对称的代理变量相关。不幸的是，这些研究都没有调查与目标设定实践差别相关的业绩后果。

§4.4.4 研究局限

前面的研究一般支持了行动方案和业绩指标的选择依据组织特征变化的理论。然而，这些研究有若干缺点。首先，每一个研究只调查了业绩指标的一个或少数用途（例，薪酬或资本辩护），而忽略了其他可能对企业成功同等重要或更重要的潜在用途。其次，尽管有研究声称，当指标系统与关键成功因素协同的时候业绩会提高（Dixon et al.，1990；Lingle and Schiemann，1996），但是这些研究没有调查业绩指标用于不同目的的一致性，或者这些指标和企业具体价值动因的吻合。第三，这些研究忽略了用于决策制定和控制的信息质量（例如，可接触性、及时性和可靠性），即使信息系统特征可能影响决策质量和控制系统的激励作用。

我们用 148 家金融服务企业的问卷数据举例说明这些遗漏导致的一些问题。图 5 提供了：（1）单个价值动因的感知重要性；（2）用于辨别问题和发展行动方案、评估资本投资项目以及评价管理业绩的业绩指标；（3）每个业绩类别正式目标的发展三者间一致性的信息。我们将"指标缺口"定义为每一业绩类别的感知重要性和（1）该业绩类别用于内部目的的程度，以及（2）该类别确立的正式战略目标之间的差异。如果一个企业内部用途或目标设定的分数大于或等于感知的重要性分数，则该企业被假定为零"缺口"。

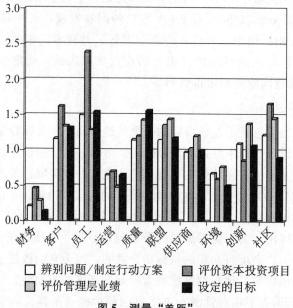

图 5　测量"差距"

注：1999 年第 4 季度对 148 家金融服务企业资深经理的问卷中选定业绩类别感知的重要性和用途间平均"缺口"。"缺口"指标是每一业绩类别的感知重要性分数和该类别用于内部决策制定程度分数，或该类别是否确立正式战略目标分数之间的差异。对于感知的重要性，受访者回答以下问题："在多大程度上你认为下列业绩类别是长期组织成功的重要动因？"感知的重要性通过一个 7 点的刻度进行衡量，0 表示"我们的组织不适用"，1 表示"根本不重要"，一直到 6 表示"极其重要"。出于解码的需要，一个 0 的回复（即"不适用"）视同一个 1 的回复（即"根本不重要"）。对于内部决策制定，受访者回答以下三个单独的问题："与下列类别有关的信息多大程度上用于辨别问题及改进计划和发展行动方案，用于评估主要资本投资项目，或用于评价管理业绩？"用途通过一个 7 点的刻度进行衡量，0 表示"我们的组织不适用"，1 表示"根本不使用"，一直到 6 表示"广泛使用"。出于解码的需要，一个 0 的回复（即"不适用"）视同一个 1 的回复（即"根本不使用"）。对于目标设定，受访者回答以下问题："贵组织在多大程度上已经为业绩类别确立了正式的战略目标？"目标发展通过一个 7 点的刻度进行衡量，0 表示"我们的组织不适用"，1 表示"没有确立目标"，一直到 6 表示"确立了明确的目标"。一个 0 的回复（即"不适用"）视同一个 1 的回复（即"没有确立目标"）。如果内部用途或目标设定的分数大于或等于感知的重要性分数，那么该受访组织被假定有零"缺口"。向问卷受访者提供的每个业绩类别的精确定义是：财务——短期财务业绩（例如，年度盈余、资产报酬率）；客户——与客户的关系（例如，市场份额、客户满意度、客户忠诚度/保留率）；员工——与员工的关系（例如，员工满意度、员工更换、劳动力能力）；运营——运营业绩（例如，生产率、及时发货率、安全、周期时间）；质量——产品和服务的质量（例如，不合格率、退款/退货、质量奖励）；联盟——与其他组织的联盟（例如，联合营销、联合研发、联合产品设计）；供应商——与供应商的关系（例如，及时送货、产品/服务设计的输入）；环境——环境业绩（例如，EPA 引用次数、环境遵循）；创新——产品和服务创新（例如，新产品开发、产品开发周期时间）；社区——社区（例如，公众形象、社区参与）。

　　除了财务和运营业绩以外，所有排位更高的业绩类别都有重大的缺口。这些缺口随着用途而变化，说明对于一种目的的业绩指标的广泛使用，并不必然地意味着其被用于其他目的。最大的缺口涉及运用客户、员工和社区指标来评估资本投资项目。辨别问题和发展行动方案的缺口一般比其他用途的缺口小。这些回复提出了许多以前研究忽视的地方。例如，同样的权变因素会影响选作不同用途的业绩指标吗？用于诸多用途的指标一致性会改善业绩吗？一些业绩指标的选择（例如，业绩评价和薪酬）比其他选择更重要吗？更大的

"指标缺口"与更差的组织业绩相关吗？探讨这些问题的尝试，不仅需要研究者理解组织内的价值动因，还要求调查比过去更广泛的指标选择。

图6比较了每一业绩类别的平均重要性分数和受访者对每一类别指标质量的打分（1＝指标质量极差，6＝指标质量高）。除短期财务业绩外，每一业绩类别的指标质量排名都比其重要性低。一些最重要的价值动因类别存在的巨大差异，说明如果不考虑信息衡量好坏，调查这些业绩指标的内部用途和收益的研究是不完全的。

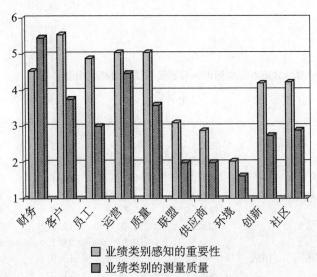

图6　感知的重要性/测量质量

图6.1999年第4季度对148家金融服务企业资深经理的问卷中选定业绩类别感知的重要性。受访者回答以下问题："在多大程度上你认为下列业绩类别是长期组织成功的重要动因？"感知的重要性通过一个7点的刻度进行衡量，0表示"我们的组织不适用"，1表示"根本不重要"，一直到6表示"极其重要"。一个0的回复（即"不适用"）视同一个1的回复（即"根本不重要"）。受访者回答以下问题："你的组织如何较好地衡量下列类别的信息？"指标质量通过一个7点的刻度进行衡量，0表示"我们的组织不适用"，1表示"指标质量极差"，一直到6表示"指标质量高"。一个0的回复（即"不适用"）视同一个1的回复（即"指标质量极差"）。向问卷受访者提供的每个业绩类别的精确定义是：财务——短期财务业绩（例如，年度盈余、资产报酬率）；客户——与客户的关系（例如，市场份额、客户满意度、客户忠诚度/保留率）；员工——与员工的关系（例如，员工满意度、员工更换、劳动力能力）；运营——运营业绩（例如，生产率、及时发货率、安全、周期时间）；质量——产品和服务的质量（例如，不合格率、退款/退货、质量奖励）；联盟——与其他组织的联盟（例如，联合营销、联合研发、联合产品设计）；供应商——与供应商的关系（例如，及时送货、产品/服务设计的输入）；环境——环境业绩（例如，EPA引用次数、环境遵循）；创新——产品和服务创新（例如，新产品开发、产品开发周期时间）；社区——社区（例如，公众形象、社区参与）。

绝大多数以前的研究也已假定业绩评价和薪酬系统的目标是激励员工以企业所有者合意的方式行动。虽然符合代理理论模型，但是这个假设忽略了其他潜在的实行目标，如吸引和保留员工、将薪酬风险从企业转移到员工以及职业发展。如表3所示，这些目标在业绩评价和薪酬系统的设计中起着重要的作用。该表列出了在进行业绩评价、设计非管理层激励方案和发展股票期权方案时各种目标的相对重要性。[20]例如，表3面板A的数据表明，绝大多数公司将业绩评价既用于职业发展又用于薪酬。实际上，61.4%的受访者表示，业绩评价用于职业发展同等重要或比评价用于决定薪酬更重要。

表 3 实施业绩评价系统、非管理层激励方案及股票期权方案的原因

面板 A：职业发展与薪酬的业绩评价之相对运用（1＝仅用于发展职业；4＝同等用于发展职业和决定薪酬；7＝仅用于决定薪酬）[a]

提供下列分数的受访者比例

1	1.0
2	2.0
3	13.1
4	45.3
5	25.2
6	11.3
7	2.0

面板 B：采用非管理层激励方案可能原因的重要程度（受访者的百分比）

	不重要		适度重要		很重要
	1	2	3	4	5
强化单元目标的沟通	12.5	8.0	20.0	27.4	32.0
鼓励内部企业家精神	29.3	14.8	28.3	17.7	9.9
培养协作	8.8	4.5	16.3	30.0	40.5
增强士气/员工关系	8.9	8.9	25.4	32.3	24.4
更佳的业绩与薪酬关系	10.5	4.3	19.0	28.2	38.0
减少权力的心理影响	31.5	13.9	20.6	21.1	12.9
使人力成本随组织业绩变动	25.2	13.0	19.6	24.7	17.4
总报酬上更具竞争力	28.8	19.9	21.1	17.3	12.9
提供方法以奖励业绩高的个人/团队	49.0	9.1	13.9	13.0	15.0
协助招聘	40.1	22.0	21.2	11.1	5.7
提高员工保留率	30.4	15.1	26.0	19.7	8.8
提升劳动力质量	31.6	13.5	27.8	18.0	9.1
改进企业业绩和盈利能力	4.2	3.0	9.9	26.3	56.7

面板 C：高科技企业里采用股票期权方案理由的平均相对排序[b]

保留员工	90.50
提供有竞争力的薪酬	74.75
吸引员工	67.22
将个人与公司业绩联系起来	53.58
奖励过去的贡献	36.96
鼓励股权的持有	30.29
奖励项目里程碑或目标	27.61

a. 业绩评价的问卷数据由咨询公司 Watson Wyatt 提供。非管理层激励方案的数据由替代奖励战略研究论坛提供。咨询公司 iQuantic 提供了高科技企业股票期权方案的数据。

b. 受访者被要求对这些目标进行排序，并将同样重要的目标以同样的排名。重新对回复进行了编码，以使得如果一个项目被所有公司都排在最重要的位置就得到 100 分。

　　面板 B 报告了公司赋予引入非管理层激励方案各种原因的重要性。虽然绝大多数的方案被设计出来用以改进企业业绩和盈利能力，但是实现这些目标的方法却各有不同。获得最多"高度重要"打分的实行原因是培养团队合作，更好的薪酬—业绩关联和强化企业目标紧随其后。相比之下，提供一个给表现好的个人和团队分配奖金的方法是实行该方案最不重要的原因。

　　面板 C 提供了信息关于在高科技企业采用股票期权方案的原因。最重要的因素是保留现有的员工。提供有竞争力的总薪酬和吸引新员工的排位也相对较高。另一方面，奖励过

去业绩、鼓励持股以及奖励特定项目的里程碑或目标，则排在最低的目标里。表3的问卷证据合起来表明员工激励只是实行业绩评价和奖励系统众多原因中的一个。如 Prendergast（1999）的代理模型所示，这些多目标对业绩指标和薪酬方案的设计及业绩后果有重要意义——这些意义应该在未来的经验研究中加以考虑。

除上述问题外，本部分回顾的文章点明了管理会计研究中常用数据来源的一些缺陷。这些缺陷在经验管理会计研究中都有所发现，但是由于这些议题发表研究的数量更多，这些缺陷在本部分的文章中最明显。绝大多数的研究依赖三种来源之一作为其样本：（1）公开可得数据；（2）第三方发放的问卷（例如，咨询公司）；（3）研究者发放的问卷。例如，集中在激励方案中业绩指标选择的研究，通常使用高管薪酬的公开披露（在委托书报告中法律要求的）或者咨询公司收集的数据。依赖于委托书披露，薪酬研究趋于对用于奖励较低层级员工的方法关注过少，即使这些薪酬实践会比高管奖励实践对企业业绩影响更大。

使用比如委托书报告这样的公开数据来源的另一个常见问题是相对较弱的自变量或预测变量。在许多情况下，假说的预测变量的代理变量与感兴趣的概念间只有很微弱的关联。例如，市净率用作增长机会、战略、无形资产和信息不对称的代理变量，即使我们不清楚这个变量确切反映的是什么，研究也可能被迫使用与假说的关系不在同一分析单元的指标。例如，Bushman et al.（1995）使用企业地域和产品多元化的财务报表披露来检验业务单元业绩指标实践的模型。类似地，Keating（1997）将行业层面的代理变量用于假说的分部业绩指标的一些决定因素，因为这些议题在其最初的问卷中没有涉及。

第三方如咨询公司收集的问卷数据也存在潜在的局限。绝大多数情况下，都没有说明这些问卷相关的样本选择偏差。研究几乎不报告问卷的回复限于发放问卷的咨询公司客户的程度、总体回复率或者回复组织类型的偏差。使用第三方数据的研究也受限于问卷所提的问题（常常有很糟的心理测量特征，并且与所关心的变量不直接相关）以及缺少合意的控制变量（例如，会影响控制系统设计或业绩的其他组织实践）。此外，每一合意概念的多种指标和每一问题的多种受访者常常不可得，使得很难确定形成的构想的可靠性和有效性。

研究者发放的问卷也不可避免地存在这些问题。Young（1996）对管理会计问卷研究的批判讨论了在所有问卷研究中常见的许多方法论问题（例如，回复偏差、构想可靠性和有效性）。此外，我们的回顾甄别了管理会计研究的许多特定局限。首先，问卷内容常常很狭隘，而且很少问及那些被研究目标以外的组织实践的问题（如果有的话）。但是管理会计实践很少与其他组织变化隔离开实行。结果是很可能存在关联的缺失变量问题。

问卷的提问常常不够具体。例如，许多业绩指标研究仅仅询问受访者其企业使用某一特定指标的程度，但没有具体描述决策的情境（例如，薪酬、资本正当性或运营检查）。这使得很难确定地回复是否一致（例如，一个经理从薪酬的方面来回答，另一个经理却从制造业绩报告的方面来回答），或者很难解释结果。

太多的问卷依赖受访者对其企业使用管理会计或其他组织实践的感知，而不是询问"更可靠的"回复，如实际使用某一给定技术的员工比例、在计算奖金时给予各种业绩指标的权重或者成本会计系统采用的分配基础数量。当研究也使用对组织业绩或成败的感知时（例如，要求受访者相对其竞争对手或其自身预期对业绩打分），这个问题就更糟糕了。用感知的会计系统使用或好处对感知的业绩进行回归可能导致高度偏差的结果。

这组文章最后的缺陷是在评估业绩后果时，对管理会计实践和企业组织环境间的"契合"或"适合"进行的衡量。第2部分讨论的分析框架主张会计和控制实践必须与组织的环境协调起来。然而，管理会计理论和分析框架很少为正确地衡量管理会计实践和其他组织特征的"契合"提供指导。结果是许多经验方法被用于衡量这些概念，而所有的方法都有利有弊。也许最简单的技术是估计包括自变量间多种交互项的修订后的回归模型。然而，这一途径对交互项假设了一个非常具体的函数形式，并且通常深受高水平的多重共线性所害，使得解释起来很困难。[21]

聚类分析也被用于评估会计和控制实践的完整"包"（e.g.，Chenhall and Langfield-Smith，1998；Ittner et al.，1999）。聚类分析将一组给定变量的多维度空间周围的观测值进行分组。通过包含多种管理会计实践形成的集群，辨别了总的会计和控制系统设计的不同"设定"，然后可以将其与组织业绩联系起来。使用这种途径的研究者认为，聚类分析为评价管理会计实践提供了一个"系统途径"。然而，挑选"正确"数目的集群的艺术多过科学，并且形成的集群常常很难解释。此外，它不可能确定集群所捕获的多种特征以及互动中实际上是哪一种驱动了观测到的业绩差异。

其他研究者将对某个"最优"系统设计的偏离衡量为系统"不契合"。这种途径要求研究者运用某种方法如回归分析来预测组织的"最优"实践，然后用每一观测值的残余值来估计组织与估计的"最优"实践之间的距离。一个备选的途径是衡量在一组实践中对业绩最好的组织采用的实践的偏差，运用一个汇总指标如欧几里德距离来操作化"不契合"的水平（e.g.，Selto et al.，1995）。这些途径的主要缺点是需要为会计和控制实践确定恰当的标杆模型（即预测模型的正确函数形式、恰当权变变量的挑选以及观测到的实践平均是"最优"的假设准确性）。需要进一步的理论和方法论进步来确定何种衡量"契合"的途径是最适合的。

§4.4.5 研究机会

虽然有上述局限，但是我们对改进机会、行动方案和投资项目的甄别及正当性的有限理解，为研究这些实践的选择和业绩后果带来了许多机会。一个有趣的话题是投资项目正当性的"实物期权"技术的作用和收益。对贴现现金流技术的不满已导致了日益增多的文献集中在对待实物资产投资或"实物期权"的管理弹性的价值上。例如，Trigeorgis and Kasanen（1991）提出了一个基于期权的投资计划模型，该模型数量化了价值的各种战略构成，例如实物期权嵌入的灵活性、同时进行的项目组间的协同以及随时间变化的项目的相互依赖性。尽管Busby and Pitts（1997）发现决策者直觉地在一些投资决策中包含了对实物期权的思考，但只有很少的企业有评估这些期权的正式程序。随着越来越多的企业开始量化实物期权的价值，研究能够调查在不同情境下使用的定价方法和实物期权的适用性。

多种财务和非财务业绩指标在决策制定和薪酬目的的使用上有所增多，导致了在不同纬度上定义的指标（例如，金钱、时间、满意度问卷分数、不合格率等）如何结合起来形成一个总体评价这样的问题。允许决策者主观地决定权重是一种可能。然而，主观评价容易有许多潜在的偏差（Prendergast and Topel，1993）。使用一个预定的加权公式结合指标是一种备选。这种做法的难度包括确定单个指标的权重以及防范与任何明确的、以公式为基础的规则相关的博弈行为（Kaplan and Norton，1996）。决策制定和对薪酬目的多种指标的日益强调，使得主观的评价对比公式化的评价相对价值成为一个有趣的研究话题。

在薪酬方案中包含经济价值指标的好处也是个重要的议题。尽管绝大多数基于价值的管理提倡者肯定了在更高组织层面使用这些指标，但是关于其在较低层面的功效还有相当大的争议。例如，Stewart（1995）断定，许多实行 EVA 的糟糕结果可以归因于对 EVA 的使用没有渗透到组织上下尤其是薪酬决策这一事实。另一方面，Copeland et al.（1996）声称，更低层面的管理者应该基于与其行动联系最为紧密的特定财务和运营价值动因来作出评价和奖励。Garvey and Milbourne（2000）认为，基于 EVA 的薪酬也许在一个公司的 EVA 指标与股票回报相关度更高时更有利。相反，Kaplan and Norton（1996）不清楚平衡计分卡中的价值动因应该如何用于薪酬。问卷表明，VBM 采用者正在遵循许多的薪酬途径（Ittner and Larcker，1998a；KPMG Consulting，1999），这为研究经济利润指标在各种组织层面和不同设置下的相对价值，提供了自然的机会。

最后的话题是业绩目标的设定。[22] 如前所述，这是一个关键但未作完全研究的管理会计领域。给定非财务指标的使用增多，而许多非财务指标有可能在更高业绩水平上的回报逐渐减少或呈负回报的特征（e. g.，Ittner and Larcker，1998b），这个题目特别重要。例如，Arthur Anderson & Co.（1994）对客户满意度指标的问卷发现，设定满意度目标最困难的问题之一是确定这些逐渐减少的回报在何处发生。研究者可以通过为用于设定财务和非财务目标的方法以及这些选择形成的业绩意义提供证据作出重大贡献。有趣的研究题目有发展目标的方法、目标紧密性水平以及不同目的的业绩目标的使用和一致性（例如，薪酬、资本投资项目、改进机会的辨别以及计划）。例如，图 6 显示了金融服务企业为不同业绩类别确立正式目标程度的巨大差异，尤其是财务和非财务指标间的巨大差异。

用于确立不同指标类别目标的方法各有不同。表 4 用非管理层激励方案的问卷数据，举例说明了这种多样性。[23] 这些回复表明，对于每一给定的指标类别，常常使用多于一种的方法来确立目标，而主要目标设定方法则随指标变化。在一些情况下没有确立目标，这个问卷中 11.4% 的受访者没有为财务业绩设定目标，而 30.3% 的受访者没有对出勤设定目标。实践的多样性为我们增加对目标设定方法和后果的理解提供了极好的机会。

表 4　为非管理层激励方案使用的业绩指标提供基准或目标的方法；本表报告了使用该指标并用此方法设定基准或目标的受访者比例[a]

	指标类型[b]						
	ACCT	PROD	QUAL	SAFETY	ATTEND	COST	VOLUME
历史结果	52.2	76.4	67.4	66.2	35.9	59.1	61.7
企业计划	42.0	17.5	17.4	17.5	21.3	41.3	32.6
标杆	13.2	15.6	15.3	18.8	13.4	10.4	n. a.[c]
工程式标准	n. a.	15.3	5.3	4.5	n. a.	3.1	4.7
政府标准	0.5	n. a.	3.2	7.1	n. a.	1.5	n. a.
客户满意度问卷	n. a.	n. a.	27.2	n. a.	n. a.	n. a.	n. a.
无	11.4	2.1	3.5	9.0	30.3	6.8	4.7

a. 本表的数据来自替代奖励战略研究论坛的问卷调查。

b. ACCT＝会计指标；PROD＝生产率指标；QUAL＝质量和客户指标；SAFETY＝安全指标；ATTEND＝出席指标；COST＝成本减少指标；VOLUME＝产量指标。

c. n. a. 表示在问卷中不允许回复。

§4.5　评价业绩与重新评估组织目标和计划

VBM 分析框架的最后两个步骤涉及业绩评价与在结果未达到预期时重新评估组织目

标、计划和战略。关于这些议题的少数相关会计研究表明，正式检查和调解程序的收益取决于众多情境因素。

例如，Smith（1993）对投资监督系统的调查发现，使用了这些系统的企业展现了放弃投资与业绩的正向关系，而没有这些系统的企业则展现了负向关系。Myers et al.（1991）也发现，使用复杂的资本正当性技术的企业启用复杂的事后审计程序对企业业绩有显著的正面作用。然而，Gordon and Smith（1992）发现，业绩依事后审计成熟度和企业特定变量，如信息不对称水平、资本密集性、资本性支出以及内部人持股间的恰当"匹配"而定。

战略控制系统研究表明，在一些环境里，确定一项战略是否如计划的那样得以执行，以及评估战略结果是否是预期的结果的正式过程，实际可能有负面的影响。Lorange and Murphy（1984）和 Goold and Quinn（1993）的实地研究表明，由于事前明确了恰当战略行动计划、目标和业绩指标的困难，许多企业相信非正式战略控制实践在快速变化的环境里更适合。与这些观点相符，Fiegener（1997）发现，战略控制系统的感知有效性在遵循成本领先战略的企业里比在遵循差异化战略的企业里高。此外，严密的战略控制增加了成本领先企业战略控制系统的感知有效性，但是阻碍了其在差异化企业中的有效性。类似地，Ittner and Larcker（1997）发现，高管及董事会对战略行动正式方案的制定和战略进展的正规监督与动态的计算机行业的更低业绩相关，而在汽车行业没有统计影响。

§4.5.1　研究机会

给定这些研究的混合结果，一个有趣的研究议题是基于价值的管理概念和相关的分析框架如平衡计分卡过程的适用性。虽然这些分析框架通常被描绘成普遍适用的，战略控制系统研究提供了证据表明，这些概念在一些竞争性、战略性设置上比其他设置更有利。例如，Goold and Quinn（1993）讨论了影响战略控制实践选择的许多因素，包括行动和结果间时滞的长短、与企业投资组合中其他业务联动的潜力、风险水平以及业务的竞争优势来源。研究者可以调查这些及其他因素是否实际影响了正式战略控制系统的选择和收益。

一个相关的议题是在执行和监督基于价值的管理系统中正式控制相对于非正式控制的地位。前述研究中一些正式战略控制实践的否定结果说明，这些实践实际上可能是有害的。加深对在不同设置下正式控制相对于非正式控制系统的适用性和业绩后果的理解，能够对管理会计文献作出重要贡献。

研究者也可以确定实现优异的业绩是否需要 VBM 过程的所有六个步骤。迄今为止的研究已经调查了这个过程中的一个或几个环节，但是没有提供关于 VBM 实践的广泛集合是否联合地比单独地增加更多的价值的证据。进一步理解这些管理会计实践的成本与收益将要求具有捕捉到这些实践相互依赖关系的更广阔的视野。

最后，产生了这样的问题："新的"基于价值的管理技巧，包括诸如作业成本法、平衡计分卡和 EVA 这样的相关方法，是在本质上不同于（或优于）传统会计和控制实践，还是仅仅是管理咨询师和其他第三方促销的时尚。Malmi（1999）提到咨询师、商学院和大众传媒出版物推动的管理会计实践是"供应方"的会计创新。他对作业成本法在芬兰的传播研究表明，最初的 ABC 采用者为了改进效率和效果实行了该系统。然而，后来的采用者趋向于出于第三方广泛推销 ABC 所鼓励的"潮流"或"时尚"的原因而实行 ABC。针对"供应方"会计创新的采用、使用及业绩意义的更多真知灼见，能够对我们关于管理会计实践的理解作出重要贡献。

§5 未来研究方向

本部分提出了我们对于推进管理会计研究和增大某一研究被顶级会计期刊接受概率的步骤的看法。我们特别讨论了应对管理会计研究遇到的常见问题的一些可用途径，包括研究动机和假说发展、样本挑选和概念衡量、模型设定说明以及内生性。

§5.1　研究动机和假说发展

为了推进管理会计研究，研究者必须将其文章的研究动机从基于商业媒体的热情上移开，而且必须说明实践或研究设置为什么从理论的立场上是有意义的。考虑一下现在对电子商务研究的热情。除非研究者能清楚说明这个行业如何有助于理论发展或检验，否则电子商务研究不可能对会计研究有持续的影响。

许多情况下，经济学理论不能完全解释观察到的实践活动。相反，在发展和建议假说时，研究者必须利用更广泛的学科。例如，Merchant et al.（2000）提供了关于薪酬研究中行为学和经济学途径的见解深刻的回顾，并且讨论了当这些多视角被忽视时产生的缺陷。

§5.2　样本挑选和概念衡量

如4.4.4节所述，常用数据来源如公开披露、问卷和第三方研究，每个都有其优势和弱点。在调查某一给定研究问题时，考虑诸如样本规模、数据质量和数据收集成本等问题时，研究者必须权衡数据来源的相对优势及劣势。更重要的是，研究者必须试图尽可能地将劣势最小化。例如，存在问卷研究方法的大量文献，能用于改进会计问卷研究的质量。问卷研究者也能包含更多的需要"严厉"回复的问题，而不是只依赖感知的指标。

多种数据来源或研究方法（例如，数据分析、访谈和实验）能用于提供大量一致的证据，以增强读者对结果的信心。[24] 例如，Ittner and Larcker（1998b）使用一个通信企业的客户层面数据、一个银行的分支机构层面数据以及公开可得的企业层面数据来调查客户满意度指标和未来财务业绩的关系。虽然三个数据集差别巨大，但是分析得到了类似的结果，这说明研究发现不是由于数据缺陷或样本偏差造成的。

沿着类似的脉络，问卷数据可以将公开可得来源产生的客观业绩数据结合起来，以增强业绩检验的可信度。例如，详细的业绩数据在许多行业如银行和医院是公开可得的。互联网的发展使得研究者容易获取更多的财务和非财务业绩数据。用实际业绩结果取代自我报告的组织成败指标，有利于增加会计学界问卷研究的声誉。

我们也提倡更多地使用单个或少数组织的详细数据。虽然小样本研究通常易受到关于其推广性的抱怨，但是这样的研究可能提供了回答许多管理会计研究问题所需数据数量和层次的唯一途径。管理会计小样本经验研究的出色例子包括 Merchant and Manzoni（1989），Anderson（1995）和 Banker et al.（1996，2000）。

不管挑选了怎样的数据来源，都需要在处理衡量误差上作出更多的努力。标准变量（或因变量）的衡量误差通常导致假说检验的统计功效降低，而（关联的）预测变量（或自变量）集的衡量误差通常导致不一致的参数估计，且其偏差一般很难标记。一些管理会计研究试图证明用于假说检验的指标心理测度特征（例如，可靠性和构想效度）。[25] 最常见的方法是，在证明了所选指标经由主成分分析是一维的并且有足够高的 Cronbach α 后，对每个理论构想使用一个多指标的加权组合（see Nunnally（1967））。这种方法的主要假设是相关指标的加权组合将比任何单独指标都有更少的衡量误差（即展现更高的可靠性）。

隐变量模型是处理衡量误差和提供构想效度（即指标是否实际衡量了它们需要衡量的东西）证据的另一个方法。会计研究已经使用了两种基本的隐变量模型：最大似然性共同因子模型（对其应用的例子，参见 Lambert and Larcker（1987））和偏最小二乘回归模型（对其应用的例子，参见 Ittner et al.（1997a））。每一种方法都使用合理可靠的和构想有效的隐变量估计来提供假说检验，因而减少了从衡量误差很大的单个变量带来的参数估计不一致。此外，复杂的隐变量模型可以加入联立方程设定、一些时间序列方面以及隐变量的交互项（Ping，1996；Li et al.，1998）。

§5.3　模型设定

改进管理会计研究的一个关键是更好的模型设定。虽然模型设定应当由检验的理论推出（Luft and Shields，2000），但详细说明这种联系的研究相对较少。管理会计经验研究的推进不仅要求这些联系变得明确，还要求研究者讨论三个主要的计量问题：（1）内生性；（2）同时性；（3）函数形式。我们接下来对这些问题进行讨论。

§5.3.1　内生性

绝大多数经验研究都有一个重要缺陷，即预测变量（或自变量）的内生性问题。[26] 每当预测变量同时是与结构模型中随机误差相关联的一个选择变量时，就造成了内生性问题。这样的设定失误造成参数估计不一致，使得模型的解释和假说检验出现问题。解决内生性问题的计量方法是使用两阶段程序这样的方法，这种程序依赖于工具变量产生与误差项无关的预期的变量。[27] 不幸的是，对于绝大多数管理会计研究而言，辨别工具变量非常困难。由于许多组织选择是相互关联的，常常很难辨别出外生的工具适用于一种组织选择而不适用于另一个。即使在采用了两阶段程序的研究中（e.g.，Keating，1997；Holthausen et al.，1995），选定的"工具"看起来似乎也是选择变量（例如，比如用市净率衡量的投资机会集这样的"工具"几乎肯定是内生的）。因此，不管作者的声称以及研究所使用的方法明显复杂，工具变量估计方法的典型运用是否造成了比其解决的更多的问题，依然是个悬而未决的问题。

这种计量方法的另一个问题是，用所有（假定的）外生变量对内生变量的回归方程进行解释的功效经常很低。如 Nelson and Startz（1990）和 Bound et al.（1995）所讨论的，适度水平的解释功效产生了许多不良的计量特征。特别地，工具变量估计的偏差方向与 OLS 估计相同。因此，虽然知道了内生性的"教科书解决办法"，管理会计研究工具变量估计的实际运用还是有问题，并且可能产生关于研究者解决内生性问题能力的令人误解的陈述。

当研究者要评估一些管理会计决策是否与改进的组织业绩相关时，产生了一个特别困难的内生性问题。如 Demsetz and Lehn（1985）所提到的，如果样本中的所有组织都最优化会计系统选择，那么一旦对这个选择的外生决定因素在结构模型中进行了控制，组织业绩和观察的（内生的）选择之间应该没有关联。在这种（非常极端的）情形下，经验研究者不应试图去解释组织业绩因为管理会计选择的任何统计显著系数只是由于衡量误差、函数形式设定失误、外生控制不足等产生的。极端地讲，使用二次数据的管理会计研究者不应该使用业绩作为因变量或标准变量，因为结果会由于内生性造成的计量问题变得不可解释。[28]

从现实世界立场来看，很难相信"每个人在所有时候都最优化"的陈述刻画了实际的管理会计实践。如 Milgrom and Roberts（1992，p.43）所说：

> 自相矛盾的是，许多简单的经济学理论所否定的人不完全理性和组织适应性的不完美，在证明基于理性的理论描述性和规范性有用时是必要的。在完全理性下，我们几乎不期望观察到在完全相同的情形下作出完全不同的选择，所以没有检验何种组织业绩更好的可能……一个更可辩护的立场……是人们学习作出好的决策以及组织通过试验和模仿来适应，所以至少有"化石证据"可用于检验理论。[29]

由于管理会计研究者最终感兴趣的是，至少为何种实践对组织业绩有正面作用提供一些启迪。一个办法是承认在任何一个给定时点，一个横截面样本（如管理会计研究通常所使用的）将由随实践采用最优水平而变化的组织组成。如 Milgrom and Roberts（1992）所提出的，所有组织都可能动态地学习和向最优水平移动，但是一个横截面样本将包括分布在最优选择附近的观测值。观察的横截面实践差异提供了评估管理会计选择业绩后果的一个手段。

例如，假设感兴趣的研究题目是作业成本法是否改进了企业业绩。此外，假设对于横截面企业衡量使用作业成本法的运营百分比（从 0～100％）。这个分析可分两步进行。首先，研究者可以提出假说，并估计一个管理会计实践选择的模型（例如，作业成本法通常被假设为与产品组合、竞争及其他决定因素相关）。这个模型被假设成对每个企业都一样，它展现了正确的函数形式，其预测变量的衡量没有误差，并包括所有的相关（外生的）预测变量。每个观测值的残差（正的或负的）估计了该企业离开描绘"最优"实践系统模型的距离。其次，将企业业绩与这些残差的绝对值进行回归（或者如果预期斜率系数不同，也许对正的和负的残差分开进行）。如果作业成本法影响企业业绩，而且企业（平均）已经最优地选择其成本系统，这个绝对值的系数应该是负的（在作业成本法上投资过度或投资不足对企业都是昂贵的）。

§5.3.2 同时性

一个相关的议题是管理会计和其他组织特征的同时选择。理论上，组织应当同时挑选其管理会计系统、组织设计、薪酬系统以及企业其他相关过程和结构（e.g., Otley, 1980；Milgrom and Roberts, 1995；Brickley et al., 1997a）。然而，绝大多数的文章调查这些议题时，武断地将一个构想设定为内生的（即因变量），而将剩下的设定为外生的（即自变量）。或者，估计一个非递推结构模型的少数尝试只是假设辨别系统需要的工具变量（即满足等级和顺序条件）是充分的。如前所述，不幸的是，许多这些"工具变量"看来不是与方程组误差项无关的外生变量。不过，使用联立方程的方法来检验管理会计的理论模型，能够减少一些联立方程偏差。此外，虽然横截面设置下分析仅仅基于相关矩阵（或协方差矩阵），而其因果关系的哲学基础是有问题的，但是涉及联立方程的结构模型允许研究者评估何种假说的因果模型实际上符合所观察的数据。

§5.3.3 函数形式

管理会计理论和分析框架经常主张，会计和控制实践、其他组织设计选择以及业绩间的关系特征表现为各种实践的互动和非线性（例如，更精细的管理会计系统的成本会超出系统复杂度水平更高时的收益）。这对第 2 部分讨论的分析框架来说特别正确，那些框架提出，会计和控制实践必须"匹配"或"契合"组织的环境。

相比之下，绝大多数以前研究的函数形式一般都是简单的线性结构，通常带着少数（如果有）自变量之间的交互项。[30]虽然线性结构易于解释，但是它不能充分地捕捉到许多管理会计问题的复杂性质和关联的业绩后果。例如，知道管理会计实践是否在整个可变范围内与组织业绩有同样的关系（即函数有向后弯曲部分吗?）将会有用。给定我们关于管理会计实践相关结构模型恰当函数形式的理论理解有限，研究者有义务提出备选设定，并辨别与观察的数据相符的形式。

一个能发现非线性的（探索性）方法是叠加非参数回归分析（在 S-Plus 中被描述为"现代回归方法"，1991，Chapter 18；Tibshirani，1988）。非参数回归分析使用许多平滑程序来灵活地对预测变量和标准变量（或因变量）间叠加非线性关系建模。线性模型假设标准变量与每个预测变量呈线性关系，而叠加模型只假设每个预测变量以平滑的方式作用于标准变量（会计中的一个运用，参见 Ittner and Larcker）。这个一般方法的优势是线性结构只在它们合适时才在统计和图形分析中被观测到（即这种方法不会强迫研究者在不恰当时采用一个复杂模型）。

递归分割法是处理更高阶交互项和非线性两者的另一个有前景的、探索性的方法（e. g.，Breiman，1984；Clark and Pregibon，1992）。递归分割法通过估计预测变量的分割序列来尝试解释标准变量的变化。在每一步，它通过挑选和分割最能改进所生成组群的预测变量，将样本的子集分离成组群。随着这种分裂的继续，这种方法生成了一个顺序节点和分支的树状结构。例如，该树的第一个分叉可能表明，解释制造工厂业绩最大方差的变量是作业成本法的使用，位于 ABC 使用两个上部四分位的工厂显示最高的结果。然而，上部四分位中，这些分离表明，当 ABC 伴随着或有薪酬时，结果增强得更多，但是当工厂不分配决策权给生产工人时结果会减少。这样，递归分割法能检测到以先验方式本质上无法假设的复杂的、更高阶的交互项。所生成的模型也能用于评估产生最大业绩作用的预测变量可能的非线性组合（管理会计中的一个应用，参见 Ittner et al.（1999））。

最后，管理会计实践的动态性在以前研究中大多被忽视了。许多人主张，组织的环境最好被理解成一个高度相互依赖的系统，从而反对一个简单的递归因果模型。例如，业绩模型某部分的重要参数能回应组织内外部环境的其他部分的变迁并作出改变。同样会存在参数的反馈环路。这些议题几乎不可能在回归模型分析框架中进行检验，并且一般要求某种类型的系统动态学方法（ e. g.，Forrester，1961；Senge，1990）。经验研究中系统动态学应用的一个绝佳例子是对 Analog Devices 公司全面质量管理业绩效果的分析（Sterman et al.，1997）。不用诸如系统动态学的方法仔细检查动态的、相互关联的组织过程，似乎几乎不可能理解 Analog Devices 公司经历的重大质量改进和财务业绩急剧下降这一矛盾。在管理会计研究中使用这些程序显得非常有前途。

§6 结论

本文有三重目标：（1）批判地回顾现有的管理会计经验研究；（2）点明这些文章的一些方法论缺点；（3）为未来研究提出建议。我们在一个基于价值的管理分析框架背景下进行了回顾，该框架融合了其他概念性模型，如权变理论、以经济学为基础的组织设计分析框架以及平衡计分卡过程包含的许多概念。虽然绝大多数的经验研究都支持这些模型提出的关联关系，不过我们的回顾也强调了许多差距和不一致性，这为经验研究提供了自然的机会。

本回顾最后观察的是财务会计和管理会计研究缺少的整合。薪酬研究可能除外，因为会计研究者将这些领域视为独立的，即使这些选择可能不是孤立的。例如，基于价值的管理文献认为，价值动因分析不仅应当影响行动方案的选择和控制系统的设计，还应影响外部披露要求（e.g.，Black et al.，1998；KPMG Peat Marwick，1999）。这一主张符合财务会计界呼吁披露更多的关键价值动因信息的情形（e.g.，American Institute of Certified Public Accountants，1994；Wallman，1995）。没有财务会计和管理会计研究的更多整合，我们对内部和外部会计及控制系统的选择和业绩意义的理解远远谈不上完整。

注释

[1] 本文采用的基于价值的管理会计分析框架是对许多会计和咨询公司发展的类似分析框架的改编。德勤、麦肯锡、毕马威和普华发展的分析框架，分别参见 Dixon and Hedley（1997），Copeland et al.（1996），KPMG Consulting（1999）和 Black et al.（1998）。

[2] Brickley et al.（1997b）记录了与商业报道中"创新的"管理技术类似的兴趣趋势。例如，对即时制造的兴趣在 20 世纪 80 年代末达到顶峰，而对全面质量管理的兴趣在 90 年代初开始消退。媒体报道开始强调以作业成本法和流程再造来替代它们的位置。到 1997 年，对这两个话题的兴趣也开始减弱，而这一次青睐的则是经济增加值。商业媒体对高级制造实践兴趣的消退能够在很大程度上解释管理会计界对该话题兴趣的消退。另一个因素可能是当研究议题被认为是新的或创新的时，更可能获得资助和调研地点。

[3] Young and Selto（1991）对高级制造领域的回顾为会计研究者辨别了多种研究话题。许多话题，比如质量衡量成本和生命周期成本法，还未引起顶级会计期刊的注意。

[4] 也许获得足够关注的对结果进行整合分析的管理会计话题就是高管薪酬和参与式预算，而本回顾未涉及这两个话题。对参与式预算的整合分析，参见 Greenberg et al.（1994）。

[5] 对 90 年代管理会计研究的理论基础分析，参见 Shields（1997）。

[6] 这些"新的"经济价值指标的基础是 20 世纪五六十年代发展出来的剩余盈余和内含报酬率。例如，斯腾斯特的品牌"经济增加值"或者 EVA® 指标是该公司对剩余盈余的专有改造。EVA 被定义为调整后的经营收益减去资本费用。计算 EVA 时进行的常见调整，包括递延所得税准备的调整、后进先出法储备的调整、无形资产如研发和广告支出的

处理以及商誉的摊销。LIFO 类似于长期内含报酬率，由通货膨胀调整后的现金流除以通货膨胀调整后的现金投资计算得出。

［7］基于剩余盈余指标（比如 EVA）的以价值为基础的管理途径的优缺点的理论文章的回顾，参见 Bromwich and Walker（1998）。

［8］斯滕斯特提出公司需要进行多达 160 项调整，以更接近"经济利润"。常见的调整包括递延所得税准备的调整、后进先出法储备的调整、无形资产如研发和广告支出的处理以及商誉的摊销（其他建议的调整，参见 Stewart，1991，pp. 113-117）。斯滕斯特公开的数据库作了许多未予说明的标准调整，且排除了为其客户进行的公司特定调整。

［9］利益相关者途径的采用不必与股东财富相冲突。例如 Berman et al.（1999）争辩道，对多种利益相关者（例如雇员、客户、社区和环境）的关注也许是由这种途径会改进财务业绩的观念造成的，而不是由一种对利益相关者群体的道德承诺造成的。他们的经验检验为这一命题提供了一些支持。

［10］一个相关的话题是基于价值的管理分析框架在私人组织和非营利组织的适用性，这些组织没有将增加股东价值作为组织目标。虽然目标上有这样的差别，许多非营利组织还是遵循类似的计划和控制过程（e. g.，General Accounting Office，1998）。所以，一个有趣的研究话题是相对于私人组织或非营利组织，这种一般途径在上市公司的好处。

［11］Chenhall and Langfield-Smith（1998）是个例外，他们使用聚类分析来调查组织实践"丛"（例如，更高层面战略、运营战略和管理会计技术）。这种途径的一个缺陷是不能确定业绩高的组织使用的所有实践是否必要，或者一些实践是否比另一些实践带来更好的业绩。

［12］会计研究使用组织设计特征作为自变量的例子，参见 Bruns and Waterhouse（1975），Hayes（1977），Larcker（1981），Scapen and Sale（1985），Chenhall and Morris（1986），Govindarajan and Fisher（1990），Mia and Chenhall（1994），Chong（1996），Bushman et al.（1996）和 Keating（1997）。

［13］金融服务企业的问卷数据由作者和 Cap Gemini Ernst & Young Center for Business Innovation 联合收集。

［14］在表 1 里提供了具体问题及其分配到三个战略的构想。

［15］例如，参见 Shields（1995），Swenson（1995），Foster and Swenson（1997），McGowan and Klammer（1997），McGowan（1998）和 Anderson and Young（1999）。

［16］例如，Ness and Cucuzza（1995）估计，只有 10％ 的采用 ABC 的企业继续使用它。Gosselin（1997）发现，采用了 ABC 的加拿大业务单元中，有 36.4％ 随后放弃了这些系统，而 Innes and Mitchell（1991）发现，英国有 60％ 的 ABC 采用者停止使用这些系统。

［17］一个例子是 Sears，Roebuck and Company 发展的因果商业模型，参见 Rucci et al.（1998）。

［18］这些实践可能不是在所有场景中都同样有用，这要求研究者去调查影响这些技术业绩作用（如果有的话）的权变因素。探讨与作业成本法系统的采用、执行和放弃相关的背景因素的研究，参见 Gosselin（1997）和 Krumwiede（1998）。

［19］虽然对高管薪酬文献的完整回顾超出了本文的范围，不过有关这一话题的综合

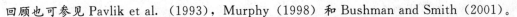

回顾也可参见 Pavlik et al.（1993），Murphy（1998）和 Bushman and Smith（2001）。

[20] 业绩评价的问卷数据由咨询公司 Watson Wyatt 提供。非管理层激励方案的数据由替代奖励战略研究论坛提供。咨询公司 iQuantic 提供了高科技企业股票期权方案的数据。

[21] 关于预算研究中修订后回归分析的批判，参见 Hartmann and Moers（1999）。

[22] 一个相关的议题是在产品开发中目标成本实践的使用和业绩收益。目标成本法是通过设计使产品和服务同时满足客户需要并实现公司利润目标的一种方法。虽然有关目标成本法的收益有众多讨论，但是 Koga（1998a，b）只发现了混合的证据，表明日本照相机制造商使用的目标成本实践与更少的产品开发工程师小时和随后产品制造成本有关联。

[23] 非管理层激励方案的保密数据获取由替代奖励战略研究论坛提供。

[24] 在管理会计经验研究中多种研究方法优势的讨论，参见 Birnberg et al.（1990）。

[25] 最简单的途径是对每个理论构想使用同一个指标。除非研究者非常肯定观测的指标无误差地衡量了理论构想（毫无疑问，这是几乎不可能的），否则这种途径易受不一致的参数估计影响。

[26] 有趣的是，管理会计文献的批判似乎比会计经验研究的其他领域（例如，资本市场研究）更集中于内生性问题。然而，内生性问题的讨论对任何准实验研究都同等相关，而不仅仅是管理会计的一个局限。

[27] 除了两阶段最小二乘法以外，还有许多备选的估计技术（例如，三阶段最小二乘法或最大似然性方法）。给定工具变量，两阶段最小二乘法执行起来很简单，并且与更复杂的方法相比有许多优势（e.g.，Challen and Hagger，1983）。

[28] 这似乎是管理会计领域审稿人常见的批评。许多情况下，这种批评被认为是研究的一个"致命"缺陷，因而造成文章被拒。

[29] 类似的观点已经在管理会计文献中得到了推进。例如，参见 Dunk（1989）和 Bjornenak（1997）。

[30] Luft and Shields（2000）提供了有关管理会计经验研究使用的函数形式的出色回顾。

参考文献

Abernethy, M., Lillis, A., 1995. The impact of manufacturing flexibility on management control system design. Accounting, Organizations and Society 20, 241-258.

American Institute of Certified Public Accountants, 1994. Improving Business Reporting—A Customer Focus. American Institute of Certified Public Accountants, Inc., New York.

Anctil, R., 1996. Capital budgeting using residual income maximization. Review of Accounting Studies 1, 9-50.

Anderson, S., 1995. Measuring the impact of product mix heterogeneity on manufacturing overhead cost. The Accounting Review 70, 363-387.

Anderson, S., Lanen, W., 2000. Does information technology mitigate the impact of complexity? A study of within and between firm performance effects of electronic data interchange. Unpublished Working

Paper, University of Michigan.

Anderson, S., Young, S., 1999. The impact of contextual and procedural factors on the evaluation of activity based costing systems. Accounting, Organizations and Society 24, 525-559.

Anthony, R., 1965. Planning and Control Systems: A Framework for Analysis. Division of Research, Harvard Business School, Boston, MA.

Arthur Andersen & Co. SC, 1994. Customer Satisfaction Strategies and Tactics. Arthur Anderson & Co. SC, Chicago, IL.

Baiman, S., 1990. Agency research in managerial accounting: a second look. Accounting, Organizations and Society 15, 341-371.

Baiman, S., Larcker, D., Rajan, M., 1995. Organizational design for business units. Journal of Accounting Research 33, 205-229.

Baker, G., Wruck, K., 1989. Organizational changes and value creation in leverage buyouts: the case of O. M. Scott & Sons Company. Journal of Financial Economics 25, 163-190.

Banker, R., Johnston, H., 1993. An empirical study of cost drivers in the U. S. airline industry. The Accounting Review 68, 576-601.

Banker, R., Potter, G., Schroeder, R., 1993. Reporting manufacturing performance measures to workers: an empirical study. Journal of Management Accounting Research 5, 33-55.

Banker, R., Potter, G., Schroeder, R., 1995. An empirical analysis of manufacturing overhead cost drivers. Journal of Accounting and Economics 19, 115-137.

Banker, R., Lee, S., Potter, G., 1996. A field study of the impact of a performance-based incentive plan. Journal of Accounting and Economics 21, 195-226.

Banker, R., Potter, G., Srinivasan, D., 2000. An empirical investigation of an incentive plan that includes nonfinancial performance measures. The Accounting Review 75, 65-92.

Behn, B., Riley, R., 1999. Using nonfinancial information to predict financial performance: the case of the U. S. airline industry. Journal of Accounting, Auditing, and Finance 14, 29-56.

Berman, S., Wids, A., Kotha, S., Jones, T., 1999. Does stakeholder orientation matter? the relationship between stakeholder management models and firm financial performance. Academy of Management Journal 42, 488-506.

Biddle, G., Bowen, R., Wallace, J., 1997. Does EVA® beat earnings? Evidence on the associations with stock returns and firm values. Journal of Accounting and Economics 24, 301-336.

Birnberg, J., Shields, M., Young, S., 1990. The case for multiple research methods in empirical management accounting research (with an illustration from budget setting). Journal of Management Accounting Research 2, 33-66.

Bizjak, J., Brickley, J., Coles, J., 1993. Stock-based incentive compensation and investment behavior. Journal of Accounting and Economics 16, 349-372.

Bjornenak, T., 1997. Diffusion and accounting: the case of ABC in Norway. Management Accounting Research 8, 3-17.

Black, A., Wright, J., Bachman, J., Makall, M., Wright, P., 1998. In Search of Shareholder Value: Managing the Drivers of Performance. Pitman, London.

Bound, J., Jaeger, D., Bakers, R., 1995. Problems with instrumental variables estimation when the correlation between the instruments and the endogenous explanatory variables is weak. Journal of the American Statistical Association 90, 443-459.

Breiman, L., 1984. Classification and Regression Trees. Wadsworth International Group, Belmont, CA.

Brickley, J., Smith, C., Zimmerman, J., 1995. The economics of organizational architecture. Journal of Applied Corporate Finance 8, 19-31.

Brickley, J., Smith, C., Zimmerman, J., 1997a. Managerial Economics and Organizational Architecture. Richard D. Irwin, Burr Ridge, IL.

Brickley, J., Smith, C., Zimmerman, J., 1997b. Management fads and organizational architecture. Journal of Applied Corporate Finance 10, 24-39.

Bromwich, M., 1990. The case for strategic management accounting: the role of accounting information for strategy in competitive markets. Accounting, Organizations and Society 15, 27-46.

Bromwich, M., Walker, M., 1998. Residual income past and future. Management Accounting Research 9, 391-419.

Brownell, P., Merchant, K., 1990. The budgetary and performance influences of product standardization and manufacturing process automation. Journal of Accounting Research 28, 388-397.

Bruns, W., Kaplan, R., 1987. Accounting & Management: Field Study Perspectives. Harvard Business School Press, Boston, MA.

Bruns, W., Waterhouse, J., 1975. Budgetary control and organization structure. Journal of Accounting Research 13, 177-203.

Busby, J., Pitts, C., 1997. Real options in practice: an exploratory survey of how finance offers deal with flexibility in capital appraisal. Management Accounting Research 8, 169-186.

Bushman, R., Smith, A., 2001. Financial accounting information and corporate governance. Journal of Accounting and Economics 32, 237-333.

Bushman, R., Indejejikian, R., Smith, A., 1995. Aggregate performance measures in business unit manager compensation: the role of intrafirm interdependencies. Journal of Accounting Research 33, 101-128.

Bushman, R., Indejejikian, R., Smith, A., 1996. CEO compensation: the role of individual performance evaluation. Journal of Accounting and Economics 21, 161-193.

Carr, C., Tomkins, C., 1996. Strategic investment decisions: the importance of SCM. a comparative analysis of 51 case studies in U.K., U.S., and German companies. Management Accounting Research 7, 199-217.

Challen, D., Hagger, A., 1983. Macroeconomic Systems: Construction, Validation, and Applications. St. Martins Press, New York.

Chen, S., Dodd, J., 1997. Economic value added (EVA™): An empirical examination of a new corporate performance measure. Journal of Managerial Issues 9, 319-333.

Chenhall, R., Langfield-Smith, K., 1998. The relationship between strategic priorities, management techniques and management accounting: an empirical investigation using a systems approach. Accounting, Organizations and Society 23, 243-264.

Chenhall, R., Morris, D., 1986. The impact of structure, environment, and interdependence on the perceived usefulness of management accounting systems. The Accounting Review 61, 16-35.

Chong, V., 1996. Management accounting systems, task uncertainty and managerial performance: a research note. Accounting, Organizations, and Society 21, 415-421.

Clark, L., Pregibon, D., 1992. Tree-based models. In: Chambers, J.M., Hastie, T.J. (Eds.), Statistical Methods in S. Wadsworth & Brooks/Cole Advanced Books & Software, Belmont, CA, pp. 377-419.

Clinch, G., 1991. Employee compensation and firms research and development activity. Journal of Accounting Research 17, 59-78.

Cooper, R., Kaplan, R., 1991. The Design of Cost Management Systems. Prentice-Hall, Englewood Cliffs, NJ.

Copeland, T., Koller, T., Murrin, J., 1996. Valuation: Measuring and Managing the Value of Companies. Wiley, New York.

Daniel, S., Reitsperger, W., 1991. Linking quality strategy with management control systems: empirical evidence from japanese industry. Accounting, Organizations and Society 16, 601-618.

Datar, S., Kekre, S., Mukhopadhyay, T., Srinivasan, K., 1993. Simultaneous estimation of cost drivers. The Accounting Review 68, 602-614.

Demsetz, H., Lehn, K., 1985. The structure of corporate ownership: causes and consequences. Journal of Political Economy 93, 1155-1171.

Dent, J., 1990. Strategy, organization and control: some possibilities for accounting research. Accounting, Organizations, and Society 15, 3-25.

Dial, J., Murphy, K., 1995. Incentives, downsizing, and value creation at General Dynamics. Journal of Financial Economics 37, 261-314.

Dixon, P., Hedley, B., 1997. Managing for Value. Braxton Associates, Boston, MA.

Dixon, J., Nanni, A., Vollmann, T., 1990. The New Performance Challenge: Measuring Operations for World-Class Companies. Dow Jones-Irwin, Homewood, IL.

Dopuch, N., 1993. A perspective on cost drivers. The Accounting Review 68, 615-620.

Dopuch, N., Gupta, M., 1994. Economic effects of production changes: accounting implications. Journal of Management Accounting Research 6, 1-23.

Dunk, A., 1989. Management accounting lag. Abacus 25, 149-155.

Dunk, A., 1992. Reliance on budgetary control, manufacturing process automation and production subunit performance: a research note. Accounting, Organizations and Society 17, 195-203.

The Economist, 1996. A Star to Sail by? August 2, pp. 53-55.

Ely, K., 1991. Interindustry differences in the relation between compensation and firm performance. Journal of Accounting Research 29, 37-58.

Fiegener, M., 1997. The control of strategy in dynamic versus stable environments. Journal of Managerial Issues 9, 72-85.

Fisher, J., 1995. Contingency-based research on management control systems: categorization by level of complexity. Journal of Accounting Literature 14, 24-53.

Fisher, M., Ittner, C., 1999. The impact of product variety on automobile assembly operations: empirical evidence and simulation analysis. Management Science 45, 771-786.

Forrester, J., 1961. Industrial Dynamics. MIT Press, Cambridge, MA.

Foster, G., Gupta, M., 1990. Manufacturing overhead cost driver analysis. Journal of Accounting and Economics 12, 309-337.

Foster, G., Gupta, M., 1997. The customer profitability implications of customer satisfaction. Unpublished Working Paper, Stanford University and Washington University.

Foster, G., Swenson, D., 1997. Measuring the success of activity-based cost management and its determinants. Journal of Management Accounting Research 9, 109-141.

Garvey, G., Milbourn, T., 2000. EVA versus earnings: does it matter which is more highly correlated with stock returns? Journal of Accounting Research, in preparation.

Gaver, J., Gaver, K., 1993. Additional evidence on the association between the investment opportunity set and corporate financing, dividend, and compensation policies. Journal of Accounting and Economics 16, 125-160.

General Accounting Office, 1998. Managing for results: the statutory framework for performancebased accountability and results. GAO/GGD/AIMD-98-52, General Accounting Office, Gaithersburg, MD.

Gjesdal, F., 1981. Accounting for stewardship. Journal of Accounting Research 19, 208-231.

Goold, M., Quinn, J., 1993. Strategic Control: Milestones for Long-term Performance. Pitman, London.

Gordon, L., Miller, D., 1976. A contingency framework for the design of accounting information systems. Accounting, Organizations and Society 1, 59-69.

Gordon, L., Narayanan, V., 1983. Management accounting systems, perceived environmental uncertainty and organizational structure: an empirical investigation. Accounting, Organizations, and Society 9, 33-47.

Gordon, L., Smith, K., 1992. Postauditing of capital expenditures and firm performance: the role of asymmetric information. Accounting, Organizations, and Society 17, 741-757.

Gosselin, M., 1997. The effect of strategy and organizational structure on the adoption and implementation of activity-based costing. Accounting, Organizations, and Society 22, 105-122.

Govindarajan, V., 1988. A contingency approach to strategy implementation at the business-unit level: Integrating administrative mechanisms with strategy. Academy of Management Journal 31, 828-853.

Govindarajan, V., Fisher, J., 1990. Strategy, control systems, and resource sharing: effects on business-unit performance. Academy of Management Journal 33, 259-285.

Govindarajan, V., Gupta, A., 1985. Linking control systems to business unit strategy: impact on performance. Accounting, Organizations and Society 10, 51-66.

Greenberg, P., Greenberg, R., Nouri, H., 1994. Participative budgeting: a meta-analytic examination of methodological moderators. Journal of Accounting Literature 13, 117-141.

Guilding, C., 1999. Competitor-focused accounting: an exploratory note. Accounting, Organizations and Society 24, 583-595.

Gul, F., Chia, Y., 1994. The effects of management accounting systems, perceived environmental uncertainty and decentralization on managerial performance: a test of three-way interaction. Accounting, Organizations and Society 19, 413-426.

Haka, S., 1987. Capital budgeting techniques and firm specific contingencies: a correlation analysis. Accounting, Organizations and Society 12, 31-48.

Haka, S., Gordon, L., Pinches, G., 1985. Sophisticated capital budgeting selection techniques and firm performance. The Accounting Review 60, 651-669.

Hartmann, F., Moers, F., 1999. Testing contingency models in budgetary research: an evaluation of the use of moderated regression analysis. Accounting, Organizations and Society 24, 291-315.

Hayes, D., 1977. The contingency theory of managerial accounting. The Accounting Review 52, 22-39.

Hergert, M., Morris, D., 1989. Accounting data for value chain analysis. Strategic Management Journal 10, 175-188.

Hogan, C., Lewis, C., 1999. The long-run performance of firms adopting compensation plans based on economic profits. Unpublished Working Paper, Vanderbilt University.

Holthausen, R., Larcker, D., Sloan, R., 1995. Business unit innovation and the structure of executive compensation. Journal of Accounting and Economics 19, 279-313.

Indjejikian, R., Lenk, P., Nanda, D., 2000. Targets, standards and performance expectations: evidence from annual bonus plans. Unpublished Working Paper, University of Michigan.

Innes, J., Mitchell, F., 1991. ABC: a survey of CIMA members. Management Accounting (U.K.)

69, 28-30.

Institute of Management Accountants, 1999. Counting More, Counting Less. Transformations in the Management Accounting Profession. IMA Publications, Montvale, NJ.

International Federation of Accountants, 1998. International Management Accounting Practice Statement: Management Accounting Concepts. International Federation of Accountants, New York.

Ittner, C., Larcker, D., 1995. Total quality management and the choice of information and reward systems. Journal of Accounting Research 33, 1-34.

Ittner, C., Larcker, D., 1997. Quality strategy, strategic control systems, and organizational performance. Accounting, Organizations and Society 22, 293-314.

Ittner, C., Larcker, .D., 1998a. Innovations in performance measurement: trends and research implications. Journal of Management Accounting Research 6, 205-238.

Ittner, C., Larcker, D., 1998b. Are non-financial measures leading indicators of financial performance?: an analysis of customer satisfaction. Journal of Accounting Research 36, 1-35.

Ittner, C., Larcker, D., 2001. Determinants of performance measure choices in worker incentive plans. Journal of Labor Economics, in preparation.

Ittner, C., Larcker, D., Rajan, M., 1997a. The choice of performance measures in annual bonus contracts. The Accounting Review 72, 231-255.

Ittner, C., Larcker, D., Randall, T., 1997b. The activity-based cost hierarchy, production policies, and firm profitability. Journal of Management Accounting Research 9, 142-162.

Ittner, C., Larcker, D., Nagar, V., Rajan, M., 1999. Supplier selection, monitoring practices, and firm performance. Journal of Accounting and Public Policy 18, 253-281.

Ittner, C., Larcker, D., Meyer, M., 2001. The anatomy of a balanced scorecard bonus plan. Unpublished Working Paper, University of Pennsylvania.

Ittner, C., MacDuffie, J., 1995. Explaining plant-level differences in manufacturing overhead: structural and executional cost drivers in the world auto industry. Production and Operations Management 4, 312-334.

Jensen, M., 1998. Foundations of Organizational Strategy. Harvard University Press, Cambridge, MA.

Kaplan, R., 1983. Measuring manufacturing performance: a new challenge for managerial accounting research. The Accounting Review LVII, 686-705.

Kaplan, R., 1990. Measures for Manufacturing Excellence. Harvard Business School Press, Boston, MA.

Kaplan, R., Norton, D., 1996. The Balanced Scorecard: Translating Strategy into Action. Harvard Business School Press, Boston, MA.

Keating, A., 1997. Determinants of divisional performance evaluation practices. Journal of Accounting and Economics 24, 243-273.

Klammer, T., 1973. The association of capital budgeting techniques with firm performance. The Accounting Review 48, 353-364.

Koga, K., 1998a. The cost side of target costing: the effect on product development productivity. Unpublished Working Paper, Waseda University.

Koga, K., 1998b. Determinants of effective product cost management during product development: opening the black box of target costing. Unpublished Working Paper, Waseda University.

KPMG Consulting, 1999. Value Based Management: The Growing Importance of Shareholder Value in Europe. KPMG Consulting, London.

Krumwiede, K., 1998. The implementation stages of activity-based costing and the impact of contextual and organizational factors. Journal of Management Accounting Research 10, 239-277.

Lambert, R., 2001. Contract theory and accounting. Journal of Accounting and Economics 32, 3-87.

Lambert, R., Larcker, D., 1987. An analysis of the use of accounting and market measures of performance in executive compensation contracts. Journal of Accounting and Research 25, 179-203.

Langfield-Smith, K., 1997. Management control systems and strategy: a critical review. Accounting, Organizations and Society 22, 207-232.

Larcker, D., 1981. The perceived importance of selected information characteristics for strategic capital budgeting decisions. The Accounting Review 54, 519-535.

Lehn, K., Makhija, A., 1997. EVA, accounting profits, and CEO turnover: an empirical examination, 1985-1994. Journal of Applied Corporate Finance 10, 90-97.

Lewellen, W., Loderer, C., Martin, K., 1987. Executive compensation and executive incentive problems: an empirical analysis. Journal of Accounting and Economics 9, 287-310.

Li, F., Harmer, P., Duncan, T., Ducan, S., Acock, A., Boles, S., 1998. Approaches to testing interaction effects using structural equation modeling methodology. Multivariate Behavioral Research 33, 1-39.

Lingle, J., Schiemann, W., 1996. From balanced scorecard to strategic gauges: is measurement worth it? Management Review 85, 56-61.

Lorange, P., Murphy, D., 1984. Considerations in implementing strategic control. Journal of Business Strategy 5, 27-35.

Luft, J, Shields, M., 2000. Mapping management accounting: making structural models from theory-based empirical research. Unpublished Working Paper, Michigan State University.

MacArthur, J., Stranahan, H., 1998. Cost driver analysis in hospitals: a simultaneous equations approach. Journal of Management Accounting Research 10, 279-312.

Maher, M., Marias, M., 1998. A field study on the limitations of activity-based costing when resources are provided on a joint and indivisible basis. Journal of Accounting Research 36, 129-142.

Malmi, T., 1999. Activity-based costing diffusion across organizations: An exploratory empirical analysis of Finnish firms. Accounting, Organizations and Society 24, 649-672.

McGowan, A., 1998. Perceived benefits of ABCM implementation. Accounting Horizons 12, 31-50.

McGowan, A., Klammer, T., 1997. Satisfaction with activity-based cost management implementation. Journal of Management Accounting Research 9, 216-237.

Melumad, N., Mookherjee, D., Reichelstein, S., 1992. A theory of responsibility centers. Journal of Accounting and Economics 15, 445-484.

Merchant, K., 1984. Influences on department budgeting: an empirical examination of a contingency model. Accounting, Organizations and Society 9, 291-307.

Merchant, K., Manzoni, J., 1989. The achievability of budget targets in profit centers: a field study. The Accounting Review 64, 539-558.

Merchant, K., Van Der Stede, W., Zheng, L., 2000. Disciplinary constraints on the advancement of knowledge: the case of organizational incentive systems. Unpublished Working Paper, University of Southern California.

Mia, L., Chenhall, R., 1994. The usefulness of management accounting systems, functional differentiation and managerial effectiveness. Accounting, Organizations and Society 19, 1-13.

Miles, R., Snow, C., 1978. Organizational Strategy, Structure, and Process. McGraw-Hill, New York.

Milgrom, P., Roberts, J., 1992. Economics, Organization & Management. Prentice-Hall, Englewood Cliffs, NJ.

Milgrom, P., Roberts, J., 1995. Complementarities and fit: strategy, structure, and organizational change in manufacturing. Journal of Accounting and Economics 19, 179-208.

Milunovich, S., Tsuei, A., 1996. EVA in the computer industry. Journal of Applied Corporate Finance 9, 104-115.

Murphy, K., 1998. Executive compensation. Unpublished Working Paper, University of Southern California.

Murphy, K., 1999. Performance standards in incentive contracts. Unpublished Working Paper, University of Southern California.

Myers, R., 1996. The metric wars. CFO: The Magazine for Chief Financial Officers 12, 41-50.

Myers, M., Gordon, L., Hamer, M., 1991. Postauditing capital assets and firm performance: an empirical investigation. Managerial and Decision Economics 12, 317-327.

Nelson, C., Startz, R., 1990. The distribution of the instrumental variables estimator and its t-ratio when the instrument is a poor one. Journal of Business 63, S125-S140.

Ness, J., Cucuzza, T., 1995. Tapping the full potential of ABC. Harvard Business Review 73, 130-138.

Noreen, E., Soderstrom, N., 1994. Are overhead costs strictly proportional to activity? evidence from hospital service departments. Journal of Accounting and Economics 17, 255-278.

Nunnally, J., 1967. Psychometric Theory. McGraw-Hill, New York.

O'Byrne, S., 1996. EVA® and market value. Journal of Applied Corporate Finance 9, 116-125.

Otley, D., 1980. The contingency theory of management accounting: achievement and prognosis. Accounting, Organizations and Society 5, 413-428.

Otley, D., 1999. Performance management: a framework for management control system design. Management Accounting Research 10, 363-382.

Paul, J., 1992. On the efficiency of stock-based compensation. Review of Financial Studies 5, 471-502.

Pavlik, E., Scott, T., Tiessen, P., 1993. Executive compensation: issues and research. Journal of Accounting Literature 12, 131-189.

Perera, S., Harrison, G., Poole, M., 1997. Customer-focused manufacturing strategy and the use of operations-based non-financial performance measures: a research note. Accounting, Organizations and Society 22, 557-572.

Ping, R., 1996. Latent variable interaction and quadratic effect estimation: a two-step technique using structural equation analysis. Psychological Bulletin 119, 166-175.

Platt, D., 1996. Production method and the association of manufacturing overhead and activities. Unpublished Working Paper, Cornell University.

Porter, M., 1985. Competitive Advantage: Creating and Sustaining Superior Performance. The Free Press, New York.

Prendergast, C., 1999. The tenuous tradeoff of risk and incentives. Unpublished Working Paper, University of Chicago.

Prendergast, C., Topel, R., 1993. Discretion and bias in performance evaluation. European Economic Review 37, 355-365.

PricewaterhouseCooper, 1999. Value Based Management: The 1999 Swiss Implementation Survey.

PricewaterhouseCoopers, Zurich, Switzerland.

Reichelstein, S., 1997. Investment decisions and managerial performance evaluation. Review of Accounting Studies 2, 157-180.

Riley, D., 1987. Competitive Cost-Based Investment Strategies for Industrial Companies. Manufacturing Issues, Booz. Allen and Hamilton, New York.

Rogerson, W., 1997. Intertemporal cost allocation and managerial investment incentives: A theory explaining the use of economic value added as a performance measure. Journal of Political Economy 105, 770-795.

Rucci, A., Kirn, S., Quinn, R., 1998. The employee-customer-profit chain at Sears. Harvard Business Review 76, 82-97.

Scapens, R., Sale, J., 1985. An international study of accounting practices in divisionalized companies and their associations with organizational variables. The Accounting Review 60, 231-247.

Scott, T., Tiessen, P., 1999. Performance measurement and managerial teams. Accounting, Organizations and Society 24, 263-285.

Selto, F., Renner, C., Young, S., 1995. Assessing the organizational fit of a just-in-time manufacturing system: testing selection, interaction and systems models of contingency theory. Accounting, Organizations and Society 20, 665-684.

Senge, P., 1990. The Fifth Discipline: The Art & Practice of the Learning Organization. Random House, New York.

Shank, J., Govindarajan, V., 1994. Strategic Cost Management. The Free Press, New York.

Shields, M., 1995. An empirical analysis of firms implementation experiences with activity-based costing. Journal of Management Accounting Research 7, 1-28.

Shields, M., 1997. Research in management accounting by North Americans in the 1990s. Journal of Management Accounting Research 9, 1-61.

Shields, M., Young, S., 1995. Effective long-term cost reduction: a strategic perspective. In: Young, S. (Ed.), Readings in Management Accounting. Prentice-Hall, Englewood Cliffs, NJ, pp. 200-211.

Sim, K., Killough, L., 1998. The performance effects of complementarities between manufacturing practices and management accounting systems. Journal of Management Accounting Research 10, 325-345.

Simons, R., 1987. Accounting control systems and business strategy: an empirical analysis. Accounting, Organizations and Society 12, 357-374.

Simons, R., 1991. Strategic orientation and top management attention to control systems. Strategic Management Journal 12, 49-62.

Sloan, R., 1993. Accounting earnings and top executive compensation. Journal of Accounting and Economics 16, 56-100.

Smith, K., 1993. Investment monitoring systems, abandonment of capital assets, and firm performance. Journal of Managerial and Accounting Research 5, 281-299.

S-Plus, 1991. S-Plus Users Manual, Vol. 2. Statistical Sciences Inc., Seattle, WA.

Sterman, J., Repenning, N., Kofman, F., 1997. Unanticipated side effects of successful quality programs: exploring a paradox of organizational improvements. Management Science 43, 503-521.

Stern, J., Stewart, G., Chew, D., 1995. The EVA financial management system. Journal of Applied Corporate Finance 8, 32-46.

Stewart, G., 1991. The Quest for Value. Harper Business, New York.

Stewart, G., 1995. EVA® works—but not if you make these common mistakes. Fortune 131, 117-118.

Swenson, D., 1995. The benefits of activity-based cost management to the manufacturing industry. Journal of Management Accounting Research 7, 167-180.

Tibshirani, R., 1988. Estimating transformations for regression via additivity and variance stabilization. Journal of the American Statistical Association 83, 394-405.

Trigerorgis, L., Kasanen, E., 1991. An integrated options-based strategic planning and control model. Managerial Finance 17, 16-28.

Vancil, R. F., 1978. Decentralization: Managerial Ambiguity by Design. Dow Jones-Irwin, Homewood, IL.

Wallace, J., 1997. Adopting residual income-based compensation plans: do you get what you pay for? Journal of Accounting and Economics 24, 275-300.

Wallace, J., 1998. EVA® financial systems: management perspectives. Advances in Management Accounting 6, 1-15.

Wallman, S., 1995. The future of accounting and disclosure in an evolving world: the need for dramatic change. Accounting Horizons 9, 81-91.

Waterhouse, J., Tiessen, P., 1978. A contingency framework for management accounting systems research. Accounting, Organizations, and Society 3, 65-76.

Wruck, K., 1994. Financial policy, internal control, and performance: Sealed Air corporations leveraged special dividend. Journal of Financial Economics 36, 157-192.

Wruck, K., Jensen, M., 1994. Science, specific knowledge, and total quality management. Journal of Accounting and Economics 18, 247-287.

Young, S., 1996. Survey research in management accounting: a critical assessment. In: Richardson, A. (Ed.), Research Methods in Accounting: Issues and Debates. CGA-Canada Research Foundation, Vancouver, BC, pp. 55-68.

Young, S., Selto, F., 1991. New manufacturing practices and cost management: review of the literature and directions for research. Journal of Accounting Literature 10, 265-298.

Young, S., Selto, F., 1993. Explaining cross-sectional workgroup performance differences in a JIT facility: a critical appraisal of a field-based study. Journal of Management Accounting Research 5, 300-326.

Zimmerman, J., 1997. EVA® and divisional performance measurement: capturing synergies and other issues. Journal of Applied Corporate Finance 10, 98-109.

关于管理会计经验研究的猜想 *

Jerold L. Zimmerman

罗　炜 译

摘要

　　管理会计经验研究未能产生大量知识积累。这方面的文献还未成熟，不像其他会计研究领域那样已经经过了描述实践的初级阶段，而进入发展和检验那些解释观察到的实践的理论阶段。缺乏公开可得数据是该文献发展不足的一个普遍原因，但不是唯一原因。其他的猜测包括：它的归纳途径、研究者动机、使用以非经济学为基础的分析框架、缺少可以经验检验的理论以及其强调决策制定而不是控制。

　　JEL 分类号：M41

　　关键词：管理会计经验研究

§1　引言

Ittner and Larcker（2001）回顾了管理会计的经验研究。他们广泛撒网，不仅仅包括主流会计期刊，还讨论了发表在实务导向期刊和非北美期刊上的文章。[1]除了提出许多研究机会和讨论重要的方法论问题，Ittner and Larcker（IL）还提供了若干关于管理会计经验文献的一般观察。

　　研究由实践的变化驱动……许多文章的产生仅仅出于这样的事实，即某一特定话题在商业刊物上受到众多关注，而很少努力将这一实践或研究放到某一更广泛的理论背景中。

　　我们面对的是未发展完全的研究，它没有基于过去的研究来增加我们对该话题的

---

　　* The John M. Olin Foundation and the Bradley Policy Research Center at the University of Rochester provided financial support. Comments from Liz Demers，Joel Demski，Kathy Jones，Scott Keating，S. P. Kothari，Dave Larcker，Andrew Leone，Cheryl McWatters，Ross Watts，and Joanna Wu are gratefully acknowledged.

　　Jerold L. Zimmerman，罗切斯特大学 William E. Simon 工商管理学院。

当代会计研究：综述与评论

理解，没有探索许多重要的研究议题，缺少大量关键的相关研究以调和相互矛盾的结果，或对各种制造业绩衡量实践的业绩收益达成共识。

我同意这些概括。在阅读了其对该文献的回顾后，我在思考我们学到了什么。能从中得出怎样的概括？什么零假设已被拒绝？什么问题依然质问着我们，却仍未得到回答？吸引人的异象在哪里？或者，按照一个古老快餐店汉堡广告的说法："牛肉在哪里？"

未能产生大量知识不是 IL 的错。作者忠实地将其责任限于回顾文献。这个失败在于文献本身。我的评论集中于努力理解管理会计经验研究事件的现有状态。为什么可推广的研究发现这么少？为什么 IL 引用的如此多文章发表在主流——北美会计期刊——之外？

管理会计经验文献集中于描叙现有会计实践。绝大多数其他会计研究领域也从描述性文章开始，但是随着经验研究的发现不断积累，用来解释观察到的和预测将观测到的现象的理论也逐渐发展起来。管理会计经验文献未能进行这下一步骤。为什么？通过更好地理解该文献缺少进步的原因，我们也许将避免在未来犯同样的错误。

下一部分讨论 IL 用来组织管理会计经验文献的分析框架。第 3 部分比较了 IL 综述引用的文献与本卷其他综述的差别。接着的两部分描述研究的一般函数，并对为什么从管理会计经验研究中学到的如此之少作出猜测。最后一部分提出一些结论。

§2　Ittner-Larcker 的分析框架

IL 用基于价值的管理分析框架（VBM）来组织他们的管理会计经验研究综述。这个分析框架从若干公司的咨询实践提取出来（麦肯锡和毕马威），包括以下六个步骤：

- 选择增加股东价值的内部目标。
- 挑选战略和组织设计以实现这些目标。
- 甄别创造价值的业绩指标。
- 制定行动方案。
- 评价行动方案的成败。
- 评估和修订内部目标、战略、计划以及控制系统。

麦肯锡的 Copeland et al.（1996）基本上以一种规范性的途径提出这个分析框架。所有的企业都应遵守它。它没有预测何时将使用特定的薪酬方案或者什么企业最可能采用 ABC。尽管它与其他各种理论相似，但它不是实证理论，因为它既不解释也不预测企业相关的现象。它似乎更适合用于组织一个咨询项目。

IL 本可以选择一个基于理论的分析框架，例如包含 Milgrom and Roberts（1995）互补途径的委托代理理论。学术界很好地理解了决策权分配、业绩指标、薪酬方案以及其他政策是联合决定的、相互依赖的以及内生的。[2] IL 认识到了 VBM 分析框架的这些局限，并且讨论了引发的方法论问题（内生性和同时性）。规范性的 VBM 分析框架预示了文献的性质、焦点以及它的最终成败。

IL 回顾的绝大多数研究都讨论了实务（ABC，EVA，平衡计分卡）。IL 建议的许多研究议题集中在实务上。"研究者可以通过为用于设定财务和非财务目标的方法以及这些选择形成的业绩意义提供证据而作出重大贡献。"管理会计经验研究还未从描述实务进化

622

到发展和检验实务引致的理论的阶段。在第 4 部分，我讨论了如何从基于理论的研究积累知识的一般性质。我认为这个文献使人学到的很少，部分因为研究者的动机转移到了描述实务而不是发展和检验理论上。

描述实务本身并不是无结果的。如果研究的目标是生产可以经验验证的理论，那么对实务的丰富描述则常常导致新的理论产生。例如，金融研究者最开始记录了证券价格的随机游走，这导致了市场有效假说（see Fama，1965）。然而，风险在于描述性研究能导致——甚至受其驱动——规范性的咨询合同，而不是理论发展和检验。描述性研究本身无法建立连贯凝聚的文献和对管理会计实践的理解。

§3　管理会计经验文献的经验分析

在这一部分，我比较了 IL 综述引用的文献与本卷其他综述引用的文献。9 篇综述文章的每一个参考文献都被归入八个类别中，如表 1 所示。[3] 我谨慎地给出下列证据。我没有删除那些未概括研究但是提供背景知识的参考文献。从这个数据中得到的推论假设综述文章的引用频率是对文献引用频率的无偏估计。各种综述文章的引用率清楚地取决于每个综述的范围及目标和话题的性质。给定这些告诫，证据应该被视为提示性的。

表 1　　　　　　　　　　划分本书中 9 篇回顾文章引用的文献的八种类别

类别	
主流北美会计期刊	Accounting Review
	Contemporary Accounting Research
	Journal of Accounting and Economics
	Journal of Accounting Research
	Review of Accounting Studies
其他会计期刊[a]	Accounting Horizons
	Academy of Management Accounting
	Accounting，Organizations，and Society
	Journal of Accounting，Auditing and Finance
	Journal of Accounting and Public Policy
	Journal of Accounting Literature
	Journal of Business，Finance，and Accounting
	Journal of Management Accounting Research
	Management Accounting Research
工作论文	—
书与专论	—
经济学、金融学与统计学期刊[a]	American Economic Review
	Bell/Rand Journal of Economics
	Econometrica
	Journal of the American Statistical Association
	Journal of Economic Literature
	Journal of Finance
	Journal of Financial and Economics
	Journal of Political Economy

续前表

类别	
实务导向的期刊[a]	Journal of Public Economics
	Quarterly Journal of Economics
	Accounting and consulting firm publications
	AICPA and FASB publications
	Financial Analysts Journal
	Harvard Business Review
	Institute of Management Accountants
	Journal of Applied Corporate Finance
管理学和战略学期刊[a]	Academy of Management Journal
	Journal of Business Strategy
	Strategic Management Journal
税务期刊[a]	Journal of the American Taxation Association
	National Tax Journal

a. 代表性期刊，但不是全部。

表 2 列示了 IL 引用的参考文献分布、其他 8 篇综述所有文献的分布，以及其他 8 篇综述各自的文献分布。与其他 8 篇综述相比，IL 综述引用了很少的主流北美会计期刊，但是引用了更多的非主流会计和实务界期刊。[4] IL 的参考文献只有 23% 来自北美会计期刊，而其他 8 篇综述有 51%。这部分源于 IL 广撒网的目的，同时因为在北美期刊上可回顾的文章很少。

表 2   **本书发表的文章所用文献的分布**

	Ittner and Larcker	其他 8 篇文章	Bushman and Smith	Fields, Lys and Vincent	Healy and Palepu	Holthausen and Watts	Kothari	Lambert	Shackelford and Shevlin	Verrecchia
主流北美会计期刊	23%	51%	33%	87%	67%	58%	45%	48%	44%	79%
其他会计期刊	30%	4%	3%	4%	7%	13%	4%	4%	1%	8%
工作论文	8%	11%	16%	2%	10%	17%	11%	9%	15%	0%
书与专论	13%	5%	5%	1%	1%	4%	7%	9%	4%	0%
经济学、金融学与统计学期刊	9%	24%	40%	3%	13%	4%	29%	31%	14%	13%
实务导向的期刊	13%	2%	2%	2%	2%	4%	3%	0%	1%	0%
管理学和战略学期刊	3%	0%	1%	0%	0%	0%	0%	0%	0%	0%
税务期刊	0%	3%	0%	0%	0%	0%	0%	0%	20%	0%
文献总数	194	1 364	221	141	84	144	551	111	194	62

与其他 8 篇综述相比，IL 对经济学、金融学以及统计文献的低参考频率和前面的引用率一样给人印象深刻（9% 对比 24%）。这些引用率与比其他会计研究领域更少借鉴经济学和金融学的文献相符。更少地引用经济学和金融学文献与导向性描述实务而不是检验理论（常常基于经济学和金融学）的文献相符。IL 的引用中只有 3% 来自管理学和战略学期刊，这说明他们回顾的文章也不是检验行为科学理论的。

当 IL 的引用率与 8 篇综述中每一个的引用率相比时，得到了类似的关于管理会计经验研究的推论。我们观察到，8 篇综述的每一篇都比 IL 的回顾引用了更多的主流会计期刊，以及金融学、经济学和统计学期刊，而更少地引用职业界/实务界期刊。[5]

更仔细地检查 IL 的参考文献，发现有 44 篇引用文章发表在主流北美会计期刊上。去掉 13 篇薪酬研究和 7 篇理论文章外，有 24 篇管理会计文章发表在这些期刊上。发表于主流北美会计期刊的管理会计经验研究短缺肯定反映了数据的稀缺。我在后文推测其他原因也导致了这种情况。

总结本部分的内容，IL 与其他 8 篇综述相比，引用了更多的实务界导向的期刊和更多来自主流北美会计期刊以外的文章，而更少依赖经济学、金融学和统计学。这些引用频率符合管理会计经验文献长于描述实务（数据描述）而短于发展和检验经济学和金融学导出的假说。

§4　理论在经验研究中的地位

我认为管理会计经验文献未能产生大量知识积累的一个原因是现有文献的目标不是检验理论。此外，在少数检验理论的研究中，它们的假设常常是非正式的或从许多不同学科得来的（权变理论或期望理论）。与激励薪酬研究（从解释实务开始，但是现在检验代理理论假设）和资本市场研究（从解释实务开始，但是现在检验金融经济学假设）不同的是，没有发展出统一的、基于经济学的理论来指导管理会计经验研究。

简单地说，一项理论解释已被观察到的现象，经验检验从理论导出的假设，然后预测将观察到什么。如同 Hempel（1966）所解释的，知识通过系统地检验理论提出的假设而积累起来。理论允许事实的系统排序。本卷绝大多数的综述文章都提供了一个理论的分析框架以组织其文献。检验理论导出的假设允许知识积累，即由于假设被反驳，而被迫对理论进行修改。理论寻求解释系统的经验规律，并且一般提供对正在考虑的现象更深且更准确的理解。通过预测和解释在理论创建时还未知的现象，理论拓宽了我们的知识和理解。理论提出假设以帮助指导收集数据的科学调查。基本点是"没有……假设，数据分析和分类是盲目的"（Hempel，1966，p. 13）。早期描述性研究经常从初步的"假想的对手"假设开始。[6]

理论建设和经验研究是互动的。如前所述，就如理论刺激经验研究一样，丰富的经验刺激着理论。经验事实和规律造成理论家构建对观察到情况的解释。但是此外，理论对还未收集到的事实提出预测。最终，经验的异象引起理论修改（Kuhn，1969）。

一些人也许会反驳说，没有数据，生成假设是无用的活动。然而，聪明的经验研究者将发掘出有趣的数据来检验重要的假设。给定可得到广泛的、大量的机器可读数据集以及可接触到以互联网为基础的信息，这在今天尤为正确。

很容易忽视但作出强调很重要的是，经济学原理如何生成可检验的假设并允许会计知识的积累？考虑对 LIFO/FIFO 方法的选择。Kothari（2001），Fields et al.（2001）和 Shackelford and Shevlin（2001）总结了这个领域的文献。给定股价（其随机游走行为）的描述性研究和使用经济学原理，金融经济学家推导出了有效市场假说。这个假说（和资本市场定价现金流假说）的一个应用预测出，如果市场没有预期到 LIFO 的采用，出于税务（由于税收遵守规则）和财务报表目的转到 LIFO 的企业应当有正的超额回报。备选的、机械的假说预测了负的超额回报——市场对会计盈余的功能性固定，不过这个超额回报现在低多了。早期的检验符合市场有效性假说（Sunder，1975）。随着早前检验中不一致的发现，稍晚的研究用更复杂的假说精练了较早的检验。随着研究的推进，资本市场对于会计信息的有效性知识不断积累，同时关于市场有效性的理论也在演进。

会计经验研究者常常低估了严谨的理论在设计其研究中的重要性。不充分的理论推导也许是会计期刊拒绝经验文章的最大退回理由。一篇文章的研究动机和贡献关键取决于理论。理论构造研究并提出备选假说。

理论不必用数学公式来表述。关键因素是分析的逻辑。不过数学使得逻辑更严谨和更透明。例如，考虑调查权衡激励和风险的代理理论。数学被证明在导出一系列严谨的委托代理模型上非常有用（Lambert，2001）。然而也存在不用数学表述的重要理论。考虑 Fama（1965，1970）关于有效市场假说的陈述、Williamson（1975，1985）的交易成本经济学以及 Jensen and Meckling（1976）的代理理论，这些都是重要的非数学化理论。但更重要的是，它们产生了大批经验研究，尝试检验这些理论的假说。非数学化理论的其他例子大量存在：Coase（1937），企业与市场理论；Stigler（1971），管制理论；Watts and Zimmerman（1978，1986），会计选择的实证理论；Scholes and Wolfson（1992），税收分析框架；Smith and Watts（1992），关于激励和企业投资机会集合的预测。本卷的 Bushman and Smith（2001）描述了会计和公司治理的一个非数学化理论。

§5 关于管理会计经验文献的推测

本部分提出关于管理会计经验文献为什么未能积累系统性研究发现的六个猜测。它们包括：缺少可靠的、一致的数据；文献的非理论途径；研究者变化的动机；文献未能将经济学作为其基础的学科；较少的可经验检验的理论。文献几乎全部集中在决策制定而非决策控制上。

§5.1 缺少数据

"好"数据的缺乏是管理会计经验研究缺少进展的一个持久且普遍的制约。与财务会计研究有其 Compustat，EDGAR，CRSP，IBES 和 NAARS 文件相比，管理会计经验研究在这方面是不足的。阻碍管理会计经验研究的单个最大因素，可能是缺乏关于企业内部行动的、一致的数据。对于企业预算系统、转移定价方法、标准成本系统、成本分配方案等，没有横截面上的数据集。这有许多含义：

博士生从这个研究领域被吸引到数据丰富的环境，如资本市场、高管薪酬以及税收。

问卷收集的数据遇到众所周知的问题，如回复率和问卷者偏差。这些局限要求研究者在从采用问卷方法的研究中得出推论时更加小心。

研究者碰巧接触到的公司的数据可能是企业的非随机样本。例如，有问题的企业也许比成功的企业更愿意允许研究者使用其数据，成功企业担心潜在竞争对手会得到其专有的数据。

在研究者得到专有数据的使用权情形下，他们的研究是不可复制的。然而，能从这样的数据集合中得到有用的启示。

"更好的"数据当然总是优先于"更差的"数据。但是很难将管理会计经验文献的缺乏进展全部归咎于这一原因。经济学已经处理了非常有趣、非传统的问题，并且在缺乏机器可读的标准化数据的情形下获得了显著的进展。Lazear（2000）描述了经济学家成功对付非传统问题（歧视、家庭、企业理论以及教育）的许多例子。许多这些研究依靠对于专门数据集的创造性使用。例如，Wolfson（1985）这一关于石油和天然气的文章，举例说明了有趣理论和独特数据的有启示意义的结合。Masten and Crocker（1985）和 Allen and Lueck（1992）分别用一个美国政府机构收集的天然气合同，以及从 1986 年一项 Nebraska 和 South Dakota 租赁问卷得来的土地所有者—农民合同，检验了激励合约假说。给定经济学家的成就，我发现很难将管理会计经验研究进展慢归因于缺乏机器可读的数据集合。

很不幸，"差数据"的咒语已经导致了各种功能失调的结果。"差数据"常被用于替弱的（或没有）理论和/或设计及执行糟糕的研究方法辩护。一些研究者错误地认为所有主编和审稿人都像对待大规模财务会计研究那样对管理会计研究施加统一的经验标准。这种认识被用于避开这些期刊以及它们施加的高学术标准。然而，已有 24 篇管理会计经验研究在主流北美期刊发表，因此驳斥了这些期刊拒绝所有这样的文章的说法。

§5.2 非理论途径

1986 年，哈佛商学院组织了一个管理会计现场研究研讨会，以鼓励"作者理解和记录真实组织的管理会计实践……研讨会的第二个不过更重要的目标，是开始现场研究方法在管理会计中作为调查的一个正当方法确立起来的过程"（Bruns and Kaplan，1987，pp. 2 - 3）。Hopwood（1983），Kaplan（1983，1984，1986）以及其他研究鼓励研究者进行更多的以现场为基础的研究，以记录当代实践。Kaplan（1986）描述了一个研究过程，开始时它集中于案例研究和现场研究，后来最终发展出模型和理论。虽然 Kaplan（1986）指出了理论在指导经验研究上是有用的，但是他为管理会计研究开的处方却呼吁观察和描述。会计研究者应当"到现场去尝试理解会计信息在真实组织中是如何发展或使用的"（p. 429）。

> 研究者将需要离开办公室并学习创新组织的实践……学术界研究者的挑战是发现 20 世纪 80 年代的 Pierre du Pont，Donaldson Brown，Alfred Sloan 和 Frederick Taylor；描述和记录似乎对成功公司起作用的创新性实践。研究的归纳性将多于演绎性，但可能同时对研究者个人和管理会计学科都是有成果的（Kaplan，1984，p. 415）。[7]

请注意，Kaplan 不是呼吁研究者到现场去并且检验理论的假设。他主张，与其他社会学科不同的是，管理会计还未"积累大量的可靠及系统的事实知识"（p. 432），因此发展理论或检验命题都尚不成熟。

自第一次呼吁更多的描述性现场研究以来，已经过去了 15 年。现在已有了这样的一批研究。但是，还未导致理论的建设以及检验预想的事件。这也许为时尚早，因为还没有积累足够的现场研究，或者已完成的研究质量太低。这些确实是听起来很有道理的辩解。但是，其他会计研究领域在最初描述性研究和最终理论建设和检验之间没有经过 15 年之久。反之，也许以归纳性和描述性为主的研究诉求已被证明不是一个如最初所称的富有成果的路径。

并不是每一篇经验文章都必须检验假设。单纯的描述性研究是有用的，它告诉我们以前不知道的事实。然而，没有试探性的假设指导，研究者游荡在公司和工厂的走道上寻找事实，显然也不很有成效。如 Hempel（1966，p.13）所述：

> 诸如数据收集应当在没有先行的关于这些事实间连接的假设的指导下进行这样的格言是事与愿违的，而且科学的探索当然也不会遵循它。恰恰相反，先行的假设需要给科学调查指出方向。

§5.3 研究动机变化

也许管理会计经验文献未能从描述实践演进到发展和检验理论，是因为研究者不再有这些动机。也许研究者面对更强的激励去描述实践而不是发展和检验理论。如果商学院鼓励教职人员进行更多"实践的"而更少"理论的"研究，那么对教职人员的激励就会发生变化。描述性研究通常在大众媒体中被引用得更多，从而比更理论化的研究更能提升学院在商界的声誉。2000 年《商业周刊》的商学院排名现在包括了每个学校的"智力资本"指标。教职人员在《华尔街日报》和《商业周刊》上的引用率，与在学术期刊上的引用率一起，被用来评估智力资本。教职人员的咨询活动也增加了学院在商业界的露面社会。商学院的学生往往更加重视教职人员的咨询活动，而不重视研究，特别是"理论性研究"，使得学院在大众媒体的排名取决于学生和商业界的感知，因此学院受到激励去奖励教师的描述性研究。

我们的研究论文的读者不再像 30 年前那样只是学术界的同行。现在我们进行研究，似乎是因为它通告了实务者（Demski and Zimmerman，2000）。例如，Maher（2000，p.341）说道，"一些管理会计经验研究的动机是检验咨询师提出的'新的'管理方法。"如果这个猜测是对的，那么其他会计研究领域也应见证从发展和检验理论到实务导向研究的类似移动。[8]

§5.4 非经济学基础的分析框架

Lazear（2000）认为"经济学是第一位的社会科学"，他引用其不断扩展的范围，从客户、企业以及市场，扩展到解释其他社会互动以及其他学科对其的采用上（金融、会计、法律、政治科学和社会学）。"经济学之所以成功，首先因为它是门科学。"本卷回顾的其他会计领域（会计选择、代理理论、资本市场、公司治理、披露、税收以及价值相关性）几乎都只依赖以经济学为基础的理论。

其他社会科学，比如认知心理学，也能提供必要的基本分析框架，以发展会计理论。但是，过去 40 年的经验证据表明，除了少数例外，绝大多数的会计研究创新都有其经济学概念根基。[9]这或者由于经济学更加强大，或者由于受到其他社会科学很好训练的会计人员太少，因而不能形成在会计中的一个累积文献。（创造知识要求涉及熟练研究者的规模经济，而且他们使用同一语言的分析框架。）

就管理会计经验研究检验假说来说，它们常常使用非经济学理论（期望理论和权变理论）。如果以经济学为基础的假说比其他社会科学在推动知识上更有成果（如 Lazear 所提议的），那么管理会计经验研究缺乏进展的另一个因素是其对以非经济学为基础理论的依赖。

§5.5 较少可经验检验的理论

当管理会计经验研究者在发展和检验严谨理论导出的假说上松懈时，管理会计理论研究者也要受到一些责备。严谨的管理会计理论文章很少走出下一步并挑出理论的经验意义（可检验假说）。我们几乎观察不到理论文章中的题目为"经验预测"的子部分。对于某些人而言，数学的优雅（和无疑可解性）似乎优先于相关性。显然存在一个隐性的假设，即理论研究者应该发展出模型，而经验研究者应该使用这些模型并从理论中推导出经验意义。如果理论研究者更努力地开发出有可检验预测的模型并讨论其模型的经验意义，那么将会出现更多高质量的管理会计经验研究。

§5.6 强调决策制定而非控制

众所周知，会计系统同时服务于决策制定和控制作用（Zimmerman，2000）。然而，许多管理会计经验研究及其依据的实践文献都强调决策制定/计划职能，而几乎排除了控制。例如，全面质量管理、流程再造、作业成本法、制约因素理论、价值链管理、即时制以及平衡计分卡，全部假设代理人将积极地采用新的方法，因为它承诺最大化企业价值。ABC的假设是，如果你提供给管理者假定更准确的生产成本，那么他们将采用它们。这种"梦想领地"（如果你建造它，人们就会来）途径忽视了员工的自利。特别地，采用ABC在内部管理者间创造了意外的收益和损失，因为生产成本是绝大多数企业内部控制系统的一部分。

除了最近对经济增加值指标的兴趣外，绝大多数的管理风潮已避开了更好协同股东和员工利益的新技术。管理会计实务人员广泛断言其作用同时包括计划（改进决策制定）和控制（减少代理矛盾）。他们希望成为决策团队的平等成员（Siegel and Sorensen，1999，p. 5）。

请注意，很难经验地评估一个给定企业的会计系统决策制定或控制的相对重要性。在均衡状态下，企业的控制系统不应该是约束性的，因而似乎会计系统将不被用于控制。

我不确定为什么一些学术界和实务界会计人士似乎支持会计的决策制定作用多于支持其控制作用。Maher（2000）和Siegel and Sorensen（1999）认为，"会计师"这个术语似乎在学生和实务人士中有越来越多的负面含义。1999年，管理会计师协会（IMA）将其月度杂志从 *Management Accounting* 更名为 *Strategic Finance*。当别人都在"玩游戏"时，会计师们则被认为是消极的旁观者或计分员。[10]也许决策制定类型研究对实务人士更普遍，因而会计研究者现在有更多的激励进行这样的研究。像实务人士和学术界愿意相信的那样，企业内部会计系统主要用于决策目的，然而仅仅希望这样并不会使它发生。如果研究者进入现场研究地点，认为会计系统正用于决策制定，而实际上它正用于控制，那么就是错误的隐性理论在指导他们的数据收集和分析。Holthausen and Watts（2001）对于财务会计的价值相关性研究得出了类似的结论。

§6 结论

IL观察到管理会计经验文献未能发展出建立在以前研究基础上的一些知识，而且留下了许多重要的问题没有得到回答。这个文献未能如其他会计领域那样从描述实践转移到发展和检验理论。当然，缺乏进展部分归咎于保证"好"数据的难度。不可能产生像 Compustat 那样的管理会计数据集。尽管如此，单个研究者在发现有趣的数据组上越来越有所创新。

进步的取得要求管理会计经验研究者和理论研究者间更好地合作。理论研究者应该寻求发展能导出可反驳启示的模型。而经验研究者必须停止使用"坏数据"的借口，来使不检验假说或检验表述不充分的假说的文章得到谅解。管理会计研究者最好依赖以经济学为基础的假说。最后，会计研究者不应忽视为什么会计就是会计。管理会计师以前被称为"主计长"。一些人也许会发现会计的控制职能有轻蔑的意味，但是忽视这个可能很重要的职能将导致运用错误的理论，并最终导致无法增强我们知识量的研究。

在商学院，激励转到更像咨询的、实务导向的研究上，这将会导致更少地创作理论发展和检验文章。从长期来看，我们的知识，不仅在管理会计经验研究领域，还在所有的会计探索领域，都将遭殃。

注释

[1] 他们排除了绝大多数的行为学研究、经验研究和薪酬研究以及定性的案例研究。

[2] 对其的一个综述，参见 Brickley et al.（2001）。

[3] 文献的计数基于 2000 年 4 月在会议上报告的文章版本。

[4] 基于卡方检验，IL 的引用分布在 0.05 水平上统计显著，这有别于其他 8 篇综述的总分布及其各自的分布。

[5] Fields et al.（2001）的引用只有 3％、Holthausen and Watts（2001）的引用只有 4％来自经济学、金融学和统计学。但是，Fields et al. 有 87％的引用和 Holthausen and Watts 有 58％的引用来自主流北美会计期刊。

[6] 例如早期的高管薪酬研究（e. g., Coughlan and Schmidt，1985；Murphy 1985）尝试拒绝薪酬支付与业绩无关的假说，而这个假说常常见诸当时的大众媒体。

[7] Peters and Waterman（1982）在他们的畅销书 *In Search of Excellence* 中采用了类似的途径。他们研究了 62 个美国成功大企业的管理实践。许多这些企业未能继续它们以前的业绩趋势（例如 Atari、依斯曼柯达、王安公司、宝洁、李维斯以及施乐）。Peters and Waterman 的八个基本原理（行动导向，接近客户，自治和企业家精神，靠人提高生产力、亲自实践，以价值驱动高管，坚持本业，形式简单、人员精简，坚守核心价值）很少提供了作者预测的希冀者的灵丹妙药。原因在于缺少理论。Peters and Waterman 的八个处方提出了"一刀切"的途径。所有八个原理都必须使用。

[8] 对价值相关性和定价文献的随便观察与这种猜测相符。参见 Holthausen and Watts（2001）和 Kothari（2001）。

[9] 考虑以下部分列单：资本市场会计披露的地位依赖于有效市场假说和资本资产定价模型；许多管理会计教授的论题，例如固定成本与变动成本、转移定价以及成本分配，都基于微观经济学；信息经济学产生了会计披露理论和审计风险模型，并揭露了可控性原理的缺点；关于收入衡量理论的早期争论常常依赖于经济收益；代理理论产生了契约模型，且激发了薪酬研究；实验市场研究产生了与会计类似的研究；企业和公司治理的经济

学理论已激发了会计选择和盈余管理研究；许多以会计为基础的税务研究遵循着 Scholes and Wolfson（1992）的经济学范式。

[10] 认识到会计的主要作用是控制，这并不普遍。"控制"造成了代理问题、自利以及因此产生的"贪婪的"幽灵。一些人发现将社会视为贪婪的是不体面的。将管理会计看成一个企业控制系统的一部分，使得会计师变成了警察，从而被放在决策团队之外。在集中于描述性研究而很少理论建设的资本市场研究中（价值相关性和定价），存在着类似的忽视会计控制职能的倾向。对这些文献的综述，参见 Holthausen and Watts（2001）和 Kothari（2001）。

参考文献

Allen, D., Lueck, D., 1992. Contract choice in modern agriculture: cash rent versus cropshare. Journal of Law and Economics 35, 397-426.

Brickley, J., Smith, C., Zimmerman, J., 2001. Managerial Economics and Organizational Architecture. Irwin McGraw-Hill, Boston.

Bruns, W., Kaplan, R. (Eds.), 1987. Accounting and Management Field Study Perspectives. Harvard Business School Press, Boston.

Bushman, R., Smith, A., 2001. Financial accounting information and corporate governance. Journal of Accounting and Economics 32, 237-333.

Coase, R., 1937. The nature of the firm. Economica, New Series 4, 386-405.

Copeland, T., Koller, T., Murrin, J., 1996. Valuation: Measuring and Managing the Value of Companies. Wiley, New York.

Coughlan, A., Schmidt, R., 1985. Executive compensation, management turnover, and firm performance. Journal of Accounting and Economics 7, 215-226.

Demski, J., Zimmerman, J., 2000. On "research vs. teaching": a long-term perspective. Accounting Horizons 14, 343-352.

Fama, E., 1965. The behavior of stock market prices. Journal of Business 38, 34-105.

Fama, E., 1970. Efficient capital markets: a review of theory and empirical work. Journal of Finance 25, 383-417.

Fields, T., Lys, T., Vincent, L., 2001. Empirical research on accounting choice. Journal of Accounting and Economics 31, 255-307.

Healy, P., Palepu, K., 2001. A review of the voluntary disclosure literature. Journal of Accounting and Economics 31, 405-440.

Hempel, C., 1966. Philosophy of Natural Science. Prentice-Hall, Englewood Cliffs, NJ.

Holthausen, R., Watts, R., 2001. The relevance of value relevance. Journal of Accounting and Economics 31, 3-75.

Hopwood, A., 1983. On trying to study accounting in the contexts in which it operates. Accounting, Organizations and Society 287-305.

Ittner, C., Larcker, D., 2001. Assessing empirical research in managerial accounting: a value-based management perspective. Journal of Accounting and Economics 32, 349-410.

Jensen, M., Meckling, W., 1976. Theory of the firm: managerial behavior, agency costs and ownership structure. Journal of Financial Economics 3, 305-360.

Kaplan，R.，1983. Measuring manufacturing performance: a new challenge for management accounting research. Accounting Review 58，686-705.

Kaplan，R.，1984. The evolution of management accounting. Accounting Review 59，390-418.

Kaplan，R.，1986. The role for empirical research in management accounting. Accounting，Organizations and Society 11，429-452.

Kothari，S.，2001. Capital markets research in accounting: a value-based management perspective. Journal of Accounting and Economics 31，105-231.

Kuhn，T.，1969. The Structure of Scientific Revolutions. University of Chicago Press，Chicago.

Lambert，R.，2001. Contracting theory and accounting. Journal of Accounting and Economics 32，3-87.

Lazear，E.，2000. Economic imperialism. Quarterly Journal of Economics 115，99-146.

Maher，M.，2000. Management accounting education at the millennium. Issues in Accounting Education 15，335-346.

Masten，S.，Crocker，K.，1985. Efficient adaptation in long-term contracts: take-or-pay provisions for natural gas. American Economic Review 75，1083-1093.

Milgrom，P.，Roberts，J.，1995. Complementarities and fit: strategy, structure, and organizational change in manufacturing. Journal of Accounting and Economics 19，179-208.

Murphy，K.，1985. Corporate performance and managerial remuneration: an empirical analysis. Journal of Accounting and Economics 7，11-42.

Peters，T.，Waterman，R.，1982. In Search of Excellence. Warner Books，New York.

Scholes，M.，Wolfson，M.，1992. Taxes and Business Strategy. Prentice-Hall，Englewood Cliffs，NJ.

Shackelford，D.，Shevlin，T.，2001. Empirical tax research in accounting. Journal of Accounting and Economics 31，321-387.

Siegel，G.，Sorensen，J.，1999. Counting More, Counting Less: Transformations in the Management Accounting Profession. Institute of Management Accountants，Montvale，NJ.

Smith，C.，Watts，R.，1992. The investment opportunity set and corporate financing, dividend and compensation policies. Journal of Financial Economics 32，263-292.

Stigler，G.，1971. The theory of economic regulation. Bell Journal of Economics and Management Science 2，3-21.

Sunder，S.，1975. Stock price and risk related to accounting changes in inventory valuation. Accounting Review 50，305-315.

Verrecchia，R.，2001. Essays on disclosure. Journal of Accounting and Economics 32，97-180.

Watts，R.，Zimmerman，J.，1978. Towards a positive theory of the determination of accounting standards. Accounting Review 53，112-134.

Watts，R.，Zimmerman，J.，1986. Positive Accounting Theory. Prentice-Hall，Englewood Cliffs，NJ.

Williamson，O.，1975. Markets and Hierarchies. The Free Press，New York.

Williamson，O.，1985. The Economic Institutions of Capitalism: Firms, Markets, Rational Contracting. The Free Press，New York.

Wolfson，M.，1985. Empirical evidence of incentive problems and their mitigation in oil and gas tax shelter programs. In: Pratt，J.，Zeckhauser，R.（Eds.），Principals and Agents: The Structure of Business. Harvard Business School Press，Boston，pp. 101-125.

Zimmerman，J.，2000. Accounting for Decision Making and Control. Irwin McGraw-Hill，Boston.

Contemporary Accounting Research: Synthesis and Critique by S. P. Kothari; T. Z. Lys; D. J. Skinner; R. L. Watts; J. L. Zimmerman

This first edition of Contemporary Accounting Research is published buy arrangement with ELSEVIER BV, Radarweg 29, 1043 NX Amsterdam, The Netherlands

图书在版编目（CIP）数据

当代会计研究：综述与评论/科塔里等主编；辛宇等译 .
北京：中国人民大学出版社，2009
（会计经典学术名著）
ISBN 978-7-300-10455-3

Ⅰ. 当…
Ⅱ. ①科…②辛…
Ⅲ. 会计学-文集
Ⅳ. F230-53

中国版本图书馆 CIP 数据核字（2009）第 037771 号

会计经典学术名著

当代会计研究：综述与评论

S. P. 科塔里	T. Z. 利斯	D. J. 斯金纳	主编
R. L. 瓦茨	J. L. 齐默尔曼		

辛　宇	徐莉萍	张　然	李远鹏	宋衍蘅	等译
罗　婷	牛建军	支晓强	徐浩萍	罗　炜	

出版发行　中国人民大学出版社
社　　址　北京中关村大街 31 号　　　　**邮政编码**　100080
电　　话　010 - 62511242（总编室）　　010 - 62511398（质管部）
　　　　　　　010 - 82501766（邮购部）　　010 - 62514148（门市部）
　　　　　　　010 - 62515195（发行公司）　010 - 62515275（盗版举报）
网　　址　http://www.crup.com.cn
　　　　　　　http://www.ttrnet.com（人大教研网）
经　　销　新华书店
印　　刷　北京华联印刷有限公司
规　　格　185 mm×260 mm　16 开本　**版　次**　2009 年 5 月第 1 版
印　　张　40 插页 3　　　　　　　　　　**印　次**　2012 年 11 月第 2 次印刷
字　　数　969 000　　　　　　　　　　　**定　价**　98.00 元